WÖRTERBUCH DER WELTSPRACHE

VÖDABUK VOLAPÜKA

Arie de Jong

WÖRTERBUCH
DER WELTSPRACHE
FÜR DEUTSCHSPRECHENDE

VÖDABUK VOLAPÜKA
PRO DEUTÄNAPÜKANS

Arie de Jong

evertype
2012

Published by Evertype, Cnoc Sceichín, Leac an Anfa, Cathair na Mart, Co. Mhaigh Eo, Éire. *www.evertype.com*.

This edition © 2012 Michael Everson. Re-printed with corrections April 2012.
Text © 1931–2012 Estate of Arie de Jong.

First edition Leiden: Brill, 1931.

A catalogue record for this book is available from the British Library.

ISBN-10 1-904808-89-1
ISBN-13 978-1-904808-89-3

Typeset in Dutch Mediaeval by Michael Everson.

Cover design by Michael Everson. Photograph courtesy of the Estate of Arie de Jong.

Printed and bound by LightningSource.

CONTENTS

Foreword to the 2012 edition vii
Chronological order of editions x
Foreword to the 1931 edition xi
A short grammar of Volapük xv
Abbreviations xxvii
Wörterbuch der Weltsprache I
Sökaleod timavik dabükotas IV
Vorwort der Ausgabe 1931 V
Kurze Volapük-Grammatik IX
Brefods XVI
Deutsch–Weltsprache ✦ Deutänapük–Volapük XVII
    A. a. 1
    Ä. ä. 35
    B. b. 36
    C. c. 61
    D. d. 63
    E. e. 73
    É. é. 89
    F. f. 89
    G. g. 102
    H. h. 119
    I. i. 131
    J. j. 135
    K. k. 136
    L. l. 149
    M. m. 157
    N. n. 169
    O. o. 176
    Ö. ö. 179
    P. p. 180
    Q. q. 189
    R. r. 190
    S. s. 198
    T. t. 225
    U. u. 233
    Ü. ü. 243
    V. v. 246
    W. w. 265
    X. x. 278
    Y. y. 278
    Z. z. 278
Weltsprache–Deutsch ✦ Volapük–Deutänapük 289
    a. 291
    A. 292

ä. 292
b. 292
B. 308
c. 309
C. 311
d. 311
D. 326
e. 326
E. 326
Ē. 326
f. 326
F. 329
g. 339
G. 347
h. 348
H. 350
i. 350
j. 351
J. 356
k. 356
K. 372
l. 372
L. 395
m. 396
M. 408
n. 408
N. 423
o. 424
O. 424
Õ. 424
ö. 424
p. 425
P. 438
r. 438
R. 443
s. 443
S. 466
t. 467
T. 478
u. 479
ü. 479
v. 479
V. 488
W. 489
x. 489
y. 489
Y. 491
z. 491
Z. 494

FOREWORD TO THE 2012 EDITION

Arie de Jong's magnificent German-Volapük Volapük-German dictionary has been out of print for decades. It is of course well known that the popularity of the Volapük language today is nothing like what it was in 1889, but the flame of interest in Volapük has never yet been extinguished. Unfortunately, the lack of availability of a comprehensive dictionary has made it extremely difficult for people interested in Volapük to make progress learning the language; most dictionaries available as reprints, for instance, are in Johann Martin Schleyer's *Volapük Rigik* ('Original Volapük'). But modern learners need a dictionary which reflects the reforms made in Arie de Jong's *Volapük Nulik* ('New Volapük', a term which I prefer to *Volapük Perevidöl* 'Revised Volapük' or *Volapük Pevotastidöl* 'Reformed Volapük').

The re-publication of *Wörterbuch der Weltsprache: Vödabuk Volapüka* is a milestone in the history of constructed languages, and will, perhaps, help to keep interest in Volapük alive well into the 21st century. Volapük is a rich and flexible language, endowed with an extensive vocabulary. It may have no future as an International Auxiliary Language, but it nevertheless has both intellectual and aesthetic value, whether for the Esperantist interested in the history of the IAL movement, or simply for the enthusiast who comes to enjoy Volapük for its own sake.

When de Jong published his *Wörterbuch der Weltsprache*, he called it the sixth edition, it following on from the five editions published by Schleyer from 1880 to 1897. An English translation of de Jong's outline of the publication history is given on page x, immediately after this Foreword; the Volapük original is on page IV below. This reprint of de Jong's dictionary is the first edition published by Evertype, and while it has some additional

front matter, the text of the dictionary itself is unchanged from
de Jong's stated sixth edition, apart from the correction of
täfidik to **itäfidik** on page 351, and of *Taig* to *Teig* on page
428, which I happened to notice while putting the book
together, and my swapping of the section headings from "**a. A.**"
to "**A. a.**" on perhaps trivial aesthetic grounds.

An English translation of de Jong's German-language Foreword, made by Hermann Philipps and reproduced with his kind
permission, begins on page xi, after the publication history; the
original German text begins on page V below.

On page xv, I give *A Short Grammar of Volapük*, my translation and adaptation of de Jong's *Kurze Volapük-Grammatik*,
My adaptation was made with reference to his own 6-page
Short Grammar of Volapük, which was composed by him and
published by Jakob Sprenger Gams of Switzerland. This appeared along with a 6-page *Aperçu de la Volapük*; these
pamphlets are undated, but their companion, the 12-page *Kurze
Volapük-Grammatik* is dated 1929. I have used all of these and
some additional material to expand the *Short Grammar* some-
what. Of course readers of German can make use of de Jong's
own revision of the 1929 *Kurze Grammatik*, to be found from
page IX below.

De Jong employed a slightly unusual method of alphabetizing
in his dictionary. In the German-Volapük part, words beginning
with capital letters and small letters are interfiled as is the normal
practice in German, but de Jong also treats the letters **a** and **ä**,
o and **ö**, and **u** and **ü** as separate letters. Thus *schön* follows
Schottland, rather than *schon* as one would expect. This is the
normal practice in Volapük, but not in German.

In the Volapük-German part, de Jong also treats the letters **a**
and **ä**, **o** and **ö**, and **u** and **ü** as separate letters (with **finatonat**
'final letter' preceding **finäd** 'termination'—which *is* the right way
to treat them in Volapük). Unusually, however, he also separates
capital letters from small letters so they are not interfiled (so
Redamel 'Red Sea' follows **rün** 'herring'. It is not difficult to get
used to this practice while using the dictionary, but it is something that should be brought to the attention of the user.

André Cherpillod's *Vortaro Volapük-Esperanto kaj Esperanto-Volapük*, published in 2003, seems to be the first *Volapük Nulik* dictionary made available in book form since the publication of de Jong's dictionary in 1931. Ralph Midgley's very useful vocabularies have been published on the Internet, but are much shorter than de Jong 1931; Midgley's Volapük-English part has some 8,000 headwords, while de Jong's has well over 25,000. In addition, de Jong published 17 supplements (**fövots**) to his dictionary between 1932 and 1956, comprised of over 1,900 pages of typescript, about half Volapük-German and half German-Volapük. 400 pages of the Volapük-German supplements were typed by Philippe Combot; this material would take up about 200 pages when typeset in the format of this dictionary. Plans have been made to digitize the rest of the material for publication, though this may take some time. In the meanwhile, Ralph Midgley has been translating the Volapük-German part of de Jong 1931 into English, which I hope to publish in due course.

Whatever may be said of the future, it is easy to say now that it is with great pleasure, and profound thanks to Arie de Jong's son Arie and granddaughter Louise, that I publish this reprint, making it available to everyone interested in this fascinating language. I am grateful to Arden R. Smith, to Patrick H. Wynne, to the *Guvan*, Ralph Midgley, and to the *Cifal*, Brian Bishop, who all reviewed the front matter and offered many helpful comments.

To paraphrase what de Jong himself said 82 years ago in Voorburg, I want to express the hope that Volapük may find many new friends, who in their study of Schleyer's ingenious invention may experience the same enjoyment as I have felt in preparing the dictionary for re-publication.

Michael Everson
Westport, 31 March 2012

CHRONOLOGICAL ORDER OF EDITIONS

1880. 1st edition, by Johann Martin Schleyer.

1882. 2nd edition, by Johann Martin Schleyer.

1885. 3rd edition, by Johann Martin Schleyer.

1888. 4th edition, by Johann Martin Schleyer, under the title *Großes Wörterbuch der Universalsprache Volapük*. Konstanz am Bodensee. Verlag von Schleyers Zentralbüro der Weltsprache.

In 1897 Schleyer began the publication of the 5th edition of the *Großes Wörterbuch der Universalsprache Volapük*. Only 14 sheets (that is, 224 pages) of this dictionary have appeared, containing words of the German-Volapük part, from the beginning of the alphabet to the word "back"

In 1898 the publication of the 11th edition of the *Mittleres Wörterbuch der Universalsprache Volapük* was begun, but even that work of Schleyer has not been finished. In terms of its comparative completion, however, this dictionary can be regarded as the 5th edition of the *Großes Wörterbuch*. Of this edition 66 sheets have been published, containing more than 1,056 words of the German-Volapük part, up to the beginning of the word "Steuermannsmat" 'quartermaster's mate'. This 66th and last sheet appeared on 1 October 1908.

(*Translated by Michael Everson*)

FOREWORD TO THE 1931 EDITION

Unam uni generi humano linguam!
Johann Martin Schleyer

With this sixth edition, revised by me, once again a complete dictionary of the World Language is published.

Following the last large edition (the fourth) of his dictionary in the year 1888, Johann Martin Schleyer, the brilliant creator of Volapük, had attempted himself to revise this work. In 1897, the first booklet of this fifth edition appeared under the title of *Großes Wörterbuch der Universalsprache Volapük*. However, this work was laid out so voluminously—the first booklet only contained the words starting with the letter A, which filled all but one of its 224 pages—that Schleyer himself could foresee very well that he would not be able to complete it in this way, considering his limited financial means. And so this one booklet was in fact the end of it.

In the following year (1898), Schleyer began with a smaller revision of the dictionary which he wanted to be viewed as the eleventh edition of his *Mittleres Wörterbuch der Universalsprache Volapük*. However, this work too, although smaller in scope than the fifth edition of the large dictionary mentioned above, contained so many more words than the fourth edition that it could well have been considered a "much-enlarged fifth edition" of the large dictionary.

In regular intervals, although much too slowly due to his limited funds, 66 sheets of this dictionary appeared in the time span of ten years. With the last sheet coming out on October 1st, 1905, page 1,056 was reached. This contained the words of the German-Volapük volume up to *"Steuermannsmat"* ('quartermaster's mate'). Nothing had yet appeared of the Volapük-German volume. Lack of interest on the part of the world, meagre funds, and old age caused Schleyer to discontinue further publishing of this dictionary.

Some may ask: "What was the reason for this fading interest? And why are works on Volapük now published again considering that there is no longer any interest in this world language?"

To these two questions I would like to answer thus: In fact, due both to his sharp intellect and his large knowledge of languages, Schleyer was the suitable man to create for international communication an artificial language which could be suitable for all peoples of the world. But as no work of man ever appears perfect when it comes into being, it was to be expected that likewise Schleyer's creation would require some improvements before it could rightfully claim this attribute. The first modifications were proposed and approved at the second World Language Congress held from 6 to 9 August 1887, in Munich. Indeed, these changes were improvements. Unfortunately, this also opened the way for considering yet more changes. From all countries now arrived suggestions for improvement, and every nation desired to see changes in Volapük in correspondence with their own particular linguistic beliefs. Schleyer rejected all of these suggestions and only implemented such modifications and amendments as he considered necessary and useful. But these changes did not always turn out to be improvements: Volapük now had become considerably more difficult instead of becoming more easy and simple, this being due to many newly-formed words often difficult to memorize, heavily abbreviated forms when building composite words, and many a superfluous suffix. In the application of these principles, it sometimes was difficult to see logical consistency. This circumstance caused many to turn away from Volapük.

This was a situation the loyal adherents and admirers of Volapük, amongst which I count myself, could not be content with. After retiring from military service (I served in the Dutch-East Indies army as a military surgeon) I had some time to spare and took it upon myself to thoroughly rework Volapük (both its grammar and vocabulary), to implement the required improvements, and to subsequently attempt to breathe new life into the Volapük movement. In April 1921, I informed the *Cifal*, Prof. Dr Albert Sleumer, appointed by Schleyer himself to be his successor, of my intention outlined above, to which he readily consented as was to be expected.

The considerations inducing us to try to reawaken Volapük, which was, so to speak, wasting away, were as follows:

1. In its structure, Volapük is so simple and excellent as a whole that any other language construct could not hope to surpass and at best could equal it.

2. Experience has shown that Volapük is fully suited to international communication. For instance, in a brochure on "Interlingua" (one of the many competitors of Volapük) published in 1927, the following information is given: "In the year 1889, there were 283 Volapük societies in Europe, Asia, Africa, America, and Australia. There were over 1,600 examined Volapük teachers, 316 Volapük textbooks, and 25 magazines written in Volapük."

3. It is of the utmost importance for introducing a general international medium that only one single proven system be adhered to. In our opinion, no other artificial language can be considered for this purpose than Volapük. After many centuries of futile attempts, Volapük has been the first artificial language to really stand the test of usability for international communication while being neutral with regard to natural languages.

4. The current lack of interest for Volapük should not prevent us from directing public attention to it again. Has it not often happened in the history of science that a scientific finding, after many years of being forgotten, had to be rediscovered, as it were, to finally get the recognition deserved?

I have completed this work in the span of nine years, being fully aware, however, that the dictionary is not complete. The desirable completeness cannot be achieved by one person alone, even if that person were to continue working on the dictionary for yet another ten years, since for this a number of co-workers would be required. But as long as the principles on which the grammar and the formation of words must necessarily be based had not yet been finally established, there could be not talk of co-workers. Only after a complete grammar and a sufficiently suitable dictionary were published, could one expect that others would be able and willing to offer their cooperation. Now, after this dictionary and a complete grammar of the World Language do in fact exist, I venture to urgently solicit the cooperation of all scholars and laymen who may be interested. Any of their suggestions will be carefully considered by the Volapük Academy which is headed by the *Cifal*.

In April 1929, I paid a visit to Prof. Dr Sleumer at Bad Godesberg on the Rhine to submit my work to him. In September of that same year, the two of us traveled to Wienacht (in Switzerland) to see Mr J. Sprenger who holds the right of literary ownership for the many works of Schleyer, to discuss with him the various questions of importance regarding Volapük.

During that meeting, we finally established the grammar as it is now laid out in my book: *Gramat Volapüka*.

Although it may seem unnecessary, I would still like to expressly state that the *Cifal* Prof. Dr Albert Sleumer and Mr Jakob Sprenger fully acclaimed the publishing of this dictionary. Currently, I am working on a Dutch edition of this work; editions in other languages will also be prepared.

Finally I want to express the hope that Volapük may find many new friends, who in their study of Schleyer's ingenious invention may experience the same enjoyment as I have felt both in reworking the dictionary and in publishing the grammar.

Dr Arie de Jong
Member of the Volapük Academy
Voorburg, 31 March 1930

(*Translated by Hermann Philipps*)

A SHORT GRAMMAR OF VOLAPÜK

1. LAFAB ◆ THE ALPHABET

a, ä, b, c, d, e, f, g, h, i, j, k, l, m, n, o, ö, p, r, s, t, u, ü, v, x, y, z.

a = [ɑ] *a* as in *father*, **ä** = [æ] *a* as in *man*, **e** = [e] *ai* as in *main*, **i** = [i] *i* as in *machine*, **o** = [o] *o* as in *soap*, **ö** = [ø] *ö* as in German *schön*, **u** = [u] *u* as in *true*, **ü** = [y] *ü* as in German *grün*. (Some speakers raise **ä** to [ɛ] *e* as in *men*, but [æ] and [e] are more distinct than [ɛ] and [e] are.)

c = [tʃ] *ch* as in *chair*, **g** = [g] *g* as in *goal*, **j** = [ʃ] *sh* as in *sheep*, **z** = [ts] *ts* as in *tsetse*. (Some speakers voice **c** from *ch* to [dʒ] *j* as in *jail*, **j** from *sh* to [ʒ] *zh* as in *Zhivago*, and **z** from *ts* to [dz] *dz* as in *adze*, but this is allophonic voicing and is not meaningful.)

The remaining letters are pronounced as in English.

Every letter has only a single pronunciation. There are no diphthongs or triphthongs (double or triple sounds); every vowel is pronounced on its own, e.g. **rein** 'rain' = **re-in**. The stress falls always on the last syllable.

2. SUBSATS ◆ NOUNS

2.1. Deklin ◆ Declension

Balnum ◆ Singular			Plunum ◆ Plural	
Nom.	**fat**	the father	**fats**	the fathers
Gen.	**fata**	of the father	**fatas**	the fathers', of the fathers
Dat.	**fate**	to the father	**fates**	to the fathers
Acc.	**fati**	the father	**fatis**	the father
Voc.	**o fat!**	father!	**o fats!**	fathers!

2.2. Words which refer unambiguously to male beings are masculine, and those which refer unambiguously to female beings are feminine. All other words are neuter.

man 'man', **fat** 'father', **tor** 'bull' are masculine.

vom 'woman', **mot** 'mother', **kun** 'cow' are feminine.

men 'person', **flen** 'friend', **cil** 'child', **jevod** 'horse', **bub** 'bovine', **gok** 'chicken', **bubül** 'calf', **buk** 'book', **tab** 'table' are neuter.

2.3. Neuter words which refer to *living* beings are made masculine by means of the prefix **hi-**, and are made feminine by means of the prefix **ji-**. **Flen** = 'friend' (generic), **hiflen** 'male friend', **jiflen** 'female friend'; **dog** 'dog', **hidog** 'male dog', **jidog** = 'female dog, bitch'.

2.4. Diminutives (smalükamavöds): **flor** 'flower', **floril** 'florette'; **dom** 'house', **domil** 'a little house'.

3. LARTIG ◈ THE ARTICLE

The article **el** (neuter), **hiel** (masculine), **jiel** (feminine) is used only before unassimilated loanwords (typically personal names and place-names).

Nom.	(el) Friedrich	Friedrich
Gen.	ela Friedrich	Friedrich's
Dat.	ele Friedrich	to Friedrich
Acc.	eli Friedrich	Friedrich
Voc.	o (el) Friedrich!	Friedrich!

4. LADYEKS * ADJECTIVES

The adjective ending is always **-ik**. **Gud** 'goodness', **gudik** 'good'; **gret** 'greatness', **gretik** 'great'.

Adjectives stand unchanged after the noun they modify. If they appear before the noun, then they are declined for case and number. **Buk jönik** 'a beautiful book', **bukas jönik, jönikas bukas** 'of the beautiful books'.

An adjective following two or more nouns which share the same attribute is declined for case and number: **buk e pened jöniks** 'a beautiful book and a beautiful letter'; **älogof penedi e buki jönikis** 'she saw a beautiful letter and a beautiful book'.

The degrees of comparison (leigodam gramatik) are formed with **-um** and **-ün**.

Fümafom	Pluamafom	Muamafom
Positive	Comparative	Superlative
yunik 'young'	**yunikum** 'younger'	**yunikün** 'youngest'
smalik 'small'	**smalikum** 'smaller'	**smalikün** 'smallest'
badik 'bad, evil'	**badikum** 'worse'	**badikün** 'worst'.

5. LADVÄRBS ⬧ ADVERBS

5.1. Original forms: **ai** 'always, continually'; **anu** 'at this moment, now'; **ba** 'perhaps'; **ebo** 'just'; **enu** 'recently'; **ga** 'certainly, indeed'; **go** 'quite, very'; **i** (before a vowel, **id**) 'also'; **igo** 'even'; **igo no** 'not even'; **is** 'here'; **jünu** 'up to now'; **kö** 'where (relative)'; **kü** 'when (relative)'; **lio** 'how (question)'; **mu** 'extremely'; **neai** 'never'; **no** 'not'; **nog** 'yet (still)'; **nu** 'now'; **plu** 'more'; **te** 'only'; **ti** 'almost'; **tu** 'too (excessively)'; **us** 'there'; **vio** 'how (relative)'; **ya** 'already'; **ye** 'however'; **zu** 'in addition, moreover'. Some adverbs are derived by adding **-na** (see 6.5 below): **alna** 'each time'; **ömna** 'sometimes'.

5.2. Derived forms. Adverbs can be formed by the addition of **-o** (and in some cases **-ao** and **-io**) to other words (nouns, adjectives, etc.).

delo 'by day'; **ädelo** 'yesterday'; **adelo** 'today'; **odelo** 'tomorrow'; **neito** 'at night'; **äneito** 'last night'; **aneito** 'tonight'; **oneito** 'tomorrow night'; **deto** 'right'; **detao** 'from the right'; **detio** 'rightwards'; **gudiko** 'well'; **gudikumo** 'better'; **gudiküno** 'best'; **jöniko** 'beautifully'; **jönikumo** 'more beautifully'; **jöniküno** 'most beautifully'; **löpo** 'above'; **sevabo** 'namely, that is'; **suno** 'soon'; **täno** 'then'.

domao 'from home'; **domio** 'home(wards)'; **zao** 'about, approximately'.

6. NUMAVÖDS ⬧ NUMERALS

6.1. Cardinals (numavöds voik).

0 **ser** 'zero', 1 **bal** 'one', 2 **tel** 'two', 3 **kil** 'three', 4 **fol** 'four', 5 **lul** 'five', 6 **mäl** 'six', 7 **vel** 'seven', 8 **jöl** 'eight', 9 **zül** 'nine', 10 **deg** 'ten'; 11 **degbal** 'eleven'; 12 **degtel** 'twelve'; 13 **degkil** 'thirteen', 14 **degfol** 'fourteen', 15 **deglul** 'fifteen', 16 **degmäl** 'sixteen', 17 **degvel** 'seventeen', 18 **degjöl** 'eighteen', 19 **degzül** 'nineteen', 20 **teldeg** 'twenty'; 21 **teldegbal** 'twenty-one'; 30 **kildeg** 'thirty'; 32 **kildegtel** 'thirty-two'; 40 **foldeg** 'forty'; 43 **foldegkil** 'forty-three'; 50 **luldeg** 'fifty'; 54 **luldegfol** 'fifty-four'; 60 **mäldeg**

'sixty'; 65 **mäldeglul** 'sixty-five'; 70 **veldeg** 'seventy'; 76 **veldegmäl** 'seventy-six'; 80 **jöldeg** 'eighty'; 87 **jöldegvel** 'eighty-seven'; 90 **züldeg** 'ninety'; 98 **züldegjöl** 'ninety-eight'.

10 **deg** 'ten', 100 **tum** 'one hundred'; 1,000 **mil** 'one thousand'; 10,000 **degmil** 'ten thousand'; 100,000 **tummil** 'one hundred thousand'; 1,000,000 **balion** 'one million'.

9,135,248 **zülbalion baltumkildeglulmil teltumfoldegjöl.**

Numerals follow their nouns and are not usually declined: **bim bal** 'one tree'; **böds degtel** 'twelve birds'.

6.2. Decimal fractions (fraks degdilik).

0.1 **dim** 'one tenth'; 0.01 **zim** 'one hundredth'; 0.001 **mim** 'one thousandth'; 0.0001 **dimmim** 'one ten-thousandth'; 0.00001 **zimmim** 'one hundred-thousandth'; 0.000001 **balyim** 'one millionth';

6.3. Fractions (fraks).

⅔ **kildils tel** 'two thirds'; ⅕ **luldil bal** 'one fifth'; ³⁄₁₀ or 0.3 **degdils kil** or **kildim** 'three tenths'.

6.4. Ordinals (numavöds sökaleodik).

balid 'first'; **telid** 'second'; **kilid** 'third'; **degid** 'tenth'; **jöldegfolid** '84th'. **balido** 'firstly'; **telido** 'secondly'; **kilido** 'thirdly'; **degido** 'tenthly'.

6.5. Repetitive numerals (numavöds naedik).

balna 'once'; **telna** 'twice'; **kilna** 'thrice'; **degna** 'ten times'; **jöldegfolna** 'eighty-four times'. **balnaik** 'one-time'; **folnaik** 'four-time'. **balidnaed** 'the first time'; **folidnaed** 'the fourth time'. **balidnaedo** 'for the first time'; **folidnaedo** 'for the fourth time'.

6.6. Distributive numerals (dilädanums).

a bal 'one by one, singly'; **a jöl** 'eight at a time, in sets of eight'. **a telid** 'every second' (person, object); **a jölid** 'every eighth'. **telik** 'double'; **kilik** 'triple'; **folik** 'quadruple'; **mälik** 'six-fold'. **telön** 'to double'; **kilön** 'to triple'.

7. PÖNOPS ◆ PRONOUNS

7.1. Personal pronouns (pönops pösodik).

Balnum ◆ Singular		Plunum ◆ Plural	
ob	I	**obs**	we
ol	you	**ols**	you
or	you (honorific)	**ors**	you (honorific)
om	he	**oms**	they (males)
of	she	**ofs**	they (females)
on	it, one (neuter)	**ons**	they (neuter or mixed)
oy	one, they, people		
os	it (impersonal: **reinos** 'it rains')		
ok	self (reflexive)	**oks**	selves
od	one another (reciprocative)	**ods**	each other, one another

Pronouns decline like nouns: **ob, oba, obe, obi; obs, obas, obes, obis.** De Jong intended **ol/ols** to be familiar (German *du*, French *tu*) and **or/ors** to be polite (German *Sie*, French *vous*) but in modern use **or/ors** is only used as an honorific, for instance in stories where royalty is being addressed. De Jong also devised the pronouns **og** 'you or me' and **ogs** 'we (including you)', but these seem never to have been used.

7.2. Possessive pronouns (pönops dalabik).

They are formed from personal pronouns by means of the suffix -**ik**: **obik** 'my'; **olik** 'your' (sg.); **orik** 'your' (sg. honorific); **omik** 'his'; **ofik** 'her'; **onik** 'its'; **oyik** 'one's'; **okik** 'one's own'; **obsik** 'our', **olsik** 'your' (pl.); **orsik** 'your' (pl. honorific); **omsik** 'their' (males); **ofsik** 'their' (females); **onsik** 'their' (neuter or mixed); **oksik** 'their own'.

Instead of forms with -**ik**, the genitive of the personal pronoun in -**a** can be used: **buk obik** or **buk oba** 'my book'.

7.3. Demonstrative pronouns (pönops jonik).

at 'this', **hiat** 'this (male)', **jiat** 'this (female)'; **ebo at** 'exactly this'; **atos** 'this (thing)' is a neuter noun.

et 'that', **hiet** 'that (male)', **jiet** 'that (female)'; **ebo et** 'exactly that'; **etos** 'that (thing)' is a neuter noun.

ot 'the same'; **it** 'itself'; **ut** 'whoever'.

7.4. Interrogative pronouns (pönops säkik).

	Common	Masculine	Feminine	Neuter
who?	**kin?**	**kim?**	**kif?**	**kis?** 'what?'
which?	**kinik?**	**kimik?**	**kifik?**	**kisik?**
what number?	**kinid?**	**kimid?**	**kifid?**	**(kisid?)**

Interrogative pronouns decline like nouns: **kim, kima, kime, kimi.**
As adjectives: **man kimik** 'what man'; **kim manas** 'which man'; **vom kifik** 'what woman'.

7.5. Exclamatory pronouns (pönops vokädik).

	Common	Masculine	Feminine	Neuter
what!	**kion!**	**kiom!**	**kiof!**	**kios!**

Man kiom! 'What a man!' **Blümäl kion!** 'What presence of mind!' **Kios äbinon benosüpot pro ob!** 'What was my surprise!'

7.6. Relative pronouns (pönops tefik).

	Common	Masculine	Feminine	Neuter
which	**kel**	**hikel**	**jikel**	**kelos**

As an adjective: **kelik** 'which'. When including the antecedent: **ut, kel** 'the one who'; **hiut, kel** 'the man who'; **jiut, kel** 'the woman who'; **utos, kel** 'the thing which'; **kelos** 'what'. Of people: **utan, hiutan, jiutan, kel.**

7.7. Indefinite pronouns (pönops nefümik).

ek 'somebody' **ans, anik** 'some'
nek 'nobody' **al** 'everything'
bos 'something' **alik** 'every'
nos 'nothing'. **alan** 'everybody'
som 'such a thing' **öm, öman, ömik** 'several'
somik 'such'
soman 'such a one'.

Ans, al, om are stand-alone words. **anik, alik, ömik** are adjectival forms.

8. VÄRBS ◆ VERBS

Konyug * Conjugation

8.1. Indicative (Jenöfastad):

8.1.1. Active Voice ◆ Dunalefom
8.1.1.1. Indicative Mood ◆ Fümabidir

8.1.1.1.1. Present tense (presenatim nefinik).
Verbs are conjugated by suffixing the personal pronoun to the stem of the verb. The stem of **löfön** 'to love' is **löf**.

Balnum ◆ Singular		Plunum ◆ Plural	
löfob	I love	**löfobs**	we love
löfol	you love	**löfols**	you love
löfor	you love (honorific)	**löfors**	you love (honorific)
löfom	he loves (male)	**löfoms**	they love (male)
löfof	she loves (female)	**löfofs**	they love (female)
löfon	it loves	**löfons**	they love
löfoy	one loves		
		löfoms okis	they love themselves
		löfoms odis	they love each other
reinos	it rains		

Tenses. (timafoms).
All tenses are formed by prefixes (the prefix **a-** of the present tense is not used in the active voice).

8.1.1.1.2. Past tense (pasetatim nefinik)

älöfob	I loved	**älöfobs**	we loved
älöfol	you loved	**älöfols**	you loved
älöfom	he loved	**älöfoms**	they loved

8.1.1.1.3. Present perfect tense (presenatim finik)

elöfob	I have loved	**elöfobs**	we have loved
elöfol	you have loved	**elöfols**	you have loved
elöfom	he has loved	**elöfoms**	they have loved

8.1.1.1.4. Past perfect tense (pasetatim finik)

ilöfob	I had loved	**ilöfobs**	we had loved
ilöfol	you had loved	**ilöfols**	you had loved
ilöfom	he had loved	**ilöfoms**	they had loved

8.1.1.1.5. Future tense (fütüratim nefinik)

olöfob	I will love	**olöfobs**	we will love
olöfol	you will love	**olöfols**	you will love
olöfom	he will love	**olöfoms**	they will love

8.1.1.1.6. Future perfect tense (fütüratim finik)

ulöfob	I will have loved	**ulöfobs**	we will have loved
ulöfol	you will have loved	**ulöfols**	you will have loved
ulöfom	he will have loved	**ulöfoms**	they will have loved

8.1.1.1.7. Future in the past (pasetofütüratim nefinik)

ölöfob	I would love	**ölöfobs**	we would love
ölöfol	you would love	**ölöfols**	you would love
ölöfom	he would love	**ölöfoms**	they would love

8.1.1.1.8. Future perfect in the past (pasetofütüratim finik)

ülöfob	I would have loved	**ülöfobs**	we would have loved
ülöfol	you would have loved	**ülöfols**	you would have loved
ülöfom	he would have loved	**ülöfoms**	they would have loved

8.1.1.2. Optative mood (vipabidir).

löfobös!	may I (let me) love!	**löfobsös!**	let's love!
löfolös!	please love!	**löfolsös!**	please love!
löfomös!	may he love!	**löfomsös!**	may they love!

8.1.1.3. Imperative mood (büdabidir).

löfoböd!	love! (stern command)	**löfobsöd!**	let us love!
löfolöd!	love!	**löfolsöd!**	love!
löfomöd!	let him love!	**löfomsöd!**	let them love!

8.1.1.4. Conditional mood (stipabidir).

löfoböv	I would love	**löfobsöv**	we would love
löfolöv	you would love	**löfolsöv**	you would love

elöfoböv	I would have loved	**elöfobsöv**	we would have loved
elöfolöv	you would have loved	**elöfolsöv**	you would have loved

8.1.1.5. Infinitive mood (nenfümbidir).

löfön	to love	**elöfön**	to have loved

8.1.1.6. Participles (partisips).

löföl	loving	**elöföl**	having already loved
älöföl	having loved (in past)	**olöföl**	being about to love

8.1.2. Passive Voice ❖ Sufalefom
8.1.2.1. Indicative Mood ❖ Fümabidir

8.1.2.1.1. Present tense (presenatim nefinik).

The passive voice is formed from the active voice by prefixing the letter **p-** (in the present and the infinitive **pa-**).

palöfob	I am loved	**palöfobs**	we are loved

8.1.2.1.2. Past tense (pasetatim nefinik)

pälöfob	I was loved	**pälöfobs**	we were loved

8.1.2.1.3. Present perfect tense (presenatim finik)

pelöfob	I have been loved	**pelöfobs**	we have been loved

8.1.2.1.4. Past perfect tense (pasetatim finik)

pilöfob	I had been loved	**pilöfobs**	we had been loved

8.1.2.1.5. Future tense (fütüratim nefinik)

polöfob	I will be loved	**polöfobs**	we will be loved

8.1.2.2. Optative mood (vipabidir).

palöfobös!	may I be loved!	**palöfobsös!**	may we be loved!
palöfolös!	may you be loved!	**palöfolsös!**	may you be loved!
palöfomös!	may he be loved!	**palöfomsös!**	may they be loved!

8.1.2.3. Imperative mood (büdabidir).

palöfoböd! be loved! (to self)   **palöfobsöd!** let us be loved!
palöfolöd! be loved!   **palöfolsöd!** be loved!
palöfomöd! let him be loved!   **palöfomsöd!** let them be loved!

8.1.2.4. Conditional mood (stipabidir).

palöfoböv I would be loved   **palöfobsöv** we would be loved
palöfolöv you would be loved   **palöfolsöv** you would be loved

pelöfoböv I'd've been loved   **pelöfobsöv** we'd've been loved
pelöfolöv you'd've been loved   **pelöfolsöv** you'd've been loved

8.1.2.5. Infinitive mood (nenfümbidir).

palöfön to be loved   **pelöfön** to have been loved

8.1.2.6. Participles (partisips).

palöföl being loved   **pelöföl** (having been) loved

8.2. Interrogative (Säkastad).

A question is indicated by suffixing a hyphen and the particle **-li** to the verb, or, if the verb is not expressed, to the most important word.

Ovokobs-li? 'Shall we call?'

Bukil at duton-li lü ol? Sio-li u no-li? 'Does this little book belong to you? Yes or no?'

Löfob-li? 'Do I love?' **Älöfol-li?** 'Did you love?'

8.3. Subjunctive (Mögastad).

In Volapük the verb is only put in the subjunctive if one wishes to suggest a possibility or doubt, in order to avoid misunderstanding.

The subjunctive is formed by appending a hyphen and the particle **-la** at the end of the verb.

No sevob, va okömom-la 'I don't know, if he will come.' (I doubt it.)

9. PRÄPODS ◆ PREPOSITIONS

9.1. Original forms: **a** = 'at, by, per' (**a tel** 'two each'); **ad** 'for, to, in order to'; **as, äs** 'as'; **bai** 'according to'; **bevü** 'between, among, inter-'; **bü** 'before (time); ago'; **da** 'through'; **de** 'of, from, off'; **dis** 'under'; **dö** 'about, in'; **dü** 'during'; **fa** 'by (person)'; **fo** 'in front of'; **gü** 'contrary to'; **in** 'in (position)'; **ini** 'into (motion)'; **jü** 'up to'; **ko** 'with'; **lä** 'by (position), with'; **len** 'at, on'; **love** 'over'; **lü** 'to (direction)'; **ma** 'according to'; **me** 'by means of'; **nen** 'without'; **pla** 'instead of'; **po** 'behind (place)'; **pos** 'after'; **pö** 'at'; **pro** 'for'; **sa** 'together with'; **se** 'out (of), from'; **sis** 'since'; **su** 'on'; **sus** 'above'; **ta** 'against'; **to** 'in spite of'; **tö** 'at, in'; **tü** 'at, on (time)'; **ün** 'at, in, on (time)'; **ve** 'along'; **vü** 'between, among'; **za** 'about'.

9.2. Derived prepositions are formed by the addition of -ü to other words (usually nouns). **binü** '(made) of' (**bin** 'being'); **büdü** 'by order of' (**büd** 'command'); **demü** 'concerning' (**dem** 'consideration, attention'); **domü** 'in the house of' (**dom** 'house'); **domü ob** 'chez moi'; **nemü reg** 'in the name of the king' (**nem** 'name'); **ünü** 'within (a time)' (**ün** 'on, at (time)').

9.3. A preposition stands in front of the noun it governs, and always governs the nominative.

10. KONYUNS ◆ CONJUNCTIONS

10.1. Original forms: **ab** 'but'; **ä** (before a vowel, **äd**) 'and (with multiple adjectives modifying the same noun)'; **äsi** 'as well as'; **bi** 'because'; **das** 'that'; **dat** 'so that'; **do** 'though'; **du** 'while'; **e** (before a vowel, **ed**) 'and'; **ibä** 'for, because'; **if** 'if'; **ka** 'than'; **klu** 'so'; **ni** (**... ni**) 'neither (... nor)'; **plas** 'instead (of)'; **sosus** 'as soon as'; **too** 'yet (however), nevertheless'; **toä** 'yet (despite)'; **u** (before a vowel, **ud**) 'or' (**u(d) ... u(d)** 'either ... or'); **ü** (before a vowel, **üd**) 'or (Latin *sive*)'; **üf** 'even if, in case of, insofar as'; **va** 'whether'; **ven** 'when'; **zu** 'moreover'.

10.2. Derived conjunctions are formed by the addition of -ä to other words: **bisä** 'provided that' (**bis** 'if only'); **büä** 'before (**bü** 'before (time)'); **güä** 'on the other hand' (**gü** 'the opposite of'); **kodä** 'by reason of which' (**kod** 'cause, ground'); **medä** 'through which that' (**med** 'medium, means'); **pasä** 'only when' (**pas** 'only'); **toä** 'despite, in spite of' (**to** 'notwithstanding, despite').

11. LINTELEKS ◆ INTERJECTIONS

11.1. Original forms:

Ag! 'Oh! Och!'; **Fi!** 'Nonsense! Fie!'; **Ha!** 'Aha! Ha!'; **He!** 'Hey!';
Ö! 'Wow!'; **Nö!** 'No! Oh, no!'; **Si!** 'Yes! Oh, yes!'; **Sö!** 'Psst! I say!';
Vi! 'Woe!'; **Yö!** 'Hurrah! Huzzah! Hurray! Yay!'; **Ekö!** 'Look! Here!';
Adyö! 'Bye! Adieu!'.

11.2. Derived interjections are formed by the addition of -ö to nouns.

Danö! 'Thanks!'; **Fümö!** 'Of course!'; **Liedö!** 'Dear me!'; **Prüdö!** 'Look
out!'; **Seilö!** 'Shut up!'; **Spidö!** 'Hurry up! Get a move on!'; **Stopö!** 'Stop!
Halt!'; **Yufö!** 'Help!'; **Zedö!** 'Let it be! Leave it alone!'.

11.3. Sample sentence:

Oksev ai ebinon stab gudikün tugas valik.
'Self-knowledge has always been the best basis of all virtues.'

(Translated and adapted by Michael Everson)

ABBREVIATIONS

a.s. = **as sam** for example, e.g.

br. = **brefod** abbreviation.

br. bev. = **brefod bevünetik** international abbreviation.

d. = **din** thing, object.

D. = **Deutänapük** German.

füs. = **in füsüd** physics.

Flan. = **Flanänapük** Flemish.

Fr. = **Fransänapük** French.

gad. = **in gadav** gardening.

gen. = **genitif** genitive.

geom. = **in geomet** geometry.

git. = **in gitäd** law.

gr. = **in gramat** grammar.

k. = **könäd** currency.

kiem. = **in kiemav** chemistry.

kony. = **konyun** conjunction.

I. = **logolös!** see.

ladv. = **ladvärb** adverb.

lady. = **ladyek** adjective.

lart. = **lartig** article.

lat. = **latin** Latin.

lov. = **värb loveädik** transitive verb.

lov. dem. = **värb loveädik demodik** dative transitive verb.

lov. nem. = **värb loveädik nemirik** nominative transitive verb.

Lap. = **Lapänapük** Sami.

Lin. = **Linglänapük** English.

Lit, = **Litaliyänapük** Italian.

m. = **manik** masculine.

mat. = **in matemat** mathematical.

mil. = **in milit** military.

mit. = **in miteodav** mythology.

mus. = **in musig** music.

n. = **neudik** neutral.

nel. = **värb neloveädik** intransitive verb.

nel. dem. = **värb neloveädik nemirik** nominative intransitive verb.

nev. = **nevoiko** figurative.

Ned. = **Nedänapük** Dutch.

p. = **pösod** person.

pl. = **plunum** plural.

pr. = **präpod** preposition.

prot. = **in glüg protästik** Protestant Church.

r. = **reidolös!** read.

rom. = **in glüg romakatulik** Roman Catholic Church.

Rus. = **Rusänapük** Russian.

sek. = **värb sekidik** dependent verb.

st. = **steläd** constellation.

t. = **tonat** letter, character.

v. = **vomik** feminine.

V.Gr. = **Vöna-Grikänapük** Ancient Greek.

WÖRTERBUCH DER WELTSPRACHE.

WÖRTERBUCH DER WELTSPRACHE.

VÖDABUK VOLAPÜKA
PRO DEUTÄNAPÜKANS.

DABÜKOT MÄLID

PEBEVOBÖL FA

Dr ARIE DE JONG.

PEBÜKÖL IN BÜKÖP KOMPENÄTA
NENFIAMIK: ,BOEKHANDEL EN
DRUKKERIJ voorheen E. J. BRILL'.
LEIDEN (NEDÄN).
1931

SÖKALEOD TIMAVIK DABÜKOTAS.

1880. Dabükot 1[id], fa ,Johann Martin Schleyer'.
1882. Dabükot 2[id], fa ,Johann Martin Schleyer'.
1885. Dabükot 3[id], fa ,Johann Martin Schleyer'.
1888. Dabükot 4[id], fa ,Johann Martin Schleyer', tiädü ,Grosses
Wörterbuch der Universalsprache volapük'. Konstanz am
Bodensee. Verlag von Schleyers Zentralbüro der Weltsprache.
Ün 1897 datikan Vpa äprimom dabüki dabükota 5[id] ela ,Grosses
Wörterbuch der Universalsprache volapük'. Vödabuka at te blogs
14 (sevabo: pads 224), ninädöls vödis dila: Deutänapük—Volapük ‹
de prim jü vöd: ,back', epubons.
Ün 1898 dabük dabükota 11[id] ela ,Mittleres Wörterbuch der
Universalsprache Volapük' päprimon, ab i lebuki at datikan Vpa
no efinükom. Demü lölöf tefädik oka vödabuk at ye i kanon palece-
dön as dabükot 5[id] ela ,Grosses Wörterbuch'. Dabükota at blogs
66 epubons, ninädöls su pads 1056 vödis dila: Deutänapük—Volapük ‹ de prim jü vöd: ,Steuermannsmat'. Blog 66[id] ä lätik at äpubon
tü 1908, tobula d. 1[id].

VORWORT.

Unam uni generi humano linguam!

J. M. Schleyer.

Mit dieser sechsten von mir bearbeiteten Auflage, erscheint wieder ein vollständiges Wörterbuch der Weltsprache.

Nach der letzten groszen vierten Auflage des Wörterbuches im Jahre 1888, hatte Johann Martin Schleyer, der geistvolle Schöpfer des Volapük schon versucht, dieses Werk neu zu bearbeiten. Im Jahre 1897 erschien das erste Heft dieser fünften Bearbeitung unter dem Titel: „Grosses Wörterbuch der Universalsprache Volapük". Dieses Werk war aber so groszzügig angelegt — das erste Heft enthielt mit 224 Seiten (bis auf eine Seite) nur die Wörter, die mit dem Buchstaben A anfingen —, dasz Schleyer selbst sehr gut vorhersehen konnte, dasz er es in dieser Weise mit seinen beschränkten Geldmitteln nicht würde vollenden können. Es ist denn auch bei diesem einen Hefte geblieben.

Im nächsten Jahre (1898) fing Schleyer eine kleinere Bearbeitung des Wörterbuches an, welche er als die elfte Auflage seines „Mittleren Wörterbuchs der Universalsprache Volapük" betrachtet haben wollte. Aber auch dieses Werk, obgleich kleiner an Umfang als die obenerwähnte fünfte Bearbeitung des groszen Wörterbuches, enthielt soviel mehr Wörter als die vierte Auflage, dasz man auch dieses ruhig als eine „sehr vermehrte fünfte Auflage" des groszen Wörterbuches hätte betrachten können.

In regelmäszigen Zwischenräumen, jedoch wegen der beschränkten Geldmittel, allzulangsam, erschienen innerhalb zehn Jahre 66 Bogen dieses Wörterbuches. Mit dem letzten am ersten Oktober 1908 erschienenen Bogen war Seite 1056 erreicht. Es waren die Wörter des Bandes: Deutsch—Volapük bis zum Worte „Steuermannsmat" abgedruckt worden. Von dem Bande : Volapük—Deutsch war noch nichts erschienen. Mangel an Interesse seitens der Welt, geringe Geldmittel und hohes Alter haben Schleyer veranlaszt, mit der weiteren Herausgabe des Wörterbuches aufzuhören.

„Aber was mag denn wohl der Grund sein, dasz dieses Interesse allmählich geringer geworden ist?" wird man fragen, „und weshalb werden jetzt wieder Werke über Volapük herausgegeben, wenn doch kein Interesse mehr für diese Weltsprache vorhanden ist?"

Auf diese beiden Fragen möchte ich folgendes antworten: Schleyer war an sich, sowohl wegen seines scharfen Verstandes, als auch wegen seiner groszen Sprachkenntnisse der geeignete Mann, für den zwischenvölkischen Verkehr eine künstliche Sprache zu schaffen, die für alle Stämme der Erde brauchbar sein konnte. Da aber kein einziges Menschenwerk bei seinem Entstehen vollkommen erscheint, war es zu erwarten, dasz auch Schleyers Schöpfung einiger Verbesserungen bedurfte, bevor sie diese Eigenschaft mit Recht beanspruchen mochte. Die ersten Abänderungen wurden auf dem zweiten, vom 6—9 August 1887 in München abgehaltenen Weltsprachenkongresse beantragt und genehmigt. Diese Abänderungen waren tatsächlich Verbesserungen. Unglücklicherweise war hiermit der Möglichkeit der Weg gebahnt, noch mehr Änderungen vorzunehmen. Fast aus jedem Lande kamen nun Verbesserungsvorschläge, und jedes Volk wünschte, dasz Volapük seinem besonderen Sprachbedürfnisse gemäsz, geändert werde. Schleyer wies alle diese Vorschläge zurück und nahm allein Abänderungen und Ergänzungen vor, die er für nötig und nützlich hielt. Jetzt erwiesen sich diese Abänderungen aber nicht immer als Verbesserungen; denn Volapük war nun, sowohl wegen der neugebildeten, oft schwer zu behaltenden Wörter, als auch wegen der starken Abkürzungen bei der Bildung von zusammengesetzten Wörtern und wegen mancher überflüssiger Endungen, statt einfacher und leichter, erheblich schwerer geworden. Bei der Anwendung der an sich richtigen Grundsätze, war die Folgerichtigkeit manchmal schwer zu erkennen. Dieser Umstand bewirkte, dasz viele sich vom Volapük abwandten.

Mit diesem Sachverhalte konnten sich die treuen Anhänger und Bewunderer des Volapük, zu denen ich auch michselbst rechne, nicht zufrieden geben. Nachdem ich den Militärdienst verlassen hatte (ich war Militärarzt im niederländisch-ostindischen Heere) verfügte ich über mehr freie Zeit und stellte mir nun die Aufgabe das Volapük (sowohl die Grammatik wie auch den Wortschatz) einer gründlichen Durcharbeitung zu unterziehen, die nötigen Verbesserungen anzubringen und alsdann zu versuchen, der Volapükbewegung wieder neues Leben einzuhauchen. Im April 1921 teilte ich dem von Schleyer durch Anordnung vom dritten Dezember 1910 zu seinem Nachfolger ernannten Cifal, Prof. Dr. Albert Sleumer, als ich ihn in seiner Wohnung besuchte, meine obenerwähnte Absicht mit, der er, wie zu erwarten war gern beipflichtete.

Die Erwägungen, die uns veranlaszten, zu versuchen, das Volapük, das augenblicklich gleichsam hinsiechte, wieder zu neuem Leben zu erwecken, waren folgende:

1. Volapük ist in seinem Bau so einfach und als Ganzes so

vorzüglich, das kein anderes Sprachgebilde es übertreffen, höchstens ihm gleichkommen könnte.

2. Die Erfahrung hat gelehrt, das Volapük für den zwischenvölkischen Verkehr vollkommen brauchbar ist. In einer 1927 herausgegebenen Broschüre über „Interlingua" (einen der vielen Wettbewerber des Volapük) steht z.B. folgende Mitteilung: „Im Jahre 1889 bestanden in Europa, Asien, Afrika, Amerika und Australien 283 Volapükgesellschaften. Es gab mehr als 1600 geprüfte Volapüklehrer, 316 Volapükleitfäden und 25 Zeitschriften in Volapük."

3. Es musz von gröszter Wichtigkeit für die Einführung eines allgemeinen zwischenvölkischen Hilfsmittel sein, dasz man sich nur an ein einziges bewährtes System hält. Zu diesem Zwecke kann nach unserer Überzeugung keine andre Kunstsprache in Betracht kommen als eben das Volapük. Ist doch das Volapük nach jahrhundertelangen, vergeblichen Versuchen die *erste* künstliche Sprache, die sich für den zwischenstaatlichen Verkehr als wirklich brauchbar erwiesen hat und die völlig neutral den Natursprachen gegenüber steht.

4. Der augenblickliche Mangel an Interesse für das Volapük soll uns nicht hindern die Aufmerksamkeit wieder darauf zu lenken. Ist es doch öfters in der Geschichte der Wissenschaften vorgekommen, dasz ein wissenschaftlicher Fund, nach Jahren der Vergessenheit, gleichsam aufs neue entdeckt werden muszte, um endlich die Anerkennung zu finden, die ihm gebührte.

In neun Jahren habe ich die Aufgabe zu Ende geführt. Ich bin mir völlig bewuszt, dasz das Wörterbuch nicht vollständig ist. Die erwünschte Vollständigkeit ist von *einem* Menschen nicht zu erreichen, selbst wenn er noch weitere zehn Jahren an diesem Wörterbuch arbeiten würde. Er bedürfte dazu mehrerer Mitarbeiter. Aber solange die Grundsätze, worauf die Grammatik und die Wortbildung notwendig beruhen müszten noch nicht endgültig festgesetzt worden waren, konnte von Mitarbeitern überhaupt nicht die Rede sein. Erst wenn eine vollständige Grammatik und ein brauchbares Wörterbuch erschienen, durfte man erwarten, dasz auch andre imstande und bereit sein würden, ihre Mitarbeit anzubieten. Jetzt, da dieses Wörterbuch und eine vollständige Grammatik der Weltsprache tatsächlich vorliegen, wage ich es, um die Mitarbeit von allen gelehrten wie nichtgelehrten Interessenten dringend zu bitten. Ihre etwaigen Vorschläge werden von der Volapük-Akademie, deren Haupt der Cifal ist, genau geprüft werden.

Im April 1929 habe ich Prof. Dr. Sleumer in Bad Godesberg am Rhein besucht, un ihm meine Arbeit zu unterbreiten, und im September desselben Jahres sind wir beide nach Wienacht (in der Schweiz) gefahren, um zusammen mit Herrn J. Sprenger, der das literarische Eigentumsrecht der vielen Schleyerschen Werke besitzt, die verschiedenen wichtigen Fragen betreffs des Volapük zu erörtern.

Bei dieser Zusammenkunft haben wir die Grammatik endgültig so festgesetzt wie sie jetzt in meinem Werke: „Gramat Volapüka" vorliegt, aus dem hier unten ein Auszug gegeben wird.

Obgleich es vielleicht überflüssig erscheint, will ich hier doch eigens erwähnen, dasz der Cifal Prof. Dr. Albert Sleumer und Herr Jakob Sprenger der Herausgabe dieses Wörterbuches ihren vollen Beifall zollen. Mit einer holländischen Bearbeitung dieses Werkes bin ich beschäftigt, und Bearbeitungen in anderen Sprachen werden vorbereitet werden.

Schlieszlich will ich hier die Hoffnung aussprechen, dasz Volapük sich viele neue Freunde erwerben möge, und dasz diese bei dem Studium der geistreichen Schleyerschen Erfindung denselben Genusz empfinden mögen, den ich sowohl bei der Bearbeitung des Wörterbuches wie auch bei der Herausgabe der Grammatik empfunden habe.

Dr. ARIE DE JONG,
Mitglied der Volapük-Akademie.

Voorburg, 31 März 1930,
Broekslootkade 5.

KURZE VOLAPÜK-GRAMMATIK.

I. LAFAB (ALPHABET).

a, ä, b, c, d, e, f, g, h, i, j, k, l, m, n, o, ö, p, r, s, t, u, ü, v, x, y, z.
a = aa, ah (Kahl), ä = ä (Bär), e = ee (See), i = ie, ieh (Liebe), o = oo, oh (Moor) ö = ö (schön), u = u (Ruhe), ü = ü (Tür).
c = dsch, j = g in Page, v = w, y = j.
Die übrigen Buchstaben werden wie im Deutschen gelesen.
Jedes Lautzeichen hat nur eine Lesung. Es gibt keine Diphthonge oder Triphthonge (Doppel- oder Dreilauter); jeder Vokal wird für sich gesprochen, z.B. **rein** (der Regen) = re-in. Die Betonung ruht stets auf der Endsilbe. **Volapük** (Abkürzung): **Vp**) = Wolapühk.

II. SUBSAT (SUBSTANTIV).

A. Deklin (Deklination).

Balnum (Singular)	Plunum (Plural).
fat der, ein Vater.	**fats** die Väter.
fata des, eines Vaters.	**fatas** der Väter.
fate dem, einem Vater.	**fates** den Vätern.
fati den, einen Vater.	**fatis** die Väter.
o fat! o Vater!	**o fats**! o Väter!

Ä. Die Wörter, welche ganz klar männliche Wesen bedeuten, sind männlich, und die, welche ganz klar weibliche Wesen bedeuten, weiblich. Alle übrigen Wörter sind sächlich.
man (Mann), **fat** (Vater), **tor** (Stier) sind männlich.
vom (Frau), **mot** (Mutter), **kun** (Kuh) sind weiblich.
men (Mensch), **flen** (Freund), **cil** (Kind), **jevod** (Pferd), **bub** (Rind), **gok** (Huhn), **bubül** (Kalb), **buk** (Buch), **tab** (Tisch) sind sächlich.
Man verwandelt die sächlichen Wörter, welche **lebende** Wesen bezeichnen, in männliche durch die Vorsilbe hi-, und in weibliche durch die Vorsilbe ji-. **Flen** = Freund (allgemein), **hiflen** = der Freund, **jiflen** = Freundin; **dog** = Hund, **hidog** = Hundemännchen, **jidog** = Hündin.

Verkleinerungswörter (smalükamavöds): **flor** = die, eine Blume, **floril** = das, ein Blümchen, Blümlein; **dom** = das, ein Haus, **domil** = das, ein Häuslein, Häuschen.

III. LARTIG (ARTIKEL).

Der Artikel: **el** (sächl.), **hiel** (männl.), **jiel** (weibl.) steht nur vor Fremdwörtern (d. h. vor Nicht-Volapük-wörtern).

(el) ‚Friedrich',	(der) Friedrich,
ela ‚Friedrich',	(des) Friedrichs,
ele ‚Friedrich',	(dem) Friedrich,
eli ‚Friedrich',	(den) Friedrich,
o (el) ‚Friedrich'!	(o) Friedrich!

IV. LADYEK (ADJEKTIV).

Die Endung der Adjektive ist immer ∗ik. **Gud** = die Güte, **gudik** = gut; **kop** = der Körper, **kopik** = körperlich.

Die Adjektive stehen unverändert hinter dem Substantiv. Werden sie aber vor das Substantiv gestellt, dann werden sie nach Zahl und Beugefall verändert. **Buk jönik** = ein schönes Buch; **bukas jönik, jönikas bukas** = der schönen Bücher.

Die Steigerungsgrade der Adjektive werden gebildet mit ∗um und ∗ün.

Gudik = gut, **gudikum** = besser, **gudikün** = best.
jönik = schön, **jönikum** = schöner, **jönikün** = schönst.

V. LADVÄRB (ADVERB).

1. Ursprüngliche Formen.
ai = immer, **ba** = vielleicht, **i** = auch, **is** = hier, **no** = nicht, **plu** = mehr, **te** = nur, ...

2. Abgeleitete Formen.
Adverbien können durch Anhängung von ∗o (und in besondern Fällen von ∗ao und ∗io) von andern Wörtern (Substantiven, Adjektiven, ...) gebildet werden.

delo = bei Tage, **adelo** = heute, **ädelo** = gestern, ...
deto = rechts, **detao** = von rechts, **detio** = rechtshin, ..
gudiko = gut, **gudikumo** = besser, **gudiküno** = best;
jöniko = schön, **jönikumo** = schöner, **jöniküno** = am schönsten; ...

VI. NUMAVÖDS (NUMERALIA).

1 **bal** = eins, 2 **tel** = zwei, 3 **kil** = drei, 4 **fol** = vier, 5 **lul** = fünf, 6 **mäl** = sechs, 7 **vel** = sieben, 8 **jöl** = acht, 9 **zül** = neun, 0 **ser** = nul.

10 **deg** = zehn, 100 **tum** = hundert, 1'000 **mil** = tausend, 10'000 **degmil** = zehntausend, 100'000 **tummil** = hunderttausend, 1'000'000 **balion** = million.

11 **degbal** = elf, 22 **teldegtel** = zweiundzwanzig, . . .

bim bal = ein Baum, **böds degtel** = zwölf Vögel, . . .

0,1 **dim** = zehntel, 0,01 **zim** = hundertstel, 0,001 **mim** = tau-sendstel, 0,000'1 **dimmim** = zehntausendstel, 0,000'01 **zimmim** = hunderttausendstel, 0,000'001 **balyim** = millionstel, . . .

$^2/_3$ **kildils tel** = zweidrittel, $^1/_5$ **luldil bal** = ein fünftel, $^3/_{10}$ oder 0,3 **degdils kil** oder **kildim** = dreizehntel, . . .

balid = erste, **telid** = zweite, . . .

balido = erstens, **telido** = zweitens, . . .

balna = einmal, **telna** = zweimal, . . .

a bal = je ein, **a tel** = je zwei, . . .

kilik = dreifach, **mälik** = sechsfach, . . .

telön = verdoppeln, **kilön** = verdreifachen, . . .

VII. PÖNOP (PRONOMEN).

A. Pönop pösodik (Personalpronomen).

balnum (Singular)	plunum (Plural)
ob ich,	**obs** wir,
ol du,	**ols** ihr,
or Sie (höflich),	**ors** Sie (höflich, mehrere),
om er (männlich),	**oms** sie (männlich),
of sie (weiblich),	**ofs** sie (weiblich),
on (allgem., im Deutschen wie-derzugeben mit: er, sie oder es),	**ons** sie (allgem., sächlich),
oy man,	
os es (sächlich, z.B. reinos = es regnet),	
ok sich,	**oks** sich,
od einander,	**ods** einander.

Ä. Pönop dalabik (Possessivpronomen).

obik = mein, **olik** = dein, **orik** = Ihr (höflich), **omik** (männl.) = sein, **ofik** (weibl.) = ihr, **onik** (sächl.) = sein, ihr, **oyik** = jemand, jemandes, eines, **okik** = sein (eigen), ihr (eigen), **obsik** = unser, **olsik** = euer, **orsik** = Ihr (höflich, mehrerer), **omsik** (männl.) = ihr, **ofsik** (weibl.) = ihr, **onsik** (sächlich) = ihr, **oksik** = ihr (eigen).

Statt der Formen auf ◦ik, kann der Genitiv des Personalprono-mens auf ◦a gebraucht werden. **Buk obik** oder **buk oba** = mein Buch.

B. Pönop jonik (Demonstrativpronomen).

At, hiat, jiat = dieser, diese, **atos** = dieses, **et, hiet, jiet** = jener, jene, **etos** = jenes, **ot** = derselbe, **it** = selbst, selber, **ebo at** = ebendieser, **ebo ot** = ebenderselbe.

C. Pönop säkik (Interrogativpronomen).

Allgem.	männl.	weibl.	sächlich	
kin?	kim?	kif?	kis?	= wer? was?
kinik?	kimik?	kifik?	kisik?	= welcher? welche?
kinid?	kimid?	kifid?	(kisid?)	= wievielte?

D. Pönop vokädik (Exklamationspronomen).

Allgem.	männl.	weibl.	sächlich.	
kion!	kiom!	kiof!	kios!	= welch! welcher! wie!

E. Pönop tefik (Relativpronomen).

Welcher, der (allgem.) = **kel**; welcher, der (männl.) = **hikel**; welche, die (weibl.) = **jikel**; welches, das = **kelos**.

Derjenige, der (wer), diejenige, die (wer), dasjenige, das (was) = **ut, kel; hiut, kel; jiut, kel; utos, kel**; (Personen) **utan, hiutan, jiutan, kel**.

F. Pönop nefümik (Unbestimmtes Pronomen).

ek = jemand,	**ans, anik** = etliche, einige,
nek = niemand,	**al, alik** = jeder,
bos = etwas,	**alan** = jedermann,
nos = nichts,	**öm, öman, ömik** = mancher.

Ans, al, öm sind alleinstehende, **anik, alik, ömik** adjektivische Formen.

VIII. VÄRB (VERBUM).

Konyug (Konjugation).

A. Jenöfastad (= Wirklichkeitszustand, im Deutschen: Indikativ).

I. Dunalefom (Aktiv).

1. Fümabidir (Indikativ).

a. Presenatim nefinik (Präsens).

balnum (Singular),	plunum (Plural),
löfob ich liebe,	**löfobs** wir lieben,
löfol du liebst,	**löfols** ihr liebt,
löfor Sie lieben,	**löfors** Sie lieben,
löfom er liebt,	**löfoms** sie lieben (männl.),
löfof sie liebt,	**löfofs** sie lieben (weibl.),
löfon (sächlich, im Deutschen wiederzugeben mit:) er, sie, es liebt,	**löfons** sie lieben (allgem.),
löfoy man liebt.	

löfoms **okis** = sie lieben sich (selbst).
löfoms **odis** = sie lieben einander.

ä. Pasetatim nefinik (Imperfekt).
älöfob ich liebte, **älöfobs** wir liebten,
älöfol du liebtest, **älöfols** ihr liebtet,
älöfom er liebte, **älöfoms** sie liebten.

b. Presenatim finik (Perfekt).
elöfob ich habe geliebt, **elöfobs** wir haben geliebt,
elöfol du hast geliebt, . . .

c. Pasetatim finik (Plusquamperfekt).
ilöfob ich hatte geliebt, **ilöfobs** wir hatten geliebt,
. . .

d. Fütüratim nefinik (Erstes Futur).
olöfob ich werde lieben, . . .

e. Fütüratim finik (Zweites Futur).
ulöfob ich werde geliebt haben, . . .

2. Vipabidir (Optativ, Wunschform).

löfobös! möge ich lieben!
löfolös! mögest du lieben!

3. Büdabidir (Imperativ, Befehlsform).

löfolöd! liebe! **löfolsöd**! liebet!

4. Stipabidir (Konditional, Bedingungsform).

löfoböv ich würde lieben, **löfobsöv** wir würden lieben,
löfolöv du würdest lieben, . . .

elöfoböv ich würde geliebthaben,. . .

5. Nenfümbidir (Infinitiv).

löfön = lieben, **elöfön** = geliebt haben, **olöfön** = lieben werden,

6. Partisipabidir (Partizip.).

löföl=liebend, **älöföl**=einer der liebte, **elöföl**=geliebt habend,

II. Sufalefom (Passiv).

1. Fümabidir (Indikativ).

a. Presenatim nefinik (Präsens).
palöfob ich werde geliebt, **palöfobs** wir werden geliebt.

ä. Pasetatim nefinik (Imperfekt).
pälöfob ich wurde geliebt.

b. Presenatim finik (Perfekt).
pelöfob ich bin geliebt worden.

2. Vipabidir (Optativ).

palöfobös! möge ich geliebt werden!

3. Büdabidir (Imperativ).

palöfolöd! werde geliebt!

4. Stipabidir (Konditional)

palöfoböv ich würde geliebt werden.

5. Nenfümbidir (Infinitiv).

palöfön = geliebt werden, **pelöfön** = geliebt worden sein.

6. Partisipabidir (Partizip).

palöföl = geliebt werdende, **pelöföl** = geliebt (worden seiend).

Ä. Säkastad (Fragezustand).

Eine Frage wird durch Anhängung der Silbe -li an das Ende des Verbums gebildet. **Löfob-li?** = liebe ich? **älöfol-li?** = liebtest du?

B. Mögastad (= Möglichkeitszustand, im Deutschen:

Konjunktiv).

Das Verbum wird im Vp. nur dann in den Konjunktiv gesetzt, wenn man um Miszverständnisse zu vermeiden, eine Möglichkeit oder Zweifelhaftes andeuten will.
Der Konjunktiv wird durch Anhängung der Silbe -la an das Ende des Verbums gebildet.
No sevob, va okömom-la = Ich weisz nicht, ob er kommen wird (ich zweifle dran).

IX. PRÄPOD PRÄPOSITION).

1. Ursprüngliche Formen.
a = je, auf (**a tel** = je zwei), **lä** = bei, **fa** = von, **in** = in (**in dom** = im Hause), **ini** = in (Richtung, **ini dom** = ins Haus), **se** = aus, **su** = auf, ...

2. Abgeleitete Formen.

Die abgeleiteten Präpositionen werden von andern Wörtern (meistens von Substantiven) durch Anhängung von ꞏü gebildet. **Büdü** = auf Befehl des (**büd** = Befehl), **demü** = wegen (**dem** = Rücksicht, Beachtung), **domü** = im Hause von (**dom** = Haus), ...

Die Präposition steht **vor** dem Substantiv und regiert **immer** den Nominativ.

X. KONYUN (KONJUNKTION).

1. Ursprüngliche Formen.

e (vor einem Vokale: **ed**) = und, **ab** = aber, **bi** = weil, **u** (vor einem Vokale: **ud**) = oder, **ven** = als, ...

2. Abgeleitete Formen.

Die abgeleiteten Formen werden von andern Wörtern durch Anhängung von ꞏä gebildet. **Kodä** = weswegen (**kod** = Ursache, Grund), **medä** = dadurch dasz (**med** = Mittel), **büä** = bevor (**bü** = vor [zeitlich]), **güä** = dagegen (**gü** = das Gegenteil von), **toä** = trotzdem (**to** = ungeachtet), ...

XI. LINTELEK (INTERJEKTION).

1. Ursprüngliche Formen.

ag! = ach! **ö!** = ei! **vi!** = wehe! **si!** = ja! **nö!** = nein! ...

2. Abgeleitete Formen.

Die abgeleiteten Formen werden von Substantiven durch Anhängung von ꞏö gebildet. **Danö!** = habe dank! **stopö!** = halt! **yufö!** = zuhilfe! ...

N.B. Fehlendes suche man in der Grammatik und im Lexikon!

Probesatz.

Oksev ai ebinon stab gudikün tugas valik. = Die Kenntnis seiner selbst ist immer die beste Grundlage aller Tugenden gewesen.

Prof. Dr. ALBERT SLEUMER,
Cifal.

Dr. ARIE DE JONG,
Kadäman Vpa.

JAKOB SPRENGER,
Kadäman Vpa.

WIENACHT (Schweiz), 17—19 September 1929.

BREFODS.

a.s. = as sam.
br. = brefod.
br. bev. = brefod bevünetik.
d. = din.
D. = Deutänapük.
füs. = in füsüd.
Flan. = Flanänapük.
Fr. = Fransänapük.
gad. = in gadav.
gen. = genitif.
geom. = in geomet.
git. = in gitäd.
gr. = in gramat.
k. = könäd.
kiem. = in kiemav.
kony. = konyun.
l. = logolös!
ladv. = ladvärb.
lady. = ladyek.
lart. = lartig.
lat. = latin.
lov. = värb loveädik.
lov. dem. = värb loveädik demodik.
lov. nem. = värb loveädik nemirik.
Lap. = Lapänapük.

Lin. = Linglänapük.
Lit. = Litaliyänapük.
m. = manik.
mat. = in matemat.
mil. = in milit.
mit. = in miteodav.
mus. = in musig.
n. = neudik.
nel. = värb neloveädik.
nel. dem. = värb neloveädik nemirik.
nev. = nevoiko.
Ned. = Nedänapük.
p. = pösod.
pl. = plunum.
pr. = präpod.
prot. = in glüg protästik.
r. = reidolös!
rom. = in glüg romakatulik.
Rus. = Rusänapük.
sek. = värb sekidik.
st. = steläd.
t. = tonat.
v. = vomik.
V.Gr. = Vöna=Grikänapük.

*

DEUTSCH — WELTSPRACHE,

DEUTÄNAPÜK — VOLAPÜK.

A. a.

a [a] 1. n. (tonat balid lafaba Deutänapükik) 2. (br. ela ‚Ar’) = lar, (br. bev.:) ‚A’ 3. pr. = a, **5 Stück** — **10 Pfennig** = balats 5 a makazims 10 4. — **dato** = sis adät, ‚a dato’, ‚a d.’, — **konto** = kalo, ‚a conto’, — **priori** = büo.

Aachen [aǧĕn] n. = ‚Aachen’.

Aachner [aǧnĕr] 1. lady. = di ‚Aachen’ 2. p., m. = elan di ‚Aachen’, hielan di ‚Aachen’.

Aachnerin [aǧnĕrin] v. = jielan di ‚Aachen’.

Aak [ak] n. = nag.

Aal [al] m. = pil, **Aale fangen** = pilifanön (nel.).

aalartig [àlartiq] 1. = pilasümik 2. = pilafo⸗ mik.

Aalbeere [àlberĕ] v. 1. = blägaribed, ribed blägik 2. = ribedabäl blägik.

Aalbrut [àlbrut] v. = pilülem.

aalen [alĕn] = pilifanön (nel.).

Aaler [alĕr] m. = pilifanan.

Aalfang [àlfáŋ] m. = pilifan.

Aalfänger [àlfänĕr] m. = pilifanan.

aalförmig [àlfûrmiq] = pilafomik.

Aalpastete [al-pástète] v. = pilabastet.

Aalquappe [àlkvápĕ] v. = lotat.

Aalsuppe [àlsupĕ] v. = pilasup.

Aar [ar] (Adler), m. 1. = kvil 2. st. = sikvil.

Aas [aš] n. = karot.

ab [áp] 1. (von, von ... —) = de (pr.), **drei Schritte vom Wege** — = de veg fagotü steps kil, de veg tö fagot stepas kil 2. = nä, **von fünf drei** — **bleiben zwei** = lul nä kil binos tel. 3. (ted) **hiervon** — = panäedosös mö, atos panäedon mö, **frei** — **hier** = nen fräd in top at, nen fräd in top isik, topo nen fräd, isao ko fräd, attopao ko fräd 4. — **und zu gehen** = golön, vegön mo e ge, **auf und** — = löpio e donio, — **und zu** = lunomiko, tü tims lunomik, — **und zu besucht er uns** = visitom obis tü tims lunomik, visitom obis lunomiko 5. deo (ladv.) 6. = deik (lady.), **Hut** — ! = ko hät deik! deükolödl häti! 7. (dahin!) = moö!

abänderlich [áp-ąndĕrliq] 1. = votöfik 2. (de-klinierbar) = deklinovik.

Abänderlichkeit [áp-ąndĕrliqkäit] v. 1. = votöf 2. gr. = deklinov.

abändern]áp⸗ändern] = votükön (lov.), **sich** — = votikön (nel.).

Abänderung [áp-ąndĕruŋ] v. = votükam.

abängstigen [áp-ąŋstigĕn] 1. lov. = mütogetön dredälükamo 2. **sich** — = dadredälön (nel.).

abarbeiten [áp-ár-báitĕn] (wegmachen) = moü⸗ kön (lov.).

Abarbeitung [áp-ár-báituŋ] v. = moükam.

Abart [áp⸗art] v. 1. = mivedasot 2. (Varietät) = sotül.

abarten [áp⸗artĕn] = mivedön (nel.).

abartig [áp-àrtiq] = mivedik.

‚abattoir’ [abátŭàr] Fr. = pugöp notidik.

Abbau [áp-báŭ] m. nev. = sästid.

abbeeren [ápberĕn] lov. = debälön (lov.), deü⸗ kön bälis.

Abbeerung [áp-bèruŋ] v. = debälam, deükam bälas.

abberufen [ápbĕrufĕn] lov. = säcälön (lov.).

abbestellbar [áp-bĕjtąlbar] 1. = säbonedabik 2. = säbonedovik.

abbestellen [áp-bĕjtąlĕn] lov. = säbonedön (lov.).

Abbesteller [áp-bĕjtąlĕr] m. = säbonedan.

abbestellt [ápbĕjtąlt] = pesäbonedöl, — ! = säbonedö!

Abbestellung [áp-bĕjtąluŋ] v. = säboned.

abbetteln]ápbätĕln] lov. = delubegön (lov.), lubegogetön (lov.).

Abbetteln [ápbätĕln] n. = delubeg.

Abbettelung [áp-bątĕluŋ] v. = delubeg, lube⸗ goget.

Abbettler [ápbätlĕr] m. = delubegan.

Abbild [ápbilt] n. (Porträt) = pöträt.

abbilden [ápbildĕn] 1. = däsinön (lov.) 2. (porträtieren) = pöträtön (lov.).

Abbildner [ápbildnĕr] m. 1. = däsinan 2. = pöträtan.

Abbildung [áp-bilduŋ] v. 1. (das Darstellen) = mag 2. (das Dargestellte) = magod.

Abbitte [ápbįtĕ] v. = säkusadibeg, — **tun** = begön säkusadi.

abbitten [ápbįtĕn] lov. 1. (Abbitte leisten) = begön säkusadi 2. (abflehen) = debegön (lov.).

Abbitten [ápbįtĕn] n. = debeg.

abblühen]ápblüen] nel. (verblühen) = fiflorön (nel.).

abbrechen [ápbräqĕn] lov. 1. = debreikön (lov.) 2. = neregulön (lov.), **die Zelte** — = neregulön tänadis 3. nel. = debrekön (nel.).

Abbrechen [ápbräqĕn] n. 1. = debreik. 2. = neregul 3. = debrek.

Abbrechung [áp-brąquŋ] v. = debreik.

abbrennen [ápbrä̆nĕn] nel. 1. = felefilön (nel.) 2. defilön (nel.) 3. lov. = defilükön (lov.)
Abbrennen [ápbrä̆nĕn] n. 1. = felefilam 2. = defilam 3. = defilükam.
Abbrenner [ápbrä̆nĕr] m. = defilükan.
Abbrennung [áp-brä̆nuŋ] v. = defilükam.
Abbreviatur [ábreviatŭr] v. = brefod.
abbringen [ápbriŋĕn] lov. = deblinön (lov.).
Abbringen [ápbriŋĕn] n. = deblin.
Abbringung [áp-brĭŋuŋ] v. = deblin.
Abbruch [ápbrŭǧ] 1. m. (das Abbrechen) = debreik, auf den — = debreiko 2. (Abgebrochenes) = debreikot 3. m. = däm, ludäm, — tun = dämükön (lov.).
abbürsten [ápbü̆rštĕn] lov. = dekefön (lov.).
Abbürsten [ápbü̆rštĕn] n. = dekefam.
Abbürster [ápbü̆rštĕr] m. = dekefan.
Abbürstung [áp-bü̆rstuŋ] = dekefam.
Abc [abeže] (Alphabet) = lafab.
Abcbuch [abežĕbŭǧ] n. = lafababuk.
Abchasen [ápqàsĕn] pl. = labgadans.
abclernen [abežĕlärnĕn] = lärnön (lov.) lafabi.
Abdach [áp-dáǧ] n. = nufül.
abdachen [áp-dáǧĕn] lov. = sänufön (lov.).
Abdachung [áp-dáǧuŋ] v. 1. (Abhang) = kliv 2. (Schirmdach) = nufül 3. = sänufam.
abdämmen [ápdä̆mĕn] lov. = damön (lov.).
Abdämmung [áp-dä̆muŋ] v. = damam.
abdanken [áp-dáŋkĕn] lov. (entlassen) = säʐdünükön (lov.).
Abdankung [áp-dáŋkuŋ] v. 1. = sädün 2. = sädünükam.
abdarben [áp-dárbĕn] (ersparen) = späłön (lov.).
Abdarbung [áp-dárbuŋ] v. = späl.
abdecken [ápdä̆kĕn] 1. (das Dach wegnehmen) = sänufön (lov.) 2. (die Decke abnehmen, wegnehmen) = sätegedön (lov.) 3. (schinden) = säskinön (lov.).
Abdecker [áp-dä̆kĕr] m. (Schinder) = säskinan.
abdrängen [ápdrä̆ŋĕn] 1. = depedön (lov.) 2. dedränön (lov.) 3. (abnötigen) = mütogetön (lov.).
abdringen [ápdriŋĕn] = mütogetön (lov.).
abdringerisch [áp-driŋĕrij] = mütogetik.
Abdringung [áp-drĭŋuŋ] v. = mütoget.
Abdruck [ápdrŭk] m. 1. (das Abdrucken) = debük 2. (das Abgedruckte) = debükot.
abdrucken [ápdrŭkĕn] = debükön (lov.).
Abdrucken [ápdrŭkĕn] n. = debük.
abdrücken [ápdrü̆kĕn] lov. (durch Drücken entfernen) = depedön (lov.).
Abdrückung [áp-drü̆kuŋ] v. = deped.
Abecedarius [abežedáriuš] m. = lepriman.
Abeceling [abežĕliŋ] = lepriman.
Abeceschüler [abežĕjülĕr] m. = lepriman.
Abeceschütz [abežĕjüž] m. = lepriman.
abend [abĕnt]: heute — = asoaro, vorgestern — = esoaro, — werden = soarikön (nel.).
Abend [abĕnt] m. = soar.
Abendbrot [àbĕntbrot] n. = säned, — essen = sänedön (nel.).
Abenddämmerung [àbĕnt-dä̆mĕruŋ] v. = soaʐralulit.
Abendessen [àbĕnt-ä̆šĕn] n. = säned.

Abendgebet [àbĕntgĕbet] n. = soaraplek.
Abendgesellschaft [àbĕnt-gĕsä̆ljáft] v. = soaraʐzälül.
Abendland [àbĕntlánt] n. (Okzident) = vesüʐdän.
abendländisch [àbĕnt-lä̆ndij] = vesüdänik.
abendländischerweise [àbĕnt-lä̆ndijĕrváïsĕ] = vesüdäno.
abendlich [àbĕntliq] = soarik.
Abendmahl [àbĕntmạl] n. = säned, das heilige —, rom. (Eucharistie) = köarist, das (heilige) —, prot. = säned saludik.
Abendmahlzeit [àbĕnt-mạlžáït] v. = säned.
Abendröte [àbĕntrötĕ] v. = soarared.
abends [abĕnž] = soaro, gestern — = äsoaro, morgen — = osoaro, übermorgen — = usoaro.
Abendstern [àbĕntʐjtärn] m. = soarastel.
Abendunterhaltung [àbĕntʐuntĕrháltuŋ] v. = soarazälül.
Abenteuer [àbĕntóŭĕr] n. = ventür.
abenteuerlich [àbĕntóŭĕrliq] = ventürik.
Abenteurer [àbĕntóŭrĕr] m. = ventüran.
aber [abĕr] 1. = ab 2. (sondern) = ab 3. (wieder) = dönu (ladv.), tausend und — tausend = mil e dönu mil, milat e dönu milat, — und abermals = ai dönu 4. (nochmals) — nogna 5. (jedoch) = ye.
Aber [abĕr] n.: es ist immer ein — dabei = ai dod seimik läbinon.
aberaber [abĕr abĕr] = güä.
Aberglaube [àbĕrgláŭbĕ] m. = lukred.
abergläubisch [àbĕrglóŭbij] = lukredik, — glauben = lukredön (lov.).
abermal [abĕr mal] (wiederum) = dönu.
abermalig [abĕr màliq] = dönuik.
abermals [abĕr malš] = dönu.
Aberwitz [àbĕrviž] m. = lusap.
aberwitzig [àbĕr-vižiq] = lusapik.
Aberwitzigkeit [àbĕr-vižiqkáït] v. = lusap.
Abessinien [abäsiniĕn] n. = Habäjän.
Abessinier [abäsiniĕr] m. = Habäjänan.
abessinisch [abäsinij] = Habäjänik, — machen = Habäjänön (lov.), auf abessinische Weise = Habäjäno.
abfahren [ápfarĕn] 1. nel. = devegön (nel.) 2. nel. (fortfahren) = movegön (nel.) 3. lov. = deveigön (lov.).
Abfahrt [ápfart] v. = devegam.
Abfall [áp-fál] m. 1. = defal, der — der Blätter = defal bledas 2. (Abtrünnigkeit) = säslop 3. (Abfällsel) = defalot.
abfallen [áp-fálĕn] 1. = defalön (nel.) 2. (untreu werden) = säslopön (lov.) 3. (abhangen) = klivön (nel.).
abfangen [áp-fáŋĕn] 1. = defanön (lov.) 2. einem den Ball — = defanädön (lov.) eke glöpi.
Abfangen [áp-fáŋĕn] n. = defan.
abfassen [áp-fạ́šĕn] (schreiben) = lautön (lov.) .
Abfassung [áp-fạ́šuŋ] v. (Schriftstellerei) = laut.
abfällig [ápfäliq] 1. = defalik 2. = säslopik 3. = klivik 4. = nenlobülik.

Abfällsel [ápfälsĕl] n. = defälot.

Abfänger [ápfäŋĕr] m. = defanan.

Abfängerei [ápfäŋĕráï] v. = defan.

abfertigen [áp-fą̊rtigĕn] = sedön (lov.).

Abfertiger [áp-fą̊rtigĕr] m. = sedan.

Abfertigung [áp-fą̊rtiguŋ] v. = sed.

abfeuern [áp-fóŭĕrn]: die Flinte — = jütükön (lov.) güni.

Abfeuern [áp-fóŭĕrn] n. = jütükam.

Abfeuerung [áp-fóŭĕruŋ] v. = jütükam.

Abfeurer [áp-fóŭrĕr] m. = jütükan.

abfinden [áp-findĕn] 1. = givulön (lov.) (eke bosi demü ...) 2. sich — = balädikön (nel.).

Abfindung [áp-fịnduŋ] v. 1. = balädikam 2. = givul.

abflachen [áp-fláğĕn] = plenöfükön (lov.).

abflecken [áp-fläkĕn] = stenön (lov.).

abflehen [ápfleĕn] = debegön (lov.).

Abflehen [ápfleĕn] n. = debeg.

abflieszen [ápflišĕn] = deflumön (nel.).

Abflusz [ápflus̆] m. = deflum.

Abforderer [áp-fordĕrĕr] m. = flagan.

abfordern [áp-fórdern] 1. = flagön (lov. dem.) 2. (abberufen) = säcälön (lov.).

Abforderung [áp-fórdĕruŋ] v. = flag.

Abfuhr [ápfur] v. = deveig.

abführbar [ápfürbar] = deveigovik.

abführen [ápfürĕn] 1. = deveigön (lov.) 2. (purgieren) = purgön (lov.) eki.

Abführer [ápfürĕr] m. = deveigan.

Abführmittel [ápfür≈mịtĕl] n. = jiedamedin, purgamedin.

Abführung [ápfüruŋ] v. = deveig.

Abgabe [ápgabĕ] v. 1. = degiv 2. (Steuer) = trip, — zahlen = pelön tripi.

Abgang [áp-gáŋ] m. = degol.

abgängig [ápgą̊ŋiq] (gesucht) = vogik, — werden = nevogikön (nel.).

abgeben [ápgebĕn] 1. = degivön (lov.) 2. seine Stimme — = vögodön (nel.) 3. sich mit etwas — = bejäfön (lov.) bosi.

abgebraucht [áp-gĕbraŭğt (alt, zweiter Hand) = neflifedik.

abgebrochen [áp-gĕbróğĕn] 1. = edebreköl, pedebreiköl 2. Zeichen der abgebrochenen Rede = debreikamalül.

Abgebung [ápgĕbuŋ] v. = degiv.

abgedroschen [áp-gĕdrójĕn] = vorädik.

Abgedroschenheit [áp-gĕdrójĕn-háït] v. = voräd.

Abgedruckte [ápgĕdruktĕ]: das — = debükot.

abgefeimt [áp-gĕfáïmt] = lukäfik.

Abgefeimtheit [áp-gĕfáïmt-háït] v. = lukäf.

Abgegossene [áp-gĕgóšĕnĕ]: das — = degifot.

abgehen [ápgeĕn] 1. = degolön (nel.) 2. = defön (nel.) 3. = nelabön (lov.).

Abgehen [ápgeĕn] n. = degol.

abgelaufen [ap-gĕlaŭfĕn] 1. (vergangen) = pasetik 2. (beendet) = finik.

abgelebt [ápgĕlept] = lifovorik.

Abgelebtheit [áp-gĕlĕptháït] v. = lifovor.

abgelegen [ápgĕlegĕn] = soalaseatik.

Abgelegenheit [áp-gĕlĕgĕnháït] v. = soalaseat.

abgeleitet [áp-gĕláïtĕt] = pedefomöl, zusam-

mengesetztes oder abgeleitetes Wort = ko≈ boädavöd.

abgemacht [áp-gĕmáğt]: —! = rajanö!

abgemattet [áp-gĕmátĕt] = fenik.

abgeneigt [áp-gĕnáïkt] = neklienik.

Abgeneigtheit [áp-gĕnáïkt-háït] v. = neklien.

abgenutzt [ápgĕnu̯zt] 1. = vorik, — sein = vorön (nel.) 2. (alt, zweiter Hand) = neflifedik.

Abgenutztsein [ápgĕnu̯zt sáïn]: das — 1. = vor 2. (das Altsein) = neflifed.

Abgeordneter [áp-gĕórdnĕtĕr] m. = depütäb.

Abgeplattetsein [áp-gĕplátĕt sáïn]: das — = plat.

Abgesandter [áp-gĕsą̊nter] m. = sedäb.

abgeschieden [ápgĕjidĕn] (tot) = ädeadöl, edeadöl, ...

abgeschmackt [áp-gĕĵmákt] (geistlos) = ne≈ spiritik.

Abgeschmacktheit [áp-gĕĵmákt-háït] (Geistlosigkeit), v. = nespirit.

abgeschnitten [ápgĕjnịtĕn]: abgeschnittenes Stück = kötot.

Abgeschnittenes [ápgĕjnịtĕnĕš] n. = dekötot.

Abgeschriebene [ápgĕjrịbĕnĕ]: das — = de≈ penäd.

abgesondert [áp-gĕsóndĕrt] (allein) = soelik.

Abgesondertsein [áp-gĕsóndĕrt-sáïn]: das — = soel.

abgetragen [ápgĕtragĕn] = vorik, — sein = vorön (nel.).

Abgetragensein [ápgĕtragĕn-sáïn]: das — = vor.

abgewöhnen [ápgĕvönĕn] = säkösömükön (lov.).

Abgewöhnung [áp-gĕvŏnuŋ] v. = säkösömü≈ kam.

abgezehrt [ápgĕžert] = vesetik, — sein = vesetön (nel.).

Abgezehrtheit [ápgĕžert-háït] v. = veset.

Abgezehrtsein [ápgĕžert-sáïn]: das — = veset.

abgieszen [ápgišĕn] = degifön (lov.).

Abgieszen [ápgišĕn] n. = degif.

Abgieszer [ápgišĕr] m. = degifan.

Abgieszerin [áp-gịšĕrin] v. = jidegifan.

Abgieszung [áp-gišuŋ] v. = degif.

Abglanz [áp-glánž] m. = genid.

abgleiten [áp-gláïtĕn] = deslifön (nel.).

Abgleiten [áp-gláïtĕn] n. = deslif.

Abgleitung [áp-gláïtuŋ] v. = deslif.

abglitschen [áp-glịtjĕn] = deslifön (nel.).

Abgott [áp-gót] m. (Götze) = lugod.

Abgötterei [ápgŏtĕráï] v. = lugodikult, — treiben = lugodikultön (nel.).

Abgötterer [áp-gŏtĕrĕr] m. = lugodikultan.

Abgöttin [áp-gŏtin] v. = jilugod.

abgöttisch [áp-gŏtij] = lugodik.

abgraben [ápgrabĕn] = desepön (lov.).

Abgrabung [áp-gràbuŋ] v. = desepam.

abgrämen [ápgrämĕn]: sich — = daleglifikön (nel.).

Abgrämung [áp-grą̊muŋ[v. = daleglifikam.

abgrasen [ápgrasĕn] = deyebidön (lov.).

Abgraserei [ápgrasĕráï] v. = deyebid.

Abgrasung [áp-gràsuŋ] v. = deyebid.

abgrenzen [ápgränžĕn] = miedükön (lov.).

Abgrenzung [áp-grǎnžuŋ] v. = miedükam.
Abgrund [ápgrṵnt] m. = gufur.
Abgusz [ápgṵš] m. 1. = degif 2. (Guszstück) = gifot.
abhacken [áp-hákĕn] = decöpön (lov.).
Abhackung [áp-hákuŋ] v. = decöpam.
abhaken [ápₔhakĕn] = sähukilön (lov.).
abhalten [ap-háltĕn] 1. (hindern) = neletön (lov.) 2. (bewerkstelligen) = jenükön (lov.), Sitzung = seadodön (nel.).
abhandeln [áp-hándĕln] 1. (abkaufen) = deremon (lov.) 2. (besprechen) = bespikön (lov.).
abhanden [áp-hándĕn]: — kommen = moikön (nel.).
Abhandlung [áp-hándluŋ[v. (Aufsatz) = penot.
Abhang [áp-háŋ] m. (Hang, Abdachung) = kliv.
abhangen [áp-háŋĕn] 1. nel. = delagön (nel.) 2. lov. (etwas Hangendes abnehmen) = sälägön (lov.) 3. nel. (abfallen) = klivön (nel.).
abhangend [áp-háŋĕnt] (geneigt) = klivik.
abhaspeln [áp-hášpĕln = säginön (lov.).
abhauen [áp-háṵĕn] = decöpön (lov.).
Abhauung [áp-háṵuŋ] v. = decöpam.
abhängen [áphǎŋĕn] 1. nel. = delagön (nel.) 2. lov. (etwas Hangendes abnehmen) = sälägön (lov.) 3. nel. (abhängig sein von) = sekidön (nel.) de.
abhängig [áp-hǎŋiq] 1. (abhangend) = klivik 2. = sekidik, — sein von = sekidön (nel.) de, — machen = sekidükön (lov.) 3. (untergeordnet) = sumätöfik.
Abhängigkeit [áp-hǎŋigkáït] v. (Bedingtheit) = sekid.
abhärten [áphǎrtĕn] 1. = düfükön (lov.) 2. = sufidükön (lov.).
Abhärtung [áp-hǎrtuŋ] v. 1. = düfükam 2. = sufidükam.
abheben [áphebĕn] = detovön (lov.).
Abhebung [áp-hèbuŋ] v. = detov.
abhelfen [áphälfĕn] 1. einem von etwas — = nelabükön (lov. dem.) 2. lov. einem etwas — = yufön eki ad deseitön bosi.
Abhelfen [áphälfĕn] n. = nelabükam.
Abhelfer [áphälfĕr] m. = nelabükan.
abherzen [ápₔhǎržĕn] = löfülön (lov.).
abhetzen [ápₔhǎžĕn] 1. = deiyagön (lov.) 2.= dafenükön (lov.).
abhobeln [áphobĕln] = derabotön (lov.).
Abhobelung [áp-hòbĕluŋ] v. = derabotam.
abhold [áp-hólt] = neklienik.
abholen [ápholĕn] = ramenön (lov.).
Abholer [ápholĕr] m. = ramenan.
abholzen [áp-hólžĕn] = säplanilön (lov.).
abhorchen [áp-hórqĕn] = delilön (lov.).
Abhorchen [áp-hórqĕn] n. = delilam.
Abhorcher [áp-hórqĕr] m. = delilan.
abhören [áphörĕn] 1. = delilön (lov.) 2. (überhören) = xamülön (lov.).
Abhören [áphörĕn] n. 1. = delilam 2. = xamül.
Abhörer [áphörĕr] m. 1. = delilan 2. = xamülan.

Abhörung [áp-hŏruŋ] v. = xamül.
Abiturient [ábituriǎnt] m. = julilüvan.
Abiturientenexamen [ábituriǎntĕn-äxamĕn] n.= julilüvaxam.
Abiturientenprüfung [ábituriǎntĕn-prǜfuŋ] v. = julilüvaxam.
Abiturientenzeugnis [ábituriǎntĕn-žóǔknįš] n. = julilüvadiplom.
Abiturium [ábitürium] n. = julilüv.
Abjuration [ábyuražïon] v. = deyulam.
Abkauf [ápkǎǔf] m. = derem.
abkaufen [áp-kǎǔfĕn] = deremön (lov.).
Abkäufer [áp-kóǔfĕr] m. = dereman.
abkehren [ápkerĕn] 1. = desvipön (lov.) 2. sich — = deflekön (lov.) oki.
Abkehrung [áp-kĕruŋ] 1. = deflek 2. = desvipam.
Abklatsch [áp-kláč] m. = klijed.
abklatschen [áp-kláčĕn] = klijedön (lov.).
Abklatschung [áp-kláčuŋ] v. = klijedam.
abknabbern [áp-knábĕrn] = detuetön (lov.).
abknaupeln [áp-knáǔpĕln] = detueton (lov.).
abknöpfen [áp-knöpfĕn] = säknopön (lov.).
abkochen [áp-kóǧĕn] = de-kükön (lov.).
Abkochen [áp-kóǧĕn] n. = dekük.
Abkochung [áp-kóǧuŋ] v. = dekük.
abkommen [áp-kómĕn] 1. von ... — = dekömön (nel.) 2. vom Wege — = pölavegön (nel.).
Abkommer [áp-kómĕr] m. (Abstämmling) = licinan.
Abkömmling [áp-kŏmliŋ] m. = licinan.
abkratzen [áp-krážĕn] = dekratön (lov.).
Abkratzen [áp-krážĕn] n. = dekrat.
Abkunft [ápkṵnft] v. = licin.
abkühlen [ápkülĕn] (kühlen) = koldülükön (lov.).
Abkühlung [áp-kùluŋ] v. = koldülükam.
abkürzen [ápküržĕn] = brefükön (lov.).
Abkürzer [ápküržĕr] m. = brefükan.
Abkürzung [áp-kǜržuŋ] v. 1. = brefükam 2. (Abbreviatur) = brefod.
abladen [ápladĕn] 1. = delodön (lov.) 2. = nelodön (lov.).
Ablader [ápladĕr] m. = delodan.
Abladung [áp-làduŋ] v. = delod.
ablassen [áp-lášĕn] 1. = leadön degolön (lov.) 2. = leadön deflumön (lov.) 3. die Hand von etwas — = zedön (lov.) bosi.
Ablativ [ábₔlatif, áp-latif, ábₔlatif] m. = blaatif.
Ablauerer [áp-láǔĕrĕr] m. = delükan.
ablauern [áp-láǔĕrn] = delükön (lov.).
Ablauerung [áp-láǔĕruŋ] v. = delük.
ablaufen [áp-láǔfĕn] 1. = derönön (nel.) 2. = dorönön (lov.) 3. = finikön (nel.) 4. deikön (nel.) dub rön.
Ablaut [áp-láǔt] m. = voket.
ablauten [áp-láǔtĕn] = voketön (nel.).
ableben [áplebĕn] 1. = deadön (nel.) 2. sich — (durchs Leben schwach und hinfällig werden) = lifovorikön (nel.).
Ableben [áplebĕn] n. (das Absterben) = deadam.
ablecken [ápläkĕn] = deläkön (lov.).
ablegen [áplegĕn] 1. = deseitön (lov.) 2. gad.

= deplanön (lov.) 3. **Rechenschaft — von** = gidükön (lov.) 4. **einen Eid — =** yulön lov.).

Ableger [áplegĕr] m. = deplanot.

ablehnen [áplenĕn] = refudön (lov.).

ablehnend [áplenĕnt] = refudik.

Ablehner [áplenĕr] m. = refudan.

Ablehnung [áp-lènuŋ] v. = refud.

ableiten [áp-láĭtĕn] 1. = dedugön (lov.) 2. = defomön lov.) 3. (schlieszen) = kludülön (lov.).

Ableiten [áp-láĭtĕn] n. = dedug.

Ableiter [áp-láĭtĕr] m. 1. p. = dedugan 2. d. = dedugian.

Ableitung [áp-láĭtuŋ] v. 1. = dedug 2. = defoman 3. (Abgeleitetes)) = defomot.

ablernen [áplärnĕn] = delärnön (lov.).

ablesen [áplesĕn] = dereidön (lov.).

Ableser [áplsĕr] m. = dereidan.

Ablesung [áp-lèsuŋ] v. = dereid.

ableugnen [áp-lóŭgnĕn] = noön (lov.).

Ableugnung [áp-lóŭgnuŋ] v. = noam.

Ablieferer [áplifĕrĕr] m. = blünan.

abliefern [áplifĕrn] = blünön (lov.).

Ablieferung [áp-lifĕruŋ] v. = blün.

ablisten [áplĭštĕn] = käfogetön (lov.).

ablocken [áp-lókĕn] (fortlocken, weglocken) = debätön (lov.).

Ablocker [áp-lókĕr] m. = debätan.

Ablockung [áp-lókuŋ] v. = debät.

ablösen [áplösĕn] = delivükon (lov.).

Ablöser [áplöser] m. = delivükan.

Ablösung [áp-lòsuŋ] v. = delivükam.

abmachen [áp-máģĕn] (fertig machen) = fimeʒkön (lov.).

Abmachung [áp-máģuŋ] v. = balädikam.

abmagern [ápmagĕrn] 1. lov.=mägükön (lov.) 2. nel. = mägikön (nel.).

abmahnen [ápmanĕn] = demeibön (lov.).

Abmahner [ápmanĕr] m. = demeiban.

Abmahnung [áp-mànuŋ] v. = demeib.

abmalen [ápmalĕn] = pänön (lov.).

Abmalung [áp-màluŋ] v. = pän.

Abmarsch [áp-márĵ] m. = demalek.

abmarschieren [áp-márĵirĕn] = demalekön (nel.).

abmatten [áp-mátĕn] = fenükön (lov.).

abmähen [áp-mäĕn] = defodön (lov.).

Abmähung [áp-màuŋ] v. = defodam.

abmessen [ápmäšĕn] (messend absondern) = demafön (lov.).

Abmessen [ápmäšĕn] n. = demafam.

Abmesser [ápmäšĕr] m. = demafan.

abmieten [ápmĭtĕn] = loatön (lov.).

Abmieten [ápmĭtĕn] n. = loat.

Abmieter [ápmĭtĕr] m. = loatan.

Abmietung [áp-mìtuŋ] v. = loat.

Abmüdung [áp-mùduŋ] v. = fenükam.

abmühen [ápmüĕn] = fenükön (lov.), **sich —** = letöbidön (nel.).

abnagen [ápnagĕn] = detuetön (lov.).

Abnager [ápnagĕr] m. = detuetan.

Abnagung [áp-nàguŋ] v. = detuet.

Abnahme [ápnamĕ] v. 1. = desum 2. (Verfall) = nepluikam.

abnehmen [ápnemĕn] 1.=desumön (lov. dem.) 2. = deükön (lov.) 3. nel. (verfallen) = nepluikön (nel.).

Abnehmen [ápnemĕn] n. 1. = desum 2. = deükam 3. = nepluikam.

Abnehmer [ápnemĕr] m. (Kunde) = laidareʒman.

Abneigung [áp-náĭguŋ] v. 1. = neklien 2. **eine — gegen, vor ... haben** = naudön (lov.).

abnorm [ápnórm] = nenomik.

abnötigen [áp-nötigĕn] 1. = demütön (lov.) 2. (abdrängen) = mütogetön (lov.).

Abnötigung [áp-nötiguŋ] v. = demüt.

abnutzen [ápnuҳĕn] = vorükön (lov.), **sich —** = vorikön (nel.).

Abnutzung [áp-nùҳuŋ] v. = vorikam.

Abnützer [ápnüҳĕr] m. = vorükan.

abolieren [ábolîrĕn] = finidön (lov.).

Abolition [áboliži̇ön] v. = finid.

Abonnement [ábónĕmáñ] n. = leboned.

Abonnent [ábónǎnt] m. = lebonedan.

abonnieren [ábónirĕn]: **sich — auf** = leboneʒdön (lov.).

Abonnieren [ábónirĕn] n. = lebonedam.

abordnen [áp-órdnĕn] = depütön (lov.).

Abordner [áp-órdnĕr] m. = depütan.

Abordnung [áp-órdnuŋ] v. = depüt.

Abort [áp-órt] m. (Abtritt) = prifet.

abpacken [áp-pákĕn] = nelodön (lov.).

Abpacker [áp-pákĕr] m. = nelodan.

Abpackung [áp-pákuŋ] v. = nelod.

abpassen [áp-pášĕn]: **die Gelegenheit — =** lustebedön (lov.) pöti.

Abpassung [áp-pášuŋ] v. = lustebed.

Abprall [áp-prál] m. = dejok.

abprallen [áp-prǎlĕn] = dejokön (nel).

abputzen [áp-puҳĕn] 1. (gipsen) = güpädön (lov.) 2. = molekluinön (lov.).

abraten [ápʒratĕn] = dekonsälön (lov.).

Abraten [ápʒratĕn] n. = dekonsäl.

Abrater [ápʒratĕr] m. = dekonsälan.

Abraum [áp-ráŭm] m. 1. = defálot 2. = moʒdun.

abräumen [áp-róŭmĕn] = modunön (lov.).

Abräumer [áp-róŭmĕr] 1. p. = modunan 2. d. = modunian.

Abräumung [áp-róŭmuŋ] v. = modun.

abrechnen [áp-räqnĕn] 1. = klirön (lov.) 2. = säkalükön (lov.).

Abrechnen [ápʒräqnĕn] n. (Begleichung) = klir.

Abrechner [ápʒräqnĕr] m. = kliran.

Abrechnung [áp-rǎqnuŋ] v. 1. = klir 2. = säkalükam.

Abrede [ápʒredĕ] v. (Verabredung) = rajan.

abreden [ápʒredĕn] (absprechen) = rajanön (lov.).

Abreise [áp-ráĭsĕ] v. 1. = motäv 2. = detäv.

abreisen [áp-ráĭsĕn] 1. = detävön (nel.) 2. = motävön (nel.).

Abreisender [áp-ráĭsĕndĕr] m. 1. = motävan 2. = detävan.

abreiszen [áp-ráĭšĕn] = desleitön (lov.).

Abreiszer [áp-ráĭšĕr] m. = desleitan.

Abreiszung [áp-ráĭšuŋ] v. = desleit.
abrichten [áp‹riqtĕn] (dressieren) = drätön (lov.).
Abrichter [áp‹riqtĕr] m. (Dressierer) = drätan.
Abrichtung [áp-riqtuŋ] v. (Dressur) = drät.
Abrisz [áp‹riš] m. (kurzer —, Resümee) = naböfaninäd.
abrufen [áp‹rufĕn] = devokön (lov.).
Abrufen]áp‹rufĕn] n. = devok.
Abrufer [áp‹rufĕr] m. = devokan.
Abrufung [áp-rúfuŋ] v. = devok.
abrunden [áp‹rundĕn] = klöpükön (lov.).
Abrunder [áp‹rundĕr] m. = klöpükan.
Abrundung [áp-rùnduŋ] v. = klöpükam.
abrupfen [áp‹rupfĕn] = säplümön (lov.).
Abruzzen [á‹bružĕn] = ‚Abruzzi' [abrùži] (Lit.).
absagen [ápsagĕn] 1. = särajanön (lov.) 2. (kündigen) = finädön (lov.) 3. (abkündigen) = sävüdön (lov.).
Absagung [áp-sàguŋ] v. 1. = särajanam 2. (Aufkündigung) = finäd.
absatteln [áp-sátĕln] = säsaedön (lov.).
Absattelung [áp-sátĕduŋ] v. = säsaedam.
Absattler [áp-sátlĕr] m. = säsaedan.
Absatz [áp-sáž] m. 1. (Alinea) = setem 2. (Umsatz) = tedäd 3. (Hacken) = hilot.
abschaffen [áp-jáfĕn] 1. etwas — = finidön (lov.) bosi 2. Dienstboden, Pferd und Wagen, ... — = säkibön dünanis, jevodi e vabi, ...
Abschaffung [áp-jáfuŋ] v. 1. = finid 2. säkib.
Abschaffungsgesellschaft [áp-jáfuŋs gĕsậljáft] v. = stönimaklub.
abschaum [áp-jáŭm] m. = sköm.
abschälen [áp‹jälĕn] = säjalön (lov.).
Abschäler [áp‹jälĕr] m. = säjalan.
Abschälung [áp-jậluŋ] v. = säjalam.
abschäumen [áp-jóŭmĕn] = säskömön (lov.).
Abschäumer [áp-jóŭmĕr] m. = säskömam.
Abschäumung [áp-jóŭmuŋ] v. = säskömam.
abscheiden [áp-jáĭdĕn] (abtrennen) = deteilön (lov.) 2. (sterben) = deadön (nel.).
Abscheu [áp-jóŭ] m. (Ekel) = naud.
abscheulich [ápjóŭliq] = naudodik. —! = naudodö !
Abscheulichkeit [ápjóŭliq-káĭt] v. = naudod.
abschicken [áp‹jikĕn] 1. (absenden) = dese‹dön (lov.), sedön (lov.) 2. = depotön (lov.), potön (lov.).
Abschied [ápjit] m. 1. = ledit, — nehmen = leditön (nel.), zum — = ledito 2. (Entlassung) seinen — nehmen = sädünikön (nel.), seinen — bekommen = sädünön (nel.), den — geben = sädünükön (lov.).
Abschiedsgrusz [ápjiž gruš] m. = leditaglid.
abschieszen [ápjišĕn]: die Flinte — = jütükön güni.
Abschlag [ápjlak] m.: auf — = dilopelo, auf — des = dilopelü.
abschlagen [ápjlagĕn] 1. = deflapön (lov.) 2. (versagen) = refudön (lov.).
Abschlagen [ápjlagĕn] n. = refud.
Abschlager [ápjlagĕr] m. = deflapan.
Abschlagezahlung [ápjlagĕ zàluŋ] v. = dilopel.

Abschlagung [áp-jláguŋ] v. (Schlag) = deflap 2. (Versagung) = refud.
abschlägig [ápjlägiq] = refudik, abschlägige Antwort = gespik refudik.
abschläglich [ápjjậkliq] (Teilzahlung) = dilo‹pelik, abschlägliche Zahlung = pel dilopelik.
abschlieszen [ápjlišĕn] 1. defärmükön (lov.) 2. die Rechnung — = jötön (lov.) kali.
Abschlieszen [ápjlišĕn] n. = jöt, beim — des = jötü.
Abschlieszer [ápjlišĕr] m. = defärmükan.
Abschlieszung [áp-jlišuŋ] v. 1. = defärmükam 2. = jöt.
abschneiden [áp-jnáĭdĕn] = dekötön (lov.).
Abschneiden [áp-jnáĭdĕn] n. = deköt.
Abschneider [áp-jnáĭdĕr] m. = dekötan.
Abschneidung [áp-jnáĭduŋ] v. = deköt.
Abschnitt [ápjnit] m. 1. (Abgeschnittenes) = dekötot 2. (Abteilung) = diläd 3. (Kapitel) = kapit 4. (— einer Aktie) = zöta‹balat.
abschöpfen [áp-jöpfĕn] = dekupön (lov.).
abschrecken [ápjräkĕn] = dejeikön (lov.).
Abschrecken [ápjräkĕn] n. = dejeik.
Abschreckung [áp-jräkuŋ] v. = dejeik.
abschreiben [áp-jráĭbĕn] (schriftlich entlehnen) = depenön (lov.).
Abschreiben [áp-jráĭbĕn] n. = depenam.
Abschreiber [áp-jráĭbĕr] m. = depenan.
Abschreiberei [ápjráĭbĕráĭ] v. = depenam.
Abschreibung [áp-jráĭbuŋ] v. = depenam.
Abschrift [ápjrift] v. 1. (Kopie) = kopied 2. = depenäd.
abschriftlich [áp-jriftliq] = kopiedik, kopiedo.
abschüssig [áp-jǔšiq] (jähe) = skapik.
Abschüssigkeit [áp-jǔšiqkáĭt] v. = skap.
abschüttelbar [áp-jǔtĕlbar] = delemufükovik.
abschütteln [ápjütĕln] = delemufükön (lov.).
abschüttelnd]ápjütĕlnd] = delemufüköl.
Abschüttelung [áp-jǔtĕluŋ] v. = delemufükam.
Abschüttler]ápjütlĕr] m. = delemufükan.
abschwächen]ápjväqĕn] lov. = fibükön (lov.).
abschwinden [ápjvindĕn] = vesetikön (nel.).
abschwören [ápjvörĕn] = deyulön (lov.).
Abschwörer [ápjvörĕr] m. = deyulan.
Abschwörung [áp-jvöruŋ] v. = deyulam.
absegeln [ápsegĕln] = mosailön (nel.).
Absegelung [áp-sègĕluŋ] v. = mosailam.
Absegler [áp‹seglĕr] m. = mosailan.
absehen [áp‹seĕn] = delogön (lov. dem.).
Absehen [áp‹seĕn] n. = delogam.
Abseher [áp‹seĕr] (einer der etwas absieht) = delogan.
abseits [áp-sáĭž] 1. pr. = flanü, flanaü, fagotilü 2. ladv. = flano, flanio, fago, fagoto 3. —! (aus dem Wege !) = movegö !
absenden [áp‹sändĕn] 1. = sedön (lov.) 2. (abschicken) = desedön (lov.) 3. (Post.) = depotön (lov.).
Absender [áp‹sändĕr] m. 1. = sedan 2. = de‹sedan 3. = depotan.
Absenderin [áp‹sàndĕrin] v. 1. = jisedan 2. = jidesedan 3. = jidepotan.
Absendung [áp-sànduŋ] v. 1. = desed 2. = depotam.

Absendungsort [áp-sånduŋs=órt] m. 1. = depo=
töp 2. = desedöp.
Absenz [áp=sǟnž] v. (Abwesenheit) = nekom.
absetzen [áp=säžĕn] 1. = deseidön (lov.) 2. =
seaselön (lov.).
Absetzung [áp-sǟžuŋ] v. 1. = deseid 2. (Entlassung) = sädün.
Absicht [áp=siqt] v. = desin, mit — = desino.
absichtlich [áp-siqtliq,, áp=siqtliq] 1. = desinik
2. = desino 3. (willentlich) = vilik.
absingen [áp=siŋĕn] (zu Ende singen) = fika=
nitön (lov.).
Absinth [ápsịnt] m. (Wermut) = basänt.
absinthisch [ápsịntij] = basäntik.
absolut [áp=solùt] 1. = verik 2. (durchaus)
= vero.
Absolute [áp=solùtĕ]: das — = ver.
Absolutismus [áp=solutĩšmụš] m. = verim.
Absolutsein [áp=solùt säïn]: das — (Unbedingtheit) = ver.
Absonderer [áp-sóndĕrĕr] m. = soelükan.
absonderlich [áp=sóndĕrliq] 1. = bisarik 2.
= patik 3. = patiko 4. (selten) = seledik
5. jeder — = balatik.
Absonderlichkeit [áp=sóndĕrliq-káït] v. = bisar.
absondern [áp-sóndĕrn] 1. = soelükön (lov.)
2. sich — = soelikön (nel.) 3. sich — (sich
aus der Welt zurückzịchen) = soalükön oki
4. (ausscheiden) = skretön (lov.).
Absonderung [áp-sóndĕruŋ] v. 1. = soelükam
2. (Sekretion) = skret.
absorbieren [ápsórbirĕn] = nüsugön (lov.).
abspannen [áp- jpánĕn] 1. = sätenidükön (lov.)
2. (los machen) = livükön (lov.) 3. die
Pferde — = nefimädön, säfimädön jevodis.
Abspannen [áp-jpánĕn] n. = sätenidükam.
Abspanner [áp-jpánĕr] m. = nefimädan, säfi=
mädan.
Abspannung [áp-jpánuŋ] v. 1. = sätenidükam
2. (Losmachung) = livükam 3. = nefimä=
dam, säfimädam.
abspeisen [áp-jpáïsĕn] 1. = fifidön (lov.) 2.
(einen andern speisen) = zibön (lov.).
Abspeisung [áp-jpáïsuŋ] 1. = fifid 2. = zi=
bam.
absperren [ápjpärĕn]: den Weg — = stöbön
vegi.
abspiegeln [ápjpigĕln]: sich — = lokön (nel.).
Abspiegelung [áp-jpigĕluŋ] v. = lokam.
absprechbar [áp-jprảqbar]: richterlich — = cö=
deto desumovik.
Absprechbarkeit [áp-jprảqbarkáït] v.: richter-
liche — = desumov cödetik.
absprechen [ápjprảqĕn] 1. (verabreden) = ra=
janön (lov.) 2. richterlich — = desumön
(lov.) cödeto.
Absprecher [ápjprảqĕr] m. (Pedant) = fatüito=
cödan.
Absprecherei [ápjrảqĕráï] v. = fatüitocöd.
absprecherisch [áp-jprảqĕrij] = fatüitocödik.
Absprechung [áp-jprảquŋ] v. = rajanam.
abspringen [ápjpriŋĕn] = debunön (nel.).
Abspringen [ápjpriŋĕn] n. = debunam.
Absprößling [áp-jprȍšliŋ] m. 1. = sprotian
2. = licinan.

abstammen [áp-jtámĕn] = licinön (nel.).
abstammend [áp-jtámĕnd] = licinik.
Abstammung [áp-jtámuŋ] v. (Herkunft) =
licin.
Abstand [áp-jtánt] m. (Entfernung) = fagot,
im Abstande von = fagotü.
Abstattung [áp-jtátuŋ] v. = jonül.
Abstämmling [ápjtämliŋ] m. = licinan.
abstäuben [áp-jtóůbĕn] = säpüfükön (lov.).
Abstäuber [áp-jtóůbĕr] m. 1. p. = säpüfükan
2. d. = säpüfüköm.
Abstäuberei [ápjtóůbĕráï] v. = säpüfükam.
Abstäubung [áp-jtóůbuŋ] v. = säpüfükam.
abstechen [ápjtảqĕn] 1. = desteigön (lov.) 2.
= steigofluimön (lov.).
Abstecher [ápjtảqĕr] m. = tävül.
abstecken [ápjtä̌kĕn] 1. = demiedükön (lov.)
2. (losstechen) = säpeänön (lov.).
Abstecker [ápjtä̌kĕr] m. = demiedükan.
Absteckung [áp-jtä̌kuŋ] v. = demiedükam.
abstehen [ápjteěn] 1. etwas — = gividön (lov.)
bosi 2. (entfernt stehen) = fagotastanön
(nel.).
absteigen [áp-jtáïgĕn] 1. (herabsteigen) = ne=
xänön (nel.) 2. von einer Höhe — = de=
nexänön (nel.) de löpot.
abstellen [ápjtälĕn] 1. = depladön (lov.) 2.
(hemmen) = stöpön (lov.).
absterben [ápjtärbĕn] 1. (sterben) = deadön
(nel.) 2. (aussterben) = dadeadön (nel.).
Absterben [ápjtärbĕn] n. = deadam.
Abstich [ápjtiq] m. 1. = steigofluim 2. (Kontrast) = taädam.
Abstieg [ápjtik] m. (das Herabsteigen) =
nexän.
abstimmen [ápjtịmĕn] = vögodön (nel.).
Abstimmer [ápjtịmĕr] m. = vögodan.
Abstimmung [áp-jtịmuŋ] v. = vögodam.
Abstimmungsort [áp-jtịmuŋs=órt] m. = vögo=
döp.
Abstimmungszeit [áp-jtịmuŋžáït] v. = vögo=
düp.
Abstinenzler [ápstinản̆žlĕr] m. = stöniman.
abstoszen [ápjtošĕn] = dejoikön (lov.).
Abstoszung [áp-jtòšuŋ] = dejoik.
abstrafen [ápjtrafĕn] = pönön (lov.) lölöfo.
abstrahieren [ápstrahirĕn]: von etwas — =
tikonebinükön (lov.) bosi.
abstrakt [ápstrákt] = nedabinotik.
Abstraktes [ápstráktĕš] = nedabinot, im Abstraktem = nedabinoto.
Abstraktum [ápstráktum] n. = nedabinot.
Abstreich [áp-štráiq] m.: im — = neplulofo.
abstreitbar [ápjtráitbar] = befeitovik.
abstreiten [áp-jtráïtĕn] = feitonön (lov.).
Abstreiter [áp-jtráïtĕr] m. = feitonoan.
Abstreitung [áp-jtráïtuŋ] v. = feitonoam.
abstufen [ápjtufĕn] 1. sich —, nel. (nuancieren)
= difülön (nel.) 2. aufsteigend oder fallend
— (in Stufen abteilen) lov. = gredükön
(lov.) löpikölo u donikölo.
Abstufung [áp-jtùfuŋ] v. 1. = difül 2. = gre=
dükam.
abstumpfen [ápjtumpfĕn] 1. = nejapükön (lov.)

2. = netipükön (lov.) 3. **sich** — (stumpf werden) = nejapikön (nel.).

Abstumpfer [ápjtumpfĕr] m. 1. = nejapükan 2. = netipükan.

Abstumpfung [áp-jtùmpfuŋ] v. 1. = nejapükam 2. netipükam 3. (geistige —) = döl.

Absud [ápsut] m. 1. (das Abkochen) = dekük 2. (Dekokt) = dekükot.

absurd [ápsụrt] = tatikälik.

Absurdität [ápsụrditåt] v. 1. = tatikäl 2. = tatikälot.

Abt [ápt] m. = lepädan, **Würde, Amt eines Abtes** = lepäd.

Abtei [áptäï] v. 1. (Amt eines Abtes) = lepäd 2. (Gebiet eines Abtes) = lepädän 3. (Abtswohnung) = lepädanöp.

Abteil [áp-táïl] n. = vabadiläd.

abteilen [áp-táïlĕn] (einteilen) = dilädön(lov.).

Abteilen [áp-táïlĕn] n. = dilädam.

Abteiler [áp-táïlĕr] m. 1. p. = dilädan 2. d. = dilädian.

abteilich [áptáïliq] = lepädänik.

Abteilung [áp-táïluŋ] v. 1. (das Abteilen) = dilädam 2. (Abschnitt) = diläd, **in Abteilungen teilbar** (abzuteilen) = dilädabik 3. (Coupé) = vabadiläd.

abtragbar [áp-tràkbar] = depolabik.

abtragen [áptragĕn] 1. (von etwas niedertragen) depolön (lov.) 2. (bezahlen) = pelön (lov.) 3. (verbrauchen) = vorükön (lov.) 4. **sich** — = vorikön (nel.).

Abtragen [áptrgĕn] n. 1. = depol 2. = pel.

Abträger [ápträgĕr] m. 1. = depolan 2. = pelan.

abtreibbar [áp-tráïpbar] 1. = demofabik 2. = demofovik.

abtreiben [áp-tráïbĕn] = demofön (lov.).

abtreibend [áp-tráïbĕnt] = demofik.

Abtreiber [áp-tráïbĕr] m. = demofan.

Abtreibung [áp-tráïbuŋ] v. = demof.

abtrennbar [áptränbar] = deteilovik.

Abtrennbarkeit [áp-trânbarkáït] v. = deteilov.

abtrennen [áptränĕn] = deteilön (lov.).

Abtrennen [áptränĕn] n. = deteil.

Abtrenner [áptränĕr] m. 1. p. = deteilan 2. d. = deteilian.

Abtrennerin [áp-trânĕrin] v. = jideteilan.

Abtrennung [áp-trânuŋ] v. = deteil.

abtreten [áptretĕn] 1. = degolön (nel.) 2. (von seinem Amt —) = necalikön (nel.) 3. = destepön (nel.).

Abtretung [áp-trètuŋ] v. 1. = destepam 2. = givid.

Abtritt [áptrịt] m. (Abort) = prifet.

abtrocknen [áp-tróknĕn] 1.=säluimükön (lov.) 2. = sägikön (nel.).

abtrotzen [áp-trózĕn] = dagetön (lov.) me tod.

Abtrünniger [áptrụnigĕr] m. = säslopan.

Abtrünnigkeit [áp-trụniqkáït] v. = säslop.

Abtswohnung [ápž-vònuŋ] v. = lepädanöp.

abwandeln [áp-vándĕln] 1. (deklinieren) = deklinön (lov.) 2. (konjugieren) = konyugön (lov.).

Abwandlung [áp-vándluŋ] v. 1. (Deklination) = deklin 2. (Konjugation) = konyug.

abwandlungsweise [áp-vándluŋsváïsĕ] = deklino.

Abwandlungsweise [áp-vándluŋsváïsĕ] v. = deklinabid.

abwarten [áp-vártĕn] = stebedön (lov.).

Abwarten [áp-vártĕn] n. = stebed.

abwaschen [áp-vájĕn] 1. = lavön (lov.) 2. **den Schmutz** — = delavön (lov.) mioti.

abwägen [áp-vägĕn] 1. = vätön (lov.) 2. = nivömön (lov.).

Abwäger [ápvägĕr] = nivöman.

Abwägung [áp-våguŋ] v. 1. = vätam 2. nivömam.

abwärts [ápvärž] = donio, — **des Flusses** = donio ve flumed, — **von** = doniü (pr.).

abwechselbar [ápväχĕlbar] = cenöfik.

Abwechselbarkeit [áp-vâχĕlbarkáït] v. = cenöf.

abwechseln [ápväχĕln]: — **mit** (sich verwandeln in) = cenön (nel.) ad.

abwechselnd [ápväχĕlnt] 1. = cenik 2. = turnik, turniko, turno.

Abwechselung [áp-vâχĕluŋ] v. (die — mit) = cen.

abwechselungsweise [áp-vâχĕluŋš-váïsĕ] = ceno.

Abwechselungsweise [áp-vâχĕluŋš-váïsĕ] v. = cenamod.

Abweg [ápvek] m. 1. = näiveg 2. (Irrweg) = pölaveg.

Abwehr [ápver] v. = taed.

abwehren [ápverĕn] = taedön (lov.).

Abwehrung [ápvèruŋ] v. = taed.

abweichen [áp-váïqĕn] 1. = delüodikön (nel.) 2. (verschieden sein) = difön (nel.).

abweichend [áp-váïqĕnt] (verschieden) = distik, — **von** = distü.

abwenden [ápvändĕn]: **sich** — = deflekön (lov.) oki.

abwerfen [ápvärfĕn] = dejedön (lov.).

abwesend [ápvesĕnt] = nekomik, — **sein** = nekomön (nel.), fabinön (nel.).

Abwesender [ápvesĕndĕr] m. = nekoman.

Abwesenheit [ápvesĕn-háït] v. = nekom, **in** — **von** = nekomü.

abzahlen [ápžalĕn] = pelön (lov.) lölo.

abzapfen [áp-žápfĕn] = ronätosumön (lov.).

Abzeichen [ápžáïqĕn] n. 1. (Emblem) = siämamäk 2. — **der Würde** = dinitamäk.

abziehen [ápžiĕn] 1. = detirön (lov.) 2. = deükön (lov.).

Abziehen [ápžiĕn] n. = detir.

Abziehung [áp-žiuŋ] v. = detir.

abzielen [ápzilĕn]: — **auf** = zeilön (lov.)

abzüglich [ápžügliq]: — **der Kosten** = nä fräd, nä fräds.

abzwingen [ápžviŋĕn] 1. = demütön (lov.) 2. = mütogeton (lov.).

Abzwingen [ápžviŋĕn] n. = demüt.

Accoucheur [ákujŏr] m. = hikujöran, — oder **Accoucheuse** = kujöran.

Accoucheuse [ákujŏsĕ] v. = jikujöran, **Accoucheur** oder — = kujöran.

Acetaldehyd [ažet áldĕhid] CH_3CHO = letatahid.

Acetylen [ažetilen] C_2H_2 = letetilen.

ach [áq̌]: —! = ag!
Achaja [áq̌àya] n. = Lagayän.
Achat [áq̌àt] m. = gaat, von — = gaatik.
Achat= [áq̌àt=] = ... gaatik.
Achathändler [áq̌àthändlĕr] m. = gaatatedan.
Achäer [áq̌èĕr] m. = Lagayänan, hi=Lagayä=
nan.
Achäerin [áq̌èĕrin] v. = ji=Lagayänan.
achäisch [áq̌èij] = Lagayänik.
Ache [áq̌ĕ] v. = nag.
Achruf [áq̌=ruf] m. = agvokäd.
achrufen [áq̌=rufĕn] = agvokädön (nel.).
Achse [áx̌ĕ] v. = xab.
Achsel [áx̌ĕl] v. = jot, die Achseln zucken =
tovülön (lov.) jotis.
Achselträger [áx̌ĕlträgĕr] m. = luslopan.
Achselträgerei [áx̌ĕlträgĕräï] v. 1. = luslop 2.
(Falschherzigkeit) = miladäl.
achselträgerisch [áx̌ĕl-trãgĕrij] = miladälik.
Achsenbruch [áx̌ĕnbrųq̌] m. = xababrek.
Achsendrehung [áx̌ĕn-drèuŋ] v. = xabatul.
Achsennagel [áx̌ĕn=nagĕl] m. = xabakluf.
=achsig [=ákšiq] = =xabik, z.B.: zweiachsig =
telxabik.
acht [áq̌t] 8 = jöl.
achtbar [áq̌tbar] = stümabik.
Achtbarkeit [áq̌tbar-käït] v. = stümab.
achte [áq̌tĕ] = jölid, das — Mal = jölidnaed,
zum achten Male = jölidnaedo.
Achteck [áq̌t=äk] n. = jöllien.
achteckig [áq̌t-ạ̈kiq] = jölgulik.
Achtel [áq̌tĕl] n. = jöldil.
Achtelchen [áq̌tĕlq̌ĕn] n. = jöldilil.
achtemalig [áq̌tĕ-màliq] = jölidnaik.
achten [áq̌tĕn] 1. = stümön 2. — auf (achtgeben) = küpälön (nel.) ad.
achtens [áq̌tĕnš] = jölido.
Achterchen [áq̌tĕrq̌ĕn] n. = jölil.
achterlei [áq̌tĕr-láï] = jölsotik.
achtfach [áq̌t-fáq̌] = jölik.
Achtfache [áq̌t-fáq̌ĕ] n. = jölot.
achtgeben [áq̌tgebĕn] 1. = demön (lov.) 2. =
küpälön (nel.).
Achtgeben [áq̌tgebĕn] n. = dem.
achtgegeben [áq̌tgĕgebĕn]: —! = prüdö!
achthundert [áq̌t=hųndert] 800 = jöltum.
achtjährig [áq̌t-yãriq] = jölyelik.
achtlos [áq̌tloš] 1. = nekälik 2. (unachtsam,
unaufmerksam) = neküpälik.
achtmal [áq̌tmal] = jölna.
achtmalig [áq̌t-màliq] = jölnaik.
achtmillion [áq̌t mịlion] 8'000'000 = jölbalion.
achtspännig [áq̌t-ĵpåniq] = jölfimädik.
achtstündig [áq̌t-ĵtųndiq] 1. (dö tim) = jöldüpik
2. (dö veg) = jölholik.
achttägig [áq̌t-tãgiq] = jöldelik.
achttausend [áq̌t-täusĕnt] 8'000 = jölmil.
Achtung [áq̌tuŋ] v. 1. = stüm 2. —! = prü=
dö!
achtungsvoll [áq̌tuŋs-fól] = stümölo.
Achtzahl [áq̌tžal] v. = jölat.
achtzig [áq̌žiq] 80 = jöldeg.
Acidimetrie [ažidimetri] v. = züdimafam.
Acker [áker] m. = feilaläned, Bearbeitung des
Ackers = befeil.

Ackerbau [ákĕr-báŭ] m. = feil, — betreiben
= feilön (nel.), das Betreiben des Ackerbaus
= feilam.
Ackerbaukundiger [ákĕr-báŭ kųndigĕr] m. =
feilavan.
Ackerer [ákĕrĕr] m. = feilan.
Ackergerät [ákĕr=gerät] = feilastumem.
Ackerland [ákĕr-lánt] n. = feilaläned.
Ackerpferd [ákĕrpfert] n. = plaudajevod.
Ackerweg [ákĕrvek] = veg in feilaläned, veg
love feilaläned.
addieren [ádirĕn] = kobonumön (lov.) 2. mat.
= saedön (lov.).
Addition [ádižiòn] v. 1. = kobonumam 2. mat.
= saedam.
adduzieren [ádužirĕn] = lütirön (lov.).
Adel [ádĕl] m. 1. (das Edelsein) = nob 2.
(Adelstand) = noub, — verleihen = noubön
(lov.).
adelig [àdĕliq] = noubik, adeliges Fräulein =
jibaonül.
Adeliger [àdĕligĕr] (Edelmann) m. = nouban,
die Gesamtheit — = noubanef.
adeln [adĕln] (Adel verleihen) = noubön (lov.)
Adelsklasse [àdĕlškláš̌ĕ] v. = noubanef.
Adelstand [àdĕlšĵtánt] m. = noub.
Aden [adĕn] (Kolonie) = Ladän.
Ader [adĕr] v. (Vene) = vein.
Aderlasz [àdĕrláš] m. = blüd.
aderlassen [àdĕrláš̌ĕn] = blüdön (lov.).
adieu [adiö]: —! adyö!
Adjektiv [átyäktif u átyäktif] n. = ladyek.
adjektivisch [átyäktivij] = ladyekik.
Adjektivsatz [átyäktif-sáž] m. = läodaset.
adjö [adyö]: —! = adyö!
Adjudant [átyudánt] m. = layutan.
Adjudantur [átyudántùr] v. = layut.
Adler [adlĕr] m. 1. = kvil 2. st. = sikvil.
Adlerauge [àdlĕr=áŭgĕ] n. = kvilalog.
Adlerhorst [àdlĕr=hórst] m. = kvilanäst.
Adlernase [àdlĕrnasĕ] v. = kruganud, kvilanud.
Adlernest [àdlĕrnäst] n. = kvilanäst.
Administration [átminištražiòn] v. = guv.
Administrator [átminiš=trà-tór] m. = guvan.
Administratrice [átminištratrịšĕ] v. = jiguvan.
administrieren [átminiš=trirĕn] = guvön (lov.).
Admiral [átmiràl] m. = lamiral.
Admiralität [átmiralität] v. = lamirät.
Admiralschaft [átmiràljáft] v. = lamir.
Admiralsinseln [átmiràlš=ịnsĕln] v. pl. = La=
mirätuäns.
Admiralsschiff [átmiràsjịf] n. = lamiralanaf.
Admiralswürde [átmiràlšvürdĕ] v. = lamir.
Adressant [ádräš̌ánt] m. = ladetan.
Adressat [ádräš̌àt] m. = beladetäb.
Adresse [ádräšĕ] v. = ladet, Adressen betref-
fend = ladetik.
adressieren [ádräširĕn] = ladetön (lov.).
Adressierung [ádräširuŋ] v. = ladetam.
Adresz= [ádräš=] (Adressen betreffend) = ...
ladetik.
Adsorbens [át=š̌órbặnš] = lenädastofed.
adsorbieren [át=š̌órbirĕn] = lenädön (lov.).
Adsorption [át=š̌órpšiòn] v. = lenäd.
Advent [átvặnt] m. = leköm.

Adverb [átvạrp] n. = ladvärb, zum — machen = ladvärbön (lov.).
adverbialisch [átvärbiàliJ] = ladvärbik.
Adverbialsatz [átvärbiàlsáž] m. = malodaset.
Adverbium [átvạrbium] n. = ladvärb, in ein — verwandeln = ladvärbön (lov.).
Advokat [átvokàt] m. (Anwalt) = lavogan.
advokatisch [átvokàtiJ] = lavogik.
Advokatur [átvokatùr] v. (Anwaltstand) = lavog.
Aediolog [ädiolok] m. = plütavan.
Aediologie [ädiologi] v. = plütav.
Aëtas = laetayans.
Affe [áfě] m. = lep.
Affekt [áfákt] m. = fäk.
affektiert [áfäktirt] = fäkiälik.
Affektiertheit [áfäktirtháit] v. = fäkiäl.
Affektion [áfäkžiòn] v. (leichte Erkrankung) = maládil.
Affenweibchen [áfěn-váïpqěn] n. = jilep.
Affinität [áfinitàt] v. = kobotiäl.
Affix [áfị̃x] n. = yümot.
Afghane [áfgǎně] m. 1. = Lafganistänan 2. = lafganistan.
afghanisch [áfgàniJ] = Lafganistänik.
Afghanistan [áfgàništán] n. = Lafganistän.
Afrika [àfrika] n. = Frikop.
Afrikaner [afrikaněr] m. = Frikopan, hi␣Friko␣pan.
Afrikanerin [afrikàněrin] v. = ji␣Frikopan.
afrikanisch [afrikàniJ] = Frikopik.
After [áftěr] m. (Hintere) = glüet.
Afterleder [áftěrleděr] n. = pödaküir.
Afterprophet [áftěrprofet] m. (falscher Prophet) = luprofetan.
Afterprophezeiung [áftěr profezáïuŋ] v. = lu␣profetam.
Agent [agànt] m. = ganetan.
Agentur [agàntur] v. = ganet.
Agglutination [áglutinažiòn] v. = kobiokleb.
agglutinieren [áglutinirěn] = kobioklebön (nel.)
Agio [àjïo] n. = zumon.
Agraffe [ágráfě] v. = huked.
Agrarier [agràriěr] m. = feiliman.
agrarisch [agràriJ] = feilimik.
Agronom [agronom] m. = feilavan.
Agronomie [agronomi] v. = feilav.
Ahle [alě] v. = loul.
Ahn [an] m. = büröletan.
ahnden [anděn] (strafen) = pönön (lov.).
Ahne [aně] m. = büröletan.
ahnen [aněn] (vorempfinden) =büosenon (lov.).
ahnend [aněnt] = büosenik.
Ahnenkult [àněnkult] m. = büröletanikult.
Ahnfrau [ànfráü] v. = jibüröletan.
Ahnherr [ànhạr] m. = hibüröletan.
Ahnung [ànuŋ] v. = büosen.
Air [är] n. : sich ein — geben = lucädön (nel.)
Akademie [ákademi] v. 1. (Universität, Hoch␣schule) = niver, — der bildenden Kunsten = magavaniver 2. (gelehrte Gesellschaft) = kadäm.
Akademiker [ákadèmikěr] m. = kadäman.
akademisch [ákadèmiJ] 1. = niverik 2. = kadämik.

Akarnanien [akárnàniěn] n. = Lakarnän.
Akarnanier [akárnàniěr] m. = Lakarnänan.
akarnanisch [akárnàniJ] = Lakarnänik.
Akklamation [áklamažïon] = lelobül, durch — = lelobülo.
akklamieren [áklamirěn] = lelobülön (lov.).
Akkommodation [ákómodažïon] v. = lönedi␣kam.
akkommodieren [ákómodiren] = lönedikön (nel.).
Akkompagnement [ákómpáñěmáñ] n. (Musikbe-gleitung) = duged.
akkompagnieren [ákómpáñirěn] = dugedön (lov.).
Akkompagnist [ákómpáñị̃št] m. = dugedan.
Akkord [ákórt] m. 1. = baläd 2. mus. = kakord.
akkordgemäsz [ákórtgěmäš] = ma baläd.
Akkordierung [ákórdiruŋ] v. = balädikam.
akkreditieren [ákreditirěn] = kredatön (lov.).
akkurat [ákuràt] = kuratik.
Akkusativ [ákusatif u ákusatif] m. = kusatif.
Akkusativobjekt [ákusatif ópyäkt] n. = yegod.
Akt [ákt] m. 1. (Tat) = dunot 2. (Aufzug) = süf.
Akte [áktě] v. 1. = lepenäd 2. (Gerichtsakte) = gitädalepenäd.
Aktie [ákžiě] v. = dilodazöt.
Aktiengesellschaft [ákžiěn gěsạ̈ljäft] v. = kom␣penät nenfiamik.
Aktieninhaber [ákžiěn ịnhaběr] m. = dilodan.
Aktinium [áktìnium] Ac, n. = laktin.
Aktionär [ákžionàr] m. = dilodan.
aktiv [áktif] (betriebsam) = jäfedik.
Aktiv [áktif] n. = dunalefom, ins — setzen = dunalefomön (lov.).
Aktiva [áktiva] pl.: — und Passiva = labs e debs.
Aktivbestand [áktifbějtánt] m. = labem.
aktivisch [áktivij] = dunalefomik.
Aktivität [áktivitàt] v. 1. = kodab 2. (Be-triebsamkeit) = jäfed.
Aktivum [áktìvum] n. = dunalefom.
Aktuar [áktuàr] m. = gitädasekretan.
Akzent [ákžạnt] m. 1. (Betonung) = kazet 2. (Tonzeichen) = kazetamal.
akzentuieren]ákžạntuirěn] = kazetön (lov.).
Akzentuierung [ákžạntuiruŋ] v. = kazet.
Akzept [ákžạpt] m. = dasumot.
Akzidens [ákžidänš] n. = fädot.
Akzisbeamter [ákžị̃jběámtěr] m. = kasidan.
Akzise [ákžisě] v. = kasid.
Alabaster [alabáštěr] m. = laabat.
Alabasterglas [alabáštěrglaš] n. = laabataglät.
alabastern [alabáštěrn] = laabatik.
Alabasterware [alabáštěrvarě] v. = laabatacan.
Alanen [alaněn] pl. = lalanans.
Alarm [álárm] m. = laram.
alarmieren [álármirěn] = laramön (lov.).
Alaska = Lalaskän.
Alaun [aláün] m. = laun, von — = launik.
Albanese [álbaněsě] m. 1. = Lalbanänan 2. = jkipetaran.
albanesisch [álbanèsiJ] = Lalbanänik.

Albanien [álbàniĕn] n. = Lalbanän.
Albanier [álbaniĕr] m. (Albanese) = Lalba=
nänan.
albanisch [álbànij] = Lalbanänik.
albern [álbĕrn] = stupädik.
Albernheit [álbĕrn-háït] v. = stupäd.
Albinismus [álbinĭšmŭš] m. = blion.
Albino [álbino] m. = blionan.
Album [álbum] n. = labun.
Alchimie [álqimì] v. = lalkim.
Alchimist [álqimĭšt] m. = lalkiman.
Alemanen [alĕmanĕn] pl. = lalemanans.
Aleuten [aleutĕn] pl. 1. = laleutans 2. (Insel.)
    = Laleutuäns.
Alfenid [álfenìt] n. = lalfenid.
Alfenidware [álfenitvarĕ] v. = lalfenidacan.
Algebra [álgebrà] v. = lalgebrad.
algebraisch [álgebràij] = lalgebradik.
Algebraist [álgebraĭšt] m. = lalgebradan.
Algerien [álgèriĕn] n. = Laljerän.
Algerier [álgèriĕr] m. = Laljeränan.
algerisch [álgèrij] = Laljeränik.
Algier [áljir u álgìr] = ,Alger' [áljè] (Fr.).
Algierer [álgìrĕr] m. = ,Algérois' [áljerŭà]
    (Fr.).
Algiererin [álgìrĕrin] v. = ,Algéroise' [álje=
rŭàs] (Fr.).
algierisch [álgìrij] = di ,Alger'.
Algonken pl. (Indianer) = lalgonkinans.
Alinea [alìnea] n. (Absatz) = setem.
Alkali [álkàli] n. = kailäd (sevöfo : kail u
    natron).
Alkalimetrie [álkalimetrì] v. = bädimafam.
Alkogel [álkogȧl] = lalkoholagäl.
Alkohol [ál-kohól] m. 1. = lalkohol 2. (in
    valem) = karbanalalkohol, karbanol.
alkoholhaltig [ál-kohól háltiq] = lalkoholerik.
alkoholisch [álkohòlij] = lalkoholik, alkoholi=
sches, starkes Getränk = spitin.
Alkoholismus [álkoholĭšmŭš] m. 1. = lalkoho=
liäl 2. = lalkoholim.
Alkoholist [álkoholĭšt] m. = lalkoholiälan.
Alkosol [álkosól] = lalkoholasäl.
Alkoven [álkòvĕn] m. = lalkov.
Alkylgruppe [álkilgrupĕ] = karbanagrup.
all [ál] = valik, alle zusammen = valiko, zu
aller Zeit = valatimo.
All [ál] n. (Weltall, Universum) = leval.
allbekannt [ál-bĕkánt] (berühmt) = famik.
Allee [álè] v. = lael.
Allegorie [álegorì] v. = lalegor.
allegorisch [álegòrij] = lalegorik.
allein [áláïn] 1. = soelik, — stehen = soelön
(nel.) 2. (einsam) = soalik, — sein (ein=
sam sein) = soalön (nel.) 3. (für sich —)
= balatik 4. (aber) = ab 5. (blos) = in,
schon — das Bellen eines Hundes schreckt ihn
= ya te vaul doga jeikon omi 6. das siehst
du doch — = ga ol it logol, kanol logön ati,
atosi.
Alleingespräch [áláïngĕjpräq] n. = balspikot.
Alleinhandel [áláïn-hándĕl] m. (Monopol) =
soelated.
Alleinherrschaft [áláïn-hȧrĵáft] v. = monäk.
Alleinherrscher [áláïnhȧrĵĕr] m. = monäkan.

Alleinsein [áláïn sáïn] n. 1. (Einsamkeit) =
soal 2. (das Abgesondertsein) = soel.
alleinstehend [áláïnjteĕnt] = soelölo.
allemal [ále mal] = alna, alikna, alnaedo, ai,
ai dönu.
allenfalls [álĕn fáls] (etwa) = ba.
allenfallsig [álĕn fálsiq] 1. (etwaig) = baik 2.
(eventuell) = mögädik.
allenthalben [álĕnt hálbĕn] (überall) = valöpo,
von — her (überallher) = valöpao, — hin
= valöpio.
allerdings [álĕr dĭnš] = dido.
allererst [álĕr erst] = mu balid.
allerhand [álĕr hánt] (allerlei) = valasotik.
Allerheiligen [álĕr háïligĕn] (zäl) = valasalu=
danazäl, saludanefazäl.
allerhöchst [álĕr höqst] = mu geilikün.
allerlei [álĕr láï] (allerhand) = valasotik.
allermindestens [álĕr mĭndĕštĕnš] = lenemu.
allernächst [álĕr näqst] = mu nilikün.
allerorts [álĕr órž] (überall) = valöpo.
Allerseelentag [álĕr sèlĕntak] m. = lananefazäl.
allerseits [álĕr sáïž] = valaflano.
allerseligst [álĕr sèliqst] = mu beatikün.
alles [álĕš] = val.
allesamt [álĕ sámt] 1. = valik 2. = valodo
3. (total) = valodik.
allezeit [álĕ žáït] = ai.
Allgäu [ál-góŭ] = Lalgovän.
allgäuer [ál-góŭĕr] = Lalgovänik.
Allgäuer [ál-góŭĕr] m. = Lalgovänan.
allgäuisch [ál-góŭij] = Lalgovänik.
Allgegenwart [ál gègĕnvárt] v. = valöpakom.
allgegenwärtig [ál gegĕnvȧrtiq] = valöpakomik.
Allgeist [ál gáïst] m. (Weltgeist) = levalala=
nan.
allgeistig [ál gáïstiq] = levalalanik.
Allgeistigkeit [ál gáïstiq-káït] v. = levalalan.
allgemach [ál gĕmȧq] = pianik.
allgemein [ál gĕmáïn] (universal) = valemik,
— sein = valemön (nel.), — machen = va=
lemükön (lov.).
Allgemeines [ál gĕmáïnĕš] n. = valem, im All=
gemeinen = valemo.
Allgemeinheit [ál gĕmáïn-háït] v. = valem.
Allgewalt [ál-gĕvált] v. = valanämäd.
allgewaltig [ál gĕváltiq] = valanämäðik.
Allgüte [álgütĕ] v. = susgud.
Allheit [ál-háït] v. 1. (Gesamtheit) = valod
2. (das Allsein) = valam.
allher [álhär]: von — = valöpao.
allhin [álhin] = valöpio.
Alliage [áliàjĕ] = laliad.
alljährlich [ál yärliq] 1. = alyelik 2. alyelo.
Allmacht [ál-máqt] v. = valanämäd.
allmächtig [álmȧqtiq] = valanämädik.
Allmächtige [álmȧqtigĕ]: der — = Valanämä=
dal.
allmählich [álmȧliq] = pianik.
allmählicherweise [álmȧliqĕrváïsĕ] = piano.
Allmählichkeit [álmȧliqkáït] v. = pian.
allmonatlich [álmònatliq] = almulik.
Allotropie [álotropì] v. = laotrop.
Allsein [ál-sáïn] n. = valam.

allseitig [ál-sáĭtiq] 1. = valajäfüdik 2. = va*laflanik.
allseitigerweise [ál-sáĭtigĕrváĭsĕ] = valaflano.
Allseitigkeit [ál-sáĭtiqkáĭt] v. = valajäfüd.
allsonntäglich [ál-sóntäkliq] = alsudelik.
Allsprache [áljpraqĕ] v. = valemapük.
Allsprachesprecher [áljpraqĕ jpräqĕr] = vale*mapükispikan.
allsprachilch [áljpraqliq] = valemapükik.
Alltagskleid [áltaẋ-kláĭt] n. = klotem aldelik.
alltäglich 1. [áltäkliq] = aldelik 2. [áltäkliq] (gemein) = komunik.
Alltäglichkeit [áltäkliqkáĭt] v. = komun.
Allverderber [ál-färdårbĕr] m. = validistukan.
allverehrt [ál färert] = valöpo palestimöl.
allwissend [álvĭsĕnt] = valisevik.
Allwissenheit [álvĭsĕnháĭt] v. = valisev.
allwöchentlich [álvöqĕntliq] = alvigik.
Allylen [álilèn] C₃H₄ = propetilen.
allzeit [ál žáĭt] = valatimo.
Allzerstöhrer [ál žärjtörĕr] m. = validistukan.
allzu [álžu] = tu.
allzusehr [ál žuser] 1. = tuvemik 2. = tuve*mo.
Almanach [ál-manáq] m. (Kalender) = kaled.
Almosen [álmosĕn] n. = limun, — geben = limunön (lov.) eki.
Almosengeber [álmosĕn*gebĕr] m. = limunan.
Almosenier [álmosĕnìr] m. = limunal.
Almosenpfleger [álmosĕn*pflegĕr] m. = limu*nal.
Aloe [àloe] v. = laoäd.
Alp [álp] 1. m. (Alpdrücken) = kojmar 2. v. = lalp.
Alpaka [álpáka] n. (ein peruvianisches Berg-schaf) = lapak.
Alpakagarn [álpáka-gárn] n. = lapakayän.
Alpakawolle [álpáka-vólĕ] v. = lapakalain.
Alpdruck [álpdrųk] m. = kojmar.
Alpdrücken [álpdrųken] n. = kojmar.
Alpe [álpĕ] v. = lalp.
Alpenhirt [álpĕn*hįrt] m. (Senn, Senner) = lal*pagaledan.
Alpenland [álpĕn-lánt] n. = lalpalän.
Alphabet [álfabèt] n. (Abc) = lafab.
alphabetisch [álfabètij] = lafabik, — ordnen = lafabön (lov.).
alpinisch [álpìnij] = lalpik.
als [áls] 1. = äs (pr.), — Antwort = äs gespik, äs gesag, gespiko, gesago, — Beispiel = äs sam, samo, — Beispiel von, des = samü 2. (wie) = as, in der Eigenschaft — = as 3. äsä (kony.) 4. (wenn, da) = ven, eben — = ebo ven 5. (po pluamafom, in lat.: ‚quam') = ka, — wenn = ka if 6. = das, solange — = dü tim das 7. = if, — jemals = if föro 8. — dasz, zu ... — dasz = adas, — dasz (po pluamafom) = kas, — wenn = äsva, — ob = äsva, nicht so sehr ... — vielmehr = noe ... abgüä.
alsbald [álsbált] = sunäd.
alsdann [álsdán] (hierauf) = täno.
also [álso 1. (so) = so 2. (daher) = klu (kony.), kludo (ladv.).
alt [ált] 1. (bĕtagt) = bäldik, — werden =

bäldikön (nel.), — machen = bäldükön (lov.) 2. (antik) = vönik 3. (no: ‚antik') = vönädik, die alte Zeit (no: ‚Altertum') = vönäd, in alter Zeit = vönädo 4. (abgenutzt, abgebraucht) = neflifedik.
Alt [ált] m. (Altstimme) = telidvög, — singen = kanitön telidvögo.
Altai [áltài] (Gebirge) = Laltaiy.
Altalphabet [ált álfabèt] n. = lafab vönädik.
altalphabetisch [ált álfabètij] = vönädalafabik.
Altan [áltàn] m. (Balkon) = bakun.
Altar [áltàr] m. 1. = latar 2. st. = silatar.
Altarssakrament [áltarš sakramänt] n. (Abend*mahl) = latarasakram.
altbacken [ált-bákĕn] = neflifik.
Altbackenheit [ált-bákĕnháĭt] v. = neflif.
Altbürgermeister [ált bürgĕr-máĭštĕr] m. = läxsifal.
Altdänisch [ált-dánij]: das — = dän.
altdeutsch [ált dóŭč] = Germänik, Vöna*Deu*tänik.
Altdeutscher [ált dóŭčĕr] m. = Germänan.
Altdeutschtum [ált dóŭčtum] n. = Vöna*Deutänäl.
Altdeutschtümelei [ált dóŭčtümĕláĭ] v. = lu*Vöna*Deutänäl.
Alter [áltĕr] n. 1. (Betagtheit) = bäld 2. (Lebensalter) = bäldot, im — von = bäl*dotü.
altern [áltĕrn] (alt werden) = bäldikön (nel.).
alternierend [áltärnìrĕnd] = turniko, turno.
Altersgehalt [áltĕrš-gĕháłt] n. = pänsion.
altersschwach [áltĕrš-jváq] (kindisch) = cile*tik.
Altersschwäche [áltĕrš-jväqĕ] v. = cilet.
Altersversicherung [áltĕrš-färsiqĕruŋ] v. = bäl*disur.
Altertum [áltĕrtum] n. 1. = vön, im — = vöno 2. = vönot.
Altertumskenner [áltĕrtumškänĕr] m. = vöno*tavan.
Altertumskunde [áltĕrtumškundĕ] v. = vönotav.
Altertumskundiger [áltĕrtumš-kundigĕr] m. = vönotavan.
altertümlich [áltĕrtümliq] = vönik, altertümliche Gegenstände = yegs vönik.
Altgeige [ált-gáĭgĕ] v. (Bratsche) = brat.
Altgriechentum [ált grìqĕntum] n. = Vöna*Grikänäl.
altgriechisch [ált grìqij] 1. Vöna*Grikänik 2. Vöna*Grikänapükik, altgriechische Sprache = Vöna*Grikänapük.
althergebracht [álthär-gĕbráqt] = vönaoloveik.
altherkömmlich [ált-härkömliq] = vönaoloveik.
Altisländisch [ált-išlándij] n. = lislad.
Altklassisches [ált kláší jĕš] n. = klatäd.
altklug [áltkluk] (klüger als den Jahren nach zu erwarten) = bäldavisedik.
Altklugheit [ált-klŭkháĭt] v. = bäldavised.
Altmeister [ált-máĭštĕr] (Zunftmeister) m. = gildamastan.
altmodisch [ált-mòdij] = vönädavogädik.
Altnordisch [ált-nórdij] n. = norg.
alto [álto] = ‚alto' (álto, Lit.), telidvög.
Altsängerin [ált-sąŋerin] v. = jitelidvögan.

Altschlüssel [áltʃlüʃěl] m. = kiküf telidvöga.
Altschwedisch [ált-jˇvèdij] n. = sved.
Altsein [ált sáín] n. 1. = bäld 2. (das Ab-
genutztsein) = neflifed.
Altstimme [áltjtˇjmě] v. = telidvög.
Altvioline [ált violině] v. = brat.
Aluminat [aluminat] n. = lalumat.
aluminisch [aluminij] = laluminik.
Aluminium [aluminium] n. Al = lalumin.
Aluminiumborid [alumìnium borìd] Al B₁₂ =
ballaluminadegtelborin.
Aluminiumbronze [alumìnium bróñse] = lalu-
minabronsöt.
Aluminiumchlorid [alumìnium klorịt] Al Cl₃ =
laluminaklorid.
Aluminiumhydroxyd [alumìnium hüdróx̌ût] Al
(OH)₃ = laluminabäd, lalumatazüd.
Aluminiumkarbid [alumìnium kárbịt] Al₄C₃ =
laluminakarbid.
Aluminiumoxyd [alumìnium óx̌ût] Al₂O₃ = la-
luminaloxid, lalumatastabot.
Aluminiumsulfat [alumìnium sulfat] Al₂(SO₄)₃
= laluminasulfat.
Aluminiumtellurid [alumìnium tälurịt] Al₂Te₃ =
laluminatälurid.
Aluminiumware [alumìniumvarě] v. = lalumi-
nacan.
Amalekiter [amalekìter] m. = Lamalekitänan.
Amalekiterland [amalekìtěrlánt] n. = Lamale-
kitän.
amalekitisch [amalekìtij] = Lamalekitänik.
Amalgam [amálgàm] n. = maalgam.
Ambassade [ámbáśădě] v. = lelegät.
Ambassadeur [ámbáśdör] m. = lelegätan.
Ambosz [ám-bóś] m. = naklüm.
Ambrosia [ámbròsia] v. = brosiam.
Ameise [àmáïsě] v. = furmid.
ameisenartig [àmáïsěn-àrtiq] = furmidasümik.
Ameisenei [àmáïsěn-áï] n. = furmidanög.
Ameiseneifer [àmáïsěn-áïfěr] m. = furmidazil.
Ameisenhaufen [àmáïsěn-háûfěn] m. = furmi-
dalubel.
Ameisenhügel [àmáïsěn-hügěl] m. = furmida-
lubel.
Ameisenlaufen [àmáïsěnláûfěn] n. (Gefühl von
—) = lujat.
Ameisennest [àmáïsěn-näst] n. = furmidanäst.
Ameisensäure [àmáïsěnsóûrě] v. CHOOH =
metatazüd, furmidatazüd.
Amendement [ámáñděmáñ] n. = votükamimob.
Amerika [amèrika] n. = Merop, die Vereinig-
ten Staaten von — = Lamerikän, Tats-
Pebalöl Meropa.
Amerikaner [amerikáněr] m. = Meropan.
amerikanisch [amerikànij] = Meropik.
amerikanisieren [amerikanisìrěn] = Meropön
(lov.).
Amidophosphorsäure [amìdo fóś-fórsóûrě] H₂
NH₂PO₃ = ballamidülrotofosfatazüd.
Amme [ámě] v. (Säugamme) = sügan.
Ammoniak [ámoniák] n. = lamoniak.
ammoniakalisch [ámoniakàlij] = lamoniakerik.
Ammonium [ámònium] n. H₄N = lamonium.
Ammoniumhydroxyd [ámònium hüdróx̌ût] H₄
NOH = lamoniumabäd.

Ammoniummagnesiumarsenat [ámònium mágnè-
sium ársenàt] Mg(H₄N)AsO₄ = magnesina-
lamoniumalarsenat.
Ammoniumnitrat [ámònium nitrat] H₄NNO₃
= lamoniumanitrat.
Ammoniumnitrit [ámònium nitrit] H₄NNO₂ =
lamoniumanitrit.
Ammoniumsulfat [ámònium sulfat] (H₄N)₂SO₄
= lamoniumasulfat.
Ammoniumsulfhydrat [ámònium sulfhüdrat] H₄
NSH = monolamoniumasulfid.
Amnestie [ámnạ̈sti] v. = stiam.
amnestieren [ámnạ̈stìrěn] = stiamön (lov.).
Amphibie [ámfibiě] v. = mafib.
Amphibienleben [ámfibiěnlěběn] n. = mafi-
balif.
Amphibiologie [ámfibiologì] v. = mafibav.
amphibisch [ámfibij] = mafibik.
Amphibium [ámfibium] n. = mafib.
Amsel [ámsěl] v. = merul.
Amt [ámt] n. (Beruf, Gewerbe) = cal, das
Bekleiden eines Amtes = calam, — eines
Diakonen = diak, — eines Abtes = lepäd.
amten [ámtěn] = jäfidön (nel) calo, jäfidön in
cal oka.
amtieren [ámtirěn] = jäfidön (nel.) calo, jäfidön in cal oka.
Amtierung [ámtìruŋ] v. = calam.
amtlich [ámtliq] 1. = calik, amtliche Tätigkeit
= calajäf 2. (offiziell) = calöfik.
Amtsbruder [ámžbruděr] m. (Kolleg) = calasvist.
Amtsname [ámžnamě] m. = calanem.
Amtspflicht [ámž-pfliqt] v. = calablig.
Amtswürde [ámžvürdě] v. = caladinit.
amüsant [ámüsánt] 1. = muadik 2. (ergötzlich) = yofik.
Amüsement [ámüsěmáñ] n. (Unterhaltung) =
muad.
amusieren [ámüsìrěn] 1. (unterhalten) = muadön (lov.) 2. (belustigen) = yofön (lov.),
sich — = yofön oki.
an [án] 1. = ad, ein Recht — eine Sache haben
= gitätön (nel.) adι bos 2. = dämü, sich —
einem vergreifen, versündigen = mibitön
(nel.) dämü eke 3. de, wir loben — ihm den
groszen Fleisz = lobobs de om zili gretik
4. = demü, ein Löwe — Mut = leon demü
kurad, alt — Jahren = bäldik demü lifayels,
einem — Kenntnissen gleichstehen = leigön
(nel.) tefü ek demü nols, einen — äuszern
Vorzügen übertreffen = pluön lä, lo, leigodü
ek demü süperods logotik 5. = dö, ich
ärgere mich — dieser Sache = skanob dö
din at, — einen denken = tikön dö ek, ich
freue mich — dieser Sache = fredob dö din
at, — einer Sache verzweifeln, zweifeln =
däsperön (nel.), dotön (nel.) dö bos 6. =
dub, einen — seinem Gang erkennen = memosevön eki dub gol omik, dub mod omik gola,
ich sehe — der Schrift, wer ... = logob dub
penät utani, kel ..., — einer Krankheit leiden
= liedön dub maläd, der Schnee schmilzt —
der Sonne = nif smeton dub solam, — einer
Krankheit sterben = deadön dub maläd 7.

= in, **wenn ich — ihrer Stelle wäre** = if binoböv in plad ola, — **den öffentlichen Leben teilnehmen** = kompenön in lif voläda, in lif volädik 8. = kol, **redlich — einem handeln** = bitön (nel.) brafiko, ritiko kol ek, **er hängt — seinem Bruder** = divodom vemo kol blod oka 9. = lä, **am Ofen sitzen** = seadön lä fön 10. = len, — **einander** = len od, bal len votik, **er arbeitet — einem Wörterbuche** = vobom len vödabuk, **ein Kind — der Hand führen** = dugön len nam cili, **das Haus grenzt, stöszt — die Stadtmauer** = dom labon miedi oka len zifamön, **etwas — die Wand hängen** = lägön bosi len völ, — **der Wand stehen, horchen** = stanön, dalilön len völ, **sich — die Wand lehnen** = stutön len völ, **Köln liegt am Rhein** = ‚Köln' topon len ‚Rhein', — **einem Felsen scheitern** = nafädön len klif, **einem das Messer — die Kehle setzen** = seidön eke neifi len gug ona, **am Tisch sitzen** = seadön len tab 11. = lo, **der Schnee schmilzt — der Sonne** = nif smeton lo sol 12. = lü, **es ist — mir zu befehlen** = gität te binon lü ob ad lebüdön, **sich — einen wenden** = lüikön lü ek 13. — me, **ein Kind — der Hand führen** = dugön me nam cili, **ich labte mich — den Früchten** = äklietob obi, ästaudob me fluks, — **einer Ware verlieren** = perön me can seimik 14. = medü, **ich sehe — der Schrift wer ...** = logob medü penät utani, kel ... 15. = mö, **arm, reich — Freunden** = pöfik, liegik mö flens 16. = nilü, **am Ofen sitzen** = seadön nilü fön 17. = pla, **wenn ich — ihrer Stelle wäre** = if binoböv pla ol in stad at 18. = pö, **Lehrer — der Realschule** = tidal pö realajul, **am Hofe leben** = lifädön pö kur, **der Schnee schmilzt — der Sonne** = nif smeton pö solam, **teilnehmen — den öffentlichen Leben** = kompenön pö lif voläda, pö lif volädik, — **einer Ware verlieren** = perön pö can seimik 19. sekü, **leiden, sterben — einer Krankheit** = liedön, deadön sekü maläd 20. = stutü, — **der Krücke, am Stabe gehen** = golön stutü stütods, stutü staf 21. = su, **am Boden, — der Erde liegen, sitzen** = seatön, seadön su glun, — **einem Felsen scheitern** = nafädön su klif 22. = sui, **die Wand schreiben** = penön sui völ, **einem das Messer — die Kehle setzen** = seidön eke neifi sui gug ona 23. = ta, **sich — die Wand lehnen** = stutön ta völ, — **einem Felsen scheitern** = nafädön ta klif 24. = tefü, **alt —** bäldik tefü lifayels, **gesund — Leib und Seele** = saunik tefü koap e tikäl, — **einem irre werden** = pölikön tefü ek, **einem — Kenntnissen überlegen sein, nachstehen** = pluön, nepluön lä, lo, leigodü eke tefü nols, — **einer Sache verzweifeln, zweifeln** = däsperön, dotön tefü bos 25. = ti, — **die tausend Mann** = ti mens mil, ti mans mil 26. = tü, ün, ünü (präpods tima), **am Abend** = tü, ün ünü soar, **am ersten** = tü del balid (mula), **am folgenden Tage** = tü, ün del fovik; **am Mittag** = tü zedel, **am Morgen** = tü, ün, ünü göd, **am Sonntag** = tü, ün sudel, **am Tage** = tü, ün, ünü del 26. = ve, **wir wollen uns am Flusse halten** = vilobs vegön, veikön ve flumed, ovegobs, oveikobs ve flumed 27. = ze, **die tausend Mann** = mans ze mil(s), mens ze mil(s) 28. **ein Recht — eine Sache haben** = labön gitäti dö, tefü, pö, ad bos, **die Reihe kommt — mich, ich komme — die Reihe** = turn binon (nu) lü ob, pro, ob, pö ob; binos (nu) turn oba, **es liegt, es ist mir nichts — der Sache** = no nitedälob, no nitedälikob pro, in, tefü, dö din at; din at no nitedon obi 29. **am Abend** = soaro, — **Geld** = mono, **am mindesten** = nemu, **am Mittag** = zedelo, **am Morgen** = gödo, — **Ort und Stelle** = topo, — **der Seite** = flano, — **sich, — und für sich** = oko, **am Sonntag** = sudelo, **am wenigsten** = nemu, **du hast Fehler — dir** = labol (natälo) döfädis 30. **am Ende der Woche** = finü vig, **am Fusze des** = futü, **am Platze des** = topü 31. **Mangel — barem Gelde** = def mona kädöfik 32. — **einen eine Bitte tun** = begön eke (bosi), **sich — einem rächen** = vinditön (lov. dem.) eke (me, medü), — **einen schreiben** = penön eke (penedi, ...) 33. — **die Arbeit gehen** = primön vobi, primön vobodi, primön ad vobön, **er arbeitet — einem Wörterbuche** = lautom vödabuki, — **einen denken** = lememön eki, **es fehlt mir — einer Sache** = nelabob bosi, nelabob dini bal, **Gefallen — einer Sache haben, finden** = plidön bosi, — **einen glauben** = kredön eki, **das Haus grenzt, stöszt — die Stadtmauer** = dom miedon zifamöni, **einem — die Hand gehen** = yufön eki, **Hand — einen legen** = lengleipön eki mekädo, finükön mekädo lifi eka, **etwas liegt mir am Herzen** = bos kudidon obi, **sich — einen kehren** = demön eki, **leiden — einer Krankheit** = sufön malädi, **Miszfallen — einer Sache haben, finden** = neplidön bosi 34. — **sein (tefü klots)** = lenön (nel.), — **die Arbeit gehen** = vobikön (nel.), **am Ende sein** = finön (nel.), **Gefallen, Miszfallen — einer Sache haben, finden** = paplitön, paneplitön fa bos, **schwach am Geiste sein** = binön tikälafibik, labön tikäli fibik, **abnehmen, zunehmen — Gewicht** = leitikumön (nel.), vetikumön (nel.), — **einer Krankheit leiden** = labön malädi, **am Leben sein** = binön lifik, binön liföl, **es liegt am Tage** = klülos, **am Tode sein** = binön deadöl 35. **wir loben — ihm den groszen Fleisz** = lobobs zili gretik oma, lobobs omi demü zil gretik, **es ist — mir zu befehlen** = ob binob utan, kel lebüdob; te ob labob gitäti (e gitodi) ad lebüdön, **Sie sind am Ziehen** = ol mutol, or mutor pladülön, **ich bin — der Reihe** = binos turn oba, labob turni, **es liegt, es ist mir nichts — der Sache** = din at no jäfükon obi, **ich tue alles, was — mir ist** = dunob valikosi, kelosi kanob dunön, **es liegt nur — ihm** = sekidos te de om, **es ist nichts — dem** = nos atosa, nos etosa veraton, **es ist nichts Wahres —**

der ganzen Geschichte = jenotema lölik no vöd bal veraton, es ist — der Zeit etwas zu tun = binos nu tim pötik, binos nu timül pötik ad dunön bosi.
analog [ánalòk] (ähnlich) = sümik.
Analogie [ánalogì] v. = süm.
analogisieren [ánalogisìrĕn] = sümükön (lov.).
Analogisierung [ánalogisìruɳ] v. = sümükam.
Analogon [ánàlogón] n. = sümod.
Analyse [ánalûsĕ] v. = dilet.
analysieren [ánalüsìrĕn] (auflösen, zergliedern) = diletön (lov.).
analytisch [ánalütij] = diletik.
Anam [ànám ed á-nám] n. = Lanamän.
Ananas [ànanáš] v. = nanad.
Anarchie [ánárgì] v. = nenreig.
anarchisch [ánárqìj] = nenreigik.
Anarchismus [ánárqìšmu̞š] m. 1. = naargid 2. = naargidim.
Anarchist [ánárqìšt] m. 1. = naargidan 2. = naargidiman.
anargistisch [ánárqìštij] = naargidimik.
Anathem [ánatèm] n. = lemaledit.
anathemisiercn [ánatemisìrĕn] = lemaleditön (lov.).
Anatom [ánatòm] m. = naatoman.
Anatomie [ánatomì] v. = naatom.
anatomisch [ánatòmìj] = naatomik.
Anbau [án-báŭ] m. = lenbum.
anbauen [án-báŭĕn] = lenbumön (lov.).
Anbauen [án-báŭĕn] n. = lenbum.
Anbeginn [ánbĕgìɳ] m. (Anfang) = prim.
anbei [ánbáĩ] (anmit) = ko at.
anberaumen [án-bĕráŭmĕn] = lonön (lov.).
Anberaumung [án-bĕráŭmuɳ] v. (Festsetzung) = lonam.
anbeten [ánbetĕn] = leplekön (lov.).
Anbeter [ánbetĕr] m. = leplekan.
Anbetracht [án-bĕtráqt]: in — dieser, des ... = tefü.
Anbetung [án-bètuɳ] v. = leplekam.
anbieten [ánbìtĕn] = lofön (lov.), zum Verkauf — = selolofön (lov.), selidükön (lov.).
anbietend [ánbìtĕnt]: sich — = lofik.
anbinden [ánbìndĕn] = lentanön (lov.).
Anblick [ánblìk] m. = lüloged.
anblicken [ánblìkĕn] = lülogön (lov.).
anbohren [ánborĕn] = maigimön (lov.), einen Quell — = maigimön foni.
anbrechen [ánbrägĕn] 1. = maifädön (lov.), eine Flasche Wein — = maifädön fladi ko vin 2. (beginnen) = primön ad ... (värb seimik).
Anbrechen [ánbrägĕn] n. = maifäd.
anbrennen [ánbränĕn] 1. (entzünden) = filikön (nel.) 2. = lufilön (nel.).
anbringen [ánbrìɳĕn] 1. läblinön (lov.) 2. lü₌ blinön (lov.).
Anbringer [ánbrìɳĕr] m. = läblinan.
Anbringerin [án-brìɳĕrin] v. = jiläblinan.
Anbringung [án-brìɳuɳ] v. = läblin.
Anbruch [ánbru̞q] m. (das Anbrechen) = mai₌ fäd.
Anciennität [áñšìɟänìt̪ät] v. 1. = dünabäldot 2. = dünädabäldot.

Ancona [ánkòna] = ‚Ancona‘ [ánkòna] (Lit.).
Andacht [án-dáqt] v. = devod, von — erfüllt sein = devodön (nel.).
Andachtsort [án-dáq̌ž-órt] m. = devodiplägöp.
Andachtsübung [án-dáq̌ž-ûbuɳ] v. = devodi₌ pläg.
Andachtszeit [án-dáq̌ž-žáĩt] v. = devodiplägüp.
Andalusien [ándalùsiĕn] n. = Landalusän.
Andalusier [ándalùsiĕr] m. = Landalusänan.
andalusisch [ándalùsij] = Landalusänik.
Andamanen [ándamänĕn] pl. = Landamuäns.
Andächtelei [ándäqtĕláĩ] v. (Scheinfrömmigkeit) = lurelöf.
andächtig [ándäqtiq] = devodik.
Andächtler [ándäqtlĕr] m. = lurelöfan.
andächtierisch [án-dä̬qtlĕrij] = lurelöfik.
Anden [ándĕn] pl. = landens.
Andenken [ándäɳkĕn] n. 1. (das Denken) = lemem 2. (Gedächtnis) = meb 3. d. = lememot.
ander [ándĕr] = votik, anderer, der andere = votan, votikan, der eine ... der andere = balan ... votan, jeder dem anderen = alan votikane, jeder den anderen = alan votikani, auf andere Weise = votiko, auf der andere Seite = votaflano.
Anderheit [ándĕr-háĩt] v. (das Anderssein) = vot.
andermal [ándĕr mal] = votikna, ein — = votikna.
andernfalls [ándĕrn fälš] = voto.
andernteils [ándĕrn táĩlš] = votadilo, einesteils ... — = dilo ... dilo.
anders [ándĕrš] = votiko, ganz — = levotiko, wenn — = if nemu, — schreiben = vota₌ penön (lov.), — sein = votön (nel.).
anderseitig [ándĕr sáĩtiq] = votaflanik.
anderseits [ándĕr sáĩž] = votaflano, — des = votaflanü.
Anderssein [ándĕrš säin] n. = vot.
anderswo [ándĕrš vo] (sonstwo) = votaseimo.
anderswoher [ándĕrš wohär] = votaseimao.
anderswohin [ándĕrš wohìn] = votaseimio.
anderthalb [ándĕr tálp] = bal e teldil bal.
anderwärtig [ándĕr vàrtiq] = votaseimik.
anderweitig [ándĕr väitiq] = votaseimik.
andeuten [án-dóŭtĕn]: sich — (bedeuten) = sinifön (lov.).
Andeuter [án-dóŭtĕr] m. = malan.
Andeutung [án-dóŭtuɳ] v. 1. (Hinweis) = jon 2. = malam, malot 3. (Bedeutung) = sinif.
andicken [ándìkĕn] (dicker machen) = bigüku₌ mön (lov.).
Andorra [ándóra] = Landorän.
Andrang [án-dráɳ] m. (das Andringen) = lü₌ dran .
andrängen [ándräɳĕn] = lüdranön (lov.).
Andrängen [ándräɳĕn] n. = lüdrän.
andringen [ándrìɳĕn] = lüdranön (nel.).
Andringen [ándrìɳĕn] n. = lüdran.
androhen [ándroĕn] = tädön (lov.).
Andromeda [ándròmeda] v. 1. mit. = ‚Andro₌ méda‘ 2. st. = eläd ‚Androméda‘.
andrücken [ándrü̞kĕn] = lenpedön (lov.).

aneignen [án-áïgnĕn] (zum Eigentum machen)
= düton (lov.), sich — = düton oke.
Aneignung [án-áïgnuŋ] v. = düt.
aneinander [án-áïn:ndĕr] = bal len votik, kobio.
aneinanderschreiben [án-áïnándĕr-jráïbĕn] = kobiopenön (lov.).
Anekdote [ánăkdòtĕ] v. = konotül.
anekdotenartig [ánăkdòtĕn-artiq] = konotülik.
anekdotenhaft [ánăkdòtĕn-háft] = konotülik.
Anekdotenkrämer [ánăkdòtĕnkrämĕr] m. = konotülan.
anerbieten [án-ărbĭtĕn] (offrieren) = lofön
(lov.).
Anerbieten [án-ărbĭtĕn] n. = lof.
Anerbieter [án-ărbĭtĕr] m. = lofan.
Anerbietung [án-ărbĭtuŋ] v. (Offert) = lof.
anerkannt [án-ărkánt]: —! = lobülö!
anerkanntermaszen [án-ărkántĕr mašĕn] = lobüliko.
anerkennen [án-ărkǎnĕn] 1. = dasevön (lov.)
2. (billigen, beifallen) = lobülön (lov.) 3.
(zuerkennen) = givülön (lov.).
anerkennend [án-ărkǎnĕnt] = lobülik.
Anerkennung [án-ărkǎnuŋ] v. 1. (Beifall) =
lobul, mit — = lobülo 2. = dasev 3. (Zuerkennung) = givül.
anfahren [ánfarĕn] 1. nel. = lüvegön (nel.)
2. lov. = lüveigön (lov.).
Anfall [án-fál] m. = tatak.
anfallen [án-fálĕn] = tatakön (lov.).
Anfang [án-fáŋ] m. (Beginn) = prim, im Anfange, zu Anfang = primo, primüpo, im
Anfange des = primü.
anfangen [án-fáŋĕn] (anheben, beginnen) =
primön (lov.).
anfangs [án-fáŋš] = primo, — des = primü.
Anfangsbuchstabe [án-fáŋš bŭǧĭtabĕ] m. = primatonat, groszer — = mayud, kleiner — =
minud.
Anfangsgründe [án-fáŋšgründĕ] pl. = primatid,
primot.
anfassen [án-fáśĕn] 1. = dasumön (lov.) 2.
(greifen) = gleipön (lov.).
Anfassen [án-fáśĕn] n. 1. = dasum 2. = gleip.
Anfänger [án-fǎŋĕr] m. = priman.
Anfängerin [án-fǎŋĕrin] v. = jipriman.
anfänglich [ánfáŋliq] = primik.
Anfechtung [án-fǎqtuŋ] v. = befeit.
anfeinden [án-fáïndĕn] = neflenön (nel.).
Anfeindung [án-fáïnduŋ] v. = neflenam.
Anfertigung [án-fǎrtiguŋ] v. = mök.
anflehen [ánfleĕn] = lebegön (lov.).
Anfleher [ánfleĕr] m. = lebegan.
Anflehung [án-flèuŋ] v. = lebeg.
Anforderer [án-fórdĕrĕr] m. = flagan.
anforderisch [án-fórdĕrij] = flagik.
anfordern [án-fórdĕrn] = flagön (lov. dem.).
Anforderung [án-fórdĕruŋ] v. (Anspruch) =
flag.
Anforderungszettel [án-fórdĕruŋšžǎtĕl] m. =
flagazöt.
Anfrage [ánfragĕ] v. 1. = säk 2. (Erkundigung) = seivid.
anfragen [ánfragĕn] 1. = säkön (lov.) 2. (sich
erkundigen nach) = seividön (lov.).

anfragerisch [ánfragĕrij] 1. = säkik 2. = seividik.
anfügen [ánfügĕn] 1. = lenyümön (lov.) 2.
(hinten —) = poyümön (lov.).
Anfügung [án-fŭguŋ] v. 1. = lenyüm 2. =
poyüm.
anfühlen [ánfülĕn] (betasten) = doatön (lov.).
Anfühlung [án-fŭluŋ] v. (Betastung) = doatam.
anführen [ánfürĕn] 1. (vorstehen) = cifön
(lov.) 2. (zitieren) = saitön (lov.) 3. (betrügen) = cütön (lov.).
Anführer [ánfürĕr] m. = cif.
Anführerin [án-fŭrĕrin] v. = jicif.
Anführung [án-fŭruŋ] v. (Zitierung) = sait.
Anführungszeichen (án-fŭruŋš-žáïqen] n. =
saitamalül.
anfüllen [ánfülĕn] 1. (vollstopfen) = besteigädön (lov.) 2. (ergänzen) = läfulükön
(lov.).
Anfüllung [án-fŭluŋ] v. = läfulükam, läfulükot.
Angabe [ángabĕ] v. (Anzeige) = nunäd.
angaffen [án-gáfĕn] = lülulogön (lov.).
angeben [ángebĕn] = nunädön (lov.), den
Takt — = flapülön misuro, den Ton — =
tonodön (nel.).
Angeber [ángebĕr] m. 1. (Anzeiger, Melder) =
nunädan 2. (Zwischenträger) = lununädan.
Angeberei [ángebĕráï] v. = lununäd.
Angeberin [án-gèbĕrin] v. = jikusadan.
angeberisch [án-gèbĕrij] = lununädik.
angeblich [án-gèbliq] = bainunik, baisagädik.
angeboren [ángĕborĕn] = lönanatälik.
Angeborenheit [án-gĕbòrĕnháït] v. = lönanatäl.
angeboten [ángĕbotĕn] = lofik, peloföl.
Angebotene [ángĕbotĕnĕ] n. = lofot.
angedeihen [án-gĕdáïĕn]: — lassen (einem etwas) = koedön lükömön (lov. dem.).
angehen [ángeĕn] (betreffen) = tefön (lov.).
angehören [ángĕhörĕn] 1. = dutön (nel.) 2.
(Eigentum sein) = ledutön (nel.) lü.
Angehörige [ángĕhörigĕ] m. = dutan.
Angehöriger [án-gĕhòrigĕr] m. 1. = dutan, —
der Vereinigten Staaten = Lamerikänän 2.
(Verwandter) = röletan.
Angehörigkeit [án-gĕhörigkáït] v. (Verwandtschaft) = rölet.
Angeklagte [ángĕklaktĕ]: die — = jikusadäb.
Angeklagter [ángĕklaktĕr] m. = kusadäb.
angeklagterseits [ángĕklaktĕr sáïž] = kusadäbo.
Angekommene [án-gĕkómĕnĕ] 1. = ekömölan, hiekömölan 2. v. = jiekömölan.
Angel [áŋĕl] v. 1. = fitahuk 2. (stum ad fiti-
fan) = hukopäskaröm.
angelaufen]án-gĕláüfĕn] = pefogülädöl.
angelegen [ángĕlegĕn] (angelegentlich) = kudüköl.
Angelegenheit [án-gĕlègĕnháït] v. 1. (Umstand)
= dinäd 2. (Anliegen) = kudadin.
angelegentlich [án-gĕlègĕntliq] = kudüköl.
Angelhaken [áŋĕl-hakĕn] m. = fitahuk.
angeln [áŋĕln] = hukopäskarön (lov.).
Angeln [áŋĕlĕn]: die — = langälans.
angeloben [án-gĕlobĕn] = lepromön (lov.).
Angelobung [án-gĕlòbuŋ] v. = leprom.
Angelrute [áŋĕlrutĕ] v. = staf hukopäskaröma.

Angelschnur [áŋéljnur] v. = lefad hukopäska=
röma.
angemessen [án=gĕmäšĕn] 1. = lönedik 2. (passend, gerecht) = pötik, — sein (gerecht sein)
= pötön (nel.).
Angemessenheit [án-gĕm̦ǎšĕnháĭt] v. 1. = löned
2. (Schicklichkeit) = pötam 3. (Anwendbarkeit) = pötöf.
angenehm [ángĕnem] = plitik.
Angenehmheit [án-gĕnèmháĭt] v. = dasumov.
angenommen [án-gĕnömĕn]: — dasz (gesetzt
dasz) = büocedöl, das; ebüocedöl, das; büo=
cedolöd ! das; —! = dasumö !
Angeredete [án-gĕredĕtĕ] m.: der —=lüspikäb.
Angeschuldigter [án-gĕjǔldiqtĕr] m. = kusadäb.
angesehen [ángĕseĕn] (hochachtbar) = lestü=
mabik.
Angesehenheit [án-gĕsĕĕnháĭt] v. (Hochachtbar-
keit] = lestümab.
Angesetztes [ángĕsäztĕš] n. (Ansatz) = len=
seidot.
Angesicht [ángĕsiqt] n. (Gesicht) = logod.
angesichts [ángĕsiqž] = lo.
Angestellte [ángĕjtältĕ] v. = jicäläb.
Angestellter [ángĕjtältĕr] m. = cäläb.
Angewohnheit [án-gĕvònháĭt] v. (Gebrauch) =
kösömot.
angewöhnen [ángĕvönĕn] = kösömükön (lov.),
sich — = kösömükön oki.
Angewöhnung [án-gĕvònuŋ] v. = kösömikam.
Angliederung [ánglidĕruŋ] v. (Hinzufügung) =
lüyüm.
Anglizismus [áŋliž̦šmuš, áŋgliž̦šmuš] m. =
Linglänim.
Angola = Langolän.
Angolar, k. = langolar.
Angorafell [áŋgòraf̦äl] n. = skin mohärakapara.
Angoraziege [áŋgòra-žigĕ] v. = mohärakapar.
angreifen [án-gráĭfĕn] = gleipön (lov.).
Angreifung [án-gráĭfuŋ] v. = gleip.
angrenzen [ángränžĕn] = miedön (lov.).
Angriff [ángrif] m. (Handhabe) = gleipäd.
Angst [áŋst] v. = dredäl, durch Erregung von
— = dredälükamo, keine —! = nendre=
dälö ! nur keine —! = nendredälö !
angsterfüllt [áŋst-ä̦rf̦ǔlt] = dredälik, — sein =
dredälön (nel.).
angsterregend [áŋst=äregĕnt] = dredälüköl.
Angstmaier [áŋst-máĭĕr] m. = dredälan.
Angstpeter [áŋstpetĕr] m. = dredälan.
angstvoll [áŋst-fól] = dredälik.
anhaken [án=hakĕn] = lenhukön (lov.).
Anhaken [án=hakĕn] n. = lenhukam.
Anhalt [án-hált] m. 1. = stütäd 2. (das Anhalten) = stop 3. (Ort des Anhaltens) =
stopöp 4. (dükän = Lanhaltän.
anhalten [án-háltĕn] 1. (halten) = stopön
(nel.) 2. lov. (hemmen) = stöpön (lov.)
3. (ermahnen) = meibön (lov.) 4. sich — an
= stutodakipön (lov.).
Anhalten [án-háltĕn] n. 1. = stop, Ort des
Anhaltens = stopöp 2. (das Hemmen) =
stöp.
Anhaltspunkt [án-hálž̦puŋkt] m. = stutapün.
Anhang [án-háŋ] m. 1. (Anhängsel) = len=

lagot 2. (Gesamtheit von Anhängern) =
slopanef.
anhangen [án-hánĕn] nel. 1. = lenlagön (nel.)
2. einem, einer Partei — = slopön (lov.)
eki, paleti.
Anhangen [án-hánĕn] n. = lenlag.
Anhauch [án-háǔǧ] m.: wie mit einem — über=
deckt sein = voalön (nel.).
anhauchen [án-háǔgĕn] 1. = fogüladön (lov.)
2. einen Vokal — = haugön (lov.) vokati.
anhängen [án=hänĕn] 1. nel. = lenlagön (nel.)
2. lov. = lenlägön (lov.) 3. (anhaken) =
lenhukön (lov.).
Anhängen [án=hänĕn] n. 1. = lenläg 2. =
lenlag 3. = lenhukam.
anhängend [án=hänĕnt] = slopik.
Anhänger [án=hänĕr] m. 1. = slopan 2. (Lehrling) = tidäb 3. = keproan.
Anhängerschaft [án=hänĕr-jáft] v. 1. (das Anhängersein) = slop 2. (Jüngerschaft) =
züpanef.
Anhängersein [án=hänĕr sáĭn] n. = slop.
anhängig [án-häniq] = dunidik, — sein =
dunidön (nel.), — machen = dunidükön
(lov.).
Anhängigmachung [án-hä̦niq máǧuŋ] v. = du=
nidükam.
Anhängigsein [án-hä̦niq sáĭn] n. = dunid.
anhänglich [án-hä̦nliq] 1. (treu, zugetan) =
ledivodik 2. (nachfolgend) = züpik.
Anhänglichkeit [án-hä̦nliqkáĭt] v. 1. (Zuneigung)
= divod 2. (Treue) = ledivod.
Anhängsel [án=hänsĕl] n. 1. lenlagot 2. lenlägot 3. (Nachsilbe, Suffix) = poyümot.
Anhängung [án-hä̦nuŋ] v. = lenläg.
Anhäufung [án-hö̦ǔfuŋ] v. = kumam.
anheben [án=hebĕn] 1. (beginnen) = primön
(lov.) 2. (verursachen) = kodön (lov.).
anheimfallen [án=háĭm-fálĕn] = ledutikön (nel.)
anheimstellen [án=háĭmjtälĕn] (überlassen) =
gividön (lov.), einer der anheimstellt = gi=
vidan.
Anhöhe [án=höĕ] v. (kleiner Hügel) = lubelil.
anhören [án=hörĕn] = dalilön (lov.).
Anhörer [án=hörĕr] m. = lilan.
Anhydrid [ánhüdrìt] = stabot.
animalisch [ánimàlij] (tierisch) = nimik.
Anion [á-nión] = nanion.
Anis [ánìš] m. = naid.
Ankauf [án-káǔf] m. = rem.
Anker [áŋkĕr] m. = nak, sich vor — legen =
nakön (nel.).
Ankergrund [áŋkĕrgruŋt] m. = nakaglun.
Ankerkette [áŋkĕrkätĕ] v. = nakajän.
ankern [áŋkĕrn] = nakön (nel.).
Ankerplatz [áŋkĕr-pláž] m. = naköp.
Ankerschmied [áŋkĕrjmit] m. = nakismitan.
Ankerung [áŋkĕruŋ] v. = nakam.
Anklage [ánklagĕ] v. (Beschuldigung) = ku=
sad.
anklagen [ánklagĕn] (beschuldigen) = kusadön
(lov.).
Anklagen [ánklagĕn] n. = kusadam.
Anklageschrift [ánklagĕ-jrìft] v. = kusadama=
lepenäd.

Ankläger [ánklägĕr] m. = kusadan.
Anklägerin [án-klågerin] v. = jikusadan.
anklägerisch [án-klågĕrij] = kusadik.
ankleben [ánklebĕn] 1. nel. = klebön (nel.)
2. lov. = kleibön (lov.) 3. = lenkleibön
(lov.).
Ankleben [ánklebĕn] n. 1. = kleb 2. = kleib
3. = lenkleib.
ankleiden [án-kláĭdĕn] = klotön (lov.).
Ankleidung [án-kláĭduŋ] v. = klotam.
Ankleidungsort [án-kláĭduŋs órt] m. = klotöp.
Ankleidungszeit [án-kláĭduŋs žáĭt] v. = klotüp.
anklopfen [án-klópfĕn] = lennokön (lov.).
anknöpfen [án-knŏpfĕn] (mittels Knöpfe befestigen, zumachen) = knopön (lov.).
ankommen [án-kómĕn] 1. = lükömön (nel.)
2. darauf — = binön ledin, darauf kommt es
an = binos ledin 3. — auf (abhängen von)
= sekidön (nel.) de, dieses wird auf die Um=
stände — = atos osekidon de dináds.
Ankömmling [án-kŏmliŋ] m. = köman.
Ankunft [ánkuŋft] v. = köm, lüköm.
Ankunftsort [ánkuŋfž-órt] m. = lükömöp.
Ankunftszeit [ánkuŋfž-žáĭt] v. = lükömüp.
Ankündiger [án-kŭndigĕr] m. = nunan.
Ankündigung [án-kŭndiguŋ] v. = nunam.
anlachen [án-láɋĕn] = lüsmilön (lov.).
Anlage [ánlagĕ] v. 1. (Talent) = tälen 2. (das
Anlegen, das Bauen) = meik 3. in der —
(beifolgend) = paläkövolo, peläkövolo 4. =
fund.
Anlagekosten [ánlagĕ-kóstĕn] pl. = meikafräd.
Anlagen [ánlagĕn] pl. = spatagad.
anlanden [án-lándĕn] = jolön (nel.).
Anlandung [án-lánduŋ] v. = jolam.
anlangen [án-láŋĕn] = lükömön (nel.).
Anlasz [án-láš] m. (Veranlassung) = koded,
aus — von = kodedü, bei — von = ko=
dedü.
Anlauf [án-láŭf] m. = nüdugarön, einen —
nehmen = nüdugarönön (nel.).
anlaufen [án-láŭfĕn] = lügolön (nel.).
Anlaut [án-láŭt] m. = primaton.
anlächeln [ánláɋĕln] = lüsmilön (lov.).
anläszlich [ánläsliq] = kodedü, dinädü.
anlegen [ánlegĕn] 1. = lenseitön (lov.) 2.
(bauen) = meikön (lov.), einen Garten —
= meikön gadi 3. auf Zinsen — = fienidön
(lov.) 4. Feuer — (brandstiften) = lefilü=
kön (lov.).
Anlegeschlosz [ánlegĕ-jlóš] n. = lagalök.
Anlegung [án-lèguŋ] v. = lenseit.
Anlehen [ánleĕn] n. (Darlehen) = prünot.
Anlehnen [ánlenĕn] n. = stut.
Anlehnung [án-lènuŋ] v. = stut.
Anleihe [án-láĭĕ] v. = loen.
anleihen [án-láĭĕn]: — von = loenön (lov.)
de.
Anleiher [án-láĭĕr] m. (Darleiher) = prünan.
anleimen [án-láĭmĕn] = kleibön (lov.).
anleiten [án-láĭtĕn] 1. (vorstehen) = cifön
(lov.) 2. einen — = geidön (lov.) eki 3.
(anweisen) = tanamodugön (lov.).
Anleiter [án-láĭtĕr] m. = geidan.
Anleitung [án-láĭtuŋ] v. = geid.

anliegen [ánligĕn] = lenseatön (nel.).
Anliegen [ánligĕn] n. (Angelegenheit) = ku=
dadin.
anlocken [án-lókĕn] = lübätön (lov.).
anmachen [án-máɋĕn] 1. (an etwas befestigen)
= lenfimükön (lov.) 2. (bereiten, zubereiten). = mökön (lov.).
anmaszen [ánmašĕn]: sich — = rogön (lov.).
anmaszend [ánmašĕnt] = rogik.
Anmaszender [ánmašĕndĕr] m. = rogan.
anmaszlich [án-mašliq] = rogik.
Anmaszung [án-mašuŋ] v. = rog.
anmelden [ánmäldĕn] = nunädön (lov.).
Anmelder [ánmäldĕr] m. = nunädan.
Anmeldung [án-mäldun] v. = nunäd.
anmerken [ánmärkĕn] (notieren) = penetön
(lov.).
Anmerkung [án-märkuŋ] v. 1. (Notiz) = penet
2. (eine kleine Note) = noetil; 3. = küpet
4. (miszbilligende Bemerkung) = blamet.
Anmerkungszeichen [án-märkuŋs žáĭqĕn] n. =
noetamalül.
anmessen [ánmäsĕn] = lümafotön (lov.).
anmit]ánmit] = ko at.
Anmut [ánmut] v. = kein.
anmutig [án-mùtiq] = keinik.
anmutreich [ánmut-ráĭq] = keinik.
anmutsvoll [ánmuž-fól] = keinik.
Anna [ána] k. = lanad.
Annahme [án-namĕ] v. 1. = dasum 2. = büo=
ced.
Annahmestelle [án-namĕ-jtälĕ] v. = dasumöp.
Annalen [ánälĕn] pl. (Jahrbücher) = yelabuk,
yelabuks.
Annam [án-ám] = Lanamän.
annähen [án-näĕn] = lennägön (lov.).
annähern [án-näĕrn] = nilükön (lov.), sich —
= nilikön (nel.).
annähernd [án-näĕrnt] (ziemlich) = ze (ladv.).
Annäherung [án-näĕruŋ] v. = nilikam.
annehmbar [án-nèmbar] = dasumovik.
Annehmbarkeit [án-nèmbarkáĭt] v. = dasumov.
annehmen [án-nemĕn] 1. = dasumön (lov.) 2.
(voraussetzen) = büocedön (lov.) 3. eine
wichtige Miene — = bitön äs cädan 4. an=
zunehmen = zepabik.
Annehmer [án-nemĕr] m. = dasuman.
annehmlich [án-nèmliq] = dasumovik.
Annehmlichkeit [án-nèmliqkáĭt] v. dasumov.
Annonce [ánóñšĕ] v. (Anzeige) = noted.
Annoncenbureau [ánóñšĕn-büro] n. = note=
dabür.
annoncieren [ánóñširĕn] (anzeigen) = notedön
(lov.).
Annoncierer [ánóñširĕr] m. = notedan.
Annoncierung [ánóñširuŋ] v. (die Insertion) =
notedam.
annotieren [ánotirĕn] = penetön (lov.).
Anode [ánóde] v. = nanod.
anonym [ánonùm] = nennemik, anonyme Gesellschaft = kompenät nenfiamik.
Anonymität [ánonümität] v. = nennem.
anordnen [án-órdnĕn] 1. = leodükön (lov.) 2.
(verfügen) = büadön (lov.).

Anordner [án-órdnĕr] 1. = leodükan 2. (Organisator) = noganükan.
Anordnung [án-órdnuŋ] v. = leodükam.
anorganisch [án-sórgànij] = nejäfidämik.
anpassen [án-pášĕn] 1. (passend machen) = lönedükön (lov.) 2. sich — = lönedikön (nel.).
Anpassung [án-pášuŋ] v. (Akkommodation) = lönedikam.
Anpflanzung [án-pflánžuŋ] v. = planam.
anpochen [án-póǵĕn] = lennokön (lov.).
anraten [ánratĕn] = konsälön (lov.).
anrechnen [ánräqnĕn] 1. = debetön (lov.) 2. = kalükön (lov.).
Anrechnung [án-rᾳqnuŋ] v.: in — bringen = kalükön (lov.).
anreden [ánredĕn] = lüspikön (lov.).
anregen [ánregĕn] = davedükön (lov.).
anreihen [án-ráïĕn] 1. = lenkedülön (lov.) 2. Glasperlen — = kedülön (lov.) glätapärlatis.
anreizen [án-ráïžĕn] = tirädön (lov.) keino.
anrennen [ánrᾳnĕn] = lürönön (nel.).
anrichten [ánrᾳqtĕn] (verursachen) = kodön (lov.).
anrufen [ánrufĕn] 1. = lüvokön (lov.) 2. = lüvokädön (lov.) 3. ein höheres Gericht — = lapelön (nel.) 4. jemandes … — = yusfidön (lov.).
Anrufer [ánrufĕr]] m. (Appellant) = lapelan.
Anrufung [án-rúfuŋ] v. (Appell) = lapel.
Ansager [ánsagĕr] m. git. = nitiman.
Ansatz [án-sáž] m. (Angesetztes) = lenseidot.
ansässig [án-sᾳšiq]: — sein = lödön (nel.), belödön (lov.).
anschauen [án-jáŭĕn] = lülogön (lov.).
Anschauer [án-jáŭĕr] m. (Zuschauer) = lülogan.
anschaulich [án-jáŭliq] 1. = klülik 2. (plastisch) = plastáto, — darstellen = magön (lov.) plastáto.
Anschaulichkeit [án-jáŭliq-káït] v. (das Selbstverständlichsein) = klül.
Anschauung [án-jáŭuŋ] v. = lülogam.
Anschauungsunterricht [án-jáŭuŋs ừntĕrsrᾳqt] m. = plastätatia, tid plastätik.
Anschein [án-jáïn] m. = jin.
anschirren [ánjᾳrĕn] 1. = stömön (lov.) 2. = fimädön (lov.).
Anschirren [ánjᾳrĕn] n. 1. = fimädam 2. = stömam.
Anschlag [ánjlak] m. 1. = lenflap 2. (Schätzung) = täxet.
anschlagen [ánjlagĕn] 1. an Glocke — = lenflapön (lov.) kloki 2. (schätzen) = täxetön (lov.).
Anschlagzettel [ánjlaksžätĕl] m. = lenkleibazöt.
anschlieszen [ánjlišĕn] 1. = yumädön (nel.) 2. sich — = yumön (nel.) 3. sich — = slopikön (lov.).
anschlieszend [ánjlišĕnt] = yumädik.
Anschlieszung [án-jlišuŋ] v. = yum.
Anschlusz [ánjlᵫš] m. = yum.
Anschlusz [ánjlᵫšs] = … yumädik.
Anschluszpunkt [ánjlᵫš-pᵫŋkt] m. = yumod.

Anschluszzug [ánjlᵫš žᵫk] m. = yumädatren, tren yumädik.
anschmieden [ánjmidĕn] = lensmitön (lov.).
anschwatzen [án-jvážĕn] = slüdön (lov.) luspiko ad.
anschwellen [án-jvälĕn] nel. 1. = svelikön (nel.) 2. (stärker werden) = vemikön (nel.).
ansehen [ánseĕn] 1. (dafürhalten) = cedön (lov.) 2. — für = lecedön (lov.) 3. — für, irrtümlich — für = pölacedön, (lov.) as 4. (anblicken) = lülogön (lov.).
Ansehen [ánseĕn] n. 1. (dö pösods) = cäd 2. (Anschauung) = lülogam.
ansehnlich [ánsenliq] 1. (vornehm) = cädik 2. (beträchtlich) = veütik.
Ansehnlichkeit [án-sènliqkáït] v. = cäd.
ansetzen [ánsäžĕn] (pödo) = poyümön (lov.).
Ansetzung [án-sᾳžuŋ] v. = poyüm.
Ansicht [ánsᾳqt] v. 1. (das Dafürhalten) = ced 2. gleicher — = leigacedik, otcedik 3. (Abbildung) = magod 4. (Aussehen, Äuszeres) = logot.
ansichtig [ánsiqtiq] = logamovik, — werden = logikön (nel.).
Ansiedelung [án-sidĕluŋ] v. 1. (Kolonisierung) = kolun 2. (mens) = kolunanef.
Ansiedler [ánsidlĕr] m. = kolunan.
Ansiedlerin [án-sidlĕrin] v. = jikolunan.
ansonsten [ánsónštĕn] (andernfalls) = voto.
anspannen [án-jpánĕn]: die Pferde — = fimäsdön (lov.) jevodis.
Anspannen [án-jpánĕn] n. = fimädam.
anspornen [án-jpórnĕn] = stigädön (lov.).
Ansporner [án-jpórnĕr] m. = stigädan.
Anspornerin [án-jpórnĕrin] v. = jistigädan.
Anspornung [án-jpórnuŋ] v. = stigädam.
Ansprache [ánjpraǵĕ] v. = lüspikot.
ansprechen [ánjpräǵĕn] 1. = lüspikön (lov.) 2. (gefallen) = plitön (lov.).
ansprechend [ánjpräǵĕnt] = plitik.
Anspruch [ánjprᵫǵ] m. 1. (Forderung) = flag, — machend = flagik 2. in — nehmen = yufidön (lov.).
anspruchslos [ánjprᵫǵs-loš] = neflagiälik.
Anspruchslosigkeit [ánjprᵫǵs-lòsiqkáït] v. = neflagiäl.
anspruchsvoll [ánjprᵫǵs-fól] = flagiälik.
anstacheln [án-jtᾳǵĕln] = stigädön (lov.).
Anstachelung [án-jtᾳǵĕluŋ] v. = stigädam.
Anstachler [án-jtᾳǵlĕr] m. = stigädan.
Anstachlerin [án-jtᾳǵlĕrin] v. = jistigädan.
Anstalt [án-jtált] v. 1. = stitod, — (gewerbliches Etablissement) = febodastitod, — zur Salzgewinnung (Saline) = salidöp 2. Anstalten treffen zu = preparön (lov.).
Anstand [án-jtánt] m. 1. (Bedenken) = dod, gegen … — erheben = dodön (lov.) 2. (Schicklichkeit) = gidöf 3. (Jägersanstand) = lüköp.
anstandshalber [án-jtánž-hálbĕr] = plüto.
Anstandslehre [án-jtánžlerĕ] v. = plütav.
anstatt [ánjtát] (statt) = pla (pr.).
anstaunen [án-jtáŭnĕn] = stunolülogön (lov.).
anstaunend [án-jtáŭnĕnt] = stunolülogöl.

Anstaunung [án-ĵtáŭnuŋ] v. = stunolülogam.

anständig [án-ĵtǎndiq] 1. = gidöfik 2. (höflich) = plütik, —! = plütö! **sich — benehmen** = plütön (nel.).

Anständigmachung [án-ĵtǎndiq máǫuŋ] v. = benodugälam.

anstechen [ánĵtǎǫěn] (öffnen) = sälebuonön (lov.).

anstecken [ánĵtǎkěn] (infektieren) = näfätön (lov.).

ansteckend [ánĵtǎkěnt] = näfätik.

Ansteckung [án-ĵtǎkuŋ] v. = näfätam.

Ansteckungsfähigkeit [án-ĵtǎkuŋš fǎiqkáɪt] v. = näfät.

Ansteckungsstoff [án-ĵtǎkuŋšĵtóf] m. = näfätastöf.

anstelle [ánĵtǎlě] (statt) = pla (pr.).

anstellen [ánĵtǎlěn] 1. **einen zu ...** — = cälön (lov.) eki as 2. **einen Lehrer —** = cälodön (lov.) tidani 3. **eine Probe mit ...** — = blufön (lov.).

Ansteller [ánĵtǎlěr] m. = cälan.

Anstellung [án-ĵtǎluŋ] 1. **— einer Person zu einem zu bekleiden Amte** = cäl 2. **— eines Amtsinhabers** = cälod.

anstiften [ánĵtǐftěn] (verursachen) = kodön (lov.).

Anstosz [ánĵtoš] m. 1. (Veranlassung) = koded 2. (Ärgerlichkeit) = skän, **— gebend** = skänik, **— erregen, — geben** = skänön (lov.), **— nehmen** = skanön (nel.).

Anstosznehmung [ánĵtoš-němuŋ] v. = skan.

anstöszig [án-ĵtöšiq] = skänik.

Anstöszigkeit [án-ĵtöšiqkáɪt] v. = skän.

anstreichen [án-ĵtráɪqěn] = kölön (lov.), **grün — —** = grünükön (lov.).

Anstreicher [án-ĵtráɪqěr] m. = kölan, domikölan.

anstrengen [ánĵträŋěn]: **sich —** (sich Mühe geben) = töbidön (nel.).

Anstrich [ánĵtriq] m. = kölam.

anstricken [ánĵtrikěn] = lentrikön (lov.).

anstürmen [ánĵtürměn] = lütatakön (lov.).

ansuchen [ánsuǫěn] (bitten) = begön (lov.).

Ansuchen [án-suǫěn] n. = beg.

Anteil [án-táil] m. 1. — dilod, **— haben =** dilodön (nel.) 2. **— haben an etwas** (bei etwas beteiligt sein) = kompenön (nel.).

anteilgemäsz [án-táilgěmäš] = bai dilod.

Anteilschein [án-táil-jáɪn] m. = dilodazöt.

Anthropologie [ántropologi] v. = menav.

Antichrist [ántikrişt] m. 1. = Kristusitaan 2.= krititaan.

Antichristentum [ántikriştěntųm] n. = krititaam.

antichristlich [ántikriştliq] 1. = Kristusitaik 2. = krititaik.

antik [ántik] = vönik.

Antimon [ántimòn] **Sb** = stibin.

Antimonhydroxyd [ántimòn hüdróχ̌ŭt] Sb(OH)₃ = kilhidrälstibinabäd.

Antimonigsäureanhydrid [ántimòniq-sóŭrě ánhüdrìt] Sb₂O₃ = stibitastabot.

Antimonnitrat [ántimòn nitrat] Sb(NO₃)₃ = stibinanitrat.

Antimonpentachlorid [ántimòn pǎnta klorit] Sb Cl₅ = balstibinalulklorin.

Antimonpentoxyd [ántimòn pǎnt óχ̌ŭt] Sb₂O₅ = stibatastabot.

Antimonpentsulfid [ántimòn pǎnt sulfit] Sb₂S₅ = telstibinalulsulfin, lulsulfostibatastabot.

Antimonsäure [ántimòn-sóŭrě] H₃SbO₄ = rotostibatazüd.

Antimonsulfat [ántimòn-sulfat] Sb₂(SO₄)₃ = stibinasulfat.

Antimontetroxyd [ántimòn tětróχ̌ŭt] Sb₂O₄ = telstibinafolloxin.

Antimontrichlorid [ántimòn triklorit] SbCl₃ = balstibinakilklorin.

Antimontrioxyd [ántimòn trióχ̌ŭt] Sb₂O₃ = stibitastabot, stibinaloxid.

Antimontrisulfid [ántimòn trisulfit] Sb₂S₃ = telstibinakilsulfin.

Antimonwasserstoff [ántimòn vášěr-ĵtóf] SbH₃ = balstibinakilhidrin.

Antimonylhydroxyd [ántimonŭl hüdróχ̌ŭt] SbO. OH = balhidrälstibinabäd.

Antimonylsulfat [ántimonŭl sulfat] (SbO)₂SO₄ = stibulasulfat.

Antiqua [ántikva] v. (tonatem) = tigvat.

Antiquar [ántikvàr] m. = tedan neflifedabukas.

Antiquariat [ántikvariàt] n. 1. = ted neflifedabukas 2. selidöp neflifedabukas.

antiquarisch [ántikvàrij] = neflifedik.

Antiquität [ántikvität] v. = vönädot.

Antlitz [ántlįž] n. = logod.

Antrag [ántrak] m. 1. (Vorschlag) = mob 2. (Offert) = lof.

antragen [ántragěn] 1. (vorschlagen) = mobön (lov.) 2. (offrieren) = lofön (lov.).

Antragsteller [ántrakĵtǎlěr] m. 1. = moban 2. = lofan.

antreffbar [ánträfbar] = tuvovik.

antreffen [ánträfěn] (finden) = tuvön (lov.).

antreiben [án-tráɪběn] = stigädön (lov.).

Antreiber [án-tráɪber] m. = stigädan.

Antreibung [án-tráɪbuŋ] v. = stigädam.

antun [ántun] 1. (zulügen) = blinädön (lov.), **einem ein Leid —** = liedükön (lov.) eki 2. **Kleider — —** = lenükön (lov.) klotis.

Antwerpen [ánt-värpěn, ánt-vàrpěn] = ,Antwerpen' [ánt-värpěn] (Flan.), ,Anvers' [áñvàr] (Fr.).

Antwort [ánt-vórt] v. = gespik, **abschlägige —** = gespik refudik, **als —, zur —** = gesago, gespiko, **als —** = äs gespik, äs gesag, **in — auf —** = begesagü.

antworten [ánt-vórtěn] 1. = gesagön (lov.) 2. = gespikön (lov.) 3. begespikön (lov.).

Antwortgeber [ánt-vórtgeběr] m. 1. = gespikan 2. = gesagan.

antwortlich [ánt-vórtliq]: **— des ...** = begespikü, begesagü.

anvertrauen [án-färtráŭěn]: **einem etwas, sich —** = lükonfidön (lov. dem.) eke bosi, oki.

Anwalt [án-vált] m. (Advokat) = lavogan.

anwaltlich [án-váltliq] = lavogik.

Anwaltstand [án-vált-ĵtánt] m. (Advokatur) = lavog.

anweisen [án-váɪsěn] **1.** (anleiten) = tanamo-

dugön (lov.) 2. (assignieren) = lasigön (lov.).
Anweiser [án-váĭsĕr] m. = lasigan.
Anweisung [án-váĭsuŋ] v. 1. (das Assignieren) = lasigam 2. d. = lasig.
anwendbar [ánväntbar] 1. = gebovik 2. — **sein** = pötöfön (nel.).
Anwendbarkeit [án-vǎntbarkáĭt] v. 1. = gebov 2. (Angemessenheit) = pötöf.
anwenden [ánvändĕn] (gebrauchen) = gebön (lov.).
Anwender [ánvändĕr] m. = geban.
Anwendung [án-vǎnduŋ] v. 1. (Benützung, Gebrauch) = geb 2. = gebäd, **zur** —, **in** — **bringen** = gebädön (lov.).
anwerben [ánvärbĕn] = slopükön (lov.).
anwesend [ánvesĕnt] (gegenwärtig) = komik, — **bei** = komü, — **sein** = komön (nel).
Anwesender [ánvesĕndĕr] m. = koman.
Anwesenhait [án-vèsĕnháĭt] v. = kom.
anwidern [ánvịdĕrn] = naudükön (lov.).
anwohnend [ánvonĕnt] = nilädik.
Anwohner [ánvonĕr] m. (Nachbar) = nilädan.
Anzahl [ánžal] v. 1. (Zahl) = num, **in der** — **von** = numü 2. (Quantität, Menge) = mödot, **in der** — **von** = mödotü.
Anzeichen [án-žáĭqĕn] n. (Vorzeichen) = bümal.
anzeichnen [án-žáĭqnĕn] 1. = malön (lov.) 2. (notieren) = penetön (lov.).
anzeigbar [án-žáĭkbar] = nunädabik.
Anzeige [án-žáĭgĕ] v. 1. = noted 2. (Angabe) = nunäd.
Anzeigeblatt [án-žáĭgĕ-blát] n. = notedagased.
anzeigen [án-žáĭgĕn] 1. = notedön (lov.) 2. (angeben, melden) = nunädön (lov.) 3. **sich** — (bedeuten) = sinifon (lov.).
Anzeiger [án-žáĭgĕr] m. 1. p. = nunädan 2. d. = notedian.
Anzeigung [án-žáĭguŋ] v. = nunäd.
anziehbar [án-žịbar] 1. = lütirovik 2. (tefü klot) = klotabik.
Anziehbarkeit [án-žịbarkáĭt] v. = lütirov.
anziehen [ánžịen] 1. = tirädön (lov.), **der Magnet zieht das Eisen an** = magnet tirädon feri 2. = klotön (lov.) 3. **Kleider** — = lenükön (lov.) klotis 4. (aduzzieren) = lütirön (lov.).
anziehend [ánžịent] 1. = lütirik 2. (reizend) = tirädabik.
Anziehende [ánžịĕndĕ]: **das** — = tirädab.
Anzieher [ánžịĕr] m. (Stiefelknecht) = butitirian.
Anziehung [án-žịuŋ] v. 1. = tiräd 2. (Kleid) = klotem.
Anziehungskraft [án-žịuŋskráft] v.=tirädanäm.
Anzug [ánžuk] m. = klotem.
Anzüglichkeit [án-žůkliqkáĭt] v. = nofül.
anzünden [ánžündĕn] = filidön (lov.).
Anzünden [ánžündĕn] n. = filid.
Anzünder [ánžündĕr] m. 1. p. = filidan 2. d. = filidian.
anzweifeln [án-žváĭfeln] = nekredön (lov.).
Aorist [aorịst] m. (Durativum) = saorit.
aoristisch [aorịstij] = saoritik.

aoristisieren [aoristisịrĕn] = saoritön (lov.).
Apatschen [apáčĕn] pl. (Indianer) = lapatsyavans.
Apenninen [apäninĕn] =,Appennino' [ápänino] (Lit.).
Apfel [ápfĕl] m. = pod.
Apfelbaum [ápfĕl-báŭm] m. = podabim, podep.
Apfelblüte [ápfĕlblütĕ] v. = podaflorem.
apfelförmig [ápfĕl-fŏrmiq] = podafomik.
Apfelkern [ápfĕlkặrn] m. = podaker.
Apfelmost [ápfĕl-móšt] m. = podamust.
Apfelschale [ápfĕljalĕ] v. = podajal.
Apfelsine [ápfĕlsinĕ] v. = rojat.
Apfelsinenbaum [ápfĕlsinĕnbáŭm] m. = rojatabim, rojatep.
Apfelwein [ápfĕl-váĭn] m. = podamust.
Apostel [ápóštĕl] m. = paostolan.
Apostelamt [ápóštĕl-ámt] n. = paostol.
Apostelkreis [ápóštĕl-kráĭš] m. = paostolanazi-läk.
Aposteltum [ápóštĕltum] n. = paostolanef.
Apostelwürde [ápóštĕlvürdĕ] v. = paostol.
Apostolat [ápóštolàt] n. = paostol.
apostolisch [ápóštòlij] = paostolik, **apostolischer Geist** = paostoläl, **apostolischer Vikar** = vikaral.
Apostolizismus [ápóštoližịšmuš] m.=paostolim.
Apostolizität [ápóštoližịtặt] v. = paostolät.
Apostroph [ápóštròf] v. = moädamal.
apostrophieren [ápóštrofìrĕn] = moädamalön (lov.).
Apotheke [ápotèkĕ] v. = pötek.
Apotheker [ápotèkĕr] m. = pötekan.
Apothekerin [ápotèkĕrin] v. = jipötekan.
apothekerisch [ápotèkĕrij] = pötekik.
Apothekerware [ápotèkĕrvarĕ] v. = pötekacan.
Appalatschen [apaláčĕn] pl. (Indianer) = lapalatsyavans.
Apparat [áparàt] m. = parat.
Appell [ápặl] m. 1. = lapel 2. (Namenabrufung) = vokod.
Appellant [ápálánt] m. = lapelan.
Appellat [ápälàt] m. = nitimäb.
Appellation [ápälažiòn] v. = lapel.
Appellationsgericht [ápälažiònš-gĕrịqt] n. = lapelacödalef.
Appellationshof [ápälažiònš-hof] m. = lapelacödalef.
Appellationsrat [ápälažiònš-rat] m. = lapelacödal.
appellieren [ápälịrĕn] 1. = lapelön (nel.) 2. (sich berufen auf) = yufidön (lov.).
Appetit [ápĕtịt, apetịt] m. (Eszlust) = pötit, **mit** — = benosmeiko, — **machen** = pötitükön (lov.).
appetitlich [ápetịtliq] = pötitüköl.
Appetitlichkeit [ápetịtliqkáĭt] v. = pötitükam.
appetitlos [ápetịtloš] = nenpötitik.
Appetitlosigkeit [ápetit-lòsiqkáĭt] v. = nenpötit.
Apposition [áposižiòn] v. = läyümod.
appositionell [áposižiọnặl] = läyümodik.
Appreteur [ápretòr] m. = prätan.
appretieren [ápretìrĕn] = prätön (lov.).

Appretur [ápretùr] v. = prät.
Aprikose [aprikosĕ] v. = brikod.
Aprikosenbaum [aprikòsĕnbáŭm] = brikodabim, brikodep.
April [april] m. = prilul.
Aprilwetter [aprìlvätĕr] n. = prilulastom.
Aquafort [akvafórt] n. = graifot.
Aquarell [akvarä̲l] n. = vatakölapänot.
Aquitanien [akvitàniĕn] = Lakvitän.
Aquitanier [akvitàniĕr] m. = Lakvitänan.
aquitanisch [akvitàniĵ] = Lakvitänik.
Ar [ar] n. e m. (= 100 M.², D.M.²) = lar.
Araber [àrabĕr] m. = Larabänan.
Arabien [aràbiĕn] n. = Larabän.
arabisch [aràbiĵ] = Larabänik, arabisches Gummi = gumäd Larabänik, Larabänagumäd.
Arabisch [aràbiĵ] n. = Larabänapük.
Aragonien [aragòniĕn] n. = Laragonän.
Aragonier [aragòniĕr] m. = Laragonänan.
aragonisch [aragòniĵ] = Laragonänik.
Arak [arák] = raak.
Aramäisch [aramå̇iĵ] n. = laramey.
Arbeit [ár-bäĭt] v. 1. (das Arbeiten) = vob, in — = in vob, in bevob, bei der — (arbeitend, tätig) = vobik, in die — gehen = vobikön (nel.), einen an die — setzen = vobükön (lov.) eki 2. (Werk) = vobod.
arbeiten [ár-bäĭtĕn] 1. = vobön (nel.) 2. —, lov. — an = bevobön (lov.), er arbeitet an einem Wörterbuche = bevobon vödabuki 3. (funktionieren) = jäfidön (nel.).
Arbeiten [ár-bäĭtĕn] n. 1. = vob 2. (das Funktionieren) = jäfid.
arbeitend [ár-bäĭtĕnt] = vobik.
Arbeiter [ár-bäĭtĕr] m. = voban.
Arbeiterin [ár-bäĭtĕrin] v. = jivoban.
Arbeiterrat [ár-bäĭtĕrᴢrat] m.: russischer Arbeiter- und Soldatenrat = sovyät.
Arbeiterschaft [ár-bäĭtĕr-ĵáft] v. (Gesamtheit von Arbeitern) = vobanef.
Arbeiterstück [ár-bäĭtĕrĵtük] n. = vobot.
arbeitsam [ár-bäĭtᴢsam] = vobiälik, — sein = vobiälön (nel.).
Arbeitsamkeit [ár-bäĭtᴢsam-käĭt] v. = vobiäl.
Arbeitsanstalt [ár-bäĭž án-ĵtált] v. = vobastitod.
Arbeitshaus [ár-báĭž-háŭš] n. = vobastitod.
Arbeitslohn]ár-báĭžlon] m. = vobanamesed.
arbeitslos [ár-báĭžloš] = nenvobik.
Arbeitsloser [ár-báĭžlosĕr] m. = nenvoban.
Arbeitslosigkeit [ár-báĭž-lòsiqkáĭt] v. = nenᴢvob.
Arbeitsmann [ár-báĭž-mán] m. = voban.
Arbeitsraum [ár-báĭž-ráŭm] m. = voböp.
Arbeitssinn [ár-báĭžᴢsi̲n] m. = vobiäl.
Arbeitszeit [ár-báĭž-žäĭt] v. = voböp.
Arbiter [árbitĕr] m. = rabitan.
Arbitrage [árbitràjĕ] (das Arbitrieren) = rabit.
arbitrieren [árbitrìrĕn] = rabitön (nel.).
Arbitrieren [árbitrìrĕn] n. = rabit.
Archäolog [árqeolòk] m. = vönotavan.
Archäologie [árqeologì] v. = vönotav.
archäologisch [árqeològiĵ] = vönotavik.
Arche [árqĕ] v. = rak.
Archipel [árqipä̲l] m. = ragipelag.
Architekt [árqitä̲kt] m. = bumavan.

architektonisch [árqitäktòniĵ] = bumavik, architektonische Verzierungen aus Ton = buᴢmavadeks taimik.
Archiv [árqif] n. = ragiv.
Archivar [árqivàr] m. = ragivan.
Archivariat [árqivariàt] = ragivöp.
archivarisch [árqivàriĵ] = ragivik.
Archivrat [árqifᴢrat] m. = ragivakonsälal.
Archivwesen [árqifᴢvesĕn] n. = ragivam.
Ardennen [árdå̲nĕn] = ,Ardennes' [ardänĕ] (Fr. pl.).
arg [árk] = badik.
Argentinien [árgäntìniĕn] n. = Largäntän.
Argentinier [árgäntìnier] m. = Largäntänan.
argentinisch [árgäntiniĵ] = Largäntänik.
Arglist [árklišt] v. = mikäf.
arglistig [árklj̲štiq] = mikäfik.
Arglistigkeit [árklj̲štiqkáĭt] v. = mikäfod.
arglos [árkloš] = nen badinilud, nenbadiniludik.
Argo [árgo]: Schiff — 1. mit. = naf: ,Argő' 2. st. = sinaf: ,Argő', eläd ,Argő'.
Argon [árgòn] A = largonin.
Argument [árgumå̲nt] n. (Beweisgrund) = blöᴢfastab.
Argumentation [árgumäntaziòn] v. (Räsonnement) = blöfäd.
Argwilligkeit [árkvj̲liqkáĭt] v. = badöf.
Argwohn [árkvon] m. = badinilud, ohne — = nen badinilud, nenbadiniludik.
argwöhnen [árkvönĕn] lov. = badiniludön (nel.) tefu ek.
argwöhnisch [árkvöniĵ] = badiniludik.
Arie [áriĕ] v. = riad.
Arier [àriĕr] m. = lariyan.
Ariette [aria̲tĕ] = riadil.
Arisch [àriĵ] n. = lariy.
Arithmetik [arj̲tmètj̲k, arj̲tmetj̲k] v. = kalkulav.
Arithmetiker [arj̲tmètj̲kĕr] m. = kalkulavan.
arithmetisch [arj̲tmètiĵ] = kalkulavik.
Arkadien [árkàdiĕn] n. = Larkadiyän.
Arkadier [árkàdiĕr] m. = Larkadiyänan.
arkadisch [árkàdiĵ] = Larkadiyänik.
arm [árm] (dürftig) = pöfik, — sein = pöfön (nel.), — werden = pöfikön (nel.), — machen = pöfükön (lov.).
Arm [árm] m. = brad.
Armatur [ármatùr] v. (Beschlag) = ramat.
Armbrust [ármbrust] v. = rabalet.
Armbrustmacher [ármbrust-mą́ĝĕr] m. = rabaᴢletel.
Armbrustschütze [ármbrustjüzĕ] m. = rabaletan.
Armee [ármè] v. (Heer) = milit.
Armeebefehl [ármèbèfel] m. = militabüd.
Armeebefehlshaber [ármè-bĕfèls-habĕr] m. (Generalissimus) = general, lebüdal.
armen [ármĕn] lov. = pöfükön (lov.).
Armenien [ármèniĕn] n. = Larmeniyän.
Armenier [ármèniĕr] m. 1. = larmeniyan 2. = Larmeniyänan.
armenisch [ármèniĵ] = Larmeniyänik.
Armfeile [árm-fáĭlĕ] v. = bradaräp.
armselig [ármsèliq] = pöfädik.
Armseligkeit [ármsèliqkáĭt] v. = pöfäd.
Armut [ármu̲t] v. 1. = pöf 2. (Mangel) = def.

armvoll [árm-fól] bradetik.
Armvoll [árm-fól] m. = bradet.
Arrestant [áräštánt] m. = fanäb.
Arrestation [áräštažiòn] v. = fanäbükam.
arretieren [áretirěn] (verhaften) = fanäbükön (lov.).
Arretierung [áretìruŋ] v. = fanäbükam.
Arrowroot [árorut] n. = rorud.
Arsen [ársèn] n. As = larsenin.
Arsendisulfid [ársèn disulfit] As₂S₂ = tellar⸗ seninatelsulfin.
arsenig [ársèniq]: arsenige Säure, H₃AsO₃=lar⸗ senitazüd.
Arsenigsäureanhydrid [érsèniqsóŭrě ánhüdrìt] As₂O₃ = larsenitastabot.
Arsennatrium [ársèn nàtrium] AsNa₃ = kilna⸗ trinaballarsenin.
Arsenoxychlorid [ársèn óxü klorit] As(OH)₂Cl = balklorüllarsenitazüd.
Arsenpentasulfid [ársèn pàntasulfit] As₂S₅ = tellarseninalulsulfin, lulsulfolarsenatastabot.
Arsensäure [ársènsóŭrě] H₃AsO₄ = larsena⸗ tazüd.
Arsensäureanhydrid [ársènsóŭrě ánhüdrìt] As₂O₅ = larsenatastabot.
Arsentrichlorid [ársèn trìklorit] AsCl₃ = ballar⸗ seninakilklorin.
Arsentrisulfid [ársèn trìsulfit] As₂S₃ = tellar⸗ seninakilsulfin, kilsulfolarsenitastabot.
Arsenwasserstoff [ársèn vášěr-ĵtóf] AsH₃ = ballarseninakilhidrín.
Art [art] v. 1. (Gattung) = bid 2. (— und Weise, Manir) = mod, auf ... — = modü, nach — von = modü 3. (Natur) = natäl.
arten [artěn]: — nach = natälön (nel.) ma.
Arterie [ártèriě] v. (Pulsader) = ratär.
arteriell [árteriạl] = ratärik.
Arterienblutung [ártèriěn-blūtuŋ] v. = ratä⸗ rabludam.
artesisch [ártèsij]: artesischer Brunnen = me⸗ kavafon di ‚Artois' [ártŭà] (Fr.).
artig [ártiq] = plütülik.
Artigkeit [ártiqkáĭt] v. (cilas) = plütül.
Artikel [ártikěl] m. = lartig.
Artikulation [ártikulažiòn] v. = ratikul.
artikulieren [ártikulirěn] = ratikulön (nel.).
Artillerie [ártịlěri], v. = ratid, General der — = ratidageneran.
Artillerist [ártịlěrịšt] m. = ratidan.
artilleristisch [ártịlěrịštij] = ratidik.
Artischocke [ártijókě] v. = tijod.
Artist [ártịšt] m. = lekanan.
artistisch [ártịštij] = lekanik.
Artzahl [àrtzal] v. = sotanum.
Arznei [áržnáĭ] v. (Medizin) = medin, Lehre von der Wirkung der Arzneien = medinavo⸗ bedav.
arzneibereiten [áržnáĭ-běráĭtěn] = pötekön (lov.).
Arzneibereitung [áržnáĭ-běráĭtuŋ] v. = pöte⸗ kam.
Arzneibuch [áržnáĭbụq] n. = medinabuk.
arzneien [áržnáĭěn] (medizinieren) = medinön (lov.).
Arzneikunde [áržnáĭkundě] v. = medinav.

arzneilich [áržnáĭliq] = medinik.
Arzneimann [áržnáĭ-mán] m. = medinan.
Arzneimittel [áržnáĭmịtěl] n. 1. = medin 2. (in valem) = sanamed.
Arzneimittellehre [áržnáĭmịtěl-lerě] v. = me⸗ dinav.
Arzneiwissenschaft [áržnáĭ-vịšěnĵáft] v. = medinapatöfav.
Arzt [aržt] m. = sanan, zum — gehörig, vom — ausgehend = sananik.
Asbest [ásbặšt] m. (Bergflachs) = lasbed.
Asbest⸗Anstrichmasse [ásbặšt ánĵtrịq-máśě] v.= kölamastöf lasbedik.
Asbestfaser [ásbặštfasěr] v. = lasbedafaib.
Asbestgewebe [ásbặštgěvèbě] n.=lasbedavivot.
asbestisch [ásbặštij] = lasbedik.
Asbestpapier [ásbặšt⸗papir] n. = lasbedapapür.
Asbestware [ásbặštvarě] v. = lasbedacan.
aschartig [áĵ-àrtiq] = zenasümik.
Asche [áĵě] v. = zen, — ähnlich = zenasümik, zu — verbrennen = zenofilön (nel.), in — legen = zenolefilükön (lov.).
aschenartig [áĵěn-àrtiq] = zenasümik.
Aschenbrödel [áĵěnbröděl] v. e n. = jizenanil.
Aschfarbe [áĵ-fárbě] v. = zenaköl.
aschfarbig [áĵ-fárbiq] = zenakölik.
Aserbeidschan = Lasärbäcän.
Asiat [asiat] m. = Siyopan.
asiatisch [asiàtij] = Siyopik.
Asien [àsiěn] n. = Siyop.
Asir = Lasirän.
Asphalt [áš-fált] m. = sfal.
asphaltartig [áš-fált-àrtiq] = sfalasümik.
asphalthaltig [áš-fált-háltiq] = sfalerik.
asphaltieren [ášfáltirěn] = sfalön (lov.).
asphaltisch [ášfáltij] = sfalik.
Asphaltmeer [áš-fáltmer] n. = Sfalalak.
Asphaltpappe [áš-fált-pápě] v. = sfalakarton.
Assam [á-šám] = Lasamän.
Assami [ášámi] n. = lasamiy.
Assekurant [ášekuránt] m. = surigaranan.
Assekuranz [ášekuránž] v. = sur.
assekurieren [ášekurìrěn] = surön (lov.).
Assessor [ášặšór] m. = presidaniyufan.
Assignat [ášịgnàt] m. = lasigipelan.
Assignatarius [ášịgnatàriuš] m. = lasigigetan.
Assignation [ášịgnažiòn] v. = lasig.
assignieren [ášịgnìrěn] = lasigön (lov.).
Assignieren [ášịgnìrěn] n. = lasigam.
assimiliert [ášimilirt] = leigulik, — sein = leigulön (nel.).
Assimiliertsein [ášimilìrt sáin] n. = leigul.
Assistent [ášištặnt] m. (Gehilfe) = yufan.
Associé [ášošiè] m. = kompenätan.
Assortiment [ášórtimạ̀nt] n. = sotastok.
Assoziation [ášožiažiòn] v. n.: chemische — — kobet kiemik.
Assyrien [ášụriěn] n. = Lasüriyän.
Assyrisch [ášụrij] = lasüriy.
Ast [ášt] n. 1. = letuig 2. (Zweig) = tuig, Reichtum an Äste, Fülle an Äste = tuigag.
Asterisk [ášteṛịšk] (*) = stelül.
Asteroide [ásteroidě] m. = planetül.
astreich [ášt-ráĭq] = tuigagik.
Astrologe [ášstrològě] m. = lastrologan.

Astrologie [áštrologì] v. = lastrolog.
Astronom [áštronòm] m. = stelavan.
Astronomie [áštronomì] v. = stelav.
astronomisch [áštronòmij] = stelavik, astrono-
mische Instrumente = stums stelavik.
Astwerk [áštvärk] n. (Gezweige) = tuigem.
Asyl [asül] n. (Beschützungsort) = jelöp.
Atelier [átĕlyè] n. (Werkstätte) = voböp.
Atem [atĕm] m. = natemot.
atemholen [àtĕmholĕn] = natemön (nel.).
atemlos [àtĕmloš] = nennatemik.
Atemlosigkeit [àtĕmlosiqkáĭt] v. = nennatem.
Atemzug [àtĕmžuk] m. = natem.
Athabasken pl. (Indianer) = latabaskiyans.
Atheismus [ateĭšmųš] m. = Godinoam.
Atheist [ateĭšt] m. = Godinoan.
Atlantis [átlántiš] = Latlantän.
atlantisch [átlántij]: atlantischer Ozean = Lat-
lantean.
Atlas [át-láš] m. 1. (Kartenwerk) = kaedem 2.
(Seidenzeug) = satin.
atlasartig [át-láš-àrtiq] = satinasümik.
Atlasstoff [át-láš-jtóf] m. = satinastof.
atmen [atmĕn] = natemön (nel.).
Atmen [atmĕn] n. = natemam.
Atmosphäre [átmóšfå̧rĕ] v. = lutem.
atmosphärisch [átmóšfårij] = lutemik.
Atmung [àtmuŋ] v. = natemam.
Atmungsorgan [àtmuŋs-órgàn] n. = natemäm.
Atom [atom] n. = taum.
Atomenlehre [atòmĕnlerĕ] v. = taumav.
Atomgewicht [atòmgĕvi̧qt] n. = taumavet.
attackieren [átákìrĕn] = tatakön (lov.).
Attika [átika] n. = Latikän.
Au [aŭ] v. Flur) = feilän.
auch [áŭq̌] = i, (fo vokat:) id, ob — = ifi,
wenn — = ifi, wenn — (und wenn) = igo
üf, wenn — noch so = igo if, wie — = äsi,
nicht nur ... sondern — = noe ... abi,
denn — = kluo.
Audienz [áudiä̧nž] v. (das Lauschen) =
dalilam.
Auditorium [áŭditòrium] n. = lilanef.
Auerochs [áŭĕr-óx̌] m. = rubub.
auf [áŭf] 1. = a, — je drei Mann = a mans
kil, zehn Mark — den Kopf = maks deg a
pösod bal 2. = ad, — Ihre Gesundheit =
ad saun ola, er hört — beide Namen =
demom ad nems bofik 3. = äl, die Tür geht
— die Strasze = yan binon äl süt, — den
Abend = äl soar 4. = demü, — dem Fettgehalt untersuchen = vestigön, xamön bosi
demü mödot pinera 5. = dub , — einen Zug =
dub drinod balik 6. = gönü, er ist — meiner
Seite = binom gönü ob 7. = in, er ist —
seiner Stube = binom in cem oka, — dem
Lande wohnen = lödön in länäd, etwas —
dem Herzen haben = labön, polön notabikosi,
bosi notabik in ladäl oka, — alle Fälle = in
jenets valik, — diesem Wege = in mod at,
— diese Weise = in mod at, — gesetzlichem Wege = in
mod lonik, — welche Weise = in mod kelik,
— was für eine Weise? = in mod kinik ?
8. = jü ko, — den letzten Heller bezahlen
= pelön vali jü ko fenig lätik 9. = lü, er

kam — mich zu = älükömom lü ob, älüvegom lü ob, er kam — mich los = älüikom
lü ob, einen Brief — die Post tragen =
polön, blinön penedi lü potöp, aufs Land
reisen = tävön lü länäd, es geht — zehn Uhr
= nilikos lü düp degid, lü düp : deg 10. =
me, — einmal = me naed bal, — einen Zug
= me drinod balik, — der Geige spielen =
musigön me viäl, — welchen Namen ist er
eingeschrieben? = me nem kinik penüpenomli ? — beiden Augen blind sein = bleinön me
logs bofik 11. = nämätü, — die Bibel
schwören = yulön nämätü bib 12. = pos,
ein Viertel — zehn = düpafoldil bal pos deg
13. = pö, — den ersten Blick = pö logam
balid, pö loged balid, — frischer Tat = pö
dunot it, pö midunotidun, — dem Gymnasium
sein = binön pö gümnad, — der Jagd, — der
Reise sein = binön pö yag, pö täv, — dieser
Seite = pö flan at, er ist — meiner Seite =
binom, stanom pö palet obik 14. = pro, er
ist — meiner Seite = binom pro ob, — alle
Fälle = pro jenets valik 15. = sekü, —
ihren Wunsch = sekü vip ola 16. = su,
— dieses (darauf) = su at, — Erden = su
taled, — dem Wege = su veg, ein Druck
von fünf Pfund — das Quadratzentimeter =
ped paunas lul, ped mö pauns lul su kvadazimmet bal, — der Strasze sein = binön su süt,
— dem Rücken tragen = polön su bäk, —
dem Lande wohnen = lödön su länäd 17. =
sui, — die Strasze gehen = golön sui süt 18.
= ta, ein Druck von fünf Pfund — das Quadratzentimeter = ped paunas lul, ped mö
pauns lul ta kvadazimmet bal 19. = tefü,
ich gebe nichts — ihn = lindifob tefü om,
— dem Fettgehalt untersuchen = vestigön
bosi tefü mödot pinera 20. = ti, es geht —
zehn Uhr = binos ti düp degid, ti düp : deg
21. = tü, — eine Woche = tüpü vig bal,
— kurze Zeit = tüpü brefüp 22. = Abschlag = dilopelo, — alle Fälle (jedenfalls)
= alo, — der andere Seite = votaflano,
— andere Weise = votiko, — ähnliche Weise
= sümo, — aufs äuszerste = lätiküno, aufs
beste = gudiküno, mu gudiküno, — Borg =
täko, — dieser Seite = atflano, — diese
Weise = so, — einmal (unversehens) =
süpo, — Erden = taledo, — Ewig = laidüpo, — fleiszige Art = zilo, aufs höchste =
levemo, — frischer Tat = midunotiduno,
Kredit = täko, — Lateinisch = latino, —
lebenslang = lifadulo, aufs neue = dönu,
— Pfand, — Pfänder = pano, — dem Rückweg = gevego, — solche Weise = somo,
— der Stelle = sunädo, — Umwegen =
nestedöfo, — Urlaub = livodo, — Zinsen =
fieno, aufs Land reisen = tävön länädio,
— wievielfache Weise? = liomödotanaediko?
— und ab = löpio e donio, mo e ge, usio
ed isio 23. = Abschlag des = dilopelü,
— ... Art = modü, — die Gefahr des =
riskodü, — meine Gefahr = riskodü ob, aufs
Geratewohl = spelü benofät, spetü benofät,
— die Gewähr des = nämätü, — Grund des

= stabü, **auf ... hin** = äl, — **Kosten des** = frädü, — **Kredit des** = kreditü, — **Namen des** = nemü, — **ihr Risiko** = riskodü ol, — **... Weise** = modü 24. — **das Äuszerste gefaszt sein** = spetön badikünosi, — **einen bauen, sich** — **einen verlassen** = lekonfidön eki, **Einflusz** — **einen haben** = flunön eki, — **Ehre** = demöl stimi, demölo stimi, — **meine Ehre** = demöl stimi oba, demölo stimi oba, — **frischer Tat** = dunöl dunoti, **grosze Stücke** — **einen halten** = plidön vemo eki, — **dem Gymnasium sein** = visitön gümnadi, — **seinem Rechte bestehen** = bleibön flagön oke gitäti, — **eine Sache verzichten** = klemön bosi 25. — **der Jagd sein** = binön yagöl, — **der Reise,** — **Reisen sein** = binön tävöl 26. **sich** — **die Beine machen** = morönön (nel.), — **Borg kaufen** = täkoremön (lov.), — **Borg verkaufen** = täkoselön (lov.), — **der Geige spielen** = viälön (lov.), — **der Hand liegen** = niloseatön (nel.), **das hat nichts** — **sich** = atos no veüton, **sich** — **den Weg machen** = vegikön (nel.) 27 **ein Viertel** — **zehn** = düp : deg foldil bal, düp : deg minuts deglul, **das hat nichts** — **sich** = atos no labon veüti, atos binon nen veüt, **Geld** — **die Seite bringen** = düton oke kläno moni, — **Schadenersatz klagen** = kusadön ad dagetön givus loti, dalofön flagi givulota 28. —**!** (**empor!**) = löpiö! — **die Seite!** = flaniö! — **der Stelle!** = sunädö!

aufbauen [áŭf-báŭĕn] 1. = bumön (lov.) 2. **synthetisch** — = koboädön (lov.).

Aufbesserung [áŭf-b̯ȧ̆s̯ĕruŋ] v. : — **des Lohnes, des Gehaltes** = mödikumam meseda.

aufbewahren [áŭfbĕvarĕn] = kipedön (lov.), **aufzubewahren** = kipedabik, **aufzubewahren sein** = kipedabön (nel.).

Aufbewahrer [áŭfbĕvarĕr] m. = kipedan.

aufbewahrt [áŭfbĕvart]: — **werden müssen** = kipedabön (nel.).

Aufbewahrung [áŭf-bĕvàruŋ] v. = kiped.

Aufbewahrungsort [áŭf-bĕvàruŋs órt] m. = kipedöp.

Aufbewahrungszeit [áŭf-bĕvàruŋs žáït] v. = kipedüp.

aufbieten [áŭfbitĕn] (**gebrauchen**) = gebön (lov.).

Aufbietung [áŭf-bituŋ] v. = geb.

aufbinden [áŭfbịndĕn]: **einem etwas** — = kres didön (lov. dem.).

aufblasen [áŭfblasĕn] = bladosvolükön (lov.).

aufblähen [áŭfbläĕn] = svolükön (lov.).

aufbrausen [áŭf-bráŭsĕn] = fäkädälikön (nel.).

aufbrausend [áŭf-bráŭsĕnt] 1. = fäkädälik, **aufbrausendes Wesen** = fäkädäl 2. (**zornig**) = zunik.

aufbrechen [áŭfbräqĕn] 1. **nel.** = maibrekön (nel.) 2. **lov.** = maibreikön (lov.).

aufbürden [áŭfbürdĕn] = suseitön (lov. dem.).

aufdasz [áŭfdås] (**damit**) = dat.

aufdecken [áŭfdäkĕn] = stofedön tabi.

aufdrängen [áŭfdräŋĕn] 1. = löpiodränön (lov.) 2. = maidränön (lov.).

Aufdrängen [áŭfdräŋĕn] n. 1. = maidrän 2. = löpiodrän.

Aufdrängung [áŭf-dr̯ȧ̆ŋuŋ] v. 1. = löpiodrän 2. maidrän.

aufdrehen [áŭfdreĕn] = löpiotülön (lov.).

aufdringen [áŭfdrịŋĕn] = dranön (nel.).

aufdringlich [áŭf-drịŋliq] = dranädik, — **sein** = dranädön (nel.), **aufdringlicher Mensch** = dranädan.

Aufdringlichkeit [áŭf-drịŋliqkáĭt] v. = dranäd.

Aufdringung [áŭf-drịŋuŋ] v. = dran.

aufeinanderfolgen [áŭf-áïn-ánder-fólgĕn]: **stufenweise** — = gredön (nel.).

Aufenthalt [áŭfĕnt-hált] m. (**Verweilen**) = steb.

Aufenthaltsort [áŭfĕnt-hálž órt] m. = steböp.

Aufenthaltszeit [áŭfĕnt-hálž žáït] v. = stebüp.

auferstehen [áŭf-ärĵtĕĕn] = lelifikön (nel.).

Auferstehung [áŭf-ärĵtĕuŋ] v. = lelifikam.

auferwecken [áŭf-ärv̯ȧ̆kĕn] = lelifikön (lov.).

aufessen [áŭf-äšĕn] = fifidön (nel.).

auffahren [áŭffarĕn] = fäkädälikön (nel.).

auffahrend [áŭffarĕnt] 1. = fäkädälik, **auffahrendes Wesen** = fäkädäl 2. (**zornig**) = zunik.

Auffahrt [áŭffart] v. = löpiovegam.

auffallen [áŭf-fálĕn] 1. (**auf etwas fallen**) = sufalön (nel.) 2. (**auffallend sein**) = klatön (nel.).

auffallend [áŭf-fálĕnt] (**eklatant**) = klatik, — **sein** = klatön (nel.).

Auffallendheit [áŭf-fálĕnthàït] v. = klat.

auffangen [áŭf-fáŋĕn] = fanädön((lov.).

auffassen [áŭf-fášĕn] (**begreifen**) = suemön (lov.).

Auffassung [áŭf-fášuŋ] v. = suem.

auffaszbar [áŭf-fášbar] = suemovik.

aufflammen [áŭf-flámĕn] = löflamön (nel.).

Aufflug [áŭffluk] m.: **hoher** — = leflit.

Aufforderer [áŭf-fórdĕrĕr] 1. = flagan 2. (**Einlader**) = vüdan.

auffordern [áŭf-fórdĕrn] 1. = flagön (lov.) 2. (**einladen**) = vüdön (lov.) 3. (**herausfordern**) = letodön (lov.) 4. (**aufrufen**) = levokön (lov.) 5. (**ermahnen**) = meibön (lov.).

Aufforderung [áŭf-fórdĕruŋ] v. 1. = flag 2. (**Einladung**) = vüd 3. (**in valem: Aufruf**) = levok 4. (**Ermahnung**) = meib.

aufführen [áŭffürĕn] 1. = plösenön (lov.) 2. = numädön (lov.).

Aufführen [áŭffürĕn] n. = plösen.

Aufführung [áŭf-fŭruŋ] v. 1. = plösen 2. = numäd 3. **schlechte** — (**schlechtes Betragen**) = mikondöt.

auffüllen [áŭffülĕn] (**anfüllen**) = läfulükön (lov.).

Auffüllung [áŭf-fŭluŋ] v. 1. (**Anfüllung**) = läfulükam 2. (**das Aufgefüllte**) = läfulükot.

Aufgabe [áŭfgabĕ] v. 1. = bligäd 2. (**Lektion**) = lärnod.

Aufgang [áŭf-gán] m. = sülöpikam.

aufgeben [áŭfgebĕn] (**auflegen, auftragen**) = bligädön (lov. dem.).

Aufgeben [áŭfgebĕn] n. = bligädam.

Aufgeber [áŭfgebĕr] m. = bligädan.

aufgeblasen [áŭfgĕblasĕn] = svolik.
Aufgebot [áŭfgĕbot] n.: einem ein — machen = leblamön eki.
Aufgebung [áŭf-gèbuŋ] v. = bligädam.
Aufgefüllte [áŭfgĕfültĕ]: das — = läfulükot.
aufgehängt [áŭfgĕhäŋt]: aufgehängter Wand-schmuck = völalägöt, etwas aufgehängtes = lägot.
aufgehen [áŭfgeĕn] 1. (steigen) = löpikön (nel.) 2. (sich öffnen) = maifikön (nel.).
Aufgehen [áŭfgeĕn] n. = maifikam.
aufgehend [áŭfgeĕnt] (steigend) = löpiköl.
aufgemacht [áŭf-gĕmáQt]: —! = maifö!
aufgepaszt [áŭf-gĕpást] —! (achtung!) = prüdö!
aufgeregt [áŭfgĕregt]: — sein = fäkädön (nel.).
Aufgeregtsein [áŭfgĕregt saĭn] n. = fäkäd.
aufgeschrieben [áŭfgĕJribĕn]: —! = penetö!
aufgeschwollen [áŭf-gĕJvólĕn] = svolik.
aufgieszen [áŭfgiSĕn] = sugifön (lov.).
Aufgusz [áŭfguŠ] m. = sugifot.
aufhalten [áŭf-háltĕn] 1. (zurückhalten) = stöpädön (lov.) 2. sich — (verweilen) = stebön (nel.).
Aufhalten [áŭf-háltĕn] n. (Zurückhaltung) = stöpäd.
Aufhalter [áŭf-háltĕr] m. 1. p. = stöpädan 2. d. = stöpädian.
Aufhaltung [áŭf-háltuŋ] v. = stöpäd.
aufhaspeln [áŭf-háspĕln] (aufwinden) = gino-tovön (lov.).
aufheben [áŭfhebĕn] 1. (aufbewahren) = kipe-dön (lov.) 2. (emporheben) = tovön (lov.) 3. vom Boden — = tovädön (lov.) de glun.
Aufhebung [áŭf-hèbuŋ] v. 1. (Aufbewahrung) = kiped 2. (Emporhebung) = tov.
Aufhebungsort [áŭf-hèbuŋs órt] m. = kipedöp.
Aufheiterer [áŭf-háĭtĕrĕr] m. = lefredükan.
aufheitern [áŭf-háĭtĕrn] = lefredükön (lov.).
Aufheiterung [áŭf-háĭtĕruŋ] v. = lefredükam.
Aufhellung [áŭf-häluŋ] v. (Aufklärung) = kleilükam.
aufhetzen [áŭfhäžĕn] = lestigädön (lov.).
aufhorchen [áŭf-hórqĕn] = dalilön (lov.) kü-pälo.
aufhören [áŭfhörĕn]: — dazusein = nosikön (nel.).
aufhusten [áŭfhuštĕn] = sükögön (lov.).
aufkeimen [áŭf-káĭmĕn] = sprotön (nel.).
aufklären [áŭfklärĕn] = kleilükön (lov.).
Aufklärung [áŭf-klàruŋ] v. 1. = kleilükam 2. (Auskunft) = nün, einem — über eine Sache geben, erteilen = nünön (lov. dem.).
aufkleben [áŭfklebĕn] = sukleibön (lov.).
aufknöpfen [áŭf-knöpfĕn] = säknopön (lov.).
aufknüpfen [áŭfknüpfĕn] = säsnobön (lov.).
Aufknüpfung [áŭf-knǔpfuŋ] v. = säsnobam.
aufkommen [áŭf-kómĕn] = löpiokömön (nel.).
aufkorken [áŭf-kórkĕn] = säbuonön (lov.).
aufkündigen [áŭfkündigĕn] = finädön (lov.).
Aufkündigung [áŭf-kǔndiguŋ] v. = finäd.
aufladen [áŭfladĕn] 1. den Wagen — = fledön vabi 2. Güter — = lodön canis su ...
Auflader [áŭfladĕr] m. (Befrachter) = fledan.
Auflage [áŭflagĕ] v. (Herausgabe) = dabükot.

Auflagerung [áŭf-làgĕruŋ] v. = leseit.
auflegen [áŭflegĕn] 1. (auf etwas legen) = suseitön (lov.) 2. einem etwas — = bligädön (lov.dem.).
Auflegen [áŭflegĕn] n. = suseit.
Aufleger [áŭflegĕr] m. = bligädan.
Auflegung [áŭf-lèguŋ] v. 1. = bligädam 2. = suseit 3. (Auflagerung) = leseit.
auflesen [áŭflesĕn] = tovädokobükön (lov.).
aufliegen [áŭfligĕn] (auf etwas liegen) = su-seatön (nel.).
auflockern [áŭf-lókĕrn] = mufovükön (lov.).
auflodern [áŭflodĕrn] = löflamön (nel.).
auflösen [áŭflösĕn] 1., lov. = soülön (lov.) 2. sich — = soulön (nel.) 3. (analysieren, zergliedern) = diletön (lov.).
Auflösen [áŭflösĕn] n. = soül.
Auflöser [áŭflösĕr] m. = säsnoban.
Auflösung [áŭf-lòsuŋ] v. 1. = säsnobam 2. = tuvedot 3. (das Auflösen) = soül.
aufmachen [áŭf-máQĕn] (öffnen) = maifükön (lov.).
aufmarschieren [áŭf-márJirĕn] = demalekön (nel.).
aufmerksam [áŭfmärksam] = küpälik, — ma-chen = küpälükön (lov.), — sein = küpä-lön (nel.) ad, — werden = küpälikön (nel.).
Aufmerksamkeit [áŭf-mǎrksamkáĭt] v. = küpäl.
Aufnahme [áŭfnamĕ] v. 1. = lasum 2. — von Gästen = geted lotanas.
aufnehmbar [áŭfnembar] = lasumovik.
Aufnehmbarkeit [áŭf-nèmbarkáĭt] v.=lasumov.
aufnehmen [áŭfnemĕn] 1. = lasumön (lov.), aufzunehmen = lasumabik 2. übel —, für ungut = badocedön (lov.) 3. etwas übel = mililidön (lov.) bosi 4. Gäste = getedön lotanis 5. vom Boden — = tovä-dön (lov.) de glun.
aufopfern [áŭf-ópfĕrn] = viktimön (lov.).
Aufopferung [áŭf-ópfĕruŋ] v. = viktimam.
aufpassen [áŭf-pásĕn] (aufmerksam sein) = küpälön (nel.).
aufquillen [áŭfkvįlĕn] = fonön (nel.).
aufräumen [áŭf-róŭmĕn] 1. = leodükön (lov.) 2. = modunön (lov.).
Aufräumen [áŭf-róŭmĕn] n. 1. = leodükam 2. = modun.
Aufräumer [áŭf-róŭmĕr] m. = leodükan.
aufrecht [áŭfräqt] = löik (lady.), — stehen = löstanön (nel.).
Aufrechterhaltung [áŭfräqt-ạrháltuŋ] v. = lai-dälam.
Aufrechtstehen [áŭfräqt-įteĕn] n. = löam, lö-stan.
aufregen [áŭfregĕn] 1. sich — = fäkädikön (nel.) 2. (in Aufregung bringen) = fäkä-dükön (lov.).

Aufregung [áŭf-règuŋ] v. 1. (das Aufgeregtsein) = fäkäd 2. (das Aufregen) = fäkädükam, in — bringen = fäkädükön (lov.).
aufreiben [áŭf-ráĭbĕn] (zugrunde richten) = päridükön (lov.).
aufreihen [áŭf-ráĭĕn]: Glasperlen — = kedülön (lov.) glätapärlatis.

aufreiszen [áŭf-ráĭšĕn] 1. = mailetirön (lov.)
2. = maisleitön (lov.).
aufreizen [áŭf-ráĭžĕn] = lestigädön (lov.).
aufrichten [áŭfriqtĕn] 1. (erheben) den Kopf —
= löükön (lov.) ḳapi 2. sich — = löikön
(nel.), der Kranke richtete sich in seinem Bette
auf = malädan älöikon in bed oka.
aufrichtig [áŭfriqtiq] (geradsinnig) = stedälik,
— (ohne Umschweife) = stedälo, — sein =
stedälön (nel.).
Aufrichtigkeit [áŭf-rịqtiqkáĭt] v. = stedäl.
aufriegeln [áŭfrigĕln] = sävärulön (lov.).
aufrollen [áŭf-rólĕn] 1. (zusammenrollen) =
nürölön (lov.) 2. (auseinander wickeln) =
mairölön (lov.).
Aufruf [áŭfruf] m. 1. = levok 2. levüd.
aufrufen [áŭfrufĕn] 1. = levokön (lov.) 2. =
levüdön (lov.).
Aufrufer [áŭfrufĕr] m. = levüdan.
Aufrufung [áŭf-rúfuŋ] v. = levüdam.
aufruhr [áŭfrur] : —! = volutö!
Aufruhr [áŭfrur] m. (Revolution) = volut, —
erregen = volutükön (lov.).
Aufruhrstifter [áŭfrurjtiftĕr] m. = volutükan.
aufrühren [áŭfrürĕn] 1. = löpiomufilön (lov.)
2. (Aufruhr erregen) = volutükön (lov.).
Aufrührer [áŭfrürĕr] m. = volutan.
aufrührerisch [áŭf-rŭrĕrij] = volutiälik.
aufsagen [áŭfsagĕn] 1. (hersagen) = resitön
(lov.) 2. (kündigen) = finädön (lov.).
Aufsagen [áŭfsagĕn] n. (das Rezitieren) =resit.
aufsammeln]áŭf-sámĕln] 1. = lakobükön (lov.)
2. (auflesen) = tovädokobükön (lov.).
Aufsatz [áŭf-sáž] m. 1. (etwas Aufgesetztes)
= suseidot 2. (Abhandlung) = penot, einen
— machen = penotön (lov.).
aufsaugen [áŭf-sáŭgĕn] 1. (saugend aufziehen)
= löpiosugön (lov.) 2. (einsaugen) = nüᵃ
sugön (lov.).
aufscheuchen [áŭf-jóŭqĕn] = löpiomofön (lov.).
aufschichten [áŭfjiqtĕn] = kumön (lov.).
aufschiebbar [áŭf-jibbar] = zögovik.
Aufschiebbarkeit [áŭf-jibbarkáĭt] v. = zögov.
aufschieben [áŭfjibĕn] = zögön (lov.).
aufschiebend [áŭfjibĕnt] = zögik.
Aufschieber [áŭfjibĕr] m. = zögan.
aufschieberisch [áŭf-jibĕrij] = zögik.
Aufschiebung [áŭf-jibuŋ] v. = zög.
Aufschlag [áŭfjlak] m. 1. (Verteuerung) = jeᵃ
rükam 2. (das Aufschlagen) = maipadam.
aufschlagen [áŭfjlagĕn] 1. (teuer werden) = jeᵃ
rikön (nel.) 2. (aufstellen) = regulön (lov.),
die Zelte — = regulön tänadis 3. (schlagend öffnen) = maiflapön (lov.) 4. ein
Buch — = maipadön (lov.) buki.
Aufschlagen [áŭfjlagĕn] n. = maipadam.
aufschlappern [áŭf-jlápĕrn] = slürfön (lov.).
aufschlieszen [áŭfjlišĕn] = säfärmükön (lov.),
lökomaifükön (lov.), mailökön (lov.).
Aufschlieszer [áŭfjlišĕr] m. = yanan.
Aufschlieszerin [áŭf-jlišĕrin] v. = jiyanan.
Aufschlieszung [áŭfjlišuŋ] v. = säfärmükam,
lökomaifükam, mailökam.
aufschlitzen [áŭfjližĕn] = maikötön (lov.).
Aufschlusz [áŭfjluš] m. 1. (Auskunft) = nün,

einem über eine Sache — geben, erteilen =
nünön (lov. dem.) 2. (Erklärung) = plän,
— geben über, — erteilen über (erklären) =
plänön (lov.).
Aufschluszgeber [áŭfjluš-gebĕr] m. = plänan.
aufschlürfen [áŭfjlürfĕn] = slürfön (lov.).
aufschnallen [áŭf-jnálĕn] = säsnabön (lov.).
aufschnappen [áŭf-jnápĕn] = lösnapön (nel.).
aufschneiden [áŭf-jnáĭdĕn] (durch Schneiden
öffnen) = maikön (lov.).
Aufschneiden [áŭf-jnáĭdĕn] n. = maiköt.
Aufschneiderei [áŭfjnáĭdĕráĭ] v. = pleidül.
Aufschnitt [áŭfjnịt] m. = dekötot.
aufschrecken [áŭfjräkĕn] = jekön (nel.).
aufschreiben [áŭf-jráĭbĕn] (verzeichnen) =
penetön (lov.).
Aufschreiber [áŭf-jráĭbĕr] m. = penetan.
Aufschreiberin [áŭf-jráĭbĕrin] v. = jipenetan.
Aufschreibung [áŭf-jráĭbuŋ] v. = penetam.
Aufschrift [áŭfjrift] v. 1. (Etikette) = ninäᵃ
dapenet 2. (Inschrift) = nüpenot.
Aufschub [áŭfjub] m. = zög.
aufschütten [áŭfjütĕn] (auf etwas schütten) =
sustürön (lov.).
aufschwatzen [áŭf-jvážĕn] = slüdön (lov.)
luspiko ad.
Aufschwung [áŭfjvuŋ] m. 1. (hoher —) = leflit
2. (— auf geistigem Gebiet) = leflitäl.
Aufsehen [áŭfseĕn] n.: — machen (in Erstaunung setzen) = stunükön (lov.).
Aufseher [áŭfseĕr] m. = kälädan.
aufsetzen [áŭfsậžĕn] 1. = suseidön (lov.) 2.
sich — = löseidön (lov.) oki 3. (schreiben)
= lautön (lov.) 4. (einen Aufsatz machen)
= penotön (lov.) 5. (wichtig tun) = bitön
(nel.) äs cädan 6. einer Dame die Haare —
= herodön (lov.) lädi.
Aufsetzer [áŭfsậžĕr] m. 1. = suseidan 2. (Verfasser) = penotel.
Aufsetzerin [áŭf-sậžĕrin] v. (Coiffeuse) =
jiheran.
Aufsicht [áŭfsiqt] v. = käläd, — führen, —
üben = kälädön (lov.).
aufsitzen [áŭfsịžĕn] (aufgerichtet sitzen) =
löseadön (nel.).
aufspalten [áŭf-jpáltĕn] = maislitön (lov.).
aufspannen [áŭf-jpánĕn] = maitenidükön (lov.).
aufspeichern [áŭf-jpáĭqĕrn] = barakön (lov.).
Aufspeicherung [áŭf-jpáĭqĕruŋ] v. = barakam.
aufspieszen [áŭfjpišĕn] (spieszen) = spedön
(lov.).
Aufspieszung [áŭf-jpišuŋ] v. = spedam.
aufspringen [áŭfjpriŋĕn] = löbunön (nel.),
löpiobunön (nel.).
aufspüren [áŭfjpürĕn] = datuvülön (lov.).
Aufstand [áŭf-jtánt] m. (Erhebung) = volut.
Aufstandsort [áŭf-jtänž órt] m. = volutöp.
Aufstandszeit [áŭf-jtänž žáĭt] v. = volutüp.
aufstapeln [áŭfjtapĕln] (häufen) =kumön (lov.).
aufständisch [áŭf-jtằndij] = volutik.
Aufständischer [áŭf-jtằndijĕr] m. = volutan.
aufstechen [áŭfjtặqĕn] (stechend öffnen) =
maisteigön (lov.).
aufstehen [áŭfjteĕn] 1. = sustanön (nel.) 2.=
löstanön (nel.) 3. = löädön (nel.).

Aufstehen [áŭfǐteĕn] n. 1. = sustan 2. = löstan 3. = löäd.

aufsteigen [áŭf-ǐtáĭgĕn] 1. = löpikön (nel.) 2. = xänön (nel.).

aufstellen [áŭfǐtälĕn] 1. (stellen) = pladön (lov.) 2. (aufgerichtet stellen, aufgerichtet hinstellen) = löpladön (lov.) 3. = regulön (lov.) 4. eine Liste — von = lisedön (lov.) 5. = bupladön (lov.).

Aufstellen [áŭfǐtälĕn] n. 1. = regul 2. = pla= dam 3. = löpladam.

Aufsteller [áŭfǐtälĕr] 1. = pladan 2. (Mon= teur) = regulan.

Aufstellung [áŭf-ǐtӑluŋ] 1. (das Stellen) = pladam 2. = löpladam 3. = regul.

aufsticken [áŭfǐtįkĕn] = subrodön (lov.).

aufstoszen [áŭfǐtošĕn] = löpiojoikön (lov.).

aufstören [áŭfǐtörĕn] = löstörülön (lov.).

Aufstreich [áŭf-ǐtráĭq] m.: im — = plulofo.

Aufstrich [áŭfǐtrįq] m. = löpioliun.

aufsuchen [áŭfsuǧĕn] = sukön (lov.).

Aufsuchen [áŭfsuǧĕn] n. = suk.

Aufsucher [áŭfsuǧĕr] m. = sukan.

auftakeln [áŭftakĕln] = jainodön (lov.).

auftischen [áŭftijĕn] 1. (den Tisch decken) = stofedön (lov.) tabi 2. (bewirten) = daifi= dön (lov.).

Auftrag [áŭftrak] m. 1. (Mandat) = komit, — geben, — erteilen = komitön (lov.), einen — erledigen = ledunön komiti, im Auftrage des = komitü 2. (Bestellung) = boned 3. = dünet, Aufträge besorgen = dünetön (lov.).

auftragen [áŭftragĕn] 1. = komitön (lov.) 2. einem etwas — = bligädön (lov. dem.) 3. (den Tisch decken) = stofedön (lov.) tabi.

Auftragerteilung [áŭftrak-ärtáĭluŋ] v.=komitam.

Auftraggeber [áŭftrak-gebĕr] m. = komitan, hoher — = komital.

Auftraggebung [áŭftrak-gèbuŋ] v. = komitam.

Auftragung [áŭf-tràguŋ] v. (Auftragerteilung) = komitam.

auftreiben [áŭf-tráĭbĕn] = löpiomofön (lov.).

auftrennen [áŭftränĕn] = sänägön (lov.).

auftreten [áŭftretĕn] = bitikön (nel.).

Auftritt [áŭftrįt] m. 1. (Scène) = süfül 2. (Erscheinen des Auftretenden) = bitikam 3. (Pedal, Trittbrett) = tridöm.

auftun [áŭftun] = maifükön (lov.).

auftürmen [áŭftürmĕn] = kumön (lov.) legei= liko.

Auftürmung [áŭf-tùrmuŋ] v. = kumam.

aufwachen [áŭf-váǧĕn] (erwachen) = galikön (nel.).

aufwachsen [áŭf-váxĕn] (auswachsen) = da= glofön (nel.).

aufwallen [áŭf-válĕn] = pülsifön (nel.).

aufwallend [áŭf-válĕnt] = pülsifik.

Aufwallung [áŭf-váluŋ] v. (— des Gefühls) = pülsif.

Aufwand [áŭf-vánt] m. (Konsum) = konsum.

aufwarten [áŭf-vártĕn] (bei Tische —) = bö= tön (lov.).

Aufwarten [áŭf-vártĕn] n. (das — bei Tische) = böt.

Aufwartung [áŭf-vártuŋ] v. = böt.

aufwaschen [áŭf-vájĕn]: den Boden — = lavä= dön (lov.) gluni.

aufwärts [áŭfvärž] = löpio, —! (auf!) = löpiö !

aufweichen [áŭf-váĭqĕn] 1. (weich werden) = müdikön (nel.) 2. (weich machen) = mü= dükön (lov.) 3. (weichmachend öffnen) = maimüdükön (lov.).

aufweisen [áŭf-váĭsĕn]: Zeugen, Stücke — = leblünön (lov.) temunanis, penädis.

Aufweiser [áŭf-váĭsĕr] m. (Darsteller) = plö= senan.

aufwenden [áŭfvändĕn] 1. (benützen) = gebön (lov.) 2. (verbrauchen) = fegebön (lov.).

aufwerfen [áŭfvärfĕn] = löpiojedön (lov.)

aufwickeln [áŭfvįkĕln] = ginön (lov.).

Aufwickeln [áŭfvįkĕln] n. = gin.

aufwiegeln [áŭfvigĕln] = volutükön (lov.).

aufwiegen [áŭfvigĕn] = vätoleigön (nel.).

Aufwiegler [áŭfvigĕr] m. = volutükan.

Aufwieglerei [áŭfviglĕráĭ] v. = volutükam.

aufvieglerisch [áŭf-viglĕrij] = volutüköl.

aufwinden [áŭfvįndĕn] 1. (aufhaspeln) = gino= tovön (lov.) 2. die Uhr — = ginädön (lov.) gloki.

aufwühlen [áŭfvülĕn] 1. (hervorwühlen) = süstörön (lov.), störosüükön (lov.) 2. (em= porwühlen) = störolöpükön (lov.), löpio= störön (lov.), löstörön (lov.).

Aufzähler [áŭfžälĕr] m. = numan.

Aufzählung [áŭf-žăluŋ] v. 1. = numam 2. = numäd.

aufzehren [áŭfžerĕn] = dakonsumön (lov.).

aufzeichnen [áŭf-žáĭqnĕn] = penetön (lov.).

Aufzeichnen [áŭf-žáĭqnĕn] n. = penetam.

Aufzeichnung [áŭf-žáĭqnuŋ] v. = penet.

aufzerren [áŭfžärĕn] = mailetirön (lov.).

aufziehen [áŭfžiĕn] 1. = golädön (nel.) 2. = löpiotirön (lov.) 3. (Teile des Leibes) = tovülön (lov.) 4. (spotten) = kofön (lov.).

Aufziehen [áŭfžiĕn] n. = löpiotir.

Aufzieher [áŭfžiĕr] m. = bridan.

Aufzug [áŭfžuk] m. 1. = goläd 2. (Akt) = süf 3. (das Aufziehen) = löpiotir 4. (Lift) = lift.

aufzwingen [áŭfžvįŋĕn] = mütön (lov.) ad.

Augapfel [áŭk-ápfĕl] m. 1. = logaglöp 2. (Liebling) = löfäb.

Auge [áŭgĕ] n. = log, mit schwachen Augen (blödsichtig) = logamafibik.

Augenbad [áŭgĕnbat] n. = logiban.

Augenball [áŭgĕn-bál] m. = logaglöp.

Augenblende [áŭgĕnblӑndĕ] v. = logakapütül.

Augenblick [áŭgĕnblįk] m. = pülatimil, im Augenblicke = pülatimilo, einen — = brefüpilo, dieser, selbiger — = sunäd.

augenblicklich [áŭgĕn blįklįq] 1. = sunädo 2. (sogleich, sofort) = onu.

augenblicks [áŭgĕn blįx] = onu.

Augenbraue [áŭgĕn-bráŭĕ] v. = logabob.

Augendienerei [áŭgĕn-dinĕráĭ] v. (Kriecherei) = lusumät.

Augenfell [áŭgĕnfäl] n. = loqaflid.

Augenglas [áŭgĕnglaš] n. = logaglät.

Augenhöhle [áŭgĕnhölĕ] v. = logakev.
Augenlied [áŭgĕnlit] n. = logalip.
Augenmasz [áŭgĕnmaš] n. = logomaf, **nach dem** — = logomafo.
Augenschein [áŭgĕnjáïn] m. = dalogam, **in — nehmen** = dalogön (lov.).
Augenscheinlich [áŭgĕn jáïnliq] = klülabik.
Augenscheinlichkeit [áŭgĕn jáïnliqkáït] v. = klülab.
Augenwimper [áŭgĕnvimpĕr] v. = logaher.
Augenzahn [áŭgĕnžan] m. = gulatut.
August [áŭgùšt] m. (mul) = gustul.
Augustus [áŭgùštuš] = . . . gustulik.
Auktion [áŭkžiòn] v. = lesel.
Auktionator [áŭkžionàtór] m. = leselan.
auktionieren [áŭkžioniřĕn] = leselön (lov.).
Aurichlorid [áŭriklorìt] AuCl₃ = goldiniklorid.
Aurichlorwasserstoffsäure [áŭriklorvášĕr-jtóf sóůřĕ] HAuCl₄ = folkloridilgoldiniatazüd.
Aurioxyd [áŭrióxŭt] Au₂O₃ = goldiniloxid, goldatastabot.
Aurisulfid [áŭrisulfit] Au₂S₃ = goldinisulfid.
Aurochlorid [áŭroklorìt] AuCl = goldinoklorid.
Aurooxyd [áŭro-óxŭt] Au₂O = goldinoloxid.
aus [áŭš] 1. = binü, — **Eisen** = binü fer 2. = de, — **dem Lateinischen entnommen** = pedütülöl de latin 3. = demü, — **diesem Grunde** = demü kod at 4. = dub, — **Erfahrung** = dub plak 5. me, — **allen Kräften** = me töbidam gretikün, me töbidam lölik, me töbidam valik 6. = se, — **ihm wird nichts** = se om nos legudik odavedon 7. = sekü, — **Erfahrung** = sekü plak, — **Furcht** = sekü dred, — **diesem Grunde** = sekü kod at, — **Liebe** = sekü löf, sekü lelöf, — **Mitleid** = sekü kelied, — **der Not eine Tugend machen** = sekü zesüd dunön, dunikön bosi ta klien oka, sekü zesüd sludön ta klien oka ad . . ., — **Vorsicht** = sekü prüd 8. — **Eisen** = ferik, — **freier Hand** (auszergerichtlich) = privatik 9. — **allen Kräften** = töbidiküno, — **Eifer** = lezilo, — **Erfahrung** = plako, plakölo, — **Freundlichkeit** = flenöfo, — **Gewohnheit** = kösömo, — **Güte** = gudo, — **Versehen** = pöliko, pölo, — **vollem Halse,** — **voller Kehle** = lelaodiko, — **dem Wege** = movego, — **der Ferne** = fagao, — **Norden** = nolüdao 10. — **Freundschaft gegen** = flenü, — **Liebe zu** = löfü, — **Rücksicht für** = demü, — **Scheu vor** = plafü, — **Schuld,** — **Ursache** = kodü, — **Unzufriedenheit mit** = nekotenü, — **Verdrusz über** = favü 11. — **der Fassung kommen** = bluvülikön (nel.), sätakedikön (nel.), perön vegamalüodi, — **ihm wird nichts** = no ovedom bos legudik, — **der Hand in den Mund leben** = fekonsumön sunädo kosidi aldelik 12. (vorüber, beendet) = finik, — **sein** = finön (nel.) 13. — **dem Wege!** = movegö!
ausarbeiten [áŭš-árbáïtĕn] 1. = davobön (lov.) 2. = fivobön (nel.).
ausarten [áŭš-artĕn] = mivedön (nel.).
Ausartung [áŭš-àrtuŋ] v. = mived.
ausatmen [áŭš-atmĕn] = senatemön (lov.).
Ausatmung [áŭš-àtmuŋ] v. = senatem.

ausbaden [áŭšbadĕn] = fibanön (nel.).
ausbauen [áŭš-báŭĕn] 1.= lebumön (lov.) 2.= dalölöfükön (lov.).
ausbedingen [áŭšbĕdiŋĕn] = stipön (lov.).
ausbeiszen [áŭš-báïšĕn] = sebeitön (lov.).
Ausbeute [áŭš-bóŭtĕ] v. = prod.
ausbeuteln [áŭš-bóŭtĕln] = tufrutidön (lov.).
ausbeuten [áŭš-bóŭtĕn] = tufrutidön (lov.).
ausbieten [áŭšbitĕn] = büdön (lov.) ad mogolön.
ausbilden [áŭšbildĕn] 1. = benodugälön (lov.) 2. = dafomön (lov.) 3. (erziehen) = dugälön (lov.).
Ausbildung [áŭš-bilduŋ] (Erziehung) = dugäl.
ausblasen [áŭšblasĕn] 1. = bladokvänön (lov.) 2. **ein Ei** — = bladovagükön (lov.) nögi.
ausbleiben [áŭš-bláïbĕn] 1. = fablibön (nel.) 2. (drauszen bleiben) = plödablibön (nel.).
ausbluten [áŭšblutĕn] = bludamodeadon (nel.), deibludön (nel.).
ausbrechen [áŭšbräqĕn] 1. (herausbrechen) = sebreikön (lov.) 2. = libükön (lov.) oki mekädo 3. = rupädön (nel.) 4. (explodieren) = splodön (nel.) 5. (plötzlich sichtbar-, laut-, kundwerden) = splodülön (nel.), **er brach in ein lautes Lachen aus** = äsplodülom me smil laodik.
Ausbrechen [áŭšbräqĕn] n. = splodül.
ausbreiten [áŭš-bráïtĕn] 1. = stäänükön (lov.) 2. **sich** — (räumlich) = stäänikön (nel.).
Ausbreiter [áŭš-bráïtĕr] m. = stäänükan.
Ausbreitung [áŭš-bráïtuŋ] v. = stäänükam.
ausbringen [áŭšbriŋĕn] (hinaus-, herausbringen) = plödükön (lov.).
Ausbruch [áŭšbruǧ] m. 1. — **des Feuers, des Krieges** = rupäd lefila, kriga 2. (Explosion) = splod 3. (das Ausbrechen) = splodül.
ausbrüten [áŭšbrütĕn] 1. **Eier** — = kuvön (lov.) nögis 2. **Kücken** — = sükuvön (lov.) gokülis.
Ausbund [áŭšbunt] m. (Muster) = sam.
ausbügeln [áŭšbügĕln] = nosükön (lov.) smufükamo.
ausbürsten [áŭšbürštĕn]: **den Rock** — = bedekefön (lov.) guni.
Ausdauer [áŭš-dáŭĕr] v. 1. = sufidalaid 2. (Dauer) = dul.
ausdauern [áŭš-dáŭĕrn] (aushalten) = sufidalaidön (nel.).
ausdauernd [áŭš-dáŭĕrnt] = sufidalaidik.
ausdenbar [áŭšdenbar] 1. = svelädovik 2. (ausreckbar) = tenädovik.
Ausdehnbarkeit [áŭš-dènbarkáït] v. 1. = svelädov 2. = tenädov.
ausdehnen [áŭšdenĕn] 1. (ausstrecken) = tenükön (lov.) 2. **sich** — (sich ausstrecken) = tenikön (nel.) 3. = stäänükön (lov.) 4. **sich** — = stäänikön (nel.) 5. **sich** — = svelädön (nel.).
Ausdehnung [áŭš-dènuŋ] v. 1. = tenikam 2.= stäänükam 3. = sveläd.
ausdorren [áŭš-dórĕn] dasägikön (nel.).
ausdörren [áŭš-dőrĕn] = sigükön (lov.).
ausdreschen [áŭšdräjĕn] = secepön (lov.).
Ausdruck [áŭšdruk] m. 1. = notod, **zum** —

bringen = notodön (lov.) 2. = notodot 3. vöded.

ausdruckslos [áŭš-drṵxloš] = nennotodik.

ausdrucksvoll [áŭš-drṵxfól] = notodik.

ausdrücken [áŭšdrükĕn] 1. = besepedön (lov.), die Trauben — = besepedön vitidabälis 2. (Gedanken —) = notodön (lov.).

ausdrücklich [áŭšdrṵklíq] = kazetik.

ausduften [áŭšduftĕn] = väpön (nel.).

ausdünsten [áŭšdünštĕn] = fogülön (nel.).

Ausdünstung (áŭš-dṵnštuŋ] v. = fogülam.

auseinander [áŭš-áïnándĕr] 1. = sea 2. = se od 3. = bal se votik 4. — zu nehmen/ = seasumovik.

auseinanderfallen [áŭš-áïnándĕr fálĕn] = sea-falön (nel.).

auseinandergehen [áŭš-áïnándĕr geĕn] (verschieden sein) = difön (nel.).

auseinanderlegen [áŭš-áïnándĕr legĕn] = sea-seitön (lov.).

auseinandernehmbar [áŭš-áïnándĕr nèmbar] = seasumovik.

auseinandersetzen [áŭš-áïnándĕr säžĕn] 1. (rä-sonnieren) = blöfädön (lov.) 2. (darlegen) = plänedön (lov.).

Auseinandersetzung [áŭš-áïnándĕr sä̰žuŋ] v. = pläned.

auseinanderspannen [áŭš-áïnándĕr jpánĕn]: Tuch — = seatenidükön (lov.) stofi.

auseinanderwickeln [áŭš-áïnándĕr vįkĕln] (aufrollen) = mairölön (lov.).

auserlesen [áŭš-ärlesĕn] = pesesuköl.

auserwählen [áŭš-ärvälĕn] = välön (lov.).

Auserwählte [áŭš-ärvältĕ] = väläb, die — = jiväläb.

ausfahren [áŭšfarĕn] = sevegön (nel.).

Ausfahrt [áŭšfart] v. = sevegam.

Ausfall [áŭš-fál] m. = sefal.

ausfallen [áŭš-fálĕn] 1. = sefalön (nel.) 2. (zu Ende gehen) = finikön (nel.).

Ausfallen [áŭš-fálĕn] n. = sefal.

ausfasern [áŭšfasĕrn] = tirülön (lov.).

ausfechten [áŭšfäqtĕn] = komipofinükön (lov.).

ausfegen [áŭšfegĕn] 1. = sekluinön (lov.) 2. (auswischen) = kvänedön (lov.).

Ausfertigung [áŭš-fä̰rtiguŋ] v. 1. (Ausführung) = ledun 2. (das Zustandebringen) = lemek 3. (das Veröffentlichen) = notükam 4. = penotükölos (as sam : penäd penotüköl).

ausfindig [áŭš-fįndiq]: — machen = datuvülön (lov.), tüvön (lov.).

Ausfindigmachung [áŭš-fįndiq máquŋ] v. = datuvül, tüv.

ausflicken [áŭšflįkĕn] = nätükön (lov.) nägedo.

ausfliegen [áŭšfligĕn] = seflitön (nel.).

ausflieszen [áŭšflišĕn] = seflumön (nel.).

Ausflug [áŭšfluk] m. 1. (das Ausfliegen) = seflit 2. (Exkursion) = lespat.

ausfordern [áŭš-fórdĕrn] (herausfordern) = letodön (lov.).

ausforschen [áŭš-fórjĕn] = vestigön (lov.).

Ausforschung [áŭš-fórjuŋ] v. = vestig.

ausfragen [áŭšfragĕn] (verhören) = dasäkön (lov.).

Ausfragen [áŭšfragĕn] n. = dasäkam.

Ausfuhr [áŭšfur] v. 1. (Export) = seveig 2. (das Ausgeführte) = seveigot.

Ausfuhrgeschäft [áŭšfur-gějä̰ft] n. = sevei-gabüsid.

Ausfuhrhandel [áŭšfur-hándĕl] m. = sevei-gated.

ausführbar [áŭšfürbar] = dunovik.

Ausführbarkeit [áŭš-fṵrbarkáït] v. = dunov.

ausführen [áŭšfürĕn] 1. (exportieren) = se-veigön (lov.) 2. (vollenden) = ledunön (lov.).

Ausführer [áŭšfürĕr] m. (Vollender) = ledunan.

ausführlich [áŭšfṵrlįq] = veitöfik.

Ausführung [áŭš-fṵruŋ] v. (Vollziehung) = ledun.

ausfüllen [áŭšfülĕn] 1. = fulükön (lov.) 2. mit Zement — = färmedön (lov.) me zäm.

Ausfüllung [áŭš-fṵluŋ] v. 1. = fulükam 2. (Füllsel) = fulükot.

Ausgabe [áŭšgabĕ] v. 1. (das Ausgeben) = segiv 2. (das Ausgegebene) = segivot 3. (Auflage) = dabükot 4. (das ausgegebene oder auszugebende Geld) = pelot, laufende Ausgaben = pelots komunik.

Ausgang [áŭš-gáŋ] m. 1. = segol 2. = se-golöp.

Ausgangszoll [áŭš-gáŋš zól] m. = seveigatol.

Ausgänger [áŭšgä̰ŋĕr] m. = segolan.

ausgeben [áŭšgebĕn] 1. = segivön (lov.) 2. ein Buch — = pübön (lov.) buki.

Ausgeben [áŭšgebĕn] n. = segiv 2. das — eines Buches = püb buka.

Ausgeber [áŭšgebĕr] m. 1. = segivan 2. = püban.

ausgebeutet [áŭš-gĕbóŭtĕt] (matsch) = dädädik.

ausgebreitet [áŭš-gĕbráïtĕt] = stäänik.

Ausgeburt [áŭšgĕburt] v. 1. = prod 2. = mi-prod.

ausgedehnt [áŭšgĕdent] 1. = lardik 2. (ausge-breitet, vielumfassend) = stäänik.

Ausgedehntheit [áŭšgĕdent-háït] v. = lard.

Ausgedehntsein [áŭšgĕdent sáïn] n. (räumlich) = stään.

Ausgefertigte [áŭš-gĕfä̰rtiqte]: das — = pe-notükölos (a. s.: die Ausfertigung = penäd penotüköl).

Ausgegebene [áŭšgĕgebĕnĕ]: das — = segivot.

Ausgehängtes [áŭšgĕhä̰ŋtĕs] n. = selägot.

ausgehen [áŭšgeĕn] 1. = segolön (nel.) 2. (seinen Ursprung haben) = rigön (nel.) 3. (seinen Ursprung nehmen) = rigikön (nel.).

ausgelöscht [áŭš-gĕlö́jt] (gelöscht, gedämpft) = kvänik.

ausgenommen [áŭš-gĕnómĕn] 1. = sesumik 2. = pläik 3. pläamik 4. (mit Ausnahme des) = pläamu.

Ausgestandene [áŭš-gĕjtándĕnĕ]: das — = sufot.

Ausgestellte [áŭšgĕjtältĕ]: das — = dajonädot.

Ausgetauschtes [áŭš-gĕtáújtĕs] n. = tökot.

ausgewachsen [áŭš-gĕváxĕn] = edagloföl.

Ausgewanderte [áŭš-gĕvándĕrtĕ]: die — = jisetevan.

Ausgewanderter [áŭš-gĕvándĕrtĕr] m.= setevan.

Ausgewählte [áŭšgĕvältĕ]: das — = välot.

ausgezeichnet [áŭš gĕžáïqnĕt, áŭšgĕžáïqnĕt] 1. = süperik 2. —! süperö!

ausgezehrt [áŭšgĕžert] = vesetik, — sein = vesetön (nel.).

Ausgezehrtsein [áŭšgĕžert sáïn]: das — = veset.

ausgiebig [áŭšgibįq] = bundanik.

ausgieszen [áŭšgįšĕn] = segifön (lov.).

ausgleichen [áŭš-gláïqĕn] 1. (abrechnen) = klirön (lov.) 2. = leigükön (lov.).

Ausgleichung [áŭš-gláïquŋ] v. = leigükam.

ausgleiten [áŭš-gláïtĕn] = slifädön (nel.).

Ausgleiten [áŭš-gláïtĕn] n. = slifäd.

Ausgleitung [áŭš-gláïtuŋ] v. = slifäd.

ausglitschen [áŭšglįčĕn] = slifädön (nel.).

ausgraben [áŭšgrabĕn] v. 1. = sesebön (lov.).

Ausgrabung [áŭš-gràbuŋ] v. 1. = sesebam 2. (das Ausgegrabene) = sesebot.

ausgrübeln [áŭšgrübĕln] = datikön (lov.).

aushalten [áŭš-háltĕn] = sufidalaidön (nel.), auszuhalten (erträglich) = sufovik.

Aushang [áŭš-háŋ] m. = selägot.

aushangen [áŭš-háŋĕn] = selagön (nel.).

ausharren [áŭš-hárĕn] = sufidalaidön (nel.).

aushauchen [áŭš-háŭğĕn] = senatemön (lov.).

aushauen [áŭš-háŭĕn] 1. = secöpön (lov.) 2. Fleisch — = miticöpön (nel.).

aushändigen [áŭš-hãndigĕn] = lovegivön (lov.).

Aushängebogen [áŭšhãŋĕ₌bogĕn] m. = same₌ dablog.

aushängen [áŭšhãŋĕn] 1. = selägön (lov.) 2. Fahnen — = stänön (nel.).

Aushängen [áŭšhãŋĕn] n. = seläg.

Aushängeschild [áŭšhãŋĕ₌jįlt] n. = selagaplatäd.

ausheben [áŭš₌hebĕn] 1. = setovön (lov.) 2. Bäume — = säplanön (lov.) bimis.

aushelfen [áŭš₌hälfĕn] = seyufön (lov.).

ausholzen [áŭš-hólžĕn] = säplanilön (lov.).

Ausholzung [áŭš-hólžuŋ] v. = säplanilam.

aushorchen [áŭš-hórqĕn] = dasäkön (lov.).

aushöhlen [áŭš₌hölĕn] = kevön (lov.).

aushungern [áŭš₌huŋĕrn] = dafaemükön (lov.).

auskaufen [áŭš-káŭfĕn] = firemön (lov.), re₌ movagükön (lov.).

auskämmen [áŭškãmĕn] = köbön (lov.).

auskehren [áŭškerĕn] = sesvipön (lov.).

Auskehricht [áŭškèrįqt] n. = sesvipot.

auskeltern [áŭškãltĕrn] = besepedön (lov.) vitidabälis.

auskernen [áŭškãrnĕn] = säkerön (lov.).

auskitten [áŭškįtĕn] = färmedön (lov.) me zäm.

ausklagen [áŭšklagĕn]: einem sein Herz über etwas — = daplonön (lov. dem.).

auskleiden [áŭš-kláïdĕn] 1. (entkleiden) = säklotön (lov.) 2. Wände — = jalädön (lov.) völis.

Auskleiden [áŭš-kláïdĕn] n. 1. (das Entkleiden) = säklotam 2. = jalädam.

Auskleidezimmer [áŭš-kláïdĕžįmĕr] n. = sä₌ klotamacem.

Auskleidung [áŭš-kláïduŋ] v. 1. (das Ausklei-den) = jalädam 2. d. = jaläd 3. (das Ent-kleiden) = säklotam.

ausklopfen [áŭš-klópfĕn] = seflapön (lov.).

auskochen [áŭš-kóğĕn] 1. nel. (durch Kochen aus dem Gefäsz treten) = sekukön (nel.) 2. lov. (aussieden) = sekükön (lov.).

auskommen [áŭš-kómĕn] = kosidön (nel.).

Auskommen [áŭš-kómĕn] n. = kosidam, (sein gutes) — haben = kosidön (nel.).

auskömmlich [áŭš-kőmliq] = kosidik.

auskörnen [áŭš-kőrnĕn] 1. = sägranön (lov.) 2. (auskernen) = säkerön (lov.).

auskratzen [áŭš-krážĕn] = sekratön (lov.).

Auskunft [áŭškụnft] v. = nün, einem — über eine Sache geben, erteilen = nünön (lov. dem.).

Auskunfterteilung [áŭškụnft-ẹrtáïluŋ] v. = nü₌ nam.

auskunftgebend [áŭškụnft₌gebĕnt] = nünik.

Auskunftgeber [áŭškụnft₌gebĕr] m. = nünan.

auslachen [áŭš-láğĕn] = besmilön (lov.).

ausladen [áŭšladen] 1. = nelodön (lov.) 2. das Schiff — = säfledön (lov.) nafi.

Ausladen [áŭšladen] n. = nelod, säfledam.

Ausladeplatz [áŭšladĕ-pláž] m. = säfledamöp.

Auslader [áŭšladĕr] m. 1. p. = nelodan 2. d. = nelodian.

Auslage [áŭšlagĕ] v. 1. (Kosten) = fräd 2. (nicht: Kosten) = seseit.

Ausland [áŭš-lánt] n. = foginän.

auslassen [áŭš-lásĕn] = seletön (lov.).

Ausländer [áŭšländĕr] m. = foginänan.

ausländisch [áŭš-lãndij] = foginänik, ausländi-sche Person = foginänan.

ausleeren [áŭšlerĕn] = vagükön (lov.).

Ausleger [áŭšlegĕr] m. (Erklärer) = plänan.

Auslegung [áŭš-lĕguŋ] v. = plän.

ausleihen [áŭš-láïĕn] = prünön (lov.).

Ausleihen [áŭš-láïĕn] n. = prün.

Ausleiherin [áŭš-láïĕrin] v. = jiprünan.

auslernen [áŭšlärnĕn] = dalärnön (lov.).

Auslese [áŭšlesĕ] v. 1. = sesuk 2. (das Aus-gelesene) = sesukot 3. (das Ausgewählte) = välot.

auslesen [áŭšlesĕn] 1. (aussuchen) = sesukön (lov.) 2. (wählen) = välön (lov.) 3. (zuende lesen) = fireidön (lov.).

auslosen [áŭšlosĕn] = feloterön (lov.).

auslöschen [áŭš-lőjĕn] = kvänön (lov.).

Auslöscher [áŭš-lőjĕr] m. 1. p. = kvänan 2. d. = kvänian.

Auslöschung [áŭš-lőjuŋ] v. = kvän.

Auslösung [áŭš-lôsuŋ] v. (Entbindung) = livü₌ kam.

Auslösungsvertrag [áŭš-lôsuŋš fãrtràk] m. = baläd töka rezipik krigafanäbas.

ausmachen [áŭš-máğĕn] 1. (löschen) = kvänön (lov.) 2. (betragen) = suämön (lov.) 3. (fortmachen) = moükön (lov.).

ausmalen [áŭšmalĕn] = pänön (lov.).

ausmarschieren [áŭšmárjïrĕn] = semalekön (nel.).

ausmustern [áŭšmụštĕrn] = väledön (lov.).

Ausmusterung [áŭš-mụštĕruŋ] v. = väled.

ausmünzen [áŭšmünžĕn] (prägen) = frapön (lov.).

Ausnahme [áŭšnamĕ] v. = pläam, pläot, eine

— machen = pläön (lov.), ohne — = nen= pläoto, mit — des = pläamü.
Ausnahmefall [áŭšnamĕ-fál] m. = pläot.
Ausnahmslos [áŭšnamš-loš] = nenpläoto.
ausnahmsweise [áŭšnamš-váīsĕ] = pläamo.
ausnehmen [áŭšnemĕn] = sesumön (lov.).
Ausnehmer [áŭšnemĕr] m. = sesuman.
ausnehmlich [áŭš-nèmliq] = süperik.
Ausnehmung [áŭš-nèmuɳ] v. = sesum.
ausnützen [áŭšnüžĕn] = frutidön (lov.).
auspacken [áŭš-pákĕn] = säpäkön (lov.).
Auspfänder [áŭšpfändĕr] m. = panidan.
auspichen [áŭšpįqĕn] = pägön (lov.).
ausplappern [áŭš-plápĕrn] = seluspikön (lov.).
ausplaudern [áŭš-pláŭdĕrn] = seluspikön (lov.).
auspolstern [áŭš-pólstĕrn] = mädön (lov.).
auspressen [áŭšprǎšĕn] 1. = sepedön (lov.) 2. besepedön (lov.), die Trauben — = besepe= dön vitidabälis.
Auspressen [áŭšprǎšĕn] n. = seped.
Auspressung [áŭš-prǎšuɳ] v. = seped.
ausputzen [áŭšpųžĕn] 1. (reinigen) = klinükön (lov.) 2. (löschen) = kvänön (lov.).
ausräumen [áŭš-róŭmĕn] = vagükön (lov.).
ausreckbar [áŭš-rǎkbar] = tenädovik.
Ausreckbarkeit [áŭš-rǎkbarkáĭt] v. = tenädov.
ausrecken [áŭšrǎkĕn] = tenädön (lov.).
Ausrecken [áŭšrǎkĕn] n. = tenäd.
ausreden [áŭšredĕn] (zuende reden) = fisagön (lov.).
ausreichen [áŭš-ráĭqĕn] = saidön (nel.).
ausreichend [áŭš-ráĭqĕnt] 1. (auskömmlich) = kosidik 2. (genügend) = saidik.
ausreiszen [áŭš-ráĭšĕn] 1. (herausreiszen) = sesleitön (lov.) 2. (fliehen) = fugön (nel.).
ausreiten [áŭš-ráĭtĕn] = semonitön (nel.).
ausreuten [áŭš-róŭtĕn] = dadeidön (lov.), no= sükön (lov.).
ausrichten [áŭšrįqtĕn] (vollziehen) = ledunön (lov.).
ausrotten [áŭš-rótĕn] 1. (austilgen) = dadeidön (lov.) 2. (vernichten) = nosükön (lov.).
Ausruf [áŭšruf] m. = vokäd.
ausrufen [áŭšrųfĕn] = vokädön (lov.).
ausrufend [áŭšrųfĕnt]: ausrufendes Fürwort = pönop vokädik.
Ausrufer [áŭšrųfĕr] m. 1. = vokädan 2. (Auktionator) = leselan.
Ausruffall [áŭšrųf-fál] m. (Vokativ) = vokatif.
Ausrufungszeichen [áŭš-rųfuɳš žáĭqĕn] n. = lintelekamalül.
Ausrufwort [áŭšrųf-vórt] n. (Interjektion) = lintelek.
ausruhen [áŭšruĕn] = takädön (nel.).
Ausruhen [áŭšruĕn] n. = takäd.
ausrutschen [áŭšrųčĕn] = slifädön (nel.).
ausrüsten [áŭšrüstĕn] = blimön (lov.).
Ausrüsten [áŭšrüstĕn] n. = blim.
Aussage [áŭšsagĕ] v. 1. (das Sagen) = sag 2. (Zeugenaussage) = temunod, nach — von = temunü 3. (Prädikat) = predikat.
aussagen [áŭšsagĕn] (bezeugen) = temunön (lov.).
ausschalten [áŭš-jältĕn] = selimädön (lov.).
Ausschaltung [áŭš-jáltuɳ] v. = selimädam.

Ausschank [áŭš-jánk] m. (Schenkwirtschaft) = bötäd.
ausscharren [áŭš-járĕn] = sekratön (lov.).
ausscheiden [áŭš-jáĭdĕn] = skretön (lov.).
Ausscheidung [áŭš-jáĭduɳ] v. 1. (Sekretion) = skret 2. (Sekret) = skretot.
ausschelten [áŭšjältĕn] = zanädön (lov.).
ausschieszen [áŭšjįšĕn] 1. = sejütön (lov.) 2. (ausmustern) = väledön (lov.).
ausschiffen [áŭšjįfĕn] = senafön (nel.).
ausschimpfen [áŭšjįmpfĕn] = zanädön (lov.).
Ausschlag [áŭšjlak] m. (Hautausschlag) = rup, — bekommen = rupön (nel.).
ausschlagen [áŭšjlagĕn] 1. (Ausschlag bekommen) = rupön (nel.) 2.)Fusztritte geben) = tridodön (lov.), hinten — = tridodön pödio, pödiotridodön (lov.) 3. (sprossen, sprieszen machen) = sprötön (lov.) 4. (ausklopfen) = seflapön (lov.).
ausschlieszen [áŭšjlišĕn] 1. = plödakipön (lov.) 2. fakipön (lov.) 3. = plödiקön (lov.).
ausschlieszlich 1. [áŭšjlišlįq] (alles andere ist ausgeschlossen) = teik 2. [áŭš-jlišlįq] (exclusive) = plödakipü, fakipü.
ausschlüpfen [áŭšjlüpfĕn] = sesleafön (nel.).
Ausschlusz [áŭšjluš] m. = plödakip.
Ausschmückung [áŭš-jmųkuɳ] v. = dekam.
ausschneiden [áŭš-jnáĭdĕn] = sekötön (lov.).
Ausschneiden [áŭš-jnáĭdĕn] n. = seköt.
Ausschnitt [áŭšjnįt] 1. = sekötad 2. (das herausgeschnittene Stück) = sekötot.
ausschreiben [áŭš-jráĭbĕn] 1. = lölöfopenön (lov.) 2. (zuende schreiben) = fipenön (lov.) 3. die Rechnungen, die Rollen — = sepenön (lov.) kalotis, roulis.
ausschreien [áŭš-jráĭĕn] (ausrufen) = vokädön (lov.).
Ausschusz [áŭšjuš] m. 1. (Ausgestoszenes) = väledot 2. (Komitee) = komitetanef 3. = soged.
ausschütteln [áŭšjütĕln] 1.=lömufülükön (lov.) 2. semufülükön (lov.).
ausschütten [áŭšjütĕn] = sestürön (lov.).
ausschweifen [áŭš-jváĭfĕn] = nestönön (nel.).
ausschweifend [áŭš-jváĭfĕnt] = nestönik.
Ausschweifung [áŭš-jváĭfuɳ] v. = nestön.
aussehen [áŭšseĕn] 1. = logodön (nel.) 2. (ein Aussehen haben) = logotön (nel.).
Aussehen [áŭšseĕn] n. 1. = selogam 2. (Äuszeres) = logot.
aussetzen [áŭšsäžĕn] 1. (hinaussetzen) = sesei= dön (lov.) 2. = sufükön (lov.) 3. (tadeln) = blamön (lov.) 4. eine wichtige Miene — = bitön (nel.) äs cädan 5. dem Feuer — = filädön (lov.) 6. einen Preis — = premädön (lov.) 7. sich — = sufikön (nel.).
Aussetzung [áŭš-sǎžuɳ] v. 1. = seseid 2. (Tadelung) = blam.
Aussicht [áŭšsįqt] v. = selogam.
Aussichtsort [áŭšsįqž-órt] m. = logamöp.
aussieden [áŭšsidĕn] = sekükön (lov.).
aussinnen [áŭšsįnĕn] = datikön (lov.).
aussöhnen [áŭšsönĕn] = rekosilön (lov.).
aussöhnend [áŭšsönĕnt] = rekosilik.
Aussöhnung [áŭš-sönuɳ] v. = rekosil.

ausspannen [áŭš-jpánĕn]: ein Tuch — =
seatenidükön (lov.) stofi.
ausspähen [áŭšjpäĕn] = spionön (lov.).
ausspielen [áŭšjpilĕn] 1. etwas — = sepledön
(lov.) bosi 2. (beginnend spielen) = primaple٭
dön (lov.) 3. (zuende spielen) = fipledön
(lov.) 4. eine Karte — = pledülön (lov.)
kadi.
ausspotten [áŭš-jpótĕn] (verspotten) = kofön
(lov.).
Ausspottung [áŭš-jpótuŋ] v. = kof.
Ausspötter [áŭš-jpótĕr] m. = kofan.
Aussprache [áŭšjpraǧĕ] v.: — eines Wortes =
pron vöda, Darstellung der — = pronimag.
aussprechbar [áŭš-jprǟqbar] = pronovik.
Aussprechbarkeit [áŭšjprǟqbarkáĭt] v.=pronov.
aussprechen [áŭšjpräǧĕn] 1. ein Wort =
pronön (lov.) vödi 2. (zu Ende sprechen)
= fisagön (lov.) 3. —, sich — (sagen) =
sagön (lov.) 4. kurz —, geschärft — =
brefedön (lov.) 5. lange — = tenedön (lov.).
aussprengen [áŭšjpräŋĕn]: ein Gerücht — =
spearükön (lov.) sagädi.
ausspieszen [áŭšjprišĕn] = süsprotön (nel.).
ausspringen [áŭšjpriŋĕn] = sebunön (nel.).
ausspritzen [áŭšjprižĕn] = seskutön (lov.).
aussprossen [áŭš-jpróšĕn] (sprieszen machen)
= sprötön (lov.).
Ausspruch [áŭšjpruǧ] m. 1. (Rechtsspruch) =
cödet 2. (Urteil) = cödot.
ausspülen [áŭšjpülĕn] = lavülön (lov.).
Ausspülen [áŭšjpülĕn] n. = lavül.
ausspüren [áŭšjpürĕn] = datuvülön (lov.).
Ausspüren [áŭšjpürĕn] n. = datuvül.
ausstaffieren [áŭš-jtáfirĕn] = dekädön (lov.).
Ausstand [áŭš-jtánt] m. = röt.
ausstatten [áŭš-jtátĕn] = blimön (lov.).
Ausstatter [áŭš-jtátĕr] m. = bliman.
Ausstatterei [áŭš-jtátĕráĭ] v. = blim.
Ausstattung [áŭš-jtátuŋ] v. 1. = blim 2. (das
zum Ausstatten dienende) = blimot 3. (Ausführung) = ledun.
Ausstattungsort [áŭš-jtátuŋš órt] m. = blimöp.
Ausstattungszeit [áŭš-jtátuŋš žáĭt] v. = blimüp.
ausständig [áŭš-jtǎndiq] = rötik.
ausstechen [áŭšjtǎqĕn] = sesteigön (lov.).
ausstehen [áŭšjteĕn] (restlich —) =rötön (nel.).
Ausstehen [áŭšjteĕn] n. (das — von Geld) =
röt.
ausstehend [áŭšjteĕnt]: ausstehende Schuld =
rötadeb.
ausstellen [áŭšjtǎlĕn] 1. = dajonädön (lov.) 2.
(tadeln) = blamön (lov.).
Aussteller [áŭšjtǎlĕr] m. 1. dajonädan 2. (Tadler)
= blaman.
Ausstellerei [áŭšjtǎlĕráĭ] v. (Tadelei) = dula٭
blam.
Ausstellung [áŭš-jtǎluŋ] v. = dajonäd.
Ausstellungsgegenstände [áŭš-jtǎluŋš gĕgĕnjtǎn٭
dĕ] pl. = dajonädayegs.
Ausstellungsplatz [áŭš-jtǎluŋš pláž] m. = da٭
jonädöp.
Ausstellungszeit [áŭš-jtǎluŋš žáĭt] v. = da٭
jonädüp.
aussterben [áŭšjtǎrbĕn] = dadeadön (nel.).

Aussteuer [áŭš-jtóŭĕr] v. 1. (Heiratsgut) =
matablimot 2. (Mitgift) = jigamagivot.
ausstopfen [áŭš-jtópfĕn] = besteigädön (lov.),
steigädofulükön (lov.).
ausstoszen [áŭšjtošĕn]: Fluche — (fluchen) =
blasfämön (nel.).
ausstrecken [áŭšjträkĕn] 1. = tenükön (lov.)
2. sich — = tenikön (nel.).
ausstreichen [áŭš-jtráĭqĕn] = duliunön (lov.).
ausstreuen [áŭš-jtróŭĕn] 1. (streuen) = jedülön
(lov.) 2. = sestürülön (lov.).
aussuchen [áŭšsuǧĕn] (auslesen) = sesukön
(lov.).
Austausch [áŭš-táŭj] m. = tök.
austauschen [áŭš-táŭjĕn] = tökön (lov.).
Austauscher [áŭš-táŭjĕr] m. = tökan.
Austauschgegenstand [áŭš-táŭj gĕgĕnjtánt] m.=
tökayeg.
Austauschung [áŭš-táŭjuŋ] v. = tök.
austeilen [áŭš-táĭlĕn] 1. = dilamosegivön (lov.)
2. (verteilen) = seagivön (lov.) 3. die Sa٭
kramente — = ditibön (lov.) sakramis.
Austeiler [áŭš-táĭlĕr] m. = dilamosegivan, sea٭
givan.
Austeilung [áŭš-táĭluŋ] v.=dilamosegiv, seagiv.
Austenit [áŭštĕnit] = stoenit.
Auster [áŭštĕr] v. = hüit.
Austernbank [áŭštĕrn-báŋk] v. = hüitaklip.
Austernschale [áŭštĕrnjalĕ] v. = hüitakoan.
austiefen [áŭštifĕn] = dibükön (lov.).
austilgen [áŭštilgĕn] = dadeidön (lov.).
Australien [áŭšträliĕn] n. 1. Stralop 2. (Bun-
desstaat) = Laustralän.
Australier [áŭšträliĕr] m. = Stralopan, hi٭
Stralopan.
Australierin [áŭšträliĕrin] v. = ji٭Stralopan.
australisch [áŭšträlij] 1. = Stralopik 2. =
Laustralänik.
austreiben [áŭš-tráĭbĕn] = semofön (lov.).
Austreiber [áŭš-tráĭbĕr] m. = semofan.
Austreibung [áŭš-tráĭbuŋ] v. = semof.
austreten [áŭš٭tretĕn] = sestepön (nel.).
Austreten [áŭš٭tretĕn] n. = sestepam.
austrinken [áŭš٭triŋkĕn] = fidrinön (lov.).
Austritt [áŭš٭trit] m. = sestepam.
austrocknen [áŭš-tróknĕn] = dasägikön (nel.).
austun [áŭš٭tun] (löschen) = kvänön (nel.).
ausüben [áŭš٭übĕn] = plägön (lov.).
ausübend [áŭš٭übĕnt] = plägik.
Ausüber [áŭš٭übĕr] m. = plägan.
Ausübung [áŭš٭übuŋ] v. = pläg.
Ausübungsort [áŭš-übuŋš órt] m. = plägöp.
Ausübungszeit [áŭš-übuŋš žáĭt] v. = plägüp.
ausverkaufen [áŭš-fǟrkáŭfĕn] = daselön (lov.).
auswachsen [áŭš-váǧĕn] 1. = daglofön (nel.)
2. = seglofön (lov.).
Auswahl [áŭš٭val] v. 1. = väl 2. (das Ausgewählte) = välot.
Auswanderer [áŭš-vándĕrĕr] m. = setevan.
auswandern [áŭš-vándĕrn] = setevön (nel.).
Auswanderung [áŭš-vándĕruŋ] v. = setev.
auswanderungslustig [áŭš-vándĕruŋš٭lüštiq] =
setevälik.
auswählen [áŭš٭välĕn] = välön (lov.).
Auswähler [áŭš٭välĕr] m. = välan.

auswärmen [áŭš=värměn] = dahitükön (lov.).
auswärtig [áŭš-vårtiq] = foginänik.
auswärts [áŭš=värž] 1. = plödio 2. von — =
plödao 3. = länädo 4. = foginäno.
auswechseln [áŭš=växěln] = setökön (lov.).
Ausweg [áŭš=vek] m. = seveg.
Ausweiche [áŭš-váĭqě] v. (Bahnweiche) =
yilot.
ausweichen [áŭš-váĭqěn] 1. = yilön (lov.) 2.
(— um zu vermeiden) = leyilön (lov.).
Ausweichen [áŭš-váĭqěn] n. = yil.
ausweichend [áŭš-váĭqěnt] = leyilik.
Ausweichestelle [áŭš-váĭqě jtälě] v. = yilöp.
Ausweichung [áŭš-váĭquŋ] v. 1. = yil 2. =
leyil.
ausweiden [áŭš-váĭděn] = säninämön (lov.).
Ausweis [áŭš-váĭš] m. (Legitimation) = gitöfü=
kam.
ausweisen [áŭš-váĭšěn]: sich — (sich legitimieren) = blöfön dientifi oka, gitöfükön oki.
ausweiten [áŭš-váĭtěn] = veitükön (lov.).
Ausweitung [áŭš-váĭtuŋ] v. = veitükam.
auswendig [áŭš-våndiq] = nenbuko.
auswerfen [áŭš-värfěn] 1. = sejedön 2. (spucken) = sputön (lov.).
Auswerfen [áŭš=värfěn] n. (das Speien) = sput.
auswetzen [áŭš=väžěn] = mogleinön (lov.).
auswickeln [áŭš=vįkěln] = sätuülön (lov.).
auswischen [áŭš=vįjěn] (ausfegen) = kvänedön
(lov.).
Auswischen [áŭš=vįjěn] n. = kväned.
Auswuchs [áŭš=vux[m. (Entstellung) = seglo=
fot, mit Auswüchsen = seglofotik.
Auswurf [áŭš=vurf] m. (das Ausgeworfene) =
sejedot.
auszahlen [áŭšžalěn] (bezahlen) = pelön (lov.).
auszanken [áŭš-žáŋkěn] = zanädön (lov.).
auszählen [áŭšžälěn] = komonumön (lov.).
auszehren [áŭšžeřěn] 1. lov. = vesetükön (lov.)
2. sich — = vesetikön (nel.).
auszehrend [áŭšžeřěnt] = vesetüköl.
Auszehrung [áŭš-žěruŋ] v. (maläd) = ftisid.
auszeichnen [áŭš-žáĭqněn] 1. (hervortun) =
sikön (lov.) 2. sich — = benodistükön
(lov.) oki.
Auszeichnung [áŭš-žáĭqnuŋ] v. 1. (das Hervortun) = sik 2. (Auszeichnendes) = sikot.
auszen [áŭšěn] (draussen) = plödo, — sein =
plödön (nel.), nach —, nach — hin = plödio,
von — her = plödao.
Auszendeichsland [áŭšěn-dáĭqs lánt] n. = lulän,
jolalulän.
auszer [áŭšěr] 1. = plä, — mir waren noch
acht Personen da = plä ob nog pösods jöl
äbinons us 2. = plödü, — Dienst = plödü
dün, plödü dünäd, — Lande sein = binön
plödü lomän, — Sorg sein = binön, stadön
plödü kud, — der Zeit = plödü tim 3. —
Fassung = kofudik, — der Ordnung =
plödaleodik 4. — sich = nen okreig 5. —
Stande sein = no kanön, no fägön, binön
nefägik, — acht lassen = nedemön (lov.)
6. — dasz = pläs.
auszerdem [áŭšěr dem] (über dies, zu dem) =
zu.

auszergerichtlich [áŭšěr gěrįqtlįq] = privatik.
auszergewöhnlich [áŭšěr gěvŏnlįq] = plödakösö=
mik.
Auszergewöhnliches [áŭšěr gěvŏnlįqěš] n. =
plödakösöm.
Auszergewöhnlichkeit [áŭšěr gěvŏnlįqkáĭt] v. =
plödakösöm.
auszerhalb [áŭšěr-hálp] = plödü.
auszerordentlich [áŭšěr=órděntliq] 1. = levemik,
levemo, — hoher Grad = levem 2. (auszer
der Ordnung) = plödaleodik.
Auszerordentlichkeit [áŭšěr=órděntliq-káĭt] v. =
plödaleod.
ausziehen [áŭšžiěn] 1. —, — aus = setratükön
(lov.) 2. die Essenz — = setirädön (lov.)
säsanti 3. sich — (sich entkleiden) = säklo=
tön (lov.) oki 4. segolädön (nel.).
Ausziehen [áŭšžiěn] n. 1. = setiräd 2. =
setratükam.
Auszieher [áŭšžiěr] m. (Fortzieher) = setevan.
Auszierung [áŭš-žiruŋ] v. = dekam.
Auszug [áŭšžuk] m. 1. (Extrakt) = setrat,
ein — herstellen von, aus = setratön (nel.)
de, se 2. = segoläd.
auszugeben [áŭšžugeběn] = püpabik.
auszugsweise [áŭšžux-váĭsě] = setrato.
authentisch [áŭtăntij] = dokümik.
Autochthone [áŭtóqtòně] m. = rulänan.
Autodidakt [áŭtodidákt] m. = oktidäb.
Autograph [áŭtogràf] m. e n. = lönapenät.
Autographie [áŭtografì] v. = penätabük.
autographieren [áŭtografirěn] = penätabükön
(lov.).
Autographierer [áŭtografirěr] m. = penätabü=
kan.
autographisch [áŭtogràfij] lönapenätik.
Automat [áŭtomàt] m. = itjäfidaparat.
automatenhaft [áŭtomàtěnháft] (gedankenlos) =
nentikik.
Automatenhaftigkeit [áŭtomàtěn háftig-káĭt] v.
= nentik.
automatisch [áŭtomàtij] = itjäfidik.
Automobil [áŭtomobil] n. = motoravab.
Autor [áŭ-tór] m. (Schriftsteller) = lautan,
die Schrift oder ein Stück der Schrift eines
Autors = lautot, origineller — = rigädi=
lautan.
Autorität [áŭtoritåt] v. = nämät.
Autotypie [áŭtotüpì] v. = tootip.
auweh [áŭ ve, áŭvè]: —! = levi!
Avaren, pl. = laverans.
Avisbrief [avìsbrif] m. = nunapenäd.
Aviso [avìso] m. (Meldebrief) = nunapened.
Avisobrief [avìsobrif] m. = nunapenäd.
Axiom [ăxiòm] n. = xiom.
Axt [ăxt] v. = lecüd.
Azoren [ažŏřěn] pl. = Lazoruäns.
azorisch [ažòrij]: azorische Inseln = Lazoruäns.
Azteken [ăžtèkěn] = laztekans.
Azur [ažur, àžųr] m. = lasürablöv.
Azurblau [ažùrbláŭ] n. = lasürablöv.
azurn [ažurn, àžųrn] = lasürablövik.

Ä. ä.

Äbtissin [äptĭsĭn] v. = jilepädan.
äbtlich [ăptlĭq] = lepädik.
ächt [äqt] (echt) = legik.
Ächtheit [ăqtháĭt] v. = leg.
ächzen [äqžĕn] = hagön (nel.).
Ächzerei [äqžĕráĭ] v. = hag.
ädern [ädĕrn] (marmorieren) = mabükön (lov.).
Äffchen [äfqĕn] n. (Äfflein) = lepil.
Äffer [äfĕr] m. (Nachäffer) = züpädan.
Äfferei [äfĕráĭ] v. = züpäd.
äffisch [ăfĭj] = lepik.
Äfflein [ăfláĭn] n. = lepil.
Ägypten [ägüptĕn] n. = Läguptän.
Ägypter [ägŭptĕr] m. = Läguptänan.
ägyptisch [ägŭptĭj] = Läguptänik, — **machen** = Läguptänön (lov.).
ähneln [änĕln] = sümilön (nel.).
ähnlich [ănlĭq] (analog) = sümik, — **sein** = sümön (nel.), — **machen** = sümükön (lov.), **auf ähnliche Weise** = sümo.
Ähnlichkeit [ănlĭqkáĭt] v. 1. (Übereinstimmung) = baiäd 2. (Analogie) = süm.
Ähre [ärĕ] v. = spig, **Ähren lesen** = kobosukön (lov.) spigis.
ähren [ärĕn] = kobosukön (lov.) spigis.
Ährenlese [ărĕnlesĕ] v. = spigikobosuk.
Älpler [älplĕr] m. = lalpibelödan.
älterlich [ăltĕrlĭq] (elterlich) = palik.
Ältermutter [ăltĕrmŭtĕr] v. = dalemot.
Ältern [ältĕrn] pl. (Eltern) = pals, **Einer** oder **Eine der** — = pal.
Älternliebe [ăltĕrnlibĕ] v. = palalöf.
ältlich [ăltlĭq] = bäldilik.
ändern [ändĕrn] 1. lov. = votükön (lov.) 2. **sich** = votikön (nel.).
Änderung [ăndĕruŋ] v. 1. = votikam, **gründliche** — (Umschwung) = levotikam 2. (Wechsel) = cen.
Änderungssucht [ăndĕruŋssŭăt] v. = votükamiäl.
änderungssüchtig [ăndĕruŋs-sŭqtĭq] = votükamiälik.
ängstigen [ăŋštigĕn] = dredälükön (lov.), **sich** — = dredälikön (nel.).
ängstigend [ăŋštigĕnt] = dredälüköl.
ängstlich [ăŋštlĭq] 1. = dredälik, — **sein** = dredälön (nel.) 2. (furchtsam) = dredilik. — **sein** = dredilön (nel.).
Ängstlichkeit [ăŋštlĭqkáĭt] v. 1. = dredäl 2. (Furchtsamkeit) = dredil.
Ängstling [ăŋštlĭŋ] m. = dredälan.
Äolsharfe [ăólšɩhárfĕ] v. = vienahap.
Äquator [äkvàtór] m. = kveator.
äquatorial [äkvatorial] = kveatorik.
Äquatorialafrika [äkvatorial àfrika] n.: **französisch** — = Kveatorɩ‌Frikop Fransänik.
Äquatorialzone [äkvatoriàlžonĕ] v. = kveatorazon.
äquivalent [äkvivalạnt] = leigätik.
Äquivalent [äkvivalạnt] n. = leigätod.
Äquivalenz [äkvivalänž] v. = leigät.
Ära [àra] v. (Zeitalter) = timäd.

Ärger [ärgĕr] m. = skan, — **erregend** = skänik, **zum** — **geneigt** = skaniälik.
ärgerlich [ărgĕrlĭq] 1. (wütend) = lezunik 2. — **sein** = skanön (nel.) 3. (zum Ärger geneigt) = skaniälik 4. (Ärger erregend) = skänik.
Ärgerlichkeit [ărgĕrlĭqkáĭt] v. 1. = skaniäl 2. (Anstözigkeit) = skän.
ärgern [ärgĕrn] 1. = skänön (lov.) 2. **sich** — = skanön (nel.).
Ärgernis [ărgĕrnĭš] n. 1. (Empfindung) = skan, — **nehmen** = skanön (nel.) 2. (Ärgerlichkeit) = skän, — **geben** = skänön (lov.).
Ärgernisgeber [ărgĕrnĭšgebĕr] m. = skänan.
Ärgernisgebung [ărgĕrnĭš-gẽbuŋ] v. = skänam.
Ärgernisnehmung [ărgĕrnĭš-nẽmuŋ] v. = skan.
Ärmel [ärmĕl] m. = sliv.
ärmlich [ărmlĭq] = pöfädik.
Ärmlichkeit [ărmlĭqkáĭt] v. (Armseligkeit) = pöfäd.
ärztlich [ărztlĭq] 1. = sananik 2. (heilkundig) = sanavik, **ärztliche Behandlung** = lekäl.
Äscher [äjĕr] m. = zein.
Äscherer [äjĕrĕr] m. = zenifiledan.
Äscherig [ăjĕrĭq] m. = zein.
äschern [ăjĕrn] 1. (Asche brennen, Asche bereiten) = zenifiledön (nel.) 2. (in Asche legen) = zenolefilükön (lov.) 3. (ein äschern) = zenofilükön (lov.) 4. (mit Asche bestreuen, mit Asche bestreichen) = zenön (lov.).
Äscherung [ăjĕruŋ] v. = zenofilükam.
ästen [äštĕn]: **sich** — = tuigön (nel.).
Ästhetik [äštètĭk] v. = jönav.
Ästhetiker [äštètĭkĕr] m. = jönavan.
ästhetisch [äštètĭj] = jönavik.
ästig [ăštĭq] (geästet) = tuigik.
Ästigkeit [ăštĭqkáĭt] v. = tuigag.
Äthan [ätan] C_2H_6 = letan.
Äther [ătĕr] m. 1. (flumot) = leter 2. — **des Weltalls** = leter tevala.
ätherhaltig [ătĕrháltĭq] = letererik, **ätherhaltiges Öl** = leül leterik.
ätherisch [ätĕrĭj] (flüchtig) = väpöfik, **ätherisches Öl** = väpöfaleül.
Äthiopien [ätiòpiĕn] n. = Lätiopän.
Äthiopier [ätiòpiĕr] m. = Lätiopänan.
äthiopisch [ätiòpĭj] = Lätiopänik.
Äthylalkohol [ätül ál-kohól], m. C_2H_5OH = letol, letillalkohol.
Äthylbromid [ätül bromit] C_2H_5Br = letilbromid, balbrometan, bromĭlletol.
Äthylen [ätülen] CH_2CH_2 ü C_2H_4 = letilen.
Äthylnitrat [ätül nitrat] $C_2H_5NO_3$ = letilnitrat.
Äthylsulfid [ätül sulfit] $(C_2H_5)_2S$ = letilsulfid, sulfoleter.
ätzen [ăžĕn] (radieren) = graifön (lov.).
Ätzen [ăžĕn] n. = graif.
Ätzdruck [ăždrŭk] m. = graifot.
Ätzkali [ăž-kàli] n. = kail.
Ätzkunst [ăkunst] v. = graifav.
Ätzmittel [ăžmĭtĕl] n. = korodamed.
Ätznatron [ăž-nàtrón] n. = natron.
äuszer [óŭšĕr] = plödik, **die äuszere Lage** = plöd.

Äuszeres [óǔšĕrĕš] n. (Aussehen) = logot.
äuszerlich [óǔšĕrlị̣q] = logotik.
äuszern [óǔšĕrn] (zum Ausdruck bringen) = notodön (lov.).
äuszerst [óǔšĕršt] = levemo, lemu, äuszerstes Ende = finot.
Äuszerstes [óǔšĕrštĕš] n. = lemuam.
Äxtemacher [ä̆xtĕ-máɋĕr] m. = lecüdel.

B. b.

Baar [bar]: die — = Barän.
Babylonien [babülòniĕn] n. = Babülonän.
Babylonisch [babülònij] n. = babülon.
Bacchanal [báɋanàl] n. = lebötid.
Bach [báɋ] m. = bluk.
Bache [báɋĕ] v. = jisaglied.
Bacher [báɋĕr] m. = hisaglied.
Bachstelze [báɋjtälžĕ] v. = kledagöbil.
Backe [bákĕ] v. = cüg.
backen [bákĕn] = bakön (lov.).
Backen [bákĕn] 1. n. = bak 2. m. = cüg.
Backenbart [bákĕnbạrt] m. = cügabalib.
Backengrübchen [bákĕngrübɋĕn] n. = cügasepil.
Backenstreich [bákĕn-jtráĭq] m. = cügiflap.
Backenzahn [bákĕnžan] m. = cügatut.
Backfisch [bákfị̣j] m. 1. = bakafit 2. = tivomül.
Backhaus [bák-háǔš] n. = baköp.
Backmulde [bákmuldĕ] v. = bakaböv.
Backofen [bák-ofĕn] m. = bakafurnod.
Backort [bák-órt] m. = baköp.
Backschaufel [bák-jáǔfĕl] v. = bakajup.
Backschieber [bákjịbĕr] m. = bakajup.
Backschieszer [bákjišĕr] m. = bakajup.
Backstein [bák-jtáĭn] m. = bakaston.
Backtrog [báktrǫk] m. = bakaböv.
Backware [bákvarĕ] v. = bakacan.
Backwerk [bákvärk] n. = bakotem.
Bad [bat] n. = ban.
Badeanstalt [bàdĕ-án-jtált] v. = banastitod.
Badefrau [bàdĕfráǔ] v. = banajidünan.
Badegast [bàdĕgást] m. = banalotedan.
Badehaus [bàdĕháǔš] n. = banadom.
Badehose [bàdĕhosĕ] v. = banablit.
Badehotel [bàdĕ-hotäl] n. = banalotidöp.
Badekur [bàdĕkur] v. = banalekäl.
baden [bàdĕn] = banön (nel.).
Baden [bàdĕn] 1. n. = banam 2. n. = Badän.
Badeort [bàdĕ-órt] m. = banöp.
Badeplatz [bàdĕpláž] m. = banatop.
Badeschwamm [bàdĕjvám] m. = banaspog.
Badewanne [bàdĕvánĕ] v. = banatüb.
Badezeit [bàdĕžáĭt] v. = banüp.
Badezimmer [bàdĕžị̣mĕr] n. = banacem.
Bagage [bagajĕ] v. (Gepäck) = päkem.
Bagagewagen [bagàjĕvagĕn] m. = päkemavab.
Bagatelle [bagatälĕ] v. = smalot.
Bagger [bágĕr] m. (Baggermaschine) = baegian.
Baggerer [bágĕrĕr] m. = baegan.
baggern [bágĕrn] = baegön (lov.).
Baggern [bágĕrn] n. = baeg.
Baggermaschine [bágĕrmajinĕ] v. = baegian.

Bahama-Inseln [bahàmainsĕln] pl. = Bahamuäns.
Bahn [ban] v. 1. — eines Planeten = kul planeta, — brechen = kulön (lov.), mit einer — versehen = kulön (lov.) 2. elektrische — = lektinaträm.
Bahnbetrieb [bànbĕtrip] m. (Eisenbahnbetrieb) = feb trenavega, trenavegafeb.
Bahnbrecher [bànbräɋĕr] m. = kulan.
bahnen [banĕn]: — in = kulön (lov.).
Bahner [banĕr] (Bahnbrecher) = kulan.
Bahngeleise [bàngĕláĭsĕ] n. = ferodarut.
Bahnhof [bàn-hof] m. (Station) = stajon.
Bahnlinie [bàn-lìniĕ] v. = trenaveg.
Bahnwart [bànvárt] m. (Bahnwärter) = trenavegikälan.
Bahnwärter [bànvärtĕr] m. = trenavegikälan.
Bahnweiche [bànváĭɋĕ] v. = yilot.
Bahnzug [bànžuk] m. = tren.
Bahrain-Inseln, pl. = Bahruäns.
Baht, k. = baɋt.
Bai [báĭ] v. (Bucht) = bug.
Bajazzo [bayáŽo] m. = klaunan.
Bajonett [bayonät] n. = bayonät.
Baktrien [báktriĕn] n. = Baktriyän.
Balboa, k. = balboat.
bald [bált] 1. (sogleich, sofort) = onu 2. (demnächst) = suno (ladv.) 3. — ... — = nü ... tän (konyuns), nu ... täno (ladvärbs), — hier ... — dort = is ... us.
baldig [báldị̣q] = sunik.
baldigst [báldị̣qšt] = sunikün.
baldmöglichst [bált mǒklị̣qšt] = sunikün.
Balearen [balearĕn] pl. = Balearuäns.
Balg [bálk] m. (Ledersack) = küirod.
Balken [bálkĕn] m. = bem.
Balkenwerk [bálkĕnvärk] n. = bemem.
Balkon [bálkóñ] m. (Altan) = bakun.
Ball [bál] m. 1. (Kugel) = glöp, einem den — abfangen = defanädön (lov.) glöpi eke 2. (Tanzfest) = baol.
Ballast [bá-lást] m. = milodot.
Ballen [bálĕn] m. = lesak.
Ballet [bálặt] n. = baolet.
Ballon [bálóñ] m. = bälun.
Ballotage [bálotàjĕ] v. = glöpülam.
ballotieren [bálotirĕn] = glöpülön (nel.).
Balsam [bálsam] m. = bain.
balsamieren [bálsamìrĕn] (einbalsamieren) = bainön (lov.).
balsamisch [bálsàmị̣j] = bainik.
Bambus [bámbụš] m. = bambud.
Banane [bananĕ] v. (Pisang) = benen.
Band [bánt] 1. m. (Buch) = toum 2. n. (‚vinculum') = tan 3. n. (— zum Putz) = tanod 4. in Bande schlagen, in Bande legen = jänädön (lov.).
Bandage [bándàjĕ] v. (Binde) = flabül.
Bande [bándĕ] v. (Gesindel) = lusog.
Bandegenosse [bándĕ-gĕnŏšĕ] m. = lusogan.
Bandenspektrum [bándĕn-jpặktrụm] n. = tanaspäktrum.
Bandwurm [bántvụrm] m. = kästod.
bange [báŋe] = dredik.
Bangigkeit [báŋiq-káĭt] v. = dredäl.

Bani, k. = lävazim.
Bank [báŋk] v. 1. (Sitzbank) = bam 2. (Wechselbank) = bank.
Bankaktie [báŋk-ákžiĕ] v. = bankadilod.
Bankbruch [báŋkbruǧ] m. = bankrut.
bankerott [báŋkĕrót] = bankrutik.
Bankerott [báŋkĕrót] m. = bankrut.
Bankert [báŋkĕrt] m. = bastar.
Bankett [báŋkặt] n. = lefided.
Bankhaus [báŋk-háŭš] n. = banköp.
Bankier [báŋkiè] m. = bankal.
Banknote [báŋknotĕ] v. = bankazöt.
Bann [bán] m. (Zauber) = jänäl.
bannen [bánĕn] = jänälön (lov.).
Banner [bánĕr] 1. (Panier) = lestän 2. (Bezwinger) = magivülan.
Bannfluch [bánfluǧ] m. (Anathem) = lemaledit.
Bannung [bánuŋ] v. = magivül.
Bantu-Neger [bàntu͜negĕr] m. = bantun.
bar [bar) 1. (kontant) = kädöfik, gegen — = kädöfo 2. (eigentlich) = voik, barer Unsinn = nesiäm voik.
Baracke [báráķĕ] v. = barak.
Barbados [bárbàdóš, bár-badóš] n.=Barbadeän.
Barbar [bárbàr] m. = barbaran.
Barbarei [bárbaráï] v. = barbar.
barbarisch [bárbàrij] = barbarik.
Barbarismus [bárbari̯šmuš] m. = barbarim.
Barbier [bárbir] m. = balibijeifan, jeifan.
Barbierbecken [bárbìrbäķĕn] n. = jeifabov.
Barbieren [bárbìrĕn] = jeif.
Barbiermesser [bárbìmä̀šĕr] m. = jeifaneif.
Barbierort [bárbìr͜órt] m. = jeiföp.
Barbierstube [bárbìrĵtubĕ] v. = jeiföp.
Barchent [bárǧĕnt] m. (Bombasin) = bombat.
Barett [barặt] n. = biret.
barfusz [bàrfuš] = nüdafuto.
Barfüszer [bàrfüšĕr] m. = nüdafutan.
barfüszig [bàrfüši̯q] = nüdafutik.
Barga = Bargayän.
barhäuptig [bàrhóŭpti̯q] = nüdakapik, nüdakapo.
Bariton [bàritón] m. = ‚baritono' [baritòno] (Lit.), — singen = kanitön in (el) ‚baritono'.
Barium [bàrium] Ba = barin.
Bariumchlorid [bàrium klorit] $BaCl_2$ = barinaklorid.
Bariumkarbonat [bàrium kárbonàt] $BaCO_3$ = barinakarbat.
Bariumnitrat [bàrium nitrat] $Ba(NO_3)_2$ = barinanitrat.
Bariumoxyd [bàrium óҳ̌ŭt] BaO = barinaloxid.
Bariumplatinocyanid [bàrium platino žüanit] $BaPt(CN)_4$ = barinafolküanidilplatinoat.
Bariumsulfat [bárium sulfat] $BaSO_4$ = barinasulfat.
Bariumsuperoxyd [bárium supĕr óҳ̌ŭt] BaO_2 = barinapärloxid.
Barke [bárķĕ] v. = nafil.
Barma = Birmän.
barmherzig [bármhàȑži̯q] = miserik.
Barmherzigkeit [bármhàȑži̯qkáït] v. = miser.
Barometer [baromeťĕr] m. e n. = baromet.
Baron [baron] m. = baonan.
Baronesse [baronä̀šĕ] v. = jibaonan.

Baronin [barònin] v. = jibaonan.
Baroskop [baróskòp] n. (Wetterglas) = baroskop.
Barre [bárĕ] v. = bar.
Barriere [bári̯ℱ̣rĕ] v. = stöb.
barsch [barȷ̌] (rauh) = groböfik.
Barschheit [bàrjháït] v. = groböf.
Bart [bart] m. = balib, mit einem Barte versehen = balibön (lov.).
bartig [bàrtiq] = balibik.
bartlos [bàrtloš] = nenbalibik.
Bartlosigkeit [bàrtlosiqkáït] v. = nenbalib.
Bartmesser [bàrtmä̀šĕr] n. = jeifaneif.
Bartscherer [bártjerĕr] m. = balibijeifan.
Bartseife [bàrtȷ̌áïfĕ] v. = jeifasob.
Basalt [basált] m. = basoin.
Basar [basar] m. = basar.
Baschkiren [bájkirĕn] pl. = bajkirans.
Base [basĕ] v. (kiem) = bäd.
Basis [bàsi̯š] v. (Grundlage) = stab.
basisch [bàsi̯j] = bädöfik.
Baske [báškĕ] m. = baskan.
Baskisch [báškij] n. = bask.
basseln [bášĕln] = mekülön (lov.).
Bassist [báši̯ȷ̌t] m. = bäfan.
basso [bášo] Lit. = folidvög.
Bast [bášt] m. = nijal.
Bastard [bá-štárt] m. = bastar.
Bastardart [bá-štárt͜art] v. (Abart) = mivedasot.
basteln [báštĕln] = lumekön (lov.), mekülön (lov.).
Basthut [bášt͜hut] m. = nijalahät.
Bastion [báštiòn] v. = rampar.
Bastschuh [báštju] m. = nijalajuk.
Bastseil [bášt-sáïl] n. = nijalajain.
Basuto [basùto] m. = basutovan.
Basutoland [basùtolánt] n. = Basutovän.
Basutosprache [basùto͜jpraǧĕ] v. = basutov.
Basz [báš] m.: — singen = kanitön (lov.) folidvögo.
Baszgeige [báš-gáïgĕ] v. = bäf.
Baszsänger [báššäŋĕr] m. = folidvögan.
Baszschlüssel [bášjlüšĕl] m. = bäfakiküf.
Baszstimme [bášji̯ti̯mĕ] v. = folidvög.
Bataillon [batályòn] n. = batay.
Batavien [batàviĕn] n. = Batafän.
Batavier [batàviĕr] m. = Batafänan.
Batist [báti̯jt] m. = batit.
Battak [bá-ták] m. = batakan.
Batterie [bátĕri] v. 1. = känem 2. galvanische — = ziöbedem ɋalvanik.
Bau [báŭ] m. 1.=bum 2. (Struktur)=binod.
Bauarbeiter [báŭ-ár-báïtĕr] m. = buman.
Bauart [báŭ͜art] v. = bumamod, bumastül.
Bauaufseher [báŭ-áŭfseĕr] m. = bumamastan.
Bauch [báŭǧ] m. = bälid, den — betreffend = bälidik.
Bauchgrimmen [báŭǧgri̯mĕn] n. = bälidadol·
Bauchgurt [báŭǧgurt] m. = bälidazönül.
bauchig [báŭǧiq] = bälidöfik.
Bauchigkeit [báŭǧiqkáït] v. = bälidöf.
Bauchreden [báŭǧredĕn] n. = väntrilok.
Bauchredner [báŭǧrednĕr] m. = väntrilokan.
Bauchrednerei [báŭǧrednĕráï] v. = väntrilok.

Bauchwassersucht [báŭq̆-vášěrsu̯q̆t] v. = bäli=
dadrop.
Bauchweh [báŭq̆ve] n. = bälidadol.
bauen [báŭěn] 1. = bumön (lov.), Brücken —
= bumön poni 2. (anlegen) = meikön (lov.),
eine Eisenbahn — = meikön ferarutavegi 3.
= feilön (nel.) me.
Bauen [báŭěn] n. 1. = bum, Weise des Bauens
= bumamod 2. (das Anlegen) = meik 3.
= feilam.
Bauer [báŭěr] m. 1. = feilan 2. (Käfig) = cek.
Bauerei [báŭěráĭ] v. = bum.
Bauernfrau [báŭěrn-fráŭ] v. = jifeilan.
Bauerngut [báŭěrngut] n. = farmadom feilanik.
Bauernhof [báŭěrn=hof] m. = farm, farmadom
feilanik.
Bauernhütte [báŭěrn=hü̆tě] v. = ludom feilanik.
Bauernmädchen [báŭěrnmä̆tqĕn] n. = jipul
feilanik.
Bauernschaft [báŭěrn-jáft] v. (pösods) =
feilanef.
Bauerntracht [báŭěrn-tráqt] v. = klotamamod
feilanik.
Bauersfrau [báŭěrš-fráŭ] v. = jifeilan.
Bauersmann [báŭěrš-mán] m. = feilan.
Baufach [báŭ-fáq̆] n. = bumajäfü̆d.
Baufall [báŭ-fál] m. (Ruine) = bumädafailot.
baufällig [báŭfä̆liq] = failabik.
Baufälligkeit [báŭfä̆liq-káĭt] v. = failab.
Baugerüst [báŭgěrü̆št] n. = bumaskaf.
Bauherr [báŭhä̆r] m. = bumal.
Bauhof [báŭhof] m. = bumöpayad.
Bauholz [báŭ-hólž] n. = bumaboad.
Baukundiger [báŭ-kùndiq̆ěr] m. = bumavan.
Baukunst [báŭkunšt] v. = bumav.
Baukünstler [báŭkünštlěr] m. = bumavan.
Bauland [báŭ-lánt] n. = bumalän.
Bauleute [báŭ-lóŭtě] pl. = bumans.
Baum [báŭm] m. = bim, den — betreffend =
bimik.
baumartig [báŭm-àrtiq] = bimasümik.
Baumast [báŭm-ášt] m. = bimaletuig.
Baumaterial [báŭ=material] n. = bumamater.
Baumbast [báŭm-bášt] m. 1. (Baumrinde) =
bimajal. 2. (Haut unter der Rinde) = bima=
nijal.
Baumblatt [báŭm-blát] n. = bimabled.
Baumgarten [báŭm-gártěn] m. = bimagad.
Baumöl [báŭm=öl] n. = learaleül.
baumreich [báŭm-ráĭq] = bimagik.
Baumreichtum [báŭm-ráĭqtu̯m] m. = bimag.
Baumrinde [báŭmri̯ndě] v. 1. (Baumbast) =
bimajal 2. (äusere Haut der Rinde) = bima=
plöjal.
Baumsäge [báŭmsägě] v. = bimisov.
Baumschlag [báŭmjlak] m. = sotafom bima.
Baumschule [báŭmjulě] v. = bimibridöp.
Baumwachs [báŭm-váx̌] m. = grifavä̆k.
Baumwolle [báŭm-vólě] v. = kotin.
baumwollen [báŭm-vólěn] = kotinik.
Baumwollenbaum [báŭm-vólěn báŭm] m. =
gosüp.
Baumwollsame [báŭm-vól samě] m. = gosüpasi̯d.
Baumwollsamenöl [báŭm-vólsaměn öl] n. =
gosüpaleül.

Baumwollgarn [báŭm-vól-gárn] n. = kotinayän.
Baumwollwatte [báŭm-vól-vátě] v. = kotina=
vod.
Baumwollzeug [báŭm-vól-žóŭk] n. = kotina=
stof.
Baumwollzwirn [báŭm-vól=žvi̯rn] m. = kotin
pefadotelöl.
Baumzucht [báŭmžu̯q̆t] v. = bimibrid.
Bauplatz [báŭ-pláž] m. = bumöp.
Bausch [báŭj] m. = svolot.
Bauschärmel [báŭj=ärmě̆l] m. = svolasliv.
bauschen [báŭjěn] 1. = svolükön (lov.) 2. sich
— = svolikön (nel.).
bauschig [báŭjiq] = svolik, — sein = svolön
(nel.).
Bauschigsein [báŭjiq sáĭn] n. = svol.
Bauschreiner [báŭ-jráĭněr] m. = bumakapenan.
Bauschutt [báŭju̯t] m. (Abbruch) = debreikot.
Baustil [báŭjtil] m. = bumastü̆l.
Baustoffe [báŭ-jtófě] m. pl. = bumamater, buma=
maters.
Bauterrain [báŭ=tärä̆n] n. = bumaläned.
Bauverständiger [báŭ-fä̆rjtä̆ndi̯ěr] m. = buma=
van.
Bauwerk [báŭvä̆rk] n. = bumä̆d.
Bauwesen [báŭvesěn] n. = bumajäfü̆d.
Bayern [báĭěrn] n. = Bayä̆n.
bayrisch [báĭri̯j] = Bayä̆nik.
Bazar [bažar] m. = basar.
Bächlein [bä̆qláĭn] n. = blukil.
Bäcker [bä̆kěr] m. = bakan.
Bäckerei [bä̆kěráĭ] v. = baköp.
bäldest [bä̆ldě̆st] = sunikü̆n.
Bänder [bä̆nděr] pl. = tanods.
Bär [bär] m. = ber, der Grosze —, st. =
sigretaber, der Kleine —, st. = sismalaber.
bärenartig [bá̯rěn-àrtiq] = berik.
Bärenhäuter [bá̯rěnhóŭtěr] m. = trögan.
Bären-Insel [bá̯rěn=inšěl] v. = Byörneä̆n.
Bärenjagd [bá̯rěnyakt] v. = beriyag.
Bärenmütze [bá̯rěnmü̆žě] v. = luhä̆t beraskinik,
beraskinaluhä̆t.
Bärmutter [bá̯rmu̯těr] = tüerü̆d.
bärtig [bä̆rtiq] = balibik.
Bäschen [bä̆sqěn] n. = jiköstil.
bäuchig [bóŭqiq] = bälidöfik.
bäuchlings [bóŭq̆li̯nž] = bälido.
Bäuerin [bóŭěrin] v. = jifeilan.
bäuerisch [bóŭěri̯j] (roh, plump) = grobälik.
bäuerlich [bóŭěrliq] = feilanik.
Bäumchen [bóŭmqěn] n. = bimil.
Bäuschchen [bóŭjqěn] = svolotil.
beabsichtigen [bě=áp-si̯qtiqěn] = desinön (lov.).
Beachtung [bě=á̯q̆tu̯n] v. = dem.
Beamte [bě=ámtě] m. = calan, hoher — =
calal.
beanstanden [bě=án-jtánděn] = dodön (lov.).
Beanstandung [bě=án-jtándu̯n] v. = dodam.
Beantwortung [bě=ánt-vórtu̯n] v. = begespik,
mündliche — = begesag.
bearbeiten [bě=ár-bä̆itěn] = bevobön (lov.).
Bearbeitung [bě=ár-bä̆itu̯n] v. 1. = bevob 2.
— des Ackers = befeil 3. mat. = numatam,
die vier wichtigsten Bearbeitungen der Rechenkunst sind die Addition, die Subtraktion, die

Multiplikation und die Division = numatams veütikün fol kalkulava binons : saedam, näedam, naedam e müedam.

beauftragen [bĕ≠áŭftragĕn] = bekomitön (lov.).

bebarten [bĕbartĕn] = balibön (lov.).

bebauen [bĕbáŭĕn]: **das Land, das Feld** — = befeilön (lov.) länedi.

beben [bebĕn] (zittern) = dremön (nel.).

Beben [bebĕn] n. = drem.

beblättert [bĕblä̆tĕrt] = bledik.

Becher [bặqĕr] m. 1. (Seidel) = köp 2. st. = siköp.

Becken [bặkĕn] n. 1. = leskel 2. (Schüssel, Napf) = bov 3. (Wasserbecken) = basin 4. mus. = sämbal.

Beckenschläger [bặkĕn≠jlägĕr] m. = sämbalan.

bedachen [bĕdáqĕn] = nufön (lov.).

bedacht [bĕdáqt] = vätälik.

Bedacht [bĕdáqt] m. (Überlegung) = vätäl, **mit** — = vätälik.

bedachtsam [bĕdáqtsam] = prüdik, — **sein** = prüdön (nel.).

Bedachtsamkeit [bĕdáqtsam-káĭt] v. = prüd.

Bedachung [bĕdáquŋ] v. = nuf, nufam.

bedanken [bĕdáŋkĕn]: **sich** — **bei** = danön (lov.).

Bedarf [bĕdárf] m. (Bedürfnisse) = neodot, neodots.

bedauerlich [bĕdáŭĕrlįq] = pidabik.

bedauern [bĕdáŭĕrn] (bemitleiden) = pidön (lov.).

Bedauern [bĕdáŭĕrn] n. (Mitleid) = pid.

bedauernswürdig [bĕdáŭĕrnš vŭrdįq] = pidabik.

bedächtig [bĕdặqtįq] (vorsichtig) = prüdik, — **sein** = prüdön (nel.).

Bedächtigkeit [bĕdặqtįqkáĭt] v. (Geistesruhe) = taked.

bedecken [bĕdặkĕn] 1. = tegön (lov.) 2. **mit Reif** — (bereifen) = befrodön (lov.).

Bedeckung [bĕdặkuŋ] v. = teg.

bedeichen [bĕdáĭqĕn] (eindeichen) = daigön (lov.).

bedenken [bĕdặŋkĕn]: **im Geiste wägend** — = vätälön (lov.).

Bedenken [bĕdặŋkĕn] n. 1. (Überlegung) = vätäl 2. (Anstand) = dod, **bei** ..., **wegen** ... — **hegen, gegen** ... — **erheben** = dodön (lov.).

bedenklich [bĕdặŋklįq] = dodik.

Bedenklichkeit [bĕdặŋklįqkáĭt] v. 1. = dod 2. (Beanstandung) = dodam.

Bedenkzeit [bĕdặŋkžáĭt] v. = vätälüp.

bedeuten [bĕdóŭtĕn] 1. (— von etwas Geistiges) = siämön (lov.) 2. (bezeichnen) = sinifön (lov.).

bedeutend [bĕdóŭtĕnt] 1. (wichtig) = veütik 2. (im hohen Grade) = vemik.

Bedeutendheit [bĕdóŭtĕnt-háĭt] v. = veüt.

bedeutsam [bĕdóŭtsam] = .veütik.

Bedeutsamkeit [bĕdóŭtsam-káĭt] v. (Wichtigkeit) = veüt.

Bedeutung [bĕdóŭtuŋ] v. 1. = sinif 2. (Wichtigkeit) = veüt.

bedielen [bĕdįlĕn] (mit Dielen versehen) = boedaglunön (lov.).

bedienen [bĕdįnĕn] 1. (einem dienen) = dünön (lov.) 2. (aufwarten) = bötön (lov.).

Bedienung [bĕdįnuŋ] v. = böt.

bedingen [bĕdįŋĕn] = stipön (lov.).

bedingt [bĕdįŋt] = stipik.

Bedingung [bĕdįŋuŋ] v. = stip, **Bedingungen stellen** = stipön (lov.), **unter Bedingungen** = stipo.

Bedingungsform [bĕdįŋuŋsfórm] v. (Konditionalis) = stipabidir.

Bedingungssatz [bĕdįŋuŋs≠sáž] m. = stipaset.

bedingungsweise [bĕdįŋuŋsváĭsĕ] = stipik, stipo.

bedrängen [bĕdräŋĕn] = dränälön (lov.).

Bedrängnis [bĕdrä̆ŋnįš] v. 1. (Drangsal) = dränäl 2. (Not) = ditret.

bedrohen [bĕdroĕn] = tädön (lov.).

Bedrohung [bĕdròuŋ] v. = täd.

bedrucken [bĕdrukĕn] = bebükön (lov.).

Beduine [beduinĕ] m. = beduin.

bedürfen [bĕdürfĕn] 1. = neodön (lov.) 2. = nedön (sek.).

Bedürfnis [bĕdürfnįš] n. 1. = neod 2. **Bedürfnisse** (Bedarf) = neodot, neodots.

bedürftig [bĕdürftįq] = neodik.

Beef marrow [bif mároŭ] Lin. = ,Beef marrow'.

Beefsteak [bifstek] Lin. = ,Beefsteak'.

beehren [bĕerĕn] 1. (ehren) = stimön (lov.) 2. **sich** — = labön (lov.) stimi 3. (honorieren) = stimapelön (lov.).

beeidigen [bĕáĭdigĕn] : **einen** — = yulidön (lov.) eki.

Beeidigter [bĕáĭdįqtĕr] m. = yulidäb.

Beeidigung [bĕáĭdiguŋ] v. = yulid.

beeifern [bĕáĭfĕrn]: **sich** — = zilön (nel.).

beeilen [bĕáĭlĕn]: **sich** — = spidön (nel.).

beeinflussen [bĕáĭnflųšĕn] = flunön (lov.).

beeinträchtigen [bĕáĭnträqtigĕn] = ludämön (lov.).

beenden [bĕ≠ändĕn] = finükön (lov.).

beendet [bĕ≠ändĕt] = finik.

beendigen [bĕ≠ändigĕn] 1. (ein Ende machen) = finükön (lov.) 2. (fertig machen) = fimekön (lov.) 3. (zu Ende gehen) = finikön (nel.).

Beendiger [bĕ≠ändigĕr] m. (der einer Sache ein Ende macht) = finükan.

Beendigung [bĕ≠ändiguŋ] v. 1. = fimükam 2. (nicht von Gegenständen) = finod.

beengen [bĕ≠äŋĕn] (verengen) = nabükön (lov.).

beerdigen [bĕ≠èrdigĕn] (begraben) = sepülön (lov.).

Beerdigung [bĕ≠èrdiguŋ] v. = sepülam.

Beere [berĕ] v. = bäl.

Beerenbüschel [bèrĕnbüjĕl] m. (Traube) = bälem.

Beet [bet] n. (Gartenbeet) = bet.

befahren [bĕfarĕn] = bevegön (lov.).

befähigen [bĕfặįgĕn] (in die Lage setzen) = fägükön (lov.).

Befähigung [bĕfặįguŋ] v. = fägükam.

Befehl [bĕfel] m. (Gebot) = büd, **auf** — **des** = büdü.

befehlen [bĕfelĕn] = büdön (lov.).

Befehlen [bĕfelĕn] n. = büdam.
befehlerisch [bĕfĕlĕriʝ] (gebieterisch) = büdik.
befehligen [bĕfĕligĕn] = lebüdön (lov.).
Befehlsform [bĕfĕlš‚fórm] v. (Imperativ) = büdabidir.
Befehlshaber [bĕfĕlš‚habĕr] m. = büdan, in der Weise eines Befehlshabers (gebieterisch) büdanik.
Befehlssatz [bĕfĕlssáž] m. = büdaset.
befestigen [bĕfạ̈štịgĕn] = fimükön (lov.).
Befestigung [bĕfạ̈štiguŋ] v. = fimükam.
befeuchten [bĕfóűqtĕn] = luimöfükön (lov.).
Befeuchtung [bĕfóűqtuŋ] v. = luimöfükam.
befinden [bĕfịndĕn] 1. sich — (im Zustande sein) = stadön (nel.) 2. sich wohl — = benön (nel.) sich vorne — = föfön (nel.).
Befinden [bĕfịndĕn] n. (Zustand) = stad.
befindlich [bĕfịntlịq] = stadik, vorn — = föfik.
beflecken [bĕfläkĕn] = stenön (lov.).
befleckt [bĕfläkt] = stenöfik.
Befleckung [bĕflạ̈kuŋ] v. = stenam.
befleiszen [bĕflȧïšĕn]: sich — = steifön (nel.).
befleiszigen [bĕflȧïšịgĕn]: sich — = steifön (nel.).
befohlen [bĕfolĕn]: Gott —! = adyö!
befolgen [bĕfólgĕn] = fölön (lov.).
Befolgung [bĕfólguŋ] v. = föl.
Beförderer [bĕfőrdĕrĕr] m. = födan.
befördern [bĕfőrdĕrn] = födön (lov.).
Beförderung [bĕfőrdĕruŋ] v. 1. = föd, zur — des = födü 2. (Transport) = veig.
befrachten [bĕfráqtĕn] = fledön (lov.).
Befrachter [bĕfráqtĕr] m. = fledan.
Befrachtung [bĕfráqtuŋ] v. = fledam.
befreien [bĕfrȧïĕn] 1. = libükön (lov.) 2. (losmachen) = livükön (lov.).
Befreier [bĕfrȧïĕr] m. = libükan, livükan.
Befreierin [bĕfrȧïĕrin] v. = jilibükan, jilivükan.
Befreiung [bĕfrȧïuŋ] v. 1. = libükam 2. (Losmachung) = livükam.
Befreiungskrieg [bĕfrȧïųŋš‚krịk] m. = libükama‚ krig.
befremden [bĕfrạ̈mdĕn] = stunükön (lov.).
befremdend [bĕfrạ̈mdĕnt] = stunüköl.
befremdlich [bĕfrạ̈mtlịq] = stunüköl.
Befremdung [bĕfrạ̈mųŋ] v. = stunükam.
befreunden [bĕfróűndĕn] = flenükön (lov.), sich — mit = flenikön (nel.).
Befreundung [bĕfróűnduŋ] v. = flenükam.
befriedigen [bĕfrịdịgĕn] = kotenükön (lov.).
befriedigend [bĕfrịdịgĕnt] = kotenüköl.
Befriediger [bĕfrịdịgĕr] m. = kotenükan.
Befriedigung [bĕfrịdịguŋ] v. = kotenükam.
befruchten [bĕfrụqtĕn] 1. = fekunön (lov.) 2. (fruchtbar machen) = fluköfükön (lov.).
Befruchtung [bĕfrụqtuŋ] v. = fekun.
Befugnis [bĕfụknịš] v. = gitod, —, welche man vor andern voraushat = bugitod, —, welche man der Zeit nach vor andern voraushat = bügitod, die — des Rechtsprechens = gitädamagitod.
befugt [bĕfụkt] = gitodik.
befühlen [bĕfülĕn] = doatön (lov.).
Befühlen [bĕfülĕn] n. = doatam.

befürworten [bĕfụ̈rvórtĕn] 1. = pläidön (lov.) 2. = proön (nel.).
Befürworter [bĕfụ̈rvórtĕr] m. 1. = pläidan 2. = proan.
Befürwortung [bĕfụ̈rvórtuŋ] v. = pläid.
begaben [bĕgabĕn] = begivön (lov.), mit Seele — = lanön (lov.).
begabt [bĕgapt] (talentvoll) = tälenik.
begatten [bĕgátĕn]: sich — = koitön (nel.).
Begattung [bĕgátuŋ] v. = koit.
begeben [bĕgebĕn] 1. sich — (gehen) = golön (nel.) 2. sich — von etwas = zedön (lov.) bosi.
Begebenheit [bĕgèbĕnháït] v. (Ereignis) = jenot.
begegnen [bĕgẹgnĕn] = kolkömön (lov.).
Begegnung [bĕgẹgnuŋ] v. = kolköm.
Begegnungsort [bĕgẹgnụŋš‚órt] m. = kolkömöp.
Begegnungszeit [bĕgẹgnụŋšžáït] v. = kolkömüp.
begehen [bĕgeĕn] 1. einen Weg — (gehen) = begolön (lov.) vegi 2. (befahren) = bevegön (lov.) 3. einen Weg im Schritt — = bestepön (lov.) vegi 4. (tun) = dunön (lov.) 5. Verbrechen — = midunön (nel.) 6. ein Fest — = zälizelön (nel.) 7. Hochverrat — = leträtön (lov.).
begehren [bĕgerĕn] = desirön (lov.).
begehrenswert [bĕgèrĕnšvärt] = desirabik.
begehrenswürdig [bĕgèrĕnš‚vụ̈rdịq] = desirabik.
Begehrenswürdigkeit [bĕgèrĕnš vụ̈rdịqkáït] v. = desirab.
begehrlich [bĕgèrlịq] = desiriälik, desirik.
Begehrlichkeit [bĕgèrlịqkáït] v. = desiriäl.
begehrt [bĕgèrt] = vogik, — sein (gesucht sein) = vogön (nel.).
Begehrte [bĕgèrtĕ]: das — = desirod.
Begehrtsein [bĕgèrt‚sáïn] n. (das Gesuchtsein) = vog.
begeistern [bĕgáïštĕrn] = lanälükön (lov.).
begeistert [bĕgáïštĕrt] = lanälik, hoch — = mu lanälik, — sein = lanälön (nel.), — werden = lanälikön (nel.).
Begeisterung [bĕgáïštĕruŋ] v. = lanäl.
Begier [bĕgir] v. (Verlangen) = desir.
begierig [bĕgịrịg] = desirik.
begieszen [bĕgịšĕn]: die Blumen — = begifülön (lov.) floris.
Beginn [bĕgịn] m. (Anfang) = prim.
beginnen [bĕgịnĕn] (anfangen) = primön (lov.).
Beginner [bĕgịnĕr] m. = priman.
beglaubigen [bĕgláűbịgĕn] 1. = dälädön (lov.) 2. (giltig machen) = lonöfükön (lov.).
begleichen [bĕgláïqĕn] = klirön (lov.).
Begleichung [bĕgláïquŋ] v. (Abrechnung) = klir.
begleiten [bĕgláïtĕn] (geleiten) = dugädön (lov.).
Begleiter [bĕgláïtĕr] m. = dugädan.
Begleiterin [bĕgláïtĕrin] v. = jidugädan.
Begleitung [bĕgláïtuŋ] v. (gesellige —) = dugäd.
beglücken [bĕglükĕn] = läbükön (lov.).
beglückwünschen [bĕglụ̈kvụ̈njĕn] = benovipön (lov.).
Beglückwünscher [bĕglụ̈kvụ̈njĕr] m. = benovi‚ pan.

Beglückwünschung [běglṵ̈kvṵ̈njṵ̈ŋ] v. (Gratulation) = benovip.
begnaden [běgnaděn] = benädön (lov.).
Begnadiger [běgnàdi̥gěr] m. = benädan.
Begnadigung [běgnàdi̥gṵŋ] v. = benäd.
begnügen [běgnügěn]: sich — (für lieb nehmen) = kotenülön (nel.).
begraben [běgraběn] = sepülön (lov.).
Begrabung [běgràbṵŋ] v. = sepülam.
Begräbnis [běgrạpni̥š] n. = sepülanef.
Begräbnisort [běgrạpni̥š⸗órt] m. = sepülamöp.
Begräbniszeit [běgrạpni̥šžäït] v. = sepülamüp.
begreifen [běgráïfěn] (verstehen) = suemön (lov.).
Begreifen [běgráïfěn] n. = suem.
begreifend [běgráïfěnt] (faszend) = suemik.
begreiflich [běgráïfli̥q] 1. (selbstverständlich) = klülik 2. (faszlich) = suemovik.
begreiflicherweise [běgráïfli̥qěr⸗váïšě] = suemiko.
Begreiflichkeit [běgráïfli̥q-käït] v. = suemov.
begrenzen [běgrạnžěn] 1. = miedön (lov.) 2. (mit Grenzen versehen) = miedükön (lov.).
begrenzt [běgrạnžt] = miedik.
Begrenztheit [běgrạnžtháït] v. = miedam.
Begrenzung [běgrạnžṵŋ] v. = miedükam.
Begriff [běgri̥f] m. = suemod, sich einen — von etwas machen = fomälön (lov.) bosi, er hat keinen — von dieser Sache = no suemon dini at, im — stehen = primikön (nel.) ad.
Begriffsbestimmung [běgri̥fš-bějti̥mṵn] v. = miedet.
Begriffsvermögen [běgri̥fš-färmȫgěn] n. = suemäl.
begründen [běgründěn] 1. = blöfön (lov.) me kods 2. (motivieren) = motivön (lov.).
Begründer [běgründěr] 1. = fümükan, hifümükan 2. (Stifter) = fünan, hifünan.
Begründerin [běgründěrin] 1. = jifümükan 2. (Stifterin) = jifünan.
begrüszen [běgrüšěn] = glidön (lov.).
Begrüszung [běgrüšṵŋ] v. = glid.
Begrüszungswort [běgrüšṵŋš⸗vórt] n. = benokömaglid.
begünstigen [běgṵnšti̥gěn] = gönön (lov.).
Begünstiger [běgṵnšti̥gěr] m. = gönan.
Begünstigung [běgṵnšti̥gṵŋ] v. = gönam.
begütern [běgütěrn] = dalabotön (lov.).
begütert [běgütěrt] = dalabotik, monemik.
Begüterung [běgütěrṵŋ] v. = dalabotam.
behaaren [běharěn]: sich — = heragikön (nel.).
behaart [běhart] (haarig) = heragik.
Behaarung [běhàrṵŋ] v. = heragikam.
behaben [běhaběn]: sich vornehm — = cädön (nel.).
behagen [běhagěn] (gefallen, ansprechen) = plitön (lov.).
Behagen [běhagěn] n. = plit.
behaglich [běhàkli̥q] = plitöfik.
Behaglichkeit [běhàkli̥qkäït] v. = plitöf.
behalten [běhàltěn] 1. = dakipön (lov.) 2. Recht — = blebön (nel. pred.) gidetik 3. (im Gedächtnis —) = memidön (lov.).
Behaltung [běhàltṵŋ] v. = dakip.

behandeln [běhánděln] 1. einen — = träitön (lov.) eki, achtungsvoll — = träitön stümiko 2. (manipulieren) = tölatön (lov.) 3. (sich beschäftigen mit) = bejäfön (lov.). 4. (kurieren) = lekälön (lov.).
Behandelte [běhánděltě]: das — = bejäfot.
Behandlung [běhándlṵŋ] m. 1. = tölat 2. (ärztliche —) = lekäl, sympathetische — = lekäl sümpatik.
Behandlungsweise [běhándlṵŋš-váïšě] v. = tölatamod.
Behang [běhán] m. = lagot.
beharren [běharěn] = laidälön (nel.).
beharrlich [běhárli̥q] 1. = laidälik 2. (ausdauernd) = sufidalaidik.
Beharrlichkeit [běhárli̥q-käït] v. = laidäl.
behauen [běháu̥ěn] = becöpön (lov.).
behaupten [běháu̥ptěn] 1. = lesagön (lov.) 2. sich — = laidälön (nel.).
Behauptung [běháu̥ptṵŋ] v. 1. = lesag 2. (Satz) = setäd.
behausen [běháu̥sěn] = lödükön (lov.).
Behausung [běháu̥sṵŋ] v. = löd.
Behälter [běhältěr] m. 1. = ninädian 2. (Napf, Mulde) = böväd.
Behänge [běhäŋě] m. = lagot, lagots, — zu Kronleuchtern von Glas = lagots glätik litemakrona.
beherbergen [běhạrbärgěn] = lotidön (lov.).
Beherberger [běhạrbärgěr] m. = lotidan.
Beherbergung [běhạrbärgṵŋ] v. = lotid.
beherrschen [běhärjěn] (Meister sein) = mastön (nel.).
Beherrscher [běhärjěr] m. = reigan.
Beherrscherin [běhạrjěrin] v. = jireigan.
Beherrschung [běhärjṵŋ] v. = reig.
Beherrschungsweise [běhạrjṵŋš⸗váïšě] v. = reigamod.
beherzigen [běhạrži̥gěn] = kälälön (lov.).
Beherzigung [běhạrži̥gṵŋ] v. = käläl.
beherzt [běhäržt] = nämaladälik.
behexen [běhäxěn] (bezaubern) = bemagivön (lov.).
behorchen [běhórqěn] (belauern) = lükön (lov.).
Behörde [běhördě] v. (Obrigkeit) = cifod, eine richtende — = cödalef.
behördlich [běhörtli̥q] = cifodik.
behüten [běhütěn] = galedön (lov.), behüte euch Gott! = God galedonös oli!
Behüterin [běhütěrin] v. = jigaledan.
bei [baï] 1. —, — einander — = la od, er ist, er sitzt, er bleibt — mir = binom, seadom, blibom lä ob, Haus — Haus = lä dom alik 2. = domü, er wohnt — mir = lödom domü ob 3. = dü, —seinen Lebzeiten = dü lifatim oma 4. (Grund, Bedingung) = ifü 5. = in, — dieser Sachlage = in jenet at 6. = len, — Tische sitzen = seadön len tab, einen beim Kragen, beim Schopf fassen = gleipön eki len kolet, len herem, einen — der Hand führen = dugön eki len nam, Haus — Haus = lä dom alik 7. — tausend Mann = mö mans ti mil 8. = nämätü, — Gott! = nämätü God! 9. = nilü, die Schlacht — Wörth = komip nilü ‚Wörth‘ 10. (gelegentlich, ...) = pö, —

diesem Anblick = pö löged at, pö logam
atosa, — einer Feuersbrunst kam er ums Leben
= pö lefil äperom lifi oka, ädeadom, — guter
Gesundheit = pö saun gudik, — Gott ist
alles möglich = pö God val mögon, valikos
mögon, — Hofe = pö kur, — guter Laune
= pö benovim, — Licht arbeiten = vobön
pö litam, — dieser Nachricht = pö nun at,
— Nordwind = pö nolüdavien, — verschlossenen Türen = pö yans färmik, pö yans
pefärmüköl, — aller Vorsicht wurde er doch
betrogen = pö prüd valik oka ga päcütom,
— Wasser und Brot sitzen = fanäbön pö
vat e bod, beim ersten Wink = pö vineg
balid 11. = sekü, — dieser Nachricht =
sekü nun at 12. (in Gesellschaft von) =
sogü 13. = ün, — Nacht, = ün neit, — Tag
= ün del, — hellem Tage = ün del mu litik
14. = za, — tausend Mann = za mens mil,
za mans mil 15. — seinen Talenten = ko,
me, dub tälens oma 16. — der Arbeit (tätig,
arbeitend) = vobik, — Bewusztsein = sevälöfik, — Stimme = benovögik, er ist nicht
recht — sich = binom boso lienetilik 17. —
Nacht = neito, — guter Gesundheit = sauno, — guter Laune = benovimo, ich sagte —
mir (selbst) = äsagob ninälo, — Stimme =
benovögo, beim Tarif = tarifo, — weitem
= mödo 18. beim Schlieszen des = jötü,
— seinen Lebzeiten = timü lif oma, — Strafe
= pönü (pr.), — weitem nicht = nä möd,
nä mödikos, nä muikos, beim Zustande des
= stadü 19. — Bewusztsein, — Sinnen sein
= seválöfön (nel.), er ist nicht recht — sich
= lienetilom, lienetilom boso, etwas — der
Hand haben = nilalabön bosi, nicht — Kasse
sein = no labön kädöfamoni, es steht — dir
zu ... = binos blig ola ad ..., kanol sludön
ad ..., labol bligi, sludi, gitodi ad ...., einem
beim Wort nehmen = fölidön (lov. dem.)
eke promi, sagi, vödi oka, — Licht arbeiten
= vobön ven litos 20. — Gott! = Godö!
beibehalten [báï-běháltěn] 1. = dakipön (lov.)
2. (bewahren) = kipedön (lov.).
Beiblatt [báï-blát] n. = näibled.
beibringen [báïbriŋěn] = läblinön (lov.).
Beibringen [báïbriŋěn] n. = läblin.
Beibringer [báïbriŋěr] m. = läblinan.
Beibringung [báï-briŋuŋ] v. = läblin.
Beichte [báïqtě] v. = koef, — hören =
koefidön (lov.) eki, zur — gehen = koefön
(lov. dem.), koefikön (nel.) lü.
beichten [báïqtěn] = koefön (lov. dem.).
Beichtkind [báïqtkint] n. = koefan.
Beichtstuhl [báïqtſtul] m. = koefastul.
Beichtvater [báïqtfatěr] m. = koefapatär.
beide [báïdě] = bofik, zu beiden Seiten von =
bofaflanü.
beidemal [báïdě mal] = bofikna.
beiderlei [báïděr láï] = bofasotik.
beiderseitig [báïděr sáïtiq] = bofaflanik.
beiderseits [báïděr sáïž] = bofaflano.
beieinander [báï-áïnánděr] = balan lä votikan.
Beifall [báï-fál] m. (Anerkennung) = lobül.
beifallen [báï-fálěn] = lobülön (lov.).

beifällig [báïfäliq] = lobülik.
beifolgen [báï-fólgěn] = paläkövön, peläkövön
(sufalefoms).
beifolgend [báï-fólgěnt] (in der Anlage) =
paläkövölo, peläkövölo.
beifügen [báïfügěn] 1. = läükön (lov.), lägivön
(lov.), läyümön (lov.) 2. (mit in ein Kuvert
tun) = läkövön (lov.).
Beifügung [báï-fûguŋ] v. 1. = lägiv 2. =
läod.
Beigabe [báïgabě] v. = lägiv, lägivot.
beigeben [báïgeběn] = lägivön (lov.).
Beigebung [báï-gèbuŋ] v. = lägiv.
Beigericht [báïgěriqt] n. = läzib.
Beigeschmack [báï-gějmák] m. = näismek.
Beil [báïl] n. = cüd.
beiläufig [báï-läüfiq] 1. (nebenbei) = näio 2.
(etwa, ungefähr) = za.
beilegen [báïlegěn] = läükön (lov.), lägivön
(lov.), läseitön (lov.).
Beilegung [báï-lèguŋ] v. = lägiv.
Beileid [báï-láït] n. = kelied, — fühlen =
keliedön (nel.), — bezeigen = jonülön (lov.)
keliedi.
Beileidsbezeigung [báï-láïž běžáïguŋ] v. = keliedijonül.
beiliegen [báïligěn] = läseatön (nel.).
beiliegend [báïligěnt] = läseatik.
beimischen [báïmijěn] = lämigön (lov.).
Beimischung [báï-mijuŋ] v. = lämig.
Bein [báïn] n. (eines der Gliedmaszen) = lög,
auf den Beinen sein = binön su futs.
beinahe [báï naě] (fast) = ti.
Beiname [báïnamě] m. = näinem.
Beinbruch [báïnbruǧ] m. 1. (Bruch des Gliedmaszen) = lögabrek 2. (Knochenbruch) =
bomabrek.
Beinchen [báïnqěn] n. 1. (Füszchen) = lögil
2. (Knöchlein) = bomil.
beinen [báïněn] (Knöchern) = bomik.
beinern [báïněrn] = bomik.
Beinhaus [báïn-háüš] n. = bomöp.
beinig [báïniq] = bomagik.
Beinkleid [báïn-kláït] n. = lögaklot.
beiordnen [báï-órdněn] = läyümön (lov.), näiädön (lov.).
beiordnend [báï-órdněnt] = näiädik.
Beiordnung [báï-órdnuŋ] v. = näiäd.
beipacken [báï-pákěn] = läpäkön (lov.).
beirren [běirěn] = pölükön (lov.).
beisammen [báïsáměn] (zusammengenommen)
= valodo.
beisammenarbeiten [báïsáměn ár-báïtěn] = kobovobön (lov.).
beisammensein [báïsáměn sáïn] = kobön (nel.).
Beisammensein [báïsáměn sáïn] n. = kob.
beischaffen [báï-jáfěn] = läblinön (lov.).
Beischaffung [báï-jáfuŋ] v. = läblin.
Beischlaf [báïjlaf] m. = koit.
Beischläfer [báïjläfěr] m. = koitan, läslipan.
beischlieszen [báïjlišěn] = lägivön (lov.).
Beischlusz [báïjluš] m. d. = lägivot.
Beisegel [báïsegěl] n. = näisail.
Beisein [báï-sáïn] n. (Anwesenheit) = kom, im
— des = komü.

beiseite [báïsáïtĕ] = flanio, — setzen = flanön (lov.).
beisetzen [báïsặžĕn] 1. = läseidön (lov.) 2. (begraben) = sepülön (lov.).
Beisetzung [báï-sặžụ̣ŋ] v. = sepülam.
Beisitzer [báïsị̣žĕr] m. = keseadodan.
Beispiel [báïpị̣l] n. = sam, zum — = as sam, a.s., als — = äs sam, als — des, als — von = samü.
beispiellos [báïpị̣l-loš] = nensamik.
beispielsweise [báïpị̣lš-váïsĕ] = samo, a.s.
beispringen [báïpṛị̣ŋĕn] = yufön (lov.).
Beistand [báï-jtánt] m. (Hilfe) = yuf.
beistecken [báïjtäkĕn] 1. = pokön (lov.) kläno 2. (einsperren) = fanäböpön (lov.).
beistehen [báïjteĕn] = yufön (lov.).
Beisteuer [báï-jtóǔĕr] v. (Beitrag) = keblünot.
beisteuern (báï-jtóǔĕrn] = keblünön (lov.).
Beistrich [báïjtṛị̣q] m. (Komma) = liunül.
beiszen [báïsĕn] = beitön (lov.).
Beiszen [báïšĕn] n. = beit.
Beiszahn [báïšžan] m. = beitatut.
Beiszzange [báïš-žáŋĕ] v. = beitazäp.
Beitrag [báïtrak] m. 1. = läükot 2. (Beisteuer) = keblünot.
beitragen [báïtragĕn] (beisteuern) = keblünön (lov.).
Beitragen [báïtragĕn] n. = keblün.
Beitragung [báï-trágụ̣ŋ] v. = keblün.
Beitreib [báï-tráïb] m. (Einkassierung) = kä= däd.
beitreiben [báï-tráïbĕn] (einkassieren) = kädä= dön (lov.).
beitreten [báïtreten] = lügolön (nel.).
Beitritt [báïtṛị̣t] m. = lügol.
Beiwagen [báïvagĕn] m. = näivab.
Beiweib [báï-váïp] n. = jináimatan.
beiwohnen [báïvonĕn] = komön (nel.).
Beiwort [báï-vórt] n. (Adjektiv) = ladyek.
beizählen [báïžälĕn] = länumön (lov.).
Beize [báïžĕ] v. (Beizmittel) = korodamed.
beizen [báïžĕn] = korodön (lov.).
Beizen [báïžĕn] n. = korod.
Beizmittel [báïžmị̣tĕl] n. = korodamed.
bejahen [bĕyaĕn] = siön (lov.).
bejahend [bĕyaĕnt] (positiv) = siik.
Bejaher [bĕyaĕr] m. = sian.
bejahrt [bĕyart] = tibäldik.
Bejahrtheit [bĕyàrtháït] v. = tibäld.
Bejahung [bĕyàụ̣ŋ] v. = siam.
bejammern [bĕyámĕrn] = pidön (lov.).
bejammernswürdig [bĕyámĕrnš-vùrdị̣q] = pida= bik.
bekannt [bĕkánt] = sevädik, — sein = sevä= dön (nel.), mit ... — sein = sevön (lov.), — werden = sevädikön (nel.).
Bekannter [bĕkántĕr] m. = sevädan.
bekanntermaszen [bĕkántĕr mašĕn] = sevädiko.
Bekanntheit [bĕkánt-háït] v. = seväd.
bekanntlich [bĕkántlị̣q] = sevädiko.
Bekanntmachung [bĕkánt-máqụ̣ŋ] v. = notäd.
Bekanntschaft [bĕkánt-jáft] v. 1. (Kenntnis) = sev 2. (Gesamtheit von Bekannten) = sevä= danef 3. — machen mit = seivön (lov.).
bekämpfen [bĕkämpfĕn] = bekomipön (lov.).

bekehren [bĕkerĕn] 1. einen — = leceinön (lov.) eki 2. sich — = lecenön (nel.).
Bekehrung [bĕkèrụ̣ŋ] v. 1. = lecein 2. = lecen.
bekennen [bĕkänĕn] 1. = koefön (lov.) 2. = lekoefön (lov.).
Bekenner [bĕkänĕr] m. (heiliger —) = lelobal.
Bekennerschaft [bĕkặnĕrjáft] v. (pösods) = lelobalef.
Bekenntnis [bĕkặntnị̣š] n. 1. (Beichte) = koef 2. = lekoef.
beklagen [bĕklagĕn] 1. = pidön (lov.) 2. sich — = plonön (lov. dem.).
beklagenswert [bĕklàgĕnšvặrt] 1. = plonabik 2. = pidabik.
beklagenswürdig [bĕklagĕnš-vùrdị̣q] 1. = pida= bik 2. plonabik.
Beklagter [bĕklaktĕr] m. = kusadäb.
beklagterseits [bĕklàktĕrsáïž] = kusadäbo.
bekleiden [bĕkláïdĕn] 1. mit Holz — = boadön (lov.) 2. ein Schiff — = jalädön (lov.) nafi.
Bekleiden [bĕkláïdĕn] n. 1. das — des Fuszes = futiklotam 2. das — eines Amtes, eines Berufes = calam.
Bekleidung [bĕkláïdụ̣ŋ] v. d. = jaläd.
bekommen [bĕkómĕn] 1. (empfangen) = getön (lov.), einen Lohn — = getön mesedi, Blät= ter — = bledön (nel.), Haare — (sich be= haaren) = heragikön (nel.) 2. (woltun) = benükön (lov.) 3. seinen Abschied — = sädünön (lov.), Ausschlag — = rupön (nel.), fertig — mit = ledunön (lov.), recht — = pagidetükön (sufalefom), den Vorzug — = buikön (nel.), Wind von ... — = smeilülön (lov.).
bekomplimentieren [bĕkómplimặntị̣rĕn] = pli= mön (lov.).
bekräftigen [bĕkrặftị̣gĕn] 1. = lonöfükön (lov.) 2. etwas mit einem Eide — = fümükön (lov.) yulo bosi.
bekränzen [bĕkränžĕn] (mit Girlanden versehen) = festunön (lov.).
Bekränzer [bĕkränžĕr] m. = festunan.
bekriegen [bĕkrigĕn] = bekrigön (lov.).
Bekriegung [bĕkrìgụ̣ŋ] v. = bekrig.
bekritteln [bĕkrị̣tĕln] = blamiälön (lov.).
Bekrittelung [bĕkrị̣tĕlụ̣] v. = lukrütam.
belachen [bĕláqĕn] = besmilön (lov.).
beladen [bĕladĕn]: ein Schiff — = fledön (lov.) nafi, belodön (lov.) nafi, mit Schulden — = belodön ko debs.
Belagerer [bĕlagĕrĕr] m. = beleseatan.
belagern [bĕlagĕrn] = beleseatön (lov.).
Belagerung [bĕlàgĕrụ̣ŋ] v. = beleseat.
Belagerungsweise [bĕlàgĕrụ̣ŋšváïsĕ] v. = bele= seatamod.
Belagerungszustand [bĕlàgĕrụ̣ŋš-žùjtánt] m. = beleseatastad.
belangend [bĕlánĕnt] = tefü.
belassen [bĕlášĕn] = laidükön (lov.).
belasten [bĕláštĕn] 1. = belodön (lov.) 2. (debitieren) = debetön (lov.) 3. mit Hypo= thek — = dapanön (lov.).
Belastung [bĕláštụ̣ŋ] v. = belod.

belauben [bĕláŭbĕn]: sich — = bledön (nel.).
belaubt [bĕláŭpt] = bledik.
Belauerer [bĕláŭĕrĕr] m. = lükan.
belauern [bĕláĕrn] = lükön (lov.).
Belauf [bĕláŭf] m. = suäm.
belaufen [bĕláŭfĕn]: sich — (betragen) = suämön (lov.).
belauschen [bĕláŭjĕn] (belauern)=lükön (lov.).
belauschend [bĕláŭjĕnt] (lauernd) = lükik.
belächeln [bĕláqĕln] = besmilön (lov.).
belästigen [bĕlą̊štįgĕn] 1. = böladön (lov.) 2. (bemühen) = töbön (lov.).
Belästigung [bĕlą̊štįgųn] v. = bölad, zur — des = böladü.
beleben [bĕlebĕn] 1. = liföfükön (lov.) 2. = lifükön (lov.), wieder — = dönulifükön (lov.).
Beleg [bĕlek] m. (Urkunde) = dokümil.
belegen [bĕlegĕn] = beseitön (lov.), mit Beschlag — = panidön (lov.).
Belegen [bĕlegĕn] n. = beseit.
Belegschaft [bĕlėkjáft] v. (Personal) = pösodef.
belegt [bĕlekt]: belegte Zunge=lineg pebeseitöl.
Belegung [bĕlègųn] v. = beseit.
belehren [bĕlerĕn]: einen — betidön (lov.) eki, tidön (lov. dem.) eke bosi.
Belehrung [bĕlèrųn] v. 1. = tidod 2. (Unterrichtung) = tidam 3. (Auskunfterteilung) = nünam.
Belehrungsort [bĕlèrųnš-órt] m. = tidöp.
beleibt [bĕláĭpt] = pinädik.
Beleibtheit [bĕláĭpt-háĭt] v. = pinäd.
beleidigen [bĕláĭdįgĕn] = nofön (lov.).
beleidigend [bĕláĭdįgĕnt] = nofik.
Beleidiger [bĕláĭdįgĕr] m. = nofan.
Beleidigung [bĕláĭdįgųn] v. = nof.
belesen [bĕlesĕn] = reidugik.
Belesenheit [bĕlèsĕn-háĭt] v. = reidug.
beleuchten [bĕlóŭqtĕn] = litükön (lov.).
Beleuchtung [bĕlóŭqtųn] v. = litükam.
Belga, k. = belgad.
Belgien [bą̊lgiĕn] n. = Belgän.
Belgisch-Kongo [bą̊lgij≠kóŋg̊o] = Kongovän Belgänik.
belieben [bĕlibĕn] = plüdön (lov.), was beliebt Ihnen? = kisi plüdol-li?
Belieben [bĕlibĕn] n. (Gefallen) = plüd, nach — = ma plüd.
beliebig [bĕlibįq] 1. = plüdik 2. (irgend welcher) = seimik.
belisten [bĕlįštĕn] (überlisten)=lükädön (lov.).
'Bellano' [bälàno] (Lit.) = 'Bellano'.
bellen [bälĕn] = vaulön (nel.).
Beller [bälĕr] m. = vaulaf.
Belletristik [bĕletrįštįk] v. = literatav.
'Belluno' [bälùno] (Lit.) = 'Belluno'.
beloben [bĕlobĕn] (loben) = lobön (lov.).
belohnen [bĕlonĕn] = mesedön (lov.).
Belohnen [bĕlonĕn] n. = mesedam.
Belohnung [bĕlònųn] v. = mesedam, zur — = mesedo.
belustigen [bĕlų̊štįgĕn] = yofön (lov.), sich — = yofön oki.
Belustigen [bĕlų̊štįgĕn] n. = yofam.

Belustigende [bĕlų̊štįgĕndĕ]: das — = yof.
Belustigung [bĕlų̊štįgųn] v. = yofam.
Belutschen [belučĕn] pl. = belutsyistans.
Belutschistan [belùčištán] = Belutsyistän.
belügen [bĕlügĕn] = belugön (lov.).
Belügung [bĕlügųn] v. = belugam.
bemalen [bĕmalĕn] = bepänön (lov.).
bemanteln [bĕmántĕln] (mit einem Mantel versehen) = mänedön (lov.).
bemäkeln [bĕmäkĕln] = blamiälön (lov.).
Bemäkler [bĕmäklĕr] m. = blamiälan.
bemänteln [bĕmäntĕln] (mit einem Mantel versehen) = mänedön (lov.).
bemeistern [bĕmáĭštĕrn] 1. = bemastikön (lov.) 2. (Meister sein) = mastön (nel.).
bemerkbar [bĕmą̊rkbar] (empfindlich) = senovik, — sein = senovön (nel.), — machen = senovükön (lov.), — werden = senovikön (nel.).
Bemerkbarkeit [bĕmą̊rkbarkáĭt] v. (Empfindbarkeit) = senov.
bemerken [bĕmą̊rkĕn] 1. (gewahr werden) = küpön (lov.) 2. = küpetön (lov.) 3. (notieren) = penetön (lov.).
Bemerken [bĕmą̊rkĕn] n. = küp.
Bemerkung [bĕmą̊rkųn] v. 1. (sich auf einen Text beziehende —) = noet 2. (kleine —) = noetil 3. = küpet 4. (miszbilligende —) = blamet.
bemitleiden [bĕmįtláĭdĕn] = pidön (lov.).
Bemitleidung [bĕmįtláĭdųn] v. = pid.
bemittelt [bĕmįtĕlt] = monemik.
bemühen [bĕmüĕn] 1. sich — = töbidön (nel.) 2. (belästigen) = töbön (lov.).
Bemühung [bĕmų̊ųn] v. 1. (einzelne Äuszerung) = töbid 2. (das Sichbemühen) = töbidam.
benachbart [bĕnáq̊bart] (nachbarlich) = nilädik.
benachrichtigen [bĕnaq̊-rįqtigĕn] =nunön (lov.).
benachrichtigt [bĕnaq̊-rįqtįqt]: — werden = lelilön (lov.).
Benachrichtigung [bĕnaq̊-rįqtįgųn] v. = nunam.
benachteiligen [bĕnàq̊táĭlįgĕn] = dämükön (lov.).
Benachteiligung [bĕnàq̊táĭlįgųn v. (Schädigung) = dämükam.
benageln [bĕnagĕln] = klufön (lov.).
benagen [bĕnagĕn] = tuetön (nel.) len.
benebeln [bĕnebĕln] (mit Nebel erfüllen) = fögükön (lov.).
Benefiziat [benefižiàt] m. = benefidan, — sein = benefidön (nel.).
Benefizium [benefižiųm] n. = benefid.
benehmen [bĕnemĕn]: sich — = kondötön (nel.), sich gut — = benokondötön (nel.), sich slecht — = mikondötön (nel.), sich höflich —, sich anständig — = plütön (nel.), sich närrisch — = bitön (nel.) fopiko, bitön äs fopan.
Benehmen [bĕnemĕn] n. 1. = kondöt 2. (Ton) = kosed.
beneiden [bĕnáĭdĕn] = nebönön (lov. dem.).
benennen [bĕnänĕn] = nemön (lov.).
Benennung [bĕnänųn] v. = nemam.
Bengalen [bäŋgalĕn] n. = Bängalän.

Bengali [bäŋgàli] n. = bängaliy.
Bengel [bäŋĕl] m. 1. (Prügel) = klöb 2. (Flegel) = nekulivan.
benötigt [bĕnŏtịqt] = neodik.
benützen [bĕnüžĕn] (anwenden, gebrauchen) = gebön (lov.).
Benützung [bĕnŭžụŋ] v. = geb.
Benzin [bänžịn] n. = bänsin.
Benzol [bänžọl] n. = bänsol.
beobachten [bĕ∗òb∗áǫtĕn] 1. = küpedön (lov.) 2. (befolgen) = fölön (lov.).
Beobachter [bĕ∗òb∗áǫtĕr] m. = küpedan.
Beobachtete [bĕ∗òb∗áǫtĕtĕ]: das — = küpedot.
Beobachtung [bĕ∗òb∗áǫtụŋ] v. 1. = küped 2. (Befolgung) = föl.
Beobachtungsstation [bĕ∗òb∗áǫtụŋš štažion] v. küpedöp.
bepflanzen [bĕpflánžĕn]: den Ort mit Bäumen — = beplanön (lov.) topi ko bims.
bepudern [bĕpudĕrn] = puinädön (lov.).
bequem [bĕkvem] = koveniälik, — sein = koveniälön (nel.), es sich — machen = kovenükön (lov.) oki, es einem — machen = kovenükön eki.
bequemlich [bĕkvèmlịq] (komfortabel) = kovenik.
Bequemlichkeit [bĕkvèmlịqkáït] v. 1.=koveniäl 2. (Komfort) = koven.
beraten [bĕratĕn] 1. (Rat halten) = dakonsälön (nel.) 2. (einen mit Rat versehen) = bekonsälön (lov.) eki.
Beraten [bĕratĕn] n. = dakonsälam.
beratschlagen [bĕràtjlagĕn] = dakonsälön (nel.).
Beratschlagung [bĕràtjlagụŋ] v. = dakonsälam.
Beratung [bĕràtụŋ] v: (Beratschlagung) = dakonsälam.
berauben [bĕráŭbĕn] = beravön (lov.).
berauschen [bĕráŭjĕn] = brietükön (lov.).
berauscht [bĕráŭjt] = brietik.
Berauschung [bĕráŭjụŋ] v. = brietikam.
beräuchern [bĕrőŭqĕrn] (Weihrauch streuen) = bovälön (lov.).
Berber [bärbĕr] m. = bärbäran.
Berberisch [bàrbĕrij] n. = bärbär.
berechenbar [bĕrặqĕnbar] = kalkulovik.
berechnen [bĕrặqnĕn] 1. = kalkulön (lov.) 2. (in Anrechnung bringen) = kalükön (lov.).
Berechnerei [bĕrặqnĕráï] v. = kalkul.
Berechnung [bĕrặqnụŋ] v. = kalkul.
berechtigen [bĕrặqtịgĕn] = gitodön (lov.).
berechtigt [bĕrặqtịqt] = gitodik.
Berechtigung [bĕrặqtịgụŋ] v. (Befugnis) = gitod.
bereden [bĕredĕn]: einen zu … — = slüdön (lov.) eki ad …
Beredsamkeit [bĕrètsamkáït] v. = spiköf.
beredt [bĕret] = spiköfik.
bereichern [bĕráïqĕrn] = liegükön (lov.).
Bereicherung [bĕráïqĕrụŋ] v. = liegükam.
bereifen [bĕráïfĕn] 1. (reifen) = rifön (lov.) 2. (mit Reif bedecken) = befrodön (lov.)
bereift [bĕráïft] = pebefrodöl.
bereinigen [bĕráïnịgĕn] = klinükön (lov.).
bereisen [bĕráïsĕn] = betävön (lov.).
Bereisen [bĕráïsĕn] n. = betävam.

bereist [bĕráïšt] = tävugik.
Bereisung [bĕráïsụŋ] v. = betävam.
bereiten [bĕráïtĕn] 1. (herrichten) = mökön (lov.) 2. einem, einer Sache Hindernisse — = tasteifön (lov.) eki, bosi 2. ein Pferd — = bemonitön (lov.) jevodi.
Bereiter [bĕráïtĕr] m. 1. = mökan 2. = bemonitan.
bereits [bĕráïž] (schon) = ya.
Bereitschaft [bĕráït∗jáft] v. 1. = blüm 2. = vilöf.
Bereitsein [bĕráït∗sáïn] n. = blüm.
bereitstellen [bĕráïtjtặlĕn] = blümükön (lov.).
Bereitstellung [bĕráït∗jtặlụŋ] v. = blümükam.
Bereitung [bĕráïtụŋ] v. (Zubereitung) = mök.
Berenike [berenike] v. = ‚Berenikĕ'.
bereuen [bĕrőŭĕn] = lepidön (lov.).
Bereuung [bĕrőŭụŋ] v. = lepid.
Berg [bặrk] m. = bel.
bergab [bặrk∗áp] = ve bel donio.
bergabwärts [bặrk∗ápvärž] = ve bel donio.
Bergakademie [bặrk∗ákadèmi] v. = meinajul.
Bergamotte [bặrgamótĕ] v. 1. (bim: ‚citrus bergamotta')=bärgamotabim 2. (fluk ela, citrus bergamotta') = bärgamot 3. (Fürstenbirne) = bärgamotabün.
Bergamottöl [bặrgamót∗öl] n. = bärgamotaleül.
bergan [bặrk∗án] (bergauf) = ve bel löpio.
berganwärts [bặrk∗ánvärž] = ve bel löpio.
Bergarbeit [bặrk∗ár∗báït] v. = meinavob.
Bergarbeiter [bặrk∗ár∗báïtĕr] m. = meinan.
bergauf [bặrk∗áŭf] = ve bel löpio.
bergaufwärts [bặrk∗áŭfvärž] = ve bel löpio.
Bergältester [bặrk∗ältĕstĕr] m. = meinamastan.
Bergbau [bặrkbáŭ] m. = meinav.
Bergbaukunde [bặrkbáŭ kundĕ] v. = meinav.
bergbaulich [bặrkbáŭlịq] = meinik.
Bergbeamter [bặrkbĕ∗ámtĕr] m. = meinacalan.
Bergbewohner [bặrkbĕvonĕr] m. = belan.
Bergfach [bặrkfáǫ] v. = meinik.
Bergfahrt [bặrkfart] v. = löpionafam ve flumed (lü bel), vegam lü bel.
Bergflachs [bặrkfláx] (Asbest) = lasbed, von — = lasbedik.
Berggeister [bặrkgáïštĕr] m. pl. = belalanan, belalanans.
Berggesell [bặrkgĕsäl] m. = meinan.
Berghauptmann [bặrkháŭpt∗mán] m. = meinacif.
bergicht [bặrgịqt] = belik.
bergig [bặrgịq] = belik.
Bergingenieur [bärk ịnjeniör] m. = meinavakaenal.
Bergkette [bặrk∗kặtĕ] v. = belaked.
Bergknappe [bặrk∗knápĕ] m. = meinan.
Bergknappschaft [bặrk∗knáp∗jáft] v. 1. (Genossenschaft) = meinanaklub 2. (Versammlung der Knappen) = meinanef.
bergläufig [bặrklőŭfịq] = meinanik.
Bergmann [bặrkmán] m. = meinan.
bergmännisch [bặrkmặnịj] = meinanik.
Bergmeister [bặrkmáïstĕr] m. = meinamastal.
Bergpredigt [bặrk∗prèdịqt] v. = belapred.
Bergrücken [bặrkrüqĕn] m. = belabäk.
Bergschule [bặrkjulĕ] v. = meinajul.

Bergteer [bårkter] m. = belatar.
Bergwerk [bårkvärk] n. (Zeche) = meinäd.
Bericht [bĕrįqt] m. = nunod, — erstatten = nunodön (nel.).
Berichterstatter [bĕrįqt-ärjtátĕr] m. = nunodan.
Berichterstattung [bĕrįqt-ärjtátųn] v. = nunodam.
Berichtiger [bĕrįqtįgĕr] m. = verätükan.
Berichtigung [bĕrįqtįgųn] v. = verätükam, Berichtigungen pl. (corrigenda) = koräkot, koräkots.
beriechen [bĕrįqĕn] = besmeilön (lov.)
Berlin [bärlįn] = ‚Berlin'.
berliner [bärlįnĕr] = de ‚Berlin', di ‚Berlin'.
berlinisch [bärlįnįj] = de ‚Berlin', di ‚Berlin'.
Bermuda-Inseln [bärmùda-inšĕln] pl. = Bärmuduäns.
Bernstein [bårnjtáĭn] m. = lektoin.
Bernsteinware [bårnjtáĭnvarĕ] v. = lektoinacan.
bersten [bärštĕn] (platzen, schrinden) = kräkön (nel.).
Beruf [bĕruf] m. 1. (Amt) = cal, das Bekleiden eines Berufes = calam, einen — von ... treiben, ... von — sein = calön (nel.) as, von — = calo 2. (Vokation) = voked, — finden, — spühren, — fühlen = senälön (lov.) vokedi.
berufen [bĕrufĕn] 1. = cälön (lov.) 2. sich — fühlen = senälön (lov.) vokedi 3. sich — auf = yufidön (lov.).
beruflich [bĕrúflįq] (amtlich) = calik.
Berufsarbeit [bĕrufs-är-báĭt] v. = calavobod.
Berufsbeschäftigung [bĕrufs-bĕjåftįgųn] v. = calajäf.
Berufseifer [bĕrúfs-áĭfĕr] m. = calazil.
Berufspflicht [bĕrúfspflįqt] v. = calablig.
Berufung [bĕrúfųn] v. 1. = lapel 2. (Ernennung) = cäl.
beruhen [bĕruĕn]: etwas auf sich — lassen = zedön (lov.) bosi.
Beruhenlassen [bĕruĕnlášĕn] n. = zed.
beruhigen [bĕrúįgĕn] 1. = takedükön (lov.) 2. sich — = takikön (nel.).
Beruhigung [bĕrúįgųn] v. = takedükam.
Berüchtigkeit [bĕrųqtįqkáĭt] v. = lufam.
berüchtigt [bĕrųqtįqt] = lufamik.
berücken [bĕrükĕn]: listig — = lükädön (lov.).
berücksichtigen [bĕrüksįqtįgĕn] = demön (lov.).
Berücksichtigung [bĕrüksįqtįgųn] v. (Rücksichtsnahme) = dem.
Berückung [bĕrükųn] v. = lükäd.
berühmt [bĕrümt] = famik, eine berühmte Person = faman, — sein = famön (nel.), — machen = famükön (lov.), — werden = famikön (nel.).
Berühmtheit [bĕrųmtháĭt] v. 1. = fam 2. (eine berühmte Person) = faman.
berühren [bĕrürĕn] = kontagön (lov.).
Berührung [bĕrürųn] v. = kontag.
Berührungslinie [bĕrürųnš-lìniĕ] v. = kontagalien.
Beryllium [bĕrųlįum] Be = berilin.
Berylliumoxyd [bĕrųlįum óxût] BeO = berilinaloxid, berilatastabot.

Berylliumsulfat [bĕrųlįum sulfat] $BeSO_4$ = berilinasulfat.
besaiten [bĕsáĭtĕn] = stinön (lov.).
besamen [bĕsamĕn] = besovön (lov.).
Besamer [bĕsamĕr] m. = sovan.
Besamung [bĕsàmų] v. = besov.
Besatzung [bĕsárųn]: — einer Festung = fortifanef.
besähen [bĕsäĕn] = besovön (lov.), das Feld — = besovön feilalänedi.
besämen [bĕsämĕn] = besovön (lov.).
besänftigen [bĕsånftįgĕn] = sofälükön (lov.).
Besänftigung [bĕsånftįgųn] v. = sofälükam.
Besäung [bĕsåųn] = besov.
Beschaffenheit [bĕjáfĕn-háĭt] v. (Qualität) = kaliet, steinige — = stonöf.
beschatten [bĕjátĕn] = jadön (lov.).
Beschattung [bĕjátųn] v. = jadam.
beschauen [bĕjáuĕn] = tikädön (lov.).
beschaulich [bĕjáulįq] = tikädik.
Beschauung [bĕjáuųn] v. = tikäd.
beschädigen [bĕjàdįgĕn] = dämükön (lov.).
beschädigt [bĕjàdįqt]: beschädigte Sache = dämot.
Beschädigung [bĕjàdįgųn] v. = dämükam.
beschäftigen [bĕjåftįgĕn] 1. = jäfükön (lov.) 2. sich — mit = bejäfön (lov.).
Beschäftigung [bĕjåftįgųn] v. = jäf.
beschämen [bĕjämĕn] = jemükön (lov.).
Beschämen [bĕjämĕn] = jemükam.
Beschämung [bĕjämųn] v. = jemükam.
Bescheid [bĕjáĭt] m.: — tun (einen Trunk erwidern) = gedrinön (lov.).
bescheiden [bĕjáĭdĕn] 1.: zu sich — = büedön kömön (lov.) 2. lady. = neflagiälik.
Bescheidenheit [bĕjáĭdĕn-háĭt] v. = neflagiäl.
bescheinigen [bĕjáĭnįgĕn] = zötön (lov.).
Bescheinigung [bĕjáĭnįgųn] v. 1. (Schein) = zöt 2. = zötam.
beschenken [bĕjäŋkĕn] (bescheren, begaben) = belegivön (lov.).
beschicken [bĕjįkĕn] = sedön (lov.).
beschienen [bĕjįnĕn] = ferodön (lov.).
beschient [bĕjint] = ferodik.
beschieszen [bĕjįšĕn] = bejütön (lov.).
beschilft [bĕjįlft] = ridagik.
beschimmelt [bĕjįmĕlt] = moasirik.
beschlafen [bĕjlafĕn]: das Bett — = beslipön (lov.) bedi.
Beschlag [bĕjlak] m. 1. (Armatur) = ramat 2. — legen auf, mit — belegen = panidön (lov.).
beschlagen [bĕjlagĕn] = ramatön (lov.), die Hufe des Pferdes — = ramatön safis jevoda, ein Pferd — = safaferön (lov.) jevodi.
Beschlagen [bĕjlagĕn] n. = ramatam.
Beschlagnahme [bĕjläknamĕ] v. = panid.
beschlagnahmen [bĕjläknamĕn] = panidön (lov.).
Beschlagnehmer [bĕjläknemĕr] m. = panidan.
beschleunigen [bĕjlóŭnįgĕn] 1. = sunükön (lov.) 2. = vifükumön (lov.) 3. sich — (schneller werden) = vifikumön (nel.).
Beschleunigung [bĕjlóŭnįgųn] v. = sunükam.
beschlieszen [bĕjlišĕn] (sich entschlieszen) = sludön (nel.).

Beschlusz [bĕjlụš] m. 1. (Entschlusz) = slud
2. (Beendigung nicht von Gegenständen) =
finod.
Beschluszfassung [bĕjlụšfášụŋ] v. = sludam.
Beschlusznahme [bĕjlụšnamĕ] v. = sludam.
beschmieren [bĕjmịrĕn] = besmivön (lov.).
beschmutzen [bĕjmụžĕn] = miotön (lov.).
Beschmutzer [bĕjmụžĕr] m. = miotan.
Beschmutzung [bĕjmụžụŋ] v. = miotam.
beschneiden [bĕjnáïdĕn] 1. = bekötön (lov.)
2. Bäume — = kötülön (lov.) bimis.
Beschneiden [bĕjnáïdĕn] n. = kötül.
Beschneider [bĕjnáïdĕr] m. = kötülan.
beschränken [bĕjräŋkĕn] = miedükumön (lov.).
Beschränkung [bĕjräŋkụŋ] v. = miedükam.
beschreiben [bĕjráïbĕn] = bepenön (lov.).
Beschreiben [bĕjráïbĕn] n. = bepenam.
Beschreiber [bĕjráïbĕr] m. = bepenan.
Beschreibung [bĕjráïbụŋ] v. 1. = bepenam 2.
= bepenot.
beschuhen [bĕjuĕn] = jukön (lov.).
beschuldigen [bĕjụldịgĕn] = kusadön (lov.).
Beschuldiger [bĕjụldịgĕr] m. = kusadan.
Beschuldigung [bĕjụldịgụŋ] v. 1. = kusad 2.
(das Anklagen) = kusadam.
beschützen [bĕjụžĕn] = jelön (lov.).
Beschützer [bĕjụžĕr] m. = jelan.
Beschützerin [bĕjụžĕrịn] v. (Schutzfrau) = jije=
lätan.
Beschützung [bĕjụžụŋ] v. = jel.
Beschützungsort [bĕjụžụŋš=órt] m. (Asyl) =
jelöp.
beschwatzen [bĕjvážĕn] = beluspikön (lov.).
beschwätzen [bĕjväžĕn] = beluspikön (lov.).
beschwerde [bĕjvẹrdĕ] v. 1. (Bedenken) = dod
2. — erheben, — führen = plonön (lov.
dem.).
beschweren [bĕjverĕn] 1. (belasten) = belodön
(lov.) 2. sich — = plonön (lov. dem.).
beschwerlich [bĕjvẹrlịq] (mühsam) = töbik.
beschwerlichkeit [bĕjvẹrlịqkáït] v. 1. (Bedenken) = dod 2. (Mühe) = töb.
Beschwerung [bĕjvẹrụŋ] v. (Belastung) = belod.
beschwichtigen [bĕjvịqtịgĕn]: etwas, den Sturm
— = magivülön (lov.) bosi, tepi.
beschwindeln [bĕjvịndĕln] = cütön (lov.) tufla=
gedo.
beschwören [bĕjvörĕn] 1. etwas — = fümükön
(lov.) yulo bosi 2. etwas, den Sturm — =
magivülön (lov.) bosi, tepi 3. (inständigst
bitten, flehen) = lebegön (lov.) vemo.
beseelen [bĕsẹlĕn] (mit Seele begaben) = lanön
(lov.).
besehen [bĕseĕn] 1.=dalogön (lov.) 2. (sehen)
= logön (lov.).
Besehenswürdigkeit [bĕseĕnš vûrdịqkáït] v. d.
= logôfot.
beseitigen [bĕsáïtịgĕn] 1. = moükön (lov.) 2.
= flanön (lov.).
beseligen [bĕsẹlịgĕn] = beatükön (lov.).
Besen [besĕn] m. = svip.
besenden [bĕsändĕn] = sedön (lov.).
besessen [bĕsäšĕn] = padiaböl, pediaböl, vom
Teufel — sein = diabäbön (nel.).
Besessener [bĕsäšĕnĕr] m. = diabäb.

Besessenheit [bĕsäšĕnháït] m. = diabäbam.
besetzen [bĕsäžĕn] = beseidön (lov.), bepla=
dön (lov.).
Besetzen [bĕsäžĕn] n. = beseid.
Besetzung [bĕsäžụŋ] v. = beseid.
besichtigen [bĕsịqtịgĕn] 1. = dalogön (lov.)
2. = lelogön (lov.).
Besichtigung [bĕsịqtịgụŋ]: zur — = lelogovik,
zur — ausliegen = lelogovön (nel.).
besiegeln [bĕsịgĕln] = snilön (lov.).
besiegen [bĕsịgĕn] = vikodön (lov.).
Besieger [bĕsịgĕr] m. = vikodan.
Besiegung [bĕịgụŋ] v. = vikod.
besingen [bĕsịŋĕn] = bekanitön (lov.).
besinnen [bĕsịnĕn]: sich — = süenikön (nel.).
Besinnung [bĕsịnụŋ] v. 1. = süenikam 2. zur
— kommen = sevälöfikön (nel.).
besinnungslos [bĕsịnụŋš=loš] 1. = nensevedik
2. (bewusztlos) = nesevälöfik.
Besinnungslosigkeit [bĕsịnụŋš lòsịgkáït] v. =
nenseved.
Besitz [bĕsịž] m. = dalabot, gemeinsamer —
= dalabot kobädik, in — seiend = labik,
in — nehmen, von ... — ergreifen, von ...
— nehmen = labedön (lov.), in den — von
... kommen, in den — von ... treten =
dalabikön (lov.), einen in den — einer Sache
setzen = dalabükön (lov. dem.).
besitzanzeigend [bĕsịž-án-žáïgĕnt] = dalabik,
besitzanzeigendes Fürwort = pönop dalabik.
besitzen [bĕsịžĕn] = dalabön (lov.).
Besitzer [bĕsịžĕr] m. = dalaban.
Besitzergreifung [bĕsịž=ärgráïfụŋ] v. = labed.
Besitzerin [bĕsịžĕrin] v. = jilaban.
Besitznahme [bĕsịžnamĕ] v. = labed.
Besitzstand [bĕsịžjtánt] v. = labem.
Besitztum [bĕsịžtụm] n. = dalabot.
Besitzung [bĕsịžụŋ] v. 1. = dalab 2. (Effekten, d.) = labots.
besohlen [bĕsolĕn] = sömälön (lov.).
besolden [bĕsóldĕn] = mesedön (lov.).
besoldet [bĕsóldĕt]: — werden = getön (lov.)
mesedi.
besonder [bĕsóndĕr] = patik.
Besonderheit [bĕsóndĕr-háït] v. = pat.
besonders [bĕsóndĕrš] = patiko, pato, ganz —
= mu pato.
besonnen [bĕsónĕn] (überlegt) = süenik.
Besonnenheit [bĕsónĕn-háït] v. = süen.
besorgen [bĕsórgĕn] 1. (pflegen) = kälön (lov.)
2. Auftrage — = dünetön (lov.).
Besorgnis [bĕsórknịš] v. (Sorge) = kud.
besorgt [bĕsórkt] (sorglich) = kudik.
Besorgung [bĕsórgụŋ]: Besorgungen machen =
dünetön (lov.).
bespannen [bĕjpánĕn] 1. den Wagen mit Pferden — = befimädön (lov.) vabi ko jevods
2. eine Geige mit Saiten — = betenidükön
(lov.) viäli ko stins.
Bespannung [bĕjpánụŋ] v. 1. — eines Wagens
= befimädam vaba 2. — einer Geige mit
Saiten = betenidükam viäla ko stins.
bespotten [bĕjpótĕn] = kofön (lov.).
bespötteln [bĕjpótĕln] = kofön (lov.).
besprechen [bĕjpräqĕn] = bespikön (lov.).

Besprechung [bĕjprǻqụṇ] v. = bespik.
Bessarabien [bạ̈šarȧbiĕṇ] n. = Besarabän.
besser [bạ̈šĕr]: — werden = gudikumön (nel.).
bessern [bạ̈šĕrṇ] 1. = gudükumön (lov.) 2.
sich — = gudikumön (lov.).
Besserung [bạ̈šĕrụṇ] v. = gudikumam.
Bestand [bĕjtánt] m. (Vorrat) = stok.
Bestandteil [bĕjtánt-táil] m. = binäd.
bestatten [bĕjtátĕṇ] = sepülön (lov.).
Bestattung [bĕjtátụṇ] v. = sepülam.
beständig [bĕjtạ̊ndịq] = laidik, laidiko, — sein
= laidön (nel.).
Beständigkeit [bĕjtạ̊ndịq-káït] v. = laid.
bestärken [bĕjtạ̈rkĕṇ] (versichern) = lesiön
(lov.).
Bestärkung [bĕtạ̊rkụṇ] v. (Versicherung) =
lesiam.
bestätigen [bĕjtạ̊tịgĕṇ] (genehmigen) = zepön
(lov.).
Bestätigung [bĕjtạ̊tịgụṇ] v. = zep.
beste [bạ̈štĕ] 1. zum besten halten = fopülükön
(lov.) 2. zum besten des = benü.
bestechen [bĕjtạ̈qĕṇ] = remädön (lov.).
Bestecher [bĕjtạ̈qĕr] m. = remädan.
bestechlich [bĕjtạ̈qlịq] = remädovik.
Bestechlichkeit [bĕjtạ̈qlịqkáït] = remädov.
Bestechung [bĕjtạ̊qụṇ] v. = remäd.
Besteck [bĕjtạ̈k] n. (Ortsbestimmung eines
Schiffes) = stäk.
bestehen [bĕjteĕṇ] 1. (existieren) = dabinön
(nel.) 2. aus etwas — = binädön (nel.) me
3. — in = binälön (nel.) in 4. (sein Aus=
kommen haben) = kosidön (nel.) 5. (sich
befinden) = stadön (nel.) 6. (erleiden) sufön
(lov.) 7. nicht — = nonön (nel.).
Bestehen [bĕjteĕṇ] n. = suf.
bestehend [bĕjteĕnt]: nicht — = nedabinik.
bestehlen [bĕjtelĕṇ]: einem um etwas — =
betifön (lov.) eki demü bos.
besteigbar [bĕjtáïkbar] = bexänovik.
besteigen [bĕjtáïgĕṇ] = bexänön (lov.), zu —
= bexänovik.
bestellen [bĕjtạ̈lĕṇ] 1. = bonedön (lov.) 2. das
Land, das Feld — = befeilön (lov.) länedi
3. (urbar machen) = feilidön (lov.).
Bestellen [bĕjtạ̈lĕṇ] n. = bonedam.
Besteller [bĕjtạ̈lĕr] m. = bonedan.
Bestellschein [bĕjtạ̊ljáïn] m. = bonedazöt.
Bestellung [bĕjtạ̊lụṇ] v. 1. = boned 2. (das
Bestellen) = bonedam 3. (Urbarmachung)
= feilid 4. die — zurücknehmen = säbone=
dön (lov.).
Bestellungsbuch [bĕjtạ̊lụṇš-bụq] n. = boneda=
buk.
besternen [bĕjtạ̈rnĕṇ] = stelön (lov.).
bestialisch [bạ̈štiàlịj] = nimälik.
Bestialität [bạ̈štialität] v. = nimäl.
Bestie [bạ̊štiĕ] v. (Tier) = nim.
bestimmen [bĕjtịmĕṇ] 1. = jonidükön (lov.) 2.
(genauer feststellen) = fümetön (lov.) 3.
(festzetzen) = lonön (lov.).
bestimmt [bĕjtịmt] 1. = jonidik, — sein =
jonidön (nel.) 2. = fümetik.
Bestimmtheit [bĕjtịmtháït] v. (Gewiszheit) =
füm.

Bestimmtsein [bĕjtịmtsáïn] n. = jonid.
Bestimmung [bĕjtịmụṇ] v. (Bestimmungswort)
= lüyümod.
bestirnen [bĕjtịrnĕṇ] = stelön (lov.).
bestrafen [bĕjtrafĕṇ] (strafen) = pönön (lov.).
Bestrafer [bĕjtrafĕr] m. = pönan.
Bestrafung [bĕjtràfụṇ] v. = pön.
bestreben [bĕjtrebĕṇ]: sich — = steifön (nel.).
Bestreben [bĕjtrebĕṇ] n. 1. (Bestrebung) =steif
2. (Bemühung) = töbidam.
Bestrebsamkeit [bĕjtrèpsamkáït] v. = töbidam.
bestrebt [bĕjtrept]: — sein = steifön (nel.).
Bestrebung [bĕjtrebụṇ] v. 1. = steif 2. (Bemühung) = töbid.
bestreitbar [bĕjtráïtbar] = befeitovik, — sein
= binön befeitovik, — machen = befeitükön
(lov.), — werden = vedön befeitovik.
bestreiten [bĕjtráïtĕṇ] = befeitön (lov.).
bestreuen [bĕjtróüĕṇ]: mit Pulver — = puinä=
dön (lov.).
bestreut [bĕjtróüt]: mit Pulver — = puinädik.
bestürmen [bĕjtürmĕṇ] = tatakön (lov.).
Bestürmer [bĕjtürmĕr] m. = tatakan.
Bestürmung [bĕjtǜrmụṇ] v. = tatak.
bestürzend [bĕjtüržĕnt] = bluvüköl.
bestürzt [bĕjtüržt] = bluvik, — werden =
bluvikön (nel.).
Bestürzung [bĕjtǜržụṇ] v. = bluv.
Besuch [bĕsụq] m. (Visite) 1. = visit, häufiger
— = suvavisit 2. (Besucher) = visitan.
besuchen [bĕsụqĕṇ] = visitön, die Schule —
= julön (nel.).
Besucher [bĕsụqĕr] m. = visitan.
betagt [bĕtakt] (alt) = bäldik.
Betagtheit [bĕtàktháït] (das Altsein) = bäld.
betasten [bĕtástĕṇ] (befühlen) = doatön (lov.).
Betasten [bĕtástĕṇ] n. = doatam.
Betasterei [bĕtástĕráï] v. = doatam.
Betastung [bĕtàštụṇ] v. = doatam.
betäuben [bĕtóüĕṇ] 1. = storditön (lov.) 2.
= sudüкön (lov.) 3. = narkotön (lov.).
betäubt [bĕtóüpt] = penarkotöl.
Betäubung [bĕtóübụṇ] v. 1. = sudükam 2. (—
der Sinnen) = stordit 3. (Narkose) = nar=
kot.
Bete [bĕtĕ] v. = betad.
beteiligen [bĕtáïlịgĕṇ] 1. = kompenüкön (lov.)
2. = dilodökön (lov.).
beteiligt [bĕtáïlịqt]: — sein bei etwas = kom=
penön (nel.).
Beteiligten [bĕtáïlịqtĕṇ] pl. = kompenükäb,
kompenükäbs.
Beteiligtsein [bĕtáïlịqt sáïn] n. = kompen.
Beteiligung [bĕtáïlịgụṇ] v. = dilodam.
beten [betĕṇ]: zu Gott — = plekön (lov. dem.)
Gode.
Beten [betĕṇ] n. = plekam.
Beter [betĕr] m. = plekan.
Beterin [betĕrin] v. = jiplekan.
Bethaus [bèt=háüš] n. = pleköp.
betiteln [bĕtitĕln] = tiädön (lov.).
Betkammer [bètkámĕr] v. = plekaleziöb.
betonen [bĕtonĕṇ] = kazetön (lov.).
betonend [bĕtonĕnt] = kazetik.

Betonung [bĕtònṵŋ] v. = kazet, mit — = kazeto.

Betort [bĕt₌órt] m. = pleköp.

betören [bĕtörĕn] = cütidön (lov.).

Betörung [bĕtörṵŋ] v. = cütid.

betrachten [bĕtráǧtĕn] 1. = lelogön (lov.) 2. (ansehen für) = lecedön (lov.) 3. (beschauen) = tikädön (lov.).

betrachtend [bĕtráǧtĕnt] = tikädik.

Betrachtung [bĕtráǧtṵŋ] v. 1. = lelogam 2. = tikäd.

Betrag [bĕtrak] m. (Preis) = suäm, im Betrage von = suämü.

betragen [bĕtragĕn] 1. (sich belaufen) = suä₌mön (lov.) 2. sich — = kondötön (nel.), sich slecht — = mikondötön (nel.).

Betragen [bĕtragĕn] n. (Benehmen) = kondöt, schlechtes — = mikondöt.

betrauern [bĕtráṵĕrn] = belügön (lov.).

beträchtlich [bĕtrǻqtlịq] = veütik.

Betreff [bĕtrǽf] m. = tef.

betreffen [bĕtrǽfĕn] 1. (angehen) = tefön (lov.) 2. (ertappen) = küpodön (lov.).

betreffend [bĕtrǽfĕnt] = tefik, pateföl, päteföl, peteföl, piteföl.

betreffs [bĕträfs] 1. (von, über) = dö 2. = tefü.

betreiben [bĕtráíbĕn] = febön (lov.), Acker₌bau — = feilön (nel.).

Betreiben [bĕtráíbĕn] n.: das — des Ackerbaus = feilam.

Betreibender [bĕtráíbĕndĕr] m. = feban.

betreten [bĕtretĕn] 1. einen Weg — = beste₌pön (lov.) vegi 2. die Stufe, das Pedal — = tridön (lov.) tridi, tridömi.

Betrieb [bĕtrip] m. = feb.

betriebsam [bĕtrịpsam] 1. (aktiv) = jäfedik 2. (rasch, hastig) = spidöfik.

Betriebsamkeit [bĕtrịpsamkáít] v. = jäfed.

Betriebskapital [bĕtrịps-kapital] n. = febakatäd.

betrinken [bĕtrịŋkĕn]: sich — an = tudrinön (lov.).

Betrug [bĕtruk] m. = cüt.

betrunken [bĕtrṵŋkĕn] = brietik, — sein = brietön (nel.).

Betrunkenheit [bĕtrṵŋkĕnháít] v. = briet.

betrüben [bĕtrübĕn] 1. (trüben) = glumükön (lov.) 2. (kümmern) = glifükön (lov.) 3. (einem Kummer machen) = liedükön (lov.).

betrübt [bĕtrüpt] (trübe) = glumik.

betrügen [bĕtrügĕn] = cütön (lov.), sich selbst — = cütön oki it.

Betrügen [bĕtrügĕn] n. = cütam.

Betrüger [bĕtrügĕr] m. = cütan.

Betrügerei [bĕtrügĕráí] v. = cütam.

betrügerisch [bĕtrügĕrịj] = cütik.

betrüglich [bĕtrṵklịq] = cütik, — falsch machen = dobükön (lov.).

Betschuanaland [báčuàna₌lánt] n. = Betjuvän.

Betsileos, pl. = betsilovans.

Bett [bät] n. = bed.

Bettdecke [bàt-dǻkĕ] v. = bedateged.

Bettelei [bätĕláí] v. = lubeg.

betteln [bätĕln] = lubegön (lov.).

Betteln [bätĕln] n.=lubeg, durch — = lubego.

Bettelpack [bàtĕlpák] n. = lubeganef.

Bettelvolk [bàtĕlfólk] n. = lubeganef.

Bettfeder [bàtfedĕr] v. = bedaplüm.

Bettler [bätlĕr] m. = lubegan.

Bettlerherberge [bätlĕr-hàrbärgĕ] v. = lutotidöp lubeganas.

Bettlerpack [bàtlĕrpák] n. = lubeganef.

Bettlerschaft [bàtlĕrjáft] v. = lubeganef.

Bettpfanne [bàtpfánĕ] v. = vamükamaskel.

Bettpolster [bàtpólstĕr] n. = lekusen.

Bettuch [bàt₌tuǧ] n. = bedastofed.

Bettücherzeug [bàt₌tügĕr-žóǔk] n. = stof ad bedastofädem.

Bettwärmer [bàt₌värmĕr] m. = bedivamükian.

Bettzeug [bàtžóǔk] n. = stofädem beda, beda₌stofädem.

Betzeit [bĕtžáít] v. = pleküp.

Beugemuskel [bóǔgĕmṵškĕl] m. = flegamuskul.

beugen [bóǔgĕn] 1. (deklinieren) = deklinön (lov.) 2. sich — = blegikön (nel.) 3. = blegükön (lov.).

Beugen [bóǔgĕn] n. (das Krümmen) = blegü₌kam.

Beuger [bóǔgĕr] m. (Beugemuskel) = flega₌muskul.

Beugeseite [bóǔgĕ-sáítĕ] v. = flegaflan.

Beugfall [bóǔk-fál] m. (Kasus) = deklinafom.

Beugung [bóǔgṵŋ] v. (Deklination) = deklin.

Beule [bóǔlĕ] v. 1. = böl 2. (Vertiefung) = tälot, Beulen machen (eindrücken) = tälükön (lov.).

beulenvoll [bóǔlĕn-fól] = bölik.

beulig [bóǔlịq] = bölik.

beunruhigen [bĕ₌ṵnrṵigĕn] = muifükön (lov.).

beurkunden [bĕ₌ṵrkṵndĕn] = dokümön (lov.).

Beurkundung [bĕ₌ṵrkṵndṵŋ] v. = dokümam.

beurlauben [bĕ₌ṵrláǔbĕn] = livodükön (lov.).

beurteilen [bĕ₌ṵrtáílĕn] 1. = cödön (lov.) eki, bosi 2. (kritisieren) = krütön (lov.).

beurteilend [bĕ₌ṵrtáílĕnt] (kritisch) = krütik.

Beurteiler [bĕ₌ṵrtáílĕr] m. = cödan.

Beurteilung [bĕ₌ṵrtáílṵŋ] v. 1. = cöd 2. = cödot.

Beurteilungskraft [bĕ₌ṵrtáílṵŋš-kráft] v.=cödäl.

Beute [bóǔtĕ] v. 1. (Fang) = fanot 2. (das Geraubte) = ravot 3. (Kriegsbeute) lefanot, — machen = lefanön (lov.).

Beutel [bóǔtĕl] m. (in valem) = sakäd (samo: bäkasakäd, bukasakäd).

bevollmächtigen [bĕfólmǻqtịgĕn] = däladön (lov.).

Bevollmächtigter [bĕfólmǻqtịqtĕr] m. = dälä₌däb.

Bevollmächtigung [bĕfólmǻqtịgṵŋ] v. = däläd.

bevor [bĕfor] (ehe) = büä (kony.), ehe und — = lebüä.

bevormunden [bĕförmṵndĕn] = tütön (lov.).

Bevormundung [bĕförmṵndṵŋ] v. = tüt.

bevorrechten [bĕfòr₌räqtĕn] = privilegön (lov.).

Bevorrechtung [bĕfòr₌räqtṵŋ] v. = privilegam.

bevorstehend [bĕfòrjteĕnt] = sunokömöl.

bevorzugen [bĕföržugĕn] = buïkön (lov.).

Bevorzugen [bĕföržugĕn] n. = buïkam.

Bevorzugung [bĕfòržugṵŋ] v. = privilegam.

bevölkern [bĕfólkĕrn] = pöpön (lov.).

bevölkert [běfólkĕrt] = pöpagik.
Bevölkerung [běfólkĕrųŋ] v. = pöpam, starke
— = pöpag.
bewachen [běváǧĕn] = galedön (lov.).
Bewachung [běváǧųŋ] v. = galed.
bewaffnen [běváfnĕn] = vafön (lov.).
Bewaffneter [běváfnĕtĕr] m. = vafäb.
Bewaffnung [běváfnųŋ] v. = vafam.
bewahren [běvarĕn] 1. (behüten) = galedön
(lov.) 2. (aufbewahren) = kipedön (lov.).
bewahrheiten [běvàrháïtĕn] = veratükön (lov.),
sich — = veratikön (nel.).
Bewahrheitung [běvàrháïtųŋ] v. = veratükam.
bewalden [běváldĕn] = fotön (lov.).
bewaldet [běváldĕt]: reich — = fotagik.
Bewaldung [běváldųŋ] v. = fotam.
bewandert [běvándĕrt] (erfahren) = plakugik.
Bewandtnis [běvántnįš] v. (Zustand) = stad.
bewähren [běvärĕn]: sich — = bluföfön (nel.).
bewältigen [běvǻltįgĕn] = damütön (lov.).
Bewältigung [běvǻltįgųŋ] v. = damüt.
Bewässerer [běväšĕrĕr] m. = vataman.
bewässern [běväšĕrn] = vatön (lov.).
Bewässerung [běväšĕrųŋ] v. = vatam.
Bewässerungswerke [běvǻšĕrųŋš-värkĕ] pl. =
vatamot, vatamots.
bewegbar [běvèkbar] = mufovik.
Bewegbarkeit [běvèkbarkáït] v. = mufov.
bewegen [běvegĕn] 1. lov. = mufükön (lov.)
2. sich — = mufön (nel.), sich in Schlangenwindungen — = mufön äs snek 3. (tief —,
rühren) = fäkükön (lov.) 4. nicht weiter
sich — lassen = stöpön (lov.).
Beweggrund [běvèkgrųnt] m. 1. = dunakod 2.
(Motiv) = motiv.
beweglich [běvèklįq] = mufovik.
Beweglichkeit [běvèklįqkáït] v. = mufov.
bewegt [běvekt] (gerührt) = fäkik, — sein =
fäkön (nel.).
Bewegung [běvègųŋ] v. = muf, in — setzen
= mufükön (lov.), in — setzend=mufüköl,
in — kommen, sich in — setzen = mufükön
(nel.).
Bewegungsenergie [běvègųŋš enärgi] v. =
mufanämet.
Bewegungslehre [běvègųŋšlerĕ] v. = mufav.
bewegungslos [běvègųŋšloš] = nenmufik.
Bewegungslosigkeit [běvègųŋš-lòsįqkáït] v. =
nenmuf.
beweinen [běváïnĕn] = bedrenön (lov.).
Beweis [běváïš] m. (Auseinandersetzung) =
blöf.
beweisbar [běváïšbar] = blöfovik.
Beweisbarkeit [běváïšbar-káït] v. = blöfov.
beweisen [běváïšĕn] = blöfön (lov.).
Beweisführung [běváïš-fûrųŋ] v. 1. = blöfam
2. (Räsonnement) = blöfäd.
Beweisgrund [běváïšgrųnt] m. = blöfastab.
beweislich [běváïšlįq] = blöfovik.
Beweismittel [běváïšmįtĕl] n. = blöfamed.
Bewerbung [běvärbųŋ] v. = lisit.
bewerben [běvärbĕn]: sich — um = lisitön
(lov.).
Bewerber [běvärbĕr] m. = lisitan.
bewerfen [běvärfĕn] = bejedön (lov.).

Bewerfung [běvärfųŋ] v. = bejed.
bewerkstelligen [běvärkjtäļįgĕn] = vobädön
(lov.).
Bewerkstelligen [běvärkjtäļįgĕn] n. = vobäd.
bewilligen [běvįļįgĕn] 1. (erlauben) = dälön
2. (erhören) = lilidön (lov.).
Bewilligung [běvįļįgųŋ] v. 1. = däl 2. (Erhörung) = lilid.
bewillkommnen [běvįlkómnĕn] = benogetedön
(lov.).
Bewillkommnung [běvįlkómnųŋ] v. = benoge=
ted.
bewirten [běvįrtĕn] 1. = daifidön (lov.), einen
mit etwas — = daifidön eke bosi 2. (einen
Gast aufnehmen und pflegen) = lotidön
(lov.).
bewirtschaften [běvįrtjáftĕn] (verwalten) =
guverön (lov.).
Bewirtschaftung [běvįrtjáftųŋ] v. (die Verwaltung) = guver.
Bewirtung [běvįrtųŋ] v. 1. = daifid 2. (Beherbergung) = lotid.
bewohnen [běvonĕn] 1. = lödön (nel.) 2. =
belödön (lov.).
Bewohner [běvonĕr] m. 1. = lödan 2. =
belödan.
Bewohnerin [běvònĕrin] v. 1. = jilödan 2. =
jibelödan.
bewölken [běvólkĕn]: sich — = lefogikön
(nel.).
bewölkt [běvólkt] (wolkig) = lefogik, — sein
= lefogön (nel.).
Bewunderer [běvųndĕrĕr] m. = stunidan.
bewundern [běvųndĕrn] = stunidön (lov.).
bewundernswert [běvųndĕrnšvärt] = stunida=
bik.
bewundernswürdig [běvųndĕrnšvųrdįq] = stu=
nidabik.
Bewunderung [běvųndĕrųŋ] v. = stunid.
bewuszt [běvųšt] (mit Bewusztsein) = sevälö=
fik, sich — sein des = sevedön (nel.).
Bewuszt [běvųšt] m. (das bewuszte Wissen um
etwas) = seved.
Bewusztheit [běvųštháït] v. = seved.
bewusztlos [běvųštloš] = nesevälöfik.
Bewusztsein [běvųštsáïn] v. = sevälöf, mit —,
bei — = sevälöfik, bei — sein = sevälöfön
(nel.), zum — bringen = sevälöfükön (lov.),
zum — kommen = sevälöfikön (nel.).
bezahlen [běžalĕn] = pelön (lov.).
Bezahler [běžalĕr] m. (Zahler) = pelan.
Bezahlung [běžálųŋ] v. = pel.
Bezahlungszeit [běžáļųnšžáït] v. (tim jü pelüpa=
del) = pelüp.
bezaubern [běžáübĕrn] = bemagivön (lov.).
bezeichnen [běžáïqnĕn] 1. (marken) = mäkön
(lov.) 2. (bedeuten) = sinifön (lov.).
bezeichnend [běžáïqnĕt] = malik.
bezeichnet [běžáïqnĕt] = mäkik.
Bezeichnung [běžáïqnųŋ] v. = mäkam.
bezeigen [běžáïgĕn] (erweisen)=jonülön (lov.),
Beileid — = jonülön keliedi.
bezeugen [běžóügĕn] = temunön (lov.).
Bezeugung [běžóügųŋ] v. (Zeugnisgebung) =
temun.

beziehbar [běžíbar] = sivovik.
beziehen [běžíěn] 1. (kommen lassen) = sivön (lov.) 2. sich — auf (betreffen) = tefön (lov.), sich zurück — auf = getefön (lov.) 3. Lohn — = getön (lov.) mesedi 4. (einziehen in ein Haus) = ˙ belotädön (lov.), ein Haus — = belotädön domi.
beziehend [běžíěnt]: sich — = tefik, beziehendes Fürwort = pönop tefik.
Beziehung [běžíun] v. 1. (das Kommenlassen) = siv 2. (Betreff) = tef.
beziehungsweise [běžíunšváiše] (respective) = tefädo.
Beziehungswort [běžíunšvórt] v. = bütefavöd.
bezielen [běžíěn] (bezwecken) = diseinön (lov.).
Bezirk [běžírk] m. (Gebiet) = ziläk.
bezuckern [běžúkěrn] = juegädön (lov.).
Bezug [běžúk] m. 1. (Kommenlassen) = siv 2. (Betreff) = tef, in — auf = tefü.
bezughabend [běžúkhaběnt] = tefik.
Bezugsplatz [běžúxpláž] m. = sivöp.
Bezugsquelle [běžúxkväle] v. = sivöp.
bezüglich [běžúkliq]: auf ... — = tefik, — des = tefü, — auf diese Sache = tefü din at, — dieses Antrages = tefü mob at.
bezwecken [běžváěkěn] = diseinön (lov.).
bezweckend [běžváěkěnt] = diseinik.
Bezweckung [běžváěkun] v. = disein.
bezweifeln [běžváifěln] = bedotön (lov.).
bezwingbar [běžvínbar] = damütovik.
bezwingen [běžvíněn] 1. = damütön (lov.) 2. mit einem Damm — = damön (lov.).
Bezwinger [běžvíněr] m. (Banner) = magivülan.
Bezwingung [běžvínun] v. = damüt.
Bhutan [butan] = Butän.
Bibel [bíběl] v. = bib.
Biber [bíběr] m. = biv.
Bibliograph [bibliograf] m. = bibliografan.
Bibliographie [bibliografi] v. = bibliograf.
bibliographisch [bibliografíj] = bibliografik.
Bibliothek [bibliotek] v. = bukem.
Bibliothekar [bibliotekar] m. = bukeman.
biblisch [bíblíj] = bibik.
biegbar [bíkbar] = blegovik.
biegen [bíkěn] 1. = blegükön (lov.), krumm — = blegükön (lov.) 2. sich — = blegikön (nel.) 3. den Arm — = flegön (lov.) bradi.
biegsam [bíksam] (geschmeidig) = blegülovik.
Biegsamkeit [bíksamkáit] v. (Geschmeidigkeit) = blegülov.
Biegung [bígun] v. 1. — = fleg 2. (Deklination) = deklin 3. (Windung, Krümmung) = blegod.
biegungsfähig [bígunš-fáiq] (deklinierbar) = deklinovik.
Biegungsklasse [bígunškláše] v. = deklinasot.
Biene [bíně] v. = bien, Bienen züchten (imkern) = bienön (nel.).
Bienenfleisz [bíněnfláiš] m. = bienazil.
Bienenhaube [bíněnháübě] v. = bienamakapütül.
Bienenhaus [bíněnháüš] n. = bienabäsetem.
Bienenkappe [bíněnkápě] v. = bienamakapütül.

Bienenkönigin [bíněn-kónigín] v. (Weisel) = bienajireg.
Bienenkorb [bíněnkórp] m. = bienabäset.
Bienenmann [bíněnmán] m. = bienan.
Bienenmeister [bíněnmáištěr] m. = bienan.
Bienenschwarm [bíněnjvárm] m. = bienaküm.
Bienenstand [bíněnjtánt] m. = bienabäsetem.
Bienenvater [bíněnfatěr] m. (Imker) = bienan.
Bienenvolk [bíněnfólk] n. = bienem.
Bienenwachs [bíněnváx̌] n. = bienaväk.
Bienenwärter [bíněnvärtěr] m. = bienan.
Bienenweisel [bíněnváisel] m. = bienajireg.
Bienenzeidler [bíněnžáidlěr] m. = bienan.
Bienenzelle [bíněnžäle] v. = bienaziöb.
Bienenzucht [bíněnžúqt] v. = bienam.
Bienenzüchter [bíněnžüqtěr] m. = bienan.
Bier [bír] n. = bir, — machen, — brauen = birön (lov.).
Bierbankpolitik [bírbánk-politik] v. = lubolit.
Bierbrauer [bírbráüěr] m. = birel.
Bierfasz [bírfáš] n. = biratub.
Bierglas [bírglaš] n. = biraköp.
Bierhaus [bírháüš] n. = biribötädöp.
Bierhefe [bírhefě] v. = biralef.
Bierkrug [bírkruk] m. = biraköp.
bieten [bítěn] 1. = lofön (lov.) 2. Trotz — todön (lov.).
bietend [bítěnt]: Trotz — = todik.
Bijou [biju] n. (Kleinod) = bijut.
Bijouterie [bijutěri] v. (Schmucksachen) = bijutül, bijutüls.
Bilanz [bilánž] v. (Handelsbilanz) = bilen.
Bild [bílt] n. 1. = magod 2. (Bildnis, Porträt) = pöträt.
bilden [bílděn] 1. (formen) = fomön (lov.), zu — = fomabik, — (erziehen) = dugälön (lov.).
bildend [bílděnt] = magik, bildende Kunst = magav, Akademie der bildenden Kunsten = magavaniver.
Bilderbuch [bílděrbuq] n. = magodabuk.
Bildergalerie [bílděr-galěri] v. = magavamused.
Bilderrahmen [bílděr-raměn] m. = magodafrem.
Bilderrätsel [bílděr-räžěl] n. = rebüd.
Bilderzier [bílděržir] v. (das Illustrieren) = magodam.
Bildhauer [bílthaüěr] m. 1. = skulturan 2. st. = siskulturan.
Bildhauerei [bílthaüěrái] v. = skultur.
Bildhauerkunst [bílthaüěr-kunšt] v. = skulturav.
bildlich [bíltliq] 1. = magik 2. (figürlich) = nevoik.
Bildlichkeit [bíltliqkáit] v. = nevoam.
Bildner [bíldněr] m. 1. (Zeichner) = däsinan 2. (in valem: Zeichner, Bildhauer, ...) = magan.
Bildnerei [bíldněrái] v. = mag.
bildnerisch [bíldněríj] = magik.
Bildnis [bíltníš] n. 1. = magod 2. (Porträt) = pöträt.
Bildsäule [bíltsóülě] v. = magot.
Bildschneidekunst [bíltjnáiě kunšt] v. = ködav.
Bildschneider [bíltjnáiděr] m. = ködan.
bildschnitzen [bíltjnížěn] = ködön (lov.).
bildschön [bíltjön] = lejönik.

Bildung [bíldụŋ] v. 1. (Anstand) = benodugä=
lam 2. (Formierung) = fomam.
Billard [bílyárt] n. = biliaröm, — spielen =
biliarön (lov.).
Billardspiel [bílyártjpil] n. = biliar.
Billardspieler [bílyártjpilěr] m. = biliaran.
Billardstock [bílyárt-jtók] m. = biliarastaf.
Billet [bílyạt] n. = biliet.
Billett [bílyạt] n. = biliet.
billig [bíliq] (wohlfeil) = nejerik.
billigen [bíligěn] = lobülön (lov.).
Billigkeit [bíliqkáït] v. (Wohlfeilheit) = nejer.
Billigung [bíligụŋ] v. = lobül.
Billion [bílion] v. 1'000'000'000'000 = telion.
Bimsstein [bímšjtáïn] m. = bimoin.
Bination [binažion] v. = binat.
Binde [bíndě] v. = flabül.
Bindehaut [bínděháüt] v. (— im Auge) =
yunktif.
binden [bínděn] = tanön (lov.).
Binden [bínděn] n. = tanam.
Binder [bínděr] m. = tanan.
Bindesalat [bíndě salat]: Pariser — = nadiv
di ‚Bruxelles', nadiv di ‚Brussel'.
Bindestrich [bíndějtriq] m. = yümamalül.
Bindewort [bínděvórt] n. (Konjunktion) = kon=
yun.
Bindezeichen [bínděžáïqěn] n. = yümamalül.
Bindfaden [bíntfaděn] m. 1. = tanamafad 2.
(Schnur) = tanamajain.
Bindgerte [bíntgärtě] v. = flökatuigül.
Bindung [bíndụŋ] v. = tanam.
Bindweide [bíntváïdě] v. = flökatuigül.
binieren [binirěn] = binatön lov.).
Binnenland [bíněnlánt] n. (Inland) = nilän,
Einwohner des Binnenlandes = nilänan.
Binse [bínsě] v. = jug.
binsen [bínsěn] = jugik.
Binsenbusch [bínsěnbụj] m. = jugem.
Binsenware [bínsěnvarě] v. = jugacan.
binsicht [bínsịqt] (mit Binsen bewachsen) =
jugagik.
binsig [bínsịq] (mit Binsen bewachsen) = ju=
gagik.
Biograph [biograf] m. = lifibepenan.
Biographie [biografi] v. (Lebensbeschreibung)
= lifibepenam.
Birett [birạt] n. = biret.
Birke [bírkě] v. = biad.
Birkenbaum [bírkěnbáüm] m. = biad.
Birkenwald [bírkěnvált] m. = biadafot.
Birkhahn [bírkhan] m. = hitetrat.
Birkhenne [bírkhạně] v. = jitetrat.
Birkhuhn [bírkhun] n. = tetrat.
Birnbaum [bírnbáüm] m. = bünabim, bünep.
Birne [bírně] v. = bün.
birnenartig [bírněn-àrtịq] = bünik.
birnförmig [bírnförmịq] = bünafomik.
Birnmost [bírnmóšt] m. = bünamust.
Birnwein [bírnváïn] m. = bünamust.
bis [bíš] 1. — an, — auf, — in, — um,
— zu = jü, — an das Tor = jü leyan,
— Paris = jü ‚Paris', — zum Bahnhof =
jü stajon, jü stajonabumot, — an den Hals
im Wasser = jü särvig (oka, oma, …) in

vat, — auf den Grund abbrennen = felefilön
jü glun, — wohin ? = jü kiöp ? jü top kinik?
— auf den letzten Heller = jü fenig lätik,
— zu Ende = jü fin, — auf weiteren Befehl
= jü büd balidfovik, jü lebüd balidfovik,
— aufs Blut = jü bludam, jü lemuam, — zu
Tränen = jü drenam, — an, — in den Tod
= jü dead, jü deadam, jü deadam oka, oma,
…, — zum Ekel = jü naud, jü lenaud, jü
luvomit, von Montag — Sonnabend = de
mudel jü zädel, — dato = jü adät, — jetzt
= jü atim, jü tim nuik, jü timül at, — an den
Abend = jü soar, — um vier Uhr = jü düp
folid, jü dup : fol, jü tü fol, — vor zwei Jahren
= jü bü yels tel, — gegen Abend = jü prim
soara, jü soarikam 2. — mit, — einschliesz=
lich = jüesa, — mit den vierten Juli = jüesa
del folid yulula 3. — auf = nä, alle — auf
einen = valiks nä bal, valikans nä balan,
einen — auf eine Kleinigkeit bezahlen =
pelön eke lölo nä süam ·pülik 4. — auf =
plä, alle — auf einen = valiks, valikis, …
plä bal, einen — auf eine Kleinigkeit bezahlen
= fipelön eke plä süam pülik 5. — jetzt =
jünu, — auf weiteres = nunog, — aufs Haar
= kuratiküno, — zum Ende (gänzlich) =
löliko 6. er steckt — über die Ohren in
Schulden = petufledom ko debs, ko moni=
debs 7. zwei — drei Tage = dels tel u kil,
— dasz = jüs (kony.), — zu Tränen = jüs
drens süikons, äsüikons, …, solange — =
sovüo jüs.
bischen [bíšqěn] = bosil, ein — = boso.
Bischof [bíjof, bíjóf] m. 1. = bijop 2. (drined
vamik) = bijopavin, ‚Bischof', [bíjóf] (D.),
‚bishop' [bíjěp] (Lin.), ‚Bischop' [bíš-qóp]
(Ned.).
Bischofsamt [bíjofš-ámt, bíjófš-ámt] n. = bi=
jopacal.
Bischofshut [bíjofš=hut, bíjófš=hut] m. = bijopa=
hät.
Bischofsmütze [bíjofš=müžě, bíjófš=müžě] v. (Inful) = bijopahät.
Bischofsstab [bíjofšjtap, bíjófšjtap] m. = bijopa=
staf.
Bischofsstadt [bíjofšjtát, bíjófšjtát] v. = bijopöp.
bischöflich [bíjöflịq] = bijopik.
bisher [bíšhèr] 1. = jünu 2. (seither) = siso
(ladv.).
bisherig [bíšhèrịq] = jünuik.
Biskuit [bíškvịt] m. = biskit.
Bissen [bíšěn] m. = zibablögäd.
bissig [bíšịq] 1. = beitik 2. (schnippisch) =
zunülik.
Bissigkeit [bíšịqkáït] v. = zunül.
Bisti, k. = nulakränamim.
Bistum [bíš=tụm] n. (Diözese) = bijopän, bijo=
paziläk.
bisweilen [bíšváïlěn] (zuweilen) = semikna.
Bisz [bíš] m. = beit.
Bischen [bíšqěn] n. = beitil.
Bitte [bítě] v. = beg.
bitten [bítěn] = begön (lov.), um Entschuldigung —, um Verzeihung —, um Vergebung
— = begön säkusadi.

Bittender [bǐtěnděr] m. = began.
bitter [bǐtěr] = biedik, **ein bitteres Getränk** = biedadrined, **— sein** = biedön (nel.), **— machen** = biedükön (lov.), **— werden** = biedikön (nel.).
Bitter [bǐtěr] m. 1. (ein Bittender) = began 2. **ein —** = biedäd.
bitterböse [bǐtěr bösě] = lebadik.
Bitteres [bǐtěrěš] n. = bied.
Bitterkeit [bǐtěrkáĭt] v. (Bitteres) = bied.
Bitterklee [bǐtěrkle] m. = niantet.
bitterlich [bǐtěrlǐq] 1. = biedilik 2. ledolik.
bittern [bǐtěrn] (bitter machen) = biedükön (lov.).
Bitternis [bǐtěrnǐš] n. (Verbitterung) = biedäl.
Bittersein [bǐtěrsáĭn] n. = bied.
Bitterstoff [bǐtěrjtóf] m. = biedin.
Bitterwasser [bǐtěrvášěr] n. = biedavat.
Bittgesuch [bǐtgěsuq] n. (schriftliches —) = begapenäd.
bittlich [bǐtlǐq] = begik.
Bittschrift [bǐtjrǐft] v. (Gesuch) = begapenäd.
Bittsteller [bǐtjtälěr] m. 1. = begapenädan 2. **flehentlicher —** = lebegan.
bivalent [bivalǎnt] = telvalenik.
bizarr [bižár] = bisarik.
Bizarrerie [bižárěri] v. = bisar.
Blahe [blaě] v. (Plane, Kappe) = kapüt.
blamieren [blamirěn] (in Verruf bringen) = mirepütükön (lov.).
Blamierung [blamirun] v. (das Inverrufbringen) = mirepütükam.
blank [blánk] = niedik.
Blankheit [blánk-háĭt] v. = nied.
Blase [blasě] v. 1. = buläd, **Blasen ziehen** = bulädön (nel.) 2. (Wasserblase) = bul 3. (tierische —) = vesid.
Blasebalg [blàsěbálk] m. = bladöm.
blasen [blasěn] 1. = bladön (lov.) 2. (wehen) = lebladön (nel.).
Blasen [blasěn] n. = blad.
Blaserohr [blàsěror] n. = bladarüd.
Blasinstrument [blàs-ĭnstrumǎnt] n. = bladastum.
blasz [bláš] (bleich) = paelik.
blaszblau [bláš-bláŭ] = paelablövik.
Blatt [blát] n. 1. (Baumblatt) = bled, **Blätter bekommen, in Blätter schieszen** = bledön (nel.) 2. (Buchblatt) = bukabled 3. (Zeitung, Journal) = gased, delagased.
Blatter [bláter] v. (Pockenpustel) = pog.
Blattgold [blát-góld] n. = bledogold.
Blattlaus [blát-láŭš] v. = planapuf.
Blattseite [blát-sáĭtě] v. = pad.
Blattsilber [blát-sĭlběr] n. = bledolargent.
blau [bláŭ] = blövik, **— färben** = blövükön (lov.), **— werden** = blövikön (nel.), **(blaue) Kornblume** = blövät.
blauen [bláŭěn] (blau werden) = blövikön (nel.).
Blauholz [bláŭ-hólz] n. = kampädaboad.
Blauholzbaum [bláŭ-hólz báŭm] m. = kampäd.
Blaumeise [bláŭ-máĭsě] v. = blövaparud.
Blausäure [bláŭ-sóŭrě] v. HCN = küanidazüd.
Blauspecht [bláŭjpǎqt] m. = situl.

Blaustrumpf [bláŭ-jtrumpf] m. = ,blue-stocking' [blu štók-ín] (Lin.).
Blähung [bläun] v. = svolikam.
Bläschen [bläš-qěn] n. = bulil.
Blässe [bläšě] v. = pael.
blättern [blätěrn] : **in ein Buch —** = padön (nel.) in buk.
Bläue [blóŭě] v. = blöv.
bläuen [blóŭěn] = blövükön (lov.).
bläulich [blóŭlǐq] = blövilik.
Blech [bläq] n. = tün, **von —** = tünik.
blechern [bläqěrn] = tünik, **blecherner Gegenstand** = tünot.
Blechfabrikant [bläq-fabrikánt] m. = tünel.
Blechgeschirr [bläqgějǐr] n. = tünotem.
Blechner [bläqněr] m. (Klempner) = tünismitan.
Blechnerei [bläqněráĭ] n. = tünismitöp.
Blechschere [bläqjěrě] v. = tünijim.
Blechschläger [bläqjlägěr] m. = tünismitan.
Blechschmied [bläqjmit] m. = tünismitan.
Blechware [bläqvarě] v. = tünacan.
Blei [bláĭ] n. 1. = plumb 2. kiem., **Pb** = plumbin.
Bleiarbeiter [bláĭ-ár-báĭtěr] m. = plumbinbevoban.
Bleiazid [bláĭ-ázìt] Pb$(N_3)_2$ = plumbinilazid.
bleiben [bláĭběn] 1. = blibön (nel.) 2. = bleibön (sek.) 3. = blebön (nel. nem.) 4. (beharren) = laidön (nel.) 5. **drauszen —** = plödablibön, **übrig —** = retön (nel.).
Bleiben [bláĭběn] n. = blib.
bleich [bláĭq] = paelik, **— sein** = paelön (nel.).
Bleiche [bláĭqě] v. 1. = pael 2. (das Bleichen) = vietäd.
bleichen [bláĭqěn] = vietädön (lov.).
Bleichen [bláĭqěn] n. = vietäd.
Bleicherei [bláĭqěráĭ] v. = vietädöp.
Bleichlorid [bláĭ-klorit] $PbCl_2$ = plumbinoklorid.
Bleichlorit [bláĭ-klorit] Pb$(ClO_2)_2$ = plumbiniklorit.
Bleichromat [bláĭ-kromat] $PbCrO_4$ = plumbinikromat.
Bleichsucht [bláĭqsàqt] v. = klorot.
bleichsüchtig [bláĭqsüqtǐq] = klorotik.
Bleidisulfat [bláĭ disulfat] Pb$(SO_4)_2$ = plumbinisulfat.
bleiern [bláĭěrn] = plumbik.
Bleifeder [bláĭfeděr] v. = stib.
Bleigieszer [bláĭgišěr] m. = plumbibevoban.
Bleikarbonat [bláĭ kárbonàt] $PbCO_3$ = plumbinokarbat.
Bleikugel [bláĭkugěl] v. = plumbaglöp.
Bleioxyd [bláĭ óžŭt] PbO = plumbinoloxid.
Bleiperoxyd [bláĭ pär-óžŭt] PbO_2 = plumbiniloxid, plumbatastabot.
Bleiplumbat [bláĭ plumbat] Pb_2O_3 ü $PbPbO_3$ = telplumbinakilloxin, plumbinoplumbat.
Bleistift [bláĭjtift] m. 1. (Bleifeder) = stib 2. (Graphitstift) = grafitastafül.
Bleisuboxyd [bláĭ sup-óžŭt] Pb_2O = plumbinohüploxid.
Bleisulfid [bláĭ sulfit] PbS = plumbinosulfid.

Bleitetrachlorid [bláĭ tetraklorit] PbCl₄ = plum‚ biniklorid.
Bleiware [bláĭvarĕ] v. = plumbacan.
Blende [blǎndĕ] v. (z.B. in Fernrohren) = diafragül.
blenden [blǎndĕn] 1. = bleinükön (lov.) 2. bleinälükön (lov.) 3. (betören) = cütidön (lov.) 4. das Pferd — = lenükön (lov.) jevode logakapütülis.
blendend [blǎndĕnt] = cütidik.
Blender [blǎndĕr] m. = cütidan.
Blendleder [blǎntledĕr] n. = logakapütül.
Blendling [blǎntlįn] m. 1. (Blender) = cütidan 2. (einer der sicht leicht blenden läszt) = cütidäb.
Blendung [blǎndųn] v. (Verblendung) = bleinü‚ kam.
Blendwerk [blǎntvärk] (etwas das blendet, durch Schein täuscht) = cütidian.
Blick [blįk] m. = loged.
blicken [blįkĕn] = logedön (lov.).
blind [blįnt] 1. = bleinik, — sein = bleinön (nel.), — machen = bleinükön (lov.), — werden = bleinikön (nel.) 2. geistig — = bleinälik 3. (falsch, unrichtig) = dobik, blinder Feuerlärm = lefilalaram dobik, blindes Schlosz = klänalök.
Blinddarm [blįntdárm] m. = kekun.
Blinde [blįndĕ]: der — = bleinan.
Blindekuh [blįndĕkų, blįndĕkų] = bleinanipled, — spielen = bleinanipledön (nel.).
Blindenanstalt [blįndĕn-án-ĵtált] v. = bleinana‚ stitod.
Blindenschrift [blįndĕnĵrįft] v. = bleinanatona‚ tem.
Blinder [blįndĕr]: ein — = bleinan.
Blindheit [blįnthávt] v. 1. = blein 2. geistige — = bleinäl.
blindlings [blįntlįnš] = nenvätälo.
Blindschleiche [blįntjláĭqĕ] v. = rovät.
Blitz [blįž] m. = leklär.
Blitzableiter [blįž-áp-láĭtĕr] m.=lekläridedugian.
blitzen [blįžĕn] = leklärön (nel.).
blitzschnell [blįž ĵnäl] = lekläravifo, mu vifiko.
Blitzstrahl [blįžĵtral] m. = leklärastral.
Block [blók] m. 1. = blög 2. (Häuserkomplex) = domakopäd.
Blockade [blókàdĕ] v. = blok.
Blockhaus [blók-háŭš] n. = blögadom.
blockieren [blókirĕn] = blokön (lov.).
Blockieren [blókirĕn] n. = blok.
blond [blónt] = blonik, — färben = blonükön (lov.), blonder Mensch = blonan.
Blonde [blóndĕ] v. (seidene Spitzen) = blonaled.
Blondheit [blónd-háĭt] v. = blon.
Blondin [blóndå̌n] m. = blonan.
Blondine [blóndįnĕ] v. = jiblonan.
Blondling [blóntlįn] m. = blonan.
Blondsein [blónt-sáĭn]: das — = blon.
blosz [blǒš] 1. (nackt) = nüdik, — sein = nüdön (nel.) 2. (nur) = te, teik, aus bloszem Verdacht = te sekü nilud.
Blödigkeit [blǒdįqkáĭt] v. (Blödsinn) = diot.
blödsichtig [blǒtsįqtįq] 1. = logämafibik 2. (kurzsichtig) = miopik.

Blödsinn [blǒtsįn] m. = diot.
blödsinnig [blǒtsįnįq] = diotik.
blödsinniger [blǒtsįnįgĕr] m. = diotan.
blöken [blökĕn] 1. (von Rindern) =luyön (nel.) 2. (von Schafen) = mäyön (nel.) 3. (von Ziegen) = mäyülön (nel.).
Blösze [blöšĕ] v. (Nacktheit) = nüd.
Blume [blųmĕ] v. = flor, künstliche — = mekavaflor, — des Ranunkels, des Hahnen‑ fuszes = ranunkaflor, mit Blumen versehen = floridön (lov.).
blumen [blųmĕn] (mit Blumen versehen, mit Blumen schmücken) = floridön (lov.).
Blumenausstellung [blųmĕn-äŭšĵtälųn] v. = flo‚ ridajonäd.
Blumenbeet [blůmĕnbet] n. = florabet.
Blumenbestandteil [blųmĕn bĕĵtánt-táĭl] m. = florabinäd.
Blumenblatt [blůmĕnblát] n. = florabled.
Blumengarten [blůmĕngártĕn] m. = floragad.
Blumengehänge [blůmĕngĕhä̌nĕ] n. = flora‚ festun.
Blumengewinde [blůmĕngĕvįndĕ] n. = flora‚ festun.
Blumenknospe [blůmĕnknóšpĕ] v. = floragnob.
Blumenkohl [blůmĕnkol] m. = florabrasid.
Blumenkorb [blůmĕnkórp] m. = florabäset.
Blumenkranz [blůmĕnkránž] m. = florakronül.
Blumenlese [blůmĕnlesĕ] v. = lautotem.
blumenreich [blůmĕnráĭq] = floragik.
Blumenreichtum [blůmĕnráĭqtųm] m. = florag.
Blumenschnur [blůmĕnĵnųr] = florafestun.
Blumensprache [blůmĕnĵpraqĕ] v. = florapük.
Blumenstaub [blůmĕnĵtaŭp] m. = polen.
Blumenstrausz [blůmĕnĵtraŭš] m. = flored.
Blumentopf [blůmĕntópf] m. = floraskal.
Blumenzwiebel [blůmĕnžvįbĕl] m. = florabeb.
blumicht [blůmįqt] = floragik.
blumig [blůmįq] (geblümt) = florik.
Bluse [blųsĕ] v. = yäk.
Blut [blųt] n. = blud, — von geschlachtetem Vieh = blud vetera pipugöl, mit kaltem Blute = nenfäko.
blutarm 1. [blůt‚árm] (arm an Blut) =bludadefik 2. [blųt árm] (sehr arm) = lepöfik.
Blutarmut [blůt‚ármųt] v. = bludadef.
Blutdurst [blůtdųršt] v. = bludiäl.
blutdürstig [blůtdürštįq] 1. = bludiälik, blut‑ dürstiger Wüterich = bludiälan 2. (grausam) = kruälik.
Blutegel [blůt‚egĕl] m. (Egel) = gib.
bluten [blůtĕn] = bludön (nel.), sich zu Tode — = deibludön (nel.).
Bluterei [blůtĕráĭ] v. = bludam.
Blutfarbe [blůtfárbĕ] v. = bludaköl.
blutfarbig [blůtfárbįq] = bludakölik.
Blutfink [blůtfįnk] m. = pürul.
Blutflusz [blůtflųš] m. = bludaflum.
Blutgang [blůtgáŋ] m. = bludaflum.
Blutgefäsz [blůtgĕfäš] m. = bludafesül.
Blutgeschwür [blůtgĕĵvür] n. = furun.
Blutgier [blůtgįr] v. = bludiäl.
blutgierig [blůtgįrįq] = bludiälik.
Bluthund [blůthųnt] m. 1. = bludadog 2. = bludiälan.

blutig [blùtiq] = bludik.
blutjung [blut yuŋ] = leyunik.
Blutlaugensalz [blùtláŭgĕn sálž] : gelbes —,
K₄Fe(CN)₆ = kalinamälküanidilferinoat, rotes —, K₃Fe(CN)₆ = kalinamälküanidilferi⸗
niat.
blutleer [blùtler] = nenbludik.
Blutleere [blùtlerĕ] v. = nenblud.
blutlos [blùtloš] = nenbludik.
Blutlosigkeit [blùtlosiqkáït] v. = nenblud.
Blutmangel [blùtmáŋĕl] m. (Blutarmut) = bluda⸗
def.
Blutrache [blùtráğĕ] v. = bludavindit.
Blutreinigungsmittel [blùtráïṇiguṇšmịtĕl] n. =
bludiklinükamamedin.
blutrot [blut rot] = bludaredik, leredik.
blutrünstig [blùtrünštịq] = bludamik.
blutsauer [blut sáŭĕr] = fikulikün.
Blutsauger [blùtsáŭgĕr] m. = bludisugaf.
Blutschande [blùtjándĕ] v. = nicäst.
Blutschänder [blùtjándĕr] m. = nicästan.
Blutschuld [blùtjult] v. = bludadeb.
Blutschwüre [blùtjvürĕ] v. = furun.
blutspeien [blùtjpáïĕn] = bludisputön (nel.).
blutstillend [blùtjtịlĕnt] = bludamistöpik.
Blutstreifen [blùtjtráïfĕn] m. = bludastrip.
Blutstrieme [blùtjtrimĕ] v. = flapastrip bludik.
Blutstropfen [blùžtrópfĕn] m. = bludatof.
Blutsturz [blùtjturž] m. = lebludam.
blutsverwandt [blùžfärvánt] = bludaröletik.
Blutsverwandter [blùžfärvántĕr] m. = bluda⸗
röletan.
Blutsverwandtschaft [blùžfärvántjáft] v. =
bludarölet.
Blutumlauf [blùt-ùmláŭf] m. = bludasirkülam.
Blutung [blùtuŋ] v. = bludam.
Blutvergieszen [blùtfärgišĕn] n. = bludispil.
Blutverlust [blùtfärlušt] m. = bludiper.
Blutwasser [blùtvášĕr] n. (Serum) = bludaväd.
blutwenig [blut vèniq] = lenemödik.
Blutwurst [blùtvuršt] v. = bludasosit.
blühen [blüĕn] v. = florön (nel.).
Blühen [blüĕn] n. = floram.
Blümchen [blümqĕn] n. (Blümlein) = floril.
blümen [blümĕn] (mit Blumen versehen, mit
Blumen schmücken) = floridön (lov.).
Blümlein [blümláïn] n. = floril.
Blüte [blütĕ] v. 1. (Blume) = flor 2. (Ge-
samtheit von Blumen) = florem 3. (das
Blühen) = floram, in — stehen (blühen) =
florön (nel.).
Blütezeit [blùtĕžáït] v. = floramüp.
Bock [bók] m. 1. (Schemel) = lustul 2. (Sitz
des Kutschers) ≐ bök, von dem — fahren =
bökön (lov.), mit einem — versehenen Wagen
= bökavab.
bockig [bókịq] = hikaparanatälik.
Bockigheit [bókịq-háït] v. = hikaparanatäl.
Boden [bodĕn] m. 1. (Grund) = glun 2. (Dach-
boden) = masad 3. — eines Fasses = sta⸗
bül tuba 4. — des Meeres, des Tales =
lestab mela, fälida.
Bodenbesitz [bòdĕnbĕsiž] m. = glunidalab.
Bodenfenster [bòdĕnfäŋštĕr] n. (Fenster des
Dachbodens) = masadafenät.

Bodengeschosz [bòdĕngĕjóš] n. = donatead.
Bodenkammer [bòdĕnkámĕr] v. = masadacem,
masadalucem.
bodenlos [bòdĕnloš] = nenlestabik.
Bodensatz [bòdĕnsáž] m. = supäd, stabasupäd.
Bodensee [bòdĕnse] m. = Lak de ‚Konstanz‘
[kón-štánž] (D.), Lak di ‚Konstanz‘.
Bodenseedampfschiffahrt [bòdĕnse dámpf-jịf⸗fart]
v. = stemanafam su Lak de ‚Konstanz‘.
Bofist [bòfịšt] m. = bovid.
Bogen [bogĕn] m. 1. — Papier = blog papüra
2. (Rundbogen) = bobäd 3. (Schieszwerk-
zeug) = car.
Bogenfenster [bògĕnfäŋštĕr] n. = bobädafenät.
Bogenform [bògĕnfórm] v. = bobädafom.
bogenförmig [bògĕnfórmịq] = bobädafomik.
Bogengang [bògĕngáŋ] m. = bobotaluyal.
Bogengewölbe [bògĕngĕvólbĕ] n. = bobot.
Bogenpfeiler [bògĕnpfáïlĕr] m. = bobädakölüm.
bogenweise [bógĕnváïsĕ] 1. (von Papier) =
blogo 2. (bogig) = bobik.
Boghara = Bogarän.
bogig [bògịq] = bobik.
Bohne [bonĕ] v. = bon.
bohnenartig [bònĕn⸗àrtịq] = bonik.
bohren [borĕn] = gimön (lov.).
Bohren [borĕn] n. = gimam.
Bohrer [borĕr] m. 1. d. = gim 2. p. = giman.
Bohrerfabrikant [borĕr-fabrikánt] m. = gimel.
Bohrort [bòr⸗órt] m. = gimöp.
Bolivia [bolivia] n. = Bolivän.
Bollwerk [bólvärk] n. = rampar.
Bologna (bolóña) n. = ‚Bologna‘ [bolóña] (Lit.).
Bologneser [bolóñĕsĕr] m. = ‚Bolognese‘ [bo-
lóñĕse] pl.: ‚Bolognesi‘ [bolóñĕsi] (Lit.).
Bolivar, k. = bolivar Venesolänik.
Boliviano, k. = bolivar Bolivänik.
Bolschewik [bóljĕvik] m. = boljevan.
Bolschewismus [bóljĕvìšmuš] m. = boljev.
Bombasin [bómbasáñ, bómbasin] m. = bombat.
Bombast [bómbášt, bóm-bášt] m. = pleidüla⸗
spikot.
Bombe [bómbĕ] v. = boum.
Bonbon [bóñbóñ] m. e n. = daifet.
Bookmaker [bùkmekĕř] (Lin.) = caloyülan.
Boot [bot] n. (kleineres Fahrzeug) = bot, in
einem Boote fahren = botön (nel.), das
Fahren in einem Boote = botam.
Bootes [bootĕš] st. = eläd ‚Boötēs‘.
Bootsmann [bòžmán] m. (aufsichtführender Un-
teroffizier auf Schiffen) = nafamastan.
Bor [bor] B = borin.
Borax [bòráž] Na₂B₄O₇+10H₂O = borad, na⸗
trinasemoborat.
Borchlorid [bor klorit] BCl₃ = borinaklorid.
Bord [bórt] 1. n. (Diele, Brett) = boed 2. m.
(Schiff) = boid, an — gehen = boidön oki.
Borfluorid [bor fluorit] BF₃ = borinafluorid.
Borfluorwasserstoffsäure [bor fluor vášĕr-jtóf⸗
sóŭrĕ] HF.BF₃ = folfluoridilborinatazüd.
Borg [bórk] m. (Krediet) = täk, auf — geben =
täko, auf — kaufen = täkoremön (lov.),
auf — verkaufen = täkoselön (lov.).
borgen [bórgĕn] = täkoremön (lov.), auf Hy-
pothek — = dapanoloenön (lov.).

Borgen [bórgĕn]: durch — erlangen = täko=
getön (lov.).
Borkarbid [bor kárbit] = borinakarbin.
Borneo [bórneo] = Borneän.
borniert [bórnịrt] = smalaladälik, nabälik.
Borniertheit [bórnịrtháĭt] v. = nabäl, smalala=
däl.
Borsäure [bòrsóŭrĕ] H₃BO₃ = boratazüd, roto=
boratazüd.
Borsäureanhydrid [bòrsóŭrĕ ánhüdrịt] B₂O₃ =
boratastabot.
Borste [bórstĕ] v. (steifes, starres Haar) =
brot.
Borstickstoff [bòrjtịkjtóf] BN = borinanitrin.
borstig [bórstịq] = brotik.
Borte [bórtĕ] v. 1. = kvatäd 2. (Posament)
= kvatädasim.
boshaft [bòshắft] = badöfik.
Bosheit [bòsháĭt] v. = badöf.
Bosnien [bósnịën] n. = Bosniän.
Bosnier [bósnịĕr] m. = Bosniänan.
bosnisch [bósnịj] = Bosniänik.
bosseln [bósĕln] = lumekön (lov.), mekülön
(lov.).
bossen [bósĕn] = plaston (lov.).
Bossen [bósĕn] n. = plast.
Bossierarbeit [bósịr-ár-báĭt] v. = plastot.
bossieren [bósịrĕn] = plaston (lov.).
Bossieren [bósịrĕn] n. = plast.
Bossierer [bósịrĕr] m. = plastan.
Bossierkunst [bósịrkụnšt] v. = plastav.
Botanik [botànịk] v. = planav.
Botaniker [botànịkĕr] m. = planavan.
botanisch [botànịj] = planavik, botanischer
Garten = planavagad.
botanisieren [botanịsịrĕn] = planavön (nel.).
Bote [botĕ] m. = nunan.
Botenläufer [bòtĕnlóŭfĕr] m. = nunan.
Botokuden [botokudĕn] pl. = botokudans.
Botschaft [bòtjáft] v. = nun.
Botschafter [bòtjáftĕr] m. = nunal.
Bottich [bótịq] m. = tüb.
Bouillon [buyóñ] v. = supül.
Bovist [bòvịšt] m. = bovid.
Böhme [bömĕ] m. = Bömänan.
Böhmen [bömĕn] n. = Bömän.
böhmisch [bòmịj] = Bömänik.
Böller [bólĕr] m. mil. = mortar.
Börse [börsĕ, bórsĕ] v. 1. (Geldbeutel) = böb
2. (Gebäude) = leböb.
Börsenbesucher [bórsĕnbĕsụǧĕr, bórsĕnbĕsụǧĕr],
m. = leböban.
Börsianer [börsianĕr, bórsiànĕr] m. = leböban.
Börtschiff [bórtjịf] n. = börtanaf.
Börtschiffahrt [bòrt-jịf=fart] v. = bört.
Börtschiffer [bòrtjịfĕr] m. = börtanafan.
bösartig [bòs=artịq] = badöfik.
Bösartigkeit [bös-àrtịqkáĭt] v. = badöf.
böse [bösĕ] = badik, — sein = badön (nel.),
böser Leumund = mirepüt, in bösen Leu-
mund bringen = mirepütükön (lov.).
Böses [bösĕš]: — nachreden = mispikön (lov.).
Bösewicht [bòsĕvịqt] m. = midunan.
böswillig [bòšvịlịq] = badöfik.
Böswilligkeit [bös-vịlịqkáĭt] v. = badöf.

Bötchen [bötqĕn] n. = botil.
Bötin [bötịn] v. = jinunan.
Böttcher [bótqĕr] m. (Küfer) = tübel, — sein
= tübön (lov.).
Böttcherei [bótqĕráĭ] v. = tübam.
Böttcherware [bótqĕrvarĕ] v. = tübamacan.
Brabant [brabánt] n. = Brabän, Brabiän.
brabanter [brabántĕr] = Brabänik.
Brabanter [brabántĕr] m. = Brabänan.
brach [braq] = säbefeilik, — liegen lassen =
säbefeilön (lov.).
Brachacker [bràq=ákĕr] m. = säbefeilaläned.
brachackern [bràq=ákĕrn] = plaudön (lov.)
säbefeilalänedi.
Brache [braqĕ] 1. 1. = säbefeil 2. (Brachacker)
= säbefeilaläned.
brachen [braqĕn] (brachliegen lassen) = säbe=
feilön (lov.).
Brachfeld [bràqfält] n. = säbefeilaläned.
Brachliegen [bràqlịqĕn] n. = säbefeil.
brachpflügen [bràqpflügĕn] = plaudön (lov.)
säbefeilalänedi.
Brachycephale [bráǧüžefàlĕ] m. = brefakapan.
Brachycephalie [bráǧüžefalì] v. = brefakap.
Brake [brakĕ] = brakom.
Bramarbas [bramár-báš] m. = pleidülaspikan.
bramarbasieren [bramárbasìrĕn] = spikon (lov.)
pleidülo.
Bramarbasierer [bramárbasìrĕr] m. = pleidüla=
spikan.
Brand [bránt] m. 1. (Brennerei) = filed 2. in
— stecken = filükön (lov.).
Brandmal [brántmal] n. = filädamäk.
brandmalen [brántmalĕn] = filädamäkön (lov.).
Brandmark [bránt-márk] m. = filädamäk.
Brandmauer [bránt-màŭĕr] v. = lefilamön.
Brandschwär [brántjvär] v. = lefurun.
brandstiften [brántjtịftĕn] = lefilükön (lov.).
Brandstifter [brántjtịftĕr] m. = lefilükan.
Branntwein [bránt-váĭn] m. = gein.
Branntweinbrenner [bránt-váĭn=bränĕr] m. =
geinel.
Branntweinspülig [bránt-váịn-jpủlịq] n. = lava=
vat brändinifiledöpa.
Brasilholz [brasilhólž] n. = Brasilänaboad.
Brasilien [brasilịën] n. = Brasilän.
Brasilienholz [brasilịën=hólž] n. = Brasiläna=
boad.
braten [bratĕn] = loetön (lov.).
Braten [bratĕn] 1. n. = loetam 2. m. = loet.
Bratenwender [bràtĕnvändĕr] m. = spedüli=
tülan.
Bratpfanne [bràtpfánĕ] v. = loetamapaäl.
Bratsche [braćĕ] v. = brat.
Bratschenspieler [bràćĕnjpilĕr] m. = bratan.
Bratspiesz [brátjpiš] m. = loetamaspedül.
Bratwurst [bràtvụršt] v. = loetamasosit.
Brauch [bráŭǧ] m. (Gebrauch, Usanz) = geböf.
brauchbar [bráŭǧbar] = gebovik.
brauchen [bráŭǧĕn] 1. = nedön (sek.) 2. (nötig
haben) = neodön (lov.).
brauen [bráŭĕn] = birön (lov.), Bier — =
birön (lov.).
Brauen [bráŭĕn] n. = biram.
Brauer [bráŭĕr] m. = birel.

Brauerei [bráŭĕráĭ] v. 1. (das Brauen) = biram
2. (Brauhaus) = biröp.
Brauerknecht [bráŭĕrknąqt] m. = biramadünan.
Brauhaus [bráŭ-háŭš] n. = biröp.
braun [bráŭn] = braunik, braune Farbe =
braun, — sein = braunön (nel.), — machen,
— färben = braunükön (lov.), — werden =
braunikön (nel.).
Braunbier [bráŭnbir] n. = braunabir.
Braune [bráŭnĕ]: der — = braunan.
braungelb [bráŭn gälp] = braunayelovik.
braunhaarig [bráŭnharịq]: braunhaarige Person
= braunan.
Braunkohle [bráŭnkolĕ] v. = braunakolat.
braunrot [bráŭn rot] = braunaredik.
Braunschweig [bráŭn-jváĭk] n. = Braunjvägän.
Braunstein [bráŭn-jtáĭn] m. MnO$_2$ = braunoin.
Brausebad [bráŭsĕbat] n. = dujet, ein —
nehmen = dujetön (nel.).
brausen [brásĕn] = dalebladön (nel.).
Braut [bráŭt] v. = jigam, — oder Bräutigam
= gam, — Christi = jigam Kristusa.
Brautpaar [bráŭtpar] n. = gamapär.
Brautschatz [bráŭt-jáž] m. (Mitgift) = gama‐
givot.
brav [braf] (tüchtig) = brafik, — sein =
brafön (nel.).
Bravheit [bráfháĭt] v. = braf.
bravissimo [bravišimo]: —! = lebrafö!
bravo [bràvo]: —! = brafö!
Bravour [bravur] v. 1. (Meisterschaft) = bra‐
vur, — zeigen = bravurön (nel.) 2. (Tap‐
ferkeit) = kurad.
Bravsein [bráfsáĭn]: das — = braf.
Bräune [bróŭne] v. (braune Farbe) = braun.
bräunen [bróŭnĕn] 1. (braun färben) = braunü‐
kön (lov.) 2. sich — = braunikön (nel.).
bräunlich [bróŭnlịq] = braunilik.
Bräunling [bróŭnlịn] m. (braunhaarige Person)
= braunan.
Bräutigam [bróŭ-tigám] m. = higam, Braut
oder — = gam.
Brechbank [brą̊qbáŋk] v. 1. = knidatab 2. =
braköm.
brechbar [brą̊qbar] = breikovik.
Brechbarkeit [brą̊qbarkáĭt] v. = breikov.
Breche [brą̊qĕ] v. (Flachsbreche) = braköm.
Brecheisen [brą̊qáĭsĕn] n. = breikafer.
brechen [brą̊qĕn] 1. nel. = brekön (nel.), in
Stücke — = däbrekön (nel.) 2. lov. =
breikön (lov.), in Stücke — = däbreikön
(lov.) 3. den Flachs — = brakön (lov.)
filati 4. Bahn — = kulön (lov.).
Brechen [brą̊qĕn] n. 1. nel. = brek 2. lov. =
breik 3. das — des Flachses = brak filata.
brecherisch [brą̊qĕrịj] = luvomitik.
brecherlich [brą̊qĕrlịq] = luvomitik.
Brechmittel [brą̊qmịtĕl] n. = vomitamedin.
Brei [bráĭ] m. = bül.
breit [bráĭt] = vidik, — machen = vidükön
(lov.), sich — machen = pleidülön (nel.).
Breite [bráĭtĕ] v. 1. = vid 2. = vidot 3.
geographische — = videt.
breitnasig [bráĭt-nàsiq] = vidanudik.
breitschulterig [bráĭt-jụltĕrịq] = vidajotik.

Bremen [bremĕn] = Repüblik: ‚Bremen'.
Bremse [brą̊msĕ] v. 1. = frenöm 2. = ströin.
bremsen [brą̊msĕn] = frenön (lov.).
Bremsen [brą̊msĕn] n. = fren.
Bremser [brą̊msĕr] m. = frenan.
Bremsklotz [brą̊mšklóž] m. = frenablög.
Bremsschuh [brą̊mšjụ] m. = frenablög.
brennbar [brą̊nbar] = filovik.
Brennbarkeit [brą̊nbarkáĭt] v. = filov.
Brenneisen [brą̊n‐áĭsĕn] n. 1. (— der Wund‐
ärzte) = filädafer 2. (Kräuseleisen) = kru‐
gülamazäp.
brennen [brą̊nĕn] 1. = filön (nel.) 2. lefilön
(nel.), das Haus brennt = dom lefilon 3.
(verbrennen) = filükön (lov.) 4. sich — =
pafilädön (sufalefom) 5. (etwas, durch die
Wirkung der Hitze, des Feuers hervorbringen,
zubereiten) = filedön (lov.), Kohlen — =
filedön boadakolati.
Brennen [brą̊nĕn] n. = filam.
brennend [brą̊nĕnt] = filik.
Brennerei [brą̊nĕráĭ] v. 1. = filed 2. = filedöp
3. = spitinifiled 4. = spitinifiledöp.
Brennessel [brą̊n‐näšĕl] v. = rutid.
Brennglas [brą̊nglaš] n. = filamalentül.
Brennholz [brą̊nhólž] n. = filamaboad.
Brennöl [brą̊n‐öl] n. 1. (— zu Feuerung) =
filamaleül 2. (als Leuchtstoff) = litükamaleül.
Brennpunkt [brą̊npụŋkt] m. (Fokus) = fouk.
Brennspiegel [brą̊njpigĕl] v. = filamalok.
Brennstoff [brą̊njtóf] m. = filamastöf.
Bresche [brą̊jĕ] v. = lebrekod.
Bretagne [bretáñĕ, brĕtáñĕ] v. = Bretän.
Brett [brą̊t] n. = boed.
Bretterboden [brą̊tĕrbodĕn] m. = boedaglun.
brettern [brą̊tĕrn] 1. = boedik 2. (dielen) =
boedön (lov.).
Bretterzaun [brą̊tĕržáŭn] m. = kiud.
Brettspiel [brą̊tjpil] n. (Damspiel, Tricktrack,
...) = boedapled.
Brezel [brezĕl] v. = jöled.
Brief [brif] m. = pened.
Briefbeschwerer [brịfbĕjverĕr] m. = penädipe‐
dian.
Briefbuch [brịfbụq̌] n. = penedabuk.
Briefchen [brịfqĕn] n. (Brieflein) = penedil.
Briefkasten [brịfkáštĕn] m. = penedabog.
Brieflein [brịfláĭn] n. = penedil.
brieflich [brịflịq] = penediko, penedo.
Briefmarke [brịfmárkĕ] v. = flänükamamäk,
penedamäk.
Briefpapier [brif-papir] n. = penedapapür.
Briefschaft [brịfjáft] v. (Schriftstück) = penäd.
Briefschreiber [brịfjráĭbĕr] m. = penedan.
Briefsteller [brịfjtälĕr] m. (Leitfaden) = geida‐
buk pro penedans.
Briefstil [brịfjtil] m. = penedastül.
Brieftasche [brịftájĕ] v. = penedasakäd.
Brieftaube [brịftáŭbĕ] v. = potapijun.
Briefträger [brịfträgĕr] m. = penediblinan.
Briefumschlag [brịf-ụmjlak] m. = köv, in ein
— tun = kövön (lov.).
Briefwechsel [brịfvą̊xĕl] m. = spod.
Brigade [brigadĕ] v. = brigad.
brillant [brịlyánt] (glänzend) = nidik.

Brille [brịlě] v. = lün.
bringen [brịŋěn] 1. = blinön (lov.) 2. **fertig** — = lemekön (lov.), **in Anrechnung** — = kalükön (lov.), **in Anwendung** — = gebädön (lov.), **in Aufregung** — = fäkädükön (lov.), **in bösen Leumund** — = mirepütükön (lov.), **in das Magazin** — = magadön (lov.), **in die Ferne** — = fagükön (lov.), **in Einklang** — = baiädükön (lov.), **in Ordnung** — = leodüᴢkön (lov.), **in Sicherheit** — = sefükön (lov.), **in Verruf** — = mirepütükön (lov.), **in Verwirrung** — = bluvükön (lov.), **in Verzweiflung** — = däsperükön (lov.), **in Übereinstimmung** — = baiädükön (lov.), **ins Gleichgewicht** — = leigavetükön (lov.), **ins Klare** — = klülükön (lov.), **näher** — = nilükön (lov.), **Nutzen** — = frutön (lov.), **Schaden** — = dämükön (lov.), **vollständig zu Ende** — = ledunön (lov.), **zum Ausdruck** — = notodön (lov.), **zum Bewusztsein** — = sevälöfükön (lov.), **zur Anwendung** — = gebädön (lov.), **zur Verzweiflung** — = däsperükön (lov.), **zustande** — = vobädön (lov.).
Bringen [brịŋěn] n. = blin.
Bringer [brịŋěr] m. = blinan.
Britanniametall [brịtánia metál] n. = britaᴢmetal.
Britanniametallᴢ [brịtánia-metálᴢ] = ... britaᴢmetalik.
Britanniametallware [brịtánia-metál varě] v. = can britametalik.
Britannien [brịtániěn] n. 1. = Linglän 2. = Britän.
Britisch [brịtiჰ]: **das keltische** — = brit.
Britisch-Guayana [brịtiჰ guayàna] = Gvayän Linglänik.
Britte [britě] = britan.
brocken [brókěn] (bröckeln) =brekotön (lov.).
Brocken [brókěn] m. 1. = brekot, **in** — = brekotik 2. (Bissen) = zibablögäd.
Brom [brom] **Br.** = bromin.
Brombeere [brómberě] v. = bram.
Brombeerstaude [brómber-ჰtáůdě] v. =bramaruᴢbud.
Brombeerstrauch [brómber-ჰtráůǧ] m. = braᴢmarubud.
Bromsäure [bròmsóůrě] v. HBrO₃ = bromaᴢtazüd.
Bromwasserstoff [brom váჰěr-ჰtóf] HBr = hiᴢdrinabromin.
Bromwasserstofflösung [bròmváჰěrჰtóf lòsuŋ] HBr.aq = bromidazüd.
Bromwasserstoffsäure [bròmváჰěrჰtóf sóůrě] HBr.aq = bromidazüd.
Bronchie [brónqiě] v. = bron.
Bronnen [bróněn] m. (Brunnen) = fonäd.
Bronze [brófჰě, brófჰě] v. = bronsöt.
Bronzefarbe [brófჰě-fárbě] v. = bronsötaköl.
bronzefarbig [brófჰě-fárbịǧ] = bronsötakölik.
bronzen [brófჰěn] = bronsötik.
Bronzeware [brófჰěvarě] v. = bronsötacan.
bronzieren [brófჰịrěn] = bronsötakölön (lov.).
Brosame [bròsamě] v. = bodabrekül.
Brosche [brójě] v. = blötanad.

broschiert [brójĩrt] = pelutanädöl.
Brot [brot] n. 1. = bod, **von** — = bodik 2. (Laib) = boded 3. **sein** — **verdienen** = meritön (lov.) kosidi oka.
Brotᴢ [brotᴢ] = ... bodik.
Brotbäcker [bròtbäkěr] m. = bodel, bodibakan.
Broterwerb [bròt-ᴢärvᴢrp] m. (Lebensunterhalt) = kosid.
Brothändler [bròtᴢhändlěr] m. = bodatedan.
Brotkapsel [bròtkápჰěl] v. = bodiär.
Brotkruste [bròtkrᴢstě] v. = bodakrut.
brotlos [bròtloჰ] = nenkosidik.
Brotneid [bròtnáĩt] m. = kosidaglöt.
Brotrinde [bròtrịndě] v. = bodakrut.
Brotscheibe [bròtჰáĩbě] v. = bodaplatot.
Brotschnitte [bròtჰnịtě] v. = bodaplatot.
Brotschrank [bròtჰráŋk] m. = bodaramar.
Brotsuppe [bròtsᴢpě] v. = bodasup.
Brottorte [bròttórtě] v. = bodatoet.
bröckeln [brókěln] (zerstückeln) = brekotön (lov.).
Bruch [brᴢǧ] m. 1. (das Brechen, nel.) = brek 2. (das Brechen, lov.) = breik 3. (die durch das Entzweibrechen entstandere Verletzung = brekod 4. (Zahl) = frak 5. (Leiden) = härnid.
Bruchband [brᴢǧbánt] n. = härnidazön.
Bruchbandmacher [brᴢǧbánt-máǧěr] m. = härᴢnidazönel.
Bruchblei [brᴢǧbláĩ] n. = brekotoplumb.
Brucheisen [brᴢǧáĩsěn] n. = brekotofer.
Bruchsilber [brᴢǧsịlběr] n. = brekotolargent.
Bruchstein [brᴢǧჰtáĩn] m. = brekotoston.
Bruchstück [brᴢǧჰtᴢk] n. = brekot, **in Bruchstücke** = brekotik.
Bruchzahl [brᴢǧźal] v. = dilanum.
Bruchzink [brᴢǧźịŋk] n. = brekotozink.
Bruchzinn [brᴢǧźịn] n. = brekotostanin.
Bruder [brᴢděr] m. 1. = blod 2. — **oder Schwester** = gem 3. — **oder Schwester** (zur Bezeichnung von Gleichheit und Gemeinschaft) = svist 4. **lustiger** — = lefredan, **— Liederlich** = nestönan.
Bruderart [brᴢděrᴢart]: **nach** — = blodik.
Brudersinn [brᴢděrsịn] m. = svistäl.
Bruderssohn [brᴢděrsson]: **—, Schwestersohn, Brudertochter oder Schwestertochter** = nef.
brummen [brᴢměn] = brumön (nel.).
Brunei = Brunän.
Brunnen [brᴢněn] m. = fonäd, **artesischer** — = mekavafon di ‚Artois', [ártᴢa] (Fr.).
Brunnenkresse [brᴢněnkräჰě] v. = nasturt.
Brunnenkur [brᴢněnkur] v. = fonavatalekäl.
Brust [brᴢჰt] m. = blöt.
Brustbild [brᴢჰtbịlt] n. 1. = blötamagod 2. (Statue) = magot.
Brustentzündung [brᴢჰt-äntzᴢnduŋ] v. = dögaᴢflamat.
Brustkasten [brᴢჰtkäჰtěn] m. = blötabomem.
Brustkleid [brᴢჰtkláĩt] n. = blötaklot.
Brustkleidungsstück [brᴢჰt-kláĩdᴢŋჰtᴢk] n. = blötaklot.
Brustkorb [brᴢჰtkórp] m. = blötabomem.
Brustkrankheit [brᴢჰt-kráŋg-háĩt] v. =luegamaᴢläd.

Brustlatz [brṳštláž] m. = bavet.
Brustnadel [brṳštnadĕl] v. = blötanad.
Bruststück [brṳštjtṳk] n. (Brustbild) = blöta=
magod.
Brustwarze [brṳštváržĕ] v. = tät.
Brustwassersucht [brṳštvášĕrsṳ̇qt] v. = blöta=
drop.
Brustwehe [brṳštveĕ] v. = blötadol.
Brut [brṳt] v. 1. = kuvot 2. (das Brüten) =
kuv.
brutal [brutal] (roh) = grobälik.
Bruthenne [brṳthǟnĕ] v. = kuvajigok.
Brutstätte [brṳtjtǟtĕ] v. = kuvöp.
brutto [brṳto] = bruto.
Bruttobetrag [brṳtobĕtrak] m. = brut.
Bruttogewicht [brṳtogĕvi̧qt] n. = brutavät.
Bruyère=Holz [brüyårĕhólž] n. = brüyäraboad.
brüchig [brṳ̇qi̧q] = brekik.
Brückchen [brükqĕn] n. = ponil.
Brücke [brükĕ] v. = pon, Brücken bauen,
Brücken schlagen = bumön (lov.) poni.
Brückenbestandteil [brṳkĕn-bĕjtánt-táil] m. =
ponabinäd.
Brückengeld [brṳkĕngält] n. = ponamon.
Brückenjoch [brṳkĕnyóq̇] n. = ponabemem.
Brückenkopf [brṳkĕnkópf] m. = ponadaemod.
Brückenzoll [brṳkĕnžól] m. = ponamon.
brüderlich [brṳdĕrli̧q] = blodik.
Brüderschaft [brṳdĕrjáft] v. (Genossenschaft
von Brudern) = svistef.
brühen [brüen]: den Tee — = tratükön (lov.)
tiedi.
brüllen [brülĕn] = rorön (nel.).
Brünnchen [brṳnqĕn] n. = fonädil.
Brünnlein [brṳnláin] n. = fonädil.
Brüsseler [brṳšĕlĕr]: — Kohl = sprotiana=
brasid.
Brüste [brṳštĕ] pl. = dög, dögs.
brüsten [brṳštĕn]: sich — (prahlen) = pleidü=
lön (nel.).
brüten [brütĕn] = kuvön (lov.).
Brüten [brütĕn] n. = kuv.
Brüterei [brütĕráï] v. = kuv.
bst [bĕšt]: —! (st!) = sö!
Bube [bu̧bĕ] m. = hilupul.
Buch [bu̧q̇] n. 1. = buk, ein — aufschlagen =
maipadön buki, vom Buche = bukik 2. —
Papier = kvait papúra.
Buchbaum [bù̧q̇báüm] m. = bueg.
Buchbinder [bù̧q̇bi̧ndĕr] m. = bukitanädan.
Buchbinderei [bù̧q̇bi̧ndĕráï] v. = bukitanädöp.
Buchbinderleinen [bù̧q̇bi̧ndĕr=láinĕn] n. = linum
ad bukitanädam.
Buchbinderzeug [bù̧q̇bi̧ndĕr=žóŭk] n. = stumem
bukitanädik.
Buchblatt [bù̧q̇blát] n. (Blatt) = bukabled.
Buchdecke [bù̧q̇dǟkĕ] v. (Bucheinband) =
tanäd.
Buchdruck [bù̧q̇dru̧k] m. (Druck) = bük.
Buchdrucker [bù̧q̇dru̧kĕr] m. = bükan.
Buchdruckerkunst [bù̧q̇dru̧kĕr=ku̧nšt] v. = bü=
kav, bukibükav.
Buchdruckerschwärze [bù̧q̇dru̧kĕr=jväržĕ] v. =
bükablägin.
Buche [bu̧q̇ĕ] v. = bueg.

Buchecker [bù̧q̇=ǟkĕr] v. = bueganöt.
Bucheckernöl [bù̧q̇=ǟkĕrn=öl] n. = buegaleül,
leül se bueganöts.
Bucheichel [bù̧q̇=áïqĕl] m. = bueganöt.
Bucheinband [bu̧q̇-áïn-bánt] m. = tanäd.
Buchel [bu̧q̇ĕl] v. = bueganöt.
buchen [bu̧q̇ĕn] 1. (einschreiben) = nüpenön
(lov.) 2. lady. (von der Buche) = buegik.
Buchenholz [bù̧q̇ĕnhólž] n. = buegaboad, aus
— = buegik.
Buchfink [bù̧q̇fi̧nk] m. = frin.
buchführen [bù̧q̇fürĕn] = bukädön (nel.).
Buchführer [bù̧q̇fürĕr] m. = bukädan.
Buchführung [bù̧q̇fürṳn] v. = bukäd.
buchhalten [bù̧q̇háltĕn] = bukädön (nel.).
Buchhalter [bù̧q̇háltĕr] m. = bukädan.
Buchhalterei [bu̧q̇=háltĕráï] v. 1. (Buchhaltung)
= bukäd 2. (Ort) = bukädöp.
Buchhaltung [bù̧q̇háltṳn] v. = bukäd.
Buchhandel [bù̧q̇hándĕl] m. = bukated.
Buchhandlung [bù̧q̇=hándlṳn] v. = bukated.
Buchhändler [bù̧q̇händlĕr] m. = bukatedan,
bukiselan.
buchhändlerisch [bù̧q̇händlĕri̧j] = bukatedik.
Buchladen [bù̧q̇ladĕn] m. = bukiselidöp.
Buchmacher [bù̧q̇máq̇ĕr] m. (bookmaker) =
caloyülan.
Buchs [bu̧x̌] m. = boub.
Buchsbaum [bu̧x̌báüm] m. = boub.
buchsbaumen [bu̧x̌báümĕn] = boubaboadik.
Buchsbaumholz [bu̧x̌báüm-hólž] n. = bouba=
boad, aus —, von — = boubaboadik.
Buchstabe [bù̧q̇jtabĕ] m. = tonat, in Buchsta=
ben = tonato, einzelner — = soelatonat,
Buchstaben fortlassen = moädön (lov.)
tonatis.
Buchstabenrechnung [bù̧q̇jtabĕn-rȧqnṳn] v. =
lalgebrad.
Buchstabenzusammensetzung [bù̧q̇jtabĕn žusá=
mĕn-sȧžṳn] v. = koboyumot tonatas, tona=
takoboyumot.
buchstabieren [bu̧q̇jtabi̧rĕn] = tonatön (lov.).
Buchstabieren [bu̧q̇jtabi̧rĕn] n. = tonatam.
buchstäblich [bù̧q̇jtäpli̧q] = tonatik.
Bucht [bu̧q̇t] v. (Bai) = bug, Buchten habend
= bugik.
Buchung [bù̧q̇ṳn] v. (Einschreibung) = nüpe=
nam.
Buchweizen [bù̧q̇váïžĕn] m. = bökit.
Buchweizengrütze [bù̧q̇váïžĕn-grüžĕ] v. =
bökitagrot.
Buckel [bu̧kĕl] m. = gobad, einen — machen
= gobadön (nel.).
buckeln [bu̧kĕln] = gobadön (nel.).
Buckliger [bù̧kli̧gĕr] m. = gobadan.
Buckskin [bù̧x̌ki̧n] = ‚buckskin‘, [bȧx̌-ki̧n]
(Lin.), von — = de ‚buckskin‘, di ‚buckskin‘.
Buddhismus [bu̧di̧šmu̧š] m. = bud.
Buddhist [bu̧di̧št] m. = budan.
buddhistisch [bu̧di̧šti̧j] = budik.
Bude [bu̧dĕ] v. = buig.
Budenbesitzer [bù̧dĕnbesi̧žĕr] m. = buigan.
Bugi [bù̧gi] m. = bugiyan.
Buhle [bu̧lĕ] 1. m. = nepuedan 2. m. =
hinepuedan 3. v. = jinepuedan.

buhlen [bulĕn] (Unzucht treiben) = nepuedön (nel.).
Buhlerin [bùlĕrin] v. = jinepuedan.
Buhlin [bùlin] v. = jinepuedan.
Bukowina [bukovina] v. = Bukovän.
Bulgaren [bulgarĕn] pl. = bulgarans.
Bulgarien [bulgàriĕn] n. = Bulgarän.
Bulle [bulĕ] v. (Siegel einer Urkunde) = lesnil.
Bund [bunt] 1. m. (Bündnis) = fed, — von Freunden = flenafed 2. n. (Büschel) = tuf 3. Südafrikanischer — = Balatam Sulüda= Frikopa.
Bundesgenossenschaft [bundĕš-gĕnóšĕn-jáft] v. = fed.
bundesgenossisch [bundĕš-gĕnóšij] = fedik.
Bundeshauptstadtgebiet [bundĕš háŭptjtát gĕbit] : — des Australischen Staatenbundes = Kan= bärän, Cifazifaziläk Tatafeda Stralopik.
bundesmäszig [bundĕš-màšiq] = fedik.
Bundesmitglied [bundĕš-mitglit] m. = fedakom= penan.
Bundesstaat [bundĕšjtat] m. = fedatat.
Bundestag [bùndĕš=tak] m. = fedadel.
bunt [bunt] = vielik.
Buntfarbigkeit [buntfárbiq-káĭt] v. = viel.
buntscheckig [bùntjäkiq] = vielik.
Bureau [büro] n. = bür.
Bureaubeamter [bürò=bĕámtĕr] m. = büran.
Bureauchef [büròjäf] m. = büracif.
Bureaudiener [büròdinĕr] m. = büradünan.
Bureauvorsteher [bürò-fòrjteĕr] m. = büracif.
Bureauzeit [büròžáĭt] v. = bürüp.
Burg [burk] v. (Schlosz) = kased.
Burggraf [bùrkgraf] m. 1. = kasedacif 2. (als Titel) = vikikontan.
Burggrafschaft [bùrk-gràfjáft] v. (Würde) = vikont.
Burgherr [bùrkhär] m. = kasedacif.
Burgvogt [bùrkfokt] m. = kasedacif.
Burjäten [buryätĕn] pl. = buryätans.
Bursche [burjĕ] m. = hilepul.
burschenhaft [bùrjĕnháft] = hilepulik.
Burschenschaft [bùrjĕnjáft] v. 1. = hilepulef 2. (Genossenschaft) = hilepulaklub.
burschikos [bùrjikoš] = hilepulik.
Burzelbaum [bùržĕlbáŭm] m. = daivül.
burzeln [buržĕln] = daivülön (nel.).
Busch [buj] m. (Dickicht) = fotül.
buschartig [bùj=artiq] = fotülik.
buschicht [bùjiqt] = fotülagik.
buschig [bùjiq] = fotülik.
Buschmann [bùjmạn] m. = bojemanan.
Busen [busĕn] m. (Brust) = blöt.
Busenfreund [bùsĕnfróŭnt] m. = leflen.
Busennadel [bùsĕn=nadĕl] v. = blötanad.
Busze [busĕ] v. = pönid.
buszfertig [bùšfạrtiq] = pönidiälik.
Buszfertigkeit [bùšfạrtiqkáĭt] v. = pönidiäl.
Buszsakrament [bùš=sakramänt] n. = pönida= sakram.
Busztag [bùštak] m. = pönidadel.
Buszübung [bùsübuŋ] v. = pönidam.
Buszzeit [bùšžáĭt] v. = pönidüp.
Butan [butan] C₄H₁₀ = butan.
Butter [butĕr] v. = bör, mit — versehen =

börön (lov.), — machen aus = böridön (lov.).
Butterbämme [bùtĕrbämĕ] v. = bodaplatot peböröl, bodaplatot ko bör.
Butterbereitung [bùtĕr=bĕráĭtuŋ] v. = börid.
Butterbrot [bùtĕrbrot] n. = bodaplatot peböröl, bodaplatot ko bör.
Butterbüchse [bùtĕrbüxĕ] v. 1. (Blechbüchse für Butter) = börabüg 2. (Buttertopf) = böraskal.
Butterdose [bùtĕrdosĕ] v. = böraskal.
Butterfasz [bùtĕrfáš] n. 1. = böratub 2. (zum Buttern) = böridatüb.
Buttermachen [bùtĕrmáqĕn] n. = börid.
Buttermilch [bùtĕrmilq] v. = böridamilig.
buttern [bùtĕrn] v. = böridön (lov.).
Buttern [bùtĕrn] n. = börid.
Butterschnitte [bùtĕrjnitĕ] v. = bodaplatot pe= böröl, bodaplatot ko bör.
Butterteig [bùtĕrtáĭk] m. = börapest.
Buttertonne [bùtĕrtónĕ] v. = böridatub.
Buttertopf [bùtĕrtópf] m. = böraskal.
Bübin [bùbin] v. = jilupul.
Büchelchen [büqĕlqĕn] n. = bukil.
Bücher= [büqĕr=] = . . . bukik.
Bücherbeschreibung [bùqĕrbĕjráĭbuŋ] v.=buki= bepenam.
Bücherbrett [bùqĕrbrät] n. = bukaboed.
Bücherdieb [bùqĕrdip] m. = bukitifan.
Bücherkenner [bùqĕrkänĕr] m. = bukavan.
Bücherkunde [bùqĕrkundĕ] v. = bukav.
Büchersammler [bùqĕrsámlĕr] m. = bukikon= letan.
Büchersammlung [bùqĕrsámluŋ] v. = bukem, bukikonlet.
Büchertasche [bùqĕrtájĕ] v. = bukasakäd.
Bücherverkauf [bùqĕrfärkáŭf] m. = bukisel.
Bücherverkäufer [bùqĕrfärkáŭfĕr] m. = buki= selan.
Büchlein [büqláĭn] n. (Büchelchen) = bukil.
Büchse [büxĕ] v. 1. = büg 2. (Karabiner) = günül.
Büchsenmacher [bùxĕnmáqĕr] m. 1. = bügel 2. = günülel.
bücken [büken] : sich — = biegädön (nel.).
Büffel [büfĕl] m. = bobub.
Büffelhorn [bùfĕlhórn] n. = bobubahon.
Bügel [bügĕl] m. = boib.
Bügeleisen [bùgĕl=áĭsĕn] n. = smufükamafer.
bügeln [bügĕln] = smufükön (lov.).
Bühne [bünĕ] v. 1. (erhöhtese Gerüst für schauende Personen) = städ 2. (Theater) = teat.
Bühnendekoration [bünĕn dekoražion] v. = teatadekorat.
bühnenmäszig [bùnĕnmäšiq] = teatik.
Bündel [bündĕl] n. = tuf.
bündeln [bündĕln] = tufön (lov.).
bündelweise [bùndĕlváĭsĕ] = tufik.
bündig [bùndiq] = nabófik.
Bündigkeit [bùndiqkáĭt] v. = nabóf.
Bündnis [bùntnjš] n. = fed, — von Freunden = flenafed.
Bürde [bìrdĕ] v. (Fracht) = fled.
Bürette [bürạtĕ] = bürät.

Bürge [bŭrgĕ] m. (Garant) = garanan.
Bürger [bŭrgĕr] m. = sifan, Stand eines Bür-
gers = sif, zum — machen = sifön (lov.).
Bürgerkrieg [bŭrgĕrkrik] m. = sifanakrig.
bürgerlich [bŭrgĕrlịq] 1. = sifädik 2. = sifä-
döfik.
Bürgerlichkeit [bŭrgĕrlịqkáĭt] v. = sifädöf.
Bürgermeister [bŭrgĕrmáĭstĕr, bŭrgĕrmáĭstĕr] m.
= sifal.
Bürgerrecht [bŭrgĕr-räqt] n. = sifagit.
Bürgerschaft [bŭrgĕrjáft] v. 1. (Stand eines
Bürgers) = sif 2. (Gesamtheit der Bürger)
= sifanef.
Bürgerschule [bŭrgĕrjụlĕ] v. = sifanajul.
Bürgersmann [bŭrgĕrsmán] m. = sifädan.
Bürgerstand [bŭrgĕrjtánt] m. (im Gegensatz zum
Adel-, Bauer-, Wehrstand) = sifäd.
Bürgschaft [bŭrkjáft] v. = garan.
Bürste [bŭrstĕ] v. = kef.
bürsten [bŭrstĕn] = keföň (lov.).
Bürstenbinder [bŭrstĕnbịndĕr] m. = kefel.
Bürstenbinderware [bŭrstĕnbịndĕrvarĕ] v. =
can kefela, kefelacan.
Bürstenmacher [bŭrstĕnmáqĕr] m. (Bürstenbin-
der) = kefel.
Bürster [bŭrstĕr] m. = kefan.
Büschel [bŭjĕl] m. = tuf.
büschelartig [bŭjĕl-artịq] = tufik.
Büschelhaarige [bŭjĕlhàrịgĕ] m. = tufaheran.
büschelweise [bŭjĕlváĭsĕ] = tufik.
Büste [bŭstĕ] v. = blötamagot.
büszen [bŭšĕn] = pönidön (lov.).
Büszung [bŭšụŋ] v. = pönidam.
Bütte [bŭtĕ] v. = tüb.
Büttelei [bŭtĕláĭ] v. = fanäböp.

C. c.

Cadmium [kátmiụm] n. Cd = kadmin.
Calcium [kálžiụm] n. Ca = kalsin.
Calciumchlorit [kálžiụm klorit] CaCl₂ = kal-
sinaklorid.
Calciumfluorid [kálžiụm fluorit] CaF₂ = kal-
sinafluorid.
Calciumhydrid [kálžiụm hüdrit] CaH₂ = kal-
sinahidrin.
Calciumhydrosulfid [kálžiụm hüdrošulfit] Ca
(SH)₂ = monokalsinasulfid.
Calciumhydroxyd [kálžiụm hüdróžŭt] Ca(OH)₂
= kalsinabäd.
Calciumhypochlorit [kálžiụm hüpoklorit] Ca
(ClO)₂ = kalsinahüpklorit.
Calciumkarbid [kálžiụm kárbit] CaC₂ = kal-
sinakarbid.
Calciumkarbonat [kálžiụm kárbonàt] CaCO₃
= kalsinakarbat.
Calciummanganit [kálžiụm máŋganit] CaMnO₃
= kalsinamanganit.
Calciumnitrat [kálžiụm nitrat] Ca(NO₃)₂ =
kalsinanitrat.
Calciumoxyd]kálžiụm óžŭt] CaO = kalsina-
loxid.
Calciumperoxyd [kálžiụm päróžŭt] CaO₂ =
kalsinapärloxid.

Calciumphosphat [kálžiụm fóšfàt] : tertiäres —,
Ca₃(PO₄)₂ = trikalsinarotofosfat.
Calciumsulfat [kálžiụm sulfat] CaSO₄ = kal-
sinasulfat.
Canada [kánada] n. = Kanadän.
Cañon [káňòn] = legur.
Cao-Daismus = kaodait.
Carillon [karilyóň] = klokem.
Carillonmusik [karilyóň-musik] v. = klokema-
musig.
Cäsium [žàsiụm] n. Cs = zäsin.
Casiumoxyd [žàsiụm óžŭt] Cs₂O = zäsinaloxid.
Castilianisch [káštiliànij] n. = kastiliy.
Castilien [káštiliĕn] = Kastiliyän.
Celebes [žĕlĕbäš] = Selebeän.
Cementit [žemäntit] = semäntit.
Cent [sänt, zänt] m. k. 1. = balboatazim 2. =
bolivarazim Venesolänik 3. = dolarazim 4.
= flonazim 5. = gurdazim 6. = klonazim
Lestiyänik 7. = kolenazim Kostarikänik 8.
= kordobazim 9. = lämpirazim 10. =
lietazim 11. = pesodazim Mäxikänik 12. =
sukretazim.
Centavos, k. 1. = bolivarazim Bolivänik 2. =
kolenazim Salvadoränik 3. = kväzalazim 4.
= langolarazim 5. = läskudazim 6. =
netapesodazim Kolumbänik 7. = pesodazim
(Cilänik, Dominikeänik, Filipuänik, Kubeänik,
Largäntänik, Paragvänik) 8. = pounazim
Peruvänik.
Centesimo [čäntèsimo] k. = liradazim.
Centesimos, k. = pesodazim Luruguyänik.
Centime [šáňtìm] k. (Rappen) = franazim.
Centième [šáňtiàm] k. = belgadazim.
Centimos, k. = pesetazim.
Cerium [žèriụm] Ce = zerin.
Cesium [žèsiụm] Cs = zäsin.
Ceylon [žàĭ-lón] = Säleän.
Chaise [jäsĕ] v. = jäd.
Chaldäa [káldàa] n. = Kaldeyän.
Chaldäisch [káldàij] n. = kaldey.
Chamäcephalie [qamäžefali] v. = lövakap.
Chamäleon [kamäleón] n. 1. = kameleon 2. st.
= sikameleon.
chamäleonartig [kamäleónartịq] = kameleonik.
Chamäleonsnatur [kamäleónš-natur] v. = natäl
kameleonik.
Champagne [jáňpáňĕ] v. = Jampän.
Champagnerwein [jámpáňĕr-váĭn] m. = Jam-
pänavin.
Champignon [jámpiňóň] m. = jaben.
Champion [čámpyĕn] m. = ‚champion' [čám-
pyĕn] (Lin.), mätivikodan, fokomipan, mäta-
mastan.
Chance [jáňšĕ] v. (Glückswechsel) = mögod.
Chaos [kàóš] n. = kaot.
chaotisch [kaòtịj] = kaotik.
Charakter [karáktĕr] m. = kalad.
charakterfest [karáktĕrfäst] = kaladanämik.
Charakterfestigkeit [karáktĕr-fặstịqkáĭt] v. =
kaladanäm.
charakterisieren [karáktĕrisìrĕn] = kaladön
(lov.).
charakteristisch [karáktĕrịstịj] = kaladik.

Charakterstärke [karáktĕrjtärkĕ] v. = kalada‹ näm.

Charakterzug [karáktĕržu̯k] m. = kaladapatäd.

Charta [járta]: charta magna = stabalonado‹ küm.

Charwoche [kàrvóğĕ] v. = lügavig.

Chassis [jáši] (Untergestell eines Autos) = jasid.

Chaussee [jŏše] v. = lesüt.

Chef [jäf] m. = cif.

Chemie [qemi] v. = kiem, — üben = kiema‹ vön (nel.).

Chemiewissenschaft [qemìvi̯šĕnjáft] v. = kiemav.

Chemiker [qèmi̯kĕr] m. = kieman, als — tätig sein = kiemön (nel.).

chemisch [qèmi̯j] = kiemik, chemische Instru‹ mente für Laboratorien = stums kiemavik pro voböps.

Chemischverbundensein [qèmi̯j fa̯rbu̯ndĕn sáïn] n. = kobotam.

Chemist [qemi̯št] m. = kiemavan.

Cherub [qèru̯p] m. = kerub.

Chiffre [ji̯fĕr] v. = jüf.

chiffrieren [ji̯fri̯rĕn] = jüfön (lov.).

Chiffrieren [ji̯fri̯rĕn] n. = jüfam.

Chiffrierer [ji̯fri̯rĕr] m. = jüfan.

Chile [čile, qìle] n. = Cilän.

Chilener [čilènĕr] m. = cilänan.

Chilenisch [čilèni̯j] = Cilänik, — machen (chi‹ lenisieren) = Cilänön (lov.).

chilenisieren [čilenisi̯rĕn] = Cilänön (lov.).

Chilisalpeter [čili-sálpĕtĕr] NaNO₃ = Ciläna‹ salpet.

China [qìna] n. = Tsyinän.

Chinese [qinèsĕ] m. = tsyinan, Tsyinänan.

chinesisch [qinèsi̯j] Tsyinänik, chinesische Tu‹ sche = nig Tsyinänik, die chinesische Spra‹ che = tsyin.

Chinin [qinin] n. = kinin.

Chippewa (Indianer) = coipevans.

Chirurg [qiru̯rk] m. = kötetavan.

Chirurgie [qiru̯rgi] v. = kötetav, — üben = kötetavön (nel.).

chirurgisch [qiru̯rgi̯j]: chirurgische Instrumente = stums kötetavik.

Chlor [klor] n. Cl = klorin.

Chloramin [klor amin] NH₂Cl = balklorlamo‹ niak.

Chlorammonium [klor ámònium] H₄NCl = lamoniumaklorid.

Chlorazid [klor azit] N₃Cl = klorinalazid.

Chlorcalcium [klorkálzi̯um] CaCl₂ = kalsina‹ klorid.

Chlordioxyd [klor dióx̌ut] ClO₂ = klorinatel‹ loxin.

Chlorgas [klòrgaš] n. = klorinavap.

Chlorheptoxyd [klor häpt‹óx̌ut] Cl₂O₇ = pär‹ kloratastabot.

Chlorkalk [klòrkálk] m. = klorinazem.

Chlormonosilan [klor mòno silan] SiH₃Cl = balklorbalidsilikan.

Chlormonoxyd [klor mon óx̌ut] Cl₂O = hüp‹ kloritastabot.

Chlornatrium [klor nàtri̯um] NaCl = natrina‹ klorid.

Chloroform [klorofórm] n. = klorofum.

Chlorsäure [klor sóűrĕ] HClO₃ = kloratazüd.

Chlorsilicium [klor sili̯žium] SiCl₄ = folklor‹ balidsilikan, balsilikinafolklorin.

Chlorstickstoff [klor i̯ti̯kjtóf] NCl₃ = kilklor‹ lamoniak.

Chlorsulfonsäure [klor sulfón-sóűrĕ] ClSO₃H = balklorülsulfatazüd, klorinasulfionazüd.

Chlorwasser [klòrvášĕr] n. = klorinavat.

Chlorwasserstoff [klor vášĕr-jtóf] HCl = hi‹ drinaklorin.

Chokoladesurrogat [jokoladĕ-su̯rogat] n. = plaädot jokolada.

Cholera [kòlèra] v. = koler.

cholerisch [kolèri̯j] = nämaladälik.

Chor [kor] 1. m. (— der Sänger, — der Musi- ker) = kor 2. n. (Raum des Kirchenchores) = glügakoröp.

Choral [koral] m. mus. = korüm.

Chorist [kori̯št] m. = koran.

Chrestomathie [krästomati] v. = lautotem.

Christ [kri̯št] m. = kritan.

Christenheit [kri̯štĕnhäit] v. = kritanef.

Christenkind [kri̯štĕnki̯nt] n. = kritanacil.

Christensinn [kri̯štĕnsi̯n] m. = kritäl.

Christentum [kri̯štĕntu̯m] n. (christliche Reli- gion) = krit.

Christfest [kri̯štfäšt] n. (Weihnachtsfest) = kritidazäl.

christianisieren [kri̯štianisi̯rĕn] = kritön (lov.).

Christianisierung [kri̯štianisi̯ru̯ŋ] v. = kritam.

Christin [kri̯štin] v. = jikritan.

Christkind [kri̯štki̯nt] n. = cil: Kristus.

christlich [kritik] = kritik, christliche Religion = krit, christliche Zeitrechnung = timed kritik.

Christus [kri̯štu̯š] m. = Kristus, Braut Christi = jigam Kristusa.

Christuskind [kri̯štu̯š‹ki̯nt] n. = cil: Kristus.

Chrom [krom] n. Cr = kromin.

Chroma [kròma] (Intervall eines halben Tones) = lafüd.

Chromalaun [krom aláun] K₂SO₄.Cr₂(SO₄)₃.24 H₂O = kalinakrominilaun.

chromatisch [kromàti̯j] = lafüdemik.

Chromichlorid [kromiklorit] CrCl₃ = kromini‹ klorid.

Chromihydroxyd [kròmi hüdróx̌ut] Cr₂O₃.2H₂O = krominibäd.

Chromisulfat [kròmi sulfat] Cr₂(SO₄)₃ = kro‹ minisulfat.

Chromochlorid [kròmo klorit] CrCl₂ = kro‹ minoklorid.

Chromohydroxyd [kròmo hüdróx̌ut] Cr(OH)₂ = krominobäd.

Chromolithographie [kròmo litografi] v. = kölastonabük.

Chromoxychlorid [krom óx̌ü klorit] CrO₂Cl₂ = telklorülkromatazüd.

Chromoxyd [krom óx̌ut] Cr₂O₃ = kromini‹ loxid.

Chromoxydul [krom óx̌üdùl] CrO = kromino‹ loxid.

Chromsäureanhydrid [kròmsóűrĕ ánhüdrit] CrO₃ = kromatastabot.

Chromylchlorid [kròmül klorit] CrO_2Cl_2 = tel= klorülkromatazüd.
Chronik [krònịk] v. = kronig.
chronisch [krònịj] (langwierig) = lunadulik.
Chronogramm [kronográm] n. = yelanumaliä= nem.
Chronolog [kronolog] m. = timavan.
Chronologie [kronologi] v. = timav.
Circassier = tsyärkätan.
Clair-obscur [klär ópškür] n. = kliledof.
Clown [kláŭn] m. = klaunan.
Cochenille [kójěnịlyě] v. = kosinul.
Cognac [kóñák] m. = konyak.
Coiffeur [kŏáfȯr] m. = heran.
Coiffeuse [kŏáfȯsě] v. = jiheran.
coiffieren [kŏáfiren] = herön (lov.).
Coliseum [kolisèum] n. = kolised.
Colón, k. = kolen (Kostarikänik, Salvadorä= nik).
Comité [komite] n. = soged.
Commis-voyageur ([kómi voaayajör] m. = tedatävan.
concreto [kónkrèto]: in — = dabinoto.
Congo [kóŋgo] (Gebiet) = Kongoän.
contagiös [kóntagiöš] = näfätik.
conto [konto]: — corrento [kóntokórậnto] = ,conto corrento', kal golik.
Corps [kór]: — diplomatique = dipanef.
Corrigenda [kórigậnda] pl. (Berichtigungen) = koräkot, koräkots.
Coupé [kupe] n. = vabadiläd.
Couplet [kuple] n. (Strophe) = strof.
Coupure [kupürě] v. (Abschnitt einer Aktie) = zötabalat.
Cousin [kusáñ] m. = hiköst, — oder Cousine = köst.
Cousine [kusině] v. = jiköst, Cousin oder — = köst.
Córdoba, k. = kordob.
Crees (Indianer) = kreyans.
Cuba [kùba] (Insel) = Kubeän.
Curaçao [kurašào] n. = Küraseän.
Cyan [žüan] C_2N_2 = küan.
Cyangas [žüàngaš] n. = küanavap.
Cyankalium [žüankàliụm] KCN = kalinaküa= nid.
cyansauer [žüànsáŭěr]: cyansaures Kalium, CNOH = kalinaküanat.
Cyansäure [žüànsóŭrě] CNOH = küanatazüd.
Cyanwasserstoffsäure [žüan vášěr-ịtófsóŭrě] HCN = küanidazüd.
Cypern [žüpern] n. = Spreän.

D. d.

da [da] 1. (als, wenn) = ven 2. (weil) = bi 3. (während) = du (kony.) 4. jetzt —, nun — = nü (kony.) 5. (existierend, vor- handen) = dabinik 6. (daselbst) = us 7. (nachher) = täno 8. —, wo = uto, kö 9. = dü kel, dü kels, — (wo) = in kel, in kels.
dabei [dabáï] = lä at, — sein (beiwohnen, zugegen sein) = komön (nel.).

Dach [dáǧ] n. = nuf, das — decken = nufi= tegön (nel.).
Dachboden [dáǧboděn] m. = masad.
Dachdecker [dáǧdǎkěr] m. = nufitegan.
Dachfenster [dáǧfǎnštěr] n. = nufafenät.
Dachglas [dáǧglaš] n. = nufaglät.
Dachkammer [dáǧ-káměr] v. = masadalucem, nufalucem.
Dachrinne [dáǧrĭně] v. = legruf.
Dachs [dáx] m. 1. = daf 2. (Dachshund) = dafadog.
Dachschiefer [dáǧjifěr] m. = nufaslet.
Dachshund [dáxhụnt] m. = dafadog.
Dachziegel [dáǧžigěl] m. = tein, gläserner — = glätatein, — machen = teinön (nel.).
Dachziegelei [dáǧ-žigěláï] v. = teinöp.
Dachziegler [dáǧžiglěr] m. = teinel.
Dackel [dákěl] m. = dafadog.
dadurch [dadụrq] 1.=dubo (ladv.) 2. (dahin- durch) = da plad at 3. —, dasz = medä (kony.).
dafern [dafậrn] (im Falle dasz] = üf.
dafür [dafụ̀r] = pla at.
dafürhalten [dafụ̀rháltěn] (erachten) = cedön (lov.).
Dafürhalten [dafụ̀rháltěn] n. = ced.
dagegen [dagegěn] 1. = ta at, — sein = taön (nel.) 2. kony. = güä (kony.).
dagegenhalten [dagěgěnháltěn] =takipön (lov.).
daheim [daháïm] = lomo, — bei = lomü.
daher 1. [daher] = klu (kony.), kludo (ladv.) 2. [daher] = isio, von — (von hier) = isao, de plad at 3. [dàher] —, weil = dub atos, das 4. [daher] = usao, von — = usao.
daherum [dahärụm] (darum) = zü at.
dahier [dahir] (hier) = is.
dahin 1. [dahịn] (fort, weg) = mo, —! (weg!) = moö! 2. [dàhịn] = usio, —! = usiö!
dahinaus [da hịnáŭš] = usio.
dahindurch [da hịndụrq] = da plad at, da top at.
dahinein [da hịnáïn] = ini at.
dahingegen [da hịngegěn] = güä (kony.).
dahinten [dahịntěn] = pödo.
dahinter [dáhịntěr] = po at.
Dahome [dàhome] = Dahomän.
Dajak [dàyák] m. = dayakan.
Dakota [dakòta] (Indianerstamm) = dakotan.
Dalmatien [dálmàžiěn] n. = Dalmatän.
Dalmatier [dálmàžiěr] m. = Dalmatänan.
damalig [dàmalịq] = tima et, ettimik.
damals [dàmalš, da malš] = in tim et.
Damast= [damášt=] = ... damatik.
damasten [damáštěn] = damatik.
Damastgewebe [damáštgěvebě] n. = damat.
damaszieren [damáščiren] = damaskön (lov.).
Dambrett [dámbrǎt] n. = daimaboed.
Dame [damě] v. 1. (Lady) = läd, Herr oder — = siör, junge — = vomül, lädül, Notre — = leläd 2. — spielen = daimön (nel.).
damen [daměn] = daimön (nel.).
Damenhut [dàměnhut] m. = lädähät.

Damhirsch [dámhịrj] m. = ‚cervus dama', [žȧrvụš dàmá] (lat.).
damit [damịt] 1. ko at 2. heraus —! = givö! 3. (aufdasz) = dat.
damitten [damịtĕn]: — durch = zänodo da.
Damm [dám] m. = dam (in vat), mit einem — bezwingen = damön (lov.).
Dampf [dámpf] m. 1. = fogül 2. (Wasser- dampf) = stem, auf den — bezüglich = stemik.
Dampfbad [dámpfbat] n. = stemaban.
Dampfbagger [dámpf-bágĕr] m.=stemabaegian.
Dampfboot [dámpfbot] n. = stemanaf.
Dampfbrauerei [dámpf-bráŭĕráï] v. = stema- biröp.
dampfen [dámpfĕn] = fogülön (nel.).
Dampferzeugung [dámpf ȧržóŭgụŋ] v. = vobäd stema.
Dampfheizung [dámpf-háïžụŋ] v. = stemava- mükam.
Dampfkammer [dámpf-kámĕr] v. = stemaspad.
Dampfkessel [dámpfkȧšĕl] m. = stemacaf.
Dampfklappe [dámpf-klápĕ] v. = stemakläp.
Dampfmaschine [dámpf-majinĕ] v. = stemacin.
Dampfmühle [dámpfmülĕ] v. = stemamül.
Dampfpfeife [dámpf-pfáfĕ] v. = stemaflutül.
Dampfschiff [dámpfjịf] n. = stemanaf.
Dampfschiffahrt [dámpf-jịffart] v. = stemana- fam.
Dampfstraszenbahn [dámpf-jtràšĕnban] v. = stematräm.
Dampfwagen [dámpfvagĕn] m. = stemavab.
Damspiel [dàmjpil] n. = daimapled.
Damstein [dàmjtáïn] m. = daim.
danach [danȧǯ] = bai at.
daneben [danebĕn] = näi at.
danieden [danidĕn] = us dono.
danieder [danịdĕr] = donio.
dank [dáŋk]: —! = danö! schönsten —! gröszten —! besten —! ... = dani gudikün! dani gretikün! ... — dem — danädü.
Dank [dáŋk] m. = dan, — wissen = danädön (lov.), — sei es dem ... = danädü.
dankbar [dáŋkbar] (erkenntlich) = danöfik, — sein = danöfön (nel.).
Dankbarkeit [dáŋkbar-káït] v. = danöf.
Dankbezeigung [dáŋk-bĕžáïgụŋ] v. = danam.
Dankbezeugung [dáŋk-bĕžóŭgụŋ] v. = danam.
danken [dáŋkĕn] = danön (lov.).
Danken [dáŋkĕn] n. = danam.
dankenswert [dáŋkĕnšvert] = danabik.
danksagen [dáŋksagĕn] = danisagön (nel.).
Danksagung [dáŋk-sàgụŋ] v. = danam.
dann [dán] 1. = tän (kony.) 2. (nachher) = täno (ladv.), jetzt ... — ... = nu ... täno ... — und wann (zuweilen) = semikna 3. von — an = siso (ladv.).
Danzig [dánžiq]: Frei Stadt — = Libazif : ‚Danzig'.
daran [darán, dàrán] = len at, — denken = lememön (lov.).
daranbauen [darán-báŭĕn] = lenbumön (lov.).
daranwagen [daránvagĕn]: beim Spiel — = kayotön (lov.) pledo.
darauf 1. [daráŭf] (nachher) = poso 2. [dàr-

áŭf] (auf dieses) = su at 3. — ankommen = binön ledin, darauf kommt es an = binos ledin.
daraus [daráŭš] = se at, — wird nichts = atos ovedon nos.
darben [dárbĕn] = defädön (nel.).
darbieten [dàrbịtĕn] = lofön (lov.).
Darbietung [dàrbịtụŋ] v. = lof.
darbringen [dàrbriŋĕn] = blinön (lov.).
darein [daráïn, dàráïn] (dahinein) = ini at.
Dargestellte [dàrgĕjtȧltĕ]: das — = magod.
darherum [dar härụm] = zü at.
darin [darịn] (hierin) = in at.
darinnen [darịnĕn] = in at.
darinhalten [darịnháltĕn] = ninakipön (lov.).
darinnen [darịnĕn] = in at.
darlegen [dàrlegĕn] (auseinandersetzen) = plä- nedön (lov.).
Darlehen [dàrleĕn] n. = prünot.
darleihen [dàrláïĕn] = prünön (lov.).
Darleiher [dàrláïĕr] = prünan.
Darm [dárm] m. = göt.
Darmgicht [dármgịqt] v. = götakolid.
Darmgrimmen [dármgrịmĕn] n. = götakolid.
Darmkolik [dárm-kolik] v. = götakolid.
Darmkanal [dárm-kanal] m. = götem.
Darmtyphus [dárm-tŭfụš] m. = tüfoid.
darnach [darnȧǯ] 1. = bai at 2. (nachher) = täno.
darstellen [dàrjtȧlĕn] 1. = magön (lov.), plas- tisch —, anschaulich — = magön plastäto, figurativ — = figurön (lov.) 2. (andeuten) = sinifön (lov.).
Darstellen [dàrjtȧlĕn] n. = mag.
Darsteller [dàrjtȧlĕr] m. = plösenan.
darum [darụm, dàrum] 1. (deswegen) = demü at, demü atos, demü kod at 2. (daherum) = zü at 3. —, weil = dub atos, das.
darunter [darụntĕr] (unter etwas) = diso.
darüber [darübĕr] = dö at, dö atos.
das [dáš] lart. 1. eli ‚der' !
dasein [dàsáïn (existieren) = dabinön (nel.).
Dasein [dàsáïn] n. (Existenz) = dabin.
daselbst [dasȧlpst (dort) = us.
dasig [dàsiq] (hiesig) = isik.
dastehen [dàjteĕn]: verstummt —, aufs höchste erstaunt — = lestunön (nel.).
dasz [dáš] 1. = das, sei es — ... oder — ... = u das ... u das ... 2. als — = adas, als — (po pluamafom) = kas, derart — (sodasz) = sodas, ohne — = nendas.
datieren [datịrĕn] = dätön lov.).
datiert [datirt]: — vom = dätü.
Dativ [datif] m. (Wemfall) = datif.
Dativobjekt [datịf-ópyȧkt] n. = demod.
dativobjektivisch [datịf ópyȧktivịj] = demodik.
dato [dáto] 1. a — = ‚a dato', ‚a d.' 2. (nach heute) = sis adät 3. bis — = jü adät.
Dattel [dȧtĕl] v. = daet.
Dattelbaum [dátĕl-báŭm] m. = daetabim, dae- tep.
Dattelpalme [dátĕl-pálmĕ] v. = daetabim, daetep.
Datum [dàtụm] n. = dät, der heutige — = adät.

Daube [dáŭbĕ] v. (Faszdaube) = stef.
Dauer [dáŭĕr] v. (Andauer) = dul.
dauerhaft [dáŭĕr-háft] = dulöfik.
Dauerhaftigkeit [dáŭĕr-háftiqkáĭt] v. (Haltbarkeit) = dulöf.
dauern [dáŭĕrn] (währen) = dulön (nel.).
dauernd [dáŭĕrnt] = dulik.
Daumen [dáŭmĕn] m. = döm.
Daune [dáŭnĕ] v. (Flaum) = daun.
Daunenfeder [dáŭnĕnfedĕr] v. = daunaplüm.
davonlaufen [dafón-láŭfĕn] = mogolön (nel.), mogolön vifiko, morönön (nel.).
dawider [davidĕr] 1. (dagegen) = ta at, — sein = taön (nel.) 2. (dahingegen) = güä (kony.).
Dazien [dàžiĕn] = Dazän.
dazu [dažu] = lü at.
dazukommen [dažùkómĕn] = läikön (nel.).
dazwischen [dažvįjĕn] = vü ats, vü ets, vü ons, ...
dazwischenkommen [dažvįjĕnkómĕn] = vükö*mön (lov.).
Dazwischenkunft [dažvįjĕnkųnft] v. = medam, vüköm.
dazwischentreten [dažvįjĕntretĕn] 1. = medön (nel.) 2. = vügolön (lov.).
dämmen [dämĕn] = damön (lov.).
dämmerig [dämĕriq] = lulitik.
dämmern [dämĕrn] = lulitikön (nel.).
Dämmerung [dämĕrųŋ] v. = lulit.
dämpfen [dämpfĕn] 1. (löschen) = kvänön (lov.) 2. (Dampf auf etwas einwirken lassen) = stemön (lov.).
Dämpfung [dämpfųŋ] v. = kvän.
Däne [dänĕ] m. = Danänan.
Dänemark [dänĕmárk] n. = Danän.
Debet [dèbät] n. = debet (in ted).
Debetseite [dèbät*sáĭtĕ] v.=debetaflan, debeta*pad.
debitieren [debitirĕn] = debetön (lov.).
Debitor [dèbitór] m. = debetan.
Dechanat [dägqanat] n. 1. (Würde) = dekät 2. (Dechanei) = dekätän, dekätaziläk.
Dechanei [dägqanáĭ] v. = dekätaziläk, dekätän.
Dechant [dägqánt] m. (Dekan) = dekätan.
Deck [däk] n. = däk.
Decke [däkĕ] v. 1. — eines Zimmers = nufed cema 2. (z.B.: Tischdecke) = tegäd (a.s.: tabategäd) 2. (z.B.: Bettdecke, Reisedecke) = teged (a.s.: bedateged, tävateged).
Deckel [däkĕl] m. = tegot.
decken [däkĕn] 1. (bedecken) = tegön (lov.) 2. das Dach — = nufitegön (nel.) 3. mit Schiefer — = sletotegön (lov.) 4. den Tisch — = stofedön (lov.) tabi 5. sich — (identisch sein) = dientifön (nel.).
Decken [däkĕn] n. = teg.
Deckfläche [däkfläqĕ] v. = löpaplen.
Deckmantel [däkmántĕl] m. = tegamäned.
Deckung [däkųŋ] v. = teg.
defekt [defäkt]: — sein = döfön (nel.).
Defekt [defäkt] m. (Gebrechen) = döf.
Defilee [defile] n. (Vorbeimarsch) = beimalek.
definieren [definirĕn] = miedetön (lov.).
Definition [definižion] v. = miedet.

Degen [degĕn] m. = den.
Degeneration [degeneražion] v. = mived.
degenerieren [degenerirĕn] = mivedön (nel.).
Degenklinge [dègĕnklįnĕ] v. = denalam.
Degenscheide [dègĕnjáĭdĕ] v. = denavead.
Degenspitze [dègĕnjpižĕ] v. = denatipot.
dehnbar [dènbar] = tenädovik.
Dehnbarkeit [dènbar*káĭt] v. = tenädov.
dehnen [denĕn] 1. (ausstrecken) = tenükön (lov.) 2. sich — = tenikön (nel.) 3. (lange aussprechen) = tenedön (lov.).
Dehnung [dènųŋ] v. (lange Aussprache) = tened.
Deich [dáĭq] m. = daig.
Deichsel [dáĭxĕl] v. 1. = deig 2. (Hacke) = cop.
Deichselpferd [dáĭxĕlpfert] n. = deigajevod.
dein [dáĭn] = olik.
Deine [dáĭnĕ]: das — = olikos.
Deinige [dáĭnigĕ]: der — = olikan.
deins [dáĭnš] = olikos.
Dekagramm [dèka grám] n. (br. bev.: D.G.) .= deggram.
Dekaliter [dèka litĕr] n. (br. bev.: D.L.) = degliät.
Dekameter [dèka metĕr] n. (br. bev.: D.M.) = degmet.
Dekan [dekan] m. 1. = dekätan 2. —, $C_{10}H_{22}$ = degan.
Dekanat [dekanat] n. = dekätän.
dekantieren [dekántirĕn] = degifön (lov.).
Deklamation [deklamažion] v. = deklam.
deklamieren [deklamirĕn] = deklamön (lov.).
Deklination [deklinažion] v. (Abwandlung) = deklin.
deklinierbar [deklinirbar] = deklinovik.
deklinieren [deklinirĕn] = deklinön (lov.).
Dekokt [dekókt] n. = dekükot.
Dekor [dekor] m. = teatadekorat.
Dekorateur [dekorátör] m. = dekoratan.
Dekoration [dekoražion] v. (Bühnen-, Zimmerverzierung) = dekorat.
Dekorationsmaler [dekoražiòns*malĕr] m. = dekoratipänan.
Delikatesse [delikatäsĕ] v. (Speise) = daifot.
Delle [dälĕ] v. = tälot, mit Dellen = tälik.
Delphin [dälfin] m. 1. = delfin 2. st. = sidelfin.
Demant [dèmánt] m. (Schmucksache) = diamain.
demanten [dèmántĕn] = diamainik.
demgemäsz [dem gĕmäš[(dernach) = bai at.
demnach [dem naq] 1. = klu (kony.), kludo (ladv.) 2. (folglich) = demü kod at.
demnächst [dem näqšt, demnäqšt] (bald) = suno (ladv.).
Demokratie [demokrati] v. 1. = demokrat 2. (Partei) = demokratim.
demokratisch [demokràtij] = demokratik.
Demonstrativpronomen [demónštratif pronomĕn] = pönop jonik (voik).
Demut [dèmut] v. = .mük.
demutsvoll [dèmuž*fól] = mükik.
demütig [dèmütiq] = mükik.
demütigen [dèmütigĕn] = mükükön (lov.).

Demütigung [dèmütigun] v. = mükükam.
Denkart [dǎŋkꞏart] v. (Gesinnung, Ansicht, Meinung) = ced.
denkbar [dǎŋkbar] = tikovik.
Denkbarsein [dǎŋkbar sáïn] n. = tikov.
denken [dǎŋkěn] 1. = tikön (nel.) 2. daran — = lememön (lov.) 3. sich — (phantasieren) = magälön (lov.) 4. (die Absicht haben) = desinön (lov.) 5. — an = betikön (lov.).
Denken [dǎŋkěn] n. = tik.
Denker [dǎŋkěr] m. = tikan.
Denklehre [dǎŋkꞏlerě] v. (Logik) = tikav.
Denkmal [dǎŋkꞏmal] n. (Monument) = mebamal
Denkmünze [dǎŋkꞏmünžě] v. = mebakön.
Denkungsart [dǎŋkuŋšꞏart] v. (Gesinnung) = meug.
denkwürdig [dǎŋkꞏvürdiq] = mebabik.
Denkwürdigkeit [dǎŋkꞏvürdiqkäït] v. = mebab
Denkzettel [dǎŋkžǎtěl] m. = mebazöt.
denn [dǎn] 1. = ka (po pluamafom, latino : quam) 2. ibä (kony.) 3. (nämlich) = ibo 4. es sei —, es wäre — = pläsif 4. — ? (fragend) = üfo? warum hast du 's — verkauft? = kikodo üfo eselol-li ati? 5. — auch = kluo.
dennoch [dǎnóq] (gleichwohl) = too (ladv.).
Dentist [dǎntĭšt] m. = tutisanavan.
Dependance [depañdañš] v. (Nebenhaus) = näidom.
Depesche [depǎĵě] m. = depad.
Deponens [depònǎnš] n. = deponen.
Depot [depo] n. (Magazin, Niederlage) = magad.
der [dǎr] 1. lart. —, die, das = el, hiel, jiel 2. (relativ) l. eli ‚welcher'!
derart [der art] = somo, — dasz (sodasz) = sodas.
derartig [der àrtiq] = soik (lady.).
derb [dǎrp] (plump, roh) = grobälik.
Derbheit [dǎrpháït] v. = grobäl.
dereinst [derꞏáïnšt] (einst, in der Zukunft) = fütüro.
dergestalt [der gěĵtált] (solcherweise) = somo.
dergleichen [der gláïqěn] = somik, und — = e soms, e s.
derjenige [dèryenige] 1. —, diejenige, dasjenige = ut, hiut, jiut, utos 2. — (Mensch) = utan.
dermalen [der malěn] (jetzt) = nu.
dermalig [der màliq] (nunmehrig) = nuik.
dermaszen [der mašěn] = somafado.
Dermoplastik [dǎrmopláštik] v. = skinaplastüd.
derselbe [dǎrsǎlbě] 1. = ot, hiot, jiot 2. (Mensch) otan 3. innerhalb derselben Frist = otüpo.
Derwisch [dǎrviĵ] m. = därvid.
desgleichen [dǎšgláïqěn] = leigo.
deshalb [dǎš hálp]: —, weil = dub atos, das.
Despot [dǎšpot] m. = däspotan.
despotisch [dǎšpòtiĵ] = däspotik.
Despotismus [dǎšpotĵšmuš] m. = däspot.
dessenungeachtet [dǎšěn uŋgěꞏáqtět] (dennoch) = too (ladv.).
Dessert [dǎšer] n. (Nachtisch) = poszib.
Destillat [dǎštilat] n. = steilot.

Destillateur [dǎštilatör] m. = steilan.
Destillation [dǎštilažion] v. = steil.
destillieren [dǎštilirěn] 1. lov. = steilön (lov.) 2. nel. = stealön (nel.).
Destilliererei [dǎštilirěráï] v. = steilöp.
desto [dǎšto] = plüo (ladv.), um — mehr = plü (kony.), je ... — ... = plü ... plü ...
deswegen [dǎš vegěn] (darum) = klu (kony.), kludo (ladv.), demü at, demü atos, demü kod at.
Detail [detáï] n. = detül (in, ted), in — = detülo.
Detailhandel [detáï-hánděl] m. = detülated.
Detailhändler [detáïhändlěr] m. = detülatedan.
detaillieren [detáyirěn] 1. = detülön (lov.) 2. (einzeln verkaufen) = detülaselön (lov.) 3. (spezifizieren) = patön (lov.).
detailliert [detáyïrt] = detülik.
Detailliest [detáyĭšt] m. = detülatedan.
determinativ [detǎrminatif]: determinatives Für⸗ wort = pönop büojonik.
deuten [doůtěn] (hinweisen) = jonön (lov.).
deutlich [doůtliq] = kleilik, — sein = kleilön (nel.), — machen (erklären) = kleilükön (lov.), einem etwas — (verständlich) machen = suemükön (lov.) eke bosi, —! = kleilö!
Deutlichkeit [doůtliq-káït] v. = kleil.
deutsch [doůč] = Deutänik, auf deutsche Art = Deutäno.
Deutsch [doůč] n. = Deutänapük, — reden = spikön (lov.) Deutänapüki, auf — = Deutä⸗ napüko, im Deutschen = Deutänapüko.
Deutscher [doůčěr] m. = Deutänan.
Deutschheit [doůč-háït] v. = Deutänälim.
Deutschland [doůč-lánt] n. = Deutän.
Deutschtum [doůčtum] n. = Deutänälim.
Devise [devisě] v. = spiked.
devisenartig [devisěn-àrtiq] = spikedik.
Dextrin [däxtrin] n. = dextrin.
Dezember [dežámběr] m. = dekul.
Dezennium [dežǎnium] n. = degyel.
Dezigramm [dežiqrám] n. (br. bev.: d.G.) = dimgram.
Deziliter [dežilitěr] n. (br. bev.: d.L.) = dim⸗ liät.
Dezillion [dežilion] 1'000'000[10] = degion.
dezimal [dežimal] = degdilik.
Dezimalbruch [dežimàlbruq] m. = frak deg⸗ dilik.
Dezimalsystem [dežimal-süstem] n. = sit deg⸗ dilik.
Dezime [dežimě] v. 1. (Intervall) = degüd 2. (Ton) = degüf.
Dezimeter [dežimetěr] n. (br. bev.: d.M.) = dimmet.
détail [detáï]: en — = detülo.
Diakon [diakon] m. = hidiakan, diakan, das Amt des Diakonen, die Würde des Diakonen = diak.
Diakonat [diakonat] n. = diak, diakot.
Diakonisse [diakonišě] v. = jidiakan.
Diakonissin [diakonjšin] v. = jidiakan.
Diakonus [diàkonuš] m. = hidiakan.
Dialekt [dialäkt] m. = dialeg.
Dialog [dialok] m. = telspikot.

Dialysator [dialüsàtór] m. = dialitöm.
Dialyse [dialüsě] v. = dialit.
dialysieren [dialüsirěn] = dialitön (lov.).
Diamant [diamánt] m. 1. (Schmucksacke) = diamain 2. (ungeschliffener —, Gestein) = diamoin.
diamanten [diamántěn] = diamainik, **diamantenes Jubiläum** = yubid mäldegyelik, .yubid veldeglulyelik.
Diameter [diametěr] m. = diamet.
diametral [diametral] = diametik.
Diamidophosphorsäure [diamìdo fós-fórsóůrě] $H(NH_2)_2PO_2$ = tellamidülrotofosfatazüd.
Dianium [diànìum] **Dn** = dianin.
Diarrhöe [diárð] v. = diar.
Diarrhöeleidender [diárð-láïděnděr] m.=diaran.
Diät [diät] v. = diät.
Diäthyläther [diätül ätěr] $C_2H_5OC_2H_5$ = leter, telletilkarbaner.
Diäthylsulfid [diätül sulfit] $C_2H_5SSC_2H_5$ = telletilsulfinid.
Dichlormonosilan [diklor mòno silan] SiH_2Cl_2 = telklorbalidsilikan.
dicht [diqt] 1. =densitik, **— werden**=densitikön (nel.) 2. **— machen** = färmedön (lov.) 3. **er trat — hinter ihn** = änilikom pödo nilü om, pödo go nilü om, go nilo po om.
Dichte [diqtě] v. (Dichtigkeit) = densit.
dichten [diqtěn] 1. = poedön (lov.) 2. (dicht machen) = färmedön (lov.).
Dichten [diqtěn] n. = poed.
Dichter [diqtěr] m. = poedan.
Dichterei [diqtěráï] v. = poed.
Dichterfürst [diqtěrfüršt] m. = poedal.
dichterisch [diqtěrij] (poetisch) = poedik.
Dichtheit [diqtháït] v. = densit.
Dichtigkeit [diqtiqkáït] v. = densit.
Dichtkunst [diqtkunšt] v. (Poesie) = poedav.
Dichtsein [diqtsáïn] n. (die Dichte) = densit.
Dichtung [diqtun] v. 1. = poed 2. (Gedicht) = poedot.
dick [dik] = bigik, **— sein** = bigön (nel.), **— werden** = bigikön (nel.), **— machen** = bigükön (lov.).
dickbackig [dikbákiq] = bigacügik.
Dickbauch [dikbáůq] m. = bigabälid.
Dicke [dikě] v. 1. (das Dicksein) = big 2. (Masz) = bigot.
dicker [dikěr]: **— werden** = bigikumön (nel.), **— machen** = bigükumön (lov.).
Dickicht [dikiqt] n. = fotül.
Dicksein [diksáïn] n. = big.
Dickwanst [dikvánšt] m. = bigabälid.
Didaktik [didáktik] v. = tidav.
Didymium [didůmìum] **Di** = didimin.
die [di] lart. l. eli ,der' !
Dieb [dip] m. = tifan.
Dieben [diběn] n. = tif.
Dieberei [diběráï] v. = tif.
Diebesbande [diběšbándě] v. = tifanef.
Diebesgesindel [diběšgěsinděl] n. = tifanef.
Diebesgut [diběšgut] n. = tifot.
Diebesrotte [diběšrótě] v. = tifanef.
Diebessprache [diběšjpraqě] v.=midunanapük.
Diebin [dibin] v. = jitifan.

diebisch [dibij] =tifiälik, **diebische Art** = tifiäl.
Diebstahl [dipjtal] m. 1. = tif 2. (das Gestohlene) = tifot.
Diele [dilě] v. 1. (Brett, Planke) = boed 2. (Fuszbodenbrett) = glunaboed 3. (Bretterboden) = boedaglun 4. **mit Dielen versehen** = boedaglunön (lov.).
dielen [dilěn] = boedön (lov.).
dienen [diněn] 1. **einem —** = dünön (lov.) 2. (im Heere) **— —** = dünädön (nel.), **einer der dient**=dünädan 3. **Gott —** = kultön (lov.) Godi 4. (bestimmt sein) = jonidön (nel.).
Dienen [diněn] n. 1. = dün 2. **das —** (im Heere) = dünäd.
Diener [diněr] m. (Dienstbote) = dünan.
Dienerei [diněráï] v. = dün.
dienerhaft [diněrháft] = dünik.
Dienerhaftigkeit [diněr-háftiqkáït] v. = dün.
Dienerin [diněrin] v. = jidünan.
dienerisch [diněrij] = dünik.
dienerlich [diněrliq] = dünik.
Dienerschaft [diněrjáft] v. = dünanef.
Dienertum [diněrtum] n. = dünanef.
dienlich [dinliq] = gebovik.
Dienst [dinšt] m. 1. = dün, **auszer —** = plödü dün 2. **auszer —** (en retraite) =plödü dünäd 3. = dünotem.
Dienstag [dinš-tak] m. = tudel, **des Dienstags** = tudelo.
Dienstalter [dinšt-áltěr] n. 1. = dünabäldot 2. = dünädabäldot.
dienstägig [dinš-tägiq] = tudelik.
dienstbar [dinštbar] = dünöfik, **— sein** = dünöfön (nel.).
Dienstbarkeit [dinštbar-káït] v. (Knechtschaft) = dünöf.
dienstbeflissen [dinštběflišěn] = düniälik.
dienstbereit [dinštběráït] = düniälik.
Dienstbereitheit [dinštběráïtháït] v. = düniäl.
Dienstbote [dinštbotě] m. = dünan.
Diensteifer [dinšt-áïfěr] m. = dünazil.
diensteifrig [dinšt-áïfriq] = dünazilik.
dienstfertig [dinštfärtiq] = düniälik.
Dienstfertigkeit [dinštfärtiqkáït] v. 1. = düniäl 2. = yufiäl.
Dienstführung [dinštfürun] v. 1. = dünotemicifam 2. (Dienstverwaltung) = dünotemiguv.
Diensthandlung [dinšthándlun]: (eine einzelne —) = dünot.
Dienstleitung [dinštláïtun] v. = dünotemicifam.
Dienstleute [dinštlóůtě] pl.: **die —** = dünanef.
Dienstlohn [dinštlon] m. = dünanamesed.
Dienstmagd [dinštmakt] v. = jidünan.
Dienstmann [dinštmán] m. 1. = dünotan, **Gesamtheit der Dienstmänner** = dünotanef 2. (Lehensmann) = feudan, **Gesamtheit der Dienstmannen** = feudanef.
Dienstmanschaft [dinštmán-jáft] v. 1. = dünotanef 2. = feudanef.
Dienstmädchen [dinštmätqěn] n. = jidünan.
diensttauglich [dinšt táůkliq] = dünädafägik.
dienstunfähig [dinšt ůnfäiq] = dünanefägik, dünädanefägik.
dienstuntauglich [dinšt ůntáůkliq] = dünädanefägik.

Dienstverwaltung [dinštfärváltuŋ] v. = dünote=miguv.
dienstwillig [dinštviliq] = düniälik.
diese [dise] v. l. eli ,dieser'!
dieselbe [disälbě] v. l. eli ,derselbe'!
dieselben [disälběn] pl. (solche) = som, soms.
dieser [diser] = at, hiat, jiat, atos, diese Nacht (= in neit balido kömöl) = aneito, diese Nacht (= in neit lätiko epasetiköl) = äneito, von — Seite· her = atflanao, nach — Seite hin = atflanio.
diesjahr [diš=yar] = ayelo.
diesjährig [diš=yäriq] = ayelik.
diesmal [dišmal] = atna.
diesmalig [dišmaliq] = atnaik.
diesseitig [dissáitiq] = atflanik.
diesseits [dissáiž] 1. ladv. = atflano 2. pr. = atflanü.
Diesseits [dissáiž] n. (Ort) = dabinöp.
Dietrich [ditriq] m. (Schlüssel) = lukik.
Differenz [diferänž] v. 1. (Unterschied) = dif (in valem e tefü gred) 2. mat. = näedot.
differieren [diferiren] = difön (nel.).
diffundieren [difundiren] = difudön (nel.).
Diffusion [difusion] v. = difud.
Dignitar [dignitar] m. (Würdenträger) = cali=laban.
Diktat [diktat] n. = dikot.
Diktator [diktàtór] m. = diktoran.
diktatorisch [diktatòrij] = diktorik.
Diktatur [diktatur] v. = diktor.
diktieren [diktiren] = dikön (lov.).
Diktieren [diktiren] n. = dik.
Diktierung [diktiruŋ] v. = dik.
Diktion [dikžion] v. 1. = sagamod 2. (Vortragsweise) = deklamamod.
Dimethyläther [dimetül ätěr] CH₃OCH₃ = meter, telmetilkarbaner.
Diminuend [diminuänt] m. mat. = näedabanum.
Diminutiv [diminutif] n. = smalükamavöd.
Dinar [dinar] m. k. = dinar.
Dinatriumphosphat [dinàtrium fóšfàt] Na₂HPO₄ = dinatrinarotofosfat.
Diner [dine] n. (Mittagessen) = fided.
Ding [diŋ] n. (Sache) = din, Dinge betreffend = dinik.
dinglich [diŋliq] (Dinge betreffend) = dinik.
dinieren [diniren] = fidedön (nel.).
Dinte [dintě] v. = nig.
Diözese [diöžesě] v. (Bistum) = bijopaziläk, bijopän.
Diphtherie [difteri] v. = difterid.
Diphtheritis [difteritiš] v. = difterid.
Diphthong [diftóŋ] m. = telton.
diphthongisch [diftóŋij] = teltonik.
Diplom [diplom] n. = diplom.
Diplomat [diplomat] m. = dipan.
Diplomatie [diplomati] v. 1. = dip 2. (corps diplomatique) = dipanef.
Diplomatik [diplomàtik] v. = dipav.
diplomatique [diplomatik]: corps — = dipanef.
diplomatisch [diplomàtij] = dipik.
diplomieren [diplomiren] = diplomön (lov.).
Diplomierer [diplomirěr] m. = diploman.
Diplomierter [diplomirtěr] m. = diplomäb.

Diplomierung [diplomiruŋ] v. = diplomam.
direkt [diräkt] 1. (unmittelbar) = nemedik, stedöfik 2. (geradeswegs) = stedöfo.
Direktion [diräkžion] v. 1. = dilek 2. (sämtliche Direktoren) = dilekanef.
Direktor [diräktór] m. = dilekan.
Direktoramt [diräktór=ámt] n. = dilekanacal.
Direktorat [diräktorat] n. 1. = dilek 2. Direktoramt) = dilekanacal.
Dirigent [dirigänt] m. (Musikdirektor) = dile=kan musiqalefa.
dirigieren [dirigiren] = dilekön (lov.).
Disilan [disilan] Si₂H₆ = telidsilikan.
Diskantist [diškántist] v. (Sopransängerin) = jibalidvögan.
Diskantschlüssel [diškánt=jlüšěl] m. = kiküf balidvöga.
diskontabel [diškóntàběl] = diskotovik.
diskontieren [diškóntiren] = diskotön (lov.).
diskontinuierlich [diškóntinuirliq] = neyumöfik.
Diskonto [diškónto] m. = diskot.
Diskus [diškus] m. = diskud.
dispers [dišpärš] = dispärik.
Dispersionsmittel [dišpärsiòns=mitěl] n. = dis=pärastöfed.
Disperssein [dišpärš sáin] n. = dispär.
Disput [dišput] m. = disput.
disputieren [dišputiren] = disputön (nel.).
Dissoziation [dišožiažion] v. = nekobet, elektrische — = nekobet lektinodiletik.
dissoziieren [dišožiiren]: sich — = nediletikön (nel.).
Distel [dištěl] v. = til.
Distelfink [dištělfiŋk] m. = tilafrin.
distributiv [dištributif]: distributives Zahlwort = dilädanum.
Disziplin [diššiplin] v. (Zucht) = tüted.
disziplinar [diššiplinar] = tütedik.
disziplinarisch [diššiplinàrij] = tütedik.
disziplinieren [diššipliniren] = tütedon (lov.).
Dithionsäure [ditiònsöůrě] H₂S₂O₆ = telsulfina=tazüd.
Dividend [dividänt] m. mat. = dilamalenum, müedabanum.
Dividende [dividändě] v. = dividad.
Dividendus [dividändus] m. = dilamalenum.
dividieren [dividiren] = dilön (lov.).
Division [division] v. 1. mil. = divid 2. = müedam.
Divisionszeichen [divisiònšžáiqěn] n. = dilama=malül, müedamamalül.
Divisor [divìsor] m. 1. (Teiler) = dilian 2. mat. = müedian.
Diwani, k. (¹⁄₄₀ krujida) = divad.
doch [dóq] 1. = ab 2. (jedoch) = ye 3. (ohnedies) = ga, —, (— ja) = ga sio, — ja = ga sio, — nicht = ga no, wo nicht . . . —, wenn nicht . . . — = if no . . . ga sio 4. (denn, nämlich) = ibo 5. (dennoch) = too (ladv.) 6. siehe —! = ekö!
Docht [dóqt] m. = sumbud.
Dodekanes = Dodekanesän, Dodekanesuäns.
Dogge [dógě] m. = doeg.
Dogma [dógma] n. 1. = lekredaleset 2. (Lehrsatz) = leset.

Dogmatismus [dógmatįšmųš] m. = lesetim.
Dohne [donĕ] v. (Gericht) = bödasnal.
Doktor [dók-tór] m. (br.: Dr.) = ‚doctor',
dokan.
Doktorand [dóktoránt] m. = dokikan.
Doktorat [dóktoràt] m. = dok.
doktorieren [dóktorįrĕn] = dokikön (nel.).
Doktorwürde [dók-tór-vürdĕ]: die — erlangen
= dokikön (nel.).
Dokument [dokumǎnt] n. = doküm.
dokumentieren [dokumǎntįrĕn] = dokümön
(lov.).
Dokumentierung [dokumǎntįrųŋ] v. = dokü⸗
mam.
dolce [dólčĕ] Lit.: — far niente = keif.
Dolch [dólq] m. = däg.
Dolichocephalie [doliqožefali] v. = lunakap.
Dollar [dólar] m. k. = dolar.
Dollarcent [dólaršǎnt] m. k. = dolarazim.
Dollarzeichen [dólar-žáįqĕn] n. = dolaramalül.
Dolmetsch [dólmǎč] m. = nätäpretan.
Dolmetscher [dólmǎčĕr] m. = nätäpretan.
Dom [dom] 1. (Kirche, Tempel, Synagoge) =
tem 2. (Kathedrale) = leglüg.
Domäne [domǎnĕ] v. = domen.
Domherr [dòmhär] m. = leglügätan.
Domherrschaft [dòmhär⸗jáft] v. = leglügät.
Dominica [dominìka] = Dominikeän.
Dominion = reigätaziläk.
Domkirche [dòmkįrqĕ] v. = leglüg.
Dompfaff [dómpfáf] m. böd = pürul.
Donaʋ [dònáů] v. = ‚Donau' [dònáů] (D.).
Donner [dónĕr] m. = tonär.
donnern [dónĕrn] = tonärön (nel.).
Donnerschlag [dónĕrjlak] m. = tonäratonät.
Donnerstag [dónĕrš⸗tak] m. = dödel.
donnerstägig [dónĕrš⸗tägįq] = dödelik.
Doppeladler [dópĕl⸗adlĕr] m. = telkvil.
Doppelbahn [dópĕlban] v. = telrutaveg.
Doppelbier [dópĕlbir] n. = lebir.
Doppelflinte [dópĕlflįntĕ] v. = telrüdagün.
doppelherzig [dópĕlhäržįq] = miladälik.
Doppelherzigkeit [dópĕlhäržįq-káït] v. = mila⸗
däl.
Doppellaut [dópĕl-láůt] m. = telton.
Doppelpunkt [dópĕlpųŋkt] m. = telpün.
Doppelsalz [dópĕl-sálž] m. = telsaläd.
Doppelsinn [dópĕlsįn] m. = telplänov.
doppelsinnig [dópĕlsįnįq] = telplänovik.
Doppelsinnigkeit [dópĕlsįnįq-káït] v. = telplä⸗
nov.
doppelt [dópĕlt] (zweifach) = telik.
Doppelte [dópĕltĕ] n. = telot.
doppelterweise [dópĕltĕr-váïsĕ] = teliko.
Doppelwoche [dópĕlvóqĕ] v. = telvig.
doppelzüngig [dópĕlžüŋįq] = tellinegik.
Dorf [dórf] n. = vilag, elendes — = luvilag.
Dorfbewohner [dórfbĕvonĕr] m. (Dörfler) =
vilagan.
Dorfkirche [dórfkįrqĕ] v. = vilagaglüg.
Dorfpfarrer [dórf-pfárĕr] m. = vilagapädan.
Dorfrichter [dórfrįqtĕr] m. = vilagacödal.
Dorfschenke [dórfjäŋkĕ] v. = vilagabötädöp.
Dorn [dórn] m. = spin.
Dornbusch [dórnbųj] m. = spinabimülafotül.

Dornenkrone [dórnĕnkronĕ] v. = spinakron.
dornig [dórnįq] = spinik.
Dornstrauch [dórn-jtráůq] m. = spinabimül.
dorren [dórĕn] 1. nel. (dürren) = sigikön
(nel.) 2. (dürr machen) = sigükön (lov.)
3. — machen = sigükön (lov.).
dort [dórt] = us, bald hier ... bald — =
is ... us, —, wo = uto, kö.
dorther [dórt her] = usao, von — = usao.
dorthin [dórt hįn] = usio.
dorthindurch [dórt hįndųrq] = da et.
dortig [dórtįq] = usik.
Dose [dosĕ] v. = bok.
Dotter [dótĕr] m. = yelok.
Douane [duànĕ] v. = toläd.
Dozent [dožǎnt] m. = tidal.
Dörfchen [dŏrfqĕn] n. = vilagil.
Dörfler [dŏrflĕr] m. = vilagan.
Dr. = br. ela ‚doctor', lat.
Drache [dráqĕ] m. 1. = drak 2. (Papierdrache)
= kait 3. (Furie, Hausdrache) = jivutälan
4. st. = sidrak.
Drachentöter [dráqĕntötĕr] m. = drakideidan.
Drachme [dráqmĕ] v. = dragmad.
Dragoner [dragonĕr] m. = drägun.
Draht [drat] m. 1. in valem (Faden) = fadäd
2. = drat, Silber zu — ziehen = betiridön
(lov.) largenti ad drat.
Drahtgeflecht [dràtgĕflǎqt] n. = drataflökot.
Drahtgewebe [dràtgĕvebĕ] n. = dratavivot.
Drahtgitter [dràtgįtĕr] n. = dratatreil.
Drahtmühle [dràtmülĕ] v. = dratitiridian.
Drahtseil [dràtsáïl] n. = dratakab.
Drahtseilbahn [dràtsáïlban] v. = kabatren,
kabatrenaveg.
Drahtsieb [dràtsip] n. = dratasib.
Drahtzange [dràtžáŋĕ] v. = dratazäp.
drahtziehen [dràtžįĕn] = dratitiridön (nel.).
Drahtzieher [dràtžįĕr] m. = dratitiridan.
dramatisch [dramátįj] = dramatik.
dramatisieren [dramatisįrĕn] = dramatön (lov.).
Dramaturg [dramatųrk] m. = dramatavan.
Dramaturgie [dramatųrgi] v. = dramatav.
dran [drán]: —! = lüö!
Drang [dráŋ] m. (das Dringen) = dran.
drangeben [dráŋgebĕn] (fahren lassen) = yilä⸗
dön (lov.).
Drangsal [dráŋsal] n. (Bedrängnis) = dränäl.
drangsalen [dráŋsalĕn] = dränälön (lov.).
drangsalieren [dráŋsalįrĕn] = dränälön (lov.).
drauf [dráůf]: —! (aufwärts!) = löpiö!
Draufgabe [dráůfgabĕ] v. = promamon.
Draufgeld [dráůfgǎlt] n. = promamon.
drauszen [dráůšĕn] = plödo, — bleiben =
plödablibön (nel.).
Drawida [dravida] m. = dravidan.
Drawida-Sprache [dravida⸗jpraqĕ] v. = dravid.
drängen [dräŋĕn] = dränön (lov.).
Drängen [dräŋĕn] n. = drän.
Drängerei [dräŋĕráï] v. = drän.
Drechselbank [dràxĕlbáŋk] v. = tunatab.
drechseln [dràxĕln] = tunön (lov.).
Drechseln [dràxĕln] n. = tun.
Drechsler [dràxlĕr] m. = tunan.
Drechslerei [dràxlĕráï] v. = tunav.

Drechslerkunst [dr̥ə̥̌xlĕr-ku̥nšt] v. = tunav.
Drechslerware [dr̥ə̥̌xlĕrvarĕ] v. = tunacan.
Dreck [dräk] m. (Kot, Scheisze) = jiedot.
Drehbrücke [drèbrükĕ] v. = tulapon.
Dreheisen [drè≠áĭsĕn] n. = tunacid.
drehen [dreĕn] 1. (wenden) = flekön (lov.)
  2. (drechseln) = tunön (lov.) 3. sich — =
  tulön (nel.) 4. (wälzen) = tülön (lov.) 5.
  um etwas herum — = zütülön (lov.).
Drehen [dreĕn] n. 1. = tul 2. = tül.
Drehkolk [drèkólk] m. (Strudel) = vatavir.
Drehmeiszel [drèmáĭšĕl] m. = tunacid.
Drehorgel [drè≠órgĕl] v. = tülagel.
Drehstuhl [drèjtul] m. = tulastul.
Drehung [drèu̥n] v. 1. = tul 2. = tül 3.
  (Wendung) = flek.
drei [dráĭ] 3 = kil, zu dreien = kilo, auf je
  — Mann = a mans kil.
dreibasisch [dráĭbasi̥j] = kilbädovik.
dreibeinig [dráĭ-báĭni̥q] = killögädik.
Dreiblatt [dráĭ-blát] n. = kilbled.
dreiblätterig [dráĭbläri̥q] = kilbledik.
Dreieck [dráĭ≠äk] n. 1. = killien, Seite eines
  Dreiecks = miedalien killiena 2. st. = sikil≠
  lien, das südliche —, st. = sikillien sulüdik,
  sisulüdakillien.
dreieckig [dráĭ≠äki̥q] 1. = killienik 2. (mit
  drei Ecken) = kilgulik.
dreieinig [dráĭ≠áĭni̥q] = kilätik.
Dreieinigkeit [dráĭ≠áĭni̥q- káĭt] v. = kilät.
Dreierchen [dráĭĕrqĕn] n. = kilil.
dreierlei [dráĭĕrláĭ] = kilsotik, auf — Weise
  = kilsotiko.
dreifach [dráĭ-fáq̌] = kilik.
Dreifache [dráĭ-fáq̌ĕ] n. = kilot.
dreifacherweise [dráĭ-fáqĕr-váĭsĕ] = kiliko.
dreifarbig [dráĭ-fárbi̥q] = kilkölik.
Dreifusz [dráĭfuš] m. = killögäd.
dreifüszig [dráĭfüši̥q] = killögädik.
dreigliederig [dráĭglidĕri̥q] = killimik.
Dreigliedrigkeit [dráĭglidri̥q-káĭt] v. = killimam.
Dreiheit [dráĭ-háĭt] v. (Dreieinigkeit) = kilät.
dreihundert [dráĭhu̥ndĕrt] 300 = kiltum.
dreijährig [dráĭyäri̥q] = kilyelik.
Dreikönigsfest [dráĭkŏni̥qš≠fäšt] n. = kilregazäl.
Dreilaut [dráĭ-láu̥t] m. (Triphthong) = kilton.
dreimal [dráĭmal] = kilna.
dreimalig [dráĭmali̥q] = kilnaik.
dreimonatlich [dráĭmònatli̥q] = kilmulik.
drein [dráĭn]: —! (hinein!) = niniö!
dreiräderig [dráĭrädĕri̥q] = killuibik.
dreiseitig [dráĭ-sáĭti̥q] = kilflanik.
dreisilbig [dráĭsi̥lbi̥q] = kilsilabik.
Dreispänner [dráĭjpänĕr] m. = vab kilfimädik.
dreispännig [dráĭjpäni̥q] = kilfimädik.
dreist [dráĭšt] 1. (keck) = boldik 2. (kühn)
  = künik.
Dreistigkeit [dráĭšti̥q-káĭt] v. 1. = bold 2.
  (Kühnheit) = kün.
dreistündig [dráĭjtündi̥q] = kildüpik.
dreiszig [dráĭši̥q] 30 = kildeg.
dreitägig [dráĭtägi̥q] = kildelik.
dreitausend [dráĭtáu̥sĕnt] 3'000 = kilmil.
dreiwertig [dráĭverti̥q] = kilvalenik.
dreiwöchentlich [dráĭvŏqĕntli̥q] = kilvigik.

Dreizahl [dráĭžal] v. = kilat.
Drell [dräl] m. = dril.
drellen [drälĕn] = drilik.
dreschen [dräjĕn] = cepön (lov.).
Dreschen [dräjĕn] n. (Dreschung) = cep.
Drescher [dräjĕr] m. = cepan.
Dreschflegel [dräjflegĕl] m. = cepöm.
Dreschmaschine [dräj-majinĕ] v. = cepacin.
Dreschtenne [dräjtänĕ] v. = cepaglun.
Dreschung [dräju̥n] v. = cep.
dressieren [dräširĕn] = drätön (lov.).
Dressierer [dräširĕr] m. = drätan.
Dressur [dräšu̥r] v. = drät.
Drilch [dri̥lq] m. = dril.
drilchen [dri̥lqĕn] = drilik.
drill [dri̥l] = drilik.
Drill [dri̥l] m. = dril.
drillich [dri̥li̥q] = drilik.
Drillich [dri̥li̥q] m. = dril.
Drilling [dri̥li̥n] m. (drei Kinder) = kiläd.
drin [dri̥n] (drinnen) = nino.
dringen [dri̥nĕn] = dranön (nel.).
Dringen [dri̥nĕn] n. = dran.
dringend [dri̥nĕnt] 1. = dranik 2. = vemik.
dringendst [dri̥nĕnžt] = levemo.
dringlich [dri̥nli̥q] = dranik.
drinnen [dri̥nĕn] = nino, — sein = ninön
  (nel.).
Drinnensein [dri̥nĕn sáĭn] n. = nin.
dritte [dri̥tĕ] = kilid, das — Mal = kilidnaed,
  zum dritten Male = kilidnaedo, zu der dritten, auf die — Potenz erheben = kübön
  (lov.), naätön (lov.) ad kilnaät, — Wurzel
  = kilradig, radig kilik, die — Wurzel aus
  einer Zahl, aus 1324 ziehen = radigön (lov.)
  kiliko, kilradigön (lov.) numi, eli 1324.
Drittelchen [dri̥tĕlqĕn] n. = kildilil.
drittenmals [dri̥tĕnmalš] = kilidnaedo.
drittens [dri̥tĕnš] = kilido.
drittgesternabend [dri̥t gǎštĕrn≠abĕnt] = isoaro.
drittgesternnachts [dri̥t gǎštĕrn≠náq̌ž] = ineito.
drittgestrig [dri̥tgǎštri̥q]: am drittgestrigen Tage
  = idelo.
dritthalb [dri̥t hálp] = tel e lafik.
droben [drobĕn] (oben) = löpo.
Droge [drogĕ] v. = drog.
Drogenhändler [drògĕnhändlĕr] m. = drogan.
Drogerie [drogĕri] v. = drogöp.
Drogist [drogi̥št] m. = drogan.
Drogieware [drogĕrivarĕ] v. = drog, drogs.
drohen [droĕn] (bedrohen) = tädön (lov.).
Drohen [droĕn] n. = täd.
drohend [droĕnt] = tädik.
Droher [droĕr] m. = tädan.
Drohung [dròu̥n] v. = täd.
drollig [dróli̥q] 1. = drolik 2. (possierlich)
  = klaunik.
Drolligkeit [dróli̥q-káĭt] v. = drol.
Dromedar [dromedar] n. = dromedar.
Druck [dru̥k] m. 1. (Pressung) = ped 2.
  (Buchdruck) = bük.
Druckbild [dru̥kbi̥lt] n. = bükamagod.
Druckbuchstabe [dru̥k-bu̥q̌jtabĕ] m. = bükato≠
  nat.
drucken [dru̥kĕn] = bükön (lov.).

Drucker [drụkĕr] m. = bükan.
Druckerei [drụkĕráï] v. (Druckerwerkstätte) = bükavoböp.
Druckereieinrichter [drụkĕráï-áïnrịqtĕr] m. = bliman bükavoböpa.
Druckerfarbe [drụkĕrfárbĕ] v. = bükablägin.
druckerisch [drụkĕrịj] = bükik.
Druckerschwärze [drụkĕrjväržĕ] v. = bükablägin.
Druckerwerkstätte [drụkĕr-vặrkjtặtĕ] v. = bükavoböp.
Druckfehler [drụkfelĕr] m. = bükapök.
Druckort [drụkₔórt] m. = büköp.
Druckpapier [drụkₔpapir] n. = bükapapür.
Druckpresse [drụkprặšĕ] v. = bükaped.
Druckplatte [drụkplátĕ] v. = bükaplatot.
Drucksache [drụksáqĕ] v. = bükot.
Druckschrift [drụkjrịft] v. (Drucksache) = bükot.
Druckwalze [drụkválžĕ] v. = bükazilid.
Druckwerk [drụkvặrk] n. (Drucksache) = bükot.
Druckzylinder [drụk-žülịndĕr] m. = bükazilid.
drunten [drụntĕn] (unten) = dono.
drücken [drụkĕn] = pedön (lov.), **zu Tode —** = deipedön (lov.).
Drücken [drụkĕn]: **durch —** = pedo.
drückend [drụkĕnt] = pedik.
Drücker [drụkĕr] m. 1. p. = pedan 2. d. = pedian.
Drüse [drüsĕ] v. = glan.
drüsig [drụsịq] (skrofulös) = glanöfik.
Dsungaren, pl. = zungarans.
du [du] = ol.
Dual [dual] m. = päranum, telatanum, telnum.
Dualismus [dualịšmuš] = telät.
dualistisch [dualịštịj] = telätik.
Duell [duặl] n. (Zweikampf) = telkomip.
duellieren [duặlịrĕn] = telkomipön (nel.).
Duett [duặt] n. = telüm.
Duft [dụft] m. 1. = benosmel 2. (Hauch) = väp 3. (Hauch, das Leichteste, das Unbedeutende, das schnell Hinschwindende, das in dünner Schicht etwas Bedeckende) = voal, **wie mit einem — überdeckt sein** = voalön (nel.).
duften [dụftĕn] 1. = benosmelön (nel.) 2. (riechen) = smelön (nel.) 3. (ausduften) = väpön (nel.).
duftend [dụftĕnt] 1. = benosmelik 2. väpik.
duftig [dụftịq] = väpik.
Dukaten [dukatĕn] m. = dükat.
duldbar [dụltbar] = sufovik.
dulden [dụldĕn] = sufälön (lov.).
Dulden [dụldĕn] n. (Toleranz) = sufäl.
Dulder [dụldĕr]: **groszer —** = sufal.
duldsam [dụltsam] = sufälik.
Duldsamkeit [dụltsamkáït] v. = sufäl.
Duldung [dụldụŋ] v. (Toleranz) = sufäl.
dumm [dụm] = stupik, **— sein** = stupön (nel.), **— werden** = stupikön (nel.), **— machen** = stupükön (lov.), **dummer Streich** = stupot.
Dummbart [dụmbart] m. = stupan.
Dummerjan [dụmĕryan] m. = stupan.

Dummheit [dụmháït] v. 1. (das Dummsein) = stup 2. (dummer Streich) = stupot, —! = stupoti! 3. —! (Narretei! Possen!) = bö!
Dummkopf [dụmkópf] m. (Dummrian) = stupan.
Dummrian [dụmrian] m. = stupan.
Dummsein [dụm sáïn] n. = stup.
dumpf [dụmpf] 1. = dufik 2. = dumik.
Dumpfheit [dụmpfháït] v. 1. (das Muffigsein) = duf 2. (vom Ton) = dum.
dumpfig [dụmpfịq] = dufik.
Dune [dunĕ] v. (Daune, Flaum) = daun.
Dung [dụŋ] m. (Dünger, Mist) = dön.
dunkel [dụŋkĕl] 1. = dagik, **— sein** = dagön (nel.), **— werden** = dagikön (nel.), **— werden** (dämmern) = lulitikön (nel.) 2. = dofik, **— sein** = dofön (nel.).
dunkelblau [dụŋkel bláü] = dofablövik.
dunkelbraun [dụŋkĕl bráun] = dofabraunik.
dunkelgelb [dụŋkĕl gặlp] = dofayelovik.
dunkelgrau [dụŋkĕl gräü] = dofagedik.
dunkelgrün [dụŋkĕl grün] = dofagrünik.
Dunkelheit [dụŋkĕlháït] v. 1. = dag 2. (das Dunkelsein) = dof.
Dunkelmann [dụŋkĕlmán] m. (Obskurant) = bosküran.
dunkelrot [dụŋkĕl rot] = dofaredik.
Dunkelsein [dụŋkĕl sáïn] n. = dof.
Dunst [dụnšt] m. = fogül.
dunstig [dụnštịq] = fogülik.
Duo [dùo] n. = telümanef.
Duodezime [duodĕžimĕ] 1. (Intervall) = degtelüd 2. (Ton) = degtelüf.
dur [dur] (im Durton) = macoro.
Dur [dur] n. (Durton) = macor, **in —** = macorik.
Durativ [duratif] m. = saorit, **in den — setzen** = saoritön (lov.).
durativisch [duratịvịj] = saoritik.
Durativum [duratịvụm] n. (Aorist) = saorit.
durch [dụrq] 1. —, **— ... hindurch** = da 2. (mittels) = dub, **— einen Bergsturz, Feuer, Sturm zerstört** = pedistuköl dub belastur, tailastur, dub lefil, dub tep, **die kleinen Scheiben werden — gröszere ersetzt** = vitürs smalik papladulons dub gretikums 3. (von) = fa, **die Berschreibung von Indien — Vet** = bepenam Lindäna fa ‚Vet', **die kleinen Scheiben werden — gröszere ersetzt** = vitürs smalik papladulons fa gretikums, **— Bergsturz, Feuer, Sturm zerstört** = pedistuköl fa belastur, tailastur, fa lefil, fa tep 4. (aus Ursache) = kodü 5. **— die Post** = me, medü, dub pot 6. mat. = mü (pr.) 7. **— Betteln** = lubego, **— Drücken** = pedo, **— das Gesetz** = lono, **— Schluszfolgerung** = kludo, **— Zufall** = fädo 8. **— Schluszfolgerung aus** = kludü, **— Vermittelung von** = medamü 9. **— Borgen erlangen** = täkogetön (lov.), **einem etwas — die Finger sehen** = pardon eke bosi, jino no küpölo leadön dunön eke bosi.
durchaus [dụrqₔáüš, dụrqₔáüš] (absolut) = vero, **— nicht** = leno, **nein, — nicht!** = lenö!

durchbilden [dừrqbịldĕn] (ausbilden) = beno=
dugälön (lov.).
durchblättern [dừrqblẵtĕrn = dupadön (lov.).
Durchblick [dừrqblịk] m. = dulogamöp.
durchblicken [dừrqblịkĕn] (durchsehen) = du=
logön (lov.).
durchböhren [dừrqborĕn] = dugimön (lov.).
durchbrechen [dừrqbrẵqĕn] 1. die Mauer — =
dubreikön (lov.) möni 2. = sübreikön (nel.),
das erste Zähnchen ist durchgebrochen =
tutil balid esübreikon.
durchbrennen [dừrqbrẵnĕn] (fliehen) = fugön
(nel.).
durchbringen [dừrqbrịŋĕn] 1. (hindurchbringen)
= dublinön (lov.) 2. (zubringen, verleben)
= lifädön (lov.).
durchdenken [dừrqdẵŋkĕn] = meditön (lov.).
Durchdenken [dừrqdẵŋkĕn] n. = medit.
durchdrängen [dừrqdrẵŋĕn] = dudränön (lov.).
durchdringen [dừrqdrịŋĕn] (hindurchdringen) =
dudranön (nel.).
durchdringend [dừrqdrịŋĕnt] = dudranik.
durchdringlich [dừrqdrịŋlịq] = dugolovik.
Durchdringlichkeit [dừrqdrịŋlịqkáĭt] v. = du=
golov.
durcheinander [dừrq=áĭnándĕr] = pemik, —
werfen, — tun = pemükön (lov.).
Durcheinander [dừrq=áĭnándĕr] n. = pem.
Durchfahrt [dừrqfart] v. = duvegam, dunafam.
Durchfall [dừrqfál] m. = dufal.
durchfallen [dừrqfálĕn] (hindurchfallen) = du=
falön (nel.).
durchfliegen [dừrqfliĝĕn] = duflitön (lov.).
durchflieszen [dừrqflịšĕn] = duflumön (lov.).
durchforschen [dừrqfórjĕn] = davestigön (lov.).
Durchfuhr [dừrqfur] v. (Transit) = duveig.
Durchfuhrhandel [dừrqfurhándĕl] m.=duveiga=
ted.
durchführen [dừrqfürĕn] 1. = duveigön (lov.)
2. dadunön (lov.).
Durchgang [dừrqgáŋ] m. 1. (das Durchgehen)
= dugol 2. (Ort) = dugolöp.
Durchgangszoll [dừrqgáŋšžól] m. = duveigatol.
durchgängig [dừrqgäšịq] = laido.
durchgehen [dừrqgehĕn] 1. (gehen) = dugolön
(lov.) 2. (fliehen) = fugön (nel.).
Durchgehen [dừrqgehĕn] n. = dugol.
durchgehends [dừrq geĕnž] = laido.
durchhauen [dừrqháŭĕn] = ducöpön (lov.).
durchhelfen [dừrqhẵlfĕn] = duyufön (lov.).
Durchhelfer [dừrqhẵlfĕr] m. = duyufan.
durchlassen [dừrqlášĕn]=leadön dugolön (lov.).
Durchlaucht [dừrqláŭqt] v. (als Titel fürstlicher
Personen) = lecádal, Ew. — = ol, o lecä=
dal !, or, o lecädal !
durchlaufen [dừrqláŭfĕn] 1. = dugolön (lov.)
2. (schnell hindurch gehen) = dugolön vifiko
3. (hindurch laufen) = durönön (nel.).
durchlässig [dừrqlǟšịq] = pärmeabik.
durchleiten [dừrqláĭtĕn] = dudugön (lov.).
durchlesen [dừrqlesĕn] = dureidon (lov.).
durchleuchten 1. [dừrqlóŭqtĕn] nel. (durchscheinen) = dulitön (nel.) 2. [dừrqlóŭqtĕn]
lov. = dulitükön (lov.).
durchlöchern [dừrqlóqĕrn] = hogön (lov.).

Durchmarsch [dừrqmárĵ] m. = dumalek.
Durchmesser [dừrqmẵšĕr] m. = diamet.
durchrechnen [dừrqrẵqnĕn]=dakalkulön (lov.).
Durchreise [dừrqráĭsĕ] v. = dutäv.
durchreisen [dừrqráĭsĕn] = dutävön (lov.).
Durchreisender [dừrqráĭsĕndĕr] m. = dutävan.
Durchreisung [dừrqráĭsụn] v. = dutävam.
durchschauen 1. [dừrqjáŭĕn] (durchsehen) =
dulogön (lov.) 2. [dừrqjáŭĕn] etwas, einen
— = daseivön (lov.), bosi, eki.
durchscheinbar [dừrqjáĭnbar] = dulitamovik.
Durchscheinbarkeit [dừrqjáĭnbarkáĭt] v. = duli=
tamov.
durchscheinen [dừrqjáĭnĕn] 1. = dulitön (nel.)
2. (durchschimmern) = dululitön (nel.).
durchscheinend [dừrqjáĭnĕnt] = dulitamovik.
durchschiffen [dừrqjịfĕn] = dunafön (lov.).
durchschimmern [dừrqjịmĕrn] = dululitön (nel.)
durchschlagen [dừrqjịlagĕn] (hindurchschlagen)
= duflapön (lov.).
durchschneiden [dừrqjnáĭdĕn] = dukötön (lov.).
Durchschneiden [dừrqjnáĭdĕn] n. = duköt.
Durchschnitt [dừrqjnịt] m. 1. (das Durchschneiden) = duköt 2. (Mittelmasz) = zäned,
im — = zänedo 3. — einer Figur = kötod
figura.
durchschnittlich [dừrqjnịtlịq] =zänedik, zänedo.
Durchschnittspreis [dừrqjnịž=práĭš] m. = zäne=
dasuäm.
durchsehen [dừrqseĕn] = dulogön (lov.).
Durchsehen [dừrqseĕn] n. = dulogam.
durchseihen [dừrqsáĭĕn] = lesulön (lov.).
durchsetzen [dừrqsẵžĕn] = dadunön (lov.).
Durchsicht [dừrqsịqt] v. = dulogamöp.
durchsichtig [dừrqsịqtịq] = dulogamovik.
Durchsichtigkeit [dừrqsịqtịqkáĭt] v. = dulo=
gamov.
durchsieben [dừrqsịbĕn] = sibön (lov.).
durchstecken [dừrqjtẵkĕn] = dusteigön (lov.).
Durchstecken [dừrqjtẵkĕn] n. = dusteig.
Durchstich [dừrqjtịq] m. 1. das Durchstechen)
= dusteig 2. (die durch das Durchstechen
entstandene Öffnung) = dusteigot.
durchstoszen [dừrqjtošĕn] = dujoikön (lov.).
durchstreichen [dừrqjtráĭqĕn] (ausstreichen) =
duliunon (lov.).
durchströmen [dừrqjtrömĕn] = duflumön (lov.).
durchsuchen [dừrqsụqĕn] = dasukön (lov.).
Durchsuchung [dừrqsụqụn] v. = dasuk.
durchtrieben [dừrqtribĕn] = lukäfik.
Durchtriebenheit [dừrqtribĕnháĭt] v. = lukäf.
durchweichen 1. [dừrqváĭqĕn] nel. = damüdi=
kön (nel.) 2. [dừrqváĭqĕn] lov. = damüdü=
kön (lov.).
durchziehen [dừrqžiĕn] 1. = dutävön (lov.) 2.
dutevön (nel.).
Durchziehung [dừrqžiụn] v. = dutävam.
Durchzug [dừrqžuk] m. 1. (Durchreise) =dutäv
2. (Durchfahrt) = duvegam 3. (Luftzug) =
lutaflumül.
Durst [dừršt] m. = soaf.
dursten [dừrštĕn] = soafön (nel.).
durstig [dừrštịq] = soafik, — machen = soa=
fükön (lov.).

Durton [dùrton] m. = macor, im — = ma=
coro.
Durtonart [dùrton=art] v. = macor.
dusagen [du sagĕn] = meolspikön (lov.), keo=
lön (lov.).
Duschbad [dùjbat] n. (Dusche) = dujet.
Dusche [dujĕ] v. = dujet, eine — nehmen =
dujetön (nel).
Dutzend [dužĕnt] n. = degtelat.
Duzbruder [dùžbrudĕr] m. = leflen.
duzen [dužĕn] (dusagen) = meolspikön (lov.),
keolön (lov.).
düngen [dünĕn] = dönön (lov.).
Dünger [dünĕr] m. = dön, tierischer — =
dön nimik.
Düngererde [dùnĕr=erdĕ] v. = dönamatail.
Düngersalz [dùnĕrsálž] m. = dönamasal.
Dünggabel [dùngabĕl] v. = dönifok.
Düngstoff [dùnjtóf] m. = dönamastöf.
Dünkel [dünkĕl] m. = fatüit.
Dünkelhaft [dùnkĕlháft] = fatüitik, — sein =
fatüitön (nel).
Dünkelhaftigkeit [dùnkĕlháftiqkáït] v. = fatüit.
dünn [dün] 1. = dilutik 2. = mänsidik 3.
= rovik 4. slenik.
Dünnbier [dùnbir] n. = lubir.
Dünne [dünĕ] v. (Dünnheit) 1. (tapladü säntret)
= dilut 2. (tapladü vid) = rov 3. (tapladü
densit) = mänsid 4. (tapladü big) = slen.
Dünnheit [dùnháït] v. 1. (tapladü säntret) =
dilut 2. (tapladü vid) = rov 3. (tapladü
densit) = mänsid 4. (tapladü big) = slen.
dünsten [dünštĕn] = fogülön (nel.).
dürfen [dürfĕn] = dalön (sek.).
dürftig [dùrftiq] 1. = defädik, — sein = defä=
dön (nel.) 2. (arm) = pöfik.
Dürftiger [dùrftigĕr] m. = defädan.
Dürftigkeit [dùrftiqkáït] v. = defäd.
dürr [dür] = sigik, — sein = sigön (nel.),
— werden = sigikön (nel.), — machen =
sigükön (lov.).
Dürre [dürĕ] v. 1. = sig 2. (Hagerkeit) =
mäg.
dürren [dürĕn] 1. nel. (dürr werden) = sigikön
(nel.) 2. lov. (dürr machen) = sigükön
(lov.).
dürsten [dürštĕn] = soafön (nel.).
düster [düstĕr] (finster) = glumidik.
Düsterheit [dùstĕrháït] v. (Finsterkeit) = glu=
mid.
Düte [dütĕ] v. (Tüte) = düd.
Dyarchie [düárqì] v. = telcifareig.
Dynamit [dünamit] n. = dinamit.
Dysanterie [düsäntĕri] v. = rur.
Dysprosium [düspròsium] Dy = disprosin.

E. e.

Ebbe [äbĕ] v. = bän.
Ebbezeit [åbĕžáït] v. = bänüp.
eben [ebĕn] 1. (gerade) = ebo, — als = ebo
ven 2. (einen Augenblick) = brefüpilo 3.
(soeben, vorhin) = änu 4. = kamik, ebene
Flache = plen kamik 5. (glatt) = smudik, —

sein = smudön (nel.), — machen = smudü=
kön (lov.) 6. —! = vö!
Ebenbild [ebĕnbịlt] n. = leigamagod.
ebenbildlich [ebĕnbịltlịq] = leigamagodik.
ebenderselbe [ebĕn därsälbĕ] = ebo ot.
Ebene [ebĕnĕ] v. = kamalän.
ebenfalls [ebĕnfálš] (gleichfalls) = leigo.
Ebenheit [ebĕnháït] v. = smud.
Ebenholz [ebĕnhólž] n. = bäad, von — =
bäadik.
Ebenmäszig [ebĕnmäšịq] = leigöfik.
Ebenmäszigkeit [ebĕnmäšịqkáït] v. = leigöf.
Ebensein [ebĕn šáïn] n. (von Flächen) = kam.
ebenso [ebĕnso] (desgleichen) = leigo, — wie
= leigoäs, soäs.
ebensoviel [ebĕn sofịl] = leigiko.
ebensowenig [ebĕn sovènịq] = leiganemödik.
Eber [ebĕr] m. 1. = hisvin 2. (Wildschwein)
= saglied.
ebnen [ebnĕn] 1. (flach machen) = kamükön
(lov.) 2. (glatt machen) = smudükön (lov.)
3. (nivellieren) = nivädön (lov.).
Ebnen [ebnĕn] n. 1. = smudükam 2. = ka=
mükam.
Ebonit [ebonịt] n. = düfagum.
Echo [åqo] n. (Widerhall) = leog.
echoen [åqoĕn] = leogön (lov.).
echt [åqt] 1. = legik 2. (sorecht, wesentlich)
= voik.
Echtheit [åqt=háït] v. = leg.
Ecke [äkĕ] v. = gul, Ecken habend = gulöfik,
mit Ecken versehen = gulön (lov.).
Eckeisen [åk=áïsĕn] n. 1. (Eisen um eine Ecke)
= gulafer 2. (eckiges Eisen) = gulöfafer.
ecken [äkĕn] (mit Ecken versehen) = gulön
(lov.).
Eckfenster [åkfänštĕr] n. = gulafenät.
Eckhaus [åkháůš] n. = guladom.
eckig [äkịq] = gulöfik, — sein = gulöfön
(nel.).
Eckigkeit [åkịqkáït] v. = gulöf.
Eckstein [åkjtáïn] m. = gulaston.
Eckzahn [åkžan] m. = gulatut.
Ecuador [ekuador] = Lekvadorän.
Ecuadorer [ekuadorĕr] m. = Lekvadoränan.
ecuadorisch [ekuadòrịj] = Lekvadoränik.
edel [edĕl] = nobik, — werden = nobikön
(nel.), — machen = nobükön (lov.).
Edeldame [èdĕldamĕ] v. = jinouban.
Edelfrau [èdĕlfráů] v. = jinouban.
Edelgas [èdĕlgaš] n. = nobavap.
edelgesint [èdĕlgĕsịnt] = nobälik.
Edelgestein [èdĕlgĕjtáïn] n. = noboin.
edelherzig [èdĕlhäržịq] = nobaladälik.
Edelhof [èdĕlhof] m. = länädadom (noubana).
Edelknabe [èdĕlknabĕ] = skvair.
Edelmann [èdĕlmán] m. = nouban.
Edelmetall [èdĕlmetál] n. = nobametal.
Edelmut [èdĕlmut] m. = nobaladäl.
edelmütig [èdĕlmütịq] = nobaladälik.
edeln [edĕln] = nobükön (lov.), sich — =
nobikön (nel.).
Edelsein [edel sáïn] n. = nob.
Edelsinn [èdĕlsịn] m. = nobäl.
edelsinnig [èdĕlsịnịq] = nobälik.

Edelstein [ĕdĕljtáïn] m. 1. (Edelgestein) = no≠
boin 2. (geschnittener —) = nobain.
Edelweisz [ĕdĕlváïš] n. = nobagnaf.
Eden [edĕn] n. (Paradies) = parad.
Edikt [edįkt] n. = dalebüd.
Edler [edlĕr] m. = nouban.
Efeu [ĕfóŭ] m. e n. = hed.
Effekt [ăfăkt] 1. = prodäd, kalorischer — =
vamoprodäd 2. Effekten (Besitzung) =labot,
labots 3. Effekten (Wertpapiere) = valör,
valörs.
Egel [egĕl] m. (Blutegel) = gib.
Egge [ăgĕ] v. = keit.
eggen [ăgĕn] = keitön (lov.).
Egoismus [egoįšmųš] m. (Selbstsucht) = löna≠
frutiäl, okiäl.
Egoist [egoįšt] m. = lönafrutiälan, okiälan.
egoistisch [egoįštįj] = lönafrutiälik, okiälik.
ehe [eĕ] (bevor) = büä (kony.), — und bevor
= lebüä.
Ehe [eĕ] v. = mat.
Ehebett [eĕbăt] n. = matabed.
Ehebund [eĕbųnt] m.: den — segnen, den —
einsegnen = benedön (lov.) mati.
Ehefrau [eĕfráŭ] v. = jimatan.
Ehegabe [eĕgabĕ] v. = matagivot.
Ehegatte [eĕgătĕ] m. = himatan.
Ehegattin [eĕgátįn] v. = jimatan.
Ehegenossin [eĕgĕnóšįn] v. = jimatan.
Ehegenosz [eĕgĕnóš] m. = himatan.
Eheherr [eĕhär] m. = himatan.
Eheleute [eĕlóŭtĕ] pl. = matan, matans.
ehelich [eĕlįq] = matik, — verbinden = ma≠
tükön (lov.).
ehelichen [eĕlįqĕn] (verheiraten) = matükön
(lov.).
ehelos [eĕloš] (ledig) = selibik.
ehemalig [eĕmalįq] 1. = vönädik 2. = büätik
3. ehemaliger Burgermeister = läxsifal, ehe-
maliger Professor = läxprofäsoran.
Ehemann [eĕmán] m. = himatan.
Ehepaar [eĕpar] n. = matanapär.
eher [eĕr] 1. (früher) = büikum, — gehen
(früher gehen) = bügolön (nel.) 2. (lieber,
Vorzug) = buikumo.
Ehesakrament [eĕsakramănt] n. = matasakram.
Ehescheidung [eĕ≠jáïdųn] v. = matiteil.
Ehestand [eĕjtánt] m. = matastad.
ehrbar [ĕrbar] = puedälik, ehrbare Person =
stimaman.
Ehrbarkeit [ĕrbarkáït] v. = puedäl.
Ehrbegierde [ĕrbĕgįrdĕ] v. = stimiäl.
Ehre [erĕ] v. = stim, die — haben = labön
(lov.) stimi, zu Ehren des = stimü.
ehren [erĕn] = stimön (lov.), in hohem Grade
— = lestimön (lov.).
Ehrenamt [ĕrĕn≠ámt] n. = stimacal.
Ehrenbogen [ĕrĕnbogĕn] m. = stimalebob.
Ehrengeld [ĕrĕngălt] n. = stimamesed.
Ehrenmann [ĕrĕnmán] m. = stimaman.
Ehrenmitglied [ĕrĕnmįtglit] n. = stimaliman.
Ehrenpforte [ĕrĕnpfórtĕ] v. = stimaleyan.
Ehrenpreis [ĕrĕnpráïš] m. = stimaprem.
Ehrensache [ĕrĕnsáqĕ] v. = stimadin.
Ehrensold [ĕrĕnsólt] m. = stimamesed.

Ehrenstelle [ĕrĕnjtälĕ] v. = stimacal.
Ehrensumme [ĕrĕnsųmĕ] m. = stimamesed.
ehrenthalber [ĕrĕnthálbĕr] = demü stim.
ehrenvoll [ĕrĕnfól] = stimik.
Ehrenzeichen [ĕrĕnžáïqĕn] n. = stimamal.
Ehrfurcht [ĕrfųrqt] v. = dalestüm, — haben
für = dalestümön (lov.), — gebietend =
dalestümabik.
Ehrgefühl [ĕrgĕfül] n. = stimiseved.
Ehrgeiz [ĕrgáïž] m. = stimiäl.
ehrgeizig [ĕrgáïžįq] = stimiälik.
ehrlich [ĕrlįq] 1. = snatik, ehrlicher Mensch
= snatan 2. (lauter) = leklinik.
Ehrlichkeit [ĕrlįqkáït] v. = snat.
Ehrsucht [ĕrsųqt] v. = stimiäl.
ehrsüchtig [ĕrsüqtįq] = stimiälik.
Ehrwürden [ĕrvürdĕn] v. p. = stimaban.
ehrwürdig [ĕrvürdįq] = stimabik, ehrwürdige
Person = stimaban.
Ehrwürdigkeit [ĕrvürdįqkáït] v. = stimab.
ei [áï]: — ! — ! = ö ! — was ! = zö !
Ei [áï] n. = nög, ein — legen = nögön (lov.)
nögi.
Eichbaum [áïq-báŭm] m. = kvärabim, kvärep.
Eiche [áïqĕ] 1. v. = kvärabim 2. m. (das
Eichen) = poän.
Eichel [áïqĕl] v. = kvär.
eichen [áïqĕn] 1. lady. (vom Eichbaume) =
kvärabimik 2. = poänön (lov.).
Eichen [áïqĕn] n. = poän.
Eichhörnchen [áïq-hórnqĕn] n. = yat.
Eichmasz [áïqmaš] n. = poänamaf.
Eichwald [áïqvált] m. = kvärabimafot, kväre≠
pafot.
Eid [áït] m. (Schwur) = yul, mit einem Eide
= yulo, mit einem Eide bekräftigen = fümü≠
kön (lov.) yulo bosi, einen — ablegen, einen
— schwören, einen — leisten = yulön (lov.).
Eidechse [áïdăxĕ] v. 1. = lasär 2. st. = silasär.
Eider [áïdĕr] m. u v. = däyäradaun.
Eiderdaune [áïdĕr-dáŭnĕ] v. = däyäradaun.
Eiderente [áïdĕr≠äntĕ] v. = däyär.
Eidergans [áïdĕr-gánš] v. = däyär.
Eidervogel [áïdĕr≠fogĕl] m. = däyär.
Eidgenosse [áït-gĕnóšĕ] m. = yulakompenan.
Eidgenossenschaft [áït-gĕnóšĕn-jáft] v. 1. =
yulakompen 2. = yulakompenanef.
eidlich [áïtlįq] = yulo.
Eidotter [áï-dótĕr] n. = yelok.
Eidschwur [áïtjvųr] m. = yul.
Eierkuchen [áïĕrkųqĕn] m. = nögapaälakek.
Eierschale [áïĕrjalĕ] v. = nögajal.
Eifer [áïfĕr] m. = lezil, aus —, mit — =
lezilo.
Eiferer [áïfĕrĕr] m. = lezilan.
eifern [áïfĕrn] 1. = lezilön (nel.) 2. (eifer-
süchtig sein) = jaludön (nel.).
Eifersucht [áïfĕrsųqt] v. = jalud.
Eifersüchtelei [áïfĕrsüqtĕláï] v. = jaludiäl.
eifersüchtig [áïfĕrsüqtįq] = jaludik, — sein =
jaludön (nel.).
ciförmig [áï-fórmįq] = nögafomik.
eifrig [áïfrįq] = lezilik.
Eigelb [áï≠gälp] n. = yelok.

eigen [áĭgĕn] 1. = lönik̦ 2. **sein** — = okik 3. (absonderlich) = patik.

eigenbehörig [áĭgĕnbĕhörị̦q] = dutetik.

Eigendünkel [áĭgĕndüŋkĕl] m. = fatüit.

Eigene [áĭgĕnĕ]: **das** — = lön.

Eigenes [áĭgĕnĕš] n. = lön.

eigenhändig [áĭgĕnhạ̈ndị̦q] = lönanamik.

Eigenheim [áĭgĕn-háĭm] n. = lönalom.

Eigenheit [áĭgĕn-háĭt] v. 1. = patäd 2. (Idiom) = pükalön.

eigenhörig [áĭgĕnhörị̦q] = dutetik.

Eigenliebe [áĭgĕnlibĕ] v. = lönilöf.

eigenliebig [áĭgĕnlibị̦q] = lönilöfik.

Eigenlob [áĭgĕnlop] n. = lönilob.

eigenmächtig [áĭgĕnmạ̈qtị̦q] = oknämätik.

Eigenmächtigkeit [áĭgĕnmạ̈qtị̦qkáĭt] v. = ok= nämät.

Eigenname [áĭgĕn=namĕ] m. = lönanem.

Eigennutz [áĭgĕn=nų̦z] m. = lönafrut.

eigennützig [áĭgĕn=nüžị̦q] = lönafrutiälik.

eigens [áĭgĕnš]: **ganz** — = mu pato.

Eigenschaft [áĭgĕn-ĵáft] v. = patöf, **in der** — **als** = as, **Eigenschaften erben** = geredön (lov.) patöfis.

Eigenschaftswort [áĭgĕn-ĵáfž-vórt] n. (Beiwort, Adjektiv) = ladyek.

Eigensinn [áĭgĕnsin] m. = löniäl.

eigensinnig [áĭgĕnsinị̦q] = löniälik.

Eigenste [áĭgĕnštĕ]: **das** — = lön.

Eigensucht [áĭgĕnsų̦t] v. = lönafrutiäl.

eigentlich [áĭgĕntlị̦q] 1. = veräto 2. (sorecht) = voik, voiko.

Eigentum [áĭgĕntụ̦m] n. 1. = dalab 2. = da= labot 3. = ledutot 4. (das Eigentumsein) = ledut, **als** — **gehörend** = ledutik, — **sein** = ledutön (nel.) lü, **zum** — **machen** = dütön (lov.).

Eigentumsein [áĭgĕntụ̦m sáĭn] n. = ledut.

Eigentümer [áĭgĕntümĕr] m. = dalaban.

eigentümlich 1. [áĭgĕntümlị̦q] = patädik. 2. [áĭgĕntümlị̦q] (als Eigentum gehörend) = ledutik, padalaböl.

Eigentümlichkeit [áĭgĕntụ̈mlị̦qkáĭt] v. = patäd.

Eigenwille [áĭgĕnvi̦lĕ] m. = löniäl.

eigenwillig [áĭgĕnvi̦lị̦q] = löniälik.

Eiland [áĭ-lánt] n. (Insel) = nisul.

Eilbote [áĭlbotĕ] m. = vifanunan.

Eile [áĭlĕ] v. = spid, **in** — = spido.

eilen [áĭlĕn] = spidön (nel.).

eilend [áĭlĕnt] = spidik.

eilends [áĭlĕnž] = spido, —! (flugs!) = spi= dö!

eilf [áĭlf, älf] **11** = degbal.

eilfertig [áĭlfạ̈rtị̦q] = spidiälik.

Eilfertigkeit [áĭlfạ̈rtị̦qkáĭt] v. = spidiäl.

Eilfuhre [áĭlfurĕ] v. = vifaveig.

eilig [áĭlị̦q] = spidik.

Eimer [áĭmĕr] m. = böket.

ein [áĭn] **einer, eins** 1. = bal, **in einem, in eins fort** = balo, **mit einem Male** (unversehens) = süpo, **Gespann von einem Zugtiere** = balfimäd, **Stunde Wegs, eine Wegstunde** = balholik.

einander [áĭnándĕr, áĭn=ándĕr] = od, **an** — = len od, bal len votik, **bei** — = lä od, **gegen**

— = kol od, **über** — = sus od, bal sus votik, love od, bal love votik, löpü od, bal löpü votik, **über** — **hin** = bal love votik, **wider** — = ta od, balan ta votikan.

einatmen [áĭn=atmĕn] = nünatemön (lov.).

einäschern [áĭn=äjĕrn] = zenofilükön (lov.).

einäugig [áĭn-óų̦gị̦q] = ballogik.

Einäugige [áĭn-óų̦gigĕ]: **der** — = ballogan.

Einäugigkeit [áĭn-óų̦gị̦qkáĭt] v. = ballog.

einbalsamieren [áĭn-bálsamirĕn]=bainön (lov.).

Einband [áĭn-bánt] m. (Bucheinband) = tanäd.

Einbanddecke [áĭn-bánt-däkĕ] v. = tanäd.

einbändig [áĭnbändị̦q] = baltoumik.

Einbildung [áĭnbildụ̦ŋ] v. 1. (Dünkelhaftigkeit) = fatüit 2. (Phantasie) = magäl.

Einbildungskraft [áĭnbildụ̦ŋš-kráft] v. = fomäl.

Einbildungsvermögen [áĭnbildụ̦ŋš=fạ̈rmögĕn] n. = fomäl.

einbinden [áĭnbindĕn]: **Bücher** — = tanädön (lov.) bukis.

Einbinden [áĭnbindĕn] n. = tanädam.

einblasen [áĭnblasĕn] = nübladön (lov.).

einbrechen [áĭnbrạ̈qĕn] = nübreikön (lov.).

Einbrechen [áĭnbrạ̈qĕn] n. = nübreik.

einbringen [áĭnbri̦ŋĕn] = nüblinön (lov.).

Einbruch [áĭnbrų̦q] m. (das Einbrechen) = nübreik.

einbürgern [áĭnbürgĕrn] (zum Bürger machen) = sifön (lov.).

Einbürgerung [áĭnbürgĕrụ̦ŋ] v. = sifam.

eindämmen [áĭndämĕn] = daigön (lov.).

eindeichen [áĭn-dáĭqĕn] = daigön (lov.).

eindrängen [áĭndrạ̈ŋĕn] = nüdränön (lov.).

Eindrängung [áĭndrạ̈ŋụ̦ŋ] v. = nüdrän.

eindringen [áĭndri̦ŋĕn] = nüdranön (nel.).

Eindruck [áĭndrụ̦k] m. 1. (das Eindrucken) = nüped 2. (— auf die Sinne, — aufs Gemüt) = magäd.

eindrucken [áĭndrụ̦kĕn] 1. = nüpeden (lov.) 2. = nübükön (lov.).

Eindrucken [áĭndrụ̦kĕn] n. = nüped.

eindrücken [áĭndrụ̈kĕn] (Beulen machen) = tälükön (lov.).

einen [áĭnĕn] = balön (lov.).

einer [áĭnĕr] 1. (jemand) = ek 2. p. = balan, — **dem andern** = balan votikane, — **den andern** = balan votikani.

Einerchen [áĭnĕrgĕn] n. = balil.

einerlei [áĭnĕrláĭ] = balsotik, **auf** — **Weise** = balmodiko.

einernten [áĭn=ạ̈rntĕn] = klopön (lov.).

einerseits [áĭnĕr-sáĭž] = balflano.

einesteils [áĭnĕš-táĭlš] = baldilo, — ... **andern= teils** = dilo ... dilo.

einfach [áĭn-fáq̦] 1. = balugik, **auf einfache Weise** = balugiko 2. **ländlich** = länä= döfik 3. **einfacher Satz** = balset 4. — **sein** = balugön (nel.).

Einfachheit [áĭn-fáq̦-háĭt] v. = balug.

einfachhin [áĭn-fáq̦hin] (auf einfache Weise) = balugiko.

einfahren [áĭnfarĕn] = nüvegön (nel.).

Einfahrt [áĭnfart] v. 1. = nüvegam 2. = nü= vegamöp.

Einfall [áĭn-fál] m. = nüfal.

einfallen [áĭn-fálĕn] = nüfalön (nel.).
Einfalt [áĭn-fált] v. = balugäl, **ländliche** — = länädöf.
einfarbig [áĭn-fárbĭq] = balkölik.
einfassen [áĭn-fáŝĕn] = nükipön (lov.).
Einfassung [áĭn-fáŝy̨ŋ] v. = nükip.
einfädeln [áĭnfädĕln]: **eine Nadel** — = steigön (lov.) fadi da nad.
einfältig [áĭnfältĭq] 1. = balugälik 2. (einfach) = balugik 3. (albern) = stupädik.
Einfältigkeit [áĭn-fältĭqkáĭt] v. (Albernheit) = stupäd.
einfetten [áĭnfätĕn] = pinön (lov.).
einfinden [áĭnfĭndĕn]: **sich** — (kommen) = kömön (nel.).
einflieszen [áĭnflĭŝĕn] = nüflumön (nel.).
einflöszen [áĭnflöŝĕn] = nügifön (lov.).
Einflöszung [áĭnflöŝy̨ŋ] v. = nügif.
Einflusz [áĭnfly̨ŝ] m. 1. = flun, — **haben,** — **üben** = flunön (lov.) 2. (das Hineinflieszen) = nüflum.
Einfluszsphäre]áĭnfluŝ ŝfärĕ] v. = flunaziläk.
einfordern [áĭn-fórdĕrn] = nüflagön (lov.).
einförmig [áĭn-fórmĭq] = balfomik.
Einförmigkeit [áĭn-fórmĭqkáĭt] v. = balfom.
einfriedigen [áĭn-frĭdĭgĕn] = kiudön (lov.).
Einfriedigung [áĭn-frĭdĭgy̨n] v. (— der Zaun) = kiudam.
Einfuhr [áĭnfy̨r] v. = nüveig.
Einfuhrhandel [áĭnfy̨r-hándĕl] m. = nüveigated.
Einfuhrzoll [áĭnfy̨r-źól] m. = nüveigatol.
einfügen [áĭnfügĕn] = vüpladön (lov.).
einführen [áĭnfürĕn] 1. = nüdugön (lov.) 2. (importieren) = nüveigön (lov.).
Einführung [áĭnfüry̨ŋ] v. = nüdug.
einfüszig [áĭnfüŝĭq] = ballögädik.
Eingang [áĭn-gáŋ] m. = nügolöp.
Eingangszoll [áĭn-gánŝ-źól] m. = nüveigatol.
eingeben [áĭngebĕn] = nügivön (lov.).
eingebildet [áĭngĕbĭldĕt] (nicht wirklich) = nejenöfik.
Eingebildetsein [áĭngĕbĭldĕt sáĭn] n. = nejenöf.
eingeboren [áĭngĕborĕn]: **eingeborner Sohn** = son baliko pemotöl.
Eingeborener [áĭngĕborĕnĕr] m. = länan.
Eingebung [áĭngeby̨ŋ] v. = nügiv.
eingedenk [áĭngĕdäŋk] = memik.
eingedrückt [áĭngĕdrŭkt]: — **sein**=tälön (nel.).
Eingedrücktsein [áĭngĕdrŭkt sáĭn] n. = täl.
Eingefaszte [áĭn-gĕfáŝtĕ] n. = nükipot.
eingehen [áĭngehĕn] = bligidön (lov.), **eine Verplichtung, eine Wette** — = bligidön bligi, yüli.
eingehend [áĭngeĕnt] (genau) = kuratik.
Eingehüllte [áĭngĕhüptĕ] n. = vilupot.
eingenommen [áĭn-gĕnómĕn] (— für) = leplü* dik, — **sein** = leplüdön (lov.).
eingerostet [áĭn-gĕróŝtĕt] = nemoükamovik, — **sein** = ruilofimön (nel.).
Eingerostetheit [áĭn-gĕróŝtĕtháĭt] v. = nemoü* kamov.
Eingesetzte [áĭngĕsäžtĕ] n.: **das** — **beim Spiel** = kayot pö pled.
eingestehen [áĭngĕĵteĕn] (beichten) = koefön (lov.).

Eingeweide [áĭn-gĕváĭdĕ] n. = ninäm, ninäms.
eingewöhnen [áĭngĕvönĕn] = kösömikön (nel.).
eingieszen [áĭngĭŝĕn] = nügifön (lov.).
Einglas [áĭnglaŝ] n. = logaglät.
eingraben [áĭngrabĕn] 1. = nüsebön (lov.) 2. (einritzen) = glivön (lov.).
eingreifen [áĭn-gráĭfĕn]: — **in** = glepön (nel.) in.
Eingriff [áĭngrĭf] m. (Mitbeteiligung) = kejäfi* kam.
einhändig [áĭnhädĭq] = balnamik.
einhändigen [áĭnhändĭgĕn] = lovegivön (lov.).
einhängen [áĭnhäŋĕn] = nülägön (lov.).
einheimisch [áĭn-háĭmĭj] = lomädik, — **sein** = lomädön (nel.), — **werden** = lomädikön (nel.).
einheimsen [áĭn-háĭmsĕn]: **Obst** — = flukiklo* pön (nel.).
Einheit [áĭn-háĭt] v. 1. = balat 2. = stabäd.
einheitlich [áĭn-háĭtlĭq] = balatik.
einholen [áĭnholĕn] 1. = vegamorivön (lov.) 2. (Aufträge besorgen) = dünetön (lov.).
Einhorn [áĭn-hórn] n. 1. = balhon 2. st. = sibalhon.
einhüllen [áĭnhülĕn] = vilupön (lov.).
Einhüllung [áĭnhüly̨ŋ] v. = vilupam.
einig [áĭnĭq] = balädik, — **sein** = balädön (nel.), — **gehen** = balädön (nel.), — **werden** = balädikön (nel.).
einige [áĭnĭgĕ] (einzelne, etliche) = an, ans, anik.
einigen [áĭnĭgĕn]: **sich** — = balädikön (nel.).
einigermaszen [áĭnĭgĕr maŝĕn] = bosilo, boso.
Einigkeit [áĭnĭq-káĭt] v. = baläl.
Einigung [áĭnĭgy̨ŋ] v. 1. (Übereinkunft, Vereinbarung) = baläd 2. (Abfindung) = balädi* kam.
einimpfen [áĭn*impfĕn] = müpön (lov.).
Einimpfung [áĭn*impfy̨ŋ] v. = müp.
einjagen [áĭnyagĕn] = nümofön (lov.).
einjährig [áĭnyärĭq] = balyelik.
Einjähriger [áĭnyärĭgĕr] m. = balyelan.
einkassieren [áĭn-káŝirĕn] = kädädön (lov.).
Einkassierung [áĭn-káŝiry̨ŋ] v. = kädäd.
Einkauf [áĭn-káŭf] m. 1. = nürem 2. d. = nüremot.
einkaufen [áĭn-káŭfen] = nüremön (lov.).
Einkäufer [áĭn-kóŭfĕr] m. = nüreman.
Einkäuferin [áĭn-kóŭfĕrĭn] v. = jinüreman.
Einkehr [áĭnker] v. = lot.
einkehren [áĭnkerĕn] (Gast werden) = lotön (nel.).
einkerkern [áĭnkärkĕrn] = fanäböpön (lov.).
einkitten [áĭnkĭtĕn] = nükleibön (lov.) me glud.
einklagen [áĭnklagĕn] = kusadön (lov.).
einklammern [áĭn-klámĕrn] = klämön (lov.).
Einklang [áĭn-kláŋ]: **im** — **mit** = baiädü, **in** — **bringen** = baiädökön (lov.).
einkleben [áĭnklebĕn] = nükleibön (lov.).
einkleiden [áĭn-kláĭdĕn] = klotön (lov.).
einkochen [áĭn-kóǧĕn] 1. nel. = fekukön (nel.) 2. lov. = fekükön (lev.).
einkolonnig [áĭn-kolónĭq] (einspaltig) = bal* padülik.

Einkommen [áïn-kómĕn] n. (Gehalt) = leme*
sed.
einköpfig [áïn-kŏpfịq] = balkapik.
einladen [áïnladĕn] = vüdön (lov.).
Einlader [áïnladĕr] m. = vüdan.
Einladung [áïnladụŋ] v. = vüd.
Einlage [áïnlagĕ] v. = nüseit.
Einlagerung [áïnlagĕrụŋ] v. = leseit.
einlassen [áïn-lášĕn] = nületön (lov.).
Einlassen [áïn-lášĕn] n. = nület.
Einlasz [áïn-láš] m. = nület.
einlaufen [áïn-láúfĕn] = nügolön (nel.).
einlegen [áïnlegĕn] 1. = nüseitön (lov.) 2. —
in Essig = vinigedön (lov.).
Einlegen [áïnlegĕn] n.: das — in Essig =
viniged.
einleiten [áïn-láïtĕn] = nüdugön (lov.).
Einleitung [áïn-láïtụŋ] v. 1. = nüdug 2. =
nüdugot.
einliefern [áïnlifĕrn] = blünön (lov.).
einlogieren [áïn-lojịrĕn] = lödön (nel.), belödön
(lov.).
einmachen [áïn-máqĕn] = mökädön (lov.).
einmal 1. [áïnmal] = balna 2. auf — = me
naed bal, auf — (unversehens) = süpo,
nicht — = no balna, igo no, noch — = nog
balna, wenn — = if fütüro 3. siehe —! =
ekö! 4. [áïnmạl] = naedilo, semanaedo,
sematimülo.
Einmaleins [áïnmal áïnš] n. = taib naedama.
einmalig [áïnmalịq] = balnaik.
einmarschieren [áïn-márjịrĕn] = nümalekön
(nel.).
einmauern [áïn-máúĕrn] = nümasonön (lov.).
Einmischung [áïnmịjụŋ] v. = vügol.
einmütig [áïnmütịq] (einträchtig) = balälik.
Einnahme [áïnnamĕ] v. 1. = nüsum 2. (das
Eingenommene) = nüsumot.
einnehmen [áïnnemĕn] 1. = nüsumön (lov.)
2. das Frühstück — = janedön (nel.) 3. =
labülön (lov.).
einnehmend [áïnnemĕnt] (angenehm) = plitik.
Einöde [áïn-ödĕ] v. = soalöföp.
einölen [áïn-ölĕn] (ölen) = leülön (lov.).
einpacken [áïn-pákĕn] (packen) = päkön (lov.).
einpfarren [áïn-pfárĕn] = pädänön (lov.).
einpflanzen [áïn-pflánžĕn] = planön (lov.).
einpichen [áïnpịqĕn] = pägön (lov.).
einpökeln [áïnpökĕln] = salodön (lov.).
einprägen [áïnprägĕn] = nüstäpedön (lov.).
einquartieren [áïn-kvártịrĕn] = lödädön (lov.).
Einquartierung [áïn-kvártịrụŋ] v. = lödäd.
einrahmen [áïnramĕn] = fremön (lov.).
einräumen [áïn-róúmĕn] 1. = leodopladön (lov.)
2. (bejahen) = siön (lov.).
einreiben [áïn-ráïbĕn] = nüröbön (lov.).
Einreibung [áïn-ráïbụŋ] v. = nüröb.
einreiszen [áïn-ráïšĕn] = nüsleitön (lov.).
einrichten [áïnrịqtĕn] 1. = stitön (lov.) 2. (organisieren) = noganükön (lov.).
Einrichten [áïnrịqtĕn] n. = stit.
Einrichter [áïnrịqtĕr] m. = stitan.
Einrichtung [áïnrịqtụŋ] v. 1. (das Einrichten)
= stit 2. (Anstalt) = stitod 3. (Institu-

tion) = stid 4. (Organismus, Gefüge) =
nogan.
einritzen [áïnrịžĕn] = glivön (lov.).
einrollen [áïn-rólĕn] = nürölön (lov.).
einrosten [áïn-róštĕn] 1. = ruilön (nel.) 2.
(festrosten) = ruilofimikön (nel.).
einrücken [áïnrükĕn] 1. = nümalekön (nel.) 2.
(einsetzen) = nüseidön (lov.), eine Anzeige
in eine Zeitung — = nüseidön (lov.) notedi
in gased.
einrühren [áïnrürĕn] = mufilön (lov.).
eins [áïnš] 1. = bal 2. in — fort = balo 3.
— werden = balädikön (nel.).
einsalben [áïn-sálbĕn] = nügvetön (lov.).
einsalzen [áïn-sálžĕn] = salön (lov.).
einsam [áïnsam] = soalik, — sein = soalön
(nel.), — werden = soalikön (nel.), — machen = soalükön (lov.).
Einsamkeit [áïnsam-káït] v. = soal.
einsammeln [áïn-ssámĕln] = nükobükön (lov.).
einsargen [áïn-sárgĕn] = sarkön (lov.).
Einsatz [áïn-sáž] m. 1. = nüseidot 2. (das
Eingesetzte im Spiel) = kayot (pö pled).
einsaugen [áïn-sáúgĕn] = nüsugön (lov.).
einsäen [áïnsäĕn] = sovön (lov.).
einschalten [áïn-jáltĕn] 1. = vüpladön (lov.)
2. = nülimädön (lov.).
Einschaltung [áïn-jáltụŋ] v. = vüpladam.
einscharren [áïn-járĕn] (vergraben) = fesepön
(lov.).
einschärfen [áïnjärfĕn]: einem etwas — =
stäpodön (lov.) eke bosi.
einschenken [áïnjänkĕn] = nügifön (lov.).
einschieben [áïnjibĕn] = nüsleifön (lov.).
Einschiebsel [áïnjipšĕl] n. 1. = vüpladot 2.
(Infix) = vüyümot.
einschiffen [áïnjịfĕn] (ins Schiff einnehmen) =
boidön (lov.), sich — = boidön oki.
einschlafen [áïnjlafĕn] = slipikön (nel.).
einschlagen [áïnjlagĕn] 1. = nüflapön (lov.)
2. eine Richtung — = lüodikön (nel.).
einschläfern [áïnjläfĕrn] = slipükön (lov.).
einschlieszen [áïnjlišĕn] = keninükön (lov.).
einschlieszlich [áïnjlišlịq] pr. = keninükamü.
einschlucken [áïnjlukĕn] = slugön (lov.).
Einschlusz [áïnjluš] m. = ninot.
einschmelzen [áïnjmälžĕn] (durch Schmelzen
hineinbringen) = nüsmeitön (lov.).
einschmuggeln [áïnjmụgĕln] = nüsmugön (lov.)
(lov.).
einschneiden [áïn-jnáïdĕn] = nükötön (lov.).
Einschnitt [áïnjnịt] m. = nükötäd.
einschränken [áïnjränkĕn] = miedükumön (lov.).
Einschränkung [áïnjränkụŋ] v. = miedükumam.
einschreiben [áïn-jráïbĕn] = nüpenön (lov.).
Einschreibung [áïn-jráïbụŋ] v. (Buchung) =
nüpenam.
einschrumpfen [áïnjrụmpfĕn] = trakön (nel.).
einschüchtern [áïnjüqtĕrn] = bluvükön (lov.).
einsegnen [áïnsegnĕn] = benedön (lov.), den
Ehebund — = benedön mati.
einsehen [áïnseĕn] 1. = nülogön (lov.) 2. (fassen) = suemön (lov.).
Einsehen [áïnseĕn] n. = nülogam.

einseitig [áĭn-sáĭtĭq] = balflanik, **einseitiger Kopfschmerz** = kapadol balflanik.
einsenken [áĭnsäŋkĕn] = nüsädön (lov.).
einsetzen [áĭnsäžĕn] 1. = nüseidön (lov.) 2. (instituieren) = stidön (lov.) 3. — **beim Spiel** (daranwagen) = kayotön (lov.) pö pled.
Einsetzen [áĭnsäžĕn] n.: **das — von Fensterscheiben** = vitüram.
Einsicht [áĭnsĭqt] v. 1. = dasev 2. (das Hineinsehen) = nülogam.
Einsiedelei [áĭnsĭdĕláĭ] v. = härmitöp.
Einsiedler [áĭnsĭdlĕr] m. = härmit.
einsilbig [áĭnsĭlbĭq] = balsilabik.
Einsilbigkeit [áĭn-sĭlbĭqkáĭt] v. = balsilab.
einsinken [áĭnsĭŋkĕn] = nüsadön (nel.).
einspaltig [áĭn-ĵpáltĭq] (einkolonnig) = balpadülik.
einspannen [áĭn-ĵpánĕn]: **die Pferde —** = fimädön (lov.) jevodis.
Einspannen [áĭn-ĵpánĕn] n. = fimädam.
einspännig [áĭnĵpänĭq] = balfimädik.
einsperren [áĭnĵpärĕn] = fanäböpön (lov.).
einsprechen [áĭnĵpräqĕn] = nüspikön (lov.).
Einspritzung [áĭnĵprĭžuŋ] v. 1. = nüskutam 2. (das Eingespritzte) = nüskutot.
einst [áĭnšt]: — **in der Zukunft** = fütüro.
einstampfen [áĭn-ĵtámpfĕn] = nüstäpön (lov.).
einstecken [áĭnĵtäkĕn] 1. (in die Tasche —) = pokön (lov.) 2. (in die Scheide stecken) = veadön (lov.).
einstehen [áĭnĵteĕn] 1. (eintreten) = calikön (nel.) 2. — **für** (an die Stelle treten von) = pladulön (lov.).
einsteigen [áĭn-ĵtáĭgĕn] = nüxänön (nel.).
Einstein [áĭn-ĵtáĭn] m. (Monolith) = balston.
einstellen [áĭnĵtälĕn] (hineinstellen) = nüpladön (lov.).
einstimmen [áĭnĵtĭmĕn] (übereinstimmen) = baivögön (nel.).
Einstimmen [áĭnĵtĭmĕn] n. = baiced.
einstimmig [áĭnĵtĭmĭq] 1. = baicedik 2. balvögik, **ein einstimmiges Lied** = lid balvögik.
Einstimmung [áĭnĵtĭmuŋ] v. = baiced.
einstoszen [áĭnĵtošĕn] = nüjoikön (lov.).
einstudieren [áĭn-ĵtudĭrĕn] = dastudön (lov.).
Einsturz [áĭnĵturž] m. = dästur.
einstündig [áĭnĵtündĭq] = baldüpik.
einstürzen [áĭnĵtüržĕn] = dästurön (nel.).
einstweilen [áĭnšt váĭlĕn] = vüo.
eintauschen [áĭn-táŭjĕn] = nütökön (lov.).
eintägig [áĭntägĭq] = baldelik.
einteilen [áĭn-táĭlĕn] 1. = dadilön (lov.) 2. — **in** = dilädön (lov.) ad 3. (abteilen) = dilädön (lov.).
einteilig [áĭn-táĭlĭq] (einbändig) = baltoumik.
Einteilung [áĭn-táĭluŋ] v. = dadilam.
Eintracht [áĭn-tráqt] v. = baläl.
Eintrag [áĭntrak] m. 1. (Buchung) = nüpenam 2. (das Eingetragene) = nüpenot 3. — **tun** = ludämön (lov.).
eintragen [áĭntragĕn] 1. (buchen) = nüpenön (lov.) 2. (produzieren) = prodön (lov.) 3. **ins Register —** = registarön (lov.).
einträchtig [áĭnträqtĭq] = balälik.

einträglich [áĭnträklĭq] (vorteilhaft) = frutik.
eintreffen [áĭnträfĕn] (anlangen) = lükömön (nel.).
Eintreffen [áĭnträfĕn] n. = lüköm.
eintreiben [áĭn-tráĭbĕn] = nümofön (lov.).
eintreten [áĭntretĕn] = calikön (nel.).
eintretend [áĭntretĕnt] (vorkommend) = jenik.
Eintritt [áĭntrĭt] m. = nügol.
Eintrittsgeld [áĭntrĭž-gält] n. = nügolamon.
eintunken [áĭntuŋkĕn]: **in Sauce —** = sodön (lov.).
einüben [áĭn-übĕn] = dalärnön (lov.), dastudön (lov.).
Einübung [áĭn-übuŋ] v. = dalärn, dastud.
Einvernehmen [áĭnfärnemĕn] n. = baiod, **in gutem —** = benobaiodik, benobaiodo.
Einwand [áĭn-vánt] m. (Einwurf) = taspikülot.
einwandern [áĭn-vándĕrn] = nütevön (nel.).
einwandfrei [áĭn-vánt-fráĭ] = nendodik.
einwärts [áĭnvärž] = ninio.
einweihen [áĭn-váĭen] = saludükön (lov.).
Einweihung [áĭn-váĭuŋ] v. = saludükam.
einweisen [áĭn-váĭsĕn]: **einen —** = nügeidön (lov.) eki.
einwenden [áĭnvändĕn] = taspikülön (lov.).
Einwendung [áĭnvänduŋ] v. 1. = taspikül 2. = taspikülot.
einwerfen [áĭnvärfĕn] = nüjedön (lov.).
einwertig [áĭnvärtĭq] = balvalenik.
Einwertigkeit [áĭn-värtĭqkáĭt] v. = balvalen.
einwiegen [áĭnvĭgĕn] = klädoslipükön (lov.).
einwilligen [áĭn-vĭlĭgĕn] = dälön (lov.).
Einwilligung [áĭn-vĭlĭguŋ] v. = däl.
einwirken [áĭnvĭrkĕn] = nüvobedön (lov.).
Einwirkung [áĭnvĭrkuŋ] v. = nüvobed.
Einwohner [áĭnvonĕr] m. = lödan, — **des Binnenlandes** = nilänan.
Einwurf [áĭnvurf] m. = taspikülot.
einwurzeln [áĭnvuržĕln] = vulikön (nel.).
Einzahl [áĭnžal] = balnum.
einzahlen [áĭnžalĕn]: **Geld —** = stüredön (lov.) moni.
Einzahlen [áĭnžalĕn] n. = stüred.
Einzahlung [áĭnžaluŋ] v. 1. = stüred 2. (das Eingezahlte) = stüredot.
einzählig [áĭnžälĭq] = balnumik.
einzäunen [áĭn-žŏŭnĕn] = kiudön (lov.).
einzeichnen [áĭn-žáĭqnĕn] = nüdäsinön (lov.).
Einzelding [áĭnžĕldĭŋ] n. = din balatik.
Einzelheit [áĭnžĕl-háĭt] v. (Besonderheit) = pat.
einzeln [áĭnžĕln] 1. = balatik 2. ïadv. = balato, **in einzelnen** = balato 3. ladv. = soelo 4. — **verkaufen** = detülaselön (lov.).
Einzelne [áĭnžĕlnĕ] (ettliche) = an, ans, anik.
einziehen [áĭnžĭĕn] 1. = nügoládön (nel.) 2. **in ein Haus —** = lotädön (nel.) ini dom, belotädön (lov.) domi 3. **Nachrichten —, Erkundigungen —** = seividön (lov.).
Einziehen [áĭnžĭĕn] n.: **das — von Nachrichten, Erkundigungen —** = seivid.
einzig [áĭnžĭq] (allein) = balik, baliko.
einzigesmal [áĭnžĭgĕš-mal]: **ein —** = balnaediko, naed balik.

Einzug [áĭnžu̯k] m. = nügoläd.
Eis [áĭš] n. = glad, — hauen = secöpön gladi, der Flusz geht mit — = flumed sveimon gladi.
Eisbär [áĭšbär] m. = povaber.
Eisberg [áĭšbärk] m. = gladabel.
Eisbruch [áĭšbru̯ǧ] m. = gladasveam.
eisen [áĭšěn] = secöpön gladi.
Eisen [áĭšěn] n. 1. = fer 2. —, Fe = ferin.
Eisen≈ [áĭšěn≈] = ... ferik.
Eisenabfälle [áĭšěn-ápfạ̈lě] pl. = feradefälot, feradefälots.
Eisenbahn [áĭšěnban] v. = ferodarutaveg, tre≈ naveg, eine — bauen = meikön (lov.) fera≈ rutavegi, mit der — reisen, fahren, gehen = trenön (nel.).
Eisenbahnbetrieb [áĭšěnban bětrịp] m. = trena≈ vegafeb, feb trenavega.
Eisenbahnbillet [áĭšěnban bịlyạ̈t] n. = trena≈ biliet.
Eisenbahnfahrkarte [áĭšěnban fàrkártě] v. = trenabiliet.
Eisenbahnrad [áĭšěnbanrat] n. = trenavabaluib.
Eisenbahnschiene [áĭšěnbanjịně] v. = ferod.
Eisenbahnwagen [áĭšěnban≈vagěn] n. = trena≈ vab.
Eisenbahnzug [áĭšěnbanžu̯k] m. = tren.
Eisenbeize [áĭšěn-báĭžě] v. = ferikorodamed.
Eisenblech [áĭšěnblạ̈q] n. = feratün.
Eisendraht [áĭšěndrat] m. = feradrat.
Eisenerz [áĭšěn≈ärž] n. = feramün.
Eisenfeilspäne [áĭšěn-fáĭljpäně] pl. = feraräpät.
Eisengehalt [áĭšěn-gěhált] m. = ferer.
Eisengieszerei [áĭšěn gịšěráĭ] v. = ferigiföp.
Eisenguszware [áĭšěngu̯š varě] v.=gifaferacan.
eisenhaltig [áĭšěn-háltịq] = fererik.
Eisenhaltigkeit [áĭšěn-háltịq-káĭt] v. = ferer.
Eisenhammer [áĭšěn-háměr] m. = ferilefög.
Eisenhändler [áĭšěnhändlěr] m. = feratedan.
Eisenhütte [áĭšěnhu̯tě] v. = ferismeitöp.
Eisenoxydul [áĭšěn-óx̌üdùl] FeO = ferinoloxid.
Eisenpentakarbonyl [áĭšěn pạ̈nta kárbonûl] Fe (CO)₅ = ferinalulkarbonil.
Eisenrost [áĭšěn-róšt] m. = feraruil.
Eisenschmied [áĭšěnjmịt]: Hammer eines Eisen≈ schmiedes = ferifög.
Eisenstange [áĭšěn-jtáņě] v. = ferabemül, bemül ferik.
Eisenvitriol [áĭšěn≈vitriol] m. = feravitriol.
Eisenware [áĭšěnvarě] v. = feracan.
Eisenwerk [áĭšěnvärk] n. 1. (Eisenhütte) = ferismeitöp 2. (Eisenzeug) = ferotem.
Eisenzeug [áĭšěn-žóŭk] n. = ferotem.
eisern [áĭšěrn] = ferik, eiserner Gegenstand = ferot.
Eisgang [áĭš-gáŋ] m. = gladasveam.
Eisgrube [áĭšgru̯bě] v. = gladakav.
eisig [áĭšịq] = gladik.
eiskalt [áĭš kált] = gladakoldik.
Eiskeller [áĭškạ̈lěr] m. = gladakav.
Eismeer [áĭšmer] n. 1. = gladamel 2. = Gladean.
Eispunkt [áĭšpu̯nkt] m. = flodamapün.
Eisvogel [áĭšfogěl] m. = laseod.

eitel [áĭtěl] 1. = lupleidik 2. (vergänglich) = vanik.
Eitelkeit [áĭtěl-káĭt] v. 1. = lupleid 2. (Ver≈ gänglichkeit) = van.
Eiter [áĭtěr] m. = purul.
eiterig [áĭtěrịq] = purulik.
eitern [áĭtěrn] = purulön (nel.).
Eiterung [áĭtěru̯ņ] v. = purulam.
Eiweisz [áĭ-váĭš] n. = vilok.
Ekel [ekěl] m. (Abscheu) = naud.
ekelhaft [ekělháft] = naudodik.
Ekelhaftigkeit [ekělháftịqkáĭt] v. = naudod.
ekeln [ekěln] = naudön (lov.), mir ekelt vor diesen Grausamkeiten = naudob kruälis at.
eklatant [eklatánt] (auffallend) = klatik.
Eklipse [äklịpšě, eklịpšě] v. = grahan.
Ekliptik [äklịptịk] v. (Sonnenbahn) = kleipit.
Ekstase [äkštasě] v. = stäat.
ekstatisch [äkštátịj] = stäatik.
Ekuador [ekuador] = Lekvadorän.
Ekuadorer [ekuadorěr] m. = Lekvadoränan.
ekuadorisch [ekuadòrịj] = Lekvadoränik.
Ekzem [äkžem] n. = käsem.
elastisch [eláštịj] = lastinik.
Elastizität [eláštižitạ̈t] v. = lastin.
Elbe [älbě] v. = ,Elbe' [älbě] (D.).
Elefant [elefánt] m. = leefad.
elektrifizieren [eläktrifižirěn] =lektinidön (lov.).
Elektrifizierung [eläktrifižiru̯ņ] v. = lektinid.
elektrisch [eläktrịj] = lektinik, elektrische Bahn = lektinaträm, elektrischer Knopf = gnob lektinik, elektrischer Strom = flum lektinik, lektinaflum.
Elektrische [eläktrijě]: die — = lektinaträm.
elektrisieren [eläktrisirěn] = lektinön (lov.).
Elektrisiermaschine [eläktrisịrmajịně] v. = lek≈ tinamacin.
Elektrizität [eläktrižitạ̈t] v. = lektin, gallvani≈ sche — = galvan, positive — = lektin positik, positalektin, negative — = lektin negatik, negatalektin.
Elektrochemie [eläktro qemi] v. = lektinakie≈ mav.
Elektrode [eläktrodě] v. = lektinod.
Elektrolyse [eläktrolüsě] v. = lektinodilet.
Elektrolyt [eläktrolüt] = lektinäd.
elektrolytisch [eläktrolùtịj] = lektinodiletik, elektrolytische Dissoziation = nekobet lek≈ tinodiletik.
Elektron [eläktrón] = leäktron.
Elektrotechnik [eläktro tạ̈qnịk]=lektinakaenav.
Elektrotechniker [eläktro tạ̈qnịkěr] m. = lek≈ tinakaenavan.
Element [elemạ̈nt] n. 1. = lömin 2. = ziöbed, galvanisches — = ziöbed galvanik 3. (klein≈ ster Bestandteil eines Ganzes) = binet.
elementar [elemạ̈ntar] (auf das Element be- ziehend) = löminik.
Elementarunterricht [elemạ̈ntàr-ùntěrrịqt] m. = donatid.
elend [elạ̈nt]: elendes Dorf = luvilag.
Elend [elạ̈nt] n. (Erbärmlichkeit) = miserab.
elendig [elạ̈ndịq, elạ̈ndịq] = miserabik.
Elevator [elevàtór] m. = tovonelodian.
elf [ạ̈lf] (eilf) 11 = degbal.

Elfenbein [ȧlfĕnbáïn] n. = vior.
Elfenbainküste [ȧlfĕnbáïn=kụ̈štĕ] v. = Viorajo=
län.
Elfenbeinware [ȧlfĕnbáïnvarĕ] v. = vioracan,
vioracans.
Elfzahl [ȧlfžal] v. = degbalat.
Elle [álĕ] v. = loun.
Ellenbogen [ȧlĕnbogĕn] m. = kubit.
Ellenbogengelenk [ȧlĕnbogĕn=gĕläŋk] n. = ku=
bitayoin.
Ellipse [ȧlịpšĕ] v. = lisip.
elliptisch [älịptịj] 1. = lisipik 2. elliptischer
Satz = set defik.
Elsasz [ȧlsáš] m. e n. = Lalsasän.
Elsässer [ȧlsäsĕr] m. = Lalsasänan.
elsässisch [ȧlsäšịj] = Lalsasänik.
Elster [älštĕr] v. = piak.
elterlich [ȧltĕrlịq] = palik.
Eltern [ältĕrn] pl. = pals, Einer oder Eine der
— = pal.
Elternliebe [ȧltĕrnlịbĕ] v. = palalöf.
Elternpaar [ȧltĕrnpar] n. = palapär.
Email [emáï] n. = nämail.
emaillieren [emályịrĕn, emáyịrĕn] = nämailön
(lov.).
emailliert [emályịrt, emáyịrt] = nämailik.
Emailmasse [emáï-mášĕ] v. = nämailamasat.
Emailware [emáïvarĕ] v. = nämailacan.
Emballage [áñbálàjĕ] m. 1. = päkam 2. (das
zu Verpacken dienende) = päkamaneodot,
päkamaneodots.
emballieren [áñbálịrĕn] = päkön (lov.).
Emblem [ämblem] n. (Abzeichen) = siäma=
mäk.
Emigrant [emigránt] m. = setevan.
Empfang [ämpfáŋ] m. 1. (das Empfangen) =
get 2. — von Gästen = geted lotanas.
empfangen [ämpfáŋĕn] 1. = getön (lov.) 2.
Gäste — = getedön (lov.) lotanis.
Empfangen [ämpfáŋĕn] n. = get.
Empfangsschein [ämpfáŋš-jáïn] m. 1. = getazöt
2. (Quittung) = kitazöt.
Empfänger [ämpfáŋĕr] m. = getan.
Empfängnis [ämpfȧ̧ŋnịš] v. = leget.
empfehlen [ämpfelĕn] 1. = komandön (lov.)
2. sich — = komandabön (nel.).
empfehlenswert [ämpfĕlĕnšvärt] = komandabik.
Empfehlung [ämpfèlụŋ] v. = komand.
Empfehlungsschreiben [ämpfèlụŋš=jráïbĕn] =
komandapenäd.
empfindbar [ämpfịntbar]: — sein = senovön
(nel.), — werden = senovikön (nel.), —
machen = senovükön (lov.).
Empfindbarkeit [ämpfịntbar=káït] v. (Bemerkbarkeit) = senov.
empfinden [ämpfịndĕn] 1. = senön (lov.) 2.
innerlich — = senälön (lov.) 3. Leid — =
liedön (nel.), Reue — = lepidön (lov.),
Verdrusz — = favön (nel.).
empfindend [ämpfịndĕnt]: Verdrusz — = favik.
empfindlich [ämpfịntlịq] 1. (bemerkbar) =
senovik, — sein = senovön (nel.) 2. (gefühlig) = senöfik 3. (reizbar) = senälöfik.
Empfindlichkeit [ämpfịntlịq=káït] v. 1. = ladä=
löf 2. (Reizbarkeit) = senälöf.

empfindsam [ämpfịntsam] 1. = dasenälik 2. =
ladälöfik.
Empfindsamkeit [ämpfịntsam=káït] v.=dasenäl.
Empfindung [ämpfịndụŋ] v. (das Fühlen) =
sen.
empfindungslos [ämpfịndụŋšloš] = nensenik.
Empirie [ämpiri] v. = plakav.
empirisch [ämpịrịj] = plakavik.
empor [ämpor] = löpio, —! = löpiö!
emporbringen [ämpòrbrịŋĕn] = löpioblinon
(lov.).
empordrängen [ämpòrdräŋĕn] = löpiodränön
(lov.).
Empordrängung [ämpòrdräŋụŋ] v.=löpiodrän.
emporheben [ämpòrhebĕn] = tovön (lov.).
Emporhebung [ämpòrhebụŋ] v. = tov.
Emporkirche [ämpòrkịrqĕ] v. 1. = löpayal
glüga 2. (Chor) = löpaglüg.
emporkommen [ämpòrkómĕn] =parvenön (nel.).
Emporkömmling [ämpòrkömlịŋ] m. = parvenan.
emporrichten [ämpòrrịqtĕn] = löpiolüodükön
(lov.).
Emporrichtung [ämpòrrịqtụŋ] v. = löpiolüodü=
kam.
emporsteigen [ämpòrjtáïgĕn] 1.=löpikön (nel.)
2. = xänön (nel.).
emporstoszen [ämpòrjtošĕn] =löpiojoikön (lov.).
emportreiben [ämpòrtráïbĕn] = löpiomofön
(lov.).
emporwachsen [ämpòrváxĕn] = löpioglofön
(nel.).
emporwühlen [ämpòrvülĕn] = störolöpükön
(lov.).
emporziehen [ämpòržịĕn] = löpiotirön (lov.).
Emporzug [ämpòržụk] m. = löpiotir.
empören [ämpörĕn] 1. = volutükön (lov.) 2.
sich — = volutikön (nel.) 3. (entrüsten)
= leskänön (lov.).
empörend [ämpörĕnt] = leskänik.
Empörer [ämpörĕr] m. = volutan.
empörerisch [ämpòrĕrịj] = volutik.
empört [ämpört] (entrüstet, indigniert) = le=
skanik.
Empörung [ämpòrụŋ] v. 1. (Entrüstung) =
leskan 2. (Aufruhr) = volut.
emsig [ȧ̧msịq] = zilik, — sein = zilön (nel.).
Emsigkeit [ȧ̧msịqkáït] v. = zil.
emulgiert [emụlgịrt] = mulsionik, — sein =
mulsionön (nel.).
Emulsion [emụlsion] v. = mulsion.
en [áñ] — gros = grosül, grosülo, — retraite
= plödü dün, plödü dünäd.
Endbuchstabe [änt-bụ̈ǰjtabĕ] m. = finatonat.
Ende [ändĕ] n. 1. = fin, am — sein = finön
(nel.), zu — gehen = finikön (nel.), ein —
machen = finükön (lov.), einer der einer
Sache ein — macht = finükan, ohne —
nenfino, am — des, zu — des = finü 2.
(äuszerstes —) = finot 3. (Beendigung
nicht von Gegenständen) = finod, ohne —
= nenfinodo 4. bis zum — (gänzlich) =
löliko, vollständig zu — bringen = ledunön
(lov.) 5. zu — reden = fisagön (lov.), zu
— schreiben = fipenön (lov.), zu — spielen

= fipledön (lov.), **zu — sprechen** = fisa=
gön (lov.).
enden [ändĕn] (beenden) = finükön (lov.).
Enderfolg [ạ̈nt=ä̱rfólk] m. = finasek.
Endergebnis [ä̱nt-ạ̈rgĕpniš] n. = finasek.
endgiltig [ạ̈ntgịltịq] = fifümik.
Endgiltigkeit [ä̱nt-gịltịqkáït] v. = fifüm.
endgültig [ạ̈ntgų̈ltịq] = fifümik.
Endgültigkeit [ä̱nt-gų̈ltịqkáït] v. = fifüm.
endigen [ạ̈ndigĕn] (beendigen) = finükön (lov.).
Endivie [ä̱diviĕ] v. = nadiv.
endlich [ạ̈ntlịq] 1. = finik, fino 2. (ein Ende
habend) = finöfik.
endlicheinmal [ạ̈ntlịq áïnmàl] = fino balna.
Endlichkeit [ạ̈ntlịqkáït] v. = finöf.
endlos [ạ̈ntloš] = nenfinik.
Endlosigkeit [ạ̈ntlosịqkáït] v. = nefin.
Endsilbe [ạ̈ntsịlbĕ] v. = finasilab.
Endung [ạ̈ndų̱ŋ] v. (äuszerstes Ende) = finot.
Endzweck [ạ̈ntzvạ̈k] m. = ledisein.
Energie [enärgi] v. 1. = viläl 2. = nämet,
— **der Lage** = pladanämet.
energisch [enạ̈rgiǰ] = vilälik.
eng [ä̱ŋ] = nabik.
Enge [ạ̈ŋĕ] v. = nab.
Engel [ạ̈ŋĕl] m. = silanan.
engelhaft [ạ̈ŋĕlháft] = silananik.
Engelherz [ạ̈ŋĕl=hä̱rž] n. = silananaladäl.
Engelsinn [ạ̈ŋĕlsịn] m. = silananaladäl.
engelsinnig [ạ̈ŋĕlsịnịq] = silananaladälik.
Engerling [ạ̈ŋĕrlịŋ] m. = larvat lontada, lon=
tadalarvat.
engherzig [ạ̈ŋhä̱ržịq] = smalaladälik.
Engherzigkeit [ạ̈ŋhä̱ržịqkáït] v. (Kleinlichkeit)
= smalaladäl.
England [ạ̈ŋlánt] n. = Linglän.
Engländer [ạ̈ŋländĕr] = Linglänan.
engländisch [ạ̈ŋlạ̈ndiǰ] = Linglänik.
englisch [ạ̈ŋlịǰ] 1. = Linglänik 2. (engelhaft)
= silananik.
englisieren [ạ̈ŋlisirĕn] = Linglänön (lov.).
Engrosgeschäft [á̱ŋgrò gĕǰä̱ft] n. = grosüla=
büsid.
Enkel [ạ̈ŋkĕl] m. = posson, — oder **Enkelin**
= poscil.
Enkelin [ạ̈ŋkĕlịn] v. = posdaut, **Enkel** oder —
= poscil.
enorm [enórm] = levemik, levemo.
entarten [ä̱nt=artĕn] = mivedön (nel.).
Entartung [ä̱nt-ạ̀rtų̱ŋ] v. = mived.
entbehren [ä̱ntberĕn] (missen) = nelabön (lov.).
entbehrend [ä̱ntberĕnt] (nicht habend) = nela=
bik.
entbehrlich [ä̱ntbèrlịq] (unnötig) = nezesüdik.
Entbehrung [ä̱ntbèrų̱ŋ] v. (Mangel) = nelab.
entbinden [ä̱ntbịndĕn] 1. = kujörön (lov.) 2.
(losmachen) = livükön (lov.).
Entbindung [ä̱ntbịndų̱ŋ] v. 1. = kujör 2. (Auslösung) = livükam.
Entbindungskunst [ä̱ntbịndų̱ŋš=kų̱nšt] v. = ku=
jörav.
entblöszen [ä̱ntblȫšĕn] 1. = netegön (lov.) 2.
= nüdükön (lov.) 3. **sich —** = nüdikön
(nel.).
Entblöszung [ä̱ntblȫšų̱ŋ] v. = nüdükam.

entdecken [ä̱ntdä̱kĕn] 1. = tüvön (lov.) 2.
Länder — = letüvön (lov.) länis, **Sucht**
Länder zu — = letüviäl.
Entdecken [ä̱ntdä̱kĕn] n. = tüv.
Entdecker [ä̱ntdä̱kĕr] m. 1. = tüvan 2. (Land-
entdecker) = letüvan.
Entdeckung [ä̱ntdạ̈kų̱ŋ] v. 1. = tüv 2. **— eines**
Landes = letüv läna.
Entdeckungsreise [ä̱ntdạ̈kų̱nš=ráïsĕ] v. = letäv.
Entdeckungsreisender [ä̱ntdạ̈kų̱nš=ráïsĕndĕr] m.
= letävan.
Ente [ä̱ntĕ] v. = dök, **weibliche — =** jidök.
enteilen [ä̱nt=áïlĕn] = mospidön (nel.).
enterben [ä̱nt=ä̱rbĕn] = sägerükön (lov.).
Enterich [ä̱ntĕrịq] m. = hidök.
entfalten [ä̱ntfáltĕn] = säplifön (lov.).
Entfalten [ä̱ntfáltĕn] n. = säplifam.
Entfaltung [ä̱ntfáltų̱ŋ] v. = säplifam.
entfernen [ä̱ntfärnĕn] 1. (in die Ferne bringen)
= fagükön (lov.) 2. **sich — =** fagikön
(nel.).
Entfernheit [ä̱ntfạ̈rnháït] v. = fag.
entfernt [ä̱ntfạ̈rnt] 1. (fern) = fagik 2. **weit —**
= fagoseatik 3. **— stehen =** fagotastanön
(nel.) 4. (— verwandt) = fagoröletik.
entfernter [ä̱ntfä̱rntĕr] = fagikumo.
Entfernung [ä̱ntfä̱rnų̱ŋ] v. 1. = fagükam 2.
(Abstand) = fagot.
entflammen [ä̱ntflámĕn] = flamikön (nel.).
entfleischen [ä̱ntfláïǰĕn] = sämitön (lov.).
entfliehen [ä̱ntflịĕn] = defugön (nel.).
entführen [ä̱ntfürĕn] 1. = modugön (lov.) 2.
= ravülön (lov.).
Entführer [ä̱ntfürĕr] m. = ravülan.
Entführung [ä̱ntfų̱rų̱ŋ] v. = ravül.
entgegen [ä̱ntgegĕn] = kos.
entgegengehen [ä̱ntgègĕngeĕn] = kosgolön (lov.).
entgegengesetzt [ä̱ntgègĕngĕsä̱zt] = taädik.
entgegenkommen [ä̱ntgègĕnkómĕn] = koskömön
(lov.).
entgegennehmen [ä̱ntgègĕnnemĕn] (hinnehmen)
= lüsumön (lov.).
entgegensehen [ä̱ntgègĕnseĕn] = koslogön (lov.).
entgegensein [ä̱ntgègĕnsáïn] = taön (nel.).
entgegensetzen [ä̱ntgègĕnsä̱žĕn] = taseidön
(lov.).
entgegenstellen [ä̱ntgègĕnjtälĕn] = tapladön
(lov.).
entgehen [ä̱ntgeĕn] 1. = moikön (nel.) 2. (nicht
erhalten) = negetön (lov.) 3. (nicht treffen) = nedrefön (lov.) 4. (entkommen) =
panedrefön (sufalefom).
entgleisen [ä̱ntgláïsĕn] = deferodön (nel.).
Entgleisung [ä̱ntgláïsų̱ŋ] v. = deferodam.
enthalten [ä̱nthältĕn] 1. = kipädön (lov.) 2.
(in sich fassen) = ninädön (lov.) 3. **sich**
— des = stönön (lov.).
Enthalten [ä̱nthältĕn] n. = kipädam.
enthaltsam [ä̱nthältsam] = stönik.
Enthaltsamkeit [ä̱nthältsam-káït] v. = stön.
Enthaltsamkeitsfreund [ä̱nthältsam-káïž fróŭnt]
m. = stöniman.
Enthaltung [ä̱nthältų̱ŋ] v. = stön.
enthaupten [ä̱nthá̱ŭptĕn] (köpfen) = säkapön
(lov.).

Enthauptung [ạntháŭptụŋ] v. = säkapam.
entheben [ạnthebĕn] (der Verpflichtung —) = säbligön (lov. dem.).
entheiligen [ạntháĭlịgĕn] (schänden) = jemo‹ dön (lov.).
Enthusiasmus [ạntusịášmụš] m. = lanäl.
Enthusiast [ạntusịást] m. = lanälan.
enthüllen [ạnthụlĕn] = sävilupön (lov.).
Enthüllung [ạnthụlụŋ] v. = sävilupam.
entkleiden [ạntkláĭdĕn] = säklotön (lov.), sich — = säklotön oki.
Entkleiden [ạntkláĭdĕn] n. = säklotam.
entkommen [ạntkómĕn] = panedrefön (sufale‹ fom).
entkräften [ạntkräftĕn] = nenämükön (lov.).
Entkräftung [ạntkrạftụŋ] v. = nenämükam.
entladen [ạntladĕn] 1. = nelodön (lov.) 2. das Schiff — = säfledön (lov.) nafi.
Entladerı [ạntladĕr] 1. p. = nelodan 2. d. = nelodian.
entlang [ạntláŋ] (längs des) = ve.
entlassen [ạntlášĕn] = sädünükön (lov.).
Entlassung [ạntlášụŋ] v. = sädün, seine — nehmen = sädünikön (nel.).
entlaufen [ạntláŭfĕn] 1. = mofugön (nel.) 2. = mogolön (nel.).
entleeren [ạntlerĕn] = vagükön (lov.).
Entleerung [ạntlerụŋ] v. = vagükam.
entlegen [ạntlegĕn] (fern) = fagik, weit — = fagoseatik.
entlehnen [ạntlenĕn] (herleiten) = dütülön (lov.).
entlocken [ạntlókĕn] = süükön (lov.), bätosüü‹ kön (lov.).
entmutigen [ạntmụtịgĕn] = säkuradükön (lov.).
Entmutigung [ạntmụtịgụŋ] v. = säkuradükam.
entnehmen [ạntnemĕn] (beziehen) = sivön (lov.).
entnerven [ạntnärfĕn] = nenämükön (lov.).
Entomologie [ạntomologi] v. = näsäkav.
entpfropfen [ạntpfrópfĕn] (aufkorken) = sä‹ buonön (lov.).
entquellen [ạntkvälĕn] = sefonön (nel.).
enträtselbar [ạntrạẓĕlbar] = tuvedovik.
enträtseln [ạntrạẓĕln] = tuvedön (lov.).
Enträtselung [ạntrạẓĕlụŋ] v. = tuved.
entreiszen [ạntráĭšĕn] = moletirön (lov.).
entrinnen [ạntrịnĕn] = morönön (nel.).
entrüsten [ạntᵣrüštĕn] 1. = leskänön (lov.) 2. sich — = leskanön (nel.) 3. sich — = sidi‹ nikön (nel.).
entrüstet [ạntᵣrüštĕt] 1. = leskanik 2. sidinik, — sein = sidinön (nel.).
Entrüstetsein [ạntᵣrüštĕt sáĭn] n. = sidin.
Entrüstung [ạntᵣrûštụŋ] v. 1. = leskan 2. = sidin.
entsagen [ạntsagĕn] = klemön (lov.).
Entsagung [ạntságụŋ] v. (Verzicht) = klem.
entschädigen [ạntjạdịgĕn] = givulön (lov. dem.) demü.
Entschädigung [ạntjạdịgụŋ] v. 1. (Ersatzleis-tung) = givul 2. (Ersatz) = givulot.
entschieden [ạntjịdĕn] = fümälik.
Entschiedenheit [ạntjịdĕnháĭt] v. = fümäl.

entschlafen [ạntjlafĕn] 1. (sterben) = deadön (nel.) 2. (tot) = deadik.
entschleiern [ạntjláĭĕrn] = sävealön (lov.).
Entschleierung [ạntjláĭĕrụŋ] v. = sävealam.
entschlieszen [ạntjlišĕn]: sich — = sludön (nel.).
entschlossen [ạntjlóšĕn] = fümälik.
Entschlossenheit [ạntjlóšĕn-háĭt] v. = fümäl.
entschlummern [ạntjlụmĕrn] (sterben) = dea‹ dön (nel.).
Entschlusz [ạntjlụš] m. (Beschlusz) = slud.
entschlüpfen [ạntjlụpfĕn] = mosleafön (nel.).
entschuldbar [ạntjụltbar] = säkusadovik.
entschuldigen [ạntjụldịgĕn] 1. = säkusadön (lov.) 2. sich — = gidükön (lov.) oki.
Entschuldigung [ạntjụldịgụŋ] v. = säkusad, um — bitten = begön (lov.) säkusadi.
Entschuldigungsgrund [ạntjụldịgụŋš‹grụnt] m. = säkusadakod.
entsetzen [ạntsäžĕn] 1. (abdanken) = sädünü‹ kön (lov.) 2. sich — = lejekön (nel.).
Entsetzen [ạntsäžĕn] n. (Graus) = lejek.
entsetzlich [ạntsạžlịq] = lejekik.
entsiegeln [ạntsigĕln] = säsnilön (lov.).
entsprechen [ạntjpräqĕn] (übereinstimmen) = baiädön (lov.).
entsprechend [ạntjpräqĕnt] 1. der Probe — = baiblufik 2. dem Exemplar — = baisamädik 3. = baiädik.
entspringen [ạntjprịŋĕn] 1. = süükön (nel.) 2. = sefonön (nel.).
entstehen [ạntjteĕn] = davedön (nel.).
Entstehung [ạntjtèụŋ] v. = daved.
entstellen [ạntjtälĕn] (verunstalten) = mifo‹ mön (lov.).
entstellt [ạntjtält] = mifomik.
Entstelltheit [ạntjtạltháĭt] v. = mifom.
Entstellung [ạntjtạlụŋ] v. = mifomam.
entthronen [ạnttronĕn] = detronön (lov.).
Entthronung [ạnttrònụŋ] v. = detronam.
entvölkern [ạntfólkĕrn] = säpöpön (lov.).
entwaffnen [ạntváfnĕn] = sävafön (lov.).
Entwaffnung [ạntváfnụŋ] v. = sävafam.
entweder [ạntvedĕr]: — ... oder = u ... u, (fo vokats:) ud ... ud.
entwerfen [ạntwärfĕn] (planen) = disinön (lov.).
entwickeln [ạntvịkĕln]: sich vollendend —, sich — (sich auswachsen) = daglofön (nel.).
Entwurf [ạntvurf] m. = disin.
entwurzeln [ạntvụržĕln] = säplanön (lov.).
entziehen [ạntžịĕn] = sädütön (lov. dem.).
entzücken [ạntžụkĕn]: einen — = dafredükön (lov.) eki.
Entzücken [ạntžụkĕn] n. = dafred.
entzückend [ạntžụkĕnt] = dafredüköl.
entzückt [ạntžụkt] = dafredik.
Entzücktheit [ạntžụktháĭt] v. (hoher Grad der Freude) = dafred.
Entzückung [ạntžụkụŋ] v. 1. (hoher Grad der Freude) = dafred, dafredükam 2. (Ekstase) = stäat.
entzündbar [ạntžụntbar] = filikamovik.
entzünden [ạntžụndĕn] 1. = filikön (nel.) 2. sich — = flamatikön (nel.).

entzündet [ăntžündĕt]: — sein = flamatön (nel.).
entzündlich [ăntžŭntliq] (die Merkmale einer Entzündung habend) = flamatik.
Entzündung [ăntžŭndųŋ] v. (Krankheit) = flamat.
entzwei [ăntžvăï] 1. = dädik 2. = nenflena- mik.
entzweibiegen [ăntžvăïbigĕn] = däblegükön (lov.).
entzweibrechen [ăntžvăïbrąqĕn] 1. = däbrekön (nel.) 2. = däbreikön (lov.).
Entzweibrechen [ăntžvăïbrąqĕn] n. = däbreik.
entzweien [ăntžvăïĕn] 1. = säflenükön (lov.) 2. sich — = säflenikön (nel.).
entzweifallen [ăntžvăï-fálĕn] = däfalön (nel.).
entzweigehen [ăntžvăïgeĕn] = dädikön (nel.).
Entzweigehen [ăntžvăïgeĕn] n. = dädikam.
Entzweiung [ăntžvăïųŋ] v. = nenflenam.
Enzian [ănžian] m. = gäntian.
Enzyklopädie [ănžüklopädi] v. = peideim.
enzyklopädisch [ănžüklopådij] = siklopedik.
enzyklopädischerweise [ănžüklopådijĕr-văïsĕ] = siklopedo.
Epidemie [epidemi] v. = peideim.
Epilepsie [epilăpsi] v. (Fallsucht) = peiläp.
Epileptiker [epilåptikĕr] m. = peiläpan.
epileptisch [epilåptij] = peiläpik.
Epitaphium [epitåfiųm] n. = sepülapenäd.
er [ăr] = om, on, ...
erachten [ăr-åáqtĕn] (dafürhalten) =cedön (lov.).
Erachten [ăr-åáqtĕn] n. (Ansicht, Dafürhalten) = ced.
erbarmen [ărbármĕn]: sich — des, über = mi- serön (lov.) eki.
Erbarmen [ărbármĕn] n. (Barmherzigkeit) = miser.
erbarmungslos [ărbármųŋš-loš] = nenmiserik.
erbarmungswürdig [ărbármųŋš-vürdiq] = mise- rabik.
erbauen [ărbáŭĕn] (geistig —) = devodükön (lov.).
erbaulich [ărbáŭliq] = devodüköl.
erbärmlich [ărbårmliq] = miserabik.
Erbärmlichkeit [ărbårmliqkáït] v. = miserab.
Erbe [ărbĕ] 1. m. der — oder die Erbin = geran 2. n. = gerot 3. zum Erben machen = gerükön (lov.).
erben [ărbĕn] 1. = gerön (lov.) 2. Eigen- schaften — = geredön (lov.) patöfis.
Erben [ărbĕn] n. = ger.
erbetteln [ărbåtĕln] = lubegön (lov.), getön (lov.) lubego.
erbeuten [ărbőŭtĕn] = lefanön (lov.).
Erbfehler [ărpfelĕr] m. = gerädadöf.
Erbfeind [ărpfáïnt] m. = geredaneflen.
Erbgesessenheit [ărpgĕsäšĕnháït] v. = gerada- lab.
Erbin [ărbin] v. = jigeran, der Erbe oder die — = geran.
erbitten [ărbitĕn] = dabegön (lov.).
erbittern [ărbitĕrn] 1. = biedälükön (lov.) 2. sich — = biedälikön (nel.).
erbittert [ărbitĕrt] = biedälik, — sein = bie- dälön (nel.).

Erbitterung [ărbitĕrųŋ] v. = biedälam.
Erbium [ărbiųm] Er = lerbin.
erblassen [ărblásĕn] = paelikön (nel.).
Erblasser [ărp-lášĕr] m. = gerükan.
erblich [ărpliq] (vererbbar) = gerädovik.
Erblichkeit [ărpliqkáït] v. = gerädov.
erblinden [ărblindĕn] = bleinikön (nel.).
erblühen [ărblüĕn] = florön (nel.).
erborgen [ărbórgĕn] = täkogetön (lov.).
Erbprinz [ărpprinž] m. = geraleson.
erbrechen [ărbrąqĕn] 1. (aufbrechen, lov.) = maibreikön (lov.) 2. sich — = vomitön (lov.).
Erbrechen [ărbrąqĕn] n. = vomit.
Erbrecht [ărprąqt] n. = geragit.
Erbrechung [ărbrąqųŋ] v. (Erbrochenes) = vomitot.
Erbrochenes [ărbróĕnĕš] n. = vomitot.
Erbschaft [ărpjáft] v. = gerot.
Erbschaftsgut [ărpjáfžgut] n. = geradalabot.
Erbse [ărpšĕ] v. = pisäl.
Erbsünde [ărpsündĕ] v. = geredasinod.
Erbteil [ărptáïl] n, e m. = gerotadil.
Erdachse [ĕrt-áxĕ] v. = talaxab.
Erdapfel [ĕrt-ápfĕl] m. (Kartoffel) = pötet.
Erdart [ĕrt-art] v. = tailasot.
erdartig [ĕrt-artiq] = taililik.
Erdball [ĕrtbál] m. (Erdkugel) = talaglöp.
Erdbeben [ĕrtbebĕn] n. = taladrem.
Erdbeere [ĕrtberĕ] v. = frag.
Erdbeerstaude [ĕrtberjtáŭdĕ] v. = fragaplan.
Erdbeschreibung [ĕrtbĕjráïbųŋ] v. = taledav.
Erdbewohner [ĕrtbĕvonĕr] m. = talibelödan, talalödan.
Erdboden [ĕrtbodĕn] m. = glun.
Erde [erdĕ] v. = tal 2. auf Erden = taledo 3. (Stoff) = tail, aus — = tailik.
Erdenge [ĕrt-ąŋĕ] v. (Landenge) = länarovöp.
erdenken [ărdąŋkĕn] = datikön (lov.), zu — = datikabik.
Erdenken [ărdąŋkĕn] n.: das — = datik.
erdenklich [ărdąŋkliq] = datikovik.
erdig [ĕrdiq] = tailerik.
Erdkörper [ĕrtkörpĕr] m. = talaglöp.
Erdkreis [ĕrtkráïš] m. 1. = talaglöp 2. = taled.
Erdkugel [ĕrtkugĕl] v. = talaglöp.
Erdkunde [ĕrtkundĕ] v. = talav.
Erdmeszkunde [ĕrtmäškundĕ] v. = geodetav.
Erdnusz [ĕrtnųš] v. = raagid.
Erdnuszöl [ĕrtnųš-öl] n. = raagidaleül, leül se raagids.
erdolchen [ărdólqĕn] = dägön (lov.).
Erdöl [ĕrt-öl] n. (Petroleum) = petrol.
Erdreich [ĕrtráïq] n. = taled.
erdreisten [ărdráïštĕn]: sich — = künön (nel.).
erdrücken [ărdrükĕn] = deipedön (lov.), pedo- deidön (lov.).
Erdscholle [ĕrtjólĕ] v. (Scholle) = tailablögäd.

Erdstrich [èrtjtrị̧] m. = taledatopäd.
Erdteil [èrttáíl] m. 1. = taledadil 2. **Erdteile enthaltend** = tailerik.
erdulden [ärdu̧ldĕn] = sufodön (lov.).
Erduldete [ärdu̧ltĕtĕ]: das — = sufot.
Erdwachs [èrtváx̌] n. = talaväk.
ereignen [är≠áĭgnĕn]: sich — (sich zeigen) = jenön (nel.).
Ereignis [är≠áĭgnị̧š] n. (Vorfall) = jenot.
ereignisvoll [är≠áĭgnị̧š-fól] = jenotaliegik.
ereilen [är≠áílĕn] = spidölorivön (lov.).
erfahren [ärfarĕn] 1. = plakön (lov.) 2. lady. (erfahrungsreich) = plakugik 3. (vernehmen) = lelilön (lov.).
Erfahrenheit [ärfàrĕnháĭt] v. = plakug.
Erfahrung [ärfàru̧ŋ] v. = plak, **aus** — = plako.
erfahrungsgemäsz [ärfàru̧ŋšgĕmäš] = plakik.
erfahrungsmäszig [ärfàru̧ŋšmäšị̧q] = plakik.
erfahrungsreich [ärfàru̧ŋšráĭq] = plakugik.
erfahrungsvoll [ärfàru̧ŋšfól] = plakugik.
erfassen [ärfášĕn] 1. = dasumön (lov.) 2. (begreifen) = suemön (lov.).
Erfassung [ärfášu̧ŋ] v. (das Begreifen) = suem.
erfindbar [ärfị̧ntbar] = datuvovik.
erfinden [ärfị̧ndĕn] = datuvön (lov.).
Erfinden [ärfị̧ndĕn] n. = datuv.
Erfinder [ärfị̧ndĕr] m. = datuvan, **der — der Weltsprache** = datuvan Volapüka.
erfinderisch [ärfị̧ndĕrị̧j] = datuvälik, **erfinderischer Geist** = datuväl.
Erfindung [ärfị̧ndu̧ŋ] v. 1. = datuv 2. = datuvot.
Erfindungsgabe [ärfị̧ndu̧ŋšgabĕ] v. = datuväl.
Erfindungsgeist [ärfị̧ndu̧ŋšgáĭšt] m. = datuväl.
erflehen [ärfleĕn] = dabegön (lov.).
Erfolg [ärfólk] m. = sek.
erfolgen [ärfólgĕn] 1. = sekön (nel.) 2. (fortfahren) = fovön (nel.).
erfolglos [ärfólkloš] 1. = nensekik 2. (unwirksam) = nenvobedik.
Erfolglosigkeit [ärfólk-lòsị̧qkáĭt] v. = nenvobed.
erfolgreich [ärfólk-ráíq] = sekaliegik.
erforderlich [ärfórdĕrlị̧q] 1. = flagabik 2. (was erfordert werden kann) = flagovik.
erfordern [ärfórdĕrn] (verlangen) = flagön (lov. dem.).
Erfordernis [ärfórdĕrnị̧š] n. = flagot.
erforschen [ärfórjĕn] 1. (explorieren) = bele≠tävön (lov.) 2. (untersuchen) = vestigön (lov.).
erforschend [ärfórjĕnt]: — reisen = letävön (nel.).
Erforscher [ärfórjĕr] m. = vestigan.
Erforschung [ärfórju̧ŋ] v. 1. (Exploration) = beletäv 2. (Untersuchung) = vestig.
erfragbar [ärfràkbar] = dasäkovik.
erfragen [ärfragĕn] = dasäkön (lov.).
Erfragung [ärfràgu̧ŋ] v. = dasäkam.
erfreuen [ärfróu̧ĕn] 1. = fredükön (lov.) 2. sich — = fredön (nel.).
erfreulich [ärfróu̧lị̧q] = fredüköl.

erfreut [ärfróu̧t] = fredik, — **sein** = fredön (nel.).
Erfreuung [ärfróu̧u̧ŋ] v. = fredükam.
erfrieren [ärfrirĕn] = flodön (nel.), — **machen** = flödön (lov.), — **machend** = flödik.
Erfrieren [ärfrirĕn] n. = flodam.
erfrischen [ärfrị̧jĕn] 1. = flifädükön (lov.) 2. **sich** — = staudön (nel.).
Erfrischung [ärfrị̧ju̧ŋ] v. 1. = flifädükam 2. (Restauration) = staud.
Erfrischungs≠Inseln [ärfrị̧ju̧ŋš≠insĕln] pl. = Re≠fräjuäns.
erfüllen [ärfülĕn] 1. (halten, befolgen) = fölön (lov.) 2. (vollziehen) = ledunön (lov.) 3. (verwirklichen) = jenöfükön (lov.) 4. sich — = jenöfikön (nel.) 5. mit Nebel — (benebeln) = fogükön (lov.).
erfüllt [ärfült]: von Andacht — **sein** = devo≠dön (nel.).
Erfüllung [ärfülu̧ŋ] v. 1. (Ausfüllung) = fulü≠kam 2. (Ausführung) = ledun 3. (Verwirklichung) = jenöfükam.
ergänzen [ärgänzĕn] = läfulükön (lov.).
Ergänzung [ärgànžu̧ŋ] v. (Anfüllung) = läfu≠lükam, läfulükot.
ergeben [ärgebĕn] 1.: sich — (gelassen sein) = sufodön (nel.) 2. lady. = divodik, — **sein** = divodön (nel.).
Ergebenheit [ärgèbĕnháĭt] v. 1. = divod 2. (— in sein Schicksal) = sufod.
Ergebnis [ärgèpnị̧š] n. = sek.
Ergebung [ärgèbu̧ŋ] v. (— in sein Schicksal) = sufod.
ergehen [ärgeĕn] = labön (lov.) fäti, **es ergeht ihm schlecht** = labom fäti badik.
ergiebig [ärgìbị̧q] = prodöfik.
Ergiebigkeit [ärgìbị̧qkáĭt] v. = prodöf.
ergötzlich [ärgôzlị̧q] = yofik.
ergrauen [ärgráu̧ĕn] = gedikön (nel.).
ergreifen [ärgráĭfĕn] 1. (anfassen) = gleipön (lov.) 2. (rühren) = fäkükön (lov.) 3. **seine Maszregeln** = mesülön (nel.) 4. **von ... Besitz** — = labedön (lov.).
Ergreifung [ärgráĭfu̧ŋ] v. = gleip.
ergriffen [ärgrị̧fĕn] (gerührt) = fäkik.
ergründen [ärgründĕn] = dakodön (lov.).
erhaben [ärhabĕn] = sublimik, — **sein** = su≠blimön (nel.).
Erhabenheit [ärhàbĕnháĭt] v. = sublim.
erhalten [ärhältĕn] 1. (konservieren) = kon≠sefön (lov.) 2. **nicht** — = negetön (lov.).
Erhaltung [ärhältu̧ŋ] v. (Konservierung) = konsef.
erheben [ärhebĕn] 1. (emporheben) = tovön (lov.) 2. (geistig heben) = sublimükön (lov.) 3. **sich** — = löadön (nel.) 4. **den Kopf** — = löükön (lov.) kapi 5. (beziehen) = sivön (lov.) 6. (rühmen) = lobön (lov.) 7. = flagädön (lov.) 8. **gegen ... Anstand, Bedenken** — = doden (lov. dem.), **Beschwerde** — = plonön (lov. dem.), **zu der dritten, auf die dritte Potenz** — = kübön (lov.), naäton (lov.) ad kilnaät, **ein Freudengeschrei** — = voká≠dön (lov.) fredo, **ein Wehgeschrei** — = vivokädön (nel.).

erhebend [ärhebĕnt] = sublimüköl.
erheblich [ärhèpliq] (bedeutsam) = veütik.
Erhebung [ärhèbµn] v. 1. (Emporhebung) = tov 2. (Revolte) = volut.
erhellen [ärhälĕn] 1. (beleuchten) = litükön (lov.) 2. (hell machen) = klilükön (lov.).
Erhellung [ärhǻlµn] v. (Aufklärung) = klei᷅lükam.
erheucheln [ärhóǔqĕln] = simulön (lov.).
erhitzen [ärhiẓĕn] = hitükön (lov.).
Erhitzung [ärhiẓµn] v. = hitükam.
erhoffbar [ärhófbar] (hoffentlich) = spelabik.
Erhoffung [ärhófµn] v. = spel.
erholen [ärholĕn]: sich — = staudön (nel.).
Erholung [ärhòlµn] v. (Restauration) = staud.
erhorchen [ärhórqĕn] = dalilön (lov.).
erhöhen [ärhöĕn] = geilükumön (lov.).
Erhöher [ärhöĕr] m. = geilükuman.
Erhöhung [ärhöµn] v. = geilükumam.
erhören [ärhörĕn] (bewilligen) = lilidön (lov.).
Erhörer [ärhörĕr] m. = lilidan.
Erhörung [ärhörµn] v. = lilid.
Eridanus [eridànuš] st. = eläd ‚Ḙridanós'.
Erikaholz [erikahólž, èrikahólž] n. = brüyära᷅boad.
erinnerlich [är᷅ịnĕrliq] = memovik.
erinnern [är᷅ịnĕrn] 1. sich — = memön (lov.) 2. einen — = mebön (lov.).
Erinnerung [är᷅ịnĕrµn] v. 1. (Gedächtnis) = mem 2. (Andenken) = meb.
Erinnerungsbild [är᷅ịnĕrµnš᷅bilt] n. = mema᷅magot.
Erinnerungskraft [är᷅ịnĕrµnš᷅kráft] m. = me᷅mäl.
erkalten [ärkáltĕn] 1. (kalt werden) = koldi᷅kön (nel.) 2. — machen = koldükön (lov.).
erkälten [ärkáltĕn] 1. sich — = koldätikön (nel.) 2. (kalt machen) = koldükön (lov.).
erkältet [ärkáltĕt] = koldätik.
Erkältung [ärkǻltµn] v. = koldät, sich eine — zuziehen = koldätikön (nel.).
erkennbar [ärkǻnbar] = sevädovik, durch ein Zeichen — machen = malön (lov.).
Erkennbarkeit [ärkǻnbarkáïẗ] v. = sevädov.
erkennen [ärkänĕn] 1. = memosevön (lov.) 2. (bekannt sein mit) = sevön (lov.) 3. (anerkennen) = dasevön (lov.). 4. zu — geben = sevädükön (lov.) 5. durch ein Zeichen zu — geben = malön (lov.).
erkenntlich [ärkǻntliq] 1. = danöfik, — sein = danöfön (nel.) 2. (erkennbar) = sevä᷅dovik.
Erkenntlichkeit [ärkǻntliqkáïẗ] v. = danöf.
Erkenntnis [ärkǻntnịš] v. 1. (Einsicht) = dasev 2. = daced.
Erkenntnisvermögen [ärkǻntnịš᷅färmögĕn] n. = seväl.
Erkennung [ärkǻnµn] v. = memosev.
erklärbar [ärklǻrbar] = plänovik.
Erklärbarkeit [ärklǻrbarkáïẗ] v. = plänov.
erklären [ärklärĕn] 1. (Aufschlusz geben über) = plänön (lov.) 2. (deutlich machen) = kleilükön (lov.) 3. (für) vogelfrei — = proskilükön (lov.).
Erklärer [ärklärĕr] m. = plänan.

erklärlich [ärklǻrliq] = plänovik.
Erklärlichkeit [ärklǻrliqkáïẗ] v. = plänov.
Erklärung [ärklǻrµn] v. 1. (Aufschlusz) = plän 2. = zötam.
erklettern [ärklätĕrn] = begrämön (lov.).
erkranken [ärkráŋkĕn] = malädikön (nel.).
Erkrankung [ärkráŋkµn] v. 1. (Krankheit) = maläd 2. (das Krankwerden) = malädikam.
Erkundigung [ärkµndịkµn] v.: Erkundigungen einziehen über = seividön (lov.), das Einziehen von Erkundigungen = seivid.
erkühnen [ärkünĕn]: sich — = künön (nel.).
erkünsteln [ärkünštĕln] = fäkiälön (nel.).
erkünstelt [ärkünštĕlt] = fäkiälik.
erlahmen [ärlamǻn] (lahm werden) = lemikön (nel.).
Erlahmung [ärlàmµn] v. (Lahmlegung) = le᷅mükam.
erlangen [ärlánĕn] = dagetön (lov.), durch Borgen — = täkogetön (lov.), die Doktorwürde — = dokikön (nel.).
Erlangung [ärlánµn] v. = daget.
erlassen [ärlášĕn] (amnestieren) = stiamön (lov.).
Erlassung [ärlášµn] v. (Amnestie) = stiam.
Erlasz [ärláš] m. 1. (Amnestie) = stiam 2. (Edikt) = dalebüd.
erlauben [ärláǔbĕn] (gestatten) = dälön (lov.).
Erlaubnis [ärláǔpnịš] v. = däl, mit — = dälo, mit — des = dälü, mit — ! = dälö !
erlaubt [ärláǔpt] = dälik.
Erlaubtheit [ärláǔpt-háïẗ] v. = däl.
erläszlich [ärlǻšliq] = stiamovik.
Erle [ärlĕ] v. = lanud, von der — = lanudik.
erleben [ärlebĕn] = belifön (lov.).
Erlebnis [ärlèpnịš] n. = fätot.
erledigen [ärlèdịgĕn] 1. = fidunön (lov.), ein Geschäft — = fidunön büsidi 2. einen Auftrag — = ledunön (lov.) komiti.
Erledigung [ärlèdịgµn] v. 1. = fidun 2. (Ausführung) = ledun.
erleichtern [ärláïqtĕrn] 1. = fasilükön (lov.) 2. = leitükön (lov.).
Erleichterung [ärláïqtĕrµn] v. 1. (das Erleichtern) = fasilükam 2. (Fazilität) = fasilot.
erleiden [ärláïdĕn] = sufön (lov.).
Erleiden [ärláïdĕn] n. = suf.
erlen [ärlĕn] (von der Erle) = lanudik.
Erlenbaum [ǻrlĕnbáǔm] m. = lanud.
Erlenwald [ǻrlĕnvált] m. = lanudafot.
erlernbar [ärlǻrnbar] = lärnovik.
Erlernbarkeit [ärlǻrnbarkáïẗ] v. = lärnov.
Erlernung [ärlǻrnµn] v. (das Lernen) = lärn.
erleuchten [ärlóǔqtĕn] = litükön (lov.).
Erleuchtung [ärlóǔqtµn] v. = litükam.
erliegen [ärlịgĕn] (zusammenbrechen) = failön (nel.).
erlogen [ärlogĕn] = lugik.
Erlös [ärlös] m. = prod.
erlöschen [ärlójĕn] 1. (vom Feur, Licht) = kvänikön (nel.) 2. (aufhören dazusein) = nosikön (nel.).
erlösen [älösĕn] = lelivükön (lov.).
Erlöser [ärlösĕr] m. (Jesus) = Lelivükal.
Erlösung [ärlösµn] v. = lelivükam.

ermahnen [ärmanĕn] = meibön (lov.).
Ermahner [ärmanĕr] m. = meiban.
Ermahnung [ärmànụŋ] v. = meib.
Ermangelung [ärmáŋĕlụŋ] v. = nelab, in — des = nelabü.
ermatten [ärmátĕn] 1. nel. = fenikön (nel.) 2. lov. = fenükön (lov.).
ermattet [ärmátĕt] = fenik.
Ermattung [ärmátụŋ] v. = fen.
ermächtigen [ärmạ̈qtịgĕn] = dälädön (lov.).
ermäszigen [ärmạ̈sịgĕn] (vermindern) = ne= pluükön (lov.).
ermessen [ärmäsĕn] = mafön (lov.) lölöfo.
Ermessen [ärmäsĕn] n. (Gutachten) = leced.
ermorden [ärmórdĕn] (morden) = sasenön (lov.).
ermuntern [ärmụntĕrn] = kuradükön (lov.).
ermutigen [ärmụtịgĕn] (ermuntern) = kuradü= kön (lov.).
Ermutiger [ärmụtịgĕr] m. = kuradükan.
Ermutigung [ärmụtịgụŋ] v. = kuradükam.
ermüden [ärmüdĕn] 1. (müde werden) = feni= kön (nel.) 2. (müde machen) = fenükön (lov.).
ermüdet [ärmüdĕt] = fenik.
Ermüdung [ärmụ̈dụŋ] v. = fen.
Ernannte [ärnántĕ] m. = cäläb, die — = ji= cäläb.
ernähren [ärnạ̈rĕn] 1. seine Familie — (unter- halten) = kosididön (lov.) famüli oka 2. = nulüdön (lov.).
Ernährung [ärnạ̈rụŋ] v. (das Nähren) = nulüd.
ernennbar [ärnạ̈nbar] = cälovik.
Ernennbarkeit [ärnạ̈nbarkáït] v. = cälov.
ernennen [ärnạ̈nĕn] 1. (einen ... zu ... —) = cälön (lov. nem.) 2. einen Lehrer — = cälodön (lov.) tidani.
Ernennen [ärnạ̈nĕn] n. = cäl.
Ernennung [ärnạ̈nụŋ] v. 1. (— einer Person zu einem zu bekleiden Amte) = cäl 2. (— eines Amtsinhabers) = cälod.
erneuern [ärnóŭĕrn] 1. (an die Stelle des Alten Neues treten lassen) 1. = nululön (lov.) 2. (renovieren) = nulükön (lov.).
Erneuerung [ärnóŭĕrụŋ] v. 1. = nulul 2. (Re- novation) = nulükam.
erniedrigen [ärnịdrịgĕn] 1. = donükön (lov.) 2. = bapükön (lov.).
ernst [ärnšt] = fefik.
Ernst [ärnšt] m. (Ernsthaftigkeit) = fef, im — = fefo, — machen, — zeigen = fefön (nel.).
ernsten [ärnštĕn] = fefön (nel.).
ernsthaft [ärnšthaft] = fefik.
Ernsthaftigkeit [ärnšthaftịqkáït] v. = fef.
Ernte [ärntĕ] v. = klop.
Erntefest [ärntĕfäst] n. = klopazäl.
Erntemonat [ärntĕ-mònat] m. = klopamul.
ernten [ärntĕn] = klopön (lov.).
Ernten [ärnten] n. = klop.
Erntezeit [ärntĕžáït] v. = klopüp.
Eroberer [är=obĕrĕr] m. = konkeran.
erobern [är=obĕrn] = konkerön (lov.).
Eroberung [är=òbĕrụŋ] v. = konker.
eröffnen [är=ốfnĕn] 1. (beginnen) = primön (lov.) 2. (aufmachen) = maifükön (lov.).

Eröffnung [är=ốfnụŋ] v. 1. (Anfang) = prim 2. (das Öffnen) = maifükam.
erpressen [ärpräsĕn] = mütogetön (lov.).
erproben [ärprobĕn] (auf die Probe stellen) = blufön (lov.).
Erproben [ärprobĕn] n. = blufam.
erprobt [ärpropt] = bluföfik.
erquicken [ärkvịkĕn] (laben) = klietön (lov.).
erquicklich [ärkvịklịq] (labend) = klietik.
Erquickung [ärkvịkụŋ] v. = kliet.
erratbar [äràtbar] = tuvedovik.
erraten [äratĕn] = tuvedön (lov.).
Erraten [äratĕn] n. = tuved.
erregen [ärẹgĕn] (in Erstaunung setzen) = stu= nükön (lov.), Anstosz — = skänön (lov.), Aufruhr — = volutükön (lov.).
erregend [ärẹgĕnt]: Ärger — = skänik.
Erregung [ärẹgụŋ] v. (Rührung) = fäkam.
erreichbar [ärráïqbar] = rivovik.
Erreichbarkeit [ärráïqbar-káït] v. = rivov.
erreichen [ärráïqĕn] = rivön (lov.).
Erreichung [ärráïqụŋ] v. = riv, zur — des = rivü.
errichten [ärrịqtĕn] (stiften) = fünön (lov.).
erringen [ärrịŋĕn] = konkerön (lov.).
erröten [ärrötĕn] = redikön (nel.).
Ersatz [ärsáž] m. = givulot, — leisten = givulön (lov. dem.) demü.
Ersatzleistung [ärsáž-láïštụŋ] v. = givul.
ersaufen [ärsáŭfĕn] = noyön (nel.).
ersäufen [ärsóŭfĕn] = nöyön (lov.).
erschaffen [ärjáfĕn] (fertig bringen) = leme= kön (lov.).
Erschaffer [ärjáfĕr] m. = Jafal, Lemekal.
Erschaffung [ärjáfụŋ] v. (das Zustandebringen) = lemek.
erscheinen [ärjáïnĕn] 1. = pubön (nel.) 2. = dajönön oki. er erschien vor dem Richter = ädajonom oki cödale.
Erscheinung [ärjáïnụŋ] v. 1. = pub 2. (Vor- gang) = pubod 3. (Gestalt) = maged.
erschieszen [ärjïšĕn] = deibejütön (lov.), jüto= deidön (lov.).
erschlagen [ärjlagĕn] 1. = donioflapön (lov.) 2. = deiflapön (lov.), deifälön (lov.), deidön (lov.) mekado.
erschlieszen [ärjlišĕn] = lökomaifükön (lov.), mailökön (lov.).
Erschlieszung [ärjlišụŋ] v. = lökomaifükam, mailökam.
erschöpfen [ärjốpfĕn] = nenämükön (lov.).
erschöpft [ärjốpft]: — sein = lefenön (nel.).
Erschöpfung [ärjốpfụŋ] v. = nenämükam.
erschrecken [ärjräkĕn] 1. nel. = jekön (nel.) 2. lov. = jeikön (lov.).
Erschreckung [ärjrạ̈kụŋ] v. = jeik.
erschüttern [ärjụ̈tĕrn] (rühren) = fäkükön (lov.).
erschweren [ärjverĕn] = fikulükön (lov.).
Erschwerung [ärjvẹrụŋ] v. = fikulükam.
ersehnen [ärsenĕn]: sich — nach = ledesirön (lov.).
ersetzen [ärsäžĕn] 1. = plaädön (lov.) 2. (stellvertreten) = pladulön (lov.).
Ersetzung [ärsạ̈žụŋ] v. = plaäd.

ersinnen [ärsĭněn] = datikön (lov.).
Ersinnen [ärsĭněn] n.: das — = datik.
Ersinner [ärsĭněr] m. = datikan, — der Weltsprache = datikan Volapüka.
ersinnlich [ärsĭnlĭq] = datikovik.
ersparen [ärjpaděn] = spälön (lov.).
Ersparnis [ärjpàrnĭš] n. = spälot.
erspart [ärjpart]: erspartes Geld = spälamon.
Ersparung [ärjpàrun] v. = späl.
erspähen [ärjpäěn] = lükön (lov.).
erprieszlich [ärjprĭšlĭq] (vorteilhaft) = frutik.
erst [eršt] 1. = balid, das erste Mal = naed
balid, erstes Futurum = fütüratim nefinik 2.
(erstens) = balido 3. = no büä 4. (gar)
= go 5. = pas (ladv.) 6. — als = pasä.
erstarren [ärjtáděn] 1. (gerinnen) = solidikön
(nel.), — machen = solidükön (lov.) 2. (starr
werden) = stifikön (nel.), — machen =
stifükön (lov.) 3. der Forst macht das Wasser zu Eis — = flod flödon vati ad glad.
erstart [ärjtárt] = stifik.
Erstarrung [ärjtárun] v. = solidikam.
Erstattung [ärjtátun] v. (Rückzahlung) =
gepel.
erstaunen [ärjtáŭněn] = stunön (nel.), sich —
= stunön (nel.).
Erstaunen [ärjtáŭněn] n. = stun.
erstaunlich [ärjtáŭnlĭq] = stunüköl.
erstaunt [ärjtáŭnt] = stunik, aufs höchste —
dastehen = lestunön (nel.).
Erstaunung [ärjtáŭnun]: in — geraten = stunikön (nel.), in — setzen = stunükön (lov.).
erste [erště] = balid, erstes Futurum = fütüratim nefinik, das — Gebären = balidmotam,
Schüler der ersten Klasse = balidkladan, —
Violine = balidviäl, zum ersten Male =
balidnaedo.
ersteigen [ärjtáïgěn] = bexänön (lov.).
erstens [erštěnš] = balido.
erstgeboren [èrštgěbo. ěn]: erstgeborner Sohn
(Stammhalter) = balidson.
Erstgeborene [èrštgěborěně]: der — = balidmotäb.
Erstgeburt [èrštgěburt] v. = balidmoted.
ersticken [ärjtĭkěn] 1. nel. = teafön (nel.) 2.
lov. = teifön (lov.).
erstling [èrštlĭn] m. = balidcil, balidfluk, balidnimül.
erstmalig [èrštmalĭq] = balidnaedik.
erstmals [èrštmalš] = balidnaedo.
erstummen [ärjtuměn] = müätikön (nel.), —
machen = müätükön (lov.).
erstürmen [ärjtürměn] = konkerön (lov.) tatako.
Erstürmung [ärjtürmun] v. = konker me tatak.
ersuchen [ärsuğěn] = begön (lov.).
Ersuchen [ärsuğěn] n. (Bitte) = beg.
ertappen [ärtápěn] = küpodön (lov.).
erteilen [ärtáïlěn] 1. (geben) = givön (lov.)
2. Aufschlusz — über (erklären) = plänön
(lov.), einem Aufklärung, Aufschlusz, Auskunft über eine Sache — = nünön (lov.
dem.), Auftrag — = komitön (lov.), Gegenbefehl — = tabüdön (lov.).

Ertrag [ärtrak] m. = prod, — geben = prodön (lov.).
ertragen [ärtragěn] 1. (dulden) = sufälön
(lov.) 2. (produzieren) = prodön (lov.).
erträglich [ärträklĭq] = sufovik.
ertränken [ärtränkěn] = nöyön (lov.).
ertrinken [ärtrĭnkěn] = noyön (nel.).
erwachen [ärváğěn] = galikön (nel.).
erwachsen [ärváxěn] 1. (sich vollendend entwickeln) = daglofön (nel.) 2. lady. =
daülik.
Erwachsener [ärváxěněr] m. = daülan.
Erwachsensein [ärváxěn sáïn] n. = daül.
erwarten [ärvártěn] = spetön (lov.).
Erwartung [ärvártun] v. = spet.
erwartungsvoll [ärvártunš-fól] = spetik.
erwägen [ärvägěn] (bedenken) = vätälön
(lov.).
Erwägung [ärvàgun] v. = vätäl, in — des =
vätälü.
erwählen [ärválěn] = välön (lov.).
Erwählung [ärvàlun] v. (Fransänapüko: choix)
= väl.
erwähnen [ärväněn] = mäniotön (lov.).
Erwähnung [ärvànun] v. = mäniot.
erwärmen [ärvärměn] (wärmen) = vamükön
(lov.).
Erwärmer [ärvärměr] m. d. = vamükian.
erwecken [ärváğěn] = davedükön (lov.).
erweichen [ärváïqěn] 1. = müdikön (nel.) 2.
(rühren) = zadükön (lov.).
Erweichung [ärváïqun] v. 1. = müdikam 2.
(Rührung) = zadükam.
erweisen [ärváïsěn] 1. (bezeigen) = jonülön
(lov.) 2. (beweisen) = blöfön (lov.) 3.
sich — = sevädön (nel.).
Erweisung [ärváïsun] v. = jonül.
erweitern [ärváïtěrn] = stäänükön (lov.).
Erweiterung [ärváïtěrun] v. 1. = stäänükam
2. (Ausweitung) = veitükam.
Erwerb [ärvärp] m. 1. = dagetot 2. (Verdienst, Gewinn) = merit 3. (Lebensunterhalt) = kosid.
erwerben [ärvärběn] 1. = dagetön (lov.) 2.
(verdienen) = meritön (lov.).
Erwerbnis [ärvärpnĭš] n. = dagetot.
erwerbsam [ärvärpsam] (arbeitsam) = vobiälik, — sein = vobiälön (nel.).
Erwerbsamkeit [ärvàrpsamkáït] v. = vobiäl.
Erwerbung [ärvärbun] v. = daget.
erwidern [ärviděrn] (in valem) = geön (lov.).
Erwiderung [ärviděrun] v. (mündliche —) =
begesag.
Erythräa [erütrâa] = Leritreyän.
Erz [erž, ärž] = mün, auf — beziehend =
münik.
erzählen [äržälěn] = konön (lov.).
Erzählen [äržälěn] n. = kon.
Erzähler [äržälěr] m. = konan.
Erzählsatz [äržälsáž] m. = jenöfaset.
Erzählung [äržälun] v. = konot.
Erzbischof [äržbĭjóf] m. = lebijop, Residenz-
stadt eines Erzbischofs = lebijopöp.
erzbischöflich [äržbĭjöflĭq] = lebijopik.
Erzbistum [äržbĭštum] n. = lebijopän.

erzdumm [ärž dųm] = lestupik.
Erzengel [ȧrž∗äᶇĕl] m. = silanal.
erzeugen [ȧržóŭğĕn] = fatön (lov.), Krankheit — = malädükön (lov.).
Erzeuger [ȧržóŭğĕr] m. = fatan.
Erzeugnis [ȧržóŭkᶇĭš] n. = prod, Erzeugnisse
des Landbaues = feilaprod, feilaprods.
Erzeugung [ȧržóŭğųᶇ] v. = fatam.
Erzgrube [èržģrųbĕ] v. = münisepamöp.
erzhaltig [èržháltįq] = münerik.
Erzherzog [ȧržhäržok] m. = daledük.
Erzherzogin [ȧržhäržogįᶇ] v. = jidaledük.
erzherzoglich [ȧržhäržoklįq] = daledükik.
erziehen [ȧržïĕn] =dugälön (lov.), schlecht —
= midugälön (lov.).
Erzieher [ȧržïĕr] m. = dugälan.
erzieherisch [ȧržïĕrįj] (pädagogisch) = dugälavik.
Erziehung [ȧržĭųᶇ] v. = dugäl.
erzielen [ȧržilĕn] (erlangen) = dagetön (lov.).
Erzielung [ȧržįlųᶇ] v. = daget.
erzittern [ȧržĭtĕrn] 1. (beben) = dremön (nel.)
2. (ins Zittern geraten) = dremikön (nel.)
3. (zittern machen) = dremükön (lov.).
Erzpriester [ȧržprįštĕr] m. 1. = lekultan 2.
(Oberopferpriester) = lesakrifal.
Erzschelm [ȧrž jälm] m. = lejäpan.
erzürnen [ȧržürnĕn] 1. = zunükön (lov.) 2. sich
— = zunikön (nel.).
Erzürnung [ȧržürnųᶇ] v. = zunükam.
Erzvater [ȧržvįᶇĕn] m. = rufat.
erzwingen [ȧržvįᶇĕn] = demütön (lov.).
es [äš] = os, on, ... — sei denn, — wäre
denn = pläsif, — sei ! = kluö !
Esche [äjĕ] v. = frad.
Eschenbaum [ȧjĕnbäŭm] m. = frad.
Eschenwalt [ȧjĕnvált] m. = fradafot.
Escudo, k. = läskud.
Esel [esĕl] m. = cuk.
Eselei [eselái] v. (Dummheit) = stupot.
eselhaft [èsĕlháft] = cuköfik.
Eselhaftigkeit [èsĕlháftįqkäït] v. = cuköf.
Eselsfüllen [èsĕlsfülĕn] n. = cukül.
Eselskopf [èsĕlsköpf] m. = stupan.
Eselsmilch [èsĕlsmįlq] v. = cukamilig.
Eskimo [ȧškimo] m. = läskioman.
eskimoisch [äškimòįj] = läskiomik.
Eskompte [äškóntĕ] m. = diskot.
eskomptieren [äškóntįrĕn] = diskotön (lov.).
Eskont [äškónt] m. = diskot.
eskontieren [äškóntįrĕn] = diskotön (lov.).
Esparsette [äšpársȧtĕ] = sparsät.
Espe [äšpĕ] v. = söip.
Espenbaum [ȧšpĕnbäŭm] m. = söip.
Esse [äšĕ] v. (Kamin) = cim.
essen [äšĕn] = fidön (lov.), zu Mittag — =
fidedön (nel.).
Essen [äšĕn] n. 1. = fid 2. (Mittagessen) =
fided 3. (Speise, Gericht) = zib.
Essenfeger [ȧšĕnfeğĕr] m. = cimiklinükan.
Essenkehrer [ȧšĕnkerĕr] m. = cimiklinükan.
Essenszeit [äšĕnšžäït] v. = fidüp.
Essenz [äšänž] v. 1. = binäl 2. = säsant.
Essig [ȧšįq] m. = vinig, sauer wie — =

vinigazüdöfik, einlegen in — = vinigedön
(lov.), das Einlegen in — = viniged.
essigsauer [ȧšįqsäŭĕr] = vinigazüdöfik.
Essigsäure [ȧšįqsóŭrĕ] v. CH₃COOH = vinigatazüd, letatazüd.
essigsäurehaltig [ȧšįqsóŭrĕ∗háltįq] = vinigatazüdik, vinigatazüderik.
Estafette [ȧštafätĕ] m. = rönanunan.
Este [èštĕ] = Lestiyänan, lestiyan.
Estland [èštlánt] = Lestiyän
Estländer [èštländĕr] m. = Lestiyänan.
estländisch [èštländįj] = Lestiyänik.
estnisch [èštnįj] = Lestiyänik.
eszbar [ȧšbar] = fidovik.
Eszlöffel [ȧšlöfĕl] m. = fidaspun.
Eszlust [ȧšlųšt] v. (Appetit) = pötit.
Esztisch [ȧš∗tįj] m. = fidatab.
Eszware [ȧš∗varĕ] v. = fidacan, fidacans.
et [ät] lat. 1. = e, ed 2. — cetera [ät žetĕra]
= e ret. (br.: ,etc.' = e ret. e r.).
etc. = br. ela ,et cetera'.
Etablissement [etablįšĕmáᶇ] n.: gewerbliches —
febodastitod.
Ethik [ètįk] v. = südav.
Ethiker [ètįkĕr] m. = südavan.
Ethnologie [ätnologį] v. (Völkerkunde) =netav.
Etikette [etikätĕ] v. 1. = fomedam 2. (Aufschrift) = ninädapenäd.
etliche [ȧtlįğĕ] 1. (einige, einzelne) = an, ans,
anik 2. = semik.
Etmal [ȧtmal] m. = deleneit, per — = a deleneit, in ein — = deleneito.
Etui [etvi, etũi] n. (Futteral) = vead.
etwa [ȧtva] 1. = ba 2. (leicht, wohl) = bo
3. (beiläufig, ungefähr) = za 4. = zao,
— ständig = zao laido.
etwaig [ȧtvaįq, ȧtvȧįq] 1. = baik 2. = zaik.
etwas [ȧtváš] = bos, boso.
Etymologie [etümologį] v. = tümolog.
Eucharistie [óŭqarįšti] v. (das heilige Abendmahl, rom.) = köärist.
eucharistisch [óŭqarįštįj] = köaristik.
euer [óŭĕr] = olsik.
Eule [óŭlĕ] v. = lül.
eulenartig [óŭlĕn∗artįq] = lülasümik.
eurige [óŭrįğĕ]: der —, die —, ... = olsikan.
Europa [óŭròpa] n. = Yurop.
Europäer [óŭropȧĕr] m. = Yuropan.
europäisch [óŭropȧįj] = Yuropik.
Europium [óŭròpįųm] Eu = löropin.
Euter [óŭtĕr] n. = tet.
evangelisch [evángèlįj] 1. = gospulik 2. (pro-
testantisch) = protästik.
Evangelist [evángelįšt] m. 1. = gospulan 2.
(Schreiber eines Evangeliums) = gospulal.
Evangelium [evángèlįųm] n. = gospul.
Eventualität [eväntualität] v. = mögäd.
eventuell [eväntuȧl] = mögädik, mögädo.
evident [evidänt] (augenscheinlich) = klülabik.
Evidenz [evidänž] v. (Augenscheinlichkeit) =
klülab.
evoluieren [evoluįrĕn] = volfön (nel.).
Evolution [evolužïon] v. = volf.
ewig [èvįq] = laidüpik, auf — = laidüpo.
Ewigkeit [èvįqkäït] v. = laidüp.

exaktum [ăχáktửm]: **Futurum** — = fütüratim finik.

Examen [ăχămän] n. (Prüfung) = xam.

Examinant [ăχaminánt] m. = xamäb.

Examinator [ăχaminátòr] m. = xaman.

examinieren [ăχaminịrĕn] = xamön (lov.).

Exempel [ăχämpĕl] n. (Beispiel) = sam.

Exemplar [ăχämplar] n. = samäd, **dem** — entsprechend = baisamädik.

exerzieren [ăχäržịrĕn] = vafädön (nel.).

Exerzitium [ăχäržižiụm] n. = vafäd.

Existenz [ăχịštänž] v. (Dasein) = dabin.

existieren [ăχịštịrĕn] (bestehen) = dabinön (nel.).

existierend [ăχịštịrĕnt] (vorhanden) = dabinik, **nicht** — = nedabinik.

exklusive [ăχklụsịvĕ] (ausschlieszlich) = plö# dakipü.

Exkursion [ăχkụrsịon] v. (Ausflug) = lespat.

expedieren [ăχpedịrĕn] = sedön (lov.).

Expedition [ăχpedịžịọn] v. = sed.

Experiment [ăχperịmänt] n. (physikalischer, chemischer Versuch) = sperimänt.

explodieren [ăχplodịrĕn] = splodön (nel.).

Exploration [ăχploražịọn] v. = beletäv.

explorieren [ăχplorịrĕn] = beletävön (lov.).

Explosion [ăχplosịọn] v. = splod.

Exponent [áχponánt] m. = naätanumät.

Export [ăχpórt] m. 1. (Ausfuhr) = seveig 2. (das Ausgeführte) = seveigot.

Exporteur [ăχpórtör] m. = seveigan.

Exporthandel [ăχpórt-hándĕl] m. = seveigated.

exportieren [ăχpórtịrĕn] = seveigön (lov.).

extra [ăχtra] = zuik, zuo.

extrahieren [ăχtrahịrĕn] 1. = setratükön (lov.) 2. **die Essenz** — = setirädön (lov.) säsanti.

Extrahieren [ăχtrahịrĕn] n. 1. = setratükam 2. = setiräd.

Extrakt [ăχtrákt] m. = setrat, **ein — herstellen von, aus** = setratön (nel.) de, se.

Extratransport [ăχtra#tránšpórt] m. = pata# veig, veig pläik, veig zuik.

Extrazug [ăχtra#zụk] m. = patatren, tren pläik, tren zuik.

Exzellenz [ăχžälänž] v. = klatal.

exzerpieren [ăχžärpịrĕn] = setratükön (lov.).

Exzesz [ăχžäš] m. = nestön.

É. é.

Électricien [elăktrịšiäñ] m. = lektinakaenan.

F. f.

Fabel [fabĕl] v. = fab.

Fabeldichter [fàbĕldịqtĕr] m. = fabipoedan.

fabelhaft [fàbĕlháft] = märöfik.

fabeln [fabĕln] (eine Fabel machen) = fabön (nel.).

Fabler [fablĕr] m. (einer, der eine Fabel erdichtet) = faban.

Fabrik [fabrịk] v. = fabrik.

Fabrikant [fabrikánt] m. = fabrikan.

Fabrikat [fabrikat] n. = fabrikot, **chemisches**

— **für den Gewerbe#** und **medizinalgebrauch** = fabrikot kiemik pro geb febik e medina# mik.

Fabrikation [fabrikažịọn] v. = fabrikam.

Fabrikbesitzer [fabrịkbĕsịžĕr] m. = fabrikida# laban.

Fabrikgerätschaft [fabrịk-gĕrătjáft] v. = fa# brikastumem.

Fabrikherr [fabrịkhär] m. = fabrikidalaban.

Fabrikinhaber [fabrịk-ịnhabĕr] m. = fabriki# dalaban.

fabrikmäszig [fabrịkmäšịq] 1. = fabriköfik 2. (— gearbeitet) = fabrikik.

Fabrikmäszigkeit [fabrịkmäšịqkáїt] v. = fabri# köf.

fabrizieren [fabrịžịrĕn] 1. = fabrikön (lov.) 2. (machen) = mekön (lov.).

Fabrizierung [fabrịžịrụŋ] v. = fabrikam.

Facette [fasắtĕ] v. = fasät.

Fach [fáq] n. 1. (Zweig eines Handwerks, einer Kunst, einer Wissenschaft) = jäfüd 2. **vom** — (von Beruf) = calo.

Fachausdruck [fáq-ăŭšdrụk] m. = jäfüdavöded, vöded jäfüda.

Fachwerk [fáqvärk] n. = dilädavöl.

Fackel [fákĕl] v. = flamot.

Factorei [fáktoráї] v. = ganetöp.

Faden [fadĕn] m. 1. = fad 2. (in valem) = fadäd.

fadennackt [fadĕn nákt] = lenüdik.

fadenscheinig [fàdĕnjáїnịq] = vorik, — **sein** = vorön (nel.), — **werden** = vorikön (nel.).

Fadenscheinigsein [fàdĕnjáїnịq sáїn] n. = vor.

Fagott [fagót] n. = basun.

fahl [fal] = faalik.

Fahlheit [fàlháїt] v. = faal.

Fahne [fanĕ] v. 1. (Flagge) = stän, **Fahnen aushängen** = stänön (nel.) 2. (Banner, Standarte) = lestän 3. (mit einem Embleme versehene —) = stänäd.

Fahnenfabrikant [fànĕnfabrikánt] m. = stänel.

Fahnenträger [fànĕnträgĕr] m. = lestänipolan.

fahrbar [fàrbar] = vabamovik.

fahren [farĕn] 1. (in valem) = vegön (nel.), **nach Paris** — = vegön lü ‚Paris‘ 2. = nafön (nel.), **über den Flusz** — = nafön love flu# med, — (in einem Boote —) = botön (nel.) 3. (sich auf einem Fuhrwerk fortbewegen) = vabön (nel.), **rückwärts** — = vabön ko bäk föfiolüodöl, vabön ko bäk äl föf 4. **mit der Eisenbahn** — = trenön (nel.) 5. **Schlitten** — = slifavabön (nel.) 6. **von dem Bock** — = bökön (lov.) 7. lov. (auf einem Fahrzeug) = naifön (lov.) 8. lov. (auf einem Fuhrwerk) = vaibön (lov.).

Fahren [farĕn] n. 1. (in valem) = vegam 2. (das — zu Schiff) = nafam 3. (das — in einem Boote) = botam 4. (das — zu Wagen) = vabam.

Fahrplan [fàrplan] m. 1. = vegamataib 2. (Kursbuch) = vegamataib trenas.

Fahrrad [fàrrat] n. = saikul.

Fahrt [fart] v. = vabam, — **zu Berg** = vegam lü bel, — **stromaufwärts (zum Berge)** = löpionafam ve flumed (lü bel).

Fahrtaxe [fàrtáx̌ě] v. = vegamatarif.
Fahrweg [fàrvek] m. = vabaveg.
Fahrzeug [fàrž̌óǔk] n. 1. = nafóm 2. = vab
3. kleineres — = bot.
Faktur [fáktǔr] v. (Nota) = kalot.
Fakturbuch [fáktǔrbųǧ] n. = kalotabuk.
falb [fálp] (fahl) = faalik.
Falke [fálkě] m. = falok.
Falkland-Inseln [fǫk-lǎnt-į̇nsěln, fálk-lánt-į̇nsěln]
pl. = Falkluäns.
Fall [fál] m. 1. (das Fallen) = fal 2. = jenet
3. im Falle dasz = üf, im Falle des = üfü
(pr.).
Falle [fálě] v. = träp.
fallen [fálěn] 1. (stürzen) = falön (nel.) 2.
— machen = fälön (lov.) 3. in Stücke —,
kaputt — = däfalön (nel.) 4. einem lästig,
zur Last — = böladön (lov.).
fallieren [fálįrěn] = bankrutikön (nel.).
Falliment [fálimǎnt] n. = bankrut.
Fallissement [fálįšěmáñ] n. = bankrut.
fallit [fálįt] = bankrutik, — sein = bankrutön
(nel.), — werden = bankrutikön (nel.).
falls [fálš] 1. (wenn) = if 2. (im Falle dasz)
= üf.
Fallsucht [fálsųǧt] v. = peiläp.
Falltür [fáltǖr] v. = falayan.
falsch [fálǰ] 1. (unrichtig) = dobik, — sein =
dobön (nel.), betrüglich — machen = dobükön (lov.) 2. (unaufrichtig) = dobälik, dobälo, — sein = dobälön (nel.) 3. — zeichnen
= pöladäsinön (lov.) 4. — singen = kanitön (lov.) mi, mikanitön (lov.) 5. falscher
Prophet = luprofetan.
Falschheit [fálǰ-háït] v. 1. (Unrichtigkeit) =
dob 2. (Unaufrichtigkeit) = dobäl.
falschherzig [fálǰ-härž̌įq] = miladälik.
Falschherzigkeit [fálǰ-härž̌įqkáït] v. = miladäl.
Falte [fáltě] v. 1. = plif 2. — eines Kleides
= plifäd klota, in Falten legen = plifädön
(lov.) 3. in Falten ziehen = fronükön (lov.).
falten [fáltěn]: Papier — = plifön (lov.) papüri.
faltig [fáltįq] (Falten habend) = plifädik.
Falz [fálž̌] m. = plif.
Falzbein [fálž̌-báïn] n. = papüraneif.
Falzung [fálž̌ųn] v. = plifam.
Falzziegel [fálž̌-ž̌įgěl] m. = fäitatein.
familiär [familįär] = fämülik.
Familie [familįě] v. = fämül.
famos [famoš]: —! (prachtvoll!) = magifö!
Fanal [fanal] m. e n. = farül.
Fanfare [fánfàrě] v. = fafar.
Fang [fáŋ] m. 1. = fan 2. (die Beute) =
fanot.
fangen [fáŋěn] 1. = fanön (lov.), Aale — =
pilifanön (nel.), Mäuse — = mugön (nel.)
2. mit einer Falle — = träpön (lov.) 3.
Feuer — = filikön (nel.).
Fangen [fáŋěn] n. = fan.
Farbe [fárbě] v. = köl, braune — = braun,
gelbe — = yelov, grüne — = grün, rote —
red, schwarze — = bläg.
Farbenbrett [fárběnbrät] n. = palät.
Farbenkasten [fárběn-káštěn] m. = kölamabok.

farbenreich [fárběn-ráïq] = kölagik.
Farbenreichtum [fárběn-ráïqtųm] m. = kölag.
Farbenstift [fárběnjtįft] m. = kölastib.
Farbenstoffmacher [fárběn-jtóf máqěr] m. =
kölamastöfel.
Farbholz [fárp-hólz] n. = kölaboad.
Farbholzextrakt [fárp-hólž̌ ä̇xtrákt] m. = setrat
se kölaboad.
farbig [fárbįq] = kölik.
farblos [fárploš] = nenkölik.
Farbstoff [fárp-jtóf] m. = kölin.
Farbstoffabrikant [fárp-jtóf fabrikánt] m. =
kölamastöfel.
Farbstoffextrakt [fárp-jtóf ä̇xtrákt] m. = kö-
linasetrat.
Farbware [fárpvarě] v. = kölamacan.
Farinzucker [farinž̌ųkěr] m. = puinajueg.
Farm [fárm] v. = farm.
Farmer [fárměr] m. = farman.
Farthing [fàrhíŋ] k. = farzid.
Farus [fàrųš̌] m. = far.
Fasan [fasan] m. = fasan.
Fasanengarten [fasàněngártěn] m. = fasanöp.
Fasanerie [fasaněri] v. = fasanöp.
Fasching [fájįŋ] m. = karnaval.
fasennackt [fasěn nákt] = lenüdik.
Faser [fasěr] v. (Fieber, Zaser) = faib.
faserig [fàsěrįq] 1. = faibik 2. (mit Fasern)
= faiböfik 3. (zaserig) = frainik.
Faserigsein [fàsěrįq sáïn] n. = faiböf.
Faserstoff [fàsěrjtóf] m. = faibastöf, — zur
Papierfabrikation = faibastöf pro papüri-
fabrikam.
fassen [fášěn] 1. (greifen) = glepön (nel.),
der Anker faszt = nak glepon 2. (begreifen)
= suemön (lov.) 3. in sich — (enthalten)
= ninädön (lov.) 4. in Worte — (formulieren) = fomülön (lov.).
Fassen [fášěn] n. (Fassung) = suem.
fassend [fášěnt] (begreifend) = suemik.
Fassoneisen [fášóñ-áïsěn] n. = fomamafer.
Fassonierung [fášonìrųn] v. (Formierung) =
fomam.
Fassungsgabe [fášųnšgabě] v. = suemäl.
Fassungskraft [fášųnš-kráft] v. = suemäl.
Fassungsvermögen [fášųnš-färmögěn] n. = suemäl.
fast [fášt] (beinahe) = ti.
fasten [fáštěn] = cunön (nel.), Zeit, in der
einer fastet = cunatim.
Fasten [fáštěn] n. = cun.
Fastenabend [fáštěn-aběnt] m. = bücunüpsoar,
soar bü cunüp.
Fastenspeise [fáštěn-jpáïsě] v. = cunazib.
Fastenzeit [fáštěn-ž̌áït] v. (kirchliche —) =
cunüp.
Fastnacht [fášt-náǧt] v. (Fasching) = bücunüp-
neit, neit bü cunüp.
Fasttag [fášt-tak] m. = cunadel.
Fasz [fáš̌] n. = tub.
faszbar [fášbar] = sumovik.
Faszbarkeit [fášbar-káït] v. 1. = sumov 2. =
suemov.
Faszbinder [fášbį̇nděr] m. = tübel, — sein =
tübön (lov.).

Faszbinderei [fáśbịndĕráï] v. = tübam.
Faszdaube [fáš-dáŭbĕ] v. = stef.
faszförmig [fáš-fŏrmịq] = tubafomik.
Faszismus, m. = faszid.
Faszist, m. = faszidan.
faszlich [fáślịq] = suemovik.
fatal [fatal] (verhängnisvoll) = mifätik.
Fatse [fážĕ] n. = näisail.
faul [faŭl] 1. (träge) = trögik 2. (vermodert)
= puridik 3. faule Fische! = nevö!
Faulbett [faŭlbät] n. = takädabed.
faulen [faŭlĕn] (verwesen) = puridikön (nel.),
— machen = puridükön (lov.).
faulenzen [faŭlänžĕn] = trögön (nel.).
Faulenzer [faŭlänžĕr] m. = trögan.
Faulheit [faŭl-háït] v. (Trägheit) = trög.
Faulsein [faŭl sáïn] n. = purid.
Faultier [faŭltịr] n. = bradip.
Faust [faŭšt] v. = pun.
faustgrosz [faŭštgroš] = punagretotik.
Fausthandschuh [faŭšt-hántjụ] m. = legluf.
Faustkampf [faŭšt-kámpf] m. = punakomip.
Faustschlag [faŭštjlak] m. = punaflap.
Fayence [fayáñš, fayáñšĕ] v. = bäsin.
Fazilität [fažilität] v. = fasilot.
fächeln [fäqĕln] = fänön (lov.).
Fächer [fäqĕr] m. = fän.
fächern [fäqĕrn] = fänön (lov.).
Fädchen [fätqĕn] n. = fadil.
fähig [fȧịq] = fägik, — sein = fägön (nel.),
— sein (können) = kanön (nel.).
Fähigkeit [fȧịqkáït] v. = fäg.
Fähigmachung [fȧịqmáqụn] v. = fägükam.
Fähnrich [fȧnrịq] m. = stänan.
Fährboot [fȧrbot] m. = lovenaf.
Fähre [färĕ] v. 1. (Fährboot) = lovenaf 2.
(Überfahrtsort) = lovenafamöp.
Fährmann [fȧrmán] m. = lovenafan.
Fährschiff [fȧrjịf] n. = lovenaf.
Fährte [färtĕ] v. (Spur) = retod.
fällen [fäjĕn] 1. (fallen machen) = fälön (lov.)
2. ein rechtliches Urteil — = cödetön (lov.)
eki ad.
Fällen [fäjĕn] n. = fäl.
fällig [fȧjịq] (zahlbar) = pelabik.
Fällung [fäjụn] v. = fäl.
fälschen [fäjjĕn] = dobükön (lov.).
fälschlich [fȧjjịq] (unwahr) = neverato.
Fälschung [fäjjụn] v. = dobükam.
fälteln [fältĕln] (plissieren) = plifädilön (lov.).
Fänger [fäṇĕr] m. = fanan.
Färbeholz [fȧrbĕhólž] n. = kölaboad.
färben [fȧrbĕn] = kölön (lov.), blau —
blövükön (lov.), braun — = braunükön
(lov.), gelb — = yelovükön (lov.).
Färben [färbĕn] n. = kölam.
Färber [färbĕr] m. = kölan, Werkstatt eines
Färbers = kölamöp.
Färberei [färbĕráï] v. 1. = kölam 2. (Werk-
statt eines Färbers) = kölamöp.
Färbestoff [fȧrbĕjtóf] m. = kölamastöf.
Färbung [fȧrbụn] v. = kölam.
Färöer [fȧr-öĕr, fȧröĕr] = Färövuäns.
Fäszchen [fäšqĕn] n. = tubil.
Fäule [fóŭlĕ] v. (Verwesung) = puridikam.

fäulen [fóŭlĕn] (faulen machen) = puridükön
(lov.).
Fäulnis [fóŭlnịš] v. = purid.
Februar [fèbruar, februar] m. = febul.
Fechtboden [fȧqtbodĕn] m. = fegöp.
fechten [fȧqtĕn] = fegön (nel.).
Fechten [fȧqtĕn] n. = feg.
Fechter [fȧqtĕr] m. = fegan.
Fechtkunst [fȧqtkụnšt] v. = fegalekan.
Fechtlehrer [fȧqtlerĕr] m. = fegitidan.
Fechtmeister [fȧqtmáïštĕr] m. = fegitidan.
Fechtschule [fȧqtjulĕ] v. = fegajul.
Feder [fedĕr] v. 1. (Vogelfeder) = plüm 2.
(Schreibfeder) = pen, metallene — = me*
talapen 3. (Sprungfeder) = resor.
Federbesen [fèdĕrbesĕn] m. = plümasvip.
Federchen [fedĕrqĕn] n. = penil.
Federfuchser [fèdĕrfụxĕr] m. = lupenan.
Federkiel [fèdĕrkil] m. = plümastamül.
Federlein [fèdĕrláïn] n. = penil.
Federspule [fèdĕrjpulĕ] v. = plümastamül.
Federvieh [fèdĕrfị] n. = bödem.
Federwedel [fèdĕrvedĕl] m. = plümasvip.
federzeichnen [fèdĕržáïqnĕn] = penatön (lov.).
Federzeichner [fèdĕržáïqnĕr] m. = penatel.
Federzeichnung [fèdĕržáïqnụn] v. = penat.
Fee [fe] v. = fey.
feenartig [fèĕn*artịq] = feyik.
feenhaft [fèĕnháft] = feyik.
Feenland [fèĕnlánt] n. = feyalän.
Feerei [feĕráï] v. = feyadekorat.
Feerie [feĕri] v. = feyadekorat.
Fegefeuer [fègĕfóŭĕr] n. = purgator.
fegen [fegĕn] (wischen) = kluinön (lov.).
Fegen [fegĕn] n. (das Wischen) = kluin.
Fehl [fel] m. 1. = pök 2. = pöl.
fehlbar [fèlbar] = pölovik.
Fehlbarkeit [fèlbarkáït] v. = pölov.
fehlen [felĕn] 1. (Fehler machen) = pökön
(nel.) 2. (mangeln) = defön (nel.) 3. =
nedrefön (lov.).
Fehler [felĕr] m. = pök, — machen = pökön
(nel.).
fehlerfrei [fèlĕrfráï] (fehlerlos) = nenpökik.
fehlerhaft [fèlĕrháft] = pökik.
fehlerlos [fèlĕrloš] = nenpökik.
fehlgehen [fèlgeĕn] (irre werden) = pölikön
(nel.).
fehlschlagen [fèljlagĕn] = neplöpön (nel.).
Fehltritt [fèltrịt] m. = midunot.
Feier [fáïĕr] v. = lezälizel.
feierig [fáïĕrịq] = zelik.
feierlich [fáïĕrlịq] = lezälik.
Feierlichkeit [fáïĕrlịq-káït] v. = lezäl.
feiern [fáïĕrn] 1. = zelön (lov.), ein Fest — =
zälizelön (nel.) 2. (ein Erinnerungsfest —)
= yubidön (lov.).
feiernd [fáïĕrnt] = zelik.
Feierstimmung [fáïĕrjtịmụn] v. = zelaladälod.
Feiertag [fáïĕrtak] m. = zeladel.
feig [fáïk] = dredöfik, — sein = dredöfön
(nel.).
Feige [fáïgĕ] v. = fig.
Feigenbaum [fáïgĕn-báŭm] m. = figabim, figep.
Feigenblatt [fáïgĕn-blát] n. = figabimabled.

Feigenkaffee [fáïgĕn-káfe] m. = figakaf.
Feigheit [fáïk-háït] v. = dredöf.
Feigherzigkeit [fáïk-härẓịqkáït] v. = dredöf.
Feigling [fáïklịŋ] m. (Memme) = dredöfan.
feil [fáïl] = selidik.
feilbieten [fáïlbịtĕn] = selidükön (lov.).
Feile [fáïlĕ] v. = räp.
feilen [fáïlĕn] = räpön (lov.).
Feilenhauer [fáïlĕn-háúĕr] m. = räpel.
Feiler [fáïlĕr] m. = räpan.
Feilicht [fáïlịqt] n. = räpät.
Feilsel [fáïlsĕl] n. = räpät.
Feilspäne [fáïljpänĕ] pl. = räpät.
Feilstaub [fáïl-jtáúp] m. = räpät.
fein [fáïn] = feinik, — sein = feinön (nel.),
    feiner Ton = kosed kulivík.
Feind [fáïnt] m. = neflen.
feindlich [fáïntlịq] = neflenik.
Feindschaft [fáïnt-jáft] v. = neflenam.
feindschaftlich [fáïnt-jáftlịq] = neflenik.
feindselig [fáïntselịq] = neflenälik.
Feindseligkeit [fáïntselịq-káït] v. = neflenäl.
Feine [fáïnĕ] v. = fein.
feinfühlend [fáïnfülĕnt] (zartfühlend) = zadä=
    lik.
Feinfühligkeit [fáïnfülịq-káït] (Zartgefühl) =
    zadäl.
Feingefühl [fáïngĕfül] n. 1. (Feinsinn, Ge-
    schmack) = güt 2. (Zartgefühl) = zadäl.
Feinheit [fáïn-háït] v. = fein.
Feinschmecker [fáïnjmäkĕr] m. = daifan.
Feinsinn [fáïnsịn] m. = güt.
Felche [fálqĕ] (fit) = boüt.
Feld [fáïlt] n. 1. = fel, offenes —, freies — =
    lardafel 2. das — bebauen, das — bestellen
    = befeilön (lov.) läneḍi 3. (abgegrenzter
    Teil einer Fläche) = feled.
Feldbau [fạ̊ltbáú] m. = feil.
Feldblume [fạ̊ltblumĕ] v. = felaflor.
Feldflasche [fạ̊ltfláj́ĕ] v. = militaflad.
Feldfrucht [fạ̊ltfrụqt] v. = feilafluk.
Feldgerät [fạ̊ltgĕrät] n. 1. = feilastumem 2.
    (Kriegsgerät) = krigastömem.
Feldgewächs [fạ̊ltgĕväx̌] n. = feilaplan.
Feldherr [fạ̊lthär] m. (Generalissimus) = ge=
    neral.
Feldhuhn [fạ̊lthun] n. = pädrit.
Feldlager [fạ̊ltlagĕr] n. = leseatöp milita, mi=
    litaleseatöp.
Feldmarschall [fạ̊lt=már-ját, fält már-ját] m. =
    krigamaredal.
Feldmaus [fạ̊ltmáúš] v. = felamug.
Feldmesser [fạ̊ltmäšĕr] m. = geodetan.
Feldmeszkunde [fạ̊ltmäš=kụndĕ] v. = geodetav.
Feldprediger [fält-prèdịgĕr] m. = militapredan.
Feldschmiede [fạ̊ltjmịdĕ] m. = smitöp feapla=
    dovik.
Feldstecher [fạ̊ltjtägĕr] m. 1. = fagiologöm 2.
    (Gucker) = skop.
Feldwache [fạ̊ltváq́ĕ] v. 1. = länädagaläd 2. p.
    = länädagalädanef.
Feldwacht [fạ̊ltváq́t] v. 1. = länädagaläd 2. p.
    = länädagalädanef.
Feldweg [fạ̊ltvek] m. = veg in feilaläned, veg
    love feilaläned.

Feldzeichen [fạ̊ltžáïqĕn] n. = militastän.
Feldzeugmeister [fạ̊ltžóúk-máïštĕr, fält žóúk-
    máïštĕr] m. 1. (General der Artillerie) =
    ratidageneran 2. (in Lösterän) = fantida=
    generan.
Feldzug [fạ̊ltžuk] m. = militagoläd.
Felge [fälgĕ] v. = fälib.
felgen [fälgĕn] = fälibön (lov.).
Fell [fäl] n. (Haut) = skin.
Fels [fälš] m. = klif, aus Felsen bestehend
    (felsicht) = klifik.
felsenreich [fälsĕnráïq] = klifagik.
felsicht [fälsịqt] (aus Felsen bestehend) = klifik.
felsig [fạ̊lsịq] (felsenreich) = klifagik.
Fenchel [fänqĕl] m. = fänul.
Fenster [fänštĕr] n. = fenät.
Fensterbank [fạ̊nštĕrbáŋk] v. = fenätabam.
Fensterchen [fänštĕrqĕn] n. = fenätil.
Fensterglas [fạ̊nštĕrglaš] n. = vitüraglät.
Fensterladen [fạ̊nštĕrladĕn] m. = fenätakläped.
Fensterscheibe [fạ̊nštĕrjáïbĕ] v. = vitür, das
    Einsetzen von, das Versehen mit Fenster-
    scheiben = vitüram.
Ferien [fèrịĕn] pl. (Vakanz) = vakan, in —
    sein = vakanön (nel.).
Ferkel [färkĕl] n. = svinül.
Ferment [färmänt] n. = färmänt.
fern, [färn] = fagik, — sein = fagön (nel.),
    — von = fagü.
Ferne [färnĕ] v. 1. = fag, in der — = fago,
    aus der —⌐ = fagao, in die — = fagio, in
    die — bringen = fagükön (lov.) 2. (Zu-
    kunft) = fütür.
ferner [färnĕr] 1. (fernerhin) = fovo, nicht —
    = no fovo 2. —! (weiter!) = fö!
fernerhin [färnĕr hin] = fovo, —! = fö!
Fernglas [fạ̊rnglaš] n. = fagiologöm.
fernhin [fạ̊rnhịn] = fagio.
Fernrohr [fạ̊rnror] n. = leskop.
Fernsein [fạ̊rnsáïn] n. = fag.
fernsichtig [fạ̊rnsịqtịq] = pärmetropik.
Fernsichtigkeit [fạ̊rnsịqtịqkáït] v. = pärmetrop.
Ferrichlorid [fạ̊ri klorit] Fe_2Cl_6 = feriniklorid.
Ferriferrooxyd [fạ̊ri fạ̊ro óx̌ût] Fe_3O_4 = ferino=
    feriniloxid.
Ferrioxyd [fạ̊ri óx̌ût] Fe_2O_3 = feriniloxid.
Ferrit [färit] = feriit.
Ferrochlorid [fạ̊ro klorit] $FeCl_2$ = ferinoklorid.
Ferrocyanwasserstoffsäure [fạ̊ro žüanvášĕr-jtóf-
    sóúrĕ] = mälküanidilferinoatazüd.
Ferrooxyd [fạ̊ro óx̌ût] FeO = ferinoloxid.
Ferrosulfat [fạ̊ro sụlfat] $FeSO_4$ = ferinosulfat.
Ferse [färsĕ, fersĕ] v. = hil.
fertig [fạ̊rtịq] = blümik, — sein = blümön
    (nel.), — werden = blümikön (nel.), —
    machen = blümükön (lov.), — bringen =
    lemekön (lov.), — machen (beendigen) =
    fimekön (lov.), ganz — machen (vollbereiten)
    = lemökön (lov.), — werden, — bekommen
    mit = ledunön (lov.).
fertigen [fạ̊rtịgĕn] 1. (machen) = mekön (lov.)
    2. (erschaffen) = lemekön (lov.) 3. (be-
    reitstellen) = blümükön (lov.).
Fertigkeit [fạ̊rtịqkáït] v. 1. (Gewandtheit) =
    skil 2. — zum Zuschlagen = flapöf.

Fertigsein [fȧ̇rtįq sáïn] n. = blüm.
Fessel [fạ̈šěl] v. = jänäd, in Fesseln schlagen = jänädön (lov.).
fesseln [fäšěln] 1. = jänädön (lov.) 2. nev. = jänälön (lov.).
fest [fạ̈št] 1. = fimik 2. (gewisz, sicher) = fümik, — sein = fümön (nel.) 3. = solidik, — sein (nicht flüssig sein) = solidön (nel.) 4. — stehen, unerschütterlich — stehen = stanön (nel.) nemufiko 5. festes Land = kontinän.
Fest [fạ̈št] n. (Festlichkeit) = zäl, ein — halten, begehen, feiern = zälizelön (nel.).
Festabend [fȧ̇št⸗abĕnt] m. = zälasoar.
festen [fạ̈štěn] (befestigen) = fimükön (lov.).
festgerostet [fȧ̇štgěróštĕt]: — sein = ruilofimön (nel.).
Festgesang [fȧ̇štgěsáŋ] m. = zälakanit.
Festgewand [fȧ̇štgěvánt] n. = zälaklotem.
festhalten [fȧ̇štháltěn] = dakipön (lov.), sich — an = stutodakipön (lov.).
Festheit [fȧ̇štháït] v. = solid.
festigen [fȧ̇štįgěn] (befestigen) = fimükön (lov.).
Festigkeit [fȧ̇štįqkáït] v. 1. = fim 2. (Bestimmtheit) = füm 3. (in Bezug auf die Teile eines Körpers) = solid.
Festigung [fȧ̇štįgųŋ] v. (Befestigung) = fimükam.
Festivität [fäštivität] v. = zäl.
Festkleid [fȧ̇štkláït] n. = zälaklotem.
Festlant [fȧ̇štlánt] n. = kontinän.
festlaufen [fȧ̇štláůfěn]: sich — =fimikön (nel.).
festländisch [fȧ̇štländįj] = kontinänik.
festlich [fȧ̇štlįq] = zälik, festliche Stimmung = zälaladälod.
Festlichkeit [fȧ̇štlįqkáït] v. = zäl.
festmachen [fȧ̇štmá́qěn] = fimükön (lov.).
Festprogramm [fȧ̇štprográm] n.=zälaprogram.
Festschrift [fȧ̇štjrįft] v. = zälapenäd.
Festsein [fȧ̇štsáïn] n. (das — in Bezug auf mit einander verbundene Körper) = fim.
festsetzen [fȧ̇štsäžĕn] 1. = fimikön (lov.) 2. sich — = fimikön (nel.), fimükön oki 3. (anberaumen) = lonön (lov.).
Festsetzung [fȧ̇štsäžųŋ] v. (Anberaumung) = lonam, zur — von = lonamü.
festsitzen [fȧ̇štsįžěn] = fimön (nel.).
feststecken [fȧ̇štjtäkěn]: mit Stecknadeln — = peänön (lov.).
feststellen [fȧ̇štjtälěn] 1. = fümükön (lov.) 2. sich — = fimikön (lov.) oki.
Festtag [fȧ̇šttak] m. = zäladel.
Festung [fȧ̇štųŋ] v. = fortif, Besatzung einer — = fortifanef, Vorwerk einer — = plödabu⸗ mäd fortifa.
Festungsbau [fȧ̇štųŋšbáů] m. = fortifibum.
Festungsbaukunde [ȧ̇štųŋš-báůkųndě] v. = for⸗ tifibumav.
Festungsbaumeister [fȧ̇štųŋš-báů-máïštěr] m. = fortifibumavan.
Festungskommandant [fȧ̇štųŋš kómándánt] m. = fortifabüdan.
Festzait [fȧ̇štzáït] v. = zälüp.
Fetisch [fètij] m. = fetisyitot.
Fetischismus [fetijìšmuš] = fetisyit.

fett [fạ̈t] (beleibt) = pinädik, — machen (mästen) = pinädükön (lov.).
Fett [fạ̈t] n. = pin, wohlriechendes — = pin benosmelik, mit — versehen = pinön (lov.).
Fettdarm [fȧ̇tdárm] m. = räktum.
Fettheit [fȧ̇tháït] v. (das Fettsein) = pinäd.
fettig [fȧ̇tįq] = pinöfik.
Fettigkeit [fȧ̇tįqkáït] v. = pinöf.
Fettsein [fạ̈t sáïn] n. = pinäd.
Fettsucht [fȧ̇tsų̆qt] v. = pinädöf.
Fettware [fȧ̇tvarě] v. = pinacan, pinacans.
Fetzen [fạ̈žěn] m. (Lumpen) = räg, rägs.
feucht [fóůqt] = luimöfik, — sein = luimöfön (nel.), — werden = luimöfikön (nel.).
Feuchtigkeit [fóůqtįq-káït] v. = luimöf.
Feuer [fóůěr] n. 1. = fil, dem — aussetzen (rösten) = filädön (lov.), — fangen = fili⸗ kön (nel.) 2. — anlegen (brandstiften) = lefilükön (lov.), —! = lefilö ! . .
Feueranbeter [fóůěr-ánbetěr] m. = filikultan.
Feuerberg [fóůěrbärk] m. = volkan.
Feuerdiener [fóůěrdiněr] m. = filikultan.
feuerfarben [fóůěr-fárběn] = filakölik.
feuerfest [fóůěrfạ̈št] = filasufidik.
Feuergeist [fóůěr-gáïšt] m. 1. = filalanan 2. (feuriger Geist) = lefäkäl.
Feuerhaken [fóůěrhakěn] = lefilahuk.
Feuerherd [fóůěrhert] m. = filetatop.
feuerjo [fóůěryo]: —! = lefilö !
Feuerland [fóůěr-lánt] n. = Filän.
Feuerländer [fóůěrländěr] m. = Filänan.
feuerländisch [fóůěrländįj] = Filänik.
Feuerlärm [fóůěrlärm] m. = lefilalaram, blinder — = lefilalaram dobik.
Feuermal [fóůěrmal] n. = filädamäk.
feuern [fóůěrn] (schieszen) = jüton (lov.).
Feuerprobe [fóůěrprobě] v. = lebluf.
feuerrot [fóůěr rot] = filaredik, leredik.
Feuersbrunst [fóůěršbrų̆nšt] v. = lefil.
feuerspeiend [fóůr-jpáïěnt] = filivomitik.
Feuerspritze [fóůěr!jprįžě] v. = lefilaskut, Schlauch, Schlange einer — = tuin lefila⸗ skuta.
Feuerstätte [fóůěr⸗jtätě] v. = filetatop.
Feuerwehr [fóůěrver] v. = lefilapold.
Feuerwehrmann [fóůěrver-mán] m. = lefila⸗ poldan.
Feuerwerk [fóůěrvärk] n. = filot.
Feuerwerker [fóůěrvärkěr] m. = filotel.
Feuerzange [fóůěr-žáŋě] v. = filazäp.
Feuerzeug [fóůěr-žóůk] n. = filidöm.
Feuilleton [fóyětóñ] n. = ,feuilleton'.
feurig [fóůrįq] (brennend) = filik, feuriger Geist = lefäkäl.
Fibrin [fibrįn] n. = fibrin.
Fichte [fįqtě] v. (Kiefer) = pein.
Fichtenholz [fįqtěnhólž] n. = peinaboad.
Fichtenwald [fįqtěnvált] m. = peinafot.
fidel [fidel] (lustig) = lefredik, fideles Haus, fidele Haut = lefredan.
Fidibus [fįdibuš] m. = fidibud.
Fidschi-Inseln [fįci⸗insěln] pl. = Ficiyuäns.
Fidschi-Sprache [fįci⸗jpraqě] v. = ficiy.
Fieber [fiběr] n. (Krankheit) = fif, — haben, im — sein = fifön (nel.).

fieberfrei [fibĕrfráï] (fieberlos) = nenfifik.
Fieberglut [fibĕrglu̯t] v. = fifahit.
fieberhaft [fibĕrháft] = fifilik.
Fieberhaftigkeit [fibĕrháftı̨qkáït] v. = fifil.
Fieberhitze [fibĕrhı̨žĕ] v. = fifahit.
fieberisch [fibĕrı̨ǰ] = fifik.
fieberlos [fibĕrloš] = nenfifik.
Fiebermittel [fibĕrmı̨tĕl] n. = tafifmedin.
fiebern [fibĕrn] = fifön (nel.).
fiebernd [fibĕrnt] = fifik.
Fiedel [fidĕl] v. = viäl.
Fiedelbogen [fidĕlbogĕn] m. = viälamacar.
fiedeln [fidĕln] (geigen) = viälön (lov.).
Figur [figu̯r] v. (Zeichnung) = figur.
figurativ [figu̯ratı̨f] = figurik, — darstellen = figurön (lov.).
figürlich [figù̯rlı̨q] = nevoik.
Filial⸗ [filı̨àl⸗] = … filialik.
Filiale [filı̨àlĕ] v. = filial.
Filialist [filı̨alı̨št] m. = filialan.
Fillér, k. = pengödazim.
Filter [fı̨ltĕr] m. e n. = sul.
filtern [fı̨ltĕrn] = sulön (lov.).
Filtration [fı̨ltražı̨on] v. = sulam.
filtrieren [fı̨ltrı̨rĕn] = sulön (lov.).
Filtrierer [fı̨ltrı̨rĕr] m. = sulan.
Filtrierpapier [fı̨ltrı̨r papir] n. = sulamapapür.
Filtrierung [fı̨ltrı̨ru̯ŋ] v. = sulam.
Filtrum [fı̨ltru̯m] n. = sul.
Filz [fı̨lž] m. 1. = fül 2. (Geiz) = lavar.
filzen [fı̨lžĕn] 1. lady. (filzig) = fülik 2. (geizen) = lavarön (nel.) 3. sich — = fülikön (nel.).
Filzer [fı̨lžĕr] m. (Geizhals) = lavaran.
Filzerei [fı̨lžĕráï] v. (Geiz) = lavar.
filzig [fı̨lžı̨q] 1. = fülik 2. (geizig) = lavarik.
Filzigkeit [fı̨lžı̨qkáït] v. = lavar.
Filzschuh [fı̨lžǰu̯] m. = fülajuk.
Filzware [fı̨lžvarĕ] v. = fülacan.
Finale [finàle] n. = finüm.
Finanz [finánž] v. = finen.
Finanzen [finánžĕn] pl. = finen.
Finanzier [finánžı̨è] m. = finenan.
finanzieren [finánžı̨rĕn] = finenön (lov.).
Finanzmann [finánž-mán] m. = finenan.
Finanzminister [finánž-minı̨štĕr] m. = ministe⸗ ran finena.
Finanzwesen [finánžvesĕn] n. = finen.
Finanzwissenschaft [finánž-vı̨šĕnǰáft] v. = fi⸗ nenav.
findbar [fı̨ntbar] = tuvovik.
Findelhaus [fı̨ndĕlháu̯š] n. = tuväböp.
Findelkind [fı̨ndĕlkı̨nt] n. = tuväb.
finden [fı̨ndĕn] 1. = tuvön (lov.) 2. nicht zu — (suchbar) = sukik 3. Beruf — = senä⸗ lön vokedi, Gefallen an einer Sache — = paplitön (sufalefom) fa bos.
Finden [fı̨ndĕn] n. = tuv.
Finder [fı̨ndĕr] m. = tuvan.
Findling [fı̨ntlı̨ŋ] m. = tuväb.
Finger [fı̨ŋĕr] m. = doat.
Fingerhut [fı̨ŋĕrhu̯t] m. 1. = doatahät 2. (Pflanze) = digital.
Fingerring [fı̨ŋĕrrı̨ŋ] m. = doatalin.
Fingerspitze [fı̨ŋĕrǰpı̨žĕ] v. = doatafinot.

Fink [fı̨ŋk] m. = frin.
Finke [fı̨ŋkĕ] m. = frin.
finkeln [fı̨ŋkĕln] = frinifanön (nel.).
Finkenfänger [fı̨ŋkĕnfáŋĕr] m. = frinifanan.
Finkler [fı̨ŋklĕr] m. = frinifanan.
Finne [fı̨nĕ] = suomiyan.
finnisch [fı̨nı̨ǰ] = Suomiyänik.
Finnisch [fı̨nı̨ǰ] n. = suomiy.
finnisch-ugrisch [fı̨nı̨ǰ ùgrı̨ǰ] = suomiyamacarik.
Finnland [finlánt] n. = Suomiyän.
Finnländer [fı̨nländĕr] m. = Suomiyänan.
finster [fı̨nštĕr] 1. = dagik, — sein = dagön (nel.), — werden = dagikön (nel.), — ma⸗ chen = dagükön (lov.) 2. (düster) = glu⸗ midik.
Finsterkeit [fı̨nštĕr-káït] v. 1. = dag 2. (Düs⸗ terheit) = glumid.
Finsterling [fı̨nštĕrlı̨ŋ] m. (Obskurant) = bos⸗ küran.
finstern [fı̨nštĕrn] lov. = dagükön (lov.).
Finsternis [fı̨nštĕrnı̨š] v. 1. = dag 2. (Eklipse) = grahan.
Firma [fı̨rma] v. = fiam, auf die — bezüglich = fiamik, unter der — = fiamü.
Firmament [fı̨rmamänt] n. = silabobot.
Firmant [fı̨rmánt] m. = fiaman.
firmeln [fı̨rmĕln] = fümodön (lov.).
firmen [fı̨rmĕn] = fümodon (lov.).
Firmling [fı̨rmlı̨ŋ] m. = fümodäb.
Firmung [fı̨rmu̯ŋ] v. = fümod.
Firnis [fı̨rnı̨š] m. = glod.
firnissen [fı̨rnı̨šen] = glodön (lov.).
First [fı̨ršt] m. = fäit.
Firstbalken [fı̨rštbálkĕn] m. = fäitabem.
Firstziegel [fı̨rštžigĕl] m. = fäitatein.
Fisch [fı̨ǰ] m. = fit, fliegender — = flitafit, fliegender —, st. = siflitafit, südlicher —, st. = sisulüdafit.
Fischangel [fı̨ǰ⸗áŋĕl] v. = fitahuk.
Fischbehälter [fı̨ǰbĕhältĕr] m. = fitininädian.
Fischbein [fı̨ǰbáin] v. = balen.
Fischblase [fı̨ǰblasĕ] v. = fitavesid.
Fischbrut [fı̨ǰbru̯t] v. 1. = fitakuvot 2. (junge Fische, Setzfisch) = fitülem.
Fischchen [fı̨ǰqĕn] n. = fitil.
Fische [fı̨ǰĕ] 1. st. = sifits 2. die — (Fisch⸗ tierwelt) = fitem 3. faule —! = nevö !
fischɛn [fı̨ǰĕn] = päskarön (lov.).
Fischen [fı̨ǰĕn] n. = päskar.
Fischer [fı̨ǰĕr] m. = päskaran.
Fischerei [fı̨ǰĕráï] v. = päskar.
Fischfang [fı̨ǰfán] m. = fitifan.
Fischgarn [fı̨ǰgárn] n. = fitafilät.
Fischgattung [fı̨ǰgátu̯ŋ] v. = fitasot.
Fischgräte [fı̨ǰgrätĕ] v. = fitabom, fitabomil.
Fischhändler [fı̨ǰhändlĕr] m. = fitatedan.
Fischköder [fı̨ǰködĕr] m. = fitibätazib.
Fischleim [fı̨ǰláïm] m. (Hausenblase) = fita⸗ glud.
Fischlein [fı̨ǰláïn] m. = fitil.
Fischmarkt [fı̨ǰmárkt] m. = fitamaket.
Fischnetz [fı̨ǰnäž] v. = fitafilät.
Fischotter [fı̨ǰ⸗ótĕr] v. = lutar komunik.
fischreich [fı̨ǰráïq] = fitagik.
Fischreiher [fı̨ǰráïĕr] m. = härod blövik.

Fischteich [fịjtáïq] m. = fitalulak.
Fischtierwelt [fịj-tìrvält] v. = fitem.
Fischtran [fịjtran] m. = blöb.
Fitze [fịžĕ] v. = tufül.
Fixstern [fịxjtärn] m. = fimastel.
flach [fláq̆] = plenöfik, — sein = plenöfön (nel.), — machen = plenöfükön (lov.), flaches Land = plenöfalän.
Flachfeld [fláq̆fält] n. = plenöfalän.
Flachheit [fláq̆-háït] v. = plenöf.
Flachs [fláx̆] m. 1. (Leinpflanze) = linumaplan 2. (der zum Spinnen zubereitete Bast von den Stengeln der Leinpflanze) = filat, den — brechen = brakön (lov.) filati, das Brechen des Flachses = brak filata.
Flachsbreche [fláx̆brä̧q̆ĕ] v. = braköm.
Flachsein [fláq̆ säïn] n. = plenöf.
Flachsgarn [fláx̆-gárn] n. = linumayän.
Flachsgewebe [fláx̆gĕvebĕ] n. = linumavivot.
Flachswerk [fláx̆värk] n. = filatateup.
flackern [flákĕrn] = flamülön (nel.).
Flackern [flákĕrn] n. = flamül.
Flacon [flakóñ] n. = fladül.
Flagge [flágĕ] v. = stän, Flaggen wehen lassen = stänön (nel.).
flaggen [flágĕn] = stänön (nel.).
Flaggenschiff [flágĕnjị̆f] n. = stänanaf.
Flakon [flakóñ] n. = fladül.
Flamme [flámĕ] v. = flam.
flammen [flámĕn] 1. (mit Flamme brennen) = flamön (nel.), — lassen = flamükön (lov.) 2. (sengen) = flamädön (lov.).
Flandern [flándĕrn] n. = Flanän.
Flanell [flanä̧l] n. = lained.
flanellen [flanä̧lĕn] = lainedik.
Flasche [flájĕ] v. 1. = flad, Leydener — = flad di ‚Leiden' 2. (als Masz) = fladet.
Flaschenlack [flájĕn-lák] = fladalaig.
Flaschenumhüllung [flájĕn-ụmhụ̈lụn] v. = fladivilupian.
Flaschenzug [flájĕnžuk] m. = pulit.
Flaum [fláŭm] m. (Daune, Dune) = daun.
Fläche [flä̧q̆ĕ] v. = plen, obere — = löpaplen, ebene — = plen kamik, krumme, gebogene — = plen globik.
flächen [flä̧q̆ĕn] = plenöfükön (lov.).
Flächenmasz [flä̧q̆ĕnmaš] n. = plenamaf.
flächsern [flä̧x̆ĕrn] = linumik.
Fläschchen [flä̧jq̆ĕn] n. = fladil.
Flechte [flä̧q̆tĕ] v. 1. (Krankheit) = xäan 2. (Pflanze) = ligen 3. (Zopf) = heraflökot.
flechten [flä̧q̆tĕn] = flökön (lov.).
Flechten [flä̧q̆tĕn] n. = flök.
Flechter [flä̧q̆tĕr] m. = flökan.
Flechtweide [flä̧q̆tväïdĕ] v. = flökasalig, Zweig der — = tuig flökasaliga.
Flechtwerk [flä̧q̆tvärk] n. = flökot.
Fleck [fläk] m. = diled.
flecken [fläkĕn] (beflecken) = stenön (lov.).
Flecken [fläkĕn] m. (Makel) = sten.
fleckenfrei [flĕkĕnfráï] = nenstenik.
fleckenlos [flä̧kĕnloš] = nenstenik.
Fleckenlosigkeit [flä̧kĕnlosiqkáït] v. = nensten.
fleckig [flä̧kịq] = stenöfik.
Fledermaus [flèdĕrmáŭš] v. = flitamug.

Flegel [flegĕl] m. (Grobian) = nekulivan.
Flegelei [flegĕláï] v. = nekuliv.
flegelhaft [flègĕlháft] = nekulivik.
flegelig [flègĕlị̧q] = nekulivik.
flehen [fleĕn] 1. = dabegön (lov.) 2. — um (anflehen) = lebegön (lov.).
Flehen [fleĕn] n. = lebeg.
Flehender [fleĕndĕr] m. = lebegan.
flehentlich [fleĕntlị̧q] = lebegik, flehentlicher Bittsteller = lebegan.
Fleisch [fláïj] n. 1. (Nahrung) = mit, — aushauen = miticöpön (nel.) 2. (— am Leibe) = mid.
Fleischbrühe [fláïjbrüĕ] v. 1. = mitavaet 2. (Bouillon) = supül.
Fleischer [fláïjĕr] m. (Metzger) = miticöpan.
fleischern [fláïjĕrn] = mitik.
Fleischextrakt [fláïj-ä̧x̆träkt] m. e n. = mitasetrat.
fleischhaft [fláïj-háft] = midöfik.
Fleischhaftigkeit [fláïj-háftị̧qkáït] v. = midöf.
fleischig [fláïjị̧q] = midöfik.
fleischlich [fláïjlị̧q] 1. = midik 2. (sinnlich) = sänsüelik.
Fleischlichkeit [fláïjlị̧q-káït] v. = sänsüel.
Fleischsaft [fláïj-sáft] m. = mitavaet.
Fleischspeise [fláïj-jpáïsĕ] v. = mitazib.
Fleischware [fláïjvarĕ] v. = mitacan.
Fleisz [fláïš] m. = zil.
fleiszig [fláïšị̧q] = zilik, — sein = zilön (nel.), auf fleiszige Art = zilo.
flektierbar [fläktị̧rbar] = deklinovik.
flektieren [fläktị̧rĕn] (beugen) = deklinön (lov.).
Flektion [flä̧x̆jon] v. = deklin.
flexibel [flä̧x̆ibĕl] = deklinovik.
Flexion [flä̧x̆jon] v. = deklin.
Flexionsfähigkeit [flä̧x̆ị̧onš-fä̧ị̧qkáït] v. = deklinov.
flicken [flị̧kĕn] = nägedön (lov.).
Flickwerk [flị̧kvärk] n. = lumekot.
Flickwort [flị̧kvórt] n. = luvöd.
Flieder [flị̧dĕr] m. 1. (Holunder) = sambuk 2. — (Syringe), türkischer —, spanischer — = süren.
Fliege [fligĕ] v. 1. = musak 2. st. = simusak.
fliegen [fligĕn] = flitön (nel.).
Fliegen [fligĕn] n. = flit.
fliegend [fligĕnt]: fliegender Hirsch = ‚lucanus cervus' [lukànuš žàrvuš] (lat.).
Fliegenpapier [fligĕn-papir] n. = musakapapür.
Fliegenwedel [fligĕnvedĕl] m. = musakifän.
fliehen [flị̧ĕn] = fugön (nel.).
Fliese [flị̧sĕ] v. = tvil.
Fliesenmacher [flị̧sĕnmá̧q̆ĕr] m. = tvilel.
flieszen [flị̧šĕn] = flumön (nel.), — machen = flümön (nel.).
Flieszhaarige [fliš-hàrigĕ] m. = smudaheran.
Flieszpapier [flišpapir] n. = nüsugapapür.
flimmern [flị̧mĕrn] = flamülön (nel.).
Flimmern [flị̧mĕrn] n. = flamül.
Flint [flị̧nt] m. (Feuerstein) = flintoin.
Flinte [flị̧ntĕ] v. = gün.
Flintenhahn [flị̧ntĕnhan] m. = günafögül.
Flintenkugel [flị̧ntĕnkugĕl] v. = günaglöb.
Flintenlauf [flị̧ntĕnláŭf] m. = günarüd.

Flintenschusz [flĭntěnjŭš] m. = jütikamatonät güna.

Flintenstein [flĭntěnjtáïn] m. = filidaston güna.

Flintglas [flĭntglaš] n. = flintoinaglät.

Flirt [flĭrt, flǫ́rt] m. = löfäd.

flirten [flĭrtěn, flǫ́rtěn] = löfädön (lov.).

Flitter [flĭtěr] m. 1. = bledül 2. (Goldflitter) = goldabledül.

Flittergold [flĭtěrgólt] n. = lugold.

Flocke [flóke] v. = flog.

Flockseide [flók-sáïdě] v. = lusadin.

Floh [flo] m. = flib.

Flor [flor] m. (Crèpe) = veot.

Florettseide [florǎtsáïdě] v. = lusadin.

florieren [florirěn] (blühen) = florön (nel.).

Flosse [flóšě] v. = fäin.

Flossenstrahl [flóšěnjtral] m. = fäinastral.

Flosz [fláš] n. = floted.

Floszführer [flóšfürěr] m. = flotedistiran.

Floszmann [flóš-mán] m. = flotedistiran.

flott [flót] (triftig): — werden = sveamön (nel.).

Flotte [flótě] m. = nafem.

Flösze [flóšě] v.: die — eines Fischnetzes = flotian fitafiläta.

flöszen [flóšěn] = sveimön (lov.).

Flöszer [flóšěr] m. = flotedel.

Flöte [flötě] v. = flut.

flöten [flötěn] = flutön (lov.).

Flötenbläser [flótěnbläsěr] m. = flutan.

Flötenmacher [flótěnmáǧěr] m. = flutel.

Flötist [flötĭšt] m. = flutan.

Fluch [fluǧ] m. = blasfäm, Fluche ausstoszen = blasfämön (nel.).

fluchen [fluǧěn] = blasfämön (nel.).

Flucht [fluǧt] v. = fug.

Flug [fluk] m. = flit, im Fluge = flito.

Flugblatt [flúkblát] n. = viföfapenäd.

Flugmaschine [flúk-majǐně] v. = flitöm.

flugs [flux, flux] 1. —! = spidö ! 2. —! (schnellgemacht!) = vifö !

Flugschiff [flúkjǐf] n. = flitanaf.

Flugschrift [flúkjrǐft] v. = nelaidapenäd, vifös fapenäd.

Fluor [flǔór] n. F = fluorin.

Fluorcalcium [flǔór kálžĭŭm] CaF₂ = kalsinas fluorid.

Fluorwasserstoff [flǔór vášěr-jtóf] HF = hidris nafluorin.

Fluorwasserstoffsäure [flǔór vášěr-jtóf-sóŭrě] HF.aq = fluoridazüd.

Flur [flǔr] 1. v. (Au) = feilän 2. m. (Korridor) = luyal.

Flurhüter [flúrhütěr] m. = länädapoldan.

Flurschütz [flúrjǔž] m. = länädapoldan.

Flurwächter [flúrväǧtěr] m. = länädapoldan.

Flusz [fluš] m. = flumed, ein groszer — (Strom) = leflumed, auf den — bezüglich = flumedik, abwärts des Flusses = donio ve flumed, der — geht mit Eis, mit Treibeis = flumed sveimon gladi.

Fluszbett [flùšbǎt] n. = flumedalestab.

Fluszeisen [flùš-áïsěn] n. = flumafer.

Fluszgebiet [flùšgěbit] n. = flumedän.

Fluszinsel [flùš-ǐnsěl] v. = flumedanisul.

Fluszsäure [flùšsóŭrě] HF.aq = fluoridazüd.

Fluszschiff [flùšjǐf] n. = flumedanaf.

Fluszstahl [flùšjtal] m. = flumastal.

Flut [flǔt] v. = flud.

fluten [flǔtěn] (zur Flut anschwellen) = fludön (nel.).

Flutzeit [flùtžáït] v. = fludüp.

flüchten [flüqtěn]: sich — = fugön (nel.).

flüchtig [flüqtĭq] 1. = fugik 2. = vifilik 3. (nicht sorgfältig) = viföfik.

Flüchtigkeit [flüqtĭqkáït] v. = viföf.

Flüchtigsein [flüqtĭq sáïn] n. (Flüchtigkeit) = viföf.

Flüchtling [flüqtlĭŋ] m. = fugan.

Flügel [flügěl] m. 1. = flitäm 2. (Klavier) = göbapianod.

Flügelschlag [flügěljlak] m. = flitämaflap.

flüssig [flüšĭq] = flumöfik, — machen = flumöfükön (lov.), ein flüssiger Körper = flumot.

Flüssigkeit [flùšĭqkáït] v. 1. (das Flüssigsein) = flumöf 2. (ein flüssiger Körper) = flumot 3. eine — mit festern Bestandteile (Treber, Bodensatz) = supäd.

Flüssigsein [flùšĭq sáïn] n. = flumöf.

flüstern [flüštěrn] = spikön (lov.) nelaodiko.

Fohlen [fǫlěn] n. 1. = jevodül 2. st. = sijevos dül.

Fokus [fòkŭš] m. = fouk.

Folge [fólgě] v. (Ergebnis) = sek.

folgen [fólgěn] 1. (fortfahren) = fovön (nel.) 2. (nachfolgen) = sökön (lov.).

Folgen [fólgěn] v. 1. = fov 2. = sök.

folgend [fólgěnt] 1. = fovik 2. = sökik.

folgerichtig [fólgěrĭqtĭq] (konsequent) = kludöfik, — aus = kludöfü.

Folgerichtigkeit [fólgěrĭqtĭqkáït] v. (Konsequenz) = kludöf.

folgern [fólgěrn] (schlieszen) = kludön (lov.).

Folgern [fólgěrn] n. = klud.

Folgerung [fólgěrŭŋ] v. (Schlusz) = kludod, Folgerungen ziehen = kludön (lov.).

folglich [fólklĭq] = demü kod at, klu (kony.), kludo (ladv.).

folgsam [fólksam] = lobediälik.

Folgsamkeit [fólksamkáït] v. = lobediäl.

Foliant [foliánt] m. = buk fliodik, fliodabuk.

Folio' [fòlịo] n. = fliod, in — = fliodik.

Folter [fóltěr] v. 1. (Marter) = datom 2. (Foltergerät) = datomöm.

Foltergerät [fóltěrgěrät] n. = datomöm.

foltern [fóltěrn] = datomön (lov.).

Folterwerkzeug [fóltěr-vǎrkzóŭk] n. = datos möm.

Fonds [fǫ́ñ] m. 1. (Effekt) = valör 2. = fund.

foppen [fópěn] (zum besten haben) = fopülüs kön (lov.).

foppend [fópěnt] = fopülüköl.

Fopper [fópěr] m. = fopülükan.

Fopperei [fópěráï] v. = fopülükam.

fordern [fórděrn] 1. = flagön (lov.) 2. = flas gedön (lov.), was, welchen Preis fordern Sie dafür ? = kisi, liomödotikosi, suämi kinik

flagedol-li pro at? 3. (trotzen, herausfordern)
= letodön (lov.).
Fordern [fórdĕrn] n. = flag.
Fordernde [fórdĕrndĕ]: das zu — = flagot.
Forderung [fórdĕrųn] v. 1. = flag 2. = flagot.
Forellchen [forälqĕn] n. = trüitil.
Forelle [forälĕ] v. = trüit.
Form [fórm] v. 1. (Gestalt) = fom, in — von
= fomü 2. = fomot (a.s.: **Guszform** =
qifafomot) 3. (die äuzere, feststehende —,
Förmlichkeit) = fomed.
Formaldehyd [fórm áldĕhůt] CH_2O = meta=
tahid.
Formalismus [fórmalĭšmųš] m. = fomedim.
Formalist [fórmalĭšt] m. = fomediman.
Formalität [fórmalitặt] v. (Förmlichkeit) =
fomed.
Format [fórmàt] n. = fomät.
Formel [fórmĕl] v. 1. fomül 2. **chemische** —
= malatem kiemavik.
formell [fórmặl] (förmlich) = fomedik.
Formelwesen [fórmĕlvesĕn] n. (Etikette) =
fomedem.
formen [fórmĕn] = fomön (lov.), zu — =
fomabik.
Formen [fórmĕn] n. (Fassionierung) = fomam.
Formenlehre [fórmĕnlerĕ] v. = fomir.
Formenmachen [fórmĕn-máqĕn] n. = fomo=
tam.
formenreich [fórmĕn-ráĭq] = fomaliegik.
Former [fórmĕr] m. 1. = foman 2. (einer der
Formen (= fomotis) macht) = fomotel.
Formerarbeit [fórmĕr-ár-báĭt] v. 1. = fomo=
tam 2. — aus Gips = güpamagod.
Formierung [fórmĭrųn] v. = fomam.
formlos [fórmloš] = nenfomik.
Formlosigkeit [fórm-losiqkáĭt] v. = nenfom.
Formosa [fórmòsa] = Taiveän.
Formular [fórmulàr] n. = fomet.
formulieren [fórmulĭrĕn] (in Worte fassen) =
fomülön (lov.).
forschen [fórjĕn] = vestigön (lov.).
Forscher [fórjĕr] m. = vestigan.
Forschung [fórjųn] v. = vestig.
Forst [fóršt] m. (Wald) = fot.
Forstkultur [fórštkultur] v. = fotibrid.
Forstwesen [fórštvesĕn] n. = fotiguver.
fort [fórt] 1. (dahin, weg) = mo, moik, —
sein = moön (nel.), mein Buch ist — = buk
oba moon, — von = moamü, —! (weg!)
= moö! 2. in einem —, in eins — = balo
3. —! (weiter! fernerhin!) = fö!
fortan [fórt=an] (ferner) = fovo.
fortarbeiten [fórt-ár-báĭtĕn] = laipenön (lov.).
fortbringen [fórtbrĭnĕn] = moblinön (lov.).
fortdauern [fórt-dáųĕrn] = laidulön (nel.).
Fortdauern [fórt-dáųĕrn] n. = laidul.
fortdauernd [fórt-dáųĕrnt] = laidulik, laiduliko.
forterben [fórt=ärbĕn]: sich — (von Krankheiten) = gerädön (nel.).
fortfahren [fórt=farĕn] 1. (folgen) = fovön
(nel.) 2. (wegfahren) = movegön (nel.).
fortfliegen [fórtfligĕn] = moflitön (nel.).
fortführen [fórtfürĕn] = modugön (lov.).
Fortgang [fórt-gán] m. = mogol.

fortgehen [fórtgeĕn] = mogolön (nel.).
fortjagen [fórtyagĕn] = momofön (lov.).
fortkommen [fórt-kómĕn] 1. = mogolön (nel.)
2. = moikön (nel.).
Fortkommen [fórt-kómĕn] n. = benofät, er
wird schon sein — haben = olabom sio
benofäti.
fortlassen [fórt-lásĕn]: Buchstaben — = moä=
dön (lov.) tonatis.
Fortlassung [fórt-lásųn] v. = moäd.
fortlaufen [fórt-láůfĕn] = mogolön (nel.) vi=
fiko.
fortmachen [fórt-máqĕn] 1. (folgen) = fovön
(nel.) 2. (wegmachen) = moükön (lov.).
fortnehmen [fórtnemĕn] = mosumön (lov.).
fortpflanzen [fórt-pflánzĕn] 1. = dafatön (lov.)
2. sich — = dafatön oki 3. sich — (füsü=
diko) = propagön (nel.).
Fortpflanzung [fórt-pflánžųn] v. (in füsüd) =
propag.
Fortreise [fórt-ráĭsĕ] v. = motäv.
fortreisen [fórt-ráĭsĕn] = motävön (nel.).
fortreiszen [fórt-ráĭšĕn] = mosleitön (lov.).
fortschaffen [fórt-jáfĕn] = modunön (lov.).
fortschieben [fórt=jibĕn] = föfiomüfön (lov.).
fortschreiben [fórt-jráĭbĕn] = laipenön (lov.).
fortschreiten [fórt-jráĭtĕn] = progedön (nel.).
fortschreitend [fórtjráĭtĕnt] = progedik.
Fortschritt [fórtjrĭt] m. = proged.
fortschrittlich [fórtjrĭtlĭq] = progediälik, —
gesinnt sein = progediälön (nel.).
Fortschrittsgeist [fórtjrĭž-gáĭšt] m. = progediäl.
fortsegeln [fórtsegĕln] = mosailön (nel.).
Fortsein [fórt-sáĭn] n. (Abwesenheit) = ne=
kom, fabin.
fortsenden [fórtsändĕn] = mosedön (lov.).
fortsetzen [fórtsặžĕn] (weiterführen) = fövön
(lov.).
Fortsetzung [fórtsặžųn] v. 1. (Weiterführung)
föv 2. d. = fövot, — folgt = fövot ofovon.
forttun [fórttun] (wegtun) = modunön (lov.).
forttreiben [fórt-tráĭbĕn] = momofön (lov.).
fortwährend [fórt värĕnt] 1. (dauernd) = dulik
2. (fortdauernd) = laidulik.
fortzerren [fórtžärĕn] = motirön (lov.).
fortziehen [fórtžĭĕn] 1. = setevön (nel.) 2.
(wegziehen) = moikön (nel.) 3. (zerren)
= motirön (lov.).
Fortzieher [fórtžĭĕr] m. = setevan.
Fortzug [fĕrtžųk] m. = setev.
fossil [fóšil] = fösilik.
Fossilien [fóšiļĭĕn] n. pl. = fösil, fösils.
Föderalismus [födĕrališmuš] m. = fedim.
föderativ [födĕratif] = fedik, fedimik.
Förderer [fördĕrĕr] m. (Beförderer) = födan.
fördern [fördĕrn] (befördern) = födön (lov.),
Volkswohl — = födön pöpabeni.
Förderung [fördĕrųn] v. = föd.
förmlich [förmliq] (formell) = fomedik.
Förmlichkeit [förmliq-káĭt] (Formalität) = fo=
med.
Förster [föršter] m. = fotikonöman.
Fötus [fötųš] m. = föt.
Fracht [fráqt] v. 1. (Bürde) = fled 2. (Fracht-
geld) = fledamon.

Frachtbrief [fráq̣tbrif] m. = fledapenäd.
frachtfrei [fráq̣t-fráï] (franko) = fläno, —
  sein = flänön (nel.).
Frachtfuhrmann [fráq̣t-fụrmán] m. = flediveiͼ
  gan.
Frachtführer [fráq̣tfürěr] m. = flediveigan.
Frachtgelt [fráq̣tgält] n. = fledamon.
Frachtgut [fráq̣tgut] n. = fledacan.
Frachtschiff [fráq̣tjịf] n. = fledanaf.
Frachtschiffer [fráq̣tjịfěr] m. = fledanafan.
Frachtwagen [fráq̣tvagěn] m. 1. = fledavab
  2. (Fuhrwerk) = veigöm.
Frack [frák] m. = trelülagun.
Frage [fragě] v. 1. = säk 2. (Streitfrage) =
  feitadin 3. (Problem) = säkäd.
Frageform [fràgěfórm] v. gr. = säkastad.
fragen [fragěn] = säkön (lov.).
fragend [fragěnt] = säkik, fragendes Fürwort
  = pönop säkik.
Frager [fragěr] m. = säkan.
Fragesatz [fràgěsáž] m. = säkaset.
frageweise [fràgěváïsě] = säkiko.
(Fragewort [fràgěvórt]) = ͵ li ?
Fragezeichen [fràgěžáïqěn] n. = säkamalül.
fraglich [fràkl̩q] 1. = dotik 2. (streitig) =
  feitik 3. (problematisch) = säkädik.
Fragment [frágm̩nt] n. = brekot.
fragweise [fràkváïsě] (katechetisch) = kateͼ
  göfik.
Française [frañsȧ̀sě] v. (Tanz) = ͵française'.
Frank [fráŋk] m. k. = fran.
Frankatur [fráŋkatùr] v. = flänükam.
Franke [fráŋkě] m. = frankan.
Franken [fráŋkěn] n. = Frankalän.
Frankenland [fráŋkěn-lánt] n. = Frankalän.
Frankenreich [fráŋkěn-ráïq] n. = Frankän.
frankieren [fráŋkịrěn] = flänükön (lov.).
Frankierung [fráŋkịrụŋ] v. = flänükam.
franko [fráŋko] (frei) = fläno.
Frankreich [fráŋk-ráïq] n. = Fransän.
Franse [fránsě] v. = kvated.
Franzbrauntwein [fránž-bránt-váïn] m.=bränͼ
  din.
Franzose [fránžosě] m. = Fransänan.
französeln [fránžösěln] = Fransänälön (nel.).
französisch [fránžösịj] = Fransänik.
Französler [fránžöslěr] m. = Fransänälan.
Frasz [fraš] m. = nulüdot.
fraternisieren [fratärnịsịrěn] = svistön (lov.).
Frau [fráü] v. 1. = vom 2. (Gattin) = jiͼ
  matan.
Frauchen [fráüqěn] n. (Fräulein) = vomil.
Frauenkloster [fráüěnklostěr] n. = vomakleud.
Frauenschaft [fráüěn-jáft] v. = vomef.
Frauenschmuck [fráüěnjṃụk] m. = vomidek.
Frauensleute [fráüěnš-lóütě] pl. (Frauenschaft)
  = vomef.
Fraulein [fráü-láïn] n. = vomil.
fränkisch [fráŋkịj] = Frankänik.
Fräulein [fróü-láïn] n. 1. = vomül 2. = lädül
  3. adliges — = jibaonül.
frech [fräq] — = mäpüdik.
Frechheit [fràqháït] v. = mäpüd.
Fregatte [fregátě] v. = fregat.
frei [fráï] 1. = libik, — sein = libön (nel.),

— werden = libikön (nel.), — machen =
libükön (lov.), — von = libü, freier Will =
libavil 2. (von Hemmendem, los) = livik,
freie Zeit (Musze) = livüp 3. freie Wohͼ
nung = löd glatik 4. (franko) = fläno, fläͼ
nik, — sein = flänön, (nel.) 5. freies Feld
= lardafel, aus freier Hand (auszergerichtlich) = privatik, — ab hier = nen fräd in
top at, nen fräd in top isik, topo nen fräd,
isao ko fräd, attopao ko fräd.
Freibillett [fráïͼbịlyät] n. = glatabiliet.
Freier [fráïěr] m. (Heiratskandidat) = matiliͼ
  sitan.
Freifrau [fráï-fráü] v. = jinouban.
freigebig [fráïgebịq] = giviälik.
Freigebigkeit [fráïgebịq-káït] v. = giviäl.
Freigeld [fráïgält] n. = lelivamon.
Freiheit [fráï-háït] v. = lib, —! = libö!
  gröszere —! = lelivi mödikum !
Freiheitskampf [fraï-háïž-kámpf] m. = libakrig.
Freiheitskrieg [fráï-háïž krịk] m. = libakrig.
Freiland [fráï-lánt] n. = lelivalän.
freilassen [fráï-lásěn] (einen Sklaven —) leliͼ
  vükön (lov.).
Freilassen [fráï-lásěn] n. = lelivükam.
freilich [fráïl̩q] (zwar) = fe.
Freimarke [fráï-márkě] v. = flänükamamäk.
Freimut [fráïmụt] m. = nenplaf.
freimütig [fráïmütịq] = nenplafik.
Freimütigkeit [fráïmütịq-káït] v. = nenplaf.
Freisein [fráï-sáïn] n. 1. (Freiheit) = lib 2.=
liv 3. (ohne Zwang, ohne Einschränkung
onder Hemmendes) = leliv.
freisprechen [fráïjpräqěn] = libocödetön (lov.).
Freisprechung [fráïjpräqụŋ] v. = libocödet.
Freistaat [fràïjt̩at] m. = libatat, irischer — =
Libatat Lireyänik, Libatat Lireyäna.
freistellen [fráïjt̩älěn] = leadön välön (lov.)
eki tefü bos.
Freitag [fráïtak] m. = fridel.
freitägig [fráïtägịq] = fridelik.
Freiwille [fráïvịlě] m. = libavil.
freiwillig [fráïvịl̩q] = libavilik.
Freiwilliger [fráïvịliğěr] m.=dünädan libavilik.
fremd [främt] = foginik.
Fremde [främdě] v. = foginän.
Fremdenhasz [frầmděnháš] m. 1. = foginanahet
2. = foginanihet.
Fremder [främděr] 1. = foginan 2. (Ausländer) = foginänan.
Fremdheit [frầmtháït] v. (das Fremdsein) =
fogin.
fremdländisch [frầmtländịj] = foginänik.
Fremdling [frầmtl̩ŋ] m. = foginan.
Fremdsein [frầmtsáïn] n. = fogin.
Fremdwort [frầmtvórt] n. = bastaravöd, fogiͼ
navöd, Zeichen um Fremdwörter anzudeuten
= foginamalül.
frequent [frekvänt] (wiederholt) = suvöfik.
Frequentativum [frekväntatịvụm] n. = vöd
suvöfik, suvöfavöd.
frequentieren [frekväntịrěn]=suvavisitön (lov.).
Frequenz [frekvänž] v. 1. (häufiger Besuch)
= suvavisit 2. (stetige Wiederholung) =
suvöf.

Fresko [frȧško] n. = freskod.
fressen [fräšěn] = lufidön (lov.).
Fressen [fräšěn] n. = lufid.
Freude [frȯůdě] v. = fred, — machen = fredükön, mit Freuden = fredo.
Freudengeschrei [frȯůděn-gějráï] n.: — erheben
= vokädön (lov.) fredo.
Freudenschrei [frȯůděn-jráï] n. = fredavokäd.
freudig [frȯůdiq] (erfreut, froh) = fredik, —
werden = fredikön (nel.).
Freudigkeit [frȯůdiq-káït] v. = fred.
Freund [frȯůnt] m. = flen, — werden = flenikön (nel.), als — = fleno, Bündnis von
Freunden = flenafed.
Freundesliebe [frȯůnděšlïbě] v. 1. (des Freun-
des) = flenalöf 2. (zum Freunde) = fle-
nilöf.
Freundin [frȯůndin] v. = jiflen.
freundlich [frȯůntliq] = flenöfik.
Freundlichkeit [frȯůntliq-káït] v. = flenöf, aus
—, mit — = flenöfo.
Freundschaft [frȯůnt-jáft] v. = flenalöf, aus —
gegen = flenü.
Freundschaftlich [frȯůnt-jáftliq] = flenik, —
(als Freund) = fleno, — sein = flenön
(nel.).
Freundschaftlichkeit [frȯůnt-jáftliq-káït] v. =
flenam.
Freundschaftsbund [frȯůnt-jáfžbunt] m. = flenamafed.
Freundschaftsinseln [frȯůnt-jáfž insěln] pl. =
Tongayuäns.
Frevel [frefěl] m. 1. = neföliäl 2. (Verstosz)
= nefölot.
frevelhaft [frèfělháft] = nefölik.
freveln [frefěln] = nefölön (lov.).
Frevler [freflěr] m. = nefölan.
Friede [fridě] m. = püd, in — = püdo, Frie-
den schlieszen = püdön (nel.), Frieden stiften
= püdikodön (nel.), —! = püdö!
Friedensabschlusz [friděnš-ápjluš] m. = püdam.
Friedensantrag [friděnš-ántrak] m. = püdamamob.
Friedensbedingung [friděnš-bědinun] v. = püdamastip.
Friedensschlusz [friděnšjluš] m. = püdam.
Friedenstifter [friděnjtiftěr] m. = püdikodan.
Friedenstörer [friděnjtörěr] m. = püditupan.
friedfertig [fritfärtiq] = püdiälik.
Friedfertigkeit [fritfärtiqkáït] v. = püdiäl.
Friedhof [frit-hof] m. (Gottesacker) = deadanöp.
friedlich [fritliq] = püdik.
friedliebend [fritliběnt] = püdiälik.
friedsam [fritsam] = püdik.
frieren [frirěn] 1. nel. = flodön (nel.), es friert
= flodos 2. lov. = flödön (lov.) 3. es friert
mir die Finger = doats oba flodons.
frierend [frirěnt] = flodik.
Friese [frisě] m. = Frisänan, frisidan.
friesisch [frisij] = Frisänik.
Friesland [frišlánt] n. = Frisän.
Friesländer [frišländěr] m. = Frisänan.
frisch [frij] 1. = flifik 2. (kühl) = koldülik
3. — zu! = flifädö!

frischauf [frij-áůf] : —! (frisch zu!) = flifädö!
Frische [frijě] v. 1. = flif 2. (das Frischsein)
= flifäd 3. (Kühle) = koldül.
Frischheit [frijháït] v. = flifäd.
Frischsein [frij säïn] n. = flifäd.
Friseuse [frisösě] v. = jiheran.
Frisiereisen [frisir-áïsěn] n. = krugülamazäp.
frisieren [frisirěn] = krugülükön (lov.).
Frisieren [frisirěn] n. = krugülükam.
Frist [frišt] v. (Termin, Zeitraum) = tüp, in-
nerhalb derselben — = otüpo.
fristen [frištěn] = tüpilunükön (nel.).
froh [fro] (freudig) = fredik.
frohmütig [fròmütiq] = fredaladälik.
Frohsinn [fròsin] m. = fredaladäl.
fromm [fróm] 1. = relöfik, — sein = relöfön
(nel.) 2. zum frommen des = benü.
frommen [fróměn] (fruchten) = frutön (lov.).
Fronaltar [fron áltàr] m. = lelatar.
Frondienst [fròndinšt] m. = frun.
Frone [froně] v. = frun.
fronen [froněn] = frunön (nel.).
Fronleichnam [fronláïqnam] m. = saludafun.
Fronleichnamsfest [fronláïqnamš-fầšt] n. = saludafunazäl.
Frosch [fròj] m. = frog.
Froschlaich [fròj-láïq] m. = froganögem.
Frost [fròšt] m. = flod, vor — schaudern
(frösteln) = flodöfön (nel.), der — macht
das Wasser zu Eis gefrieren, erstarren = flod
flödon vati ad glad.
frostig [fròštiq] 1. = flodöfik 2. (kühl, kalt)
= koldälik.
Frostigkeit [fròštiq-káït] v. = flodöf.
Frostwetter [fròšt-vätěr] n. = flodastom.
fröhlich [fròliq] (heiter, lustig) = lefredik.
Fröhlichkeit [fròliqkáït] v. = lefred.
frömmeln [frȯměln] = lurelöfön (nel.).
Frömmigkeit [frȯmiq-káït] v. = relöf, — üben
(fromm sein) = relöfön (nel.).
Frömmler [frȯmlěr] m. = lurelöfan.
frömmlerisch [frȯmlěrij] = lurelöfik.
frönen [fröněn] = frunön (nel.).
Fröner [fröněr] m. = frunan.
frösteln [frȯštěln] 1. = flodilön (nel.), es fröstelt = flodilos 2. (vor Frost schaudern) =
flodöfön (nel.).
Fröstling [frȯštlin] m. = flodöfan.
Frucht [fruqt] v. = fluk, eingemachte Früchte
= fluks pekonseföl, Scheune für Früchte =
flukabarak.
fruchtbar [fruqtbar] = fluköfik, — machen =
fluköfükön (lov.).
Fruchtbarkeit [fruqtbarkáït] v. = fluköf.
Fruchtbaum [fruqtbảům] m. = flukabim.
fruchtbringen [fruqtbriněn] = flukön (nel.).
fruchtbringend [fruqtbriněnt] = flukik, — machen = fluköfükön (lov.).
fruchten [fruqtěn] 1. (fruchtbringen) = flukön
(nel.) 2. (nützen) = frutön (lov.).
Fruchthandel [fruqthánděl] m. 1. = flukated 2.
(Kornhandel) = grenated.
Fruchtsaft [fruqtsáft] = flukavaet.
Fruchtschale [fruqtjalě] v. = flukajal, flukiär.

fruchttragend [frụq̇ttragĕnt] = flukik.
früh [frü] 1. (tapladü „latik") = gölik 2. **am frühen Morgen** = mugödo.
Frühe [früĕ] v. = göl.
früher [früĕr] 1. (eher) = büikum, — (eher) **gehen** = bügolön (nel.) 2. (ehemalig) = vönädik, **in früherer Zeit** = vönädo, — (sonst) = vönädo.
Frühling [frụ̈liŋ] m. (Lenz) = florüp.
Frühobst [frụ̈ɔ́pšt] n. = sunaflukem.
frühreif [frụ̈räïf] (vorreif) = bümadik.
Frühsein [frụ̈sáïn] n. = göl.
Frühstück [frụ̈jtụ̈k] n. = janed, **das — einnehmen** = janedön (nel.), **zweites —** (Lunch) = koled.
frühstücken [frụ̈jtụ̈kĕn] = janedön (nel.).
Frühstücksgeschirr [frụ̈jtụ̈x̌gĕjịr] n. = janeda= stömem.
Frühstücksservice [frụ̈jtụ̈x̌=sḁ̈rvịš] n. = janeda= gefem.
frühzeitig [frụ̈žäïtịq] (tapladü „latik") = gölik.
Fuchs [fụx̌] m. 1. = renar 2. st. = sirenar.
Fuchsaffe [fụx̌=áfĕ] m. = limur.
fuchsartig [fụx̌=artịq] = renarasümik.
fuchsähnlich [fụx̌=änlịq] = renarasümik.
Fuchsbalg [fụx̌bálk] m. = renaraskin.
Fuchsbau [fụx̌báŭ] m. = renaranäst.
fuchsicht [fụx̌ịqt] = renarasümik.
fuchsig [fụx̌ịq] 1. (fuchsrot) = renararedik 2. (fuchsähnlich) = renarasümik.
fuchsrot [fụx̌ rot] = renararedik.
Fuchsschwanz [fụx̌jvánž] m. 1. = renaragöb 2. (Pflanze) = laopek.
Fuder [fụdĕr] n. (Fuhre) = veigot.
Fuge [fụgĕ] v. = yumod.
fugen [fụgĕn] = yümön (lov.).
Fuhre [fụrĕ] v. 1. (was mit einem Male gefahren wird) = veigot 2. (Fuhrwerk) = veigöm.
Fuhrlohn [fụrlon] m. = veigotamon.
Fuhrmann [fụrmán] m. 1. = veigotan 2. (Wagenlenker) = vabistiran 3. st. = sivabisti= ran.
Fuhrwerk [fụrvärk] n. = vab, veigöm.
Fulbe [fulbĕ] m. = fulban.
Fund [fụnt] m. 1. (das Finden) = tuv 2. d. = tuvot.
Fundament [fụndamḁ̈nt] n. = stababumäd.
Fundort [fụnt=órt] m. = tuvöp.
Fundzeit [fụntžäït] v. = tuviz.
Fungus [fụ̈ŋgụš] m. (Pilz im Allg.) = funig.
Funke [fụŋkĕ] m. = spag, **Funken sprühen, Funken von sich geben** = spagön (nel.).
funkeln [fụŋkĕln] (flackern) = flamülön (nel.).
Funkeln [fụŋkĕln] n. = flamül.
funken [fụŋkĕn] (Funken sprühen, Funken von sich geben) = spagön (nel.).
funkensprühend [fụŋkĕnjprüĕnt] = spagik.
Funkentelegraphie [fụŋkĕn=telegrafi] v. = ra= dionatelegraf.
Funktion [fụŋkžịon] v. = dunod.
funktionieren [fụŋkžịonịrĕn] = jäfidön (nel.).
Funktionieren [fụŋkžịonịrĕn] n. = jäfid.
funktionierend [fụŋkžịonịrĕnt] = jäfidik.

Furche [fụrgĕ] v. = gruf, **Furchen ziehen** = grufön (lov.).
furchen [fụrgĕn] (mit Furchen versehen) = grufön (lov.).
Furcht [fụrqt] v. = dred, — **haben vor, für** = dredön (nel.) demü, tefü, **in — geraten** = dredikön (nel.), **in — setzen** = dredükön (lov.).
furchtbar [fụrqtbar] (fürchterlich) = dredabik.
Furchtbarkeit [fụrqtbarkáït] v. = dredab.
furchtlos [fụrqtloš] = nendredik.
furchtsam [fụrqtsam] 1. = dredik 2. (ängstlich) = dredilik.
Furchtsamkeit [fụrqtsamkáït] v. (Ängstlichkeit) = dredil.
Furie [fụriĕ] v. = jivutälan.
Furnier [fụrnir] n. = fuin.
furnieren [fụrnịrĕn] = fuinön (lov.).
Fusz [fụš] m. 1. = fut, **zu —** = futo, **zu — gehen** = futogolön (nel.), **das Bekleiden des Fuszes** = futiklotam, **am Fusze des** = futü 2. (— von Gegenständen) = lögäd 3. (Masz) = pied.
Fuszbad [fụšbát] n. = futiban.
Fuszbank [fụšbáŋk] v. = futabam.
Fuszbekleidung [fụšbĕkläïdụŋ] v. = futaklot.
Fuszboden [fụšbodĕn] m. = glun, **mit einem — versehen** = glunön (lov.).
Fuszbodenbrett [fụšbodĕnbrät] n. = glunaboed.
Fuszdecke [fụšdäkĕ] v. 1. = futateged 2. (Vorlage) = futataped.
fuszen [fụšĕn] = stabön (lov.).
Fuszende [fụš=ändĕ] n. = futofinot.
Fuszgänger [fụšgäŋĕr] m. = futogolan.
Fuszpfad [fụšpfat] m. = luveg.
Fuszsack [fụšsák] m. = futasakäd.
Fuszschemel [fụšjemĕl] m. = futabam.
Fuszsohle [fụšsolĕ] v. = plant (futa).
Fusztaste [fụštáštĕ] v. = tridöm.
Fusztritt [fụštrịt] m. = tridod, **Fusztritte geben** = tridodön (lov.).
Fuszvolk [fụšfólk] n. (Infanterie) = fantid.
Futter [fụtĕr] n. 1. = niminulüdot 2. (Unterfutter) = furot, **mit — versehen** = furön (lov.).
Futteral [fụtĕral] n. (Etui) = vead.
Futtermehl [fụtĕrmel] n. = nulüdamameil.
Futurum [fụtụrụm] n.: **erstes —** (während Zukunft) = fütüratim nefinik, **— exaktum** = fütüratim finik, **vergangenes —** = paseto= fütüratim.
fügen [fügĕn] = yümön (lov.).
Fügen [fügĕn] n. = yüm.
fügend [fügĕnt]: **sich —** = sufodik.
fügsam [fụ̈ksam] (schmiegsam) = lobediälik.
Fügsamkeit [fụ̈ksamkeit] v. = lobediäl.
Fügung [fụ̈gụŋ] v. = yüm, **durch — des Loses** = fätik.
fühlbar [fụ̈lbar] = doatamovik.
Fühlbarkeit [fụ̈lbarkáït] v. = doatamov.
fühlen [fülĕn] 1. (empfinden) = senön (lov.) 2. **Beruf —, sich berufen —** = senälön vo= kedi, **Beileid —** = keliedön (nel.).
Fühlen [fülĕn] n. (Empfindung) = sen.
führen [fürĕn] 1. (leiten, lenken) = dugön

lov.) 2. (anführen, leiten) = cifön (lov.),
Geschäft — = cifön büsidi 3. **Beschwerde** —
= plonön (lov.) eke bosi, **das Protokoll** —
= protokön (lov.), **die Aufsicht** — = kälä⹀
dön (lov.), **die Kasse** — = kädön (nel.),
einen Lebenswandel — = kondötön (nel.),
einen Prosesz — = cödädön (nel.), **ein Stil⹀
leben** — = stilalifön (nel.), **in Versuchung** —
= blufodön (lov.), **Klage** — = kusadön
(lov.), **Krieg** — = krigön (nel.), **Namen** —
= panemön (sufalefom).
Führen [fürĕn] n. (das Halten) = kib.
Führer [fürĕr] m. 1. (Leiter, Lenker) = dugan
2. (Lenker) = stiran 3. = geidan 4. =
geidian.
Führung [fụ̈rụŋ] v. = cifam.
Fülle [fụ̈lĕ] v. (das Vollsein) = ful, — **an**
Äste, — **an Zweige** = tuigag, **in** — **vorhan⹀**
den sein = bundanön (nel.).
füllen [fụ̈lĕn] (vollmachen) = fulükön (lov.),
sich — = fulikön (nel.), **mit Schleim** — =
slimön (lov.), **sich mit Schleim** — = pasli⹀
mön (sufalefom).
Füllen [fụ̈lĕn] n. = jevodül.
Füllung [fụ̈lụŋ] v. 1. = fulükam 2. (Füllsel)
= fulükot.
Füllsel [fụ̈lsĕl] n. = fulükot.
fünf [fụ̈nf] **5** = lul.
Fünfeck [fụ̈nf⹀äk] n. = lullien.
fünfeckig [fụ̈nf⹀äkịq] = lulgulik, lullienik.
fünferlei [fünfĕrláĭ] = lulsotik.
fünffach [fụ̈nffáq̆] = lulik.
Fünffache [fụ̈nf⹀fáq̆ĕ] n. = lulot.
fünffacherweise [fụ̈nffáqĕrváĭsĕ] = luliko.
fünfhundert [fünfhụndĕrt] **500** = lultum.
fünfmal [fụ̈nfmal] = lulna.
fünfmalig [fụ̈nfmalịq] = lulnaik.
fünfmaligerweise [fụ̈nfmalịgĕrváĭsĕ] = lulnaiko.
fünfmals [fụ̈nfmalš] = lulna.
fünftausend [fünftáŭsĕnt] **5'000** = lulmil.
fünfte [fünftĕ] = lulid, **zum fünften Male** =
lulidnaedo.
fünftehalb [fünftĕ hálp] = fol e lafik.
fünfteilig [fụ̈nftáĭlịq] = luldilik.
Fünftel [fünftĕl] n. = luldil.
Fünftelchen [fünftĕlqĕn] n. = luldilil.
Fünftemal [fụ̈nftĕmal] n. = lulidnaed.
fünftenmals [fụ̈nftĕnmalš] (zum fünftenmale) =
lulidnaedo.
fünftens [fünftĕnš] = lulido.
Fünfterchen [fünftĕrqĕn] n. = lulil.
Fünfzahl [fụ̈nfzal] v. = lulat.
fünfzig [fụ̈nfzịq] **50** = luldeg.
für [für] 1. = a, **Schritt** — **Schritt** = ai a
step 2. = as, **einen** — **voll nehmen** = lece⹀
dön eki as süenik, as nentütik, as monemik
3. = demü, — **etwas büszen** = pönidön demü
bos, **er ist grosz** — **sein Alter** = binom gretik
demü bäldot oka 4. = me, — **viel Geld et⹀**
was kaufen = remön bosi me mon mödik 5.
= pro, — **oder wider** = pro u ta bos, **Mäd⹀**
chen — **alles** = jidünan pro valikos, **eine**
Warnung — **dich** = nuned pro ol, — **etwas**
büszen = pönidön pro bos, — **ihn ist das**

zuviel = at binon, atos binon tumödik pro
om, — **einen Partei ergreifen,** — **einen spre⹀**
chen = spikön pro ek, **das schickt sich nicht**
— **Sie** = at no pöton, atos no pöton pro ol,
— **viel Geld etwas kaufen** = remön bosi pro
mon mödik 6. = soäs, — **zwei arbeiten** =
vobön soäs mans, mens, pösods tel 7. = ta,
ein Mittel — **das Fieber** = med, medin ta fif
8. = tefü, **Gefühl** — **Musik** = güt tefü
musig 9. — **ihn ist das schädlich** = at binon,
atos binon dämabik pro om, tefü om; at
dämon, atos dämon pro om, tefü om, **das hat**
viel — **sich** = mödikos binon pro, gönü at,
atos, on, — **einen fürchten** = dredön pro,
tefü, demü ek, **ein** — **allemal** = balna, atos
lonöfon in, pro, tefü dinäds, naeds, jenets
valik 10. **Gefühl** — **Musik** = güt musiga,
eine Warnung — **dich** = nuned ole, **ich halte**
ihn — **einen Heuchler,** — **dumm** = lecedob
omi simulani, stupiki 11. — **sich allein (ein⹀**
zeln) = balatik, **er ist immer** — **sich** = ai
binom soelik, **Mädchen** — **alles** = jidünan
soelik, **was** — **ein Buch?** = buk kisotik ?
12. **fürs erste** = balido, — **mein Teil** = obo,
— **gewöhnlich** = kösömiko, — **immer** =
laidio 13. — **Rechnung des** = kalü 14. **was**
— **ein Buch!** = buk kion ! **Gefühl** — **Musik**
= musigäl, **ich** — **meine Person** = teföl obi,
— **lieb nehmen** = kotenülön (nel.).
Fürbitte [fürbịtĕ] v. = probeg.
fürbitten [fụ̈rbịtĕn] = probegön (lov.) eke eki.
fürchten [fụ̈rqtĕn] 1. —, **sich** — = dredön
(nel.) 2. — **für, sich** — **vor** = ludredön
(nel.) tefü, demü.
fürchterlich [fụ̈rqtĕrlịq] = dredabik.
Fürchterlichkeit [fụ̈rqtĕrlịqkäĭt] v. = dredab.
Fürsprache [fụ̈rịpraq̆ĕ] v. 1. = pläidot 2. (Für⹀
bitte) = probeg.
Fürsprecher [fụ̈rịpräqĕr] m. = probegan.
Fürst [füršt] m. = plin.
Fürstenbirne [fụ̈rštĕnbịrnĕ] v. (Bergamotte) =
bärgamotabün.
Fürstenschaft [fụ̈rštĕnĵáft] v. = plinam.
Fürstentum [fụ̈rštĕntụm] n. 1. (Land) = plinän
2. (Fürstenwürde) = plinam.
Fürstenwürde [fụ̈rštĕnvürdĕ] v. = plinam.
fürstlich [fụ̈rštlịq] = plinik.
fürwahr [fürvar] : 1. —! = vö! 2. —! (wahr⹀
lich!) = veratö!
Fürwort [fụ̈rvórt] n. 1 .(Fürsprache) = pläi⹀
dot 2. (Pronomen) = pönop, **ausrufendes** —
= pönop vokädik, **besitzanzeigendes** — =
pönop dalabik, **beziehendes** — = pönop tefik,
determinatives — = pönop büojonik, **fra⹀**
gendes — = pönop säkik, **hinweisendes** —
= pönop jonik (voik), **persönliches** — =
pönop pösodik (voik), **reflexives** — = pönop
(pösodik) geik, **reziprokes** — = pönop (pö⹀
sodik) rezipik, **unbestimmtes** — = pönop
nefümik, **vorwärtsdeutendes** — = pönop
büojonik.
Füszchen [füšqĕn] n. = lögil.
füttern [fụ̈tĕrn] 1. (nähren) = nulüdön (lov.)
2. **ein Kleid** — = furön (lov.) kloti.

Füttern [fȳtĕrn] n. = fur.
Fütterung [fȳtĕrų̆ŋ] v. 1. = fur 2. (das Nähren) = nulüd.

G. g.

Gabe [gabĕ] v. 1. (das Geben) = giv. 2. (das Gegebene) = givot 3. (Talent) = tälen.
Gabel [gabĕl] v. = fok.
gabelförmig [gàbĕlfȫrmįq] = fokafomik.
Gabelfrühstück [gabĕl-frȳjtȳk] n. = fokokoled.
gabeln [gabĕln] = fokön (lov.).
Gabun (Gebiet) = Gabunän.
Gadolinium [gadolinįų̆m] Gd = gadolin.
gaffen [gáfĕn] (glotzen) = lulogön (lov.).
Gaffer [gáfĕr] m. (Maulaffe) = lulogan.
Gagat [gagat] m. = cät.
Gagatware [gagàtvarĕ] v. = cätacan.
Gala [gála] v. = galad.
Galaanzug [gála-ánžų̆k] m. = galadaklotem.
Galaball [gála-bál] m. = galadabaol.
Galakleid [gála-kláïd] n. = galadaklotem.
galant [galánt] = leplütik.
Galanterie [galántĕrì] v. 1. (Höflichkeit) = leplüt 2. (Galanterien) = dekäd, dekäds.
Galanterien [galántĕrìĕn] pl. = dekäd, dekäds.
Galanteriewaren [galántĕrivarĕn] pl. = dekäd, dekäds.
Galeere [galerĕ] v. = galär.
Galeerensklave [galèrĕnšklavĕ] m. = galäraslafan, gubaslafan.
Galeerensträfling [galèrĕnjträflįn] m. = galäraslafan.
Galerie [galĕri] v. 1. = yal 2. (Museum, Kabinett) = mused.
Galizien [galìžįĕn] n. 1. (in Polän) = Galizän 2. (in Spanyän) = Galiziän.
Gallapfel [gál-ápfĕl] m. = gail.
Gallapfelgerbsäure [gál-ápfĕl gȧrpsóṹrĕ] = gailatanoid.
Galle [gálĕ] v. 1. = bil 2. (Gallapfel) = gail.
gallenbitter [gálĕn bįtĕr] = lebiedik.
Gallert [gálȧrt] n. = gäl.
gallertartig [gálȧrt‐artįq] = gälilik.
Gallerte [gálȧrtĕ] v. = gäl.
gallertig [gálȧrtįq] = gälik.
Gallien [gálįĕn] n. (= Fransän vönik) = Gaḷiyän.
Gallium [gálįų̆m] Ga = galin.
Gallizismus [gálìžįšmų̆š] m. = Fransänim.
Gallomane [gálomànĕ] = Fransäniälan.
Gallomanie [gálomani] v. = Fransäniäl.
Gallussäure [gáluš-sóṹrĕ] v. = gailazüd.
Galopp [galóp] m. 1. = galot 2. (Tanz) = galof, — tanzen = galofön (nel.).
galoppieren [galópįrĕn] = galotön (nel.).
galvanisch [gálvànįj] = galvanik, galvanische Elektrizität = galvan.
Galvanismus [gálvanįšmų̆š] m. = galvan.
Gambia [gámbia] = Gambiyän.
Gamma [gáma] v. (Tonleiter) = tonodem.
Gang [gáŋ] m. 1. (das Gehen) = gol 2. regelmäsziger — = nomäd, einen regelmäszigen — haben = nomädön (nel.), einen regel-

mäszigen — geben = nomädükön (lov.), unregelmäsziger — (Irregularität) = nenomäd 3. — Speisen (die Gesamtheit der auf einmal aufgetragenen Gerichte) = lezib 4. (das Auftragen zusammengehörender Gerichte) = lezibiböt.
gangbar [gáŋbar] 1. = begolovik 2. (gesucht) = vogik.
Gangbarkeit [gáŋbar-káït] v.: — eines Weges = begolov vega.
Gangfisch [gáŋfįj] m. = lakasalm.
Gans [gánš] v. = gan, weibliche — = jigan.
Gant [gánt] v. = bankrut.
ganz [gánž] 1. = lölik, ganze Note = noat lölik, im ganzen = lölo, im groszen ganzen = lelölo, — und gar = löliko 2. (heil, unverletzt) = nätik, — (unverletzt) sein = nätön (nel.), — machen (wiederherstellen) = nätükön (lov.) 3. — von vorne = go föfoa, — gewisz! = go fümö! 4. — besonders, — eigens = mu pato, — anders = levotiko, — und gar nicht = leno, — fertig machen (vollbereiten) = lemökön (lov.).
Ganzes [gánžĕš] n.: 1. = löl 2. ein — = lölot.
ganzgleich [gánž gláïq] = dientifik, — den = dientifü.
Ganzheit [gánž-háït] v. (das Unverletztsein) = nät.
ganzwohl [gánž vol] = lebeno.
gar [gar] 1. (sehr) = go, — sehr = go vemo 2. (sogar) = igo 3. (— von Speisen) = kootik 4. — nicht = leno, — nichts = lenos, — keiner = lenonik, ganz und — = löliko.
Garancine [garánžinĕ] = garansin.
Garant [garánt] m. = garanan.
Garantie [garántį] v. = garan.
garantieren [garántįrĕn] = garanön (lov.).
Garbe [gárbĕ] v. = jif.
Garde [gárdĕ] v. = gard.
Garderobe [gárdĕrȯbĕ] v. = klotikipedöp.
Gardine [gárdįnĕ] v. (Vorhang) = körten.
Gardinenschnur [gárdįnĕnjnụr] v. = körtenajainäd.
Gardinenstoff [gárdįnĕnjtóf] m. = körtenastof.
Gardinenzug [gárdįnĕnžų̆k] m. = körtenajainäd.
Gardist [gárdįšt] m. = gardan.
Garheit [gàrháït] v. = koot.
Garn [gárn] n. 1. = yän 2. (Netz) = filät.
Garnele [gárnĕlĕ] v. = krevät.
Garst [gáršt] m. (Garstiges) = gagot.
Garsthammel [gáršt-hámĕl] m. = gagan.
garstig [gárštįq] (wüst) = gagik, — tun, — sein = gagön (nel.).
Garstiges [gárštįgĕš] v. = gagot.
Garstigkeit [gárštįq-káït] v. 1. (das Garstigsein) = gag 2. (Garstiges) = gagot 3. (Hang zur Unfläterei) = gagotiäl.
Garstigsein [gárštįq sáïn] n. = gag.
Garstigtun [gárštįq tun] n. = gag.
Garstvogel [gárštfogĕl] m. = gagan, gagotiälan.
Garten [gártĕn] m. = gad, botanischer — = planavagad.
Gartenanlage [gártĕn-ánlagĕ] v. = gadimeik.

Gartenbau [gártĕn-báŭ] m. = gadav.
Gartenbaukundiger [gártĕn-báŭ kŭndigĕr] m. = gadavan.
Gartenbeet [gártĕnbet] n. = bet.
Gartenerde [gártĕn∗erdĕ] v. = gadatail.
Gartengerät [gártĕngĕrät] n. = gadöm.
Gartengewächs [gártĕngĕvä̆x] n. = gadaplan.
Gartenkresse [gártĕnkrǟ̆sĕ] m. = kresed.
Gartentechniker [gártĕn-tâ̆qnikĕr] m. = gadavan.
Gas [gaš] n. 1. = vap, ein — werden = va∗pikön (nel.) 2. (Leuchtgas) = gasin.
gasartig [gàs∗artiq] (gasförmig) = vapik, — sein = vapön (nel.).
Gasdruck [gàšdrŭk] m. = vapatenid.
Gasfabrik [gàš∗fabrik] v. = gasinifabrik.
gasförmig [gàšfŏrmiq] = vapik, — sein = vapön (nel.), — werden = vapikön (nel.).
gasig [gàsiq] 1. (gasförmig) = vapik, — sein = vapön (nel.) 2. (von Leuchtgas) = gasinik.
Gasse [gášĕ] v. = lusüt.
Gassenhauer [gášĕn-háŭĕr] m. = sütalidül.
Gassenjunge [gášĕnyṵṇĕ] m. = sütahipul.
Gasspannung [gàšjpánṵṇ] v. = vapatenid.
Gast [gàšt] m. 1. = lotan, — werden = lotön (nel.) 2. (Logiergast) = lotedan, lotidäb, zu Gaste sein (logieren, nel.) = lotedön (nel.).
gastfrei [gàšt-fráï] = lotidiälik.
Gastfreiheit [gàšt-fráï-háït] v. = lotidiäl.
gastfreundlich [gàšt-frŏŭntliq] = lotidiälik.
Gastfreundlichkeit [gàšt-frŏŭntliq-káït] v. = lotidiäl.
Gastfreundschaft [gàšt-frŏŭnt-jáft] v. = lotidiäl.
Gastgeber [gàštgebĕr] m. (Wirt) = hidaifidan.
Gastgeberin [gàšt-gèbĕrin] v. (Wirtin) = ji∗daifidan.
Gasthaus [gàšt-háŭš] n. = lotidöp.
Gasthof [gàšthof] m. (Hotel) = lotidöp.
gastieren [gàštirĕn] : einen — (bewirten) = daifidön (lov.).
gastlich [gàštliq] = lotidiälik.
Gastlichkeit [gàštliq-káït] v. = lotidiäl.
Gastronom [gàštronòm] m. = daifan.
Gastwirt [gàštvirt] m. = lotidan, hilotidan.
Gastwirtschaft [gàšt-virtjáft] v. 1. = lotidafe∗bäd 2. (Gasthaus, Hotel) = lotidöp.
Gasz, k. = gasad.
Gatte [gâ̆tĕ] m. = himatan.
Gatter [gátĕr] n. = treil.
Gattin [gátin] v. = jimatan.
Gattung [gátṵṇ] v. (Art) = bid.
Gattungszahl [gátṵṇšzal] v. = sotanum.
Gaukelei [gáŭkĕláï] v. = hest.
gaukeln [gáŭkĕln] = hestön (nel.).
Gaukler [gáŭkĕr] m. = hestan.
Gauklerei [gáŭkĕráï] v. = hest.
Gaul [gáŭl] m. = lujevod.
Gaumen [gáŭmĕn] m. = palat.
Gaumenbuchstabe [gáŭmĕn-bṵ̀qjtabĕ] m. = pa∗latatonat.
Gaumenkitzel [gáŭmĕnkįžĕl] m. = smeikämilö∗fül.

Gaumenlust [gáŭmĕnlṵšt] v. = smeikämilöfül.
Gaumenlüstling [gáŭmĕn-lŭštliṇ] m. = daifan.
Gauner [gáŭnĕr] m. (Schurke) = jäpan.
Gaunerei [gáŭnĕráï] v. = jäp.
gaunerisch [gáŭnĕrij] = jäpik.
Gaunersprache [gáŭnĕrjpraqĕ] v. = midunana∗pük.
Gavotte [gavótĕ] v. (Tanz) = gavod.
Gaze [gasĕ] v. = gaod.
Gäbelchen [gäbĕlqĕn] n. = fokil.
Gälen [gälĕn] pl. = gaelans.
gälisch [gà̆ïj]: das — = gael.
Gänschen [gänšqĕn] n. = ganil.
Gänseblume [gĕnsĕblumĕ] v. = bälied.
Gänseblümchen [gà̆nsĕblümqĕn] n. = bälied.
Gänserich [gà̆nsĕriq] m. = higan.
Gänseschmalz [gà̆nsĕjmálž] n. = ganapinod.
Gänze [gänžĕ] v. = valod.
gänzlich [gà̆nžliq] 1. = löliko 2. (alle zusam-men) = valiko 3. (total) = valodik.
gären [gärĕn] 1. = femön (nel.), lassen, — machen = femükön (lov.) 2. lov. = fe∗mükön (lov.).
Gärtchen [gärtqĕn] n. = gadil.
Gärtlein [gà̆rtláïn] n. = gadil.
Gärtner [gàrtnĕr] m. = gadan.
Gärtnerei [gàrtnĕráï] v. = gadam.
Gärtnerin [gà̆rtnĕrin] v. (Beruf) = jigadan.
gärtnern [gàrtnĕrn] = gadön (nel.).
Gärtnern [gàrtnĕrn] n. = gadam.
Gärung [gà̆rṵṇ] v. = fem.
Gärungsstoff [gà̆rṵṇjtóf] m. = femastöf.
Gäszchen [gä̆šqĕn] n. = lusütil.
geachtet [gĕ∗á̆qtĕt] = stümik.
geartet [gĕ∗artĕt] = natälik.
Geächze [gĕ∗ä̆qžĕ] n. = hag.
Geäste [gĕ∗ä̆štĕ] n. = tuigem.
geästet [gĕ∗ä̆štĕt] = tuigik.
gebartet [gĕbartĕt] = balibik.
Gebäck [gĕbä̆k] n. = bakot.
Gebälk [gĕbä̆lk] n. = bemem.
Gebärde [gĕbärdĕ] v. = jäst.
gebärden [gĕbärdĕn]: sich — = jästön (nel.).
gebären [gĕbä̆rĕn] = motön (lov.).
Gebären [gĕbä̆rĕn] n. = motam, das erste — = balidmotam.
Gebärin [gĕbà̆rin] v. = motan.
Gebärmutter [gĕbà̆rmṵtĕr] v. = tüerüd.
gebärtet [gĕbà̆rtĕt] = balibik.
Gebärung [gĕbà̆rṵṇ] v. = motam.
Gebäude [gĕbóŭdĕ] n. = bumot.
Gebelle [gĕbä̆lĕ] n. = vaul.
geben [gebĕn] 1. = givön (lov.) 2. acht — = küpälön (nel.) ad, Almosen — = limu∗nön (lov.) eki, Anstosz — = skänön (lov.), Auftrag — = komitön (lov.), Ärgernis — = skänön (lov.), den Vorrang —, den Vor-zug — = buükön (lov.), die Sporen — = stigädön (lov.), durch ein Zeichen zu erken-nen — = malön (lov.), einem Aufklärung, Aufschlusz, Auskunft über eine Sache — = nünön (lov.) eke bosi, einem einen Rat — = konsälön (lov.) eke bosi, einem einen Rüffel, einen Wischer — = leblamön (lov.) eki, einem Recht — = gidetükön (lov.) eki,

ein Zeichen — = malön (lov.), Ertrag — = prodön (lov.), Funken von sich — = spa‹ gön (nel.), Fusztritte — = tridodön (lov.), in Pension — = bordükön (lov.), Milch — = miligigivön (nel.), Raum — = spadön (nel.) pro, Rechenschaft — von = gidükön (lov.), sich ein Air — = lucädön (nel.), sich Mühe — = töbidön (nel.), zu erkennen — = sevädükön (lov.), zum Pfand — = panön (lov.).

Geben [gebĕn] n. = giv.

gebend [gebĕnt] : Anstosz — = skänik.

Geber [gebĕr] m. = givan.

Geberde [gĕberdĕ] v. = jäst.

Gebet [gebĕt] n. = plek.

Gebetbuch [gĕbètbŭǧ] n. = plekabuk.

gebeugt [gĕbóŭkt] = flegik.

Gebiet [gĕbịt] n. 1. (Bezirk) = ziläk 2. (Ter‹ rain) = topäd 3. (geistiges —) = jäfüd.

gebieten [gĕbịtĕn] (befehlen) = büdön (lov.).

Gebieten [gĕbịtĕn] n. = büdam.

gebietend [gĕbịtĕnt]: Ehrfurcht — = dalestü‹ mabik.

Gebieter [gĕbịtĕr] m. (Befehlshaber) = büdan.

gebieterisch [gĕbịtĕrij] 1. = büdik 2. (in der Weise eines Befehlshabers) = büdanik.

gebildet [gĕbịldĕt] = benodugälik, **gebildeter Mensch** = kulivan.

Gebildetheit [gĕbịldĕthảït] v. = benodugäl.

Gebirge [gĕbịrgĕ] n. = belem.

gebirgig [gĕbịrgịq] = belik.

Gebirgsbewohner [gĕbịrẍbĕvonĕr] m. = belan.

Gebirgsland [gĕbịrẍlánt] n. = belalän.

Gebirgspasz [gĕbịrẍpáš] m. = belaloveveg.

Gebirgsstock [gĕbịrẍjtók] m. = belamasif.

Gebisz [gĕbịš] n. 1. = tutem 2. (Eisenwerk am Zaun) = frän.

Gebläse [gĕbläsĕ] n. = blad.

geblieben [gĕblibĕn]: —! stehen —! = stopö !

Geblök [gĕblök] n. (— von Rindern) = luy 2. (— von Schafen) = mäy 3. (— von Ziegen) = mäyül.

geblümt [gĕblümt] = florik.

Geblüt [gĕblüt] n. 1. (Familie) = famül 2. (Art, Natur) = natäl 3. von — — = tribúto.

gebogen [gĕbogĕn] 1. = blegik, — sein = blegön (nel.) 2. (bogig) = bobik 3. = globik, **gebogene Fläche** = plen globik.

Gebogensein [gĕbogĕn sảïn] n. 1. = bleg 2. = bob 3. = glob.

geboren [gĕborĕn] = pemotöl.

Gebot [gĕbot] n. 1. = büd 2. (Geheisz) = büded, **die zehn Gebote** = büdeds deg.

Gebrauch [gĕbrảŭǧ] m. 1. (Anwendung) = geb, im — = gebo 2. (Brauch, Usanz) = geböf, im — sein = geböfön (nel.), in — kommen = geböfikön (nel.) 3. (Gewohn‹ heit, Angewohnheit) = kösomot.

gebrauchen [gĕbrảŭǧĕn] (anwenden, benützen) = gebön (lov.).

Gebrauchsgegenstand [gĕbrảŭǧš-gègĕnjtánt] m. = gebayeg, — aus zweiter Hand = gebayeg neflifedik, neflifedot.

Gebräu [gĕbrảŭ] n. = birot.

gebräuchlich [gĕbróŭqlịq] = geböfik.

Gebräude [gĕbróŭdĕ] n. = birot.

Gebrechen [gĕbrạqĕn] n. (Defekt) = döf, **ein mit — behafteter** = döfan.

gebrechlich [gĕbrạqlịq] = döfik, — sein = döfön (nel.).

gebröckelt [gĕbrókĕlt] = brekotik.

Gebrüder [gĕbrüdĕr] pl. 1. = blodef 2. (Ge‹ schwister) = gemef.

Gebrüll [gĕbrül] n. = ror.

Gebrüt [gĕbrüt] n. = kuvot.

gebunden [gĕbụndĕn]: chemisch — = kobotik.

Geburt [gĕbụrt] v. = moted.

Geburtsdatum [gĕbụrž-dàtụm] n. = motedadät.

Geburtsfeier [gĕbụržfáïĕr] v. = motedazäl.

Geburtsfest [gĕbụržfäšt] n. = motedazäl.

Geburtshelfer [gĕbụržhậlfĕr] m. = hikujöran.

Geburtshelferin [gĕbụrž-hậlfĕrịn] v. = jikujö‹ ran.

Geburtshilfe [gĕbụržhịlfĕ] v. = kujörav.

Geburtsort [gĕbụrž‹órt] m. = motedöp.

Geburtstag [gĕbụržtak] m. = motedadel, — haben = yelön (nel.).

Geburtswehe [gĕbụržveẽ] v. = doled.

Gebühr [gĕbür] v. (Lohn, Gehalt) = mesed.

gebühren [gĕbürĕn] = dutön (nel.).

gebührend [gĕbürĕnt] = dutik.

Gebührendsein [gĕbürĕnt sảïn] n. = dut.

gebürtig [gĕbụrtịq] = motedik.

Gebüsch [gĕbüj] n. = fotül.

Gedanke [gĕdáŋkĕ] m. 1. = tik, **in Gedanken** = tiko 2. (Gedankenbild) = tikod.

Gedankenbild [gĕdáŋkĕnbịlt] n. (Idee) = tika‹ magot.

gedankenlos [gĕdáŋkĕnloš] = nentikik.

Gedankenlosigkeit [gĕdáŋkĕn-lòsịqkáït] v. = nentik.

Gedankenstrich [gĕdáŋkĕnjtrịq] m. = stripül.

Gedächtnis [gĕdậqtnịš] n. 1. = meb 2. (Er‹ innerung) = mem, **nach dem** — — = memo.

gedämpft [gĕdämpft] = kvänik.

Gedärm [gĕdärm] n. = götem.

gedehnt [gĕdent] 1. = tenik, — sein = tenön (nel.) 2. = tenedik.

Gedehntsein [gĕdent sảïn] n. = ten.

gedeihen [gĕdáïĕn] = benikön (nel.).

Gedeihen [gĕdáïĕn] n. = benikam.

gedeihlich [gĕdáïlịq] = beniköl.

Gedicht [gĕdịqt] n. (Poem) = poedot.

gediegen [gĕdigĕn] 1. = legudik 2. = natidik.

Gediegenheit [gĕdigĕnhäït] v. 1. = legud 2. — von Metallen = natid metalas.

gedrängt [gĕdräŋt] 1. = dränik 2. = naböfik.

Gedrängtheit [gĕdrậŋthäït] v. (Bündigkeit) = naböf.

gedreht [gĕdret]: gedrehter Gegenstand = tunot.

Geduld [gĕdụlt] v. = sufäd, —! = sufädö !

gedulden [gĕdụldĕn]: sich — = sufädön (nel.).

geduldig [gĕdụldịq] = sufädik.

geeckt [gĕäkt] = gulöfik.

geehrt [gĕert] = stimik.

geerbt [gĕärpt] = geredik.

Gefahr [gĕfar] v. 1. = riskäd, — laufen (ris‹ kieren) = riskädikön (nel.) 2. auf die — des = riskodü, auf ihr — — = riskodü ol.

Gefalle [gĕfálĕ] m. = plitod.

gefallen [gĕfálĕn] 1. (ansprechen) = plitön
(lov.) 2. (belieben) = plüdön (lov.) 3. —
lassend (sich fügend) = sufodik.
Gefallen [gĕfálĕn] m. 1. (Wohlgefallen) = plit,
— an einer Sache haben, finden = paplitön
sufalefom) fa bos 2. (Gefalle) = plitod 3.
(die Empfindung) = plid, — haben, finden
an = plidön (lov.) 4. (Belieben) = plüd.
Gefallsucht [gĕfálsųqt] v. = leplitiäl.
gefallsüchtig [gĕfálsüqtįq] = leplitiälik.
gefangen [gĕfáŋĕn]: — sitzen = fanäbön (nel.),
— nehmen, — setzen = fanäbükön (lov.).
Gefangene [gĕfáŋĕnĕ] m.: — werden = fanä‐
bikön (nel.).
Gefangener [gĕfáŋĕnĕr] m. = fanäb.
Gefangenschaft [gĕfáŋĕn-jáft] v. = fanäbam.
Gefangensetzung [gĕfáŋĕn-sážųn] v. = fanä‐
bükam.
gefährden [gĕfärdĕn] = riskädükön (lov.).
gefährlich [gĕfárlįq] = riskädik.
Gefährlichkeit [gĕfárlįqkáĭt] v. (das Gefährlich-
sein) = riskädam.
Gefährlichsein [gĕfárlįq sáĭn] n. = riskädam.
Gefährtin [gĕfártįn] v. = jikompenan.
gefällig [gĕfálįq] = plitiälik, was ist Ihnen — ?
= kisi plüdol-li ?
Gefälligkeit [gĕfálįqkáĭt] v. 1. (das Gefälligsein)
= plitiäl, übertriebene — = luplitiäl 2.
(Gefalle) = plitod.
Gefälligsein [gĕfálįq sáĭn] n. = plitiäl.
gefälligst [gĕfálįqšt] = if plüdol, —! = plidö!
gefänglich [gĕfáŋlįq] = fanäbik.
Gefängnis [gĕfáŋnįš] n. = fanäböp.
Gefäsz [gĕfäš] n. 1. (in valem) = gef, — aus
Steinzeug = gef bäsinik 2. (Blutgefäsz,
Milchgefäsz) = fesül.
Gefecht [gĕfäqt] n. (Kampf) = komip.
Gefieder [gĕfidĕr] n. = plümem.
Geflecht [gĕfläqt] n. = flökot, — von Pferde‐
haren = flökot jevodaherik.
Geflecktheit [gĕfläkthäĭt] v. = stenöf.
Geflügel [gĕflügĕl] n. (Vögel) = bödem.
geflügelt [gĕflügĕlt] = peflitämöl.
Gefolge [gĕfólgĕ] n. 1. = sek 2. (Gefolg-
schaft) = sökanef.
Gefolgschaft [gĕfólk-jáft] v. = sökanef.
Geforderte [gĕfórdĕrtĕ]: das — = flagot.
geformt [gĕfórmt] = fomik.
gefrieren [gĕfrirĕn] 1. = flodön (nel.) 2. der
Forst macht das Wasser zu Eis — = flod
flödön vati ad glad.
Gefrieren [gĕfrirĕn] n. = flodam.
Gefrierpunkt [gĕfrirpųnkt] m. = flodamapün.
Gefüge [gĕfügĕ] n. (Organismus, Einrichtung)
= nogan.
gefügig [gĕfųgįq] = lobediälik.
Gefügigkeit [gĕfųgįqkáĭt] v. = lobediäl.
Gefühl [gĕfül] n. 1. (koapa ed in valem) =
sen, das — betreffend = senik 2. (inneres
—) = senäl, — des Hasses = senäl heta,
das innerliche — betreffend = senälik 3.
(Empfindlichkeit) = ladälöf 4. — für Musik
= musigäl.
gefühlig [gĕfųlįq] = senöfik.
Gefühligkeit [gĕfųlįqkáĭt] v. = senöf.

gefühllos [gĕfųl‐loš] = nênsenik.
Gefühlsmensch [gĕfųlš-mänj] m. = ladälöfamen.
Gefühlssinn [gĕfųlšsįn] m. = senasien.
Gegebene [gĕgebĕnĕ]: das — = givot.
gegen [gĕgĕn] 1. = a, — bar, — Bahrzahlung
= a pelam kädöfik 2. = äl, — Norden =
äl nolüd 3. = bisü, — Einhaltung = bisü
föl 4. (freundlich) = kol, — einander =
kol od, freundlich, gültig, taub — = flenöfik,
löfik, sudik kol 5. = leigodü, — seinen Bru‐
der ist er ein Riese = leigodü blod oka binom
gian 6. (zu, nach) = lü 7. (wider) = ta,
— den Feind kämpfen = komipön ta neflen,
— das Gesetz = ta lon, — seinen Willen =
ta vil omik 8. (im Gegensatz zu) = tapladü
9. = ti, — hundert Menschen = ti mens tum
10. = tüi, — Abend = tüi soar, — ein Uhr
= tüi düp balid, tüi düp : bal, er ging — die
Fünfzig = äbäldotom tüi yels luldeg 11. =
tio (ladv.), — hundert Menschen = mens
tio tum(s) 12. — bar, — Barzahlung =
kädöfo 13. — Hinterlegung von = panü.
Gegenbefehl [gĕgĕnbĕfel] m. = tabüd, — ertei‐
len = tabüdön (lov.).
Gegenbeweis [gĕgĕnbĕváĭš] m. = tablöf.
gegenbeweisen [gĕgĕnbĕváĭsĕn] = tablöfön
(lov.).
Gegenbild [gĕgĕnbįlt] n. = gemag.
Gegend [gegĕnt] v. (Terrain) = topäd.
Gegendienst [gĕgĕndįnšt] m. = gedünot.
gegeneinander [gegĕn‐aĭnándĕr] = balan kol
votikan.
Gegengeschenk [gĕgĕngĕjäŋk] n. — gelegivot.
Gegengift [gĕgĕngįft] n. = tavenenmedin.
Gegenmittel [gĕgĕnmítĕl] n. = tamed.
Gegensatz [gĕgĕnsáž] m. (Gegenstellung) =
taplad, im Gegensatze zu = tapladü.
gegenseitig [gĕgĕnsáĭtįq] = rezipik.
Gegenseitigkeit [gĕgĕnsáĭtįqkáĭt] v. = rezip.
Gegenstand [gĕgĕnjtánt] m. 1. (Ding, Sache)
= din 2. (Objekt) = yeg, — des Streites
(Zankapfel) = feitayeg, altertümliche Gegen‐
stände = yegs vönik, blecherner — = tünot,
eiserner — = ferot, gedrehter — = tunot,
kupfern Gegenstände = kuprinots, platter —
(Scheibe, Schnitte, Tablette) = platot, Ver‐
fertiger von gläsernen Gegeständen = glätotel.
gegenständlich [gĕgĕnjtántlįq] = dinöfik.
Gegenständlichkeit [gĕgĕnjtántlįqkáĭt] v. = di‐
nöf.
Gegenstellung [gĕgĕnjtälųn] v. = taplad.
Gegenteil [gĕgĕntáĭl] n. 1. (Widrigkeit) =
taäd, im — = taädo‚ 2. das — von = gü
(pr.), im —, vielmehr im — = güo (ladv.),
im —! = güö !
gegenüber [gegĕn‐ǔbĕr] (vis-à-vis) 1. = viso
(ladv.), — befindlich = visoik 2. = visü
(pr.), er wohnt mir, der Kirche — = lödom
visü ob, visü glüg.
gegenüberstellen [gegĕn‐ǔbĕrjtälĕn] = visosei‐
dön (lov.).
Gegenwart [gĕgĕnvárt] v. 1. (Zeit) = atim 2.
(Präsens) = presen, presenatim, unvollendete
— = presenatim nefinik, vollendete — =

presenatim finik 3. (Anwesenheit) = kom,
in — des = komü.
gegenwärtig [gègĕnvärtįq, gegĕnvårtįq] 1. (jetzt)
= nu 2. (jetzig) = presenik 3. (jetzig,
modern) = nutimik 4. (anwesend) = ko=
mik, komo.
Gegenwehr [gègĕnver] v. = takomip.
Gegenwind [gègĕnvįnt] m. = tavien.
Gegessene [gĕgäšĕnĕ]: das — = fidot.
gegliedert [gĕglįdĕrt] = limik, — **sein** = limön
(nel.).
Gegliedertsein [gĕglįdĕrt sáĭn] n. = limam.
Gegner [gegnĕr] m. (Widersacher) = taan.
Gegrinse [gĕgrįnsĕ] n. = grin.
Gehalt [gĕhált] m. 1. = kipäd 2. (Lohn, Gebühr) = mesed 3. (Einkommen) = leme=
sed.
Geharnischter [gĕhárnįjtĕr] m. = harnadäb.
Gehänge [gĕhäņĕ] n. 1. (das woran etwas
hängt) = lägian 2. (Behang, Behänge) =
lagot.
gehässig [gĕhåšįq] = nofülik, — **sein gegen** =
nofülön (lov.).
Gehässigkeit [gĕhåšįqkáĭt] v. = nofül.
Gehäuse [gĕhőŭsĕ] n. (kastenähnliche Behält-
nisse) = bokül, — **zu Taschenuhren** = vilupabokül pokaqloka.
geheim [gĕháĭm] (heimlich) = klänik, **im geheimen** = kläno.
geheimhalten [gĕháĭm-háltĕn] = klänädön (lov.).
Geheimhaltung [gĕháĭm-háltųn] v. (Verschwiegenheit) = klänäd.
Geheimmittel [gĕháĭm=mįtĕl] n. = klänamedin.
Geheimnis [gĕháĭmnįš] n. (Verborgenheit) =
klän.
Geheimniskrämer [gĕháĭmnįš=krämĕr] m. = klä=
nöfiälan.
Geheimniskrämerei [gĕháĭmnįš-krämĕráĭ] v. =
klänöfiälam.
geheimnisvoll [gĕháĭmnįš-fól] (mysteriös) =
klanófik.
Geheimnisvolle [gĕháĭmnįš-fólĕ]: **das** — = klä=
nöf.
Geheimschriftzeichen [gĕháĭmjrift-žáĭqĕn] n. =
jüf.
Geheisz [gĕháĭš] n. = büded.
gehen [geĕn] 1. (sich begeben) = golön (nel.),
eher —, **früher** — = bügolön (nel.), **im
Schritt** — = stepön (nel.), **zu Fusz** — =
futogolön (nel.) 2. **an die Hand** — (helfen)
= yufön (lov.), **mit der Eisenbahn** — =
trenön (nel.), **müszig** — = nosdunön (nel.),
schwanger — = grodön (nel.), **zu Markt** —
= maketön (nel.), **zur Schule** — = julön
(nel.) 3. **an die Arbeit** — = vobikön (nel.),
in die Höhe — = löpikön (nel.), **in Stücke**
—, **kaputt** — = dädikön (nel.), **verloren** —
= moikön (nel.), **zu Ende** — = finikön
(nel.), **zugrunde** — = päridikön (nel.), **zugrunde gegangen sein** (verloren sein) = pä=
ridön (nel.) 4. **der Flusz geht mit Eis, mit
Treibeis** = flumed sveimon gladi 5. = möön:
es — **sechs auf ein Pfund** = mäl möons a
paun bal 6. **es mag** —, **wie 's will** = zedö!
Gehen [geĕn] n. = gol.

Gehenlassen [geĕn lášĕn] n. = lead.
Geheul [gĕhőŭl] n. = ror.
Gehilfe [gĕhįlfĕ] m. = yufan.
Gehilfin [gĕhįlfįn] v. = jiyufan.
Gehirn [gĕhįrn] n. (Hirn) = brein.
gehoben [gĕhobĕn] (hehr) = sublimik.
gehorchen [gĕhórqĕn] (gehorsamen) = lobedön
(lov.).
gehorsam [gĕhòrsam] = lobedik.
Gehorsam [gĕhòrsam] m. = lobed.
gehorsamen [gĕhòrsamĕn] = lobedön (lov.).
Gehölz [gĕhőlž] n. = fot.
Gehör [gĕhör] n. 1. (das Lauschen) = dalilam
2. (Vermögen des Hörens) = lilamafäg 3.
(Sinn des Hörens) = lilamasien.
gehören [gĕhörĕn] 1. = dutön (nel.) 2. (Eigentum sein) = ledutön (nel.) lü.
gehörend [gĕhörĕnt]: **als Eigentum** — = ledutik.
gehörig [gĕhörįq] 1. = dutik 2. (als Eigentum
gehörend) = ledutik.
Gehörigsein [gĕhörįq sáĭn] n. (das Eigentum-
sein) = ledut.
Gehörorgan [gĕhör-órgàn] n. = liläm.
Gehörwerkzeug [gĕhör-vårkžőŭk] n. = liläm.
Geier [gáĭĕr] m. = vultur.
Geige [gáĭgĕ] v. (Violine) = viäl.
geigen [gáĭgĕn] = viälön (lov.).
Geigenbogen [gáĭgĕnbogĕn] m. = viälamacar.
Geigenharz [gáĭgĕn-hárž] n. = viälaron.
Geiger [gáĭgĕr] m. (Violinspieler) = viälan.
geil [gáĭl] = lasiválik.
geilen [gáĭlĕn] = lasiválön (nel.).
Geilheit [gáĭl-háĭt] v. = lasiväl.
Geist [gáĭšt] m. 1. = lanan 2. (groszer —)
= lanal, **Gott ist ein** — = God binon, binom
lanal, **Heiliger** — = Saludalanal 3. (Ver-
nunft) = tikäl 4. **im** — = tiko 5. **aposto-
lischer** — = paostoläl, **erfinderischer** — =
datuväl, **feuriger** — = lefäkäl, **nüchterner** —
= dinöfäl.
Geisterei [gáĭštĕráĭ] v. = späkam.
Geistesbeschränktheit [gáĭštĕš-bĕjrånktháĭt] v. =
netäläkt.
Geistesblindheit [gáĭštĕš-blįntháĭt] v. = bleinäl.
Geistesfrische [gáĭštĕšfrįjĕ] v. = tikälaflifäd.
Geistesgegenwart [gáĭštĕš gègĕnvárt] v. = blü=
mäl.
Geistesgrösze [gáĭštĕšgrösĕ] v. = lanagret.
Geisteshöhe]gáĭštĕš=hőĕ] v. = sublim ladäla.
Geistesklarheit [gáĭštĕš-klàrháĭt] v. = suema=
kleil.
Geisteskraft [gáĭštĕš-kráft] v. = tikälanäm.
Geisteskrankheit [gáĭštĕš-kránk-háĭt] v. = la=
namaläd.
Geistesleere [gáĭštĕšlerĕ] v. = nenspirituäl.
Geistesmacht [gáĭštĕš-máqt] v. = tikälanämäd.
Geistesrichtung [gáĭštĕš-rįqtųn] v. = täläktim.
Geistesruhe [gáĭštĕšruĕ] v. = taked.
geistesstark [gáĭštĕš-jtárk] = tikälanämik.
Geistesstärke [gáĭštĕšjtärkĕ] v. (Starkmut) =
tikälanäm.
geistesüberlegen [gáĭštĕš ųbĕrlegĕn] = lanaplu=
amik.
Geistesüberlegenheit [gáĭštĕš ųbĕrlègĕnháĭt] v.
= lanapluam.

Geistesverfassung [găĭstĕš-färfåšųn] v. = tikäʔ lastad.

geistig [găĭštįq] 1. (intellektuell) = täläktik 2. **geistige Schuld** = lanadeb, **(geistiges) Gebiet,** **(geistiges) Terrain** = jäfüd, (—) **vertieft sein** **in** = jäfälön (nel.) ko.

Geistigkeit [găĭštįq-kăĭt] v. (das Unkörperliche) = lanöf.

Geistigsein [găĭštįq săĭn] n. = lanöf.

geistlich [găĭštlįq] = klerik, **geistlicher Stand** = kler.

Geistlicher [găĭštlįqĕr] m. 1. = kleran, **Rang** **höhern** — = ledinit 2. (Priester) = kultan.

Geistlichkeit [găĭštlįq-kăĭt] v. = kleranef.

geistlos [găĭštloš] = nenspiritälik, nespiritälik 2. (abgeschmackt) = nespiritik.

Geistlosigkeit [găĭšt-lòsįqkăĭt] v. 1. = nenspiriʔ täl, nespiritäl 2. (Abgeschmacktheit) = neʔ spirit.

geistreich [găĭšt-răĭq] (von Personen) = spiriʔ tälik, **ein geistreicher Mann** = man spiritälik.

Geistreiches [găĭšt-răĭqĕš] n. = spirit.

Geistreichheit [găĭšt-răĭq-hăĭt] v. = spiritäl.

Geistreichsein [găĭšt-răĭq săĭn] n. = spiritäl.

geistvoll [găĭšt-fól] (von Sachen) = spiritik, **geistvolle Zeichnung** = däsinot spiritik.

Geistvolles [găĭšt-fólĕš] n. = spirit.

Geiszbock [găĭš-bók] m. = hikapar.

Geiszchen [găĭšqĕn] n. = kaparil.

Geiszlein [găĭš-lăĭn] n. (Zicklein) = kaparil.

Geiz [găĭž] m. = lavar.

geizen [găĭžĕn] = lavarön (nel.).

Geizhals [găĭž-hálš] m. = lavaran.

geizig [găĭžįq] = lavarik.

Gekaufte [gĕkăŭftĕ] n. = remot.

Geklopfe [gĕklópfĕ] n. (Klopferei) = nokam.

Geknirsch [gĕknįrj] n. = knir.

Gekose [gĕkosĕ] n. = lelöfül.

Gekräh [gĕkrä] n. = krav.

Gekrätz [gĕkräž] n. = dekratot.

gekräuselt [gĕkróŭsĕlt] = fridik, — **sein** = fridön (nel.).

Gekräuseltsein [gĕkróŭsĕlt săĭn] n. = frid.

Gekreisch [gĕkrăĭj] n. = leror.

Gel [găl] = gäl.

Gelächter [gĕläqtĕr] n. = smil, **zum** — **werʔ** **den** = smilöfikön (nel.), **zum** — **machen** = smilöfükön (lov.).

gelagert [gĕlagĕrt] = leseitik.

gelangen [gĕlánĕn] 1. (kommen) = kömön (nel.) 2. (ankommen) = lükömön (nel.).

gelassen [gĕlášĕn] 1. (ruhig) = takedik, — **sein** (ruhig sein) = takedön (nel.) 2. — **sein** = sufodön (nel.).

Gelassenheit [gĕlášĕn-hăĭt] v (Ruhe) = taked.

Gelatine [jĕlatįnĕ] v. = jelatin.

gelähmt [gĕlämt] = lemik, — **sein** = lemön (nel.), — **werden** = lemikön (nel.).

Gelähmtsein [gĕlämt săĭn] n. = lem.

Gelände [gĕländĕ] n. (einzelnes Grundstück) = läned.

Geländer [gĕländĕr] n. (Lattengerüst) = laeʔ dem.

geläufig [gĕlóŭfįq] = skilädik, skilädiko, — **sprechen** = spikön (lov.)' skilädiko.

Geläufigkeit [gĕlóŭfįq-kăĭt] v. = skiläd.

Geläute [gĕlóŭtĕ] n. = toenod.

gelb [gälp] = yelovik, — **sein** = yelovön (nel.), — **werden** = yelovikön (nel.), — **machen** = yelovükön (lov.), **gelbe Farbe** (Gelb) = yelov, **gelbe Rübe** (Möhre) = dauk.

Gelb [gälp] n. = yelov.

gelbbraun [gålpbráŭn] = yelovabraunik.

Gelbgieszen [gålpgĭšĕn] n. = lätenigif.

Gelbgieszer [gålpgĭšĕr] m. = lätenigifan.

Gelbgieszerei [gålpgĭšĕráĭ] v = lätenigif.

Gelbgieszerware [gålpgĭšĕrvarĕ] v. = cans läʔ tenik, lätenacan, lätenacans.

gelbgrün [gålpgrün] = yelovagrünik.

Gelbgusz [gålpguš] = lätenigif.

Gelbholz [gålphólž] n. = Brasilänaboad yelovik.

gelblich [gålplįq] = yelovilik.

gelbrot [gålprot] = yelovaredik.

Gelbsucht [gålpsųqt] v. = yelovamaläd.

Geld [gält] n. = mon, **erspartes** — = spälaʔ mon, **an** — = mono.

Geldanleihe [gålt-ánláĭĕ] v. = moniprün.

geldbetreffend [gåltbĕträfĕnt] = monik.

Geldbeutel [gåltbóŭtĕl] m. (Börse) = böb.

Geldentschädigung [gålt-äntjädigųn] v. = giʔ vulot.

Geldgier [gåltgir] v. = moniäl.

geldgierig [gåltgirįq] = moniälik.

Geldkasten [gåltkáštĕn] m. = monabog.

geldlich [gåltlįq] = monik.

Geldmangel [gåltmáņĕl] m. = monadef.

Geldmittel [gåltmįtĕl] pl. (Vermögen) = moʔ nem.

Geldschuld [gåltjʋlt] v. = monideb.

Geldverkehr [gåltvärkĕr] m. = monakosäd.

Gelee [jĕle, jele] n. (Gallerte) = gäl.

Geleedose [jĕlĕdosĕ] v. = gäliär.

gelegen [gĕlegĕn] 1. (liegend) = seatik 2. **zu** **gelegener Zeit** = pötatimo 3. — **kommen** = benokömön (nel.).

Gelegenheit [gĕlègĕnhăĭt] v. = pöt, **die** — **abʔ** **passen** = lustebedòn pöti, **bei vorkommender** —, **bei sich darbietender** — = jeno.

gelegentlich [gĕlègĕntlįq]: —, ladv. = pöto, — **des**, pr. = pötü.

gelehrig [gĕlèrįq] = lärnafägik, — **sein** = lärnafägön (nel.).

Gelehrigkeit [gĕlèrįqkăĭt] v. = lärnafäg.

Gelehrsamkeit [gĕlèrsamkăĭt] v. = nol.

gelehrt [gĕlert] = nolik, **die gelehrte Welt** = nolavanef.

Gelehrter [gĕlertĕr] m. = nolan.

Geleier [gĕlăĭĕr] n. = yamül.

Geleise [gĕlăĭsĕ] n. = rut, **mit einem** — **verʔ** **sehen** = rutön (lov.).

Geleit [gĕlăĭt] n. = dugäd.

geleiten [gĕlăĭtĕn] = dugädön (lov.).

Geleiten [gĕlăĭtĕn] n. = dugäd.

Geleiter [gĕlăĭtĕr] m. = dugädan.

Gelenk [gĕläņk] n. 1. (tierisches —) = yoin 2. (Scharnier) = fleged.

Geleuchte [gĕlóŭqtĕ] n. = litem.

geliebt [gĕlipt] = lelöfik.

Geliebte [gĕliptĕ]: **die (innig)** — — = jilelöfäb.

Geliebter [gĕliptĕr] m. = lelöfäb.
Gelieferte [gĕlifĕrtĕ]: das — = blünot.
geliegen [gĕlịgĕn]: — sein = topön (nel.), die
Stadt ist an einen Flusz — = zif topon len
flumed.
gelinde [gĕlịndĕ] = sofik.
Gelindigkeit [gĕlịndịqkáït] v. = sof.
gelingen [gĕlịŋĕn] =· plöpön (nel.).
Gelingen [gĕlịŋĕn] n. = plöp.
Gelispel [gĕlịšpĕl] n. = säy.
Gellen [gälĕn] n. = leror.
geloben [gĕlobĕn] = lepromön (lov.).
gelockt [gĕlókt] = krugülaherik, krugülik, —
sein = krugülön (nel.).
gelöscht [gĕlőjt] = kvänik.
gelt [gält]: — ? (nicht wahr ?) = vo-li ?
gelten [gältĕn] 1. (betreffen) = tefön (lov.)
2. (giltig sein) = lonöfön (nel.).
Gelübde [gĕlüptĕ] n. = leprom.
Gelüste [gĕlüštĕ] n. = ledesir.
gelüsten [gĕlüštĕn] = ledesirön (lov.).
gelüstig [gĕlüštịq] (gierig) = ledesirik.
Gemahl [gĕmal] m. = himatan.
Gemahlin [gĕmàlịn] v. = jimatan.
Gemälde [gĕmäldĕ] n. = pänot.
Gemäldegalerie [gĕmäldĕ⸗galĕri] v. = pänota⸗
mused.
Gemälderahmen [gĕmạ̈ldĕramĕn] m. = pänota⸗
frem.
gemäsz [gĕmäš] 1. = bai (pr.), ihrem Wunsche —, — ihrem Wunsche = bai vip ola
2. = ma, akkordgemäsz = ma baläd 3. dem
Tarif — = tarifo.
gemäszigt [gĕmạ̈šịqt] = tämik.
gemein [gĕmáïn] (alltäglich) = komunik.
Gemeinde [gĕmáïndĕ] v. = komot.
Gemeindekasse [gĕmáïndĕ-kášĕ] v. = komo⸗
takäd.
Gemeingut [gĕmáïngut] n. 1. = dalabot kobä⸗
dik 2. (geistliches —) = kobädalab.
Gemeinheit [gĕmáïn-háït] v. (Alltäglichkeit) =
komun.
gemeinhin [gĕmáïn hịn] = kösömiko.
gemeiniglich [gĕmáïnịqlịq] = kösömiko.
gemeinnützig [gĕmáïn⸗nü̧žịq] = valemiko fru⸗
tik.
gemeinsam [gĕmáïnsam] = kobädik, gemeinsamer Besitz, gemeinsames Gut = dalabot
kobädik.
Gemeinsamkeit [gĕmáïnsam-káït] v. (Gemeinschaft) = kobäd.
Gemeinschaft [gĕmáïn-jáft] v. = kobäd, in —
= kobädo.
gemeinschaftlich [gĕmáïn-jáftlịq] = kobädik,
kobädo.
Gemietete [gĕmịtĕtĕ]: das — = loatot.
Gemisch [gĕmịj] n. (Mischung, Mengsel) =
migot.
gemischt [gĕmịjt] = migik.
Gemsbock [gạ̈mšbók] m. = hicam.
Gemse [gämsĕ] v. = cam.
Gemsziege [gạ̈mšžịgĕ] v. = jicam.
Gemurmel [gĕmụrmĕl] n. = mür.
Gemurre [gĕmụrĕ] n. = mur.
Gemüse [gĕmüsĕ] n. = härbat.

Gemüsegarten [gĕmụ̈sĕgártĕn] m. = härbatagad.
Gemüt [gĕmüt] n. = ladäl, das — betreffend
= ladälik.
gemütlich [gĕmụ̈tlịq] 1. (das Gemüt betreffend)
= ladälik 2. (traulich) = muadöfik 3. (be-
haglich) = plitöfik.
Gemütlichkeit [gĕmụ̈tlịqkáït] v. 1. = muadöf
2. (Behaglichkeit) = plitöf.
Gemütsart [gĕmüz⸗art] v. = natäl ladäla.
Gemütsbewegung [gĕmüz-bĕvĕgu̧n] v. (Gemüts-
erregung) = fäk.
Gemütserregung [gĕmüz-ärĕgu̧n] v. = fäk.
Gemütskrankheit [gĕmüz-kránk-háït] v.=lienet.
Gemütsruhe [gĕmụ̈žruĕ] v. = ladälataked.
Gemütsstimmung [gĕmụ̈žjtịmu̧n] v. = ladälod.
gemütvoll [gĕmụ̈tfól] (herzvoll) = ladälöfik.
gen [gän] = lü, — Himmel = lü sil, lü sül.
Genappes⸗Garn [jĕnápĕ-gárn] = yän di ‚Ge-
nappe' [jĕnáp] (Fr.).
genau [gĕnáu̧] (eingehend) = kuratik.
Genauigkeit [gĕnáu̧iq-káït] v. = kurat.
Genäschigkeit [gĕnạ̈jịq-káït] v. = nibiäl.
Gendarm [jándárm] m. = länädapoldan.
genehm [gĕnem] = plitik.
genehmigen [gĕnĕmịgĕn] (bestätigen) = zepön
(lov.).
Genehmigung [gĕnĕmịgu̧n] v. = zep, mit —
des = zepü.
geneigt [gĕnáïkt] 1. = klienik, — sein = klie⸗
nön (nel.) 2. (abhangend) = klivik 3. zum
Ärgernis — = skaniälik.
Geneigtheit [gĕnáïkt-háït] v. = klien, — zur
Possenmacherei = böfiäl.
general [genĕral] (universal) = valemik.
General [genĕral] m. = generan, — der Artil-
lerie = ratidageneran, — der Infanterie =
fantidageneran.
Generalagent [genĕral-agänt] m. = leganetan.
Generalagentur [genĕral agäntur] v. = leganet.
Generalfeldmarschall [genĕral fạ̈ltmárjál] m. =
krigamaredal⸗general.
generalisieren [genĕralisịrĕn] = valädön (lov.).
Generalisierung [genĕralisịru̧n] v. = valäd.
Generalissimus [genĕralịšimu̧š] m. = general.
Generalschaft [genĕráljáft] v. = gener.
Generalstab [genĕráljtap] m. = generastäf.
genesen [gĕnesĕn] (gesund werden) = sauni⸗
kön (nel.).
Genesung [gĕnèsu̧n] v. (Rekonvaleiszenz) =
saunikam.
Genetiv [genetif] m. = genitif.
Genève [jĕnäv] = (Genève' [jĕnäv], einer aus
— = ‚Genevois' [jĕnĕvŭá], elan di ‚Genève'.
Genever [jĕnevĕr] m. = gein.
Geneverbrenner [jĕnèvĕrbränĕr] m. = geinel.
Genf [gänf] n. 1. = Genève' [jĕnäv] (Fr.)
2. = ‚Genevois' [jĕnĕvŭá'] (Fr.).
Genfer [gänfĕr] m. = ‚Genevois' [jĕnĕvŭá]
(Fr.), elan di ‚Genève'.
genferisch [gạ̈nfĕrịj] = de ‚Genève', [jĕnäv]
(Fr.), di ‚Genève'.
Genfer-See [gänfĕr⸗se] m. = Lak di ‚Genève'
[jĕnäv] (Fr.).
genial [genial] = letälenik, genialer Mensch =
letälenan.

Genialität [genialität] v. = letälen.
Genick [gĕnįk] n. (Nacken) = nük.
Genie [jenį] n. 1. (Genialität) = letälen 2. mil. = jenid.
genieszbar [gĕnįsbar] = juitovik.
genieszen [gĕnįšĕn] = juitön (lov.).
Genist [jenįšt] m. = jenidan.
Genitalien [genįtàliĕn]: äuszere — = plöge‍näm.
Genosse [gĕnóšĕ] m. (Teilhaber) = kompenan, — sein = kompenön (nel.)
Genossenschaft [gĕnóšĕn-jáft] v.=kompenanef.
Genossenschaftswesen [gĕnóšĕnjáłž‍vèsĕn] n. = kompenafebäd.
Genua [gènua] = ‚Genova' [cènova] (Lit.).
Genuese [genuesĕ] = ‚Genovese' [cenovèse] (Lit.), elan di ‚Genova'.
genuesisch [genuèsįj] = de ‚Genova' [cènova] (Lit.), di ‚Genova'.
genug [gĕnųk] = saidik, saido, —! = saidö!
genugtun [gĕnùktųn] (zufriedenstellen) = ko‍tenükön (lov.).
Genugtuung [gĕnùktuųn] v. = kotenükam.
Genusz [gĕnųš] m. = juit.
Genuszmittel [gĕnųš‍mįtĕl] n. = juitamed, Ge‍nusz‍ und Nahrungsmittel = juitameds e nu‍lüdots.
Genuszreich [gĕnųšráįq] = juitik.
Genüge [gĕnügĕ] v. (Zufriedenheit) = koten, zur — = sato.
genügen [gĕnügĕn] 1. = saidön (nel.) 2. = fölön (lov.).
Genügen [gĕnügĕn] n. = said.
genügend [gĕnügĕnt] (hinreichend) = saidik, — werden = saidikön (nel.).
genügsam [gĕnųksam] 1. (genügend) = saidik 2. = lekotenik.
Genügsamkeit [gĕnųksamkáįt] v. = lekoten.
Geodäsie [geodäsį] v. = geodetav.
Geograph [geograf] m. = taledavan.
Geographie [geografį] v. = taledav.
geographisch [geogràfįj] = taledavik, geogra‍phische Karte = kaed taledik.
Geolog [geolok] m. = talavan.
Geologie [geologį] v. = talav.
geologisch [geològįj] = talavik.
Geometer [geometĕr] m. = geometan.
Geometrie [geometrį] v. = geomet.
geometrisch [geomètrįj] = geometik.
Georgien [geórgiĕn] 1. (in Merop) = Georgän 2. (in Kaukasän) = Grusiyän.
Georgier [geórgiĕr] m. = grusiyan.
georgisch [geórgįj] = Grusiyänik.
Gepachtete [gĕpáq̆tĕtĕ]: das — = loatot.
Gepäck [gĕpäk] n. = päkem.
Gepäckraum [gĕpåkráųm] m. = päköp.
Gepäckträger [gĕpåkträgĕr] m. = päkemipolan.
Gepfeife [gĕpfáįfĕ] n. (das Pfeifen) = feif.
Geplänkel [gĕpläŋkĕl] n. = lukomip.
Geprahl [gĕpral] n. = pleidül.
Gepränge [gĕpräŋĕ] n. 1. (das Prangen) = magifam 2. (Pracht) = magif.
gerade [gĕradĕ] 1. = teldilovik 2. (recht) = stedik, — sein = stedön (nel.), — machen = stedükön (lov.) 3. (senkrecht) = pen‍

ditik, — halten = lökipön (lov.) 4. (recht, richtig) = verätiko 5. (eben) = ebo 6. — jetzt = anu, — so = leso.
Geradehalten [gĕràdĕhàltĕn] n. = lökip.
Gerademachung [gĕràdĕmáq̆ųn] v. = stedü‍kam.
geradeweg [gĕradĕ väk] = stedälo.
geradewegs [gĕradĕ veš] = stedo.
geradeswegs [gĕradĕš veš] (direkt) = stedöfo.
geradezu [gĕradĕ žu] = stedälo.
Geradheit [gĕràtháįt] v. = sted.
Geradsinn [gĕràtsįn] m. = stedäl.
geradsinnig [gĕràtsįnįq] = stedälik, — sein = stedälön (nel.).
Geradständigkeit [gĕrat-jt̑ąndįqkáįt] v. = pen‍dit.
Gerassel [gĕrášĕl] n. = noidül.
geraten [gĕratĕn] 1. in Erstaunung — = stuni‍kön (nel.), in Konflikt — mit = konflitikön (nel.) ta, ins Zittern — = dremikön (nel.) 2. (ratsam) = frutabik.
Geraubte [gĕraŭptĕ]: das — = ravot.
Gerät [gĕrät] n. (Gerätschaft) = stumem.
Geräte [gĕrätĕ] pl. (Gerätschaft) = stöm, stöms.
Gerätschaft [gĕràtjáft] v. 1. = stöm, stöms 2. = stumem.
geräumig [gĕróŭmįq] (räumlich) = spadöfik.
Geräusch [gĕróŭj] n. = noid.
geräuschlos [gĕróŭjloš] = nennoidik.
Geräuschlosigkeit [gĕróŭjlosįq-káįt] v. = nen‍noid.
gerben [gärbĕn] = taenön (lov.).
Gerben [gärbĕn] n. = taenam.
Gerber [gärbĕr] m. = taenan.
Gerberlohe [gårbĕrloĕ] v. = taen.
Gerberrinde [gårbĕr‍rįndĕ] v. = bimaplöjal ad taenam.
Gerbsäure [gårpsóŭrĕ] v. = tanoid.
Gerbstoff [gårpjtóf] m. = tanoid.
gerecht [gĕräqt] 1. = gidik, — sein = gidön (nel.), — werden = gidikön (nel.), — wer‍den, — sprechen = gidükön (lov.) 2. (be‍wandert) = skilik 3. (passend, angemesseu) = pötik, — sein = pötön (nel.).
Gerechtigkeit [gĕràqtįqkáįt] v. 1. = qid, Sinn für — = gidäl 2. (Jus) = git 3. (Vor‍recht) = privileg.
Gerechtsame [gĕràqtsamĕ] v. (Privileg) = pri‍vileg.
Gerede [gĕredĕ] n. (umlaufendes —) = sagäd.
geregelt [gĕregĕlt] (normal) = nomik, — sein = nomön (nel.).
gereichen [gĕráįqĕn]: einem zu etwas — = seikön (lov.) eke bosi.
gereift [gĕráįft] (reif, zeitig) = madik, — sein = madön (nel.).
Gereiftheit [gĕráįft-háįt] v. = mad.
gereimt [gĕráįmt] = rimik, — sein = rimön (nel.).
Gereimtsein [gĕráįmt sáįn] n. = rim.
Gereistheit [gĕráįšt-háįt] v. = tävug.
Gericht [gĕrįqt] n. 1. (Ort) = cödöp 2. (eine richtende Behörde) = cödalef, vor — laden (zitieren) = sitatön (lov.), ein höheres —

anrufen = lapelön (nel.) 3. **das jüngste** — = Godacödetam lätik 4. (Essen) = zib, zibäd 5. (Dohne) = bödasnal.

gerichtet [gĕrĭqtĕt] = pelüodüköl, — **sein** = lüodön (nel.).

gerichtlich [gĕrĭqtlĭq] = gitädik, — **verfahren** = cödädön (nel.).

Gerichtsakten [gĕrĭqž≠áktĕn] pl. = gitädalepe≠ näds.

Gerichtsamt [gĕrĭqž≠ámt] n. (Ort) = cödöp.

Gerichtsbarkeit [gĕrĭqžbarkáĭt] v. (die Befugnis des Rechtsprechens) = gitädamagitod.

Gerichtsbeamter [gĕrĭqžbĕámtĕr] m. = gitädal.

Gerichtsbezirk [gĕrĭqžbĕžĭrk] m. = gitädamazi≠ läk.

Gerichtsdiener [gĕrĭqždĭnĕr] m. = gitädan.

Gerichtshandel [gĕrĭqžhándĕl] m. (Prozesz) = cödäd.

Gerichtshandlung [gĕrĭqžhándlŭŋ] v.: **Ort der Gerichtshandlungen** = cödöp.

Gerichtsordnung [gĕrĭqž≠órdnŭŋ] v. = gitä≠ dalon.

Gerichtssitzung [gĕrĭqžsĭžŭŋ] v. = cödalefa≠ seadod, cödaseadod.

Gerichtssprengel [gĕrĭqžjprä̈ŋĕl] m. = gitäda≠ mazilä̈k.

Gerichtswesen [gĕrĭqžvesĕn] n. (Justiz) = gitäd.

Geriesel [gĕrĭsĕl] n. = mür.

gering [gĕrĭŋ] = pülik.

geringer [gĕrĭŋĕr] (minder, weniger) = neplu, nepluik, — **sein** = nepluön (nel.), — **werden** = nepluikön (nel.).

Geringeres [gĕrĭŋĕrĕš] n. (Minderes) = ne≠ pluikos.

Geringersein [gĕrĭŋĕr sáĭn] n. = nepluam.

geringfügig [gĕrĭŋfügĭq] = pülik.

Geringfügigkeit [gĕrĭŋfügĭqkáĭt] v. = pül.

Geringheit [gĕrĭŋháĭt] v. (Unbedeutendheit) = pül.

geringst [gĕrĭŋšt] = nemuik.

gerinnen [gĕrĭnĕn] (erstarren) = solidikön (nel.).

Gerippe [gĕrĭpĕ] n. = bomem.

Germane [gärmanĕ] m. 1. (Altdeutscher) = Germänan 2. = german.

Germanien [gärmànĭĕn] n. = Germän.

germanisch [gärmànĭj] 1. (deutsch) = Deutänik 2. (altdeutsch) = Germänik 3. = germik.

Germanismus [gärmanĭšmŭš] m. = Deutänim.

Germanium [gärmànĭum] **Ge** = gärmin.

Germaniumchlorid [gärmànĭum klorĭt] GeCl₄ = folklorbalidgärman.

Germaniumdioxyd [gärmànĭum di≠óxŭt] GeO₂ = gärminatelloxin.

Germaniumdisulfid [gärmànĭum disulfĭt] GeS₂ = gärminasulfid.

Germaniumoxyd [gärmànĭum óxŭt] GeO = gärminaloxid.

Germaniumwasserstoff [gärmànĭum vášĕr-ĵtóf] GeH₄ = balidgärman.

gerne [gärnĕ] = vilöfo, **sehr** — = go vilöfo.

gernhaben [gàrnhabĕn] = löfön (lov.).

Gerste [gàrštĕ] v. = hod.

Geruch [gĕrŭǧ] m. 1. = smel 2. (Geruchsinn) = smeilasien 3. (Name, Leumund) = repüt.

geruchlos [gĕrŭǧloš] = nensmelik.

Geruchorgan [gĕrŭǧ-órgàn] n. = smeiläm.

Geruchsinn [gĕrŭǧsĭn] m. = smeilasien.

Geruchwerkzeug [gĕrŭǧ-vàrkžóǔk] n. = smei≠ läm.

Gerundium [gĕrŭndĭum] n. = gerund.

Gerundiv [gerŭndĭf] n. = gerundiv.

gerunzelt [gĕrŭnžĕlt] = fronik.

Gerücht [gĕrüqt] n. (umlaufendes Gerede) = sagäd.

gerührt [gĕrürt] = fäkik, — **sein** = fäkön (nel.), — **werden** = fäkikön (nel.).

Gerüst [gĕrüšt] n. = skaf.

gesagt [gĕsakt]: —! (heraus mit der Sprache!) = sagö!

Gesagte [gĕsaktĕ]: **das** — = sagod.

gesamt [gĕsámt] 1. (zusammen) = kobik 2. (total) = valodik.

Gesamtbetrag [gĕsámtbĕtrak] m. = valoda≠ suäm.

Gesamtheit [gĕsámt-háĭt] v. (Allheit) = valod, — **Adliger** = noubanef.

Gesamtsumme [gĕsámtsumĕ] v. = valodanum.

Gesandter [gĕsántĕr] m. = legätan.

Gesandtschaft [gĕsánt-jáft] v. 1. = legät 2. (pösods) = legätanef.

Gesang [gĕsáŋ] m. 1. = kanit 2. (Kirchen-lied) = relalid.

Gesangbuch [gĕsáŋbuǧ] n. = relalidabuk.

Gesangheft [gĕsáŋhä̈ft] n. = lidabukil.

Gesäsz [gĕsä̈š] n. = seadäm.

Gesäte [gĕsä̈tĕ]: **das** — = sovot.

gesäult [gĕsóǔlt] (mit Säulen versehen) = kö≠ lümik.

Geschaffene [gĕjáfĕnĕ]: **das** — = jafotem.

Geschaffenes [gĕjáfĕnĕš] n.: **etwas** — (Einzel-ding) = jafot.

Geschäft [gĕjä̈ft] n. 1. (in valem) = febäd 2. = büsid (samo: **Handelsgeschäft** = tedabü≠ sid), — **führen** = cifön (lov.) büsidi, **aufs** — **bezüglich** = büsidik.

geschäftig [gĕjä̈ftĭq] = jäfik, — **sein** = jäfön (nel.).

Geschäftigkeit [gĕjä̈ftĭqkáĭt] v. = jäf, **viel** — (Rührigkeit) = jäfäd.

Geschäftigsein [gĕjä̈ftĭq sáĭn] n. = jäf.

geschäftlich [gĕjä̈ftlĭq] = büsidik.

Geschäftsführer [gĕjä̈fžfürĕr] m. = büsidacif.

Geschäftsgegner [gĕjä̈fžgegnĕr] m. (Konkurrent) = mätedan.

Geschäftsmann [gĕjä̈fžmán] m. = büsidan.

Geschäftsreisender [gĕjä̈fžräĭsĕndĕr] m. = te≠ datävan.

geschärft [gĕjärft] (kurz ausgesprochen) = brefedik, — **aussprechen** = brefedön (lov.).

geschätzt [gĕjä̈zt] (wert) = digik, — **sein** = digön (nel.).

Geschätztsein [gĕjä̈zt sáĭn] n. = dig.

geschehen [gĕjeĕn] (sich ereignen) = jenön (nel.).

Geschehnis [gĕjĕnĭš] n. = jen.

gescheit [gĕjáĭt] = visedälik.

Gescheitheit [gĕjáĭt-háĭt] v. = visedäl.

Geschenk [gĕjäŋk] n. = legivot.
Geschenkte [gĕjäŋktĕ]: das — = legivot.
Geschichtchen [gĕjịqtqĕn] n. (Histörchen) = konotil.
Geschichte [gĕjịqtĕ] v. 1. (Begebenheit) = jenot 2. (zusammenhangende Reihe von Begebenheiten) = jenotem 3. (Geschichtskunde) = jenav.
Geschichtenbuch [gĕjịqtĕnbụq] n. = jenotemabuk.
geschichtlich [gĕjịqtlịq]: geschichtlicher Zeitabschnitt = letimäd.
Geschichtsbuch [gĕjịqžbụq] n. = jenavabuk.
Geschichtskunde [gĕjịqžkụndĕ] v. = jenav.
Geschick [gĕjịk] n. 1. (Los, Schicksal im Allg.) = fät 2. (das Zugeschickte, Erlebnis) = fätot 3. (Gewandtheit) = skil, mit — = skilo.
Geschicklichkeit [gĕjịklịqkäït] v. = skil.
geschickt [gĕjịkt]: — sein = skilön (nel.), visedälön (nel.), — werden = skilikön (nel.), — machen = skilikön (lov.).
Geschirr [gĕjịr] n. 1. (einzelnes Stück) = stöm 2. (Gesamtheit) = stömem.
Geschirrtuch [gĕjịrtụq] n. = bovasärvätül.
Geschlecht [gĕjlạqt] n. 1. = gen, von —, nach — = geno 2. (Stamm) = tribüt, von — = tribüto.
geschlechtlich [gĕjlạqtlịq] = genik.
geschlechtlos [gĕjlạqtloš] = nengenik.
Geschlechtlosigkeit [gĕjlạqtlosịqkäït] v. = nengen.
Geschlechtsorgan [gĕjlạqž-órgan] n. = genäm.
geschlechtsreif [gĕjlạqžräïf] = püberik.
Geschlechtsreife [gĕjlạqžräïfĕ] v. = püber.
Geschlepp [gĕjläp] n. (das Schleppen) = trän.
geschlossen [gĕjlóšĕn] = färmik, — sein = färmön (nel.).
Geschlossensein [gĕjlóšĕn säïn] n. = färm.
Geschmack [gĕjmák] m. 1. (das Schmecken, nel.) = smek 2. (das Schmecken, lov.) = smeik 3. (Feingefühl, Kunstsinn) = güt.
geschmacklos [gĕjmákloš] = nensmekik.
Geschmacktlosigkeit [gĕjmák-losiqkäït] v. = nensmek.
Geschmacksinn [gĕjmáksịn] n. = smeikasien.
Geschmackswerkzeug [gĕjmáš-vạrkžóŭk] n. = smeikäm.
Geschmeichel [gĕjmáïqĕl] n. = flät.
geschmeidig [gĕjmáïdịq] 1. = blegülovik 2. (weich) = müdik.
Geschmeidigkeit [gĕjmáïdịq-käït] v. 1. = blegülov 2. (Weichheit) = müd.
Geschmetter [gĕjmạtĕr] n. = tonäd.
Geschmiere [gĕjmịrĕ] n. (Schmiererei) = smivam.
Geschmolle [gĕjmólĕ] n. = prul.
Geschmolzenes [gĕjmólžĕnĕš] n. (ein durch Schmelzung erzeugter Körper) = smeitot.
Geschmunzel [gĕjmụnžĕl] n. = smilül.
Geschnatter [gĕjnátĕr] n. = snätör.
Geschöpf [gĕjöpf] n. = jaföb.
Geschrei [gĕjráï] n. = luvokädam.
Geschwader [gĕjvadĕr] n. (Schar Kriegsschiffe) = skäad.

Geschwätz [gĕjväž] n. = luspikot.
geschwätzig [gĕjvạžịq] = luspikiälik.
Geschwätzigkeit [gĕjvạžịqkäït] v. = luspikiäl.
geschwiegen [gĕjvịgĕn]: —! = seilö!
geschwind [gĕjvịnt] (schnell) = vifik, zu — = tuvifik.
Geschwindigkeit [gĕjvịndịqkäït] v. = vif, mit — = vifo.
Geschwister [gĕjvịštĕr] 1. (Bruder oder Schwester) = gem 2. (Schwestern) = gemef.
geschwisterlich [gĕjvịštĕrlịq] = gemik.
geschwollen [gĕjvólĕn] 1. (bauschig) = svolik 2. — sein = svelön (nel.).
Geschwollenheit [gĕjvólĕn-háït] n. = svel.
geschworen [gĕjvorĕn] = yulik.
Geschworener [gĕjvorĕnĕr] m. = yulan.
Geschwulst [gĕjvụlšt] v. = tümör.
Geschwür [gĕjvür] n. = luuk, voller Geschwüre = luukik.
gesegnet [gĕsegnĕt] (glücklich) = läbik.
gesellen [gĕsälĕn]: einen — zu = sogön (lov.) eki lä, sich — zu = sogön oki lä.
gesellig [gĕsạlịq] (sich an andere gern anschlieszend) = klubiälik.
Geselligkeit [gĕsạlịqkäït] v. (Vereinigungssinn) = klubiäl.
Gesellschaft [gĕsạljáft] v. 1. = sog, Mitglied einer — = sogakompenan, in — von = sogü 2. = zälül 3. (Handelsgesellschaft) = kompenät, anonyme —, namenlose — = kompenät nenfiamik 4. = sogäd.
Gesellschafter [gĕsạljáftĕr] m. 1. (Firmant) = fiaman 2. (Sozius) = kompenätan.
gesellschaftlich [gĕsạljáftlịq] 1. = kompenätik 2. (auf die Gesellschaft bezüglich) = sogik.
Gesetz [gĕsäž] v. 1. = lon, durch das — = lono 2. (Gesamtheit von Gesetzen) = lonem.
gesetzlich [gĕsạžlịq] 1. = lonik 2. (legitim) = gitöfik.
gesetzt [gĕsäžt]: — (angenommen dasz),— dasz = büocedöl, das; ebüocedöl, das; büocedolöd! das.
Gesicht [gĕsịqt] n. 1. (Schvermögen) = logamafäg 2. (Gesichtswerkzeug) = logäm 3. (Angesicht) = logod 4. (Vision) = vision.
Gesichtsausdruck [gĕsịqž-äüšdrụk] m. = logodanotod.
Gesichtskreis [gĕsịqžkräïš] m. = horit.
Gesichtssinn [gĕsịqžsịn] m. = logamasien.
Gesichtstypus [gĕsịqž-tụpụš] m. = lienädem.
Gesichtswerkzeug [gĕsịqž-vạrkžóŭk] n. = logäm.
Gesichtszug [gĕsịqž-žụk] m. = lienäd, logodalienäd.
Gesims [gĕsịmš] n. (Leiste) = mulür.
Gesindel [gĕsịndĕl] n. = lusog.
gesinnt [gĕsịnt] 1.=meugik, — sein = meugön (lov.) 2. niedrig — = bapik.
Gesinnung [gĕsịnụŋ] v. 1. (Ansicht, Dafürhalten) = ced 2. (Denkungsart) = meug 3. niedrige — = bap, schlechte — = badäl.
gesotten [gĕsótĕn]: weich — = müdo peküköl.
Gesottene [gĕsótĕnĕ]: das — = kükot.
Gespann [gĕjpán] n. = fimäd, — von einem Zugtiere = balfimäd.

gespannt [gějpánt] = tenidik, — **sein** = teni=
dön (nel.).
Gespanntheit [gějpánt-háĭt] v. = tenid.
Gespanntsein [gějpánt sáĭn] n. = tenid.
Gespenst [gějpä̆nšt] n. (Spuck) = späk.
gespensterhaft [gějpą̆ntĕrháft] = späkik.
gesperrt [gějpä̆rt] (spatiiert) = vüspadülik.
Gespiele [gějpi̧lĕ] m. = pledakompenan.
Gespinne [gějpi̧nĕ] n. (das Spinnen) = spul.
Gespinst [gějpi̧nšt] n. = spulot.
Gespräch [gějprä̧q] n. = spikot.
gesprächig [gějprą̆qi̧q] = spikotälik.
Gesprächigkeit [gějprą̆qi̧qkáĭt] v. = spikotäl.
Gespucktes [gějpu̧ktĕš] n. = spukot.
Gestade [gějtadĕ] n. (Küste, Ufer) = jol.
Gestalt [gějtált] v. 1. (Form) = fom 2. (Er-
scheinung) = maged.
gestalten [gějtáltĕn] 1. (bilden) = fomön (lov.)
2. sich — = fomikön (nel.).
gestaltet [gějtáltĕt] = fomik.
gestaltlos [gějtáltloš] = nenfomik.
gestatten [gějtátĕn] (erlauben) = dälön (lov.).
Geständnis [gějtą̆ntni̧š] n. (Beichte) = koef.
gestehen [gějteĕn] (beichten) = koefön (lov.).
Gestein [gějtáĭn] n. (Mineral) = stoin.
Gesteinkunde [gějtáĭnku̧ndĕ] v. = stoinav.
Gesteinlehre [gějtáĭnlerĕ] v. = stoinav.
Gestell [gějtä̧l] n. = stanäd (samo: **Rauchservice** = smökastanäd.
gestern [gä̆štĕrn] = ädelo, — **abends** = äsoaro.
Gestiftete [gějti̧ftĕtĕ]: **das —** (Stiftung) =
fünod.
Gestikulation [gä̆štiku̧laži̧on] v. = lejäst.
gestikulieren [gä̆štiku̧li̧rĕn] = lejästön (nel.).
Gestirn [gějti̧rn] n. 1. (Gesamtheit der Sterne)
= stelem 2. (Sternbild) = steläd.
Gestirnung [gějti̧rnu̧ŋ] v. = stelastaned.
Gestirnstand [gějti̧rnjtánt] m. = stelastaned.
gestirnt [gějti̧rnt] = pestelöl.
Gestohlene [gějtolĕnĕ]: **das —** = tifot.
gestorben [gějtórbĕn] (verschieden) = edeadöl,
deadik, — **sein** = edeadön.
gestreift [gějtráĭft] = stripik.
gestrig [gą̆štri̧q] = ädelik, **der gestrige Tag** =
ädel.
gesucht [gĕsu̧q̆t] = vogik, — **sein** = vogön
(nel.).
Gesuchtsein [gĕsu̧q̆t sáĭn] n. (das Begehrtsein)
= vog.
gesund [gĕsu̧nt] (wohl) = saunik, — **sein** =
saunön (nel.), — **werden** = saunikön (nel.),
— **machen** = saunükön (lov.).
gesunden [gĕsu̧ndĕn] (gesund werden) = sau=
nikön (nel.).
Gesuntheit [gĕsu̧ntháĭt] v. (Wohlsein) = saun.
Gesundmachung [gĕsu̧ntmáq̆u̧ŋ] v. = saunü=
kam.
Gesundwerdung [gĕsu̧nt-vą̆rdu̧ŋ] v. = sauni=
kam.
Getier [gĕti̧r] n. = nimem.
Getose [gĕtosĕ] n. = lenoid.
Getöse [gĕtösĕ] n. = lenoid.
getötet [gĕtötĕt] = pedeidöl.
getrauen [gĕtráŭĕn]: **sich —** = künön (nel.).
Getraum [gĕtráŭm] n. = drimam.

Getränk [gĕträ̧ŋk] n. 1. (Trank) = drined 2.
alkoholisches —, starkes — = spitin, **ein
bitteres —** = biedadrined 3. — **im kleinen
verkaufen** = bötädön (lov.).
Getreide [gĕträĭdĕ] n. (Korn) = gren.
Getreidemehl [gĕträĭdĕmel] n. = grenameil.
getrennt [gĕtränt] (los) = livik, — **sein** =
livön (nel.).
getreu [gĕtróŭ] = fiedik, — **dem** = fiedü.
Getrippel [gĕtri̧pĕl] n. = golül.
Getroffener [gĕtrófĕnĕr] m. (Schlachtopfer) =
drefäb.
getrost [gĕtrošt] : **—!** = trodö!
getrübt [gĕtrüpt] (trübe) = glumik.
Gevatter [gĕfátĕr] m. (Pate) = spönan, — **sein
bei** = spönön (lov.).
Gevatterschaft [gĕfátĕr-jáft] v. 1. (Patenstelle)
= spön 2. (pösods) = spönanef.
gewagt [gĕvakt] (riskant) = riskodik.
gewahr [gĕvar]: — **werden** = küpön (lov.).
Gewahrwerden [gĕvar vą̆rdĕn] n. = küp.
Gewalt [gĕvált] v. = mekädam.
Gewalthaber [gĕvált=habĕr] m. (Machthaber)
= nämädan.
gewaltsam [gĕváltsam] = mekädö, — **sein** =
mekädön (nel.).
Gewaltsamkeit [gĕváltsam-káĭt] v. = mekädam.
Gewalttat [gĕvált=tat] v. = mekäd.
gewalttätig [gĕvált=tą̆ti̧q] = mekädik.
Gewalttätigkeit [gĕvált=tą̆ti̧q-káĭt] v. = mekäd.
Gewand [gĕvánt] n. (Anzug) = klotem.
gewandt [gĕvánt] 1. = skilälik 2. — **sein** =
visedälön (nel.).
Gewandtheit [gĕvánt-háĭt] v. 1. = skiläl 2.
(Fertigkeit) = skil.
Gewähr [gĕvär] v. 1. (Garantie) = garan 2.
auf die — des = nämätü.
gewähren [gĕvärĕn] (verleihen) = gevön (lov.).
Gewährer [gĕvärĕr] m. (Verleiher) = gevan.
Gewährung [gĕvą̆ru̧ŋ] v. (Verleihung) = gev.
Gewässer [gĕvä̧sĕr] n. = vatem.
Gewebe [gĕvebĕ] n. = vivot, — **aus Pferde-
haren** = vivot jevodaherik, — **aus Seiden-
abfällen** = vivot de sadinadefalots, — **in
Verbindung mit Kautschuk** = vivot pegumöl,
baumwollenes — = vivot kotinik, **leinenes —**
vivot linumik, **seidenes —** = vivot sadinik,
wollenes — = vivot lainik.
geweckt [gĕväkt] (gescheit) = visedälik.
Gewecktheit [gĕvą̆ktháĭt] v. = visedäl.
Gewehr [gĕver] n. = gün.
Gewerbe [gĕvä̆rbĕ] n. (Amt, Beruf) = cal.
gewerblich [gĕvą̆rpli̧q] = febodik, **gewerbliches
Etablissement** (Anstalt) = febodastitod.
Gewicht [gĕvi̧qt] n. 1. (Körper von bestimmter
Schwere als Masz) = vät, **auf die Gewichte
beziehend** = vätik 2. (das, wie schwer etwas ist) = vetot, — **haben** (wiegen) =
vetotön (lov.), **spezifisches —** = sotavetot,
nach spezifischem — = sotavetotik, sotave=
toto.
Gewichtseinheit [gĕvi̧qž=áĭn-háĭt] v. = väta=
stabäd.
Gewinn [gĕvi̧n] m. 1. = gaenod 2. (Ertrag,

Produkt) = prod 3. (Erwerb, Verdienst) = merit.

gewinnen [gĕvi̭nĕn] = gaenön (lov.), **die Wette** — = gaenön yüli.

Gewinnen [gĕvi̭nĕn] n. = gaen.

Gewinner [gĕvi̭nĕr] m. 1. = gaenan 2. — **des Wettkampfes** = mätivikodan.

Gewissen [gĕvi̭sĕn] n. = konsien.

gewissenhaft [gĕvi̭sĕnháft] = konsienöfik.

Gewissenhaftigkeit [gĕvi̭sĕnháfti̭qkáɪt] v.=konsienöf.

Gewissensbisse [gĕvi̭sĕnsbi̭sĕ] pl. = lepid, — **haben** = lepidön (lov.).

Gewisser [gĕvi̭sĕr]: **ein** — (latino: ‚quidam') = seman.

gewissermaszen [gĕvi̭sĕr masĕn] (gleichsam) = semo.

gewisz [gĕvi̭s] 1. = fümik, —! = fümö! **ganz** —! = go fümö! — **des** = fümü 2. (ein gewisser Masz, eine gewisse Beziehung) = sem, **ein gewisser** = semik, **in gewissem Sinne** = semo 3. —! = lesi! **ja** —! = lesi!

Gewiszheit [gĕvi̭sháɪt] v. = füm.

Gewitter [gĕvi̭tĕr] n. = mistomül.

gewogen [gĕvogĕn] = böniälik.

Gewogenheit [gĕvògĕnháɪt] v. = böniäl.

Gewohnheit [gĕvònháɪt] v. 1. = kösom, **aus** — = kösömo 2. (Gebrauch) = kösömot.

gewohnt [gĕvont] = kösömik, — **sein** = kösömön (nel.), — **werden** = kösömikön (nel.).

Gewohntsein [gĕvòntsáɪn] n. = kösöm.

gewöhnen [gĕvönĕn] 1. = kösömükön (lov.) 2. **sich** — = kösömikön (nel.).

gewöhnlich [gĕvönli̭q]: **für** — = kösömiko.

Gewöhnlichkeit [gĕvönli̭qkáɪt] v. (Alltäglichkeit) = komun.

Gewölbe [gĕvölbĕ] n. (Bogengewölbe) = bobot.

Gewölbebogen [gĕvölbĕbogĕn] m. = bobotabobäd.

Gewölbepfeiler [gĕvölbĕ-pfáɪlĕr] m. = bobotakölüm.

gewölbt [gĕvölpt] = bobotik.

gewunden [gĕvṷndĕn] = krugik, — **sein** = krugön (nel.).

Gewundensein [gĕvṷndĕn sáɪn] n. = krug.

Gewürz [gĕvürž] n. = pit.

gewürzhaft [gĕvṷržháft] = pitik.

Gewürzwarenhändler [gĕvṷržvarĕn hän̆dlĕr] m. = pitatedülan.

gezackt [gĕžákt] = tuitik.

gezahlt [gĕžalt]: **die gezahlte Summe** = pelot.

gezahnt [gĕžant] (gezackt) = tuitik.

gezeichnet [gĕžáɪqnĕt] = mäkik.

Geziefer [gĕži̭fĕr] n. (nicht ungünstig) = nimilem.

geziemend [gĕži̭mĕnt] 1. = söto 2. (anständig) = gidöfik.

geziert [gĕži̭rt] = fäkiälik.

Geziertheit [gĕži̭rtháɪt] v. = fäkiäl.

Gezische [gĕži̭šĕ] n. = sijid.

Gezweige [gĕžváɪgĕ] n. = tuigem.

gezwungen [gĕžvṷŋĕn] (zwingend) = mütik.

Gibraltar [gibrál-tár] = ‚Gibraltar' [cibrăltĕ] (Lin.).

Gicht [gi̭qt] v. = gig.

gichtig [gi̭qti̭q] = gigik.

gichtisch [gi̭qti̭ĵ] = gigik.

Gichtpapier [gi̭qt-papir] n. = tagigpapür.

Giebel [gi̭bĕl] m. (Gipfel) = sömit.

gierig [gi̭ri̭q] 1. = zibidesirik 2. (gelüstig) = ledesirik.

Gieszbad [gi̭sbáɖ] m. = gifabluk.

Giesze [gi̭sĕ] v. = gifülöm.

gieszen [gi̭sĕn] 1. = gifön (lov.) 2. (platzregnen) = sturareinön (nel.).

Gieszen [gi̭sĕn] n. = gif.

gieszend [gi̭sĕnt]: — **sprengen** = gifülön (lov.).

Gieszer [gi̭sĕr] m. 1. p. = gifan 2. d. = gifian.

Gieszerei [gi̭sĕráɪ] v. 1. = gif 2. (Werkstatt) = giföp.

Gieszkanne [gi̭skánĕ] v. = gifülöm.

Gift [gi̭ft] n. = venen.

giftig [gi̭fti̭q] = venenöfik.

Giftigkeit [gi̭fti̭qkáɪt] v. = venenöf.

Giftkunde [gi̭ftkṷndĕ] v. = venenav.

Giftlehre [gi̭ftlerĕ] v. = venenav.

gilben [gi̭lbĕn] = yelovükön (lov.).

Gilde [gi̭ldĕ] v. (Innung, Zunft) = gild.

giltig [gi̭lti̭q] = lonöfik, — **sein** = lonöfön (nel.), — **machen** = lonöfükön (lov.).

Giltigkeit [gi̭lti̭qkáɪt] v. = lonöf.

Gimpel [gi̭mpĕl] m. = pürul.

Gipfel [gi̭pfĕl] m. = sömit.

gipfelig [gi̭pfĕli̭q] = sömitilabik.

gipfeln [gi̭pfĕln] 1. (einen Gipfel erreichen) = sömitön (nel.) 2. nev. = lebinädön (nel.).

Gips [gi̭pš] m. 1. = güp, **mit** — **überziehen** = güpön (lov.), **Formerarbeit aus** — = güpamagod 2. (Putz, Gipskalk) = güpäd.

Gipsabgusz [gi̭pš-ápgṷš] m. = güpakopied.

Gipsarbeiter [gi̭pš-ár-báɪtĕr] m. = güpavoban.

gipsen [gi̭pšĕn] 1. = güpädön (lov.) 2. (mit Gips überziehen) = güpön (lov.).

Gipser [gi̭pšĕr] m. = güpavoban.

Gipsfigur [gi̭pšfigur] m. (durch Gipsgusz geformter Gegenstand) = güpagifot.

Gipskalk [gi̭pškálk] m. = güpäd.

Giraffe [giráfĕ] v. 1. = giraf 2. st. = sigiraf.

Girant [jiránt] m. = giran.

Girat [ji̭rat] m. = begiräb.

girieren [jiri̭rĕn] = girön (lov.).

Girlande [girlándĕ] v. = festun, **mit Girlanden versehen** = festunön (lov.).

Giro [ci̭ro, ji̭ro] n. = gir.

Girobank [cirobáŋk, ji̭robáŋk] v. = girabank.

Gitter [gi̭tĕr] n. = treil.

gittern [gi̭tĕrn] = treilön (lov.).

Gittertor [gi̭ttor] n. = treilayan.

Gittertür [gi̭tĕrtür] v. = treilayan.

Gitterzaun [gi̭tĕržáun] m. = treilakiud.

Glanz [glánž] m. (das Glänzen) = nid.

glanzhell [glánžhäl] = nidaklilik.

glanzig [glánži̭q] = glimik.

Glanzpapier [glánžpapir] n. = glimapapür.

Glanzpappe [glánž-pápĕ] v. = glimakarton.

glanzvoll [glánž-fól] (brillant) = nidik.

Glas [glaš] n. 1. = glät 2. (etwas aus — gefertigtes) = glätot 3. (Trinkglas) = vär 4. (als Masz) = väret.

glasartig [glăšarti̭q] = glätilik.

Glasbläser [glàsblǎsěr] m. = glätibladan.
Glaser [glasěr] m. = vitüran, Werkstatt eines Glasers = vitüramöp.
Glaserei [glasěráï] v. = vitüramöp.
Glasflusz [glàsflǔš] m. = glätasmeitot.
Glasgemälde [glàsgěmäldě] n. = glätapänot.
Glasgeschirr [glàsgějǐr] n. = glätotem.
Glasglocke [glàsglókě] v. = klokäd.
Glashütte [glàshütě] v. = glätöp.
Glashüttenabfall [glàshütěn áp-fál] m. = des falot glätismeitöpas.
glasieren [glasirěn] = glätädön (lov.).
glasiert [glasirt] = glätädik.
glasig [glàsiq]: — machen = glätädön (lov.).
Glasknopf [glàsknópf] m. 1. = glätagnob 2.= glätaknop.
Glaslinse [glàslịnšě] v.: konkave — = kons kavalentül.
Glasmacher [glàsmáqěr] m. = glätel.
Glasmalerei [glàsmalěráï] v. = glätapän.
Glasmasse [glàsmášě] v. = glätamasat.
Glaspapier [glàspapir] n. = vitürapapür.
Glasperle [glàspärlě] v. = glätapärlat.
Glasplatte [glàplátě] v. = glätaplatot.
Glasplättchen [glàsplätqěn] n. = glätaplatotil.
Glasröhre [glàsrörě] v. = glätarüd.
Glasscheibe [glàsjáïbě] v. = vitür, mit Glasscheiben versehen = vitürön (lov.).
Glasschmelze [glàsjmälžě] v. = glätismeitöp.
Glasschmelzen [glásjmälžěn] n. = glätismeit.
Glasschmelzer [glàsjmälžěr] m. = glätismeitan.
Glasschmelzerei [glàsjmälžěráï] v. = glätismeitöp.
Glasstängelchen [glàsjtäŋělqěn] n. = glätastafil.
Glasträne [glàssträně] v. = glätatof.
Glastropfen [glàstrópfěn] m. = glätatof.
Glasur [glasur] v. = glätäd.
Glasurmasse [glasụrmášě] v. = glätädamasat.
Glasware [glàsvarě] v. = glätacan.
Glaswerk [glàsvärk] n. = glätotem.
Glasziegel [glàsžịgěl] m. = glätatein.
glatt [glát] 1. = smufik, — sein = smufön (nel.), — machen, — plätten = smufükön (lov.) 2. (eben) = smudik, — sein = smudön (nel.) 3. (schlüpfig) = slifabik.
Glaube [glàǔbě] m. (das Glauben) = kred.
glauben [glàǔběn] 1. (für wahr halten) = kres dön (lov.) 2. (überzeugt sein) = lekredön (lov.), abergläubisch — = lukredön (lov.).
Glauben [glàǔběn] n. 1. (Glaube) = kred 2. (in religiösem Sinn) = lekred 3. (das Meinen) = kredül.
Glaubender [glàǔběnděr] m. = lekredan.
Glaubensartikel [glàǔběnš-ártịkěl] m. = lekres daleset.
Glaubensbekenntnis [glàǔběnšběkǎntnịš] n. = lekoef.
Glaubenslehre [glàǔběnšlerě] v. = lekredav.
Glaubenssatz [glàǔběnš-sáž m. = lekredaleset.
Glaubersalz [glàǔběr-sálž] n. = saläd di ‚Glauber' [glàǔběr] (D.).
glaubhaft [glàǔp-háft] (glaublich) = kredabik.
Glaubhaftigkeit [glàǔp-háftịqkáït] v. = kredab.
glaublich [glàǔplịq] = kredabik.
glaubwürdig [glàǔpvürdịq] = kredabik.

Glaubwürdigkeit [glàǔp-vụrdịgkáït] v.=kredab.
glänzen [glänžěn] = nidön (nel.).
Glänzen [glänžěn] n. = nid.
glänzend [glänžěnt] 1. (glanzig) = glimik 2. (brillant) = nidik.
Gläser [gläsěr] m. = glätel.
gläsern [gläsěrn] = glätik, gläserner Dachziegel = glätatein, gläserne Kronleuchterbehänge = lagots glätik litemakrona, Verfertiger von gläsernen Gegenstände = glätotel.
Glätte [glätě] v. 1. = smuf 2. = slifab.
glätten [glätěn] = smufükön (lov.).
gläubig [glóǔbịq] = lekredik.
Gläubiger [glóǔbịgěr] m. 1. (Glaubender) = lekredan 2. (Kreditor) = kreditan 3. (Darleiher) = prünan.
gleich [gláïq] 1. = leigik, — sein = leigön (nel.) 2. gleicher Ansicht = otcedik, leigacedik, — schwer = vetaleigik, — viel = leigiko 3. (gleichwie) = äs 4. (sogleich, sofort) = onu.
gleichartig [gláïq-àrtịq] = leigasotik.
Gleiche [gláïqě] v. (Gleichheit) = leig.
gleichen [gláïqěn] 1. (gleich sein) = leigön (nel.) 2. (ähnlich sein) = sümön (nel.) 3. einem — = sümedön (nel. nem.).
Gleicher [gláïqěr] m. (Äquator) = kveator.
gleichfalls [gláïq-fálš] = leigo.
gleichförmig [gláïq-fǒrmịq] = leigafomik, — machen = leigafomön (lov.).
Gleichförmigkeit [gláïq-fǒrmịqkáït] v. = leigafom.
Gleichgewicht [gláïqgěvịqt] n. = leigavet, politisches — = leigavet bolitik, im — = leigaveto, im — stehen = leigavetön (lov.), einander im — halten = leigavetön votiki, das eine hält das andere in — = bal dinas at leigaveton votiki, ins — bringen = leigavetükön (lov.).
Gleichgewichtslehre [gláïqgěvịqž-lerě] v. (Statik) = stat.
gleichgültig [gláïqgültịq] 1. = lindifik, — sein = lindifön (nel.) 2. (gleichwertig) = leigalonöfik.
Gleichgültigkeit [gláïqgültịq-káït] v. = lindif.
Gleichheit [gláïq-háït] v. = leig.
Gleichheitszeichen [gláïq-háïž-žáïqěn] n. = leigamalül.
Gleichklang [gláïq-klàŋ] m. = leigaton.
gleichlaufend [gláïq-làǔfěnt] (parallel) = fasgotaleigik.
Gleichlaut [gláïq-làǔt] m. = leigaton.
gleichmäszig [gláïqmäšịq] = leigöfik.
Gleichmäszigkeit [gláïq-mǎšịqkáït] v. = leigöf.
gleichmütig [gláïqmütịq] = leigöfaladälik.
Gleichmütigkeit [gláïq-mụtịqkáït] v. = leigöfaladäl.
Gleichnis [gláïqnịš] n. = parab.
gleichsam [gláïqsam] 1.=semo 2. (sozusagen) = äsvo.
gleichschenkelig [gláïq-jàŋkělịq] = leigatigik.
gleichseitig [gláïq-sáïtịq] = leigalienik.
gleichstehen [gláïqjteěn] = leigön (nel.), einem an Kenntnissen — = leigön tefü ek demü nols.

gleichstellen [gláĭqjtä̆lĕn] = leigädön (lov.).
Gleichstellung [gláĭq-jtä̆lŭŋ] v. = leigäd.
Gleichung [gláĭqŭŋ] v. 1. (Gerademachung) = stedükam 2. mat. = leigot.
Gleichwert [gláĭqvärt] m. (äquivalent) = leigätod.
gleichwertig [gláĭqvä̱rtiq] 1. = leigavöladik 2. (äquivalent) = leigätik.
Gleichwertigkeit [gláĭq-vä̱rtigkáĭt] m. (Äquivalenz) = leigät.
gleichwie [gláĭq vi] 1. (sowie) = äs 2. (ebenso wie) = leigoäs.
gleichwohl [gláĭq vol] (dennoch) = too (ladv.).
gleichzeitig [gláĭq-žáĭti̱q] = leigüpik, ün tim ot, leigüpo.
gleichzeitigerweise [gláĭq-žáĭti̱gĕr-váĭsĕ] = leigüpo.
Gleichzeitigkeit [gláĭq-žáĭti̱q-káĭt] v. = leigüp.
Gleis [gláĭš] n. = rut.
Gleisner [gláĭšnĕr] m. (Heuchler) = simulan.
Gleisnerei [gláĭšnĕráĭ] v. = simul.
gleisnerisch [gláĭšnĕri̱j] (heuchlerisch) = simulik.
gleiten [gláĭtĕn] (rutschen) = slifön (nel.).
Gleiten [gláĭtĕn] n. = slif.
Gletscher [glä̆čĕr] m. (Heuchler) = gladäd.
Glied [glit] n. 1. = lim 2. p. = liman.
gliederig [gli̱dĕri̱q] = limik, — sein = limön (nel.).
gliedern [glidĕrn] = limükön (lov.).
glimmen [gli̱mĕn] = glimön (nel.).
Glimmen [gli̱mĕn] n. = glim.
Glimpf [gli̱mpf] m. (Gütlichkeit) = gudöf.
glimpflich [gli̱mpfli̱q] = gudöfik.
glitschen [glčĕn] = slifülön (nel.).
glitschig [gli̱či̱q] = slifülabik.
glitzeren [gli̱žĕrn] = nidülön (nel.).
Glocke [glókĕ] v. 1. klok 2. (Glasglocke) = klokäd, klokäd glätik.
Glockengeläute [glókĕn-gĕlóŭtĕ] n. = klokatoenod.
Glockengieszer [glókĕngi̱šĕr] m. = klokigifan.
Glockengieszerei [glókĕn-gi̱šĕráĭ] v. = klokigiföp.
Glockenist [glókĕni̱št] m. = klokeman.
Glockenläuter [glókĕn-lóŭtĕr] m. = klokitoenan.
Glockenmetall [glókĕn-metál] n. = klokalaliad.
Glockenspeise [glókĕn-jpáĭsĕ] v. = klokalaliad.
Glockenspiel [glókĕnjpi̱l] n. (Carillon) = klokem.
Glorie [glòriĕ] v. (Herrlichkeit) = glor.
glorreich [glòrráĭq] = glorik.
glotzen [glózĕn] (gaffen) = lulogön (lov.).
Glotzer [glózĕr] m. (Gaffer, Maulaffe) = lulogan.
Glöcklein [glók-láĭn] n. = klokil.
Glöckner [glókĕr] m. = klokitoenan.
glucken [glukĕn] = glukon (nel.).
Glut [glut] v. (das Glühen) = glut.
glutig [glùti̱q] = glutik.
Glück [glük] n. = läb, — haben = läbön (nel.).
glückauf [glük-áŭf]: —! = läbö!
glücken [glükĕn] = plöpön (nel.).
glücklich [glù̱kli̱q] = läbik, — sein = läbön

(nel.), — werden = läbikön (nel.), — machen = läbükön (lov.).
glücklicherweise [glù̱kli̱qĕr váĭsĕ] = läbo.
glückselig [glüksèli̱q] = leläbik, — sein = leläbön (nel.), — werden = leläbikön (nel.), — machen = leläbükön (lov.).
Glückseligkeit [glüksèli̱qkáĭt] v. = leläb.
Glückswechsel [glù̱xvä̆xĕl] m. (Chance) = mögod.
Glückwunsch [glù̱kvu̱nj] m. = benovip.
glühen [glüĕn] 1. = glutön (nel.) 2. lov. = glütön (lov.).
Glühen [glüĕn] n. = glut.
glühend [glüĕnt] = glutik, — heisz = lehitik, — machen = glütön (lov.).
Glyzerin [glüžĕri̱n] n. = gliserin.
Gnade [gnadĕ] v. = benäd, — Erweiser = benädän, von Gottes Gnaden = benädü God.
gnaden [gnadĕn] (begnaden) = benädön (lov.).
gnädig [gnä̱di̱q] = benädik.
Gnosis [gnòsi̱š] v. = gnosid.
Gnostiker [gnóšti̱kĕr] m. = gnosidan.
Gnostizisme [gnóšti̱ži̱šmĕ] = gnosidim.
Gold [gólt] n. 1. = gold 2. Au = goldin.
Goldarbeit [gólt-ár-báĭt] v. = goldavobot.
Goldarbeiter [gólt-ár-báĭtĕr] m. = goldavobotel, goldibevoban.
Goldbearbeitung [gólt-bĕár-báĭtu̱ŋ] v. = goldibevob.
Goldblatt [gólt-blát] n. = goldabled.
golden [góldĕn] = goldik, goldenes Jubiläum = yubid luldegyelik.
goldfarbig [gólt-fárbi̱q] = goldakölik.
Goldfinger [góltfi̱nĕr] m. (Ringfinger) = linär.
Goldflitter [góltfli̱tĕr] m. = goldabledül.
goldhaltig [gólt-hálti̱q] = goldinerik.
Goldküste [góltküštĕ] v. = Goldinajolän, ‚Gold-Coast' [gòŭltkoŭšt] (Lin.).
Goldoxydul [gólt óxüdu̱l] Au_2O = goldinoloxid.
Goldpapier [góltpapir] n. = papür goldik, papür pegoldöl.
Goldsäure [gólt-sóŭrĕ] H_3AuO_3 = goldatazüd.
Goldsäureanhydrid [gólt-sóŭrĕ ánhüdri̱t] Au_2O_3 = goldatastabot.
Goldschaum [gólt-jáŭm] m. = bledagold, lugold.
Goldschmied [góltjmi̱t] m. = goldismitan.
Goldschmiedearbeit [góltjmi̱dĕ ár-báĭt] v. = goldavobot.
Goldschmiederei [gólt-jmidĕráĭ] v. = goldismitöp.
Goldschmiedware [góltjmi̱t varĕ] v. = can goldismitana.
Goldschnitt [góltjni̱t] m. = goldaköted.
Goldschwefel [góltjvefĕl] Sb_2S_4 = telstibinafolloxin.
Goldsulfid [góltsu̱lfi̱t] Au_2S_3 = goldinisulfid.
Goldware [góltvarĕ] v.: Verfertiger von Goldwaren = goldavobotel.
Goldwerk [góltvärk] n. = goldibevob.
Goldwerker [góltvärkĕr] = goldibevoban.
Golf [gólf] m. (Meerbusen) = lebug.
Gondel [góndĕl] v. = gondol.
Gosse [gósĕ] v. (Rinnstein) = legruf.
Gote [gotĕ] m. = gotan.
gotisch [gòti̱j] = gotik.

Gotisch [gòtij]: **das** — = got.
Gott [gót] m. 1. = God, — **dienen** = kultön
(lov.) Godi, —! **o** —! = Godö! **groszer** —!
= legodö! — **befohlen**! = adyö! **leider**
Gottes! = leliedö! **wollte** —! = God vilo=
nös! — **sei Dank**! = Gode dani! 2. (Gott=
heit) = god, higod.
Gottähnlichkeit [gót-ånliqkáït] v. = Godasüm.
Gottesacker [gótĕš-ákĕr] m. = deadanöp.
Gottesdienst [gótĕšdinšt] m. 1. (Kultus) = kult
2. = kultipläg.
Gottesgelehrsamkeit [gótĕš-gĕlèrsamkáït] v. =
Godav.
Gottesgelehrter [gótĕšgĕlertĕr] m. = Godavan.
Gotteslästerung [gótĕš-låštĕrün] v. (Fluch) =
blasfäm.
Gottesurteil [gótĕš-ürtáïl] n. (Ordale) = Goda=
cödetam.
Gotteswillen [gótĕšvilĕn]: **um** — = Godo.
Gottheit [gót-háït] v. = god.
gottlob [gótlòp]: —! = Gode lobi!
gottlos [gótloš] = nen=Godik.
Gottlosigkeit [gót-lòsigkáït] v. = nen=God.
Gourde, k. = gurd.
Gourmand [gurmáñ] m. = daifan.
gönnen [gŏnĕn] 1. **ein Vergnügen, das Glück** —
= bönön (lov.) blesiri, läbi, **einer der einem**
Andern etwas gönnt = bönan 2. (zuteil wer=
den lassen) = gönön (lov.).
Gönnen [gŏnĕn] n. 1. = bön 2. = gönam.
Gönner [gŏnĕr] m. (Begünstiger) = gönan,
hoher — = gönal.
gönnerhaft [gŏnĕr-háft] = gönik.
gönnerisch [gŏnĕrij] = gönik.
Gönnerschaft [gŏnĕr-jáft] v. = gönanef.
götterhaft [gŏtĕr-háft] (von göttlicher Natur)
= Godälik.
Göttin [gŏtin] v. = jigod.
göttlich [gótliq (Gott eigen, von Gott herrüh=
rend) = Godik, **göttliche Natur** = Godäl,
von göttlicher Natur = Godälik, **Diener des**
göttlichen Wortes = kultan.
Göttlichkeit [gótliq-káït] v. 1. = godöf 2.
(göttliche Natur) = Godäl.
Götze [gŏžĕ] m. = lugod.
Götzendiener [gŏžĕndinĕr] m. = lugodikultan.
Götzendienst [gŏžĕndinšt] m. = lugodikult.
Grab [grap] n. = sepül.
graben [grabån] 1. = sebön (lov.) 2. (bauen,
anlegen) = meikön (lov.) 3. (grabend um=
wühlen) = jüpön (lov.).
Graben [grabĕn] 1. m. = söp, **schmaler** — =
lusöp 2. **das** — = seb, **Ort des Grabens** =
seböp.
Grabmal [gràpmal] n. = sepülamal.
Grabscheit [gràpjáït] n. = jüp.
Grabschrift [gràpjrift] v. (Epitaphium) = se=
pülapenäd.
Grabstichel [gràb=jtiqĕl] m. 1. = gavagliv 2.
st. = sigavagliv.
Grad [grat] m. 1. (Übergangsstufe) = gred 2.
— **eines Thermometers, eines Kreises, …** =
grad tärmometa, sirka, … 3. **hoher** —
= vem, **im hohen Grade** = vemik, **auszer=**
ordentlich hoher — = levem.

Gradation [gradažion] v. 1. (Stufengang) =
gredam 2. (Steigerung) = gramatafomam
leigoda 3. (Steigerungsstufen) = gramata=
foms leigoda.
graduell [graduäl] = gredo, **gradueller Unter=**
schied = gredadif.
Graf [graf] m. = graf.
Grafschaft [gràfjáft] v. = grafän.
Gram [gram] m. = leglif.
gramerfüllt [gràm=ärfült] = leglifik, — **sein** =
leglifön (nel.).
Gramm [grám] n. = gram.
Grammatik [grámátik] v. = gramat.
grammatikalisch [grámátikàlij] = gramatik.
Gran [gran] n. e m. = grän.
Granat [granat] m. 1. (Gestein) = granatoin
2. (Schmucksache) = granatain.
Granate [granatĕ] v. (Geschosz) = grenad.
Grande [gràndĕ] m. = gretädan.
Grandezza [grándå̃ža] v. = gretäd.
Granit [granit] m. = granoin.
graniten [granitĕn] = granoinik.
Granitware [granitvarĕ] v. = granoinacan.
Graphik [gràfik] v. (Schreib= und Zeichenkunst)
= penav.
graphisch [gràfij] = penavik.
Graphit [grafit] m. = grafit.
Graphitstift [grafitjtift] m. (Bleistift) = gra=
fitastaführl.
Gras [graš] n. 1. = yeb, **von** — = yebik 2.
(Graspflanze) = gramen.
grasartig [gràš=artiq] = gramenik, gramenasü=
mik.
grasbewachsen [gràšbĕváxĕn] = yebagik.
grasen [grasĕn] 1. = yebidön (nel.) 2. =
yebifodön (nel.).
grasicht [gràsiqt] = yebagik.
grasig [gràsiq] = yebagik.
Grasland [gràšlánt] n. = yebalän.
Grasmäher [gràšmäĕr] m. = yebifodan.
Grasmücke [gràšmükĕ] v. = silvid.
Graspflanze [gràšpflánžĕ] v. = gramen.
Grasware [gràšvarĕ] v. = yebacan.
gratis [gràtiš] (umsonst, unentgeltlich) = glato.
Gratulant [gratulánt] m. = benovipan.
Gratulation [gratulažion] v. = benovip.
gratulieren [gratulirĕn] = benovipön (lov.).
grau [gráü] = gedik.
Grau [gráü] n. = ged.
Graubünden [gráübündĕn] n. = Graubündän.
graubündisch [gráübündij] = Graubündänik.
Graubündner [gráübündnĕr] m. = Graubündä=
nan.
graubündnerisch [gráübündnĕrij] = Graubün=
dänik.
grauen [gráüĕn] (grausen vor) = lenaudön
(lov.).
Grauen [gráüĕn] n. (Grauenerregendes) =
lenaudod.
grauenhaft [gráüĕn-háft] = lenaudodik.
Grauheit [gráü-háït] v. = ged.
graulich [gráüliq] = gedilik.
Graupe [gráüpĕ] v. (Hagel) = gräl.
graupeln [gráüpĕln] = grälön (nel.).
Graus [gráüš] m. 1. (Entsetzen) = lejek 2.

(Grauenerregendes) = lenaudod 3. **zu —**
zermalmen = brekülön (lov.).
grausam [grău̇sam] = kruälik.
Grausamer [grău̇samer] m. = kruälan.
Grausamkeit [grău̇sam-kâït] v. = kruäl.
grausen [grău̇sĕn] 1. — **vor** = lenaudön (lov.)
2. = brekülön (lov.).
Grausen [grău̇sĕn] n. 1. = ledred 2. = lenaud
3. (Grauenerregendes) = lenaudod.
grausenerregend [grău̇sĕn=äregĕnt] = ledredodik.
grausenhaft [grău̇sĕn-háft] = lenaudodik.
grausig [grău̇sįq] = ledredodik.
Graveur [gravör] m. = gavan.
gravieren [gravįrĕn] = gavön (lov.).
Gravieren [gravįrĕn] n. = gav.
Gravierkunst [gravįrkųnšt] v. = gavav.
Gravierung [gravįrųŋ] v. (Gravüre) = gavot.
Gravüre [gravürĕ] v. = gavot.
Gräberei [gräbĕräï] v. = seb.
gräflich [grằflįq] = grafik.
Gräkomanie [gräkomanį] v. = Grikänäl.
grämen [grämĕn] 1. = leglifükön (lov.) 2.
sich — = leglifön (nel.).
grämlich [grằmlįq] = leglifik.
Gräszlichkeit [grằšlįqkâït] v. = ledredod.
Gräte [grätĕ] v. = fitabom, fitabomil.
gräzisieren [gräzįsįrĕn] = Grikänön (lov.).
Gräzismus [gräzįšmųš] m. = Grikänim.
greifbar [grái̇fbar] = gleipovik.
Greifbarkeit [grái̇fbar-kâït] v. = gleipov.
greifen [grái̇fĕn] 1. = gleipön (lov.) 2. (fassen) = glepön (nel.), **der Anker greift** =
nak glepon.
Greifen [grái̇fĕn] n. = gleip.
Greiforgan [grái̇f-órgàn] n. = gleipäm.
Greis [grái̇š] m. = bäldan.
greisenhaft [grái̇sĕn-háft] = bäldanik.
Grenze [gränžĕ] v. = mied, **mit Grenzen ver-**
sehen = miedükön (lov.).
grenzen [gränžĕn]: — **an** (begrenzen) = mie=
dön (lov.).
grenzenlos [gränžĕnloš] = nenmiedik.
Grenzenlosigkeit [gränžĕnlosįqkâït] v. = nen=
mied.
Grenzfläche [gränžfläqĕ] v. = miedaplen.
Grenzland [gränžlánt] n. = miedalän.
Grenzlinie [gränž-linĭĕ] v. = miedalien.
Grenzmal [gränžmal] n. = miedamal.
Grenzzeichen [grằnžžáïqĕn] n. = miedamal.
Greuel [grőŭĕl] m. (die Empfindung des Grau-
ens) = lenaud.
Grège [gräjĕ] (Rohseide) = krüdasadin.
Grieche [griqĕ] m. = Grikänan.
Griechenland [griqĕnlánt] n. = Grikän.
griechisch [griqįš] = Grikänik.
Griesgram [grìšgram] m. (Neidhammel) =
glötan.
Griesz [griš] m. 1. = grüd 2. (Grieszmehl) =
grüdameil.
Grieszmehl [grišmel] n. = grüdameil.
Griff [grif] m. 1. (das Greifen) = gleip 2.
(Stiel) = gleipäd 3. (Henkel, Träger) =
gleiped 4. (Kunstgriff, Manipulation) =
duned.

Griffel [grifĕl] m. 1. (Schreibstift) = gliv 2.
(Schieferstift) = sletagliv.
Grillchen [grilqĕn] n. = krikil.
Grille [grilĕ] v. 1. = krik 2. (Schrulle) =
vimäd.
Grimm [grim] m. (Groll) = lezun.
grimmig [grimįq] (wütend) = lezunik, — **sein**
= lezunön (nel.).
grinsen [grinsĕn] = grinön (nel.).
Grinsen [grinsĕn] n. = grin.
grob [grop] 1. (roh) = grobik 2. (plump,
derb, brutal) = grobälik.
Grobheit [gròpháït] v. 1. (das Grobsein) =
grob 2. (Flegelei) = nekuliv.
Grobian [gròbįan] m. 1. = grobälan 2. (Flegel) = nekulivan.
Grobsein [grop säïn] n. = grob.
Groll [gról] m. 1. = hetäd, **einen — gegen**
einen haben, hegen = hetädön (lov.) eki 2.
(Grimm) = lezun.
grollen [grólĕn] 1. **einem —** = hetädön (lov.)
eki 2. (grimmig sein) = lezunön (nel.).
gros [gro]: **en —** = grosül, grosülo.
Groschen [grójĕn] m. k.: **österreichischer — =**
jilidazim Lösteränik, **polnischer —** (Groszy)
= jlotidazim.
Grossist [gróšįšt] m. = letedan.
grosz [groš] 1. = gretik 2. (Masz) = gretotik
3. **im groszen ganzen** = lelölo, **sich — ma-**
chen = pleidülön (nel.), **Groszer Ozean** =
Pasifean, **groszer Schatz** (Hort) = lediv, **der**
Grosze Bär, st. = sigretaber, **der Grosze**
Löwe, st. = sileon.
Grosze [grošĕ]: **im Groszen** = greto, grosülo.
groszartig [gròš=artįq] = sublimik, —! = su=
blimö !
Groszartigkeit [gròš=artįqkâït] v. = sublim.
Groszbritannien [grošbritánįĕn] n. = Greta=
britän.
Groszeltern [gròš=ältĕrn] pl. = lepal, lepals.
groszenteils [grošĕntáïlš] = gretadilo.
Groszhandel [gròšhándĕl] m. = leted, — **trei-**
ben = letedön (nel.).
Groszhandlung [gròšhándlųŋ] v. = leted.
Groszhändler [gròšhä̀ndlĕr] m. (Grossist) =
letedan.
Groszheit [gròšháït] v. = gret.
Groszherr [gròšhä̀r] m. = söl gretik.
groszherzig [gròšhä̀ržįq] = nobaladälik.
Groszherzigkeit [gròšhä̀ržįqkâït] v. = nobala=
däl.
Groszherzog [groš-hä̀ržok] m. = ledük.
Groszherzogin [groš-hä̀ržogįn] v. = jiledük.
groszherzoglich [groš-hä̀ržoklįq] = ledükik.
groszjährig [gròšyärįq] = nentütik.
Groszkultur [gròškųltųr] v. = lebrid.
Groszmacht [gròšmáqt] v. 1. = gretanämäd
2. (mächtiges Reich) = nämädareigän.
Groszmama [groš-mámá] v. = lemotül.
groszmächtig [gròšmäqtįq] = gretanämädik.
Groszmut [grà̀šmųt] v. (Groszherzigkeit) =
nobaladäl.
Groszmutter [gròšmųtĕr] v. = lemot, — **müt-**
terlicherzeits = motamot.
groszmütig [gròšmütįq] = nobaladälik.

Groszpapa [groš-pápà] m. = lefatül.
Groszrussen [gròš⸗rušĕn] pl. = Greta⸗Rusänans, moskovitans.
Groszsein [groš sáïn] n. = gret.
Groszstadt [gròšjtát] v. = lezif.
groszstädtisch [gròšjtätịj, gròšjtätịj = lezifik.
Grosztuer [gròštụĕr] m. (Prahler) = pleidülan.
Grosztuerei [gròštụĕráï] v. = pleidül.
Groszvater [gròšfatĕr] m. = lefat, — mütter⸗licherseits = motafat.
Groszverhältnis [groš-färhạ̈ltnịš] n. (Hauptver⸗hältnis) = ledinäd.
Groszvezier [gròšvesir] m. = levisir.
Groszwesir [gròšvesịr]' m. = levisir.
Groszy, k. = jlotidazim.
groszzügig [gròš⸗žügịq] = gretamafädik.
Grotte [grótĕ] v. = lekev.
Grönland [grönlánt] n. = Gröneän.
Grönländer [grönländĕr] m. = Gröneänan.
grönländisch [grönländịj] = Gröneänik.
Grösze [grösĕ] v. 1. (das Groszsein) = gret 2. (Masz) = gretot 3. mat. = greted.
gröszer [grösĕr] (höher, weiter) = pluik.
grösztenteils [gròštĕntáïlš] = gretadilo.
Grube [grubĕ] v. = sep.
Gruft [grụft] v. = lesepül.
Grund [grụnt] m. 1. (Boden) = glun 2. — des Meeres, des Tales = lestab mela, fälida 3. (Ursache) = kod 4. auf — des = stabü, vom — aus = staböfo, zu Grunde gehen = nosikön (nel.), den — legen = stabükön (lov.).
Grundbesitz [grụntbĕsịž] m. = glunidalab.
Grundbuch [grụ̀ntbụq̇] n. (Lagerbuch) = kada⸗tabuk.
Grundbuchamt [grụ̀ntbụq̇⸗ámt] n. = kadatabür.
Grundbuchbeamter [grụ̀ntbụq̇⸗bĕámtĕr] m. = kadatabüran.
Grundfarbe [grụ̀ntfárbĕ] v. = stabaköl.
Grundfläche [grụ̀ntflạ̈qĕ] v. 1. = donaplen 2. = stabaplen.
Grundgedanke [grụ̀ntgĕdánkĕ] m. = stabatik.
Grundgesetz [grụ̀ntgĕsạ̈ž] n. (Verfassung) = stabalon.
Grundlage [grụ̀ntlagĕ] v. = stab.
Grundleger [grụ̀ntlegĕr] m. (Gründer) = sta⸗ban.
Grundlinie [grụnt-lịnịĕ] v. (Hauptlinie) = sta⸗balien.
Grundregel [grụ̀ntregĕl] v. = stabanom.
Grundsatz [grụ̀ntsáž] m. = prinsip, ohne Grundsätze = nenprinsipik.
Grundsatzlosigkeit [grụ̀ntsáž⸗lòsịqkáït] v. = nenprinsip.
grundsätzlich [grụ̀ntsäžlịq] = prinsipik.
Grundsäule [grụ̀ntsó̈ülĕ] v. = stabakölüm.
Grundstoff [grụ̀ntjtóf] m. (Element) = lömin.
Grundstrich [grụ̀ntjtrịq] m. = donioliun.
Grundursache [grụnt-ụ̀rsáq̇ĕ] v. = lekod.
Grundwage [grụ̀ntvagĕ] v. = nivöm.
Grundwort [grụ̀ntvórt] n. = stabavöd.
Grundzahl [grụ̀ntžal] v. 1. = stabanum 2. = numavöd voik.
grunzen [grụnžĕn] (Schweine) = grunön (nel.).
Gruppe [grụpĕ] v. = grup.

gruppieren [grụpịrĕn] = grupön (lov.).
Grus [grụš] m. = brekül.
Grusz [grụš] m. 1. = 1. glid 2. (Worte und Zeichen der Begrüszung) = glidot.
Grübchen [grüpqĕn] n. = sepil.
grübeln [grübĕln]: — (sinnen) über = letikön (nel.) dö.
grün [grün] = grünik, die grüne Farbe = grün, — werden = grünikön (nel.), — anstreichen = grünükön (lov.).
Grün [grün] n. = grün.
gründen [gründĕn] = stabön (lov.).
Gründer [gründĕr] m. 1. (Grundleger) = sta⸗ban 2. (Stifter) = fünan.
gründlich [grụ̀ntlịq] = staböfik, — verfahren = dunön (lov.) staböfo, —! = staböfö!
gründlicherweise [grụ̀ntlịqĕr váïsĕ] = staböfo.
Gründlichkeit [grụ̀ntlịqkáït] v. = staböf.
Gründonnerstag [gründónĕrštak] m. = lüga⸗dödel.
grünen [grünĕn] (grün werden) = grünikön (nel.).
Grünkohl [grụ̀nkol] m. = krugülabrasid.
grünlich [grụ̀nlịq] = grünilik.
grüszen [grüšĕn] = glidön (lov.).
Grüszung [grụ̀šụŋ] v. (Begrüszung) = glid.
Grütze [grụ̈žĕ] v. = grot.
Guadeloupe (Insel) = Gvadelupeän.
Guam = nisul: ‚Guam'.
Guano [guàno] m. = guan.
Guatemala [guatemàla] = Gvatemän.
Guatemaler [guatemalĕr] m. = Gvatemänan.
guatemalisch [guatemàlịj] = Gvatemänik.
Guayana [guayàna] = Gvayän, Französisch⸗—, Niederländisch⸗ — = Gvayän Fransänik, Gvayän Nedänik.
Guayaner [guayanĕr] m. = Gvayänan.
guayanisch [guayànịj] = Gvayänik.
Gucker [gụkĕr] m. (Feldstecher) = skop.
Gudscherathi: das — = guceratiy.
Guerche, k. = gvärged.
Guinea [ginèa] (Gebiet in Afrika) = Gineyän, Französisch⸗ — = Gineyän Fransänik.
Gulden [gụldĕn] v. k. = flon.
Gummi [gụmi] n. e m. 1. = gum, mit — ver⸗sehen = gumön (lov.) 2. in valem = gu⸗mäd, arabisches — = gumäd Larabänik, — elastikum = lastinagumäd.
Gummiware [gụmivarĕ] v. = gumacan.
Gunst [gụnšt] v. = gön, zu Gunsten des = gönü.
Gunstbezeigung [gụ̀nštbĕžáïgụŋ] v. = gönod.
Gunstbezeugung [gụ̀nštbĕžó̈ügụŋ] v. = gönod.
Gurgel [gụrgĕl] v. (Kehle, Gegend des Kehl⸗kopfes) = gug.
gurgeln [gụrgĕln] = gargulön (nel.).
Gurke [gụrkĕ] v. 1. (grosze —) = küg 2. (kleine —) = kügül.
Gurt [gụrt] m. = zön.
Gusz [gụš] m. 1. = gif 2. (die auf⸗ oder ein⸗gegossene Flüssigkeit) = gifät.
Guszeisen [gụ̀š⸗áïsĕn] n. = gifafer.
guszeisern [gụ̀š⸗áïsĕrn] = gifaferik.
Guszregen [gụ̀š⸗regĕn] m. = sturarein.

Guszplatte [gùšplátĕ] v. = gifaplatot, — aus
Glas = gifaplatot glätik.
Guszstück [gùs̄jtĳk] n. = gifot.
Guszware [gùšvarĕ] v. = gifot, gifots.
gut [gu̯t] 1. = gudik, gudiko, — sein =
gudön (nel.), — werden = gudikön (nel.),
— machen = gudükön (lov.), schon —! =
gudö! 2. sich — benehmen = benokondötön
(nel.), — klingen = benotonön (nel.), gute
Laune = benovim, guter Nahme (guter Ruf)
= benorepüt, — riechen = benosmelön
(nel.), guter Ruf = benorepüt, in gutem
Rufe, in gutem Rufe stehend = benorepüto,
— schmecken = benosmekön (nel.), guter
Ton = kosed kulivik, Kap der guten Hoff=
nung = Spelakap 3. nicht — (schlimm, verkehrt) = mi, —! (wohlan!) = benö!
Gut [gu̯t] n. = dalabot, gemeinsames — =
dalabot kobädik, die Güter = dalabots.
Gutachten [gùt=áq̇tĕn] n. (Ermessen) = leced.
Gute [gu̯tĕ]: zum Guten werden = gudikön
(nel.).
Gutes [gu̯tĕš] n. = gudikos.
Guthaben [gùthabĕn] n. = nedeb.
gutherzig [gùthärẓi̯q] = gudaladälik.
Gutherzigkeit [gùthärẓi̯qkáït] v. = gudaladäl.
gutmütig [gùtmüti̯q] = gudaladälik.
Gutmütigkeit [gùtmüti̯qkáït] v. = gudaladäl.
Gutsarbeiter [gu̯ẓ=ár-báïtĕr] m. = länilabotan,
länilabotavoban.
Gutsbesitzer [gùžbĕsi̯žĕr] m. = länilabotal.
gutschreiben [gùtjráïbĕn] (kreditieren) = kre=
ditön (lov.).
Guttapercha [gu̯tapą̀r̃ča, gu̯tapą̀rqa] v. = gum.
Guttaperchaware [gu̯tapą̀r̃čavarĕ, gu̯tapą̀rqava=
rĕ] v. = gumacan.
gutwillig [gùtvi̯li̯q] = vilöfik.
gültig [gültį̯q]: — sein = lonöfön (nel.).
Günstling [gǜnštli̯n] m. = gönäb.
Gürkchen [gürkqĕn] n. = kügil.
Gürtel [gürtĕl] m. 1. = lägian 2. (Gurt) =
zön 3. (Kleidungsstück) = zönül.
gürteln [gürtĕln]: einen Baum — = zönokötön
(lov.) bimi.
gürten [gürtĕn] = zönön (lov.).
Gürtler [gürtlĕr] m. = zönel.
Güte [gütĕ] v. 1. = gud, aus — = gudo 2.
(Gütlichkeit, Glimpf) = gudöf, mit —, in —
= gudöfo.
Güterwagen [gùtĕrvagĕn] m. = fledavab.
gütig [gùti̯q] = gudälik.
Gütigkeit [gùti̯qkáït] v. = gudäl.
gütlich [gùtli̯q] 1. (glimpflich) = gudöfik 2.
sich — tun = daifön (nel.).
Gütlichkeit [gùtli̯qkáït] v. = gudöf.
gymnasial [gümnasi̯al] = gümnadik.
Gymnasium [gümnàsi̯u̯m] n. = gümnad.
Gymnastik [gümnášti̯k] v. = turav.
gymnastisch [gümnášti̯j] = turik.
Gynäkolog [günäkolok] m. = günologan.
Gynäkologie [günäkologi̯] v. = günolog.
gynäkologisch [günäkològi̯j] = günologik.

H. h.

ha [ha]: —! = ha!
Haag [hak] m.=,Den Haag' [dą̈nhaq̇] (Ned.),
,'S-Gravenhage' [šqrafĕnhaqĕ] (Ned.).
Haar [har] n. 1. = her, von —, aus — =
herik 2. (Bedeckung des Körpers oder des
Kopfes) = herem 3. Haare bekommen =
heragikön (nel.), die Haare machen = herön
(lov.), einer Dame die Haare aufsetzen =
herodön (lov.) lädi, Haare spalten = lukrü=
tön (lov.) 4. das — der Berenike, st. =
siherem ela ,Berenikĕ'.
Haararbeit [har-ár-báït] v. = heravobot.
Haararbeiter [har-ár-báïtĕr] m. = heravoban.
Haarbürste [hàrbürštĕ] v. = heremikef.
haarig [hàri̯q] = heragik.
Haarimitation [hàr=imitaži̯on] v. = heremasü=
mädot.
Haarkünstler [hàrkünštlĕr] m. = heran.
Haarkünstlerin [hàrkünštlĕri̯n] v. = jiheran.
Haarlocke [hàrlókĕ] v. = herakrugül.
haarlos [hàrloš] = nenherik.
Haarpuder [hàrpudĕr] m. = herapuin.
Haarputz [hàrpu̯ž] m. = herod.
Haarstrich [hàrjtri̯q] v. = löpioliun.
Haarwirbel [hàrvi̯rbĕl] m. = heraviräd.
habdank [hapdą́ŋk]: —! = danö!
Habe [habĕ] v. (Besitzung) = dalab.
haben [habĕn] 1. = labön (lov.), einer der
etwas hat = laban, das, was man hat, das,
was etwas hat = lab 2. Anteil an etwas —
= kompenön (nel.), die Ehre — = labön
stimi, eine Abneigung gegen, vor ... — =
naudön (nel.), einen Groll gegen einen — =
hetädön (lov.) eki, einen Widerwillen gegen,
vor ... — = naudön (lov.), Einflusz — =
flunön (lov.), Gewissensbisse — = lepidön
(lov.), Nutzen — von = frutidön (lov.),
Recht — = gidetön (nel.), Sitzung —
seadodön (nel.), Sorge — (sich Sorge machen) = kudön (nel.), Teil an etwas — =
kompenön (nel.), zum besten — = fopülü=
kön (lov.).
Haben [habĕn] n. (im Gegensatz zum Soll.) =
kredit (in ted), Soll und — = debet e kredit.
habend [habĕnt]: nicht — = nelabik.
Habenichts [hàbĕni̯qž] m. = noslaban.
Habesch [hàbäj] = Habäjän.
Habicht [hàbi̯qt] m. = hauk.
Habitus [hàbitu̯š] m. = sotafom.
Habsucht [hàpsu̯qt] v. = labiäl.
habsüchtig [hàpsüqti̯q] = labiälik.
Hacke [hákĕ] v. 1. (Deichsel) = cop 2. (Ab-
satz) = hilot.
hacken [hákĕn] 1. (hauen) = cöpön (lov.) 2.
(die Erde mit der Hacke bearbeiten) = copön
(lov.), cöpön me cop.
Hacken [hákĕn] m. (Absatz) = hilot.
Hader [hadĕr] m. (Lump, Lumpen) = räg.
Hafen [hafĕn] m. 1. = pof 2. (Topf) = skal.
Hafendamm [hàfĕndám] m. (Mole) = jetet.
Hafer [hafĕr] m. = vaen.
Haferbrei [hàfĕrbráï] m. (Hafermus) = vaena=
bül.

Hafergrütze [hȧfĕrgrǘžĕ] v. = vaenagrot.
Hafermus [hȧfĕrmu̯š] n. = vaenabül.
Hafner [hafnĕr] m. (Töpfer) = skalel.
Hafnium [háfni̯u̯m] Hf = hafnin.
Hagebuche [hȧgĕbu̯ǧĕ] v. = vietabueg.
Hagedorn [hȧgĕdórn] m. = krateg.
Hagel [hagĕl] m. 1. (Graupe) = grӓl 2. (Schrot) = grӓlӓd.
hageln [hagĕln] = grӓlön (nel.).
hager [hagĕr] (mager) = mӓgik.
Hagerkeit [hȧgĕrkȧ́ịt] v. = mӓg.
Hagestolz [hȧgĕjtólž] m. = seliban.
Hahn [han] m. 1. = higok 2. — an einem Fasz = ronӓt len tub.
Hahnenfusz [hȧnĕnfu̯š] m. (Ranunkel) = ranunk, die Blume des Hahnenfuszes = ranunkaflor.
Haifisch [hȧ́ịfi̯j] m. = jak.
Hain [hȧịn] m. (Wäldchen) = fotil.
Haiti [hȧịti] 1. (Insel) = Haiteӓn 2. (Repu-blik) = Haitiyӓn.
haken [hakĕn] 1. (mit Haken fassen, ergreifen) = hukön (lov.) 2. (an einem Nagel hängen bleiben) = pahukön (sufalefom) (fa kluf) 3. (mit Haken, Häkchen festmachen) = hu⸗kilön (lov.).
Haken [hakĕn] m. = huk.
halb [hȧlp] = lafik.
Halb [hȧlp] n. = laf.
Halbbier [hȧ́lpbi̯r] n. = lubir.
halbdurchlässig [hȧlp du̯rqlӓši̯q] = lafapӓr⸗meabik.
Halbe [hȧ́lbĕ] m. = laf.
Halbedelstein [hȧlp ĕdĕ́ljtȧ́ịn] m. = lafanoboin.
⸗halben [⸗hȧ́lbĕn] (⸗halber, wegen) = demü.
⸗halber [⸗hȧ́lbĕr] (wegen) = demü.
Halber [hȧ́lbĕr] m. = laf.
Halbgott [hȧ́lp-gót] m. = lafagod.
Halbhydrat [hȧ́lphüdrat] = lafavated.
halbieren [hȧ́lbịrĕn] = lafön (lov.).
Halbinsel [hȧ́lp i̯nsĕ́l] v. = tinisul.
Halbjahr [hȧ́lpyar] n. (Semester) = yelalaf.
halbmonatlich [hȧlp mònatli̯q] = mulalafik.
halbstumm [hȧlp jtu̯m] = lafamüӓtik.
Halbwaise [hȧlp vȧ́ịsĕ] m. = lafanenpalan.
halbwollen [hȧlp-vólĕn] = lafalainik.
Halle [hȧ́lĕ] v. = vestib.
hallo [hȧlò]: —! = he!
Halm [halm] m. = stag.
Halogen [halogen] = halogen.
Hals [hȧlš] m. = sӓrvig, aus vollem Halse = lelaodiko.
Halsbinde [hȧ́lšbi̯ndĕ] v. = sӓrvigakravat.
Halstuch [hȧ́lštu̯ǧ] n. = sӓrvigastófӓd.
halt [hȧlt] 1. —! = stopö! 2. —! (eben!) = vö!
haltbar [hȧ́ltbar] 1. = dulöfik 2. (zu vertei-digen) = jelodovik.
Haltbarkeit [hȧ́ltbarkȧ́ịt] v. 1. = dulöf 2. = jelodov.
halten [hȧ́ltĕn] 1. = kipön (lov.), dagegen — = takipön (lov.) 2. Pferd und Wagen — = kibön (lov.) jevodi e vabi 3. (beobach-ten, befolgen) = fölön (lov.) 4. (enthalten) = ninӓdön (lov.), kipӓdön (lov.) 5. (dafür-halten) = cedön (lov.), — für = lecedön

(lov.), — für (irrtümlich ansehen für) = pölacedön (lov.) as 6. einander im Gleich-gewicht — = leigavetön (lov.) rezipiko, das eine hält das andere in Gleichgewicht, das eine hält dem andern das Gleichgewicht = bal dinas at leigaveton votiki, einen — (be-handeln) = trӓitön (lov.) eki, gerade — = lökipön (lov.), Mahl — = fidedön (nel.), Masz — = tӓmön (nel.), Rat — = dakon⸗sälön (nel.), Schiedsgericht — = rabitön (nel.), sich lustig — (kommersieren) = lu⸗zälön (nel.), Sitzung — = seadodön (nel.), Wache — = galӓdön (nel.).
Halten [hȧ́ltĕn] n. 1. = kip 2. (das Führen) = kib 3. = kipӓdam.
Halteplatz [hȧ́ltĕ-plȧ́ž] m. = stopöp.
Halter [hȧ́ltĕr] m. = kipian.
Haltung [hȧ́ltu̯ŋ] v. (das Halten) = kip.
Halunke [hȧ́lu̯ŋkĕ] m. = jӓpan.
Hamburg [hȧ́mburk] n. = Repüblik: ‚Ham-burg'.
Hamit [hamit] m. = hamitan.
Hammel [hȧ́mĕl] m. (Schöps) = hojip.
Hammer [hȧ́mĕr] m. = fög, — eines Eisen-schmiedes = ferifög.
Hammerschlag [hȧ́mĕrjlak] m. = fögaflap.
Hammerschmied [hȧ́mĕrjmi̯t] m. = lesmitan.
Hammerwerk [hȧ́mĕrvӓrk] n. = lesmitöp.
Hamster [hȧ́mštĕr] m. = kriset.
Hand [hȧnt] v. 1. = nam, zu Handen des = namü 2. (Schrift) = penӓt 3. an die — gehen = yufön (lov.), auf der — liegen = nilaseatön (nel.), aus freier — (auszerge-richtlich) = privatik, die — von etwas ablassen = zedön (lov.) bosi, unter der — (auszergerichtlich) = privatik, zur — legen = nilaseitön (lov.), zweiter — (antiqua-risch) = neflifedik, Gebrauchsgegenstand aus zweiter — = neflifedot, gebayeg neflifedik.
Handel [hȧ́ndĕl] m. (Kaufmannshandel) = ted, — treiben = tedön (nel.).
handeln [hȧ́ndĕln] 1. (Handel treiben) = tedön (nel.), 2. (tun) = dunön (lov.) 3. willkür-lich — = vilӓdön (nel.), zuwider — = nefölön (lov.).
Handeln [hȧ́ndĕln] n. (Treiben, Tun) = dun.
Handels⸗ [hȧ́ndĕlš⸗] = ... tedanik.
Handelsagent [hȧ́ndĕlš-agӓnt] m. = tedaganetan.
Handelsbilanz [hȧ́ndĕlš-bilȧ́nž] v. = bilen.
Handelsgärtnerei [hȧ́ndĕlš-gӓrtnĕrȧ́ị] v. = te⸗dagadam.
Handelsgeist [hȧ́ndĕlš-gȧ́ịst] m. = tedӓl.
Handelsgeschäft [hȧ́ndĕlšgĕjӓft] n. = tedabüsid.
Handelsgesellschaft [hȧ́ndĕlš-gĕsӓ̯ljȧ́ft] v. = kompenӓt, offene — = kompenӓt fiamik.
Handelslehranstalt [hȧ́ndĕlšlӓr⸗ȧ́n-jtȧ́lt] v. = tedavajul.
Handelslehre [hȧ́ndĕlšlerĕ] v. = tedav.
Handelsmann [hȧ́ndĕlš-mȧn] m. (Händler) = tedan.
Handelsplatz [hȧ́ndĕlš-plȧ́ž] m. = tedatop.
Handelsreisender [hȧ́ndĕlš-rȧ́ịsĕndĕr] m. = te⸗datȧvan.
Handelsschule [hȧ́ndĕlšju̯lĕ] v. = tedavajul.

Handelswissenschaft [hándĕlš-vĭšĕnjáft] v. = tedav.

handelswissenschaftlich [hándĕlš-vĭšĕnjáftlĭq] = tedavik.

Handeltreiben [hándĕl-tráĭbĕn] n. = tedam.

Handfeile [hánt-fáĭlĕ] v. = namaräp.

Handgeld [hántgạ̈lt] n. = promamon, namamon.

Handhabe [hánthabĕ] v. (Stiel) = gleipäd.

handhaben [hánthabĕn] (hantieren) = tölatön (lov.).

Handkusz [hántkụš] m. = namikid.

Handlungsdiener [hándlụŋšdinĕr] m. = tedadünan.

Handlungsgehilfe [hándlụŋšgĕhịlfĕ] m. = tedadünan.

Handlungsreisender [hándlụŋš-ráĭsĕndĕr] m. = tedatävan.

Handlungsweise [hándlụŋš-váĭsĕ] v. = dunamod.

Handschrift [hántjrịft] v. 1. (Manuskript) = namapenäd 2. (Art des Schreibens) = penät.

Handschuh [hántju] m. = gluf.

Handtuch [hánttụq] n. = taul.

Handtücherzeug [hánttüqĕr-žóŭk] n. = taulastof.

Handvoll [hánt-fól] v. = namet.

Handwerk [hántvạ̈rk] n. = febod.

Handwerker [hántvạ̈rkĕr] m. = febodan.

Handwerkszeug [hántvạ̈rx̌-žóŭk] n. = febodastumem.

Hanf [hánf] m. = jan.

hanfen [hánfĕn] = janik.

Hanfwerg [hánfvạ̈rk] n. = janateup.

Hang [háŋ] m. 1. (Abhang) = kliv 2. (Neigung) = klien, — zur Unfläterei = gagotiäl, — zum Zotigen, — zum Obszönem = so= ceniäl.

hangen [háŋĕn] = lagön (nel.), das woran etwas hängt = lägian.

Hangen [háŋĕn] n. = lag.

Hannover [hánòvĕr] = Hanofän.

Hans [hánš] m.: — Liederlich = nestönan.

Hansa [hánsa] v. = han.

hanseatisch [hánseàtịj] = hanik.

Hansestadt [hánse-jtát] v. = hanazif.

Hanswurst [hánšvụ̈ršt] m. = klaunan.

hantieren [hántirĕn] = tölatön (lov.).

Hantierung [hántirụŋ] v. = tölat.

Harfe [hárfĕ] v. = hap, — spielen = hapön (lov.).

Harfenist [hárfĕnịšt] m. = hapan.

Harfenspieler [hárfĕnjpịlĕr] m. = hapan.

Harfenvirtuos [hárfĕn=vịrtụoš] m. = hapal, hapaleskilan.

Harfner [hárfnĕr] m. = hapan.

Harke [hárkĕ] m. (Rechen) = räk.

harken [hárkĕn] (rechen) = räkön (lov.).

Harmonie [hármonị] v. = baiton.

Harmonielehre [hármonilerĕ] v. = baitonav.

harmonieren [hármonirĕn] = baitonön (nel.).

Harmonika [hármònika] v. = harmonöm.

harmonisch [hármònịj] = baitonik, — werden = baitonikön (nel.), — machen (stimmen) = baitonükön (lov.).

Harmonium [hármònịụm] n. = harmon.

Harn [hárn] m. (Urin) = yurin.

Harnblase [hárnblasĕ] v. = yurinavesid.

harnen [hárnĕn] = yurinön (lov.).

Harnisch [hárnịj] m. = harnad.

Harnleiter [hárn-láĭtĕr] m. = yurinidugian.

hart [hárt] = düfik, — sein = düfön (nel.), — werden = düfikön (nel.).

Hartblei [hárt-bláĭ] n. = düfaplumb.

Hartgummi [hártgụmị] n. = düfagum.

hartherzig [hárthạ̈ržịq] = nemiserik.

Hartherzigkeit [hárthạ̈ržịqkáĭt] v. = düfaladäl, nemiser.

hartnäckig [hártnạ̈kịq] = fümädik.

Hartnäckigkeit [hártnạ̈kịq-káĭt] v. = fümäd.

Harz [harž] n. = ron.

harzig [hàržịq] = ronik.

Hase [hasĕ] m. 1. = liev 2. st. = siliev.

Hasel [hasĕl] v. = vaäl.

Haselnusz [hàsĕlnụš] v. = vaälanöt.

Hasenfusz [hàsĕnfụš] m. = dredöfan.

hasenfüszig [hàsĕnfüšịq] = dredöfik.

Hasenherz [hàsĕnhạ̈rž] n. = dredöfan.

Haspel [háspĕl] m. = ginöm.

haspeln [háspĕln] = ginön (lov.).

Haspeln [háspĕln] n. = gin.

hassen [hášĕn] = hetön (lov.).

hassend [hášĕnt] = hetik.

hassenswert [hášĕnšvert] = hetabik.

hassenswürdig [hášĕnšvụ̈rdịq] = hetabik.

hastig [háštịq] 1. = spidiälik 2. (rasch, betriebsam) = spidöfik.

Hastigkeit [háštịq-káĭt] v. = spidiäl.

Hasz [háš] m. = het, Gefühl des Hasses = senäl heta.

haszerfüllt [háš=ạ̈rfültt] = hetik.

Haube [háŭbĕ] v. 1. = bonät 2. (Kapuze) = kapütül.

Hauch [háŭq] m. 1. gr. = haug 2. (Duft) = väp 3. (das Leichteste, das Unbedeutende, das schnell Hinschwindende, das in dünner Schicht etwas Bedeckende) = voal, wie mit einem — überdeckt sein = voalön (nel.).

Hauchbuchstabe [háŭq-bụ̈djtabĕ] m. = haugatonat.

hauchen [háŭqĕn] = haugön (lov.).

Hauchlaut [háŭq-láŭt] m. = haugaton.

Hauchzeichen [háŭq-žáĭqĕn] n. = haugamal.

Haue [háŭĕ] v. 1. = cöp 2. = lecop.

hauen [háŭĕn] = cöpön (lov.).

Haufe [háŭfĕ] m. = kum.

haufenweise [háŭfĕn-váĭsĕ] = kumik.

Haupt [háŭpt] n. 1. (Kopf) = kap, mit einem — versehen = kapön (lov.) 2. (Vorstand) = cif.

Hauptagent [háŭpt=agänt] m. = leganetan.

Hauptagentur [háŭpt=agäntụr] v. = leganet.

Hauptaltar [háŭpt-áltàr] m. = lelatar.

Hauptarmee [háŭpt-ármè] v. = lemilit.

Hauptbestandteil [háŭpt-bĕjtánt-táĭl] m. = le= binäd.

Hauptbuch [háŭptbụq] n. = lekalabuk.

Hauptdefekt [háŭptdefäkt] m. (Hauptgebrechen) = ledöf.

Hauptdirektion [háŭpt=dịräkžịon] v. = ledilek.

Haupteigenschaft [haŭpt-áïgĕn-ĵáft] v.=lepatöf.
Hauptform [haŭpt-fórm] v. = lefom.
Hauptfreund [haŭpt-fróŭnt] m. = leflen.
Hauptgebrechen [haŭptgĕbräqĕn] n. = ledöf.
Hauptgedanke [haŭpt-gĕdáŋkĕ] m. = letik.
Hauptgesetz [haŭptgĕsäž] n. = lelon.
Hauptgesims [haŭptgĕsįmš] n. = kornid.
Hauptgrundsatz [haŭpt-grų̇ntsáž] m.=leprinsip.
Hauptkasse [haŭpt-kášĕ] v. = lekäd.
Hauptkennzeichen [haŭpt-kąnžáïqĕn] n. = lese-vädot.
Hauptkraft [haŭpt-kráft] v. = lenäm.
Hauptlehrer [haŭptlerĕr] m. 1. = letidan 2. (Schulvorsteher) = julacif.
Hauptlinie [haŭpt-linįĕ] v. (Grundlinie) = sta-balien.
Hauptmann [haŭpt-mán] m. (Kapitän) = ka-piten.
Hauptrasse [haŭpt-rášĕ] v. = lebidäd.
Hauptregel [haŭptregĕl] v. = lenom.
Hauptrolle [haŭpt-rólĕ] v. = leroul.
Hauptsache [haŭpt-sáqĕ] v. = ledin, in der — = ledino.
Hauptsatz [haŭpt-sáž] m. = cifaset.
hauptsächlich [haŭptsąqlįq] 1. = ledinik 2. (ganz besonders) = mu pato.
Hauptschlüssel [haŭptĵlüšĕl] m. = lekik.
Hauptsprache [haŭptĵpraqĕ] v. = lepük.
Hauptstadt [haŭpt-ĵtát] v. 1. = cifazif 2. (Metropole) = metropoel.
Hauptstärke [haŭptĵtärkĕ] v. = lemilit.
Hauptstrasze [haŭptĵtrašĕ] v. = süt veütikün.
Hauptstrich [haŭptĵtrįq] m.: — des Kompasses = levienüd kompada.
Hauptstück [haŭptĵtük] n. = kapit.
Haupttempus [haŭpt-tąmpų̇š] n.: — des Zeit-wortes = letim värba.
Hauptton [haŭptton] m. = lekazet.
Hauptvalenz [haŭptvalänž] v. = levalen.
Hauptverhältnis [haŭpt-färhąltnįš] n. = ledinäd.
Hauptvorzug [haŭpt-fòržų̇k] m. = lesüperod.
Hauptweg [haŭptvek] m. = leveg.
Hauptwort [haŭpt-vórt] n. = subsat.
Hauptzahl [haŭptžal] v. 1. = lenum 2. = numavöd voik.
Hauptzeit [haŭpt-žáït] v.: — des Zeitwortes = letim värba.
Haus [haŭš] n. 1. = dom, ein — beziehen = belotädön (lov.) domi, auf das — beziehend = domik, im Hause = domo, nach Hause, nach dem Hause = domio, im Hause des = domü 2. das — (das Heim) betreffend = lomik 3. fideles — = lefredan.
hausbauen [haŭš báŭĕn] = domibumön (nel.).
Hausdrache [haŭš-dráqĕ] m. (Furie) = jivu-tälan.
hausen [haŭšĕn] 1. (haushalten) = konömön (nel.) 2. einen — = lödükön (lov.) eki.
Hausenblase [haŭšĕnblasĕ] v. (Fischleim) = fitaglud.
Hausflur [haŭšflur] m. = vestibül.
Hausgerät [haŭšgĕrät] n. = konömöm.
Haushalt [haŭš-hált] m. = konöm.
haushalten [haŭš-háltĕn] = konömön (nel.).
Haushaltung [haŭš-háltų̇ŋ] v. = konöm.

Haushaltungskunde [haŭš-háltų̇ŋškų̇ndĕ] v. = konömav.
Haushälter [haŭšhąltĕr] m. (Ökonom) = ko-nöman.
Haushälterin [haŭšhąltĕrįn] v. = jikonöman.
haushälterisch [haŭšhąltĕrįj] = konömik.
haushältig [haŭšhąltįq] = konömik.
hausieren [haŭsirĕn] = lutedön (nel.).
Hausierer [haŭsirĕr] m. = lutedan.
Hausierhandel [haŭsirhándĕl] m. = luted.
Hausindustrie [haŭš-indų̇štri] v. = lomodustod.
Hausknecht [haŭšknąqt] m. = domadünan.
Hausmaler [haŭšmalĕr] m. = domikölan.
Hausrat [haŭšrat] m. = konömöm.
Hausschwamm]haŭš-ĵvám] m. = meruil.
Haustier [haŭštir] n. = domanim.
Haustür [haŭštür] v. = domayan.
Haut [haŭt] v. 1. (Fell) = skin 2. (Membrane) = flid 3. fidele — = lefredan.
Hautabfälle [haŭt-ápfälĕ] pl. = skinadefälot, skinadefälots.
Hautausschlag [haŭt-áŭšĵlak] m. = xäan.
Hautrunzel [haŭtrų̇nžĕl] v. = skinafron.
Hawaii-Inseln = Havayuäns.
häckseln [hąxĕln] = cöpülön (lov.).
Häkchen [hąkqĕn] n. 1. = hukil 2. gr.=hukir.
häkeln [hąkĕln] = hukülön (lov.).
Häkelnadel [hąkĕlnadĕl] v. = hukül.
Hälfte [hälftĕ] v. = laf, zur — = lafo.
hämmern [hąmĕrn] = fögön (lov.).
Hämorrhoide [hämóroįdĕ] v. = hemoroid.
Händler [händlĕr] m. = tedan.
hänfen [hąnfĕn] = janik.
hängen [hąŋĕn] = lägön (lov.).
Hängen [hąŋĕn] n. = läg.
Hängeuhr [hąnĕ-ų̇r] v. = lagaglok.
Hänselei [hänsĕláï] v. = fopülükam.
hänseln [hänsĕln] = fopülükön (lov.).
hänselnd [hänsĕlnt] = fopülüköl.
hären [härĕn] = herik.
Häretiker [härètįkĕr] m. = häretan.
Häring [härįŋ] m. = rün.
Härte [härtĕ] v. = düf.
härten [härtĕn] 1. = düfükön (lov.) 2. sich — = sufidükön (lov.) oki.
Härtung [härtų̇ŋ] v. = düfükam.
häszlich [hąšlįq] = nejönik.
Häszlichkeit [hąšlįqkáït] v. = nejön.
häufen [hóŭfĕn] (aufhäufen) = kumön (lov.).
häufig [hóŭfįq] = suvik, zu — = tusuvo, häufiger Besuch = suvavisit.
Häufigkeit [hóŭfįq-káït] v. = suv.
Häufung [hóŭfų̇ŋ] v. (Anhäufung) = kumam.
Häuptling [hóŭptlįŋ] m. = cif.
häuptlings [hóŭptlįŋš] (kopfüber) = ko kap foloveik.
Häuserkomplex [hóŭsĕr-kómpląx] m. = doma-kopäd.
häuslich [hóŭšlįq] 1. (viel im Hause lebend) = domófik 2. (das Haus, das Heim betreffend) = lomik.
häuten [hóŭtĕn] = säskinön (lov.).
he [he]: —! (heda! hört!) = he!
Hebamme [hèp-ámĕ, hèb-ámĕ, hèbámĕ] v. = jikujöran.

Hebel [hebĕl] m. = tovöm.
Hebelarm [hèbĕl≠árm] m. = tovöm.
Hebemaschine [hebĕ-májïnĕ] v. = tovian.
heben [hebĕn] 1. (emporheben) = tovön (lov.)
2. (befördern) = födön (lov.) 3. geistig —
= sublimükön (lov.).
Heben [hebĕn] n. = tov.
Hebewerkzeug [hèbĕvärkžóŭk] n. = tovian.
Hebräer [hebräĕr] m. = hebreyan.
hebräisch [hebrǻiǰ] = hebreyik, hebräische
Sprache = hebrey.
Hebriden [hebridĕn] = Hebriduäns, Neue —
= Nula≠Hebriduäns.
Hebung [hèbuŋ] v. 1. (Emporhebung) = tov
2. (Beförderung) = föd, zur — des — födü.
Hechel [hägĕl] v. = häk.
hecheln [hägĕln] = häkön (lov.).
Hecht [hägt] m. = paik.
Hecke [hägĕ] v. (Hag, Zaun) = buid.
Heckenschere [hǻkĕnǰerĕ] v. = buidijim.
heda [hèda]: —! = he!
Hedschas [hǻcǻš] = Häcavän.
Heer [her] n. (Armee) = milit.
Heeresabteilung [herĕš-áp-tǻiluŋ] v. = milita≠
diläd.
Heerführer [hèrfürĕr] m. (Generalissimus) =
general.
Hefe [hefĕ] v. = lef.
Heft [häft] n. = päm.
heftig [hǻftįq] 1. = mäpetik, in heftiger Weise
= mäpeto, — sein = mäpetön (nel.), —
werden = mäpetikön (nel.), — machen =
mäpetükön (lov.) 2. (im hohen Grade) =
vemik, levemik.
Heftigkeit [hǻftįqkáït] v. 1. = mäpet 2. (hoher
Grad) = vem.
hegen [hegĕn]: bei ..., wegen ... Bedenken —
= dodön (lov.), einen Groll gegen einen —
= hetädön (lov) eki.
hehr [her] (erhaben) = sublimik, — sein =
sublimön (nel.), — machen = sublimükön
(lov.).
Heide [hǻidĕ] m. = pagan.
Heideboden [hǻidĕbodĕn] m. = brüyäraglun,
Stück — = brüyäraglunot.
Heidekorn [hǻidĕ-kórn] n. (Buchweizen) =
bökit.
Heidekraut [hǻidĕ-kraŭt] n. = brüyär.
Heideland [hǻidĕ-lánt] n. = brüyäralän.
Heidenschaft [hǻidĕn-ǰáft] v. = paganef.
Heidentum [hǻidĕntum] n. 1. = pag 2. =
paganef.
heidnisch [hǻidnįǰ] = pagik.
heil [hǻil] 1. (ganz, unverletzt) = nätik, —
sein = nätön (nel.), — machen = nätükön
(lov.) 2. —! = dabenö!
Heil [hǻil] n. = daben.
Heiland [hǻi-lánt] m. = Sanal.
Heilanstalt [hǻil-án-ǰtält] v. = sanastitod.
Heilart [hǻil≠art] v. = sanamod.
heilbar [hǻilbar] = sanovik.
Heilbarkeit [hǻilbar-káït] v. = sanov.
heilen [hǻilĕn] 1. Kranken — = sanön (lov.)
malädanis 2. nel. (gesund werden) = sau≠
nikön (nel.) 3. lov. = saunükön (lov.).

Heilen [hǻilĕn] n. = san.
heilend [hǻilĕnt] = sanik.
heilig [hǻilįq] 1. = saludik, — sein = sa≠
ludön (nel.), — werden = saludikön (nel.),
— machen = saludükön (lov.), — sprechen = saludädön (lov.) 2. heiliges Abendmahl (Eucharistie) rom. = köarist, Heiliger Geist = Saludalanal, Heilige Jungfrau = Jivirgal, heiliges Land = Kanaän,
heilige Schrift = bib.
Heilige [hǻilįgĕ]: eine — = jisaludan.
heiligen [hǻilįgĕn] = saludükön (lov.).
Heiliger [hǻilįgĕr] m. = saludan.
Heiligkeit [hǻilįq-káït] v. = salud.
Heiligsprechung [hǻilįq-ǰprǻquŋ] v. = saludäd.
Heiligtum [hǻilįqtum] n. 1. (Gegenstand) =
saludot 2. (Ort) = saludöp.
Heiligung [hǻilįguŋ] v. = saludükam.
Heilkraft [hǻil-kráft] v. = sananäm.
heilkräftig [hǻilkrǻftįq] = sananämik.
Heilkunde [hǻilkundĕ] v. = sanav.
heilkundig [hǻilkundįq] = sanavik.
Heilkunst [hǻilkunǰt] v. = sanav.
heillos [hǻilloš] = mifätik.
Heilmittel [hǻilmįtĕl] m. = sanamed.
heilsam [hǻilsam] = sanabik.
Heilsamkeit [hǻilsam-káït] v. = sanab.
heim [hǻim] = lomio.
Heim [hǻim] n. = lom, das — betreffend =
lomik.
Heimat [hǻimat] v. (Heimatland) = lomän,
in der — = lomäno.
Heimatland [hǻimat-lánt] n. = lomän.
heimatlich [hǻimatlįq] = lomänik.
heimelig [hǻimĕlįq] = lomöfik.
heimgegangen [hǻim-gĕgáŋĕn] (tot) = deadik,
edeadöl.
heimisch [hǻimįǰ] 1. (einheimisch) = lomädik
2. (heimatlich) = lomänik.
Heimkehr [hǻimker] v. 1. (die Heimwärtswendung) = lomioflek 2. (Heimkunft) = lo≠
mioköm.
heimkommen [hǻim-kómĕn] = lomiokömön
(nel.).
Heimkunft [hǻimkunft] v. = lomioköm.
heimlich [hǻimlįq] 1. = klänik, — (im Geheimen) = kläno 2. (verstohlen) = smugik.
Heimlichkeit [hǻimlįq-káït] v. 1. (das Heimlichsein) = klänam 2. (Rätselhaftigkeit, das
Geheimnisvolle) = klänöf.
Heimlichsein [hǻimlįq sáïn] n. = klänam.
heimwärts [hǻimvärž] = lomio.
Heimwärtswendung [hǻimvärž vǻnduŋ] v. =
lomioflek.
Heimweg [hǻimvek] m. = lomioveg.
Heirat [hǻirat] v. (Ehe) = mat.
heiratsfähig [hǻiražfǻįq] = matovik.
Heiratsfähigkeit [hǻiraž-fǻįqkáït] v. = matov.
Heiratsgut [hǻiražgut] n. = matablimot.
Heiratskandidat [hǻiraž-kándidàt] m. (Freier)
= matilisitan.
heisa [hǻisa]: —! (juhe!) = yö!
Heischesatz [hǻiǰĕ-sáž] m. = flagaset.
heiser [hǻisĕr] = raudik.
Heiserkeit [hǻisĕr-káït] v. = raud.

heisz [háĭš] = hitik, — sein = hitön (nel.),
— machen = hitükön (lov.), kochend —,
glühend — = lehitik.
heisza [háĭša]: —! = yö!
heiszen [háĭšĕn] 1. (genannt werden) = pane=
mön (sufalefom) 2. das heiszt (nämlich) =
sevabo.
Heiszsporn [háĭš-ĵpórn] m. = zuniälan.
heiter [háĭtĕr] = lefredik, — sein = lefredön
(nel.).
Heiterkeit [háĭtĕr-káĭt] v. = lefred.
heitern [háĭtĕrn] (aufheitern) = lefredükön
(lov.).
heizbar [háĭžbar] = filetovik.
heizen [háĭžĕn] : einen Ofen, eine Maschine,
... — = filetön (lov.) föni, cini, ...
Heizen [háĭžĕn] n. = filet.
Heizer [háĭžĕr] m. = filetan.
Heizung [háĭžụŋ] v. = filet.
Hektar [hǎktar] n. e m. HA. = tumlar.
Hektogramm [hǎktográm] n. HG. = tumgram.
Hektograph [hǎktograf] = häktograföm.
hektographieren [hǎktografịrĕn] = häktogra=
fön (lov.).
Hektographieren [hǎktografịrĕn] n. = häkto=
graf.
Hektoliter [hǎktolịtĕr] n. HL. = tumliät.
Hektometer [hǎktometĕr] n. e m. HM. = tum=
met.
Held [hǎlt] m. = heroedan.
heldenhaft [hǎldĕnháft] = heroedik.
Heldenhaftigkeit [hǎldĕnháftịqkáĭt] v. = heroed.
Heldenmut [hǎldĕnmụt] m. = heroed.
heldenmütig [hǎldĕnmütịq] = heroedik.
Heldentenor [hǎldĕntenor] m. = leroulakilid=
vögan.
helfen [hǎlfĕn] = yufön (lov.).
helfend [hǎlfĕnt] = yufik.
Helfer [hǎlfĕr] m. = yufan.
Helium [hèlịụm] He = helin.
hell [hǎl] 1. (licht) = litik, — sein = litön
(nel.), — werden = litikön (nel.) 2. (licht
von Farben) = klilik, — sein = klilön (nel.),
— machen = klilükön (lov.) 3. (klangvoll)
= nedumik 4. (deutlich) = kleilik, heller
Kopf = kleilan.
Hellas [hǎlás] = Helän.
Hellaut [hǎlláŭt] m. (Vokal) = vokat.
hellblau [hǎlbláŭ] = klilablövik.
hellbraun [hǎlbráŭn] = klilabraunik.
Helldunkel [hǎldụŋkĕl] n. = kliledof.
Helle [hǎlĕ] v. 1. (das Hellsein) = klil 2.
(Deutlichkeit) = kleil.
hellen [hǎlĕn] (hell machen) = klilükön (lov.)
Hellene [hǎlĕnĕ] m. = Helänan.
Hellenismus [hǎlenĵšmụš] m. = Helänim, Helä=
nälim.
Heller [hǎlĕr] m.: tschechoslowakischer — =
klonazim Tsyägän=Slovakänik.
hellgelb [hǎlgǎlp] = klilayelovik.
hellgrau [hǎlgráŭ] = klilagedik.
hellgrün [hǎlgrün] = klilagrünik.
Helligkeit [hǎlịqkáĭt] v. 1. = klil 2. (das Hellsein vom Ton) = nedum.
Hellkopf [hǎlkópf] = kleilan.

hellrot [hǎlrot] = klilaredik.
Hellsein [hǎlsáĭn] n. 1. = litam 2. = klil 3.
(vom Ton) = nedum.
Helm [hǎlm] m. = lehät.
Hemd [hämt] m. = jit.
Hemme [hǎmĕ] v. (Bremse) = frenöm.
hemmen [hämĕn] 1. (bremsen) = frenön (lov.)
2. (anhalten) = stöpön (lov.).
Hemmen [hämĕn] n. = stöp.
Hemmschuh [hǎmĵụ] m. = frenablög.
Hengst [hǎŋšt] m. = hijevod.
Henkel [hǎŋkĕl] m. = gleiped.
Henkelglas [hǎŋkĕlglaš] n. = gleipedavär.
Henkelkorb [hǎŋkĕlkórp] m. = gleipedabäset.
henken [hǎŋkĕn] = lägön (lov.).
Henker [hǎŋkĕr] m. = boyad, zum —! =
boyadö!
Henne [hǎnĕ] v. = jigok, geschnittene — =
jogok.
Heptan [häptan] C_7H_{16} = häptan.
her [her] = isio, hin und — = usio ed isio,
—! = isiö!
herab [häráp] = donio, den Strom — = donio
ve flumed.
herabgehen [härápgeĕn] = doniogolön (nel.).
herabholen [härápholĕn] = ramenön (lov.).
herabkommen [häráp-kómĕn] : von ... — =
dekömön (nel.).
herablassen [häráp-lášĕn]: Vorhänge — =
donükön (lov.) körtenis.
herabsetzen [härápsäžĕn] (vermindern) = ne=
mödükön (lov.).
herabsteigen [häráp-ĵtáĭgĕn] = nexänön (nel.),
denexänön (nel.).
Herabsteigen [häráp-ĵtáĭgĕn] n. = nexän.
Herakles [hǎrakläš] m. 1. = ,Hĕrakl̆ĕs' 2. st.
= eläd ,Hĕrakl̆ĕs'.
Heraldik [herál̆dịk] v. = skötav.
heraldisch [heráldịj] = skötavik.
heran [härán] (herbei) = isio, —! = isiö!
herauf [häráŭf] = löpio.
heraufbeschwören [häráŭfbĕĵvörĕn]: Geister —
= magivavokön (lov.) lananis.
herauftragen [häráŭftragĕn] = löpiopolön.
heraus [häráŭš] 1. = plödio 2. — damit! =
givö! 3. — damit! — mit der Sprache! =
sagö!
herausbilden [häráŭšbịldĕn] (erziehen) = du=
gälön (lov.).
herausbrechen [häráŭšbräqĕn] = sebreikön
(lov.).
herausbringen [häráŭšbrịŋĕn] =plödükön (lov.).
herausfordern [häráŭš-fórdĕrn] =letodön (lov.).
herausfordernd [häráŭš-fórdĕrnt] = letodik.
Herausgabe [häráŭšgabĕ] v. 1. = dabükot 2.
(das Herausgeben) = dabük.
herausgeben [häráŭšgebĕn] (verlegen) = da=
bükön (lov.).
Herausgeben [häráŭšgebĕn] n. = dabük.
Herausgeber [häráŭšgebĕr] m. = dabükan.
herausgehen [häráŭšgeĕn] = plödikön (nel.).
herauskommen [häráŭš-kómĕn] = plödikön
(nel.).
herauspressen [häráŭšpräšĕn] = süpedön (lov.).
herausreiszen [häráŭš-ráĭšĕn] = sesleitön (lov.).

herb [härp] = saäbik.
Herbe [härbĕ] v. = saäb.
herbei [härbáï] = isio, —! = isiö!
herbeibringen [härbáïbriŋĕn] = lüblinön (lov.).
herbeischaffen [härbáï-jáfĕn] = lüblinön (lov.).
herbeitragen [härbáïtragĕn] = polön isio.
herbeiziehen [härbáïžiĕn] = lätirön (lov.).
Herberge [härbärgĕ] v. = lulotidöp.
herbergen [härbärgĕn] (beherbergen) = lotidön (lov.).
Herbheit [härpháït] v. := saäb.
Herbst [härpšt] m. 1. = fluküp 2. (das Ernten) = klopam 3. (Weinernte) = vitidabäliklop, vitidaklop.
herbsten [härpštĕn] = vitidabäliklopön (nel.), vitidaklopön (nel.).
Herde [herdĕ] v. = jep.
herdenweise [hĕrdĕnváïsĕ] = jepik.
herein [häráïn] = ninio, —! = niniö!
hereinbringen [häráïnbriŋĕn] = ninükön (lov.).
hereinführen [häráïnfürĕn] = ninükön (lov.).
hereinkommen [häráïn-kómĕn] = ninikön (nel.).
hereinziehen [häráïnžiĕn] = niniotirön (lov.).
Hergang [härgáŋ] m. (Verlauf) = jenäd.
hergebrachtermaszen [hĕrgĕbráqtĕr mašĕn] = vönaoloveikamo.
hergehen [hĕrgeĕn] 1. = isiogolön (nel.) 2. (verlaufen) = jenädön (nel.).
herkommen [hĕrkómĕn]: von ... — = dekömön (nel.).
Herkommen [hĕrkómĕn] n. (Überlieferung) = vönaoloveikam.
Herkunft [hĕrkunft] v. = licin.
herleiten [hĕrláïtĕn] (entlehnen) = dütülön (lov.).
Hermelin [härmĕlin] = härmin.
hernach [härnaq] (nachher) = täno.
Herr [här] m. 1. = söl, — oder Dame = siör, junger — = manül, sölül 2. (Gott) = Siör.
Herrchen [härqĕn] n. = sölil.
Herrenhut [härĕnhut] m. = sölahät.
Herrenschmuck [härĕnjmuk] m. = sölidek.
herrichten [hĕrriqtĕn] (bereiten) = mökön (lov.).
Herrichter [hĕrriqtĕr] m. = mökan.
Herrin [härin] v. (Dame) = läd.
herrisch [häriј] = reigiälik.
Herrlein [härláïn] n. = sölil.
herrlich [härliq] 1. (glorreich) = glorik, —! = gloriö! 2. (wunderschön) = magifik, —! (prachtvoll) = magifö!
Herrlichkeit [härliqkáït] v. (Glorie) = glor.
Herrlichsein [härliq sáïn] n. = glor.
Herrschaft [härjáft] v. 1. (Herr oder Dame) = siör 2. (Stand) = siöram 3. (das Herrschen) = reig.
herrschaftlich [härjáftliq] = siörik.
herrschen [hĕrjĕn] (regieren) = reigön (nel.).
Herrschen [härjĕn] n. = reig.
Herrscher [härjĕr] m. = reigan.
Herrscheramt [härjĕr-ámt] n. = reiganacal.
Herrscherin [härjĕrin] v. = jireigan.
Herrschsucht [härjuqt] v. = reigiäl.
herrschsüchtig [härjsüqtiq] = reigiälik.

hersagen [hèrsagĕn] (rezitieren) = resitön (lov.).
Hersagen [hèrsagĕn] n. = resit.
herstellen [hèrjtälĕn]: ein Auszug, ein Extrakt von ..., aus ... — = setratön (nel.) de ..., se ...
hertragen [hèrtragĕn] = polön (lov.) isio.
herum [härum] 1. da — = seimo us, zi in top at, zi in topäd at, die Nachricht ist schon in der ganzen Stadt — = nun at ya eziikon da zif lölik 2. die Reihe — = turniko 3. rund —, rings — = züamo, um etwas — drehen = zütülön (lov.).
herumblicken [härumbliķĕn] = zilogön (lov.).
Herumtappen [härumtápĕn] n. = senid.
Herumtasten [härumtáštĕn] n. = senid.
herunter [häruntĕr] (herab) = donio.
herunterholen [häruntĕrholĕn] = ramenön (lov.).
herunterkommen [häruntĕrkómĕn] (abnehmen) = nepluikön (nel.).
heruntersteigen [häruntĕrjtáïgĕn] = nexänön (nel.), denexänön (nel.).
herüber [härübĕr] = isio.
hervor [härfor] = sü.
hervorbringen [herfòrbriŋĕn] 1. (produzieren) = prodön (lov.) 2. (zeugen) = jafädön (lov.).
Hervorbringung [herfòrbriŋun] v. (Zeugung durch Arbeit) = jafäd.
hervorheben [herfòrhebĕn] 1. = lelogädükön (lov.) 2. besonders — (betonen) = kazetön (lov.).
Hervorhebung [herfòrhebun] v. = lelogädükam.
hervorkommen [herfòrkómĕn] 1. = sükömön (nel.) 2. = süikön (nel.).
hervorpressen [herfòrpräsĕn] = süpedön (lov.).
hervorrufen [herfòrrufĕn] = süvokön (lov.).
hervorsprieszen [herfòrjprišĕn] = süsprotön (nel.).
hervorstechen [herfòrjtäqĕn] 1. = süstegön (lov.) 2. = lelogädön (nel.).
Hervorstechen [herfòrjtäqĕn] n. = lelogäd.
hervorstechend [herfòrjtäqĕnt] = lelogädik.
hervorstehen [herfòrjteĕn] = föfobinön (nel.).
hervortreten [herfòrtretĕn] = lelogädön (nel.).
hervortun [herfòrtun] (auszeichnen) = sikön (lov.).
Hervortun [herfòrtun] n. (Auszeichnung) = sik.
hervorwühlen [herfòrvülĕn] = störosüükön (lov.).
herwärts [hèrvärž] = isio.
Herweg [hèrvek] m. = isioveg.
Herz [härž] n. 1. = lad, dem Herzen gehörend, auf das — bezüglich = ladik 2. einem sein — über etwas ausklagen = daplonön (lov.) eke bosi, sich zu Herzen nehmen = kälälön (lov.), von Herzen = ladöfo.
herzen [häržĕn]: sich — mit (kosen mit) = lelöfülön (lov.).
herzerhebend [härž-ärhebĕnt] = sublimüköl ladäli.
herzförmig [häržförmiq] = ladafomik.
herzhaft [häržháft] = nämaladälik.

Herzhaftigkeit [hạ̊ržháftịq-káït] v. = näma=
ladäl.
herzig [hạ̊ržịq] (geliebt) = lelöfik.
Herzigkeit [hạ̊ržịqkáït] v. (Minne) = lelöf.
Herzleiden [hạ̊ržláïdĕn] n. = ladamaläd.
herzlich [hạ̊ržlịq] = ladöfik.
Herzlichkeit [hạ̊ržlịqkáït] v. = ladöf.
Herzog [hạ̊ržok] m. = dük.
Herzogin [hạ̊ržogịn] v. = jidük.
herzoglich [hạ̊ržoklịq] = dükik.
Herzogtum [hạ̊ržoktụm] n. = dükän.
herzvoll [hạ̊ržfól] (gemütvoll) = ladälöfik.
Hesse [hặšĕ] m. = Hesänan.
Hessen [hặšĕn] n. = Hesän.
hessisch [hạ̊šịj] = Hesänik.
heterogen [heterogen] = nehomogenik.
Heu [hóŭ] n. = sigayeb.
Heuchelei [hóŭqĕláï] v. (Gleisnerei) = simul.
heucheln [hóŭqĕln] = simulön (lov.).
Heuchler [hóŭqlĕr] m. (Gleisner) = simulan.
heuchlerisch [hóŭqlĕrịj] = simulik.
Heugabel [hóŭgabĕl] v. = sigayebafok.
heulen [hóŭlĕn] (brüllen) = rorön (nel.).
Heuler [hóŭlĕr] m. = drenan.
Heulpeter [hóŭlpetĕr] m. = drenan.
heute [hóŭtĕ] = adelo, nach — = ‚a dato‘,
‚a d.‘, sis adät, der Tag nach — = odel,
— abend = asoaro, — nachmittag = apos=
zedelo, — nacht (die nächstkommende Nacht)
= aneito, — nacht (die letztvergangene
Nacht) = äneito.
heutig [hóŭtịq] 1. = adelik, der heutige Datum
= adät, der heutige Tag = adel, am heuti=
gen Tage = adelo 2. (jetzig, modern) =
nutimik.
heutigentags [hóŭtịgĕntaẍ] (heutzutage) = nu=
timo.
heutzutage [hóŭtžụtagĕ] = nutimo.
Heuwiese [hóŭvisĕ] v. = yebalän.
Hexachlordisilan [häẍaklor disilan] Si_2Cl_6 =
mälklortelidsilikan.
Hexan [häẍan] C_6H_{14} = häxan.
Hexe [hặẍĕ] v. = jimagivan.
Hexensabbat [hặẍĕn-sá-bát] m. = jimagiva=
nazäl.
Hiatus [hiàtụš] m. = heat.
Hieb [hip] m. = cöp.
hiefür [hi fụr] = pro at.
hieher [hi her]: —! = isiö!
hienieden [hinidĕn] = taledo.
hier [hịr] (dahier) = is, bald — ... bald dort
= is ... us, von — = de top isik, siehe —!
= ekö!
hierauf [hi ráŭf] (dann) = täno.
hierfür [hịr fụr] = pro at.
hierher [hịr her] = isio.
hierherum [hịr hặrụm] = is zi.
hierhin [hịr hịn] = isio.
hierhindurch [hịr hindụrq] = da at.
hierin [hịr rịn] (darin) = in at.
Hieroglyphe [hieroglüfĕ] m. = hieroglif.
hierselbst [hịr sälpšt] = is.
hiesig [isịq] (dasig) = isik.
Hilfe [hịlfĕ] v. = yuf, mit — = yufo, mit —

von = yufü, —! (zuhilfe!) = yufö! zu —
ziehen = yufidön (lov.).
Hilfelaistung [hịlfĕ-láïštụn] v. = yuf.
hilflos [hịlfloš] = nenyufik.
Hilflosigkeit [hịlflosịqkáït] v. = nenyuf.
hilfreich [hịlfráïq] (hilfsbereit) = yufiälik.
hilfs [hịlfš] (mit Hilfe von) = yufü.
hilfsbereit [hịlfšbĕráït] = yufiälik.
Hilfslehrer [hịlfšlerĕr] m. = yufatidan.
Hilfszeitwort [hịlfš-žáït-vórt] n. = yufavärb.
Himbeere [hịmberĕ] v. = frambod.
Himbeerstrauch [hịmber-jtráŭq̌] m. = framboda=
rubud.
Himjarisch, n. = himyar.
Himmel [hịmĕl] m. 1. (tapladü: ‚Hölle‘) = sül
2. (Wolkenhimmel, Sternenhimmel) = sil.
Himmelsbewohner [hịmĕlšbĕvonĕr] m. = süla=
lödan, sülibelödan.
himmelsblau [hịmĕlšbláŭ] = lasürablövik.
Himmelsblau [hịmĕlšbláŭ] n. = lasürablöv.
Himmelsgegend [hịmĕlšgegĕnt] v. = vienüd.
Himmelsgewölbe [hịmĕlšgĕvólbĕ] n. = sila=
bobot.
Himmelssphäre [hịmĕlšsfärĕ] v. = sisfer.
Himmelstrich [hịmĕljtrịq] m. (Luftgegend) =
lutatopäd.
Himmelswillen [hịmĕlšvịlĕn]: um —! = sülö!
himmlisch [hịmlịj] 1. = sülik 2. auf dem Himmel (= sil) bezüglich = silik.
hin [hịn] 1. (hinzu) = usio, — und her =
usio ed isio 2. (zu) = lü, —! (dran!) =
lüö! 3. auf ... —, nach ... —, zu ... —
= äl 4. — und zurück = mo e ge 5.
(kaputt) = dädik 6. — und wieder (zuweilen) = semikna.
hinab [hịnáp] (hinunter) = donio, den Strom
— = donio ve flumed.
hinabgehen [hịnápgeĕn] = doniogolön (nel.),
die Treppe — = doniogolön ve tridem.
hinabsteigen [hịnáp-jtáïgĕn] 1. = nexänön (nel.),
denexänön (nel.) 2. die Treppe — = donio=
golön (nel.) ve tridem.
hinan [hịnán]: —! = löpiö!
hinauf [hịnáŭf] = löpio, —! = löpiö!
hinauflaufen [hịnáŭf-láŭfĕn] = löpiogolön (nel.)
ve.
hinaus [hịnáŭš] = plödio.
hinausbringen [hịnáŭšbrịnĕn] = plödükön (lov.).
hinausgehen [hịnáŭšgeĕn] 1. = segolön (nel.)
2. = plödikön (nel.).
hinauslaufen [hịnáŭš-láŭfĕn] (zu Ende gehen)
= finikön (nel.).
hinaussetzen [hịnáŭššäžĕn] = seseidön (lov.).
Hinde [hịndĕ] v. = jistäg.
hinderlich [hịndĕrlịq] (störend) = tupik.
hindern [hịndĕrn] 1. = taedön (lov.) 2. (verhindern) = neletön (lov.).
Hindern [hịndĕrn] n. = nelet.
Hindernis [hịndĕrnịš] n. = neletian, einem,
einer Sache Hindernisse bereiten = tasteiföri
(lov.) eki, bosi.
Hindernissebereiten [hịndĕrnịšĕ bĕráïtĕn] n. =
tasteif.
Hindi, n. = hindiy.
Hindostan [hịndóštàn] n. = Hindostän.

Hindostaner [hi̯ndóštànĕr] m. = Hindostänan.
hindostanisch [hi̯ndóštànii̯] = Hindostänik, das
Hindostanisch = Hindostänapük.
Hinduismus [hinduïšmuš] m. = hindut.
hindurch [hi̯ndu̯rq] = da, da et, durch ... —
= da.
hindurchbringen [hi̯ndu̯rqbri̯ŋĕn] = dublinön
(lov.).
hindurchfallen [hi̯ndu̯rqfálĕn] = dufalön (nel.).
hindurchgehen [hi̯ndu̯rqgeēn]: schnell — =
dugolön (lov.) vifiko.
hindurchlaufen [hi̯ndu̯rqláu̯fĕn] =durönön (nel.).
hindurchleiten [hi̯ndu̯rqláïtĕn] =dudugön (lov.).
hindurchrennen [hi̯ndu̯rqrȧnĕn] =durönön (nel.).
hindurchschlagen [hi̯ndu̯rqji̯lagĕn] = duflapön
(lov.).
hinein [hi̯náïn] 1., = ninio, —! = niniö! 2.
— in = ini.
hineinbringen [hi̯náïnbri̯ŋĕn] = ninükön (lov.).
hineinflieszen [hi̯náïnfli̯šĕn] = nüflumön (nel.).
Hineinflieszen [hi̯náïnfli̯šĕn] n. = nüflum.
hineinführen [hi̯náïnfürĕn] = ninükön (lov.).
hineingehen [hi̯náïngeēn] = ninikön (nel.).
Hineinsehen [hi̯náïn seēn] n. = nülogam.
hinfallen [hi̯nfálĕn] = dofalön (nel.).
hingeben [hi̯ngebĕn] (widmen) = dedietön
(lov.).
Hingebung [hi̯ngebu̯ŋ] v. (Widmung) =dediet.
hingegen [hi̯ngegĕn] (aber aber) =güä (kony.).
hinken [hi̯nkĕn] 1. (lahm gehen) = boatagolön
2. (hüpfen) = bunädön (nel.).
hinkommen [hi̯nkómĕn] (erreichen) = rivön
(lov.).
hinlangen [hi̯nláŋĕn] (genügen) =saidön (nel.).
hinlänglich [hi̯nláŋli̯q[= saidik.
Hinlänglichkeit [hi̯nláŋli̯qkáït] v. = said.
hinnehmen [hi̯nnemĕn] (entgegennehmen) =
lüsumön (lov.).
hinneigen [hi̯nnáïgĕn] = lüklienön (nel.).
hinopfern [hi̯n⸗ópfĕrn] = viktimön (lov.).
hinreichen [hi̯nráïqĕn] (genügen) = saidön
(nel.).
hinreichend [hi̯nráïqĕnt] (genügend) = saidik,
— werden = saidikön (nel.), etwas — ma⸗
chen = saidükön (lov.) bosi.
hinrichten [hi̯nri̯qtĕn] = cödetadeidön (lov.),
deidön (lov.) cödeto.
Hinrichtung [hi̯nri̯qtu̯ŋ] v. = cödetadeid.
hinscheiden [hi̯nǰáïdĕn] (sterben) = deadön
(nel.).
Hinscheiden [hi̯nǰáïdĕn] n. = dead.
hinschwinden [hi̯nǰvi̯ndĕn] = vesetikön (nel.).
hinsetzen [hi̯nsä̯žĕn] (niedersetzen) = dopla⸗
dön (lov.).
Hinsicht [hi̯nsi̯qt] v. (Beziehung) = tef, in
jeder — = altefo.
hinsichtlich [hi̯nsi̯qtli̯q] 1. = demü 2. — des
= tefü.
hinten [hi̯ntĕn] 1. = pödo, von — = pödao,
nach — = pödio, —! = pödö! 2. — aus⸗
schlagen = tridodön pödio, pödiotridodön
(lov.), — stehen = pödön (nel.), — stellen
= pödükön (lov.).
hinter [hi̯ntĕr] 1. (räumlich) = po 2. die hin⸗
tere Lage = pöd, — einem hergehen = golön

pödü ek 3. — einem zurückbleiben = pöda⸗
blibön tefü ek 4. — sich gehen = güikön
(nel.), er hat es — den Ohren = no stedä⸗
lom 5. — die Schule gehen = yilädön kläno
tidodi, etwas — die Ohren schreiben = me⸗
midön vilo bosi, — einem her sein = pöjutön
eki, — jemands Schliche kommen = tuvedön
käfodi⸗ eka 6. — etwas her sein = jäfön
jäfediko me bos, es steckt nicht viel — ihm
= jäfed no greton, jäfed no binon gretik in
om, pö om, er steckt sich — seinen Vater =
jelom oki me vöd, me nämät fata, er hat es
— den Ohren = stedäl defon in om, pö om.
Hinterbein [hi̯ntĕrbáïn] n. = pödalög.
Hinterbliebene [hi̯ntĕrbli̯bĕnĕ] m. = posbinan,
posbinans.
hinterdranig [hi̯ntĕrdràni̯q] = poik.
hintere [hi̯ntĕrĕ] (hinterdranig) = poik.
Hintere [hi̯ntĕrĕ] m. (After) = glüet.
Hinterfusz [hi̯ntĕrfu̯š] m. = pödalög.
Hintergrund [hi̯ntĕrgru̯nt] m. = pödaglun.
Hinterhalt [hi̯ntĕrhált] m. = lüköp.
hinterher [hi̯ntĕrher] (nachher) = poso.
Hinterindien [hi̯ntĕr i̯ndi̯ĕn] n. = Lindän pödik.
Hinterland [hi̯ntĕrlánt] n. = pödalän.
hinterlassen [hi̯ntĕrlášĕn] = posbinükön (lov.),
— werden = posbinön (nel.).
Hinterlassenen [hi̯ntĕrlášĕnĕn]: die —, pl. =
posbinan, posbinans.
Hinterlassenschaft [hi̯ntĕrlášĕn-ǰáft] v. = gerot.
Hinterlassung [hi̯ntĕrlášu̯ŋ] v. = posbinükam.
Hinterleder [hi̯ntĕrledĕr] n. = pödaküir.
Hinterlegung [hi̯ntĕrlègu̯ŋ] v.: gegen — von =
panü.
hinterlistig [hi̯ntĕrli̯šti̯q] = dobälo.
Hinterpfote [hi̯ntĕrpfotĕ] v. = pödalög.
Hinundhergerede [hi̯n⸗u̯nt⸗her-gĕredĕ] n. = lu⸗
blöfäd.
hinundherreden [hi̯n⸗u̯nt⸗her-redĕn] = lublöfä⸗
dön (lov.).
hinunter [hi̯nu̯ntĕr] (hinab) = donio.
hinuntergehen [hi̯nu̯ntĕrgeēn]: die Treppe — =
doniogolön (nel.) ve tridem.
hinuntersteigen [hi̯nu̯ntĕrǰtáïgĕn] = nexänön
(nel.), denexänön (nel.).
hinüber [hi̯nübĕr] = loveo (ladv.), lü votaflan,
lü votajol, votaflanio, votajolio.
hinüberführen [hi̯nübĕrfürĕn] = loveveigön
(lov.).
Hinüberführen [hi̯nübĕrfürĕn] n. = loveveig.
hinwärts [hi̯nvärž] = usio.
hinweg [hi̯nväk]: über ... — = mo love, —!
= moö !
Hinweg [hi̯nvek] m. = usioveg.
Hinweis [hi̯nváïš] m. = jon, unter — auf =
jonü.
hinweisen [hi̯nváïsĕn] = jonön (lov.).
hinweisend [hi̯nváïsĕnt]: hinweisendes Fürwort
= pönop jonik (voik), — auf = jonü.
hinwiederum [hi̯nvi̯dĕru̯m] = votaflano.
hinzu [hi̯nžu̯] 1. (zu) = lü 2. (dahin) = usio.
Hinzubauen [hi̯nžübáu̯ĕn] n. = lenbum.
hinzufügen [hi̯nžüfügĕn] = läükön (lov.),
lüükön (lov.), läyümön (lov.), lenyümön
(lov.), —, hinten — = poyümön (lov.).

Hinzufügung [hįnžůfügųŋ] v. = läyüm, lenyüm, lüyüm.
Hirn [hįrn] n. (Gehirn) = brein.
Hirngespinst [hįrngēĵpįnšt] n. = tikaspäk.
Hirsch [hirĵ] m. 1. = stäg 2. (Männchen) = histäg 3. fliegender — = ‚lucanus cervus'.
Hirschkalb [hįrĵkálp] n. = stägül.
Hirschkäfer [hįrĵkäfĕr] m. = ‚lucanus cervus'.
Hirschkuh [hįrĵkų] v. = jistäg.
Hirschschröter [hįrĵĵrötĕr] m. = ‚lucanus cervus'.
Hirt [hįrt] m. = galedan.
Histórchen [hįštŏrqĕn] n. = konotil.
Hitze [hįžĕ] v. 1. = hit 2. (Hitzköpfigkeit) = fäkädäl.
hitzig [hįžįq] 1. (heisz) = hitik, — sein = hitön (nel.) 2. = fäkädälik, — werden = fäkädälikön (nel.) 3. (zornig) = zunik 4. = zuniälik, ein hitziges Temperament haben = zuniälon (nel.).
Hitzkopf [hįžkópf] m. 1. = fäkädälan 2. = zuniälan.
hitzköpfig [hįžkŏpfįq] = fäkädälik.
Hitzköpfigkeit [hįžkŏpfįqkäït] v. = fäkädäl.
hm [hĕm]: —! (ei!) = ö!
Hobel [hobĕl] m. = rabot.
Hobelarbeit [hobĕl-ár-baït] v. = rabotavobot.
Hobeleisen [hòbĕl⸗aïsĕn] n. = rabotafer.
hobeln [hobĕln] = rabotön (lov.).
Hobeln [hobĕln] n. = rabotam.
Hobelspan [hòbĕlĵpan] m. 1. = boadakrugül 2. — oder Locke = krugül.
hoch [hoğ] 1. = geilik, — sein = geilön (nel.), — machen = geilükön (lov.) 2. hoher Grad = vem, im hohen Grade = vemik 3. lebe —! = lifö! 4. — begeistert = mu lanälik, höherer Unterricht = löpatid 5. = löpik, hohe Töne = tonods löpik.
hochachtbar [hoğ-áğtbar] = lestümabik.
Hochachtbarkeit [hoğ-áğtbar-käït] v. = lestümab.
hochachten [hòğ⸗áğtĕn] = lestümön (lov.).
Hochachtung [hòğ⸗áğtųŋ] v. = lestüm.
Hochaltar [hoğ⸗áltàr] m. = lelatar.
Hochamt [hòğ⸗ámt] n. = lemäsäd.
Hochdeutsch [hòğ⸗dôůč]: das — = Löpa⸗Deu⸗ tänapük.
Hochehrwürden [hoğ⸗èrvürdĕn] v. (als Titel) = ledinitan, Ew. (= Euer) — = ol, o ledinitan! or, o ledinitan!
hochehrwürdig [hoğ⸗èrvürdįq] = lestimabik.
Hochehrwürdigkeit [hoğ⸗èrvürdįqkäït] v. = lestimab.
hochgeachtet [hòğğĕáğtĕt] = lestümik, palestü⸗ möl.
hochgebirge [hòğğĕbįrgĕ] n. = geilabelem.
hochgeehrt [hoğ gĕĕrt] = lestimik.
Hochgenusz [hòğğĕnųš] m. = lejuit.
hochgeschätzt [hòğğĕjäžt] = ledigik.
hochinteressant [hoğ įntĕräšánt] = mu nitedik.
Hochmeister [hòğmáïštĕr] m. = mastal.
Hochmut [hòğmųt] m. = pleidäl.
hochmütig [hòğmütįq] = pleidälik, — sein = pleidälön (nel.).
Hochofen [hòğ⸗ofĕn] m. = geilafurnod.

Hochschätzung [hòğĵäžųŋ] v. = ledigid.
Hochschule [hòğĵulĕ] v. = niver.
Hochsein [hoğ sáïn] n. = geil.
Hochsinn [hòğsįn] m. = sublimäl.
hochsinnig [hòğsįnįq] = sublimälik.
Hochsommer [hòğsómĕr] m. = muzehitüp.
hochverehrt [hòğfärert] = lestimik.
Hochverrat [hòğfärrat] m. = leträt, — begehen = leträtön (lov.).
Hochverräter [hòğfärrätĕr] m. = leträtan.
Hochwald [hòğvált] m. = fot bimas geilik.
Hochwasser [hòğvášĕr] n. = geilavat.
Hochwürden [hòğvürdĕn] v. (als Titel) = ledinital, Ew. (= Euer) — = ol, o ledini⸗ tal! or, o ledinital!
hochwürdig [hòğvürdįq] = ledinitik.
Hochzeit [hóğ-žáït] v. 1. = mated 2. (Vermählungsfest) = matikamazäl.
Hochzeitsfeier [hóğ-žáïž-faïĕr] v. = matedizel.
Hochzeitsfest [hóğ-žáïžfäšt] n. = mated, ma⸗ tedizel.
Hochzeitsgast [hóğ-žáïž-gášt] m. = matedizelan.
Hochzeitsgesellschaft [hóğ-žáïž-gĕsả̱ljáft] v. = matedizelanef.
Hochzeitstag [hóğ-žáïžtak] m. = matedadel.
Hof [hof] m. 1. (Hofraum) = yad 2. (Bauernhof) = farm 3. (Königshof) = kur.
Hofdame [hófdamĕ] v. = kuraläd.
hoffen [hófĕn] = spelön (lov.).
Hoffen [hófĕn] n. = spel.
hoffentlich [hófĕntlįq] 1. = spelabik 2. (in der Hoffnung) = spelo.
Hoffnung [hófnųŋ] v. = spel, in der —, — hegend = spelo, Kap, Vorgebirge der guten — = Spelakap.
hoffnungslos [hófnųŋšloš] = nenspelik.
Hoffnungslosigkeit [hófnųŋš-lòsįqkäït] v. = nenspel.
hoffnungsvoll [hófnųŋš-fól] = spelik.
Hofgärtner [hòfgärtnĕr] m. = kuragadan.
Hoflieferant [hòflifĕránt] m. = kurablünan.
Hofmarschall [hof-már-jál] m. = kuramaredal.
Hofmetzgerei [hòfmäžgĕráï] v. = kuramiticö⸗ pam.
Hofrat [hòfrat] m. = kurakonsälal.
Hofraum [hòfráům] m. = yad.
Hoheit [hòháït] v. (hoher Rang) = geilät.
Hohenzollern [hoĕnžólĕrn] = Hoenzolän.
Hohepriester [hoĕprįštĕr] m. = dalekultan.
hohl [hol] = kevöfik.
Hohlglas [hòlglaš] n. 1. (hohles Glas) = kevöfaglät 2. (konkave Glaslinse) = konkava⸗ lentül.
Hohlheit [hòlháït] v. = kevöf.
Hohlkopf [hòlkópf] m. = vagakapan.
Hohlweg [hòlvek] m. = lugur.
Hohn [hon] m. = lukof.
Hokkaido (Insel) = Hokaideän.
hold [hólt] = keinik.
holdselig [hóltselįq, hóltselĩq] = keinik.
Holdseligkeit [hóltselįq-käït] v. = kein.
holen [holĕn] = ramenön (lov.), sich — = ramenön (lov.).
Holland [hó-lánt] n. (Niederlande) = Nedän.
Holländer [hóländĕr] m. = Nedänan.

holländisch [hólẹndịj] = Nedänik.
Holmium [hólmịụm] Ho = holmin.
holperig [hólpěrịq] (uneben) = nesmudik.
Holstein [hól-jtáin] n. = Holstän.
Holsteiner [hól-jtáïněr] m. = Holstänan.
holsteinisch [hól-jtáïnịj] = Holstänik.
Holunder [hólụ̈nděr] m. = sambuk.
Holz [hólš] n. 1. = boad, mit — bekleiden = boadön (lov.) 2. (Wald) = fot.
Holzasche [hólž-ájě] v. = boadazen.
Holzbekleidung [hólž-běkláïdụn] v. = boadot.
Holzblock [hólž-blók] m. = boadablög.
Holzbronze [hólž-brónsě] v. = boadabronsöt.
Holzbündel [hólžbụ̈nděl] n. = tuigatuf.
holzen [hólžěn] (mit Holz bekleiden] = boa‚dön (lov.).
Holzen [hólžěn] n. = boadam.
Holzer [hólžěr] m. = boadicöpan.
Holzessig [hólž-ạšịq] m. = boadavinig.
Holzessigsäure [hólž-ạšịqsóůrě] v. = viniga‚züd, boadavinigazüd.
Holzfuszboden [hólž-fụ̈sboděn] m. = boada‚glun.
Holzgeist [hólž-gáïšt] m. = boadaspit.
Holzhacker [hólž-hákěr] m. = boadicöpan.
Holzhandel [hólž-hánděl] m. = boadated.
Holzhauer [hólž-háůěr] m. = boadicöpan.
Holzhändler [hólžhánďlěr] m. = boadatedan.
holzicht [hólžịqt] = boadöfik.
holzig [hólžịq] = boadöfik.
Holzigsein [hólžịq sáïn] n. = boadöf.
Holzkloppe [hólž-klópě] = boadajuk.
Holzkohle [hólžkolě] v. = boadakolat.
Holzplatte [hólž-plátě] v. = boadaplatot.
holzreich [hólž-ráịq] (waldig) = fotagik.
Holzschneidekunst [hólž-jnáïděkụnšt] v.=boa‚diködav.
Holzschneider [hólž-jnáïděr] m. = boadikö‚dan.
Holzschneiderei [hólž-jnáïděráï] v. = boadiköd.
Holzschnitt [hólžjnịt] m. = boadagavot.
Holzschnitzerei [hólž-jnịžěráï] v. = boadiködot.
Holzschraube [hólž-jráůbě] v. = boadaskrub.
Holzschuh [hólžjụ] m. = boadajuk.
Holzstich [hólžjtịq] m. = boadagavot.
Holzung [hólžụn] v. = boadam.
Holzware [hólžvarě] v. = boadacan.
Holzwelle [hólžvạ̈lě] v. = boadatuf.
Holzwerk [hólžvạrk] n. = boadem.
Holzzement [hólž-žemạnt] n. = boadazäm.
holzzementen [hólž-žemạntěn] = boadazämik.
homogen [homogen] = homogenik.
Homogenität [homogenịtạt] v. = homogen.
Homöopathie [homöopatị] v. = homeopat.
homöopathisch [homöopàtịj] = homeopatik.
Hondo = Hondeän.
Honduras [hondụ̈rạš] = Hondurän, Britisch — = Hondurän Linglänik.
Hongkong [hón kón] (Insel) = Honkeän.
Honig [hònịq] m. = miel.
Honigscheibe [hònịqjáïbě] v. = mielaziöbem.
Honigseim [hònịqsáïm] m. = lemiel.
honigsüsz [hònịqsü̈š] = lesvidik, mielasvidik.
Honigwabe [hònịq‚vabě] v. = mielaziöbem.
Honorar [honorar] n. = stimamesed.

honorieren [honorịrěn] = stimapelön (lov.).
Hopfen [hópfěn] m. = humul.
hops [hópš]: —! (hopsa!) = hö!
hopsa [hópša]: —! = hö!
horchen [hórqěn] = dalilön (lov.).
Horcher [hórqěr] m. = dalilan.
horchsam [hórqsam] (lauschend) = dalilik.
Horizont [horịžónt] m. (Gesichtskreis) = horit.
Horn [hórn] n. 1. (am Kopfe) = hon 2. (Blas‚instrument) = horn.
Hornhaut [hórn-háůt] v. = korned.
Hornknopf [hórn-knópf] m. = honaknop.
Hornplatte [hórn-plátě] v. = honaplatot.
Hort [hórt] m. (groszer Schatz) = lediv.
Hose [hosě] v. = blit.
Hospital [hóšpịtàl] n. (Spital) = malädanöp.
Hospiz [hóšpịž] n. = foginanöp.
Hostie [hóštịě] v. = hostid.
Hotel [hotạl] n. (Gasthof) = lotidöp.
Hotelier [hotạlịe] m. = lotidöpan.
Hottentotte [hótěntótě] m. = hotentot.
Hottentottenland [hótěntótěn-lánt] n. = hoten‚totalän.
hottentottisch [hótěntótịj] = hotentotik.
Hovas [hòvaš] pl. = hovayans.
höchst [höqšt]: aufs höchste = levemo, das höchste Wesen = Dabinal.
Höcker [hőkěr] m. (Buckel) = gobad.
höflich [hòflịq] (anständig) = plütik, — sein, sich — benehmen = plütön (nel.).
Höflichkeit [hòflịqkáït] v. 1. = leplüt 2. (Wohlanständigkeit) = plüt.
Höfling [hòflịn] m. = kuran.
Höhe [hőě] v. 1. (das Hochsein) = geil 2. (Abstand von der Grundfläche) = geilot, in der — von = geilotü 3. = löpot 4. (Niveau) = nivod 5. auf der — stehen = sevön (lov.), in die — gehen = löpikön (nel.).
Höhepunkt [hőěpụnkt] m. = sömitamapün.
höher [hőěr] (gröszer, weiter) = pluik.
Höhle [hőlě] v. 1. = kev. 2. (Grotte) = lekev.
Höhlung [hőlụn] v. = kev.
höhnend [hőněnt] = lukofik.
Höhner [hőněr] m. = lukofan.
höhnisch [hònịj] = lukofik.
Hölle [hőlě] v. = höl.
höllisch [hőlịj] = hölik.
hölzern [hőlžěrn] = boadik, hölzerne Stange = boadabmül, hölzerne Walze = boada‚zilid.
hörbar [hòrbar] = lilamovik.
hören [hőrěn] 1. = lilön (lov.) 2. die Stimme — lassen = vögön (nel.).
Hören [hőrěn] n. = lilam, Sinn des Hörens = lilamasien, Vermögen des Hörens = lilamafäg.
Hörer [hőrěr] m. = lilan.
Hörerschaft [hőrěrjáft] v. = lilanef.
hört [hört]: —! (he! heda!) = he!
hu [hụ]: —! = vu!
Huf [hụf] m. = saf.
Hufbeschlag [hụ̀fbějlak] m. = safaferam.
Hufeisen [hụ̀f‚áïsěn] n. = safafer.
Hufschmied [hụ̀fjmịt] m. = safaferan.
Huhn [hụn] n. = gok.
Huld [hụlt] v. = benäd.

huldreich [hu̯ltráïq] = benädik.
huldvoll [hu̯ltfól] (huldreich) = benädik.
human [hu̯man] (menschenfreundlich) = me=
nätik.
Humaniora [hu̯maniòra] pl. = humen, humens.
Humanisme [hu̯manišmĕ] = humenim.
Humanist [hu̯maništ] m. = humeniman.
humanistisch [hu̯maništij] = humenimik.
Humanität [hu̯manität] v. = menät.
Hummer [hu̯mĕr] m. (groszer Seekrebs) =
humar.
Hund [hu̯nt] m. 1. = dog, vom Hunde = dogik
2. der grosze —, st. = sigretadog, der kleine
—, st. = sismaladog.
hundert [hu̯ndĕrt] 100 = tum.
Hundert [hu̯ndĕrt] n. = tumat, zu Hunderten
= tumato.
Hundertchen [hu̯ndĕrtqĕn] n. = tumil.
hunderterlei [hu̯ndĕrtĕr láï] = tumsotik.
hundertfach [hu̯ndĕrtfáǧ] = tumik.
Hundertfache [hu̯ndĕrtfáǧĕ] n. = tumot.
hundertfacherweise [hu̯ndĕrtfáǧĕrváïsĕ] = tu=
miko.
hundertjährig [hu̯ndĕrtyäriq] = tumyelik.
hundertmal [hu̯ndĕrtmal] = tumna.
hundertmalig [hu̯ndĕrtmaliq] = tumnaik.
hundertmaligerweise [hu̯ndĕrtmaliqĕrváïsĕ] =
tumnaiko.
hundertste [hu̯ndĕrtstĕ] = tumid, das — Mal
= tumidnaed, zum hundertsten Male = tu=
midnaedo.
Hundertstel [hu̯ndĕrtstĕl] n. = tumdil, zim.
hundertstens [hu̯ndĕrtstĕnš] = tumido.
hunderttausend [hu̯ndĕrt táüsĕnt] 100'000 =
tummil.
Hunderttausendstel [hu̯ndĕrt táüsĕntstĕl] n. =
zimmim.
hundertteilig [hu̯ndĕrttáïliq] = tumdilik.
Hundertzahl [hu̯ndĕrtžal] v. = tumat.
Hundezüchterei [hu̯ndĕ=žü̯qtĕráï] v. = dogibrid.
Hunds= [hu̯nž=] (vom Hunde) = ... dogik.
Hundswut [hu̯nžvu̯t] v. = rabiät.
Hunger [hu̯ngĕr] m. = faem.
hungern [hu̯ngĕrn] (hungrig sein) = faemön
(nel.).
hungrig [hu̯ŋriq] = faemik, — sein = faemön
(nel.).
Hunnen [hu̯nĕn] pl. = hunans.
Hure [hu̯rĕ] v. = jinepuedan.
Huronen [huronĕn] pl. (Indianerstamm) =
huronans.
hurtig [hu̯rtiq] (eilig) = spidik, — (in Eile)
= spido, —! (eilends!) = spidö!
Husar [hu̯sar] m. = husar.
husten [hu̯štĕn] = kögön (nel.).
Husten [hu̯štĕn] n. = kög.
Hut [hu̯t] 1. v.=galed 2. m. (Kopfbedeckung)
= hät, den — schwingen = lefänön (lov.)
häti, — ab! = deükolöd häti! ko hät deik!
Hutfabrik [hu̯tfabrik] v. = hätifabrik.
Hutfilz [hu̯tfilž] m. = hätafül.
Hutmacher [hu̯tmáǧĕr] m. = hätel.
hübsch [hü̯pj] 1. (schön) = jönik 2. (niedlich) = plitülik.
Hübschheit [hu̯pjháït] v. (Niedlichkeit) = plitül.

Hüfte [hü̯ftĕ] v. = hip.
Hügel [hü̯gĕl] m. = lubel, kleiner — (Anhöhe)
= lubelil.
hügelig [hu̯gĕliq] = lubelik.
Hülle [hü̯lĕ] v. 1. (Etui) = vead 2. (Umhül-
lung) = vilup.
Hülse [hü̯lsĕ] v. (Schote) = ligum.
Hülsenfrucht [hu̯lsĕnfru̯ǧt] v. = ligum.
hündeln [hü̯ndĕln] = lusumätön (nel.).
Hündin [hu̯ndin] v. = jidog.
hündisch [hu̯ndij] = lusumätik.
hüpfen [hü̯pfĕn] 1. = bunädön (nel.) 2. =
bunülön (nel.).
hüten [hütĕn] (behüten) = galedön (lov.).
Hüten [hütĕn] n. (Bewachung) = galed.
Hüter [hütĕr] m. = galedan.
Hütlein [hu̯tláïn] n. = hätil.
Hütchen [hütqĕn] n. = hätil.
Hüttchen [hütqĕn] n. = ludomil.
Hütte [hü̯tĕ] v. 1. = ludom 2. (Baracke) =
barak.
Hüttenwerk [hu̯tĕnvärk] n. = metalismeitöp.
Hüttlein [hü̯tláïn] n. = ludomil.
Hydrat [hü̯drat] n. = vated.
Hydration [hü̯dražion] v. = vatedam.
Hydratisomerie [hü̯drat isomeri] = vatedaotko=
bod.
Hydrazin [hü̯dražin] H_4N_2 = hidrazin, salz-
saures —, $N_2H_4.HCl$ = hidraziumabalklorid.
Hydrazinbichlorid [hü̯dražin biklorit] $N_2H_4.2HCl$
= hidraziumatelklorid.
Hydrazinhydrat [hü̯dražin hüdrat] $N_2H_4.H_2O$
= hidraziumabäd.
Hydrodisulfid [hü̯dro disulfit] H_2S_2 = tel=
hidrinatelsulfin.
Hydrogel [hü̯drogäl] = vatagäl.
Hydrologie [hü̯drologi] v. = vatav.
Hydrolyse [hü̯drolüsĕ] v. = vatodilet.
hydrophiel [hü̯drofil] = vatiälik.
hydrophob [hü̯drofop] = nevatiälik.
hydroschweflig [hü̯drojvĕfliq]: hydroschweflige
Säure, $H_2S_2O_4$ = hüpsulfitazüd.
Hydrosol [hü̯drosól] = vatasäl.
hydrostatisch [hü̯droštàtij]: hydrostatische Wage
= vatavätöm.
Hydrotrisulfid [hü̯dro trisulfit] H_2S_3 = tel=
hidrinakilsulfin.
Hydroxylamin [hü̯dróxü̯l=amin] NH_2OH = bal=
hidrillamoniak, salpetersaures —, $NH_2OH.$
HNO_3 = balhidrillamoniumanitrat, salzsaures
—, $NH_2OH.HCl$ = balhidrillamoniumaklorid.
hydroxylamindisulfonsauer [hü̯dróxü̯l=amin disul-
fón-sáü̯ĕr]: hydroxylamindisulfonsaures Kalium,
$N(OH)(SO_3K)_2$ = telkalinasulfionbalhidril=
lamoniak.
Hygrometer [hü̯grometĕr] n. e m. = luimöfima=
föm, hügromet.
Hymne [hi̯mnĕ] v. = hüm.
Hymnus [hu̯mnu̯š] m. = hüm.
Hyperboräer [hü̯pĕrboräĕr] m.=munolüdänäns.
Hyperbrachicephalie, v. = mubrefakap.
Hyperdolichocephalie, v. = mulunakap.
Hypothek [hü̯potek] v. 1. = dapan, in erster,
zweiter — = me dapan balid, telid, mit —
belasten = dapanön (lov.), auf — anleihen

= dapanaloenön (lov.) 2. (Pfandbrief) = dapanot.

Hypothekar [hüpotekar] m. = dapanotikipan.

hypothekarisch [hüpotekàrij] = dapanik.

Hypothekenamt [hüpotèkĕn≠ámt] n. = dapano≠tabür.

Hypothekenanleihe [hüpotekĕn án-láĭĕ] v. = dapanaloen.

Hypothekenbank [hüpotèkĕnbáŋk] v. = dapanöp.

Hypothekengläubiger [hüpotekĕn glóŭbĭgĕr] m. = dapanaprünan.

Hypothekenverband [hüpotèkĕnfạrbánt] m. = dapan.

Hypothese [hüpotesĕ] v. = hüpotet.

Hypsicephalie, v. = geilakap.

Hysterica [hĳstèrika] v. = jihüsteran.

Hysterie [hĳsteri] v. = hüster.

Hysterieleidender [hĳsteri láĭdĕndĕr] m. = hüsteran, hihüsteran.

hysterisch [hüstèrij] = hüsterik.

I. i.

ich [įq] = ob, **soviel — weisz** = bai sev obik.

ideal [ideal] = dialik.

Ideal [įdeal] n. = dial.

idealisieren [ịdealịsịrĕn] = dialön (lov.).

Idealismus [ịdealịšmụš] m. = dialim.

Idealist [ịdealĳšt] m. = dialiman.

idealistisch [ịdealĳštịj] = dialimik.

Idee [ide] v. = tikamagot.

ideell [ịdeạl] = tikamagotik.

identifizieren [ịdạntịfịžịrĕn] = dientifükön (lov.).

identisch [ịdạntịj] (ganz gleich) = dientifik, **— sein** (sich decken) = dientifön (nel.), **— mit** = dientifü.

Identität [ịdạntịtät] v. = dientif.

Idiom [ịdịom] n. (Eigenheit) = pükalön.

Idiot [idịot] m. = diotan.

Idylle [ịdịlĕ] v. = diül.

idyllisch [įdụlịj] = diülik.

Igel [igĕl] m. = reinad.

Igorroten, pl. = ligorotans.

ihr [ir] 1. = ofik, onik, onsik, omsik, ... 2. (in lat.: ‚vos‘) = ols.

Ihr [ir] (höflich) = orik.

Ihrerseits [irĕr sáĭž] = oro.

illoyal [il loayal] = neritöfik.

Illoyalität [il loayalität] v. = neritöf.

Illusion [ịlusịon] v. = drimamagot.

illusorisch [ịlusòrịj] = drimamagotik.

Illustration [ịlụštrazịon] v. = magod.

illustrieren [ịlụštrịrĕn] = magodön (lov.).

Illustrieren [ịlụštrịrĕn] n. = magodam.

illustriert [ịlụštrịrt] = magodik.

Illyrien [ịlụrịĕn] n. = Lilürän.

imaginär [ịmagịnär] = nejenöfik.

imidosulfonsauer [imịdo sulfón-sáŭĕr]: **imido≠sulfonsaures Kalium,** $NH(SO_3K)_2$ = limida≠telkalinasulfion.

Imitation [ịmịtazịon] v. (Nachahmung) = zü≠päd.

imitieren [imịtịrĕn] (nachäffen) = züpädön (lov.).

Imker [ịmkĕr] m. (Bienenvater) = bienan.

imkern [ịmkĕrn] = bienön (nel.).

Imme [ịmĕ] v. 1. = bien 2. (Bienenschwarm) = bienaküm.

immens [ịmänš] = levemik.

immer [ịmĕr] 1. (allezeit, jederzeit, stets) = ai, **noch —** = ai nog, **— nicht** = ai no, **— vor≠wärts** = ai föfiö! **— weniger** = ai neplu, **— wieder** = ai dönu 2. **— (jedesmal) wie≠der** = alna dönu.

immerdar [ịmĕr dar] = laidiko.

immerfort [ịmĕr fórt] = laidiko, laiduliko.

immermehr [ịmĕrmer] (mehr und mehr) = ai plu.

immerwährend [ịmĕr vạrĕnt] (ständig) = lai≠dik.

immerzu [ịmĕr žu] = ai.

immigrieren [ịmigrịrĕn] = nütevön (nel.).

Immobilien [ịmo bịlịĕn] pl. = fimod, fimods.

Imperativ [ịmperatịf] m. (Befehlform) = bü≠dabidir.

imperatorisch [ịmperatòrịj] = büdik.

Imperfekt [ịm pärfạkt] n. = pasetatim nefinik.

impfen [ịmpfĕn] = müpön (lov.).

Impfung [ịmpfụŋ] v. (Vakzinierung) = müp.

Import [ịmpórt] m. (Einfuhr) = nüveig.

Importhandel [ịmpórt-hándĕl] m. = nüveigated.

importieren [ịmpórtịrĕn] (einführen) = nüvei≠gön (lov.).

Importeur [ịmpórtòr] m. = nüveigan.

imprägnieren [ịmprägnịrĕn] = prägenön (lov.).

Imprägnierung [ịmprägnịrụŋ] v. = prägen.

Impression [ịmpräsịon] v. = magád.

Imschrittfahren [ịm jrịt farĕn] = stepam.

Imschrittreiten [ịm jrịt ráĭtĕn] n. = stepam.

imstande [ịmjtándĕ] (könnend) = kanik.

in [ịn] 1. = ad, **— Stücke hauen** = cöpön ad dileds 2. = in, **im Zimmer sein** = binön in cem, **im Zimmer hin und her gehen** = golön in cem usio ed isio, **— einem Orte wohnen, leben** = lödön, lifön in top, **im ersten Stock, Stockwerk wohnen** = lödön in tead balid, **— Wien** = in ‚Wien‘, **— dieser Richtung** = in lüod at, **— einer wichtige Angelegenheit verreist sein** = tävön, binön tävöl in dinäd veütik 3. = demü, **— Geschäften reisen** = tävön demü büsid, **— einer wichtige Angelegenheit verreist sein** = tävön, binön tävöl demü dinäd veütik 4. = dö, **— einen verliebt** = lelöfädik dö ek 5. = kodü, **— Geschäften reisen** = tävön kodü büsid 6. = ini, **hinein —** = ini, **ins Haus** = ini dom, **— die Schweiz reisen** = tävön ini Jveizän, **— die Falle gehen** = golön ini träp 7. = lü, **— die Schule, — die Kirche gehen** = golön lü jul, lü glüg, **— die Probe gehen** = golön lü dönuamapläg, **ins Konzert, ins Theater gehen** = golön lü konsärt, lü teat, **— die Schweiz reisen** = tävön lü Jveizän 8. = me, **— der Arbeit begriffen** = jäföl me vob, me vobod, **Geschäfte — Wein machen** = tedön me vin, **sich — Wein betrinken** = brietükön oki me vin, **etwas — Worte fassen** = noto≠dön bosi me vöds 9. (bei) = pö, **im Konzert sein** = binön pö konsärt 10. = sui, **— den Vordergrund, — den Hintergrund stellen, treten** = pladön, stepön sui föfaglun,

sui pödaglun 11. = tö, — **einem Orte
wohnen, leben** = lödön, lifön tö top, — **Wien**
= tö ‚Wien' 12. = **tü, im Nu** = tü timül it
13. = ünü, **im Laufe des** (zeitlich) = ünü,
im Nu = ünü timil brefikün, — **kurzer Zeit,
im kurzen,** — **kurzem** = ünü brefüp. 14.
sich — **Wein betrinken** = tudrinön vini, **ins
zehnte Jahr gehen** = primön lifayeli degid,
sich — **eine Sache teilen** = dilön ode, odes
bosi, **im ersten Stock, Stockwerk wohnen** =
belödön teadi balid, **das Haus hat zwanzig
Fusz** — **der Breite** = dom labon vidoti piedas
teldeg 15. **im hohen Grade** = vemik, **das
Haus hat zwanzig Fusz** — **der Breite** = dom
binon vidotik mö pieds teldeg 16. — **der
Absicht** = desinölo ad, **im Abstraktem** =
nedabinoto, **im Abstreich** = neplulofo, **im
Allgemeinen** = valemo, — **der Anlage** (beifolgend) = paläkövölo, peläkövölo, **im Aufstreich** = plulofo, **im Augenblicke** = pülatimilo, — **concreto** = dabinoto, **im Durchschnitt** = zänedo, — **Eile** = spido, — **einem
fort,** — **eins fort** = balo, **im Ernst** = fefo,
— **der Ferne** = fago, **im Fluge** = flito,
— **Friede** = püdo, **im Ganzen** = lölo, **im
groszen Ganzen** = lelölo, — **Gedanken** =
tiko, **im Gegenteil** = güo, taädo, **im Geheimen** = kläno, **im Geiste** = tiko, **ins Geviert**
= kvado, — **gewissem Sinne** = semo, **im
Gleichgewicht** = leigaveto, **im Groszen** =
greto, grosülo, — **Güte**-
beilegen = finükön gudöfo, **im Hause** =
domo, — **der Hoffnung** = spelo, **im Jahr** =
yelo, **im Jenseits** = lananöpo, — **Kommission** = komito, **im Kreise** = züo, **im Kreise
herumgehen** = golön züo in sirkül, züo ve
sirkül, — **kurzer Zeit,** — **kurzem, im kurzen**
= brefüpo, **ins Künftige** = fovo, — **die Miete**
= loato, — **der Mitte** = zänodo, — **Natur,**
— **natura** = nato, **im nächsten Jahr** = oyelo,
— **der Nähe** = nilo, **im Norden** = nolüdo,
— **Pacht** = leloato, — **der Praxis,** — **die
Praxis** = plago, — **die Rechnung** = kalo,
— **der Regel** = kösömiko, — **einer Schrift**
= penädo, **im Schritt** = stepamo, — **Sicherheit** = sefo, — **der Stille** = stilo, — **Summa**
= kobo, — **den Tag hineinleben** = lifön
nekudiko, — **der Tat** = jenöfo, — **Trupps**
= trupo, **im Übrigen** = reto, **im Vertrauen**
= konfido, — **Vertretung** = pladulo, **im
voraus** = büo, — **Wahrheit** = verato, —
Wiefern = viomafädo, — **Wirklichkeit** =
jenöfo, — **einem Worte** = brefo, — **Zukunft,** — **der Zukunft** = fovo, fütüro, — **der
Zwischenzeit** = vütimo, — **die Ferne** = fagio
17. — **der Absicht** = desinü (pr.), **im Abstande von** = fagotü, — **Abwesenheit von**
= nekomü, — **Anbetracht dieses** = demü,
— **der Anzahl von** = numü, mödotü, **im
Auftrage des** = komitü, **im Beisein des** =
komü, **im Betrage von** = suämü, — **Bezug
auf** = tefü, **ein Baum von drei Fusz im
Durchmesser** = bim diametü pieds kil, **im
Einklang mit** = baiädü, — **Erwägung des** =
vätälü, — **Form von** = fomü, **im Gegensatz**

zu = tapladü, — **Gegenwart des** = komü,
im Hause des = domü, **hinein** — = ini,
— **der Menge von** = mödotü, — **der Nacht
des,** — **Nachten des** = neitü, **im Namen des
Königs** = nemü reg, — **der Quantität von,
im Quantum von** = mödotü, **im Sinne des**
= siämü, — **Treue zu** = fiedü, — **Verbindung mit** = yumü, **im Vergleich zu dir** =
leigodü ol, **im Verhältnis zu** = proporü, **im
Vertrauen auf** = konfidü, — **Vertretung des**
= pladulü, **im Werte von** = völadü, **im
Zustande des** = stadü 18. **im Auge haben**
= desinön (lov.), **das sticht ihm** — **die
Augen** = atos skänon omi, **im Begriff stehen**
= primikön (nel.) ad, **das Haus hat zwanzig
Fusz** — **der Breite** = dom vidoton mö pieds
teldeg, — **Erfüllung gehen** = jenöfikön (nel.),
— **Ferien sein** = vakenön (nel.), — **die
Flucht schlagen** = fügön (lov.), **sein Leben
** — **die Schanze schlagen** = riskön lifi oka,
— **bösen Leumund bringen** = mirepütükön
(lov.), **er steckt bis über die Ohren** — **Schulden** = petufledom ko debs, ko monidebs,
— **Rechnung,** — **laufender Rechnung stehen**
= kalön (nel.), **im Schritt gehen** = stepön
(nel.), **es ist mir** — **den Tod zuwider** =
naudob levemo osi, — **Verruf stehen** = mirepütön (nel.), — **Verruf bringen** = mirepütükön (lov.), — **den letzten Zügen liegen**
= binön deadol 19. — **der Tat!** = vö!
20. **im Falle dasz** = üf.

Inbegriff [inbĕgrif] m. (Inhalt) = ninäd.
inbegriffen [inbĕgrifĕn] = keninik.
indelikat [in delikat] (unzart) = nesofik.
indem [indem] 1. (weil, da) = bi 2. (während)
= du (kony.).
indes [indäs] (jedoch) 1. = ye 2. = ab.
indessen [indäsĕn] 1. (inzwischen) = vüo 2.
(aber) = ab.
Index [indäx] m. = mafädanum.
Indianer [indianĕr] m. 1. = lindiyan 2. st. =
silindiyan.
indianisch [indiànij] = lindiyanik.
Indien [indiĕn] n. = Lindän, **Britisch-** — =
Lindän Linglänik, Hindän, **Niederlandisch-** —
= Lindän Nedänik.
Indier [indiĕr] m. = Lindänan.
indifferent [in difĕränt] (gleichgültig) = lindifik, — **sein** = lindiföň (nel.).
Indifferenz [in difĕränz] v. = lindif.
indigniert [indignirt] = leskanik.
Indikativ [indikatif] m. = fümabidir.
Indikativsatz [indikatifsäź] m. = fümaset.
indisch [indij] = Lindänik, **Indischer Ozean**
= Lindean.
Indium [indium] In = lindin.
individual [individual] = pösodik.
individualisieren [individualisirĕn] = pösodöfön
(lov.).
Individualismus [individuališmuš] m. = pöso-
dim.
Individualität [individualität] v. = pösodöf.
Individuelle [individuälĕ]: **das** — (das Eigene)
= lön.
Individuum [individuum] n. = pösod.

Indochina [indo qìna]: **Französisch-** — = Lin$ däna=Tsyinän Fransänik.
indogermanisch [indo gärmànij] = Lindäna= Germänik.
Indonesien]indonèsiĕn] = Lindäna=Seanän.
Indossament [indóśamằnt] n. = gir.
Indossant [indóśánt] m. = giran.
Indossat [indóśàt] m. = begiräb.
Indossatar [indóśatàr] m. = begiräb.
Indossement [indóśĕmằnt] n. = gir.
indossieren [indóśirĕn] = girön (lov.).
Indossierung [indóśirụn] v. = giram.
Industrie [indụ̀stri] v. = dustod.
Industrialismus [indụ̀strial̦ı̆šmụš] m. = dusto= dim.
industriell [indụ̀striậl] = dustodik.
Industrieller [indụ̀strią̈lĕr] m. = dustodan.
ineinem [in=aı̆nĕm] (zugleich) = leigüpo.
ineinemfort [in=aı̆nĕm fórt] = laiduliko.
Infanterie [infántĕri] v. = fantid, **General der** — = fantidageneran.
Infanterist [infántĕrịšt] m. = fantidan.
Infektion [infäkžịon] v. = näfätam.
infektieren [infäktirĕn] = näfätön (lov.).
Infinitiv [infinitif] m. = nenfümbidir, **auf den** — **bezüglich** = nenfümbidirk.
Infix [infı̆x] = vüyümot.
infizieren [infizirĕn] = näfätön (lov.).
infolge [infólgĕ] (zufolge, kraft) = sekü, — **Mitteilung von, — Nachricht von** = nunü.
Inful [infụl] v. (Bischofshut) = bijopahät.
ingeheim [ingĕháı̆m] = kläno.
Ingenieur [injeni̯ör] m. = kaenal.
Ingenieurfach [injeni̯örfáǧ] n. = kaenalav.
Ingenieurkunst [injeni̯örkụ̀nšt] v. = kaenalav.
Inhaber [inhabĕr] m. = laban.
Inhaberland [inhabĕrlą̀nt] n. = lönalän.
Inhalt [inhált] m. 1. = ninäd, **nach** — = ni= nädo 2. (Sinn) = siäm.
inhaltlich [inháltlı̦q] = ninädo.
inhaltreich [inhált=ráı̆q] = ninädaliegik.
inhalts [inhál̦z] = ninädo.
Inhaltsverzeichnis [inhál̦z=färzáı̆qnı̦š] n. (Regis- ter) = ninädalised.
Initiative [iniži̯ativĕ] v. = primät.
Inkaperuaner [inka peruanĕr] = kvetsyuvans.
inklusive [inklusi̯ve, inklusi̯vĕ] = keninükamü.
inkonsequent [in kónsĕkvằnt] = nekludöfik.
Inkonsequenz [in kónsĕkvằnž] v. = nekludöf.
inkraft [inkráft] = sekü.
Inland [inlánt] n. (Binnenland) = nilän.
Inlaut [inlàụt] m. = ninaton.
Inländer [inländĕr] m. = itlänan.
inländisch [inländı̦j] = itlänik.
inliegend [inlı̦gĕnt] = leseato.
inmitten [inmı̦tĕn] = zänodo, — **des** = zänodü.
innehaben [inĕhabĕn] (enthalten) = ninädön (lov.).
innehalten [inĕháltĕn] = stöpön (lov.).
innen [inĕn] = nino, **von** — = ninao.
inner [inĕr]: **die innere Lage** = nin.
Inneres [inĕrĕš] = nined.
innerhalb [inĕrhálp] 1. = ninü, — **befindlich** = ninik 2. (binnen) (zeitlich) = ünü, — **derselben Frist** = otüpo.

innerlich [inĕrlı̦q] 1. = ninedik 2. (drinnen) = nino.
Innerlichkeit [inĕrlı̦q=káı̆t] v. = ninäl.
Innung [inụn] v. (Gilde, Zunft) = gild.
Inschrift [injrı̦ft] v. = nüpenot.
Insekt [insäkt] n. = näsäk, **auf die Insekten beziehend** = näsäkik.
Insekten= [insäktĕn=] = ... näsäkik.
Insektenkunde [insạ̀ktĕnkụndĕ] v. = näsäkav.
Insel [insĕl] v. = nisul, **azorische Inseln** = Lazoruäns.
Insel= [insĕl=] = ... nisulik.
Inselgruppe [insĕlgrụpĕ] v. = nisulagrup.
Inserat [insĕrat] n. = noted.
inserieren [insĕrirĕn] = notedön (lov.).
Inserierer [insĕrirĕr] m. = notedan.
Insertion [insäržı̯on] v. = notedam.
insofern [insòfärn] = sotefo.
insgeheim [insgĕháı̆m] = kläno.
insgesamt [insgĕsámt] 1. = valik 2. (zusam- mengenommen) = valodo.
Insolvenz [in sólvằnž] v. = nepelafäg.
insoweit [insòváı̆t] = sotefo.
Inspektor [inspạ̀któr] m. = dalogal.
inspizieren [inspizirĕn] = dalogön (lov.).
inspizierend [inspizirĕnt] = dalogik.
Inspizierung [inspizirụn] v. = dalogam.
instituieren [instituirĕn] (einsetzen) = stidön (lov.).
Institut [institụt] n. 1. (Institution) = stid 2. (Anstalt) = stitod.
Institution [institụžı̯on] v. (Satzung) = stid.
Instrument [instrụmằnt] n. (Werkzeug) = stum, **astronomische Instrumente** = stums stelavik, **chemische Instrumente für Laboratorien** = stums kiemavik pro voböps, **chirurgische In- strumente** = stums kötetavik.
Instrumental [instrụmäntal] (in sanskrit, Rus., Lap., ...) = strumentif.
Instückefallen [in jtụ̈kĕ fálĕn] n. = däfal.
Insulaner [insulanĕr] m. = nisulan.
Intellekt [intäläkt] m. = täläkt.
intellektual [intäläktual] = täläktik.
Intellektual [intäläktual] m. = täläktan.
intellektuell [intäläktuậl] = täläktik.
intelligent [intäligằnt] = sagatik.
Intelligenz [intäligằnž] v. (Scharfsinnigkeit) = sagat.
intensiv [intänsif] = vemöfik.
Intensivität [intänsivität] v. = vemöf.
inter [intĕr] (zwischen) = bevü.
interessant [intĕrä̈sánt] = nitedik.
Interesse [intĕrä̈šĕ] n. 1. = nited 2. (das In- teressiertsein) = nitedäl, — **haben** = nite= dälön (nel.).
Interessensphäre [intĕrạ̀šĕnšfärĕ] v. = nite= dälaziläk.
Interessent [intĕrä̈šánt] m. = nitedäb.
interessieren [intĕrä̈širĕn] 1. = nitedön (lov.) 2. **sich** — = nitedälikön (nel.).
interessiert [intĕrä̈širt] = nitedälik.
Interessiertsein [intĕrä̈širt sáı̆n] n. = nitedäl.
Interjektion [intĕryäkžı̯on] v. = lintelek.
Internat [intärnat] n. = bordajul.
international [intĕrnažı̯onal] = bevünetik.

interpunktieren [ịntĕrpụŋktịrĕn] = malülön (lov.).
Interpunktion [ịntĕrpụŋkžịon] v. = malülam.
Interpunktionszeichen [ịntĕrpụŋkžịónšžáïqĕn] n. n. = malül.
Interrogativpronomen [ịntärrogatịpronomĕn] n. = pönop säkik.
intervenieren [ịntĕrvenịrĕn] = medön (nel.).
Intervention [ịntĕrvänžịon] v. = medam.
intim [ịntịm] (vertraulich) = nätimik.
Intimation [ịntịmažịon] v. = nitim.
intimieren [ịntịmịrĕn] = nitimön (lov.).
Intimität [ịntịmịtät] v. (Vertraulichkeit) = nätim.
intolerant [ịn tolĕránt] = nesufälik.
Intoleranz [ịn tolĕ ránž] v. = nesufäl.
intransitiv [ịn tránsịtif] = neloveädik.
Intrigant [ịntrịgánt] m. = trigan.
Intrige [ịntrigĕ] v. = trig.
intrigieren [ịntrịgịrĕn] = trigön (nel.).
Inventar [ịnväntar] n. = väntar.
Inventarisation [ịnväntarịsažịon] v. = vänta= ram.
inventarisieren [ịnväntarịsịrĕn] = väntarön (lov.).
Inverrufbringen [ịn färrụf brịŋĕn] n. = mire= pütükam.
inwendig [ịnvändịq] (drinnen) = nino.
inwiefern [ịnvịfärn]: — ? = liomafädo?
inwieweit [ịnvịváït]: — ? = liomafädo?
Inzorngeraten [ịn žórn gĕratĕn] n. = zunikam.
inzwischen [ịnžvịjĕn] = vüo.
Ion [ịón] = yion.
Ionentheorie [iónĕn=teori] v. = yionateorod.
Ionisation [ịonịsažịon] v. = yionikam.
Ionium [ịónịụm] = yionin.
Irak = Lirakän.
Iran [iran, irán] n. = Lirän.
Iranier [irànịĕr] m. = Liränan.
irden [ịrdĕn] = tailik.
irdisch [ịrdịj] 1. = talik 2. = taledik.
Ire [ịrĕ] m. = lireyan, Lireyänan, Lireyeänan.
irgend [ịrgĕnt] = seimik, — (irgendwie) = in mod seimik, — etwas = seimos, — jemand = seiman.
irgendeiner [ịrgĕnt áïnĕr] 1. (jemand) = ek 2. (irgend jemand) = seiman 3. — Ort = seim, an irgendeinem Ort = seimo, zu — Zeit = in tim seimik 4. (ein beliebiger) = seimik.
irgendeinmal [ịrgĕnt áïnmàl] = seimikna.
irgendetwas]ịrgĕnt àtwáš] = seimos.
irgends [ịrgĕnž] = seimo.
irgendwann [ịrgĕnt ván] = in tim seimik.
irgendwelcher [ịrgĕnt välqĕr] = seimik.
irgendwer [ịrgĕnt vär] = seiman.
irgendwie [ịrgĕnt vị] = in mod seimik.
irgendwo [ịrgĕnt vo] = seimo.
irgendwoher [ịrgĕnt vokär] = seimao.
irgendwohin [ịrgĕnt vohịn] = seimio.
Iridium [irịdịụm] n. Ir = liridin.
Iridiumtetrachlorid [irịdịụm tĕtra klorịt] IrCl₄ = balliridinafolklorin.
Iridiumtrichlorid [irịdịụm tri klorịt] IrCl₃ = balliridinakilklorin.

Iris [irịš] v. = lirid.
irisch [irịj] 1. = Lireyänik 2. = Lireyeänik, irischer Freistaat = Libatat Lireyeänik, Li= batat Lireyeäna.
Irisch [irịj]: das keltische — = lirey.
Irland [ịrlánt] n. 1. = Lireyän 2. (Insel) = Lireyeän.
Irländer [ịrländĕr] m. (Ire) 1. = lireyan 2. = Lireyänan 3. = Lireyeänan.
irländisch [ịrländịj] = Lireyeänik.
Irokesen [irokesĕn] pl. (Indianervolk) = liro= ketans.
Ironie [ịroni] v. = lekof.
ironisch [ịrónịj] = lekofik.
irrationell [ịr ražịonäl] = netikälik.
irre [ịrĕ] = pölik, — sein = pölön (nel.), — werden (fehlgehen) = pölikön (nel.), einen — machen = pölükön (lov.) eki.
Irre [ịrĕ] v. (das Irren) = pöl.
irrefahren [ịrĕfarĕn] = pölavabön (nel.).
irreführen [ịrĕfürĕn] = pöladugön (lov.).
irregehen [ịrĕgeĕn] = pölagolön (nel.).
Irregularität [ịre gularịtät] v. 1. = nenomam 2. (unregelmäsziger Gang) = nenomäd.
irreleiten [ịrĕláïtĕn] = pöladugön (lov.).
irren [ịrĕn] 1. = pölön (nel.) 2. sich — = pölön (nel.) 3. sich — (vom Wege abkom= men) = pölavegön (nel.) 4. sich beim Spre= chen — = pölaspikön (nel.).
Irren [ịrĕn] n. = pöl.
Irrenhaus [ịrĕnháůš] n. = lienetanöp.
irrereiten [ịrĕráïtĕn] = pölamonitön (nel.).
Irrfahrt [ịrfart] v. = pölavegam.
Irrglaube [ịrgláůbĕ] m. = pölalekred.
irrig [ịrịq] = pölik.
Irrigation [irigažịon] v. = vatam.
Irrigator [irigàtór] m. = lavülöm.
irrigieren [irigịrĕn] = vatön (lov.).
Irrsinniger [ịrsịnịgĕr] m. = lienetan.
Irrtum [ịrtụm] m. = pöl, auf einem — be= ruhend = pölik.
irrtümlich [ịrtümlịq] = pölik, — für ... an= sehen = pölacedön (lov.) as.
Irrweg [ịrvek] m. = pölaveg.
Islam [ịšlam, ịšlám] m. (Mohamedanismus) = slam.
islamitisch [ịšlamịtịj] = slamik.
Island [ịšlánt, ịšlánt] n. 1. = Lisladän 2. (In= sel) = Lisladeän.
Isländer [ịšländĕr, ịšländĕr] m. 1. = lisladan 2. = Lisladänan 3. = Lisladeänan.
isländisch [ịšländịj, ịšländịj] = Lisladeänik.
Ismaeliten: die — = lismaelitans.
Isobar [isobar] = otvetin.
isomer [isomer] = otkobodik.
Isomerie [isomeri] v. = otkobod.
isotop [isotop] = ottopik.
Isotop [ịsotop] = ottopin.
israelitisch [ịšraelịtịj] = yudik, israelitische Religion = yud.
Isthmus [ịštmụš] m. (Landenge) = länarovöp.
Istrien [ịštriĕn] n. = Listriyän.
Italien [itàlịĕn] n. = Litaliyän.

italienisch [italiènij] = Litaliyänik.
italienisieren [italienisirĕn] = Litaliyänön (lov.)
Itzelchen [iželqĕn] n. = bosil.

J. j.

ja [ya] 1. (wahrlich) = vo (ladv.) 2. doch —
= ga sio 3. (sogar) = igo 4. (denn, näm-
lich) = ibo 5. (jedoch) = ye 6. —! =
si! — gewisz! — sicher! — wahrlich! =
lesi!
Jabruder [yàbrudĕr] m. = sian.
Jacke [yákĕ] v. = yäk.
Jagd [yakt] v. = yag.
jagdbar [yáktbar] = yagovik.
Jagdflinte [yàktflintĕ] v. = yagagün.
Jagdgewehr [yàktgĕver] v. = yagagün.
Jagdhund [yàkthunt] m. 1. = yagadog 2.
Jaghunde, st. = siyagadogs.
Jagdkunst [yàktkunšt] v. = yagav.
jagen [yagĕn] = yagön (lov.).
Jahr [yar] n. = yel, per — = yelo, voriges —
= äyelo, im nächsten Jahre = oyelo.
Jahrbücher [yàrbüqĕr] pl. = yelabuk, yela‐
buks.
jahrelang [yàrĕlán] = dü yels mödik.
Jahresmonat [yàrĕš-mònat] m. = yelamul.
Jahreswechsel [yàrĕšvàžĕl] m. = yelacen.
Jahreszahl [yàrĕšžal] v. = yelanum.
Jahreszeit [yàrĕšžit] v. = yelasäsun.
Jahrgang [yàrgáŋ] m. = yelod.
Jahrhundert [yarhundĕrt] n. = tumyel, mecha‐
nisches — (= le siècle mécanicien) = tum‐
yel cináda.
jahrhundertfach [yarhùndĕrtfáǧ] = yelatuma‐
tik.
jahrhundertlang [yarhùndĕrtlán] = dü tumyels
mödik.
Jahrmarkt [yàrmárkt] m. = yelamaket.
Jahrtausend [yartáusĕnt] n. = milyel.
Jahrtausendfach [yartáusĕnt-fáǧ] = yelamilatik.
jahrtausendlang [yartáusĕnt-lán] = dü milyels
mödik.
Jahrzehnt [yaržent] n. (Dezennie) = degyel.
Jakonett [jakonät] m. = jakonät.
Jakuten [yakutĕn] pl. = yakutans.
Jamaika [yamàika] n. (Insel) = Camekeän.
Jammer [yámĕr] (das Jammern) = yam.
jammern [yámĕrn] = yamön (nel.).
Jammern [yámĕrn] n. = yam.
jammernd [yámĕrnt] = yamik.
Jammertal [yámĕrtal] n. = yamöp.
Jan [yán]: — Mayen = nisul: ‚Jan Mayen'.
Januar [yánuar, yánuar] m. = yanul.
Japan [yàpán] n. = Yapän.
Japaner [yapanĕr] m. = Yapänan.
japanisch [yapànij] = Yapänik.
japanisieren [yapanisirĕn] = Yapänön (lov.).
Japhetit [yafetit] m. = yafetitan.
Jargonium [yárgònium] Jg = yargonin.
jasagen [yàsagĕn] = siön (lov.).
Java [yàva] n. (Insel) = Yafeän.
Javaner [yavanĕr] m. = yafan, Yafeänan.
Javanese [yavanesĕ] m. = Yafeänan.
javanisch [yavànij] = Yafeänik.

Javanisch [yavànij] n.: das — = yaf.
jawohl [yavol]: —! (gewisz!) = lesi!
Jäger [yägĕr] m. = yagan.
Jägerausdruck [yàgĕr‐áušdruk] m. = yagana‐
vöded.
Jägerei [yägĕráï] v. 1. (Jagdkunst) = yagav
2. (Jägerschaft) = yaganef.
Jägerhaus [yàgĕrháuš] n. = yagadom.
Jägerhof [yàgĕrhof] m. = yagadom.
jägermäszig [yàgĕrmäšiq] = yaganik.
Jägerschaft [yàgĕrjáft] v. = yaganef.
Jägerwohnung [yägĕr‐vòŋuŋ] v. = yagadom.
jähe [yäĕ] (abschüssig) = skapik.
Jährchen [yärgĕn] n. = yelil.
jähren [yärĕn]: sich — = yelön (nel.).
jährig [yàriq] = yelik, — sein = yelön (nel.).
jährlich [yàrliq] 1. = alyelik 2. (per Jahr) =
yelo.
jämmerlich [yàmĕrliq] = yamik.
je]ye] 1. = a, — zwei = a tel, auf — drei
Mann = a mans kil, — der zehnte = a de‐
gid 2. (jemals) = föro 3. — nach = a
ma, — nach (gemäsz) = bai (pr.). 4. —
nachdem = maä (kony.), maä jenos, ma
mod sekü kel, ma mafäd sekü kel. 5. — ...
—, — ... desto, — ... umso = plü ... plü
6. — nun! (wohlan!) = benö! kluö!
jedenfalls [yedĕn fálš] = alo.
jeder [yedĕr] 1. (jedweder, jeglicher) = al,
alik, — dem andern = alan votikane, — den
andern = alan votikani, jede Stunde = al‐
düpik, in — Hinsicht = altefo 2. — ab‐
sonderlich = balatik.
jedermann [yedĕr mán, yèdĕrmán] = alan.
jederzeit [yedĕr žáït] (immer, stets) = ai.
jedesmal [yedĕš mal, yèdĕšmal] = alna, —
wieder = alna dönu.
jedoch [yedóǧ] 1. = ye 2. (indes, aber) =
ab 3. (dennoch) = too (ladv.).
jedweder [yet vedĕr, yètvedĕr] (jeglicher) =
al, alik.
jeglicher [yèkliqĕr] (jeder) = al, alik.
jemals [ye malš, yèmalš] = föro, als — =
if föro.
jemand [yèmánt] (irgendeiner) = ek, irgend
— = seiman.
jene [yenĕ] = jiet.
jener [yenĕr] = et, von — Seite her = et‐
flanao, nach — Seite hin = etflanio.
jenes [yenĕš] = etos, — Lebens (jenseits) =
lananöpalif.
jenseitig [yènsáïtiq] = etflanik.
jenseits [yènsáïž] 1. ladv. = etflano 2. pr. =
etflanü.
Jenseits [yènsáïž] n. = lananöp, im — =
lananöpo, das Leben — = lananöpalif.
Jesus [yèsuš] m. = Yesus.
jetzig [yàžiq] 1. = nutimik 2. (gegenwärtig)
= presenik.
jetzt [yàžt] = nu, — ... dann = nu ... täno
(ladvärbs), — nog = nunog, — da = nü
(kony.).
Jetztzeit [yàžtžáït] v. 1. = atim, nutim 2.
(Präsens, Gegenwart) = presen.
Joch [yóǧ] n. = yok.

Jochbein [yóǧ-báĭn] n. = yugabom.
jochen [yóǧĕn] = yokön (lov.).
Jod [yot] n. **J** = yodin.
Joddioxyd [yot di óxy̆t] J₂O₄ = telyodinafol= loxin.
Jodometrie [yodometri] v. = yodinimafam.
Jodpentoxyd [yot pänt óxy̆t] J₂O₅ = yoda= tastabot.
Jodsäure [yot sóy̆rĕ] HJO₃ = yodatazüd.
Jodstickstoff [yot jty̆kjtóf] N₂J₃H₃ ü NH₃NJ₃ = lamoniakakilyodlamoniak.
Jodwasserstoff [yot vášĕr-jtóf] HJ = hidrina= yodin.
Jodwasserstofflösung [yot vášĕr-jtóf lòsy̆ŋ] HJ. aq. = yodidazüd.
Jodwasserstoffsäure [yot vášĕr-jtóf sóy̆rĕ] HJ.aq. = yodidazüd.
Johannesbeer]yohánĕšber] v. = ribedabäl.
Johannesbeerbaum [yohánĕšber-báŭm] m. = ribed.
Joktaniden: **die** — = yoktanidans.
Jolle [yólĕ] v. = bot.
Jollenführer [yólĕnfürĕr] m. = botan.
Journal [jurnal] n. = gased.
Journalismus [jurnaljšmy̆š] m. = gasedim.
Journalist [jurnaljšt] m. = gasediman.
Journalistik [jurnaljšty̆k] v. = gasedim.
Journalistikum [jurnaljšty̆ky̆m] n. = gasedem.
journalistisch [jurnaljšty̆j] = gasedimik.
Jubaland, n. = Cubän.
Jubel [yuby̆l] m. = yub.
jubelhaft [yùby̆lháft] = yubik.
jubeln [yuby̆ln] = yubön (nel.).
jubelnd [yuby̆lnt] = yubik.
jubelvoll [yùby̆lfól] = yubik.
Jubilaris [yubilárjš] m. = yubidan.
Jubiläum [yubilȧy̆m] n. = yubid, **goldenes** — = yubid luldegyelik, **diamantenes** — = yu= bid mäldegyelik.
jubilieren [yubilirĕn] = yubidön (lov.).
juch [yuǧ]: —! = yö!
juchhe [yuǧhe]: —! = yö!
juchhei [yuǧháĭ]: —! = yö!
juchheisa [yuǧháĭsa]: —! = yö!
jucken [yuky̆n] = jatön (nel.), **der Rücken juckt mich, mir** = bäk oba jaton, **es juckt mich** = jatob.
Jucken [yuky̆n] n. = jat.
judaisieren [yudaisirĕn] = yudön (lov.).
Judäa [yudȧa] n. = Yudän.
Jude [yudĕ] m. = yudan.
Judenheit [yùdĕnháĭt] v. = yudanef.
Judentum [yùdĕnty̆m] n. (jüdische Religion) = yud.
Judenverfolgung [yùdĕnfärfólgy̆ŋ] v. = yuda= nipöjut.
Jugend [yugĕnt] v. 1. = yun 2. (junge Leute) = yunanef.
Jugendfrische [yùgĕntfrjĕ] v. = yunaflifäd.
jugendlich [yùgĕntly̆q] = yunöfik.
Jugendlichkeit [yùgĕntly̆qkáĭt] v. = yunöf.
Jugoslavien [yugošlàviĕn] = Sulüda=Slavän.
Juli [yùli] m. = yulul.
Juli= [yùli=] = ... yululik.
jung [yuŋ] = yunik, **junger Mensch** = lepul,

yunan, **junge Leute** (Jugend) = yunanef, **junge Dame** = vomül, lädül, **junger Herr** = manül, sölül.
Jung [yuŋ]: **das** — (von Tieren) = nimül.
Jungfer [yuŋfĕr] v. = vomül.
Jungfern-Inseln [yuŋfĕrn=insĕln] = Virginuäns.
Jungfrau [yuŋfráŭ] v. 1. = jivirgan 2. **die Heilige** — = Jivirgal 3. **st.** = sijivirgan.
jungfrauenhaft [yùŋfráŭĕn=háft] = jivirganik.
Jungfrauschaft [yùŋfráŭ=jáft] v. (unverletzte Keuschheit) = virg.
jungfräulich [yùŋfróŭly̆q] = virgik.
Jungfräulichkeit [yùŋfróŭly̆q-káĭt] v. (unverletz= te Keuschheit) = virg.
Junggeselle [yùŋgĕsälĕ] m. = seliban.
Juni [yùni] m. = yunul, **im** — = yunulik.
Juni= [yùni=] = ... yunulik.
Junker [yuŋkĕr] m. = hibaonül.
junior [yunjór] (= jr.) = yunikan.
Jupiter [yùpitĕr] m. (Planet) = yupitär.
juridisch [yuridjj] = gitik.
Jurisdiktion (yurjšdjkzjon] v. 1. (die Befugnis des Rechtsprechens) = gitädamagitod 2. (Gerichtsbezirk) = gitädamaziläk.
Jurist [yurjšt] m. = gitavan.
juristisch [yurjštjj] = gitavik.
Jury [jy̆ri, yy̆ri] v. = yulacödalef.
Jus [yuš] n. = git.
Jussiv [yušif] m. = büdedabidir.
Justiz [yuštjž] v. = gitäd.
Jute [yutĕ] v. = yut.
Juwel [yuvel] n. (Kleinod) = bijut.
Juwelier [yuvelir] m. = bijutel.
jüdisch [yy̆djj] 1. = yudik, **jüdische Religion** = yud 2. (auf Juden bezüglich) = yudanik.
Jünger [yy̆ŋĕr] m. 1. (Lehrling) = tidäb 2. (Nachfolger) = züpan.
Jüngere [yy̆ŋĕrĕ] m. (= junior) = yunikan.
Jüngerschaft [yy̆ŋĕrjáft] v. (Anhängerschaft) = züpanef.
Jüngling [yy̆ŋljŋ] m. = yunan.
jüngst [yy̆ŋšt] 1. (kürzlich, letzthin, unlängst, vorkurzem) = brefobüo 2. **das jüngste Ge= richt** = Godacödetam lätik.
Jüten [yütĕn] pl. = yütans.
Jütland [yy̆tlánt] v. = Yütlän.
Jütländer [yy̆tländĕr] m. = Yütlänan.
jütländisch [yy̆tländjj] = Yütlänik.

K. k.

Kabel [kaby̆l] n. = kab.
Kabeljau [kàby̆lyáŭ] m. = gadut.
Kabine [kábinĕ] v. = käben.
Kabinett [kábiṅȧt] n. (Museum) = mused.
Kabir, k. = kabir.
Kabylen [kabulĕn]: **die** — = kabäilans.
Kacke [kákĕ] v. = jiedot.
kacken [kákĕn] = jiedön (lov.).
Kacken [kákĕn] n. = jied.
Kadett [kadȧt] m. = kadet.
Kadettenanstalt [kadȧtĕn-án-jtält] v.=kadetajul.
Kadettenhaus [kadȧtĕnháŭš] n. = kadetajul.
Kadettenschule [kadȧtĕnjulĕ] v. = kadetajul.
Kadmium [kátmjy̆m] n. **Cd** = kadmin.

Kadmiumchlorid [kátmi̯ṃm klorìt] $CdCl_2$ = kadminaklorid.
Kadmiumhydroxyd [kátmi̯ṃm hüdróx̌ṵt] $Cd(OH)_2$ = kadminabäd.
Kadmiumoxyd [kátmi̯ṃm óx̌ṵt] CdO = kadminaloxid.
Kadmiumsulfat [kátmi̯ṃm sṵlfat] $CdSO_4$ = kadminasulfat.
Kadmiumsulfid [kátmi̯ṃm sṵlfi̯t] CdS = kadminasulfid.
Kaffee [káfe, káfè] m. = kaf.
Kaffeebüchse [káfèbüx̌ě] v. = kafiär.
Kaffeehaus [káfe-háůš] n. = kafibötöp.
Kaffer [káfěr] m. = kafär, Land der — = kafäralän.
Kafferland [káfěr-lánt] n. = kafäralän.
Kahn [kan] m. (Nachen) = bot.
Kai [káï, kä] m. = käv.
Kaiser [káïsěr] m. = lampör.
Kaiserin [káïsěri̯n] v. = jilampör.
Kaiser-König [káïsěr köni̯q] m. = lampör-reg.
kaiserlich [káïsěrli̯q] = lampörik.
Kaiserreich [káïsěr-ráïq] n. = lampörän.
Kaiserschaft [káïsěr-jáft] v. = lampöram.
Kaisertum [káïsěrtṵm] n. = lampöram.
Kajüte [kayṵtě] v. 1. = kayüt 2. (Kabine) = käben.
Kakao [kakào] m. = kak.
Kakaobaum [kakàobáům] m. = kakabim.
Kakerlak [kàkěrlák] m. (Albino) = blionan.
Kalahari [kalahàri] = Kalaharän.
Kalb [kálp] n. = bubül.
kalben [kálběn] = bubülimotön (nel.).
Kaledonien [kaledòni̯ěn] n. = Kaledän.
Kaledonier [kaledòni̯ěr] m. = Kaledänan.
kaledonisch [kaledòni̯j] = Kaledänik.
Kaleidoskop [kaláïdoškòp] n. = kalädoskop.
Kalender [kaländěr] m. = kaled.
kalfatern [kálfàtěrn] = teupön (lov.).
Kali [kàli] n. (Ätzkali) = kail.
Kalialaun [kàli aláůn] $K_2SO_4.Al_2(SO_4)_3.24H_2O$ = kalinalaun, kalinaluminalaun.
Kalif [kalif] m. = kalifan.
Kalifat [kalifat] n. 1. (Würde) = kalif 2. (Reich) = kalifän.
Kalifornien [kalifórni̯ěn] n. = Kalifornän.
Kalium [kàli̯ṃm] n. K = kalin.
Kaliumamid [kàli̯ṃm ami̯t] NH_2K = balkalinlamoniak, kalinalamid.
Kaliumaurat [kàli̯ṃm aůràt] $KAuO_2$ = kalinametogoldat.
Kaliumbichromat [kàli̯ṃm bi̯ kromat] $K_2Cr_2O_7$ = kalinatelkromat, kalinatelhidriltelkromat.
Kaliumbromid [kàli̯ṃm bromi̯t] KBr = kalinabromid.
Kaliumchlorat [kàli̯ṃm klorat] $KClO_3$ = kalinaklorat.
Kaliumchlorid [kàli̯ṃm klori̯t] KCl = kalinaklorid.
Kaliumcyanid [kàli̯ṃm žüani̯t] KCN = kalinaküanid.
Kaliumdiuranat [kàli̯ṃm di̯ ṵranat] $K_2U_2O_7$ = kalinatelluranat.
Kaliumeisenalaun [kàli̯ṃm áïsěn aláůn] $K_2SO_4.Fe_2(SO_4)_3.24H_2O$ = kalinaferinalaun.

Kaliumferrat [kàli̯ṃm fạ̈rat] K_2FeO_4 = kalinaferat.
Kaliumhydrosulfid [kàli̯ṃm hüdrosulfi̯t] KSH = monokalinasulfid.
Kaliumhydroxyd [kàli̯ṃm hüdróx̌ṵt] KOH = kalinabäd.
Kaliumhypochlorit [kàli̯ṃm hüpoklori̯t] $KClO$ = kalinahüpklorit.
Kaliumjodid [kàli̯ṃm yodi̯t] KJ = kalinayodid.
Kaliummanganat [kàli̯ṃm máŋganàt] K_2MnO_4 = kalinamanganat.
Kaliummetaaluminat [kàli̯ṃm mèta aluminat] $KAlO_2$ = kalinametolalumat.
Kaliumoxyd [kàli̯ṃm óx̌ṵt] K_2O = kalinaloxid.
Kaliumperkarbonat [kàli̯ṃm pär kárbonàt] $K_2C_2O_6$ = kalinapärkarbat.
Kaliumpermanganat [kàli̯ṃm pär máŋganàt] $KMnO_4$ = kalinapärmanganat.
Kaliumperoxyd [kàli̯ṃm pär óx̌ṵt] KO_2 = kalinaplupärloxid.
Kaliumplatinocyanid [kàli̯ṃm platìno žüani̯t] $K_2Pt(CN)_4$ = kalinafolküanidilplatinoat.
Kaliumplumbat [kàli̯ṃm plumbat] K_2PbO_3 = kalinaplumbat.
Kaliumpyroantimoniat [kàli̯ṃm pṵro ántimoniàt] $K_4Sb_2O_7$ = kalinapürostibat.
Kaliumruthenat [kàli̯ṃm rutenat] K_2RuO_4 = kalinarutenat.
Kaliumsilbercyanid [kàli̯ṃm si̯lběr žüani̯t] $KAg(CN)_2$ = kalinalargentinaküanid.
Kaliumsilikat [kàli̯ṃm silikat] K_2SiO_3 = kalinasilikat.
Kaliumsulfid [kàli̯ṃm sulfi̯t] K_2S = kalinasulfid.
Kaliumsulfoarsenat [kàli̯ṃm sṵlfo ársenat] K_3AsS_4 = kalinafolsulfolarsenat.
Kaliumsulfoarsenit [kàli̯ṃm sṵlfo árseni̯t] K_3AsS_3 = kalinakilsulfolarsenit.
Kaliumsulfometarsenat [kàli̯ṃm sṵlfo met ársenàt] $KAsS_3$ = kalinakilsulfometolarsenat.
Kaliumsulfophosphat [kàli̯ṃm sṵlfo fóšfàt] K_3PS_4 = kalinafolsulfofosfat.
Kaliumsulfostannat [kàli̯ṃm sṵlfo štánàt] K_2SnS_3 = kalinakilsulfostanat.
Kaliumtrichromat [kàli̯ṃm tri̯ kromat] $K_2Cr_3O_{10}$ = kalinakilkromat.
Kalk [kálk] m. = zem.
kalkhaltig [kálk-hálti̯q] = zemerik.
kalkig [kálki̯q] = zemerik.
Kalkofen [kálk-ofěn] m. = zemafurnod.
Kalkulation [kálkulaži̯òn] v. = kalkul.
kalkulieren [kálkuli̯rěn] = kalkulön (lov.).
Kalligraph [káli̯gràf] m. = jönapenan.
Kalligraphie [káli̯grafì] v. = jönapenam.
kalligraphisch [káli̯gràfi̯j] = jönapenamik.
Kalmücke [kálmṵkě] m. = kalmukan.
Kalomel [kàlomä̀l] Hg_2Cl_2 = hidrarginoklorid.
kalorisch [kalòri̯j]: kalorischer Effekt = vamoprodäd.
kalt [kált] 1. = koldik, — sein = koldön (nel.), — werden = koldikön (nel.), — machen = koldükön (lov.) 2. (frostig) = koldälik 3. mit kaltem Blute = nenfäko.
kaltblütig [káltblṵti̯q] = nenfäkik.
Kaltblütigkeit [káltblṵti̯q-káït] v. = nenfäk.
Kaltsinn [káltsi̯n] m. = koldäl.

Kambodscha [kámbóca] = Kambocän.
Kamel [kamel] n. = jamod.
Kamelie [kamèljě] v. (Blume) = kameäl.
Kamerad [kámèràt] m. = flenädan, weibliche
— = jiflenädan.
Kameradschaft [káměràtjáft] v. = flenäd.
Kameralia [kaměràlja] pl. = finenav.
Kameralist [kameraljšt] m. = finenavan.
Kamerun [kaměrun] = Kamerunän.
Kamin [kamin] m. e n. = cim.
Kaminfeger [kaminfegěr] m. = cimiklinükan.
Kamm [kám] m. = köb.
Kammacher [kám-máqěr] m. = köbel.
Kammer [káměr] v. 1. (Nebengemach) = lucem
2. (beratende Versammlung von Personen)
= cäm, Teilhaber einer — = cäman.
Kammerherr]káměrhär] m. = kurasöl.
Kammgarn [kám-gárn] n. = köbamayän.
Kampescheholz [kámpájěhólž] n. = kampäda*
boad.
Kampescheholzbaum [kámpájěhólžbáům] m. =
kampäd.
Kampf [kámpf] m. = komip.
Kampfbegierde [kámpfběgirdě] v. = komipiäl.
kampfbegierig [kámpfběgiriq] = komipiälik.
Kampfer [kámpfěr] m. = kamfor, von — =
kamforik.
Kampfeslust [kámpfěšlyšt] v. = komipiäl.
Kampfgefährte [kámpfgěfärtě] m. = kekomipan.
Kampfgenosse [kámpf-gěnóšě] m. = kekomipan.
Kampfhahn [kámpfhan] m. = komipiälan.
kampflustig [kámpflyštiq] = komipiälik.
Kamtschadale [kámčadàlě] m. = kamtjadalan.
Kamtschatka [kámčátka] n. = Kamtjakän.
Kanaan [kànaán] n. (Palästina) = Kanaän.
Kanaaniter [kanaanitěr] m. = Kanaänan.
Kanal [kánàl] m. = kanäd.
kanalisieren [kánalisirěn] (mit Kanalen ver-
sehen) = kanädön (lov.).
Kanapee [kánapě] n. = söf.
Kanarienvogel [kánàrjěnfogěl] m. = kanair.
Kanarische-Inseln [kanàrijě insěln] = Kanari*
yuäns.
Kanälchen [kánálqěn] n. = kanädil.
Kandidat [kándidàt] m. = steifädan.
Kandidatur [kándidatùr] v. = steifäd.
kandieren [kándirěn] (verzuckern) = juegön
(lov.).
Kandis [kándjš] m. (Kandiszucker) = jueged.
Kandise [kándisě] v. (Verzuckerung) = jue*
gam.
Kandiszucker [kándjšžukěr] m. = jueged.
Kandorin, k. = taelazim.
Kanevas [káně-váš] m. = kanevad.
Kanne [káně] v. = ken.
kannegieszen [káněgišěn] = lubolitön (nel.).
Kannegieszer [kánegišěr] m. (politischer —) =
lubolitan.
Kannegieszerei [káně-gišěráï] v. (politische —)
= lubolit.
kannegieszern [káněgišěrn] = lubolitön (nel.).
kannelieren [kánělirěn] = legrufülön .lov.).
Kannelüre [kánělůrě] v. = legrufül.
Kannibale [kánibàlě] m. = kaniban.
kannibalisch [kánibàljj] = kanibanik.

Kannibalismus [kánibaljšmyš] m. = kanib.
Kanonade [kánonàdě] v. = känam.
Kanone [kánoně] v. = kän.
kanonieren [kánonirěn] = känön (lov.).
Kanonisation [kanonisažjon] v. = saludäd.
Kante [kánte] v.: die scharf abgeschnittene —
von einem Stück Papier = papüraköted.
Kanton [kántòn] m. = kanton.
kantonieren [kántonirěn] = lelödädön (lov.).
Kantonierung [kántonirun] v. = lelödäd.
Kantonnement [kántóněmáñ] n. = lelödädöp.
Kanzel [kánžěl] v. = lestul.
Kanzlei [kánžláï] v. 1. = lebür 2. (Sekreta-
riat) = sekret.
Kanzleibeamter [kánžláï-běámtěr] m.=lebüran.
Kanzleischreiber [kánžláï-jráïběr] m. (Sekretär)
= sekretan.
Kanzler [kánžlěr] m. = lebüral.
Kanzlist [kánžljšt] m. = lebüran.
Kaolin [kaolin] n. = kaolin.
Kap [káp, kap] n. (Vorgebirge) = kep, — der
guten Hoffnung = Spelakep.
Kapaun [kápáůn] m. = hogok.
Kapazität [kapažität] v. = ninädamafäg.
Kapelle [kápálě] v. = temül.
Kapellmeister [kapálmáïštěr] m. = dilekan mu*
sigalefa.
Kapital [kápitàl] n. = katäd.
Kapitalismus [kápitaljšmyš] m. = katädim.
Kapitalist [kápitaljšt] m. = katädan.
Kapitäl [kápitàl] n. = kapet.
Kapitän [kápitàn] m. 1. (Hauptmann) = kapi*
ten 2. (Schiffskapitän) = käpten.
Kapitel [kápitěl] n. 1. = leglügätacäm 2.
(Hauptstück) = kapit.
Kaplan [káplàn] m. = kapulan.
Kapland [kàplánt] n. = Spelakapän.
Kaplanwürde [káplànvürdě] v. = kapul.
Kappe [kápě] v. 1. (Blake, Plaue) = kapüt
2. (Haube) = kapütül, unsichtbar machende
— (Tarnkappe) = kapütül nelogädüköl.
kapores [kápòrěs] = dädik.
kaputt [kápųt] (hin) = dädik, — fallen =
däfalön (nel.), — gehen = dädikön (nel.),
— machen = dädükön (lov.).
Kaputtsein [kápųt sáïn] n. = däd.
Kapuze [kápųžě] v. = kapütül.
Kapuziner [kápužiněr] m. = kapütülan.
kapuzinerisch [kápužiněrjj] = kapütülanik.
Kapuzinermönch [kápužiněrmónq] m. = kapü*
tülan.
Kapverdische-Inseln [kápvàrdijě insěln] = Ka*
bovärduäns.
Karabiner [kárabiněr] m. = günül.
Karabinier [kárabinjè] m. = günülamonitan.
Karakalpaten = karakalpatans.
Karamelle [káramálě] n. = karam.
Karawane [káravàně] v. = karov.
Karawanserei [káravánsěráï] v. = karovöp.
Karbonade [kárbonàdě] v. = ribot.
Karborundum [kárborůndųm] SiC = silikina*
karbin, silikinakarbid.
Kardätsche [kárdáčě] v. = jevodiköb.
Karde [kárdě] v. = kardät.
Kardendistel [kárděndjštěl] v. = vivakardät.

kardinal [kárdinàl] (hauptsächlich) = ledinik.
Kardinal [kárdinàl] m. = kardinan.
Kardinalbischof [kárdinàl-bìjóf] m. = kardinal.
Kardinaldiakonus [kárdinàl-diakònuš] m.=kar-
dinadiakan.
Kardinalpriester [kárdinàlprištěr] m. = kardina-
kultan.
Kardinalswürde [kárdinàlsvürdě] v. = kardin.
Karelier [karèliěr] = kareliyans.
Karfreitag [karfráïtak] m. = lügafridel.
Karfunkel [kárfůŋkěl] m. = lefurun.
Karibe [karibě] = kariban.
Karikatur [kárikatùr] v. (Zerrbild) = mima-
god.
karikieren [kárikìrěn] = mimagodön (lov.).
Karneval [kár-něvál] m. = karnaval.
Karolinen [karoliněn] = Karolinuäns.
Karon = karonan.
Karpaten [kárpàtěn] pl. = karpat, karpats.
Karpfen [kárpfěn] m. = karip.
Karren [kárěn] m. = luvab.
Karsamstag [karsámštak] m. = lügazädel.
Karst [káršt] m. = lecop teltuitik.
Karte [kártě] v. 1. = kad 2. (Spielkarte) =
pledakad 2. (Landkarte) = kaed, **geogra-
phische** — = kaed taledik.
Kartenspiel [kártěnjpìl] n. = kadapled.
Karthager [kártàgěr] m. = puniyan.
Kartoffel [kártófěl] v. (Erdapfel) = pötet.
Karton [kártón] m. (Pappe) = karton, **aus** —,
von — = kartonik.
kartonieren [kártonìrěn]: **Bücher** — = lutanä-
dön (lov.) bukis.
Kartonmacher [kártón-máqěr] m. = kartonel.
Karwoche [kàrvóqě] v. = lügavig.
Karzer [káržěr] m. e n. (Gefängnis) = fanä-
böp.
Kaschmiri [kájmiri] n. = kajmiriy.
Kaserne [kasàrně] v. = kaser.
Kassation [kášažìòn] v. = nosükam.
Kasse [kášě] v. = käd, **per** — = kädöfo, **die**
— **führen** = kädön (nel.).
Kassenführer [kášěnfürěr] m. = kädan.
Kassenführung [kášěn-fůrun] v. = kädam.
Kasserolle [kášěrólě] v. (Kochpfanne) = cafäd.
Kassier [kášir] m. = kädan.
kassieren [kášìrěn] = nosükön (lov.).
Kassierer [kášìrěr] m. = kädan.
Kassiopeia [kášiopáïa] v. = ‚Kassiópeia'.
Kassuben [kášùběn] = kasubans.
Kastanie [káštànìě] v. = kastaen.
Kastanienbaum [káštànìěnbáům] = kastaenabim,
kastaenep.
Kasten [káštěn] m. 1. (Kiste, Schrein) = bog
2. (Gehäuse) = boküI.
kastenartig [káštěn-artiq] = bogik.
Kastilien [káštìliěn] n. = Kastilyän.
kastrieren [káštrìrěn] = negenükön (lov.).
Kasus [kàsuš] m. (Beugfall) = deklinafom.
Katalog [kátalòk] m. (Liste, Verzeichnis) =
lised.
katalogisieren [kátalogisìrěn] = lisedön (lov.).
Katalonien [kátalònìěn] n. = Katalonän.
Katalonier [kátalònìěr] m. = Katalonänan.
katalonisch [kátalònìj] = Katalonänik.

Katalysator [kátalüsàtór] m. = katalit.
Katalyse [kátalůsě] v. = katalitam.
katalytisch [kátalůtìj] = katalitik.
Katar = Katarän.
Katarakt [kátarákt] v. (Augenkrankheit) =
star.
Katarrh [kátár] m. = katar.
Kataster [kátàštěr] m. e n. = kadat, **im** —,
nach dem — = kadatik.
Kataster- [kátàštěr-] = ... kadatik.
katastrieren [kátàštrìrěn] = kadatön (lov.).
Katastrophe [kátàštròfě] v. = katastrof.
Katechese [kátǎqèsě] v. = kateg.
Katechet [kátǎqèt] m. = kategan.
katechetisch [kátǎqètìj] = kategöfik.
Katechismus [kátǎqìšmuš] m. = kategabuk.
Katechumen [kátǎqumèn] m. = kategäb.
Kategorie [kátegori] v. (Klasse) = klad.
Kater [katěr] m. = hikat.
Kathedrale [kátedràlě] v. = leglüg.
Kathode [kátòdě] v. = katod.
Katholik [kátolik] m. = katulan.
katholisch [kátòlìj] = katulik.
Katholizismus [kátolizìšmuš] m. = katul.
Kation [ká-tìón] = kation.
Katze [kážě] v. = kat, **weibliche** — = jikat,
Klaue einer — = katakluv.
Katzennatur [kážěn-natur] v. = katanatäl.
Kauderwelsch [káůděrvälj] = jargon.
kauderwelschen [káůděrväljěn]=jargonön (nel.).
Kauf [káůf] m. = rem.
kaufen [káůfěn] = remön (lov.), **auf Borg** —
= täkoremön (lov.).
Kaufladen [káůfladěn] m. (Laden) = selidöp.
Kauflust [káůflǔšt] v. = remiäl.
kauflustig [káůflǔštiq] = remiälik.
Kaufmann [káůf-mán] m. (Handelsmann) =
tedan.
Kaufmannschaft [káůf-mán-jáft] v. = tedanef.
Kaufmannsgeist [káůf-mánš-gáïšt] m. = tedäl.
kaufmännisch [káůfmänìj] = tedik, tedanik.
kaukasisch [káůkàsij] = Kaukasänik.
Kaukasus [káů-kásuš] m. = Kaukasän.
kaum [káům] 1. (nicht sobald) = töbo 2. —
(nicht lange) = no lunüpo.
kausal [káůsàl] = kodöfik.
Kausalität [káůsalìt̪ǎt] v. (Ursächlichkeit) =
kodöf.
Kautschuk [káůtjǔk] m. e n. = gum, **mit** —
versehen = gumön (lov.).
Kautschukware [káůtjǔkvaře] v. = gumacan.
Kauz [káůž] m.: **wunderlicher** — = bisaran.
Kavallerie [káválěri] v. = kavid.
Kavallerist [káválěrìšt] m. = kavidan.
Kaviar [kàvìar] m. = kaviar.
Käfer [käfěr] m. = cäf.
Käfig [kǎfìq] m. = cek.
Kälte [kältě] v. = kold.
kälten [kältěn] = koldükön (lov.).
kämmen [kǎměn] = köbön (lov.).
Kämmerer [kǎměrěr] m. = kameran.
Kämmererwürde [kǎměrěrvürdě] v. (— **beim**
päpstlichen Hofe) = kamer.
Kämmerling [kǎměrliŋ] m. = kameral.
kämpfen [kǎmpfěn] = komipön (nel.).

Kämpfer [kämpfĕr] m. = komipan.
Kärnten [kärntĕn] n. = Kärntän.
Kärtchen [kärtqĕn] n. = kadil.
Käse [käsĕ] m. = fromad.
Käseglocke [kå̰sĕglókĕ] v. = fromadaklokäd.
Käselab [kå̰sĕlap] n. = rän.
Käser [käsĕr] m. = fromadel.
Kätzchen [käžqĕn] n. (Kätzlein) = katil.
Kätzlein [kå̰žláïn] n. = katil.
Käufer [kóŭfĕr] m. = reman.
Käuferin [kóŭfĕrḭn] v. = jireman.
käuflich [kóŭflḭq]: — sein = selidön (nel.).
Kebse [kepsĕ] v. = jimimatan.
Kebsehe [kèpš=eĕ] v. = mimat.
Kebsin [kèpšḭn] v. = jimimatan.
Kebsweib [kèpšváïp] n. = jimimatan.
keck [käk] 1. = boldik 2. (kühn) = künik.
Keckheit [kå̰kháĭt] v. 1. = bold 2. (Kühn-heit) = kün.
Kegel [kegĕl] m. 1. = skit 2. mat. = koun.
Kegelbahn [kègĕlban] v. = skitakul.
kegelförmig [kègĕlfŏrmḭq] = kounafomik.
Kegelmacher [kègĕlmå̰qĕr] m. = skitel.
kegeln [kegĕln] = skitön (nel.).
Kegeln [kegĕln] n. = skitam.
Kegelspiel [kègĕljpḭl] n. = skitapled.
Kegler [keglĕr] m. = skitan.
Kehle [kelĕ] v. (Gegend des Kehlkopfes) = gug.
Kehlkopf [kèlkópf] m. = larin.
kehren [kerĕn] = svipön (lov.).
Kehricht [kèrḭqt] m. e n. = svipot.
Kehrt [kert]: —! = güflekö!
Kehrwisch [kèrvḭj] m. = säpüfüköm.
Keil [káïl] m. = koin.
keilförmig [káïl-fŏrmḭq] = koinafomik.
Keilschrift [káïl=jrḭft] v. = koinapenät.
Keim [káïm] m. = cärm.
keimen [káïmĕn] (aufkeimen) = sprotön (nel.).
Keimen [káïmĕn] n. = sprot.
kein [káïn] = nonik, keine Angst! nur keine Angst! = nendredälö!
keiner [káïnĕr]: gar — = lenonik.
keinerlei [káïnĕr láï] = nonasotik.
keinesfalls [káïnĕš fálš] = leno.
keinesvegs [káïnĕš vež] = leno.
keinmal [káïnmal] = nonikna.
Kelch [kå̰lq] m. = leköp.
Kelle [kälĕ] v. (Maurerkelle) = masonaspun.
Keller [kälĕr] m. = kav.
Kellerei [kälĕráï] v. = vinakavafebäd.
Kellner [kälnĕr] m.=bötan, — sein (bedienen) = bötön (lov.).
Kellnerin [kå̰lnĕrḭn] v. = jibötan.
Kelten [kältĕn] pl. = kältans.
Kelter [kältĕr] v. = vinamapedöm, vitidabäli=pedöm.
Kenialand, n. = Kenyän.
kennbar [kå̰nbar] (kenntlich) = sevädovik.
kennen [känĕn] = sevön (lov.), — lernen = seivön (lov.).
kennend [känĕnt] = sevik.
Kennenlernung [känĕn-lå̰rnṵŋ] v. = seiv.
Kenner [känĕr] m. = sevan.
Kennersauge [kå̰nĕrš=áŭgĕ] n. = sevanalog.

Kennersblick [kå̰nĕršblḭk] m. = sevanalogam.
Kenntlich [kå̰ntlḭq] (kennbar) = sevädovik.
Kenntlichkeit [kå̰ntlḭqkáĭt] v. = sevädov.
Kenntnis [kå̰ntnḭš] v. = sev.
kenntnisreich [kå̰ntnḭšráïq] = nolaliegik.
Kennzeichen [kå̰nžáïqĕn] n. = mäk, sevädot.
kennzeichnen [kå̰nžáïqnĕn] = mäkön (lov.).
kennzeichnend [kå̰nžáïqnĕnt] = malik.
Kentaur [käntáŭr] m. 1. mit. = käntor 2. st. = sikäntor.
Kepheus [kèfóŭš] m. 1. = mit. ‚Kēpheús' 2. st. = eläd ‚Kēpheús'.
Kerl [kärl] m. (ungebildeter Mann) = luman.
Kern [kärn] m. = ker.
kernig [kå̰rnḭq] = kerik.
Kernsentenz [kärn-šäntänž] v. = spiked.
Kernspruch [kå̰rnjprṵq] m. = spiked.
Kerze [käržĕ] v. = kandel.
kerzengerade [käržĕn gĕradĕ] = löstedik.
Kessel [käsĕl] m. 1. = caf 2. (Kochkessel ohne Röhre) = cafäd 3. (Kochkessel mit Röhre) = cafed.
Kette [kätĕ] v. 1. = jän 2. in Ketten schlagen, in Ketten legen = jänädön (lov.).
Ketten [kätĕn] (mit Ketten verbinden) = jänön (lov.).
Kettengebirge [kå̰tĕngĕbḭrgĕ] n. = kedabelem.
Ketzer [käžĕr] m. = häretan.
Ketzerei [käžĕráï] v. = häret.
Keuchhusten [kóŭqhṵštĕn] m. = pärtud.
Keule [kóŭlĕ] v. = leklöb.
keusch [kóŭj] = puedik.
Keuschheit [kóŭj-háĭt] v. = pued.
Khisten, pl. = gistavans.
Kiebitz [kibḭž] m. = vanul.
Kiefer [kḭfĕr] 1. m. (Kinnbacken) = maxül 2. v. (Fichte) = pein.
kiefern [kḭfĕrn] = peinik.
Kieme [kimĕ] v. = ciel.
Kieselsäure [kisĕlsóŭrĕ] H_2SiO_3 = silikatazüd.
Kieselsäureanhydrid [kḭsĕlsóŭrĕ ánhṵ̈drit] SiO_2 = silikatastabot.
Kilogramm [kilográm] n. K.G. = milgram.
Kiloliter [kilolitĕr] n. e m. = milliät.
Kilometer [kilometĕr] m. e n. K.M. = milmet.
Kind [kḭnt] n. = cil, auf das — bezüglich = cilik.
Kindchen [kḭntqĕn] n. (Kindlein) = cilil.
Kinderei [kḭndĕráï] v. = lucilöf.
Kindersinn [kḭndĕrsḭn] m. = cilaladäl.
Kindesalter [kḭndĕš=ältĕr] n. = cilüp.
Kindesnöte [kḭndĕšnötĕ] pl. = doled, doleds, in Kindesnöten sein, in Kindesnöten liegen = doledön (nel.).
Kindheit [kḭntháĭt] v. (Kindesalter) = cilüp.
kindisch [kḭndij] 1. = lucilöfik 2. (alters-schwach) = ciletik, — sein = c003öton (nel.).
Kindischsein [kḭndij sáïn] n. = lucilöf.
Kindlein [kḭntláïn] n. = cilil.
kindlich [kḭntlḭq] = cilöfik.
Kindlichkeit [kḭntlḭqkáĭt] v. = cilöf.
Kindschaft [kḭntjáft] v. = cilam.
Kindskopf [kḭnžkópf] m. = stupädan.
Kinn [kḭn] n. = cün.
Kinnbacken [kḭnbákĕn] m. (Kiefer) = maxül.

Kirche [kịrqě] v. 1. = glüg, **Vorhalle der** —
= glügavestibül 2. —, **Tempel, Dom** oder
Synagoge = tem.
Kirchengerät [kịrqěngěrät] n. = glügastöm.
Kirchenlehre [kịrqěnlerě] v. = lekredav.
Kirchenlehrer [kịrqěnlerěr] m. = lekredavitidan.
Kirchenlied [kịrqěnlịt] n. (Gesang) = relalid.
Kirchenstaat [kịrqěnjtat] m. = Glügän.
Kirchenvater [kịrqěnfatěr] m. = patär.
Kirchenversammlung [kịrqěnfạrsámlụŋ] v. =
konsil.
Kirchhof [kịrqhof] m. (Friedhof, Gottesacker)
= deadanöp.
kirchlich [kịrklịq] 1. = glügik 2. = glügälik
3. — gesinnt = relöfik.
Kirchlichkeit [kịrqlịqkäït] v. = glügäl.
Kirchner [kịrqněr] m. = kustan.
Kirchsprengel [kịrqjprạ̈ěl] m. = pädän.
Kirgisen [kịrgisěn] pl. = kirgidans.
Kirschbaum [kịrjbáům] m. = celabim, celep.
Kirsche [kịrjě] v. = cel.
Kissen [kịsěn] n. = kusen.
Kiste [kịstě] v. (Kasten, Schrein) = bog.
Kitschuwa (Indianerstamm) = kvetsyuvans.
Kittel [kịtěl] m. (Jacke) = yäk.
kitten [kịtěn] (leimen, ankleben) = kleibön
(lov.).
Kitzel [kịžěl] m. = jatül.
kitzeln [kịžěln] = jätülön (lov.).
Kitzeln [kịžěln] n. = jätül.
Kiuschu = Kiujuveän.
Klage [klagě] v. 1. = plon 2. (Anklage, Be-
schuldigung) = kusad, — führen = kusadön (lov.).
klagen [klagěn] = plonön (lov.) eke bosi.
Klammer [kláměr] v. = kläm.
klangreich [kláŋ-ráïq] (klangvoll) = tonodik.
klangvoll [kláŋ-fól] 1. = tonodik 2. = nedumik.
Klappe [klápě] v. = kläp.
klappen [klápěn] (stimmen) = baibinön (nel.).
klappend [klápěnt] (stimmend): — machen =
baibinükön (lov.).
klappern [klápěrn] = noidülön (nel.).
Klappern [klápěrn] n. = noidül.
Klappstuhl [klápjtul] m. = flegastul.
klar [klar] 1. (deutlich) = kleilik, — sein =
kleilon (nel.), ein klarer Kopf = kleilan 2.
(selbstverständlich) = klülik, — sein =
klülön (nel.), — werden = klülikön (nel.)
3. einem etwas — (verständlich) machen =
suemükön (nel.) eke bosi.
Klare [klarě]: ins — bringen, ins — setzen =
klülükön (lov.).
Klarheit [klàrháït] v. 1. (— von Verstand,
Vorstellungen) = kleil 2. (das Selbstverständlichsein) = klül.
Klarinette [klarinátě] v. = klarinät.
Klasse [klásě] v. (Kategorie) = klad, Schüler
der ersten — = balidkladan.
Klassifikation [klásifikažiòn] v. = dadiläd.
klassifizieren [klásifižìrěn] = dadilädön (lov.).
Klassifizierung [klásifižiruŋ] v. = dadiläd.
Klassiker [kláşịkěr] m. = klatädalautan.
klassisch [kláşịj] = klatädik.

Klassizismus [kláši̧ži̧šmụš] m. = klatädim.
Klatschmaul [kláč-máůl] n. = mispikan.
Klatschsucht [kláčsụ̈qt] v. = mispikiäl.
Klaue [kláůě] v. 1. (hakenförmiger Nagel) =
kral 2. (Tatze) = kluv, — einer Katze =
katakluv.
Klavier [klavir] n. = pianod.
kläglich [klạ̈klị̧q] = plonik.
klären [klärěn] (ins Klare bringen) = klülükön
(lov.), sich — = klülikön (nel.).
Kleben [kleběn] 1. nel. (ankleben) = klebön
(nel.) 2. lov. = kleibön (lov.).
Kleben [kleběn] n. 1. = kleb 2. = kleib.
klebend [kleběnt] = klebik.
Klebmittel [klèpmi̧těl] n. = kleibot.
klebrig [klèbri̧q] = kleböfik.
Klebrigkeit [klèbri̧qkäït] v. = kleböf.
Klebstoff [klèpjtóf] m. = kleibastöf.
Klee [kle] m. = triful.
Kleeblatt [klèblát] n. = trifulabled.
Kleesäure [klèsóůrě] v. = loxalazüd.
Kleiber [kláïběr] m. = situl.
Kleid [kláït] n.: Kleider antun, Kleider anziehen
= lenükön (lov.) klotis.
kleiden [kláïděn] = klotön (lov.), in Uniform
— = klotön in leiged, leigedaklotön (lov.).
Kleiden [kláïděn] n. = klotam.
Kleiderablage [kláïděr-áplagě] v.=klotikipedöp.
Kleidermacher [kláïděr-máqěr] m. = klotel.
Kleidertracht [kláïděr-tráqt] v. = klotamamod.
kleidsam [kláïtsam] = klotugik.
Kleidsamkeit [kláïtsam-káït] v. = klotug.
Kleidung [kláïdụŋ] v. 1. (Ankleidung) =klotam
2. (Anzug, Gewand) = klotem.
Kleidungsstück [kláïdụŋšjtụ̈k] n. = klot.
Kleie [kláïě] v. = brän.
klein [kláïn] 1. = smalik, — sein = smalön
(nel.), — werden = smalikön (nel.), der
Kleine Bär, st. = sismalaber, der Kleine
Löwe, st. = sismalaleon 2. im kleinen (en
detail) = detülo.
Kleinasien [kláïn-àsi̧ěn] n. = Smala-Siyop.
Kleinfinger [kláïnfi̧něr] m. = rikül.
Kleingeisterei [kláïn-gáïstěráï] v. = smalaladäl.
Kleinhandel [kláïn-hánděl] m. = detülated.
Kleinhändler [kláïnhändlěr] m. = detülatedan.
Kleinheit [kláïn-háït] v. = smal.
Kleinigkeit [kláïnịq-káït] v. = smalot.
Kleinigkeitsgeist [kláïnịq-káïž-gáïšt] m. = sma-
lotäl.
Kleinigkeitskrämer [kláïnịq-káïž-krạ̈měr] m. =
smalotälan.
kleinlich [kláïnlịq] = smalaladälik.
Kleinlichkeit [kláïnlị̧q-káït] v. (Engherzigkeit)
= smalaladäl.
Kleinmaler [kláïnmalěr] m. = miniatüripänan.
Kleinmut [kláïnmụt] m. = smalakurad.
Kleinot [kláïnot] n. (Juwel) = bijut.
Kleinware [kláïnvarě] v. (Galanterien) = de-
käd, dekäds.
Klempner [klạ̈mpněr] m. (Blechner) = tüni-
smitan.
Klerus [klèrụš] m. = kler.
klettern [klạ̈těrn] 1. = grämön (nel.) 2. (von
Pflanzen) = kripaxänön (nel.).

Klettern [klätĕrn] n. = gräm.
Kletterpflanze [klåtĕrpflánžĕ] v. = kripaxäna≈plan.
Klima [klìma] n. = klimat.
klimatisch [klìmàtįj] = klimatik.
Klimatologie [klimatologi] v. = klimatav.
Klinge [klįnĕ] v. = lam.
Klingel [klįnĕl] v. (Schelle) = klokül, die — ziehen = toenön (lov.) kloküli.
klingeln [klįnĕln] = toenön (lov.) kloküli.
klingen [klįnĕn]: gut —, wohl — = benotonön (nel.).
Klischee [klįje] n. = klijed.
klischieren [klįjįrĕn] = klijedön (lov.).
Klippe [klįpĕ] v. (— im Wasser) = klip, an einer — stranden = fimikön (nel.) su klip.
klippenhabend [klįpĕnhabĕnt] = klipik.
klippig [klįpįq] (klippenhabend) = klipik.
Kloake [kloakĕ] v. 1. = geut 2. — von Vögeln, Reptilien, ... = kloak bödas, räp≈tulas, ...
Kloben [klobĕn] m. = boadablög.
klopfen [klópfĕn] = nokön (nel.).
Klopfen [klópfĕn] n. = nokam.
Klopferei [klópfĕráï] v. (Geklopfe) = nokam.
Kloster [kloštĕr] n. = kleud.
Klosterbruder [klòštĕrbrųdĕr] m. 1. = hikleudan 2. — oder Klosterschwester = kleudan.
Klostergeistlicher [klòštĕrgáïštlįqĕr] m. (Pater) = kleudakleran.
Klostergenosz [klòštĕrgĕnóš] m. = kleudan.
Klosterschwester [klòštĕrįväštĕr] v. 1. = jį≈kleudan 2. Klosterbruder oder — = kleudan.
Klosz [kloš] m. 1. = blögäd 2. (Kugel, Ball) = glöp.
Klotz [klóž] m. = blög.
klösterlich [klòštĕrlįq] = kleudik.
Klub [klųp] m. (Verein) = klub.
Klubbist [klųbįšt] m. = kluban.
Kluft [klųft] v. (Schlucht) = gur.
klug [klųk] 1. = visedik, klüger als den Jahren nach zu erwarten = bäldavisedik 2. (scharf-sinnig) = sagatik.
Klugheit [klùkháït] v. 1. = vised 2. (Scharf-sinnigkeit) = sagat.
Knabe [knabĕ] m. 1. = hipul 2. — oder Mäd≈chen = pul.
knabenhaft [knàbĕnháft] = hipulik.
Knall [knál] m. = tonät.
knallen [knálĕn] = tonätön (nel.).
Knallgas [knálgaš] n. = tonätavap.
knapp [knáp] = naböfik.
Knappheit [knáp-háït] v. = naböf.
knarren [knárĕn] = knirön (nel.).
Knauser [knáŭsĕr] m. = lavaran.
Knauserei [knáŭsĕráï] v. = lavar.
knauserig [knáŭsĕrįq] = lavarik.
knausern [knáŭsĕrn] = lavarön (nel.).
Knautsch [knáŭč] m. = fronül.
knautschen [knáŭčĕn] = fronülön (lov.).
knautschig [knáŭčįq] = fronülik, — machen = fronülön (lov.).
Knäbchen [knäpqĕn] n. = hipulil.
Knäblein [knåpláïn] n. = hipulil.

Knecht [knäqt] m.: — sein (dienstbar sein) = dünöfön (nel.).
knechten [knäqtĕn] 1. (zum Sklaven machen) = slafükön (lov.) 2. (unterwerfen, unter-drücken) = sumätükön (lov.).
knechtisch [knåqtįj] 1. = dünöfik 2. (skla-visch) = slafik.
Knechtschaft [knåqtjáft] v. 1. = dünöf 2. (Sklaverei) = slaf.
Kneifer [knáïfĕr] m. (Lorgnette) = lünül.
kneten [knetĕn] = knidön (lov.).
Kneten [knetĕn] n. = knid.
Knicker [knįkĕr] m. (Geizhals) = lavaran.
Knie [knį] n. = kien.
knieen [kniĕn] = kienön (nel.).
Kniegeige [knįgáïgĕ] v. = col.
Knieschemel [knįjemĕl] m. = kienabamil.
Kniff [knįf] m. (Kunstgriff, Kunststück) = käfed, Kniffe und Pfiffe = käfeds e käfods.
Knochen [knóqĕn] m. = bom.
Knochenbruch [knóqĕnbrųq] m. = bomabrek.
Knochengerüst [knóqĕngĕrįšt] n. = bomem.
Knochenhaus [knóqĕn-háŭš] n. = bomöp.
Knollen [knólĕn] m. = läf.
knollenartig [knólĕn≈artįq] = läfik.
Knollengewächs [knólĕngĕväx] n. = läfaplan.
knollig [knólįq] = läfik.
Knopf [knópf] m. 1. = gnob, elektrischer — = gnob lektinik 2. (— am Kleide) = knop.
Knopfförmig [knópf-fórmįq] = knopafomik.
Knopfmacher [knópf-máqĕr] m. = knopel.
Knopfmacherei [knópf-máqĕráï] v. 1. = kno≈pimek 2. (Werkstatt) = knopimeköp.
Knospe [knóšpĕ] v. (Blumenknospe) = flora≈gnob.
knoten [knotĕn] (Knoten schlingen) = snobön (lov.).
Knoten [knotĕn] m. (Verschlingung) = snob.
Knotenpunkt [knòtĕnpųnkt] m. (Anschlusz-punkt) = yumod.
knotig [knòtįq] (mit Knoten) = snobik.
Knöchel [knóqĕl] m. (— der Finger) = nok, doatayoin.
knöchern]knóqĕrn] = bomik.
Knöchlein [knóq-láïn] n. = bomil.
knöpfen [knópfĕn] (mittels Knöpfe befestigen, zumachen) = knopön (lov.).
knurren [knųrĕn] = murön (lov.).
Knurren [knųrĕn] n. = mur.
Knüppel [knįpĕl] m. = klöb.
Knüttel [knįtĕl] m. = klöb.
knütten [knįtĕn] (stricken) = trikön (lov.).
Kobalt [kòbált] m. Co = kobaltin.
Kobaltochloryd [kobálto klorüt] $CoCl_2$ = ko≈baltinoklorid.
Kobaltoxyd [kòbált óxừt] Co_2O_3 = kobaltini≈loxid.
Kobaltoxydoxydul [kòbált óxừt óxừdừl] Co_3O_4 = kobaltinokobaltiniloxid.
Kobaltoxydul [kòbált óxừdừl] CoO = kobal≈tinoloxid.
Koch [kóq] m. = kvisinan.
kochbar [kóqbar] = kvisinabik.
Kochbuch [kóqbųq] n. = kvisinabuk.
kochen [kóqĕn] 1. lov. = kükön (lov.) 2.

nel. (wallen) = kukön (nel.) 3. = kvisinön (lov.).
Kochen [kóɋěn] n. 1. = kük 2. = kuk 3. (das Zubereiten von Speisen) = kvisin.
kochend [kóɋěnt]: — heisz = lehitik.
Kocherei [kóɋěráĭ] v. (das Kochen) = kvisin.
Kochherd [kóɋhert] m. = kvisinafön.
Kochkessel [kóɋkǎšěl] m. (— ohne Röhre, Kochpfanne) = cafäd.
Kochofen [kóɋɜofěn] m. = kvisinafön.
Kochpfanne [kóɋ-pfáně] v. = cafäd.
Kochsalz [kóɋ-sálž] n. 1. = sal 2. —, NaCl = natrinaklorid.
Koffer [kófěr] m. e n. = trök.
Kognak [kó-ñák] m. = konyak.
Kohäsion [kohäsĭon] v. = kohed.
Kohl [kol] m. (Kraut) = brasid, Brüsseler — = sprotianabrasid.
Kohle [kolě] v. = kolat, Kohlen brennen = filedön (lov.) boadakolati.
Kohlenbrenner [kòlěnbrǎněr] m. (Köhler) = kolatifiledan.
Kohlendioxyd [kolěn di óxůt] CO₂ = karbinaɜ telloxin, karbatastabot.
Kohlengrus [kòlěngruš] m. = kolatagrüd.
Kohlenmeiler [kòlěnmáĭlěr] m. = kolatifiledaɜ kum.
Kohlenoxyd [kolěn-óxůt] CO = karbinaloxin.
Kohlensäure [kòlěnsóůrě] v. H₂CO₃ = karbaɜ tazüd.
Kohlensäureanhydrid [kòlěnsóůrě ánhüdrĭt] CO₂ = karbinatelloxin, karbatastabot.
Kohlenstoff [kòlěnjtóf] m. C = karbin.
Kohlenstoffoxysulfid [kòlěnjtóf óxüsulfĭt] COS = karbinaloxinsulfin.
Kohlensuboxyd [kolěn supɜóxůt] C₃O₂ = kilɜ karbinatelloxin.
Kohlenwasserstoff [kolěn vášěr-jtóf] = karɜ binahidrin, gesättigte — = karban.
Kohlrabi [kolràbĭ] m. = läfabrasid.
Kohlschwarz [kol ĭvász] = leblägik.
kokett [kokät] = leplitiälik.
Kokette [kokätě] v. = jileplitiälan.
Koketterie [kokätěri] v. = leplitiäl.
kokettieren [kokätĭrěn] = leplitiälön (nel.).
Kokosbaum [kòkóšbáům] m. = kokotapam, kokotep.
Kokosnusz [kòkóšnuš] v. = kokot.
Kokospalme [kòkóšpálmě] v. = kokotapam, kokotep.
Koks [koš] m. pl. = kok.
Kolibri [kolibrĭ] m. = kolibrit.
Kolik [kolĭk] v. = kolid.
Kollege [kólègě] m. (Amtsbruder) = calasvist.
Kollegium [kólègĭum] n. = spikädatidod.
Kollekte [kólǎktě] v. = käded.
Kollekteur [kólǎktòr] m. = kädedan.
kollektieren [kólǎktĭrěn] = kädedön (lov.).
Kollodium [kólòdĭum] n. = kolodin.
Kolloid [kólòĭt] = koloid.
Kolon [kòlón] n. = telpün.
kolonial [kolonĭal] = kolunänik.
Kolonie [kolonĭ] v. = kolunän.
Kolonisation [kolonisaẑĭon] v. = kolun.
kolonisieren [kolonisĭrěn] = kolunön (lov.).

Kolonisierung [kolonisĭrųn] v. = kolun.
Kolonist [kolonĭšt] m. 1. (Gründer einer Koloɜ nie) = kolunan 2. (Angehöriger einer Koɜ lonie) = kolunänan.
Kolonnade [kolónàdě] v. = leyal.
Kolophonium [kolofònĭum] n. = viälaron.
kolossal [kolóšàl] = gianik, gianagretik.
Kolosz [kolóš, kólóš] m. 1. = gianamagot 2. = gianagretikan.
Kolumbien [kolųmbĭěn] n. = Kolumbän.
Kolumbier [kolųmbĭěr] m. = Kolumbänan.
kolumbisch [kolųmbĭj] = Kolumbänik.
Kolumne [oklųmně] v. (Druckspalte) = padül.
Komet [komet] m. = komet.
Komfort [kómfórt, kómfòr] m. (Bequemlichkeit) = koven.
komfortabel [kómfórtàběl] = kovenik.
Komitat [komĭtat] n. (in Macarän) = komitat.
Komitee [komĭte] n. = komitetanef, sogäd.
Komma [kóma] n. (Beistrich) = liunül.
Kommandant [kómándánt] m. = lebüdan.
kommandieren [kómándĭrěn] = lebüdön (lov.).
Kommanditgesellschaft [kómándĭt-gěsǎljáft] v. = kompenät nonotik.
Kommanditist [kómándĭtĭšt] m. = kompenätan nonotik.
Kommando [kómándo] n. = lebüd.
kommen [kóměn] 1. = kömön (nel.) 2. — lassen = büedön kömön (lov.) 3. — lassen (beziehen) = sivön (lov.) 4. abhanden — = moikön (nel.), gelegen — = benokömön (nel.), in Bewegung — = mufikön (nel.), in den Besitz von ... — = dalabikön (lov.), in Gebrauch — = geböfikön (nel.), in Ordɜ nung — = leodikön (nel.), in Verdacht — = paminiludikön (sufalefom), nach vorn —, nach vornhin — = föfiokömön (nel.), zum Bewusztsein —, zur Besinnung —, zu sich — = sevälöfikön (nel.).
Kommen [kóměn] n. (Ankunft) = köm.
Kommender [kóměnděr] m. = köman.
Kommenlassen [kóměn lášěn] n. = siv.
Kommers [kómǎrš] m. = luzäl.
kommersieren [kómǎrsĭrěn] = luzälön (nel.).
Kommis [kómĭ] m. 1. (Bureaubeamter) = büran 2. (Handlungsgehilfe) = tedadünan.
Kommissar [kómĭsàr] m. = komitetan, das Amt un die Würde eines Kommissars = komitet.
Kommission [kómĭsĭòn] v. 1. (Auftrag) = komit, in — = komito 2. (Leute) = koɜ mitetanef.
Kommissionär [kómĭsĭonàr] m. = komitätan.
Kommissionsɜ [kómĭsĭonšɜ] = ... komitätik.
Kommissionsbuch [kómĭsĭonšbuɋ] n. = boneɜ dabuk.
Kommissionsgeschäft [kómĭsĭonšgějäft] n. = komität.
Kommissionsweis [kómĭsĭonšväĭš] = komitik, kommissionsweiser Verkauf = sel komitik.
kommissorisch [kómĭsòrĭj] = komitetik.
Kommiszbrot [kómĭšbrot] n. = soldatabod.
Kommittent [kómĭtànt] m. (Vollmachtgeber) = dälädan.
Kommode [kómòdě] v. = layetatab.
Kommunes [kómųněš] n. = komun.

Kommunikant [kómunikánt] m. = komuinan.
Kommunion [kómunjòn] v. = komuin.
Kommunismus [kómunjšmuš] m. = kobädim.
Kommunist [kómunjšt] m. = kobädiman.
kommunistisch [kómunjštjj] = kobädimik.
kommunizieren [kómunjžjrĕn] = komuinön (nel.).
Kompagnie [kómpani] v. (— Soldaten) = kompain.
Komparation [kómparažjòn] v. 1. = pluama= fomam 2. = gramatafoms leigoda.
Komparativ [kómparatif] m. = pluamafom, in den — setzen = pluamafomön (lov.).
komparativisch [kómparatjvjj] = pluamafomik.
Kompasz [kóm-páš] m. 1. = kompad 2. st. = sikompad.
Kompaszhäuschen [kóm-páš-hóŭšqĕn] n. = kompadabokül.
Kompatriot [kómpatrjòt] m. = kelomänan.
komplex [kómpläx]: komplexes Sals = kom= plitasaläd.
Kompliment [kómplimằnt] n. = plim.
komplimentös [kómplimäntŏš] = plimik.
komplizieren [kómpljžjrĕn] = komplitükön (lov.).
kompliziert [kómpljžjrt] = komplitik.
Kompliziertsein [kómpljžjrt saín] n. = komplit.
Komplott [kómplót] n. = plot.
komplottieren [kómplótjrĕn] = plotön (nel.).
komponieren [kómponjrĕn] = noatädön (lov.).
Komponist [kómponjšt] m. = noatädan.
Kompott [kómpót] n. = kompot.
Kompromisz [kómpromjš] m. e n. = balädi= kam gudŏfik.
Kondensation [kóndänsažjòn] v. = densitikam.
Kondensator [kóndänsàtór] m. d.=densitükian.
Konditionalis [kóndjžjonàljš] m. (Bedingungs= form) = stipabidir.
Konditor [kóndjtór] m. = nibotel.
Konditorei [kónditoraí] v. = nibotöp.
Konditoreiladen [kónditoraíladĕn] m. = niboti= selidöp.
Kondolenz [kóndolằnž] v. = keliedijonül.
kondolieren [kóndoljrĕn] = jonülön (lov.) keliedi.
Kondominium [kóndomìnium] m. 1. = kondo= min 2. = kondominän.
Kondor [kón-dór] m. = kondor.
Kondukteur [kónduktòr] m. = trenagaledan.
Konfekt [kónfằkt] n. 1. = nibot 2. (Zucker= backwerk) = nibotem.
Konfektmacher [kónfằktmáǵĕr] m. = nibotel.
Konfession [kónfäšjòn] v. = reled.
konfessionell [kónfäšjonàl] = reledik.
Konfirmation [kónfjrmažjòn] v. = fümed.
konfirmieren [kónfjrmjrĕn] = fümedön (lov.).
Konflikt [kónfljkt] m. = konflit, in — geraten mit = konflitikön (nel.) ta.
konform [kónfórm] = baiädü.
Konföderierter [kónfŏdĕrjrtĕr] m. = fedan.
Konfrater [kónfràtĕr] m. (Mitbruder) =kesvist.
Konfus [kónfŭš] (verwirt) = kofudik, — ma= chen = kofudükön (lov.).
Konfuzius [kónfŭžiuš]: die Lehre des — = konfutsit.

Kongestion [kóngäštjòn] v. = gästion.
Kongo [kóŋgo] (Gebiet) = Kongoän.
Kongresz [kóngrằš] m. = kongred.
Koniferen [koniferĕn] pl. = konüdabim, konü= dabims.
Konjugation [kónyugažjòn] v. = konyug.
konjugieren [kónyugjrĕn] = konyugön (lov.).
Konjunktion [kónyuŋkžjòn] v. = konyun.
Konjunktiv [kónyuŋktjf] m. = mögabidir.
konkav [kónkàf] = konkavik, konkave Glas= linze = konkavalentül.
Konkavität [kónkavjtằt] v. = konkav.
Konklave [kónklàve] n. = konklaf.
konkludieren [kónkludjrĕn] = kludön (lov.).
Konklusion [kónklusjòn] v. = kludod.
konkret [kónkrèt] = dabinotik.
Konkretes [kónkrètĕš]: etwas — = dabinot.
Konkurrent [kónkurằnt] m. = mätedan.
Konkurrenz [kónkurằnž] v. = mäted.
konkurrenzfähig [kónkurằnž-fằiq] 1. = mäte= dafägik 2. = mätedasufidik.
konkurrieren [kónkurjrĕn] = mätedön (nel.).
Konkurs [kónkùrš] m. (Gant) = bankrut, in — = bankrutik, in — geraten = bankruti= kön (nel.).
Konnossement [kónóšĕmằnt] n. = lodazöt.
konsequent [kónsekvằnt] = kludöfik.
Konsequenz [kónsekvằnž] v. (Folgerichtigkeit) = kludöf, in — aus = kludöfü.
Konsequenzreiterei [kónsekvằnž-ráïtĕraï] v. = lukludöf.
Konservatismus [kónsằrvatjšmuš] m. = daki= piäl.
konservativ [kónsằrvatjf] = dakipiälik.
Konservativer [kónsằrvatjvĕr] m. = dakipiälan.
Konservator [kónsằrvàtór] m. = konsefan.
Konservatorium [kónsằrvatòrjum] n. = musi= gakadäm.
Konserve [kónsằrvĕ] v. = konsefot.
konservieren [kónsằrvjrĕn] (erhalten) = kon= sefön (lov.).
Konservierung [kónsằrvjrun] v. = konsef.
Konsonant [kónsonánt] m. = konsonat.
konstant [kónštánt] = fümöfik.
Konstantsein [kónštánt saín] n. = fümöf.
Konstellation [kónštälažjòn] v. = stelastaned.
Konstitution [kónštjtužjòn] v.: schwache — = koap molädik.
konstruieren [kónštrujrĕn] = stukön (lov.).
Konstruieren [kónóštrujrĕn] n. = stuk.
Konstruierer [kónštrujrĕr] m. = stukan.
Konstruktion [kónštrukžjòn] v. 1. = stukot 2. (das Konstruieren) = stuk.
Konsul [kónsul] m. = konsulan.
Konsulat [kónsulàt] n. 1. (Würde) = konsul 2. (Gebäude) = konsulöp.
Konsum [kónsùm] m. = konsum.
Konsument [kónsumằnt] m. = konsuman.
kontant [kóntánt] = kädöfik, per — = kädöfo.
Konterbande [kóntĕr-bándĕ] v. (das Schmug= geln) = smug.
Kontinent [kóntjnằnt, kóntjnänt] m.=kontinän.
kontinental [kóntjnäntàl] = kontinänik.
kontinuierlich [kóntjnujrljq] = yumöfik, konti= nuierliches Spektrum = späktrum yumöfik.

Kontinuität [kóntinuitặt] v. = yumöf.
Konto [kónto] n. (Rechnung) = kal, a — = kalo.
Kontobuch [kóntobuǧ] n. (Fakturbuch) = kalotabuk.
Kontokorrent [kóntokórặnt] n. = kal golik, in — stehen = kalön (nel.).
Kontokorrentbuch [kóntokórặntbuǧ] n. = kalabuk.
Kontor [kóntòr] n. (Comptoir) = bür.
Kontorist [kóntorịšt] m. = büran.
Kontraalt [kóntra-ált] m. = donatelidvög.
Kontrabasz [kóntra-báš] m. = lebäf.
Kontrakt [kóntrákt] m. = baläd.
kontraktmäszig [kóntrákt-mặšịq] = ma baläd, bai baläd.
Kontrast [kóntrášt] m. = taädam.
kontrastieren [kóntráštịrẹn] = taädön (nel.).
Kontrolle [kóntrólě] v. = kontrol.
Kontrolleur [kóntrólòr] m. = kontrolan.
kontrollieren [kóntrólịrẹn] = kontrolön (lov.).
Kontrollieren [kóntrólịrẹn] n. = kontrol.
konvex [kónvặš] = konvedik.
Konvexität [kónväxitặt] v. = konved.
Konzentration [kónžặntražịòn] v. (Zentralisation) = zänäd.
konzentrieren [kónžặntrịrẹn] 1. = säntretükön (lov.) 2. (zentralisieren) = zänädön (lov.).
konzentriert [kónžặntrịrt] = säntretik.
Konzentriertsein [kónžặntrịrt sáïn] n. (Lösung) = säntret.
konzentrisch [kónžặntrịj] = balzänilabik.
Konzert [kónžặrt] n. = konsärt.
konzertieren [kónžärtịrẹn] = konsärtön (nel.).
Konzertmeister [kónžặrt-máïštěr] m. = konsärtamastan.
Konzil [kónžịl] n. = konsil.
Koordination [koórdinažịòn] v. = näiäd.
Koordinieren [koórdinịrẹn] = näiädön (lov.).
Koordinieren [koórdinịrẹnt] = näiädik.
Kopeke [kopẹkě] v. = tsyärvonätamim.
Kopf [kópf] m. (Haupt) = kap, mit einem — versehen = kapön (lov.), ein leerer — = netäläktan, einem den — waschen = leblamön (lov.) eki.
kopfüber [kópf-ụběr] = ko kap foloveik.
Kopfschmerz [kópfjmärž] m.: einseitiger — = kapadol balflanik.
Kopfzeug [kópf-žóǔk] n. = kaped.
Kopie [kopị] v. (Abschrift) = kopied.
kopieren [kopịrẹn] = kopiedön (lov.).
Kopierer [kopịrěr] m. = kopiedan.
Kopist [kopịšt] m. = kopiedan.
Kopten [kóptẹn] pl. = koptans.
Korb [kórp] m. = bäset.
Korbflechter [kórpflặqtěr] m. = bäsetel.
Korbmacher [kórp-máqěr] m. = bäsetel.
Korbweide [kórp-váïdě] v. = flökasalig.
Korea [korèa] n. = Tsyosenän.
Koreanisch [koreànij]: das — = tsyosen.
Korinthe [korịntě] v. = lurosin.
Korjäken [korịnte] pl. = koryäkans.
Kork [kórk] m. 1. = koeg, von —, aus — = koegik 2. (Korkstopfen) = koegabuon.

korken [kórkěn] 1. = koegabuonön (lov.) 2. (aus Kork) = koegik.
Korkpfropfen [kórk-própfěn] m. = koegabuon.
Korkstopfen [kórk-jtópfěn] m. = koegabuon.
Korn [kórn] n. 1. = gran 2. (Getreide) = gren.
Kornblume [kórnblumě] v. = blövät.
Kornhandel [kórn-hánděl] m. = grenated.
Kornscheuer [kórn-jóǔěr] v. = grenabarak.
Kornscheune [kórn-jóǔně] v. = grenabarak.
Kornspeicher [kórn-jpáïqěr] m. = grenabarak.
Korporal [kórporàl] m. = kaporan.
Korporalschaft [kórporàljáft] v. = kapor.
Korps [kor] n. = klubäd.
korrekt [kórặkt]: — sein = verätön (nel.).
Korrektor [kórặktór] m. = koräkan.
Korrektur [kórặktụr] v. = koräk.
Korrekturbogen [kórặktụrbogěn] m. = koräkablog.
Korrelation [kórelažịòn] v. = rezipatef.
Korrelativ [kórelatịf] = rezipatefik.
Korrelativum [kórelatịvụm] n. = vöd rezipatefik.
Korrespondent [kórặšpóndặnt] m. = spodan.
Korrespondenz [kórặšpóndặnž] v. = spod.
Korrespondenzkarte [kórặšpóndặnž-kártě] v. = potakad.
korrespondieren [kórặšpóndịrẹn] = spodön (nel.).
Korridor [kóridòr] m. = luyal.
korrigieren [kórigịrẹn] = koräkön (lov.).
Korrigieren [kórigịrẹn] n. = koräk.
Korsika [kórsịka] = Korsikeän.
Koryphäe [korüfặě] m. = dugal.
kosen [kosěn] : — mit (sich herzen mit) = lelöfülön (lov.).
Kosmographie [kóšmografị] v. = levalibepenam.
Kosmologie [kóšmologị] v. = levalav.
Kosmopolit [kóšmopolịt] m. = kosmopolan.
kosmopolitisch [kóšmopolịtịj] = kosmopolik.
Kosmopolitismus [kóšmopolịtjšmụš] m. 1. = kosmopol 2. (die kosmopolitische Grundsätze) = kosmopolim.
Kost [kóšt] v.: — und Logis (Pension) = bord, in — und Logis = bordik, in — und Logis sein = bordön (nel.), sich in — und Logis tun = bordikön (nel.).
Kostarika [kóštarịka] = Kostarikän.
kostbar [kóštbar] (teuer) = jerik.
kosten [kóštẹn] 1. = frädön (lov.) 2. (verkosten) = gutön (lov.).
Kosten [kóštẹn] pl. (Auslage) = fräd, fräds, auf die — beziehend = frädik, auf die — des = frädü.
Kostgänger [kóštgặněr] m. = bordan.
Kostgeld [kóštqặlt] n. = bordamon.
Kosthaus [kóšt-häǔš] n. (Pension) = bordöp.
Kostschüler [kóštjülěr] m. = bordajulan.
kostspielig [kóštjpịlịq] = jerik, — sein = jerön (nel.), — werden = jerikön (nel.).
Kostspieligkeit [kóštjpịlịqkáït] v. = jer.
Kostspieligwerden [kóštjpịlịq vặrdẹn] n. = jerikam.
Kot [kot] m. (Scheisze, Dreck) = jiedot.
Kotelett [kotělặt, kótělặt] n. = ribotül.

Kotschintschina [kóčin₌čina] n. = Kotsyintsyi₌ nän.
Koweit = Kovätän.
Köchin [kǒqin] v. = jikvisinan.
Köder [kǒděr] m. (Lockspeise) = bätazib.
Köhler [kǒlěr] m. = kolatifiledan.
König [kǒniq] m. = reg.
Königin [kǒnigin] v. = jireg.
königlich [kǒniqliq] = regik.
Königreich [kǒniqráïq] n. = regän.
Königswasser [kǒniqšvášěr] n. = regavat.
können [kǒněn] 1. (vermögen) = kanön (nel.) 2. vertragen — = sufidön (nel.).
Können [kǒněn] n. (Kunst) = kan.
könnend [kǒněnt] (imstande) = kanik.
köpfen [kǒpfěn] (enthaupten) = säkapön (lov.).
Körbchen [kǒrpqěn] n. = bäsetil.
Körnchen [kǒrnqěn] n. = granil.
körnicht [kǒrniqt] 1. (in Körnerform) = granik 2. (mit Körnern) = granerik.
körnig [kǒrniq] 1. (in Körnerform) = granik 2. (mit Körnern) = granerik.
Körper [kǒrpěr] m. 1. = kop 2. schwacher — = koap molädik 3. (Hauptteil) = kopäd 4. (Körperschaft, Korps) = klubäd 5. ein flüssiger — (Flüssigkeit) = flumot.
Körperhaft [kǒrpěr-háft] = kopik.
körperlich [kǒrpěrliq] = kopik.
Körperschaft [kǒrpěr-jáft] v. = klubäd.
Krabbe [krábě] v. (Tier) = krab.
krach [kráq]: —! = brekö!
kraft [kráft] (infolge, vermöge) = sekü.
Kraft [kráft] v. = näm, schöpferische — = jafanäm, nach Kräften = ma näm.
Kraftmaschine [kráft-májině] v. = motor.
Kraftwagen [kráftvagěn] m. = motoravab.
Kragen [kragěn] m. = kolet.
Kralle [králě] v. = kral.
krallig [králiq] = kralik.
Kramhandel [kràmhánděl] m. = tedül.
Krampf [krámpf] m. 1.=spam 2. in Krämpfen = konvulik.
krampfhaft [krámpf-háft] (krämpfig) = kon₌ vulik.
Krampfzuckung [krámpf-žukun] v. = konvul.
Kran, k. = krän.
Kranich [kràniq] m. 1. (Vogel) = grud 2. st. = sigrud.
krank [kránk] = malädik, — sein = malädön (nel.), — machen = malädükön (lov.).
Kranke [kránkě] m. = malädan.
Krankentrage [kránkěntragě] v. = polabed.
Krankenzimmer [kránkěnžiměr] n. = cem ma₌ lädana(s), malädanacem.
Krankhaftigkeit [kránk-háftiq-káït] v. = ma₌ lädül.
Krankheit [kránk-háït] v. = maläd, — erzeu₌ gen = malädükön (lov.).
krankheiterzeugend [kránk-háït äržóǔgěnt] = malädüköl.
Krankwerden [kránk värděn] n. = malädikam.
Kranz [kránž] m. = kronül, mit einem — ver₌ sehen = kronülön (lov.).
Krapp [kráp] m. = krap.
Kratze [kráže] v. = kratöm.

kratzen [krážěn] (scharren) = kratön (lov.).
kraus [kráǔš]: — machen = fridükön (lov.).
kraushaarig [kráǔšhariq] = fridaherik, kru₌ gülik.
kraushärig [kráǔšhäriq] = fridaherik.
Krauskohl [kráǔškol] m. = krugülabrasid.
Kraussein [kráǔš sáïn] n. = frid.
Kraut [kráǔt] n. (Pflanze mit saftigem nicht holzigem Stengel) = keb.
Krawatte]kravátě] v. (Halsbinde) = kravat.
kräftig [kráftiq] = nämik, kräftiger Mensch = näman.
kräftigen [kráftigěn] = nämükön (lov.).
krähen [kräěn] = kravön (lov.).
Krähen [kräěn] n. = krav.
Krämer [kräměr] m. = tedülan.
Krämerei [kräměráï] v. (Kramhandel) = tedül.
Krämergeist [kràměrgáïšt] m. = smalaladäl, tedülanaced.
krämpfig [kràmpfiq] = konvulik.
kränkeln [kränkěln] = malädülön (nel.).
kränkelnd [kränkělnt] = malädülik.
kränken [kränkěn] = lenofön (lov.).
kränkend [kränkěnt] = lenofik.
kränklich [kránkliq] = malädülik, — sein = malädülön (nel.).
Kränklichkeit [kránkliqkáït] v. = malädül.
Kränkung [kránkun] v. = lenof.
kränzen [kränžěn] = kronülön (lov.).
Kräuseleisen [króǔsěl-áïsěn] n. = krugülama₌ zäp.
kräuseln [króǔsěln] 1. = fridükön (lov.) 2. (frisieren) = krugülükön (lov.) 3. sich — = fridikön (nel.).
Kräuseln [króǔsěln] n. = fridükam.
Kräuselung [króǔsělun] v. = fridükam.
kräuterartig [króǔtěr-àrtiq] = kebik.
Krebs [krepš] m. 1. (Tier) = kref 2. st. = sikref 3. (Krankheit) = kanser.
Krebschen [krepšqěn] n. = krefil.
Kredit [kredit] m. 1. = kredit 2. (Borg) = täk 3. auf — des = kreditü.
Kreditbrief [kreditbrif] m. = kreditapenäd.
kreditfähig [kreditfäiq] = täkovik.
Kreditfähigkeit [kreditfäiq₌káït] v. = täkov.
kreditieren [kreditirěn] = kreditön (lov.).
Kreditor [krèditór] m. = kreditan.
Kreditseite [krèditsáïtě] v. = kreditaflan, kre₌ ditapad.
Kreide [kráïdě] v. = kret.
Kreis [kráïš] m. 1. (Zirkel) = sirk 2. (Ring) = sirkül 3. im Kreise = züo.
kreischen [kráïjěn] = lerorön (nel.).
Kreisel [kráïsěl] m. = tupit.
Kreisfläche [kráïšfläqě] v. = sirkaplen.
kreisförmig [kráïš-fórmiq] = sirkafomik.
Kreislauf [kráïš-láǔf] m. = sirkülam.
Kreisumfang [kráïš-ùmfán] = sirkazüot.
Kresse [kráše] v. = kresed.
Kreuz [króǔž] n. 1. = krod 2. (= †) = krodül 3. südliches —, st. = sisulüdakrod.
Kreuzband [króǔž-bánt] n. 1. = tanakrod 2. (— von Papier) = krodaköv.
Kreuzbild [króǔžbilt] n. = krodamamagot, krusifid.

kreuzen [króǔžěn] 1. = travärön (lov.) 2. = krudön (nel.).
Kreuzen [króǔžěn]: das — auf der See = krud su mel.
Kreuzer [króǔžěr] m. 1. k. = kruzar 2. (Kreuzschiff) = krudanaf.
kreuzigen [króǔžįgěn] = krodön (lov.).
Kreuzschiff [króǔžjįf] = krudanaf.
Kreuzweg [króǔžvek] m. = krodamaveg, Station des Kreuzweges = lestad krodamavega.
Kreuzzug [króǔž⸗žuk] m. = krodagoläd.
kribbeln [kriběln] (wimmeln) = grulön (nel.).
kriechen [kriqěn] = kripön (nel.).
Kriechen [kriqěn] n. = krip.
kriechend [kriqěnt] = kripik.
Kriecherei [kriqěráï] v. (Augendienerei) = lusumät.
kriecherisch [kriqěrij] = lusumätik.
Krieg [krik] m. = krig, — führen = krigön (nel.).
kriegen [krigěn] (Krieg führen) = krigön (nel.).
Krieger [krigěr] m. = krigan.
kriegerisch [krigěrij] 1. krigiälik 2. (auf den Krieg bezüglich) = krigik.
Kriegsbeute [krišbóǔtě] v. = lefanot.
Kriegsgerät [krišgěrät] n. = krigastömem.
Kriegslust [krišlušt] v. = krigiäl.
Kriegsministerium [kriš-miništěrium] n. = kri⸗gaminister.
Kriegswesen [krišvesěn] n. = militafebäd.
Kriegswissenschaft [kriš-višěnjáft] v. = krigav.
Krippe [kripě] v. = krib.
Kris [kriš] (Indianerstamm) = kreyans.
Krisis [krisiš] v. = krisid.
Kristall [krištál] m. e n. = kristad.
Kristallisation [krištálisažiòn] v. = kristadam.
kristallisieren]krištálisirěn] = kristadön (nel.).
Kristalloid [krištáloit] = kristadot.
Kritik [kritik] v. = krüt.
Kritikaster [kritikáštěr] m. = lukrütan.
Kritiker [kritikěr] m. = krütan.
kritisch [kritij] = krütik.
kritisieren [kritisirěn] = krütön (lov.).
Kritisiererei [kritisirěráï] v. (Mäkelei) = bla⸗miälam.
Kritisierung [kritisirun] v. = krütam.
Krittelei [kritěláï] v. 1. = blamiäl 2. = laida⸗blam 3. (Mückenseigerei) = lukrüt.
kritteln [kritěln] (bekritteln) = blamiälön (lov.).
Krittler [kritlěr] m. = blamiälan.
krittlig [kritliq] = blamiälik.
kritzeln [kritžěln] = penülön (lov.).
Kroatien [kroàžiěn] = Kroasänin.
Kroatier [kroàžiěr] m. = Kroasänan.
kroatisch [kroàtij] = Kroasänik.
Krokodil [krokodil] n. = krokod.
Krone [kroně] v. 1. = kron 2. k. = klon, estnische — = klon Lestiyänik 3. die nördliche —, st. = sinolüdakron, die südliche —, st. = sisulüdakron.
Kronleuchter [krònlóǔqtěr] m. = litemakron.
Kronleuchterbehänge [krònlóǔqtěr běhäŋě] : gläserne — = lagots glätik litemakrona.
Kronprinz [krònprinž] m. = kronaleson.
Kronprinzessin [kron-prinžǎšin] v. = kronale⸗daut.

krönen [kröněn] 1. = kronön (lov.) 2. mit Lorbeeren — = loredön (lov.).
Krug [kruk] m. = luflad.
Kruke [krukě] v. = luflad.
Krume [krumě] v. (Grus) = brekül.
krumm [krum] 1. = blegik, — sein = blegön (nel.), sich — ziehen = blegikön (nel.), — biegen, — machen = blegükön (lov.) 2. (krummgewunden) = krugik, krumme Linie = krugalien 3. — wachsen = miglofön (nel.) 4. = globik, krumme Fläche = plen globik.
krummgewunden [krumgěvunděn] = krugik.
krummlinig [krumliniq] = krugalienik.
Krummsein [krum sáïn] n. = bleg.
Krupp [krup] m. (Halskrankheit) = krup.
Krusch, k. = krujid.
Kruste [kruště] v. = krut.
Krustentier [kruštěntir] n. = krustanim, krustaf.
Kruzifix [kružifiš] n.=krodamamagot, krusifid.
Krücke [krükě] v. = stütod.
Krüglein [krükláïn] n. = lufladil.
Krümme [krümě] v. 1. (das Krummsein) = bleg 2. (von Flächen) = glob.
krümmen [krüměn] = blegükön (lov.), sich — = blegikön (nel.).
Krümmen [krüměn] n. = blegükam.
Krümmung [krümun] v. = blegod.
Krypton [kruptón] Kr = kriptin.
kubieren [kubirěn] = kübön (lov.).
Kubikdezimeter [kubik-dežimetěr] n. e m. d.M.³ = kübadimmet.
Kubikinhalt [kubik-inhált] m. = kübaninäd.
Kubikkilometer [kubik-kilometěr] n. e m. K.M.³ = kübamilmet.
Kubikmeile [kubikmáïlě] v. = kübaliöl.
Kubikmeter [kubikmetěr] m. e n. M.³ = kü⸗bamet.
Kubikmillimeter [kubik-milimetěr] m. e n. m.M.³ = kübamimmet.
Kubikzentimeter [kubik-zäntimetěr] m. e n. c.M.³ = kübazimmet.
kubisch [kubij] = kübik.
Kubus [kubuš] m. = küb.
Kuchen [kuqěn] m. = kek.
Kuchenbäcker [kuqěnbäkěr] m. = kekibakan.
Kuckuck [kukuk] m. = kukuk.
Kuckucksruf [kukuxruf] m. = vokäd kukuka.
Kufe [kufě] v. = tüb.
Kugel [kugěl] v. 1. (Ball) = glöp 2. (Geschosz) = glöb.
Kugelform [kugělfórm] v. = glöpafom.
kugelförmig [kugělfórmiq] = glöpafomik.
kugelicht [kugěliqt] = glöpafomik.
kugelig [kugěliq] = glöpafomik.
kugeln [kugěln] 1. (kugelicht machen) = glö⸗pön (lov.) 2. (ballotieren) = glöpülön (nel.).
kugelrund [kugěl runt] = glöpöfik.
Kugelrunde [kugělrundě] v. = glöpöf.
Kugelung [kugělun] v. = glöpülam.
Kuh [ku] v. = kun, geschnittene — = jobub.
Kuhkalb [kukálp] n. = kunül.
kulinarisch [kulinàrij] = kvisinik.
Kulisse [kulišě] v. = kulit.

Kulminationspunkt [kц̱lmi̱nažі̱ònšpц̱ŋkt] m. = sömitamapün.

kulminieren [kц̱lmi̱ni̱rĕn] = sömitön (nel.).

Kultivator [kц̱lti̱vàtór] m. = feilidacin.

kultivieren [kц̱lti̱vi̱rĕn] = feilidön (lov.).

Kultur [kц̱ltц̱r] v. 1. = kuliv 2. (Stand) = kultur.

Kulturgeschichte [kц̱ltц̱rgĕјі̱qtĕ] v. = kulivajenotem.

Kulturgeschichtlich [kц̱ltц̱r-gĕјі̱qtlі̱q] = kulivajenotemik.

Kulturgewächs [kц̱ltц̱rgĕväх̌] n. = lebridaplan.

kulturhistorisch [kц̱ltц̱r-hі̱stòrі̱ј] = kulivajenotemik.

Kulturpflanze [kц̱ltц̱rpflánžĕ] v. = lebridaplan.

Kultursystem [kц̱ltц̱rsіĵstem] n. = lebridasit.

Kultus [kц̱ltц̱š] m. = kult.

Kummer [kц̱mĕr] m. = glif, **in** — **sein** = glifön (nel.), **einem** — **machen** = liеdükön (lov.) eki.

kummern [kц̱mĕrn] = glifön (nel.).

Kumücken, pl. = kumükans.

Kunde [kц̱ndĕ] 1. v. (Kenntnis) = sev 2. m. (Abnehmer) = laidareman.

kundig [kц̱ndі̱q] 1. = nolik 2. (kennend) = sevik, — **sein** = sevön (lov.).

kundmachen [kц̱ntmáх́ĕn] = notükön (lov.).

Kundmachen [kц̱ntmáх́ĕn] n. = notükam.

Kunst [kц̱nšt] v 1. = lekan 2. (das Können) = kan 3. **bildende** — = magav 3. (tapladü el ,Natur') = mekav.

Kunstakademie [kц̱nšt-ákademі̱] v. = lekanakadäm, lekananiver.

Kunstanstalt [kц̱nšt-án-јtált] v. = lekanotamused.

Kunstgärtner [kц̱nštgärtnĕr] m. = gadavan.

Kunstgärtnerei [kц̱nšt-gärtnĕráі̱] v. = gadavam.

Kunstgegenstand [kц̱nšt-gègĕnјtánt] m. = lekanot.

Kunstgriff [kц̱nštgrі̱f] m. 1. (Manipulation) = duned 2. (Kunststück, Kniff) = käfed.

Kunsthalle [kц̱nšthálĕ] v. = lekanotamused.

Kunstinstitut [kц̱nšt-іnšti̱tц̱t] n. = lekanakadäm.

Kunstmaler [kц̱nštmalĕr] m. = lekanapänan.

Kunstschule [kц̱nštјulĕ] v. = lekananiver.

Kunstsinn [kц̱nštsі̱n] m. 1. = güt 2. = lekanäl.

Kunstsprache [kц̱nštјpraქĕ] v. = mekavapük.

Kunststück [kц̱nštјtі̱jk] n. 1. (Kniff) = käfed 2. = skilod.

Kunstverlag [kц̱nšt-färlak] m. = lekanadabüköp.

Kunstvoll [kц̱nštfól] = skilöfik.

Kunstwerk [kц̱nštvärk] n. = lekanot.

Kupfer [kц̱pfĕr] n. **Cu** = kuprin.

Kupfergeschirr [kц̱pfĕrgĕјі̱r] n. = kuprinot, kuprinots.

kupfern [kц̱pfĕrn] = kuprinik, — **Gegenstände** = kuprinot, kuprinots.

Kuppel [kц̱pĕl] v. = glöpot.

Kuppeldach [kц̱pĕldáх́] n. = glöpotanuf.

Kupriarsenit [kц̱prі̱ ársenіt] CuHAsO₃ = di̱kuprinirotolarsenit.

Kuprichlorid [kц̱prі̱ klorі̱t] CuCl₂ = kuprini̱klorid, **basisches** —, CuClOH = kuprini̱hidrälklorid.

Kuprioxyd [kц̱prі̱ óх̌ц̱t] CuO = kupriniloxid.

Kuprisulfat [kц̱prі̱ sц̱lfat] CuSO₄ = kuprini̱sulfat.

Kuprisulfid [kц̱prі̱ sulfі̱t] CuS = kuprinisulfid.

Kuprochlorid [kц̱pro klorі̱t] Cu₂Cl₂ = kuprino̱klorid.

Kuprocyanid [kц̱pro žüanі̱t] Cu₂(CN)₂ = ku̱prinoküanid.

Kuprooxyd [kц̱pro óх̌ц̱t] Cu₂O = kuprino̱loxid.

Kur [kц̱r] v. (ärztliche Behandlung) = lekäl, **sympathetische** — = lekäl sümpatik.

Kurant [kц̱ránt] (Währung): **französische** — = völädü Fransän.

Kurden [kц̱rdĕn]: **die** — = kurdans.

Kurfürstentum [kц̱rfц̱rštĕntц̱m] n. = davälaplinän.

Kurfürstin [kц̱r-fц̱rštі̱n] v. = davälajiplin.

kurfürstlich [kц̱r-fц̱rštlі̱q] = davälaplinik.

Kurhaus [kц̱rháц̱š] n. = lekäladom.

Kurier [kц̱rі̱r] m. = rönanunan.

kurieren [kц̱rі̱rĕn] 1. (behandeln) = lekälön (lov.) 2. (gesund machen) = saunükön (lov.).

Kurland [kц̱ránt] n. = Kurlän.

Kurort [kц̱r-órt] m. = lekälöp.

Kurpfuscher [kц̱rpfц̱јĕr] m. = lusanan.

Kurpfuscherei [kц̱rpfц̱јĕráі̱] v. = lusan.

Kurrentschrift [kц̱rántјrі̱ft] v. = slobapenät.

Kurs [kц̱rš] m. 1. (Bewegung) = muf 2. (— des Geldes) = kursüd 3. (Umlauf, Zirkulation) = sirkülam.

Kursbuch [kц̱ršbц̱ქ] n. = vegamataib trenas.

kursieren [kц̱rsі̱rĕn] (zirkulieren) = sirkülön (nel.).

kursiv [kц̱rsif] = korsivik.

Kursivschrift [kц̱rsifјrі̱ft] v. = korsiv.

Kursliste [kц̱ršlі̱štĕ] v. = kursüdalised.

Kursus [kц̱rsц̱š] m. = tidodem.

Kurszettel [kц̱ržätĕl] m. = kursüdalised.

Kurve [kц̱rvĕ] v. (Krumme Linie) = krugalien.

Kurwürde [kц̱rvürdĕ] v. = dinit davälaplinik.

kurz [kц̱rž] 1. = brefik, — **sein** = brefön (nel.), — **werden** = brefikön (nel.), — **machen** = brefükön (lov.), **kurzer machen** = brefükumön (lov.) 2. **kurze Zeit** = brefüp, **in kurzer Zeit** = brefüpo 3. **vor kurzem** = enu 4. (bündig) = nabófik 5. **kurze Ware** = smalabalatacan 6. (kurzweg) = brefo 7. — **aussprechen** = brefedön (lov.).

kurzgefaszt [kц̱ržgĕfášt] = nabófik.

Kurzschrift [kц̱ržјrі̱ft] v. = stenograf.

kurzsichtig [kц̱rž-sі̱qtіq] = miopik.

Kurzsichtigkeit [kц̱rž-sі̱qtіqkáіt] v. = miop.

Kurzwaren [kц̱ržvarĕn] pl. = smalabalatacan, smalabalatacans.

kurzweg [kц̱rž väk] = brefo.

Kusine [kusі̱nĕ] v. 1. = jiköst 2. **Cousin** oder — = köst.

Kusz [kц̱š] m. = kid.

Kuszhand [kц̱šhánt] v. = kidanamajäst.

Kutsche |kц̱ქĕ] v. = bökavab.

Kutscher [kц̱ქĕr] m. = bökan.

Kuvert [kц̱värt] n. 1. (Umschlag) = köv, **in ein** — **tun** = kövön (lov.), **mit in ein** —

tun = läkövön (lov.) 2. (— bei Tisch) = fidalöläd.
Küche [kü̱q̌ě] v. = kvisinöp.
Küchelchen [kü̱q̌ělqěn] n. = kekil.
Küchenofen [kü̱q̌ěn⸗ofěn] m. = kvisinafön.
Küchensalz [kü̱q̌ěnsálž] n. = sal.
Küchlein [kü̱qláïn] n. 1. (Kücken) = gokül 2. (Küchelchen) = kekil.
Kücken [kü̱kěn] n. = gokül.
Küfchen [küfqěn] n. = tübil.
Küfer [küfěr] m. = tübel, — **sein** = tübön (lov.).
Küferwerkstätte [küfěr-va̱rkjtä̱tě] v. = tüba⸗möp.
Küflein [kü̱f̣láïn] n. = tübil.
Kügelchen [kügělqěn] n. = glöpil.
Kühl [kül] 1. (frostig, kalt) = koldälik 2. (frisch) = koldülik.
Kühle [kü̱lě] v. = koldül.
kühlen [kü̱lěn] (abkühlen) = koldülükön (lov.).
kühn [kün] = künik.
Kühnheit [kü̱nháït] v. = kün.
Kümmel [kü̱měl] m. = komen.
Kümmelkäse [kü̱mělkäsě] m. = komenafromad.
kümmerlich [kü̱měrlïq] = glifik.
kümmern [kü̱měrn] 1. (in Kummer sein) = glifön (nel.) 2. lov. (betrüben) = glifükön (lov.) 3. **sich** — = glifikön (nel.) 4. **sich** — **um** = jäfikön (nel.) me.
kündbar [kü̱ntbar] = finädovik.
kündigen [kü̱ndi̱gěn] (aufsagen) = finädön (lov.).
Kündigungsfrist [kü̱ndi̱gu̱ns⸗fri̱št] v. = finädüp.
künftig [kü̱nftiq] 1. = fovo, **ins künftige** = fovo 2. (zukünftig) = fütürik, — **sein** = fütürön (nel.), **künftige Zeit** = fütür.
künftighin [kü̱nftiq hi̱n, kü̱nftiq-hi̱n] = fovo.
Künste [kü̱nště] pl.: **schöne** — = lekans jönik, **Akademie der bildenden** — = magavaniver.
künsteln [kü̱nstěln] 1. = fäkiälön (nel.) 2. (bosseln) = lumekön (lov.).
Künstler [kü̱nstlěr] = lekanan.
Künstleranstalt [kü̱nstlěr-án-jtált] v. = lekana⸗kadäm.
künstlerisch [kü̱nstlěrij] = lekanik.
künstlich [kü̱nstliq] 1. = skilöfik 2. = meka⸗vik, **künstliche Blume** = mekavaflor.
Künstlichkeit [kü̱nstliqkáït] v. (das Künstlichsein, das Kunstvollsein) = skilöf.
Kürassier [kü̱rášir] m. = koradan.
Kürasz [kü̱ráš] m. = korad.
Kürze [kü̱ržě] v. 1. = bref, **in** — (kurzweg) = brefo 2. = naböf.
kürzen [küržěn] 1. = brefükön 2. (kürzer machen) = brefükumön (lov.).
kürzlich [kü̱ržliq] 1. = brefobüo 2. (unlängst) = enu.
küssen [kü̱šěn] = kidön (lov.).
Küste [kü̱ště] v. = jol.
Küstenbewohner [kü̱štěnběvoněr] m. = jolalö⸗dan, jolibelödan.
Küstenland [kü̱štěnlánt] n. = jolän.
Küster [kü̱štěr] m. = kustan.
Küsteramt [kü̱štěr⸗ámt] n. = kust.
Küszchen [kü̱šqěn] n. = kidil.

Küszlein [kü̱šláïn] n. = kidil.
Kwang-tschou-wang = Kvantjuvän.
Kwantung = Kvantän.

L. l.

Lab [lap] n. = rän.
laben [laběn] (erquicken) = klietön (lov.).
labend [laběnt] = klietik.
Laboratorium [laboratòri̱um] n. (Atelier) = voböp.
Labrador [labrador] = Labradorän.
Labung [là̱bu̱n] v. (Erquickung) = kliet.
Lache [lá̱q̌ě] v. (Pfuhl, Pfütze) = fiv.
lachen [lá̱q̌ěn] = smilön (nel.).
Lachen [lá̱q̌ěn] n. = smil.
Lacher [lá̱q̌ěr] m. = smilan.
lachhaft [lá̱q̌-háft] = smilöfik.
Lachs [lá̱x̌] m. (Salm) = salm.
Lachsforelle [lá̱x̌-fora̱lě] v. = salmatrüit.
Lack [lák] m. = laig.
Lackfabrikant [lák-fabrikánt] m. = laigel.
lackieren [lákirěn] = laigön (lov.).
lackierer [lákirěr] m. = laigan.
Lackierung [lákiru̱n] v. = laigam.
ladbar [látbar] = lodovik.
Lade [ladě] v. (Schublade) = layet.
laden [laděn] 1. **Holz** — = lodön (lov.) boadi 2. **ein Schiff** — (beladen) = fledön (lov.) nafi, belodön (lov.) nafi 3. **das Gewehr** — = fledülön (lov.) güni 4. **vor Gericht** — (zitieren) = sitatön (lov.).
Laden [laděn] 1. n. = lod 2. m. (Luke) = kläped 3. m. (Kaufladen) = selidöp.
Ladendiener [làděndiněr] m. = selidöpan.
Ladengehilfe [làděngěhi̱lfě] = selidöpan.
Lader [laděr] m. = lodan.
Ladiner [ladiněr] m. = ladinan.
Ladung [là̱du̱n] v. 1. = lodot 2. (Aufruf) = levok.
Ladungsplatz [là̱du̱nšpláž] m. = lodöp.
Ladungszeit [là̱du̱nšžáït] v. = lodüp.
Lady [lèdi̱] v. = läd.
Lage [lagě] v. 1. (Stelle) = plad 2. (Lager) = seat 3. (Liegeplatz) = seatöp 4. (Zustand) = stad 5. **Energie der** — = plada⸗nämet 6. **in die** — **setzen** = fägükön (lov.) 7. **die äuszere** — = plöd, **die hintere** — = pöd, **die innere** — = nin, **die niedere** — = don, **die obere** — = löp, **die vorläufige** — = büf, **die wagerechte** — = horität.
Lager [lagěr] n. 1. = seat 2. (Liegeplatz) = seatöp 3. (Lagerungsplatz) = leseatöp.
Lager⸗ [lagěr⸗] = ... seatöpik.
Lagerbuch [làgěrbu̱q̌] n. = kadatabuk.
Lagerhaus [làgěrháüš] n. 1. (Lagerraum) = leseitöp 2. (Warenlager) = canöp.
Lagerhausaufseher [làgěrháüš⸗áüfseěr] m. = magadamastan.
lagern [lagěrn] 1. = leseatön (nel.) 2. lov. = leseitön (lov.).
Lagern [lagěrn] n. = leseat.
Lagerplatz [làgěrpláž] m. = leseatöp.
Lagerraum [làgěrráům] m. = leseitöp.

Lagerung [làgĕrųŋ] v. 1. = leseat 2. (Auf-lagerung) = leseit.
Lagerungsplatz [làgĕrųŋšpláž] m. = leseatöp.
Lagune [lagunĕ] v. = lagun.
lahm [lam] 1. = boatik, — **sein** = boatön (nel.), — **gehen** = boatagolön (nel.), — **werden** = boatikön (nel.), — **machen** — boatükön (lov.) 2. — **werden** = lemikön (nel.), — **legen** = lemükön (lov.).
Lahmheit [làmháït] v. = boat.
Lahmlegung [làm-lègųŋ] v. (Erlahmung) = lemükam.
Laib [láïp] m. (Brot) = boded.
Laich [láïq] m. = nögem.
Laie [láïĕ] m. 1. = jäfüdinesevan 2. (Nicht-geistlicher) = nekleran 3. (Nichtgelehrter) = nenolan.
Lake [lakĕ] v. = salod.
Laken [lakĕn] m. e n. = stofed (sams : beda-stofed, tabastofed).
Lakkadiven [lákadivĕn] pl. = Lakadivuäns.
Lakmus [lákmųš] = lakmud.
Lama [làma] n. (Tier) = lamad.
Lamm [lám] n. = jipül.
Lampe [lámpĕ] v. = lampad.
Lancier [láñšiĕ] m. (Ulane) = spedan, **les lanciers** = ,les lanciers'.
Land [lánt] n. 1. (in valem) = län, **flaches** — plenalän 2. (tapladü zif) = länäd, **auf das** — **bezüglich** = länädik 3. (Terrän, Gelän-de) = läned, **das** — **bebauen, das** — **bestel-len** = befeilön (lov.) länedi, **das** — **reuten** = besäplanön (lov.) länedi 4. **ans** — **fahren** = jolön (nel.), **festes** — = kontinän, **hei-liges** — = Kanaän.
Landbau [lánt-báŭ] m. = feil, **Erzeugnisse des Landbaus** = feilaprod, feilaprods.
Landbaukunde [lánt-báŭ-kundĕ] v. = feilav.
landen [lándĕn] (anlanden) = jolön (nel.).
Landenge [lánt-äŋĕ] v. = länarovöp.
Landesangehöriger [lándĕš-ángĕhörigĕr] m. = kereigäb.
Landesaufnahme [lándĕš-áŭfnamĕ] v. = geodet.
Landesmesser [lándĕšmäšĕr] m. = geodetan.
Landesvermessung [lándĕš-färmä̧sųŋ] v. = geodet.
Landgraf [lántgraf] m. = länagraf.
Landgut [lántgut] n. = länilabot.
Landhof [lánthof] (Bauernhof) = farm.
Landjäger [lántyägĕr] m. (Gendarm) = länä-dapoldan.
Landkarte [lánt-kártĕ] v. = kaed.
landläufig [lánt-lóŭfiq] (gesucht) = vogik.
Landmann [lánt-mán] m. = feilan.
Landschaft [lánt-jáft] v. = länod.
landschaftlich [lánt-jáftliq] 1. (provinziell) = provinik 2. (auf den künstlerischen Eindruck der Natur einer Gegend bezüglich) = länodik.
Landsmann [lánž-mán] m. = lomänan, kelo-mänan.
Landstreicher [lánt-jtráïqĕr] m. (Strolch) = gliban.
Landung [lándųŋ] v. = jolam.
Landungsplatz [lándųŋš-pláž] m. = jolamöp.
Landungszeit [lándųŋš-žáït] v. = jolamüp.

Landwirt [lántvi̧rt] m. = feilan.
Landwirtschaft [lánt-vi̧rtjáft] v. = feilav.
landwirtschaftlich [lánt-vi̧rtjáftliq] = feilavik.
Landwirtschaftskunde [lánt-vi̧rtjáfžkųndĕ] v. = feilav.
Landwirtschaftskundiger [lánt-vi̧rtjáfž-kųndi̧gĕr] m. = feilavan.
Landwirtschaftslehre [lánt-vi̧rtjáfžlerĕ] v. = feilav.
lang [láŋ] 1. = lunik, **eine lange Zeit** = lunüp, lunüpo, — (lange Zeit) = lunüpo, **nicht lange, nicht lange Zeit** = no lunüpo 2. (Masz) = lunotik, **drei Meter** — = lunotik mö mets kil, ... (gen.) — = lunotü 3. **lange aussprechen** = tenedön (lov.).
Langeweile [láŋe váïlĕ] v. = naüt.
langjährig [láŋyäri̧q] = mödayelalunik.
Langköpfige [láŋ-köpfigĕ] m. = lunakapan.
Langmut [láŋmųt] v. = lunasufäl.
langmütig [láŋmüti̧q] = lunasufälik.
langnasig [láŋnasi̧q] = lunanudik.
langsam [láŋsam] = nevifik.
Langsamkeit [láŋsam-káït] v. = nevif.
Langsein [láŋ sáïn] n. = lun.
Languste [láŋgų̧stĕ] v. = lagust.
Langweile [láŋ-váïlĕ] v. = naüt.
langweilen [láŋ-váïlĕn] = naüton (lov.).
langweilig [láŋ-váïliq] = naütik.
langwierig [láŋ-vi̧riq] (chronisch) = lunadulik.
Langwierigkeit [láŋ-vi̧riq-káït] v. = lunadul.
Lanthan [lántàn] **La** = lantanin.
Lanze [lánžĕ] v. (Speer) = sped.
Laos [làóš] = Loasän.
Lao-tse [laòžĕ]: **Lehre des** — = laotet.
Lapislazuli [làpi̧š lážu̧li] = lasür.
Lappe [lápĕ] m. = lapan.
Lappen [lápĕn] m. = flab.
Lappland [láp-lánt] n. = Lapän.
Larve [lárfĕ, lárvĕ] v. = larvat.
Lasche [lájĕ] v. = yümäd.
lassen [lášĕn] 1. (nicht hemmen) = leadön (sek.), **vorkommen** — = leadön föfiokömön (lov.) 2. = büedön (sek.), **kommen** — = büedön kömön (lov.) 3. = koedön (sek.), **einem etwas angedeihen** — = koedön lükö-mön (lov.) bosi eke 4. **etwas auf sich be-ruhen** — = zedön (lov.) bosi, **flammen** — = flamükön (lov.), **gären** — = femükön (lov.), **kommen** — (beziehen) = sivön (lov.), **den Tee ziehen** — = tratükön (lov.) tiedi.
Last [lášt] v. 1. (Mühe) = töb, **einem** — **ma-chen** = töbön (lov.) 2. **einem zur** — **fallen** = böladön (lov.) 3. **zu Lasten des** = ne-gönü.
Laster [láštĕr] n. = lesinod, — **üben, dem** — **ergeben sein** = lesinön (nel.), **einer der einem** — **ergeben ist** = lesinan.
lasterhaft [láštĕr-háft] = lesinik, **lasterhafter Mensch** = lesinan, **lasterhafter Mensch** (Tau-genichts) = mikondötan.
Lasterhaftigkeit [láštĕr-háfti̧q-káït] v. = lesin.
Lastwagen [láštvagĕn] m. = fledavab.
Lat, k. = laat.
Latein [latáïn] n. 1. = Latänapük 2. = latin.

Lateiner [latáïnĕr] m. 1. (Bewohner des alten Latiums) = Latänan 2. (einer der Latein kennt) = latinan 3. (einer der die Sprache des alten Latiums spricht) = Latänapükan.
lateinisch [latáïnij] 1. = latinik 2. = Latänik.
Lateinschrift [latáïnjrift] v. = penät latinik.
Laterne [latärnĕ] v. = lantär.
latinisieren [latinisirĕn] = latinön (lov.).
Latinismus [latinişmuş] m. = latinim.
Latium [làžium] n. = Latän.
Latte [látĕ] v. = laed.
Lattengerüst [látĕngĕrüşt] n. = laedem.
lau [láŭ] 1. (laulich) = vamülik 2. (lax) = nelanälik.
Laub [láŭp] n. = bledem.
Laube [láŭbĕ] v. =¡ priel.
Laubhütte [láŭphütĕ] v. (— der Israeliten) = tabär.
Laubhüttenfest [láŭphütĕn=fäşt] n. = tabärazäl.
Lauerei [láŭĕráï] v. = lük.
lauern [láŭĕrn: — auf = lükön (lov.
Lauern [láŭĕrn] n. = lük.
lauernd [láŭĕrnt] = lükik.
lauersam [láŭĕrsam] = lükafägik.
Lauersamkeit [láŭĕrsam-káït] v. = lükafäg.
Lauf [láŭf] m. 1. (Gang, das Gehen) = gol 2. (Schnellauf) = gol vifik, vifagol 3. (Bewegung) = muf 4. im Laufe des = ünü.
laufen [láŭfĕn] 1. = golön (nel.) vifiko, vifa= golön (nel.) 2. Gefahr — (riskieren) = riskädikön (nel.) 3. es mag —, wie 's will = zedö !
laufend [láŭfĕnt]: laufende Rechnung = kal golik, laufende Ausgaben = pelots komunik.
Lauge [láŭgĕ] v. = lauk.
Lauheit [láŭ-háït] v. 1. = vamül 2. = nelanäl.
laulich [láŭliq] = vamülik.
Laune [láŭnĕ] v. = vim, gute — = benovim, üble — = mivim.
launenhaft [láŭnĕn-háft] = vimik, — sein = vimön (nel.).
Launenhaftigkeit [láŭnĕn-háftiq-káït] v. = vi= mam.
launisch [láŭni] = vimik.
Laureat [láŭreàt] m. = loredäb.
Laus [láŭ] v. = puf, voller Läuse = pufik, von Läusen reinigen = säpufön (lov.).
Lausanne [losán] = ‚Lausanne‘.
Lausbub [láŭbup] m. 1. = hilupul 2. (eine lausige Person) = pufikan.
Lauschen [láŭjĕn] n. = dalilam.
lauschend [láŭjĕnt] = dalilik.
lausen [láŭsĕn] = säpufön (lov.).
Lauser [láŭsĕr] m. (der einen von Läusen reinigt) = säpufan.
lausig [láŭsiq] = pufik, eine lausige Person = pufikan.
Lauswenzel [láŭvänžĕl] m. = pufikan.
laut [láŭt] 1. = laodik 2. — des = tonamü 3. — Verfügung des ... (einer Person) = büadü.
Laut [láŭt] m. (Schall) = ton, den — betref= fende = tonik.
Laute [láŭtĕ] v. = lüt.
lauten [láŭtĕn] = tonön (nel.).

lauter [láŭtĕr] 1. (pur, rein) = rafinik 2. (ehrlich) =¡ leklinik 3. (nur) = te.
Lauterkeit [láŭtĕr-káït] v. = leklin.
Lauterung [láŭtĕrun] v. = rafinükam.
lauthals [láŭt-hálš] = lelaodiko.
Lautheit [láŭt-háït] v. = laod.
lautlich [láŭtliq] (den Laut betreffende) = tonik.
lautlos [láŭtloš] = nentonik.
Lautlosigkeit [láŭt-lòsiq-káït] v. = nenton.
Lautsein [láŭt sáïn] n. = laod.
Lava [làva] v. = lavat.
Lava= [làva=] = ... lavatik.
Lawine [lavinĕ] v. = nivastur.
lax [láx] (lau) = nelanälik.
Laxheit [láx-háït] v. = nelanäl.
laxieren [láxirĕn] = purgön (lov.) eki.
Lazarett [lažarät] n. = lazaret.
Lazurstein [lažŭrjtáïn] m. = lasür.
lächeln [läqĕln]: — über = smililön (nel.) dö.
Lächeln [läqĕln] n. = smilil.
lächerlich [läqĕrliq] = smilöfik, — sein = smilöfön, nel., — machen = smilöfükön (lov.).
Lächerlichkeit [läqĕrliqkáït] v. = smilöf.
lähmen [lämĕn] 1. = boatükön (lov.) 2. (lahmlegen) = lemükön (lov.).
Lähmung [lämun] v. (das Gelähmtsein) = lem.
Lämmchen [lämqĕn] n. = jipülil.
Lämpchen [lämpqĕn] n. = lampadil.
ländlich [läntliq] 1. (auf das Land bezüglich) = länädik, ländliches Wohnhaus eines Edelmanns = länädadom noubana 2. — einfach = länädöfik, ländliche Einfalt = länädöf.
Länge [länĕ] v. 1. = lunot, der — nach = lunotü 2. geographische — = lunet.
längen [länĕn] = lunükön (lov.).
länglich [länliq] 1. (ein wenig lang) = lunilik 2. (lang im Verhältnis zur Breite) = lunädik.
längs [länš] = ve.
längst [länšt] = sis lunüp.
Läppchen [läpqĕn] n. = flabil.
Lärche [lärqĕ] v. (Baum) = larig.
Lärchenbaum [lärqĕnbáŭm] m. = larig.
Lärchentanne [lärqĕntánĕ] v. = larig.
Lärm [lärm] m. 1. (Getöse) = lenoid 2. (Alarm) = laram.
lärmen [lärmĕn] = lenoidön (nel.).
lärmend [lärmĕnt] = lenoidik.
Lärmer [lärmĕr] m. (Lärmmacher) = lenoidan.
lärmerisch [lärmĕrij] = lenoidik.
Lärmmacher [lärmmáqĕr] m. = lenoidan.
lärmvoll [lärmfól] = lenoidik.
lästig [läştiq] = böladik.
läszlich [lälliq] (erläszlich) = stiamovik.
Läufer [lóŭfĕr] m. (Schnelläufer) = vifagolan.
läuten [lóŭtĕn] = toenön (lov.).
Läuten [lóŭtĕn] n. = toen.
läutern [lóŭtĕrn] = rafinükön (lov.).
Läutung [lóŭtun] v. = toen.
leben [lebĕn] 1. = lifön (nel.), lebe hoch ! = lifö ! 2. lov. (erleben) = belifön (lov.) 3. in Überflusz —, üppig — = lüxüödön (nel.), tierisch — = nimälön (nel.), von seinen

Renten —, von seinen Zinsen — = fienädön (nel.).

Leben [lebĕn] n. = lif, — jenseits = lananö=palif.

lebend [lebĕnt] = lifik.

lebendig [lebạ̈ndị̣q] (lebend) = lifik, — wer=den = lifikön (nel.), wieder — werden = dönulifikön (nel.), — machen = lifükön (lov.), wieder — machen = dönulifükön (lov.).

Lebensalter [lebĕnš-áltĕr] n. 1. = lifüp 2. = bäldo:.

Lebensbeschreiber [lebĕnš-bĕĵráïbĕr] m. (Bio=graph) = lifibepenan.

Lebensbeschreibung [lebĕnš-bĕĵráïbụ̈ŋ] v. (Bio=graphie) = lifibepenam.

Lebensdauer [lebĕnšdáüĕr] v. = lifadul, lifüp.

lebensfähig [lebĕnš-fạ̈ịq] = lifafägik.

Lebensfähigkeit [lebĕnš-fạ̈ịq-káït] v. = lifafäg.

Lebensgeschichte [lèbĕnšgĕĵịqtĕ] v. = lifajeno=tem.

Lebensjahr [lèbĕnšyar] n. = lifayel.

lebenslang [lèbĕnšláŋ] = lifadulik, auf — = lifadulo.

lebenslänglich [lebĕnš lạ̈ŋlị̣q] = lifadulik, lifa=dulo.

Lebensmittel [lèbĕnšmị̣tĕl] n. (Viktualien) = viktual, viktuals.

Lebensunterhalt [lebĕnš-ụ̈ntĕrhált] m. = kosid.

Lebensversicherung [lebĕnš-färsị̣qĕrụ̈ŋ] v. = lifisur.

Lebenswandel [lèbĕnšvándĕl] m.: einen — führen = kondötön (nel.).

Lebenszeichen [lèbĕnšžáïqĕn] n. = lifamal.

Leber [lebĕr] v. = foad.

Leberleiden [lèbĕrláïdĕn] n. = foadamaläd.

Lebewesen [lèbĕvesĕn] n. = lifan.

Lebewohl [lebĕvol] n. (Abschiedsgrusz) = leditaglid, —! = adyö!

lebhaft [lèpháft] = liföfik.

Lebhaftigkeit [lep-háftị̣q-káït] v. = liföf.

Lebkuchen [lĕpkụ̈qĕn] m. = mielakek.

leblos [lèploš] = nenlifik.

Leblosigkeit [lep-lòsị̣qkáït] v. = nenlif.

Lebzeiten [lèpžáïtĕn] pl. = lifatim, bei — seines Vaters = dü lifatim fata oka.

lechen [läqĕn] = lesoafön (lov.).

lechzen [läqžĕn] = lesoafön (lov.).

Lechzen [läqžĕn] n. = lesoaf.

leck [läk] = voadik, — sein = voadön (nel.), — werden = voadikön (nel.).

Leck [läk] m. e n. = voadahog, ein — be=kommen = voadikön (nel.).

lecken [läqĕn] 1. = läkön (lov.) 2. — (leck sein) = voadön (nel.).

Lecken [läqĕn] n. = läk.

lecker [läqĕr] = benosmekik.

Leckerbissen [lạ̈qĕrbị̣šĕn] m. = daifot.

leckerhaft [lạ̈qĕrháft] = benosmekik 2. — (geneigt nur Leckeres zu genieszen) = dai=fik 3. — (naschhaftig) = nibiälik.

Leckermaul [lạ̈qĕrmáül] n. = daifan.

Lecksein [lạ̈ksáïn] n. = voad.

Leder [ledĕr] n. = küir., von — = küirik.

Lederabfälle [lèdĕr=ápfạ̈lĕ] pl. = küiradefälot, küiradefälots.

Lederfabrik [lèdĕrfabrik] v. = küirifabrik.

Lederfabrikant [lèdĕrfabrị̣kánt] m. = küiri=fabrikan.

Lederhändler [lèdĕrhändlĕr] m. = küiratedan.

ledern [ledĕrn] (von Leder) = küirik.

Ledersack [lèdĕrsák] m. (Balg) = küirod.

ledig [lèdị̣q] (ehelos) = selibik.

leer [ler] 1. = vagik, — sein = vagön (nel.), — werden = vagikön (nel.) 2. ein leerer Kopf = netäläktan, — trinken = fidrinön (lov.).

Leere [lerĕ] v. = vag.

leeren [lerĕn] (ausleeren) = vagükön (lov.).

Leerköpfigkeit [ler-kọ̈pfị̣q-káït] v. = netäläkt.

Leeward-Inseln = Livarduäns.

Legation [legazị̣on] v. (Gesandtschaft) = legät.

legen [legĕn] 1. = seitön (lov.) 2. Beschlag — auf = panidön (lov.), ein Ei — = nögön (lov.) nögi, in Asche — = zenolefilükön (lov.), in Bande — = jänädön (lov.), in Fesseln — = jänädön (lov.), in Ketten — = jänädön (lov.), nach vornhin — = föfio=seitön (lov.), sich vor Anker — = nakön (nel.), zur Hand — = nilaseitön (lov.), den Grund — = stabükön (lov.).

Legen [legĕn] n. = seit.

Legende [legändĕ] v. (Sage) = konäd.

legieren [legirĕn] = laliadön (lov.).

Legieren [legirĕn] n. = laliadam.

Legierung [legirụ̈ŋ] v. = laliad.

Legion [legịon] v. = legion.

Legionär [legịonär] m. = legionan.

legitim [legịtim] = gitöfik.

Legitimation [legịtimažị̣on] v. = gitöfükam.

legitimieren [legịtimirĕn] = gitöfükön (lov.), sich — = gitöfükön oki, blöfön dientifi oka.

Legitimität [legị̣timị̣tät] v. = gitöf.

Leguminose [legumị̣nosĕ] = ligumaplan.

Lehensmann [lèĕnšmán] m. = feudan.

Lehm [lem] m. (Letten) = taim, von — = taimik.

Lehne [lenĕ] v. = stutöm.

lehnen [lenĕn]: — an = stutön (nel.).

Lehnen [lenĕn] n. (das Anlehnen) = stut.

Lehramt [lèr=ámt] n. (Lehreramt) = tidalacal.

Lehramtspraktikant [lèr=ámž-práktị̣kánt] m. = libavilatidan.

Lehranstalt [ler-án-ĵtált] v. = tidastidot.

lehrbar [lèrbar] = tidovik.

Lehrbefähigung [ler-bĕfạ̈ị̣qụ̈ŋ] v. = tidagitod.

Lehrbegier [lèrbĕgir] v. = tidiäl.

lehrbegierig [ler-bĕgị̣rị̣q] = tidiälik.

Lehrberechtigung [ler-bĕrạ̈qtị̣gụ̈ŋ] v. = tida=gitod.

Lehrbuch [lèrbụ̈q] n. = tidabuk.

Lehre [lerĕ] v. 1. (Unterrich) = tid 2. die — der Quäker = kvek, die — dẹr Statistik = statitav, die — des Luthers = lutär, die — von der Wirkung der Arzneien = medina=vobedav.

lehren [lerĕn] = tidön (lov.).

Lehren [lerĕn] n. = tid.

Lehrer [lerĕr] m. 1. = tidan 2. (— eines Gymnasiums, einer Realschule) = tidal.
Lehreramt [lèrĕr‹ámt] n. 1. = tidanacal 2. = tidalacal.
Lehrerin [lèrĕrịn] v. 1. = jitidan 2. (— eines Gymnasiums, einer Realschule) = jitidal.
Lehrerkandidat [lerĕr‹kándịdàt] m. = tidasteifädan.
Lehrerpersonal [lèrĕr‹pärsonal] n. = tidanef.
Lehrerseminar [lèrĕr‹seminar] n. = tidanajul.
Lehrfach [lèrfáǧ] n. = tidajäfüd.
Lehrfähigkeit [ler‹fạịqkáït] v. = tidafäg.
Lehrgabe [lèrgabĕ] v. = tidafäg.
Lehrgang [lèrgáŋ] m. = lärnamod.
lehrhaft [lèrháft] = tidälik.
Lehrherr [lèrhạr] m. = tidamastan.
Lehrinstitut [lèr‹ịnštịtut] n. = tidastidot.
Lehrkörper [lèrkörpĕr] m. = tidanef.
Lehrkunst [lèrkụnšt] v. = tidav.
Lehrling [lèrlịŋ] m. = lärnan, tidäb.
Lehrmeister [lèrmáïštĕr] m. = tidamastan.
Lehrmittel [lèrmịtĕl] n. = tidamed.
Lehrort [lèr‹órt] m. = tidöp.
lehrreich [lèrráïq] = tidaliegik.
Lehrsatz [lèrsáž] m. = leset.
Lehrstunde [lèrịtụndĕ] v. = tidadüp.
Lehrweise [lèrváïsĕ] v. = tidamod.
Lehrzeit [lèržáït] v. = tidüp.
Leib [láïp] m. = koap.
leibeigen [láïp‹áïgĕn] = dutetik.
Leibeigenschaft [láïp‹áïgĕn‹jáft] v. = dutet.
Leibeigner [láïp‹áïgnĕr] m. = dutetan.
Leibesgestalt [láïbĕs‹gẹ̆jtált] v. = koapafom.
Leibgarde [láïp‹gárdĕ] v. = legard.
Leibgürtelmacher [láïpgụrtĕl‹máǧĕr] m. = zönülel.
leiblich [láïplịq] = koapik.
Leibwäsche [láïpväjĕ] v. = koapastofädem.
Leiche [láïqĕ] v. (Leichnam) = fun.
Leichenacker [láïqĕn‹ákĕr] m. = deadanöp.
leichenartig [láïqĕn‹àrtịq] = funik.
leichenblasz [láïqĕn blás] = funapaelik.
leichenhaft [láïqĕn‹háft] = funik.
Leichenzug [láïqĕnžụk] m. = sepülamagoläd.
Leichnam [láïqnam] m. = fun.
leicht [láïqt] 1. (— zu tun) = fasilik, auf leichte Art = fasilo 2. (— von Gewicht) = leitik 3. (wohl, etwa) = bo.
Leichte [láïqtĕ] v. = leit.
leichterklärlich [láïqt ärklạ̈rlịq] = klülik.
leichtfertig [láïqtfärtịq] = nensüenik.
Leichtfertigkeit [láïqt‹färtịqkáït] n. = nensüen.
leichtgläubig [láïqt‹glóǔbịq] = kredälik.
Leichtgläubigkeit [láïqt‹glóǔbịq‹káït] v. = kredäl.
Leichtheit [láïqt‹háït] v. = leit.
Leichtigkeit [láïqtịq‹káït] v. = fasil.
Leichtsinn [láïqtsịn] m. = läcer.
leichtsinnig [láïqtsịnịq] = läcerik.
leid [láït] (leidempfindend) = liedik.
Leid [láït] n. (Trübsal) = lied, — empfinden = liedön (nel.), einem ein — antun = liedükön (lov.) eki.
Leideform [láïdĕ‹fórm] v. = sufalefom.
leidempfindend [láït‹ämpfịndĕnt] = liedik.

leiden [láïdĕn]: Not — = defädön (nel.), Schiffbruch — = nafädön (nel.).
Leidenschaft [láïdĕn‹jáft] v. = lefäk.
leidenschaftlich [láïdĕn‹jáftlịq] = lefäkik, — sein = lefäkön (nel.), — werden = lefäkikön (nel.).
leidenschaftslos [láïdĕn‹jáfžloš] = nenlefäkik.
leider [láïdĕr]: —! = liedö! — Gottes! = leliedö!
leidig [láïdịq] = deätik.
Leier [láïĕr] v. 1. (Lyra) = lür 2. (altes Liedchen) = lidül.
leiern [láïĕrn] 1. = yamülön (nel.) 2. (schlecht musizieren) = lumusigön (nel.).
Leihamt [láï‹ámt] n. = prünöp.
Leihbank [láï‹báŋk] v. = prünöp.
leihen [láïĕn] 1. (ausleihen) = prünön (lov.) 2. — von = loenön (lov.) de 3. auf Hypothek — = dapanaloenön (lov.).
Leihen [láïĕn] n. = loen.
Leiher [láïĕr] m. = loenan.
Leihhaus [láï‹háǔš] n. = prünöp.
leihweise [láï‹váïsĕ] = prüno.
Leim [láïm] m. = glud, mit — überziehen = gludön (lov.).
leimen [láïmĕn] 1. (ankleben) = kleibön (lov.) 2. (mit Leim befestigen) = kleibön me glud 3. (mit Leim überziehen, mit Leimwasser tränken) = gludön (lov.).
Leimgut [láïmgut] n. = mater pro gludikük.
leimicht [láïmịqt] (leimhaltend) = gludik.
leimig [láïmịq] 1. (leimhaltend) = gludik 2. (klebrig, zäh) = gludöfik.
Leimigkeit [láïmịq‹káït] v. = gludöf.
Leimleder [láïmledĕr] n. = küiradefälots pro gludikük.
Leimwasser [láïm‹vášĕr] n.: mit — tränken = gludön (lov.).
Lein [láïn] m. (Linnen) = linum.
Leine [láïnĕ] v. (Tau) = jain.
leinen [láïnĕn] = linumik.
Leinengarn [láïnĕn‹gárn] n. = linumayän.
Leinenware [láïnĕnvarĕ] v. = linumacan.
Leinöl [láïn‹öl] n. = linumaleül.
Leinpflanze [láïn‹pflánžĕ] v. = linumaplan.
Leinwand [láïn‹vánt] v. = linumastof.
leise [láïsĕ] = nelaodik, — sprechen = spikön (lov.) nelaodiko.
Leisesein [láïsĕ sáïn] n. = nelaod.
Leiste [láïštĕ] v. (Gesims) = mulür.
leisten [láïštĕn] 1. = duinön (lov.) 2. einen Eid — = yulön (lov.), Ersatz — = givulön (lov.) eke bosi demü, Wiederstand — = tadunön (lov.), einer der Widerstand leistet = tadunan.
Leisten [láïštĕn] 1. n. = duin 2. m. = fomod.
Leistung [láïštụŋ] v. 1. (das Leisten) = duin 2. (das Geleistete) = duinod.
leistungsfähig [láïštụnš‹fạịq] = duinafägik.
Leistungsfähigkeit [láïštụnš‹fạịqkáït] v. = duinafäg.
leitbar [láïtbar] = dugovik.
leiten [láïtĕn] (lenken) = dugön (lov.).
leitend [láïtĕnt] = dugik.

Leiter [láïtĕr] 1. m. (Führer) = cif 2. m. (Lenker) = dugan 3. v. (Steige) = xänöm.
Leitersprosse [láïtĕr-ʃprö́šĕ] v. = xänömatrid.
Leitfaden [láïtfadĕn] m. = geidabuk.
Leitung [láïtųŋ] v. (Lenkung) = dug.
Leka, k. = lekat.
Lektion [läkžịon] v. (Aufgabe) = bligäd, lär= nod.
Lektor [lặktór] m. = läktoran.
Lektorat [läktorat] n. = läktor.
Lektüre [läktürĕ] v. = reided.
Lempira, k. = lämpir.
Lemuria [lemùria] = Limurän.
Lende [ländĕ] v. = loin.
lenkbar [lặŋkbar] = stirovik.
Lenkbarkeit [lặŋkbarkáït] v. = stirov.
lenken [lặŋkĕn] 1. (leiten) = dugön (lov.) 2. (steuern) = stirön (lov.).
Lenker [lặŋkĕr] m. 1. = stiran 2. (Leiter) = dugan.
Lenkung [lặŋkųŋ] v. (Leitung) = dug.
Lenz [länž] m. (Frühling) = florüp.
lenzlich [lặnžlịq] = florüpik.
Leopard [leopárt] m. = leopar.
Lepta, k. = dragmadazim.
leptorrhin [lặptórin] = rovanudik.
Lerche [lärqĕ] v. = laud.
Lernbegierde [lặrnbĕgịrdĕ] v. = lärniäl.
lernbegierig [lặrn-bĕgịrịq] = lärniälik.
lernen [lärnĕn] 1. = lärnön (lov.), Ort wo man etwas lernt = lärnöp 2. kennen — = seivön (lov.).
Lernen [lärnĕn] n. = lärn.
Lernzeit [lặrnžáït] v. = lärnüp.
lesbar [lèsbar] (leserlich) = reidovik.
lesen [lesĕn] 1. = reidön (lov.) 2. Ähren — kobosukön (lov.) spigis, einem den Leviten —, einem den Text — = leblamön (lov.) eki, zuende — = fireidön (lov.).
Lesen [lesĕn] n. = reid.
Leser [lesĕr] m. = reidan.
leserlich [lèsĕrlịq] = reidovik.
Lesghier [lặšgiĕr] = läsgiyans.
Lesung [lèsųŋ] v. (das Lesen) = reid.
Leseverein [lèsĕfäräïn] m. = reidaklub.
Lesezeichen [lèsĕžäïqĕn] n. = malül, mit — versehen = malülön (lov.).
Lesezirkel [lèsĕžịrkĕl] m. = reidaklub.
Lette [lặtĕ] m. 1. = Latviyänan 2. = lat= viyan.
letten [lätĕn] = taimik.
Letten [lätĕn] m. (Töpfererde) = gefataim.
lettisch [lặtịj] 1. (lettländisch) = Latviyänik 2. die lettische Sprache = latviy.
Lettisch [lặtịj]: das — = latviy.
Lettland [lặtlánt] n. = Latviyän.
Lettländer [lặtländĕr] m. = Latviyänan.
letzt [lặžt] = lätik, die letzte Stelle = lät (plad lätik in ked seimik, tapladü el plad balid), zum letzten mal = lätikna.
letztenmal [lặžtĕn mal] = lätikna.
letztens [lặžtĕnš] = lätiko.
letzthin [lặžt hịu] = brefobüo.
letztjährig [lặžtyặrịq] = äyelik.
letztmalig [lặžtmalịq] = lätiknaik.

letztvergangen [lặžtfặrgáŋĕn]: die letztvergan= gene Nacht = äneito.
Leu [lóŭ] 1. m. (Löwe) = leon 2. k. = läv.
leuchten [lóŭqtĕn] (glänzen) = nidön (nel.).
Leuchter [lóŭqtĕr] m. = litikipian.
Leuchtgas [lóŭqtgaš] n. = gasin.
Leuchtturm [lóŭqttųrm] m. = far.
leugnen [lóŭgnĕn] (verneinen) = noön (lov.).
Leugner [lóŭgnĕr] m. = noan.
Leugnung [lóŭgnųŋ] v. = noam.
Leumund [lóŭmụnt] m. = repüt, böser — = mirepüt, in bösen — bringen = mirepütükön (lov.).
Leute [lóŭtĕ] pl. (Menschen) = mens, junge — (Jugend) = yunanef.
Leutnant [lóŭtnánt] m. = liötan.
Leutnantswürde [lóŭt-nánž-vürdĕ] v. = liöt.
Leviten [levịtĕn]: einem den — lesen = lebla= mön (lov.) eki.
Lew, k. = lev.
Leyden [láïdĕn] = ‚Leiden' [läïdĕn] (Ned.).
Libelle [libälĕ] v. (Setzwage) = nivöm.
liberal [liberal] = veitacedik.
Liberalität [liberalịtät] v. = veitacedam.
Liberia [libèria] n. = Liberiyän.
Libyen [lịbüĕn] n. = Lübän.
licht [lịqt] (hell) = litik, — sein = litön (nel.), — werden = litikön (nel.) 2. (hell von Farben) = klilik.
Licht [lịqt] n. 1. = lit 2. (die Gesamtheit der zur Erleuchtung dienenden Lichter) = litem.
lichten [lịqtĕn] (verdünnen) = mänsidükön (lov.).
Lichtlehre [lịqtlerĕ] v. = litav.
Lichtlein [lịqtláïn] n. = litil.
lichtscheu [lịqtjóŭ] = litaplafik.
Lichtsein [lịqt sáïn] n. = litam.
Lichtung [lịqtųŋ] v.: — im Walde = mänsi= datop in fot.
lieb [lip] 1. (teuer, wert) = löfik 2. (geliebt, herzig) = lelöfik 3. für — nehmen = ko= tenülön (nel.).
Liebchen [lịpqĕn] n. = jilöfäbil.
Liebe [lịbĕ] v. 1. (— zu, gegen, für jemand oder etwas) = löf, aus — zu = löfü, die — seines Mitmenschen = kemenalöf, — Got= tes = Godalöf, — zu Gott = Godilöf 2. (die Minne, die Herzigkeit) = lelöf.
Liebelei [libĕláï] v. (Flirt) = löfäd.
liebeln [libĕln] = löfädön (lov.).
lieben [libĕn] 1. (gern haben) = löfön (lov.) 2. (minnen) = lelöfön (lov.).
Lieben [libĕn] n. = lelöf.
liebenswürdig [libĕnš-vụrdịq] = löföfik.
Liebenswürdigkeit [libĕnš-vụrdịqkáït] v. = löföf.
lieber [libĕr] (Vorzug) = buikumo.
liebevoll [libĕfól] = löfaliegik.
liebhaben [lịphabĕn] (gern haben) = löfön (lov.).
Liebhaben [lịphabĕn] n. = löf.
Liebhaber [lịphabĕr] m. 1. = löfan 2. = lelöfan.
Liebhaberei [lịphabĕráï] v. = löfäl.
liebherzen [lịphặržĕn] = löfülön (lov.).

liebkosen [lipkosĕn] = löfülön (lov.).
Liebkosung [lip-kòsuŋ] v. = löfül.
lieblich [liplịq] = löfidik.
Lieblichkeit [liplịqkáït] v. = löfid.
Liebling [liplịŋ] m. (Augapfel) = löfäb.
lieblos [liploš] = nenlöfik.
Liechtenstein [liqtĕnjtáïn] = Ligtänstän.
Lied [lit] n. = lid.
Liedchen [litqĕn] n. = lidil, das alte — = lidül.
Liederbuch [lidĕrbuq] n. = lidabuk.
liederlich [lidĕrlịq] 1. (achtlos, nachlässig) = nekälik 2. (ausschweifend) = nestönik.
Liederlich [lidĕrlịq]: Bruder — = nestönan.
Liederlichkeit [lidĕrlịqkáït] v. = nestön.
Lieferant [lifĕránt] m. = blünan.
lieferbar [lifĕrbar] = blünovik.
Lieferfrist [lifĕrfrịšt] v. = blünatim.
liefern [lifĕrn] = blünön (lov.).
Lieferort [lifĕr=órt] m. = blünöp.
Lieferschein [lifĕrjáïn] m. = blünazöt.
Lieferung [lifĕruŋ] v. 1. = blün 2. (das Gelieferte) = blünot 3. (— eines Zeitschriftes) = nüm 4. — eines Werkes = bukül lebuka.
Lieferungsfrist [lifĕruŋš-frịšt] v. = blünatim.
Lieferungsschein [lifĕruŋsjáïn] m. = blünazöt.
Lieferungszeit [lifĕruŋšžáït] v. = blünüp.
Lieferzeit [lifĕržáït] v. = blünüp.
liegen [ligĕn] 1. = seatön (nel.) 2. auf der Hand — = nilaseatön (nel.) 3. (gelegen sein) = topön (nel.), die Stadt liegt an einem Flusz = zif topon len flumed 4. in Kindesnöten — = doledön (nel.).
liegend [ligĕnt] (gelegen) = seatik.
Liegenschaft [ligĕnjáft] v. = fimod.
Liegeplatz [ligĕpláž] m. = seatöp.
Lift [lift] m. e n. = lift.
Liga [liga] v. = leklub.
Likör [likör] m. = likör.
Lilie [lilịĕ] v. = lel.
lilienartig [lilịĕn-àrtịq] = lelasümik.
lilienweisz [lilịĕnváïš] = lelavietik.
lind [lịnt] = sofik.
linde [lịndĕ]: — sein = sofön (nel.).
Linde [lịndĕ] v. = tiliad.
Lindenbaum [lịndĕnbáüm] m. = tiliad.
lindern [lịndĕrn] 1. = sofüкön (lov.) 2. sich — = sofikön (nel.).
Linderung [lịndĕruŋ] v. = sofükam.
Lindheit [lịntháït] v. = sof.
Lineal [lineal] n. = stripöm.
linear [linear] = lienik.
Linguist [liŋüïšt] m. = pükavan.
linguistik [liŋüïštịk] v. = pükav.
linguistisch [liŋüïštịj] = pükavik.
Linie [linịĕ] v. = lien, krumme — (Kurve) = krugalien.
Linienspektrum [linịĕn-jpặktrum] n. = lienaspäktrum.
liniieren [liniịrĕn] = stripön (lov.).
Liniiert [liniịrĕn] n. = stripam.
Liniierer [liniịrĕr] m. = stripan.
Liniiermaschine [liniịrmajịnĕ] v. = stripian, stripamacin.

Liniierung [liniịruŋ] v. = stripam.
link [liŋk] = nedetik.
Linke [liŋkĕ] v. = nedet.
linkisch [liŋkịj] = neskilik, linkisches Wesen = neskil.
links [liŋx̌] = nedeto, nach — = nedetio, von — = nedetao, — von = nedetü.
linksab [liŋx̌ áp] = nedeto deo.
linkshändig [liŋx̌händịq] = nedetaskilik.
Linkshändigkeit [liŋx̌-händịq-káït] v. = nede= taskil.
linksher [liŋx̌ her] (von links) = nedetao.
linkshin [liŋx̌ hịn] (nach links) = nedetio.
linksoben [liŋx̌ obĕn] = nedetalöpik.
linksunter [liŋx̌ untĕr] = nedetadonik.
Linnen [linĕn] n. = linum.
Linse [linsĕ] v. 1. = lantiy 2. = lentül.
linsenförmig [linsĕnfórmịq] = lantiyafomik.
Linsenmus [linsĕnmuš] n. = lantiyabül.
Lipan (Indianerstamm) = lipanans.
Lippe [lipĕ] v. 1. = lip 2. = Lipän.
Liquidation [likvịdažịon] v. = likit.
liquidieren [likvịdirĕn] = likitön (lov.).
Lira [lịra] v. = lirad.
Lire [lịre] v. = lirad.
Lispelei [lịšpĕláï] v. = säy.
lispeln [lịšpĕln] (lispelnd sprechen) = säyön (lov.).
Lispler [lịšplĕr] m. = säyan.
List [lịšt] v. = käfod, mit — = käfo.
Liste [lịštĕ] v. (Katalog, Verzeichnis) = lised, eine — aufstellen von = lisedön (lov.).
listig [lịštịq] = käfik, — berücken (überlisten) = lükädön (lov.).
Listigkeit [lịštịqkáït] v. = käf.
Lit, k. = liet.
Litanei [litanáï] v. = litaen.
Litauen [lìtáŭĕn, lịtáŭĕn] n. = Lietuvän.
Litauer [lịtáŭ=ĕr] m. = lietuvan, Lietuvänan.
litauisch [litáŭ=ịj]: die litauische Sprache = lietuv.
Liter [lịtĕd] n. e m. L. = liät.
literarisch [lịtĕràrịj] = literavik.
Literat [lịtĕrat] m. = literatavan.
Literator [lịtĕràtór] m. = literatavan.
Literatur [lịtĕratur] v. = literat, auf die — bezüglich = literatik.
Lithium [lịtịum] Li = litin.
Lithiumhydroxyd [lịtịum hüdróx̌ụt] LiOH = litinabäd.
Lithiumkarbonat [lịtịum kárbonàt] Li_2CO_3 = litinakarbat.
Lithiumnitrid [lịtịum nịtrịt] Li_3N = killitina= balnitrin.
Lithiumoxyd [lịtịum óx̌ụt] Li_2O = litinaloxid.
Lithograph [lịtograf] m. (Steindrucker) = stonabükan.
Lithographie [litografi] v. = stonabük.
lithographisch [litogràfịj] = stonabükik.
Liturgie [liturgi] v. = litur.
liturgisch [lịtụrgịj] = liturik.
Litze [lịžĕ] v. (Trense) = lusnal.
Liven = liviyans.
Livland [lịflánt] n. = Liviyän.
Livree [lịvre] v. = livred.

Lloyd [lóǔt] m. = leud.
Lob [lop] n. = lob.
Lobbegierde [lòpběgírdě] v. = lobiäl.
loben [lobĕn] = lobön (lov.).
Loben [lobĕn] n. = lobam.
lobenswert [lòbĕnšvert] = lobabik.
lobenswürdig [lobĕnš-vŭrdįq] = lobabik.
Lobenswürdigkeit [lobĕnš-vŭrdįqkáĭt] v. = lobab.
Lober [lobĕr] m. = loban.
Lobgesang [lòpgĕsáŋ] m. = lelobakanit.
lobgierig [lop-gìrįq] = lobiälik.
Lobhudelei [lòp₌hųdĕláĭ] v. = lulobam.
lobhudeln [lòp₌hųdĕln] = lulobön (lov.).
Lobhudler [lòp₌hųdlĕr] m. = luloban.
lobpreisen [lòppráĭsĕn] = lelobön (lov.).
lobwürdig [lòpvŭrdįq] = lobabik, — sein = lobabön (nel.).
Loch [lóq] n. = hog.
lochen [lóqĕn] (durchlöchern) = hogön (lov.).
Locke [lókĕ] v.: — oder Hobelspan = krugül.
locken [lókĕn] 1. = bäton (lov.) 2. (frisieren) = krugülükön (lov.).
Locken [lókĕn] n. (das Frisieren) = krugülü₌ kam.
lockenhaarig [lókĕn-hàrįq] = krugülaherik.
Lockenhaarige [lókĕnhàrigĕ] m. = krugülaheran.
Lockenkopf [lókĕn-kópf] m. = krugülakap.
Lockenköpchen [lókĕn-kŏpqĕn] n. = krugüla₌ kapil.
locker [lókĕr] = mufovik.
lockern [lókĕrn] = mufovükön (lov.).
Lockersein [lókĕr sáĭn] n. = mufov.
lockig [lókįq] = krugülik, krugülaherik, — sein = krugülön (nel.).
Lockspeise [lók-jpáĭsĕ] v. (Köder) = bätazib.
Lockung [lókųŋ] v. = bät.
lodern [lodĕrn] = flamülön (nel.).
Logarithmus [logarįtmųš] m. = logarit.
Loge [lojĕ] v. = lojad.
logieren [lojįrĕn] nel. (zu Gaste sein) = lote₌ dön (nel.).
Logieren [lojįrĕn] n. = loted.
Logiergast [lojįgášt] m. = lotedan.
Logik [lògįk] v. (Denklehre) = tikav.
Logiker [lògįkĕr] m. = tikavan.
Logis [loji] n.: Kost und — (Pension) = bord, in Kost und — = bordik, in Kost und — sein = bordön (nel.), sich in Kost und — tun = bordikön (nel.).
logisch [lògįj] = tikavik.
Lohballen [lòbálĕn] m. = taenäd.
Lohe [loĕ] v. (Gerberlohe) = taen.
lohen [loĕn] (gerben) = taenön (lov.).
Lohen [loĕn] n. = taenam.
Loher [loĕr] m. = taenan.
Lohgerber [lògärbĕr] m. = taenan.
Lohkäse [lòkäsĕ] m. = taenäd.
Lohkuchen [lòkųqĕn] m. = taenäd.
Lohn [lon] m. = mesed, einen — bekommen, — beziehen = getön (lov.) mesedi.
Lohnarbeit [lon-ár-báĭt] v. = mesedovob.
Lohnarbeiter [lon-ár-báĭtĕr] m. = mesedovo₌ ban.
Lohndiener [lòndįnĕr] m. = mesedodünan.

lohnen [lonĕn] (belohnen) = mesedön (lov.).
lohnend [lonĕnt] = mesedik.
Lohnherr [lònhär] m. = mesedan.
Lokal [lokal] 1. (Kasus) = lokatif 2. — eines Hauses = spadäd doma.
Lokalanzeiger [lokal-án-žáĭgĕr] m. = notedian topik.
Lokalblatt [lokàlblát] n. = topagased.
Lokativ [lokatif] m. = lokatif.
Lokomobile [lokomobįlĕ] v. = müf.
Lokomotive [lokomotįvĕ] v. = lemüf.
Lombardei [lómbárdáĭ] v. = Lombardän.
London [lón-dón] = ‚London‘ [lándĕn] (Lin.).
Lorbeer [lórber] m. 1. = lor 2. mit Lorbeeren krönen = loredön (lov.).
Lorbeerbaum [lórber-báŭm] m. = lor.
Lorbeerblatt [lórber-blát] n. = lorabled.
Lorbeere [lórberĕ] v. = lorabäl.
Lorgnette [lórñǎtĕ] v. = lünül.
los [loš] (getrennt) = livik, — (nicht fest) sein = livön (nel.), — machen = livükön (lov.).
Los [loš] n. 1. (Lotterielos) = loterazöt 2. (in valem) = fät, durch Fügung des Loses = fätik, dem Lose überlassen = fätükön (lov.) 3. (günstiges —) = benofät.
losbinden [lòšbįndĕn] = livükön (lov.).
Losbinden [lòšbįndĕn] n. = livükam.
losgehen [lòšgeĕn] = jütikön (nel.), die Flinte geht los = gün jütikon.
loshaken [lòš₌hakĕn] = sähukilön (lov.).
losknüpfen [lòšknüpfĕn] (den Knoten lösen) = säsnobön (lov.).
losmachen [lòš₌máqĕn] = livükön (lov.).
Losmachung [lòšmáqųŋ] v. = livükam.
losreiszen [lòšráĭsĕn] 1. sleitolivükön (lov.) 2. = desleitolivükön (lov.) 3. = letirolivükön (lov.).
Lossein [loš sáĭn] n. = liv.
lossprechen [lòšjpräqĕn] (einen Sklaven —) = lelivükön (lov.).
Lossprechung [lòšjpräqųŋ] v. = lelivükam.
losstechen [lòšjtäqĕn] = säpeänön (lov.).
Losung [lòsųŋ] v. = vödamal.
losweichen [lòšváĭqĕn] = maimüdükön (lov.).
loswerden [lòšvärdĕn]: etwas — = nelabikön bosi.
Lotblei [lòtbláĭ] n. = dibotaplumb.
loten [lotĕn] = dibotimafön (nel.), plumbo₌ mafön (lov.).
Lothringen [lòtrįñĕn] n. = Lorän.
lotrecht [lòträqt] = penditik.
Lotse [ložĕ] m. = stirädan.
lotsen [ložĕn] = stirädön (lov.).
Lotsen [ložĕn] n. = stiräd.
Lotterie [lótĕrį] v. = loter.
Lotterielos [lótĕrįloš] n. = loterazöt.
loyal [loayal] = ritöfik.
Loyalität [loayalität] v. = ritöf.
löblich [lòpliq] = lobik.
Löffel [lófĕl] m. = spun.
Löffelfabrikant [lófĕl-fabrikánt] m. = spunel.
löffelförmig [lófĕl-fŏrmįq] = spunafomik.
lösbar [lòšbar] = livovik.
löschen [lòjĕn] 1. = vatädön (lov.), gelösch₌

ter Kalk = zem pevatädöl 2. (auslöschen, dämpfen) = kvänön (lov.).
Löschpapier [lójpapir] n. (Flieszpapier) = nüsugapapür.
Löschung [lójụŋ] v. = kvän.
lösen [lösĕn] 1. (losmachen) = livükön (lov.) 2. sich — = liviköп (nel.).
lösend [lösĕnt]: sich leicht — = livöfik.
löslich [löšlịq] 1. = soulovik 2. (sich leicht lösend) = livöfik.
Löslichkeit [löšlịqkäĭt] v. 1. = soulov 2. (mö= dot gretikün stöfa esoulöl in mödotastabäd stöfa votik) = soulöf.
Lösung [lösụŋ] v. 1. = soulot, soülot 2. (Los= machung) = livükam.
Löte [lötĕ] v. = soldot.
löten [lötĕn] = soldön (lov.).
Löten [lötĕn] n. = sold.
Lötmittel [lötmịtĕl] n. = soldot.
Lötung [lötụŋ] v. = sold.
Löwe [lövĕ] m. 1. = leon, junger — = leonül 2. st. = sileon, der Grosze —, st. = sileon, der Kleine —, st. = sismalaleon.
löwenhaft [lövĕnháft] = leonik.
Löwin [lövịn] v. = jileon.
Luchs [lux̌] m. 1. = lünk 2. st. = silünk.
Luft [luft] v. = lut.
Luftblase [lụftblasĕ] v. = lutabul.
Luftgegend [lụftgegĕnt] v. 1. = lutatopäd 2. (Erdstrich) = taledatopäd.
luftig [lụftịq] 1. = lutagik 2. (auf die Luft bezüglich) = lutik.
Luftkreis [lụftkráĭs] m. = lutem.
Luftkurort [lụft-kụr=órt] m. = lutalekälöp.
luftleer [lụftlĕr] = lutavagik.
Luftmotor [lụft-mòtór] (moteur aërien) = luta= motor.
Luftpumpe [lụft=pụmpĕ] v. 1. = lutipömöm 2. st. = silutipömöm.
Luftröhre [lụfttrörĕ] v. = trakead.
Luftröhrenast [lụfttrörĕn=ášt] m. = bron.
Luftschiffahrt [lụft-jịfart] v. = lutanafam.
Luftstrom [lụftjtrom] m. = lutaflum.
Luftzug [lụftžuk] m. (Durchzug) = lutaflumül.
Luke [lụkĕ] v. 1. (Öffnung)/ = keut 2. (La= den) = kläped.
Lukenklappe [lụkĕnklápĕ] v. = keutakläped.
lullen [lụlĕn] = kanitülön (lov.).
Lumpen [lụmpĕn] m. (Fetzen) = räg.
Lunch [lắnč] m. (zweites Frühstück) = koled.
lunchen [lắnčĕn] = koledön (nel.).
Lunge [lụŋĕ] v. = lueg.
lungenkrank [lụŋĕnkráŋk] = luegamalädik.
Lungenkrankheit [lụŋĕn-kráŋk-háĭt] v. = lue= gamaläd.
Lungenleiden [lụŋĕnláĭdĕn] n. = luegamaläd.
Lunte [lụntĕ] v. = mäcad.
Lupe [lụpĕ] v. = luskop.
Lust [lụšt] v. 1. (Genusz) = juit 2. — zur Possenmacherei = böfiäl.
lustig [lụštịq] 1. = lefredik, lustiger Bruder = lefredan 2. sich — halten (kommersieren) = luzälön (nel.).
lustigerweise [lụštịqĕrváĭsĕ] = lefrediko.
Lustigkeit [lụštịqkäĭt] v. = lefred.

Lustspiel [lụštjpịl] n. = fredadramat.
Lustwäldchen [lụštvältqĕn] n. = legadil.
Lutetium [lutèžịụm] Lu = lutetin.
Luther [lụtĕr]: die Lehre des Luthers = lutär.
Lutheraner [lụtĕranĕr] m. = lutäran.
Lutheranismus [lụtĕranịšmụš] m. = lutärim.
lutherisch [lụtĕrịj] = lutärik.
Luxemburg [lụxĕmburk] = Luxämburgän.
Luxuriosität [lux̌uriosịtät] v. = bundanöf.
luxuriös [lux̌urịöš] = bundanöfik.
Luxus [lụx̌uš] m. (Verschwendung) = lüxüöd.
Luzon = Luzeän.
Lübeck [lûbĕk] = Repüblik: ‚Lübeck'.
Lücke [lükĕ] v. = gäp.
lüften [lüftĕn] = lutön (lov.).
Lüge [lügĕ] v. = lug.
lügen [lügĕn] = lugön (lov.).
lügenhaft [lûgĕnháft] = lugälik.
Lügenhaftigkeit [lûgĕnháftịq-káĭt] v. (Verlo- genheit) = lugäl.
Lügner [lügnĕr] m. = lugan.
lügnerisch [lûgnĕrịj] = lugälik.
Lümmel [lümĕl] m. (Schlingel) = lunulan.
Lümmelei [lümĕláĭ] v. = lunul.
lümmelhaft [lûmĕlháft] (ungebildet) = neku= livik.
Lünse [lünsĕ] v. = xabakluf.
lüstern [lụštĕrn] = lasiviälik, — sein = lasi= viälön (nel.).
Lüsternheit [lụštĕrnháĭt] v. = lasiviäl.
Lüstling [lụštlịn] m. (Wollustling) = lasivan.
Lyceum [lüžèụm] n. = lükion.
Lydien [lûdịĕn] n. = Lüdän.
Lyon [lión̂] = ‚Lyon' [lión̂] (Fr.).
Lyra [lụra] v. 1. (Leier) = lür 2. st. = silür.
Lyzeist [lüžĕįšt] m. = lükionan.
Lyzeum [lüžêụm] n. = lükion.
Lyzien [lûžịĕn] = Lüzän.

M. m.

Macao = Makaovän.
machen [máqĕn] 1. = mekön (lov.) 2. dorren — = sigükön (lov.), erfrieren — = flödön (lov.), erkalten — = koldükön (lov.), er- starren — = stifükön (lov.), solidükön (lov.), erstummen — = müätükön (lov.), fallen — = fälön (lov.), faulen — = puri= dükön (lov.), flieszen — = flümön (lov.), gären — = femükön (lov.), lagern — = leseitön (lov.), reifen — = madükön (lov.), schnappen — = snäpön (lov.), schwimmen — = flötön (lov.), steigen — = löpü= kön (lov.), streiten — = feitükön (lov.), wackeln — = mufülükön (lov.), zittern — = drẹmükön (lov.) 3. abessinisch — = Habajänön (lov.), abhängig — = sekidükön (lov.), anhängig — = dunidükön (lov.), arm — = pöfükön (lov.), aufmerksam — = küpälükön (lov.), ausfindig — = datu= vülön (lov.), ägyptisch — = Lägüptänön (lov.), berühmt — = famükön (lov.), be- trüglich falsch — = dobükön (lov.), braun — = braunükön (lov.), dicht — = färme= dön (lov.), dumm — = stupükön (lov.),

durstig — = soafükön lov.), dürr — =
sigükön (lov.), edel — = nobükön (lov.),
einem etwas deutlich —, einem etwas klar —,
einem etwas verständlich — = suemükön
(lov.) eke bosi, einen irre — = pölükön
(lov.) eki, einsam — = soalükön (lov.),
es einem bequem — = kovenälükön (lov.)
eki, es sich bequem — = kovenälükön (nel.),
fertig — = fimekön (lov.), blümükön (lov.),
flach — = plenükön (lov.), flüssig — =
flumöfükön (lov.), frei — = libükön (lov.),
fruchtbar —, fruchtbringend — = fluköfü=
kön (lov.), ganz — = nätükön (lov.), ganz
fertig — (vollbereiten) = lemökön (lov.),
gelb — = yelovükön (lov.), gerade — =
stedükön (lov.), gesund — = saunükön
(lov.), glasig — (glasieren) = glätädön
(lov.), gleichförmig — = leigafomön (lov.),
glücklich — = läbükön (lov.), glückselig —
= leläbükön (lov.), glühend — = glütön
(lov.), gut — = gudükön (lov.), heil — =
nätükön (lov.), heisz — =. hitükön (lov.),
hinreichend — = saidükön (lov.), hoch —
= geilükön (lov.), kalt — = koldükön
(lov.), knautschig — = fronülön (lov.),
konfus — = kofudükön (lov.), krank — =
malädükön (lov.), kraus — = fridükön
(lov.), matsch — = dädädükön (lov.),
müde — = fenükön (lov.), niedrig — =
donükön (lov.), passend — = lönedükön
(lov.), rein — = klinükön (lov.), reinlich
— = klinöfükön (lov.), richtig — = verä=
tükön (lov.), rückgängig — = sädunön
(lov.), satt — = satükön (lov.), schadhaft
— = dämükön (lov.), scheu — = plafükön
(lov.), schief — = slobükön (lov.), schöner
— = jönükumön (lov.), schwierig — =
fikulükön (lov.), sich breit — = pleidülön
(nel.), sich grosz — = pleidülön (nel.),
sichtbar — = logädükön (lov.), sinnlich
wahrnehmbar — = sienovükön (lov.), starr
— = stifükön (lov.), steif — = stifükön
(lov.), stumpf — = nejapükön (lov.), neti=
pükön (lov.), tauglich — = legudükön (lov.),
trocken — = sägükön (lov.), ungeschehen
— = sädunön (lov.), unmöglich — = ne=
mögükön (lov.), urbar — = feilidön (lov.),
verantwortlich — = gididükön (lov.), verdutzt — = bluvükön (lov.), voll — =
fulükön (lov.), wach — = galükön (lov.),
wahnsinnig — = lienetükön (lov.), weich —
= müdükön (lov.), wieder lebendig — =
dönülifükön (lov.) 4. Appetit — = pöti=
tükön (lov.), Aufsehen — = stunükön (lov.),
Bekanntschaft — mit = seivön (lov.), Beute
— = lefanön (lov.), Butter — aus = böri=
dön (lov.), Dachziegel — = teinön (nel.),
die Haare — = herön (lov.), eine Ausnahme
— = pläön (lov.), einem ein Aufgebot —
= leblamön (lov.) eki, einem Kummer —
= liedükön (lov.) eki, einem Last — =
töbön (lov.), einem Mühe — = töbön (lov.),
einem Sorge — = kudükön (lov.) eki, einen
Aufsatz — = penotön (lov.), einen Buckel
— = gobadön (nel.), ein Ende — = finü=

kön (lov.), einen zum Meister — = mastü=
kön (lov.) eki, eine Pilgerfahrt — = pilgri=
mön (nel.), eine Probe mit ... — = blufön
(lov.), Ernst — = fefön (nel.), Fehler —
= pökön (nel.), Freude — = fredükön
(lov.), sie wollen einen Gelehrten aus ihm —
= vilons dugälön omi ad nolan, Parade —
= pärädön (nel.), Raum — für = spadön
(nel.) pro, Reklame — = reklamön (lov.),
Revolution — = levolutükön (lov.), sein
Nest — = nästön (nel.), sein Testament —
= tästumön (nel.), sich einen Begriff von
etwas —, sich eine Vorstellung von etwas —
= fomälön (lov.) bosi, sich etwas zunutze
— = frutidön (lov.) oke bosi, sich Meister
— von = mastükön (lov.) oki dö, sich Sorge
— = kudön (nel.), Spektakel — = jovön
(nel.), Taschenspielerkünste — = hestön
(nel.), Teilzahlung — = pelön (lov.) dila=
suämo, Witze — = cogedön (nel.), Ziegel
— = teinön (nel.), zum Bürger — = sifön
(lov.), zum Eigentum — = düton (lov.),
zum Erben — = gerükön (lov.), zum Gelächter — = smilöfükön (lov.), zum Skla=
ven — = slafükön (lov.), zu Stein — (versteinern) = fösilükön (lov.).

Machen [máğĕn] n. = mek.

Macher [máğĕr] m. = mekan.

Macht [máğt] v. = nämäd, — üben = nämä=
dön (nel.).

Machthaber [máğthabĕr] m. = nämädan.

Machwerk [máğvärk] n. (Pfuschwerk) = lu=
mekot.

Madagaskar [madagáś-kár] = Madagaskareän.

Madam [mádám] v. (Dame) = läd.

Made [madĕ] v. = meit.

Madeira [madèra] = Madäreän.

Madura [madùra] = Madureän.

Madurese [madurĕsĕ] m. = maduran.

maduresisch [madurèsiɉ]: die maduresische Sprache = madur.

Magazin [magažin] n. (Depot) = magad, in
das — bringen = magadön (lov.).

Magazinier [magažinie] m. = magadamastan.

magazinieren [magažinirĕn] = magadön (lov.).

Magd [makt] v. (älteres Mädchen) = jilepul.

Magen [magĕn] m. = stomäg.

mager [magĕr] = mägik.

Magerkeit [màgĕrkáít] v. (Dürre) = mäg.

Magie [magi] v. (Zauberkunst) = magiv.

magisch [màgiɉ] = magivik.

Magistrat [magiśtrat] m. = magitanef.

Magistratur [magiśtratur] v. = magitanef.

Magistratsmitglied [magiśtraž-mitglit] n. =
magitan.

Magistratsperson [magiśtrážpärson] v. = ma=
gitan.

Magistratswürde [magiśtrážvürdĕ] v. = magit.

Magnesium [mágnèsium] n. Mg = magnesin.

Magnesiumammoniumarsenat [mágnèsium ámö=
nium ársenät] MgH₄NAsO₄ = magnesina=
lamoniumalarsenat.

Magnesiumammoniumphosphat [mágnèsium ámö=
nium fóśfät] MgH₄NPO₄ = magnesinalamo=
niumafosfat.

Magnesiumchlorid [mágnèsium klorịt] $MgCl_2 =$ magnesinaklorid.

Magnesiumhydroxyd [mágnèsium hüdróxůt] $Mg(OH)_2 =$ magnesinabäd.

Magnesiumkarbonat [mágnèsium kárbonàt] Mg $CO_3 =$ magnesinakarbat, **basisches** —, $Mg(OH)_2.3MgCO_3.3H_2O =$ magnesinakarbat bädöfik.

Magnesiumnitrid [mágnèsium nitrịt] $Mg_3N_2 =$ magnesinanitrin, kilmagnesinatelnitrin, kilmagnesinlamoniak.

Magnesiumoxyd [mágnèsium óxůt] $MgO =$ magnesinaloxid.

Magnesiumsilicid [mágnèsium silịžịt] $Mg_2Si =$ magnesinasilikid, telmagnesinabalsilikin.

Magnesiumsulfat [mágnèsium sulfat] $MgSO_4 =$ magnesinasulfat.

Magnet [mágnèt] m. = magnet.

Magneteisenstein [mágnèt-áïsĕn-jtáïn] m. = magnetoin.

magnetisch [mágnètịj] = magnetik.

magnetisieren [mágnetisịrĕn] = magnetön (lov.).

Magyar [mádyàr] m. = macaran, Macaränan.

magyarisch [mádyàrịj] = macarik, Macaränik.

Mahl [mal] n. (Mahlzeit) = fided, **— halten** = fidedön (nel.).

mahlen [malĕn] = grainön (lov.).

Mahlen [malĕn] n. = grain.

Mahlzeit [màlžáït] v. 1. (in valem) = fidäd 2. (Mittagessen) = fided.

Mahmudi, k. = mamud.

mahnen [manĕn] (ermahnen) = meibön (lov.).

Mahner [manĕr] m. (Ermahner) = meiban.

Mahnung [mànuŋ] v. (Ermahnung) = meib.

Mai [maï] m. = mayul.

Mai⸗ [máï⸗] (Maien⸗) = ... mayulik.

Maiblümchen [máïblümqĕn] n. = mügät.

Maien⸗ [máïĕn⸗] = ... mayulik.

Maikäfer [máïkäfĕr] m. = lontad.

Mailand [máï-lánt] n. = ‚Milano‘ [milàno] (Lit.).

Main [máïn] m. = ‚Main‘ [máïn] (D.).

Mais [máïš] m. (Welschkorn) = mait.

Majestät [mayặštät] v. = mayed.

majestätisch [mayặštàtịj] = mayedik.

major [màyór]: **terminus —** = löpasetäd.

Major [mayor] m. = mayor.

majorenn [mayorän] = nentütik.

Majorität [mayorität] v. = pluamanum.

Majuskel [mayuškĕl] v. = mayud.

Makassar [makášàr] m. = mankasaran.

Makel [makĕl] m. 1. (Flecken) = sten 2. (geistig) = miotäd.

makellos [màkĕlloš] = nenstenik.

Makellosigkeit [makĕl-lòsịqkáït] v. = nensten.

Maki [màki] m. (Fuchsaffe) = limur.

Makkaroni [mákaròni] pl. = makron.

maklen [maklĕn] = brokön (nel.).

Makler [maklĕr] m. = brokan.

Makulatur [makulatur] v. = mibükot.

mal [mal] 1. (einen Augenblick) = pülilo 2. mat. = na (pr.) 3. = naedilo, semanaedo, sematimülo.

Mal [mal] n. = naed, **ein einziges —** = naed balik, **das erste —** = naed balid, **zum letzten**

— = lätikna, **das zweite dritte, vierte, fünfte, achte, hundertste,** ... — = telidnaed, kilidꞏ naed, folidnaed, lulidnaed, jölidnaed, tumidꞏ naed, ..., naed telid, kilid, folid, lulid, jölid, tumid, ... **zum zweiten, dritten,** ... **Male** = telidnaedo, kilidnaedo, ...

Malaie [maláïĕ] m. = maläyan.

malaiisch [maláïjj] = Maläyänik, **Malaiisches Halbinsel** = Tinisul di ‚Malacca‘.

Malaiisch [maláïjj]: **das** — = maläy.

Malaria [malàrịa] v. = malar.

Malaya: Britisch — = Maläyän Linglänik.

Maldiven [maldivĕn] = Maldivuäns.

malefiz [malefịž]: **—!** = blasfämö!

malen [malĕn] = pänön (lov.), **mit Wasser⸗ farbe —** = vatakölopänön (lov.).

Malen [malĕn] n. = pän.

Maler [malĕr] m. 1. = pänan, bepänan 2. st. = sipänan.

Malerei [maleráï] v. 1. (das Malen) = pän 2. (Malerkunst) = pänav.

malerisch [màlĕrịj] = lejönik, magifik.

Malerkunst [màlĕrkunšt] v. = pänalekan, päꞏ nav.

Malerstift [màlĕrjtịft] m. (Pastell) = kretäd.

Malta [málta] = Malteän.

Malz [málž] n. = malt.

malzen [málžĕn] = maltön (lov.).

Malzer [málžĕr] m. = maltel.

Malzerei [málžĕráï] v. 1. — = maltam 2. (Ort) = maltamöp.

Malzkeim [málž-káïm] m. = maltacärm.

Mama [mámà] v. = motül, **—!** = mama!

Mammut [mámut] n. = mamut.

man [mán] = oy.

Man [mán] (Insel) = Mäneän, **die keltische Sprache der Insel —** = män, **einer der die keltische Sprache der Insel — spricht** = mänan.

manch [mánq] = öm.

mancher [mánqĕr] = öm, ömik, **— Mensch** = men ömik, öman.

Mancher [mánqĕr] = öman.

mancherlei [mánqĕrláï] = ömsotik.

manchmal [mánqmal] (bisweilen) = semikna.

manchmalig [mánq-màliq] 1. = semiknaik 2. = ömnaik.

Mandant [mándánt] m. = komitan.

Mandarin [mándarìn] m. = mandaran.

Mandat [mándàt] n. (Auftrag) = komit.

Mandatgebiet [mándàtgebịt] n. = lekomitaziläk.

Mandel [mándĕl] v. (Frucht) = mügdal.

Mandelbaum [mándĕl-báüm] m. = mügdalabim, mügdalep.

Mandingo, m. = mandigovan.

Mandrill [mándrịl] m. = mandril.

Mandschu [mánču] m. = mancuran.

Mandschurai [mánčuráï] v. = Mancurän.

Mangan [máŋgàn] n. **Mn** = manganin.

Manganihydroxyd [máŋgàni hüdróxůt] $Mn(OH)_3 =$ manganinibäd.

Manganioxyd [máŋgàni óxůt] $Mn_2O_3 =$ manganiniloxid.

Manganochlorid [máŋgàno klorịt] $MnCl_2 =$ manganinoklorid.

Manganohydroxyd [máŋgàno hüdróẋụt] Mn (OH)₂ = manganinobäd.

Manganooxyd [máŋgàno óẋụt] MnO = manganinoloxid.

Manganosulfat [máŋgàno sulfat] MnSO₄ = manganinosulfat.

Manganosulfid [máŋgàno sulfịt] MnS = manganinosulfid.

Manganoxydoxydul [máŋgàn óẋụt óẋụdụl] Mn₃O₄ ü MnO.Mn₂O₃ = manganinomanganiniloxid.

Manganperoxyd [máŋgàn pär óẋụt] MnO₂ = manganinipärloxid, manganitastabot.

Mangansäure [máŋgànsóũrě] H₂MnO₄ = manganatazüd.

Mangel [máŋěl] m. 1. = def, aus — = defo, aus — an = defü 2. (Entbehrung) = nelab.

mangelhaft [máŋěl-háft] 1. = defik 2. = döfik, — sein = döfön (nel.).

Mangelhaftigkeit [máŋěl-háftịg-káĭt] v. 1. = def 2. = döfam.

mangeln [máŋěln] 1. (fehlen) = defön (nel.) 2. (entbehren) = nelabön (lov.).

mangels [máŋěls] pr. = defü.

Manier [manịr] v. 1. (Art, Weise) = mod 2. feine Manieren (Galanterie) = leplüt.

Manifest [manịfäst] n. (Bekantmachung) = notäd.

Manipulation [manipụlažịon] v. (Kunstgriff) = duned.

manipulieren [manipụlịrěn] (behandeln) = tölatön (lov.).

Mann [mán] m. = man, geistreicher — = man spiritälik, ungebildeter — = luman, wie ein ungebildeter — = lumanik, verdorbener —, verlorner — = päridan.

Manna [mána] v. e n. = manad.

mannbar [mánbar] 1. (heiratsfähig) = matovik 2. (geschlechtsreif) = püberik.

Mannbarkeit [mánbar-káĭt] v. (Geschlechtsreife) = püber.

Mannesmut [máněš₌mụt] m. = manakurad.

Mannheit [mán-háĭt] v. (Männlichkeit) = manöf.

mannigfach [mánịq-fáq́]: — machen = distöfükön (lov.).

mannigfaltig [mánịq-fáltịq, mánịq fáltịq] = distöfik.

Mannigfaltigkeit [mánịq-fáltịq-káĭt] v. = distöf.

Mannsschmuck [mánšjmụk] = manidek.

Manöver [manövěr] n. = manöv.

manövrieren [manövrịrěn] = manövön (nel.).

Mantel [mántěl] m. = mäned.

Manufaktur [manụfáktụr] v. = namäd.

Manuskript [manụškrịpt] n. = namapenäd.

Maori [maòri] = maoriyans.

Mappe [mápě] v. (Portefeuille) = map.

Marathaland [maràtalánt] = maratiyanalän.

Marathe [maratě] m. = maratiyan.

Marathi [maràtị]: das — = maratiy.

Marder [márděr] m. = mart.

Marianen [marịaněn] = Marianuäns.

Marine [marịně] v. (Seewesen) = maren.

Marine₌ [marịně₌] = ... marenik.

marinieren [marịnịrěn] = vinigedön (lov.).

Marinieren [marịnịrěn] n. = viniged.

Marionette [marịonätě] v. = marionät.

Mark [márk] 1. v. k. = mak 2. v. (Grenzland) = miedän 3. (— in Knochen) = pif.

Markbaum [márk-báũm] m. = miedabim.

Marke [márkě] v. (Merkmal) = mäk.

marken [márkěn] (kennzeichnen) = mäkön (lov.).

Marketender [márketǻ̃nděr] m. = soldatidaifidan.

Marketenderin [márketǻ̃nděrịn] v. = soldatijidaifidan.

markieren [márkịrěn] = maledön (lov.).

Markieren [márkịrěn] n. = maled.

Markör [márkör] m. = maledan.

Markpfahl [márkpfal] m. = miedastafäd.

Markstein [márk-jtáĭn] m. = miedaston.

Markt [márkt] m. 1. = maket, zu — gehen = maketön (nel.) 2. (Marktplatz) = maketapiad.

Marktbesuch [márktběsụq́] m. = maketam.

Marktbesucher [márktběsụq́ěr] m. = maketan.

markten [márktěn] (ein Marktgast sein) = maketön (nel.).

Marktgast [márkt-gášt] m. = maketan.

Marktplatz [márkt-pláž] m. = maketapiad.

marktschreierisch [márkt-jráĭěrịj] = lusanasümik.

Marktverkehr [márktfärker] m. = maketam.

Marli [márlị] = gaod de ‚Marly‘ [márli] (Fr.).

Marly [márlị] = gaod de ‚Marly‘ [márli] (Fr.).

Marmor [már-mór] m. = maboin.

marmorieren [mármorịrěn] = mabükön (lov.).

marmoriert [mármorịrt] = mabik.

Marmoriertsein [mármorịrt sáĭn] n. = mab.

marmorn [már-mórn] = maboinik.

Marokko [máróko] n. = Marokän, Französisch- — = Marokän Fransänik.

Maroquin [márokǻ̃n m. (Saffian) = maroken.

Mars [márš] (Planet) = mard.

marsch [márj]: —! = maj!

Marsch [márj] 1. m. = malek 2. m. (Musik) = maleküm.

Marschall [már-jál] m. = maredal.

Marschallamt [már-jál-ámt] n. = mared.

marschieren [márjịrěn] = malekön (nel.).

Marseille [mársåĭ] = ‚Marseille‘ [mársåĭě] (Fr.).

Marshall-Inseln [már-jál inséln] = Marjaluäns.

Marstall [már-jtál] m. = jevodalecek plinik.

Martensit [mártěnšịt] = martensit.

Marter [mártěr] v. (Folter) = datom.

Martergerät [mártěrgěrät] n. = datomöm.

martern [mártěrn] = datomön (lov.).

Marterwerkzeug [mártěr-vǻrkžóũk] n. = datomöm.

Martinique = Martinikeän.

Marutse [marutse] = marutsavan.

Masche [májě] v. = mail.

Maschine [májịně] v. = cin.

Maschinenbauer [májịněnbáũěr] m. = cinel.

maschinenmäszig [májịněn-måṣịq] 1. (mecha-

nisch) = cinik 2. (gedankenlos) = nen=
tikik.
Maschinenmäszigkeit [májĭněn-mặšĭqkáĭt] v.
(Gedankenlosigkeit) = nentik.
Maschinerie [májĭněrĭ] v. = cinem.
Maschinist [májĭnĭšt] m. = cinädan.
Maser [masěr] v. (Holz) = spek.
Maserholz [màsěrhólž] n. = spekaboad.
maserig [màsěrĭq] = spekik.
Maske [máskě] 1. v. = maskar, **unter der —
der** = maskarü 2. (eine maskierte Person)
= maskaran.
maskieren [máškĭrěn] = maskarön (lov.).
maskiert [máškĭrt]: **eine maskierte Person** =
maskaran.
Maskoki (Indianerstamm) = maskokiyans.
Masse [máßě] v. (Menge von Stoff) = masat.
massiv [máßĭf] = masifik.
Massiv [máßĭf] n. = masif, **— des Mont-Blanc**
= masif ela ‚Mont-Blanc' [móñbláñ] (Fr.).
Mast [máßt] 1. m. = maat 2. v. (Mästung)
= pinädükam.
Mastdarm [máßt-dárm] m. = räktum.
Mastix [máštĭx] m. = mastig.
Mastkalb [máßt-kálp] n. = pinädabubül.
Mastodon [má-štodón] n. = mastodon.
Masz [maš] n. 1. = maf 2. (das genommene
—) = mafot, **das — nehmen** = mafotön
(lov.) 3. **— halten** = tämön (nel.).
Maszeinheit [maš-aĭn-háĭt] v. = mafastabäd.
Maszgabe [màšgabě] v. = mafäd, **nach —,
nach — von** = ma, mafädü.
maszhaltend [màšháltěnt] = tämik.
Maszlieb [màslip] n. = bälied.
Maszliebchen [màšlĭpqěn] n. (Marienblümchen)
= bälied.
maszlos [màšloš] (enorm) = levemik, levemo.
Masznahme [màšnaměl] v. = mesül.
Masznehmer [màšneměr] m. (Messer) = mafan.
Maszregel [màšregěl] v. = mesül, **seine Maszregeln nehmen, treffen, ergreifen** = mesülön
(nel.).
maszregeln [màšregěln]: **einen — = laidabe=
büdülön** (lov.) eki.
Material [materĭal] n. = mater.
Materialismus [materĭalĭšmŭš] m. = stöfim
(tapladü lanim).
Materialist [materĭalĭšt] m. 1. = stöfiman 2.
(Gewürzwarenhändler) = pitatedülan.
materialistisch [materĭalĭštĭj] = stöfimik.
Materie [matèrĭě] v. (Stoff) = stöf.
materiell [materĭäl] 1. = dinik 2. (wesentlich)
= voik.
Mathematik [matematĭk, matemàtĭk] v. = ma=
temat.
Mathematiker [matemàtĭkěr] m. = matematan.
mathematisch [matemàtĭj] = matematik.
Matratze [mátrážě] v. = matrad.
Matrikel [matrĭkěl] v. (Liste) = lised.
Matrize [matrĭžě] v. = matrid.
Matrose [matrosě] m. = matrod, **— eines
Bootes** = botan.
matsch [máč] = dädädik, **— sein** = dädädön
(nel.), **— machen** = dädädükön (lov.).
matschen [máčěn] = dädädükön (lov.) eki.

matt [mát] 1. (müde) = fenik, **— werden** =
fenikön (nel.) 2. = nesmufik.
Mattsein [mát sáĭn] n. (das — von Gold, Glas,
…) = nesmuf.
Mauer [máŭěr] v. = mön.
mauern [máŭěrn] = masonön (lov.).
Mauern [máŭěrn] n. = mason.
Mauerung [máŭěrŭŋ] v. = mason.
Maul [máŭl] n. 1. = lemud, **'s — gehalten !**
= seilö ! 2. (bastar hicuka e jijevoda) =
mulud.
Maulaffe [máŭl-áfě] m. (Gaffer) = lulogan.
Maulbeerbaum [máŭlber-báŭm] m. = murba=
bim, murbep.
Maulbeere [máŭlberě] v. = murb.
Maulesel [máŭl=esěl] m. (bastar hijevoda e ji=
cuka) = hinud.
Maulheld [máŭlhält] m. = luheroedan.
Maulschelle [máŭljälě] v. (Ohrfeige) = liliflap.
Maultier [máŭtĭr] n. (bastar hicuka e jijevoda)
= mulud.
Maure [máŭrě] m. = mor.
Maurer [máŭrěr] m. = masonan.
Maurerkelle [máŭrěrkälě] v. = masonaspun.
Mauretanien [máŭretànĭěn] = Moritän.
maurisch [máŭrĭj] = morik.
Mauritius [máŭrĭžĭus] (Insel) = Moriseän.
Maus [máŭš] v. = mug, **Mäuse fangen** =
mugön (nel.).
Mause [máŭšě] v. (Mauserung) = mult.
mausen [máŭsěn] (Mäuse fangen) = mugön
(nel.).
mausern [máŭsěrn] = multön (nel.).
Mauserung [máŭsěrŭŋ] v. = mult.
mausetot [máŭšě tot] = ledeadik.
Mausoleum [máŭsolèŭm] n. = temasepül.
maustot [máŭš tot] = ledeadik.
Maya [màya] (Indianerstamm) = mayavan.
Mazurka [masùrka] v. (Tanz) = masur.
mächtig [mặqtĭq] = nämädik, **— sein** (macht
üben) = nämädön (nel.).
Mädchen [mặtqěn] n. = jipul, **Knabe** oder **—**
= pul, **junges —** = jipulil, **—, älteres —**
= jilepul.
mädchenhaft [mặtqěnháft] = jipulik.
mäh [mặ]: **—!** = mä !
mähen [mặěn] 1. = fodön (lov.) 2. (blöken
von Schafen) = mäyön (nel.).
Mähen [mặěn] n. = fodam.
Mäher [mặěr] m. = fodan.
Mähmaschine [mặ-májĭně] v. = fodian.
Mähne [mặně] v. = giom.
Mähren [märěn] n. = Moravän.
Mähschreien [mặ jráĭěn] n. = mäy.
Mäkelei [mäkěláĭ] v. (Kritisiererei) = bla=
miälam.
mäkeln [mäkěln] (in kaufmännischen Geschäften Zwischenhändler, Vermittler sein) =
brokön (nel.).
Mäkler [mäklěr] m. (Makler) = brokan.
Männchen [mäŋqěn] n. 1. = manil 2. (— von
Tieren) = hinim.
männlich [mặnlĭq] 1. (in Bezug aufs Ge-
schlecht) = manik 2. = manöfik, **auf
männliche Art** = manöfo.

Männlichkeit [mǫ̈nli̧qkáït] v. = manöf.
Märchen [mǟrqěn] n. = mär.
märchenhaft [mǟrqěnháft] = märöfik.
Märtyrer [mǟrtürěr] m. = martüran, himar‹
türan.
Märtyrerin [mǟrtürěri̧n] v. = jimartüran.
Märtyrium [mǟrtüri̧u̧m] n. = martür.
März [mǟrž] m. = mäzul.
März‹ [mǟrž‹] = ... mäzulik.
Märzen‹ [mǟržěn‹] = ... mäzulik.
mästen [mǟstěn] = pinädükön (lov.).
Mästung [mǫ̈stu̧ŋ] v. (Mast) = pinädükam.
mäszig [mǫ̈ṣi̧q] = tämik, — sein = tämön
(nel.), — machen = tämükön (lov.).
mäszigen [mǫ̈ṣi̧qěn] = tämükön (lov.).
Mäszigkeit [mǫ̈ṣi̧qkáït] v. = täm.
Mäszigkeitsfreund [mǫ̈ṣi̧qkáïž-fróůnt] m. =
stöniman.
Mäszigkeitsverein [mǫ̈ṣi̧qkáïž-fǫ̈ráïn] m. =
stönimaklub.
Mäszigsein [mǫ̈ṣi̧q sáïn] n. = täm.
Mäszigung [mǫ̈ṣi̧gu̧ŋ] v. 1. (das Sichmäszigen)
= tämikam 2. (das Mäszigen) = tämükam.
Mäulchen [móůlqěn] n. = lemudil.
Mäuler [móůlěr] (bastar hicuka e jijevoda) =
mulud.
Mäuschen [móůšqěn] n. (Mäuslein) = mugil.
mäuschenstill [móůšqěnjti̧l] = lestilik.
Mäuslein [móůš‹láïn] n. = mugil.
Mäzenas [mǟžěnáš] m. = mäzen.
Mechanik [meqàni̧k] v. (— einer Maschine)
= cinäd, mit — = cinädik.
Mechaniker [meqàni̧kěr] m. = mufavan.
Mechanikjahrhundert [meqàni̧k‹yarhu̧nděrt] n.
(le siècle mécanicien) = tumyel cinäda.
mechanisch [meqànij] 1. (mit Mechanik) =
cinädik 2. (maschinenmäszig) = cinik.
Mechanismus [meqani̧šmu̧š] m. (— einer Ma‹
schine) = cinäd.
meckern [mǫ̈kěrn] (blöken von Ziegen) =
mäyülön (nel.).
Meckern [mǫ̈kěrn] n. = mäyül.
Mecklenburg [mèklěnbu̧rg, mǟklěnbu̧rg] =
Mäklänburgän.
Mecklenburger [mèklěnbu̧rgěr] m. = Mäklän‹
burgänan.
mecklenburgisch [mèklěnbu̧rgi̧j] = Mäklänbur‹
gänik.
Mecklenburg-Schwerin [mèklěnburk jveri̧n] =
Mäklänburgän: ‚Schwerin'.
Mecklenburg-Strelitz [mèklěnburk jtrèli̧ž] =
Mäklänburgän: ‚Strelitz'.
Medaille [medályě] v. = kön.
Medien [mèdi̧ěn] n. = Medän.
Medisance [medi̧sáñšě] v. = mispik.
medisieren [medi̧si̧rěn] (verunglimpfen) = mi‹
spikön (lov.).
Medizin [medi̧ži̧n] v. (Arznei) = medin.
medizinieren [medi̧ži̧ni̧rěn] = medinön (lov.).
Medschidijethaler [meci̧di̧yètalěr, meči̧di̧yètalěr],
k. = mecid.
Meer [mer] n. (die See) = mel, Adriatisches
— = mel di ‚Adria' [àdri̧á] (Til.), Rotes —
= Redamel, Schwarzes — = Blägamel, Totes
— = Sfalalak.

Meerbusen [mèrbusěn] m. (Golf) = lebug,
melalebug, — habend = bugik.
Meerenge [mèr‹ǟ̧ně] v. = melarovöp.
Meerrettich [mer‹rǫ̈ti̧q] m. = räfor.
Meerschlange [mèrjlá̧ně] v. = melasnek.
Mehl [mel n. = meil.
mehlartig [mel‹àrti̧q] = meilöfik.
Mehlhandlung [mel‹hándlu̧ŋ] v. = meilated.
Mehlhändler [mel‹hǫ̈ndlěr] m. = meilatedan.
mehlicht [mèli̧qt] = meilöfik.
mehr [mer] = plu (ladv.)., — sein = pluön
(nel.), — werden = pluikön (nel.), — oder
weniger = pluuneplu, nicht — = no plu.
no fovo, um desto — = plü (kony.).
Mehr‹ [mer‹] = ... pluik.
Mehrbetrag [mèrbětrak] m. (Überschusz) =
plusuäm.
mehrdrähtig [mer‹drǟti̧q] = pludratik.
mehren [merěn] 1. = mödükumön (lov.) 2.
sich — = pluikön (nel.).
Mehrer [merěr] m. = mödükuman.
mehrere [merěrě] 1. (mancher) = öm, ömik
2. — Male = pluna 3. = pösods mödikum.
mehrfach [mèrfáǧ] = plunaik.
Mehrfache [mèrfáqě]: das — = plunaed.
Mehrheit [mèrháït] v. = pluamanum.
mehrmals [mèrmalš] = pluna.
Mehrsein [mer sáïn] n. (Überlegenheit) =
pluam.
mehrsilbig [mer‹si̧lbi̧q] = plusilabik.
Mehrzahl [mèržal] v. 1. = pluamanum 2.
(Pluralis) = plunum.
meiden [máïděn] (vermeiden) = vitön (lov.).
Meidung [máïdu̧ŋ] v. (Vermeidung) = vit.
Meier [máïěr] m. = farmiloatan.
Meierei [máïěráï] v. (Meiergut) = loatafarm.
Meiergut [máïěrgu̧t] n. = loatafarm.
Meierhof [máïěrhof] m. = loatafarm.
Meile [máïlě] v. = liöl.
Meiler [máïlěr] m. (Kohlenmeiler) = kolati‹
filedakum.
mein [mán] = obik.
Mein [máïn]: das — = obikos.
Meineid [máïn‹áït] m. = miyul.
meineidig [máïn‹áïdi̧q] = miyulik.
meinerseits [máïněr‹sáïž] = obo.
meinetwegen [máïnětvegěn]: —! = obö !
Meinige [máïni̧gě]' 1. der — = obikan 2. das
— = obikos.
Meinung [máïnu̧ŋ] v. = ced.
Meise [máïsě] v. = parud.
meist [máïst] = mu (ladv.), muik, das meiste
sein (in Allem überlegen sein) = muön
(nel.).
Meistesein [máïstě sáïn]: das — (das Über‹
legensein) = muam.
meistenteils [máïstěn táïlš] = mödadilo.
Meister [máïstěr] m. = mastan, — sein (be‹
herrschen) = mastön (nel.)., — werden =
mastikön (nel.), einen zum — machen =
mastikön (lov.) eki, sich — machen von =
mastükön oki dö.
meisterhaft [máïstěr‹háft] = mastik.
Meisterin [máïstěri̧n] v. = jimastan.
meisterlich [máïstěrli̧q] = mastik.

meistermäszig [máĭstĕr-mǎ̱šĭ̱q] = mastik.
meistern [máĭstĕrn] (einen in dünkelhafter Weise —) = mastanön (lov.) eki.
Meisterschaft [máĭstĕr-jáft] v. 1. (das Meistersein) = mast 2. (Gesamtheit von Meistern) = mastanef.
Meistersein [máĭstĕr sáĭn] n. = mast.
Meiszel [máĭšĕl] m. = cid.
meiszeln [máĭšĕln] = cidön (lov.).
melancholisch [melánkòlĭj] = glumaladälik.
Melanesien [melanǎ̱sĭĕn] n. = Bläga-Seanuäns.
melden [mǎ̱ldĕn] = nunädön (lov.), sich — = nunädön oki.
Melder [mǎ̱ldĕr] m. = nunädan.
Meldestelle [mǎ̱ldějtǎ̱lĕ] v. = nunädöp.
Meldung [mǎ̱ldṳŋ] v. = nunam.
melkbar [mǎ̱lkbar] = tätamovik.
melken [mǎ̱lkĕn] = tätön (lov.).
Melken [mǎ̱lkĕn] n. = tätam.
Melker [mǎ̱lkĕr] m. = tätan.
Melkerei [mǎ̱lkĕráĭ] v. 1. = tätamöp 2. (das Melken) = tätam.
Melkerin [mǎ̱lkĕrĭ̱n] v. = jitätan.
Melodie [melodĭ] v. = melod.
Melodika [melòdĭka] = melodiak.
Melodion [melòdĭ̱ón] = melodion.
melodiös [melodĭ̱öš] = melodik.
melodisch [melòdĭ̱j] = melodik.
Melone [melonĕ̱] v. = melun.
Meltau [mĕltáṳ] m. = mildiud.
Membrane [mǎ̱mbranĕ̱] v. = flid.
Memme [mǎ̱mĕ̱] v. (Feigling) = dredöfan.
Menagerie [menajĕrĭ̱] v. = nimikonlet.
Menge [mǎ̱nĕ̱] v. (Anzahl, Quantum) = mödot, der — nach = mödotik, in der — von = mödotü.
Mengsel [mǎ̱nsĕl] n. = migot.
Mennig [mǎ̱nĭ̱q] m. 1. = minium, von — = miniumik 2. —, Mennige, v. $2PbO.PbO_2$ = kilplumbinafolloxin, plumbinoplumbiniloxid.
Mensch [mǎ̱nj] m. 1. = men, Menschen (Leute) = mens, auf den — bezüglich = menik, mancher — = men ömik, öman 2. aufdringlicher — = dranädan, ehrlicher — = snatan, gebildeter — = kulivan, genialer — — = letälenan,, junger — = lepul, yunan, kräftiger — = näman, lasterhafter — (schlechter —) = lesinan, lasterhafter — (Taugenichts) = mikondötan, streitsüchtiger — = komipiälan, ungebildeter — = luman, vorsichtiger — — = prüdetan, weiser — = sapan.
Menschenalter [mǎ̱njĕn-áltĕr] n. 1. = lifadul mena, lifüp 2. (Menschengeneration) = menäd.
menschenfreundlich [mǎ̱njĕnfróṳntlĭ̱q] = menätik.
Menschenfreundlichkeit [mǎ̱njĕn-fróṳntlĭ̱q-káĭt] v. = menät.
Menschengeneration [mǎ̱njĕn-generažĭ̱on] = menäd.
Menschenrasse [mǎ̱njĕnráśĕ̱] v. = menabidäd.
Menschenschlag [mǎ̱njĕnjlak] m. = menasot.
Menschentum [mǎ̱njĕntṳm] m. = menef.
Menschheit [mǎ̱njháĭt] v. = menef.

menschheitlich [mǎ̱njháĭtlĭ̱q] = menefik.
menschlich [mǎ̱njlĭ̱q] (auf den Menschen bezüglich) = menik.
Menschlichkeit [mǎ̱njlĭ̱qkáĭt] v. 1. (Humanität) = menät 2. (menschliche Schwäche und Unvollkommenheit) = menöf.
Menschwerdung [mǎ̱njvärdṳŋ] v. = menikam.
Menschsein [mǎ̱njsáĭn] n. = menam.
Menstruation [mǎ̱nštruažĭ̱on] v. = mänsäd.
menstruieren [mǎ̱nštruĭ̱rĕn] = mänsädön (nel.).
Menstruum [mǎ̱nštruṳm] n. = stöfed.
Mergel [märgĕl] m. = marn.
merkbar [märkbar] = küpovik.
merken [märkĕn] 1. (gewahr werden) = küpön (lov.) 2. (acht geben) = küpälön (nel.).
merklich [märklĭ̱q] = küpovik.
Merkmal [märkmal] n. 1. = mäk 2. (Wahrzeichen) = sevädovamal.
Merkur [márkṳr] (Planet) = märkur.
Merkurichlorid [märkṳrĭ̱ klorĭ̱t] $HgCl_2$ = hidrarginiklorid.
Merkuricyanid [märkṳrĭ̱ žṳanĭ̱t] $Hg(CN)_2$ = hidrarginiküanid.
Merkurijodid [märkṳrĭ̱ yodĭ̱t] HgJ_2 = hidrarginiyodid.
Merkurinitrat [märkṳrĭ̱ nĭ̱trat] $Hg(NO_3)_2$ = hidrargininitrat.
Merkurioxyd [märkṳrĭ̱ óx̌ṳt] HgO = hidrarginiloxid.
Merkurisulfid [märkṳrĭ̱ sulfĭ̱t] HgS = hidrarginisulfid.
Merkurochlorid [märkṳro klorĭ̱t] Hg_2Cl_2 = hidrarginoklorid.
Merkuronitrat [märkṳro nĭ̱trat] $Hg_2(NO_3)_2$ = hidrarginonitrat.
Merkurooxyd [märkṳro óx̌ṳt] Hg_2O = hidrarginoloxid.
merkwürdig [märk-vṳrdĭ̱q] = küpädik, —! = küpädö!
Merkwürdigkeit [märk-vṳrdĭ̱qkáĭt] v. = küpäd.
Merkzeichen [märkžáĭqĕn] n. (Wahrzeichen) = sevädovamal.
Mesocephalie [mesožefalĭ] v. = zänodakap.
Mesopotamien [mesopotàmĭ̱ĕn] n. = Mesopotän.
mesorrhin [mesórĭn] = zänodanudik.
Messe [mäšĕ̱] v. 1. (Jahrmarkt) = yelamaket, die Leipziger — = yelamaket di ‚Leipzig' [láĭpžĭ̱q] (D.) 2. (Meszopfer) = mäsäd.
messen [mǎ̱šĕn] 1. = mafön (lov.) 2. Spannen — = spanön (lov.).
Messen [mäšĕn] n. = mafam.
Messer [mäšĕr] 1. m. (Masznehmer) = mafan 2. m. (zum Messen dienendes Werkzeug) = maföm 3. n. (Werkzeug zum Schneiden) = neif.
Messerkasten [mǎ̱šĕrkǎ̱štĕn] m. = neifiär.
Messerkorb [mǎ̱šĕrkó̱rp] m. = neifiär.
Messing [mǎ̱šĭ̱ŋ] n. = läten.
messingen [mǎ̱šĭ̱ŋĕn] = lätenik.
Messingware [mǎ̱šĭ̱ŋvarĕ̱] v. = can lätenik, lätenacan.
Messung [mǎ̱šṳŋ] v. = mafam.
Mestize [mǎ̱štĭžĕ̱] m. = mestid.
meszbar [mǎ̱šbar] = mafovik.
Meszbarkeit [mǎ̱šbarkáĭt] v. = mafov.

Meszbuch [måšbu̱g̱] n. = mäsädabuk.
Meszner [måšněr] m. (Sakristan) = sakritan.
Meszopfer [mås̱-ópfěr] n. (Messe) = mäsäd.
Metaborsäure [metabòrsóu̱řě] HBO₂ = meta-
boratazüd.
Metall [metál] n. = metal, edles — = noba-
metal.
Metallarbeiter [metál-ár-báïtěr] m. = metala-
voban.
Metallbearbeitung [metál-běár-báïtu̱n] v. =
metalibevob.
Metalldraht [metáldrat] m. = drat, fadäd me-
talik.
metallen [metálěn] = metalik, metallene Feder
= metalapen.
Metallfaden [metálfaděn] m. = fadäd metalik,
metalafadäd, drat.
Metallgieszerei [metál-g̱išěráï] v. = metalismeitöp.
Metallhütte [metálhütě] v. = metalismeitöp.
metallisieren [metálisi̱ren] = metalön (lov.).
Metalloid [metáloi̱t] n. = metaloid.
Metallurg [metálu̱rk] m. = metalavan.
Metallurgie [metálu̱rg̱i] v. = metalav.
metantimonig [met-ántimòni̱q]: metantimonige
Säure, HSbO₂ = stibitazüd, metostibitazüd.
metantimonsauer [met-ántimònsáu̱ěr]: metantimonsaures Antimonyl, SbO.SbO₃ = stibulametostibat, metantimonsaures Kalium, KSbO₃
= kalinametostibat.
Metapher [metafěr] v. = metafor.
metaphosphorig [metafóšfòri̱q]: metaphosphorige
Säure, HPO₂ = metofosfitazüd.
Metaphosphorsäure [metafóš-fór sóu̱řě] HPO₃
= metofosfatazüd.
Metaphysik [metafu̱si̱k, metafu̱si̱k] v. = meta-
füd.
metaphysisch [metafu̱si̱j] = metafüdik.
metarsenig [met-ársěni̱q] : metarsenige Säure,
HAsO₂ = metolarsenitazüd.
Metarsensäure [met-ársènsóu̱řě] HAsO₃ =
metolarsenatazüd.
metastabiel [metaštabi̱l] = lulaidik.
Meteor [meteor] n. = meteor.
Meteoreisen [meteòr-áïsěn] n. = meteoroinafer.
Meteorologie [meteorologi] v. = stomav.
Meteorstein [meteòrj̱táïn] m. = meteoroin.
Meter [metěr] m. e n. M. = met.
Methan [metan] CH₄ = metan, balkarbina-
folhidrin.
Methodisme [metodi̱šmu̱š] = metud.
Methodist [metodi̱št] m. = metudan.
Metropole [metropolě] v. 1. = metropoel 2.
— eines Bischofs = bijopöp, — eines Erz-
bischofs = lebijopöp.
Metropolis [metropoli̱š] = metropoel.
Methylalkohol [metül ál-kohól] 1. CH₃OH =
metol, metillalkohol 2. (Holzgeist) = boa-
daspit.
Methyläthyläther [metül ätül ätěr] CH₃OC₂H₅
= metilletilkarbaner.
Methyläthylketon [metül ätül keton] CH₃COC₂
H₅ = metilletilketun.
Methylmerkaptan [metül mäṟkáptàn] CH₃SH
= metilmärkaptan.

Metzger [mäẕgěr] m. 1. (Fleischer) = miticöpan
2. (Schlächter) = pugan.
Metzgerei [mäẕgěráï] v. = miticöpam.
Mexiko [mäxiko] n. = Mäxikän.
Mezzosopran [mäẕosopran] m. = zebalidvög.
Miami [miàmi] (Indianerstamm) = miamiyans.
Miene [mi̱ně] v. 1. = logodajäst 2. eine wich-
tige — annehmen = bitön (nel.) äs cädan.
Miete [mi̱tě] v. 1. (Mietzins) = loatamon 2.
in die —, zur — = loato, zur — stehen =
bailidön (nel.), das zur — stehen = bailid.
mietegemäsz [mi̱těgěmäš] = loatik.
mieten [mi̱těn] = loatön (lov.).
Mieten [mi̱těn] n. = loat.
Mieter [mi̱těr] m. = loatan.
Mietsmann [mi̱žmán] m. = loatan.
Mietwohnung [mi̱t-vònu̱n] v. = loatalöd.
Mietzins [mi̱tẕi̱nš] m. = loatamon.
Migräne [migráně] v. = migrän.
Mikronesien [mikronèsi̱ěn] = Smala-Seanuäns.
Mikroskop [mi̱króškòp] n. 1. = daluskop 2. st.
= sidaluskop.
mikroskopisch [mikróškòpi̱j] = daluskopik.
Mikrozephale [mikrožefalě] m. = smalakapan.
Mil, k. = pounamim Palästinänik.
Milch [mi̱lq] v. = milig, — geben = miligi-
givön (nel.).
milchähnlich [mi̱lq-ânli̱q] = miligasümik.
milchen [mi̱lqěn] (Milch geben) = miligigivön
(nel.).
Milcher [mi̱lqěr] m. = hifit.
Milchglas [mi̱lqglaš] n. = laabataglät.
milchig [mi̱lqi̱q] = miligasümik.
Milchner [mi̱lqněr] m. = hifit.
Milchstrasze [mi̱lqj̱trašě] v. = galaxid.
mild [mi̱lt] = sofik.
Milde [mi̱ldě] v. = sof.
mildern [mi̱lděrn] = sofükön (lov.).
mildherzig [mi̱lthärži̱q] 1. = giviälik 2. (sanft-
mütig) = sofälik.
Mildherzigkeit [mi̱lthärži̱qkáït] v. = giviäl.
mildtätig [mi̱lttäti̱q] = giviälik.
Mildtätigkeit [mi̱lttäti̱qkáït] v. = giviäl.
Milieu [miliö]: das — = züäd.
Militarismus [militari̱šmu̱š] m. = militim.
Militär [militär] 1. m. = militan 2. n. (Ar-
mee) = milit 3. n. (Kriegswesen) = milita-
febäd.
Militärgeist [militárgáïšt] m. = militäl.
militärisch [militäri̱j] = militik.
Millennium [mi̱lâni̱um] n. = milyel.
Milliarde [mi̱liárdě] v. (1'000 Millionen) =
milbalionat.
Millième, k. = pounamim Lägüptänik.
Milligramm [mi̱ligrám] n. m.G. = mimgram.
Milliliter [mi̱lili̱těr] n. = mimliät.
Millimeter [mi̱limetěr] m. e n., m.M. = mimmet.
Million [mi̱lion] 1'000'000 = balion.
Millionär [mi̱lionär] m. = balionan.
Millionstel [mi̱lionštěl] = balyim.
Milliontel [mi̱liontěl] = balyim.
Millionzahl [mi̱liònzal] v. = balionat.
Milreis [mi̱lrei̱š] n. k. = milräid.
Milz [mi̱lž] v. = splen.
milzkrank [mi̱lžkráṉk] = splenamalädik.

Milzkrankheit [mi̜lžkrán̜k-háït] v. = splena≠
maläd.
Mindanao = Mindaneän.
minder [mi̜ndĕr] = neplu, nepluik, — werden
= nepluikön (nel.).
minderes [mi̜ndĕrĕš] (geringeres) = nepluikos.
Minderheit [mi̜ndĕrháït] v. 1. (das Wenigersein) = nepluam 2. (Minderzahl) = neplu≠
amanum.
minderjährig [mi̜ndĕryäri̜q] = tütäböfik.
Minderjährigkeit [mi̜ndĕryäri̜qkäït] v.=tütäböf.
mindern [mi̜ndĕrn] (vermindern) = nepluükön
(lov.).
Minderzahl [mi̜ndĕržal] v. = nepluamanum.
mindest [mi̜ndĕšt] = nemuik, am mindesten =
nemu.
Mindeste [mi̜ndĕštĕ]: das — = nemuikos.
mindestens [mi̜ndĕštĕnš] = nemuiko.
Mine [mi̜nĕ] v. (Sprenggrube) = spranod.
Mineral [mi̜neral] n. = min.
mineralisch [mi̜neràli̜j] = minik.
Mineralog [mi̜neralok] m. = minavan.
Mineralogie [mi̜neralogi̜] v. = minav.
mineralogisch [mi̜neralògi̜j] = minavik.
Mineralreich [mi̜nĕràlráiq] n. = stoinavoled.
Mingrelien [mi̜ŋgrèli̜ĕn] = Mingrelän.
Miniatur [mi̜ni̜atu̜r] v. = miniatür, in — =
miniatüro.
Miniatur≠ [mi̜ni̜atu̜r≠] = . . . miniatürik.
Miniaturmaler [mi̜ni̜atu̜rmalĕr] m. = miniatüri≠
pänan.
Minister [mi̜ni̜štĕr] m. = ministeran.
ministeriell [mi̜ni̜šteri̜äl] = ministerik.
Ministerium [mi̜ni̜štèri̜u̜m] n. 1. = minister 2.
= ministeranef.
Minkopi = minkopiyans.
Minne [mi̜nĕ] v. = lelöf.
minnen [mi̜nĕn] = lelöfön (lov.).
minor [mi̜nór]: terminus — = donasetäd.
minorenn [mi̜norän] = tütäböfik.
Minorennität [mi̜noräni̜tät] v. = tütäböf.
Minorität [mi̜nori̜tät] v. = nepluamanum.
Minuend [mi̜nu̜án̜t] mat. = näedabanum.
minus [mi̜nu̜š] mat. = nä (pr.).
Minuskel [mi̜nu̜škĕl] v. = minud.
Minuszeichen [mi̜nu̜žáïqĕn] n. = näedama≠
malül.
Minute [mi̜nu̜tĕ] v. = minut.
minütlich [mi̜nü̜tli̜q] = alminutik.
Mirakel [mi̜rakĕl] n. = milag.
mischbar [mi̜jbar] = migovik.
Mischbarkeit [mi̜jbarkáït] v. = migov.
mischen [mi̜jĕn] 1. = migön (lov.) 2. (durch-
einander werfen, durcheinander tun) = pe≠
mükön (lov.).
Mischen [mi̜jĕn] n. = mig.
Mischling [mi̜jli̜n] m. = kölamen.
Mischmasch [mi̜jmáj] m. = migäd.
Mischung [mi̜ju̜n] v. 1. = mig 2. (Gemisch,
Mengsel) = migot.
missen [mi̜šĕn] (mangeln) = nelabön (lov.).
Missetat [mi̜šĕtat] v. = midun.
Mission [mi̜ši̜on] v. = lesed.
Missionar [mi̜ši̜onar] m. = lesedäb.
Missionär [mi̜ši̜onär] m. = lesedäb.

Mist [mi̜št] m. (Dünger) = dön.
miszachten [mi̜š≠áq̆tĕn, mi̜š≠áq̆tĕn] = nestümön
(lov.).
miszachtend [mi̜š≠áq̆tĕnt] = nestümik.
Miszachtung [mi̜š≠áq̆tu̜n] v. = nestüm.
miszbilligen [mi̜šbi̜li̜gĕn, mi̜š-bi̜li̜gĕn] 1. = bla≠
mön (lov.) 2. (verurteilen) = micödön
(lov.).
Miszbilligung [mi̜šbi̜li̜gu̜n, mi̜š-bi̜li̜gu̜n] v.=blam.
Miszbrauch [mi̜šbráŭq̆] m. = migeb.
miszbrauchen [mi̜šbráŭq̆ĕn] = migebön (lov.).
miszbräuchlich [mi̜šbróŭqli̜q] = migebik.
miszfallen [mi̜šfálĕn] = neplitön (lov.), mi≠
plitön (lov.).
Miszfallen [mi̜šfálĕn, mi̜šfálĕn] n. = neplid,
— haben, finden an = neplidön (lov.), pane≠
plitön fa bos, — empfindend = neplidik,
— erregend = neplitik.
miszfällig [mi̜šfäli̜q] 1. (Miszfallen empfindend)
= neplidik 2. (Miszfallen erregend) = ne≠
plitik.
Miszförmigkeit [mi̜šfórmi̜qkäït] v. = mifom.
Miszgestalt [mi̜šgĕjtált] v. = mifom.
miszgestaltet [mi̜šgĕjtáltĕt] = mifomik.
miszgönnen [mi̜šgŏnĕn] = nebönön (lov. dem.).
miszkennen [mi̜škánĕn] = misevön (lov.).
miszregieren [mi̜šrĕgi̜rĕn] = mireigön (lov.).
misztrauen [mi̜štráŭĕn] = mikonfidön (lov.).
Misztrauen [mi̜štráŭĕn] n. = mikonfid.
misztrauisch [mi̜štráŭi̜j] = mikonfidik, misztrauisches Wesen = mikonfidäl.
Miszvergnügen [mi̜šfärgnügĕn] n. = nefred.
miszvergnügt [mi̜šfärgnükt] = nefredik.
Miszverständnis [mi̜š-färjtán̜tni̜š] n. = misuem.
miszverstehen [mi̜šfärjteĕn] =misuemön (lov.).
misverwalten [mi̜šfärváltĕn] = miguvön (lov.).
Miszverwaltung [mi̜šfärváltu̜n] v. = miguv.
Miszwirtschaft [mi̜š-vi̜rtjáft] v. = miguver.
miszwirtschaften [mi̜š-vi̜rtjáftĕn] = migüverön
(lov.).
mit [mi̜t] 1. = bäldotü, — zwanzig Jahren =
bäldotü yels teldeg 2. = dö, ich bin — ihm
zufrieden = kotenob dö om 3. = ko, — Lebensmitteln versehen = blimön ko viktuals,
— Protest zurücksenden = gesedön ko protest,
ein Mann — Namen P. = man ko nem:
‚P.‛ 4. (mittels) = me, einen — Namen
nennen = nemön eki me nem oma 5. =
medü, — Feuer und Schwert = medü lefil
e vafs 6. — Bedacht = vätälik, — Bewust-
sein = sevälöfik 7. — Anerkennung = lo≠
bülo, — Dank annehmen = lüsumön (lov.)
danölo, — Eifer = lezilo, — einem Eide =
yulo, — einem Male, — einmal = süpo,
— Freuden = fredo, — Freundlichkeit =
flenöfo, — genauer Not = töbo, — Geschick
= skilo, — Güte = gudöfo, — Hilfe =
yufo, — kaltem Blute = nenfäko, — Mühe
= fikulo, — nichten = leno, — Recht =
gitodo, — Treue = fiedo, — Umsicht =
tödo, — Umsicht (umhersehend) = zilogas≠
mo, — Unrecht = neveräto, — Vorbehalt
= büdakipo, — Willen = vilo 8. — etwas
bekannt sein = sevön (lov.) bosi, — etwas
zu Ende kommen = ledunön bosi, sic ist —

einem Sohne niedergekommen = emotof soni,
einen — etwas verschonen = spalön eke bosi,
— zwanzig Jahren = laböl lifayelis teldeg,
laböl bäldoti yelas teldeg 9. — **Lebensmit-**
teln versehen = viktualön (lov.), — **Pfählen**
versehen = stafädön (lov.), **ein Mann** —
Namen P. = man ‚P.‘ panemöl, — **den Wöl-**
fen heulen = lüodikön, lüodükön oki ma
süds soga in kel binoy 10. — **Ausnahme des**
= pläamü, — **Hilfe von** = yufü, —⸢ einem
Zwischenraum von = vüspadü 11. — **nich-**
ten! = lenö!
Mitarbeiter [mi̯t-ár-báïtĕr] m. = kevoban.
Mitbesitz [mi̯tbĕsi̯ž] m. = dalab kobädik.
Mitbesitzen [mi̯tbĕsi̯žĕn] n. = kedalab.
Mitbesitzer [mi̯tbĕsi̯žĕr] m. = kedalaban.
Mitbeteiligung [mi̯tbĕtáíli̯gu̯ŋ] v. = kejäfikam.
mitbringen [mi̯tbri̯ŋĕn] = keblinön (lov.).
Mitbruder [mi̯tbru̯dĕr] m. (Konfrater) = kesvist.
mitbrüderlich [mi̯t-bru̯dĕrli̯q] = kesvistik.
Mitbürger [mi̯tbür̯gĕr] m. = kesifan.
miteinander [mi̯t-áïnándĕr] 1. = kobo 2. (ge-
meinschaftlich) = kobädik.
Mitgefühl [mi̯tgĕfü̯l] n. (Sentimentalität) =
ladälöf.
Mitgift [mi̯tgi̯ft] v. 1. (Brautschatz) = gamagivot 2. (Aussteuer) = jigamagivot.
Mitglied [mi̯tgli̯t] n. 1. = liman, — **sein** =
limanön (nel.) 2. — **einer Gesellschaft** =
sogakompenan.
Mitgliedschaft [mi̯tgli̯t-jáft] v. = limanam.
mithaben [mi̯thabĕn] = kelabön (lov.).
mithin [mi̯t-hi̯n] (also, demnach) 1. = kludo
(ladv.) 2. = klu (kony.).
Mitlaut [mi̯tláu̯t] m. = konsonat.
Mitleid [mi̯tláït] n. 1. = kelied 2. (Bedauern)
= pid.
mitleiden [mi̯tláïdĕn] (Beileid fühlen) = keliedön (nel.).
mitleidend [mi̯tláïdĕnt] = keliedik.
mitleidig [mi̯tláïdi̯q] = keliedik.
Mitmensch [mi̯tmänj] m. = kemen, **die Liebe**
seines Mitmenschen = kemenalöf.
mitnehmen [mi̯tnemĕn] = kesumön (lov.).
Mittag [mi̯tak] m. = zedel, **zu** — **essen** =
fidedön (nel.).
Mittagessen [mi̯tak-äšĕn] n. 1. = zedelafid 2.
= fided.
mittags [mi̯taž] = zedelo.
Mittagstisch [mi̯taž-ti̯j] m. = fided.
Mittagstischgeschirr [mi̯taž-ti̯j gĕji̯r] n. = fidedastömem.
Mittagstischservice [mi̯taž-ti̯j särvi̯š] n. =
fidedagefem.
mittägig [mi̯tägi̯q] = zedelik.
mittäglich [mi̯täkli̯q] = alzedelik.
Mitte [mi̯tĕ] v. = zänod, **in der** — = zänodo.
mitteilen [mi̯ttáïlĕn] = nunön (lov.).
Mitteilhaber [mi̯ttáílhabĕr] m. = kekompenan.
mitteilsam [mi̯ttáílsam] = nüniälik.
Mitteilsamkeit [mi̯ttáílsamkáït] v. = nüniäl.
Mitteilung [mi̯ttáílu̯ŋ] v. = nun, **infolge** — **von**
= nunü.
mittel [mi̯tĕl] = zänodik.

Mittel [mi̯tĕl] n. 1. = med 2. (Durchschnitt,
Mittelmasz) = zäned 3. = medöm.
Mittelamerika [mi̯tĕl amèri̯ka] n. = Zänoda-
Merop.
mittelbar [mi̯tĕlbar] 1. = medik 2. **mittelbarer**
Unterricht = zänodatid.
mittelbreitnasig [mi̯tĕlbráït-nàsiq] = zänoda-
nudik.
Mittelfinger [mi̯tĕlfi̯jĕr] m. = mediüt.
Mittelland [mi̯tĕllánt] n. = zänodän, Medi-
täran.
mittelländisch [mi̯tĕl-ländij] = zänodänik, Me-
ditäränik.
Mittelmasz [mi̯tĕlmaš] n. (Durchschnitt) =
zäned.
mittelmäszig [mi̯tĕlmäši̯q] = zänedöfik.
Mittelmäszigkeit [mi̯tĕlmäši̯qkáït] v. = zänedöf.
Mittelmeer [mi̯tĕlmer] n. = Zänodamel.
Mittelpartei [mi̯tĕl-pártáï] v. = zänodapalet.
Mittelpunkt [mi̯tĕlpu̯ŋkt] m. = zän.
mittels [mi̯tĕlš] 1. = medü 2. (durch, per) =
dub.
mittelst [mi̯tĕlšt] = medü.
Mittelstrasze [mi̯tĕljtrašĕ] v. = zeveg.
Mittelweg [mi̯tĕlvek] m. = zeveg.
Mittelwort [mi̯tĕlvórt] n. (Partizip) = partisip,
partisipabidir.
mitten [mi̯tĕn] 1. = zänodik 2. (in der Mitte)
= zänodo 3. — **in,** pr. = zänodü.
Mitternacht [mi̯tĕrnáqt] v. = zeneit.
mitternächtig [mi̯tĕrnäqti̯q] = zeneitik.
mittler [mi̯tlĕr] 1. (durchschnittlich) = zänedik
2. **mittlere Schule** = zänodajul.
Mittler [mi̯tlĕr] m. = Medal.
Mittlere [mi̯tlĕrĕ]: **das** — (Durchschnitt, Mittelmasz) = zäned.
mittönen [mi̯ttönĕn] = ketonön (nel.).
mittun [mi̯ttun]: **mit in ein Kuvert tun** = läkövön (lov.).
Mittwoch [mi̯tvóq̇] m. = vedel.
mittwochs [mi̯tvóq̇š] = vedelo.
mitunter [mi̯t-u̯ntĕr] 1. (bisweilen) = semikna
2. (manchmalig) = semiknaik.
Mitvergangenheit [mi̯t-fär̯gáŋĕn-háït] v. (Imperfekt) = pasetatim nefinik.
Mitwissen [mi̯tvi̯šĕn] n. = kesev.
Mixteken [mi̯xtekĕn] = mixtekans.
Mobiliar [mobili̯ar] n. = möbem.
Mobilien [mobili̯ĕn] pl. = möbem.
Modalität [modali̯tät] v. = tefod.
Mode [modĕ] v. = vogäd.
Modeartikel [modĕ-árti̯kĕl] m. = vogädacan.
moderig [mòdĕri̯q] = dufik.
Moderigsein [mòdĕri̯q sáïn] n. = duf.
modern [modärn] 1. = nulädik 2. (heutig,
jetzig) = nutimik.
modernisieren [modärni̯si̯rĕn] = nulädükön
(lov.).
Modernismus [modärni̯šmu̯š] m. = nulädim.
Modernist [modärni̯št] m. = nulädiman.
Modernität [modärni̯tät] v. = nuläd.
Modeware [mòdĕvarĕ] v. = vogädacan.
modisch [mòdij] = vogädik.
Modistin [modi̯šti̯n] v. = vogädan, jivogädan.
Modus [mòdu̯š] m. gr. = bidir.

Modusform [mòdu̯šfórm] v. = bidirafom, bidir.
Mohammedaner [mohámedàněr] m. = slaman.
mohammedanisch [mohámedànij̇] = slamik.
Mohammedanismus [mohámedani̯šmu̯š] m. = slam.
Mohär [mohär] m. = mohär.
Mohrrübe [mòrrübě] v. = dauk (= ,daucus carota').
Mokkataler, k. = dalder di ,Moga'.
Morsch [morj̇]: Morsches Salz, $FeSO_4.(H_4N)_2SO_4.6H_2O$ = saläd di ,Mohr'.
Mol [mól] = möl.
Moldau [mól-dáu̯] (Land) = Moldavän.
Mole [molě] v. (Hafendamm) = jetet.
Molekel [molekěl] = mölekül.
Molekül [molekül] n. = mölekül.
Molke [mólkě] v. 1. = miligaväd 2. (Serum) = väd.
moll [mól] (im Mollton) = minoro.
Mollton [mólton] m. = minor, im Molltone = minoro.
molltonartig [mólton-àrti̯q] = minorik.
Molukken [molu̯kěn] pl. (Inseln) = Molukuäns.
Molybdän [molü̯pdän] Mo = molibdin.
Molybdändioxyd [molü̯pdän di̯ óx̌u̯t] MoO_2 = balmolibdintelloxin.
Molybdänhexafluorid [molü̯pdän hȧx̌a flu̯ori̯t] MoF_6 = balmolibdinamälfluorin.
Molybdänsäure [molü̯pdȧnsóǔrě] H_2MoO_4 = molibdatazüd.
Molybdäntrioxyd [molü̯pdän tri̯ óx̌u̯t] = molibdatȧstabot.
Moment [momnt] m. (Zeitpunkt) = timül.
Monaco [mònako] = Monakän.
Monarch [monárq] m. = monäkan.
Monarchie [monárqi̯] v. = monäk.
monarchisch [monárqi̯j̇] = monäkik.
Monarchist [monárqi̯št] m. = monäkiälan.
monarchistisch [monárqi̯šti̯j̇] = monäkiälik.
Monat [mònat] m. = mul, nächsten —, im nächsten — = omulo.
Monats [mònats] = ... mulik.
monatlich [mònatli̯q] = almulik.
Mond [mont] m. 1. = mun 2. (in valem, Trabant, Satelliet) = munäd.
Monds [monts] = ... munik.
Mondfinsternis [mont-fi̯nštěrni̯š] v. = munasgrahan.
Mondsichel [mòntsi̯qěl] v. = munafodül.
Mongolei [móŋgoláy̆] v. = Mongolän, Innere — = Ninas Mongolan.
Mongolenauge [móŋgòlěns áu̯gě] n. = log Mons golänik.
Mongolisch [móŋgòli̯j̇] = Mongolänik.
Monogramm [monográm] n. = monogram.
monogrammatisch [monográmàti̯j̇] = monograsmik.
Monokaliumorthoantimoniat [monokàli̯u̯m órto ántimoni̯àt] KH_2SbO_4 = monokalinarotostibat.
Monokel [monókěl] n. = logaglät.
Monolith [monoli̯t] m. = balston.
Monolog [monolok] m. (Selbstgespräch) = balspikot.
Mononatriumphosphat [monoǹàtri̯u̯m fóšfàt] NaH_2PO_4 = mononatrinarotofosfat.

Monopol [monopol] n. 1. (von der Regierung ausgehend) = monopul 2. (Alleinhandel) = soelated.
Monosilan [monosi̯lan] SiH_4 = balidsilikan.
Monstranz [móňštránž] v. = stoensor.
Monstrosität [móňštrosi̯tȧt] v. = mostöf.
monströs [móňštrŏš] = mostöfik.
Montag [mòntak] m. = mudel.
montags [mòntax̌] = mudelo.
montägig [mòntägi̯q] = mudelik.
Montblanc [móňbláň] = ,Mont=Blanc' [móňbláň] (Fr.).
Montenegro [móntenègro] n. = Montenegrän.
Monteur [móňtòr, móntòr] m. = regulan.
Monument [monumȧnt] n. = mebamal.
Moral [moral] v. 1. (Sittenlehre) = südav 2. = südöfatidod.
moralisch [moràli̯j̇] = südöfik.
Moralist [morali̯št] m. = südavan.
Moralität [morali̯tȧt] v. = südöf.
Moralwissenschaft [moral-vi̯šěnj̇áft] v. = südösfav.
Morast [moràšt] m. = maräd.
morastig [moràšti̯q] = marädik.
Mord [mórt] m. = sasen.
morden [mórděn] (ermorden) = sasenön (lov.).
mordend [mórděnt] = sasenik.
mordio [mórdi̯o]: —! = sasenö!
Mordlust [mórtlu̯št] v. = saseniäl.
mordlustig [mórtlu̯šti̯q] = saseniälik.
Mordsucht [mórtsu̯q̇t] v. = saseniäl.
mordsüchtig [mórtsü̯q̇ti̯q] = saseniälik.
Mordwinen = mordvinans.
morgen [mórgěn] (am folgenden Tage) = odelo, — um diese Zeit = odelo in timül at, — abends = osoaro, — nachts = oneito (in neit odela), auf — = odelio.
Morgen [mórgěn] m. 1. (der Tag nach Heute) = odel 2. (Frühe) = göd, des Morgens = gödo, am frühen — = mugödo.
morgendlich [mórgěntli̯q] = gödik.
Morgenland [mórgěn-lánt] n. (Orient) = losfüdän.
Morgenländer [mórgěnländer] m. (Orientale) = lofüdänan.
morgenländisch [mórgěnländij̇] = lofüdänik.
morgens [mórgěnš] = gödo.
morgig [mórgi̯q] = odelik.
Mormone [mórmòně] m. = mormonan, die Lehre der Mormonen = mormonon.
Morschheit [mórj̇-háit] v. (Fäulnis) = purid.
Mosaik [mosai̯k] n. = mosaig.
Moschee [mój̇ě] v. = mascid.
Mosel [mosěl] v. = ,Mosel' [mosěl] (D.).
Most [móšt] m. = must.
Motiv [moti̯f] n. (Beweggrund) = motiv.
motivieren [moti̯vi̯rěn] = motivön (lov.).
Motivierung [moti̯vi̯ru̯n] v. = motivam.
Motor [mòtór] m. = mufükian, motor.
motorisch [motòri̯j̇] = mufüköl.
Motorwagen [mòtórvagěn] m. = motoravab.
Motto [móto] n. (Devise) = spiked.
mouillieren [mu̯lyi̯rěn] = muyön (lov.).
Möbel [möběl] n. = möb.
Möbelfabrik [möbělfabri̯k] m. = möbifabrik.

Möbelmacher [mòbělmáģěr] m. = möbel.
möblieren [möblirěn] = möbön (lov.).
mögen [mögěn] 1. (gern haben) = löfilön (lov.), etwas sehen — = löfilön ad logön bosi 2. es mag gehen, es mag laufen, wie 's will = zedö !
Mögen [mögěn] n. = löfil.
möglich [mòkliq] = mögik, soviel wie — = mögiküno, — sein = mögön (nel.).
möglicherweise [mòkliqěr váïsě] = mögiko.
Möglichkeit [mòkliqkáït] v. = mög, nach — = mögo.
möglichst [mòkliqšt] (tunlichst) = mögiküno.
möglichstbald [mòkliqšt bált] (baldmöglichst) = sunikün.
Möhre [mörě] v. = dauk (= ,daucus carota').
Mönch [mònq] m. = hikleudan.
Mörder [mòrděr] m. = sasenan.
mörderisch [mòrděrjj] = sasenik.
Mörser [mòrsěr] m. 1. mil. = mortar 2. (Gefäsz) = mortir.
Mörserkeule [mòrsěr-kóůlě] v. = troivülöm.
mörsern [mòrsěrn] = troivülön (lov.).
Mörtel [mòrtěl] m. = mort.
muffig [mùfiq] = dufik.
Muffigsein [mùfiq sáïn] n. = duf.
Mulatte [mùlátě] m. = mulat.
Mulde [mùlděé] v. (Behälter, Napf) = böväd.
Multiplikand [mùltiplikánt] mat. = naedabanum.
Multiplikation [mùltiplikažion] v. mat. = naedam.
Multiplikationszeichen [mùltiplikažiònšžáïqěn] n. = naedamalül, naedamamalül.
Multiplikator [mùltiplikàtòr] mat. = naedian.
multiplizieren [mùltipližirěn] mat. = naedön (lov.).
Mumie [mùmiě] v. = mum.
Mund [mùnt] m. = mud, den — verziehen = mijästidön (lov.) mudi, auf den — bezüglich = mudik, weitgeöffneter — (Rachen, Schlund) = cav.
munden [mùnděn] (wohl schmecken) = benosmekön (nel.).
Mung, k. = tukrikazim.
munkeln [mùnkěln] = murülön (lov.).
Murmel [mùrměl] m. = glöpil.
Murmellaut [mùrmělsláůt] m. (hebräisch) = müraton.
murmeln [mùrměln] (rieseln) = murön (nel.).
murren [mùrěn] = murön (lov.).
Mus [mùš] n. (Brei) = bül.
Muschel [mùjěl] v. (Schale von Muscheltieren) = koan.
Muscheltier [mùjěltir] n. (Schaltier) = koanaf, koananim.
Muse [mùsě] v. = musof.
Museum [mùsèum] n. = mused.
Musik [mùsik] v. = musig.
Musikalien [mùsikàliěn] pl. = noated, noateds.
Musikalienhändler [mùsikàliěnhändlěr] m. = noatedatedan.
musikalisch [mùsikàljj] = musigik.
Musikant [mùsikánt] m. = musigan.

Musikantentruppe [mùsikántěntrupě] v. = musiganef.
Musikausdruck [mùsik-áůšdruk] m. = musigavöded.
Musikbegleitung [mùsikběgláïtun] v. = duged.
Musikdirektor [mùsik-dirâktór] m. = dilekan musigalefa.
Musiker [mùsikěr] m. = musigal.
Musikstück [mùsikjtük] n. = noated.
musizieren [mùsižirěn] = musigön (nel.).
Muskel [mùškěl] m. = muskul.
Musselin [mùšělin] m. = musolin.
Muster [mùštěr] n. 1. (Beispiel) = sam, als — = samo 2. (Warenmuster) = samed, — ohne Wert = samed nen völad.
Musterbild [mùštěrbilt] n. = sam.
musterhaft [mùštěrháft] = samik.
mustern [mùštěrn] = dalogön (lov.).
Mustersammlung [mùštěrsámlun] v. = samedakonlet.
Musz [mùš] n. (das Müssen) = mut.
Musze [mùšě] v. = livüp.
Muszezeit [mùšěžáït] v. = livüp.
Mut [mùt] m. = kurad, den — verlieren = nenkuradikön (nel.), —! = kuradö !
mutig [mùtiq] = kuradik.
mutlos [mùtloš] = nenkuradik, — sein = nenkuradön (nel.).
Mutlosigkeit [mùtlosiqkáït] v. = nenkurad.
mutmaszen [mùtmašěn] = niludön (lov.).
mutmaszlich [mùtmašliq] = niludik.
Mutter [mùtěr] v. = jipal, mot.
Mutterherze [mùtěrhäržě] = motaladäl.
Mutterland [mùtěrlánt] n. = lomän.
Mutterliebe [mùtěrliběé] v. 1. = motalöf 2. motilöf.
Mutterschwein [mùtěrjváïn] n. = jisvin.
Muttersinn [mùtěrsin] m. = motaladäl.
Muttersprache [mùtěrjpraďě] v. 1. = lomapük 2. = lománapük.
Muttervater [mùtěrfatěr] m. (Grosvater) = motafat.
Mücke [mükě] v. = muskit.
mückenseigen [mùkěnsáïgěn] = lukrüton (lov.).
Mückenseigen [mùkěnsáïgěn] n. = lukrütam.
Mückenseiger [mùkěnsáïgěr] m. = lukrütan.
Mückenseigerei [mùkěnsáïgěráï] v. = lukrüt.
müde [müdě] = fenik, — sein = fenön (nel.), — werden = fenikön (nel.), — machen = fenükön (lov.).
Müdigkeit [mùdiqkáït] v. = fen.
Mühe [müě] v. 1. = töb, einem — machen = töbön (lov.) 2. sich — geben (sich anstrengen) = töbidön (nel.) 3. mit — (schwerlich) = fikulo.
mühen [müěn]: sich — um = jäfikön (nel.) me.
Mühle [mülě] v. = mül.
Mühlstein [mùljtáïn] m. = mülaston.
mühsam [mùsam] (beschwerlich) = töbik.
Müller [mülěr] m. = mülan.
Müllerin [mùlěrin] v. = jimülan.
Mündchen [müntqěn] n. = mudil.
Mündel [münděl] m. e n. = tütáb.

mündig [mu̞ndi̞q] = nentütik, — sprechen = nentütükön (lov.).
Mündigkeit [mu̞ndi̞qkáït] v. = nentüt.
Mündigsprechung [mu̞ndi̞q-jprᶏqu̞ŋ] v. = nentütükam.
mündlich [mu̞ntli̞q] = mudöfik, mudöfo, sago.
Mündlichkeit [mu̞ntli̞qkáït] v. = mudöf.
Münster [münštĕr] m. e n. (Dom) = leglüg.
Münze [münžĕ] v. 1. = könäd 2. (Münzanstalt) = frapöp.
münzen [münžĕn] = frapön (lov.).
Münzen [mi̞nžĕn] n. = frap.
Münzfusz [mu̞nžfu̞š] m. (Währung) = völäd.
mürrisch [mu̞ri̞j] = murik.
müssen [mi̞šĕn] = mutön (nel.), sein — (nötig sein) = zesüdön (nel.).
Müssen [mi̞šĕn] n. = mut.
müszig [mu̞ši̞q] (untätig) = nevobik, — gehen = nosdunön (nel.).
Müsziggang [mu̞ši̞qgáŋ] m. = nosdun.
Müsziggänger [mu̞ši̞qgáŋĕr] m. = nosdunan.
Mütterchen [mütĕrqĕn] n. = motil.
mütterlich [mu̞tĕrli̞q] = motik.
Mütterlichkeit [mu̞tĕrli̞qkáït] v. = motaladäl.
Mützchen [müžqĕn] n. = luhätil.
Mütze [müžĕ] v. = luhät.
Myrrhe [mürĕ] v. = mir.
Myrrhenbaum [mu̞rĕnbáüm] m. = mirabim.
Myrte [mürtĕ, mi̞rtĕ] v. = mirt.
Myrtenblatt [mu̞rtĕnblát, mi̞rtĕnblát] n. = mirtabled.
Myrtenwald [mu̞rtĕnvált, mi̞rtĕnvált] = mirtafot.
mysteriös [müštĕri̞öš] = klänöfik.
Mysterium [mi̞štèri̞u̞m] n. = müster, das — betreffend = müsterik.
Mystik [mu̞šti̞k] v. = müsterav.
Mystiker [mu̞šti̞kĕr] m. = müsteriman.
Mystizismus [mi̞šti̞ži̞šmu̞š] m. = müsterim.
Mythe [mütĕ] v. = miteod.
mythisch [mu̞ti̞j] = miteodik.
Mythologe [mütologĕ] m. = miteodavan.
Mythologie [mütologi̞] v. = miteodav.
mythologisch [mütològi̞j] = miteodavik.

N. n.

nach [naq̌] 1. = a, — der Elle verkaufen = selön a loun 2. = ad, — dem Arzte schicken = sedön eki ad ramenön, ad vokön sanani, er geht — dem Arzte = golom ad ramenön, ad vokön sanani 3. (in der Richtung zu) = äl, — ... hin = äl, — Norden = äl nolüd 4. = bai, je — = bai, wenn es — mir ginge = if jenosöv bai desir oba 5. = ini, er kam — Berlin = äkömom ini ,Berlin' 6. (zu) = lü, er kam — Berlin = äkömom lü ,Berlin', — Hause gehen = golön lü lom, — einer Fliege greifen = gleipön lü musak, — Hilfe rufen = vokädön lü yuf 7. = ma, — Maszgabe = ma, je — = a ma, — Belieben = ma plüd, — dem Gewicht verkaufen = selön ma vet, — Kräften = ma näm, — Noten singen = kanitön ma noats, — Umständen = ma dinäds, wenn es — mir

ginge = if jenosöv ma desir oba 8. (hinter) = po 9. (zeitlich) = pos, — dem Essen = pos fided₄ ein Viertel — neun = düpafoldil pos zül, pos düp zülid, — Ostern = pos pasat 10. = pö, einen dem Namen — kennen = sevön eki te pö nem ona 11. = sis, — heute = sis adät 12. = tefü, einen dem Namen — kennen = sevön eki te tefü nem 13. der Menge — = mödotik, — der Sitte = südik, ein Mann — der Uhr = man kuratik, man nomädiälik, man äs glok so nomädik 14. — wie vor = ai, ai fovo, — und — = pianiko, — dem Augenmasz = logomafo, — Inhalt = ninädo, — Möglichkeit = mögo, einen dem Namen — kennen = sevön nemo eki, — dem Schlendrian, — dem alten Schlendrian = roto, — Verdienst = meritabo, — welche Stätte (hin)? = kiöpio? — auszen = plödio, — dieser Seite hin = atflanio, — Hause, — dem Hause = domio, — Hause kommen, gehen = kömön, golön lomio, — hinten = pödio, — links = nedetio, — Norden = nolüdio, — oben = löpio, — unten = donio, — vornen = föfio 15. — vorn, — vornhin kommen = föfiokömön (nel.), — vornhin legen = föfioseitön (nel.) 16. — Aussage von = temunü, Maszgaben von = mafädü, — der Norm des = nomü, — Zeugnis von = temunü 17. — vornen! = föfiö! 18. — heute = ,a dato', ,a. d.'.
nachahmen [nàq̌ᶎamĕn] 1. (nachmachen) = sümädön (lov.) 2. (nachäffen) = züpädön (lov.).
Nachahmung [naq̌-àmu̞ŋ] v. 1. (das Nachgemachte) = sümädot 2. (Äfferei) = züpäd (lov.).
nachäffen [nàq̌ᶎäfĕn] = züpädön (lov.).
Nachäffer [nàq̌ᶎäfĕr] m. = züpädan.
Nachäfferei [nàq̌ᶎäfĕráï] v. = züpäd.
Nachbar [nàq̌bar] m. 1. = nilädan 2. = hiniládan.
Nachbarin [nàq̌bari̞n] v. = jiniládan.
nachbarlich [nàq̌barli̞q] = nilädik.
Nachbarschaft [nàq̌bar-jáft] v. = niläd.
Nachbestellung [naq̌-bĕjtᶏlu̞ŋ] v. = posboned.
nachdem [naq̌dem] 1. = posä 2. je = ma mod, sekü kel; ma mafäd, sekü kel 3. je — = maä (kony.), je — = maä jenos.
Nachdenken [nàq̌dä̞ŋkĕn] n. = medit.
nachdenkend [nàq̌dä̞ŋkĕnt] = meditik.
nachdenklich [nàq̌dä̞ŋkli̞q] 1. = meditik, medito 2. (Nachdenken erregend) = meditabik.
Nachdenklichkeit [nàq̌dä̞ŋkli̞qkáït] v. = medit.
Nachdruck [nàq̌dru̞k] m. 1. = sümädabük 2. (Betonung) = kazet.
nachdrücklich [nàq̌drü̞k-li̞q] 1. (betonend) = kazetik 2. (mit Betonung) = kazeto.
nacheifern [nàq̌ᶎáïfĕrn] = besteifön (lov.).
nacheinander [naq̌ᶎáïnándĕr] = bal pos votik, balan pos votikan.
Nachen [náq̌ĕn] m. (Kahn) = bot.
Nachfolge [nàq̌fólgĕ] v. 1. = sök 2. (das Nachfolgen) = züp.
nachfolgen [nàq̌fólgĕn] 1. (folgen) = sökön (lov.) 2. einem — = züpön (lov.) eki.

Nachfolgen [nàɋfólgĕn] n. 1. = sök 2. = züp.

nachfolgend [nàɋfólgĕnt] 1. = sökik 2. (anhänglich) = züpik.

Nachfolger [nàɋfólgĕr] m. 1. (einer der etwas Vorangehendem folgt) = sökan 2. (Jünger) = züpan 3. = fovan.

nachforschen [nàɋfórjĕn] (untersuchen) = vestigön (lov.).

nachgeben [nàɋgebĕn] 1. = dälälön (nel.) 2. (weichen) = yilidön (nel.).

Nachgemachte [nàɋgĕmáɋtĕ]: das — = sümádot.

nachgiebig [nàɋgibi̯q] = dälälik, — sein = dälälön (nel.).

Nachgiebigkeit [nàɋgibi̯qkáït] v. = däläl.

nachgrübeln [nàɋgrübĕln] (nachsinnen): — über = letikön (nel.) dö.

nachher [naɋher, nàɋher] 1. = poso 2. (dann) = täno.

nachherig [naɋheri̯q] = posik.

nachkommen [nàɋkómĕn] (halten, befolgen) = fölön (lov.).

Nachkommen [nàɋkómĕn] : die — = fütüramenef.

Nachkommenschaft [nàɋkómĕn-jáft] v. = füstüramenef.

nachlassen [nàɋlájĕn] = posbinükön (lov.).

Nachlassenschaft [nàɋlájĕn-jáft] v. = posbinot.

Nachlassung [nàɋlájṵn] v. = posbinükam.

Nachlasz [nàɋláj] m. = posbinot.

nachlaufen [nàɋláüfĕn] = pogolön (lov.).

nachlässig [nàɋläji̯q] = nekälik.

Nachlässigkeit [nàɋläji̯qkáït] v. = nekäl.

Nachlebenden [nàɋlebĕndĕn] pl. = poslifan, poslifans.

nachliefern [nàɋlifĕrn] = posblünön (lov.).

nachmachen [nàɋmáɋĕn] = sümädön (lov.).

Nachmachen [nàɋmáɋĕn] n. = sümäd.

Nachmittag [naɋ-mi̯tak] m. = poszedel, heute — = aposzedelo, gestern — = äposzedelo.

nachmittags [naɋ-mi̯taɋ] = poszedelo.

nachmittägig [naɋ-mi̯tägi̯q] = poszedelik.

Nachnahme [nàɋnamĕ] v. (Post) = degivopel, gegen —, unter — = degivopelo.

Nachnahmenehmer [nàɋnamĕ-nemĕr] m. = dageban degivopelota.

nachnehmen [nàɋnemĕn] 1. = possumön (lov.) 2. = degivopelasedön (lov.), sedön degivopelo.

Nachporto [nàɋpórto] n. = pönapotamon.

Nachrede [nàɋredĕ] v.: üble — = mispik.

nachreden [nàɋredĕn]: Übles —, Böses — = mispikön (lov.).

Nachricht [nàɋri̯qt] v. = nun, infolge — von = nunü, Nachrichten einziehen über = seisvidön (lov.), das Einziehen von Nachrichten = seivid.

nachrichtlich [nàɋri̯qtli̯q] = nuno.

Nachsatz [nàɋsáʒ] m. = pödaset.

nachschicken [nàɋji̯kĕn] = pospotön (lov.).

Nachschickung [naɋ-ji̯kṵn] v. = pospotam.

nachschreiben [nàɋjráíbĕn] = sümädapenön (lov.), söpenön (lov.).

Nachschrift [nàɋjri̯ft] v. (P. S.) = popenäd, pospenäd.

Nachschwarm [nàɋjvárm] m. = posküm.

nachsetzen [nàɋsäžĕn] = pöjutön (lov.).

Nachsicht [nàɋsi̯qt] v. = däläl.

nachsichtig [nàɋsi̯qti̯q] = dälälik, — sein = dälälön (nel.).

nachsichtsvoll [nàɋsi̯qž-fól] = dälälik.

Nachsilbe [nàɋsi̯lbĕ] v. (Suffix) = poyümot.

nachsingen [nàɋsi̯nĕn] = sökanitön (lov.).

nachsinnen [nàɋsi̯nĕn]: — über = letikön (nel.) dö.

nachstehen [nàɋjtᴇĕn]: einem an Kenntnissen — = nepluön lä ek, leigodü ek, lo ek demü, tefü nols.

nachstöbernd [nàɋjtöbĕrnt] = sukiälik.

nachstreben [nàɋjtrebĕn] = besteifön (lov.).

nachsuchen [nàɋsṵɋĕn] (sich bewerben um) = lisitön (lov.).

nacht [nàɋt]: heute — (die nächstkommende Nacht) = aneito, heute — (die letztvergangene Nacht) = äneito.

Nacht [nàɋt] v. = neit, bei —, des Nachts = neito, diese — (die nächstkommende —) = aneito, diese — (die letztvergangene —) = äneito, in der — des, in Nachten des = neitü, die — überdauernd = neitadulik, das Wachsein über — = neitogal, — sein = neitön (nel.), — werden = neitikön (nel.).

Nachteil [nàɋtáíl] m. = däm, zum Nachteile des = dämü.

nachteilig [nàɋtáíli̯q] = dämabik.

nachten [nàɋtĕn] 1. (Nacht sein) = neitön (nel.) 2. (Nacht werden) = neitikön (nel.).

Nachthaube [nàɋt-háübĕ] v. = neitabonät.

Nachtigall [nàɋ-ti̯gál] v. = reitak.

Nachtisch [nàɋti̯j] m. = poszib.

Nachtmütze [nàɋtmüžĕ] v. = neitabonät.

Nachtrag [nàɋtrak] m. (Zusatz) = läyümot.

nachträglich [nàɋträkli̯q] (nachher) = poso.

nachts [nàɋž] = neito, morgen — = oneito (in neit odela).

nachtun [nàɋtun] = södunön (lov.).

Nachtwache [nàɋt-váɋĕ] v. = neitogal.

Nachtwächter [náɋtväqtĕr] m. = neitogalan.

Nachtzeit [nàɋt-žáít] v.: zur — = neito.

Nachweis [nàɋváíj] m. (Beweis) = blöf.

nachweisen [nàɋváíjĕn] (beweisen) = blöfön (lov.).

Nachwelt [nàɋvält] v. = posvol.

Nacken [nákĕn] m. (Genick) = nük.

nackt [nákt] = nüdik, — sein = nüdön (nel.).

Nacktheit [nákt-háít] v. (Blösze) = nüd.

Nadel [nadĕl] v. = nad, eine — einfädeln = steigön (lov.) fadi da nad.

Nadelbaum [nàdĕlbáüm] m. = konüdabim, Nadelbäume = konüdabims.

Nadelholz [nàdĕlhólž] n. (Nadelbäume) : —, Nadelhölzer = konüdabim, konüdabims.

nadeln [nadĕln] (mit Stecknadeln feststecken) = peänön (lov.).

Nagel [nagĕl] m. 1. (— von Eisen) = kluf 2. (Fingernagel) = nuel.

Nagelmacher [nàgĕlmáɋĕr] m. (Maschine) = klufiel.

nagelneu [nagĕl nóü] = lenulik.

Nagelschmied [nàgĕljmi̯t] m. = klufel.

nagen [nagĕn]: — an = tuetön (nel.) len.
Nagen [nagĕn] n. = tuet.
Nagetier [nàgĕtịr] n. = tuetanim, tuetaf.
Nagler [naglĕr] m. = klufel.
nahe [naĕ] = nilik, nilo, — sein = nilön (nel.).
nahebei [naĕ báï] pr. (unweit) = nilü.
nahekommen [nàĕkómĕn] = nilikön (nel.).
Nahekunft [nàĕkụnft] v. = nilikam.
naheliegen [nàĕlịgĕn] (auf der Hand liegen) = nilaseatön (nel.).
nahen [naĕn] (sich nähern) = nilikön (nel.).
nahestehen [nàĕjteĕn] = nilastadön (nel.).
nahezu [naĕ žụ] 1. = ze 2. (beinahe) = ti.
nahrhaft [nàrhàft] = nulüdöfik.
Nahrhaftigkeit [nàrhàftịq-kàït] v. = nulüdöf.
Nahrung [nàrụn] v. (Nahrungsmittel) = nulüdot.
Nahrungsmittel [nàrụnšmịtĕl] n. = nulüdot, Genusz- und — = juitameds e nulüdots.
naiv [naïf] = balugälik.
Naivetät [naịvĕtät] v. = balugäl.
Najade [nayadĕ] v. = nayad.
Name [namĕ] m. 1. = nem, von Namen = nemik, dem Namen nach = nemo, auf Namen des = nemü, Namen führen = panemön (sufalefom) 2. (Ruf, Leumund) = repüt, schlechter —, übler — = mirepüt.
namenlos [nàmĕnloš] 1. = nennemik 2. namenlose Gesellschaft = kompenät nenfiamik.
Namenlosigkeit [namĕn-lòsịqkàït] v. = nennem.
namens [namĕnš] pr. 1. = nemü 2. = panemöl.
namhaft [nàmhàft] = nemik.
Napf [nápf] m. 1. (Schüssel, Becken) = bov 2. (Behälter, Mulde) = böväd.
Napoleondor [napòleóndor] m. (könäd goldik Fransänik) = napoleon.
Narbe [nárbĕ] v. (Wundmal) = skar.
Narkose [nárkòsĕ] v. = narkot.
narkotisch [nárkòtịj] = narkotik.
narkotisieren [nárkotịsịrĕn] = narkotön (lov.).
narkotisiert [nárkotịsịrt] = penarkotöl.
Narkotisierung [nárkotịsịrụn] v. = narkotam.
Narr [nár] m. = fopan.
narren [nárĕn] 1. (närrisch sein) = fopön (nel.) 2. (zum besten haben) = fopülükön (lov.).
Narretei [nárĕtáï] v. = fop, —! (Dummheit!) = bö! stupoti!
Narrheit [nár-hàït] v. = fop.
Narwal [nár-vál] m. = narval.
nasal [nasal] = nudädik.
Nasal [nasal] (Nasenbuchstabe) = nudatonat.
Nasallaut [nasàllàụt] m. = nudavokat.
naschen [nájĕn] = nibön (lov.).
Naschen [nájĕn] n. = nib.
Nascher [nájĕr] m. = niban.
naschhaftig [náj-háftịq] = nibiälik.
Naschhaftigkeit [náj-háftịq-kàït] v. = nibiäl.
Naschlust [nájlụšt] v. = nibiäl.
Naschwerk [nájvärk] n. = nibotem.
Nase [nasĕ] v. = nud.
Nasenbuchstabe [nasĕn-bụǧjtabĕ] m. = nudatonat.

Nasenhorn [nàsĕnhórn] n.: — des Nashorns = nudahon rinoseroda.
Nasenlaut [nàsĕnlàụt] m. = nudavokat.
Nasentuch [nàsĕntụǧ] n. = nudasärvätül.
naseweis [nàsĕváïš] = fatüitasapik.
Naseweisheit [nàsĕváïš-háït] v. = fatüitasap.
Nashorn [nàshórn] n. = rinoserod.
-nasig [-nàsịq] = -nudik (a. s.: langnasig = lunanudik).
Nassau [ná-šáụ] = Nasoän.
nasz [náš] = luimik, — sein = luimön (nel.), — werden = luimikön (nel.).
Natal [natal] = Natalän.
Nation [nažịon] v. (Volk) = net.
national [nažịonal] 1. = netik 2. (volkstümlich) = netätik.
Nationalbewusztsein [nažịonàlbĕvụ̈št-sáïn] n. = netäliseved.
Nationalhymne [nažịonàlhụ̈mnĕ] v. = netahüm.
Nationalisation [nažịonalịsažịon] v. = netükam.
nationalisieren [nažịonalịsịrĕn] 1. = netükön (lov.) 2. sich — = netikön (nel.).
Nationalismus [nažịonalịšmụš] m. 1. = netätim 2. = netäl.
Nationalist [nažịonalịšt] m. = netätiman.
nationalistisch [nažịonalịštịj] = netätimik.
Nationalität [nažịonalität] v. = netät.
Nationallied [nažịonàllịt] n. = netahüm.
Natrium [nàtrịụm] n. Na = natrin.
Natriumaluminat [nàtrịụm álumịnàt] Na₃AlO₃ = natrinarotolalumat.
Natriumamid [nàtrịụm ámịt] NH₂Na = natrinalamid.
Natriumarsenid [nàtrịụm ársenịt] AsNa₃ = kilnatrinaballarsenin.
Natriumazid [nàtrịụm ažịt] NaN₃ = natrinalazid.
Natriumäthylat [nàtrịụm ätụ̈lat] C₂H₅OHa = natrinaletolet.
Natriumbisulfit [nàtrịụm bị sulfịt] NaHSO₃ = mononatrinasulfit.
Natriumchlorid [nàtrịụm klorịt] NaCl = natrinaklorid.
Natriumchlorit [nàtrịụm klorịt] NaClO₂ = natrinaklorit.
Natriumchromit [nàtrịụm kromịt] NaCrO₂ = natrinakromit.
Natriumhydroxyd [nàtrịụm hụ̈dróx̌ụ̈t] NaOH = natrinabäd.
Natriummetaborat [nàtrịụm mèta borat] NaBO₂ = natrinametoborat.
Natriummetantimonit [nàtrịụm met-ántịmonịt] NaSbO₂ = natrinametostibit.
Natriummethylat [nàtrịụm metụ̈lat] CH₃ONa = natrinametolet.
Natriummethylmerkaptid [nàtrịụm metül märkáptịt] CH₃SNa = natrinametilmärkaptid.
Natriumoxyd [nàtrịụm óx̌ụ̈t] Na₂O = natrinaloxid.
Natriumperoxyd [nàtrịụm pär-óx̌ụ̈t] Na₂O₂ = natrinapärloxid.
Natriumplatinochlorid [nàtrịụm platino klorịt] PtCl₂.2NaCl = telnatrinaplatinoklorid.

Natriumpyrosulfat [nàtri̯ṃ pů̱ro sulfat] Na₂S₂O₇ = natrinabalhidrilsulfat, natrinasemosulfat.

Natriumsilikat [nàtri̯ṃ silikat] NaSiO₃ = natrinasilikat.

Natriumsilikofluorid [nàtri̯ṃ siliko fluorit] Na₂SiF₆ = natrinamälfluoridilsilikinat.

Natriumstannat [nàtri̯ṃ stánàt] Na₂SnO₃ = natrinastanat.

Natriumsulfantimoniat [nàtri̯ṃ sulf=ántimoniàt] Na₃SbS₄ = natrinafolsulfostibat.

Natriumsulfit [nàtri̯ṃ sulfit] Na₂SO₃ = natrinasulfit.

Natriumtetrathionat [nàtri̯ṃ tètra ti̯onat] Na₂S₄O₆ = natrinafolsulfinat.

Natriumthiosulfat [nàtri̯ṃ ti̯osulfat] Na₂S₂O₃ = natrinabalsulfosulfat.

Natron [nàtrón] n. = natron.

Natter [nátěr] v. = vipär.

Natur [natṵr] v. 1. = nat, auf die — bezüglich = natik, in — — nato 2. (Art, Temperament) = natäl, von —, ihrer, seiner — gemäsz = natälo, diebische — = tifiäl.

natura [nátṵra]: in — = nato.

naturalisieren [natṵrali̯si̯rěn] = reigäbön (lov.).

Naturell [natṵrä̱l] n. = natäl.

naturgemäsz [natṵrgěmä̱š] = natik.

Naturkunde [natṵrkṵndě] v. (Physik) = füsüd.

Naturstand [natṵrjtánt] m. = natäd.

naturwidrig [natṵrvidri̯] = tanatik.

Naturwissenschaft [natṵr-vi̯šěnjáft] v. = natav.

naturwissenschaftlich [natṵr-vi̯šěnjáftli̯q] = natavik, natavo.

Naturzustand [natṵr-žṵ̱jtánt] m. = natäd, im rohen — (wild) = natädik.

natürlich [natṵ̱rli̯q] 1. (naturgemäsz) = natik 2. (selbstverständlich) = klülik 3. = natöfik.

Natürlichkeit [natṵ̱rli̯qkäı̈t] v. 1. = natöf 2. — des Herzens (Einfalt) = balugäl.

Natürlichsein [natṵ̱rli̯q säı̈n] n. = klül.

Nautik [náṵtik] v. = melavegamav.

Navajos (Indianerstamm) = navayovans.

nächst [nǎq̊št] 1. = näi 2. = mu nilü 3. im nächsten Jahr = oyelo, nächsten Monat, im nächsten Monat = omulo.

Nächstenliebe [nǎq̊štěnli̯bě] v. = kemenilöf.

Nächster [nǎq̊štěr] m. = nilikünan.

nächstkommend [nǎq̊štkóměnt]: die nächstkommende Nacht = aneito.

nächtlich [nǎq̊tli̯q] = neitik.

nächtlicherweise [nǎq̊tli̯qěrväı̈sě] = neito.

Nähdraht [nǎ̱drat] m. = nägafad.

Nähe [nǎ̈ě] v. = nil, in der — = nilo.

nähen [nǎ̈ěn] = nägön (lov.).

Nähen [nǎ̈ěn] n. = näg.

näher [nǎ̈ěr]: 1. — bringen = nilükön (lov.) 2. nähere Umstände = pats mödikum.

Nähere [nǎ̈ěrě]: das — = pats mödikum.

Näherei [nǎ̈ěráı̈] v. = näg.

Näheres [nǎ̈ěrěš] n. = pats mödikum.

Näherin [nǎ̈ěrin] v. = jinägan.

nähern [nǎ̈ěrn]: sich — = nilikön (nel.).

Nähern [nǎ̈ěrn] n. = nilükam.

Näherung [nǎ̈ěrṵŋ] v. 1. = nilikam 2. = nilükam.

Nähfaden [nǎ̱faděn] m. = nägafad.

Nähgarn [nǎ̱gárn] n. = nägayän.

Nähmaschine [nǎ̱mäji̯ně] v. = nägacin.

nähren [nǎrěn] = nulüdön (lov.).

Nähren [nǎrěn] n. = nulüd.

nährend [nǎrěnt] = nulüdik.

Nährvater [nǎ̱rfatěr] m. = kälafat.

nämlich [nǎ̱mli̯q] 1. (denn) = ibo 2. (das heiszt) = sevabo.

närrisch [nǎ̱rij] = fopik, fopiko, — sein = fopön (nel.), sich — benehmen = bitön (nel.) fopiko, bitön äs fopan.

Näschen [näšqěn] n. = nudil.

Näscher [nǎjěr] m. = niban.

Näscherin [nǎjěri̯n] v. = jiniban.

Näsellaut [nǎsěllảṵt] m. = nudädaton.

näseln [näsěln] = nudädön (nel.).

Näseln [näsěln] n. = nudäd.

Nässe [näšě] v. = luim.

nässen [näšěn] = luimükön (lov.).

Nässer [näšěr] m. = luimükan.

Neapel [neapěl] = ‚Napoli' [nàpoli] (Lit.).

Nebel [něběl] m. fog, mit — erfüllen (benebeln) = fogükön (lov.).

nebelähnlich [něběl-ǎ̱nli̯q] = fogasümik.

Nebelähnlichkeit [něběl-ǎ̱nli̯qkäı̈t] v. = fogasüm.

nebelhaft [něbělháfti̯q] = fogasümik.

Nebelhaftigkeit [něbělháftiq-käı̈t] v. (Nebelähnlichkeit) = fogasüm.

nebelig [něběliq] = fogik.

nebeln [něběln] = fogön (nel.).

neben [něběn] = näi.

nebenbei [něběnbáı̈] = näio.

Nebenfarbe [něběnfárbě] v. = näiköl.

Nebenfigur [něběnfigur] v. = näifigur.

Nebengedanke [něběngědáŋkě] m. = näitikod.

Nebengemach [něběngěmáq̊] n. (Kammer) = lucem.

Nebenhaus [něběnháṵš] n. (Dépendance) = näidom.

nebenordnen [něběn=órdněn] = näiyümön (lov.).

Nebensache [něběnsáqě] v. = näidin.

Nebensatz [něběnsáž] m. 1. = näiset 2. = sekidaset.

Nebenton [něběnton] m. = näikazet.

Nebenvalenz [něběnvalánž] v. = näivalen.

Nebenzimmer [něběnži̯měr] n. = näicem.

neblig [něbliq] = fogik, — werden = fogikön (nel.).

nebst [nepšt] 1. (samt) = sa 2. = ko, leigo ko.

Neck [näk] m. = hinäk.

necken [näkěn] = kofülön (lov.).

Necker [näkěr] m. = kofülan.

Neckerei [näkěráı̈] v. = koful.

neckisch [nǎkij] = kofülik.

Nedschd [näcd] = Nácdän.

Neffe [näfě] m. = hinef.

Negation [negaži̯on] v. = noam.

negativ [negatif] 1. = negatik, negative Elektrizität = lektin negatik, negalektin 2. (verneinend) = noik 3. (versagend) = refudik.

Negativ [negatif] n. = neqatamagod.

negativelektrisch [negatif elǎ̱ktrij] = negatalek=tinik.

Negativität [negativität] v. = negat (tapladü ,posit' in matemat, in füsüd, in gitav, in fotograf, . . .).
Neger [negěr] m. = nägär.
Negrito [negrito] m. = negritovan.
nehmen [nemĕn] 1. = sumön (lov.), vor sich — = sumön fo ok 2. (wegnehmen) = moükön (lov.) 3. zu sich — = lasumön (lov.) lomü ok 4. auseinander zu — (auseinandernehmbar) = seasumovik 5. Abschied — = leditön (nel.), Anstosz —, Ärgernis — = skanön (nel.), das Masz — = mafotön (lov.),, die Verantwortung auf sich — = gididikön (nel.), eine Brausebad —, eine Dusche — = dujetön (nel.), einen Anlauf — = nüdugarönön (nel.), eine Preise — = snüfön (lov.), eine schlechte Wendung — = badikön (nel.), für lieb — = kotenülön (nel.), für ungut — = badocedön (lov.), gefangen — = fanäbükön (lov.), in Anspruch — = yufidön (lov.), in Augenschein — = dalogön (lov.), in Besitz — = labedön (lov.), Platz — = pladön (lov.) oki, Rücksicht — auf = demön (lov.), seine Entlassung — = sädünikön (nel.), seine Maszregeln — = mesülön (nel.), seinen Abschied — = sädünikön (nel.), seine Zuflucht zu etwas — = sefädön (lov.) oki in bos, sich zu Herzen — = kälälön (lov.), von . . . Besitz — = labedön (lov.).
Nehmen [nemĕn] n. = sum.
Neid [náït] m. = glöt.
Neidhammel [náït-hámĕl] m. = glötan.
Neidhart [náït-hárt] m. = glötan.
neidisch [náïdij] = glötik, — sein = glötön (nel.).
Neidischsein [náïdij sáïn] n. = glöt.
neidlich [náïtliq]: neidlicher Weise = glöto.
neidlos [náïtloš] = nenglötik.
Neidlosigkeit [náït-lòsiqkáït] v. = nenglöt.
neidschen [náïčĕn] (neidisch sein) = glötön (nel.).
neigen [náïgĕn] 1. (geneigt sein) = klienön (nel.) 2. sich — (abfallen, abhangen) = klivön (nel.).
Neigung [náïguŋ] v. 1. (Hang) = klien 2. (Abhang) = kliv 3. die innige — = löf.
nein [náïn] (nicht) = no, —! = nö! —, durchausnicht! = lenö!
Nektar [nǎktár] m. = näktar.
Nenname [nännamĕ] m. = pösodanem.
nennen [nänĕn] = nemön (lov.), sich — = panemön (sufalefom).
Nennen [nänĕn] n. = nemam.
Nenner [nänĕr] m.: — eines Bruchs = nemian fraka.
Nennform [nǎnfórm] v. (— des Zeitwortes) = nenfümbidir.
Nennung [nänuŋ] v. = nemam.
Nennwort [nǎnvórt] n. = nemir.
Neodym [neodüm] Nd = neodümin.
Neon [neón] Ne = neonin.
Nepal [nepal] = Nipalän.
Neptun [nǎptùn] (Planet) = näptun.
Nerv [nǎrf] m. = nev.

Nervenfieber [nǎrvĕnfiběr, nǎrfĕnfiběr] n. (Darmtyphus) = tüfoid.
Nervenkrankheit [nǎrvĕn-kráŋk-háït] v. = nevamaläd.
Nervenleiden [nǎrvĕnláïdĕn] n. = nevamaläd.
nervig [nǎrviq] = nämik.
Nervosität [nǎrvosität] v. = närvod.
nervös [nǎrvös] = närvodik.
Nest [nǎšt] n. 1. = näst, sein — machen = nästön (nel.) 2. (elendes Dorp) = luvilag.
nett [nät] (geziemend) = söto.
netto [nǎto] = näito.
Nettobetrag [nǎtobětrak] m. = näit.
Nettogewinn [nǎtogěvin] m. = näitafrut.
Netz [näž] n. 1. (Garn) = filät 2. st. = sifilät.
Netzhaut [nǎžháüt] v. = retin.
neu [nóǔ] 1. = nulik, — sein = nulön (nel.) 2. (nicht abgebraucht, nicht abgenutzt) = flifedik 3. aufs neue = dönu.
neuerdings [nóǔer diŋš] = bü brefüp.
Neufundland [nóǔfüntlánt] n. = NulaFaunlän.
Neugier [nóǔgir] v. = nuläl.
Neugierde [nóǔgirdĕ] v. = nuläl.
neugierig [nóǔgiriq] = nulälik.
Neuigkeit [nóǔiq-káït] v. = nulod.
neugriechisch [nóǔgrigij] 1. = nulaGrikänik 2. = nulaGrikänapükik.
Neu-Guinea [nóǔ ginèa] = NulaGineän.
Neuheit [nóǔ-háït] v. 1. = nul 2. (nicht abgebraucht sein) = flifed.
Neuigkeit [nóǔiq-káït] v. = nulod.
Neuigkeitskrämer [nóǔiq-káïžkráměr] m. = nulodiälan.
Neujahr [nóǔyàr, nóǔyar] n. = nulayel.
Neukaledonien [nóǔkaledòniĕn] = NulaKaledän.
Neukastilien [nóǔkáštiliĕn] = NulaKastilyän.
Neukran, k. = nulakrän.
neulich [nóǔliq] (vor kurzem) = enu.
Neuling [nóǔliŋ] m. = nulan.
neumodisch [nóǔ-mòdij] = nulavogädik.
neun [nóǔn] 9 = zül.
Neunauge [nóǔn-áüqĕ] n. = petromit.
Neuneck [nóǔnäk] n. = züllien.
Neunerchen [nóǔnĕrqĕn] n. = zülil.
neunerlei [nóǔnĕr láï] = zülsotik.
neunfach [nóǔn-fáq] = zülik.
Neunfache [nóǔn-fáqĕ] n. = zülot.
neunfacherweise [nóǔn-fáqĕr-váïsĕ] = züliko.
neunhundert [nóǔnhündĕrt] 900 = zültum.
neunjährig [nóǔnyäriq] = zülyelik.
neunmal [nóǔnmal] = zülna.
neunmalig [nóǔnmaliq] = zülnaik.
neunmaligerweise [nóǔnmaliqĕr váïsĕ] = zülnaiko.
neuntausend [nóǔntáüsĕnt] 9'000 = zülmil.
neunte [nóǔntĕ] = zülid, das — Mal = zülidnaed, zum neunten Male = zülidnaedo.
Neuntel [nóǔntĕl] n. = züldil.
Neuntelchen [nóǔntĕlqĕn] n. = züldilil.
neuntens [nóǔntĕnš] = zülido.
Neunzahl [nóǔnzal] = zülat.
neunzig [nóǔnziq] 90 = züldeg.
Neuorleans [nóǔór-leáñ] = ,New Orleans' [ñuǎrlins] (Lin.).
Neuschottland [nóǔjót-lánt] = NulaSkotän.

Neu-Seeland [nóŭ sèlánt] = Nula≠Seleäns.
Neustadt [nóŭ-ĵtát] = ‚Neustadt‘ [nóŭ-ĵtát]
(D.).
Neusüdwales [nóŭ sütvelš] = Nula≠Sulüda≠
Velsän.
neutral [nóŭtràl] = neudik.
neutralisieren [nóŭtralịsịrĕn] = neudükön
(lov.).
Neutralität [nóŭtralịt̬ạt] v. = neud.
Neutrum [nóŭtrụm] n. (Geschlechtslosigkeit)
= nengen.
Neuwahl [nóŭval] v. = nuladaväl.
Nicaragua [níkaràgua] = Nikaraguvän.
nicht]nịqt] (nein) 1. = no 2. — bestehend
= nedabinik, — existierend = nedabinik,
— öffentlich = nonotik, — sinnlich = ne≠
siädik, — üblich (ungebräuchlich) = nege≠
böfik, — wirklich = nejenöfik, — zu finden
(suchbar) = sukik 3. doch — = ga no,
immer — = ai no, noch — = no nog,
sogar — = igo no, — einmal = no balna,
igo no, — ferner = no fovo, — gut (schlimm,
verkehrt) = mi, — lange = no lunüpo, —
mehr = no plu, no fovo, — sobald (kaum)
töbo, — viel = nemödo, — weiters = no
fovo 4. — bestehen = nonön (nel.), — er≠
halten = negetön (lov.), — sein = nonön
(nel.), — weiter sich bewegen lassen = stö≠
pön (lov.), — zulassen = neletön (lov.) 5.
wenn — ... doch = if no ... ga sio, wo —
... doch = if no ... ga sio, — blosz ...
sondern auch = noe ... abi, — nur ... son≠
dern auch = noe ... abi, — sosehr ... als
vielmehr = noe ... abgüä 6. — wahr? =
vo-li? 7. — weiter! = stopö!
Nichte [nịqtĕ] v. = jinef.
Nichteinerleiheit [nịqt áīnĕrláī háīt] v. = vot.
Nichtexistenz [nịqt ä̆x̌ịštänž] v. = nedabin.
Nichtgeistlicher [nịqtgáīštlịqĕr] m. (Laie) =
nekleran.
Nichtgelehrter [nịqtgĕlertĕr] m. (Laie) = ne≠
nolan.
nichtig [nịqtịq] = nosik, — sein = nosön
(nel.).
Nichtigkeit [nịqtịqkáīt] v. (Nichtigsein) =
nosam.
Nichtigsein [nịqtịq sáīn] n. = nosam.
nichts [nịqž] = nos, gar — = lenos.
nichtsdestoweniger [nịqždä̆štovènịqĕr] (dennoch)
= too (ladv.).
Nichtsein [nịqtsáīn] n. = non.
Nichtsinnliche [nịqt-sịnlịqĕ]: das — = nesiäd.
Nichtsnutz [nịqžnụž] m. = mikondötan.
nichtsnutzig [nịqžnụžịq] = mikondötik.
nichtsnützig [nịqžnüžịq] = mikondötik.
Nichtstun [nịqžtụn]: süszes — (dolce far niente)
= keif.
Nichtweitersichbewegenlassen [nịqt váītĕr sịq
bĕvegĕn lášĕn]: das — = stöp.
Nickel [nịkĕl] m. e n. Ni = nikelin, von —
= nikelinik.
Nickel≠ [nịkĕl≠] = ... nikelinik.
Nickelkarbonyl [nịkĕl kárbonụ̈l] Ni(CO)₄ =
nikelinafolkarbonil.
Nickeloxyd [nịkĕl óx̌ụ̈t] Ni₂O₃ = nikeliniloxid.

Nickeloxydul [nịkĕl óx̌ụ̈dụl] NiO = nikelino≠
loxid.
Nickelsache [nịkĕlsáq̌ĕ] v. = nikelinot.
Nickelsulfat [nịkĕl sulfat] NiSO₄ = nikelino≠
sulfat.
nie [nị] (niemals) = nonikna, neföro, — und
nimmermehr = go leneföro.
nieder [nịdĕr]:‘ die niedere Lage = don.
Niederbayern [nịdĕrbáïĕrn] = Dona≠Bayän.
niederdeutsch [nịdĕrdóŭč̌] = Dona≠Deutänik.
Niederdeutsch [nịdĕrdóŭč̌]: das — = Dona≠
Deutänapük.
Niederdeutschland [nịdĕr-dóŭč̌-lánt] = Dona≠
Deutän.
niederfallen [nịdĕrfálĕn] = dofalön (nel.).
Niedergang [nịdĕrgáŋ] m. = doniogol, doni≠
kam.
niedergehen [nịdĕrgeĕn] = donikön (nel.).
niedergeschlagen [nịdĕrgĕĵlagĕn] = nenkuradik,
— sein = nenkuradön (nel.).
Niedergeschlagenheit [nịdĕrgĕĵlagĕnháït] v. =
nenkurad.
niederhangen [nịdĕrháŋĕn] 1. = delagön (nel.)
2. = dolagön (nel.).
niederhauen [nịdĕrháŭĕn] 1. = docöpön (nel.)
2. = dofälön (lov.).
Niederkleid [nịdĕrkláït] n. 1. (z.B. Beinkleid)
= donaklot 2. (von dem Oberkleid bedecktes Kleid) = niklot.
Niederlage [nịdĕrlagĕ] v. (Magazin) = magad.
Niederlande [nịdĕrlándĕ] pl. (Holland) =
Nedän.
niederlassen [nịdĕrlásĕn]: sich — = lomädü≠
kön (lov.) oki.
Niederländer [nịdĕrländĕr] m. = Nedänan.
niederländisch [nịdĕrländịj] (holländisch) =
Nedänik.
niederlegen [nịdĕrlegĕn] = doseitön (lov.).
niederrennen [nịdĕrränĕn] = dorönön (lov.).
Niedersachsen [nịdĕrsáx̌ĕn] n. = Dona≠Saxän.
niederschlagen [nịdĕrĵlagĕn] = donioflapön
(lov.).
niedersetzen [nịdĕrsäžĕn] = dopladön (lov.).
niedersinken [nịdĕrsịnkĕn] = donikön (nel.).
niederstrecken [nịdĕrĵträkĕn] (totschlagen) =
deifälön (lov.).
niederträchtig [nịdĕrträqtịq] = bapälik.
Niederträchtigkeit [nịdĕrträqtịqkáīt] v. = bapäl.
niederwerfen [nịdĕrvärfĕn] = dojedön (lov.).
niedlich [nịtlịq] = pitülik.
Niedlichkeit [nịtlịqkáīt] v. = plitül.
niedrig [nịdrịq] 1. = bapik, — gesinnt = bapik,
niedrige Gesinnung = bap 2. — sein =
donön (nel.), — werden = donikön (nel.),
— machen = donükön (lov.) 3. = lövik.
Niedrigkeit [nịdrịqkáīt] v. = bap.
niemals [nìmalš] (nie) = neföro, nonikna.
niemand [nìmánt] = nek, niemandes ... =
... nekik.
Niere [nịrĕ] v. = roin.
Nierenbecken [nịrĕnbäkĕn] = roinabasin.
niesen [nịsĕn] = snidön (nel.).
Niesen [nịsĕn] n. = snid.
Nigeria = Nigeriyän Linglänik.
Nigerkolonie = Nigeriyän Fransänik.

Nigritien [nigriʒiĕn] = Sudän.
Nigritier [nigriʒiĕr] m. = Sudänan.
Nikobaren [nikobarĕn] = Nikobaruäns.
Nikotin [nikotin] n. = nikotin.
Nikotinismus [nikotiniʃmųʃ] m. = nikotinim.
nimmer [nįmĕr] (nimmermehr) = leneföro.
nimmermehr [nįmĕrmer] = leneföro, nie und —
= go ieneföro.
Nimmersatt [nįmĕrsát] m. = nesatovan.
Niobium [nióbiųm] Nb = niobin.
nippen [nipĕn] = lipön (lov.).
nirgends [nįrgĕnž] (nirgendswo) = neseimo.
nirgendswo [nįrgĕnžvo] = neseimo.
nirgendswoher [nįrgĕnžvoher] = neseimao.
nirgendswohin [nįrgĕnžvohįn] = neseimio.
nisteln [nįštĕln] = nästön (nel.).
Niton [nitón] Nt = nitonin.
Nitramid [nįtramįt] NH₂NO₂ = lamidülnitratazüd.
nitrilosulfonsauer [nitrįlo sulfón-sáŭĕr]: nitrilo-
sulfonsaures Natrium, N(SO₃Na)₃ = balnitrinakilnatrinasulfion.
nitrohydroxylaminsauer [nįtro hüdróxŭl amįn-
sáŭĕr]: nitrohydroxylaminsaures Natrium, Na₂
N₂O₃ = natrinahüpnitrit.
Nitrohydroxylaminsäure [nįtro hüdróxŭl amįn-
sóŭrĕ] H₂N₂O₃ = hüpnitritazüd.
Nitrosisulfosäure [nįtròsi sųlfosóŭrĕ] NO.OH.
SO₃H = nitrosisulfionazüd.
Nitrosodisulfosäure [nitròso dį sųlfosóŭrĕ] NO
(SO₃H)₂ = nitrosotelsulfionazüd.
Nitrososulfosäure [nitròso sųlfosóŭrĕ] NO.SO₃H
= nitrososulfionazüd.
Nitrosylchlorid [nitrosųl klorįt] NOCl = nitro-
soklorin.
Nitrosylschwefelsäure [nitrosųl ĵvĕfĕlsóŭrĕ] NO.
SO₄H = nitrososulfatazüd.
Niveau [nįvo] n. (Höhe) = nivod.
nivellieren [nįvälirĕn] = nivädön (lov.).
Nivellieren [nįvälirĕn] n. = niväd.
Nivellierung [nįvälirųŋ] v. = niväd.
Nix [nįx] m. = hinäk, — oder Nixe = näk.
Nixe [nįxĕ] v. = jinäk, Nix oder — = näk.
Nixin [nįxįn] v. = jinäk.
Njam-Njam: die — = nyamnyamans.
Njassaland [ñáša-lánt] = Nyasän.
nobel [nobĕl] = nobik.
noch [nóĝ] = nog, — immer = ai nog, —
einmal = nog balna, — nicht = no nog,
jetzt — = nunog, weder . . . — = ni . . . ni.
nochmals [nóĝmalš] = nogna.
Nogaier = nogayans.
Nomade [nomadĕ] m. = nomad.
Nomadenleben [nomàdĕnlebĕn] n. = nomadalif.
nomadisieren [nomadisirĕn] = nomadön (nel.).
Nomen [nomĕn] n. = nemir (gr.).
Nomenklatur [nomĕnklatųr] v. = vödedem.
Nominativ [nominatįf] m. (Werfall) = nomi-
natif.
Nonan [nonan] C₉H₂₀ = nonan.
None [nonĕ] v. 1. (Intervall] = zülüd 2.
(Ton) = zülüf.
Nonett [nonät] = zülüm.
Nonillion [nonįlįon] 1'000'000⁹ = zülion.
Nonne [nónĕ] v. = jikleudan.

Nord [nórt] = nolüdik, — zu Osten = nono-
lünolüdalofüd, — zu Westen = nonolüno-
lüdavesüd.
Nordamerika [nórt amèrįka] n. = Nolüda-
Merop.
nordatlantisch [nórt átlántįj] = Nolüda-Lantea-
nik.
Nord-Borneo [nórt bórneo] = Nolüda-Borneän.
Nordbrabant [nórt bràbánt] = Nolüda-Brabän.
norddeutsch [nórt-dóŭč] = Nolüda-Deutänik.
Norddeutscher [nórt dóŭčĕr] m. = Nolüda-
Deutänan.
Norddeutschland [nórt dóŭč-lánt] n. = Nolüda-
Deutän.
Norden [nórdĕn] m. = nolüd, im — = nolüdo,
von —, aus — = nolüdaq, nach — = no-
lüdio, Ost zu — = lolofünolüdalofüd, Wes-
ten zu — = vevesünolüdavesüd, Nordost zu
— = lonolünolüdalofüd, Nordwest zu — =
venolünolüdavesüd.
Nord-Irland [nórt įrlánt] = Nolüda-Lireyän.
Nordkap [nórtkap] n. = Nolüdakep.
Nordland [nórt-lánt] n. = nolüdän.
Nordnordost [nórt nórt-óšt] m. = nolünolüda-
lofüd.
Nordnordwest [nórt nórtvǎšt] m. = nolünolü-
davesüd.
Nordost [nórt-óšt] m. = nolüdalofüd, — zu
Norden = lonolünolüdalofüd, — zu Osten
= nolofünolüdalofüd.
nordöstlich [nórt-óštlįq] = nolüdalofüdik.
Nordpol [nórtpol] m. = nolüdapov.
Nordpolarmeer [nórtpolàrmer] n. = Nolüda-
gladean.
Nord-Rhodesia = Nolüda-Rodesiyän.
Nordsee [nórtse] v. = Nolüdamel.
nordwärts [nórtvärž] = nolüdio.
Nordwest [nórtvǎšt] m. = nolüdavesüd, — zu
Norden = venolünolüdavesüd, — zu Wes-
ten = novesünolüdavesüd.
Nordwestbahn [nórtvǎštban] v. = ferodaruta-
veg nolüdavesüdik, trenaveg nolüdavesüdik.
Nordwesten [nórtvěštĕn] m. = nolüdavesüd.
nordwestlich [nórtvǎštlįq] = nolüdavesüdik.
Norfolk-Inseln = Norfolkuäns.
Norium [nòrįum] No = norin.
Norm [nórm] v. (Regel) = nom, nach der —
des = nomü.
normal [nórmál] (regelrecht) = nomik, — sein
= nomön (nel.).
Normalität [nórmalitǎt] v. = nomam.
Normallösung [nórmàl-lösųn] v. = mölasoülot.
Normalschule [nórmàljulĕ] v. = tidanajul.
Normandie [nórmándį, nórmáñdį] v.=Normän.
Norwege [nórvegĕ] m. = Norgänan.
Norwegen [nórvegĕn] n. = Norgän.
norwegisch [nórvegįj] = Norgänik.
Not [not] v. (Bedrängnis) = ditret, — leiden
= defädön (nel.).
Nota [nòta] v. (Rechnung, Faktur) = kalot.
Notar [notar] m. = notaran.
Notariat [notarįat] n. = notar.
notariell [notarįal] = notarik.
Notarius [notàrįuš] m. = notaran.
Notbehelf [nòtbĕhälf] m. = ditretayuf.

Note [notĕ] v. 1. mus. = noat, **ganze** — = noat lölik, **Noten schreiben** = noatön (nel.) 2. (eine sich auf einen Text beziehende Bemerkung) = noet, **eine kleine** — = noetil.
Notenschlüssel [nòtĕnjlŭsĕl] m. = kiküf.
notgedrungen [nòtgĕdrŭnĕn] = zesüdo.
notieren [notịrĕn] (aufzeichnen) = penetön (lov.).
Notiz [notịž] v. = penet.
Notizbuch [notịžbŭq] n. = penetabuk, penetabukil.
Notizchen [notịžqĕn] n. = penetil.
notleidend [nòtláĭdĕnt] = defädik.
Notleidender [nòtláĭdĕndĕr] m. = defädan.
Notre-Dame [nótrĕdàm] v. = leläd.
nottun [nòttụn] (sein müssen, vonnöten sein) = zesüdön (nel.).
notwendig [nòtvändịq, notvạ̈ndịq] = zesüdik, — **sein** = zesüdön (nel.).
Notwendigkeit [nòtvändịqkáĭt] v. = zesüd.
Novelle [novälĕ] v. (Erzählung) = koned.
November [novạ̈mbĕr] m. = novul.
November= [novạ̈mbĕr=] = ... novulik.
Nowaja-Semlia [nòvaya sạ̈mlïa] = Novasämleän.
nördlich [nŏrtlịq] = nolüdik, — **von** = no=lüdü.
nötig [nòtịq] 1. = zesüdik, — **sein** = zesüdön (nel.) 2. — **haben** (brauchen) = neodön (lov.).
nötigerweise [nòtịgĕrváĭsĕ] = zesüdo.
Nuance [nüáñsĕ] v. (Abstufung) = difül.
nuancieren [nüáñșịrĕn] = difülön (nel.).
Nubian [nùbịĕn] n. = Nubän.
Nubier [nùbịĕr] m. = Nubänan.
nubisch [nùbịj] = Nubänik.
Null [nụl] v. = ser.
nullen [nụlĕn] (mit einer 0 versehen) = serön (lov.).
numerieren [nụmĕrịrĕn, nụmĕrịrĕn] = nümön (lov.).
Numerierung [nụmĕrịrụn] v. = nümam.
numerisch [nụmĕrịj] = numik.
Numero [nùmĕro, nùmĕro] n. (Lieferung eines Zeitschriften, Nummer) = nüm.
Numidien [nụmidịĕn] = Numidän.
Numidier [nụmìdịĕr] m. = Numidänan.
numidisch [nụmìdịj] = Numidänik.
Nummer [nụmĕr] v. (Lieferung eines Zeitschriften) = nüm.
nun [nụn] 1. = nu, **von** — **an** = denu 2. — **da** = nü (kony.) 3. (folglich) = klu (kony.), kludo (ladv.) 4. — ! (jenun! eh bien! wohlan!) = benö! kluö! — **gut**! = benö!
nundenn [nụn dän]: — ! = benö!
nunmehr [nụn mer] = nu.
nunmehrig [nụn mèrịq] = nuik.
nur [nụr] 1. (allein, blosz) = te, — **dasz** = te 2. **nicht** — ... **sondern auch** = noe ... abi 3. — **keine Angst**! = nendredälö!
Nusz [nụš] v. = nöt.
nuszähnlich [nụšänlịq] = nötasümik.
Nuszbaum [nùšbáŭm] m. = yuglan.
Nutzanwendung [nụž-ánvạ̈ndụn]: — ! = südö=fatidodi!

nutze [nụžĕ]: **zu** —, **zum nutzen** = fruto.
nutzen [nụžĕn] (Nutzen haben von) = fruti=dön (lov.).
Nutzen [nụžĕn] m. (Vorteil) = frut, — **bringen** = frutön (lov.), — **haben von**, — **ziehen von** = frutidön (lov.), **zum** — **des** = frutü.
Nutzholz [nùžhólž] n. (Zimmerholz) = kape=naboad.
nutzlos [nùžloš] = nenfrutik.
Nutzlosigkeit [nùžlosịqkáĭt] v. = nenfrut.
nüchtern [nŭqtĕrn] 1. = dinöfälik, **nüchterner Geist** = dinöfäl, **nüchterner Verstand** = täläkt dinöfälik 2. (in dem Zustand ehe man etwas genossen hat) = jöenik.
Nüchternheit [nŭqtĕrnháĭt] v. = jöen.
Nüchternsein [nŭqtĕrn sáĭn] v. = jöen.
nützen [nụžĕn] (Nutzen bringen) = frutön (lov.).
nützlich [nụžlịq] (vorteilhaft) = frutik.
Nützlichkeit [nụžlịqkáĭt] v. = frut.
Nymphe [nụmfĕ] v. = neüf.

O. o.

o [o] : — ! = o!
ob [óp] 1 = va, — ... **oder** — = u va ... u va 2. — ... **oder** = u ... u, ud ... ud 3. **als** — = äsva.
obacht [òbáqt]: — ! = prüdö!
Obelisk [obeịšk] m. = boelig.
oben [obĕn] (droben) = löpo, **von** — löpao, **nach** — = löpio.
obendranig [obĕn drànịq] = löpik.
obenerwähnt [obĕn ạ̈rvänt] = büikumo pemä=niotöl.
obengenannt [obĕn gĕnánt] = büikumo pemä=niotöl.
obenstehend [obĕn jteĕnt] (obig) = löpik.
ober [obĕr] = löpik, **die obere Lage** = löp, **obere Fläche** = löpaplen.
Oberbayern [òbĕrbáĭĕrn] n. = Löpa=Bayän.
Oberbefehlshaber [obĕr bĕfèlšhabĕr] m. 1. = büdal 2. (Generalissimus) = general.
Oberbürgermeister [obĕr bụ̈rgĕrmáĭštĕr] m. = lesifal.
oberdeutsch [òbĕrdóŭč] = Löpa=Deutänik.
Oberdeutschland [obĕr dóŭč-lánt] n. = Löpa=Deutän.
Oberdirektion [obĕr dịräkẓịon] v. = ledilek.
Oberdirektor [obĕr dịrạ̈któr] m. = dilekal.
Oberelsasz [obĕr ạ̈lsáš] m. e n. = Löpa=Lalsasän.
oberelsässisch [obĕr älsạ̈sịj] = Löpa=Lalsasänik.
Oberfläche [òbĕrfläqĕ] v. 1. (die obenbefindliche) = löpaplen 2. (im Gegensatz zum Inneren) = sürfat.
oberflächlich [òbĕrfläqlịq] 1. (untief) = nedibik 2. = nenkuratik 3. = sürfatik 4. (flüchtig) = viföfik.
Oberflächlichkeit [òbĕrfläqlịqkáĭt] v. = nenkurat.
Oberförster [òbĕrfŏrštĕr] m. = fotilekonöman.
Obergesims [òbĕrgĕsịmš] n. = kornid.
oberhalb [òbĕrhálp]: — **des** = löpü.
Oberhaupt [òbĕrháŭpt] n. = cif, lecif.

Oberitalien [obĕr itäli̯ĕn] n. = Löpa≠Litaliyän.
oberitalienisch [obĕr itäli̯ĕni̯] = Löpa≠Litali≠
yänik.
Oberkellner [òbĕrkälnĕr] m. = lebötan.
Oberkiefer [òbĕrki̯fĕr] m. = löpamaxül.
Oberland [òbĕrlánt] n. = löpän.
Oberländer [òbĕrländĕr] m. = löpänan.
oberländisch [òbĕrländi̯] = löpänik.
Oberleder [òbĕrledĕr] n. = löpaküir.
Oberlehrer [òbĕrlerĕr] m. = tidal.
Oberleitung [òbĕrläïtu̯n] v. = lecifam.
Oberleutnant [òbĕrlóŭtnánt] m. = leliötan.
Oberleutnantswürde [òbĕrlóŭtnánž-vu̯rdĕ] v. =
leliöt.
Oberopferpriester [obĕr ópfĕrpri̯stĕr] m. = lesa≠
krifal.
Oberösterreich [obĕr òštĕrráïq, obĕr òštráïq] n.
= Löpa≠Lösterän.
Oberpfalz [òbĕrpfálž] v. = Löpa≠Palzän.
Oberpostamt [obĕr póšt-ámt] n. = potaleguv.
Obersatz [òbĕrsáž] m. (terminus major) =
löpasetäd.
Oberschef [òbĕrjäf] m. = lecif.
Oberschenkel [òbĕrjäŋkĕl] m. = löpalög, küid.
Oberschlesien [obĕr jlèsi̯ĕn] m. = Löpa≠Jlesän.
oberschlesisch [obĕr jlèsi̯] = Löpa≠Jlesänik.
Oberschulrat [obĕr ju̯lrat] m. = julidalogal.
oberst [obĕršt]: zu — = go löpo.
Oberst [obĕršt] m. = konulan, Würde des
Obersten = konul.
Oberstab [òbĕrjtap] m. = löpastäf.
Oberstabarzt [obĕr jtàpšáržt] m. = löpastäfasa≠
nan.
Oberstleutnant [obĕršt lóŭt-nánt] m. = viko≠
nulan.
Oberstrasze [òbĕrjtrašĕ] v. = süt löpik.
Oberstvorstand [obĕršt fòrjtánt] m. = lecif.
Oberverwaltung [obĕr fär̆váltu̯n] v. (Ober≠
direktion) = ledilek.
Ober-Volta [òbĕr≠vólta] (Gebiet) = Löpa≠
Voltayän.
obgleich [òpgláïq] (obschon) = do.
obig [òbi̯q] = löpik.
Objekt [ópyä̀kt] n. 1. (Ding, Sache) = din
2. (Gegenstand) = yeg.
objektiv [ópyäkti̯f] (sachlich) = dinöfik.
Objektivität [ópyäktivi̯tä̀t] v. = dinöf.
Objektsatz [ópyä̀ktsáž] m. = yegodaset.
Obligation [òbligažĭòn] v. = bligod.
Obmann [óp-mán] m. 1. = cif 2. (Schieds≠
mann) = rabitan.
Obmannschaft [óp-mán-jáft] v. = rabitanef.
Obrigkeit [òbri̯qká̆ït] v. (Behörde) = cifod.
obrigkeitlich [òbri̯qkáĭtli̯q] = cifodik, obrig≠
keitliche Person = cifodan.
obschon [ópjòn] = do.
Observatorium [ópsärvatòri̯um] n. = küpedöp.
Obskurant [ópškuránt] m. = bosküran.
Obskurantismus [ópškurántišmu̯š] m. = boskür.
Obst [opšt] n.: — einheimsen = flukiklopön
(nel.).
Obstbau [òpštbáŭ] m. = flukafeil.
Obstetrik [ópštĕtri̯k] v. = kujörav.
Obstetrikus [ópštĕtri̯ku̯š] m. = kujöravan.
obszön [ópšžòn] = socenik.

Obszönes [ópšžŏnĕš]: Hang zum Obszönem =
soceniäl.
Obszönität [ópšžöni̯tä̀t] v. = socen.
obwohl [ópvòl] = do.
obzwar [ópžvàr] = do.
Ochs [óx̆] m. = hobub.
Ochse [óx̆ĕ] m. = hobub.
oder [odĕr] 1. = u, ud, — ... — = u ... u,
ud ... ud, entweder ... — = u ... u, ud
... ud, ob ... — ob = u va ... u va, sei
es dasz ... — dasz = u das ... u das 2.
(in latin: ‚sive‘, ‚seu‘) = ü, üd.
Ofen [ofĕn] m. 1. = furnod 2. (— zum Hei≠
zen von Zimmern) = fön 3. st. = sifurnod.
Ofenrohr [òfĕnror] n. = rüd.
Ofenschirm [òfĕnji̯rm] m. = fönajelöm.
offen [ófĕn] 1. = maifik, — sein = maifön
(nel.) 2. (unverhohlen) = notodälo 3. ein
offener Kopf = kleilan, offene Handelsgesell≠
schaft = kompenät fiamik, offenes Feld =
lardafel.
offenbaren [ófĕnbarĕn, ófĕnbàrĕn] (theologisch)
= dasevädükön (lov.).
Offenbarung [ófĕnbàru̯n] v. = dasevädükam.
offenherzig [ófĕnhärži̯q] 1. = notodälik 2.
(mitteilsam) = nüniälik, nüniälo.
Offenherzigkeit [ófĕnhärži̯qká̆ït] v. 1. = noto≠
däl 2. (Mitteilsamkeit) = nüniäl.
offenkundig [ófĕnku̯ndi̯q, ófĕnku̯ndi̯q] = notik,
— sein = notön (nel.).
Offenkundigkeit [ófĕnku̯ndi̯q-káĭt] v. = not.
Offensein [óffĕn sáïn] n. = maif.
Offert [ófä̀rt] (Anerbieten) = lof.
Offertorium [ófä̀rtòri̯um] n. = lesakrif.
offiziell [ófiži̯ä̀l] = calöfik, — werden (z.B.
Verlobung) = notikön (nel.).
Offizier [ófiži̯r] m. = fizir.
offrieren [ófri̯rĕn] = lofön (lov.).
oft [óft] (öfters) = suvo, — tun = suvadu≠
nön (lov.), zu — = tusuvo.
oftmals [óftmalš] = suvikna.
oh [o]: —! = o!
Oheim [òháïm] m. (Onkel) = ziom, hiter.
Ohm [om] m. = ziom, hiter.
ohne [onĕ] 1. = nen, — mein Wissen = nen
sev obik, zehn Personen — die Kinder = nen
cils: pösods deg 2. — dasz = nendas, — zu
= nes 3. — Ausnahme = nenpläoto, —
Ende = nenfino, nenfinodo, — Grundsätze
= nenprinsipik, — Rücksicht = nendemik,
nendemo, — Schulden = nendebik, — Trug
= nencüto, — Umschweife (geradezu) =
stedälo, — Überlegung (blindlings) = nen≠
vätälo, — Zweifel = nendoto 4. es ist nicht
ganz — = boso binos so.
ohnedies [onĕdiš] (ohnehin) = ga.
ohnehin [onĕhi̯n] = ga.
Ohr [or] n. = lil, einem die Ohren waschen =
leblamön (lov.) eki.
Ohrfeige [òrfáïgĕ] v. = cügiflap, liliflap.
Ojibwa (Indianerstamm) = locipevans.
Oktan [óktán] C₈H₁₈ = loktan.
Oktant [óktánt] m. 1. = jölöm 2. st. = si≠
jölöm.

Oktave [óktàvĕ] v. mus. 1. (Intervall) = jölüd 2. (Ton) = jölüf.
Oktett [óktặt] n. = jölüm.
Oktillion [óktịḷịòn] 1'000'000⁸ = jölion.
Oktober [óktòbĕr] m. = tobul.
Oktober= [óktòbĕr=] = ... tobulik.
Okzident [ókẓidặnt] m. = vesüdän.
okzidentalisch [ókẓidặntàḷịj] = vesüdänik.
Oldenburg [óldĕnburk] = Loldänburgän.
Olefin [oleḟin] = karbanilen.
Olive [oḷịvĕ] v. = learafluk.
Olivenbaum [oḷịvĕnbáŭm] m. = lear.
Olivenöl [oḷịvĕn=öl] n. = learaleül.
Oman = Lomanän.
Omelette [omelặtĕ] v. = moelät.
Omen [òmặn] n. (Vorzeichen) = bümal.
Omnibus [ómnịbụš] m. = nibud.
Onkel [óŋkĕl] m. (Oheim) = ziom, hiter, — oder Tante = ter.
Ontologie [óntologì] v. (Wesenlehre) = da= binav.
Oper [opĕr] v. = lop.
Operateur [operatör] m. = kötetan.
Operation [operaẓịon] v. = kötet.
operativ [operatịf] = kötetik.
operieren [operịrĕn] = kötetön (lov.), plas= tisch — = plastüdön (lov.).
opernartig [opĕrn-àrtịq] = lopik.
Opfer [ópfĕr] n. = sakrifot, zum — bringen = viktimön (lov.).
Opferer [ópfĕrĕr] m. = sakrifan.
Opfergabe [ópfĕrgabĕ] v. = sakrifot.
Opfergeist [ópfĕr-gáïšt] m. (Opfersinn) = viktimäl.
opfern [ópfĕrn] (in valem) = sakrifön (lov.).
Opfern [ópfĕrn] n. (in valem) = sakrif.
Opferpriester [ópfĕrprịštĕr] m. = sakrifal.
Opfersinn [ópfĕrsịn] m. = viktimäl.
Opferspeisen [ópfĕr-ʝpáïsĕn] pl. = sakrifazib, sakrifazibs.
opferwillig [ópfĕr-vịḷịq] = sakrifälik.
Opferwilligkeit [ópfĕr-vịḷịq-káït] v. = sakrifäl.
Optativ [óptatịf] m. (Wunschform) = vipa= bidir.
Optik [óptịk] v. 1. litav 2. = lünav.
Optiker [óptịkĕr] m. = lünavan.
Optikus [óptịkụš] m. = lünavan.
Optimismus [óptimịšmụš] m. = fredim.
Optimist [óptimịšt] m. = frediman.
optimistisch [óptịmịštịj] = fredimik.
optisch [óptịj] 1. = litavik 2. = logamik.
Orange [óráñjĕ] v. (Pomeranze) = rojat.
orangen [óráñjĕn] = rojanik.
Orangenbaum [óráñjĕn-báŭm] m. = rojatabim, rojatep.
Orangenfarbe [óráñjĕn-fárbĕ] v. = rojan.
orangenfarbig [óráñjĕn-fárbiq] = rojanik.
Oranien [oránịĕn] n. = Loranän.
Orange-Freistaat [óráñjĕ-fráïʝtat] = Loranäna= Libatat.
Oratorium [oratòrịụm] n. (Betort) = pleköp.
Orchester [órqặštĕr, órkặštĕr] n. = musigalef.
orchestrieren [órqặštrịrĕn, órkặštrịrĕn] = be= vobön (lov.) pro musigalef.
Ordale [órdàlĕ] = Godacödetam.

Orden [órdĕn] m. = rod.
Ordensbruder [órdĕnšbrudĕr] m. = hirodan.
Ordensgenosz [órdĕnš-gĕnóš] m. = rodan.
Ordensglied [órdĕnšglịt] n. = rodan.
Ordensschwester [órdĕnšʝväštĕr] v. = jirodan.
ordentlich [órdĕntḷịq] = leodik.
Order [órdĕr] v. 1. (Befehl) = büd, auf — des ... hin = büdü 2. (Bestellung) = boned.
ordnen [órdnĕn] = leodükön (lov.), der Reihe nach — = sökaleodükön (lov.), alphabe= tisch — = lafabön (lov.).
Ordnen [órdnĕn] n. = leodükam.
Ordner [órdnĕr] m. = leodükan.
Ordnung [órdnụŋ] v. 1. (geordneter, ordentli= cher Zustand) = leod, in — = leodik, auszer der — = plödaleodik 2. (das Ord= nen) = leodükam, 3. in — sein = leodön (nel.), in — kommen = leodikön (nel.), in — bringen, in — stellen = leodükön (lov.) 4. (Reglement) = nomem 5. mat. = söket.
Ordnungsliebe [órdnụŋšḷịbĕ] v. = leodiäl.
ordnungsliebend [órdnụŋš-ḷịbĕnt] = leodiälik.
ordnungslos [órdnụŋšloš] = nenleodik.
Ordnungslosigkeit [órdnụŋš-lòsịqkáït] v. = nenleod.
Ordnungssinn [órdnụŋšsịn] m. = leodiäl.
Ordnungszahl [órdnụŋšžal] v. = numavöd sökaleodik.
Organ [órgàn] n. 1. (— von Pflanz oder Tier) = jäfidäm 2. (Zeitung, ...) = jäfidot 3. (Mensch) = jäfidan.
Organisation [órganisaẓịòn] v. = noganükam.
Organisator [órganịsàtór] m. = noganükan.
organisch [órgànịj] = jäfidämik.
organisieren [órganisịrĕn] = noganükön (lov.).
Organismus [órganịšmụš] m. = nogan.
Organist [órganịšt] m. = gelan.
Orgel [órgĕl] v. = gel, — spielen = gelön (lov.).
Orgelbau [órgĕl-báŭ] m. = gelimek.
Orgelbauer [órgĕl-báŭĕr] m. = gelimekan.
orgeln [órgĕln] = gelön (lov.).
Orgelregister [órgĕl-regịštĕr] n. (Orgelzug) = gelatiret.
Orgelton [órgĕlton] m. = gelatonod.
Orgelzug [órgĕlžuk] m. = gelatiret.
Orient [orịänt, òrịànt] m. (Morgenland) = lofüdän.
Orientale [orịäntalĕ] m. = lofüdänan.
orientalisch [orịäntàḷịj] = lofüdänik.
Original [original] n. 1. (Originalstück) = rigäd, auf das — bezüglich = rigädik, in — = rigädo 2. (Mensch) = bisaran.
originalisch [origịnàḷịj] = riganatälik.
Originalität [origịnalịtät] v. = riganatäl.
Originalstück [origịnàḷtük] n. = rigäd.
Originalurkunde [origịnal-ụrkụndĕ] v. = rigä= dapenäd.
originell [originäl] 1. (ursprünglich) = rigik 2. origineller Autor = rigädilautan.
Orion [oríòn] m. st. = eläd „Oríòn'.
Orkan [órkàn] m. = letep.
orkanartig [órkàn-àrtịq[= letepik.
Orkney-Inseln [órkne=insĕln] = Lorkneyuäns.
Ornat [órnàt] n. = dekaklotem.

Ornitholog [órnĭtolòk] m. = bödavan.
Ornithologie [órnĭtologì] v. (Vogelkunde) = bödav.
ornithologisch [órnĭtològįj] = bödavik.
Ort [órt] m. 1. (Platz) = top, an — und Stelle = topo, irgendeiner — = seim, an irgendei‑nem — = seimo, — des Grabens = seböp 2. (Platz den etwas einnimmt) = plad 3. (Dorf) = vilag.
Orthoarsensäure [órto‑ársĕnsóûrĕ] H₃AsO₄ = rotolarsenatazüd.
Orthocephalie [órtožefalì] v. = stedakap.
Orthographie [órtografį] v. = lotograf.
orthographisch [órtogràfįj] = lotografik.
Orthophosphorsäure [órtofóš‑fór sóûrĕ] H₃PO₄ = rotofosfatazüd.
Ortsveränderung [órž‑färändĕrųn] v. = topicän.
Osmanen [óšmänĕn] = losmanans.
osmanisch [óšmànįj]: osmanisches Reich = reigän porta sublimik.
Osmium [óšmįųm] Os = losmin.
osmiumsauer [óšmįųm‑sáûĕr]: osmiumsaures Kalium, K₂OsO₄ = kalinalosmat.
Osmiumtetroxyd [óšmįųm tetróxût] OsO₄ = ballosminafolloxin.
Osmose [óšmòsĕ] = sosmot.
osmotisch [óšmòtįj] = sosmotik.
Osseten = losetans.
Ost [óšt, ošt]: — zu Norden = lolofünolüda‑lofüd, — zu Süden = lolofüsulüdalofüd.
ostdeutsch [óst dóûc] = Lofüda‑Deutänik.
Osten [óštĕn] m. = lofüd, Nord zu — = no‑nolünolüdalofüd, Nordost zu — = nolofü‑nolüdalofüd, Süden zu — = susulüsulüda‑lofüd, Südost zu — = sulofüsulüdalofüd.
Ostensorium [óštänsòrįųm] = stoensor.
Osterabend [òstĕr‑abĕnt] m. = büpasatsoar.
Osterdienstag [oštĕr dĭnštak] m. = pasatatudel.
Osterfest [òštĕrfäšt] n. = pasatazäl.
Oster-Insel [òštĕr‑insĕl] = Pasatuäns, Pasateän.
Ostermontag [oštĕr mòntak] m. = pasatamudel.
Ostern [oštĕrn] 1. = pasat 2. (Osterfest) =. pasatazäl.
Ostersonntag [oštĕr sóntak] m. = pasatasudel.
Ostindien [óšt‑ĭndĭĕn] n. = Lofüda‑Lindän.
ostindisch [óšt‑įndįj] = Lofüda‑Lindänik.
Ostjaken [óštyàkĕn] = lostyakans.
Ostnordost [óšt nórt‑óšt] = lofünolüdalofüd.
Ostpreuszen [óšt‑próûšĕn] = Lofüda‑Preusiän.
Ostsee [óštse] v. = Lofüdamel.
Ostsüdost [óšt süt‑óšt] = lofüsulüdalofüd.
Ost‑Turkistan [óšt tùrkĭštán] = Sinkiyän.
ostwärts [óštvärž] = lofüdio.
Oszillation [óšžĭlažìòn] v. = bran.
oszillieren [óšžĭlĭrĕn] = branön (nel.).
Oszillieren [óšžĭlĭrĕn] n. füs. = branam.
Otaheiti [otahàítį] = Tahitän.
otaheitisch [otahàítįj] = Tahitänik.
Otter [ótĕr] m. 1. = lutar 2. (Natter) = vipär.
ottomanisch [ótomànįj]: ottomanisches Reich = reigän porta sublimik.
Ouvertüre [uvärtürĕ] v. = primüm.
Oxalsäure [óxàl‑sóûrĕ] = loxalazüd.
Oxozon [óx‑ožòn] O₄ = loxozon.

Oxyd [óxût] n. 1. = i‑loxid 2. (loxinakobot) = loxid.
Oxydation [óxüdažìòn] v. = xüd.
Oxydationsprozesz [óxüdažìònš prožäš] m. = xüdajenäd.
oxydieren [óxüdĭrĕn] = xüdön (nel.).
Oxydul [óxüdùl] = o‑loxid.
Oxydulverbindung [óxüdùlfärbĭndųn] v. = o‑loxidakobot.
Oxydverbindung [óxût‑färbĭndųn] v. = i‑loxida‑kobot.
Ozean [òžean] m. = sean, Atlantischer — = Lantean, Groszer — = Pasifean, Indischer — = Lindean, Stiller — = Pasifean.
Ozeanien [ožeànĭĕn] n. = Seanuäns.
ozeanisch [ožeànįj] = seanik.
Ozon [ožòn] n. = lozon.
ozonreich [ožònráĭq] = lozonagik.

Ö. ö.

Öchslein [óx‑láĭn] n. = hobubil.
Öde [ödĕ] v. (Verlassenheit) = soalöf.
Ödesein [ödĕ sáĭn] n. (Verlassenheit) = soalöf.
öffentlich [ófĕntlįq] 1. (offenkundig) = notik, nicht — = nonotik, — bekannt werden = notikön (nel.) 2. (dem Publikum freien Zu‑gang gewährend) = notidik.
Öffentlichkeit [ófĕntlįq‑káĭt] v. 1. = not, an die — treten = notikön (nel.) 2. (das Öf‑fentlichsein) = notid.
Öffentlichsein [ófĕntlįq sáĭn] n. = notid.
öffnen [ófnĕn] 1. (aufmachen) = maifükön (lov.), sich — = maifikön (nel.) 2. (an‑stecken) = sälebuonön (lov.) 3. durch schneiden = maikötön (lov.), spannend — = maitenidükön (lov.), steckend — = maisteigön (lov.), weichmachend — = mai‑müdükön (lov.).
Öffnen [ófnĕn] n. = maifükam.
Öffnung [ófnųn] v. = maifod.
öfters [óftĕrš] = suvo.
Ökonom [ökonom] 1. = konömavan 2. (Haus‑hälter) = konöman.
Ökonomie [ökonomi] v. = konömav.
ökonomisch [ökonòmįj] = konömavik.
Öl [öl] n. = leül, ätherhaltiges — = leül leterik, ätherisches — = väpöfaleül.
ölartig [öl‑àrtįq] = leülöfik.
Ölbaum [ölbáûm] m. = lear.
Ölbaumfrucht [òlbaúm‑frųdt] v. = learafluk.
ölen [ölĕn] (einölen) — = leülön (lov.).
Ölfabrikant [òlfabrĭkánt] m. = leülel.
Ölfarbe [òlfárbĕ] v. = leülaköl.
Ölfirnis [öl‑fįrnįš] m. = leülaglod.
ölhaltig [òlháltįq] = leülerik.
ölicht [öliqt] = leülöfik.
ölig [òliq] 1. (ölartig) = leülöfik 2. (ölhaltig) = leülerik.
Ölung [òlųn] v. 1. = leülam 2. (Ölungssakra‑ment) = leülamasakram.
Ölungssakrament [òlųnš‑sakramänt] n. = leü‑lamasakram.
Ölzweig [òlžváĭk] m. = learatuig.
Ör [ör] n. e m., k. = klonazim.

örtlich [ȯrtlįq] = topik, topiko.
Österreich [ȯštĕrráïq] = Lösterän.
Österreicher [ȯštĕrráïqĕr] = Lösteränan.
österreichisch [ȯštĕrráïqįȷ] = Lösteränik.
östlich' [ȯštlįq] = lofüdik, — von = lofüdü.

P. p.

Paar [par] n. = pär.
paaren [parĕn] 1. (paarweise verbinden) = pärükön (lov.) 2. sich — = koitön| (nel.).
paarig [pàrįq] = pärik.ᴠ
Paarigkeit [pàrįqkáït] v. = 'päram.
Paarung [pàrųn] v. 1. = pärükam 2. = koit.
paarweise [pàrváïsĕ] = telatik, — verbinden = pärükön (lov.).
Paarzahl [pàržal] v. 1. (Dual) = päranum 2. (Zweier) = telat.
Pacht [páƭt] v. (Pachtzins) = loatamon, in — = loato.
pachten [páƭtĕn] = loatön (lov.).
Pachten [páƭtĕn] n. = loat.
Pachter [páƭtĕr] m. = loatan.
Pachtgeld [páƭtgält] n. = loatamon.
pachtgemäsz [páƭtgĕmäš] = loatik.
Pachtgut [páƭtgųt] n. (Gepachtete) = loatot.
Pachtung [páƭtųn] v. = loat.
Pachtzins [páƭtžįnš] m. = loatamon.
Pack [pák] m. e n. = päk 2. n. (Volk) = lusog.
packdick [pák dįq]: —! (fort!) = moö!
packen [pákĕn] (einpacken) = päkön (lov.).
Packen [pákĕn] n. = päkam.
Packer [pákĕr] m. = päkel.
Packerei [pákĕráï] v. = päkam.
Packleinwand [pák-láïn-vánt] v. = päkama= linum.
paff [páf] 1. ganz — stehen = bluvön (nel.) 2. —! (piff! puff!) = pü!
Page [pajĕ] m. (Edelknabe) = skvair.
Pagode [pagodĕ] v. 1. (tem Lindänik, Tsyinä= nik, ... = bägod 2. (lugodamagotil Tsyinä= nik) = paot.
Paket [pákèt] n. = päked.
Paketchen [pákètqĕn] n. = päkedil.
Palast [pálášt] m. = ledom.
Paläontologie [palääntologì] v. = fösilav.
Palästina [paläštįna] (hl. Land, Kanaan) = Kanaän, Palästinän.
Palästina=Pfund [paläštįna=pfųnt] n. k. = poun Palästinänik.
palästinisch [paläštįnįȷ] = Kanaänik, Palästi= nänik.
Pali [pàli] = paliv.
Palladium [páládįųm] n. Pd = paladin.
Palladiumchlorid [páládįųm klorįt] PdCl₄ = paladiniklorid.
Palladiumjodür [páládįųm yodųr] PdJ₂ = pala= dinoyodid.
Palme [pálmĕ] v. = pam.
Pamir [pamir] (Landschaft) = Pamirän.
Panama [pànama, pánama] = Panamän.
Panamakanal-Zone = Ziläk kanäda di ‚Pa= namá'.
Pandschabi: das — = pancabiy.

Panier [pánįr] n. (Banner) = lestän.
Panorama [panoràma] n. = banorem.
Pantheon [pán-teón] = panteon (tem.).
Pantoffel [pántófĕl] m. = pantuf.
Papa [pápà] m. (Väterchen) = fatül.
Papier [pápįr] n. = papür, die scharf abge= schnittene Kante von einem Stück| — = pa= püraköted, — zum Schreiben = penama= papür, zu — bringen = penetön (lov.), pe= nädön (lov.).
Papierdrache [pápįrdráǧĕ] m. = kait.
papieren [pápįrĕn] = papürik.
Papierfabrik [pápįrfabrįk] v. = papürifabrik.
Papiergeld [pápįrgält] n. = papüramon.
Papierhandlung [pápįr-hándlųn] v.=papürated.
Papierschnitzel [pápįrjnįžĕl] n. = papürasma= lotül.
Papierware [pápįrvarĕ] v. = papüracan.
Pappdeckel [pápdäkĕl] m. = karton.
Pappe [pápĕ] v. = karton, von — = kartonik.
Pappendeckel [pápĕndäkĕl] m. = karton.
Pappware [pápvarĕ] v. = kartonacan.
Papst [papšt] m. = papal.
Papsttum [pàpšttųm] n. = pap.
Papua [papùa, pàpua] 1. = papuvan 2. = Papuvän.
Para [pàra] m. 1. k. = dinarazim 2. türki= scher — = pärad.
Parabel [páràbĕl] v. = parab.
Parade [paradĕ] v. = päräd, — machen = pärädön (nel.).
Parade= [paradĕ=] = ... pärädik.
paradieren [paradįrĕn] = pärädön (nel.).
Paradies [páradįš] n. (Eden) = parad.
paradiesisch [páradįsįȷ] = paradik.
Paradiesvogel [paradišfogĕl] m. 1. = paradit 2. st. = siparadit.
Paradigma [páradįgma] n. = paradig.
Paraffin [páráfįn] n. = parafin.
Paragraph [páragráf] m. = bagaf.
Paragraphenzeichen [páragràfĕn-žáïqĕn] n. = bagafamalül.
Paraguay [páragŭàį] n. = Paragvän.
Paraguayer [páragŭaĕr] m. = Paragvänan.
paraguaysch [páragŭàįȷ] = Paragvänik.
Parallax [párálái] v. = paralad.
parallel [párálĕl] = fagotaleigik.
Parallele [párálèlĕ] v. = lien fagotaleigik, paralel.
Parallelepipedon[párálel=epįpedón] n. = para= lelepid.
Parallelität [párálelįƭt] v. = fagotaleig.
Parallelogramm [párálelográm] n. = paralelod.
Parament [paramǟnt] n. = paramen.
Parenthese [parǟntesĕ] v. = kläm.
Parfüm [párfųm] n. = benosmel.
Parfümerie [párfümĕrì] v. = benosmelot.
parieren [parirĕn] = taedön (lov.).
Paris [párįš] n. (Stadt) = ‚Paris' [pari] (Fr.).
Pariser [párisĕr] 1. m. = ‚Parisien' [parisiäñ] (Fr.) 2. lády. = di ‚Paris' [pari] (Fr.).
Pariserin [párisĕrįn] v. = ‚Parisienne' [pari= siän] (Fr.).
Park [párk] m. = legad.
Parkett [párkⱥt] n. (Theater) = parket.

Parkettfuszboden [párkạ̇t-fụ̇šbodĕn] m. = baged.
parkettieren [párkätịrĕn] = bagedön (lov.).
parkieren [párkịrĕn] = parkön (lov.).
Parkieren [párkịrĕn] n. = park.
parochial [páróq̇ịal] = pädänik.
Parochian [páróq̇ịän] m. = pädänan.
Parochie [páróq̇ị] v. = pädän.
Parsevan: die — = parsevans.
Parsi [pársi]: die — = parsiyans.
Partei [pártáï] v. = palet, zu einer — gehörig = paletik.
Parteigenosz [pártáï-gĕnóš] m. = paletan.
parteiisch [pártáịjj] (parteilich) = paletöfik.
parteilich [pártáịlịq] = paletöfik.
Parteilichkeit [pártáịlịq-káït] v. = paletöf.
parteilos [pártáịloš] = nenpaletik.
Parteilosigkeit [pártáịlosịq-káït] v. = nenpalet.
Parteimann [pártáï-mán] m. = paletan.
Parteiwesen [pártáïvesĕn] v. = paletim.
Parterre [pártạ̇r, pártạ̇rĕ] n. (Erdgeschosz) = donatead.
Partie [párti] v. (Quote) = dilot.
partiell [párzịạl] = dilik.
partieweise [párti-váïsĕ] = diloto.
Partizip [pártịžịp] n. (Mittelwort) = partisip, partisipabidir.
partizipial [pártịžịpịạl] = partisipik.
Parvenü [párvenụ̇] m. (Emporkömmling) = parvenan.
Pasigraphie [pasịgrafị] v. = pasigraf.
pasigraphisch [pasịgràfịj] = pasigrafik, pasị̇grafo.
Pasilalie [pasịlalị] v. = pasilalid.
Passen [pášĕn] (passend sein) = lönedön (nel.).
passend [pášĕnt] 1. (angemessen) = lönedik, — sein = lönedön (nel.), — machen = löʂ nedükön (lov.) 2. (angemessen, gerecht) = pötik.
Passendsein [pášĕnt sáïn] n. = löned.
Passer [pášĕr] m. (Zirkel) = sirköm.
passiv [pášịf] = sufalefomik.
Passiv [pášịf] n. = sufalefom.
Passiva [pášiva]: Aktiva und — = labs e debs.
passivisch [pášịvịj] = sufalefomik.
Passivum [pášịvụ̇m] n. = sufalefom.
Pastell [páštạ̇l] (Malerstift) = kretäd.
Pastete [páštĕtĕ] v. = bastet.
Pastetenbacker [páštĕtĕn-bákĕr] m. = bastetel.
Pastinake [páštịnàkĕ] v. = pastinak.
Pastor [páš-tór] m. (evangelischer —) = pastan.
Pastoral [páštoràl] n. = lanikälav.
Pastoralwissenschaft [páštoràl-vịšĕnjáft] v. = lanikälav.
Pasz [páš] m. 1. (Gebirgspasz) = loveveg 2. (Reisepasz) = dientifäd.
Patagonien [patagònịĕn] n. = Patagoän.
Patagonier [patagònịĕr] m. = Patagoänan.
patagonisch [patagònịj] = Patagoänik.
Pate [patĕ] m. (Gevatter) = spönan, — sein bei = spönön (lov.).
Patenkind [pàtĕnkịnt] n. = spönäb.

Patenschaft [pàtĕnjáft] v. (Patenstelle) = spön.
Patenstelle [pàtĕnjtạ̇lĕ] v. = spön, — vertre‑ ten bei = spönön (lov.).
Patent [patạ̈nt] n. = pät.
patentieren [patạ̈ntịrĕn] = pätön (lov.).
Pater [patĕr] m. (Klostergeistlicher) = kleuda‑ kleran.
Paternoster [patĕrnóštĕr] n. (Rosenkranz) = plekakedül.
Patient [pazịạ̈nt] m. = malädan.
Patriot [patrịot] m. = lomänälan.
patriotisch [patrịòtịj] = lomänälik.
Patriotismus [patrịotịšmụ̇š] m. (Vaterlandsliebe) = lomänäl.
Patristik [patrịštịk] = patärim.
Patrolog [patrolok] m. = patäriman.
Patrologie [patrologị] v. = patärim.
Pause [páǔsĕ] v. = paud.
pausieren [páǔsịrĕn] = paudön (nel.).
Pavian [pavịạn] m. = babun.
Päan [päan] m. = päan.
Pächter [pạ̈qtĕr] m. = loatan.
Päckchen [pạ̈kqĕn] n. = päkil.
Pädagog [pädagok] m. = dugälavan.
Pädagogik [pädagògịk] v. = dugälav.
pädagogisch [pädagògịj] = dugälavik.
Pädagogium [pädagògịụ̇m] n. = tidanajul.
päpstlich [pạ̇pštlịq] = papik.
Pärchen [pạ̈rqĕn] n. = päril.
Pätchen [pạ̈tqĕn] n. = spönäb.
Pech [pạ̈q] n. = päg.
Pechfackel [pạ̇qfákĕl] v. = pägaflamot.
Pedal [pedal] n. = tridöm.
Pedant [pedánt] m. = fatüitocödan.
Pedell [pedạ̈l] m. = niveradünan.
Pegasus [pègasụ̇š] m. 1. mit. = pegad 2. st. = sipegad.
Peillot [páïllot] n. = dibotaplumb.
pekuniär [pekunịär] = monik.
Peloponnes [pelopónèš] m. = Peloponän.
Pelz [pạ̈lž] m. = pläd.
Pelz‑ [pạ̈lž‑] = . . . plädik.
Pelzerei [pạ̈lžĕráï] v. = plädotem.
Pelzkleidungsstück [pạ̈lž-kláïdụ̇njtịjk] n. = plä‑ dot.
Pelzwaren [pạ̇lžvarĕn] pl. = plädotem.
Pelzwerk [pạ̇lžvärk] n. = plädotem.
Pendant [pándáñ] n. (Gegenbild) = gemag.
Pendel [pändĕl] m. e n. = pendül.
pendeln [pändĕln] (schwingen) = pendülön (nel.).
Pendeluhr [pạ̇ndĕlʂụ̇r] v. = pendülaglok.
Pendüle [páñdụ̇lĕ] v. = pendülaglok.
Pengö, k. = pengöd.
Penni, k. = makazim Suomiyänik.
Penny [pạ̇ni] k. = pänid.
Pensylvanien [pạ̈nsụ̇lvànịĕn] = Pensülvän.
Pension [páñsịòn] v. 1. (Altersgehalt) = pän‑ sion 2. (Kost und Logis) = bord, in — sein = bordön (nel.), sich in — tun = bordikön (nel.), in — geben = bordükön (lov.) 3. (Kostgeld) = bordamon 4. (Kosthaus) = bordöp.
Pensionat [páñsịonàt, pạ̈nsịonat] n. = bordajul.

Pensionär [pánsïonår, pänsïonär] m. 1. (Kostschüler) = bordajulan 2. (Kostgänger) = bordan.
pensionieren [pánsïonįrĕn, pänsïonįrĕn] = pänsionön (lov.).
Pensionsanstalt [pánsïönš-án-jtált] v. = bordajul.
Pentan [päntan] C₅H₁₂ = päntan.
Pentathionsäure [päntatįònsóûrĕ] H₂S₅O₆ = lulsulfinatazüd.
Pepton [päpton] n. = päpton.
per [pär] 1. (à, je, pro) = a 2. (mittels, durch) = dub 3. — Tag = a del, — Kasse, — kontant = kädöfo, — Woche = vigo.
perfekt [pärfạkt] (vollkommen) = nedöfik, nendöfik.
Perfekt [pärfạkt] n. = presenatim finik.
Perfektion [pärfäkžįon] v. = nendöf.
perfektionieren [pärfäkžįonįrĕn] = nendöfükön (lov.).
Pergament]pärgamänt] n. = pärgamen.
Periode [periodĕ] v. = period.
periodisch [perìòdįj] = periodik.
Peripherie [perįferį] v. = züot.
Perle [pärlĕ] v. = pärlat, Schnur Perlen = kedül pärlatas, Perlen (Glasperlen) anreihen, aufreihen = kedülön (lov.) glätapärlatis.
perlen [pärlĕn] = pärlatön (nel.).
Perlenfischer [pạrlĕnfįjĕr] m. = pärlatipäskaran.
Perlenfischerei [pạrlĕnfįjĕráî] v. = pärlatipäskar.
Perlenschnur [pạrlĕnjnųr] v. = pärlatakedül.
Perlgerste [pạrlgärstĕ] v. = hodagrot.
Perlgraupe [pạrlgräûpĕ] v. = hodagrot.
Perlit [pärlịt] = pärlit.
Perser [pärsĕr] m. = Pärsänan.
Perseus [pạr-sóûš] m. 1. mit. = ‚Perseús' 2. st. = eläd ‚Perseús'.
Persien [pạrsįĕn] n. = Pärsän.
persisch [pạrsįj] = Pärsänik.
Person [pärson] v. = pösod, ehrbare — = stimamen, ehrwürdige — = stimaban, eine lausige — = pufikan, eine maskierte — = maskaran, obrigkeitliche — = cifodan.
Personal [pärsonal] n. (Belegschaft) = pösodef.
Personalien [pärsonàlįĕn] pl. = pösodapats.
Personalpronomen [pärsonàlᵢpronomĕn] n. = pönop pösodik (voik).
Personenname [pärsònĕnnamĕ] v. = pösodanem.
Personenzug [pärsònĕnžųk] m. = pösodatren.
Personifikation [pärsonịfịkažįon] v. = pösodam.
personifizieren [pärsonịfịzįrĕn] = pösodön (lov.).
Personifizierung [pärsonịfịzįrųŋ] v. = pösodam.
persönlich [pärsònlịq] = pösodik, persönliches Fürwort = pönop pösodik (voik).
Persönlichkeit [pärsònlịqkáît] v. 1. (Individuum) = pösod 2. (Individualität) = pösodöf.
Peru [peru] = Peruvän.
Peruaner [perųanĕr] m. = Peruvänan.
peruanisch [perųànįj] = Peruvänik.

Perücke [pärụkĕ] v. = herot.
Perückenmacher [pärụkĕnmáqĕr] m. = herotel.
Pescadores-Inseln = Hokoguntuäns.
Peseta [pesèta] v. k. = peset.
Peso [pèso] m. k. = pesod, argentinischer, chilenischer, dominikanischer, kubanischer, mexikanischer, paraguaischer, uruguaischer — = pesod Largäntänik, Cilänik, Dominikeänik, Kubeänik, Mäxikänik, Paragvänik, Luruguyänik, kolumbinischer — nacional = netapesod Kolumbänik.
Pessimismus [päšimįšmųš] m. = badim.
Pessimist [päšimịšt] m. (Schwarzseher) = badiman.
pessimistisch [päšimịštịj] = badimik.
Pest [päšt] v. = päst, —! = pästö!
pestilenz [pästilänž]: pots —! = pästö!
Pestilenz [pästilänž] v. = päst.
Petrefakt [petrefákt] m. = fösil.
Petroleum [petròleųm] n. (Erdöl) = petrol.
Petschaft [pạtjáft] n. = snilöm.
Petschier [pạčir] n. = snilöm.
petschieren [pạčirĕn] = snilön (lov.).
Pfad [pfat] m. = luveg.
Pfahl [pfal] m. = stafäd, mit Pfählen versehen = stafädön (lov.).
Pfalz [pfálž]: die — = Palzän.
Pfand [pfánt] n. = panot, auf —, auf Pfänder = pano, zum — geben = panön (lov.), seinen Kopf zum — setzen = panön kapi oka.
Pfandbar [pfántbar] = panovik.
Pfandbrief [pfántbrif] m. = dapanot.
Pfandleiher [pfánt-láîĕr] m. = panoprünan.
Pfanne [pfánĕ] v. = paäl.
Pfannkuchen [pfánkụqĕn] m. = paälakek.
Pfarramt [pfár-ámt] n. 1. (Stelle eines römisch-katholischen Pfarrers) = päd 2. (— eines evangelischen Pastors, Pfarrers) = past.
Pfarre [pfárĕ] v. = pädanöp.
Pfarrei [pfáráî] v. = pädän.
pfarreilich [pfáráîlịq] = pädänik.
pfarren [pfárĕn] (als Pfarrer wirken) = pädön (nel.).
Pfarrer [pfárĕr] m. 1. (römisch-katholischer —) = pädan, als — wirken = pädön (nel.) 2. (evangelischer —) = pastan.
Pfarrgenosse [pfár-gĕnóšĕ] m. = pädänan.
Pfarrhaus [pfár-háûš] n. 1. = pädanöp 2. = pastanöp.
Pfarrkind [pfárkịnt] n. = pädänan.
pfarrlich [pfárlịq] = pädik.
Pfau [pfáû] m. 1. = paf 2. st. = sipaf.
Pfählchen [pfälqĕn] n. = stafädil.
pfählen [pfälĕn] = stafädön (lov.).
Pfälzer [pfälžĕr] m. = Palzänan.
pfälzisch [pfạlžịj] = Palzänik.
pfänden [pfändĕn] (Beschlag legen auf) = panidön (lov.).
Pfänder [pfändĕr] m. = panidan.
Pfändung [pfändųŋ] v. = panid.
Pfeffer [pfäfĕr] m. = pep.
pfefferartig [pfäfĕr-àrtịq] = pepasümik.
Pfefferfrasz [pfạfĕrfraš] m. = tukan.
Pfefferland [pfạfĕrlánt] n. = pepalän.

pfeffern [pfäfĕrn] = pepön (lov.).
Pfeffervogel [pfâfĕrfogĕl] m. 1. = tukan 2. st. = situkan.
Pfeife [pfáïfĕ] v. 1. (Blasinstrument) = flutül 2. **Pfeifen rauchen** = pipön (nel.).
pfeifen [pfáïfĕn] 1. = feifön (lov.) 2. (mit einer Pfeife) **einem Hund** — = flutülön (lov.) dogi.
Pfeifen [pfáïfĕn] n. = feif.
Pfeifer [pfáïfĕr] m. = feifan.
Pfeil [pfáïl] m. 1. = sagit 2. st. = sisagit.
pfeilen [pfáïlĕn] = sagitön (lov.).
Pfeiler [pfáïlĕr] m. (Säule) = kölüm.
pfeilerartig [pfáïlĕr-àrtĭq] = kölümasümik.
pfeilförmig [pfáïl-fôrmĭq] = sagitafomik.
Pfennig [pfânĭq] m. 1. = fenig 2. **5 Stück a 10** — = balats 5 a makazims 10 3. **Danziger** — = flonazim di ,Danzig'.
Pfennigfuchser [pfânĭqfuxĕr] m. = lavaran.
Pferd [pfert] n. (Rosz) = jevod, **das** — **blenden** = lenükön (lov.) jevode logakapütülis.
Pferdchen [pfertqĕn] n. = jevodil.
Pferdebahn [pfèrdĕban] v. = jevodaträm.
Pferdebürste [pfèrdĕbürštĕ] v. = jevodikef.
Pferdegeschirr [pfèrdĕgĕjïr] n. = jevodastö* mem.
Pferdehaar [pfèrdĕhar] n. = jevodaher.
Pferdekamm [pfèrdĕkám] m. = jevodiköb.
Pferdeknecht [pfèrdĕknäqt] m. = jevodadünan.
Pferdestall [pfèrdĕjtál] m. = jevodalecek.
Pferdestriegel [pfèrdĕjtrigĕl] m. = jevodiköb.
Pfiff [pfïf] v. 1. (das Pfeifen) = feif 2. (List) = käfod, **Kniffe und Pfiffe** = käfeds e kä* fods.
pfiffig [pfĭfĭq] = käfik.
Pfiffigkeit [pfĭfĭqkáït] v. = käf.
Pfiffikus [pfĭfĭkuš] m. = käfan.
Pfingstdienstag [pfĭnšt dĭnštak] m. = pinta* tudel.
Pfingsten [pfĭnštĕn] = pint.
Pfingstmontag [pfĭnšt mòntak] m. = pinta* mudel.
Pflanze [pflánžĕ] v. 1. = plan, **das Ziehen von Pflanzen** = planibrid 2. — **mit saftigem, nicht holzigem Stengel** = keb.
pflanzen [pflánžĕn]: **Bäume** — = planön (lov.) bimis.
Pflanzenkunde [pflánžĕnkundĕ] v. (Botanik) = planav.
Pflanzenreich [pflánžĕn-ráïq] n. = planavoled.
Pflanzenwachstum [pflánžĕn-váxtum] n. = pla* naglof.
Pflanzenwuchs [pflánžĕnvux] m. = planaglof.
Pflanzenzelle [pflánžĕnžälĕ] v. = planasiül.
Pflanzer [pflánžĕr] m. = planan.
pflanzlich [pflánžlĭq] = planik.
Pflanzschule [pflánžjulĕ] v. = planibridöp.
Pflanzung [pflánžun] v. = planam.
Pflaster [pfláštĕr] n. 1. = pavot 2. = mäplat.
Pflasterer [pfláštĕrĕr] m. = pavan, sütipavan.
pflastern [pfláštĕrn] = pavön (lov.).
Pflastern [pfláštĕrn] n. = pav.
Pflastersetzer [pfláštĕrsäžĕr] m. = sütipavan.
Pflasterung [pfláštĕrun] v. = pav.
Pflaume [pfláŭmĕ] m. = plöm.

Pflaumenbaum [pfláŭmĕn-báŭm] m. = plöma* bim.
Pflänzchen [pflänžqĕn] n. = planil.
Pflänzlein [pflânžláïn] n. = planil.
Pflege [pflegĕ] v. = käl.
pflegen [pflegĕn] 1. (Sorge tragen für) = kälön (lov.) 2. (gewohnt sein) = kösömön (nel.) 3. **die Wissenschaft** — = nolavön (nel.), **Rat** — = dakonsälön (nel.), **Volapük** — = Volapükön (nel.).
Pflegen [pflegĕn] n. (Wartung) = käl.
Pfleger [pflegĕr] m. = kälan.
Pflegerin [pflègĕrĭn] v. = jikälan.
Pflegevater [pflègĕfatĕr] m. = kälafat.
Pflegling [pflèklĭn] m. = käläb.
Pflicht [pflĭqt] v. 1. (Verbindlichkeit) = blig 2. (Sollen, moralisch) = söt.
Pflichtgefühl [pflĭqtgĕfül] n. = bligäl, **mit** — = bligälik.
pflichtgemäsz [pflĭqtgĕmäš] (pflichtmäszig) = baisötik, bligik.
pflichtig [pflĭqtĭq] = bligik.
pflichtmäszig [pflĭqtmäsĭq] = baisötik.
Pflug [pfluk] m. = plaud.
Pflugmacher [plùkmáqĕr] m. = plaudel.
Pflücke [pflükĕ] v. = plök.
pflücken [pflükĕn] = plökön (lov.).
Pflücken [pflükĕn] n. = plök.
pflügen [pflügĕn] = plaudön (lov.).
Pflüger [pflügĕr] m. = plaudan.
Pforte [pfórtĕ] v. 1. (Portal, Tor) = leyan 2. (kur sultana Türkänik) = port, **hohe** —, **Ottomanische** — = port sublimik.
Pförtner [pfórtnĕr] m. = leyanan.
Pfriem [pfrim] m. = loul.
pfropfen [pfrópfĕn] = grifön (lov.).
Pfropfen [pfrópfĕn] n. = grif.
Pfropfreis [pfrópf-ráïs] n. = grifatuig.
Pfropfwachs [pfrópf-váx] n. = grifaväk.
Pfröpfling [pfrópflĭn] m. = grifatuig.
Pfuhl [pful] m. (Pfütze, Lache) = fiv.
pfui [pfûi, pfûi]: —! = fi !
Pfund [pfunt] n. 1. = paun 2. — **Sterling** (Geld) = poun, **ägyptisches** —, k. = poun Läguptänik, **peruanisches** —, k. = poun Pe* ruvänik.
pfundweise [pfuntváïsĕ] = pauno.
pfuschen [pfujĕn] = lumekön (lov.).
Pfuscher [pfujĕr] m. = lumekan.
Pfuschmittel [pfûjmĭtĕl] n. = lumed.
Pfuschwerk [pfûjvärk] n. (Machwerk) = lu* mekot.
Pfütze [pfüžĕ] v. (Pfuhl) = fiv.
Prantasie [fántasi] v. = magäl.
phantasieren [fántasĭrĕn] = magälön (lov.).
Phantasma [fántášma] n. = magälod.
Phantast [fántäšt] m. = magälan.
phantastisch [fántáštĭj] = magälik.
Pharmacodynamia [fármakodünàmĭa] v. = me* dinavobedav.
Pharmacognosia [fármakógnòsĭa] v. = medina* patöfav.
Pharmacologia [fármakològĭa] v. = medinav.
Pharmacopoea [fármakopőa] v. = medinabuk.

Pharmacotherapia [fármakoteràpia] v. = me⸗ dinamav.

Pharmakognosie [fármakognosi] v. = medina⸗ patöfav.

Pharmakologie [fármakologi] v. = medinav.

Pharmazeut [fármažóǔt] m. = pötekan.

Pharmazeutik [fármažóǔtik] v. = pötekamav.

pharmazeutisch [fármažóǔtij] = pötekamavik.

Pharmazie [fármaži] v. = pötekamav.

Pharus [fàruš] m. = far.

Phase [fasě] v. 1. = stadäd 2. (stöf stadöl in stadäd semik) = stadot.

Philippinen [filipiněn] = Filipuäns.

Philippinen-Peso [filipiněn-pèso] = pesod Fi⸗ lipuänik.

Philistäa [filištåa] = Plijtän.

Philister [filištěr] m. 1. = Plijtänan 2. = fili⸗ stan.

philisterhaft [filištěrháft] = filistik.

Philisterhaftigkeit [filištěrháftiq-káít] v. = filist.

Philistertum [filištěrtum] n. = filistanef.

Philolog [filolok] m. = vönapükavan.

Philologie [filologi] v. = vönapükav.

philologisch [filologij] = vönapükavik.

Philosoph [filosof] m. = filosopan.

Philosophie [filosofi] v. = filosop.

philosophieren [filosofirěn] = filosopön (nel.).

philosophisch [filosòfij] = filosopik.

phlegmatisch [flägmàtij] = leigöfaladälik.

Phonetik [fonètij] v. = fonet.

phonetisch [fonètij] = fonetik.

Phonograph [fonograf] m. = fonograföm.

Phonographie [fonografi] v. = fofnograf.

Phosgen [fôšgèn] COCl₂ = klorülkarbatazüd.

Phosphin [fóšfin] PH₃ = fosfen, fosfinahidrin vapik.

Phosphoniumbromid [fóšfònium bromìt] PH₄Br = fosfoniumabromid.

Phosphoniumchlorid [fóšfònium klorìt] PH₄Cl = fosfoniumaklorid.

Phosphoniumhydroxyd [fóšfònium hüdróxǔt] PH₄OH = fosfoniumabäd.

Phosphoniumjodid [fóšfònium yodìt] PH₄J = fosfoniumayodid.

Phosphor [fóš-fór] P = fosfin.

phosphorig [fóšfòriq]: phosphorige Säure, H₃PO₃ = fosfitazüd, rotofosfitazüd.

Phosphorigsäureanhydrid [fóšfòriqsóǔrě ánhü⸗ drìt] P₂O₃ = fosfitastabot, telfosfinakilloxin.

Phosphormonopersäure [fóš-fór monopàrsóǔrě] H₃PO₅ = pärfosfatazüd.

Phosphoroxychlorid [fóš-fór óxü klorìt] POCl₃ fosfosokilklorin.

Phosphorpentachlorid [fóš-fór pànta klorìt] PCl₅ = balfosfinalulklorin.

Phosphorpentasulfid [fóš-fór pànta sulfìt] P₄S₁₀ = folfosfinadegsulfin.

Phosphorpentoxyd [fóš-fór pänt⸗óxǔt] P₂O₅ = fosfatastabot, telfosfinalulloxin.

Phosphorsäureanhydrid [fóš-fór-sóǔrě ánhüdrìt] P₂O₅ = fosfatastabot.

Phosphorsuboxyd [fóš-fór sup óxǔt] P₂O = hüpfosfitastabot, telfosfinaballoxin.

Phosphorsulfochlorid [fóš-fór sùlfoklorìt] PSCl₃ = sulfofosfosokilklorin, fosfinasulfinakilklorin.

Phosphortetrachlorid [fóš-fór tètraklorìt] P₂Cl₄ = telfosfinafolklorin.

Phosphortetroxyd [fóš-fór tètróxǔt] P₂O₄ = hüpfosfatastabot, telfosfinafolloxin.

Phosphortrichlorid [fóš-fór triklorìt] PCl₃ = balfosfinakilklorin.

Phosphortrioxyd [fóš-fór tri⸗óxǔt] P₂O₃ = fos⸗ fitastabot, telfosfinakilloxin.

Phosphortrisulfid [fóš-fór trisulfìt] P₄S₃ = fol⸗ fosfinakilsulfin.

Phosphorwasserstoff [fóš-fór vášěr-jtóf] = fos⸗ finahidrin, gasförmiger —, PH₃ = fosfina⸗ hidrin vapik, fosfen, flüssiger —, P₂H₄ = fosfinahidrin flumöfik, fester —, (P₂H)₆ = fosfinahidrin solidik.

Photograph [fotograf] m. = fotografan.

Photographie [fotografi] v. 1. (Kunst) = fo⸗ tograf 2. (Bild) = fotografot.

photographisch [fotogràfij] = fotografik.

Phönix [fòniǩ] m. 1. mit. = fönig 2. st. = sifönig.

Phönizien [fònižiěn] n. = Fönikiyän.

Phönizier [fònižiěr] m. = Fönikiyänan.

phönizisch [fònižij] = Fönikiyänik.

Phrase [frasě] v. 1. = fraseod 2. (inhaltlose —) = lufraseod.

Phraseologie [fraseologi] v. = fraseodav.

Phrygien [frügiěn] n. = Frügän.

Physik [füsik] v. = füsüd.

physikalisch [füsikàlij] = füsüdik.

Physiologe [füsiologě] m. = füsiologan.

Physiologie [füsiologi] v. = füsiolog.

Pianino [pianino] n. = stanapianod.

Piano [piàno] n. (Pianoforte) = pianod.

Pianoforte [pianofórte] n. = pianod.

Piaster [piáštěr] m. 1. = piastär 2. ägypti- tischer, syrischer, türkischer — = pounazim Läptügänik, Süriyänik, Türkänik.

Pie, k. = piv.

Piemont [piemónt] = Piemontän.

Piemontese [piemóntèsě] m. = Piemontänan.

Pier [pir] m. (Seebrücke) = spatajetet.

piff [pif]: —! (paff! puff! = pü!

Pigment [pigmànt] n. = pigmin.

pigmentiert [pigmàntìrt] = pigminik.

Pigmentierung [pigmàntìrun] v. = pigminam.

Pikardie [pikárdi]: die — = Pikardän.

Pike [pikě] v. (Speer) = sped.

Pikenier [pikěnir] m. = spedan.

Pikenträger [pikěnträgěr] m. = spedan.

Pikten [piktěn] pl. = pikten, piktens.

Pilaster [pilástěr] m. = lukölüm.

Pilger [pilgěr] m. = pilgriman.

Pilgerfahrt [pilgěrfart] v. = pilgrim, eine — machen = pilgrimön (nel.).

pilgern [pilgěrn] = pilgrimön (nel.).

Pilgerschaft [pilgěrjáft] v. 1. (Wallfahrt) = pilgrim 2. (Gesamtheit von Pilgern) = pil⸗ grimanef 3. Zeit der — = pilgrimüp.

Pilgrim [pilgrim] m. = pilgriman.

Pilz [pilž] m. 1. = garid 2. (in valem) = funig.

Pimpelfritz [pimpělfriž] m. = flodöfan.

Pimpelmeter [pimpělmetěr] m. = flodöfan.

Pincenez [päñšěne] n. = lünül.

Pinsel [pínsĕl] m. = pensit, **gröberer** — (Quast) = lepensit.
pinselförmig [pínsĕl-fŏrmįq] = pensitafomik.
Pionier [pionįr] m. = pionir.
Pipette [pipätĕ] v. = pipät.
Pisang [pisáŋ] m. (Banane) = benen.
Pistole [pįštolĕ] v. 1. (Waffe) = pistol 2. (Geld) = pistod.
Plage [plagĕ] v. (Quälerei) = tom.
Plagegeist [plàgĕgáĭst] m. = toniälan.
plagen [plagĕn] (vexieren) = tomön (lov.).
Plagerei [plagĕráĭ] v. = tom.
Plagge [plágĕ] v. (Rasenstück) = glunot.
plaggeisterisch [plàggáĭstĕrįj] = tomiälik.
plaidieren [plädįrĕn] = pläidön (lov.).
Plaidieren [plädįrĕn] n. = pläid.
Plaidoyer [plädoaye] n. = pläidot.
Plakat [plakat] n. = plakat.
Plan [plan] m. 1. (Prospekt) = disin 2. (Absicht) = desin.
Plane [planĕ] v. = kapüt.
planen [planĕn] (entwerfen) = disinön (lov.).
Planet [planet] m. = planet.
planetarisch [planetàrįj] = planetik.
Planetensystem [planetĕn-sųstem] n. = planetasit.
plangemäsz [plàngĕmä̈s] (planmäszig) = disinik.
Planke [pláŋkĕ] m. (Diele, Brett) = boed.
planlos [plànloš] = nendisinik.
Planlosigkeit [plànlosįqkáĭt] v. = nendisin.
planmäszig [plànmä̈sįq] = disinik.
Plarrmaul [plár-máŭl] m. = drenan.
Plastik [pláštįk] v. 1. (Bossierkunst) = plastav 2. (Bildhauerkunst) = skulturav 3. (das plastisch Operieren) = plastüd.
plastisch [pláštįj] 1. = plastätik, plastäto, — **darstellen** = magön (lov.) plastäto 2. — **operieren** = plastüdön (lov.).
Plastizität [pláštižįtä̈t] v. = plastät.
Platin [plàtįn, platįn] **Pt** = platin, **von** — = platinik.
Platinchlorür [platįn klorür] PtCl₂ = platinoklorid.
platinchlorwasserstoffsauer [platįn klorvášĕr-įtóf-sáŭĕr]: **platinchlorwasserstoffsaures Natrium**, Na₂PtCl₆ = natrinamälkloridilplatiniat.
Platinchlorwasserstoffsäure [platįn klorvášĕr-įtóf-sóŭrĕ] H₂PtCl₆ = mälkloridilplatiniatazüd.
Platinihydroxyd [platįnį hüdróxų̈t] Pt(OH)₄= platinibäd.
Platinmohr [platįnmor] m. = platinablägin.
Platinschwamm [platįnjvám] m. = platinaspog.
Platinschwarz [platįnjvárž] n. = platinablägin.
platschen [pláčĕn] (Wasser) = lemürön (nel.).
platt [plát] = platik, **ein platter Gegenstand** = platot.
Platte [plátĕ] v. (Fliese) = tvil.
platten [plátĕn] = platükön (lov.).
Plattkopf [plát-kópf] m. = platakapan.
plattköpfig [plát-kŏpfįq] = platakapik.
Plattköpfigkeit [plát-kŏpfįq-káĭt] v. = platakap.
plattschlagen [plátjlagĕn] = platükön (lov.).
Platyopie = smudalogod.

platyrrhin = vidanudik.
Platz [pláž] m. 1. = piad 2. (Stelle, Lage) = plad, — **nehmen** = pladön (lov.) oki, —! = pladö! 3. (Ort) = top, **am Platze des** = topü.
platzen [plážĕn] (bersten, schrinden) = kräkön (nel.).
Platzregen [pláž-regĕn] m. = sturarein.
platzregnen [pláž-regnĕn] = sturareinön (nel.).
plänkeln [pläŋkĕln] = lukomipön (nel.).
Plänkler [pläŋklĕr] = lukomipan.
plätten [plätĕn] = platükön (lov.), **glatt** — = smufükön (lov.).
Plätzchen [plä̈zqĕn] n. (Winkel) = spadül.
Plejaden [pleyadĕn] pl. = pleyad.
plissieren [plįšįrĕn] = plifädilön (lov.).
Plombe [plómbĕ] v. = plumbasnil.
plötzlich [plŏžlįq] = süpik.
Plötzlichkeit [plŏžlįq-káĭt] v. = süp.
Pluderhose [plų̈dĕrhosĕ] v. = svolablit.
plump [plųmp] (derb, roh) = grobälik.
Plumpheit [plųmpháĭt] v. = grobäl.
Plumpudding [plų̈mpųdįŋ, plåmpųdįŋ] m. = plömablöged.
Plural [plural] m. (Mehrzahl) = plunum.
plus [plųš] mat. = sa.
Plusquamperfekt [plųškvámpärfå̈kt] n. = pasetatim finik.
Pluszeichen [plų̈šžáĭqĕn] n. = kobonumamalül.
Pocke [pókĕ] v. (Blatte) = pog.
pockenartig [pókĕn-àrtįq] = pogasümik.
Pockenpustel [pókĕnpų̈štĕl] v. = pog.
Poem [poem] n. (Gedicht) = poedot.
Poesie [poesi] v. (Dichtkunst) = poedav.
Poet [poet] m. = poedan.
Poetaster [poetáštĕr] m. = lupoedan.
Poetasterei [poetáštĕráĭ] v. = lupoed.
Poeterei [poetĕráĭ] v. = poed.
poetisch [poètįj] = poedik.
Pol [pol] m. = pov.
polar [polar] = povik.
Polarbär [polàrbär] m. = povaber.
Polarität [polaritä̈t] v. = povöf.
Pole [polĕ] m. 1. = Polänan 2. = polaziyan.
Polen [polĕn] n. = Polän.
polieren [polirĕn] = smufetön (lov.).
Politik [politik] v. = bolit, — **treiben** = bolitön (nel.).
Politiker [polįtįkĕr] m. = bolitan.
politisch [polįtįj] = bolitik, **politisches Gleichgewicht** = leigavet bolitik, **politischer Kannegieszer** = lubolitan, **politische Kannegieszerei** = lubolit.
Politur [politur] v. = smufet.
Polizei [polįžáĭ] v. = pold.
Polizeiagent [polįžáĭ-agänt] m. = poldan.
Polizeiamt [polįžáĭ-ámt] n. = poldabür.
Polizeibeamter [polįžáĭ-bĕámtĕr] m. = poldacalan.
Polizeidiener [polįžáĭdinĕr] m. = poldan.
polizeilich [polįžáĭlįq] = poldik.
Polizeiwesen [polįžáĭvesĕn] n. = poldajäfüd.
Polizist [polįžįšt] m. = poldan.
Polka [pólka] v. = polkat.
polnisch [pólnįj] = Polänik.

Polonäse [polonäsě] v. = Polänüm.
Polonium [polòni̯um] Po = polonin.
Polster [pólstěr] n.: — eines Wagens, eines Stuhles = mäd vaba, stula, mit Polstern versehen = mädön (lov.).
Polsterstuhl [pólstěrji̯ul] m. = mädastul.
Polyandrie [polüándri̯] v. = mödahimatan.
Polygamie [polügami̯] v. (Vielmännerei oder Vielweiberei) = mödamatan.
Polygamist [polügami̯št] m. = mödamataniälan.
Polyglotte [polüglótě] v. = polüglot.
Polygon [polügon] n. (Vieleck) = mödalien.
Polygraph [polügraf] m. = mödipenan.
Polygraphie [polügrafi̯] v. = mödipenam.
polygraphisch [polügràfi̯j] = mödipenik.
Polygynie [polügüni̯] v. = mödajimatan.
Polynesien [polünèsi̯ěn] = Möda-Seanuäns.
Polynesier [polünèsi̯ěr] m. = seanuänan.
Polythionsäure [polüti̯ònsóůrě] = polüsulfinatazüd.
Pomeranze [póměránžě] v. (Orange) = rojat.
Pomeranzenbaum [póměránžěn-báům] m. = rojatabim.
Pommer [póměr] m. = Pomeränan.
pommerisch [póměrj̯j] = Pomeränik.
Pommern [póměrn] n. = Pomerän.
popularisieren [popu̯larisi̯rěn] 1. = pöpätön (lov.) 2. sich — = pöpedön (nel.).
Popularisieren [popu̯larisi̯rěn] n. = pöpät.
Popularität [popu̯larit̯ät] v. (Volksgunst) = pöped.
populär [popu̯lär] 1. = pöpedik 2. (volksmäszig) = pöpätik.
Pore [porě] v. = hogül.
porig [pòri̯g] = hogülöfik.
Porosität [porosit̯ät] v. = hogülöf.
porös [poröš] = hogülöfik.
Portal [pórtàl] n. (Tor, Pforte) = leyan.
Portefeuille [pórtěfói̯] n. (Mappe) = map.
Portier [pórtìè] m. = yanan.
Portion [pórži̯òn] v.: — einer Speise = por ziba.
portionweise [pórži̯ònváǐsě] = poro.
Porto [pórto] n. (Postgeld) = potamon.
Portobusze [pórtobu̯sě] v. = pönapotamon.
portofrei [pórto-fráǐ] = flänik, — sein = flänön (nel.).
Portofreiheit [pórto-fráǐ-háǐt] v. = flän.
Porto-Rico [pórtoriko] = Portorikeän.
Portozuschlag [pórto-žu̯jlak] m. = pönapotamon.
Porträt [pórtràt] n. (Abbild) = pöträt.
porträtieren [pórträtìrěn] = pöträtön (lov.).
Portugal [pór-tu̯gál] n. = Portugän.
Portugiese [pórtugi̯sě] m. = Portugänan.
portugiesisch [pórtugìsi̯j] = Portugänik.
Porzellan [póržālàn] n. = bösin.
Porzellanarbeiter [póržālàn-ár-báǐtěr] m. = bösinel.
porzellanen [póržālaněn] = bösinik.
Posament [posamānt] n. = kvatädasim.
Posamentier [posamānti̯r] m. = kvatädel.
Posamentierarbeit [posamānti̯r-ár-báǐt] v. = kvatäd.

Posamentware [posamāntvarě] v. = kvatäd, kvatäds.
Posaune [posáůně] v. = posun.
Posen [posěn] = Posän.
Posener [posěněr] m. = Posänan.
posenisch [pòsěni̯j] = Posänik.
positiv [positif] 1. (bejahend) = siik 2. = positik, positive Elektrizität = lektin positik, positalektin.
Positiv [positif] 1. m. = fümafom leigoda 2. n. = positamagod.
positivelektrisch [positif-elāktrij̯] = positalektinik.
Positivismus [posit̯ivi̯šmu̯š] m. = siädim.
Positivität [posit̯ivit̯ät] v. = posit (tapladü negat in matemat, in füsüd, in gitav, in fotograf, . . .).
Positur [posit̯ur] v.: sich in — setzen = blümükön (lov.) oki ad tadun.
Posse [póšě] v. 1. (Spasz) = böf 2. (Possenspiel) = böfadramat.
Possen [póšěn]: —! (Dummheit! = bö!
possenhaft [póšěn-háft] = böfik.
possenmachen [póšěn máǧěn] = böfön (nel.).
Possenmacher [póšěn-máǧěr] m. = böfan.
Possenmacherei [póšěn-máǧěráǐ] v. = böfam, Geneigtheit, Lust zur — = böfiäl.
possenreiszen [póšěn ráǐšěn] = böfön (nel.).
Possenreiszer [póšěn-ráǐšěr] m. = böfan.
Possenreiszerei [póšěn-ráǐšěráǐ] v. = böfam.
Possenspiel [póšěnjpil] n. = böfadramat.
Possessivpronomen [póšāšif-pronoměn] n. = pönop dalabik.
possierlich [póširli̯q] = klaunik, — sein = klaunön (nel.).
Possierlichkeit [póširli̯qkáǐt] v. = klaun.
Post [póšt] v. 1. = pot, die — betreffend = potik 2. (Anstalt) = potöp.
postalisch [póštàli̯j] = potik.
Postamt [póšt-ámt] n. = potöp.
Postanstalt [póšt-án-jtált] v. = potöp.
Postanweisung [póšt-án-váǐsu̯n] v. = potatret.
Postauftrag [póšt-áůftrak] v. = potakitazöt.
Postbeamter [póšt-běámtěr] m. = potacalan, höherer — = potacalal.
Postbeutel [póšt-bóůtěl] m. = potasak.
Posten [póštěn] m. 1. (Menge, Quantum) = mödot 2. mil. = galädöp, — stehen = galädön (nel.).
postfrei [póšt-fráǐ] = flänik, fläno.
Postfreiheit [póšt-fráǐ-háǐt] v. = flän.
Postgeld [póštgält] n. (Porto) = potamon.
Postgirokonto [póšt-gìrokónto] n. = potagiramakal.
Postillion [póšti̯liòn] m. = potaveigan.
Postkarte [póšt-kártě] v. = potakad.
Postknecht [póštknāqt] m. = potadünan.
Postkonto [póšt-kónto] n. = potakal.
Postkutsche [póštku̯ǧě] v. = potavab.
postlich [póštli̯q] = potik.
Postnachnahme [póštnàǧnamě] v. = potadegivapel.
Postsache [póšt-sáǧě] v. = potadin.
Postsack [póšt-sák] m. = potasak.

Postskriptum [póštškrįptųm] n. = popenäd, pospenäd.
Poststation [póšt-įtažįon] v. = potavabastajon.
Poststück [póštįtųk] n. = potadin.
Postwagen [póštvagĕn] m. = potavab.
Postwertzeichen [póšt vèrtžáïqĕn] n. = flänü= kamamäk.
Potenz [potänž] v. = naät, **dritte** — = naät kilik, **zu' der dritten** —, **auf die dritte** — **er- heben** = kübön (lov.), naätön (lov.) ad kil= naät.
Potenzierung [potánžìrung] v. = naätam.
Pottasche [pót-ájĕ] v. = potad.
potz [póž]: —! = maleditilö! — **pestilenz**! = pästö!
potzblitz [póžblįž]: —! = maleditilö!
potztausend [póžtáůsĕnt]: —! = maleditilö!
Pöbel [pöbĕl] m. = lupöp.
Pökel [pökĕl] m. = salod.
pökeln [pökĕln] (einpökeln) = salodön (lov.).
Pracht [práqt] v. = magif.
Prachtliebe [práqtlibĕ] v. = magifiäl.
prachtvoll [práqt-fól] 1. = magifik, —! = magifö! 2. (verschwenderisch) = lüxüödik.
prahlen [pralĕn] = pleidülön (nel.).
Prahler [pralĕr] m. = pleidülan.
Praktik [práktįk] v. = plag.
Praktikant [práktįkánt] m. = libavilacalan.
Praktikus [práktįkųš] m. = plagälan.
praktisch [práktįj] 1. = plagälik 2. (prakti- zierend) = plagik.
praktizieren [práktįžįrĕn] = plagön (nel.).
praktizierend [práktįžįrĕnt] = plagik.
prangen [pránĕn] = magifön (nel.).
Prangen [pránĕn] n. = magifam.
Pranger [pránĕr] m. = jemodöp.
Prangerei [pránĕráï] v. = magifam.
Praseodym [praseodüm] **Pr** = praseodin.
Praxis [práxįš] v. = plag, **in der** —, **in die** — = plago.
prächtig [prǻqtįq] (prachtvoll) = magifik.
Prädestination [prädäštįnažįon] v. = büojonid.
Prädikat [prädikat] n. (Aussage) = predikat.
Prädikativ [prädikatif] m. = predikatif.
Prädikativobjekt [prädįkatįf-ópyǻkt] n. = pre= dikatod.
Prädikatssatz [prädįkàžsáž] m. = predikataset.
Präfekt [präräkt] m. = prefätan.
Präfektur [präfäktųr] v. = prefät.
Präfix [präfįx] n. (Vorsilbe) = foyümot.
Präge [prägĕ] (Münzanstalt) = frapöp.
Prägeeisen [prǻgĕ=áïsĕn] n. = frapöm.
prägen [prägĕn] (münzen) = frapön (lov.).
Prägestempel [prǻgĕįtämpĕl] m. = frapöm.
Prägung [prǻgųn] v. = frap.
präludieren [präludįrĕn] = preludön (nel.).
Präludium [prälųdįųm] n. = prelud.
Prämie [prǻmįĕ] v. (Preis) = prem.
prämiieren [prämįirĕn] (einen Preis zuerkennen) = premön (lov.) eki.
Prämiierung [prämįirųn] v. = premam.
Prämisse [prämįšĕ] v. = büosetäd.
Präparand [präparánt] m. = tidanajulan.
Präparat [präparat] n. = mökot.
Präpositional [präposįžįonal] = lokatif.

Präsens [prǻsänš] n. 1. (Jetztzeit, Gegenwart) = presen 2. = presenatim nefinik.
Präses [prǻsäš] m. = presidan.
Präsident [präsidänt] m. 1. (Vorsitzender) = presidan 2. (Staatsoberhaupt) = presidal.
präsidieren [präsįdįrĕn] = presidön (lov.).
Präsidium [pržsidįųm] n. = presidanacal.
Prästation [präštažįon] v. (das Geleistete) = duinod.
prästieren [präštįrĕn] (geistig gedacht) = dui= nön (lov.).
Prätention [prätänžįon] v. = flag.
Präteritum [prätèrįtųm] n. (Vergangenheit) = pasetatim.
präventiv [präväntif] = büoneletik.
Präzeptor [präžǻptór] m. = prezäpan.
Präzeptorei [präžǻptoráï] v. = prezäp.
präzis [präžiš] = kuratik.
predigen [prèdįgĕn] = predön (lov.).
Prediger [prèdįgĕr] m. = predan.
Predigt [prèdįqt] v. = pred.
Preis [práïš] m. 1. (hohes Lob, Ruhm) = lelob 2. (Prämie) = prem, **einen** — **zuerkennen** = premön (lov.) eki, **einen** — **setzen auf,** **einen** — **aussetzen** = premädön (lov.) 3. (Betrag) = suäm.
Preise [práïsĕ]: **eine** — **nehmen** = snüfön (lov.).
preisen [práïsĕn] (lobpreisen) = lelobön (lov.).
Preiskurant [práïš-kuránt] m. = suämalised.
preislich [práïšlįq] = lelobabik.
Preisliste [práïšlįštĕ] v. (Preiskurant) = suä= malised.
preiswürdig [práïšvųrdįq] = lelobabik.
Preiswürdigkeit [práïšvųrdįq-káït] v. = lelo= bab.
prellen [prälĕn] (beschwindeln) = cüton (lov.) tuflagedo.
Presse [präšĕ] v. 1. = pedöm 2. = pedöma= prod 3. = qasedem.
pressen [präšĕn] (drücken) = pedön (lov.).
Pressen [präšĕn] n. = ped.
pressend [präšĕnt] = pedik.
Presser [präšĕr] m. 1. p. = pedan 2. d. = pedian.
Pressung [prǻšųn] v. (Druck) = ped.
Prestige [prǻštij, prǻštįjĕ] n. = prästig.
Presztuch [prǻštuq] n. = pedaklöf.
Preusze [próůšĕ] m. = Preusänan.
Preuszen [próůšĕn] n. 1. (Reich) = Preusän 2. (Provinz) = Preusän.
preuszisch [próůšįj] = Preusänik.
Présidios = Presidiyän.
Priester [prištĕr] m. = kultan.
Priesteramt [prištĕr=ámt] n. = kultanam.
priesterlich [prištĕrlįq] = kultanik.
Priesterstand [prištĕrįtánt] m. = kler.
Priesterweihe [prištĕrváïĕ] v. = kultasaludü= kam, **Sakrament der** — = kultasakram.
Prime [primĕ] v. 1. (Intervall) = balüd 2. (erster Ton) = balüf.
Prinz [prįnž] m. = leson.
Prinzessin [prįnžǻšįn] v. = ledaut.
Prinzip [prįnžip] n. = prinsip, **im** — = prin= sipo.

prinzipiell [prinžipiäl] = prinsipik.
prinzipienlos [prinžipiěnloš] = nenprinsipik.
Prinzipienlosigkeit [prinžipiěnlosiqkáĭt] v. = nenprinsip.
priori [priòri]: **a** — = büo.
Prisma [prišma] n. = prismat.
privat [privat] = privatik.
Privatdozent [privàt-dožánt] m. = privatatidal.
Privatier [privatīe] m. (Privatmann) = privatan.
privatisieren [privatisirěn] = privatön (nel.).
Privatleben [privàtlebĕn] n. = privat.
Privatmann [privàtmán] m. = privatan.
Privatstand [privàtjtánt] m. = privat.
Privileg [privilek] n. = privileg.
pro [pro] (à, je, per) = a.
Probe [probě] v. 1. = bluf, **auf** — = blufo, **der** — **entsprechend** = baiblufik, **eine** — **mit** ... **machen,** **eine** — **mit** ... **anstellen, auf die** — **stellen** = blufön (lov.) 2. (Exemplar) = samäd 3. (Abstattung, Erweisung) = jonül 4. = dönuamapläg.
probehaltend [pròběháltěnt] = bluföfik.
probehaltig [pròběháltiq] = bluföfik, — **sein** = blufön (nel.).
Probehaltigsein [pròběháltiq sáĭn] n. = bluföf.
probemäszig [pròběmäšiq] 1. = baiblufik 2. (dem Exemplar entsprechend) = baisamädik.
probeweise [pròběváĭsě] = blufiko.
probieren [probirěn] (versuchen) = steifülön (lov.).
Probieren [probirěn] n. = steifül.
Problem [problem] n. = säkäd.
problematisch [problemàtij] = säkädik.
Produkt [produkt] n. = prod.
Produktion [produkžion] v. = prodam.
produzieren [produžirěn] = prodön (lov.).
Professor [profäsór] m. = profäsoran.
Professur [profäsur] v. = profäsor.
Programm [prográm] n. = program.
programmäszig [prográm-mäšiq] = programik.
Projekt [proyäkt] n. (Entwurf) = disin.
projektieren [proyäktirěn] = disinön (lov.).
Projektion [proyäkžion] v. = proyek.
Projektionszeichnung [proyäkžiònšžáĭqnụŋ] v. = proyekadäsinot.
projizieren [proyižirěn] = proyekön (lov.).
Prokura [prokùra] v. = büsidadäläd, **in** — **des** = büsidadälädü.
Proletariat [proletariat] n. = prolet.
Proletarier [proletàriěr] m. = proletan.
Prolongation [prolóŋgažiòn] v. = zöged.
prolongieren [prolóŋgirěn]: **einen Wechsel** — = zögedön (lov.) treti.
Promenade [proměnadě] v. = spat.
promovieren [promovirěn] = dokikön (nel.).
Pronomen [pronòmän] n. (Fürwort) = pönop.
Proopie = plödikamalogod.
Propaganda [propagánda] v. = propagid.
propagandieren [propagándirěn] = propagidön (lov.).
Propan [propan] C_3H_8 = propan.
Prophet [profet] m. 1. = büosagan 2. profe-tan, **die Würde eines Propheten** = profet. **falscher** — = luprofetan.

Prophetenschaft [profètěnjáft] v. = profet.
prophetisch [profètij] = profetik.
prophezeien [profežáĭen] 1. = büosagön (lov.) 2. profetön (lov.).
Prophezeiung [profežáĭụŋ] v. 1. = büosagod 2. = profetam.
Proportion [propóržiòn] v. = propor.
Propst [propšt] m. = proban, **Würde eines Propstes** = prob.
Propstei [propštáĭ] v. = proböp.
Prosa [pròsa] v. = prosad.
Prosaiker [prosàikěr] m. = prosadan.
prosaisch [prosàij] = prosadik.
Prospekt [prošpäkt] m. (Plan) = disin, — **eines** (herauszugebenen) **Werkes** = disin lebuka.
prosperieren [próšperirěn] = benikön (lov.).
Protest [protäšt] m. = protest.
Protestant [protäštánt] m. = protästan.
protestantisch [protäštántij] = protästik.
protestantisieren [protäštántisirěn] = protästü-kön (lov.).
Protestantismus [protäštántišmụš] m. = pro-täst.
protestieren [protäštirěn] = protestön (nel.).
Protokoll [protokól] n. = protok, **auf das** — **bezüglich** = protokik, **das** — **führen** = pro-tokön (lov.).
Protokollführer [protokólfürěr] m. = protokan.
protokollieren [protokólirěn] = protokön (lov.).
Proton [pròtón] = proton.
Provenzalisch [provänžàlij]: **das** — = pro-vansal.
Provinz [provinž] v. = provin.
Provinzialismus [provinžiạlišmụš] m. = pro-vinim.
provinziell [provinžiäl] = provinik.
Provision [provisiọn] v. 1. = provid 2. (Vor-rat) = stok.
provisorisch [provisòrij] 1. = büfik 2. = büpladulik.
Prozedur [prožedur] v. = cödäd.
Prozent [prožänt] n. = dötum, **zu 5 %** = lul-dötumo, **a 5 %** (r.: a dötums lul!), **in Pro-zenten** = dötumo.
Prozentsatz [prožántsáž] m. = dötumanum.
Prozentzeichen [prožánžžáĭqěn], **%** = dötuma-malül.
prozentual [prožäntual] = dötumik.
prozentweise [prožántváĭsě] = dötumik.
prozessieren [prožäširěn] = cödädön (nel.).
Prozession [prožäsiọn] v. = prozed.
Prozesz [prožäš] m. (Gerichtshandel) = cödäd, **einen** — **führen** = cödädön (nel.).
Proseszkrämer [prožäškräměr] m.=cödädiälan.
Prunk [prụŋk] m. = lumagif.
prunken [prụŋkěn] = lumagifön (nel.).
prunkhaft [prụŋkháft] = lumagifik, lumagifo.
prunkvoll [prụŋkfól] = lumagifik.
prüfen [prüfen] 1. (examinieren) = xamön (lov.) 2. (untersuchen) = vestigön (lov.).
Prüfer [prüfěr] m. = xaman.
Prüfling [prủfliŋ] m. = xamäb.
Prüfung [prủfụŋ] v. 1. (Examen) = xam 2.

(das Erproben) = blufam 3. **eine schwere
— kam über ihn** = mifät vemik ädrefon omi.
Prügel [prügĕl] 1. m. (Knüppel) = klöb 2.
(ein Tracht Schläge) = flapem.
Prügelei [prügĕláï] v. (Rauferei) = flapäd.
prügeln [prügĕln]: **sich** — = flapädön (nel.).
P.S. [pe äš] (= Postskriptum) = popenäd,
pospenäd.
Psalm [psálm] m. = psam, **Psalmen singen** =
psamikanitön (nel.).
psalmartig [psálm-àrtiq] = psamasümik.
Psalmendichter [psálmĕndiqtĕr] m. = psami-
poedan.
Psalmist [psálmist] m. = psamipoedan.
Psalter [psáltĕr] m. 1. = psamabuk 2. (Mu-
sikinstrument) = psalter.
Psalterium [psáltèrium] n. = psalter.
Pseudonym [psóŭdonŭm] n. = magälanem.
pst [pĕšt]: —! = sö!
psychisch [psüqij] = lanik.
Psychologie [psüqologi] v. = lanav.
psychologisch [psüqologij] = lanavik.
Pubertät [pubärtät] v. = püber.
publik [publik] = notik.
Publikation [publikazion] v. = notäd.
Publikum [publikum] n. = lüloganef, publüg.
publizieren [publižirĕn] = notükön (lov.).
Publizieren [publižirĕn] n. = notükam.
Publizist [publižišt] m. = notükan.
Publizität [publižität] v. = not.
Pud [put] n. = pud.
Pudding [pùdiŋ] m. = blöged.
Puder [pudĕr] m. 1. (Pulver) = puin, **voll** —
= puinädik 2. (Haarpuder) = herapuin.
puderig [pùdĕriq] = puinädik.
pudern [pudĕrn] = puinädön (lov.).
Puderzucker [pùdĕržukĕr] m. = puinajueg.
puff [puf]: —! (paff! piff!) = pü!
Puffärmel [pùf-ärmĕl] m. = svolasliv.
Puls [pulš] m. = peb.
Pulsader [pùlš-adĕr] v. (Arterie) = ratär.
Pulsation [pulsazion] v. = pebam.
pulsieren [pulsirĕn] = pebön (nel.).
Pulver [pulfĕr, pulvĕr] n. 1. (Staub) = puin,
mit — **bestreue** = puinädön (lov.), **mit** —
bestreut = puinädik 2. (eine einzugebene
Menge Arzneipulver) =' puinot 3. (grobes
—, Grus) = brekül.
pulverartig [pulfer-àrtiq] = puinik.
pulverförmig [pùlfĕrförmiq] = puinik.
pulverig [pùlfĕriq] = puinik.
pulverisieren [pulfĕrisirĕn] = puinön (lov.).
pulvern [pulfĕrn] = puinön (lov.).
Pumpe [pumpĕ] v. = pömöm.
pumpen [pumpĕn] = pömön (lov.).
Pumpen [pumpĕn] n. = pöm.
Pumphose [pùmphosĕ] v. = svolablit.
Pumpwerk [pùmpvärk] n. = pömacin.
Punkt [puŋkt] m. 1. = pün, **mit Punkten versehen** = pünön (lov.) 2. (Ding, Sache) =
din.
punktieren [puŋktirĕn] = pünön (lov.).
Punsch [punj] m. = pöjin.
Pupille [pupilĕ] v. = püpil.

Puppe [pupĕ] v. 1. = pup 2. — **eines Insekts**
= krüsalid näsäka.
pur [pur] (rein) = rafinik.
purgieren [purgirĕn] = purgön (lov.).
Purpur [pùrpur] m. = purpur.
purpurn [pùrpurn] = purpurik.
Pursein [pùrsáïn] n. = rafin.
Purzelbaum [pùržĕlbaŭm] m. = daivül.
purzeln [pùržĕln] = daivülön (nel.).
Putz [puž] m. 1. (Gipskalk) = güpäd 2.
(Toilette) = klün.
putzen [pužĕn] 1. = lekluinön (lov.) 2. (toilettieren) = klünön (lov.) 3. **Bäume** — =
kötülön (lov.) bimis.
Putzen [pužĕn] n. = kötül.
Putzer [pužĕr] m. (Baumputzer) = kötülan.
Putzlappen [pùžlápĕn] m. = kluinasärvätül,
lekluinaflab.
Putzmacherin [pùžmáqĕrin] v. (Modistin) =
vogädan.
Putztuch [pùžtuq] n. = lekluinaflab.
Putzware [pùžvarĕ] v. (Modeartikel) = vogä-
dacan, vogädacans.
pünktlich [pùŋktliq] = kuratälik.
Pünktlichkeit [pùŋktliqkáït] v. = kuratäl.
Püppchen [püpqĕn] n. = pupil.
pyramidal [püramidal] = piramidik.
Pyramide [püramidĕ] v. = piramid.
Pyrenäen [pürenäĕn] pl. = pürenen, pürenens.
Pyroarsensäure [pùro ársènsóŭrĕ] $H_4As_2O_7$ =
pürolarsenatazüd.
Pyrophosphorsäure [pùro fóš-fór-sóŭrĕ] $H_4P_2O_7$
= pürofosfatazüd.
Pyroschwefelsäure [pùro jvéfĕlsóŭrĕ] $H_2S_2O_7$
= balhidrilsulfatazüd, semosulfatazüd.

Q. q.

Quacksalber [kvák-sálbĕr] m. = lusanan.
Quacksalberei [kvácksálbĕráï] v. = lusan.
quacksalberisch [kvák-sálbĕrij] = lusanik.
Quader]kvadĕr] m. e v. = düfaston, **aus** —
= düfastonik.
Quaderstein [kvàdĕrjtáïn] m. = düfaston.
quadersteinen [kvàdĕrjtáïnĕn] = düfastonik.
Quadrat [kvadrat] n. = kvad.
Quadratdekameter [kvadrat dekametĕr] **D.M.**^{2}
= kvadadegmet.
Quadratdezimeter [kvadrat dežimetĕr] **d.M.**^{2}
= kvadadimmet.
Quadrathektometer [kvadrat häktometĕr] **H.M.**^{2}
= kvadatummet.
quadratisch = kvadik.
Quadratkilometer [kvadrat kilometĕr] **K.M.**^{2} =
kvadamilmet.
Quadratmeile [kvadràtmáïlĕ] v. = kvadaliöl.
Quadratmeter [kvadràtmetĕr] **M.**^{2} = kvadamet.
Quadratmillimeter [kvadrat milimetĕr] **m.M.**^{2}
kvadamimmet.
Quadratrute [kvadràtrutĕ] v. = kvadarud.
Quadratwurzel [kvadràtvuržĕl] v.=kvadaradig.
Quadratzentimeter [kvadrat zäntimetĕr] **c.M.**^{2}
= kvadazimmet.
quadrieren [kvadrirĕn] = kvadön (lov.).

Quadrillon [kvadrįlyon] v. = 1'000'000⁴ = folion.

Quadruped [kvadruped] n. = follögaf, follö≠ganim.

Quai [kä, ke, káï] m. = käv.

Qual [kval] v. (das Quälen) = tom.

qualitativ]kvalitatįf] = kalietik.

Qualität [kvalität] v. = kaliet.

quantitativ [kvántįtatįf] = mödotik.

Quantität [kvántįtạ̈t] v. 1. = mödot, **in der —von** = mödotü 2. **— eines Vokales, ...** = duled vokata, ...

Quantum [kvántụm] n. = mödot, **im — von** = mödotü.

Quark [kvárk] m. = körd.

Quartal [kvártàl] n. (Vierteljahr) = mulakilat. yelafoldil.

quartaliter [kvártàlįtĕr] = mulakilato, yelafol≠dilo, yelafoldiliko.

quartalsweise [kvártàlšváïsĕ] = mulakilato, yelafoldilo.

Quarte [kvártĕ] v. mus. 1. (Intervall) = folüd 2. (Ton) = folüf.

Quartett [kvártạ̈t] n. = folüm.

Quarz [kvárž m. = kuad.

quarzartig [kvárž-àrtįg] = kuadasümik.

quarzhaltig [kvárž-háltįg] = kuaderik.

quarzig [kváržįg] = kuadik.

Quast [kvást] m. (gröberer Pinsel) = lepensit.

Quaste [kvástĕ] v. (Troddel) = kvat.

Quatember [kvatämbĕr] m. = yelafoldiladel.

Quatemberfasten [kvatạ̈mbĕrfástĕn] n. = cunüp yelafoldiladelik.

Quäker [kvạ̈kĕr] m. = kvekan, **die Lehre der** = kvek.

quälen [kvạ̈lĕn] = tomön (lov.).

Quälen [kvạ̈lĕn] n. = tom.

quälend [kvạ̈lĕnt] = tomik.

Quäler [kvạ̈lĕr] m. = toman.

Quälerei [kvạ̈lĕráï] v. = tom.

quälerisch [kvạ̈lĕrįj] = tomiälik.

Quälgeist [kvạ̈lgáïšt] m. = tomiälan.

Quälsucht [kvạ̈lsụạ̈t] v. = tomiäl.

Quecksilber [kvạ̈ksįlbĕr] n. **Hg** = hidrargin, märkulin.

quecksilbern [kvạ̈ksįlbĕrn] = hidrarginik.

Quecksilberoxyd [kvạ̈ksįlbĕr óxụ̈t] HgO = hidrarginiloxid.

Quecksilberoxydul [kvạ̈ksįlbĕr óxụ̈dụl] Hg₂O = hidrarginoloxid.

Queensland [kvinšlánt, kvìnšlánd] = Kvinslän.

Quell [kvạ̈l] m. = fon, **einen — anbohren** = maigimön (lov.) foni.

Quelle [kvạ̈lĕ] v. = fon.

quellen [kvạ̈lĕn] (sprudeln) = fonön (nel.).

quer [kver] = travärik, traväro, **— über** = travärü.

Quere [kverĕ] v. = travär.

Querkopf [kvèrkópf] m. = taälan.

Querköpfigkeit [kvèrkópfįgkáït] v. = taäl.

Quertreiber [kvèrtráïbĕr] m. = taälan.

Quertreiberei [kvèrtráïbĕráï] v. = taäl.

quetschen [kvạ̈čĕn] = blütön (lov.).

Quetschen [kvạ̈čĕn] n. = blüt.

Quetschung [kvạ̈čụn] v. 1. (das Quetschen) =

blüt 2. (die durch — entstandene Verletzung) = blütot.

Quetschuwa (Indianer≠tamm) = kvetsyuvans.

Quetzal, k. = kväzal.

Quinder, k. = lekatazim.

Quinte [kvįntĕ] v. 1. (Intervall) = lulüd 2. (Ton) = lulüf.

Quintessens [kvįntäšänž] v. 1. = binäl 2. (Hauptbestandteil) = lebinäd.

Quintett [kvįntät] n. = lulüm.

Quintillion [kvįntįlyon] 1'000'000⁵ = lulion.

Quitte [kvįtĕ] v. = kvit.

quittenartig [kvįtĕn-àrtįg] = kvitasümik.

Quittenbaum [kvįtĕnbáụm] m. = kvitabim, kvitep.

quittieren [kvįtįrĕn] = kitön (lov.).

Quittieren [kvįtįrĕn] n. = kit.

Quittung [kvįtụn] v. 1. = kit 2. (Empfangs-schein) = kitazöt.

Quote [kvotĕ] v. = dilot.

Quotient [kvožįänt] m. mat. = müedot.

R. r.

Rabatt [rabát] m. = rabat.

Rabbinat [rábįnàt] n. = rabin.

Rabbiner [rábįnĕr] m. = rabinan.

Rabe [rabĕ] m. 1. = rab 2. st. = sirab.

Rabenmutter [rábĕnmụtĕr] v. = mot badik.

rabenschwarz [rabĕn jvárž] = leblägik, **raben-schwarzes Rosz** = blägajevod.

Rache [ráɋĕ] v. = vindit.

Rachedurst [ráɋĕdụršt] m. = vinditiäl.

Rachen [ráɋĕn] m. 1. (Rachenhöhle) = gütür 2. (Schlund, weit geöffneter Mund) = cav.

Rachenhöhle [ráɋĕnhölĕ] v. = gütür.

Rachgier [ráɋgįr] v. = vinditiäl.

rachgierig [ráɋgįrįg] = vinditiälik.

Rachlust [ráɋlụšt] v. = vinditiäl.

rachlustig [ráɋ-lùštįg] = vinditiälik.

Rachsucht [ráɋsụɋt] v. = vinditiäl.

rachsüchtig [ráɋsụ̈qtįg] = vinditiälik.

Rad [rat] n. 1. = luib, **mit Rädern versehen** = luibön (lov.) 2. (Fahrrad) = saikul.

radeln [radĕln] = saikulön (nel.).

radfahren [ràtfarĕn] = saikulön (nel.).

Radfahrer [ràtfarĕr] m. = saikulan.

radieren [radįrĕn] 1. (ätzen) = graifön (lov.) 2. (wegkratzen) = radön (lov.).

Radieren [radįrĕn] n. = graif.

Radierkunst [radįrkụnšt] v. = graifav.

Radierung [radįrụn] v. 1. = rad 2. (Aqua-fort) = graifot.

radikal [radikal] = lölimik.

Radikalismus [radikalįšmụš] m. = lölim.

Radikalkur [radįkàlkụr] v. = lekäl stabik.

Radio [ràdio] = radion.

radioaktiv [radįo≠áktįf] = stralamikodabik.

Radioaktivität [radįo≠áktįvịtạ̈t] v. = stralami≠kodab.

Radium [ràdįụm] **Ra** = radin.

Radiumbromid [ràdįụm bromịt] RaBr₂ = ra≠dinabromid.

Radon [radon] **Rn** = radonin.

Radschuh [ràtju̟] v. = frenablög.
raffinieren [ráfini̟rĕn] (läutern) = rafinükön (lov.).
Raffinieren [ráfini̟rĕn] n. = rafinükam.
raffiniert [ráfini̟rt] = lukäfik.
Raffiniertheit [ráfini̟rtháït] v. = lukäf.
Raffiniertsein [ráfini̟rt sáïn] n. (Purheit) = rafin.
Raffinierung [ráfini̟ru̟ŋ] v. = rafinükam.
Ragout [rágù] n. = ragud.
Rahm [ram] m. = krem.
Rahmen [ramĕn] m. (Bilderrahmen) = frem.
rahmig [ràmi̟q] = kremik.
Rand [ránt] m. = siem.
Rang [ráŋ] m. 1. (Würde) = dinit, — köheren Geistlicher = ledinit 2. = gredät 3. kedot.
Rangschiff [ráŋji̟f] n. = börtanaf.
Rangschiffahrt [ráŋ-ji̟ffart] v. = bört.
Rangsucht [ráŋsu̟q̈t] v. = dinitiäl.
rangsüchtig [ráŋ-su̟q̈tiq] = dinitiälik.
Rank [ráŋk] m. (kösömo in pl.: ‚Ränke') = trig.
Ranunkel [ranu̟ŋkĕl] v. = ranunk, die Blume des Ranunkels = ranunkaflor.
Ranzen [ránžĕn] m. = bäkasakäd.
ranzig [ránži̟q] (von Fett) = ranik, — werden = ranikön (nel.).
Ranzigkeit [ránži̟q-káït] v. = ran.
Rappe [rápĕ] m. = blägajevod.
Rappen [rápĕn] m.: schweizerischer — = fra-nazim Jveizänik.
rasch [ráj] (hastig, betriebsam) = spidöfik.
Raschheit [ráj-háït] v. = spidöf.
Rasenstück [ràsĕnjtu̟k] n. (Plagge) = glunot.
Raserei [rasĕráï] v. = vutalienet.
rasieren [rasi̟rĕn] = jeifön (lov.).
Rasieren [rasi̟rĕn] n. = jeif.
Rasiermesser [rasi̟rmäsĕr] n. = jeifaneif.
Rasse [ráśĕ] v. = bidäd.
rasseln [ráśĕln] = noidülön (nel.).
Rasseln [ráśĕln] n. = noidül.
Rat [rat] m. 1. = konsäl, einem einen — geben = konsälön (lov.) eke bosi, mit — versehen (einen beraten) = bekonsälön (lov.) eki, — schlagen, — pflegen, — halten = dakon-sälön (nel.) 2. (Ratsherr) = konsälal 3. (Ratskollegium) = konsälalef 4. (Kammer) = cäm.
Rate [ratĕ] v. (Teilbetrag) = dilasuäm.
raten [ratĕn]: einem etwas — = konsälön (lov.) eke bosi.
Raten [ratĕn] n. = konsälam.
ratenweise [ràtĕnváïsĕ] = dilasuämiko, dila-suämo.
Ratenzahlung [ratĕn-žálu̟ŋ] v.= pel dilasuämik.
Ratgeben [ràtgebĕn] n. = konsälam.
Ratgeber [ràtgebĕr] m. = konsälan.
Rathaus [ràtháŭš] n. = konsälöp.
ratifizieren [ratifiži̟rĕn] = lonöfükön (lov.).
rational [ražional] = tikälik.
Rationalismus [ražionali̟šmu̟š] m. = tikälim.
rationalistisch [ražionali̟štij] = tikälimik.
rationell [ražionäl] = tikälik.
ratsam [ràtsam] = frutabik.
Ratsamkeit [ràtsamkáït] v. = frutab.

Ratschlag [ràtjlak] m. = konsälam.
Ratsglied [ràžgli̟t] n. (Teilhaber einer Kammer) = cäman.
Ratsherr [ràžhär] m. 1. = konsälal 2. (Teil-haber einer Kammer) = cäman.
Ratskollegium [raž-kólègi̟u̟m] n. = konsälalef.
Ratssitzung [raž-si̟žu̟ŋ] v.=seadod konsälalefa.
Ratsversammlung [ràžfär̈sámlu̟ŋ] v. = seadod konsälalefa.
Ratte [ráte] v. = rat.
Rattenkönig [ráttĕn-kȯni̟q] m. = göbasnobara-tem.
rattern [rátĕrn] = noidülön (nel.).
Rattern [rátĕrn] n. = noidül.
Raub [ráŭp] m. 1. = rav 2. (das Geraubte) = ravot.
Raubbegier [ráŭpbĕgi̟r] v. = raviäl.
Raubbegierde [ráŭpbĕgirdĕ] v. = raviäl.
raubbegierig [ráŭp-bĕgi̟ri̟q] = raviälik.
rauben [ráŭbĕn] = ravön (lov.).
Rauben [ráŭbĕn] n. = rav.
rauberhaft [ráŭbĕr-háft] = ravik.
Raubgesindel [ráŭpgĕsi̟ndĕl] n. = ravanef.
Raubgier [ráŭpgir] v. = raviäl.
raubgierig [ráŭp-gi̟ri̟q] = raviälik.
Raubsucht [ráŭpsu̟q̈t] v. = raviäl.
raubsüchtig [ráŭp-su̟q̈tiq] = raviälik.
Raubvogel [ráŭpfogĕl] m. = ravaböd.
rauch [ráŭq̈] = raodik.
Rauch [ráŭq̈] m. = smok.
rauchen [ráŭq̈ĕn] 1. nel. = smokön 2. eine Zigarre — = smökön (lov.) zigari, Pfeifen — = pipön (nel.).
Rauchen [ráŭq̈ĕn] n. = smök.
Raucher [ráŭq̈ĕr] m. = smökan.
Rauchfasz [ráŭq̈fäš] n. = smokädagef.
Rauchfäszchen [ráŭq̈fäšqĕn] n. = smokädagefil.
Rauchgefäsz [ráŭq̈gĕfäš] n. = smokädagef.
rauchhaarig [ráŭq̈-hàri̟q] = raodaheragik.
Rauchheit [ráŭq̈-háït] v. = raod.
rauchig [ráŭq̈i̟q] = smokik.
Rauchservice [ráŭq̈-särviš] n. = smökastanäd.
Rauchtabak [ráŭq̈-tàbák] m. = smökatabak.
Rauchwolke [ráŭq̈-vólkĕ] v. = smokalefog.
Raufbold [ráŭf-bólt] m. = flapädan.
Rauferei [ráŭfĕráï] v. = flapäd.
rauh [ráŭ] 1. (barsch) = grobȯfik 2. (rauch) = raodik.
Rauheit [ráŭ-háït] v. = raod.
rauhen [ráŭĕn] = raodükön (lov.).
rauhhaarig [ráŭ-hàri̟q] = raodaheragik.
Raum [ráŭm] m. 1. = spad, — machen für, — geben = spadön (nel.) pro 2. — eines Schiffes, eines Hauses, ... = spadäd nafa, doma, ...
Rauminhalt [ráŭm-i̟nhált] m. (Volumen) = spadaninäd.
Raupe [ráŭpĕ] v. = jönul.
Rausch [ráŭj] m. = briet.
rauschen [ráŭjĕn] = noidön (nel.).
Rauschen [ráŭjĕn] n. = noid.
rauschend [ráŭjĕnt] = noidik.
Rauschgold [ráŭj-gólt] n. = lugold.
rächen [räqĕn] = vinditön (lov.).
Rächer [räqĕr] m. = vinditan.

rächerisch [rą̊qĕrị̆j] = vinditik.
rädern [rädĕrn] (mit Rädern versehen) = luibön (lov.).
Ränke [rå̊ŋkĕ] m. pl. = trig, trigs.
räsonieren [räsónịrĕn] 1. = blöfädön (lov.) 2. (hin⸗ und herreden) = lublöfädön (lov.).
Räsonnement [räsónĕmáñ] n. 1. = blöfäd 2. (das Hin⸗ und Hergerede) = lublöfäd.
Rätien [rą̊žị̆ĕn] n. = Retiän.
rätlich [rą̊tlị̆q] (ratsam) = frutabik.
Rätlichkeit [rą̊tlị̆qkáït] v. = frutab.
Rätsel [räžĕl] n. = rät.
rätselhaft [rą̊žĕlháft] 1. = rätöfik 2. (mysteriös) = klänöfik.
Rätselhafte [rą̊žĕlháftĕ]: das — (das Geheimnisvolle) = klänöf.
Rätselhaftigkeit [rą̊žĕlháftị̆q-káït] v. 1. = rätöf 2. = klänöf.
rätseln [rą̊žĕln] (die Auflösung suchen)=rätön (lov.).
Rätseln [rą̊žĕln] n. = rätam.
Räuber [róůbĕr] m. = ravan.
Räuberanführer [róůbĕr-ánfürĕr] m. = ravana⸗cif.
Räuberbende [róůbĕrbändĕ] v. = ravanef.
Räuberei [róůbĕráï] v. = rav.
Räuberhauptmann [róůbĕr-háůpt-mán] m. = ravanacif.
räuberisch [róůbĕrị̆j] = ravik.
räuchern [róůqĕrn] 1. = smokädön (lov.) 2. (Weihrauch streuen, mit Weihrauch —) = bovälön (lov.), filükön (lov.) boväli.
Räuchern [róůqĕrn] n. = smokäd.
Räucherung [róůqĕrṳn] v. = smokäd.
Räucherwerk [róůqĕrvärk] n. = benosmelot, benosmelots.
räumig [róůmị̆q] (geräumig) = spadöfik.
räumlich [róůmlị̆q] 1. (auf den Raum bezüglich) = spadik 2. (geräumig) = spadöfik.
Räumlichkeit [róůmlị̆q-káït] v. 1. (das Räumlichsein) = spadöf 2. — eines Schiffes, eines Hauses, ... = spadäd nafa, doma, ...
Räumte [róůmtĕ] v.: — eines Schiffes = spa⸗däd nafa.
Reaktion [reákžị̆òn] v.: chemische — = pubet kiemik.
Realien [reàlị̆ĕn] pl. (= nols dinik) = real, reals.
Realienlehrer [reàlị̆ĕnlerĕr] m. = realitidan.
realisieren [realịsịrĕn] (verwirklichen) = jenö⸗fükön (lov.).
Realisierung [realịsịrṳn] v. = jenöfükam.
Realismus [realị̆šmṳš] m. = jenöfim.
realistisch [realị̆štị̆j] = jenöfimik.
Realschule [reàlị̆julĕ] v. 1. = realajul 2. (mittlere Schule) = zänodajul.
Rebe [rebĕ] v. (Weinrebe) = vitid.
Rebell [rebäl] m. = volutan.
Rebengelände [rèbĕngĕländĕ] n. (Weinland) = vinalän.
Rebensaft [rèbĕnsáft] m. = vitidavaet.
Rebhuhn [rą̊phụn] n. = pädrit.
Rebland [rèplánt] n. (Weinland) = vinalän.
Rebmann [rèpmán] m. (Winzer) = vitidaga⸗dan.

Rebus [rèbụš] m. e n. = rebüd.
rechen [rą̊qĕn] = räkön (lov.).
Rechen [rą̊qĕn] m. (Harke) = räk.
Rechenkunst [rą̊qĕnkụnšt] v. = kalkulav.
Rechenkünstler [rą̊qĕnkünštlĕr] m. = kalkula⸗van.
Rechenschaft [rą̊qĕnjáft] v. = gidükam, — ablegen, — geben von = gidükön (lov.).
rechnen [rą̊qnĕn] 1. (berechnen) = kalkulön (lov.) 2. — auf = lekonfidön (lov.) 3. — zu = dütedön (lov. dem.).
Rechnen [rą̊qnĕn] n. = kalkul.
Rechner [rą̊qnĕr] m. = kalkulan.
Rechnung [rå̊qnụn] v. 1. (Berechnung) = kalkul 2. (Konto) = kal, laufende — = kal golik, in — stehen, in laufender — stehen = kalön (nel.), in — stellen = kalükön (lov.), in — = kalo, für — des = kalü 3. (Nota) = kalot 4. — führen = kalädön (nel.).
Rechnungsabschlusz [rå̊qnụnš-ápjlụš] m. = ka⸗ lijöt.
Rechnungsführung [rå̊qnụnšfụ̈hrụn] v. = kaläd.
recht [rą̊qt] 1. (nicht link) = detik 2. (richtig) = verätik, verätiko 3. (gerade) = ste⸗dik 4. (sorecht, wesentlich) = voik 5. (im hohen Grad) = vemik, — ladv. (sehr) = vemo 6. zu rechter Zeit, zur rechten Zeit = timo, pötatimo.
Recht [rą̊qt] n. 1. (Jus) = git 2. (Befugnis) = gitod, mit — = gitodo 3. — sprechen = cödön (lov.) eki u bosi 4. — sprechen = gitädön (nel.) 5. — haben = gidetön (nel.), — behalten = blebön (nel. nem.) gidetik, einem — geben = gidetükön (lov.) eki, — bekommen = pagidetükön (sufalefom) 6. = gität, ein — an eine Sache haben = gitätön (nel.) ad bos.
Rechte [rą̊qtĕ] v. (die rechte Hand) = det.
Rechteck [rą̊qt⸗äk] n. = stedagul.
rechteckig [rą̊qt-å̊kị̆q] = stedagulik.
rechtfertigen [rą̊qt-fą̊rtị̆gĕn] = gidükön (lov.), sich — = gidükön oki.
Rechtfertigung [rą̊qt-fą̊rtị̆gụn] v. = gidükam.
Rechtfertigungsgrund [rą̊qt-fą̊rtị̆gụnš-grụnt] m. = gidükamakod.
rechtgläubig [rą̊qtglóůbị̆q] = verätalekredik.
Rechthaben [rą̊qthabĕn] n. = gidet.
rechthabend [rą̊qthabĕnt] = gidetik.
Rechthaber [rą̊qthabĕr] m. = lugidetan.
Rechthaberei [rą̊qthabĕráï] v. = lugidet.
rechthaberisch [rą̊qt-hàbĕrị̆j] = lugidetik.
rechtlich [rą̊gtlị̆q]: ein rechtliches Urteil fällen = cödetön (lov.) eki ad.
Rechtlichkeit [rą̊qtlị̆qkáït] v. (Gerechtigkeit)= gid, Sinn für — = gidäl.
Rechtlichkeitsgefühl [rą̊qtlị̆qkáïž-gĕfụ̈l] n. = gidäl.
Rechtlichkeitssinn [rą̊qtlị̆qkáïž-sịn] m. = gidäl.
rechtmäszig [rą̊qtmäsị̆q] = gidik.
Rechtmäszigkeit [rą̊qt-mą̊sị̆qkáït] v. (Legitimität) = gitöf.
rechts [rą̊qž] = deto, — von = detü.
rechtsab [rą̊qž áp] = deto deo.
rechtschaffen [rą̊qtjáfĕn] = ritik.

Rechtschaffenheit [rǫqtjáfěn-háït] v. = rit.
Rechtschreibung [rǫqtjráïbụŋ] v. = lotograf.
Rechtsgefühl [rǫqžgěfül] n. = gidäl.
Rechtsgelehrsamkeit [rǫqž-gělèrsamkáït] v. = gitav.
rechtsgelehrt [rǫqžgělert] = gitavik.
Rechtsgelehrter [rǫqžgělertěr] = gitavan.
rechtshin [rǫqžhịn] = detio.
rechtskundig [rǫqž-kụndịq] = gitavik.
rechtsoben [rǫqž oběn] = detalöpik.
Rechtsprechen [rǫqtjprǫqěn] n. 1. = cöd 2. = gitädam, die Befugnis des Rechtsprechens = gitädamagitod.
Rechtsprechung [rǫqt-jprǫqụŋ] v. = gitädam.
Rechtssache [rǫqžsáqě] v. = gitädasäkäd.
Rechtsspruch [rǫqžjpruǫ̌] m. = cödet.
Rechtsstreit [rǫqžjtráït] m. = gitädasäkäd.
Rechtzähnige, m. = stedatutan.
rechtzeitig [rǫqtžáïtịq] = pötatimik.
Rechtzeitigkeit [rǫqtžáïtịq-káït] v. = pötatim.
Redakteur [redáktör] m. = redakan.
Redaktion [redákžịòn] v. 1. (Personen) =redak 2. (das Redigieren) = redakam.
Rede [redě] v. 1. (Vortrag) = spikäd 2. (Sprache, in Ned.: ‚spraak') = spik.
reden [reděn] (sprechen) = spikön (lov.), zu Ende — = fisagön (lov.).
Redensart [rèděnš‚art] v. 1. (feststehende Sprach-wendung) = fraseod 2. (Redensweise) = spikamamod.
Redensweise [rèděnšváïsě] v. = spikamamod.
redigieren [redigịrěn] = redakön (lov.).
Redigieren [redigịrěn] n. = redakam.
Redner [redněr] m. (Rhetor) = spikädan.
Redoute [redụtě] v. (Schanze) = daemed.
Reduktion [redụkžịon] v. = säxüd.
Reduktionsprozesz [redụkžịonšprožǎš] m. = säxüdajenäd.
reduzieren [redụžịrěn] = säxüdön (nel.).
Referat [referat] n. (Bericht) = nunod.
Referendar [referändar] m. = nunodal.
Referendär [referändär] m. = nunodal.
Referent [referänt] m. = nunodan.
referieren [referịrěn] = nunodön (nel.).
reflexiv [refläxịf] = geik, reflexives Fürwort = pönop (pösodik) geik.
Reflexivpronomen [refläxịf-pronòmän] n. = pönop (pösodik) geik.
Reform [refórm] v. = votastid.
reformieren [refórmịrěn] = votastidön (lov.).
rege [regě] (rührig) = jäfädik.
Regel [regěl] v. 1. (Norm) = nom, als — = nomo 2. in der — = kösömiko.
regelmäszig [regěl-mäšịq] 1. (normal) = nomik, — sein = nomön (nel.) 2. regelmäsziger Gang = nomäd, einen regelmäszigen Gang haben = nomädön (nel.), einen regelmäszigen Gang geben = nomädükön (lov.) 3. gr. = nomotik.
Regelmäszigkeit [regěl-mäšịq-káït] v. = nomam.
Regelmäszigsein [regěl-mäšịq sáïn] n. gr. = nomot.
regeln [regěln] = nomükön (lov.).
regelrecht [règělrǫqt] (normal) = nomik.
Regelung [règělụŋ] v. = nomükam.

Regen [regěn] m. = rein.
Regenbogen [règěnbogěn] m. = reinabob.
Regenbogenfarbe [règěnbogěnfárbě] v. = köl reinaboba, reinabobaköl.
regenbogenfarbig [règěnbogěnfárbịq] = reinabobakölik.
Regenbogenhaut [règěnbogěn‚háüt] v. = lirid.
Regenschauer [règěnjáüěr] m. = reinastomül.
Regenschirm [règěnjịrm] m. = reinajelöm.
regieren [regịrěn] 1. (herrschen) = reigön (nel.) 2. gr. den Akkusativ — = reigülön (lov.) me kusatif.
Regieren [regịrěn] n. = reig.
Regierer [regịrěr] m. = reigan.
Regiererin [regịrěrịn] v. = jireigan.
Regierung [regịrụŋ] v. 1. = reig 2. (Personen) = reiganef.
Regiment [regimänt] n. (beim Heere) = rejimen.
Register [regịštěr] n. 1. = registar, ins — eintragen = registarön (lov.) 2. (Verzeichnis) = lised 3. (Inhaltsverzeichnis) = ninädalised.
Registrator [regịštràtór] m. = registaran.
Registratur [regịštratụr] v. 1. = registaram 2. = registaramabür.
registrieren [regịštrirěn] = registarön (lov.).
Reglement [reglěmáñ] n. = nomem.
reglementarisch [reglemäntàrịj] = nomemik.
regnen [regněn] = reinön (nel.).
regnerisch [règněrịj] = reinöfik.
Regulativ [regulatịf] n. = nomem.
Regulator [regulàtór] m. 1. p. = nomädükan 2. d. = nomädükian.
regulieren [regulịrěn] = nomädükön (lov.).
Regulierung [regulịrụŋ] v. 1. = nomükam 2. = nomädükam.
regungslos [règụŋšloš] = nenmufik.
Regungslosigkeit [règụŋš-lòšịqkáït] v. = nenmuf.
Reh [re] n. = kapreol.
Rehbraten [rèbratěn] m. = kapreolaloet.
reiben [ráïběn] = röbön (lov.).
Reiber [ráïběr] m. = röban.
Reibung [ráïbụŋ] v. = röb.
reich [ráïq] 1. = liegik, — sein = liegön (nel.), — werden = liegikön (nel.) 2. in reichem Masz vorhanden sein = bundanön (nel.).
Reich [ráïq] n. 1. = reigän, römisches — = Román, osmanisches —, ottomanisches — = reigän porta sublimik 3. = voled (a.s. : Pflanzenreich = planavoled).
reichhaltig [ráïq-háltịq] = liegöfik.
Reichhaltigkeit [ráïq-háltịq-káït] v. = liegöf.
reichlich [ráïqlịq] = bundanik.
Reichlichkeit [ráïqlịq-káït] v. = bundan.
Reichs‚ [ráïqš‚] = ... reigänik.
Reichsamt [ráïqš-ámt] n. (Ministerium) = minister.
Reichsgericht [ráïqšgěrịqt] n. = reigänacödalef.
Reichskanzler [ráïqš-kánžlěr] m. = reigänalebüral.
Reichsland [ráïqš-lánt] n. = reigänalän.
reichsländisch [ráïqš-lǎndịj] = reigänalänik.

Reichspost [ráïqš-póšt] v. = reigänapot.
Reichsrat [ráïqšrat] m. 1. = reigänacäm 2. p.
= reigänacäman.
Reichsstadt [ráïqš-jtát] v. = reigänazif.
reichsstädtisch [ráïqš-jtặtjj] = reigänazifik.
Reichtum [ráïqtụm] m. = lieg, — an Äste,
— an Zweige = tuigag.
reif [ráïf] (gereift, zeitig) = madik, — sein =
madön (nel.), — werden = madikön (nel.).
Reif [ráïf] m. 1. (Reifen) = rif 2. (gefrorener
Tau) = frod, es fällt — =, frodos, mit —
bedecken (bereifen) = befrodön (lov.).
Reife [ráïfě] v. (Reifheit) = mad.
reifen [ráïfěn] 1. = frodön (nel.), es reift =
frodos 2. (bereifen) = rifön (lov.) 3. (reif
werden) = madikön (nel.), — machen (zeitigen, lov.) = madükön (lov.).
Reifen [ráïfěn] m. = rif.
Reifheit [ráïf-háït] v. = mad.
Reiger [ráïgěr] m. = härod.
Reihe [ráïě] v. 1. = ked 2. der — nach ordnen
= sökaleodükön (lov.) 3. = turn, die —
herum = turniko 4. = turnem.
reihen [ráïěn] = kedön (lov.).
Reihenfolge [ráïěn-fólgě] v. = sökaleod.
Reiher [ráïěr] m. = härod.
Reiheschiff [ráïějịf] n. = börtanaf.
Reiheschiffahrt [ráïě-jịffart] v. = bört.
Reim [ráïm] m. = rimod, in Reime bringen =
rimükön (lov.).
reimen [ráïměn] 1. (in Reime bringen) =
rimükön (lov.) 2. sich — (gereimt sein) =
rimön (nel.).
Reimer [ráïměr] m. = lupoedan.
Reimerei [ráïměráï] v. = lupoed.
Reimung [ráïmụŋ] v. = rimükam.
rein [ráïn] 1. = klinik, — sein = klinön (nel.),
— werden = klinikön (nel.), — machen =
klinükön (lov.), ins reine = kliniko 2. (pur)
= rafinik.
Reindruck [ráïndrụk] m. = klinabük.
Reingewinn [ráïngěvịn] m. = näitafrut.
Reinheit [ráïn-háït] v. 1. = klin 2. (Purheit)
= rafin.
reinigen [ráïnịgěn] = klinükön (lov.), von
Läusen — = säpufön (lov.).
Reinigkeit [ráïnịq-káït] v. = klin.
Reinigung [ráïnịgụŋ] v. = klinükam.
reinlich [ráïnlịq] = klinöfik, — sein = klinöfön (nel.), — machen = klinöfükön (lov.).
Reinlichkeit [ráïnlịq-káït] v. = klinöf.
Reinlichkeitssinn [ráïnlịq-káïž-sịn] m. = klinö-
fiäl.
Reinmachefrau [ráïn-máqě-fráṵ] v. = jiklinü-
kan.
reinschreiben [ráïn-jráïběn] = klinopenön (lov.).
Reinsein [ráïn sáïn]: das — (das Pursein) =
rafin.
Reis 1. [ráïš] m. (Getreideart) = risat 2.
[ráïš] n. (Rute) = tuigül 3. [rệiš] k. =
räid.
Reisbund [ráïšbụnt] n. = tuigülatuf.
Reisbündel ráïšbụnděl] n. (Holzbündel) = tuigatuf.
Reise [ráïsě] v. = täv.

Reisebureau [ráïsěbüro] n. = tävabür.
Reisedecke [ráïsědặkě] v. = tävateged.
reisefertig [ráïsě-fặrtịq] = tävablümik.
Reisegenosse [ráïsě-gěnóšě] m. = tävakom-
penan.
Reiselust [ráïsělụšt] v. = täviäl.
reiselustig [ráïsě-lụštịq] = täviälik.
reisen [ráïsěn] = tävön (nel.), erforschend —
= letävön (nel.), mit der Eisenbahn — =
trenön (nel.).
Reisen [ráïsěn] n. = tävam.
Reisende [ráïsěndě] m. = tävan.
Reisender [ráïsěnděr] m. = tävan.
Reisepasz [ráïsě-páš] m. = tävadientifäd.
Reisesinn [ráïsěsịn] m. = täviäl.
Reisesucht [ráïsěsụqt] v. = täviäl.
Reisetasche [ráïsě-tájě] v. = tävasakäd.
Reisfeld [ráïšfặlt] n. = risataläned.
Reisglas [ráïšglaš] n. = laabataglät.
Reisholz [ráïš-hólž] n. = tuigülem.
Reispflanze [ráïš-pflánžě] v. = risataplan.
Reiswelle [ráïšvặlě] v. = tuigülatuf.
reiszen [ráïsěn] 1. nel. = sleatön (nel.) 2.
(zerreisen) = sleitön (lov.) 3. Witze — =
cogedön (nel.).
reiszend [ráïšent] = sleitik, reiszendes Tier =
sleitanim.
reiten [ráïtěn] = monitön (nel.).
Reiten [ráïtěn] n. = monit.
Reiter [ráïtěr] m. = monitan.
Reitkunst [ráïtkụnšt] v. = monitav.
Reitpferd [ráïtpfert] n. = monitajevod.
Reiz [ráïž] m. 1. = tirädafäg 2. (Mittel) =
stiged 3. (in Fr.: ,charme') = keinot.
reizbar [ráïžbar] 1. = senälöfik 2. = stigedovik.
Reizbarkeit [ráïžbar-káït] v. 1. = stigedov 2.
(Empfindlichkeit) = senälöf.
reizen [ráïžěn] 1. = stigedön (lov.) 2. =
tirädön (lov.) keino.
Reizen [ráïžěn] n. = stigedam.
reizend [ráïžěnt]: — auffordern (vexieren) =
lutodön (lov.).
Reizung [ráïžụŋ] v. (das Reizen) = stigedam.
Reklame [reklaměě] v. = reklam, — machen =
reklamön (lov.).
Rekonvaleszenz [rekónvalặšžặnž] v. = sauni-
kam.
Rekrut [rekrut] m. = rekrutäb.
rekrutieren [rekrutịrěn] = rekrutön (lov.).
Rekrutierung [rekrutịrụŋ] v. = rekrut.
rektifizieren [räktifịzịrěn] = verätükön (lov.).
Rektion [räkžịon] v. = reigül.
Rektor [rặktór] m. = räktoran.
Rektorat [rặktorat] n. = räktor.
Rekursrecht [rẹkụrš-rặqt] n. = gität lapela,
lapelagität.
relativ [relatịf] (verhältnismäszig) = tefädik.
Relativität [relatịvịtät] v. = tefäd.
Relativpronomen [relatịf pronòmặn] = pönop
tefik.
Relief [relịặf] n. = reliäf.
Religion [relịgịon] v. = rel, christliche — =
krit, israelitische —, jüdische — = yud.

Religionslehrer [religiònšlerĕr] m. = lekreda‹
vitidan.
Religionswissenschaft [religionš-vìšĕnjáft] v. =
relav.
religiös [reliöš] 1. (fromm) = relöfik, — sein
= relöfön (nel.) 2. religiöser Unterricht =
lekredavitid.
Reliquiarium [relikviàrium] n. = relikidininä‹
dian.
Reliquie [relikviĕ] v. = relikid.
Reliquienschrein [relikviĕn-jráïn] = relikidara‹
mar.
Remise [remisĕ] v. = vaböp.
remittieren [remitirĕn] = remitön (lov.).
Rennbahn [rånban] v. = rönakul.
rennen [ränĕn] = rönön (nel.), in die Wette
—, um die Wette — = mätarönön (nel.).
Rennen [ränĕn] n. = rön.
Renner [ränĕr] m. (Rennpferd) = rönajevod.
Rennpferd [rånpfert] n. = rönajevod.
Renntier [råntir] n. = ren.
renommiert [renómirt] = famik.
Renovation [renovažion] v. = nulükam.
renovieren [renovirĕn] = nulükön (lov.).
Rente [räntĕ] v. (Zins) = fien, von seinen
Renten leben = fienädön (nel.).
Rentier [räntïe] m. (Rentner) = fienädan.
rentieren [räntirĕn]: sich — = fienön (lov.).
Rentner [rntnĕr] m. = fienädan.
reorganisieren [reórganisirĕn] = dönunoganü‹
kön (lov.).
Reparatur [reparatur] v. 1. = nätükam 2. d.
= nätükod.
reparieren [reparirĕn] = nätükön (lov.).
Repositorium [repositòrium] n. (Bücherbrett)
= bukaboed.
Reptil [räptil] n. = räptul.
Republik [republik] v. = repüblik.
Republikaner [republikanĕr] m. = repüblikan.
republikanisch [republikànij] = repüblikik.
republikanisieren [republikanisirĕn] = repübli‹
kön (lov.).
Republikanismus [republikanišmuš] m. = repü‹
blikim.
Requisit [rekvisit] n. (Geräte) = ştöm, ştöms.
Reseda [resèda] v. = resed.
Reservefonds [resårvĕ-fónž] m. = resärfafund.
Reservemann [resårvĕ-mán] m. = resärfäb.
reservieren [resårvirĕn] n. = resärfön (lov.).
Reservieren [resårvirĕn] n. = resärf.
Residenzstadt [residånžjtát] : — eines Erzbischofs = lebijopöp.
resignieren [resignirĕn] : — von = klemön
(lov.).
respektive [rešpäktivĕ] (beziehungsweise) =
tefädo.
ressortieren [räšórtirĕn] = dutädön (nel.).
Rest [räšt] m. (Überbleibsel) = ret.
Restaurant [räštoráñ] n. = staudöp.
Restaurantbesucher [räštoráñbĕsuḍĕr] m. =
staudan.
Restaurateur [räštoratör] m. = staudöpacif.
Restauration [räštáŭražjòn] v. (Erholung) =
staud.

Restaurationswagen [räštáŭražjònšvagĕn] m. =
staudavab.
restaurieren [räštáŭrirĕn] : sich — = staudön
(nel.).
restieren [räštirĕn] = retön (nel.).
restlich [råštliq] = retik.
restlos [råšt‹loš] = nenreto.
Resultat [resultat] n. (Erfolg) = sek.
Resümee [resüme] n. 1. = naböfodönuam 2.
(kurzer Abrisz) = naböfaninäd.
resümieren [resümirĕn] = naböfodönuön (lov.).
Retorte [retórtĕ] v. = ritor.
Retourrezepisse [retur-režepišĕ] n. = gegetazöt.
retraite [reträte]: en — = plödü dünäd, plödü
dün.
rettbar [råtbar] = savovik.
retten [rätĕn] = savön (lov.).
Retter [rätĕr] m. = savan.
Rettich [råtiq] m. 1. = raf 2. (schwarzer —)
= blägaraf.
Rettung [råtuŋ] v. = sav.
rettungslos [råtuŋš-loš] (unrettbar) = nesa‹
vovik.
Rettungslosigkeit [råtuŋš-lòsiqkáït] v. = nesavov.
Reue [róŭĕ] v. = lepid, — empfinden = lepi‹
dön (lov.).
reuig [róŭiq] = lepidik.
Reusz [róŭš] n. (Land) = Reusän.
reuten [róŭtĕn] 1. das Land — = besäplanön
(lov.) länedi 2. Kartoffeln, Bäume — =
säplanön (lov.) pötetis, bimis.
revidieren [revidirĕn] 1. = revidön (lov.) 2.
(visitieren) = vestigön (lov.).
Revision [revision] v. = revid.
Revisor [revisór] m. = revidan.
Revolte [revóltĕ] v. (Aufruhr) = volut.
revoltieren [revóltirĕn] = volutön (nel.).
Revolution [revolužjon] v. (Umwälzung) =
levolut, — machen = levolutükön (lov.).
Revolutionär [revolužjonär] m. 1. = levolutan
2. (Parteigenosz) = levolutiman.
revolutionieren [revolužjonirĕn] (Revolution machen) = levolutükön (lov.).
Revolutionszeit [revolužjònšžáït] v. = levo‹
lutüp.
Rezensent [režänsänt] m. = krütan.
rezensieren [režänsirĕn] = krütön (lov.).
Rezension [režänsion] v. (Kritik) = krüt.
Rezepisse [režepišĕ] n. = getazöt.
Rezipient [režipiänt] m. = getian.
reziprok [režiprok] : reziprokes Fürwort =
pönop (pösodik) rezipik.
rezitieren [režitirĕn] = resitön (lov.).
Rezitieren [režitirĕn] n. = resit.
Réunion (Insel) = Reüneän.
Rhätien [råžĕn] n. = Retiän.
rhätoromanisch : die rhätoromanische Sprache
= rumon.
Rhein [ráïn] = ‚Rhein' [ráïn] (D.), ‚Rhin'
[ráñ] (Fr.), ‚Rijn' [ráïn] (Ned.).
Rheinfall [ráïn-fál] m. = vatafal de ‚Rhein'.
Rheingau [ráïn-gáŭ] = ‚Rheingau' [ráïn-gáŭ]
(D.).
rheingauisch [ráïn-gáŭjj] = de ‚Rheingau', di
‚Rheingau'.

rheinisch [ráĭnjj̣] = di ‚Rhein', di ‚Rhin', di ‚Rijn'.
Rheinland [ráĭn-lánt] n. = Rinän.
Rheinländer [ráĭnländĕr] m. = Rinänan.
Rheinpreuszen [ráĭn-próŭšĕn] n. = Preusän Rinänik.
Rhetor [rètór] m. (Redner) = spikädan.
Rhetorik [retòrịk] v. = spiköfav.
rhetorisch [retòrịj̣] = spiköfavik.
rheumatisch [róŭmàtịj̣] = reumatik.
Rheumatismus [róŭmatịšmụš] m. = reumat.
Rhodankalium [rodan kàlịụm] CNSK = kalina‡sulfoküanat.
Rhodanwasserstoffsäure [rodan vášĕr-jtóf-sóŭrĕ] CNSH = sulfoküanatazüd.
Rhodium [ròdịụm] Rh = rodin.
Rhodiumchlorid [ròdịụm klorịt] RhCl₃ = ro‡dinaklorid.
Rhodiumoxyd [ròdịụm óx̣ụ̈t] Rh₂O₃ = rodina‡loxid.
Rhodos [ròdóš] = ‚Rodi'.
Rhone [ronĕ] = ‚Rhône' [ron] (Fr.).
Rhonetal [rönĕtal] n. = fälid de ‚Rhône'.
richten [rịqtĕn] 1. = lüodükön (lov.) 2. sich — = lüodikön (nel.) 3. zugrunde — = päridükön (lov.).
richtend [rịqtĕnt]: eine richtende Behörde = cödalef.
Richter [rịqtĕr] m. = cödal, — eines Schied‑hofes = rabitacödal.
Richteramt [rịqtĕr‡ámt] n. = cödalacal.
richterhaft [rịqtĕrháft] = cödalik.
richterlich [rịqtĕrlịq] = cödalik.
Richterstand [rịqtĕrjtánt] m. = cödaladinit.
Richterstuhl [rịqtĕrjtụl] m. = cödalastul.
richtig [rịqtịq] = verätik, verätiko, — sein = verätön (nel.), — machen, — stellen = verätükön (lov.), —! = verätö!
Richtigkeit [rịqtịqkáĭt] v. = verät.
Richtlinie [rịqt-lìnịĕ] v. = lüodalien.
Richtung [rịqtụn] v. = lüod, eine — habend = lüodik, eine — einschlagen = lüodikön (nel.), in der — auf ... hin = lüodü, in der — zu, in der — nach ... hin = äl.
riechen [rịqĕn] 1. lov. = smeilön (lov.) 2. nel. = smelön (nel.), gut —, wohl — = benosmelön (nel.).
Riechen [rịqĕn] n. 1. = smeil 2. = smelam.
riechend [rịqĕnt] = smelik.
Ried [rịt] n. = jug.
Riedgras [rịtgraš] n. = jug.
Riefe [rịfĕ] v. = gruf.
Riegel [rigĕl] m. = värul.
riemen [rịmĕn] (rudern) = gubön (nel.).
Riemen [rịmĕn] m. (Ruder) = gub.
Riese [rịsĕ] m. = gian.
rieseln [rịsĕln] = mürön (nel.).
Rieseln [rịsĕln] n. = mür.
Riesengebirge [rịsĕngĕbịrgĕ] n. = Gianabelem.
riesenhaft [rịsĕnháft] (riesig) = gianik.
riesig [rịsịq] = gianik.
Rille [rịlĕ] v. = gruf.
Rimesse [rimäšĕ] v. = remit.
Rind [rịnt] n. = bub, vom Rinde = bubik.
Rinds‡ [rịnž‡] = ... bubik.

Rindsschmalz [rịnžjmálž] n. = bubapinod.
Ring [rịn] m. 1. = lin 2. (Kreis) = sirkül.
ringen [rịnĕn] 1. = lüdön (nel.) 2. (kämpfen) = komipön (nel.).
Ringen [rịnĕn] n. = lüd.
Ringer [rịnĕr] m. = lüdan.
Ringfinger [rịnfịnĕr] m. (Goldfinger) = linär.
ringförmig [rịnfőrmịq] = linafomik.
rings [rịnš] = züo.
ringsherum [rịnš härụm] = züo.
ringsum [rịnš ụm] 1. ladv. = züo 2. pr. = zü.
Rinne [rịnĕ] v. 1. = gruf 2. (Dachrinne) = legruf.
rinnenförmig [rịnĕnfőrmịq] = legrufafomik.
Rinnstein [rịnjtáĭn] m. = legruf.
Rippe [rịpĕ] v. = rib.
Rippenstosz [rịpĕnjtoš] m. = ribijoik.
ripsraps [rịpš rápš] : —! = rö!
Risiko [rịsiko] n. (Wagnis) = riskod, auf ihr — = riskodü ol.
riskant [rịškánt] (gewagt) = riskodik.
riskieren [rịškịrĕn] (Gefahr laufen) = riskä‡dikön (nel.).
rissig [rịšịq] = slitodik.
Rist [rịšt] m. (— des menschlichen Fuszes) = gared.
Risz [rịš] m. 1. = sleatod 2. (Skizze) = skät.
Ritt [rịt] m. = monit.
Ritter [rịtĕr] m. = lesiör.
ritterhaft [rịtĕrháft] = lesiörik.
ritterlich [rịtĕrlịq] = lesiörälik.
Ritterlichkeit [rịtĕrlịqkáĭt] v. = lesiöräl.
Ritterschaft [rịtĕrjáft] v. = lesiöref.
Rittersein [rịtĕr sáĭn]: das — = lesiöram.
Rittersinn [rịtĕrsịn] m. = lesiöräl.
Rittertum [rịtĕrtụm] n. = lesiöram.
Rittmeister [rịtmáĭštĕr] m. = kavidakapiten.
Riu-Kiu-Inseln = Riukiuvuäns.
robust [robụšt] = nemolädik.
Rock [rók] m. 1. (— für Männer) = gun 2. (— für Frauen) = juüp.
Rockkragen [rókkragĕn] m. = gunakolet.
Rockschosz [rókjoš] m. = gunatipül.
Roggen [rógĕn] m. = sägul.
Rogner [rognĕr] m. = jifit.
roh [ro] 1. (grob) = grobik 2. (plump, derb, brutal) = grobälik 3. (noch nicht weiter verarbeitet, zubereitet) = krüdik.
Roheit [ròháĭt] v. 1. (Grobheit) = grob 2. = krüd.
Rohgewicht [rògĕvịqt] n. = brutavät.
Rohmaterial [ròmaterịal] n. = krüdamater.
Rohr [ror] n. 1. (Schilfrohr) = rid 2. (Ofen‑rohr, Röhre) = rüd.
rohrförmig [ròrfőrmịq] = rüdafomik.
Rohstoff [ròjtóf] m. = krüdamater.
Rohseide [ròsáĭdĕ] v. = krüdasadin.
Rojer [royĕr] m. = guban.
Rolle [rólĕ] v. 1. (Liste, Matrikel) = lised 2. (Theater) = roul 3. (Walze) = zilid.
rollen [rólĕn] 1. nel. = rolön (nel.) 2. lov. = rölön (lov.).
Rollen [rólĕn] n. 1. = rol 2. = röl.
Rollvorhang [ról-fòrhán] m. = rul.

Rom [rom] n. 1. = ‚Roma' [ròma] (Lit.) 2. (als Mittelpunkt des Römisch-Katholischen) = rom.
Romagna [romáña] v. = Romayän.
Romagnole [romáñòlĕ] m. = Romayänan.
Roman [roman] m. = lekoned.
Romania [romànịa] = Romayän.
romanisch [romànịj] = romenik, romanische Sprachen = püks romenik.
Romanische [romànịjĕ]: das — = romen.
Romanischsprechender [romànịj-jprạqĕndĕr] m. = romenan.
romanisieren [romanisịrĕn] = romenön (lov.).
Romanisme [romanịšmĕ] = romim.
Romanist [romanịšt] m. = romiman.
Romantik [romántịk] v. = romat.
romantisch [romántịj] = romatik.
Romantische [romántịjĕ]: das — = romat.
Rosafarbe [ròsafárbĕ] v. = rosadaköl.
rosafarbig [ròsafárbịq] = rosadakölik.
rosarot [ròsa-rot] = rosadaredik.
Rose [rosĕ] v. = rosad.
Rosenkohl [rósĕnkol] m. = sprotianabrasid.
Rosenkranz [ròsĕnkránž] m. 1. = rosadakronül 2. (Paternoster) = plekakedül.
Rosenstock [ròsĕnjtók] m. = rosadabimül.
Rosenstrauch [ròsĕnjtráŭq] m. = rosadabimül.
rosig [ròsịq] = rosadik.
Rosine [rosịnĕ] v. (getrocknete Weinbeere) = rosin.
Rosmarin [rósmarịn] m. = rosmaren.
Rosmarinöl [rósmarịn öl] = rosmarenaleül.
Rost [ròšt] m. = ruil.
rosten [ròštĕn] = ruilön (nel.).
rostig [ròštịq] = ruilik.
Rosz [róš] n. (Pferd) = jevod, rabenschwarzes — = blägajevod.
Roszkamm [róš-kám] m. = jevodiköb.
Roszkastanie [róš-káštànịĕ] v. = skäul.
Roszkastanienbaum [róš-káštànịĕn-báŭm] m. = skäulabim.
Roszknecht [róšknạqt] m. = jevodadünan.
rot [rot] 1. = redik, — sein = redon (nel.), — werden = redikön (nel.) 2. die rote Farbe = red, rotes Meer = Redamel, rote Rübe = redabetad.
rotfärben [ròtfárbĕn] = redükön (lov.).
Rotfink [ròtfịnk] m. = pürul.
Rothaut [ròtháŭt] m. = redalindiyan, redaskinan.
Rotkohl [ròtkol] m. = redabrasid.
Rotkraut [ròtkráŭt] n. = redabrasid.
Rotstift [ròtjịft] m. = redastib.
Rouleau [rulo] n. = rul.
Röckchen [rókqĕn] n. = gunil.
Röcklein [rók-láĭn] n. = gunil.
Röhre [rörĕ] v. = rüd.
röhrenförmig [rörĕnförmịq] = rüdafomik.
Röhricht [rörịqt] n. = ridem.
röhrig [rörịq] = ridagik.
Römer [römĕr] m. 1. = Romänan 2. = levär.
Römerreich [römĕrráĭq] m. = Romän.
römisch [römịj] 1. = Romänik, römisches Reich (Römerreich) = Romän 2. (römisch-katholisch) = romik.

römischkatholisch [römịj kátòlịj] = romakatulik, romik.
Römischkatholischer [römịj kátòlịjĕr] m. = romakatulan, roman.
Röschen [rösqĕn] n. (Röslein) = rosadil.
Röslein [röšláĭn] n. = rosadil.
rösten [röštĕn, röštĕn] = filädön (lov.).
Rösten [röštĕn, röštĕn] n. = filäd.
Röstung [röštụn] v. = filäd.
Röszlein [rös-láĭn] n. (Pferdchen) = jevodil.
Röte [rötĕ] v. (rote Farbe) = red.
röten [rötĕn] = redükön (lov.).
rötlich [rötlịq] = redilik.
Ruandu = Ruandän.
Rubel [rubĕl] m. = ruab.
Rubidium [rubịdịụm] Rb = rubidin.
Rubidiumoxyd [rubịdịụm óx̌ụt] Rb₂O = rubidinaloxid.
Rubidiumperoxyd [rubịdịụm pạr óx̌ụt] RbO₂ = rubidinaplupärloxid.
Ruck [rụk] n. = letir.
Rucksack [rụksák] m. = bäkasakäd.
ruckweise [rụkváĭšĕ] = letiro, — ziehen = letirön (lov.).
Ruder [rụdĕr] n. (Riemen) = gub.
Ruderer [rụdĕrĕr] m. = guban.
Ruderknecht [rụdĕrknạqt] m. = guban.
rudern [rụdĕrn] (riemen) = gubön (nel.).
Rudersklave [rụdĕršklavĕ] m. = gubaslafan.
Ruf [rụf] m. 1. = vok 2. (Ausruf, Schrei) = vokäd, — des Kuckucks = vokäd kukuka 3. (Ernennung) = cäl 4. (Geruch, Name) = repüt, guter — = benorepüt, in gutem Rufe (stehend) = benorepüto, schlechter —, übler — = mirepüt.
rufen [rụfĕn] 1. = vokön (lov.) 2. (ausrufen, ausschreien) = vokädön (lov.)., ach = agvokädön (nel.) 3. ins Sein = dabinükön (lov.).
Rufen [rụfĕn] n. = vok.
Ruhe [rụĕ] v. 1. (Gegensatz der Bewegung) = tak 2. (das Ausruhen) = takäd, zur gehen = takädikön (nel.) 3. (Geistesruhe) = taked.
Ruhebett [rụĕbạt] n. = takädabed.
ruhig [rụịq] 1. = takedik, — sein = takedön (nel.), —! = takedö! 2. — werden = takikön (nel.).
Ruhm [rụm] m. = fam.
Ruhmvrederei [rụmredĕráï] v. = pleidül.
ruhmreich [rụmráĭq] = famaliegik.
ruhmvoll [rụmfól] = famafulik.
ruhmwürdig [rụmvürdịq] = famabik.
Ruhr [rụr] v. = rur.
Ruhrkraut [rụrkráŭt] n. = gnaf.
Ruine [rụịnĕ] v. = bumädafailot, failot, failots.
ruinieren [rụinịrĕn] = nosükön (lov.).
ruinös [rụịnös] = nosüköl.
Rumänien [rumànịĕn] n. = Rumän.
Rumänier [rumànịĕr] m. = Rumänan.
rumänisch [rumànịj] = Rumänik.
Rumelien [rumèlịĕn] n. = Rumelän.
Rumelier [rumèlịĕr] m. = Rumelänan.
rumelisch [rumèlịj] = Rumelänik.
Rumonsch : das — = rumon.

rund [rµnt] = klöpik, — sein = klöpön (nel.),
— machen = klöpükön (lov.).
Rundbogen [rµntbogěn] m. = bob.
Runde [rµndě] v. (das Rundsein, in valem.) =
klöp.
runden [rµnděn] (rund machen) = klöpükön
(lov.).
Rundheit [rµnthảït] v. (in valem) = klöp.
rundherum [rµnt härµm] = züo.
Rundlauf [rµntlåůf] m. = tulagol.
Rundschreiben [rµntȷ̌rảïběn] n. = sirkülapenäd.
Rundsein [rµnt sảïn] n. (in valem) = klöp.
rundweg [rµnt väk] (ohne Umschweife) =
stedãlo.
Runkelrübe [rµŋkĕlrübě] v. = betad.
Runzel [rµnžěl] v. = fron.
runzelig [rµnžělįq] = fronik, — sein = fronön
(nel.).
runzeln [rµnžěln] = fronükön (lov.).
Rupie [rùpįě] v. = rupid.
Russe [rµšě] m. = Rusänan.
russifizieren [rµšįfįžįrěn] = Rusänön (lov.).
russisch [rùšįȷ] = Rusänik.
Rusz [rµš] m. = sut.
ruszig [rùšįq] = sutik.
Ruszland [rµšlảnt] n. = Rusän.
Rute [rµtě] v. (Masz) = rud.
Ruthene [ruteně] m. = ruten.
ruthenisch [rutènįȷ] = rutenik.
Ruthenium [rutènįµm] Ru = rutenin.
Rutheniumtetroxyd [rutènįµm tetróx̌ůt] RuO₄
= balruteninafolloxin.
rutschen [rµčěn] = slifön (nel.).
Rutschen [rµčěn] n. = slif.
Rübe [rübě] v. 1. —, weisze — = navät 2.
(— mit gröszeren Knollen) = rap 3. gelbe
— = dauk, rote — = redabetad.
Rübenkohl [rµbenkol] m. = läfabrasid.
rückbezüglich [rùk-běžůklįq] = getefik.
rücken [rükěn] (ruckweise ziehen) = letirön
(lov.).
Rücken [rükěn] m. = bäk.
Rückerstattung [rµ̊k-ǎrȷ̌tảtµn] v. = gepel.
Rückfall [rµ̊kfál] m. = gefal.
Rückgabe [rµ̊kgabě] v. (das Zurückgeben) =
gegiv.
rückgängig [rµ̊kgäŋįq]: — machen = sädunön
(lov.).
Rückschritt [rµ̊kȷ̌rįt] m. = gestep, pödiostep.
Rückseite [rµ̊ksáítě] v. = pödaflan.
Rücksicht [rµ̊ksįqt] v. = dem, — nehmen (berücksichtigen) = demön (lov.), ohne —
nendemik, nendemo, aus — für = demü.
rücksichtslos [rµ̊ksįqž-loš] = nendemik, nespa‑
lälik.
Rücksichtslosigkeit [rµ̊ksįqž-lòsįqkáït] v. =
nendem, nespaläl.
Rücksichtsnahme [rµ̊ksįqž-namě] v. = dem.
Rückstand [rµ̊kȷ̌tánt] m. = ret.
rükwärts [rµ̊kvärž] = pödio, — sitzen, —
fahren = vabön (nel.) ko bäk föfiolüodöl,
vabön ko bäk äl föf.
Rückweg [rµ̊kvek] m. = geveg. auf dem —
= gevego.
Rückzahlung [rµ̊kžalµn] v. = gepel.

Rüffel [rüfěl] m.: einem einen — geben =
leblamön (lov.) eki.
rügbar [rµ̊kbar] = blamabik.
Rüge [rügě] v. (Tadel) = blam.
rügen [rügěn] (tadeln) = blamön (lov.).
rühmen [rüměn] = lobön (lov.).
rühmlich [rµ̊mlįq] = famaliegik.
rühren [rürěn] 1. sich — (sich bewegen) =
mufön (nel.) 2. (einrühren) = mufilön (lov.)
3. (tief bewegen) = fäkükön (lov.).
rührig [rµ̊rįq] (rege) = jäfädik.
Rührigkeit [rµ̊rįqkáït] v. = jäfäd.
rührselig [rür-sělįq] = dasenälik.
Rührseligkeit [rür-sělįqkáït] v. = dasenäl.
Rührung [rµ̊rµn] v. = fäkam.
Rülps [rülpš] m. = rüktat.
rülpsen [rülpšěn] = rüktatön (nel.).
Ründe [rµ̊ndě] v. (das Rundsein, in valem) =
klöp.
Rüssel [rüšěl] m. = probod.
rüstig [rµ̊štįq] = nämedik.
Rüstigkeit [rµ̊štįqkáït] v. = nämed.
Rüstung [rµ̊štµn] v. (Vorbereitung) = prepar.
rütteln [rütěln] = störülön (lov.).

S. s.

Saal [sal] m. = lecem.
Saalgenosse [sàlgěnóšě] (Mitglied einer Gesell-
schaft) = sogakompenan.
Saargebiet [sàrgěbìt] n. = Ziläk di ‚Saar‘.
Saarpfalz [sarpfálz] v. = Palzän di ‚Saar‘.
Saat [sat] v. (das Säen) = sov.
Saatfeld [sàtfält] n. = grenaläned.
Saatzeit [sàtžáït] v. = sovatim.
Sachalin [sáqalin] = Sagaleän.
Sache [sáqě] v. (Ding) = din, beschädigte —
= dämot, in Sachen des = dinü.
Sachkenner [sáqkäněr] m. = jäfüdisevan.
Sachkenntnis [sáq-kảntnįš] v. = jäfüdisev.
sachkundig [sáq-kµndįq] = jäfüdisevik.
Sachkundiger [sáq-kµndįgěr] m. = jäfüdisevan.
sachlich [sáqlįq] = dinöfik.
Sachlichkeit [sáqlįq-káït] v. = dinöf.
Sachse [sáxě] m. = Saxänan, Saxiänan.
Sachsen [sáxěn] n. 1. (Land) = Saxän 2.
(Provinz) = Saxiän.
sachverständig [sáq-färȷ̌tảndįq] = jäfüdisevik.
Sachverständiger [sáq-färȷ̌tảndįgěr] m. = jäfü‑
disevan.
Sack [sák] m. = sak.
sacken [sákěn] (in Säcke packen, in einen Sack
hineintum) = sakön (lov.).
Sackförmig [sák-főrmįq] = sakafomik.
Sackträger [sákträgěr] m. = sakipolan.
Sacktuch [sáktµ̊q] n. = pokasärvätül.
Sackuhr [sák⸱ur] v. = pokaglok.
Saffian [sáfįan] m. (Maroquin) = maroken,
von — = marokenik.
Saft [sáft] m. = vaet.
saftig [sáftįq] = vaetöfik.
Saftigkeit [sáftįq-káït] v. = vaetöf.
saftreich [sáft-ráíq] = vaetöfik.
saftvoll [sáft-fól] = vaetöfik.
sagbar [sàkbar] = sagovik.

Sage [sagĕ] v. 1. (das Sagen) = sag 2. (Le-
gende) = sagäd.
sagen [sagĕn] = sagön (lov.).
Sagen [sagĕn] n. = sag.
Sahara [sàhara, sahàra] = Saharän.
Sahne [sanĕ] v. = krem.
sahnig [sànįq] = kremik.
Saison [sąsóñ, šesóñ] v. = säsun.
Saite [sáïtĕ] v. = stin.
Sakai = sakaiyans.
Sakrament [sakramą̊nt] n. = sakram, — der
christlichen Taufe = blunedasakram, — der
Priesterweihe = kultasakram, die Sakramente
spenden, die Sakramente austeilen = ditibön
(lov.) sakramis.
Sakramentale [sakramą̊ntalĕ] = sakramül.
sakramentalisch [sakramą̊ntàlįj] = sakramik.
Sakristan [sakrįštan] m. (Meszner) = sakritan.
Sakristei [sakrįštáï] v. = sakrit.
Salamander [salamándĕr] m. (Feuergeist) =
filalanan.
Salat [salat] m. = salad.
Salbe [sálbĕ] v. = nugvet.
salben [sálbĕn] = nugvetön (lov.).
Salbung [sálbųn] v. = nugvetam.
Saldobetrag [sáldo-bĕtrak] m. = jötasuäm.
Saline [salinĕ] v. (Salzwerk) = salidöp.
Salm [sálm] m. (Lachs) = salm.
Salmiak [sálmįák, sál-mįák] m. H₄NCl = la-
moniumaklorid.
Salon [salóñ, šalóñ] m. = sälun, den — be-
treffend = sälunik.
salonfähig [salóñ-fą̊įq] = sälunöfik.
Salpeter [sálpĕtĕr] m. = salpet.
salpetersauer [sálpĕtĕr-sáŭĕr] : salpetersaures
Hydroxylamin, NH₂OH.HNO₃ = balhidril-
lamoniumanitrat.
Salpetersäure [sálpĕtĕr-sóŭrĕ] HNO₃ = sal-
petazüd, nitratazüd.
Salpetersäureanhydrid [sálpĕtĕr-sóŭrĕ ánhÿdrįt]
N₂O₅ = nitratastabot.
salpetrig [sálpĕtrįq] : salpetrige Säure, HNO₃ =
nitritazüd.
Salpetrigsäureanhydrid [sálpĕtrįq-sóŭrĕ ánhÿ-
drįt] N₂O₃ = nitritastabot.
Salvador [sálvadòr] = Salvadorän.
Salz [sálž] n. 1. (Küchensalz) = sal 2. (in
valem) = saläd, komplexes — = komplitasaläd, Mohrsches —, FeSO₄(H₄N)₂SO₄.6H₂O
= saläd di „Mohr'.
Salzbergwerk [sálž-bą̊rkvärk] n. = salamein.
salzen [sálžĕn] (einsalzen) = salön (lov.).
salzgewinnen [sálžgĕvįnĕn] = salidön (nel.).
Salzgewinnung [sálž-gĕvįnųn] v. = salid, Anstalt zur — (Saline) = salidöp.
Salzgrube [sálžgrubĕ] v. = salamein.
salzicht [sálžįqt] = salöfik.
salzig [sálžįq] = salöfik.
Salzigkeit [sálžįq-káït] v. = salöf.
Salzlake [sálžlakĕ] v. = salod.
salzsauer [sálž-sáŭĕr] : salzsaures Hydrazin,
NH₂OH.HCl = balhidrillamoniumaklorid.
Salzsäure [sálž-sóŭrĕ] HCl.aq = salazüd, kloridazüd.
Salzwerk [sálžvą̊rk] n. = salidöp.

Samarium [samárįųm] Sa = samarin.
Same [samĕ] m. 1. = sid, in Samen schieszen
= sidön (nel.) 2. (animalisch) = spärmat.
Samenhandel [sàmĕnhándĕl] m. = sidated.
sammeln [sámĕln] = konletön (lov.).
Sammelsurium [sámĕlsųrįųm] n. = migäd.
Sammet [sámĕt] m. = veluv.
Sammler [sámler] m. = konletan.
Sammlung [sámlųn] v. = konlet.
Samoa-Inseln [samóa-įnsĕln] = Samoyuäns.
Samojed [samoyĕd] m. = samoyedan.
Samstag [sámštak] m. = zädel.
samstägig [sámš-tą̊gįq] = zädelik.
samt [sámt] (nebst) = sa.
Sand [sánt] m. = sab.
sandeln [sándĕln] = sabön (lov.).
sanden [sándĕn] = sabön (lov.).
sandig [sándįq] = sabik.
Sandwüste [sántvüštĕ] v. = sabadäsärt.
sauft [sánft] 1. (milde) = sofik 2. (weich)
= molik, ihre Haut ist so — wie Seide =
skin ofa binon so molik äs sadin.
Sanftheit [sánft-háït] v. 1. = mol 2. (Milde)
= sof.
Sanftmut [sánftmųt] v. = sofäl.
sanftmütig [sánft-mų̊tįq] = sofälik.
Sanftmütigkeit [sánft-mų̊tįqkáït] v. = sofäl.
Sang [sáŋ] m. (Gesang) = kanit.
sanguinisch [sáŋgŭįnįj] = fredaladälik.
Sankt [sáŋkt] = sänt.
San-Marino = Sanmarinän.
San-Salvador [sánsálvadòr] = „San-Salvador'.
Sanskrit [sánškrįt] n. = sanskrit.
sanskritisch [sánškrįtįj] = sanskritik.
Santimu, k. = laatazim.
Sarazene [sarazĕnĕ] m. = sarasen.
sarazenisch [sarazĕnįj] = sarasenik.
Sarde [sárdĕ] m. = Sardineänan.
Sardine [sárdįnĕ] v. = sarden.
Sardinien [sárdįnįĕn] n. = Sardineän.
Sardinier [sárdįnįĕr] m. = Sardineänan.
sardinisch [sárdįnįj] = Sardineänik.
sardisch [sárdįj] = Sardineänik.
Sarg [sárk] m. = sark.
Sarkophag [sárkofàk] m. = lesark.
Satan [sàtán] m. (Teufel) = diab.
Satang, k. = bagtazim.
Satellit [satą̊lįt] m. („Mond' in valem) = mu-
näd.
Satin [satáñ] m. = satin.
satt [sát] = satik, — sein = satön (nel.),
— werden = satikön (nel.), — machen =
satükön (lov.).
Sattel [sátĕl] m. = säed.
Sattelmachen [sátĕl-máɉĕn] n. = säedimek.
satteln [sátĕln] = säedön (lov.).
Sattheit [sát-háït] v. = sat.
Sattler [sátĕr] m. = säedel.
Sattlerei [sátlĕráï] v. 1. (das Sattelmachen) =
säedimek 2. (Werkstatt) = säedimeköp.
Saturn [saturn] m. (Planet) = saturn.
Satz [sáž] m. 1. (das Setzen) = seid 2. (Gesetzte) = seidot 3. (Behauptung) = setäd
4. (Lehrsatz, Dogma) = leset 5. (Sprachsatz) = set, einfacher — = balset, ellip-

tischer — = set defik, **unvollständiger** — = set nelölöfik, **zusammengesetzter** — = pluset, **zusammengezogener** — = set peträköl 6. (zusammengehörige Sachen) = löläd 7. (Bodensatz) = supäd.

Satzlehre [sážlerĕ] v. = süntag.

Satzung [sážuŋ] v. 1. (Institution) = stid 2. (Statut) = statud.

Satzverbindung [sáž-fǎrbịnduŋ] v. = setata: nam, **beigeordnete** — = setatanam näiädik.

Satzzeichen [sáž-žáïqĕn] n. = malül.

Sau [saŭ] v. = jisvin.

Sauce [sošĕ] v. (Tunke) = sod, **in — eintunken, mit — übergieszen** = sodön (lov.).

sauer [saŭĕr] 1. = züdöfik, — **werden** = zü: döfikön (nel.), — **machen** = züdöfükön (lov.), — **wie Essig** = vinigazüdöfik 2. kiem. = züdik.

Sauer [saŭĕr]: **das** — = züdöf.

Sauerei [saŭĕráï] v. = soceniälam.

Sauerklee [saŭĕrkle] m. = loxal.

sauern [saŭĕrn] (sauer werden) = züdöfikön (nel.).

Sauersein [saŭĕr saïn] n. = züdöf.

Sauerstoff [saŭĕr-jtóf] m. **O** = loxin.

Sauerstoffverbindung [saŭĕr-jtóf-fǎrbịnduŋ] v. = loxinakobot.

saufen [saŭfĕn] = ludrinön (lov.).

saugen [saŭgĕn] = sugön (nel.).

Saugen [saŭgĕn] n. = sug.

Saukerl [saŭkǎrl] m. (Schweinkerl) = soceniä: lan.

Saum [saŭm] m. = sim.

saumselig [saŭm-sèlịq] = zogälik.

Saumseligkeit [saŭm-sèlịqkáït] v. = zogäl.

Saures [saŭrĕš]: **etwas** — = züdöfot.

Savoyarde [sávoyárdĕ] m. = Savoyänan.

Savoyen [savoŭĕn] n. = Savoyän.

Savoyenkohl [savoŭĕnkol] m. = Savoyäna: brasid.

Savoyisch [savoŭịj] = Savoyänik.

Säbel [säbĕl] m. = säb.

Säbelgehenk [sǎbĕlgĕhǎŋk] n. = säbilägian.

Säbelherrschaft [säbĕl-hǎrjáft] v. = säbareig.

Säbelkoppel [sǎbelkoppel] v. = säbilägian.

säbeln [säbĕln] = säboflapön (lov.).

sächlich [sǎqlịq] (geschlechtlos) = nengenik.

sächsisch [sǎxjj] = Saxänik, Saxiänik.

Säckchen [säkqĕn] n. = sakil.

Säcklein [sǎkláïn] n. = sakil.

Säckler [säklĕr] m. = sakädel.

Säemann [sǎĕmán] m. = sovan.

säen [säen] = sovön (lov.).

Säen [säen] n. = sov.

Säer [säĕr] m. = sovan.

Säezeit [sǎĕžáït] v. = sovatim.

Säge [sägĕ] v. = saov.

Sägemacher [sǎgĕmáqĕr] m. = saovel.

sägen [sägĕn] = saovön (lov.).

Sägen [sägĕn] n. = saovam.

Säger [sägĕr] m. = saovan.

Sämling [sǎmlịŋ] m. = soväd.

sämtlich [sǎmtlịq] 1. = valik 2. (total) = valodik.

Sänfte [sänftĕ] v. = polavab.

Sänger [säŋĕr] m. = kanitan.

sättigen [sǎtịgĕn] = satükön (lov.).

Sättigung [sǎtịguŋ] v. = satükam.

säuerlich [soŭĕrlịq] = züdöfilik.

säuern [soŭĕrn] = züdöfükön (lov.).

Säufer [soŭfĕr] m. = ludrinan.

Säugamme [soŭk-ámĕ] v. = sügan.

säugen [soŭgĕn] = sügön (lov.).

Säugen [soŭgĕn] n. = süg.

Säugetier [soŭgĕtịr] n. = süganim, sügaf.

Säugling [soŭklịn] m. = sügäb.

Säule [soŭlĕ] v. 1. (Pfeiler) = kölüm, **mit Säulen versehen** = kölümik 2. (Denkmal) = lestäl.

säulenartig [soŭlĕn-àrtịq] = kölümafomik.

säulenförmig [soŭlĕn-fǒrmịq] = kölümafomik.

Säulengang [soŭlĕn-gáŋ] m. = leyal.

Säulenknauf [soŭlĕn-knaŭf] m. = kapet.

Säulenknopf [soŭlĕn-knópf] m. = kapet.

säulig [soŭlịq] = kölümafomik.

säumen [soŭmĕn] (mit einem Säume umgeben) = simön (lov.).

Säure [soŭrĕ] v. 1. = züd 2. (das Sauersein) = züdöf.

Säureamid [soŭrĕ amịt] = lamidülzüd.

Säureanhydrid [soŭrĕ ánhüdrịt] = züdastabot.

Säurechlorid [soŭrĕ klorịt] = klorülzüd.

Säurerest [soŭrĕrǎšt] = züdil.

säuseln [soŭsĕln] = visipön (nel.).

São-Tomé [saŭñ tome] = Santomeän.

Scandium [škándịum] **Sc** = skandin.

Scène [šžänĕ] v. = süfül.

Schablone [jáblònĕ] v. = samafomot.

Schachspiel [jáqjpịl] n. = cög, **auf das — bezüglich** = cögik.

schachspielen [jáqjpịlĕn] = cögön (nel.).

Schachspieler [jáqjpịlĕr] m. = cögan.

Schacht [jáqt] m. = sop.

Schachtel [jáqtĕl] v. (Dose) = bok.

schachtförmig [jáqt-fǒrmịq] = sopafomik.

schaden [jadĕn] (schädigen) = dämükön (lov.).

Schaden [jadĕn] m. (Nachteil) = däm, **zum — des** = dämü, — **bringen**, — **tun** = dämükön (lov.).

Schadenfreude [jadĕnfroŭdĕ] v. = badöfafred.

schadhaft [játhaft] = dämik, — **sein** = dämön (nel.), — **machen** = dämükön (lov.).

Schadhaftigkeit [játháftịq-káït] v. = dämam.

schadlos [jàtloš] = nendämik.

Schaf [jaf] n. 1. = jip 2. (weibliches —) = jijip.

Schafbock [jáfbók] m. = hijip.

schaffen [jáfĕn] 1. = jafön (lov.) 2. (fertig bringen) = lemekön (lov.).

Schaffen [jáfĕn] n. 1. = jaf 2. (Ausfertigung) = lemek.

Schaffende [jáfĕndĕ]: **der** — = jafan.

Schaffensdrang [jáfĕnš-dráŋ] m. = jafiäl.

Schaffenslust [jáfĕnšlušt] v. = jafiäl.

Schaffner [jáfĕr] m. 1. = galedan 2. (Zug-beamter) = trenagaledan.

Schaffung [jáfuŋ] v. = jaf.

Schafhirt [jáfhịrt] m. = jipigaledan.

Schafskopf [jáfškópf] m. = stupan.

schafsköpfig [jàfškǒpfịq] = stupik.

Schafsstall [jàfṣ̌jtál] m. = jipacek.
Schaft [jáft] m. = stamül.
Schafzucht [jàfẓụ̀qt] v. = jipibrid.
Schake [jakĕ] v. = limäd.
Schakel [jakĕl] v. = limäd.
schal [jal] (verschlagen) = neflifädik, — werden = neflifädikön (nel.).
Schale [jalĕ] v. 1. = jal 2. (— von Muscheltieren) = koan 3. (— von Krustentieren)
= krust 4. (flaches Gefäsz) = skel.
Schalheit [jàlháït] v. = neflifäd.
schalig [jàlịq] = jalik.
Schall [jál] m. 1. (Laut) = ton 2. (das
(Schmettern) = tonäd.
Schallehre [jállerĕ] v. = tonav.
schallen [jálĕn] (schmettern) = tonädön (nel.).
Schaltier [jàltịr] n. 1. = koanaf, koananim 2.
(Krustentier) = krustaf, krustanim.
Schaltiergattung [jàltịr-gátụ̀ŋ] v. 1. = koananimasot, koanafasot 2. = krustanimasot,
krustafasot.
Schaltjahr [jáltyar] n. = vüpladotayel.
Schaluppe [jálụ̀pĕ] v. = bot, jalup.
Scham [jam] v. = jem.
Schaman [jaman] m. = syaman.
Schamanismus [jamanìsmus] n. = syam.
Schamgefühl [jàmgĕfụ̀l] n. = jemäl.
schamhaft [jàmháft] = jemöfik.
schamlos [jàmloš] = nenjemik.
Schamlosigkeit [jam-lòsịqkáït] v. = nenjem.
Schande [jándĕ] v. = jemod.
Schank [jánk] m. (Schenkwirtschaft) = bötäd.
Schankstube [jánkjtubĕ] v. = bötädöp.
Schanktisch [jánktịj] m. = bötädatab.
Schankwirt [jánkvịrt] m. = bötädan.
Schanze [jánžĕ] v. (Redoute) = daemed, mit
Schanzen versehen = daemedön (lov.).
schanzen [jánžĕn] (mit Schanzen versehen) =
daemedön (lov.).
Schar [jar] v. (Trupp) = trup.
scharen [jarĕn]: sich — = trupön (nel.).
scharf [járf] 1. = japik, — sein = japön
(nel.), — werden = japikön (nel.) 2. (kurz
ausgesprochen) = brefedik.
Scharfsinn [járfsịn] m. = sagat.
scharfsinnig [járfsịnịq] = sagatik.
Scharfsinnigkeit [járf-sịnịqkáït] v. = sagat.
Scharlach [jár-láq] m. (Tuch) = redaklöf.
Scharlachfieber [jár-láq-fịbĕr] n. = skarlat.
scharlachrot [jár-láqrot] = leredik.
Scharmützel [jármụ̀žĕl] n. (Geplänkel) = lukomip.
Scharnier [járnịr] n. = fleged.
Scharpie [járpị] v. = jarpid.
scharren [járĕn] (kratzen) = kratön (lov.).
schatten [játĕn] (beschatten) = jadön (lov.).
Schatten [játĕn] m. = jad.
schattend [játĕnt] = jadik.
schattenreich [játĕn-ráïq] = jadaliegik.
schattig [játịq] = jadik.
Schatz [jáž] m. 1. = div, auf den — bezüglich
= divik, ein groszer — (Hort) = lediv.
Schatzung [jážụ̀ŋ] v. = trip.
schaudern [jáŭdĕrn]: vor Frost — = flodöfön
(nel.).

Schauer [jáŭĕr] m. 1. (in valem) = stomül 2.
(Gewitter) = mistomül.
Schaufel [jáŭfefl] v. (gadöm) = jüpül.
schaufeln [jáŭfĕln] (den Weg schaufelnd etwas
umwühlen) = jüpülön (lov.).
Schaukel [jáŭkĕl] v. = pendülöm.
Schaukelbad [jáŭkĕlbat] n. = kledaban.
Schaukelbrett [jáŭkĕlbrät] n. = kledöm.
schaukeln [jáŭkĕln] 1. lov. (wiegen) = klädön
(lov.) 2. nel. (schwanken) = kledön (nel.).
Schaukeln [jáŭkĕln] n. = kled.
Schaumburg-Lippe [jáŭmburk lịpĕ] = Jaumburgän-Lipän.
Schaumkelle [jáŭmkälĕ] v. = skömaspun.
Schaumlöffel [jáŭm-lófĕl] m. = skömaspun.
Schauspiel [jáŭjpịl] n. = dramat.
Schauspieler [jáŭjpịlĕr] m. = dramatan.
Schädel [jädĕl] m. = kran.
schädigen [jädịgĕn] = dämükön (lov.).
Schädigung [jädịgụ̀ŋ] v. = dämükam.
schädlich [jätlịq] = dämabik.
Schädlichkeit [jàtlịqkáït] v. = dämab.
Schäfchen [jäfqĕn] n. (Schäflein) = jipil.
Schäfer [jäfĕr] m. (Schafhirt) = jipigaledan.
Schäferei [j̈ĕfĕráï] v. 1. (Schafzucht) = jipibrid 2. = jipibridafebäd.
Schäferin [jàfĕrịn] v. = jipijigaledan.
Schäflein [jàfláïn] n. = jipil.
schäkeln [jäkĕln] = limädön (lov.).
schälen [jälén] = säjalön (lov.).
schämen [jämĕn]: sich — = jemön (nel.).
Schämen [jämĕn] n. = jem.
schämig [jàmịq] = jemik, — werden = jemikön (nei.).
Schämigkeit [jàmịqkáït] v. = jem.
schänden [jändĕn] (entheiligen) = jemodön
(lov.).
Schänder [jändĕr] m. = jemodan.
schändlich [jàntlịq] = jemodik.
Schändlichkeit [jàntlịqkáït] v. = jemod.
Schärfe [järfĕ] v. 1. = jap 2. die — eines
Messers = köted neifa.
schärfen [järfĕn] 1. = japükön (lov.) 2. (kurz
aussprechen) = brefedon (lov.).
Schärfung [jàrfụ̀ŋ] v. 1. (Verschärfung) =
japükam 2. (kurze Aussprache) = brefed.
schätzbar [jàžbar] = digik, — sein = digön
(nel.).
Schätzbarkeit [jàžbarkáït] v. = dig.
schätzen [jäžĕn] 1. (wertschätzen) = digidön
(lov.) 2. (anschlagen) = täxetön (lov.).
Schätzen [jäžĕn] n. = täxet.
Schätzung [jàžụ̀ŋ] v. (Anschlag) = täxet.
Schätzungskosten [jàžụ̀ŋškóštĕn] pl. = täxetafräd, täxetafräds.
schäumen [jŏŭmĕn] = skömön (nel.).
Scheck [jäk] m. = cäk, einen — schreiben =
cäkön (nel.).
Scheibe [jáïbĕ] v. 1. (platter Gegenstand) =
platot 2. (Fensterscheibe) = vitür 3. (runde —, Wurfscheibe) = diskud.
Scheide [jáïdĕ] v. (Etui) = vead, in die —
stecken = veadön (lov.).
scheiden [jáïdĕn] 1. —, sich — von, aus =
ditön (nel.) de 2. lov. = teilön (lov.).

Scheiden [ʃáĭdĕn] n. = dit.
Scheidung [ʃáĭdụŋ] v. = dit.
Schein [ʃáĭn] m. 1. (Scheinbarkeit, Anschein) = jin 2. (Schimmer) = lunid 3. (kurze Urkunde, Bescheinigung) = zöt.
scheinbar [ʃáĭnbar] = jinik, — sein = jinön (nel.).
Scheinbarkeit [ʃáĭnbar-káĭt] v. = jin.
scheinen [ʃáĭnĕn] 1. = litastralön (nel.) 2. (in lat.: ,videri') = jinön (nel.) 3. schwach — (schimmern) = lulitön (nel.).
Scheinfechterei [ʃáĭn-fäqtĕráĭ] v.=simulakomip.
scheinfromm [ʃáĭn-fróm] = lurelöfik.
Scheinfrömmigkeit [ʃáĭn-frȫmịq-káĭt] v. = luʆrelöf.
Scheingrund [ʃáĭngrụnt] m. = lukod.
scheinheilig [ʃáĭn-háĭlịq]: — tun = lurelöfön (nel.).
Scheinheiligkeit [ʃáĭn-háĭlịq-káĭt] v. = lurelöf.
Scheinursache [ʃáĭn-ụrsáqĕ] v. = lukod.
Scheisze [ʃáĭʃĕ] v. = jiedot.
scheiszen [ʃáĭʃĕn] = jiedön (lov.).
Scheiszen [ʃáĭʃĕn] n. = jied.
Scheit [ʃáĭt] n. (Brennholz) = filamaboad.
Scheitel [ʃáĭtĕl] m. (Kopf) = kapasömit.
scheiteln [ʃáĭtĕln] = teilön (lov.) heremi.
Schelle [ʃälĕ] v. (Klingel) = kloküi.
Schelm [ʃälm] m. = jäpan.
schelten [ʃältĕn] (schimpfen) = zanädön (lov.).
Schema [ʃèma] n. = skemat.
schematisch [ʃèmàtịʃ] = skematik.
Schemel [ʃèmĕl] m. = lustul.
Schenkel [ʃäŋkĕl] m. 1. (Oberschenkel) = löpalög, küid 2. — eines Winkels, einer Zange, ... = tig gula, zäpa, ...
schenken [ʃäŋkĕn] 1. = legivön (lov.) 2. (Getränk im kleinen verkaufen) = bötädön (lov.).
Schenken [ʃäŋkĕn] n. = legiv.
Schenker [ʃäŋkĕr] m. = legivan.
Schenkung [ʃäŋkụŋ] v. 1. = legiv 2. (das Geschenkte) = legivot.
Schenkwirt [ʃäŋkvịrt] m. = bötädan.
Schenkwirtschaft [ʃäŋk-vịrtʃáft] v. = bötäd.
Scherbe [ʃärbĕ] v. = jeb, in Scherben = jebo.
Scherbecken [ʃèrbäkĕn] n. = jeifabov.
Schere [ʃerĕ] v. = jim.
scheren [ʃerĕn] = jimön (lov.).
Scherenmacher [ʃèrĕnmáqĕr] m. = jimel.
Scherer [ʃerĕr] m. 1. = jiman 2. = jeifan.
Scherz [ʃärʒ] m. (Spasz) = cog.
scherzen [ʃärʒĕn] = cogön (nel.).
scherzend [ʃärʒĕnt] = cogik.
Scherzer [ʃärʒĕr] m. = cogan.
scherzhaft [ʃàrʒháft] 1. (scherzend) = cogik 2. (zum Scherz geneigt) = cogiälik.
Scherzhaftigkeit [ʃàrʒháftịq-káĭt] v. = cogiäl.
Scherzwort [ʃàrʒvórt] n. = cogavöd.
scheu [ʃóŭ] = plafik, — sein = plafön (nel.), — werden = plafikön (nel.), — machen = plafükön (lov.).
Scheu [ʃóŭ] v. = plaf, aus — vor = plafü.
scheuen [ʃóŭĕn] = plafikön (nel.).
Scheuer [ʃóŭĕr] v. (Scheune) = barak.
Scheuerfrau [ʃóŭĕr-fráŭ] v. = jiklinükan.

Scheuerlappen [ʃóŭĕr-lápĕn] m. = lavädaflap.
scheuern [ʃóŭĕrn] = leröbön (lov.).
Scheuklappe [ʃóŭ-klápĕ] v. = logakapütül.
Scheuleder [ʃóŭledĕr] n. = logakapütül.
Scheune [ʃóŭnĕ] v. = barak, — für Früchte = flukabarak.
Scheusal [ʃóŭsal] n. = most.
Schicht [ʃịqt] v. = jüd.
schichtweise [ʃịqtváĭsĕ] = jüdik.
schicken [ʃịkĕn] 1. (senden) = sedön (lov.) 2. (per Post) = potön (lov.).
Schicken [ʃịkĕn] n. (per Post) = potam.
schicklich [ʃịklịq] (geziemend) = gidöfik.
Schicklichkeit [ʃịklịqkáĭt] v. 1. = gidöf 2. (Angemessenheit) = pötam.
Schicksal [ʃịksal] n. 1. (in valem) = fät, dem Schicksale überlassen = fätükön (lov.) 2. (günstiges —) = benofät 3. (Erlebnis) = fätot.
Schicksalsgöttin [ʃịksalʃgȫtịn] v. = fätajigod.
schieben [ʃibĕn] 1. = sleifön (lov.) 2. sich — = sleafön (nel.) 3. (bewegen) = müfön (lov.).
Schieber [ʃibĕr] m. (schiebbarer Verschlusz) = sleiföm.
Schiedsgericht [ʃịʒgĕrịqt] n. = rabitanef, — halten = rabitön (nel.).
Schiedshof [ʃịʒhof] m. = rabitacödalef, Richter eines Schiedshofes = rabitacödal.
Schiedsmann [ʃịʒmán] m. = rabitan.
Schiedsrichter [ʃịʒrịqtĕr] m. = rabitan.
schief [ʃịf] = slobik, — machen = slobükön (lov.).
Schiefer [ʃịfĕr] m. = slet, mit — decken = sletotegön (lov.), von — = sletik.
Schieferdach [ʃịfĕrdáq] n. = sletanuf.
Schieferdecker [ʃịfĕrdäkĕr] m. = sletotegan.
schieferig [ʃịfĕrịq] = sletafomik.
Schieferstift [ʃịfĕrjtịft] m. = sletagliv.
Schiefertafel [ʃịfĕrtafĕl] v. = sletot.
Schiefheit [ʃịfháĭt] v. (Schräge) = slob.
Schiefzähnige [ʃịf-ʒänigĕ] m. = slobatutan.
Schiene [ʃinĕ] v. (Eisenbahnschiene) = ferod.
Schienengeleise [ʃịnĕngĕláĭsĕ] n. = ferodarut.
schieszen [ʃịʃĕn] 1. nel. = jutön (nel.), es — Kugel durch die Luft = glöbs jutons da lut 2. mit Kugeln — = jutön (lov.) glöbis 3. in Blätter — = bledön (nel.), in Samen — = sidön (nel.).
Schieszen [ʃịʃĕn] n. = jütam.
Schieszerei [ʃịʃĕráĭ] v. = jütam.
Schiff [ʃịf] n. = naf.
Schiffahrt [ʃịffart] v. 1. = nafam 2. = naʆfamafebäd.
Schiffahrtskunde [ʃịffarʒ-kụndĕ] v. = melaveʆgamav, nafamav.
schiffbar [ʃịfbar] = nafamovik.
Schiffbarkeit [ʃịfbarkáĭt] v. = nafamov.
Schiffbauplatz [ʃịfbáŭ-pláʒ] m. = nafibumöp.
Schiffbruch [ʃịfbrụq] m. = nafäd, — leiden = nafädön (nel.).
Schiffbrüchiger [ʃịf-brụqigĕr] m. = nafädan.
Schiffchen [ʃịfqĕn] n. (Schifflein) = nafil.
Schiffer [ʃịfĕr] m. = nafan.
Schifflein [ʃịfláĭn] n. = nafil.

Schiffsfracht [jịfšfráqt] v. = nafömafled.
Schiffskapitän [jịfš-kápịtän] m. = käpten.
Schiffsluke [jịfšlukĕ] v. = nafakeut.
Schiffswerft [jịfšvärft] v. e n. = nafibumöp.
Schiiten [jiₔitĕn] = syiitans.
Schikoku = Jikokeän.
Schild [jịlt] 1. m. = jeläd 2. m. u n. = platäd
(a. s. : Wappenschild = skötaplatäd, Aus-
hängeschild = selagaplatäd, . . .) 3. — des
Sobieski, st. = sijeläd ela ‚Sobieski'.
schildförmig [jịltförmịq] = jelädafomik.
Schildwache [jịltváqĕ] v. = galädan, — stehen
= galädön (nel.).
Schilf [jịlf] n. 1. (Schilfrohr) = rid 2. (Schilf-
busch) = ridem.
Schilfbusch [jịlfbuj] m. = ridem.
schilficht [jịlfịqt] = ridagik.
schilfig [jịlfịq] = ridagik.
Schilfrohr [jịlfror] n. = rid.
Schilling [jịlịn] m. = jilid.
Schimäre [jịmärĕ] v. = tikaspäk.
Schimmel [jịmĕl] m. 1. (Schimmelpflanze) =
moasir 2. (Pferd) = vietajevod.
schimmeln [jịmĕln] = moasirön (nel.).
Schimmelpflanze [jịmĕlpflánžĕ] v. = moasir.
Schimmer [jịmĕr] m. 1. (Schein) = lunid 2.
ein — von Ehrgefühl = sümil stimiseveda.
schimmern [jịmĕrn] 1. = lulitön (nel.), lunidön
(nel.), lunidilön (nel.) 2. (vor den Augen) —
= voalalogön (lov.).
schimmlig [jịmlịq] = moasirik, — werden =
moasirön (nel.).
schimpfen [jịmpfĕn] (ausschelten) = zanädön
(lov.).
schinden [jịndĕn] 1. = säskinön (lov.) 2. sich
die Haut — = junön (lov.) skini oka.
Schinden [jịndĕn] n. = jun.
Schinder [jịndĕr] m. = säskinan.
Schinken [jịnkĕn] m. = häm.
Schintoismus [jịntoₔišmuš] m. = syintoit.
Schirm [jịrm] m. (Regenₔ oder Sonnenschirm)
= jelöm.
Schirmdach [jịrmdáq] n. = nufül.
schirmförmig [jịrm-förmịq] = jelömafomik.
Schirmherr [jịrmhär] m. = jelätan.
Schirmherrschaft [jịrmhärjáft] v. = jelät.
schlachten [jláqtĕn] 1. = pugön (lov.) 2.
(behauen) = becöpön (lov.).
Schlachthaus [jláqt-háuš] n. = pugöp.
Schlachtopfer [jláqt-ópfĕr] n. 1. = viktim, zum
— bringen = viktimön (lov.) 2. (Getroffe-
ner) = dreläb.
Schlacke [jlákĕ] v. = slak.
Schlaf [jlaf] m. = slip.
schlafen [jlafĕn] = slipön (nel.).
Schlafen [jlafĕn] n. = slip.
schlafend [jlafĕnt] = slipik.
schlaflos [jlafloš] = nenslipik.
Schlaflosigkeit [jlaf-lòsịqkáìt] v. = nenslip.
Schlafmütze [jlàfmüžĕ] v. = neitabonät.
Schlafzeit [jlàfžáìt] v. = slipatim.
Schlag [jlak] m. 1. = flap, ein Tracht Schläge
= flapem 2. — des Pulses = flapül peba
3. — zehn (Uhr) = ebo tü düp degid.
Schlagader [jlàkₔadĕr] v. = ratär.

schlagen [jlagĕn] 1. = flapön (lov.) 2. sich —
= flapädön (nel.) 3. Brücken — = bumön
poni, in Bande —, in Fesseln —, in Ketten —
= jänädön (lov.), Rat — = dakonsälön
(nel.), Takt — = flapülön (nel.) misuro.
schlagend [jlagĕnt] (treffend) = flapik.
schlagfertig [jlàkfärtịq] 1. = flapöfik 2. (geistig) = gespiköfik.
Schlagfertigkeit [jlàkfärtịq-káìt] v. 1. = flapöf
2. (geistig) = gespiköf.
Schlagflusz [jlàkflụš] m. = paopläg.
Schlamm [jlám] m. = släm.
schlammig [jlámịq] = slämik.
Schlammvulkan [jlám-vụlkan] m. = slämaₔ
volkan.
Schlange [jlánĕ] v. 1. = snek, wie eine — =
sneko 2. — einer Feuerspritze = tuin lefilaₔ
skuta 3. st. = sisnek.
schlangenartig [jlánĕn-àrtịq] = snekasümik.
Schlangenträger [jlánĕnträgĕr] m. st. = sisneₔ
kipolan.
Schlangenwindung [jlánĕn-vịndụn] v.: sich in
Schlangenwindungen bewegen = mufön (nel.)
äs snek.
schlank [jlánk] = lunedik.
Schlankheit [jlánk-háìt] v. = luned.
Schlappe [jlápĕ] v. = sluf.
Schlarfe [jlárfĕ] v. = sluf.
Schlarpe [jlárpĕ] v. = sluf.
Schlauch [jláụq] m.: — einer Feuerspritze =
tuin lefilaskuta.
Schlächter [jláqtĕr] m. (Metzger) 1. = pugan
2. = miticöpan.
Schläfchen [jláfqĕn] n. = slipil.
Schläfe [jláfĕ] v. = tämep.
Schläfer [jláfĕr] m. = slipan.
schläfern [jláfĕrn] (schläfrig sein) = slipöfön
(nel.).
Schläflein [jláfláìn] n. = slipil.
schläfrig [jlàfriịq] = slipöfik, — sein = slipöₔ
fön (nel.), — werden = slipöfikön (nel.),
— machen = slipöfükön (lov.).
Schläfrigkeit [jlàfrịqkáìt] v. = slipöf.
Schläger [jlägĕr] m. 1. (einer der schlägt) =
flapan 2. (Raufbold) = flapädan.
Schlägerei [jlägĕráì] v. (Rauferei) = flapäd.
Schläglein [jlákláìn] n. = flapil.
schlängeln [jlánĕln] 1. sich — = snekogolön
(nel.), snekomufön (nel.), snekozugön (nel.)
2. sich — (sich winden) = krugikön (nel.)
3. sich — (sich in Schlangenwindungen bewegen) = mufön (nel.) äs snek.
schlecht [jláqt] 1. = badik, — sein = badön
(nel.), — werden, eine schlechte Wendung
nehmen = badikön (nel.), — machen =
badükön (lov.) 2. schlechte Aufführung,
schlechtes Betragen = mikondöt, schlechte
Gesinnung = badäl, schlechter (lasterhafter)
Mensch) = lesinan, schlechter Name, schlechter Ruf = mirepüt 3. sich — benehmen,
sich — betragen = mikondötön (nel.), —
erziehen = midugälön (lov.).
schlechtgesinnt [jláqt gĕsịnt] = badälik.
Schlechtheit [jláqtháìt] v. (Übel) = bad.
schlechthin [jláqt hịn] (einfach) = balugiko.

schleichen [jláĭqĕn] = kripädön (nel.).
Schleichhandel [jláĭq-hándĕl] m. = smugated.
Schleichhändler [jláĭqhǎndlĕr] m. = smugate=
dan.
Schleier [jláĭĕr] m. = veal.
schleiern [jláĭĕrn] (verschleiern) = vealön
(lov.).
Schleife [jláĭfĕ] v. = snal.
schleifen [jláĭfĕn] 1. = gleinön (lov.) 2. =
snalön (lov.) 3. nel. = trelön (nel.) 4. lov.
(schleppen, lov.) = tränön (lov.).
Schleifen [jláĭfĕn] n. = glein.
Schleifer [jláĭfĕr] m. = gleinan.
Schleiferei [jláĭfĕráĭ] v. 1. = glein 2. =
gleinöp.
Schleifung [jláĭfuŋ] v. = glein.
Schleim [jláĭm] n. = slim,' mit — füllen =
slimön (lov.), sich mit — füllen = paslimön
(sufalefom).
schleimicht [jláĭmiqt] = slimik.
schleimig [jláĭmiq] = slimik.
Schlender [jlǎndĕr] m. = rot.
Schlendergang [jlǎndĕrgáŋ] m. = goul.
schlendern [jlǎndĕrn] = goulön (nel.).
Schlendrian [jlǎndrian] m. = rot, nach dem
(alten) — = roto.
Schlepp [jlǎp] m. (— eines Fürstenmantels,
eines Frauenkleides) = trel.
Schleppdampfer [jlǎpdámpfĕr] m. = tränaste=
manaf.
Schleppe [jlǎpĕ] v. (— eines Rockes) = trelül.
schleppen [jlǎpĕn] 1. nel. = trelön (nel.) 2.
lov. = tränön (lov.).
Schleppen [jlǎpĕn] n. = trän.
Schlepper [jlǎpĕr] m. = tränan.
Schlepperei [jlǎpĕráĭ] v. = trän.
Schleppschiff [jlǎpjif] n. = tränanaf.
Schlesien [jlèsiĕn] = Jlesän.
Schlesier [jlèsiĕr] m. = Jlesänan.
schlesisch [jlèsij] = Jlesänik.
Schleswig [jlèšviq] n. (Land) = Jlesvigän.
schlesvigisch [jlèšvigij] = Jlesvigänik.
schleudern [jlóŭdĕrn] = lejedön (lov.).
schlicht [jliqt] 1. (einfach) = balugik 2. =
smufedik. schlichtes Haar = herem smufedik.
schlichten [jliqtĕn] = smudükön (lov.).
schlichthaarig [jliqt=hariq] = smufedaherik.
Schlichtheit [jliqtháĭt] v. (Einfachheit) = balug.
Schlichtung [jliqtuŋ] v. = smudükam.
schlichtweg [jliqtvǎk] = balugiko.
schlieszen [jlišĕn] 1. (zumachen) = färmükön
(lov.) 2. sich — = färmikön (nel.) 3. (abschlieszen) die Rechnung — = jötön (lov.)
kali 4. (folgern) = kludön (lov.) 5. Frieden — = püdön (nel.).
Schlieszen [jlišĕn] n. 1. = färmükam 2. =
klud.
Schlieszer [jlišĕr] m. (Portier) = yanan.
Schlieszung [jlišuŋ] v. = färmükam.
Schliff [jlif] n. = glein.
schlimm [jlim] 1. = badik 2. (nicht gut, verkehrt) = mi.
Schlinge [jliŋe] v. = snal.
Schlingel [jliŋĕl] m. (Tölpel) = lunulan.

Schlingelei [jliŋĕláĭ] v. (Tölpelhaftigkeit) =
lunul.
schlingelhaft [jliŋĕlháft] = lunulik.
schlingen [jliŋĕn] 1. (einschlucken) = slugön
(lov.) 2. (verschlucken) = luslugön (lov.).
Schlitten [jlitĕn] m. = slifavab, — fahren =
slifavabön (nel.).
Schlittschuh [jlitju] m. = sket, — laufen =
sketön (nel.).
Schlittschuhläufer [jlitju=lóŭfĕr] m. = sketan.
Schlosser [jlóšĕr] m. = lökel, Werkstatt eines
Schlossers = lökismitöp.
Schlosserei [jlóšĕráĭ] v. = lökismit.
Schlosz [jlóš] n. 1. — an einer Tür, an einem
Kasten = lök len yan,' len ramar, blindes —
= klänalök 2. (Burg) = kased.
Schloszbewohner [jlóšbĕvonĕr] m. = kasedan.
schloszen [jlošĕn] (graupeln) = grälön (nel.).
Schloszherr [jlóšhǎr] m. = kasedacif.
Schlucht [jluqt] v. = gur.
schluchtartig [jluqt-àrtiq] = gurik.
schlucken [jlukĕn] = slugön (lov.).
Schlummer [jlumĕr] m. = slipül.
schlummern [jlumĕrn] = slipülön (nel.).
Schlund [jlunt] m. 1. (Abgrund) = gufur 2.
(Rachen, weit geöffneter Mund) = cav.
Schlupfwinkel [jlupfviŋkĕl] m. = sleafaspadül.
Schlusz [jluš] 1. (Ende) = fin, zum Schlusse
des = finü, zum Schlusse! = finö! 2. (Be-
endigung nicht von Gegenständen) = finod
3. (Folgerung) = kludod.
Schluszakt [jluš=ákt] m. = finasüf.
Schluszbuchstabe [jluš-buǧjtabĕ] m. = finato=
nat.
Schluszerfolg [jluš=ǎrfólk] m. = finasek.
Schluszfolgerung [jlušfólgĕruŋ] v.: durch — =
kludo, durch — aus = kludü.
Schluszlinie [jluš-liniĕ] v. = finalienil.
schlüpfen [jlüpfĕn] (sich schieben) = sleafön
(nel.).
Schlüpfen [jlüpfĕn] n. = sleaf.
schlüpfrig [jlüpfriq] = slifülabik.
Schlüpfrigkeit [jlüpfrigkáĭt] v. 1. = slifülab 2.
(Obszönität) = socen.
schlürfen [jlürfĕn] = slürfön (lov.).
Schlüssel [jlüšĕl] m. = kik.
Schlüsselloch [jlüšĕllóǧ] n. = kikahog.
Schmach [jmaǧ] v. (Schmähung) = lunof.
schmal [jmal] = rovik, schmaler Graben =
lusöp.
Schmalheit [jmàlháĭt] v. = rov.
Schmalnasig [jmàlnasiq] = rovanudik.
Schmalz [jmǎlz] n. = pinod.
Schmaus [jmáŭš] m. = daif.
schmausen [jmáŭsĕn] = daifön (nel.).
Schmausen [jmáŭsĕn] n. = daif.
schmähen [jmǎĕn] = lunofön (lov.).
schmählich [jmǎliq] = lunofik.
Schmähsucht [jmǎsuǧt] v. = mispikiäl.
Schmähung [jmǎuŋ] v. = lunof.
schmälen [jmǎlĕn] = lunofön (lov.).
schmälern [jmǎlĕrn] 1. (vermindern) = nemö=
dükön (lov.) 2. (verkleinern) = smalükön
(lov.).
schmecken [jmǎkĕn] 1. nel. = smekön (nel.),

gut —, wohl — = benosmekön (nel.) 2. lov. = smeikön (lov.).
Schmecken [jmäkĕn] n. 1. nel. = smek 2. lov. = smeik.
Schmeichelei [jmáïqĕláï] v. = flät.
schmeicheln [jmáïqĕln] = flätön (lov.).
Schmeicheln [jmáïqĕln] n. = flät.
Schmeichler [jmáïqlĕr] m. = flätan.
Schmeichlerin [jmáïqlĕrịn] v. = jiflätan.
Schmelze [jmälžĕ] v.: — des Schnees = smet nifa.
schmelzen [jmälžĕn] 1. nel. = smetön (nel.) 2. lov. = smeitön (lov.).
Schmelzen [jmälžĕn] n. lov. = smeit.
Schmelzerei [jmälžĕráï] v. = smeitöp.
Schmelzung [jmälžụŋ] v. = smeit, ein durch — erzeugter Körper = smeitot.
Schmerz [jmärž] m. = dol, mit — = dolo.
schmerzen [jmäržĕn] (wehetun) = dolön (lov.).
schmerzend [jmäržĕnt] = dolik.
schmerzhaft [jmäržháft] (schmerzlich) = dolik.
schmerzlich [jmäržlịq] = dolik.
Schmetterling [jmätĕrlịŋ] m. = pab.
schmettern [jmätĕrn] = tonädön (nel.).
Schmettern [jmätĕrn] n. = tonäd.
Schmied [jmit] m. = smitan.
schmiedbar [jmịtbar] = smitovik.
Schmiedbarkeit [jmịtbarkáït] v. = smitov.
Schmiede [jmịdĕ] v. = smitöp.
Schmiedehammer [jmịdĕhámĕr] m. = smitafög.
schmieden [jmịdĕn] = smitön (lov.).
Schmieden [jmịdĕn] n. = smit.
Schmiederei [jmịdĕráï] v. = smitöp.
schmiegsam [jmịksam] = lobediälik.
Schmiegsamkeit [jmịksamkáït] v. = lobediäl.
Schmiere [jmịrĕ] v. = smiv.
schmieren [jmịrĕn] = smivön (lov.).
Schmiererei [jmịrĕráï] v. (Geschmier) = smivam.
Schmierfink [jmịrfịŋk] m. = gagan, gagotiälan.
Schmierhaftigkeit [jmịrháftịq-káït] v. = smivov.
schmierig [jmịrịq] = smivovik.
Schmierigkeit [jmịrịqkáït] v. = smivov.
Schmirgel [jmịrgĕl] m. = smif.
Schmirgelleinen [jmịrgĕlláïnĕn] n. = smifalinum.
schmirgeln [jmịrgĕln] = smifogleinön (lov.).
Schmirgeltuch [jmịrgĕltụğ] n. = smifakotin.
schmollen [jmólĕn] = prulön (nel.).
Schmollen [jmólĕn] n. = prul.
schmoren [jmorĕn] = stemädön (lov.).
Schmorpfanne [jmörpfánĕ] v. = cafäd.
schmuck [jmụk] 1. (zierend) = dekik 2. (zierlich) = deköfik.
Schmuck [jmụk] m. (Zier, Zierde) = dek.
Schmuckfeder [jmụkfedĕr] v. = dekaplüm.
Schmuckgegenstand [jmụk-gègĕnjtánt] m. = dekayeg.
Schmucksache [jmụksáğĕ] v. = dekadin.
Schmucksachen [jmụksáğĕn] pl. = bijutül, bijutüls.
Schmuggelei [jmụgĕláï] v. = smug.
schmuggeln [jmụgĕln] = smugön (lov.).
Schmuggeln [jmụgĕln] n. = smug.
Schmuggler [jmụglĕr] m. = smugan.

schmunzeln [jmụnžĕln] = smilülön (nel.).
Schmutz [jmụž] m. (Schmutzigkeit) = miot.
Schmutzfink [jmụžfịŋk] m. = gagotiälan.
Schmutzhammel [jmụžhámĕl] m. = gagotiälan.
schmutzig [jmụžịq] = miotik.
Schmutzigel [jmụž÷igĕl] m. = gagotiälan.
schmutziggelb [jmụžịq-gälp] = miyelovik.
Schmutzigkeit [jmụžịqkáït] v. = miot.
schmücken [jmükĕn] (zieren) = dekön (lov.), mit Blumen — = floridön (lov.).
Schnabel [jnabĕl] m. = honed.
Schnalle [jnálĕ] v. = snab.
schnallen [jnálĕn] (mit einer Schnalle befestigen) = snabön (lov.).
Schnalz [jnálž] m. 1. = klik 2. (schnalzender Ton) = klikaton.
schnalzen [jnálžĕn]: mit der Zunge — = klikön (nel.) me lineg.
Schnalzzeichen [jnálž-žáïqĕn] n. = klikamal.
Schnapp [jnáp] m. (kurze, schnell zufahrende Bewegung) = snap.
schnappen [jnápĕn] = snapön (nel.), — machen = snäpön (lov.).
Schnappmesser [jnápmạ̈šĕr] n. = flegülaneif.
Schnaps [jnápš] m. = gein.
Schnapsbruder [jnápšbrudĕr] m. = geinidrinan.
schnapsen [jnápšĕn] = geinidrinön (nel.).
Schnapser [jnápšĕr] m. = geinidrinan.
Schnapserei [jnápšĕráï] v. = geinidrin.
Schnatterer [jnátĕrĕr] m. = luspikan.
schnattern [jnátĕrn] = snätörön (nel.).
Schnattern [jnátĕrn] n. = snätör.
schnäbeln [jnäbĕln]: sich — = honedön (nel.).
Schnecke [jnäkĕ] v. = snel.
Schneckenhaus [jnạ̈kĕnháǔš] n. = sneladom.
Schneckenschale [jnạ̈kĕnjalĕ] v. = snelakoan.
Schnee [jne] m. = nif, von — = nifik.
Schnee÷ [jne÷] = ... nifik.
schneeig [jnèiq] = nifik.
Schneefall [jnĕfál] m. = nifam.
Schneide [jnáïdĕ] v. (Schärfe): die — eines Messers = köted neifa.
schneiden [jnáïdĕn] 1. = kötön (lov.), einer der schneidet = kötan 2. (beschneiden) = beköten (lov.) 3. (kastrieren) = negenükön (lov.).
Schneiden [jnáïdĕn] n. = köt.
schneidend [jnáïdĕnt] = kötik.
Schneider [jnáïdĕr] m. 1. = kötan 2. = skrädan.
Schneiderei [jnáïdĕráï] v. = skrädafebäd.
schneidern [jnáïdĕrn] = skrädön (nel.).
Schneidern [jnáïdĕrn] n. = skräd.
Schneiderwerkstatt [jnáïdĕr-vạ̈rkjtát] v. = skrädöp.
Schneidezahn [jnáïdĕžan] m. = beitatut.
schneien [jnáïĕn] = nifön (nel.).
Schneien [jnáïĕn] n. = nifam.
schnell [jnạ̈l] 1. = vifik, — sein = vifön (nel.), — werden = vifikön (nel.), zu — = tuvifik 2. —! = spidö!
Schnellauf [jnạ̈lláǔf] m. = vifagol, gol vifik.
Schnelläufer [jnạ̈llóǔfĕr] m. = vifagolan.
Schnellboot [jnạ̈lbot] n. = vifanaf.

schneller [jnä̆lĕr]: — werden = vifikumön (nel.).
schnellgemacht [jnä̆l gĕmáq̇t]: —! = vifö!
Schnellheit [jnä̆lháĭt] v. = vif.
Schnelligkeit [jnä̆li̱qkáĭt] v. = vif, mit — = vifo.
Schnellpresse [jnä̆lpräšĕ] v. = vifapedöm.
Schnellschrift [jnä̆ljri̱ft] v. = stenograf.
Schnellsein [jnä̆lsáĭn] n. = vif.
Schnellzug [jnä̆lz̧u̱k] m. = vifatren.
Schnepfe [jnä̆pfĕ] v. = snep.
Schnepfenflucht [jnä̆pfĕnflu̱q̇t] v. = snepaküm.
Schnepfenstrich [jnä̆pfĕnjtri̱q] m. = snepaküm.
schneuzen [jnóŭžĕn]: sich —, die Nase — = snötön (lov.) nudi.
schnipfen [jni̱pfĕn]: mit den Fingern — = sni= pön (lov.) me doats.
Schnippchen [jni̱pqĕn] n. = snip.
Schnippel [jni̱pĕl] m. e s. = smalotül.
schnippen [jni̱pĕn]: mit den Fingern — = sni= pön (lov.) me doats.
schnippisch [jni̱pi̱j] = zunülik.
Schnippische [jni̱pi̱jĕ]: das — = zunül.
Schnippsel [jni̱pšĕl] n. = smalotül.
Schnitt [jni̱t] m. 1. = kötäd 2. (das Schneiden) = köt 3. (abgeschnittenes Stück) = kötot 4. — (Durchschnitt) einer Figur = kötod figura.
Schnitte [jni̱tĕ] v. (platter Gegenstand) = platot.
Schnitter [jni̱tĕr] m. (Fehler) = pök.
Schnitz [jni̱ž] m. (abgeschnittenes Stück) = kötot.
Schnitzarbeit [jni̱ž-ár-báĭt] v. = ködot.
Schnitzel [jni̱žĕl] n. 1. = kötotil, Wiener — = kötotil di ‚Wien' 2. (Schnippsel) = smalotül.
schnitzen [jni̱žĕn]: Holz — = ködön (lov.) boadi, jemand der Figuren schnitzt = ködan.
Schnitzer [jni̱žĕr] m. (Bildschneider) = ködan.
Schnitzerei [jni̱žĕráĭ] v. (das Schnitzern) = köd.
Schnitzern [jni̱žĕrn] n. = köd.
Schnupf [jnu̱pf] m. = snüfatabak.
schnupfen [jnu̱pfĕn] = snüfön (lov.).
Schnupfen [jnu̱pfĕn] 1. n. = snüf 2. m. = snöf, den — haben = snöfön (nel.).
Schnupfer [jnu̱pfĕr] m. (Tabakschnupfer) = snüfan.
Schnupftabak [jnu̱pf-tàbák] m. = snüfatabak.
Schnupftuch [jnŭpftu̱q̇] n. = nudasärvätül.
schnuppen [jnu̱pĕn] = dasmeilön (lov.).
Schnur [jnur] v. 1. (Tau, Seil, in valem) = lefad 2. (Bindfaden) = tanamajain 3. (auf einer — Aufgereihtes) = kedül, — Perlen = kedül pärlatas 4. (Schwiegertochter) = lüdaut.
schnurgerade [jnur gĕradĕ] = lestedik.
Schnurre [jnu̱rĕ] v. = klaun.
schnurrig [jnu̱ri̱q] = klaunik, — sein = klau= nön (nel.).
schnüffeln [jnüfĕln] = dasmeilön (lov.).
Schokolade [jokoladĕ] v. = jokolad.
schokoladenfarbig [jokolàdĕnfárbi̱q] = jokola= dakölik.

Schokoladesurrogate [jokolàdĕsu̱rogatĕ] pl. = plaädots jokolada.
Scholle [jólĕ] v. (Erdscholle) = tailablögäd.
schon [jon] 1. (bereits) = ya 2. wenn — = igo üf 3. — gut! = gudö!
schonen [jonĕn] = spalön (lov.).
Schonung [jónu̱n] v. = spal.
schonungslos [jónu̱nšloš] = nenspalik.
schonungsvoll [jónu̱nšfól] = spalik.
Schornstein [jórn-jtáĭn] m. (Kamin) = cim.
Schoschonen (Indianerstamm) = jojonans.
Schosz [još] m. 1. = tipül 2. = trelül 3. = vüm.
Schote [jotĕ] v. = ligum.
Schotenfrucht [jotĕnfru̱q̇t] v. = ligum.
Schotte [jótĕ] m. = Skotänan.
Schotter [jótĕr] m. = brekoston.
Schottischer [jóti̱jĕr] m. (Tanz) = Skotänüm.
Schottland [jót-lánt] n. = Skotän.
schottländisch [jótländi̱j] = Skotänik.
schön [jön] = jönik, schöne Künste = lekans jönik, — sein = jönön (nel.), — werden = jönikön (nel.).
schöner [jönĕr]: — machen = jönükumön (lov.).
Schönheit [jönháĭt] v. = jön.
schöpfen [jö̆pfĕn] = kupön (lov.).
Schöpfen [jö̆pfĕn] n. = kup.
Schöpfer [jö̆pfĕr] m. 1. (der Schaffende) = jafan 2. (Gott) = Jafal.
Schöpfergeist [jö̆pfĕr-gáĭšt] m. = jafalan.
schöpferisch [jö̆pfĕri̱j] = jafik, schöpferische Kraft = jafanäm.
Schöpferkraft [jö̆pfĕr-kráft] v. = jafanäm.
Schöpfgefäsz [jö̆pfgĕfäš] n. = kupöm.
Schöpfgeschirr [jö̆pfgĕji̱r] n. = kupöm.
Schöpfkelle [jö̆pfkälĕ] v. = kupaspun.
Schöpflöffel [jö̆pf-lö̆fĕl] m. = kupaspun.
Schöpfung [jö̆pfu̱n] v. (das Geschaffene) = jafotem.
Schöps [jö̆pš] m. (Hammel) = hojip.
Schörl [jö̆rl] m. (Turmalin) = turmalen.
schörlen [jö̆rlĕn] = turmalenik.
Schramme [jrámĕ] v. = krated.
schrammend [jrámĕnt]: schrammende Verlet= zung = junäd.
schrammig [jrámi̱q] = kratedik.
Schrank [jráŋk] m. (Schrein) = ramar.
Schranke [jráŋkĕ] v. = stöb.
schrankenlos [jráŋkĕnloš] = nenmiedik.
Schrankenlosigkeit [jráŋkĕn-lòsi̱qkáĭt] v. = nenmied.
Schraube [jráŭbĕ] v. = skrub.
Schraubenlinie [jráŭbĕn-lini̱ĕ] v. = skrubäd.
Schräge [jrägĕ] v. (Schiefheit) = slob.
Schreck [jrä̆k] m. (Schrecken) = jek.
schrecken [jrä̆kĕn] nel. (erschrecken) = jekön (nel.).
Schrecken [jrä̆kĕn] n. = jek.
Schreckensherrschaft [jrä̆kĕnš-hà̆rjáft] v. = jei= kareig.
Schreckensregierung [jrä̆kĕnš-rĕgi̱ru̱n] v. = jei= kareig.
schreckhaft [jrà̆kháft] = jekälik.
Schreckhaftigkeit [jrà̆kháfti̱q-káĭt] v. = jekäl.

schrecklich [ĵrǎkliq] = jeikik.
Schrecklichkeit [ĵrǎkliqkáït] v. = jeikot.
Schreckmittel [ĵrǎkmitĕl] n. = tajekmedin.
Schrecknis [ĵrǎkniš] n. = jeikot.
Schrei [ĵraï] m. 1. = luvokäd 2. (Ruf, Aus-ruf) = vokäd.
Schreibart [ĵráïp-art] v. (Stil) = stül.
schreiben [ĵráïbĕn] 1. = penön (lov.) 2. (ver-fassen, aufsetzen) = lautön (lov.) 3. anders — = votapenön (lov.), einen Scheck — = cäkön (nel.), Noten — = noatön (nel.), zu Ende — = fipenön (lov.).
Schreiben [ĵráïbĕn] n. = penam.
Schreiber [ĵráïbĕr] m. = penan.
Schreibfeder [ĵráïpfedĕr] v. = pen.
Schreibgerät [ĵráïpgĕrät] n. = penöm.
Schreibheft [ĵráïphäft] n. = päm.
Schreibmappe [ĵráïp-mápĕ] v. = penädamap.
Schreibmaschine [ĵráïp-májïnĕ] v. = penamacin.
Schreibmaterial [ĵráïpmaterial] n. = penöm.
Schreibschrift [ĵráïpĵrift] v. (Kursivschrift) = korsiv.
Schreibstift [ĵráïpĵtifft] m. (Griffel) = gliv.
Schreibung [ĵráïbun] v. (das Schreiben) = penam.
schreien [ĵráïĕn] 1. = luvokädön (lov.) 2. gellend — = lerorön (nel.).
Schreier [ĵráïĕr] m. = luvokädan.
Schrein [ĵraïn] m. 1. (Kiste, Kasten) = bog 2. (Schrank) = ramar.
Schreiner [ĵráïnĕr] m. 1. = ramarel 2. (Tisch-ler) = möbel.
schreinern [ĵráïnĕrn] (zimmern) = kapenön (lov.).
schreiten [ĵraáïtĕn] (im Schritt gehen) = ste-pön (nel.).
Schreiten [ĵráïtĕn] n. = stepam.
Schrift [ĵrift] v. 1. (Art des Schreibens, Hand) = penät 2. in einer — = penädo 3. die — oder ein Stück der — eines Autors = lautot 4. (heilige —) = bib 5 (sämtliche Buch-staben einer Gattung) = tonatem.
Schriftart [ĵrift-art] v. (Schriftgattung) = to-natasot.
Schriftbuchstabe [ĵrift-buǧĵtabĕ] m. = penama-tonat.
Schriftführer [ĵriftfürĕr] m. = sekretan.
Schriftgattung [ĵriftgátun] v. (Schriftart) = tonatasot.
schriftgemäsz [ĵriftgĕmäš] = penamapükiko.
schriftlich [ĵriftliq] = penamik, penik.
Schriftsetzer [ĵriftsäžĕr] m. = tonatiseidan.
Schriftsprache [ĵriftĵpraǧĕ] v. = penamapük.
Schriftstelle [ĵriftjtälĕ] v. = saitotaplad.
Schriftsteller [ĵriftjtälĕr] m. = lautan.
Schriftstellerei [ĵriftjtälĕräï] v. = laut.
Schriftstück [ĵriftjtük] n. = penäd.
Schriftzeichen [ĵriftžäïqĕn] n. 1. = penamamal 2. (Buchstabe) = tonat.
schrinden [ĵrindĕn] (bersten, platzen) = krä-kön (nel.).
Schritt [ĵrit] m. 1. = step, — zurück = gestep, — für — = stepo, im — gehen = stepön (nel.), einen Weg im — begehen = bestepön

(lov.) vegi 2. (das Schreiten) = stepam, im — = stepamo.
schrittgehalten [ĵrit gĕháltĕn]: —! = leigastepö!
schrittweise [ĵritväïsĕ] = stepik.
schroff [ĵróf] 1. = nemolik 2. (trotzig, un-freundlich) = stübik.
Schroffheit [ĵróf-háït] v. (Unfreundlichkeit) = stüb.
Schrot [ĵrot] m. e n. = gräläd.
Schrulle [ĵrulĕ] v. = vimäd, Schrullen machen = vimädön (nel.).
schrullenhaft [ĵrulĕnháft] = vimädik.
schrullig [ĵruliq] = vimädik.
Schrunde [ĵrundĕ] v. = kräk.
schrundig [ĵrundiq] = kräköfik.
Schrundigkeit [ĵrundiqkáït] v. = kräköf.
schründig [ĵrundiq] = kräköfik.
Schubkarren [ĵüpkǎrĕn] m. = bruät.
Schublade [ĵüpladĕ] v. = layet.
Schuft [ĵuft] m. (Schurke) = jäpan.
schuftig [ĵüftiq] = jäpik.
Schuftigkeit [ĵüftqkáït] v. = jäp.
Schuh [ĵu] m. = juk.
schuhen [ĵuĕn] (beschuhen) = jukön (lov.).
Schuhmacher [ĵümáǧĕr] m. (Schuster) = jukel.
Schuhwerk [ĵüvärk] n. = jukem.
Schulamt [ĵül-ámt] n. = tidanacal.
Schuld [ĵult] v. 1. = deb, mit Schulden bela-den = belodön (lov.) ko debs, ausstehende — = rötadeb, geistige — = lanadeb, stän-dige — = laidadeb, ohne Schulden = nen-debik 2. aus — (aus Ursache) = kodü 3. (Ursache, Veranlassung zu etwas Böses) = kodäd 4. (— eines Vergehens) = döbot.
Schuldbrief [ĵültbrif] m. = bligod.
schulden [ĵuldĕn] (schuldig sein) = debön (nel.).
schuldig [ĵuldiq] 1. = debik, — sein = debön (nel.) 2. — sein (moralisch) = sötön (nel.) 3. (— eines Vergehens) = döbik, — sein (eines Vergehens) = döbön (nel.), sich — machen des = döbikön (nel.) demü, — er-klären = döbädön (lov.).
Schuldiger [ĵüldiǧĕr] m. (Schuldner) = deban.
Schuldigkeit [ĵüldiqkáït] v. 1. (Pflicht) = blig 2. (Geldschuld) = monideb.
schuldlos [ĵültloš] 1. = nennefölotik 2. (sün-denlos) = nensinik.
Schuldlosigkeit [ĵültlosiqkáït] v. = nendeb.
Schuldner [ĵültnĕr] m. 1. = deban 2. (Debi-tor) = debetan.
Schuldschein [ĵültĵáïn] m. = debazöt.
Schuldverschreibung [ĵültfärĵráïbun] v. = bli-god.
Schule [ĵulĕ] v. = jul, eine —, die — besu-chen, zur — gehen = julön (nel.), mittlere — = zänodajul.
Schulinspector [ĵul-inšpǎktór] m. = julidalogal.
Schulposten [ĵülpóstĕn] m. = tidanacal.
Schulrat [ĵülrat] m. = julidalogan.
Schultasche [ĵültáĵĕ] v. = bukasakäd.
Schulterblatt [ĵültĕrblát] n. = skapul.
Schulvorsteher [ĵul-förĵteĕr] m. = julacif.
Schuppe [ĵüpĕ] v. = jub.
Schuppen [ĵüpĕn] m. (Scheune) = barak.

Schur [jur] v. = jimam.
Schurke [jurkĕ] m. = jäpan.
Schurkerei [jurkĕráĭ] v. (Spitzbüberei) = jäp.
schurkig [jurkịq] = jäpik.
Schuster [juštĕr] m. = jukel.
Schusz [juš] m. = jüt.
Schuszpulver [jụšpulfĕr, jụšpulvĕr] n. = pur.
Schutt [jut] m. 1. (das Geschüttete) = sturot 2. (Bauschutt, Abbruch) = debreikot.
Schutz [juž] m. = jel, unter — des = jelü.
Schutzdach [jụždáǧ] n. = nufül.
Schutzengel [jụž-änĕl] m. = jelasilanan.
Schutzfrau [jụžffráŭ] v. = jijelätan.
Schutzgebiet [jụžgĕbit] n. = jelätaziläk.
Schutzgeist [jụžgáĭst] m. = jelalanan.
Schutzherr [jụžhär] m. = jelätan.
Schutzherrschaft [jụžhärjáft] v. = jelät.
Schutzmann [jụžmán] m. = poldan.
Schüler [jülĕr] m. = julan, hijulan, — der ersten Klasse = balidkladan.
schülerhaft [jụlĕrháft] = julanik.
Schülerin [jülĕrịn] v. = jijulan.
schürfen [jürfĕn]: sich die Haut — = junön (lov.) skini oka.
Schüssel [jụšĕl] v. 1. (Napf, Becken) = bov 2. (Essen, Speise) = zib.
Schüsselchen [jụšĕlqĕn] n. = bovil.
schütteln [jütĕln] = lemufükön (lov.), sich — = lemufön (nel.).
schütten [jütĕn] 1. = stürön (lov.) 2. auf etwas — = sustürön (lov.).
Schütten [jütĕ] n. = stür.
Schütze [jụžĕ] m. 1. = jütan 2. st. = sijütan.
schützen [jụžĕn] (beschützen) = jelön (lov.).
Schützer [jụžĕr] m. (Beschützer) = jelan.
Schützling [jụžlịn] m. = jeläb.
Schwabe [jvabe] m. = Jvabänan, jvaban.
Schwaben [jvabĕn] n. = Jvabän.
schwach [jváǧ] 1. = fibik, — sein = fibön (nel.) 2. — scheinen (schimmern) = lulitön (nel.) 3. — an Charakter = kaladafibik, mit schwachen Augen = logämafibik 4. schwaches Körper, schwache Konstitution = koap molädik 5. gr. = fibotik.
Schwacher [jváǧĕr]: ein — = fiban.
Schwachheit [jváǧ-háĭt] v. = fib.
schwachköpfig [jváǧ-kŏpfịq] = täläktafibik.
Schwachsein [jváǧ sáĭn] n. gr. = fibot.
Schwadron [jvadron] v. = skvadron.
Schwager [jvagĕr] m. 1. = hilügem, lüblod 2. — oder Schwägerin = lügem.
Schwalbe [jválbĕ] v. = sval.
Schwamm [jvám] m. 1. (Pilz, in valem) = funig 2. (Badeschwamm) = spog.
schwammartig [jvám-àrtịq] = spogöfik.
schwammig [jvámịq] (schwammartig) = spoᵻgöfik.
Schwan [jvan] m. 1. = svan 2. st. = sisvan.
schwanger [jváŋĕr] = grodik, — sein, — gehen = grodön (nel.), — werden = grodikön (nel.).
Schwangerschaft [jváŋĕr-jáft] v. = grod.
Schwank [jváŋk] m. = klaun.
schwanken [jváŋkĕn] 1. = nefümön (nel.) 2.

= nefümälön (nel.) 3. (schaukeln, nel.) = kledön (nel.).
schwankend [jváŋkĕnt] = nefümik.
Schwanz [jvánž] m. (Schweif) = göb.
Schwarm [jvárm] m. = küm.
schwarz [jvárž] = blägik, — sein = blägön (nel.), — werden = blägikön (nel.), — machen = blägükön (lov.), schwarze Farbe = bläg, Schwarzes Meer = Blägamel, schwarzer Rettich = blägaraf, das Land der schwarzen oder schwarzbraunen Menschen = bläganalän.
Schwarzdruck [jvárždrụk] m. = blägabük.
Schwarzer [jváržĕr] m.: ein — (ein zur schwarzen oder schwarzbraunen Rasse gehöriger Mensch) = blägan.
Schwarzseher [jváržseĕr] m. (Pessimist) = badiman.
Schwarzwald [jvárž-vált] m. = ,Schwarzwald' [jvárž-vált] (D.).
Schwarzwälder [jváržväldĕr] m. = ,Schwarzwälder' [jváržvältdĕr] (D.), lödan ela ,Schwarzwald'.
Schwatz [jváž] m. 1. = luspik 2. (Geschwätz) = luspikot.
schwatzen [jvážĕn] (schwätzen) = luspikön (lov.).
Schwatzen [jvážĕn] n. = luspik.
Schwatzhaftigkeit [jváž-háftịq-káĭt] v. = luspiᵻkiäl.
schwäbisch [jvạbịj] = Jvabänik.
Schwäche [jvạǧĕ] v. = fib.
schwächen [jvạǧĕn] = fibükön (lov.).
Schwächling [jvạqlịn] m. = fiban.
Schwägerin [jvạgĕrịn] v. 1. = jilügem, lüsör 2. Schwager oder — = lügem.
Schwägerschaft [jvạgĕrjáft] v. 1. = lügemam 2. (Gesamtheit Verschwägerter) = lügemef.
schwängern [jvạŋĕrn] = grodükön (lov.).
schwären [jvärĕn] (eitern) = purulön (nel.).
schwärmen [jvärmĕn] = kümön (nel.).
Schwärmen [jvärmĕn] n. = kümam.
Schwärmer [jvärmĕr] m. (Träumer, Phantast) = magälan.
Schwärmerei [jvärmĕráĭ] v. (Sentimentalität) = dasenäl.
Schwärze [jväržĕ] v. 1. = bläg 2. = blägin 3. (Farbe zum Schwärzen) = blägükamastöf.
schwärzen [jväržĕn] = blägükön (lov.).
schwärzlich [jväržlịq] = blägilik.
schwatzen [jvážĕn] = luspikön (lov.).
Schwätzen [jvážĕn] n. = luspik.
Schwätzer [jvážĕr] m. = luspikan.
Schwätzerei [jvážĕráĭ] v. = luspik.
Schwätzerin [jvạžĕrịn] v. = jiluspikan.
Schwebe [jvebe] v. 1. = veb 2. in der — = veb 2. in der — sein = dunidik, in der — sein = dunidön (nel.).
schweben [jvebĕn] 1. = vebön (nel.) 2. vor den Sinn — = tikologädön (nel.).
Schweben [jvebĕn] n. = veb.
Schwede [jvedĕ] m. = Svedänan.
Schweden [jvedĕn] n. = Svedän.
schwedisch [jvèdịj] = Svedänik.
Schwefel [jvefĕl] m. S = sulfin, von — = sulfinik.

Schwefelammonium [ǰvefĕl ámònįµm] (H₄N)₂S = lamoniumasulfid.
Schwefelantimon [ǰvefĕl ántįmòn] Sb₂S₃ = stibinasulfid.
Schwefelcalcium [ǰvefĕl kálžįµm] CaS = kalsinasulfid.
Schwefeldichlorid [ǰvefĕl dį klorįt] SCl₂ = balsulfinatelklorin.
Schwefeldioxyd [ǰvefĕl dį óx̌ų̌t] SO₂ = sulfitastabot.
Schwefeleisen [ǰvefĕl áïsĕn] FeS = ferinosulfid.
Schwefelfluorid [ǰvefĕl fluorįt] SF₆ = balsulfinamälfluorin.
schwefelhaltig [ǰvèfĕlháltįq] = sulfinerik.
schwefelicht [ǰvèfĕlįqt] = sulfinik.
Schwefelkadmium [ǰvefĕl kádmįµm] CdS = kadminasulfid.
Schwefelkohlenstoff [ǰvefĕl kòlĕnǰtóf] CS₂ = karbinatelsulfin.
Schwefelmonochlorid [ǰvefĕl mòno klorìt] S₂Cl₂ = telsulfinatelklorin.
schwefeln [ǰvefĕln] = sulfinön (lov.).
Schwefelsäure [ǰvèfĕlsóũrĕ] v. H₂SO₄ = sulfatazüd.
Schwefelsäureanhydrid [ǰvèfĕlsóũrĕ ánhüdrįt] SO₃ = sulfatastabot.
Schwefelsilber [ǰvefĕl sįlbĕr] Ag₂S = largentinasulfid.
Schwefelsilicium [ǰvefĕl sįlįžįµm] SiS₂ = silikinasulfid, balsilikinatelsulfin.
Schwefelstickstoff [ǰvefĕl ǰtįkǰtóf] S₄N₄ = nitrinasulfid, folnitrinafolsulfin.
Schwefeltetrachlorid [ǰvefĕl tètra klorįt] SCl₄ = balsulfinafolklorin.
Schwefeltrioxyd [ǰvefĕl trį óx̌ų̌t] SO₃ = sulfatastabot.
Schwefelwasserstoff [ǰvefĕl vášĕr-ǰtóf] H₂S = hidrinasulfin, telhidrinabalsulfin.
Schwefelwasserstoffsäure [ǰvefĕl vášĕr-ǰtóf sóũrĕ] H₂S.aq = sulfidazüd.
Schwefelwasserstoffwasser [ǰvefĕl vášĕrǰtóf vášĕr] H₂S.aq = sulfidazüd.
schweflig [ǰvèflįq]: **schweflige Säure**, H₂SO₃ = sulfitazüd.
Schwefligsäureanhydrid [ǰvèflįqsóũrĕ ánhüdrįt] SO₂ = sulfitastabot.
Schweif [ǰváïf] m. (Schwanz) = gòb.
schweigen [ǰváïgĕn] = seilön (nel.).
Schweigen [ǰváïgĕn] n. = seil.
schweigend [ǰváïgĕnt] = seilik.
schweigsam [ǰváïksam] = seilälik.
Schweigsamkeit [ǰváïksam-káït] v. = seiläl.
Schweigseligkeit [ǰváïk-sèlįq-káït] v. = seiläl.
Schwein [ǰváïn] n. = svin.
Schweinchen [ǰváïnqĕn] n. = svinil.
schweinern [ǰváïnĕrn] = svinik.
Schweineschlächter [ǰváïnĕǰläqtĕr] m. = svinibecöpan.
Schweinigel [ǰváïnᴈįgĕl] m. = soceniälan.
Schweinigelei [ǰváïnᴈigĕláï] v. = soceniälam.
Schweinkerl [ǰváïnkärl] = soceniälan.
Schweinsᴈ [ǰváïnᴈ] = ... svinik.
Schweisz [ǰváïš] m. = suet.
schweiszen [ǰváïšĕn] (schwitzen) = suetön (nel.).

schweiszig [ǰváïšįq] = suetik.
Schweiszigkeit [ǰváïšįqkáït] v. = suetiäl.
Schweiz [ǰváïž]: **die** — = Jveizän.
Schweizer [ǰváïžĕr] m. = Jveizänan.
Schweizerei [ǰváïžĕráï] v. = tätamöp Jveizänik.
Schweizerin [ǰváïžĕrįn] v. = jiᴈJveizänan.
schweizerisch [ǰváïžĕrįǰ] = Jveizänik.
schwelen [ǰvelĕn] nel. = smolön (nel.).
schwelgen [ǰvälgĕn] (ausschweifen) = nestönön (nel.).
Schwelgerei [ǰvälgĕráï] v. = nestön.
Schwelle [ǰvälĕ] v. = soliad.
schwellen [ǰvälĕn] 1. = svelikön (nel.) 2. lov. = svelükön (lov.).
Schwellung [ǰvälų̌n] v. = svelot.
schwemmen [ǰvämĕn] = sveimön (lov.).
schwer [ǰver] 1. (schwierig) = fikulik 2. (wiegend) = vetotik, **gleich** — = vetotaleigik 3. (viel wiegend) = vetik 4. = vemik.
Schwere [ǰverĕ] v. 1. (das, wie schwer etwas ist) = vetot, **etwas, das** — **hat** = vetäd 2. (das Schwersein) = vet.
schwerlich [ǰverlįq] (mit Mühe) = fikulo.
Schwermut [ǰvermų̌t] v. = glumaladäl.
schwermütig [ǰvermų̌tįq] = glumaladälik.
Schwerpunkt [ǰverpų̌nkt] m. = vetotapün.
Schwersein [ǰvèrsáïn] n. = vet.
Schwert [ǰvert] n. = gläv.
Schwertfisch [ǰvèrtfįǰ] m. 1. = xifiad 2. st. = sixifiad.
Schwester [ǰvä̀stĕr] v. 1. = sör 2. **Bruder** oder — (Geschwister) = gem 3. **Bruder** oder — (zur Bezeichnung von Gleichheit und Gemeinschaft) = svist.
Schwestern [ǰvä̀stĕrn] pl. 1. = söref 2. (Geschwister) = gemef.
schwesterlich [ǰvä̀stĕrlįq] = sörik.
Schwestersohn [ǰvä̀stĕrson] m. = nef.
Schwestertochter [ǰvä̀stĕrtóq̌tĕr] v. = jinef.
Schwiegermutter [ǰvįgĕrmų̌tĕr] v. = lümot.
Schwiegersohn [ǰvįgĕrson] m. = lüson.
Schwiegertochter [ǰvįgĕrtóq̌tĕr] v. = lüdaut.
Schwiegervater [ǰvįgĕrfatĕr] m. = lüfat.
schwierig [ǰvìrįq] = fikulik, **sein** = fikulön (nel.), — **werden** = fikulikön (nel.), — **machen** = fikulükön (lov.).
Schwierigkeit [ǰvįrįqkáït] v. = fikul.
schwimmen [ǰvįmĕn] 1. = svimön (nel.) 2. = flotön (nel.), — **machen** = flötön (lov.).
Schwimmen [ǰvįmĕn] n. = svim.
Schwimmer [ǰvįmĕr] m. = sviman.
Schwimmkunst [ǰvįmkų̌nšt] v. = svimakan.
Schwimmplatz [ǰvįmpláž] m. = svimöp.
Schwimmvogel [ǰvįmfogĕl] m. = svimaböd.
Schwindel [ǰvįndĕl] m. = suid, **den** — **bekommen** = suidikön (nel.).
schwindeln [ǰvįndĕln] = suidön (nel.), **ich schwindle** = suidob.
schwindlig [ǰvįndlįq] = suidik, — **werden** = suidikön (nel.).
schwingen [ǰvįnĕn] 1. (pendeln) = pendülön (nel.) 2. (vibrieren), fűs. = branön (nel.) 3. **den Hut** — = lefänön (lov.) häti.
Schwingen [ǰvįnĕn] n. = branam.

Schwingung [ĭvĭŋuŋ] v. (Vibration) = bran.
schwirren [ĭvĭrĕn] = brumön (nel.).
Schwitzbad [ĭvĭžbat] n. = suetaban.
schwitzen [ĭvĭžĕn] = suetön (nel.).
Schwitzigkeit [ĭvĭžĭqkáĭt] v. = suetiäl.
schwören [ĭvörĕn] = yulön (lov.), einen Eid
— = yulön (lov.).
Schwung [ĭvuŋ] m. (auf geistigem Gebiet) =
leflitäl.
Schwur [ĭvur] m. (Eid) = yul.
Schwurgericht [ĭvùrgĕrĭqt] n. = yulacödalef.
schwürig [ĭvŭrĭq] (eiterig) = purulik.
sechs [säx] 6 = mäl.
Sechseck [sặx-äk] n. = mällien.
sechseckig [säx-äkĭq] = mälgulik.
sechserlei [säxĕr láĭ] = mälsotik, auf — Weise
= mälsotiko.
sechsfach [sặxfáq̌] = mälik.
Sechsfache [sặxfáq̌ĕ] n. = mälot.
sechsfacherweise [sặxfáq̌ĕr-váĭsĕ] = mäliko.
sechshundert [sặxhundĕrt] 600 = mältum.
sechsmal [sặxmal] = mälna.
sechsmalig [säx-màlĭq] = mälnaik.
sechsmaligerweise [säx-màlĭgĕr-váĭsĕ] = mälnaiko.
sechsmals [sặxmalš] = mälna.
Sechsspänner [sặxĭpänĕr] m.=vab mälfimädik.
sechsspännig [sặxĭpänĭq] = mälfimädik.
sechstausend [sặxtáŭsĕnt] 6'000 = mälmil.
sechste [säxtĕ] = mälid, das — Mal = mälidnaed, zum sechsten Male = mälidnaedo.
Sechstel [säxtĕl] n. = mäldil.
Sechstelchen [säxtĕlqĕn] n. = mäldilil.
sechstens [säxtĕnš] = mälido.
Sechsterchen [säxtĕrqĕn] n. = mälil.
Sechstillion [säxtĭlĭön] 1'000'000⁶ = mälion.
sechswertig [säx-vèrtĭq] = mälvalenik.
Sechszahl [sặxžal] v. = mälat.
sechzig [sặqžĭq] 60 = mäldeg.
Sediment [sedimänt] n. = sadot, sädot.
See [se] 1. m. = lak 2. v. (das Meer) =
mel, auf die — bezüglich = melik.
See- [se-] = ... melik.
Seebrücke [sèbrükĕ] v. (Pier) = spatajetet.
Seefahrer [sèfarĕr] m. (Seemann) = melan.
Seefahrt [sèfart] v. = melavegam.
Seehafen [sèhafĕn] m. = melapof.
Seekrebs [sèkrepš] m.: groszer — (Hummer)
= humar.
Seeland [sèlánt] n. = Seleän.
Seeländer [sèländĕr] m .= Seleänan.
Seele [selĕ] v. = lan, mit — begaben = lanön
(lov.).
Seelenadel [sèlĕn-adĕl] m. = sublim ladäla.
Seelengrösze [sèlĕngrösĕ] v. = sublim ladäla.
Seelenkrankheit [selĕn-kráŋk-háĭt] v. = lana-
maläd.
Seelenkunde [sèlĕnkundĕ] v. = lanav.
seelisch [sèlĭĭ] (psychisch) = lanik.
Seelsorge [sèlsórgĕ] v. = lanikäl.
Seemann [sèmán] m. (Seefahrer) = melan.
Seemannsausdruck [sèmánš áŭšdruk] m. = me-
lanavöded.
Seeoffizier [se-ófĭžĭr] m. = marenafizir.
Seeräuberküste, v. = Piratän.

Seeschlange [sèjláŋĕ] v. = melasnek.
Seewesen [sèvesĕn] n. (Marine) = maren.
Segel [segĕl] n. = sail.
segeln [segĕln] = sailön (nel.).
Segeltuch [sègĕltuq̌] n. = sailastof.
Segen [segĕn] m. = bened.
segensreich [sègĕnšráĭq] = benedik.
Segler [seglĕr] m. = sailan.
segnen [segnĕn] = benedön (lov.), den Ehebund — = benedön mati.
Segnen [segnĕn] n. = benedam.
Segner [segnĕr] m. = benedan.
Segnung [sègnuŋ] v. = benedam.
sehen [seĕn] = logön (lov.), zu — (ansichtig) = logamovik.
Sehen [seĕn] n. = logam.
sehenswert [seĕnšvert] = logöfik.
sehenswürdig [seĕnš-vŭrdĭq] = logöfik.
Sehenswürdigkeit [seĕnš-vŭrdĭqkáĭt] v. = logöf.
Sehkraft [sèkráft] v. = logamafäg.
sehnen [senĕn]: sich nach etwas — = ledesirön
(lov.).
sehnlich [sènlĭq] = ledesirik.
Sehnsucht [sènsuq̌t] v. = ledesir.
sehnsüchtig [sènsüq̌tĭq] (sehnsuchtsvoll) = ledesirik.
sehnsuchtsvoll [sènsuq̌žfól] = ledesirik.
sehr [ser] 1. = vemo, gar — = go vemo 2.
(gar) = go, — gerne = go vilöfo.
Sehvermögen [se-färmögĕn] n. = logamafäg.
sei [sáĭ]: — es . . . — es = u . . . u, ud . . . ud,
— es dasz . . . oder dasz = u das . . . u das.
seicht [sáĭqt] = nedibik.
Seichte [sáĭqtĕ] v. 1. (Untiefe) = nedib 2.
(seichte Stelle im Wasser) = nedibäd.
Seichtigkeit [sáĭqtĭq-káĭt] v. = nedib.
Seide [sáĭdĕ] v. = sadin.
Seidel [sáĭdĕl] n. (Becher) = köp.
seiden [sáĭdĕn] = sadinik.
Seidenware [sáĭdĕnvarĕ] v. = sadinacan.
Seiendes [sáĭĕndĕš] — ein — (Tier, Pflanze,
Gestein, . . .) = dabinian.
Seife [sáĭfĕ] v. = sob.
Seifenblase [sáĭfĕnblasĕ] v. = sobabul.
Seifensiederei [sáĭfĕn-sĭdĕráĭ] v. = sobiküköp.
seifig [sáĭfĭq] = sobik.
seihen [sáĭĕn] (durchseihen) = lesulön (lov.).
Seil [sáĭl] n. 1. = jain 2. (Tau, Schnur, in
valem) = lefad.
Seiler [sáĭlĕr] m. = jainel.
Seilerbahn [sáĭlĕrban] v. = jainöp.
sein [sáĭn] 1. = omik, onik, osik, — eigen =
okik 2. (in lat. ,esse'.) = binön (nel.), —
machen = binükön (lov.) 3. es sei denn,
es wäre denn = pläsif, es sei ! = kluö ! 4.
nicht — (nicht bestehen) = nonön (nel.),
nichtig — = nosön (nel.), — müssen (nötig
—) = zesüdön (nel.), in Kindesnöten — =
doledön (nel.).
Sein [sáĭn] n. 1. = bin 2. (das —, Existenz)
dabin, ins — rufen = dabinükön (lov.).
seit [sáĭt] 1. pr. = sis 2. kony. = sisä.
seitdem [sáĭtdĕm] 1. = siso (ladv.) 2. = sisä
(kony.).
Seite [sáĭtĕ] v. (— in Bezug auf ihre Lage) =

flan, an der — = flano, auf der andere —
= votaflano, von der — = flanao, von
dieser — her = atflanao, von jener — her
= etflanao, an die — = flanio, nach dieser
— hin = atflanio, nach jener — hin =
etflanio, an die — von\ = flanü, von Seiten
des = flanaü, auf die —! = flaniö! 2. —
eines Dreiecks = miedalien killiena 3.
(Seitenfläche, Grenzfläche) = miedaplen 4.
(Blattseite) = pad.
Seitenfläche [sáïtěnfląqě] v. (Grenzfläche) =
miedaplen.
Seitengewehr [sáïtěngěwer] n. = donavaf.
seitens [sáïtěnš] = flanaü.
seither [sáïthèr] (bisher) = siso (ladv.).
seitherig [sáïthèrįq] = sisik.
seitlich [sáïtlįq] = flanik.
seitwärts ⌐sáïtvärž] = flanio, —! = flaniö!
Sekret [sekret] n. = skretot.
Sekretariat [sekretarįat] n. 1. = sekretanef 2.
(Kanzlei) = sekret.
Sekretär [sekretär] m. 1. (Bureausekretär) =
sekretan 2. d. = penamalamar.
Sekretion [sekrežįon] v. (Ausscheidung) =
skret.
Sektion [säkžįon] v. = sekion.
Sektionsvorstand [säkžįonš-fòrjtánt] m. = se=
kionacif.
Sekunda [sekùnda] v. (zweite Klasse) = telid=
klad.
Sekundaner [sekundaněr] m. = telidkladan.
Sekunde [sekùndě] v. 1. = sekun 2. (Ton)
= telüf 3. (Intervall) = telüd.
selbander [sälbánděr] = telo.
selber [sälběr] (selbst) = it, von — = ito.
selbst [sälpšt] 1. (selber) = it, von — = ito
2. (sogar) = igo, — wenn = igo if.
Selbstanklage [sąlpšt=ánklagě] v. = okkusad.
selbständig [sälp-jtạndįq] 1. = nesumätik 2.
(unabhängig) = nesekidik 3. = livätik 4.
(geistig) = livälik.
Selbständigkeit [sälp-jtạndįq-káït] v. 1. = ne=
sumät 2. (Unabhängigkeit) = nesekid 3. =
livät 4. (geistige —) = liväl.
Selbstbeherrschung [sälpšt-běhạrjụn] v. =
okreig.
Selbstbeschuldigung [sälpšt-bějụldįgụn v. = ok=
kusad.
selbstbewuszt [sąlpštběvụšt] = oksevedik.
Selbstbewusztsein [sälpšt-běvụštsáïn] v. = ok=
seved.
Selbstdünkel [sąlpštdüŋkěl] m. = fatüit.
Selbsterkenntnis [sälpšt-ärkạntnįš] v. = oksev.
Selbstgespräch [sąlpštgějpräq] n. (Monolog)
= balspikot.
Selbstkenntnis [sälpšt-kạntnįš] v. = oksev.
selbstisch [sąlpštij] = okiälik.
Selbstkosten [sąlpšt=kóštěn] pl. = itfräd.
Selbstkostenpreis [sąlpšt=kóštěn-práïš] m. =
itfräd, zum — = tä itfräd.
Selbstlauter [sąlpštláůtěr] m. (Vokal) = vokat.
Selbstliebe [sąlpštlibě] v. = lönilöf.
Selbstredendsein [sąlpštreděnt sáïn]: das — =
klül.
Selbststudium [sąlpšt-jtùdįụm] n. = okstud.

Selbstsucht [sąlpštsụqt] v. = lönafrutiäl, okiäl.
selbstsüchtig [sälpšt-sụqtįq] = okiälik.
Selbstsüchtler [sąlpštsụqtlěr] m. = okiälan.
selbsttätig [sälpšt-tätįq] = itjäfidik.
Selbsttätigkeit [sälpšt-tätįqkáït] v. = itjäfid.
Selbstunterricht [sälpšt-ụntěrrįqt] m. = oktid.
Selbstvergötterung [sąlpštfärgǒtěrụn] v. = okiäl.
Selbstverleugnung [sąlpštfärlóůgnụn] v. = ok=
noäd.
selbstverständlich [sälpšt-fạrjtạntlįq] = klülik,
— sein = klülön (nel.).
Selbstverständlichsein [sälpšt-fạrjtạntlįq sáïn] :
das — = klül.
Selbstvertrauen [sąlpštfạrtráůěn] n. = okkon=
fid.
Selen [selen] n. Se = selenin.
selenig [selènįq]: selenige Säure, H_2SeO_3 =
selenitazüd.
Selenkohlenstoff [selen kòlěnjtóf] CSe_2 = bal=
karbinatelselenin.
Selenmonochlorid [selen mòno klorįt] Se_2Cl_2 =
telseleninatelklorin.
Selenoxychlorid [selen óxụ klorįt] $SeOCl_2$ =
telklorülselenitazüd.
Selensäure [selènsóůrě] H_2SeO_4 = selenatazüd.
Selenschlamm [Selènjlám] = seleninasläm.
Selensulfid [selen sulfįt] SeS = seleninasulfin.
Selentetrachlorid [selen tètra klorįt] $SeCl_4$ =
balseleninafolklorin.
Selenwasserstoff [selen vášěr-jtóf] H_2Se =
telhidrinabalselenin.
Selenwasserstoffsäure [selen vášěr-jtóf-sóůrě]
H_2Se = selenidazüd.
selig [sèlįq] 1. = beatik, — sein = beatön
(nel.), — werden = beatikön (nel.), — ma=
chen = beatükön (lov.), — sprechen =
beataspikön (lov.) 2. (von Verstorbenen) =
büätan, mein seliger Onkel = büätan : ziom
oba.
Seligkeit [sèlįqkáït] v. = beat.
Seligmacher [sèlįqmáqěr] m. = Beatükal.
Seligmachung [sèlįqmáqụn] v. = beatükam.
Seligsein [sèlįqsáïn]: das — = beat.
Seligsprechung [sèlįq-jprạqụn] v. = beataspi=
kam.
selten [sältěn] = seledik.
Seltenheit [sạltěnháït] v. = seled.
seltsam [sạltsam]: —! = seledö !
Seltsamkeit [sạltsamkáït] v. = seled.
Semester [semäštěr] n. (Halbjahr) = yelalaf.
Semikolon [semikòlón] n. = pünaliunül.
Seminar [seminar] n. = seminar.
Seminarist [seminarįšt] m. = seminaran.
Semit [semįt] m. = semitan.
semitisch [semįtij] = semitik, semitanik.
Semitisch [semįtij]: das — = semit.
Sen [šän] k. = yenazim.
Senaar, k. = nulakränazim.
Senat [senat] m. = senät.
Senator [senätór] m. = senätan.
Sendbote [sạntbotě] m. = sedanunan.
senden [sạnděn] 1. (schicken) = sedön (lov.)
2. (per Post) = potön (lov.).
Senden [sạnděn] n. (per Post) = potam.
Sender [snděr] m. (Absender) = sedan.

Sendung [sånduŋ] v. 1. = sed 2. d. = sedot 3. (Mission) = lesed.
Senegal [sènegál] (Gebiet) = Senegalän.
Senf [sänf] m. = mutar.
senfartig [sänf-àrtiq] = mutarik.
sengen [säŋěn] (flammen) = flamädön (lov.).
Senkblei [såŋkbláï] n. = dibotaplumb.
senken [säŋkěn] 1. = sädön (lov.) 2. **sich** — = donikön (nel.).
Senken [säŋkěn] n. = säd.
senkrecht [såŋkräqt] = penditik.
Senn [sän] m. = lalpagaledan.
Senner [säněr] m. = lalpagaledan.
Sennerin [såněrin] v. = lalpajigaledan.
Sensal [sänsai] m. = brokan.
Sensarie [sänsàriě] v. = broken.
Sense [sänsě] v. = fod, **kleine** — = fodil.
Sentenz [säntänž] v. (Spruch) = spiked.
sentimental [säntimäntal] = dasenälik.
Sentimentalität [säntimäntalität] v. 1. = dase= näl 2. = ladälöf.
Senusi = senusitans.
September [säptämběr] m. = setul.
September= [säptämběr=] = ... setulik.
Septett [säptät] v. = velüm.
Septillion [säptilion] 1'000'000[7] = velion.
Septimakkord [säptim ákórt] = velüdakakord.
Septime [säptimě] v. 1. (Intervall) = velüd 2. (Ton) = velüf.
Seraph [sèráf] m. = seraf.
seraphisch [seràfij] = serafik.
Serawak = Seravakän.
Serbe [särbě] m. = Särbänan.
Serbien [sårbiěn] n. = Särbän.
serbisch [sårbij] = Särbänik.
Serenade [serenadě] v. = serenat.
Sergeant [särjánt] m. = särjan.
Serie [sèriě] v. = sökod.
Serum [sèrum] n. 1. (Molke) = väd 2. (Blut-wasser) = bludaväd.
servieren [särvirěn] (bedienen) = bötön (lov.).
Servierung [särvirun] v. (Bedienung) = böt.
Serviette [särviätě] v. = särvät.
Session [säsion] v. = seadod.
seszhaft [såsháft] (wohnhaft) = lödik.
setzen [säžěn] 1. = seidön (lov) 2. **sich** — = pladön (lov.) oki, seidön oki 3. **zu** — = pladabik 4. **eine Linie, ein Strich, ein Strei-fen** — = liunön (lov.) lieni, liuni, stripi 5. **ins Aktiv** — = dunalefomön (lov.), **einen an die Arbeit** — = vobükön (lov.) eki, **einen in den Besitz einer Sache** — = dala= bükön (lov. dem.) eke bosi, **in Bewegung** — = mufükön (lov.), **sich in Bewegung** — = mufikön (nel.), **in den Durativ** — = saoritön (lov.), **in Erstaunung** — = stunükön (lov.), **in Furcht** — = dredükön (lov.), **gefangen** — = fanäbükön (lov.), **ins Klare** — = klülü= kön (lov.), **in den Komparativ** — = pluama= fomön (lov.), **in die Lage** — = fägükön (lov.), **zum Pfand** — = panön (lov.), **seinen Kopf zum Pfand** — = panän kapi oka, **sich in Positur** — = blümükön (lov.) oki ad ta= dun, **einen Preis** — **auf** = premädön (lov.), **in Stand** — — = fägükön (lov.), **in Verse** —

= liänön (lov.), **voran** —, **vorn** — = föfü= kön (lov.), **vorwärts** — = föfioseidön (lov.), **in Zirkulation** — = sirkülükön (lov.).
Setzen [säžěn] n. = seid.
setzend [säžěnt]: **in Bewegung** — = mufüköl.
Setzer [säžěr] m. 1. = seidan 2. (Schriftsetzer) = tonatiseidan.
Setzfisch [säžfij] m. = fitülem.
Setzung [såžuŋ] v. (das Setzen) = seid.
Setzwage [såžvagě] v. = nivöm.
Seuche [sóüqě] v. = näfätamaläd.
seufzen [sóüfžěn] = seifön (nel.).
Seufzer [sóüfžěr] m. = seif.
Sextant [säxtánt] m. 1. = mälöm 2 .st. = simälöm.
Sexte [säxtě] v. 1. (Intervall) = mälüd 2. (Ton) = mälüf.
Sextett [säxtät] n. = mälüm.
Seychellen = Säjäluäns.
Shetland-Inseln [jåtlánt=insěln, jåtlänt=insěln] = Jätlänuäns.
Siam [siám] = Siamän.
Siamese [siamesě] m. = Siamänan.
siamesisch [siamèsij] = Siamänik.
Sibirien [sibiriěn] n. = Sibirän.
Sibirier [sibiriěr] m. = Sibiränan.
sibirisch [sibirij] = Sibiränik.
sich [siq] = ok, **an** —, **an und für** — = oko.
Sichanschlieszen [siq ánjlišěn] n. = yum.
Sichauflösen [siq áüflösěn] n. = soul.
Sichberauschen [siq běráüjěn] n. = brietikam.
Sichel [siqěl] v. = fodül.
sicher [siqěr] 1. (fest, gewisz) = fümik, — **sein** = fümön (nel.) 2. = sefik, — **sein** = sefön (nel.) 3. **einen** — **stellen** = surigara= nön (nel.) eke 4. = neriskodik 5. **ja** —! = lesi !
Sicherheit [siqěrháït] v. 1. (Bestimmtheit) = füm 2. (Zustand des Geschütztseins vor Ge-fahr) = sef, **in** — = sefo, **in** — **bringen** = sefükön (lov.).
sichern [siqěrn]: — **vor,** — **gegen** = sefükön (lov.).
Sicherstellung [siqěr-jtålun] v. 1. = surigaran 2. (Sicherung) = sefükam.
Sicherung [siqěruŋ] v. = sefükam.
Sichgüttlichtun [siq gütliq tun] n. = daif.
sichtbar [siqtbar] = logädik, — **sein** = logä= dön (nel.), — **werden** = logädikön (nel.), — **machen** = logädükön (lov.).
Sichtbarkeit [siqtbarkáït] v. = logäd.
Sichvorstellen [siq fòrjtälěn] n. = fomälam.
sie [si] = of, ofs, on, ons, oms.
Sie [si] (höflich) = or, **mit** — **anreden** = keorön (lov.).
Sieb [sip] n. = sib.
sieben [siběn] 1. (durchsieben) = sibön (lov.) 2. (Zahl), **7** = vel, **zu** — = velo.
Sieben [siběn] n. = sibam.
Siebenbürgen [siběnbürgěn] n. = Sibenbügän.
Siebenbürger [siběnbürgěr] m. = Sibenbüga= nan.
siebenbürgisch [siběnbürgij] = Sibenbügänik.
Siebenchen [siběnqěn] n. = velil.
Siebeneck [siběn=äk] n. = vellien.

siebenerlei [si̱běněr lá̱i̱] = velsotik, **auf —
Weise** = velsotiko.
siebenfach [si̱běnfá̱ǧ] = velik.
Siebenfache [si̱běnfá̱ǧě] n. = velot.
siebenfacherweise [si̱běnfá̱ǧěr-vá̱i̱sě] = veliko.
siebenhundert [si̱běnhu̱nděrt] **700** = veltum.
siebenmal [si̱běnmal] = velna.
siebenmalig [si̱běn-mà̱li̱q] = velnaik.
siebenmals [si̱běnmalš] = velna.
siebentausend [si̱běntáusěnt] **7'000** = velmil.
siebente [si̱běntě] = velid, **das — Mal =**
velidnaed, **zum siebenten Male** = velidnaedo.
Siebentel [si̱běntěl] n. = veldil.
Siebentelchen [si̱běntělqěn] n. = veldilil.
siebentens [si̱běntěnš] = velido.
siebenwertig [si̱běn-vèrti̱q] = velvalenik.
Siebenzahl [si̱běnžal] v. = velat.
siebenzig [si̱běnži̱q] **70** = veldeg.
Sieber [si̱běr] m. = siban.
Siebmacher [si̱pmá̱ǧěr] m. = sibel.
Siebung [si̱bu̱ŋ] v. = sibam.
Siedelung [si̱dělu̱ŋ] v. = kolun.
sieden [si̱děn] 1. nel. = kukön (nel.) 2. lov.
= kükön (lov.).
Sieden [si̱děn] n. 1. = kuk 2. = kük.
siedend [si̱děnt] = kukik.
Sieder [si̱děr] m. = kükan.
Siederei [si̱děrá̱i̱] v. = küköp.
siedig [si̱di̱q] = kukik.
Sieg [si̱k] m. = vikod.
Siegel [si̱gěl] n. 1. = snil 2. **— einer Urkun-**
de (Bulle) = lesnil.
Siegellack [si̱gěllá̱k] m. = snilamalaig.
siegeln [si̱gěln] = snilön (lov.).
Siegeln [si̱gěln] n. = snilam.
siegen [si̱gěn]: **— über** = vikodön (lov.).
siegend [si̱gěnt] = vikodik.
Sieger [si̱gěr] m. = vikodan.
siegesbewuszt [si̱gěš běvu̱št] (triumphierend) =
levikodik.
Siegesfest [si̱gěšfǎ̱st] n. = vikodazäl.
siegesfroh [si̱gěšfro] = vikodafredik.
sieghaft [si̱khá̱ft] = vikodik.
Siegler [si̱glěr] m. = snilan.
siehe [si̱ě]: **— doch ! — einmal ! — hier !** =
ekö !
Sierra-Leone = Siäraleonän.
Silan [si̱lan] = silikan.
Silbe [si̱lbě] v. = silab.
Silbenschrift [si̱lběnjri̱ft] v. = silabapenät.
Silbenstecher [si̱lběnjtá̱qěr] m. = lukrütan.
Silber [si̱lběr] n. 1. = largent, **— zu Draht
ziehen** = tenädön (lov.) largenti ad drat,
tiridön (lov.) drati de largent 2. kiem. **Ag**
= largentin.
Silberarbeit [si̱lběr-ár-bá̱i̱t] v. = largentavobot.
Silberarbeiter [si̱lběr-ár-bá̱i̱těr] = largentibevo‹
ban.
Silberbromid [si̱lběr bromi̱t] AgBr = largenti‹
nabromid.
Silberchlorat [si̱lběr klorat] $AgClO_3$ = largen‹
tinaklorat.
Silberchlorit [si̱lběr klori̱t] $AgClO_2$ = largen‹
tinaklorit.

Silbergeschirr [si̱lběrgějir] n. (Silberzeug) =
largentastömem.
Silberhydroxyd [si̱lběr hu̱dró̱x̱u̱t] AgOH =
largentinabäd.
silbern [si̱lběrn] = largentik.
silbernitrit [si̱lběr ni̱tri̱t] $AgNO_2$ = largentina‹
nitrit.
Silberoxyd [si̱lběr ó̱x̱u̱t] Ag_2O = largentina‹
loxid.
Silberperoxyd [si̱lběr pǎr ó̱x̱u̱t] AgO = lar‹
gentinapärloxid.
Silberschmied [si̱lběrjmi̱t] m. = largentismitan.
Silbersuboxyd [si̱lběr su̱p ó̱x̱u̱t] Ag_4O = lar‹
gentinahüploxid.
Silbertanne [si̱lběrtáně] v. (,abies' [á̱bi̱ǎš] lat.)
= biet.
Silberzeug [si̱lběržó̱u̱k] n. (Silbergeschirr) =
largentastömem.
silbig [si̱lbi̱q] = silabik.
Silicium [si̱li̱ži̱u̱m] n. Si = silikin.
Siliciumchlorid [si̱li̱ži̱u̱m klori̱t] $SiCl_4$ = fol‹
klorbalidsilikan, balsilikinafolklorin.
Siliciumchloroform [si̱li̱ži̱u̱m klorofórm] $SiHCl_3$
= kilklorbalidsilikan.
Siliciumdioxyd [si̱li̱ži̱u̱m di̱ ó̱x̱u̱t] SiO_2 = sili‹
katastabot.
Siliciumfluorid [si̱li̱ži̱u̱m flu̱ori̱t] SiF_4 = fol‹
fluorbalidsilikan, silikinafluorin, silikinafluorid.
Siliciumfluorwasserstoffsäure [si̱li̱ži̱u̱m flu̱or vá̱‹
šěr-jtóf-só̱u̱rě] H_2SiF_6 = mälfluoridilsilikina‹
tazüd.
Siliciumkarbid [si̱li̱ži̱u̱m kárbi̱t] SiC = siliki‹
nakarbin.
Siliciumwasserstoff [si̱li̱ži̱u̱m vášěr-jtóf] = hi‹
drinasilikin, silikan.
Sindhi : **das —** = sindiy.
singen [si̱ŋěn] = kanitön (lov.), **Alt —** = ka‹
nitön telidvögo, **Basz —** = kanitön folidvögo,
Bariton — = kanitön in el ,baritono', **Psalmen —** = psamikanitön (nel.).
Singer [si̱ŋěr] m. = kanitan.
Singhalesen [si̱ŋgalesěn] = singalans.
sinken [si̱ŋkěn] = sadön (nel.).
Sinken [si̱ŋkěn] n. = sad.
Sinn [si̱n] m. 1. (einer der fünf Sinne) = sien,
— des Hörens (Gehör) = lilamasien, **durch
die Sinnen Wahrnembares** = siäd 2. (Inhalt) = siäm, **im Sinne des** = siämü 3.
vor den — schweben = tikologädön (nel.)
4. **— für Gerechtigkeit, Rechtlichkeit** = gi‹
däl 5. **in gewissem Sinne** = semo.
Sinnbild [si̱nbi̱lt] n. (Symbol) = sümbol.
sinnbilden [si̱nbi̱lděn] = sümbolön (lov.).
Sinnbildlehre [si̱nbi̱lt-lerě] v. (Symbolik) =
sümbolav.
sinnbildlich [si̱nbi̱lt-li̱q] = sümbolik.
sinnen [si̱ŋěn] 1. **— über** = meditön (lov.)
2. **— (nachsinnen) über** = letikön (nel.) dö.
Sinnen [si̱ŋěn] n. (das Nachdenken) = medit.
sinnend [si̱ŋěnt] = medito.
sinnenfällig [si̱ŋěn-fà̱li̱q] = sienovik.
Sinnenfälligkeit [si̱ŋěn-fà̱li̱qká̱i̱t] v. = sienov.
Sinnes‹ [si̱ŋěš‹] = . . . sienik.
Sinnesänderung [si̱ŋěš-à̱nděru̱ŋ] v. = cedavo‹
tikam.

Sinnigkeit [sịnịqkáït] v. = siämöf.
sinnlich [sịnlịq] 1. = sänsüelik 2. (sinnenfällig) = sienovik, — wahrnehmbar machen = sienovükön (lov.) 3. nicht — (übersinnlich) = nesiädik.
Sinnlichkeit [sịnlịqkáït] v. = sänsüel.
sinnlos [sịnloš] = nensiämik.
Sinnlosigkeit [sịn-lòsịqkáït] v. = nensiäm.
sinnreich [sịnráïq] = siämaliegik.
sinnschwer [sịnjver] = siämöfik.
Sinnspruch [sịnjprụq̌] = spiked.
sinnverwandt [sịnfạrvánt] = siämaröletik, — sein = siämaröletön (nel.).
Sinnverwandtschaft [sịnfạrvánt-jáft] v. = siä= marölet.
sinvoll [sịnfól] = siämöfik.
Sintflut [sịntflụt] v. = letuvatam.
Sioux [sịụ] (Indianer) = siulans.
Sitte [sịtě] v. = süd, nach der — = südik.
Sittenlehre [sịtěnlerě] v. (Ethik, Moral) = südav.
sittenrein [sịtěnráïn] = südaklinik.
Sittenreinheit [sịtěn-ráïn-háït] v. = südaklin.
Sittenstränge [sịtěnjträŋě] v. = südöfäl.
sittig [sịtịq] = puedöfik.
Sittigkeit [sịtịqkáït] v. = puedöf.
sittlich [sịtlịq] = südöfik.
Sittlichkeit [sịtlịqkáït] v. (Moralität) = südöf.
Sittlichkeitssinn [sịtlịqkáïž-sịn] m. = südöfäl.
sittsam [sịtsam] 1. (keusch) = puedik 2. (sittig) = puedöfik 3. (ehrbar) = puedälik.
Sittsamkeit [sịtsamkáït] v. 1. (Keuschheit) = pued 2. (Sittigkeit) = puedöf 3. (Ehrbarkeit) = puedäl.
Sitz [sịž] m. 1. = sead 2. (Sitzplatz) = seadöp 3. — eines Stuhles = seadot stula 4. (Sitzung) = seadod 5. (das Gesäsz) = seadäm.
Sitzbad [sịžbat] n. = seadaban.
Sitzbank [sịžbáŋk] v. = bam.
sitzen [sịžěn] 1. = seadön (nel.) 2. rückwärts — (rückwärts fahren) = vabön (nel.) ko bäk föfiolüodöl, vabön ko bäk äl föf 3. gefangen — = fanäbön (nel.).
Sitzen [sịžěn] n. = sead.
sitzend [sịžěnt] = seadik.
Sitzplatz [sịžpláž] m. = seadöp.
Sitzung [sịžụŋ] v. = seadod, — haben, — halten, — abhalten = seadodön (nel.).
Sitzunghaltender [sịžụŋháltěnděr] m. = seado= dan.
sizilianisch [sịžịljànịj] = Sikileänik.
Sizilien [sịžịljěn] n. = Sikileän.
Sizilier [sịžịljěr] m. = Sikileänan.
Skala [škàla] v. = gredaked.
Skandinavien [škándịnàvịěn] n. = Skandinän.
Skandinavier [škándịnàvịěr] m. = Skandinä= nan.
skandinavisch [škándịnàvịj] = Skandinänik.
Skelett [škelät] n. = bomem.
Skeptiker [škạptịkěr] m. = dotiman.
skeptisch [škạptịj] = dotimik.
Skeptizismus [škạptịžịšmụš] m. = dotim.
Skizze [škịžě] v. = skät.
skizzenhaft [škịžěnháft] = skätik.

skizzieren [škịžirěn] = skätön (lov.).
Sklave [šklavě] m. = slafan, — sein = sla= fön (nel.), zum Sklaven machen = slafükön (lov.).
Sklavenemanzipation [šklavěn-emánžịpažịòn] v. = lelivükam slafanas.
sklavenhaft [šklàvěnháft] = slafik.
sklavenmäszig [šklàvěnmäšịq] = slafik.
Sklaverei [šklavěráï] v. = slaf.
Sklavin [šklàvịn] v. = jislafan.
sklavisch [šklàvịj] = slafik.
Skorpion [škórpịòn] m. 1. = skorpion 2. (st.) = siskorpion.
Skrofeln [škrofěln] pl. = glanöf.
Skrofulose [škrofulosě] v. = glanöf.
Skrofulosität [škrofulosịtät] v. = glanöf.
skrofulös [škrofulöš] = glanöfik.
Skulptur [škụlptụr] v. (Bildhauerei) = skultur.
Skythien [škụtịěn] = Skütän.
Slave [šlavě] m. = slavan.
slavisch [šlàvịj] = slavik, slavische Sprache = slav.
Slavonien [šlavònịěn] = Slavonän.
Slawe [šlavě] = slavan.
Slowaken [šlovakěn] = slovakans.
Slowene [šloveně] m. = slovenan.
slowenisch [šlowěnịj] = slovenik.
so [so] 1. = so, — feit als, — weit wie = so veitotik äs, gerade — = leso 2. — wie = soäsä 3. (korrelativ) = vio 4. (wenn, falls) = if, wenn auch noch — = igo if 5. (bei dieser Sachlage) = in jenet at.
sobald [sobált] = sosus (kony.), sosuno (ladv.), nicht — = töbo.
sobeschaffen [sobějáfěn] = som, somik.
Socke [sókě] v. = lustog.
Soda [sòda] m. = sodad.
sodasz [sodáš] = sodas.
soeben [so=ěběn] (vorhin) = änu.
Sofa [sòfa] n. (Kanapee) = söf.
sofern [sofạrn] 1. (im Falle dasz) = üf 2. — als = sotefo.
sofort [sofórt] (sogleich) = onu, sunädo, —! = sunädö !
sofortig [sofórtịq] = sunädik.
sogar [sogar] (gar) = igo, — nicht = igo no, — wenn (selbst wenn) = igo if.
sogenannt [so gěnánt] = sonemik.
sogleich [sogláïq] (sofort) = onu, sunädo, —! = sunädö !
Sohle [solě] v. 1. — des Fuszes = plant futa 2. — des Schuhes = sömäl juka.
sohlen [solěn] (besohlen) = sömälön (lov.).
Sohlengänger [sòlěngäŋěr] m. = plantogolian.
Sohn [son] m. = son, erstgeborner — = balidson, eingeborner — = son baliko pe= motöl.
Sohnlein [sònláïn] n. = sonil.
Soiree [soare] v. = soarazälül.
Sokotra (Insel) = Sokotreän.
Sol [sól] 1. kiem. = säl 2. k. Peruvänik = pounadim Peruvänik.
solange [soláŋě]: —, — als = dü tim das, — bis = sovüo jüs.
Solawechsel [sòla=vạxěl] m. = soelatret.

Solbad [sòlbat] n. = salodaban.
solch [sólq] = som, somik, auf solche Weise = somo.
solchergestalt [sólqĕr gĕjtált] (solcherweise) = somo.
solcherweise [sólqĕr vȧïsĕ] = somo.
Sold [sólt] m. = soldatamesed.
Soldat [sóldàt] m. = soldat.
Soldateska [sóldatȧ̦ška] v. = soldatef.
soldatisch [sóldàtj̦j] = soldatik.
Sole [solĕ] v. (Pökel, Lake) = salod.
Solennität [solȧnität] v. = lezäl, lezälizeĺ.
solide [solidĕ] (tauglich, gediegen) = legudik.
Solidität [soliditȧt] v. (Vertrauenswürdigkeit) = konfidov.
Soll [sól] n. (Debet) = debet (in ted), — und Haben = debet e kredit.
sollen [sólĕn] = sötön (nel.).
Sollen [sólĕn] n. = söt.
Solo [sòlo] m. e n. = balüm.
Solvabilität [sólvabilițȧt] v. = pelafäg.
solvent [sólvȧ̦nt] = pelafägik.
Solvenz [sólvȧ̦nž] v. (Zahlungsfähigkeit) = pelafäg.
Somaliland [somȧli⸗lánt] = Somalän.
somit [somi̦t] = klu (kony.), kludo (ladv.).
Sommer [sómĕr] m. = hitüp.
Sommerfrische [sómĕrfrj̦jĕ] v. = hitüpasteböp (koldülik).
Sommerfrischler [sómĕrfrj̦jlĕr] m. = hitüpaste⸗ böpan.
sommerlich [sómĕrlj̦q] = hitüpik.
Sommersprosse [sómĕr-jpróšĕ] v. = feelid.
sonach [sonȧ̦q] (demnach) = demü kod at.
sonder [sóndĕr] (ohne) = nen.
sonderbar [sóndĕrbar] = bisarik, —! = bi⸗ sarö !
Sonderbarkeit [sóndĕrbar-kȧït] v. = bisar.
Sonderfahrt [sóndĕrfart] = pataveig, veig plȧik.
sondergleichen [sóndĕrglȧïqĕn] = nen leiga⸗ magod.
Sonderling [sóndĕrlj̦ŋ] m. = bisaran.
sondern [sóndĕrn] = ab, nicht nur … — auch = noe … abi.
Sonderzug [sóndĕržu̦k] m. = patatren, tren plȧik.
Sonne [sónĕ] v. = sol, die — betreffend = solik.
sonnen [sónĕn] = solön (lov.).
Sonnen [sónĕn] n. (das Frei-von-der-Sonne- bescheinen-lassen) = solam.
Sonnenaufgang [sónĕn-ȧúf-gáŋ] m. = sülöpi⸗ kam sola, solasülöpikam.
Sonnenbad [sónĕnbat] n. = solaban.
Sonnenbahn [sónĕnban] v. (Ekliptik) = kleipit.
Sonnenfinsternis [sónĕn-fj̦nštĕrnj̦š] v. = sola⸗ grahan.
Sonnenschirm [sónĕnjj̦rm] m. = solajelöm.
Sonnensystem [sónĕnsu̦štem] n. = solasit.
Sonnenuntergang [sónĕn-u̦ntĕrgáŋ] m. = mo⸗ donikam sola, solamodonikam.
sonnicht [sóni̦qt] = solöfik.
sonnig [sóni̦q] = solöfik.
Sonnigkeit [sóni̦q-kȧït] v. = solöf.

Sonntag [sóntak] m. = sudel.
sonntags [sóntax̌] = sudelo.
sonntäglich [sóntäklj̦q] = sudelik.
sonst [sónšt] 1. (oder) = u, ud 2. (früher) = vönädo 3. = pläo.
sonstig [sónštj̦q] = vönädik.
sonstwo [sónštvo] (anderswo) = votaseimo.
Soole [solĕ] v. = salod.
Sopran [sopran] m. (Diskant) = balidvög.
Sopransängerin [sopran-sȧ̦ŋĕrj̦n] v. = jibalid⸗ vögan.
Sorben [sórbĕn] = särbyovans.
sorecht [sorȧ̦qt] 1. = mu pato 2. (eigentlich) = veräto 3. = (wesentlich) = voik, voiko.
Sorge [sórgĕ] v. 1. (Besorgnis) = kud, — haben, — tragen, sich — machen = kudön (nel.), einem — machen = kudükön (lov.) eki 2. — tragen für = kälön (lov.).
sorgen [sórgĕn] (sich Sorge machen) = kudön (nel.).
sorgenfrei [sórgĕn-frȧï] = nenkudik.
sorgenlos [sórgĕnloš] = nenkudik.
Sorgfalt [sórk-fált] v. (Sorgsamkeit) = kälöf.
sorgfältig [sórk-fȧ̦ltj̦q] (sorgsam) = kälöfik.
Sorgfältigkeit [sórk-fȧ̦ltj̦qkȧït] v. = kälöf.
sorglich [sórklj̦q] (besorgt) = kudik.
Sorglosigkeit [sórk-lòsj̦qkȧït] v. = nenkud.
sorgsam [sórksam] = kälöfik.
Sorgsamkeit [sórksam-kȧït] v. = kälöf.
Sorte [sórtĕ] v. = sot.
sortieren [sórtj̦rĕn] = sotön (lov.).
Sortieren [sórtj̦rĕn] n. = sotam.
Sortierer [sórtj̦rĕr] nı. = sotan.
Sortierung [sórtj̦ru̦ŋ] v. = sotam.
Sortiment [sórtj̦mȧ̦nt] n. = sotastok.
Sortimenter [sórtj̦mȧ̦ntĕr] m. (Sortimentsbuch- händler) = bukakomitätan.
Sortimentsbuchhandlung [sórtj̦mȧ̦nž-bù̦qhándlu̦ŋ] v. = bukakomität.
Sortimentsbuchhändler [sórtj̦mȧ̦nž-bu̦q-hȧ̦ndlĕr] m. = bukakomitätan.
sosehr [soser] 1. = sovemo 2. nicht — … als vielmehr = noe … abgüä.
soupieren [supj̦rĕn] = sänedön (nel.).
Souverän [suvĕrȧn] m. = reigätan.
Souveränität [suvĕränität] v. = reigät.
soviel [sofi̦l] 1. = somödik 2. — (insoferne), — als = sotefo 3. — ich weisz = bai sev obik 4. — wie möglich = mögiküno.
sovielmal [sofi̦lmal] = somödotikna.
sovielmalig [sofi̦lmalj̦q] = somödotiknaik.
sovielste [sofi̦lštĕ] = somödotid.
soweit [sovȧït] = sotefä.
sowie [sovi̦] = soäs.
Sowjet [sovjĕt] = sovyät.
Sowjetrepublik = sovyätarepüblik, Union der Sozialistischen Sowjetrepubliken = Balatam Sovyätarepüblikas sogädimik, Russische So- zialistische Föderative — = Sovyätarepüblik febik sogädimik Rusänik, Ukrainische, Weisz- russische Sozialistische — = Sovyätarepü- blik sogädimik Lukrayänik, Vieta⸗Rusänik.
sowohl [sowol]: — … als = e … e, ed … ed.
sozial [sožial] = sogädik.

Sozialismus [sožiališmuš] m. = sogädim.
sozialistisch [sozialištij] = sogädimik.
Sozius [sõžįuš] m. = kompenätan.
sozusagen [sožusagĕn] (gleichsam) = äsvo, semo.
Söhnchen [sönqĕn] n. = sonil.
Spalier [jpalịr] n. (Geländer) = laedem.
Spalte [jpáltĕ] v. 1. = slitod 2. (Kolumne) = padül.
spalten [jpáltĕn] 1. = slitön (lov.) 2. Haare — = lukrütön (lov.).
Spalten [jpáltĕn] n. = slit.
spaltig [jpáltịq] (rissig) = slitodik.
Span [jpan] m. (langes, dünnes, biegsames Holzplättchen) = cib.
Spanferkel [jpànfärkĕl] n. = sugasvinül.
Spanien [jpanịĕn] n. = Spanyän.
Spanier [jpànịĕr] m. = Spanyänan.
spanisch [jpànịj] = Spanyänik.
Spann [jpán] m. = gared.
Spanne [ĭpánĕ] v. (die ausgespannte Hand als Längenmasz: ± 2 d.M.) = span, Spannen messen = spanön (lov.).
spannen [jpánĕn]: die Saiten — = tenidükön (lov.) stinis.
spannenhoch [jpánĕnhoǧ] = balspanageilotik.
Spanner [jpánĕr] m. = tenidükan.
spannig [jpánịq] = tenidik.
Spannkraft [jpán-kráft] v. = lastin.
spannkräftig [jpán-krảftịq] (elastisch) = lastịnik.
Spannung [jpánụn] v. (das Gespanntsein) = tenid.
sparen [jparĕn] = spälön (lov.).
Sparen [jparĕn] n. = späl.
Sparer [jparĕr] m. = spälan.
Spargel [jpárgĕl] m. = sparag.
Spargeld [jpàrgẚlt] n. = spälamon.
Sparkasse [jpàrkášĕ] v. = spälabank.
Sparpfennig [jpar-pfẚnịq] m. = spälamon.
sparsam [jpàrsam] = späliälik.
Sparsamkeit [jpàrsamkáït] v. = späliäl.
Spasz [jpaš] m. 1. (Scherz) = cog 2. (Posse) = böf.
Spaszvogel [jpàsfogĕl] m. = cogan.
Spaten [jpatĕn] m. = jüp.
spatiiert [jpažịịrt] = vüspadülik.
spatiinieren [jpažịịnịrĕn] = vüspadülükön (lov.).
spatiiniert [jpažịịnịrt] = vüspadülik.
spationieren [jpažịonịren] = vüspadülükön (lov.).
Spatium [jpàžịụm] n. (Buchdruck) = vüspadül.
Spatz [jpáž] m. (Sperling) = spär.
spazieren [jpážịrĕn] (spazierengehen) = spatön (nel.).
spazierengehen [jpážịrĕn geĕn] = spatön (nel.).
Spaziergang [jpážịrgán] m. = spat.
Spaziergänger [jpážịrgáṇĕr] m. = spatan.
Spazierstock [jpážịrĵtók] m. = spatastaf.
Spazierweg [jpážịrvek] m. = spataveg.
spähen [jpẚen] = lükön (lov.).
spärlich [jpẚrlịq] = nebundanik.
Spärlichkeit [jpẚrlịqkáït] v. = nebundan.
spät [jpät] = latik, lato, — sein = latön (nel.).

späte [jpätĕ] = nesuno.
Späte [jpätĕ] v. = lat.
Spätherbst [jpȧthärpšt] m. = latafluküp.
Spätling [jpȧtlịn] m. 1. (Kind) = latan 2. (Frucht) = latafluk.
Specht [jpäqt] m. = pikit.
Spechtmeise [jpẚqtmáïsĕ] v. = situl.
Speck [jpäk] m. = pined.
spedieren [jpedịrĕn] = sedön (lov.).
Spedierung [jpedịrụn] v. = sed.
Spedition [jpedịžịon] v. = sed.
speditionsfähig [jpedịžịonš-fẚịq] (versendbar) = sedovik.
Speditör [jpedịtör] m. (Versender) = sedan.
Speer [jper] m. (Spiesz) = sped.
Speichel [jpáïqĕl] m. = salif.
Speicher [jpáïqĕr] m. 1. = barak 2. (Kornspeicher) = grenabarak.
speien [jpáïĕn] 1. = spukön (lov.) 2. (auswerfen) = sputön (lov.).
Speien [jpáïĕn] n. 1. = spuk 2. = sput.
Speise [jpáïsĕ] v. (Gericht) = zib.
Speisekammer [jpáïsĕ-kámĕr] v. = viktualacem.
speisen [jpáïsĕn]: einen — = zibön (lov.) eki.
Speisesaal [jpáïsĕsal] m. = fidalecem.
Speisesalon [jpáïsĕ-salóñ] m. = fidasälun.
Speisesalz [jpáïsĕ-sálž] n. = sal.
Speisewagen [jpáïsĕvagĕn] m. = staudavab.
Speisung [jpáïsụn] v. = zibam.
Spektakel [jpäktakĕl] m. e n. = jov, — machen = jovön (nel.).
Spektakelmacher [jpäktàkĕlmáǧĕr] m. = jovan.
Spektakelmacherin [jpäktàkĕlmáǧĕrịn] v. = jijovan.
Spektrallinie [jpäktral-lịnịĕ] v. = späktrumalien.
Spektroskop [jpäktróškòp] n. = späktrumöm
Spektroskopie [jpäktróškopị] v. = späktrumam.
Spektrum [jpẚktrụm] n. = späktrum.
Spekulant [jpekulánt] m. = spekulan.
Spekulation [jpekulažịon] v. 1. = spekul 2. = spekulot.
Spekulationsgeist [jpekulažịònšgáïšt] m. = spekuliäl.
spekulieren [jpekulịrĕn] = spekulön (nel.).
Spekulieren [jpekulịrĕn] n. = spekul.
spenden [jpändĕn]: die Sakramente — = ditịbön (lov.) sakramis.
Spender [jpändĕr] m. = ditiban.
Spendung [jpàndụn] v. = ditib.
Sperber [jpärbĕr] m. = peär.
Sperling [jpärlịn] m. = spär.
Sperre [jpärĕ] v. = stöb.
sperren [jpärĕn]: den Weg — = stöbön (lov.) vegi.
Spezerei [jpežĕráï] v. = pit.
spezial [jpežịal] (besonder) = patik.
Spezialarzt [jpežịalₐaržt] m. = patädasanan.
spezialisieren [jpežịalịsịrĕn] = patädodilön (lov.).
Spezialist [jpežịalịšt] m. = patädasanan, patädan.
Spezialität [jpežịalịtät] v. (Eigenheit) = patäd.
spezifisch [jpežịfịj] 1. = sotik, spezifisches

Gewicht = sotavet, **nach spezifischem Gewicht** = sotavetik, sotaveto, **spezifische
Wärme** = sotavam 2. = patädik.
spezifizieren [ʃpeʒi̯fiʒi̯rĕn] = patön (lov.).
Sphäre [šfärĕ] v. = sfer.
Sphinks [šfiŋx̌] v. = sfin.
Spiegel [ʃpi̯gĕl] m. 1. = lok 2. (Wasserspie-
gel) = niv.
Spiegelfechten [ʃpi̯gĕlfäqtĕn] n. = simulako=
mip.
Spiegelfechterei [ʃpi̯gĕl-fäqtĕráï] v. = simula=
komip.
Spiegelglas [ʃpi̯gĕlglaš] n. = lokaglät, **von** —
= lokaglätik.
spiegelglatt [ʃpi̯gĕl glát] = lesmufik.
spiegeln [ʃpi̯gĕln]: **sich** — = lokön (nel.).
Spiegelscheibe [ʃpi̯gĕljáibĕ] v. = vitür loka=
glätik.
Spiel [ʃpil] n. = pled.
Spielart [ʃpil=art] v. (Varietät) = sotül.
Spielball [ʃpilbál] m. = pledaglöp.
spielen [ʃpilĕn] 1. = pledön (lov.), **zu Ende**
— = fipledön (lov.), **Dame** — = daimön
(nel.), **Tricktrack** — = tritrakön (nel.) 2.
Harfe — = hapön (lov.), **Orgel** — = gelön
(lov.).
Spielen [ʃpilĕn] n. = pledam.
Spieler [ʃpilĕr] m. = pledan.
Spielerei [ʃpilĕráï] v. = pledam.
Spielkarte [ʃpilkártĕ] v. = pledakad.
Spielplatz [ʃpilpláž] m. = pledamöp.
Spielraum [ʃpilráŭm] m. 1. = pledamöp 2. =
spadül.
Spielsache [ʃpilsáqĕ] v. = pledadin.
Spielsucht [ʃpilsu̯qt] v. = plediäl.
Spielsüchtling [ʃpilsüqt-liŋ] m. = plediälan.
Spielverderber [ʃpilfärdärbĕr] m. = pleditupan.
Spielware [ʃpilvarĕ] v. = pledacan, pledacans.
Spielwerk [ʃpilvärk] n. = musigacinil.
Spiesz [ʃpiš] m. 1. = spedül, **an den** — **stecken**
= spedülön (lov.) 2. (Speer) = sped.
spieszbürgerlich [ʃpiš-bu̯rgĕrli̯q] = smalaladälik.
spieszen [ʃpišĕn] (aufspieszen) = spedön (lov.).
Spieszung [ʃpišu̯ŋ] v. = spedam.
Spind [ʃpi̯nt] n. e m. (Schrank, Schrein) =
ramar.
Spinne [ʃpinĕ] v. = raänid.
spinnen [ʃpinĕn] = spulön (lov.).
Spinnen [ʃpinĕn] n. = spul.
Spinnengewebe [ʃpinĕ ŋgĕvebĕ] n. = spuled.
Spinner [ʃpinĕr] m. = spulan.
Spinnerei [ʃpinĕráï] v. (Ort) = spulöp.
Spinnerin [ʃpinĕri̯n] v. = jispulan.
Spion [ʃpion] m. = spionan.
Spionage [ʃpionajĕ] v. = spion.
spionieren [ʃpioni̯rĕn] = spionön (lov.).
Spionieren [ʃpioni̯rĕn] n. = spion.
Spioniererei [ʃpioni̯rĕráï] v. = spion.
Spiritismus [ʃpiri̯ti̯šmu̯š] m. = spirut.
Spiritist [ʃpiri̯ti̯št] m. = spirutan.
spiritistisch [ʃpiri̯ti̯šti̯j] = spirutik.
Spiritualismus [ʃpiri̯tu̯ali̯šmu̯š] m. = lanim
(tapladü el stöfim).
Spiritualist [ʃpiri̯tu̯ali̯št] m. = laniman.
spiritualistisch [ʃpiri̯tu̯ali̯šti̯j] = lanimik.

Spirituose [ʃpiri̯tu̯osĕ] = spitin.
Spirituosität [ʃpiri̯tu̯osi̯tät] v. = spiter.
spirituös [ʃpiri̯tu̯öš] = spitik.
Spiritus [ʃpiri̯tu̯š] m. (Weingeist) = spit.
Spital [ʃpital] n. (Hospital) = malädanöp.
spitz [ʃpi̯ž] (spitzig) = tipik, — **sein** = tipön
(nel.), — **werden** = tipikön (nel.), — **machen** = tipükön (lov.).
Spitz [ʃpi̯ž] m. (Wolfshund) = lupadog.
Spitzbergen [ʃpi̯žbärgĕn] n. = Spizbärgän.
Spitzbüberei [ʃpi̯žbübĕráï] v. = jäp.
Spitze [ʃpi̯žĕ] v. 1. = tipot 2. (— am Klei-
de) = led.
spitzen [ʃpi̯žĕn] 1. (zuspitsen) = tipükön (lov.)
2. **sich** — = tipikön (nel.).
spitzfindig [ʃpi̯ž-fi̯ndi̯q] = lusagatik.
Spitzfindigkeit [ʃpi̯ž-fi̯ndi̯qkáït] v. = lusagat.
spitzig [ʃpi̯ži̯q] = tipik, — **sein** = tipön
(nel.).
Spitzigkeit [ʃpi̯ži̯qkáït] v. = tip.
Spitzhacke [ʃpi̯žhákĕ] v. = tipotacop.
Spitzhaue [ʃpi̯žháŭĕ] v. = tipotalecop.
spontan [ʃpóntàn] (freiwillig) = libavilik.
Spontaneität [ʃpóntanei̯tät] v. = libavil.
Sporn [ʃpórn] m. = stigäd, **die Sporen geben**
= stigädön (lov.).
spornen [ʃpórnĕn] (die Sporen geben) = sti=
gädön (lov.).
Sport [ʃpórt] m. = spot, — **treiben** = spotön
(nel.).
Sportsmann [ʃpórž-mán] m. = spotan.
Spott [ʃpót] n. = kof.
spotten [ʃpótĕn]: — **über** = kofön (lov.).
Spottlust [ʃpótlu̯št] v. = kofiäl.
spottlustig [ʃpót-lu̯šti̯q] = kofiälik.
Spottsucht [ʃpótsu̯qt] v. = kofiäl.
spottsüchtig [ʃpót-su̯qti̯q] = kofiälik.
Spötter [ʃpötĕr] m. = kofan.
spöttisch [ʃpöti̯j] = kofik.
Spöttler [ʃpötlĕr] m. = kofan.
Sprache [ʃpraqĕ] v. 1. (in Ned.: ‚taal') = pük,
romanische Sprachen = püks romenik, **alt-
griechische** — = Vöna=Grikänapük 2. (in
Ned.: ‚spraak') = spik 3. **heraus mit der** —!
= sagö!
Sprachersinner [ʃpraq=ärsi̯nĕr] m. = pükel.
Sprachforscher [ʃpraqfórjĕr] m. = pükavan.
Sprachkunde [ʃpraqku̯ndĕ] v. = pükav.
sprachkundig [ʃpraq-ku̯ndi̯q] = pükavik.
Sprachlaut [ʃpraqláŭt] m. = spikaton.
Sprachlehrer [ʃpraqlerĕr] m. = pükitidan.
sprachlich [ʃpraqli̯q] = pükik.
Sprachsatz [ʃpraqsáž] m. (Satz) = set.
sprechen [ʃpräqĕn] 1. (reden) = spikön (lov.),
Volapük — = spikön Volapüki, **geläufig** —
= spikön skilädiko, **leise** — = spikön ne=
laodiko, **zu Ende** — = fisagön (lov.) 2. **bei
einem für einen** — = probegön (lov. dem.)
eke eki, **heilig** — = saludädön (lov.), **gerecht** — = gidükön (lov.), **mündig** — =
nentütükön (lov.), **selig** — = beataspikön
(lov.) **Recht** — = cödön (lov.), gitädön
(lov.).
Sprechen [ʃpräqĕn] n. = spikam.
Sprecher [ʃpräqĕr] m. = spikan.

Sprenge [ʃprǟŋě] v. = gifül.
sprengen [ʃprǟŋěn] (gieszend —) = gifülön (lov.).
Sprengen [ʃprǟŋěn] n. = gifül.
Sprengwedel [ʃprǟŋveděl] m. = saludavatakvat.
Spreu [ʃpröü] v. = lebrän.
Sprichwort [ʃpriqvórt] n. = spiket.
sprichwörtlich [ʃpriqvórtliq] = spiketik.
sprieszen [ʃprišěn] (keimen) = sprotön (nel.),
— machen = sprötön (lov.).
Sprieszen [ʃprišěn] n. = sprot.
Springbrett [ʃpriŋbrät] n. = bunaboed.
Springbrunnen [ʃpriŋbruněn] m. = foned.
springen [ʃpriŋěn] 1. = bunön (nel.) 2. (von leblosen Gegenstände) = spranön (nel.).
Springer [ʃpriŋěr] m. = bunan.
Springquelle [ʃpriŋkvälě] v. = fonedafon.
Spritze [ʃprižě] v. = skut.
spritzen [ʃprižěn] = skutön (lov.).
Sprosse [ʃpróšě] 1. m. (Abspröszling) = sprotian 2. m. (Mensch) = sprotan 3. v. (Stufe, Staffel) = trid.
sprossen [ʃpróšěn] (sprieszen machen) = sprötön (lov.).
Sprossenkohl [ʃpróšěnkol] m. = sprotianabrasid.
spröde [ʃprödě] = brekülovik.
Sprödigkeit [ʃprödiqkáït] v. = brekülov.
Spruch [ʃpruǧ] m. (Sentenz) = spiked.
spruchartig [ʃpruǧ-àrtiq] = spikedik.
Sprudel [ʃpruděl] m. 1. (Quelle) = fon 2. (Springquelle) = fonedafon.
sprudeln [ʃpruděln] (quellen) = fonön (nel.).
Sprung [ʃpruŋ] m. = bun.
Sprungbrett [ʃpruŋbrät] n. = bunaboed.
Sprungfeder [ʃpruŋfeděr] v. = resor.
Sprungfedermatratze [ʃpruŋfeděr-mátrážě] v. = resoramatrad.
sprühen [ʃprüěn]: Funken — = spagön (nel.).
spucken [ʃpukěn] 1. (speien) = spukön (lov.) 2. (auswerfen) = sputön (lov.).
Spucken [ʃpukěn] n. = spuk.
Spuk [ʃpuk] m. = späk.
spuken [ʃpukěn] = späkön (nel.).
spukgeistig [ʃpukgáïštiq] = späkik.
Spule [ʃpulě] v. = spül.
Spund [ʃpunt] m. 1. (Spundzapfen) = lebuon 2. (Spundloch) = lebuonahog.
Spundloch [ʃpuntlóǧ] n. = lebuonahog.
Spundzapfen [ʃpuntžápfěn] m. = lebuon.
Spur [ʃpur] v. (— eines Wagens) = rut, mit einer — (Wagenspur) versehen = rutön (lov.).
spurlos [ʃpùrloš] = nenretodik.
Spülicht [ʃpüliqt] n. = lavavat.
Spülig [ʃpüliq] n. = lavavat.
spünden [ʃpünděn] = lebuonön (lov.).
spüren [ʃpürěn]: Beruf — = senälön (lov.) vokedi.
Spürsinn [ʃpùrsin] m. = sukäl, — haben = sukälön (nel.).
spürsinnig [ʃpùrsiniq] = sukälik.
st [ěšt]: —! (bst !) = sö !
St. [sáŋkt] (= Sankt) = st. (= sänt).
Staat [ʃtat] m. = tat, Vereinigte Staaten

(Amerika's) = Tats-Pebalöl (Meropa), Lamerikän, den — betreffend = tatik.
Staatenbund [ʃtàtěnbunt] m.: Australischer — = Tatafed Stralopa.
staatlich [ʃtàtliq] = tatik.
Staats- [ʃtaž-] = ... tatik.
Staatsbürger [ʃtàžbürgěr] m. = tatätan.
Staatsbürgerlich [ʃtàžbürgěrliq] = tatätik.
Staatsbürgertum [ʃtàžbürgěrtum] n. = tatät.
Staatsfonds [ʃtàžfóñš] = tatavalör, tatavalörs.
Staatspapiere [ʃtaž-pápirě] pl. = tatavalör, tatavalörs.
Stab [tap] m. 1. = staf 2. mil. = stäf, auf den — beziehend = stäfik.
Stabhalter [ʃtàpháltěr] m. = stafikipan.
stabil [ʃtabil, štabil] = fümöfik.
Stabs- [ʃtapš-] = ... stäfik.
Stachel [ʃtáǧěl] m. = stig.
Stachelbeere [ʃtáǧělberě] v. = stigaribedabäl.
Stachelbeerstaude [ʃtáǧělber-ʃtáüdě] v. = stigaribed.
stachelig [ʃtáǧěliq] = stigik.
stacheln [ʃtáǧěln] (anstacheln) = stigädön (lov.).
Stachelschwein [ʃtáǧěl-ʃváïn] n. = hüstrid.
Stadt [ʃtát] v. = zif.
Stadtgebiet [ʃtátgěbit] n. = zifaziläk.
Stadtschreiber [ʃtát-ʃráïběr] m. = zifasekretan.
Stafette [ʃtáfǟtě] v. = rönanunan.
Staffel [ʃtáfěl] v. = trid.
Stahl [ʃtal] m. = stal.
stahlblau [ʃtalbláü] = stalablövik.
Stahlfeder [ʃtàlfeděr] v. = stalapen.
stahlhart [ʃtal hárt] = staladüfik.
Stall [ʃtál] m. = lecek.
Stamm [ʃtám] m. 1. = stam 2. (Wortstamm) = stamäd 3. (Geschlecht) = tribüt.
Stammbaum [ʃtám-báüm] m. = tribütabim.
Stammbuch [ʃtámbuǧ] n. = tribütabuk.
stammeln [ʃtáměln] = spikülön (lov.).
Stammeln [ʃtáměln] n. = spikül.
stammen [ʃtáměn] (abstammen) = licinön (nel.).
Stammgast [ʃtámgášt] m. = laidalotan.
Stammhalter [ʃtámháltěr] m. (erstgeborner Sohn) = balidson.
Stammler [ʃtámlěr] m. = spikülan.
Stammlerin [ʃtámlěrin] v. = jispikülan.
Stammlung [ʃtámluŋ] v. = spikül.
Stammtisch [ʃtámtij] m. 1. = tab laidalotanas 2. (Personen) = laidalotanef.
Stammvater [ʃtámfatěr] m. = tribütafat.
Stammwort [ʃtám-vórt] n. 1. = stamädavöd 2. = rigavöd.
Stampfe [ʃtámpfě] v. = stäpöm.
stampfen [ʃtámpfěn] 1. = stäpön (lov.) 2. = tagadön (nel.) 3. (trampeln) = tagön (nel.).
Stampfen [ʃtámpfěn] n. 1. = stäp 2. = tag 3. das — eines Schiffes = tagad nafa.
Stampfer [ʃtámpfěr] m. 1. p. = stäpan 2. d. = stäpöm.
Stand [ʃtánt] m. 1. (das Stehen) = stan 2. (Zustand) = stad 3. (— in Bezug auf einander oder auf andern Gegenstände) = staned 4. im Stande sein (können) = kanön

(nel.), **in — setsen** (befähigen) = fägükön
(lov.) 5. — **eines Burgers** = sif, **geistlicher**
— = kler 6. (Rang) = gredät.
Standarte [ĵtándártĕ] v. (Banner) = lestän.
Standbild [ĵtántbịlt] n. (Statue) = magot.
Standesbewusztsein [ĵtándĕš-bĕvụštsáïn] n. =
dinitasevälöf.
standesgemäsz [ĵtándĕšgĕmäš] = bai cal.
standhaft [ĵtánt-háft] = laidälik.
Standhaftigkeit [ĵtánt-háftịq-káït] v. = laidäl.
standhalten [ĵtánt-háltĕn] (beharren) = laidä≠
lön (nel.).
Standort [ĵtánt-órt] m. = stanöp.
Stange [ĵtáɳĕ] v. 1. = bemül, **hölzerne —** =
bemül boadik, boadabemül 2. (Eisenstange)
= ferabemül, bemül ferik 3. (Pfahl) = sta≠
fäd.
Stannichlorid [štáni klorịt] $SnCl_4$ = stanini≠
klorid.
Stannioxyd [štáni óx̧ụt] SnO_2 = staniniloxid.
Stannisulfid [štáni sụlfịt] SnS_2 = staninisulfid.
Stannochlorid [štáno klorịt] $SnCl_2$ = stanino≠
klorid.
Stannohydroxyd [štáno hüdróx̧ụt] $Sn(OH)_2$ =
staninobäd.
Stannooxyd [štáno óx̧ụt] SnO = staninoloxid.
Stannosulfid [štáno sụlfịt] SnS = staninosul≠
fid.
Stapel [ĵtapĕl] m. (Haufe) = kum.
Stapelplatz [ĵtàpĕlpláž] m. = kumamöp.
Star [ĵtar] m. 1. (Vogel) = sturnod 2.
(Augenkrankheit) = star.
Starenhaus [ĵtàrĕnháüš] n. = sturnodadom.
stark [ĵtárk] 1. = nämik 2. (im hohen Gra-
de) = vemik 3. **starkes** (alkoholisches)
Getränk = spitin 4. gr. = nämotik.
Starkmut [ĵtárkmụt] m. = tikälanäm.
starkmütig [ĵtárk-mụ̈tịq] = tikälanämik.
Starksein [ĵtárk sáïn] n. gr. = nämot.
starr [ĵtár] = stifik, **— werden** = stifikön
(nel.), **— machen** = stifükön (lov.).
Starre [ĵtárĕ] v. (Starrheit) = stif.
starren [ĵtárĕn] = logetön (nel.).
Starrheit [ĵtár-háït] v. = stif.
Starrkopf [ĵtár-kópf] m. = fümädälan.
starrköpfig [ĵtár-kŏpfịq] = fümädälik.
Starrköpfigkeit [ĵtár-kŏpfịq-káït] = fümädäl.
Starrsinn [ĵtársịn] m. = fümädäl.
starrsinnig [ĵtársịnịq] = fümädälik.
Statik [ĵtàtịk] v. (Gleichgewichtslehre) = stat.
Station [ĵtažịon] v. 1. (Bahnhof) = stajon 2.
— des Kreuzweges = lestad krodamavega.
Stationsgebäude [ĵtažịonšgĕbőụdĕ] n. = stajo≠
nabumot.
Stationsvorstand [ĵtažịonš-fòrĵtánt] m. = sta≠
jonacif.
Statistik [ĵtatịštịk] v. = statit, **die Lehre der**
— = statitav.
Statistiker [ĵtatịštịkĕr] m. = statitavan.
statistisch [ĵtatịštịj] = statitik, statitavik.
statt [ĵtát] 1. (anstatt) = pla (pr.) 2. **— dasz**
= plas (kony.).
stattlich [ĵtátlịq] = gravik.
Stattlichkeit [ĵtátlịq-káït] v. = grav.

Statue [ĵtàtụ̈ĕ, ĵtàtụ̈ĕ, štatụ̈] v. (Standbild) =
magot.
Statuette [ĵtatụ̈ätĕ] v. = magotil.
Status [ĵtàtụš] m. = stad.
Statut [ĵtatụt] n. = statud.
statutarisch [ĵtatụtàrịj] = statudik.
Staub [ĵtáüp] m. = püf.
staubig [ĵtáübịq] = püfik, **— sein** = püfön
(nel.), **— werden** = püfikön (nel.).
Staubsauger [ĵtáüp-sáügĕr] m. = püfisugian.
Staude [ĵtáüdĕ] v. = bimül.
staudenartig [ĵtáüdĕn-àrtịq] = bimülik.
staudig [ĵtáüdịq] = bimülik.
staunen [ĵtáünĕn] = stunön (nel.).
Staunen [ĵtáünĕn] n. (das Erstaunen) = stun,
in — versetzen = stunükön (lov.).
staunenswert [ĵtáünĕnšvert] (erstaunlich) =
stunüköl.
staunenswürdig [ĵtáünĕnš-vụ̈rdịq] = stunüköl.
Städtchen [ĵtätqĕn] n. = zifil.
Städter [ĵtätĕr] m. = zifan.
städtisch [ĵtätịj] = zifik.
stählen [ĵtälĕn] = stalön (lov.).
stählern [ĵtälĕrn] = stalik.
Stählung [ĵtälụn] v. = stalam.
stämmig [ĵtàmịq] = stamik.
Ständchen [ĵtäntqĕn] n. = serenat.
ständig [ĵtạ̈ndịq] = laidik, **ständige Schuld** =
laidadeb, **etwa —** = zao laido.
Ständigkeit [ĵtạ̈ndịqkáït] v. = laid.
Stär [ĵtär] m. (Widder) = hijip.
Stärke [ĵtärkĕ] v. 1. (Kraft) = näm 2. (Stärkemehl) = maed 3. (— zur Wäsche) =
maedäd.
Stärkekleister [ĵtạ̈rkĕkláïštĕr] m. = maedaklei≠
bot.
Stärkemehl [ĵtạ̈rkĕmel] n. = maed.
stärken [ĵtärkĕn] 1. = maedädön (lov.) 2.
(kräftigen) = nämükön (lov.).
stärker [ĵtärkĕr]: **— werden** (anschwellen) =
vemikön (nel.).
Stätte [ĵtätĕ] v.: **welche —?** = kiöp? **von**
welche —? = kiöpao? **nach welche —?**
nach welche — hin? = kiöpio?
stäuben [ĵtőụbĕn] 1. = püfädön (nel.) 2. (abstäuben) = säpüfükön (lov.).
Stäuben [ĵtőụbĕn] n. = püfäd.
St. Dominganer [sándomịngànĕr] m. = San≠
dominänan.
St. Domingo [sándomịngo] = Sandominän.
Steatopygie, v. = pinädaglüet.
stechen [ĵtäqĕn] = stegülön (lov.), **die Biene**
sticht = bien stegülon.
Stecher [ĵtäqĕr] m. (Feldstecher) = skop.
stecken [ĵtäkĕn] 1. nel. = stegön (nel.), **der**
Pfahl steckt im Boden = stafäd stegon in
glun 2. lov. = steigön (lov.) 3. **an den**
Spiesz — = spedülön (lov.), **in Brand —**
= filükön (lov.), **in die Scheide —** = vea≠
dön (lov.).
Stecknadel [ĵtạ̈knadĕl] v. = peän, **mit Steck-**
nadeln feststecken = peänön (lov.).
Stecknadelmacher [ĵtạ̈knadĕl-máqĕr] m. (Maschine) = peäniel.
Steckung [ĵtạ̈kụn] v. (Stich) = steig.

Steg [ĵtek] m. = luponil.
Stegbrücke [ĵtĕkbrükĕ] v. = luponil.
stehen [ĵteĕn] 1. = stanön (nel.), — geblieben! = stopö! steht! (halt!) = stopö! 2. allein — = soelön (nel.), aufrecht — = löstanön (nel.), entfernt — = fagotastanön (nel.), ganz paff — = bluvön (nel.), im Gleichgewicht — = leigavetön (lov.), im Zusammenhang — = tefidön (nel.), in Kontokorrent —, in Rechnung —, in laufender Rechnunlg — = kalön (nel.), in Verhältnis — (sich verhalten) = proporön (nel.), in Verruf — = mirepütön (nel.), stille — = takön (nel.), vorn — = foön (nel.), Wache —, Schildwache —, Posten — = galädön (nel.), zur Verfügung — = gebidön (nel.).
Stehen [ĵteĕn] n. = stan.
stehend [ĵteĕnt] = stanik.
stehlen [ĵtelĕn] = tifön (lov. dem.), detifön (lov. dem.).
Stehlen [ĵtelĕn] n. = tif.
Stehler [ĵtelĕr] m. (Dieb) = tifan.
steierisch [ĵtáĭĕrĳ] = Stiränik.
Steiermark [ĵtáĭĕr-mark]: die — = Stirän.
steif [ĵtáĭf] (starr) = stifik, — sein = stifön (nel.), — werden = stifikön (nel.), — machen = stifükön (lov.).
Steife [ĵtáĭfĕ] v. = stif.
steifen [ĵtáĭfĕn] (steif machen) = stifükön (lov.).
Steifhaarige [ĵtáĭf⸗harigĕ] m. = stifaheran.
Steifheit [ĵtáĭf-háĭt] v. = stif.
Steifkopf [ĵtáĭf-kópf] m. = fümädälan.
steifköpfig [ĵtáĭf-köpfĳq] = fümädälik.
Steifköpfigkeit [ĵtáĭf-kőpfĳq-káĭt] v. = fümä⸗däl.
Steifsein [ĵtáĭf sáĭn]: das — = stif.
Steigbügel [ĵtáĭkbügĕl] m. = xänaboib.
Steige [ĵtáĭgĕ] v. (Leiter) = xänöm.
steigen [ĵtáĭgĕn] 1. = löpikön (nel.), — machen = löpükőⱦ (lov.) 2. = xänön (nel.) 3. der Wein steigt ihm zu Kopfe = vin dölükon kapi oma.
Steigen [ĵtáĭgĕn] n. = xän.
steigend [ĵtáĭgĕnt] 1. = löpiköl 2. = xänik.
steigern [ĵtáĭgĕrn] 1. (steigen machen) = xäinön (lov.) 2. (die Steigerungsstufen bilden) = gramatafomön (lov.) leigodi.
Steigerung [ĵtáĭgĕrųn] v. = gramatafomam leigoda.
Steigerungsstufe [ĵtáĭgĕrųnš-ĵtųfĕ] m. = grama⸗tafom leigoda.
Steigleiter [ĵtáĭk-láĭtĕr] v. = xänabim.
Steigung [ĵtáĭgųn] v. 1. (Hang) = kliv 2. (das Steigen) = xän.
steil [ĵtáĭl] = skapik.
Steile [ĵtáĭlĕ] v. = skap.
Steilheit [ĵtáĭl-háĭt] v. = skap.
Stein [ĵtáĭn] m. 1. = ston 2. (Gestein) = stoin 3. zu — machen (versteinern) = fösi⸗lükön (lov.).
steinartig [ĵtáĭn-àrtĳq] = stonöfik.
Steinartigkeit [ĵtáĭn-àrtĳqkáĭt] v. = stonöf.
Steinblock [ĵtáĭn-blók] m. = stonablög.

Steinbock [ĵtáĭn-bók] m. 1. = klifakapar 2. st. = siklifakapar.
Steindruck [ĵtáĭndrųk] m. = stonabük.
Steindrucker [ĵtáĭndrųkĕr] m. = stonabükan.
steinern [ĵtáĭnĕrn] = stonik.
Steingut [ĵtáĭngut] n. = bäsinacan.
steinhart [ĵtáĭn hárt] = ledüfik.
Steinhauer [ĵtáĭn-háŭĕr] m. = stonicöpan.
Steinhauerei [ĵtáĭn-háŭĕráĭ] v. = stonicöpöp.
steinicht [ĵtáĭnĳqt] = stonöfik.
steinig [ĵtáĭnĳq] = stonagik, steinige Beschaffenheit = stonöf.
steinigen [ĵtáĭnĳgĕn] = stonön (lov.).
Steiniger [ĵtáĭnĳgĕr] m. = stonan.
Steinkohle [ĵtáĭnkolĕ] v. = stonakolat.
Steinkrankheit [ĵtáĭn-kráŋk-háĭt] v. = litiad.
Steinsarg [ĵtáĭn-sárk] m. = lesark.
Steinware [ĵtáĭnvarĕ] v. = stonacan.
Steinzeug [ĵtáĭn-žŏŭk] n. = bäsinacan, Gefäsz aus — = gef bäsinik.
Steirer [ĵtáĭrĕr] m. = Stiränan.
Stele [j⸗ėle, štėle] v. = stäl.
Stelle [ĵtälĕ] v. 1. (Ort den etwas einnimmt) = plad 2. die — vor etwas = föf, die letzte — = lät 3. eine unbedeutende, untergeordnete — = calül 4. an Ort und — = topo 5. auf der — = sunädo.
stellen [ĵtälĕn] 1. = pladön (lov.), zu — = pladabik, vor etwas — (örtlich) = fopladön (lov.), vorn —, voran — = föfükön (lov.), sich vorne —, sich voran — = föfikön (nel.) 2. (aufstellen) = regulön (lov.) 3. richtig — = verätükön (lov.), einen sicher — = surigaranön (nel.) eke 4. Bedingungen — = stipön (lov.), lonülön (lov.) stipis, in Ordnung — = leodükön (lov.), auf die Probe — = blufön (lov.), in Rechnung — = kalükön (lov.), zur Verfügung — = gebidükön (lov. dem.).
Stellen [ĵtälĕn] n. 1. = pladam 2. (das Aufstellen) = regul.
Stellenanzeiger [ĵtälĕn-án-žáĭgĕr] m. = calino⸗tedian.
Stellenjäger [ĵtạ̈lĕnyägĕr] m. = calilisitan, ca⸗lülilisitan.
Stellung [ĵtạ̈lųn] v. 1. = pladam 2. untergeordnete — = sumätöf 3. (— in Bezug auf einander oder auf andern Gegenstände) = staned.
stellvertreten [ĵtạ̈lfärtretĕn] = pladulön (lov.).
Stempel [ĵtạ̈mpĕl] m. 1. (Morserkeule) = troivülöm 2. — auf Waren = stäpedot su cans.
Stempelgerät [ĵtạ̈mpĕlgĕrät] n. = stäpedöm.
stempeln [ĵtạ̈mpĕln] = stäpedön (lov.).
Stempelung [ĵtạ̈mpĕlųn] v. = stäped.
Stenogramm [ĵtenográm] n. = stenografot.
Stenograph [ĵtenograf] m. = stenografan.
Stenographie [ĵtenografĳ] v. = stenograf.
stenographieren [ĵtenografĳrĕn] = stenografön (lov.).
Stenographierung [ĵtenografĳrųn] v. = steno⸗grafam.
stenographisch [ĵtenográfĳ] = stenografik.
Ster [ĵter] m. = ster. zehn — = degster.
sterben [ĵtärbĕn] = deadön (nel.).

Sterben [ʃtärbĕn] n. = deadam.
sterbend [ʃtärbĕnt] = deadöl.
Sterbender [ʃtärbĕndĕr] = deadölan.
sterblich [ʃtärpli̯q] = deadöfik, — verliebt = dalelöfädik.
Sterblicher [ʃtärpli̯qĕr] = deadöfan.
Sterblichkeit [ʃtärpli̯qkäït] v. = deadöf.
Sterling [ʃtärli̯n] m.: Pfund — = poun.
Stern [ʃtärn] m. = stel, die Sterne (Gesamtheit der Sterne) = stelem.
Sternbild [ʃtärnbiḻt] n. = steläd.
Sternchen [ʃtĕrnqĕn] n. = stelil.
Sterndeuter [ʃtärndóútĕr] m. = strologan.
Sterndeuterei [ʃtärndóútĕräï] v. = strolog.
Sternkunde [ʃtärnkuṇdĕ] v. (Astronomie) = stelav.
Sternlein [ʃtärnläïn] n. = stelil.
sterweise [ʃtĕrväïsĕ] = stero.
stetig [ʃtĕti̯q]: stetige Wiederholung (Frequenz) = suvöf.
stets [ʃteż] (immer) = ai.
Steuer [ʃtóúĕr] v. (Tribut, Zins) = trip, — zahlen = pelön (lov.) tripi.
Steuerbeamte [ʃtóúĕr-bĕámtĕ] m. = tripacalan.
Steuermann [ʃtóúĕr-mán] m. = stiran.
steuern [ʃtóúĕrn] 1. (lenken) = stirön (lov.) 2. = pelön (lov.) tripi 3. (Steuern auflegen) = tripön (lov.).
Steuern [ʃtóúĕrn] n. = stir.
Steurpflicht [ʃtóúĕrpfli̯qt] v. = tripab.
steuerpflichtig [ʃtóúĕr-pfli̯qti̯q] = tripabik.
Steuerpflichtigkeit [ʃtóúĕr-pfli̯qti̯qkäït] v. = tripab.
Steuerruder [ʃtóúĕrruḍĕr] n. = stiröm.
St. Gallen [sáŋktgálĕn] (Kanton) = Sangalän.
Stich [ʃti̯q] m. = steig.
Stickarbeit [ʃti̯k-ár-bäït] v. = brodot.
sticken [ʃti̯kĕn] = brodön (lov.).
Sticken [ʃti̯kĕn] n. = brod.
Stickerei [ʃti̯kĕräï] v. 1. = brodalekan 2. (Stickarbeit) = brodot.
Stickerin [ʃti̯kĕriṇ] v. = jibrodan.
Stickkunst [ʃti̯kkuṇʃt] v. = brodalekan.
Stickoxyd [ʃti̯k óx̌üt] NO = hüpnitritastabot.
Stickoxydul [ʃti̯k óx̌üdu̯l] N_2O = pluhüpnitritastabot.
Stickstoff [ʃti̯ki̯tóf] m. N = nitrin.
Stickstoffdioxyd [ʃti̯ki̯tóf di̯ óx̌üt] NO_2 = balnitrinatelloxin.
Stickstoffpentoxyd [ʃti̯ki̯tóf pänt óx̌üt] N_2O_5 = nitratastabot.
Stickstofftetroxyd [ʃti̯ki̯óf te tróx̌üt] N_2O_4 = telnitrinafolloxin, nitritanitratastabot.
Stickstofftrioxyd [ʃti̯ki̯tóf tri̯ óx̌üt] N_2O_3 = nitritastabot.
Stickstoffwasserstoffsäure [ʃti̯ki̯tóf váʃĕr-ʃtófsóúrĕ] HN_3 = lazidazüd.
Stiefbruder [ʃti̯fbruḍĕr] m. = lublod.
Stiefel [ʃti̯fĕl] m. = but.
Stiefelanzieher [ʃti̯fĕlánzi̯ĕr] m. = butahuk.
Stiefelhaken [ʃti̯fĕlhakĕn] m. = butahuk.
Stiefelknecht [ʃti̯fĕlknäqt] m. = butitirian.
Stiefelzieher [ʃti̯fĕlżi̯ĕr] m. = butahuk.
Stiefkind [ʃti̯fkiṇt] n. = lucil.
Stiefmutter [ʃti̯fmu̯tĕr] v. = lumot.

stiefmütterlich [ʃti̯f-mu̯tĕrli̯q] = lumotik.
Stiefschwester [ʃti̯fväʃtĕr] v. = lusör.
Stiefsohn [ʃti̯fson] m. = luson.
Stieftochter [ʃti̯ftóq̇tĕr] v. = ludaut.
Stiefvater [ʃti̯fatĕr] m. = lufat.
Stieglitz [ʃti̯gli̯ż] m. = tilafrin.
Stiel [ʃti̯l] m. (Griff) = gleipäd.
Stier [ʃti̯r] m. 1. = tor 2. st. = sitor.
stieren [ʃti̯rĕn] = logetön (nel.).
Stiergefecht [ʃti̯rgĕfäq̇t] n. = torakomip.
Stierkalb [ʃti̯rkálf] n. = torül.
Stierkampf [ʃti̯rkámpf] m. = torakomip.
Stift [ʃti̯ft] 1. m. = stafül 2. n. (Stiftung) = fünod.
stiften [ʃti̯ftĕn] = fünön (lov.), Frieden — = püdikodön (nel.).
Stiften [ʃti̯ftĕn] n. = fün.
Stifter [ʃti̯ftĕr] m. (Gründer) = fünan, hifünan.
Stifterin [ʃti̯ftĕriṇ] v. = jifünan.
Stiftung [ʃti̯ftu̯ŋ] v. 1. (das Stiften) = fün 2. (das Gestiftete) = fünod.
Stiftungsbrief [ʃti̯ftu̯ŋš-briḟ] m. = fünadoküm.
stiftungsgemäsz [ʃti̯ftu̯ŋš-gĕmä̈š] = bai fünadoküm.
Stiftungsurkunde [ʃti̯ftu̯ŋš-ùrku̯ndĕ] v. = fünadoküm.
Stil [ʃti̯l] m. (Schreibart) = stül.
stilgerecht [ʃti̯lgĕräq̇t] = stülik.
stilhaft [ʃti̯lháft] = stülik.
stilisieren [ʃti̯lisirĕn] = stülön (lov.).
Stilisierung [ʃti̯lisiru̯ŋ] v. = stülam.
still [ʃti̯l] = stilik, — sein = stilön (nel.), stille stehen = takön (nel.), Stiller Ozean = Pasifean.
Stille [ʃti̯lĕ] v. = stil, in der — = stilo.
Stilleben [ʃti̯llebĕn] n. (stilles, ruhiges Leben) = stilalif, ein — führen = stilalifön (nel.).
stillen [ʃti̯lĕn] = stilükön (lov.).
Stillstand [ʃti̯lʃtánt] m. = tak, im — sein = takön (nel.).
Stillstehen [ʃti̯lʃteĕn] n. 1. = tak 2. (das Anhalten) = stop.
Stimmberechtigter [ʃti̯m-bĕrȧ̇q̇ti̯qtĕr] m. (Abstimmer) = vögodan.
Stimme [ʃti̯mĕ] v. 1. = vög, die — hören lassen = vögön (nel.) 2. (votum) = vögod, seine — abgeben = vögodön (nel.).
stimmen [ʃti̯mĕn] 1. (klappen) = baibinön (nel.) 2. (Instrumente) = baitonükön (lov.) 3. (abstimmen) = vögodön (nel.).
Stimmen [ʃti̯mĕn] n. 1. = baitonükam 2. (Abstimmung) = vögodam.
stimmend [ʃti̯mĕnt] (zutreffend) = baibinik, — (klappend) machen = baibinükön (lov.).
Stimmer [ʃti̯mĕr] m. = vögodan.
Stimmung [ʃti̯mu̯ŋ] v.: festliche — = zälaladälod.
Stirnband [ʃti̯rnbánt] n. = flomatan.
Stirne [ʃti̯rnĕ] v. = flom.
stochern [ʃtóq̇ĕrn] (wühlen, lov.) = störön (lov.).
Stock [ʃtók] m. (Stab) = staf.
Stockfisch [ʃtókfiḟ] m. = sigagadut.
Stockwerk [ʃtókvärk] n. = tead.

Stoff [ĵtóf] m. 1. (Zeug) = stof 2. (Materie) = stöf.
stoffig [ĵtófįq] = stofik.
stofflich [ĵtóflįq] = stöfik.
stolpern [ĵtólpĕrn] = tifalön (nel.).
stolz [ĵtólž] = pleidik, — sein = pleidön (nel.).
Stolz [ĵtólž] m. = pleid.
stolzieren [ĵtólžìrĕn] = pleidön (nel.).
stopfen [ĵtópfĕn] = steigädön (lov.).
Storch [ĵtórq] m. = stork.
Storchennest [ĵtórqĕnnä̧št] n. = storkanäst.
Stosz [ĵtoš] m. = jok.
stoszen [ĵtošĕn] 1. nel. = jokön (nel.) 2. lov. = joikon (lov.), sich — = jokön (nel.).
Stoszen [ĵtošĕn] n. = joik.
stoszweise [ĵtòšváìsĕ] = joko.
Stotinki, k. = levazim.
Stotterer [ĵtótĕrĕr] m. = stötan.
Stotterin [ĵtótĕrįn] v. = jistötan.
stottern [ĵtótĕrn] = stötön (lov.).
Stottern [ĵtótĕrn] n. = stöt.
stowen [ĵtovĕn] (schmoren) = stemädön (lov.).
Stöpsel [ĵtópšĕl] m. = buon, eine Flasche mit einem — verschlieszen = buonön (lov.) fladi.
stören [ĵtörĕn] = tupön (lov.).
störend [ĵtörĕnt] (hinderlich) = tupik.
Störenfried [ĵtòrĕnfrit] m. = tupan, pleditupan.
störrig [ĵtörįq] (steifkopfig) = fümädälik.
Störrigkeit [ĵtörįq-káìt] v. = fümädäl.
Störung [ĵtörųn] v. = tup.
Stöszel [ĵtöšĕl] m. (Morserkeule) = troivülöm.
Stöszer [ĵtöšĕr] m. (Stampfer) 1. p. = stäpan 2. d. = stäpöm.
stöszig [ĵtöšįq] (geneigt zu stoszen) = joikiälik.
Stöszigsein [ĵtòsįq sáìn] n. = joikiäl.
St.-Pierre: — und Miquelon = Tärnövän.
strafbar [ĵtràfbar] = pönovik.
Strafbarkeit [ĵtràfbarkáìt] v. = pönov.
Strafe [ĵtrafĕ] v. = pönod.
strafen [ĵtrafĕn] = pönön (lov.).
Strafen [ĵtrafĕn] n. = pön.
straff [ĵtráf] = tenidik.
straffällig [ĵtraf-fą̊lįq] 1. = pönovik 2. = pönabik.
Straffälligkeit [ĵtraf-fą̊lįqkáìt] v. 1. = pönov 2. pönab.
straflos [ĵtràfloš] = nenpönik.
Straflosigkeit [ĵtraf-lòsįqkáìt] v. = nenpön.
Strafporto [ĵtràfpórto] n. = pönapotamon.
Strahl [ĵtral] m. = stral.
strahlen [ĵtralĕn] (Strahlen werfen) = stralön (nel.).
Strahlen [ĵtralĕn] n. = stralam.
strahlig [ĵtràlįq] = stralik.
Strahlung [ĵtràlųn] v. = stralam.
Straits-Settlements = Strezän.
strampeln [ĵtrámpĕln] = tagön (nel.).
Strampeln [ĵtrámpĕln] n. = tag.
Strand [ĵtránt] m. (Ufer) = jol.
stranden [ĵtrándĕn] = fimikön (nel.), an einer Klippe — = fimikön su klip.
Strang [ĵtráŋ] m. 1. = jainäd 2. (Strähn, Strähne) = tufül.

Strasze [ĵtrašĕ] v. = süt.
Straszen- [ĵtrašĕn-] = ... sütik.
Straszenanleger [ĵtràšĕn-ánlegĕr] m. = sütimeikan.
Straszenbahn [ĵtràšĕnban] v. = träm.
Strauch [ĵtráŭq] m. = bimül.
strauchartig [ĵtráŭq-àrtįq] = bimülik.
Strausz [ĵtráŭš] m. 1. (Blumenstrausz) = flored 2. (Vogel) = strut.
sträflich [ĵtrą̊flįq] (strafbar) = pönovik.
Sträflichkeit [ĵtrą̊flįqkáìt] v. = pönov.
Strähn [ĵträn] m. = tufül.
Strähne [ĵtränĕ] v. = tufül.
Sträszchen [ĵträšqĕn] n. = sütil.
Sträuszchen [ĵtróŭšqĕn] n. = floredil.
Streben [ĵtrebĕn] n. = steif.
strebend [ĵtrebĕnt] = steifik.
Streber [ĵtrebĕr] m. = steifälan.
Strebergeist [ĵtrèbĕrgáìšt] m. = steifäl.
streberisch [ĵtrèbĕrįĵ] = steifälik.
Streberling [ĵtrèbĕrlįn] m. = steifälan.
Streberschaft [ĵtrèbĕrĵáft] v. = steifäl.
Strebertum [ĵtrèbĕrtųm] n. = steifäl.
strebsam [ĵtrèpsam] = töbidik.
Strebsamkeit [ĵtrèpsamkáìt] v. = steif.
Strecken [ĵträkĕn] z. = tenükam.
Streckmuskel [ĵtrą̊kmųškĕl] m. = tenükamamuskul.
Streckseite [ĵtrą̊ksáìtĕ] v. = tenükamaflan.
Streckung [ĵtrą̊kųn] v. = tenükam.
Streich [ĵtráìq] m. (Tat) = ludun, dummer — = stupot.
Streichhölzchen [ĵtráìq-hólžqĕn] n. = lümät.
Streif [ĵtráìf] m. = strip, mit Streifen versehen = stripön (lov.).
Streifchen [ĵtráìfqĕn] n. 1. = stripil 2. = tanedil, — Papier = tanedil papüra.
Streifelchen [ĵtráìfĕlqĕn] n.: mit — versehen = stripilön (lov.).
streifeln [ĵtráìfĕln] = stripilön (lov.).
streifen [ĵtráìfĕn] = stripön (lov.).
Streifen [ĵtráìfĕn] m. 1. = strip 2. = taned.
streifig [ĵtráìfįq] = stripik.
Streiflein [ĵtráìf-láìn] n. = stripil.
Streit [ĵtráìt] m. (Streitigkeit) = feit, Gegenstand des Streites (Zankapfel) = feitayeg.
Streitaxt [ĵtráìt-áẋt] v. = komipacüd.
Streitbegierde [ätráìtbĕgirdĕ] v. = feitiäl.
streitbegierig [ĵtráìt-bĕgirįq] = feitiälik.
streiten [ĵtráìtĕn] (mit Gründen, mit Reden) = feitön (nel.), — machen = feitükön (lov.).
Streiter [ĵtráìtĕr] m. = feitan.
Streitfrage [ĵtráìtfragĕ] v. 1. = feitadin 2. (Problem) = säkäd.
streitig [ĵtráìtįq] (strittig) = feitik, — sein = binön (nel.) feitik, — werden = feitikön (nel.).
Streitpunkt [ĵtráìtpųnkt] m. = feitadin.
streitsüchtig [ĵtráìtsüqtįq]: streitsüchtiger Mensch = komipiälan.
streng [ĵträŋ] = sevärik, — sein = sevärön (nel.).
Strenge [ĵtränĕ] v. = sevär.
Streu [ĵtróŭ] v. = stolajedülot.
streuen [ĵtróŭĕn] 1. = stürülön (lov.) 2. (aus-

streuen) = jedülön (lov.), — (Streu —)
= jedülön stoli 3. **Weihrauch** — = bovä=
lön (lov.).
Streuen [jtróǔĕn] n. = stürül.
Streusel [jtróǔsĕl] m. e n. (Gestreutes) = je=
dülot.
Streuzucker [jtróǔžykĕr] m. = puinajueg.
Strich [jtrįq] m. (Zug) = liun.
Strichelchen [jtrįqĕlqĕn] n. = liunil.
Strichlein [jtrįqláĭn] n. = liunil.
Strichpunkt [jtrįqpуŋkt] m. = pünaliunül.
Strick [jtrįk] m. 1. = snal 2. (Streifen) =
strip.
stricken [jtrįkĕn] (knütten) = trikön (lov.).
Stricken [jtrįkĕn] n. = trik.
Strickerei [jtrįkĕráĭ] v. = trik.
Strieme [jtrimĕ] v. = flapastrip.
Striemen [jtrimĕn] m. = flapastrip.
strittig [jtrįtįq] = feitik.
Stroh [jtro] n. = stol.
Stroh= [jtro=] = ... stolik.
strohdumm [jtròdуm] = lestupik.
strohern [jtroĕrn] (strohig) = stolik.
Strohhalm [jtròhąlm] m. = stolastag.
strohig [jtròįq] = stolik.
Strohlager [jtròlagĕr] n. 1. = stolabed 2. =
stolanäst.
Strolch [jtrólq] m. (Vagabund) = gliban.
strolchen [jtrólqĕn] (vagabundieren) = glibön
(nel.).
strolchend [jtrólqĕnt] = glibik.
Strolcherei [jtrólqĕráĭ] v. = glib.
Strom [jtrom] m. 1. = flum, **elektrischer** — =
flum lektinik, lektinaflum 2. (ein groszer
Flusz) = leflumed 3. **den** — **herab, den** —
hinab = donio ve flumed.
Stromer [jtroměr] m. (Strolch) = gliban.
Strontium [jtrónžįуm] n. Sr = strontin.
Strontiumnitrat [jtrónžįуm nįtrat] Sr(NO₃)₂ =
strontinanitrat.
Strontiumoxyd [jtrónžįуm óxўt] SrO = stron=
tinaloxid.
Strophe [jtrofĕ] v. 1. = liänem 2. (Couplet)
= strof.
strömen [jtrönĕn] = flumön (nel.).
Strömung [jtrömуŋ] v. = flum.
Strudel [jtrуdĕl] m. 1. (Wirbel) = vir 2.
(Drehkolk) = vatavir.
strudeln [jtrуdĕln] = virön (nel.).
Struktur [jtrуktуr] v. (der Bau) = binod.
Strumpf [jtrуmpf] m. = stog.
Strumpfware [jtrуmpfvarĕ] v. = trikot, trikots.
Stube [jtуbĕ] v. (Zimmer) = cem.
Stubenmaler [jtуbĕnmalĕr] m. = domikölan.
Student [jtуdänt] m. (Studiosus) = studan.
Studiensinn [jtуdįĕn-sįn] m. = studiäl.
studieren [jtуdįĕn] = studön (lov.).
Studierstube [jtуdįrjtуbĕ] v. = studacem.
Studierzimmer [jtуdįržįměr] n. = studacem.
Studiosus [jtуdįòsуs] m. = studan.
Studium [jtуdįуm] n. = stud.
Stufe [jtуfĕ] v. 1. (Treppenstufe) = trid 2.
(nevoiko) = tridäd.
Stufenfolge [jtуfĕnfólgĕ] v. = gredaked.
stufenförmig [jtуfĕnförmįq] = tridemafomik.

Stufengang [jtуfĕngáŋ] m. (Gradation) = gre=
dam.
stufenweise [jtуfĕnváĭsĕ] = gredik, gredamo,
— **aufeinanderfolgen** = gredön (nel.).
stufig [jtуfįq] (mit Stufen versehen) = tridik.
Stuhl [jtуl] m. = stul.
Stuhlgang [jtùlgáŋ] m. = jied.
stumm [jtуm] 1. = müätik, — **sein** = müätön
(nel.) 2. (tefü tonats) = müätöfik.
Stummheit [jtуmháĭt] v. = müät.
stumpf [jtуmpf] 1. = nejapik, — **sein** = ne=
japön (nel.), — **werden** = nejapikön (nel.),
— **machen** = nejapükön (lov.) 2. = neti=
pik, — **machen** = netipükön (lov.) 3. =
dölik.
stumpfen [jtуmpfĕn] 1. = nejapükön (lov.)
2. = netipükön (lov.).
Stumpfheit [jtуmpfháĭt] v. 1. = nejap 2. =
netip 3. (geistig) = döl.
Stumpfsinn [jtуmpfsįn] m. (Blödsinn) = diot.
stumpfsinnig [jtуmpf-sįnįq] = diotik.
Stumpfsinniger [jtуmpf-sįnįgĕr] m. = diotan.
Stunde [jtуndĕ] v. 1. (Zeit) = düp, **jede** —
= aldüpik, **vierundzwanzig Stunden** (Etmal)
= deleneit 2. (Wegstunde) = hol, **eine** —
weit = holik, **ein** — **Wegs** = balholik.
stunden [jtуndĕn] = zögidälön (nel.).
Sturm [jtуrm] v. = tep.
Sturz [jtуrž] m. 1. = stur 2. (das Stürzen)
= stür.
Stute [jtуtĕ] v. = jijevod.
stutzen [jtуžĕn]: **Bäume** — = kötülön (lov.)
bimis.
Stutzen [jtуžĕn] n. = kötül.
Stück [jtük] n. 1. (Exemplar) = balat, **5** —
a 10 Pfennig = balats 5 a makazims 10 2.
abgeschnittenes — = kötot 3. (Bissen) =
zibablögäd 4. — **Tuch** = diled klöfa 5.
ein — **Wild** = jib 6. **in Stücke brechen** =
däbrekön (nel.), däbreikön (lov.), **in Stücke**
fallen = däfalon (nel.), **in Stücke gehen** =
dädikön (nel.).
Stückchen [jtükqĕn] n. = diledil, — **Papier** =
diledil papúra.
Stückgut [jtükgуt] n.: —, **Stückgüter** = bala=
tacan, balatacans.
Stühlchen [jtülqĕn] n. = stulil.
Stühlein [jtùláĭn] n. = stulil.
Stümper [jtümpĕr] m. (Pfuscher) = lumekan.
stümperhaft [jtümpĕrháft] = lumekik.
=stündig [=jtündįq] (in Zusammensetzungen) =
=düpik (a.s.: **einstündig** = baldüpik).
stündlich [jtуntlįq] (Zeit) = aldüpik.
stürmen [jtürmĕn] = tepön (nel.).
Stürmer [jtürmĕr] m. (Bestürmer) = tatakan.
stürmisch [jtürmįj] 1. = tepik 2. (heftig) =
mäpetik.
stürzen [jtüržĕn] 1. nel. = sturön (nel.) 2.
lov. = stürön (lov.), **sich** — = stürön oki
3. (fällen) = fälön (nel.).
Stürzen [jtüržĕn] n. 1. = stur 2. = stür.
stützen [jtüžĕn] = stütön (lov.).
Stützen [jtüžĕn] n. = stüt.
Suahelisprache [suahèlijpraqĕ] v. = suaheliy.

subaltern [sup-ált₳rn] = sumätöfik, — sein = sumätöfön (nel.).
Subjekt [supyäkt] n. = subyet.
subjektiv [supyäktif] 1. = subyetik 2. = pösodik.
subjektivieren [supyäktivirĕn] = lönabinimön (lov.).
Subjektivismus [supyäktivi̯šmu̯š] m. = lönabinim.
Subjektivist [supyäktivišt] m. = lönabiniman.
Subjektssatz [supyₐ̀kžsáž] m. = subyetaset.
Sublimat [sublimat] n. HgCl₂ = hidrargini-klorid.
Sublimation [sublimažion] v. = vapid.
sublimieren [sublimirĕn] = vapidön (nel.).
Substantiv [supštántif] n. = subsat.
substantivisch [supštántivi̯j] = subsatik.
Subtrahend [suptrahänt] m. mat. = näedian.
subtrahieren [suptrahirĕn] mat.=näedön (lov.).
Subtraktion [suptrákžion] v. mat. = näedam.
suchbar [su̯q̇bar] (nicht zu finden) = sukik.
suchen [suq̇ĕn] = sukön (lov.).
Suchen [suq̇ĕn] n. = suk.
Sucher [suq̇ĕr] m. = sukan.
Sucht [suq̇t]: — Länder zu entdecken = letü-viäl.
Sucre, k. = sukret.
Sud [sut] m. 1. = kuk 2. (das Gesottene) = kükot.
Sudan [su̯dan, su̯dán] = Sudän, Angloägyptischer — = Sudän Lingläna-Lägüptänik, Französisch — = Sudän Fransänik.
Sudaner [su̯danĕr] m. = Sudänan.
Sudanneger [su̯dánnegĕr] m. = Sudänanägär.
Suffix [sufi̯x] n. (Nachsilbe) = poyümot.
Suffragan [su̯fragan] m. = vibijop.
sukzedieren [sukžedirĕn] = sökätön (lov.).
Sukzession [sukžäšion] v. = sökät.
sukzessiv [sukžäsif] = sököfik.
sukzessive [sukžäsive, sukžäšivĕ] = sököfo.
Sulfomonopersäure [su̯lfo mòno pₐ̀rsôűrĕ] H₂SO₅ = plupärsulfatazüd.
Sulfurylchlorid [sulfu̯rül klorit] SO₂Cl₂ = tel-klorülsulfatazüd.
Sulfurylfluorid [sulfu̯rül fluorit] SO₂F₂ = tel-fluorülsulfatazüd.
Sultan [sultan, su̯ltan] m. = sultan.
Sumatra [sumàtra] = Sumatreän.
summa [su̯ma]: in — = kobo.
summarisch [su̯màri̯j] = brefo pekobosumöl.
Summe [su̯mĕ] v. 1. kobonum 2. die gezahlte — (Zahlung) = pelot, vorausgezahlte — = büopelot 3. mat. = saedot.
summen [su̯mĕn] (surren) = brumön (nel.).
Summerei [su̯mĕráï] v. = brum.
summieren [su̯mirĕn] = kobonumön (lov.)
Sumpf [sumpf] m. (Morast) = maräd.
Sumpffieber [su̯mpffi̯bĕr] n. = malarafif.
Sumpfgas [su̯mpfgaš] CH₄ = metan, balkar-binafolhidrin.
sumpficht [su̯mpfi̯qt] = marädik.
sumpfig [su̯mpfi̯q] = marädik.
Sund [su̯nt] m. = Sund.
Sundainseln [su̯nda-i̯nsĕln] pl. = Sunduäns.
Sundanese [sundanesĕ] = sundanan.

Sundanesisch [sundanèsi̯j]: das — = sundan.
Sundastrasze [su̯ndajtrašĕ] = melarovöp Sun-duänik.
Sunniten [su̯nitĕn] = sunitans.
Superlativ [su̯pärlatif] m. = muamafom, in den — setzen = muamafomön (lov.).
Superlativbildung [su̯pärlatif-bi̯ldu̯ŋ] v. = mua-mafomam.
superlativisch [su̯pärlativi̯j] = muamafomik.
Supinum [supinu̯m] n. = ,supinum' [šupinu̯m] (lat.).
Suppe [su̯pĕ] v. = sup.
Surprise [šürpri̯sĕ] = benosüpot.
surren [su̯rĕn] = brumön (nel.).
Surrogat [su̯rogat] n. = plaädot.
Suspension [su̯špänsion] v. = ledispärot.
Süd [süt] m. = sulüd, — zu Westen = su-sulüsulüdavesüd.
Südamerika [süt amèrika] n. = Sulüda-Merop.
Südamerikaner [süt amerikanĕr] = Sulüda-Meropan.
südamerikanisch [süt amerikàni̯j] = Sulüda-Meropik.
süddeutsch [sûtdóûč] = Sulüda-Deutänik.
Süddeutscher [sûtdóûčĕr] m. = Sulüda-Deutä-nan.
Süddeutschland [süt-dóûč-lánt] n. Sulüda-Deu-tän.
Süden [südĕn] m. 1. = sulüd, — zu Osten = susulüsulüdalofüd, — zu Werten = susulü-sulüdavesüd, Ost zu — = lolofüsulüdalofüd, Südost zu — = losulüsulüdalofüd, Südwest zu — = vesulüsulüdavesüd, Westen zu — = vevesüsulüdavesüd 2. (Südland) = su-lüdän.
Südersee [südĕrse] = ,Zuiderzee' [sôïdĕrsè] (Ned.).
Südfrüchte [sûtfrüqtĕ] pl. = sulüdänafluks.
Süd-Georgien (Insel) = Sulüda-Corceän.
Südland [sûtlánt] n. = sulüdän.
Südländer [sûtländĕr] m. = sulüdänan.
südlich [sûtli̯q] = sulüdik, — von — = sulüdü.
Südost [süt-óšt]: — zu Osten = sulofüsulüda-lofüd, — zu Süden = losulüsulüdalofüd.
Südosten [süt-óštĕn] = sulüdalofüd.
südöstlich [süt-óštli̯q] = sulüdalofüdik.
Südpol [sûtpol] m. = sulüdapov.
Südpolmeer [sûtpol-mer] n. = Sulüdapovean, Sulüdagladean.
Süd-Rhodesia = Sulüda-Rodesiyän.
Südsee [sûtse] v. = Pasifean.
Südsüdosten [süt süt-óštĕn] = sulüsulüdalofüd.
Südsüdwest [süt sütväšt] = sulüsulüdavesüd.
Südwest [sütväšt]: — zu Süden = vesulüsulü-davesüd, — zu Westen = suvesüsulüdave-süd.
Südwestafrika = Sulüdavesüda-Frikop.
Südwesten [sütväštĕn] = sulüdavesüd.
Sühne [sühĕ] v. (Busze) = pönid.
Sünde [sündĕ] v. = sinod.
sündenlos [su̯ndĕnloš] = nensinik.
Sündenlosigkeit [su̯ndĕn-lòsi̯qkäït] v. = nen-sin.
Sünder [sündĕr] m. = sinan.
Sünderin [su̯ndĕri̯n] v. = jisinan.

Sündflut [sǜntflu̯t] v. = letuvatam.
sündhaft [sǜnthȧft] (sündig) = sinik.
Sündhaftigkeit [sǜnt-háftị̣q-káït] v. = sin.
sündig [sǘndị̣q] = sinik.
sündigen [sǜndị̣gĕn] = sinön (nel.).
süsz [süš] = svidik, süszes Nichtstun = keif.
Süsze [süšĕ] v. = svid.
Süszigkeit [sǜšị̣qkáït] v. 1. = daifet 2. (Süsze) = svid.
süszlich [sǜšlị̣q] = svidilik.
Swasiland = Svasiyän.
Symbol [sümbol] n. 1. = sümbol 2. chemisches — = malat kiemavik.
Symbolik [sümbȯlị̣k] v. = sümbolav.
symbolisch [sümbȯlị̣j] = sümbolik.
symbolisieren [sümbȯlị̣sị̣rĕn] = sümbolön (lov.).
sympathetisch [sümpátĕtị̣j] = sümpatik, sympathetische Kur, sympathetische Behandlung = lekäl sümpatik.
Sympathie [sümpati] v. 1. (Teilnahme) = kesenäl 2. (geheimer Einfluss) = sümpat.
sympathisch [sümpàtị̣j] (teilnehmend) = kesenälik.
sympathisieren [sümpatị̣sị̣rĕn] 1. (mit einem Andern einig fühlen und denken) = baisenälön (lov.) 2. (an ... teilnehmen) = kesenälön (lov.).
Synagoge [sünagògĕ, sünagògĕ] v. = sünagog, —, Kirche, Tempel oder Dom = tem.
Synode [sünodĕ] v. = sünod.
Syntax [sǜntáx] v. = süntag.
Synthese [süntesĕ] v. = sünoäd.
synthetisch [süntètị̣j] = koboädik, — aufbauen = koboädön (lov.).
Syrer [sürĕr] m. = Süriyänan.
Syrien [sǜrị̣ĕn] n. = Süriyän.
Syrier [sǜrị̣ĕr] m. = Süriyänan.
Syringe [sürị̣ĕ] v. = süren.
syrisch [sǜrị̣j] = Süriyänik.
Syrisch [sǜrị̣j]: das — = süriy.
Syrjänen [sị̣ryänĕn] = Süryenans.
System [sǜštem] n. 1. = sit 2. füs. = sitot.
systematisch [sǜštemàtị̣j] = sitik.

T. t.

Tabak [tȧbák] m. = tabak.
Tabaksdose [tȧbáx̌dosĕ] v. = tabakabok, tabakiär.
Tabakshändler [tȧbáx̌händlĕr] m. = tabakatedan.
Tabakspfeife [tȧbáx̌-pfáïfĕ] v. = pip.
Tabaksschnupfer [tȧbáx̌jnu̯pfĕr] m. = snüfan, tabakisnüfan.
tabellarisch [tȧbälàrị̣j] = taibik.
Tabelle [tȧbạ̈lĕ] v. = taib.
Tabernakel [tȧbärnakĕl] n. 1. (Laubhütte der Israeliten) = tabär 2. (Bethaus der Methodisten) = tabernak (pleköp metudanas).
Tablette [tȧblạ̈tĕ] v. (platter Gegenstand) = platot.
Tadel [tȧdĕl] m. (Ausstellung, Rüge) = blam.
Tadelei [tȧdĕláï] v. (Ausstellerei) = dulablam.
tadelhaft [tȧdĕlhȧft] (rügbar) = blamabik.

Tadelhaftigkeit [tadĕl-háftị̣q-káït] v. = blamab.
tadellos [tȧdĕlloš] = neblamabik.
Tadellosigkeit [tȧdĕl-lòsị̣qkáït] v. = neblamab.
tadeln [tadĕln] (aussetzen, rügen, verweisen) = blamön (lov.), zu — = blamabik, zu — sein = blamabön (nel.).
tadelnswert [tȧdĕlnšvert] = blamabik.
tadelnswürdig [tadĕlnš-vu̯rdị̣q] = blamabik.
Tadelsucht [tȧdĕlsu̯qt] v. = blamiäl.
tadelsüchtig [tadĕl-sụ̈qtị̣q] = blamiälik.
Tadler [tadlĕr] m. = blaman.
Tadschik: die — = parsevans.
Tael [tel, täl] m. k. = tael.
Tafel [tafĕl] m. 1. (Tisch) = tab 2. (Wandtafel) = julaboed.
Tafelberg [tȧfĕlbärk] m. st. = sitababel.
Tafelgedeck [tȧfĕlgĕdäk] n. = tabastofädem.
Tafelgeschirr [tȧfĕlgĕjịr] n. = tabagefem.
Tafelglas [tȧfĕlglaš] n. = plataglät.
Tafelservice [tȧfĕlsärviš] n. 1. = fidedagefem 2. (Tafelgeschirr) = tabagefem.
Tafeltuch [tȧfĕltu̯q] n. = tabastofed.
Taffet [táfĕt] m. = tafet.
taffeten [táfĕtĕn] = tafetik.
Taft [táft]: von — = tafetik.
taften [táftĕn] = tafetik.
Tag [tak] m. 1. = del, vierzehn Tage = telvig, der heutige — = adel, der — nach heute = odel, der auf Morgen folgende — = udel, der gestrige — = ädel, vorgestriger — = edel, während des Tages = delik, deliko, per — = a del, am Tage, bei Tage = delo, am heutigen Tage = adelo, am vorgestrigen Tage = edelo, am drittgestrigen Tage = idelo 2. — sein = delön (nel.), — werden = delikön (nel.) 3. am Tage des, an Tagen des = delü.
Tagalen = tagalans.
Tagearbeit [tagĕ-ár-báït] v. = delavob, vob delik.
Tageblatt [tàgĕblát] n. = delagased.
Tagebuch [tàgĕbu̯q] n. = delabuk.
Tagefalter [tàgĕfáltĕr] m. = delapab.
tagen [tagĕn] (Tag werden) = delikön (nel.).
Tagesanbruch [tàgĕš-ánbru̯q] m. = delaprim, bei — = delaprimo.
Tageschmetterling [tagĕ-jmạ̈tĕrlị̣n] m. = delapab.
Tageszeit [tàgĕšžáït] v. = delatim.
Tagewerk [tàgĕvärk] n. = vobod· dela bal, bal· delavob.
Taglohn [tàklon] m. = delamesed.
Taglöhner [tàklönĕr] m. = delavoban, delamesedovoban.
tagsüber [tàx̌žübĕr] = delik, deliko.
tagtäglich [tàx̌-tȧklị̣q] = aldelik.
tagundnacht [tak u̯ntnáqt] = delo e neito.
Takelage [takĕlajĕ] v. = jainod.
takeln [takĕln] = jainodön (lov.).
Takelwerk [tàkĕlvärk] n. (Takelage) = jainod, mit — versehen = jainodön (lov.).
Takelzeug [tàkĕlžóük] n. = jainod.
Takt [tákt] m. 1. = misur 2. (Taktschlag) = misuraflapül, den — angeben, — schlagen =

flapülön (nel.) misuro, misuraflapülön (nel.)
3. (Umsicht) = töd.
taktfest [táktfąšt] = misurafümik.
Taktfestigkeit [tákt-fąšti̯qkáït] v. = misura=
füm.
Taktgefühl [táktgĕfül] n. = misuräl.
taktgemäsz [táktgĕmäš] = misurik.
taktieren [tákti̯rĕn] = flapülön (nel.) misuro,
misuraflapülön (nel.).
taktmäszig [táktmäši̯q] = misurik.
Taktschlag [táktji̯lak] m. = misuraflapül.
taktvoll [tákt-fól] 1. (umsichtig) = tödik 2.
(mit Umsicht) = tödo.
Tal [tal] n. = fälid.
Talar [taiar] m. 1. = talar 2. k. Habäjänik =
dalar.
Talent [talänt] n. (Anlage) = tälen.
talentlos [talą̈ntloš] = nentälenik.
talentvoll [talą̈ntfól] (begabt) = tälenik.
Taler [talĕr] m. = dalder, arabischer — =
dalder Larabänik, rial.
Talg [tálk] m. (hartes Fett) = lepin.
talgartig [tálk-àrti̯q] = lepinasümik.
talgicht [tálgiqt] = lepinasümik.
talgig [tálgi̯q] = lepinik.
Tamarinde [tamari̯ndĕ] v. (Baum) = tamarin.
Tamarindenbaum [tamari̯ndĕnbáŭm] m. = ta=
marin.
Tamarindenfrucht [tamari̯ndĕnfru̯q̆t] v. = ta=
marinafluk.
Tambour [támbu̯r] m. = truman.
Tamil [tàmil] = tamilan.
Tand [tánt] m. = vanot.
Tanganjikaland [tán̄gáñìkalánt] = Tananyi=
kän.
Tanger [táncĕr, táñĕr] = Flunaziläk bevünetik:
‚Tanger‘.
Tanne [tánĕ] v. = fir.
Tannen= [tánĕn=] = … firik.
Tannenapfel [tánĕn-ápfĕl] m. (Tannenzapfen)
= konüd.
Tannenbaum [tánĕn-bám] m. = fir, Zapfen des
Tannenbaums = firakonüd.
Tannenwald [tánĕn-vált] m. = firafot.
Tannenzapfen [tánĕn-žápfĕn] m. = konüd.
Tannin [táni̯n] n. = tanin.
Tannu-Tuwa = Tanutuvän.
Tantal [tántàl] Ta = tantalin.
Tante [tántĕ] v. = zian, jiter Onkel oder —
= ter.
Tanz [tánž] m. = danüd.
Tanzboden [tánžbodĕn] m. = danüdöp.
tanzen [tánžĕn] = danüdön (lov.), Galopp —
= galofön (nel.), Walzer — = valtön (nel.).
Tanzfest [tánžfąšt] n. (Ball) = baol.
Tanzhaus [tánž-háŭš] n. = danüdadom.
Tanzkunst [tánž-ku̯nšt] v. = danüdav.
Tanzlehrer [tánžlerĕr] m. = danüditidan.
Tanzmeister [tánž-máïštĕr] m. = danüditidan.
Tanzplatz [tánž-pláž] m. = danüdöp.
Tanzsaal [tánžsal] m. = danüdöp.
Tanzschuh [tánžju̯] m. = danüdajuk.
Taoismus (Lehre des Lao-tse) = taotet.
Tapete [tápĕtĕ] v. = tapot.

Tapetenfabrikant [tápĕtĕnfabri̯kánt] m. = ta=
potel.
Tapetentüre [tápĕtĕntürĕ] v. = klänayan.
tapezieren [tápĕži̯rĕn] = tapön (lov.).
Tapezieren [tápĕži̯rĕn] n. = tap.
Tapezierer [tápĕži̯rĕr] m. = tapan.
Tapezierung [tápĕži̯ru̯n] v. 1. = tap 2.
(Wand) = tapot.
tapfer [tápfĕr] = kuradik.
Tapferkeit [tápfĕr-káït] v. = kurad.
tappen [tápĕn] 1. = grobagolön (nel.) 2.
(tasten) = senidön (nel.).
Tappen [tápĕn] n. (das Herumtasten) =
senid.
Tara [tàra] v. = tarad.
Tarantel [tarántĕl] v. (Spinne) = tarantul.
Tarantella [tarántą̈la] v. (Tanz) = tarantel.
Tarif [tári̯f] m. = tarif, beim —ָ, dem — ge-
mäsz = tarifo.
tarifmäszig [tárifmäši̯q] = tarifik.
Tarnkappe [tárn-kápĕ] v. = kapütül nelogä=
düköl.
Tasche [tájĕ] v. 1. (in Kleidungsstücken) =
pok 2. (in valem) = sakäd (a.s.: bäkasakäd,
bukasakäd, …) 3. (Damentasche) = saked.
Taschenbuch [tájĕnbu̯q̆] n. 1. = penetabuk,
penetabukil 2. (Buch in Taschengrösze) =
pokabuk.
Taschenfabrik [tájĕnfabri̯k] v. = sakädifabrik.
Taschenfabrikant [tájĕn-fabri̯kánt] m. = sa=
kädifabrikan.
Taschenformat [tájĕn-fórmàt] n. = pokafo=
mät.
Taschengeld [tájĕngält] n. = pokamon.
Taschenmacher [tájĕn-máq̆ĕr] m. = sakädel.
Taschenmesser [tájĕnmäšĕr] n. = pokaneif,
flegülaneif.
Taschenspieler [tájĕnji̯pilĕr] m. = hestan.
Taschenspielerei [tájĕn-ji̯pilĕráï] v. = hest.
Taschenspielerkunststück [tájĕnji̯pilĕr-ku̯nštjtük]
= hestakäfed.
Taschenspielerkünste [tájĕnji̯pilĕr-ku̯nštĕ] pl.:
— machen = hestön (nel.).
Taschentuch [tájĕntu̯q̆] n. = pokasärvätül.
Taschenuhr [tájĕn=u̯r] v. = pokaglok.
Taschenwörterbuch [tájĕn-vórtĕrbu̯q̆] n. =
pokavödabuk.
Tasmanien [tášmàniĕn] n. (Insel) = Tasma=
neän.
Tasse [tášĕ] v. = bovül.
Tassentuch [tášĕntu̯q̆] n. = bovülasärvätül.
tasten [táštĕn] (tappen) = senidön (nel.).
Tasten [táštĕn] n. (das Herumtappen) = senid.
Tat [tat] v. 1. (Akt) = dunot 2. in der — =
jenöfo 3. in der —! = vö!
Tatar [tatar] m. = Tataränan, tataran.
Tatarei [tataráï] v. = Tatarän.
tatarisch [tatàri̯j] = Tataränik.
Tatendrang [tàtĕndráŋ] m. = duniäl.
Tatendurst [tàtĕndu̯ršt] m. = duniäl.
Tatform [tàtfórm] v. = dunalefom.
tatsächlich [tat-sᾳ̈qli̯q]: —! = jenöfö!
Tatze [tážĕ] v. = kluv, — einer Katze =
katakluv.

Tau [táŭ] n. 1. (Leine, Seil) = jain 2. (Seil, Schnur, in valem) = lefad.
taub [táŭp] = sudik.
Taube [táŭbĕ] v. 1. pijun 2. (Weibchen) = jipijun 3. st. = sipijun.
Taubenfalk [táŭbĕn-fálk] m. = falok pijunik.
Taubenhaus [táŭbĕn-háŭš] n. = pijunadom.
Taubenschlag [táŭbĕnjlak] m. = pijunadom.
Taubenzucht [táŭbĕnžŭḑt] v. = pijunibrid.
Tauber [táŭbĕr] m. = hipijun.
Taubheit [táŭp-háït] v. = sud.
taubstumm [táŭpjtum] = sudamüätik.
Taubstummheit [táŭptjtum-háït] v. = suda= müät.
tauchen [táŭqĕn] 1. = blunön (lov.) 2. sich — = daivön (nel.).
Tauchen [táŭqĕn] n. 1. = blun 2. (das Sich-in-etwas-tauchen) = daiv.
tauen [táŭĕn] = smetön (nel.).
Taufe [táŭfĕ] v. = bluned, Sakrament der christlichen — = blunedasakram.
taufen [táŭfĕn] = blunedön (lov.).
Taufname [táŭfnamĕ] m. 1. = blunedanem 2. (Personenname) = pösodanem.
taugen [táŭgĕn] 1. (sich gut benehmen) = benokondötön (nel.) 2. = gudön (nel.).
Taugenichts [táŭgĕniḑž] m. = mikondötan.
tauglich [táŭkliḑ] = legudik, — machen = legudükön (lov.).
Tauglichkeit [táŭkliḑ-káït] v. (Güte) = legud.
Taurien [táŭriĕn] n. = Toriän.
Taurier [táŭriĕr] m. = Toriänan.
Tausch [táŭj] m. 1. = cän 2. (Umtausch) = tök, im — gegen = tökü.
tauschen [táŭjĕn] 1. = cänön (lov.) 2. (um-tauschen) = tökön (lov.).
Tauscherei [táŭjĕráï] v. = tök.
Tauschobjekt [táŭj-ópyằkt] n. = tökayeg.
tausend [táŭsĕnt] 1'000 = mil, — Stück = milat.
Tausend [táŭsĕnt] n. = milat, zehn — = degmil.
Tausendchen [táŭsĕntqĕn] n. = milil.
tausenderlei [táŭsĕndĕr láï] = milsotik, auf — Weise = milsotiko.
tausendfach [táŭsĕnt-fáḑ] = milik.
Tausendfache [táŭsĕnt-fáḑĕ] n. = milot.
tausendfacherweise [táŭsĕnt-fáḑĕr-váïsĕ] = mi= liko.
Tausendfusz [táŭsĕntfuš] m. = millög.
tausendjährig [táŭsĕnt-yằriḑ] = milyelik.
tausendmal [táŭsĕntmal] = milna.
tausendmalig [táŭsĕntmaliḑ] = milnaik.
tausendmals [táŭsĕntmalš] = milna.
Tausendsasa [táŭsĕntšaša] m. = man maledi= tilik.
tausendste [táŭsĕntstĕ] = milid, das — Mal = milidnaed.
Tausendstel [táŭsĕntštĕl] n. = mildil, mim.
tausendstenmals [táŭsĕntštĕnmalš] = milidnae= do.
tausendstens [táŭsĕntštĕnš] = milido.
Tauwerk [táŭvărk] n. = jainem.
Taxpreis [táx-práïš] m. = täxetasuäm.
Taxwert [táxvert] m. = täxetasuäm.

täglich [tằkliq] = aldelik.
Tändelei [tằndĕláï] v. = smalot.
Tändelgeist [tằndĕlqáïšt] m. = smalotäl.
tändeln [tằndĕln] = smalotälön (nel.).
Tändler [tằndlĕr] m. = smalotälan.
Tänzchen [tằnžqĕn] n. = danüdil.
Tänzer [tằnžĕr] m. = danüdan.
Tänzerin [tằnžĕrin] v. = jidanüdan.
täppisch [tằpij] = grobagolöl.
Täschchen [täjqĕn] n. (Damentäschchen) = sakedil.
Täter [tätĕr] m. = dunan.
tätig [tằtiq] = dunik, als Chemiker — sein = kiemön (nel.).
Tätigkeit [tằtiqkáït] v. 1. (das Tun) = dun 2. amtliche — = calajäf.
Täubin [tóŭbin] v. = jipijun.
Täufer [tóŭfĕr] m. = blunedan.
Täufling [tóŭflin] m. = blunedäb.
täuschen [tóŭjĕn] 1. (beirren) = pölükön (lov.) 2. sich — = pölön (nel.).
Täuschung [tóŭjun] v. (Irre, Irrtum) = pöl.
Technik [tằqnik] v. = kaen.
Techniker [tằqnikĕr] m. = kaenan.
technisch [tằqnij] = kaenik.
Technolog [tằqnolok] m. = kaenavan.
Technologie [tằqnologi] v. = kaenav.
technologisch [tằqnologij] = kaenavik.
Tee [te] m. = tied.
Teebüchse [tèbüxĕ] v. = tiediär.
Teekanne [tèkánĕ] v. = tiedaskal.
Teer [ter] m. = tar.
Teerjacke [tèryákĕ] v. = melaman.
Teetopf [tètópf] m. = tiedaskal.
Teetotaler [titotĕlĕr] m. = stöniman.
Teetotalisme [titotĕlişmĕ] = stönim.
Teich [táïq] m. (Weiher) = lulak.
Teig [táïk] m. = pest.
teil [táïl]: zu — werden = ledutikön (nel.).
Teil [táïl] m. e n. 1. = dil, unterer — = donadil, — (Zubehörteile, Maschinenteile) = diladil, zum — = dilo, zum Teil ... zum Teil = dilo ... dilo 2. — (Anteil) an etwas haben = kompenön (nel.) 3. mat. = müed.
teilbar [táïlbar] = dilovik, in Abteilungen — = dilädabik.
Teilbarkeit [táïlbar-káït] v. = dilov.
Teilbetrag [táïlbĕtrak] m. (Rate) = dilasuäm, im Teilbetrage von = dilasuämü.
teilen [táïlĕn] (dividieren) = dilön (lov.).
Teiler [táïlĕr] m. 1. p. = dilan 2. (Divisor) = dilian.
teilhabend [táïlhabĕnt] = kompenik.
Teilhaber [táïlhabĕr] m. 1. (Genosse) = kom= penan 2. (Sozius) = kompenätan 3. (Fir-mant) = fiaman.
Teilhaberschaft [táïlhabĕr-jáft] v. = kompen.
teilhaft [táïl-háft] (teilhabend) = kompenik.
Teilhaftigkeit [táïl-háftiq-káït] v. (das Beteiligt-sein bei etwas) = kompen.
Teilnahme [táïlnamĕ] v. (Sympathie) = ke= senäl, — zeigen = jonülön (lov.) kesenäli.
teilnehmen [táïlnemĕn]: — an (sympathisieren) = kesenälön (lov.).
teilnehmend [táïlnemĕnt] = kesenälik.

Teilnehmer [táɪlnemĕr] m. = kesenälan.
teils [táɪls̆] = dilo, — ... — = dilo ... dilo (ladvärbs), dilä ... dilä (konyuns).
Teilung [táɪlʊŋ] v. (Verteilung) = dilam.
Teilungszahl [táɪlʊŋš-žal] v. = dilanum.
Teilungszeichen [táɪlʊŋš-žáɪqĕn] n. (⸗) = teilamalül.
teilweise [táɪl-váɪsĕ] = dilik.
Teilzahl [táɪlžal] v. (Quotient) = müedot.
Teilzahlung [táɪl-žálʊŋ] v.: — machen = pelön (lov.) dilasuämo.
Telefunken [telefuŋkĕn] pl. (Radio) = radion.
Telegramm [telegrám] n. = telegrafot.
Telegraph [telegraf] m. = telegraföm.
Telegraphie [telegrafi] v. = telegraf, drahtlose — = radionatelegraf.
telegraphieren [telegrafɪrĕn] = telegrafön (lov.).
telegraphisch [telegràfɪj] = telegrafik.
Telegraphist [telegrafɪšt] m. = telegrafan.
Telephon [telefon] n. = telefonöm.
Telephonapparat [telefon-áparàt] m. = tele⸗ fonaparat.
Telephonat [telefonat] = telefonot.
Telephonie [telefoni] v. = telefon.
telephonieren [telefonɪrĕn] = telefonön (lov.).
telephonisch [telefònɪj] = telefonik.
Telephonist [telefonɪšt] m. = telefonan.
Teleskop [teläškop] n. 1. = daleskop 2. st. = sidaleskop.
teleskopisch [teläškòpɪj] = daleskopik.
Telle [tälĕ] = tälot, mit Tellen = tälik.
Teller [tälĕr] m. = boved.
Tellerchen [tälĕrqĕn] n. = bovedil.
Tellur [tälʊr] n. Te = telurin.
Tellurdioxyd [tälʊr dɪ óx̆ʊt] TeO₂ = telurita⸗ stabot.
tellurig [tälʊrɪq]: tellurige Säure, H₂TeO₃ = teluritazüd.
Tellursäure [tälʊrsóŭrĕ] H₂TeO₄ = teluratazüd.
Tellurwasserstoff [tälʊr vášĕr-j̄tóf] H₂Te = telhidrinatelurin, teluridazüd.
Tempel [tämpĕl] m. (Dom, Kirche oder Syna-goge) = tem.
Temperament [tämpĕrámą̆nt] n. = natäl.
Temperamentum [tämpĕrámą̆ntʊm]: — choleri-cum = natäl nämaladälik, — melancholicum = natäl glumaladälik, — phlegmaticum = natäl leigöfaladälik, — sanguineum = natäl fredaladälik.
Temperatur [tämpĕratʊr] v. = vamot.
Temperänzler [tämpĕränžlĕr] m. = stöniman.
Tempus [tą̆mpʊš] n. (Zeitform) = värbatim.
Tenne [tänĕ] v. (Dreschtenne) = cepaglun.
Tenor [tenor] m. (Stimme) = kilidvög.
Tenorbuffo [tenor bʊfo] = ‚tenore buffo' [tenòre bùfo] Lit.
Tenorist [tenorɪšt] m. = kilidvögan.
Tenorschlüssel [tenòrjlɪ̆šĕl] m. = kiküf kilid⸗ vöga.
Teppich [tą̆pɪq] m. 1. = taped 2. (— als Decke des Fuszbodens) = tapäd.
Terbium [tą̆rbɪum] Tb = terbin.
Termin [tä̆rmɪn] m. 1. (Frist) = tüp 2. (tim jü pelüpadel) = pelüp.

Terminus [tą̆rmɪnʊš] m.: — major = löpasetäd, — minor = donasetäd.
Terrain [tą̆räñ] n. 1. (Gebiet) = topäd 2. (einzelnes Grundstück) = läned.
Terrainkenntnis [tą̆räñ-ką̆ntnɪš] v. = topä⸗ disev.
Terrainkunde [tą̆ränkʊndĕ] v. = topädav.
Terrainwissenschaft [tą̆räñ-vɪšĕnjáft] v. = to⸗ pädav.
Terrän [tą̆rän] 1. (geistiges —) = jäfüd 2. urbares — = feilalän.
Territorium [tą̆rɪtòrɪum] n. = ziläk.
Terrorismus [tą̆rorɪšmʊš] m. = jeikareig.
Terzine [tą̆ržɪnĕ] v. (Poesie) = kilev.
Testament [tą̆štamą̆nt] n. = tästum, sein — machen = tästumön (nel.).
testamentarisch [tą̆štamąntàrɪj] = tästumik.
Testator [tą̆štàtòr] m. = tästuman.
Testierer [tą̆štɪrĕr] m. = tästuman.
Tetraborsäure [tètra bòrsóŭrĕ] H₂B₄O₇ = se⸗ moboratazüd.
Tetrasilan [tètra silan] Si₄H₁₀ = folidsilikan.
Tetrathionsäure [tètra tɪ̆ón-sóŭrĕ] H₂S₄O₆ = folsulfinatazüd.
teuer [tóŭĕr] 1. (lieb) = löfik 2. (kostspie-lig) = jerik, — sein = jerön (nel.), — wer-den = jerikön (nel.).
Teuerkeit [tóŭĕr-káɪt] v. = jer.
Teuerung [tóŭĕrʊŋ] v. = jer.
Teufel [tóŭfĕl] m. (Satan) = diab, vom — herrührend = diabik, vom — besessen sein = diabäbön (nel.), zum — ! = diabö !
Teufelei [tóŭfĕláɪ] v. = diabäl.
teufelhaft [tóŭfĕl-háft] = diabälik.
Teufelin [tóŭfĕlɪn] v. 1. = jidiabälan 2. (weiblicher Teufel) = jidiab.
Teufelskerl [tóŭfĕlškärl] m. = man maleditilik.
teuflisch [tóŭflɪj] 1. = diabälik, teuflisches Wesen = diabäl 2. (vom Teufel herrührend) = diabik.
Text [tä̆x̌t] m. 1. = vödem 2. einem den — lesen = leblamön (lov.) eki.
Thallioxyd [táli óx̆ʊt] Tl₂O₃ = taliniloxid.
Thallium [tálɪum] Tl = talin.
Thallooxyd [tálo óx̆ʊt] Tl₂O = talinoloxid.
Theater [teatĕr] n. 1. = teat 2. = teatöp.
Theaterangehöriger [teàtĕr⸗ángehörɪgĕr] m. = teatan.
Theatervorstellung [teatĕr-fòrjtälʊŋ] v. = dra⸗ mat.
theatralisch [teatràlɪj] (bühnenmäszig) = tea⸗ tik.
Thema [tèma] v. = spikotadin.
Theolog [teolok] m. = Godavan.
Theologie [teologi] v. = Godav.
theologisch [teològɪj] = Godavik.
theoretisch [teorètɪj] = teorik.
Theorie [teori] v. 1. = teor 2. = teorod, — des Lichtes = teorod lita.
Thermometer [tą̆rmomgetĕr] n. e m. = tä̆r⸗ momet, vamotimafóm.
Thessalien [tä̆šàlɪĕn] n. = Tesalän.
Thiocyansäure [tɪ̆o žüänsóŭrĕ] CNSH = sul⸗ foküanatazüd.

Thioschwefelsäure [tịo jvềfẻlsóū̆ře] $H_2S_2O_3$ ü $S_2O(OH)_2$ = balsulfosulfatazüd.
Thorium [tòrịụm] **Th** = torin.
Thraker [trakĕr] m. = Trakänan.
Thrazien [tràžịẽn] n. = Trakän.
thrazisch [tràžịj] = Trakänik.
Thron [tron] m. = tron.
thronen [tronĕn] = tronön (nel.).
Thulium [tùlịụm] **Tu** = tulin.
Thüringen [tụ̈rịnĕn] n. = Türinän.
Thüringer [tụ̈rịnĕr] m. = Türinänan.
thüringisch [tụ̈rịnịj] = Türinänik.
Tibbu = tibuvan.
Tibet [tịbặt] n. (Land) = Tibätän.
Tibetaner [tịbetanĕr] m. = Tibätänan, tibätan.
tibetanisch [tịbetànịj] = Tibätänik, **die tibetanische Sprache** = tibät.
tief [tịf] 1. = dibik, — **sein** = dibön (nel.), — **hinab in** = dibü 2. (— als Maszbestimmung) = dibotik 3. = donik, **tiefe Töne** = toneds donik.
Tiefe [tịfĕ] v. 1. (das Tiefsein) = dib, **in der** — = dibo, **in der — des** = dibü 2. (Masz) = dibot.
Tiefgang [tịfgáṇ] m. = sadadibot.
Tieflot [tịflot] n. = dibotaplumb.
Tiefsinn [tịfsịn] m. = letäläkt.
tiefsinnig [tịfsịnịq] = letäläktik.
Tiefsinnigkeit [tịfsịnịqkáït] v. = letäläkt.
Tier [tịr] n. 1. (Bestie) = nim, **reiszendes** — = sleitanim, **das Ziehen von Tieren** = nịmibrid, **zum — werden** = nimikön (nel.), nimälikön (nel.), **zum — machen** = nimükön (lov.), nimälükön (lov.) 2. (Hirschkuh) = jistäg.
Tierarzt [tịrːážžt] m. = veterisanan, nimisanan.
Tierhaar [tịrhar] n. = nimaher.
tierisch [tịrịj] 1. = nimik, **tierischer Dünger** = dön nimik 2. — **leben** = nimälön (nel.), — **werden** = nimälikön (nel.), — **machen** = nimälükön (lov.).
Tierknochen [tịrknóğĕn] m. = nimabom.
Tierkreis [tịrkráïš] m. (Zodiakus) = zodiak.
Tierkunde [tịrkụndĕ] v. = nimav.
Tierquälerei [tịrkväĕráï] v. = nimitom.
Tierreich [tịrːráïq] n. = nimavoled.
Tierschutz [tịrjụž] m. = nimijel.
Tierzelle [tịržặlĕ] v. = nimasiül.
Tierzüchtung [tịrːžụ̆qtụṇ] v. = nimibrid.
Tiger [tigĕr] m. = tigrid.
tigerartig [tigĕr-àrtịq] = tigridasümik.
Timor [tìmór] = Timoreän.
Tinktur [tịṇktụr] v. = tintur.
Tinte [tịntĕ] v. = nig.
Tintenfasz [tịntĕnfáš] n. = nigagef, nigiär.
Tintenpulver [tịntĕnpụlvĕr] n. = nigapuin.
Tirol [tirol] n. = Tiroleän.
Tiroler [tirolĕr] m. = Tirolänan.
Tirolerin [tiròlĕrịn] v. = jịːTirolänan.
Tirolienne [tirolịän] v. = Tirolänüm.
tirolisch [tirolịj] = Tirolänik.
Tisch [tịj] m. = tab, **den — decken** = stofeː dön (lov.) tabi.
Tischblatt [tịjblát] n. = tababoed.
Tischdecke [tịjdäkĕ] v. = tabategäd.

Tischgerät [tịjgĕrặt] n. = tabastömem.
Tischgesellschaft [tịj-gĕsặljáft] v. = tabasog.
Tischler [tịjlĕr] m. = möbel.
Tischlerei [tịjlĕráï] v. = möbimek.
tischlern [tịjlĕrn] (zimmern) = kapenön (lov.).
Tischplatte [tịjplátĕ] v. = tababoed.
Tischtuch [tịjtụğ] n. = tabastofed.
Tischzeug [tịjžóū̆k] n. = tabastofädem.
Titan [tịtan] n. **Ti** = titanin.
Titanchlorid [tịtan klorịt] $TiCl_4$ = baltitaninaː folklorin, titaninaklorid.
Titandioxyd [tịtan dị óx̌ụt] TiO_2 = titanataː stabot.
Titansäure [tịtànsóū̆řĕ] H_4TiO_4 = titanatazüd.
Titel [tịtĕl] m. 1. (Überschrift) = tiäd 2. (Amtsname) = calanem.
Titer [tịtĕr] = titär.
titrieren [tịtrịrĕn] = titärön (lov.).
Titrierung [tịtrịrụṇ] v. = titäram.
titulieren [tịtulịrĕn] 1. = tiädön (lov.) 2. = calanemön (lov.) eki.
Toast [tošt] m. (Trinkspruch) = tost.
toastieren [toštịrĕn] = tostön (nel.).
Tobel [tobĕl] m. (Kluft, Schlucht) = gur.
Tobsucht [tòpsụ̆qt] v. = vutalienet.
Tochter [tóğtĕr] v. = daut.
Tochtermann [tóğtĕr-mán] m. = dautamatan, lüson.
Tod [tot] m. 1. (das Totsein) = dead 2. (das Sterben) = deadam 3. **Zustand des Todes** = dead, **sich zu Tode bluten** = deibludön (nel.), **zu Tode drücken** = deipedön (lov.).
todblasz [tot bláš] = funapaelik.
todbleich [tot bláïq] = funapaelik.
Todestag [tòdĕštak] m. = deadamadel.
Togo [tògo] = Togovän.
Toilette [toalặtĕ] v. = klün.
Toilettenartikel [toalặtĕn-ártịkĕl] m. = klünaː din.
Toilettenzimmer [toalặtĕnžịmĕr] n. = klünaː cem.
toilettieren [toalặtịrĕn] = klünön (lov.).
tolerant [toleránt] = sufälik.
Toleranz [toleránž] v. = sufäl.
toll [tól] = vutalienetik.
Tollheit [tól-háït] v. = vutalienet.
tollkühn [tólkün] = lukünik, — **sein** = lukünön (nel.).
Tollkühnheit [tól-kụ̈nháït] v. (Verwegenheit) = lukün.
Tollwut [tólvụt] v. (Hundswut) = rabiät.
tollwütig [tólvütịq] = rabiätik.
Tolpatsch [tól-páč] m. (Tölpel) = lunulan.
Tolpatschigkeit [tól-páčịq-káït] v. = lunul.
Ton [ton] m. 1. (Töpferton) = gefataim, **architektonische Verzierungen aus** — = buː mavadeks taimik 2. = vögäd 3. = tonod, **den — angeben** = tonodön (nel.) 4. (Benehmen) = kosed, **guter** —, **feiner** — = kosed kulivik.
Tonart [tònːart] v. = tonodasot.
Tonerde [tònːerdĕ] v. (Aluminiumoxyd) Al_2O_6 = laluminaloxid, lalumatastabot.
Tongainseln [tónga-ịnsĕln] = Tongayüäns.
Tongeschlecht [tòngĕjläqt] = tonodasot.

Tongking [tóŋkįŋ] = Tonkän.
Tonhöhe [tònhöë] v. = tonodalöpot.
Tonkunst [tònkųnšt] v. = tonodav.
Tonleiter [tònláïtĕr] v. = tonodem.
Tonne [tónĕ] v. (Masz) = toun.
Tonzeichen [tònžáïqĕn] n. (Akzent) = kaze‹
tamal.
Topf [tópf] m. (Hafen) = skal.
Tor [tor] 1. m. (Narr) = fopan 2. n.
(Pforte) = leyan.
Torheit [tòrháït] v. (Narrheit) = fop.
Tornister [tórnįštĕr] m. e n. 1. = bäkasakäd
2. (Büchertasche) = bukasakäd.
Torte [tórtĕ] v. = toed.
Toskana [tóškàná] n. = Toskanän.
Toskaner [tóškànĕr] m. = toskanan, Toska‹
nänan.
tot [tot] 1. = deadik, — sein = binön (nel.)
deadik 2. totes Meer = Sfalalak.
total [total] = valodik.
Totalbetrag [totàlbĕtrak] m. = valodasuäm.
totdrücken [tòtdrųkĕn] = deipedön (lov.).
Tote [totĕ]: der —, die — = deadan.
totenblasz [totĕn bláš] = funapaelik.
Toter [totĕr]: ein — = deadan.
totmachen [tòtmáqĕn] = deidön (lov.).
totmüde [tot mųdĕ]: — sein = lefenön (nel.).
totschieszen [tòtjíšĕn] = deibejütön (lov.), jü‹
todeidön (lov.).
totschlagen [tòtjlagĕn] = deifälön (lov.), dei‹
flapön (lov.).
totschweigen [tòtįváïgĕn] = leseilön (nel.).
Totsein [tot sáïn] n. = dead.
Tourisme [tųrįšmĕ] = tör.
Tourist [tųrįšt] m. = töran.
Touristentasche [tųrištĕntájĕ] v. = tävasakäd.
Toxikologie [tóxikologį] v. = venenav.
Töchterchen [tǒqtĕrqĕn] n. = dautil.
Töchterlein [tǒqtĕr-láïn] n. = dautil.
tödlich [tǒtlįq] = deidöl.
Tölpel [tǒlpĕl] m. = lunulan.
Tölpelei [tǒlpĕláï] v. = lunul.
tölpelhaft [tǒlpĕl-háft] = lunulik.
Tölpelhaftigkeit [tǒlpĕl-háftįq-káït] v. = lunul.
tönern [tönĕrn] = gefataimik.
Töpfer [tǒpfĕr] m. = skalel.
Töpfererde [tǒpfĕr‹erdĕ] v. (Ton) = gefa‹
taim.
Töpferton [tǒpfĕrton] m. = gefataim.
töricht [tǒrįqt] = fopik.
Törtchen [tǒrtqĕn] n. = toedil.
töten [tötĕn] = deidön (lov.).
Töten [tötĕn] n. = deid.
Tötung [tǒtųŋ] v. = deid.
Trab [trap] m. = trot.
Trabant [trabánt] m. (‚Mond' in valem) =
munäd.
traben [trabĕn] = trotön (nel.).
Tracht [tráqt] v. 1. eine — Schläge = flapem
2. (ein Gang Speisen) = lezib 3. (das Auf‹
tragen zusammengehörender Gerichte) = le‹
zibiböt.
Tradition [tradįžįon] v. 1. = vönaoloveikod
2. (Volkslegende) = pöpakonäd.
traditionell [tradįžįonäl] = vönaoloveik.

Tragbahre [tràkbarĕ] v. = polabed.
tragbar [tràkbar] = polovik.
tragen [tragĕn] 1. = polön (lov.) 2. Sorge —
(sich Sorge machen) = kudön (nel.), Sorge
— für = kälön (lov.), Zinsen — = fienön
(lov.).
Tragen [tragĕn] n. = pol.
tragend [tragĕnt]: Wolle — (wollig) = lai‹
nagik.
tragfähig [trak-fạịq] = polafägik, — sein =
polafägön (nel.).
Tragfähigkeit [trak-fạịqkáït] v. = polafäg.
Tragkraft [tràkkráft] v. = polafäg.
Tragödie [tragǒdįĕ] v. = lügadramat.
Tragsessel [tràksạšĕl] m. = polastul.
Tragstuhl [tràkjtųl] m. = polastul.
Tragvermögen [tràkfạrmögĕn] n. = polafäg.
Tragweite [tràkváïtĕ] v. 1. = jütafagot greti‹
kün 2. = portat.
Tram [trám] m. e v. = träm.
Trambahn [trámban] v. = träm.
trampeln [trámpĕln] = tagön (nel.).
Trampeln [trámpĕln] n. = tag.
Tramway [trámve] m. = träm.
Tran [tran] m. (Fischtran) = blöb.
Trank [tráŋk] m. (Getränk) = drined.
Transit [tránsįt] m. (Durchfuhr) = duveig.
transitiv [tránsįtįf] = loveädik.
Transitohandel [tránsįto-hándĕl] m. = duvei‹
gated.
Transjordan [tráns‹yórdàn] = Transyordän.
Transkaukasien [tránskáųkàsiĕn] = Transkau‹
kasän.
transkribieren [tránškribįrĕn] (die eigene Buch‐
stabenschrift einer Sprache in eine andere
übersetzen) = penulön (lov.) me.
Transkription [tránškrįpžįòn] v. = penul.
Transport [tránšpórt] m. = veig.
transportieren [tránšpórtįrĕn] = veigön (lov.).
Transportierung [tránšpórtįrųŋ] v. = veig.
Transporteur [tránšpórtòr] m. = veigan.
Transportunternehmer [tránšpórt‹ųntĕrnemĕr] m.
= veigal.
Transvaal [tránš‹vàl] = Transfalän.
trassieren [tráširĕn]: auf einen — = tretön
(lov.) eki.
Trassierung [tráširųŋ] v. = tretam.
Tratte [trátĕ] v. = tret.
Traube [tráųbĕ] v. 1. (Beerenbüschel) = bä‹
lem 2. (Weinbeere) = vitidabäl 3. (Wein‐
traube) = vitidabälem.
traubenförmig [tráųbĕn-fǒrmįq] = bälemafo‹
mik.
trauen [tráųĕn] (verehelichen) = matükön
(lov.).
Trauer [tráųĕr] v. 1. = lüg 2. (die durch
äuszere Zeichen an den Tag gelegte — um
einen Verstorbenen) = lügod, in — sein
über = lügodön (nel.) demü.
Trauergewand [tráųĕr-gĕvánt] n. = lügoda‹
klotem.
Trauerkleidung [tráųĕr-kláïdųŋ] v. = lügoda‹
klotem.
Trauermusik [tráųĕrmusįk] v. = lügamusig.

trauern [tráŭĕrn]: — **um,** — **über** = lügön (nel.) demü.
Trauerspiel [tráŭĕrjpil] n. = lügadramat.
Trauerzeit [tráŭĕr-žáït] v. = lügodüp.
traulich [tráŭliq] (gemütlich) = muadöfik.
Traulichkeit [tráŭliq-káït] v. = muadöf.
Traum [tráŭm] m. = drim.
Traumbild [tráŭmbilt] n. (Illusion) = drima=magot.
traumhaft [tráŭm-háft] = drimik.
traun [tráŭn]: —! = veratö! vö!
traurig [tráŭriq] = lügik, lügo.
Traurigkeit [tráŭriq-káït] v. = lüg.
Traurigsein [tráŭriq sáïn] n. = lüg.
Trauung [tráŭuŋ] v. = matükam.
träge [trägĕ] = trögik.
Träger [trägĕr] m. 1. = polan 2. (Henkel) = gleiped.
Trägheit [trȧkháït] v. = trög.
Träne [tränĕ] v. = dren, **Tränen vergieszen** (weinen) = drenön (nel.).
Tränke [trȧŋkĕ] v. = drienöp.
tränken [trȧŋkĕn] 1. = drienön (lov.) 2. **mit Leimwasser** — = gludön (lov.).
Tränken [trȧŋkĕn] n. = drien.
Tränkung [trȧŋkuŋ] v. = drien.
träufeln [tróŭfĕln] 1. nel. = tofön (nel.) 2. lov. = töfön (lov.).
Träufelung [tróŭfĕluŋ] v. = tofam.
träumen [tróŭmĕn] = drimön (lov.).
Träumen [tróŭmĕn] n. = drimam.
Träumer [tróŭmĕr] m. 1. (einer der träumt) = driman 2. = drimälan 3. (Phantast, Schwärmer) = magälan.
Träumerei [tróŭmĕráï] v. 1. = drimam 2. (das Träumerischsein) = drimäl.
träumerisch [tróŭmĕrij] = drimälik.
Träumerischsein [tróŭmĕrij sáïn] n. = drimäl.
Treber [trebĕr] v. 1. (die Flüssigkeit mit festeren Bestandteilen) = supäd 2. (Weintreber) = vinasupäd.
Treff [trȧf] v. = trif.
treffen [trȧfĕn] 1. (finden) = tuvön (lov.) 2. (nicht fehlen) = drefön (lov.) 3. **Anstalten** — **zu** = preparön (lov.), **seine Maszregeln** — = mesülön (nel.), **Vorkehr** — = büo= mesülön (nel.), **Vorsichtsmaszregeln** — = prüdetamesülön (nel.), **Vorsorge** — **für** = büokälön (lov.).
Treibeis [tráïp-áïš] n. ,= sveamaglad, **der Flusz geht mit** — = flumed sveimon gladi.
treiben [tráïbĕn] 1. **das Vieh auf die Weide** — = mofön (lov.) veteri lü bälät 2. **Abgötterei** — = lugodikultön (nel.), **einen Beruf von** ... = calön (nel.) as ..., **Groszhandel** — = letedön (nel.), **Handel** — = tedön (nel.), **Politik** — = bolitön (nel.), **Sport** — = spotön (nel.), **Unzucht** — = nepuedön (nel.), **Volapük** — = Volapükön (nel.), **Wissenschaft** — = nolavön (nel.), **Wucher** — = vukön (nel.).
Treiben [tráïbĕn] n. 1. = mof 2. (Handeln, Tun) = dun 3. **das** — **der Wissenschaft** = nolavam.
Treiber [tráïbĕr] m. = mofan.

trennbar [trȧnbar] = teilovik.
Trennbarkeit [trȧnbarkáït] v. = teilov.
trennen [trȧnĕn] = teilön (lov.).
Trennung [trȧnuŋ] v. = teil.
Trense [tränsĕ] v. = lusnal.
Treppe [träpĕ] v. = tridem.
treppenförmig [trȧpĕnförmiq] = tridemafomik.
Treppenstufe [trȧpĕnjtufĕ] v. = trid.
treten [tretĕn] 1. **auf die Stufe, auf das Pedal** — = tridön (lov.) tridi, tridömi 2. **an die Öffentlichkeit** — = notikön (nel.), **in das Besitz von** ... — = dalabikön (lov.).
Treten [tretĕn] n. = tridam.
treu [tróŭ] 1. = fiedik, — **sein** = fiedön (nel.) 2. (zugetan, anhänglich) = ledivodik.
Treue [tróŭĕ] v. = fied, **mit** — = fiedo, **in** — **zu** = fiedü.
treuherzig [tróŭhȧržiq] = fiedaladälik.
Treuherzigkeit [tróŭhȧržiq-káït] v. = fiedala=däl.
treulich [tróŭliq] = fiedik.
treulos [tróŭloš] = nefiedik, — **sein** = nefie=dön (nel.).
Treuloser [tróŭlosĕr] m. = nefiedan.
Treulosigkeit [tróŭ-lòsiqkáït] v. = nefied.
Treusein [tróŭ sáïn] n. = fied.
Tribut [tribut] m. (Steuer) = trip.
tributär [tributär] = tripabik.
tributpflichtig [tribut-pfliqtiq] = tripabik.
Trichter [triqtĕr] m. = fud.
Tricktrack [triktrák] n. = tritrak, — **spielen** = tritrakön (nel.).
Tricktrackbrett [triktrák-brȧt] n. = tritraka=boed.
triftig [triftiq]: — **werden** = sveamön (nel.).
Triftrecht [triftrȧqt] = bälätamagitod.
Trikot [triko] m. e n. 1. (strickend gefertigter Gegenstand) = trikot 2. (gestricktes Kleidungsstück) = trikaklot.
Triller [trilĕr] m. mus. = tril.
trillern [trilĕrn] = trilön (nel.).
Trillion [trilion] v. $1'000'000^3$ = kilion.
Trinatriumphosphat [trinàtrium fósfàt] Na_3PO_4 = trinatrinarotofosfat.
Trinidad [trinidat] = Trinideän.
trinkbar [triŋkbar] = drinovik.
Trinkbarkeit [triŋkbarkáït] v. = drinov.
trinken [triŋkĕn] = drinön (lov.).
Trinken [triŋkĕn] n. = drin.
Trinker [triŋkĕr] m. = drinan.
Trinkgelage [triŋkgĕlagĕ] n. = lebötid.
Trinkgeld [triŋkgȧlt] = drinamon.
Trinkglas [triŋkglaš] n. = vär.
Trinkspruch [triŋkjpruq] m. (Toast) = tost.
Trio [trio] n. = kilatanef.
Tripolis [tripoliš] n. = Tripolän.
trippeln [tripĕln] = golülön (lov.).
Trippeln [tripĕln] n. = golül.
Trisilan [trisilan] Si_3H_8 = kilidsilikan.
Trithionsäure [tritión-sóŭrĕ] $H_2S_3O_6$ = kilsul=finatazüd.
Tritt [trit] m. 1. (Schritt) = step 2. (Fusz-tritt) = tridod 3. (Trittbrett, Pedal) = tri=döm.
Trittbrett [tritbrȧt] n. = tridöm.

Triumph [triͧmf] m. = levikod.
Triumphator [triͧmfàtór] m. = levikodan.
triumphieren [triͧmfir̆en] = levikodön (lov.).
triumphierend [triͧmfir̆ent] = levikodik.
trocken [trókĕn] = sägik, — sein = sägön (nel.), — werden = sägikön (nel.), — machen = sägükön (lov.).
Trockenheit [trókĕn-háït] v. = säg.
trocknen [tróknĕn] 1. nel. = sägikön (nel.) 2. lov. = sägükön (lov.).
Troddel [tródĕl] v. (Quaste) = kvat.
Trog [trok] m. = böv.
Trommel [trómĕl] v. = trum.
Trommelschläger [trómĕljlägĕr] m. = truman.
Trommler [trómlĕr] m. = truman.
Trompete [trómpĕtĕ] v. = trompet.
Trompetengeschmetter [trómpĕtĕngĕjmätĕr] n. = trompetatonäd.
Trompetenmacher [trómpĕtĕn-máɋĕr] m. = trompetel.
Trompetenschall [trómpĕtĕnjál] m. = trompetatonäd.
Trompeter [trómpĕtĕr] m. = trompetan.
Tropenland [tròpĕnlánt] n. = vütroplän.
Tropf [trópf] m. = stupädan.
tropfen [trópfĕn] = tofön (nel.).
Tropfen [trópfĕn] m. = tof, in — = tofik.
tropisch [tròpij] = vütropik.
Trost [trošt] m. = trod.
trostreich [tròštráïq] = trodik.
trostvoll [tròštfól] = trodik.
trotz [tróž] 1. = to (pr.), — alledem = to valikos, — des Regens, — dem Regen = to rein 2. — alledem = too (ladv.).
Trotz [tróž] m. = tod, — bieten = todön (lov.), — bietend = todik, mir zum — = to ob.
trotzdem [tróž dem] 1. = toä (kony.) 2. = too (ladv.).
trotzen [tróžĕn] 1. (Trotz bieten) = todön (lov.) 2. (herausfordern) = letodön (lov.).
Trotzen [tróžĕn] n. = tod.
trotzend [tróžĕnt] = todik.
Trotzköpfigkeit [tróž-kŏpfiɋ-káït] v. = fümädäl.
tröpfeln [trŏpfĕln] 1. nel. = tofön (nel.) 2. lov. = töfön (lov.).
Tröpfeln [trŏpfĕln] n. 1. = tofam 2. = töf.
tröstbar [tròštbar] = trodovik.
trösten [tröštĕn] = trodön (lov.).
Tröster [tröštĕr] m. = trodan.
tröstlich [tröštliɋ] (trostreich) = trodik.
Trug [truk] m.: ohne — = nencüto.
Trugbild [trùkbilt] n. 1. (Phantasma) = magälod 2. (Hirngespinst) = tikaspäk.
Truhe [truĕ] v. (Kiste, Kasten) = bog.
Trunk [truŋk] m. = drinod.
trunken [truŋkĕn] = brietik, — sein = brietön (nel.), — werden = brietikön (nel.), — machen = brietükön (lov.).
Trunkenbolt [truŋkĕnbólt] m. = brietan.
Trunkener [truŋkĕnĕr] m. = brietan.
Trunkenheit [truŋkĕnháït] v. = briet.
Trunksucht [truŋksuɋt] v. = driniäl.

Trupp [trup] m. (Schar) = trup, in Trupps = trupo, einer von dem — = trupan.
truppen [trupĕn]: sich — = trupön (nel.).
truppweise [trupváïsĕ] = trupik, trupo.
trübe [trübĕ] 1. (betrübt) = glumik, — werden = glumikön (nel.) 2. trübes Wetter = stom glumidik 3. = trubik, trübes Wasser = vat trubik, — sein = trubön (nel.), — werden = trubikön (nel.), — machen = trubükön (lov.).
Trübe [trübĕ] v. 1. (das Trübsein) = glum 2. (Ermangelung der vollen Durchsichtigkeit) = trub.
trüben [trübĕn] 1. (betrüben) = glumükön (lov.), sich — = glumikön (nel.) 2. = trubükön (lov.), sich — = trubikön (nel.).
Trübheit [trùpháït] v. 1. = glum 2. (Ermangelung der vollen Durchsichtigkeit) = trub.
Trübnis [trùpnis] v. (Trübe) = glum.
Trübsal [trùpsal] v. (Leid) = lied.
Trübsein [trùpsáïn] n. = glum.
trübselig [trùpseliɋ] 1. = glumälik 2. — sein (Leid empfinden) = liedön (nel.).
Trübseligkeit [trùpseliɋkáït] v. = glumäl.
Trübsinn [trùpsin] m. = glumäl.
trübsinnig [trùpsiniɋ] = glumälik.
Trüffel [trüfĕl] v. = trüf.
Trümmer [trümĕr] pl. (Ruin) = failot, failots.
Tschad (Gebiet) = Tjadän.
Tschech [čäq] m. = tsyegan.
tschechisch [čäqij] = tsyegik.
Tschechisch [čäqij] : das — = tsyeg.
Tschechoslowakien [čäqošlovàkiĕn] = Tsyegän-Slovakän.
Tscheremissen = tsyeremitans.
Tscherkessien [čärkäsiĕn] = Tsyärkätän.
Tscherokesen [čerokesĕn] = tsyeroketans.
Tscherwonez, k. = tsyärvonät.
Tschiroki [čiròki] = cirog.
tschirpen [čirpĕn] = tyirpön (lov.).
Tschugutschak = Tsyugutsyukän.
Tschukschen [čukjĕn] = tsyuksyuvans.
Tschuwaschen = tsyuvatans.
Tuaregs [tuàräx]: die — = tuarägans.
Tuch [tuɋ] n. 1. = klöf, von — = klöfik 2. = särvätül (a.s.: Taschentuch = pokasärvätül, Geschirrtuch = bovülasärvätül) 3. = stofed (a.s.: Bettuch = bedastofed, Tischtuch = tabastofed.
tuchen [tuɋĕn] = klöfik.
Tuchfabrikant [tùɋfabrikánt] m. = klöfel.
Tuchmacher [tùɋmáɋĕr] m. = klöfel.
Tuchpresse [tùɋpräsĕ] v. = klöfipedöm.
Tuchrik, k. = tukrik.
Tugend [tugĕnt] v. = tug.
tugendhaft [tùgĕntháft] = tugöfik, — sein = tugöfön (nel.).
Tugendhaftigkeit [tùgĕntháftiɋ-káït] v. = tugöf.
Tugendheld [tùgĕnthält] m. = tugal.
tugendlich [tùgĕntliɋ] = tugöfik.
Tugendlichkeit [tùgĕntliɋkáït] v. = tugöf.
tugendreich [tùgĕntráïɋ] = tugaliegik.
Tugendsinn [tùgĕntsin] m. = tugäl.
tugendsinnig [tùgĕntsiniɋ] = tugälik.
tun [tun] 1. = dunön (lov.) 2. Bescheid —

(einen Trunk erwidern) = gedrinön (lov.),
durcheinander — = pemükön (lov.), **einen
Zug** — = pladülön (lov.), **Eintrag** — =
ludämön (lov.), **garstig** — = gagön (nel.),
in ein Briefumschlag —, **in ein Kuvert** — =
kövön (lov.), **oft** — = suvadunön (lov.),
Schaden — = dämükön (lov.), **sich gütlich**
— = daifön (nel.), **wichtig** — = bitön äs
cädan, **wüst** — = gagön (nel.).

Tun [tu̱n] n. = dun.
Tunesien [tunèsiĕn] = Tünisän.
Tunform [tu̱nfórm] v. (Aktivum) = dunale=
fom.
Tunguse [tunguse̱] m. = tungudan.
Tunichtgut [tu̱ni̱qtgu̱t] m. = mikondötan.
Tunke [tu̱nke̱] v. (Sauce) = sod.
tunlich [tu̱nli̱q] = dunovik.
Tunlichkeit [tu̱nli̱qkáɪt] v. = dunov.
tunlichst [tu̱nli̱qšt] = mögiküno.
tunlichstbald [tu̱nli̱qšt bált] = sunikün.
Tunnel [tu̱nĕl] m. = tönul.
Tunwort [tu̱nvórt] n. = värb.
Turanier [turàniĕr] m. = turkanan.
Turanisch [turànij]: **das** — = turkan.
Turban [tu̱rbán] m. = turban.
Turkistan [tu̱rki̱štán] = Turkistän.
Turkmenen [tu̱rkmenĕn] = turkmenans.
Turkmenien [tu̱rkmènĕn] = Turkmenän.
Turm [tu̱rm] m. = tüm.
Turmalin [tu̱rmali̱n] m. (Schörl) = turmalen.
turmalinisch [tu̱rmali̱nij] = turmalenik.
turnen [tu̱rnĕn] = turön (nel.).
Turnen [tu̱rnĕn] n. = tur.
Turner [tu̱rnĕr] m. = turan.
Turnerei [tu̱rnĕráɪ] v. = tur.
turnerisch [tu̱rnĕrij] (gymnastisch) = turik.
Turnkunst [tu̱rnku̱nšt] v. = turav.
Tusch [tu̱j] m. mus. = fafar.
Tusche [tu̱je̱] v.: **chinesische** — = nig Tsyi=
nänik.
Tutuila = nisul : ‚Tutuila‘.
tüchtig [tu̱qti̱q] 1. (brav) = brafik 2. =
skilik, skilo, **— sein** = skilön (nel.), **—
werden** = skilikön (nel.), **— machen** =
skilükön (lov.).
Tüchtigkeit [tu̱qti̱qkáɪt] v. (Fertigkeit) = skil.
Tüll [tu̱l] m. = tüul.
tünchen [tu̱nqĕn] = vietükön (lov.).
Tüncher [tu̱nqĕr] m. = vietükan.
Türe [tu̱re̱] v. = yan.
Türke [tu̱rke̱] m. = Türkänan, türkan.
Türkei [tu̱rkáɪ] v. = Türkän.
türkisch [tu̱rkij] = Türkänik.
Türklopfer [tu̱rklópfĕr] m. = yananoköm.
Tüte [tu̱te̱] v. = düd.
Typ [tüp] m. = pated.
typisch [tu̱pij] = patedik.
Typus [tu̱pu̱š] m. = pated.
Tyrann [türán] m. = tirenan.
Tyrannei [türánáɪ] v. = tiren.
tyrannisch [türánij] = tirenik.
tyrannisieren [türáni̱si̱rĕn] = tirenön (lov.).

U. u.

Ubangi Schari (Gebiet) = Ziläk di ‚Oubangui‘
e ‚Chari‘.
u. dgl. (= und dergleichen) [u̱nt der gláɪqĕn]
= e s., e soms, e somas, e somes, e somis.
Ufer [u̱fĕr] n. = jol.
Uferbewohner [u̱fĕrbĕvonĕr] m. = jolibelödan,
jolalödan.
Ufermauer [u̱fĕrmáu̱ĕr] v. (Kai) = käv.
Uganda [ugánda] = Lugandayän.
Uhr [ur] v. 1. = glok, **die — aufwinden** =
ginädön (lov.) gloki 2. st. = siglok.
Uhrfeder [u̱rfedĕr] v. = glokaresor.
Uhrgehäuse [u̱rgĕhóu̱se̱] n. = glokabokül.
Uhrglas [u̱rglaš] n. = pokaglokaglät.
Uhrmacher [u̱rmáqĕr] m. = glokel.
Uhrschlüssel [u̱rjlüšĕl] m. = glokakik.
Uhrtasche [u̱rtáje̱] v. = glokapok, pok pro
pokaglok.
Uhrwerk [u̱rvärk] n. (Räderwerk) = glokaci=
näd.
Uhrzeiger [u̱ržáɪgĕr] m. = glokajonian.
Uhu [u̱hu̱] m. = lilalül.
Ukraine [ukraɪne̱] v. = Lukrayän.
Ulan [u̱lan] m. (Lancier) = spedan.
Ultrabrachicephalie = susbrefakap.
Ultradolichocephalie = suslunakap.
Ultramarin [u̱ltramari̱n] n. = lütramaren.
um [u̱m] 1. — ... **zu** = ad 2. (wegen) =
demü, **Lohn arbeiten** = vobön demü me=
sed, **was tut man nicht alles ums liebe Geld !**
= kio dunoy vali, valikosi demü mon palö=
föl ! **das hat er nicht — dich verdient** =
atosi no emeritom demü edunölos ole, **—
nichts und wieder nichts** = vero demü nos
3. = dö, **er weisz nicht — die Reise** = no
sevom dö täv, sevom nosi dö täv 4. = kol,
sich — das Vaterland verdient machen =
meritabükön oki kol lomän 5. = lä, **er ist
immer — mich** = ai binom lä ob 6. = mö,
— einen Fusz länger = lunikum mö pied bal,
— einen Fusz zu lang = tulunik mö pied bal,
einen — zehn Mark betrügen = cüton eki mö
maks deg, **einen — einen Kopf kürzer machen**
= smalükumön, brefükumön eki mö kap 7.
= nilü, zi nilü, **immer — einen herum sein**
= ai binön zi nilü ek 8. = pro, **— Lohn
arbeiten** = vobön pro mesed, **was tut man
nicht alles ums liebe Geld !** = kio dunoy
vali, valikosi pro mon palöföl ! **— nichts und
wieder nichts** = vero pro nos 9. = cüton,
einen — zehn Mark betrügen = cüton eki
suämü maks deg 10. = ün, **— den andern
Tag** = ai ün del telid, ai ün votadel, **—
Ostern** = zao ün pasat 11. = tü, **— den
andern Tag** = ai tü del telid, ai tü votadel, **—
sechs Uhr herum** = zao tü düp: mäl 12
(ungefähr) = za, **— 100 Taler herum** = za
dalders tum, **— sechs Uhr herum** = za düp
mälid, za düp: mäl 13. (ringsum) = zü
(pr.), **— die Stadt herum** = zü zif, **— etwas
herum drehen** = zütülön (lov.) 14. = züi,
er biegt — die Ecke = golom züi gul 15.

sich — eine Stelle bewerben = lisitön cali, einen — sein Geld, — seinen guten Namen bringen = ravön eke moni, benorepüti ona, — sein Geld, — das Leben kommen = perön moni, lifi oka, es handelt sich — eine Erbschaft = tefos geroti, es ist mir Leid — ihn = pidob omi 16. — vieles = mödo, er ist — den Weg = binom nilo, — die Wette = mu zilo, — wieviel? = liomödoto? 17. es ist schade — ihn = binom pidabik, binom plonabik, es ist eine schöne Sache — die Liebe = lelöf binon din jönik, wie steht's — ihre Gesundheit? = lio saun ola stadon-li? es ist — ihn geschehen = binom deadöl, edeadom, — ein Haar wäre er durchgefallen = nen bosil läba no äplöpomöv, if bosil ädefonöv no äplöpomöv, mu töbo eplöpom, töbiküno eplöpom 18. ums Himmelswillen! = sülö! 19. — desto mehr = plü (kony.).

umarbeiten [ųm-ár-báïtĕn] = votabevobön (lov.).

umarmen [ųm=ármĕn] = bradön (lov.).

Umarmung [ųm=ármųŋ] v. = bradam.

umbauen [ųmbáŭĕn] = votabumön (lov.).

umbiegen [ųmbígĕn] = güblegükön (lov.).

umbinden [ųmbíndĕn] = zütanön (lov.) ko.

Umbrien [ųmbrįĕn] n. = Lumbriyän.

umbringen [ųmbrįŋĕn] (töten) = deidön (lov.).

umdrehen [ųmdreĕn] = güflekön (lov.).

umfahren [ųmfárĕn] = züvegön (lov.).

umfallen [ųmfálĕn] = dofalön (nel.).

Umfang [ųmfáŋ] m. (Peripherie) = züot.

umfassen [ųmfášĕn] (umgeben) = züön (lov.).

umfassend [ųmfášĕnt] (ausgedehnt) = stäänik.

Umfassung [ųmfášųŋ] v. = züam.

umformen [ųmfórmĕn] = votafomön (lov.).

Umformung [ųmfórmųŋ] v. = votafomam.

Umgang [ųmgáŋ] m. 1. (Verkehr) = kosäd 2. (Personen) = kosädanef.

Umgangssprache [ųmgáŋš=jpraǧĕ] v. = kosä= dapük.

umgänglich [ųmgäŋlįq] = kosädöfik.

umgeben [ųmgebĕn] 1. (umfassen) = züön (lov.) 2. = pezüöl.

Umgeben [ųmgebĕn] n. = züam.

Umgebung [ųmgèbųŋ] v. 1. (das Umgeben) = züam 2. (Umgegend) = züamöp 3. (das Milieu) = züäd.

Umgegend [ųmgegĕnt] v. = züamöp.

umgehen 1. [ųmgeĕn] (verkehren) = kosädön (nel.) 2. [ųmgeĕn] (vermeiden) = vitön (lov.), zu — = vitovik.

Umgehen [ųmgeĕn] n. = kosäd.

Umgehung [ųmgèųŋ] v. (Vermeidung) = vit.

umgekehrt [ųmgĕkert] 1. = güflekik, güfleko 2. = güik, güo 3. (dahingegen) = güä (kony.).

Umgekehrte [ųmgĕkertĕ]: das — = güam.

umgürten [ųmgürtĕn] (gürten) = zönön (lov.).

Umgürten [ųmgų̈rtĕn] n. = zönam.

Umgürtung [ųmgų̈rtųŋ] v. = zönam.

umhacken [ųmhákĕn] = docöpön (lov.).

umhauen [ųmháŭĕn] 1. = dofälön (lov.) 2. = docöpön (lov.).

umhängen [ųmhäŋĕn] = zülägön (lov.) ko.

umher [ųmher] (bald hierher, bald dorthin) = zi (ladv.).

umherblicken [ųmhèrblįkĕn] = zilogön (lov.).

umhergehen [ųmhèrgeĕn] = zigolön (nel.).

umherirren [ųmhèr=įrĕn] = ziglibön (nel.).

umherkommen [ųmhèrkómĕn] = zikömön (nel.).

umhersehen [ųmhèrseĕn] = zilogön (lov.).

Umhersehen [ųmhèrseĕn] n. = zilogam.

umhersehend [ųmhèrseĕnt] = zilogamo.

Umhüllung [ųmhų̈lųŋ] v. 1. (Hülle) = vilup 2. (Einhüllung) = vilupam.

umkehren [ųmkerĕn] 1. = güükön (lov.) 2. (umwenden) = güflekön (lov.).

Umkehrung [ųmkerųŋ] v. = güflek.

umkleiden [ųmkláïdĕn] = votaklotön (lov.).

umkommen [ųmkómĕn] (zugrundegehen) = päridikön (nel.).

umladen [ųmladĕn] = votalodön (lov.).

Umladung [ųmladųŋ] v. = votalod.

Umlauf [ųmláŭf] m. 1. = zügol 2. (Zirkulation) = sirkülam.

umlaufen [ųmláŭfĕn] = zügolön (lov.).

Umlaufschreiben [ųmláŭf-jráïbĕn] n. (Zirkular) = sirkülapenäd.

Umlaut [ųmláŭt] m. (Zeichen) = vokätamal.

umlauten [ųmláŭtĕn] 1. (den Umlaut annehmen) vokätön (nel.) 2. (mit dem Umlaut versehen) = vokätamalön (lov.).

Umlautung [ųmláŭtųŋ] v. = vokät.

umlegen [ųmlègĕn] = züseiton (lov.) ko.

umlenken [ųmläŋkĕn] = güstirön (lov.).

umliegend [ųmligĕnt] = züik.

umpacken [ųmpákĕn] = votapäkön (lov.).

umpflanzen [ųmpflánžĕn] (verpflanzen) = fea= planön (lov.).

umprägen [ųmprägĕn] = votafrapön (lov.).

umreisen [ųmráïsĕn] = zütävön (lov.).

Umreisung [ųmráïsųŋ] v. = zütäv.

umrennen [ųmräŋĕn] (niederrennen) = dorö= nön (lov.).

umsatteln [ųmsátĕln] = votasäedön (lov.).

Umsatz [ųmsáž] m. (Vertrieb) = tedäd.

umschatten [ųmjátĕn] = züjadön (lov.).

Umschau [ųmjáŭ] v. = zilogam.

umschauen [ųmjáŭĕn] = zilogön (lov.).

umschiffen [ųmjífĕn] = zünafön (lov.).

Umschiffung [ųmjífųŋ] v. = zünafam.

Umschlag [ųmjlak] m. (Kuvert) = köv.

umschlieszen [ųmjlíšĕn]: mit einem Zaun — = buidön (lov.).

umschreiben 1. [ųmjráïbĕn] = prafadön (lov.) 2. [ųmjráïbĕn] (anders schreiben) = vota= penön (lov.) 3. (definieren) = miedetön (lov.).

Umschreibung [ųmjráïbųŋ] v. = prafad.

Umschrift [ųmjrįft] v. = züpenäd.

Umschweif [ųmjváïf] m.: ohne Umschweife (rundweg) = stedälo.

Umschwung [ųmjvųŋ] m. = levotikam.

umsehen [ųmseĕn]: sich — = gülogön (lov.).

Umsicht [ųmsįqt] v. 1. = töd, mit — = tödo 2. (Umschau) = zilogam, mit — = zilo= gamo.

umsichtig [ùmsi̯qti̯q] 1. = prüdik, — sein =
prüdön (nel.) 2. (taktvoll) = tödik.
umsinken [ùmsi̯ŋkĕn] (umfallen) = dofalön
(nel.).
umso [ųm so] (desto) = plüo (ladv.), je ...
je — = plü ... plü.
umsonst [ųmsónšt] 1. (gratis, unentgeltlich) =
glato 2. (vergebens) = vaniko.
umspannen 1. [ùmjpánĕn] = fimädön (lov.)
votiko 2. [ųmjpánĕn] = zütenidön (lov.).
Umstand [ùmjtánt] m. 1. (Angelegenheit) =
dinäd 2. nähere Umstände = pats mödikum
3. gr. = malod.
Umstandswort [ùmjtánž-vórt] n. (Adverb) =
ladvärb.
umständlich [ùmjtántli̯q] = prolidik.
Umständlichkeit [ùmjtántli̯q-káït] v. (Weitschweifigkeit) = prolid.
umstehen [ųmjteĕn] = züstanön (lov.).
umstellen [ùmjtälĕn] 1. = votapladön (lov.)
2. = votaregulön (lov.).
umstoszen [ùmjtošĕn] = dojoikön (lov.).
Umstürzler [ùmjtüržlĕr] m. 1. = levolutan 2.
(Parteigenosz) = levolutiman.
Umtausch [ùmtáŭj] m. = tök.
umtauschen [ùmtáŭjĕn] = tökön (lov.).
umwallen [ųmválĕn] = züdaemön (lov.).
Umwallen [ųmválĕn] n. = züdaemam.
Umwallung [ųmválųŋ] v. (der Wall) = züdaem.
Umwandlungspunkt [ùmvándlųŋš-pųŋkt] m. =
loveikamapün.
Umwälzung [ùmvälžųŋ] v. 1. (Revolution) =
levolut 2. = levolutükam.
Umweg [ùmvek] m. = nestedöfaveg, auf Umwegen = nestedöfo.
umwenden [ùmvändĕn] = güflekön (lov.).
umwerfen [ųmvärfĕn] = dojedön (lov.).
umwickeln [ųmvi̯kĕln] (verbinden) = flabülön
(lov.).
umzäunen [ųmžóŭnĕn] 1. = buidön (lov.) 2.
kiudön (lov.).
Umzäunen [ųmžóŭnĕn] n. = buidam.
Umzäunung [ųmžóŭnųŋ] v. 1. = buidam 2.
= kiudam.
umziehen [ùmži̯ĕn] = fealotädön (nel.).
unabänderlich [ųn-áp-ǻndĕrli̯q] = neceinovik.
unabgebbar [ųn-ápgĕpbar] = nedegivovik.
unabhängig [ųn-áphạ̈ni̯q, ųn-áphậ̈ni̯q] 1. =
nensekidik 2. = livätik 3. (geistig —) =
livälik.
Unabhängigkeit [ųn-áphậ̈ni̯qkáït] 1. v. = nensekid 2. = livät 3. (geistige —) = liväl.
unablässig [ųn-áplậ̈ši̯q] = nenzedik.
Unablässigkeit [ųn-áplậ̈ši̯qkáït] v. = nenzed.
unabsichtlich [ųn ápsi̯qtli̯q] = nendesinik, nendesino.
unachtsam [ùn-áqtsam] = neküpälik.
unanfechtbar [ųn-ánfậ̈qtbar] = nebefeitovik.
unangenehm [ųn-ángĕnem] = neplitik.
unannehmlich [ųn ánnĕmli̯q] = nedasumovik.
Unannehmlichkeit [ųn ánnĕmli̯qkáït] v. = nedasumov.
unanwendbar [ųn-ánvận̩tbar] = negebovik.
unappetitlich [ųn-ápĕti̯tli̯q] = no pötitüköl.

Unappetitlichkeit [ųn-ápĕti̯tli̯qkáït] v. = nepötitükam.
Unart [ųn-art] v. = neplütül.
Unartigkeit [ųn-àrti̯qkáït] v. = neplütül.
unaufmerksam [ųn-áŭfmậ̈rksam] = neküpälik.
unaufrichtig [ųn-áŭfri̯qti̯q] (falsch) = dobälik,
dobälo, — sein = dobälön (nel.).
Unaufrichtigkeit [ųn-áŭfri̯qti̯qkáït] v. (Falschheit) = dobäl.
unausbleiblich [ųn-áŭšbláïpli̯q] = nevitovik.
unausführbar [ųn-áŭšfu̯rbar] = nedunovik.
unausgemacht [ųn-áŭš-gĕmáqt] = nefümik.
unauslöschbar [ųn-áŭšlöjbar] = nekvänovik.
unauslöschlich [ųn-áŭšlöjli̯q] = nekvänovik.
unaussprechbar [ųn-áŭšjprậ̈qbar] = nepronovik.
Unaussprechlichkeit [ųn-áŭšjprậ̈qli̯qkáït] v. =
nepronov.
unächt [ųn-ậ̈qt] = nelegik.
unähnlich [ųn-ǻnli̯q] = nesümik.
unbarmherzig [ųn-bármhǻrži̯q] = nenmiserik.
unbändig [ųnbándi̯q] = nedamütovik.
unbeantwortet [ųn-bĕánt-vórtĕt] = no pegesagöl.
unbedenklich [ùnbĕdäŋkli̯q] = nendodo.
unbedeutend [ųnbĕdóŭtĕnt] = pülik.
Unbedeutendheit [ųn-bĕdóŭtĕnt-háït] v. = pül.
unbedingt [ųnbĕdi̯nt] 1. = nestipo 2. (absolut)
= verik.
Unbedingtheit [ųnbĕdi̯ntháït] v. = ver.
unbefleckt [ųnbĕflä̈kt] = nenstenik.
Unbeflecktheit [ųnbĕflậ̈ktháït] v. = nensten.
unbefugt [ųnbĕfukt] = negitodik.
unbegreiflich [ùnbĕgráïfli̯q, ųnbĕgráïfli̯q] = nesuemovik.
unbegründet [ùnbĕgrü̈ndĕt] = nenkodik.
unbehaart [ùnbĕhart] = nenherik.
unbehaglich [ùnbĕhakli̯q] (Miszfallen empfindend) = neplidik.
unbeholfen [ųnbĕhólfĕn] = neskilik.
Unbeholfenheit [ùnbĕhólfĕnháït] v. = neskil.
unbekannt [ùnbĕkánt] = nesevädik.
unbekümmert [ùnbĕki̯i̯mĕrt] = nenglifik.
unbelohnt [ùnbĕlont] = nen mesed.
unbemittelt [ùnbĕmi̯tĕlt] = nenmonemik.
Unbemitteltheit [ùnbĕmi̯tĕltháït] v. = nemo-
nem.
unbenannt [ùnbĕnánt] (namenlos) = nennemik.
unbenutzt [ùnbĕnųżt] = no pegeböl.
unbequem [ùnbĕkvem] = nekovenik.
unberechenbar [ùnbĕrậ̈qĕnbar] = nekalkulovik.
unberufen [ųnbĕrufĕn] = nenvokedik.
unberücksichtigend [ųn bĕrükşi̯qti̯gĕnt] = nendemik.
unberührt [ùnbĕrürt] = no pedoatöl.
unbeschadet [ųn bĕjadĕt] pr. 1. = nendämü 2.
= büdakipü, — meines Rechtes, meines
Rechtes — = büdakipü gität oba.
unbeschädigt [ùnbĕjädi̯qt] = nendämik.
unbescheiden [ùnbĕjáïdĕn] = miflagälik.
unbescheut [ùnbĕjóŭt] (freimütig) = nenplafik.
unbeschränkt [ùnbĕjrä̈ŋkt] = no pestöböl.
unbeschreiblich [ùnbĕjráïpli̯q] = nebepenovik.
unbesonnen [ùnbĕsónĕn] = nesüenik.
unbesorgt [ųnbĕsórkt] = nenkudik.

unbeständig [ụnbĕjtặndịq] 1. = nelaidik 2. = nelaidälik.

Unbeständigkeit [ụnbĕjtändịq-káït] v. 1. = nelaid 2. (Unstandhaftigkeit) = nelaidäl.

unbestellbar [ụn-bĕjtặlbar, ụnbĕjtặlbar] = nedegivovik.

unbestimmt [ụnbĕjtịmt] = nefümik, unbestimmtes Fürwort = pönop nefümik.

Unbestimmtheit [ụnbĕjtịmtháït] v. = nefüm.

unbestreitbar [ụnbĕjtráïtbar] = nebefeitovik.

unbetont [ụnbĕtont] = nenkazetik, nenkazeto.

Unbetontsein [ụnbĕtont sáïn] n. = nenkazet.

unbeträchtlich [ụnbĕtrặqtlịq, ụn-bĕtrặqtlịq] = pülik.

unbeugsam [ụnbóŭksam] = fümädik.

Unbeugsamkeit [ụnbóŭksam-káït] v. = fümäd.

unbeweglich [ụn-bĕvèklịq, ụnbĕvèklịq] = nemufik.

Unbeweglichkeit [ụnbĕvèklịqkáït, ụn-bĕvèklịqkáït] v. = nemuf.

unbewohnt [ụnbĕvont] = no pebelödöl.

unbewuszt [ụnbĕvụšt, ụnbĕvụšt] = nensevedik.

unbezwingbar [ụnbĕžvịnbar] = nedamütovik.

unbiegsam [ụnbiksam] = neblegovik.

unbrauchbar [ụnbráŭqbar] = negebovik.

unchristlich [ụn-krịštlịq] = nekritik.

und [ụnt] 1. = e, fo vokat: ed, — wenn = ed if, ed üf, igo üf, ed igo if, ed igo üf, — zwar = efe 2. —, — zugleich auch (der zugleich auch ... ist, — dabei ... ist) = ä, fo vokat: äd 3. — dergleichen = e soms, e somiks.

Undank [ụndánk] m. = nedan.

undankbar [ụndánkbar] = nendanik.

Undankbarkeit [ụndánkbarkáït] v. = nendan.

undeklinierbar [ụndeklinịrbar] = nedeklinovik.

Undeklinierbarkeit [ụndeklinịrbarkáït] v. = nedeklinov.

undenkbar [ụndặnkbar] = netikovik.

undeutlich [ụndóŭtlịq] = nekleilik.

Undeutlichkeit [ụndóŭtlịqkáït] v. = nekleil.

Undezime [ụndĕžịmĕ] v. 1. (Intervall) = degbalüd 2. (Ton) = degbalüf.

Unding [ụndịn] n. = midin.

unduldsam [ụn-dụltsam] = nesufälik.

undurchdringlich [ụndụrqdrịnlịq] = nedugolovik.

Undurchdringlichkeit [ụndụrqdrịnlịqkáït] v. = nedugolov.

uneben [ụn-ebĕn] 1. = neplenik 2. (ungleich, holperig) = nesmufik.

unecht [ụn-ặqt] = nelegik.

unedel [ụn-edĕl] = nenobik.

unedelsinnig [ụn-èdĕlsịnịq] = nenobälik.

unehrerbietig [ụn-er-ặrbịtịq] = nendalestümik.

unehrlich [ụn-èrlịq] = nesnatik.

Unehrlichkeit [ụn-èrlịqkáït] v. = nesnat.

uneigentlich [ụn-áïgĕntlịq] = nevoik.

uneingedenk [ụn-áïngĕdặnk] = nememik.

uneinig [ụn-áïnịq] = nebalälik, telälik.

Uneinigkeit [ụn-áïnịq-káït] v. = nebaläl, teläl.

unempfindlich [ụn-ặmpfịntlịq] = nesenälöfik.

unendlich [ụn-ặntlịq] = nenfinik.

Unendlichkeit [ụn-ặntlịqkáït] v. = nenfin.

unentgeltlich [ụn-ặntgặltlịq] = glatik, glato.

Unentgeltlichkeit [ụn-ặntgặltlịqkáït] v. = glat.

unentschieden [ụn-ặntjịdĕn] 1. = nefümik, — sein = binön (nel.) nefümik 2. = nefümälik, — sein = nefümälön (nel.).

Unentschiedenheit [ụn-ặntjịdĕnháït] v. = nefümäl.

unentschlossen [ụn-ặntjlóšĕn] = nefümälik, — sein = nefümälön (nel.).

Unentschlossenheit [ụn-ặntjlóšĕn-háït] v. = nefümäl.

unerbittlich [ụn-ặrbịtlịq, ụn-ặrbịtlịq] = nespalik.

unerfreulich [ụn-ặrfróŭlịq] = nefredüköl.

unerfüllt [ụn-ặrfụlt] = no pefölöl.

unerheblich [ụn-ặrhèplịq] = pülik.

unerkenntlich [ụn-ặrkặntlịq] = nendanik.

unerklärbar [ụn-ặrklặrbar] = neplänovik.

unerlaubt [ụn-ặrläŭpt, ụn-ặrláŭpt] = nedälik.

unermeszlich [ụn-ặrmặšlịq] = levemik, levemo.

unermüdlich [ụn-ặrmụtlịq, ụn-ặrmụtlịq] = nenfenik.

unerreichbar [ụn-ặrráïqbar] = nerivovik.

unersättlich [ụn-ặrsặtlịq] = nesatovik.

Unersättlichkeit [ụn-ặrsặtlịqkáït] v. = nesatov.

unerschrocken [ụn-ặrjrókĕn] = nendredik.

Unerschrockenheit [ụn-ặrjrókĕnháït] v. = nendred.

unerschütterlich [ụn-ặrjụtĕrlịq] 1. = fümädik 2. (unbeweglich) = nemufik.

Unerschütterlichkeit [ụn-ặrjụtĕrlịqkáït] v. 1. = fümäd 2. (Unbeweglichkeit) = nemuf.

unersetzbar [ụn-ặrsặžbar] = neplaädovik.

unersetzlich [ụn-ặrsặžlịq] = neplaädovik.

unerträglich [ụn-ặrtrặklịq] = nesufovik.

unerwartet [ụn-ặrvártĕt, ụn-ặrvártĕt] 1. = no pespetöl 2. (plötzlich) = süpik, — (auf einmal) = süpo.

Unerwartetes [ụn-ặrvártĕtĕš]: etwas — = süpot.

unerzogen [ụn-ặržogĕn] 1. = midugälik 2. = no pedugälöl.

Unfall [ụnfál] m. (Unglücksfall) = mijenot.

unfähig [ụnfäịq] = nefägik.

Unfähigkeit [ụnfäịqkáït] v. = nefäg.

unfehlbar [ụnfèlbar] = nepölovik.

Unfehlbarkeit [ụnfèlbarkáït] v. = nepölov.

unfern [ụnfärn] pr. = nilü.

unfindbar [ụnfịntbar] = netuvovik.

Unfläterei [ụnflätĕráï] v.: Hang zur — = gagotiäl.

unförmig [ụnförmịq] (gestaltlos) = nenfomik.

unförmlich [ụnförmlịq] = mifomik.

Unförmlichkeit [ụnförmlịq-káït] v. (Miszförmigkeit) = mifom.

Unfleisz [ụnfláïš] m. = trög.

unfrei [ụnfráï] = nenlibik.

Unfreiheit [ụnfráï-háït] v. = nenlib.

unfreundlich [ụnfróŭntlịq] = neflenöfik.

Unfreundlichkeit [ụnfróŭntlịq-káït] v. = neflenöf.

Unfriede [ụnfrịdĕ] v. = nepüd.

unfriedlich [ụntfritlịq] = nepüdik.

unfrisch [ụnfrịj] (altbacken) = neflifik.

unfruchtbar [ụnfrụqtbar] = nefluköfik.

Unfruchtbarkeit [u̯n-fru̯q̇tbarkáït] v. = neflu=
köf.
ungangbar [u̯ŋgáŋbar, u̯ŋgáŋbar] = nebegolo=
vik.
Ungar [u̯ŋgár] m. (Magyar) = macaran, Ma=
caränan.
ungarisch [u̯ŋgarįj] (magyarisch) = Macarä=
nik, die ungarische Sprache = macar.
Ungarn [u̯ŋgárn] n. = Macarän.
ungeachtet [u̯ŋgɛ́ɑ̇q̇tɛt, u̯ŋgɛ́ɑ̇q̇tɛt] (trotz) 1. =
to (pr.), — seiner Schmerzen = to dols oka,
2. = toä (kony.), — er nicht stark war =
toä no äbinom nämik.
ungeahndet [u̯ŋgɛ̆andɛt] = no pepönöl.
ungeahnt [u̯ŋgɛ̆ant] = no pebüosenöl.
ungebahnt [u̯ŋgɛ̆bant] = no pekulöl.
ungebeten [u̯ŋgɛ̆bɛtɛn] = no pebegöl.
ungebildet [u̯ŋgɛ̆bįldɛt] = nekulivik, ungebil=
deter Mann = luman, wie ein ungebildeter
Mann = lumanik, ungebildeter Mensch =
lumen, ungebildetes Weib = luvom.
ungebrauchlich [u̯ŋgɛ̆bróu̯qlįq] (nicht üblig) =
negeböfik.
ungebunden [u̯ŋgɛ̆bu̯ndɛn] 1. = nemutik 2.
(ausschweifend) = nestönik 3. (chemisch
—) = nekobotik.
Ungebundenheit [u̯ŋgɛ̆bu̯ndɛnháït] v. = nemut.
Ungebühr [u̯ŋgɛ̆bu̯r] v. = negidöf.
ungebührlich [u̯ŋgɛ̆bu̯rlįq, u̯ŋgɛ̆bu̯rlįq] = negi=
döfik.
Ungebührlichkeit [u̯ŋgɛ̆bu̯rlįqkáït] v. = negi=
döfot.
Ungeduld [u̯ŋgɛ̆du̯lt] v. = nesufäd.
ungeduldig [u̯ŋgɛ̆du̯ldįq] = nesufädik.
ungeeignet [u̯ŋgɛ̆áïgnɛt] = negidöfik.
ungefähr [u̯ŋgɛ̆fär] (etwa) = za, zao.
Ungefähr [u̯ŋgɛ̆fär, u̯ŋgɛ̆fär] n.: von — =
fädo.
ungeheiszen [u̯ŋgɛ̆háïšɛn] = no pebüdöl.
ungeheuer [u̯ŋgɛ̆hóu̯ěr] (allzusehr) = tuvemik.
ungeheuerlich [u̯ŋgɛ̆hóu̯ěrlįq] =·mostöfik.
Ungeheuerlichkeit [u̯ŋgɛ̆hóu̯ěrlįq-káït] v. =
mostöf.
ungehindert [u̯ŋgɛ̆hįndɛrt] = no peneletöl.
ungehorsam [u̯ŋgɛ̆horsam] = nelobedik, —
sein = nelobedön (lov.).
Ungehorsam [u̯ŋgɛ̆ho.rsam] m. = nelobed.
ungehört [u̯ŋgɛ̆hört] = no pelilöl.
ungeladen [u̯ŋgɛ̆ladɛn] = no pevüdöl.
ungelegen [u̯ŋgɛ̆lɛgɛn] = nepötik.
ungelehrig [u̯ŋgɛ̆lɛrįq] = nelärnafägik.
ungelehrt [u̯ŋgɛ̆lɛrt] = nennolik.
ungeliebt [u̯ŋgɛ̆lipt] = no palelöföl.
Ungemach [u̯ŋgɛ̆máq̇] n. = nekoven.
ungemengt [u̯ŋgɛ̆mäɳt] = no pemigöl.
ungenannt [u̯ŋgɛ̆nánt] = no penemöl.
ungenieszbar [u̯n-gɛnìšbar] = nejuitovik.
ungenügend [u̯ŋgɛ̆nu̯gɛnd] = nesaidik.
ungenügsam [u̯n-gɛnu̯ksam] = nekotenik.
ungerade [u̯ŋgɛ̆radɛ] = neteldilovik.
ungerechnet [u̯ŋgɛ̆räqnɛt] = no peläkalkulöl.
ungerecht [u̯ŋgɛ̆räqt] 1. = negidik 2. (un=
rechtlich) = negitik.
Ungerechtigkeit [u̯n-gɛräq̇tįqkáït] v. = negid.
ungereimt [u̯ŋgɛ̆ráïmt] = nerimik.

ungern [u̯ŋgärn] = no vilöfo.
ungesättigt [u̯n-gɛsä̯tįqt] = nesatik.
ungesäumt [u̯ŋgɛsóu̯mt] 1. = nenzogik 2. (so=
fortig) = sunädik.
ungeschehen [u̯ŋgɛ̆jɛɛn] 1. = no ejenöl 2. —
machen = sädunön (lov.), — gemacht =
pesädunöl.
Ungeschicklichkeit [u̯n-gɛjįklįqkáït] v. = neskil.
ungeschickt [u̯ŋgɛ̆jįkt] = neskilik.
ungeschmälert [u̯ŋgɛ̆jmä̯lɛrt] (unverletzt, ganz)
= nätik.
ungesellig [u̯ŋgɛ̆sälįq] = neklubiälik.
ungesetzmäszig [u̯n-gɛsä̯zmä̯šįq] = nelonik.
ungesittet [u̯ŋgɛ̆sįtɛt] 1. (unerzogen) = midu=
gälik 2. (wild) = natädik 3. (unhöflich)
= neplütik.
ungestaltet [u̯ŋgɛ̆jtáltɛt] = mifomik.
ungestört [u̯ŋgɛ̆jtört] = nentupik.
ungestraft [u̯ŋgɛ̆jtraft] = no pepönöl.
ungestüm [u̯ŋgɛ̆jtu̯m] (heftig) = mäpetik, —
sein = mäpetön (nel.), — werden = mä=
petikön (nel.), — machen = mäpetükön
(lov.).
Ungestüm [u̯ŋgɛ̆jtu̯m] n. 1. (das Ungestümsein)
= mäpet 2. (Untier) = most.
Ungestümsein [u̯ŋgɛ̆jtu̯m sáïn] n. = mäpet.
ungesund [u̯ŋgɛ̆su̯t] = nesaunik.
ungeübt [u̯ŋgɛ̆u̯pt] = neskilik.
ungewissenhaft [u̯n-gɛvįšɛnháft] = nekonsie=
nöfik.
ungewisz [u̯ŋgɛ̆vįš] = nefümik.
Ungewiszheit [u̯ŋgɛ̆vįšháït] v. = nefüm.
Ungewitter [u̯ŋgɛ̆vįtɛr] n. = mistom.
ungewohnt [u̯ŋgɛ̆vont] 1. = nekomunik 2. =
nekösömik.
ungewöhnlich [u̯ŋgɛ̆vönlįq] 1. = nekomunik
2. = nekösömik.
Ungeziefer [u̯ŋgɛ̆žįfɛr] n. = minimilem.
ungeziemend [u̯ŋgɛ̆žįmɛnt] = negidöfik.
ungezogen [u̯ŋgɛ̆žogɛn] = neplütülik.
Ungezogenheit [u̯ŋgɛ̆žogɛnháït] v. = neplütül.
ungezwungen [u̯ŋgɛ̆žvu̯ŋɛn] = nemütik.
Ungezwungenheit [u̯ŋgɛ̆žvu̯ŋɛnháït] v. = ne=
müt.
ungiltig [u̯ŋgiltįq] = nelonöfik.
Ungiltigkeit [u̯n-giltqkáït] v. = nelonöf.
Unglaube [u̯ŋglău̯bɛ] m. = nenlekred.
unglaublich [u̯ŋgláu̯plįq] = nekredovik.
Unglaublichkeit [u̯ŋgláu̯plįq-káït] v. = nekre=
dov.
ungläubig [u̯ŋglóu̯bįq] = nenlekredik.
ungleich [u̯ŋgláïq] 1. = neleigik 2. (uneben,
holperig) = nesmudik.
ungleichförmig [u̯ŋgláïqförmįq] = neleigafo=
mik.
Ungleichheit [u̯n-gláïq-háït] v. = neleig.
ungleichwertig [u̯ŋgláïqvertįq] = neleigavöla=
dik.
Unglück [u̯ŋglu̯k] n. = neläb.
unglücklich [u̯ŋglu̯klįq] = neläbik.
unglücklicherweise [u̯ŋglu̯klįqěr-váïšɛ] = neläbo.
unglückselig [u̯ŋglu̯k-sèlįq, u̯ŋglu̯ksèlįq] (un=
heilvoll) = mifätik.
Unglücksfall [u̯ŋglu̯x=fál] m. = mijenot.
Ungnade [u̯ŋgnadɛ] v. = nebenäd.

ungnädig [ụngnädịq] = nebenädik.
ungrisch : die ungrische Sprache = macar.
Ungrund [ụngrụnt] m. = nenkod.
Ungunst [ụngụnšt] v. = negön, zu Ungunsten des = negönü.
ungut [ụngụt]: für — nehmen, für — aufnehmen = badocedön (lov.).
ungünstig [ụngünštịg] = negönik.
unhaltbar [ụnháltbar, ụnháltbar] = nekipovik.
Unheil [ụnháïl] n. 1. = mifät 2. (Unglück) = neläb 3. (Unglücksfall) = mijenot.
unheilbar [ụnháïlbar] = nesanovik.
unheilig [ụnháïlịq] = nesaludik.
unheilsam [ụnháïlsam] = mifätik.
unheilvoll [ụnháïl-fól] (heillos) = mifätik.
unhöflich [ụnhöflịq] = neplütik.
Unhöflichkeit [ụnhöflịqkáït] v. = neplüt.
Uniform [ụnifórm] v. (Kleidung) = leiged, in — kleiden = klotön (lov.) in leiged, leigedaklotön (lov.).
uniformieren [ụnifórmịrĕn] (in Uniform kleiden) = klotön (lov.) in leiged, leigedaklotön (lov.).
Uniformität [ụnifórmịtät] v. = leigafom.
uninteressant [ụn-ịntĕräšánt] = nenitedik
uninteressiert [ụn-ịntĕräšịrt] = nenitedälik.
Union [union] v. = balatam.
univalent [ụnịvalänt] = balvalenik.
Univalenz [ụnịvalänž] v. = balvalen.
universal [ụnịvärsal] (allgemein) = valemik.
Universalerbe [ụnịvärsàl-ärbĕ] m. = geran valemik, valigeran.
Universalisme [ụnịvärsalịšmĕ] = valim.
Universalist [ụnịvärsalịšt] m. = valiman.
Universalität [ụnịvärsalịtät] v. = valem.
Universalpresse [ụnịvärsàlpräšĕ] v. = bükaped valemik.
Universalsprache [ụnịvärsàljpraqĕ] v. = valemapük.
Universität [ụnịvärsịtät] v. = niver.
Universitätsunterricht [ụnịvärsịtäž-ụntĕrrịqt] m. = niveratid.
Universum [ụnịvärsụm] n. = leval.
unkennbar [ụnkänbar] = nesevädovik.
unkenntlich [ụnkäntlịq] = nesevädovik.
Unkenntnis [ụnkäntnịš] v. = nesev.
unkeusch [ụnkóüj] = nepuedik.
Unkeuschheit [ụnkóüj-háït] v. (Unzucht) = nepued.
unklar [ụnklar] = neklülik.
Unklarheit [ụnklarháït] v. = neklül.
unklug [ụnklụk] = nevisedik.
Unklugheit [ụnklụkháït] v. = nevised.
Unkörperliche [ụnkörpĕrlịqĕ]: das — (Geistigkeit) = lanöf.
Unkraut [ụnkráüt] n. = mikeb.
unkultiviert [ụnkụltịvịrt] = no pefeilidöl.
unkundig [ụnkụndịg] = nensevik.
Unkundiger [ụnkụndịgĕr] m. = nesevan.
unkündbar [ụnkụntbar] = nefinädovik.
unlängst [ụnläŋšt] 1. = brefobüo 2. (vor kurzem) = enu.
unlenkbar [ụnläŋkbar] = nedugöfik.
Unlenksamkeit [ụnläŋksamkáït] v. = nedugöf.
unleserlich [ụnlesĕrlịq] = nereidovik.

unlöblich [ụnlöplịq] = nelobik.
Unmasse [ụnmášĕ] v. 1. (Unmenge) = lemöd 2. (Übermenge) = tumöd.
unmaszgeblich [ụnmaš-gèplịq, ụnmašgèplịq] = no mafädik.
unmännlich [ụnmänlịq] = nemanöfik.
unmäszig [ụnmäšịq] 1. = lemödik 2. = netälmik.
Unmenge [ụnmäŋĕ] v. = lemöd.
Unmensch [ụnmänj] m. 1. = mimen 2. (ein Grausamer) = kruälan.
unmenschlich [ụnmänjlịq] = mimenik.
unmeszbar [ụnmäsbar] = nemafovik.
unmittelbar [ụnmịtĕlbar] = nemedik, stedöfik.
unmoralisch [ụn-morälịj] = nesüdöfik.
Unmoralität [ụnmoralịtät] v. = nesüdöf.
unmöglich [ụnmöklịq] = nemögik, — machen = nemögükön (lov.).
Unmöglichkeit [ụnmöklịq-káït] v. = nemög.
Unmut [ụnmụt] m. = nenkurad.
unmündig [ụnmündịg] 1. (unter Vormundschaft stehend) = tütäbik 2. (minorenn) = tütäböfik.
unnachahmbar [ụn-naq-àmbar] = nesümädovik.
unnachahmlich [ụn-naq-àmlịq] = nezüpovik.
unnachlassend [ụn-nàqlášĕnt] = nenzedik.
unnatürlich [ụn-natụ̈rlịq] (affektiert) = fäkiälik.
unnennbar [ụnnậnbar] = nenemovik.
unnötig [ụnnötịg, ụnnötịq] (überflüssig) = nezesüdik.
Unnötiges [ụnnötịgĕš] n. = nezesüd.
unnütz [ụnnüž] (nutzlos) = nenfrutik.
unordentlich [ụn-órdĕntlịq] = neleodik.
Unordnung [ụn-órdnụŋ] v. = neleod.
unorganisch [ụn-órgànịj] = nejäfidämik.
unparteiisch [ụn-pártáïjj] = nepaletöfik.
Unparteilichkeit [ụn-pártáïlịq-káït] v. = nepaletöf.
unpassend [ụnpášĕnt] = nepötik.
unpäszlich [ụnpäšlịq] = misaunik.
Unpäszlichkeit [ụnpäšlịqkáït] v. = misaun.
unratsam [ụnràtsam] = nekonsälovik.
unrätlich [ụn-rätlịq] = nekonsälovik.
unrecht [ụnräqt] (verkehrt) = neverätik.
Unrecht [ụnräqt] (Gegensatz von Recht) = negit.
unrechtlich [ụnräqtlịq] (ungerecht) = negitik.
unrechtschaffen [ụn-rậqtjáfĕn] = neritik.
unregelmäszig [ụn-règĕlmäšịq] 1. = nenomik 2. = nenomädik, unregelmäsziger Gang = nenomäd 3. gr. = nenomotik.
Unregelmäszigsein [ụn-règĕlmäšịq sáïn] n. gr. = nenomot.
unreif [ụnráïf] = nemadik.
Unreifheit [ụnráïf-háït] v. = nemad.
unrein [ụnráïn] = neklinik.
Unreinheit [ụnráïn-háït] v. = neklin.
unreinlich [ụn-ráïnlịq] = neklinöfik.
Unreinlichkeit [ụn-ráïnlịq-káït] v. = neklinöf.
unrettbar [ụnrätbar] = nesavovik.
Unrettbarkeit [ụnrätbarkáït] v. = nesavov.
unrichtig [ụnrịqtịq] 1. (falsch) = dobik, — sein = dobön (nel.) 2. — machen = neverätükön (lov.).

Unrichtigkeit [ụnrịqtịqkáït] v. 1. (Falschheit) = dob 2. (Verkehrtheit) = neverät.
Unruhe [ụnruě] v. = muif.
unruhig [ụnruịq] = muifik.
unsachlich [ụnsáǫlịq] = neyegik.
unsagbar [ụnsàkbar] = nesagovik.
unsanft [ụnsánft] = nensofik.
unsäglich [ụnsäklịq] = nesagovik.
Unsäglichkeit [ụnsäklịqkáït] v. = nesagov.
unschädlich [ụnjätlịq, ụnjàtlịq] = nendämovik.
Unschädlichkeit [ụnjàtlịqkáït] v. = nendämov.
unschätzbar [ụnjàżbar] = susdigik.
unschlüssig [ụnjlüšịq] = nefümik.
Unschuld [ụnjụlt] v. 1. = nennefölot 2. = neseved 3. (Sündenlosigkeit) = nensin.
unschuldig [ụnjụldịq] (schuldlos) = nennefölotik.
unselig [ụnselịq, ụnselịq] (unheilvoll) = mifätik.
unser [ụnsěr] = obsik.
Unsere [ụnsěrě]: der — = obsikan.
unsicher [ụnsịqěr] (nicht gefahrlos) = nesefik.
Unsicherheit [ụnsịqěrháït] v. = nesef.
unsichtbar [ụnsịqtbar] = nelogädik, — sein = nelogädön (nel.), — werden = nelogädikön (nel.), — machen = nelogädükön (lov.).
Unsichtbarkeit [ụnsịqtbarkáït] v. = nelogäd.
Unsichtbarmachen [ụnsịqtbar máǧěn] : das — = nelogädükam.
Unsinn [ụnsịn] m. = nesiäm, baarer — = nesiä·m voik.
unsinnig [ụnsịnịq] = nesiämöfik.
unsittlich [ụnsịtlịq] = nesüdöfik.
Unsittlichkeit [ụnsịtlịqkáït] v. = nesüdöf.
unsozial [ụn·sožial] = nesogädik.
unstandhaftig [ụnjtánthàftịq] = nelaidälik.
Unstandhaftigkeit [ụn-jtánthàftịq-káït] v. = nelaidäl.
unsterblich [ụnjtàrplịq] = nedeadöfik.
Unsterblichkeit [ụnjtàrplịqkáït] v. = nedeadöf.
Unstern [ụnjtärn] m. = mifät.
unsträflich [ụnjtràflịq] = nepönovik.
unstreitig [ụnjträïtịq, ụnjträïtịq] = nebefeitovik.
untadelhaft [ụntàdělháft] = neblamabik.
Untadelhaftigkeit [ụntàdělháftịq-káït] v. = neblamab.
untauglich [ụntàüklịq] = negidöfik.
untätig [ụntätịq] = nevobik.
unteilbar [ụntàïlbar] = nedilovik.
Unteilbarkeit [ụntàïlbar-káït] v. = nedilov.
unten [ụntěn] = dono, von — = donao, nach unten = donio, von — aus = disao.
untenhin [ụntěn hịn] = disio.
untenstehend [ụntěnjteěnt] (unter etwas liegend) = disik.
unter [ụntěr] 1. = ad, — die Waffen rufen = levokön (lov.) ad dünäd, ich rechne ihn — meine Freunde = dütedob omi ad flens oba 2. = as, — dem Siegel der Verschwiegenheit = as klän, — einem Vorwand = as kodül 3. (zwischen) = bevü, ein Zwist — Freunden = feit bevü flens, ich rechne ihn — meine Freunde = dütedob omi bevü flens oba, — anderen, — anderem = bevü votikans, samo: . . .; bevü votiks, samo: . . ., der älteste

— ihnen = bäldikün, bäldikünan bevü ons, bevü oms, Geld — die Leute bringen = blinön moni bevü mens, er stand mitten — ihnen = äbinom, ästanom zänodo bevü ons, bevü oms 4. (unterhalb) = dis, — freiem Himmel = dis sil voik, — den Bäumen hingehen = föfiogolön dis bims 5. = donü, er steht tief — ihm an Talent = tefü tälen binom vemo donü om, ich sitze — ihm = seadob donü om 6. = dü, — der Arbeit = dü vob, — Tränen = dü drenam, — dem Ministerium K. = dü ministeranef: ‚K.‘ 7. = ko, — Tränen = ko drens 8. = me, das Gesicht — einem Schleyer verbergen = klänedön logodi, logodi oka me veal, — die Füsze treten = dätridön bosi, dätridön bosi me futs 9. = pö, — vier Augen = pö logs fol 10. = ön, — fremden Namen = ön nem foginik, — einem Vorwand = ön kodül 11. — dem Siegel der Verschwiegenheit = promü, lepromü klänäd 12. (geistig) = sumätöfü 13. = ünü, — vier Wochen wird er nicht fertig = no oblümikom ünü vigs fol 14. ich rechne ihn — meine Freunde = dütedob omi flenes oba, er verteilt das Geld — die Armen = givom, seagivom moni pöfikanes 15. lady. = donik, unterer Teil = donadil, — etwas liegend = disik, das steht — aller Kritik = at binon mu badik, — der Hand (auszergerichtlich) = privatik 16. — der Hand = vüo, — Vorbehalt = büdakipo, Kinder — zehn Jahren = cils lifayelas, bäldota yelas neplu degas, — dem Siegel der Verschwiegenheit = klänädo 17. — die Soldaten gehen = dünädikön (nel.), etwas — Händen haben = jäfükön oki me bos, — Wölfen heulen = lüodikön, lüodükön oki ma süds soga in kel binoy 18. — der Bedingung = stipü, — der Firma = fiamü, — Hinweis auf = jonü, — der Maske von = maskarü, — Schutz des = jelü.
Unterbau [ụntěrbáü] m. = disbumäd.
unterbauen [ụntěrbáüěn] = bumön (lov.) disbumädi.
Unterbeamte [ụntěrběámtě] m. = donacalan.
Unterbefehlshaber [ụntěr-běfělšhaběr] m. = vigeneral.
Unterbein [ụntěrbáïn] n. = donalög.
Unterbett [ụntěrbät] n. = donabed.
unterbleiben [ụntěrbláïběn] = nejenön (nel.).
unterbrechen [ụntěrbräqěn] = ropön (lov.).
Unterbrechung [ụntěrbräqụn] v. = rop.
unterbromig [ụntěrbròmịq]: unterbromige Säure, HBrO = hüpbromitazüd.
unterchlorig [ụntěrklòrịq]: unterchlorige Säure, HClO = hüpkloritazüd.
Unterchlorigsäureanhydrid [ụntěrklòrịqsóűrě ánhüdrịt] Cl_2O = hüpkloritastabot.
unterdessen [ụntěrdäšěn] (inzwischen) = vüo.
unterdrücken [ụntěrdrịjkěn] (knechten) = sumätükön (lov.).
Unterdrücker [ụntěrdrüjkěr] m. = sumätükan.
Unterdrückung [ụntěrdrụkụn] v. 1. = sumätükam 2. = kvän.

Unterelsasz [ųntĕr ą̊lsáš] m. e n. = Dona≈ Lalsasän.

Unterförster [ų̀ntĕrfő̆rštĕr] m. = donafotiko≈ nöman.

Unterfutter [ų̀ntĕrfų̆tĕr] n. = furot.

Untergang [ų̀ntĕrgáŋ] m. 1. = donionepub, modonikam 2. (das Zugrundegehen) = no≈ sikam, päridikam.

untergeben [ų̀ntĕrgebĕn] = sumätöfik.

Untergebener [ų̀ntĕrgebĕnĕr] m. = sumätöfan.

Untergebenheit [ų̀ntĕrgèbĕnháĭt] v. (unterge-ordnete Stellung) = sumätöf.

untergehen [ų̀ntĕrgeĕn] 1. = donionepubön (nel.), modonikön (nel.) 2. = nosikön (nel.).

Untergehen [ų̀ntĕrgeĕn] n. = donionepub.

untergeordnet [ų̀ntĕrgĕórdnĕt] 1. (subaltern) = sumätöfik, — **sein** = sumätöfön (nel.), **untergeordnete Stellung** = sumätöf 2. pr. = sumätöfü 3. **untergeordnete Satzverbindung** = setatanam sekidik.

Untergeordneter [ų̀ntĕrgĕórdnĕtĕr] m. = su≈ mätöfan.

Untergericht [ų̀ntĕrgĕrįqt] n. = donacödalef.

Untergeschosz [ų̀ntĕrgĕjóš] n. = donatead.

Untergewehr [ų̀ntĕrgĕver] n. (Seitengewehr) = donavaf.

unterhalb [ų̀ntĕrhálp] = dis.

Unterhalt [ų̀ntĕrhált] m. 1. (Lebensunterhalt) = kosid 2. (Unterhaltung) = kosidid.

unterhalten [ų̀ntĕrháltĕn] 1. (amüsieren) = muadön (lov.) 2. **seine Familie** — = kosi≈ didön (lov.) famüli oka.

unterhaltend [ų̀ntĕrháltĕnt] (amüsant) = mua≈ dik.

Unterhaltung [ų̀ntĕrháltųŋ] v. 1. (Amüsement) = muad 2. (Unterhalt) = kosidid.

unterhandeln [ų̀ntĕrhándĕln] = tivön (nel.).

Unterhandlung [ų̀ntĕrhándlųŋ] v. = tiv.

Unterhemd [ų̀ntĕrhämt] n. = nijit.

Unterhose [ų̀ntĕrhosĕ] v. = niblit.

unterirdisch [ų̀ntĕr-ịrdįj] = distalik.

Unteritalien [ų̀ntĕr-ịtä̀lįĕn] n. = Dona≈Lita≈ liyän.

unterjochen [ų̀ntĕryóǵĕn] = yokön (lov.).

Unterjochen [ų̀ntĕryóǵĕn] n. = yokam.

Unterjochung [ų̀ntĕryóǵųŋ] v. = yokam.

Unterkiefer [ų̀ntĕrkifĕr] m. = donamaxül.

Unterkleid [ų̀ntĕrkláĭt] n. 1. (Niederkleid) = donaklot 2. (von dem Oberkleid bedecktes Kleid) = niklot.

Unterkoch [ų̀ntĕrkóǵ] m. = donakvisinan.

Unterland [ų̀ntĕrlánt] n. = donän.

unterlassen [ų̀ntĕrlášĕn] = nedunön (lov.).

Unterlassung [ų̀ntĕrlášųŋ] v. (Versäumnis) = nedun.

Unterlassungssünde [ų̀ntĕrlášųŋš-sų̈ndĕ] v. = nedunasin.

Unterländer [ų̀ntĕrländĕr] m. = donänan.

unterländisch [ų̀ntĕrländįj] = donänik.

Unterleib [ų̀ntĕrláĭp] m. = donakoap.

unterliegen [ų̀ntĕrligĕn] 1. (zusammenbrechen) = failön (nel.) 2. = bligabön (nel.) sekü.

untermengen [ų̀ntĕrmä̀ŋĕn] = bevümigön (lov.).

untermischen [ų̀ntĕrmịjĕn] = bevümigön (lov.).

unternehmen [ų̀ntĕrnemĕn] = dunikön (lov.).

Unternehmen [ų̀ntĕrnemĕn] n. (Unternehmung) = dunikam.

unternehmend [ų̀ntĕrnemĕnt] = duniköl, duni≈ kamälik.

Unternehmer [ų̀ntĕrnemĕr] m. = dunikan.

Unternehmung [ų̀ntĕrnèmųŋ] v. 1. = dunikam 2. = desinod.

Unternehmungsgeist [ų̀ntĕrnèmųŋšgáĭšt] m. = dunikamäl.

Unteroffizier [ų̀ntĕr-ófįzįr] m. = donafizir.

Unterpfand [ų̀ntĕrpfánt] n. = panot.

unterphosphorig [ų̀ntĕrfóšförįq]: **unterphospho-rige Säure**, H_3PO_2 = hüpfosfitazüd.

Unterphosphorsäure [ų̀ntĕrfóš-fórsóų̈rĕ] H_2PO_3 = hüpfosfatazüd.

Unterricht [ų̀ntĕrrįqt] m. (Lehre) = tid, **mit-telbarer** — = zänodatid, **höherer** — = lö≈ patid, **religiöser** — = lekredavitid.

Unterrichtung [ų̀ntĕrrįqtųŋ] v. = tidam.

Unterrock [ų̀ntĕrrók] m. = nijuüp.

untersagen [ų̀ntĕrsagĕn] (verbieten) = proibön (lov.).

untersalpetrig [ų̀ntĕrsálpètrįq]: **untersalpetrige Säure**, $H_2N_2O_2$ = pluhüpnitritazüd.

Untersatz [ų̀ntĕrsáž] m. (terminus minor) = donasetäd.

Unterschale [ų̀ntĕrjalĕ] v. = disbovedil.

unterscheidbar [ų̀ntĕrjáĭtbar] = distidovik.

Unterscheidbarkeit [ų̀ntĕrjáĭtbar-káĭt] v. = di≈ stidov.

unterscheiden [ų̀ntĕrjáĭdĕn] 1. = distidön (lov.) 2. = distükön (lov.) 3. **sich** — = distön (nel.).

Unterscheidung [ų̀ntĕrjáĭdųŋ] v. = distid, **zur** — **von** = distidü.

Unterschenkel [ų̀ntĕrjäŋkĕl] m. = donalög.

Unterschied [ų̀ntĕrjịt] m. 1. (Differenz) = dif (in valem ed i tefü gred), **gradueller** — = gredadif 2. (wesentlicher —) = dist, **im Unterschiede von** (abweichend von) = distü 3. **ein** — **machen** = distidön (lov.).

Unterschrift [ų̀ntĕrjrịft] v. = dispenäd.

unterschweflig [ų̀ntĕrjveflịq]: **unterschweflige Säure**, $H_2S_2O_4$ = hüpsulfitazüd.

unterschwefligsauer [ų̀ntĕrjveflịq-sáų̈ĕr]: **unter-schwefligsaures Natrium**, $Na_2S_2O_4$ = natrina≈ hüpsulfit.

Untersee [ų̀ntĕrse] m. = donalak.

untersinken [ų̀ntĕrsįŋkĕn] = sadön (nel.).

Unterstab [ų̀ntĕrjtap] m. = donastäf.

unterstehen [ų̀ntĕrjteĕn] = dutädön (nel.).

Unterstes [ų̀ntĕrštĕš] n. = disikünos.

Untersteuermann [ų̀ntĕr jtóų̈ĕr-mán] m. = do≈ nastiran.

unterstützen [ų̀ntĕrjtųžĕn] = stüton (lov.).

Unterstützung [ų̀ntĕrjtų̈žųŋ] v. = stüt.

untersuchen [ų̀ntĕrsųǵĕn] = vestigön (lov.).

Untersuchung [ų̀ntĕrsųǵųŋ] v. = vestig.

Untertan [ų̀ntĕrtan] m. = reigäb, **auf den** — **bezüglich** = reigäbik.

Untertasse [ų̀ntĕrtásĕ] v. = disbovedil.

untertänig [ų̀ntĕrtänįq]: — **machen** = sumätö≈ fükön (lov.).

Unterteil [ų̀ntĕrtáĭl] m. = donadil.

untervegs [ụntĕrveẍ] = su veg, vego.
Unterwelt [ụntĕrvält] v. = disvol.
unterwerfen 1. [ụntĕrvärfĕn] (unter etwas hin werfen) = disiojedön (lov.) 2. [ụntĕrvärfĕn] (knechten) = sumätükön (lov.), sich — = sumätikön (nel.).
Unterwerfung [ụntĕrvạ̈rfụŋ] v. = sumätükam.
unterworfen [ụntĕrvórfĕn]: — sein = sumätön (nel.).
unterwürfig [ụntĕrvụ̈rfịq, ụntĕrvụ̈rfịq] 1. = sumätik 2. = sumätälik.
Unterwürfigkeit [ụntĕrvụ̈rfịqkáït] v. 1. = sumät 2. = sumätäl.
unterzeichnen [ụntĕržáïqnĕn] = dispenön (lov.).
Unterzeichneter [ụntĕržáïqnĕtĕr] m. = dispenan.
Unterzeichnung [ụntĕržáïqnụŋ] v. = dispenam.
untief [ụntịf] = nedibik.
Untiefe [ụntifĕ] v. 1. (Seichte) = nedib 2. (seichte Stelle im Wasser) = nedibäd.
Untier [ụntir] n. = most.
untrennbar [ụntrạ̈nbar] = neteilovik.
untreu [ụntróụ̈] 1. (treulos) = nefiedik, — werden (abfallen) = säslopön (lov.).
Untreue [ụntróụ̈ĕ] v. (Treulosigkeit) = nefied.
Untreuer [ụntróụ̈ĕr] m. = nefiedan.
untröstbar [ụntröstbar] = netrodovik.
untrüglich [ụntrụ̈klịq] = nenpölik, nenpölo.
Untugend [ụntụgĕnt] v. = döfäd.
untunlich [ụntụnlịq] = nedunovik.
unüberlegt [ụn-übĕrlekt] = nesüenik.
Unüberlegtheit [ụn-übĕrlektháït] v. = nesüen.
unübertrefflich [ụn-übĕrtrạ̈flịq] = no pluamovik.
unüberwindlich [ụn-übĕrvịntlịq] = nevikodovik.
unumgänglich [ụn-ụmgạ̈ŋlịq] = nevitovik.
ununterbrochen [ụn-ụntĕrbróg̣ĕn] = no peropol.
unveränderlich [ụnfär-ạ̈ndĕrlịq] = neceinovik.
unverändert [ụnfär-ạ̈ndĕrt] = no pevotüköl.
unveräuszerlich [ụnfär-óụ̈šĕrlịq] = nelovedutovik.
Unveräuszerlichkeit [ụnfär-óụ̈šĕrlịq-káït] v. = nelovedutov.
unverbesserlich [ụnfärbạ̈šĕrlịq] 1. = nedugälovik 2. (des Schlechten wegen) = nemenodovik.
unverdaulich [ụnfärdáụ̈lịq, ụnfärdáụ̈lịq] = nedicetovik.
unverdient [ụnfärdịnt] = nemeritik, no pemeritöl.
unverdorben [ụnfärdórbĕn] = nerübik.
unverfälscht [ụnfärfäljt] = no pedobüköl.
Unverfälschtheit [ụnfärfạ̈ljtháït] v. (Reinheit, Purheit) = rafin.
unvergeszlich [ụnfärgạ̈šlịq] = neglömovik.
unvergleichlich [ụnfärgláïqlịq] = neleigodovik.
Unverheirateter [ụnfärháïratĕtĕr, ụnfärháïratĕtĕr] = noematölan.
unverhofft [ụnfärhóft] (unerwartet) = no pespetöl.
unverhohlen [ụnfärholĕn] (offen) = notodälo.
unverkäuflich [ụnfärkóụ̈flịq, ụnfärkóụ̈flịq] = neselovik.
unverletzbar [ụnfärlạ̈žbar] = neviodovik.
unverletzlich [ụnfärlạ̈žlịq] = neviodovik.

unverletzt [ụnfärlạ̈žt] 1. = nenviodik 2. (ganz, heil) = nätik, — sein = nätön (nel.).
Unverletztsein [ụnfärlạ̈žt sáïn] n. = nät.
unvermeidlich [ụnfärmáïtlịq] = nevitovik.
unvermischt [ụnfärmịjt, ụnfärmịjt] = no pemigöl.
Unvermögen [ụnfärmögĕn] n. = nekan.
unvermögend [ụnfärmögĕnt] = nekanik.
unvermutet [ụnfärmụtĕt] = no peniludöl.
unvernehmlich [ụnfärnĕmlịq] = nelelilovik.
Unvernehmlichkeit [ụnfärnĕmlịqkáït] v. = nelelilov.
Unvernunft [ụnfärnụnft] v. = nentäläkt.
unvernünftig [ụnfärnụnftịq] = nentäläktik.
unverschämt [ụnfärjämt] = nenjemik.
Unverschämtheit [ụnfärjämtháït] v. = nenjem.
unversehens [ụnfärsĕĕnš] = süpo.
unversichert [ụnfärsịqĕrt] = nensurik.
unversöhnlich [ụnfärsönlịq] = nerekosilovik.
Unverstand [ụnfärjtánt] m. 1. = nentäläkt 2. = stup.
unverständig [ụnfärjtändịq] 1. = nentäläktik 2. = stupik.
unverständlich [ụnfärjtäntlịq] 1. = nesuemovik 2. (unvernehmlich) = nelelilovik.
Unverständlichkeit [ụnfärjtäntlịqkáït] v. 1. = nesuemov 2. (Unvernehmlichkeit) = nelelilov.
unverträglich [ụnfärträklịq] = nesufälik.
Unverträglichkeit [ụnfärträklịqkáït] v. = nesufäl.
unverwechselbar [ụn-färvạ̈ẍĕlbar] 1. = necänovik 2. = necänidovik.
unverzagt [ụnfäržakt] = nendredik.
unverzogen [ụnfäržogĕn] = no pedugälöl.
unverzüglich [ụnfäržụ̈klịq] (sogleich) = sunädo, —! = sunädö!
unvollendet [ụnfólạ̈ndĕt] = nefinik.
unvollkommen [ụn fólkómĕn] = nelölöfik.
Unvollkommenheit [ụn fólkómĕn-háït] v. = nelölöf.
unvollständig [ụn fóljtạ̈ndịq] : unvollständiger Satz = set nelölöfik.
Unvollständigkeit [ụn fóljtạ̈ndịqkáït] v. = def.
unvorsätzlich [ụn forsạ̈žlịq] = nendesinik.
unvorsichtig [ụn-forsịqtịq] = nenprüdik.
Unvorsichtigkeit [ụn-fórsịqtịqkáït] v. = nenprüd.
unvorteilhaft [ụn-fór-táïl-háft] = nefrutik.
unwahr [ụnvar] = neveratik, neverato.
Unwahrheit [ụnvarháït] v. 1. = neverat 2. = neveratod.
unwahrscheinlich [ụn varjáïnlịq] = neluveratik.
unwandelbar [ụnvạ̈ndĕlbạ̈r] 1. = nevotöfik 2. = necenovik.
unwegsam [ụnveksam, ụnvĕksam] = nebegolovik.
unweit [ụnváït] pr. = nilü, zao nilü, no fagü.
Unwesentliches [ụn vĕsĕntlịqĕš] n. (Zufälligkeit) = fädot.
Unwetter [ụnvätĕr] n. = mistom.
unwichtig [ụnvịqtịq] = pülik.
unwiderlegbar [ụnvịdĕrlĕkbar] = netablöfovik.
unwiderstehlich [ụnvịdĕrjtĕlịq] = netadunovik.

unwiederbringlich [ųnvidĕrbrįŋlįq] = nesädu=
novik.
Unwille [ųnvįlĕ] m. (Entrüstung) = leskan.
unwillig [ųnvįlįq] (entrüstet)' = leskanik, —
werden = leskanön (nel.).
unwillkürlich [ųnvįlkürlįq] 1. (willenlos) =
nenvilik 2. (nicht willkürlich) = nenvilädik.
unwirksam [ųnvįrksam, ųnvįrksam] = nenvo=
bedik.
unwissend [ųnvįšĕnt] 1. = nesevik 2. (unkundig) = nensevik 3. (ungelehrt) = nennolik.
Unwissenheit [ųnvįšĕnháit]' v. = nennol.
unwissentlich [ųnvįšĕntlįq, ųnvįšĕntlįq] = nen=
sevo.
unwohl [ųnvol] 1. = misaunik 2. (ungesund)
= nesaunik.
Unwohlsein [ųnvol sáin] n. = misaun.
unwürdig [ųnvürdįq] = nedinitik.
Unzahl [ųnžal] v. 1. = lemöd 2. (Übermenge)
= tumöd 3. = susnum.
unzart [ųnžart] = nesofik.
unzählbar [ųnžạlbar] = nenumovik.
Unzählbarkeit [ųnžạlbarkáit] v. = nenumov.
unzählig [ųnžạlįq] 1. = lemödik 2. = susnu=
mik.
unzähligemal [ųnžạlįgĕmal] = susnumikna.
unzähmbar [ųnžạmbar] = neteimovik.
Unzeit [ųnžáit] v. = nepötatim, zur — =
nepötatimo.
unzeitig [ųnžáitįq] = nepötatimik.
unzerstörbar [ųnžạrjtörbar] = nedistukovik.
unzertrennbar [ųnžạrtrạnbar] = nedeteilovik.
unzertrennlich [ųnžạrtrạnlįq] = nedeteilovik.
Unzucht [ųnžųq̆t] v. (Unkeuschheit) = nepued,
— treiben = nepuedön (nel.).
unzufrieden [ųnžųfrįdĕn] = nekotenik, — mit
= nekotenü.
Unzufreidenheit [ųnžųfrįdĕn-háit] v. = neko=
ten, aus — mit = nekotenü.
Unzulänglichkeit [ųn=žulạnlįqkáit] v. = nesaid.
unzulässig [ųn=žulạšįq] = nedälovik.
unzusammenhängend [ųn=žusámĕnhạnĕnt] 1. =
neyumedik 2. = nenyumedik.
unzüchtig [ųnžųqtįq] = nepuedik.
unzweckmäszig [ųn žvạkmạšįq] = nediseina=
bik.
unzweifelhaft [ųnžváifĕl-háft] = nedotik.
Ural [ųral, ųral] m. = Lural.
ural-altaisch [ural áltàij] = Luraläna=Laltaiyä=
nik.
uralt [ur ált] = mu bäldik.
Uran [ųran] n. U = luranin.
Uranoxyd [ųran óx̌ų̆t] UO₃ = luraniloxid, lu=
ranatastabot.
Uranoxydul [ųran óx̌üdų̆l] UO₂ = luranoloxid.
Uranpecherz [ųran pặq=ärž] U₃O₈ ü U(UO₄)₂
= killuraninajölloxin, luraninoluranat.
Uranus [ųrànų̆š] (Planet) = luran.
Uranylnitrat [ųranü̆l nįtrat] UO₂(NO₃)₂ =
luranulanitrat.
Urältern [ųr=ältĕrn] pl. = ruröletan, ruröletans.
urbar [ųrbar]: urbares Terrän = feilalän, —
machen = feilidön (lov.).
Urbarmachung [ųrbarmáx̌ų̆ŋ] v. = feilid.
Urbewohner [ųrbĕvonĕr] m. = rulänan.

Urbild [ųrbįlt] n. 1. = rigädamag 2. = rigä=
damagod.
urbildlich [ųrbįltlįq] = rigädamagik.
Ureinwohner [ųr=áinvonĕr] m. = rulänan.
Urenkel [ųr=ạŋkĕl] m. 1. = leposcil 2. = le=
posson.
Urenkelin [ur-ặŋkĕlįn] v. = leposdaut.
Urform [ųrfórm] v. = rufom.
Urgroszeltern [ųrgroš=ạltĕrn] pl. = dalepals.
Urgroszmutter [ųrgroš=mų̆tĕr] v. = dalemot.
Urgroszvater [ųrgroš=fatĕr] m. = dalefat.
Urheber [ųrhebĕr] m. = rigakodan.
Urheberschaft [ųrhebĕrjáft] v. = rigakod.
Urin [ųrin] m. (Harn) = yurin.
Uringlas [ųringlaš] n. = yurinaglät.
urinieren [ųrinįrĕn] (harnen) = yurinön (lov.).
Uriya: das — = luriyav.
Urjanchai = Tanutuvän.
Urkanton [ųr-kántòn] m. = rukanton.
Urkunde [ųrkų̆ndĕ] v. 1. (Dokument) = doküm
2. (Beleg) = dokümil 3. Siegel einer —
(Bulle) = lesnil.
urkundlich [ųrkų̆ntlįq] = dokümik.
Urlaub [ųrláŭp] m. = livod, auf — = livodo.
Urlauber [ųrláŭbĕr] m. = livodan.
urplötzlich [ųr plǒzlįq] = mu süpiküno.
Urquell [ųrkvạl] m. = rufon.
Ursache [ųrsáq̆ĕ] v. (Grund) = kod, aus —
= kodü.
ursächlich [ųrsạqlįq] = kodöfik.
Ursächlichkeit [ųrsạqlįqkáit] v. (Kausalität) =
kodöf.
Ursprache [ųrjpraq̆ĕ] v. = rupük.
Ursprung [ųrjprų̆ŋ] m. = rig, seinen — von
etwas haben = rigön (nel.) de, seinen —
nehmen von = rigikön (nel.) de.
ursprünglich [ųrjprų̆ŋlįq, urjprų̆ŋlįq] (originell)
= rigik.
Urstoff [ųrjtóf] m. = rustöf.
Urteil [ųrtáil] n. 1. = cödot 2. ein rechtliches
— fällen = cödetön (lov.) eki ad.
urteilen [ųrtáilĕn] = cödön (lov.) eki u bosi.
Urteilen [ųrtáilĕn] n. = cöd.
Urteiler [ųrtáilĕr] m. = cödan.
Urteilskraft [ųrtáilš-kráft] v. = cödäl.
Urtext [ųrtặx̌t] m. = ruvödem.
Uruguay [ųrugǔai] n. = Luruguyän.
Urundi = Lurundän.
Ururgroszeltern [ur ųrgroš ạltĕrn] pl. = plu=
dalepals.
Ururgroszmutter [ur ųrgroš=mų̆tĕr] v. = plu=
dalemot.
Ururgroszvater [ur ųrgroš=fatĕr] m. 1. = plu=
dalefat 2. = hirurö̈letan.
Urvater [ųrfatĕr] m. = hirurö̈letan.
Urwald [ųrvált] m. = rufot.
Urwelt [ųrvạlt] v. = ruvol.
Urwesen [ųrvesĕn] n. = rudabinan.
Urzeit [ųrzáit] v. = rutim.
Usanz [ųsánž] v. (Brauch, Gebrauch) = geböf.
Usbeken = lusbekans.
Usbekien = Lusbekän.
u.s.w. (= und so weiter) [ųnt so váitĕr] =
e r., e' ret, e reta, e rete, e reti.

Utensilien [u̯tän̯sil̯i̯ĕn] pl. (Geräte) = stöm, stöms.
Utopia [u̯tòpi̯a] n. = yutopalän.
Utopie [u̯topi̯] v. = yutop.
utopisch [u̯töpi̯j] = yutopik.
Utopist [u̯topi̯št] m. = yutopan.

Ü. ü.

übel [übĕl] 1. = badik 2. (brecherisch) = lu=
vomitik 3. — nehmen = badocedön (lov.),
etwas — aufnehmen = mililidön (lov.) bosi
4. üble Laune = mivim, üble Nachrede =
mispik, übler Name, übler Ruf = mirepüt.
Übel übĕl] n. (Böses, Schlechtheit) = bad.
übelgesinnt [u̯bĕlgĕsi̯nt] = badälik.
Übelkeit [u̯bĕlkáit] v. = luvomit.
übelnehmerisch [übĕl-nèmĕrj̣j] = badocedik.
Übelstand [u̯bĕljtánt] m. = mistad.
Übeltat [u̯bĕltat] v. = midun.
Übeltäter [u̯bĕltätĕr] m. = midunan.
üben [übĕn] 1. (tun) = dunön (lov.) 2. (aus=
üben) = plägön (lov.) 3. sich — = skilü=
kön (lov.) oki, einer der sich übst = okski=
lükan 4. Aufsicht — = kälädön (lov.),
Chemie — = kiemavön (nel.), Chirurgie —
kötetavön (nel.), Einflusz — = flunön (lov.),
Frömmigkeit — = relöfön (nel.), Laster —
= lesinön (nel.), Macht — = nämädön
(nel.), Verbrechen — = midunön (nel.).
übend [übĕnt]: sich — = skilüköl oki.
Übelwollen [u̯bĕlvólĕn] n. = badivil.
übelwollend [u̯bĕlvólĕnt] = badivilik.
über [übĕr] 1. = bu, das geht ihm — alles =
atos buon pö om bu valikos, atos pabuükon
fa om bu valikos, atosi buükom bu valikos
2. (von, betreffs) = dö, sich freuen — =
fredön dö, grübeln — = letikön dö, lachen
— = smilön dö, nachdenken — = meditön
dö, sprechen — = spikön dö, staunen —
stunön dö, sich zanken — = zanön dö 3.
= dub, — der Angst vergasz er Essen und
Trinken = dub dredäl äglömom fidi e drini
4. = dü, den Sommer — = dü hitüp lölik,
den Tag — = dü del lölik, er ist — eine
Woche geblieben = eblibom dü tim lunikum
ka mö vig bal, ka viga bal, — der Arbeit
einschlafen = slipikön dü vob, fleiszig — der
Arbeit sein = zilön dü vob, er wurde —
einen Diebstahl betroffen = päküpodom dü
tif 5. = in, — der Angst vergasz er Essen
und Trinken = in dredäl aglömom fidi e drini
6. = love, — einander = love od, bal love
votik, der Weg geht — den Berg = veg
zugon love bel, — den Flusz setzen =
lovenaifön love flumed, — dem Rock trägt er
einen Pelz = polom plädoti love gun oka,
Tränen flieszen — seine Wangen = drens
flumons love cügs oka, seine Leiche lag —
der seines Gegners = fun omik äseaton love
et taana oka, einen Schuh — einen Leisten
schlagen = tenükön juki love fomod, — die
Schnur hauen, — die Stränge schlagen =
bunön love jainäds müta, — ... hinweg =
mo love ... 7. = löpü, — einander = löpü

od, der eine — dem andern = bal löpü votik,
noch — der Erde stehen = nog binön löpü
glun, wer hat ihn — mich gestellt, gesetzt?
= kim epladom-li omi löpü ob? 8. = me,
er sitzt immer — den Büchern = jäfom ai
me buks, lange Zeit — etwas zubringen =
jäfön lunüpo me bos 9. = pos, — ein kleines
= pos brefüp, — kurz oder lang = pos bre=
füp u lunüp, pos tim brefik u lunik, er macht
Schulden — Schulden = mekom debis pos
debs, ein Mal — das andere = naed pos
naed, in naed pos naed, pö naed pos naed,
heute — acht Tage = adelo pos vig bal,
adelo pos dels vel, pos dels vel de adel, pos
vig bal de adel 10. = pö, er wurde — einen
Diebstahl betroffen = päküpodom pö tif, —
der Tafel, — Tische wurde Politik getrieben
= pö fided, pö fidäd äspikoy dö bolit, äbo=
litoy, — der Angst vergasz er Essen und
Trinken = pö dredäl äglömom fidi e drini
11. = se, — die Schnur hauen, — die Stränge
schlagen = bunön se jäns tüteda 12. = sus,
— einander = sus od, bal sus votik, das Bild
hängt — dem Schranke = pöträt lagon sus
ramar, noch — der Erde stehen = nog
binön sus glun, das geht — meinen Verstand
= atos binon sus suem oba, das geht — den
Spasz = atos tuon sus cog 13. = tefü,
das geht — alles Erwarten = atos pluon tefü
spets valik, das geht — meine Kräfte = atos
tuikon tefü näms oba, tefü kan oba 14. =
ünü, — ein kleines = ünü brefüp 15. (via)
= vegü 16. er wohnt — dem Flusse =
lödom votaflanü flumed 17. König — das
Land = reg läna, die Aufsicht — einen haben
= kälädön eki, den Sieg — einen davon tra=
gen = vikodön eki, sich erbarmen —
miserön eki, sie fielen — ihn = ätatakoms
omi, er ragt — alle empor = süstegom vali=
kanis, — einen regieren = reigön eki, ein
Glas — den Durst trinken = tudrinön spitini,
— einen wachen = galedön eki, eine schwere
Prüfung kam — ihm = mifät vemik ädrefon
omi, es schwebt ein Unglück — seinem
Haupte = mifät seimik tädon omi 18. (über=
gegangen) = loveik 19. (allzu) = tu,
— die Maszen reich = tuvemo, tumafiko
liegik, der Graben ist — 5 Fusz breit = söp
labon veidoti piedas plu lulas, söp binon vei=
totik mö pieds plu luls, es sind — 1000 Per=
sonen anwesend = pösods plu 1000 komons,
er wurde — einen Diebstahl betroffen =
päküpodom tifölo 20. er steht hoch — ihm
= pluom vemo tefü om, leigodü om (demü,
in, ...), es schwebt ein Unglück — seinem
Haupte = patädom fa mifät seimik, wie
kannst du das — dich gewinnen, — das Herz
bringen? = lio kanol-li benoladälo sludön ad
somikos? ich liesz es — mich ergehen =
äsufälob osi, er wohnt — dem Flusse =
lödom su jol votik flumeda, es läuft mir eis=
kalt — den Rücken = ledredob flodöfölo,
er ist — alle Berge = emoikom, er ist mir —
den Kopf gewachsen = evedom lunikum ka
ob, das geht — meinen Verstand = atos

binon mödikum ka utos, kelosi kanob suemön,
**er ist — die vierziger hinaus, er ist — vierzig
Jahre alt** = labom bäldoti yelas mödikum ka
foldegas, labom lifayelis mödikum ka foldegis.
überall [übĕr=ál] (allerorts) = valöpo.
überallher [übĕr=ál her] = valöpao.
überallhin [übĕr=ál hin, übĕr=álhin] = valöpio.
Überanstrengung [übĕr=ánjträŋuŋ] v. = tutöbi=
dam.
überbieten [übĕrbitĕn] = plulofön (lov.).
Überbietung [übĕrbituŋ] v. = plulof.
überbleiben [übĕrbláíbĕn] = retön (nel.).
Überbleibsel [übĕrbláípšĕl] n. = ret.
Überblick [übĕrblik] m. = lovelogam.
überblickbar [übĕrblikbar] = lovelogamovik.
überblicken [übĕrblikĕn] = lovelogön (lov.).
überbringen [übĕrbriŋĕn] = loveblinön (lov.),
loveükön (lov.).
Überbringer [übĕrbriŋĕr] m. = loveblinan.
überbrücken [übĕrbrükĕn] = ponön (lov.).
überbürden [übĕrbürdĕn] = tufledön (lov.).
Überbürdung [übĕrbürduŋ] v. = tufledam.
Überchlorsäure [übĕrklòrsóúrĕ] HClO₄ = pär=
kloratazüd.
überdem [übĕrdem] (extra) = zuo.
überdenken [übĕrdäŋkĕn] = meditön (lov.).
überdies [übĕrdiš] = zu, zuo.
übereilen [übĕr=áílĕn] = tuspidön (nel.).
übereilt [übĕr=áílt] = tuspidik, tuspido.
Übereilung [übĕr=áíluŋ] v. = tuspid.
übereinander [übĕr=áínándĕr] = bal sus votik,
— hin = bal love votik.
übereinkommen [übĕr=áín-kómĕn] = balädükön
(lov.).
Übereinkommen [übĕr=áín-kómĕn] n. = balä=
dükam.
Übereinkunft [übĕr=áínkunft] v. = baläd, **das
Treffen einer —** = balädükam, **in — mit** =
balädü.
übereinstimmen [übĕr=áínjtimĕn] 1. = baiädön
(nel.) 2. (einstimmen) = baivögön (nel.)
3. = baicedön (nel.).
übereinstimmend [übĕr=áínjtimĕnt] 1. = baiä=
dik 2. = baicedik 3. (einig) = balädik.
Übereinstimmung [übĕr=áínjtimuŋ] v. 1. = ba=
lädam 2. (Ähnlichkeit) = baiäd, **in — brin=
gen** = baiädükön (lov.) 3. **in — mit** =
baivögü.
überfahren [übĕrfarĕn] = lovevegön (nel.).
Überfahrt [übĕrfart] v. = lovenafam.
Überfahrtsort [übĕrfarž=órt] m. = lovenafamöp.
Überfall [übĕrfál] m. = tutatak.
überfallen [übĕrfálĕn] = tutatakön (lov.).
überfliesczen 1. [übĕrflišĕn] = loveflumön (nel.)
2. [übĕrflišĕn] (überschwemmen) = tuvatön
(lov.).
Überflieszen [übĕrflišĕn] n. = loveflum.
Überflieszung [übĕrflišuŋ] v. = loveflum.
Überflusz [übĕrfluš] m. 1. = bundan 2. (Unmasse) = tumöd 3. (Überfülle) = tuful 4.
(Unnötiges) = nezesüd 5. **im — leben** =
lüxüödön (nel.).
überfluten [übĕrflutĕn] = tuvatön (lov.).
überflutend [übĕrflutĕnt]: **das überflutende Wasser** = tuvat.

überflüssig [übĕrflüšiq] (unnötig) = nezesüdik,
tumödik.
überfordern [übĕrfórdĕrn] (überteuern) = tufla=
gedön (lov.) eke.
Überfremdung [übĕrfrąmdun] v. = tunütev fo=
ginänanas.
überführbar [übĕrfürbar] = loveveigovik.
überführen [übĕrfürĕn] = loveveigön (lov.).
Überführung [übĕrfüruŋ] v. = loveveig, loveü=
kam.
Überfülle [übĕrfülĕ] v. = tuful.
überfüllen [übĕrfülĕn] = tufulükön (lov.).
überfüllt [übĕrfült] = tufulik, **— sein** = tufu=
lön (nel.).
berfüttern [übĕrfütĕrn] = tunulüdön (lov.).
Übergabe [übĕrgabĕ] v. = lovegiv.
Übergang [übĕrgáŋ] m. 1. = lovegol 2. =
loveikam.
Übergangsstufe [übĕrgáŋšjtufĕ] v. (Grad) =
gred.
übergeben [übĕrgebĕn] (aushändigen, überreichen) = lovegivön (lov.).
Übergeber [übĕrgebĕr] m. = lovegivan.
übergegangen [übĕrgĕgáŋĕn]: **— sein** = loveön
(nel.).
Übergegebene [übĕrgĕgebĕnĕ]: **das —** = love=
givot.
übergehen I. [übĕrgeĕn] 1. = lovegolön (nel.)
2. = loveikön (nel.) 3. **— in, — zu** =
cenön (nel.) ad 4. **in . ., zu . . — lassen**
= ceinön (lov.) ad II. [übĕrgeĕn] (auslassen) lov. = beiädön (lov.).
Übergehen [übĕrgeĕn] n. = cen.
Übergehung [übĕrgĕuŋ] v. = beiäd.
Übergewicht [übĕrgĕviqt] n. = pluvät.
übergiesczen 1. [übĕrgišĕn] = lovegifön (lov.)
2. [übĕrgišĕn]: **mit Sauce — —** = sodön (lov.).
überhangen [übĕrháŋĕn] = lovelagön (nel.).
überhaupt [übĕrháúpt] (völlig) = valiko.
überhängen [übĕrháŋĕn] = lovelägön (lov.).
überhäufen [übĕrhóúfĕn] = kumön (lov.) tu=
geiliko.
überholen [übĕrholĕn]: **einen — —** = fokömön
(lov.) eki.
überhören [übĕrhörĕn] 1. = nelilön (lov.) 2.
(abhören) = xamülön (lov.).
Überhörer [übĕrhörĕr] m. = xamülan.
überirdisch [übĕr-irdij] = sustalik.
Überjodsäure [übĕryòtsóúrĕ] HJO₄ = päryo=
datazüd.
Überkleid [übĕrkláit] n. = plöklot.
überkochen [übĕrkóqĕn] (durch Kochen aus
dem Gefäsz treten) = sekukön (nel.).
überladen [übĕrladĕn] = tufledön (lov.).
Überladung [übĕrladuŋ] v. = tufledam.
überlassen [übĕrlašĕn] 1. (anheimstellen) =
gividön (lov.), **einer der überläszt** = gividan
2. **dem Lose —, dem Schicksale —** = fätü=
kön (lov.).
überlasten [übĕrlastĕn] = tufledön (lov.).
Überlastung [übĕrlastuŋ] v. = tufledam.
überlaufen 1. [übĕrláúfĕn] (überflieszen) =
loveflumön (nel.) 2. [übĕrláúfĕn] = tuvi=
sitön (lov.).
Überlaufen [übĕrláúfĕn] n. = loveflum.

überlaut [u̇bĕrláu̇t] 1. = lelaodiko 2. = tu=
laodiko.
überleben [übĕrlebĕn] = lovelifädön (lov.).
überlegen 1. [u̇bĕrlegĕn] = loveseitön (lov.)
2. [übĕrlegĕn]: in Allem — sein = muön
(nel.), einem an Kenntnissen — sein = pluön
lä ek, leigodü ek, lo ek tefü nols, demü nols.
Überlegenheit [übĕrlègĕnháït] v. = pluam.
Überlegensein [übĕrlegĕn sáïn] n. = muam.
überlegt [übĕrlekt] = süenik.
Überlegtheit [übĕrlèktháït] v. (Besonnenheit)
= süen.
Überlegung [übĕrlègu̇n] v. = vätäl, ohne —
= nenvätälo.
überleiten [übĕrláïtĕn] = lovedugön (lov.).
Überleitung [u̇bĕrláïtu̇n] v. = lovedug.
überliefern [übĕrlifĕrn] = loveükön (lov.).
Überlieferung [übĕrlifĕru̇n] v. 1. = loveükam
2. (das Herkommen) = vönaoloveikam 3.
(Tradition) = vönaoloveikod.
überlisten [übĕrlị̈stĕn] = lükädön (lov.).
Überlistung [übĕrlị̈štu̇n] v. = lükäd.
übermachen [übĕrmáĝĕn] = lovesedön (lov.).
Übermacht [u̇bĕrmáĝt] v. = plunämäd.
Übermangansäure [übĕrmáŋgànsóűrĕ] HMnO₄
= pärmanganatazüd.
Übermangansäureanhydrid [übĕrmáŋgànsóűrĕ
ánhüdrit] Mn₂O₇ = pärmanganatastabot.
Übermasz [u̇bĕrmaš] n. = plumaf.
übermächtig [übĕr-mạ̈ĝtịq] = plunämädik.
übermäszig [u̇bĕrmäšị̈q] = plumafik, — voll
= tufulik.
Übermenge [u̇bĕrmäŋĕ] v. = tumöd.
Übermensch [übĕrmänj] m. = susmen.
übermenschlich [u̇bĕrmänjlị̈q] = susmenik.
übermorgen [u̇bĕrmórgĕn] = udelo, — abends
= usoaro.
Übermut [u̇bĕrmu̇t] m. = tukün.
übermütig [übĕrmütị̈q] = tukünik.
übernachten [übĕrnáĝtĕn] = neitilifädön (nel.).
Übernahme [u̇bĕrnamĕ] v. = lovesum.
übernatürlich [übĕr-natụ̈rlị̈q] = nesiädik.
übernächtig [übĕrnäĝtị̈q] 1. (die Nacht über=
dauernd) = neitadulik 2. (durch Nacht=
wache) = fenik dub neitagal.
übernehmen [u̇bĕrnemĕn] = lovesumön (lov.).
überragen [übĕrragĕn] (übertreffen) = pluön
(nel.).
überraschen [übĕrrájĕn] = süpädön (lov.).
Überraschung [u̇bĕrráju̇n] v. 1. = süpäd 2.
= benosüpot.
überreden [übĕrredĕn] = slüdön (lov.) eki ad.
Überredung [übĕrrèdu̇n] v. = slüd.
Überredungsgabe [übĕrrèdu̇nšgabĕ] = slüdäl.
überreichen [übĕrráïqĕn] = lovegivön (lov.).
Überreichtum [übĕr ráïqtu̇m] m. = tulieg.
überreif [übĕrráïf, übĕr ráïf] = tumadik.
Überrest [u̇bĕrräšt] m. (Reliquie) = relikid.
Überrock [u̇bĕrrók] m. = plögun.
überrumpeln [übĕrrumpĕln] = tutatakön (lov.).
Überrumpelung [übĕrru̇mpĕlu̇n] v. = tutatak.
überruthensauer [übĕrru̇tĕnsáűĕr] : überruthen=
saures Kalium, KRuO₄ = kalinapärrutenat.
Übersalpetersäure [übĕrsálpètĕrsóűrĕ] HNO₄ =
pärnitratazüd.

übersatt [übĕr sát] = tusatik.
übersäen [übĕrsäĕn] = besovön (lov.).
überschatten [übĕrjátĕn] = lovejadön (lov.).
Überschattung [übĕrjátu̇n] v. = lovejadam.
überschauen [übĕrjáűĕn] = lovelogön (lov.).
überschätzen [übĕrjäžĕn] = tudigidön (lov.).
überschiffen [übĕrjị̈fĕn] = lovenafön (nel.).
Überschlag [u̇bĕrjlak] m. = täxet.
überschlagen [übĕrjlagĕn] = täxetön (lov.).
überschreiben [u̇bĕrjráïbĕn] = suspenön (lov.).
überschreiten [übĕrjráïtĕn] = lovestepön (lov.).
Überschrift [übĕrjrị̈ft] v. 1. = suspenäd 2.
(Titel) = tiäd.
Überschuh [u̇bĕrjụ̈] m. = plöjuk.
Überschusz [u̇bĕrju̇š] m. 1. = plusuäm 2.
(Rest) = ret.
überschüssig [u̇bĕrjụ̈šị̈q] = retik.
überschütten 1. [u̇bĕrjütĕn] = lovestürön (lov.)
2. [übĕrjütĕn] = bestürön (lov.) ko.
Überschwefelsäure [übĕrjvèfĕlsóűrĕ] H₂S₂O₈ =
pärsulfatazüd.
überschwemmen [übĕrjvämĕn] = tuvatön (lov.).
überschwemmend [übĕrjvämĕnt] : das über=
schwemmende Wasser = tuvat.
Überschwemmung [übĕrjvạ̈mu̇n] v. = tuvatam.
überseeisch [übĕrseị̈j] = lovemelik.
übersegeln [u̇bĕrsegĕln] = lovesailön (nel.).
übersehen [übĕrseĕn] 1. = lovelogön (lov.)
2. (über etwas hinwegsehen) = neküpön
(lov.).
übersenden [übĕrsändĕn] = lovesedön (lov.).
übersetzen I. [u̇bĕrsäžĕn] 1. = loveseidön
(lov.) 2. = lovepladön (lov.) II. [übĕr=
säžĕn] 1. (übertragen in eine andere Spra=
che) = tradutön (lov.) 2. (überteuern) =
tuflagedön (lov.) eke.
Übersetzer [übĕrsäžĕr] m. = tradutan.
Übersetzung [übĕrsạ̈žu̇n] v. 1. = tradut 2.
(das Übersetzte) = tradutod.
Übersicht [u̇bĕrsị̈qt] v. 1. = lovelogam 2.
. (kurze) = naböfaninäd.
übersichtlich [u̇bĕrsị̈qtlị̈q] = lovelogamovik.
Übersichtlichkeit [u̇bĕrị̈qtlị̈qkáït] v. = lovelo=
gamov.
übersinnlich [übĕrsị̈nlị̈q] = nesiädik.
überspannen [u̇bĕrjpánĕn] = tenidükön (lov.)
love.
überspringen [übĕrjprị̈ŋĕn] = lovebunön (lov.).
übersteigen [u̇bĕrjtáïgĕn] = lovexänön (nel.).
überstellen [u̇bĕrjtälĕn] = lovepladön (lov.).
überstrahlen [übĕrjtralĕn] = stralön (nel.) love.
überteuern [übĕrtóűĕrn] = tuflagedön (lov.)
eke.
übertragen [übĕrtragĕn] 1. (in eine andere
Sprache) = tradutön (lov.) 2. (von einem
trausitiven Zeitwort) = loveädön 3. = ne=
voik.
übertreffen [übĕrträfĕn] = pluön (nel.), einem
an äuszern Vorzügen — = pluön lä ek, lei=
godü ek, lo ek demü, tefü süperods logotik,
zu — = pluamovik.
übertreiben [übĕrtráïbĕn] = tuü, kön (lov.).
Übertreibung [übĕrtráïbu̇n] v. = tuükam.
übertreten [übĕrtretĕn] = nefölön (lov.).
übertretend [u̇bĕrtretĕnt] = nefölik.

Übertreter [übĕrtretĕr] m. = nefölan.
Übertretung [übĕrtrètu̯n] v. = nefölot.
übertrieben [übĕrtrĭbĕn]: übertriebene Gefälligkeit = luplitiäl, übertriebenes Wesen = tuükäl.
übervoll [übĕr fól] = tufulik.
übervorteilen [übĕrfór-tái̯lĕn] (beschwindeln) = cütön (lov.) tuflagedo.
überwintern [übĕrvi̯ntĕrn] =nifüpilifädön (nel.).
Überzahl [übĕržal] v. = tumöd.
überzählig [übĕržäli̯q] = tumödik.
überzeugen [übĕržóu̯gĕn] = süadükön (lov.).
überzeugend [übĕržóu̯gĕnt] = süadüköl.
überzeugt [übĕržóu̯kt] = süadik, — sein = süadön (nel.).
Überzeugtsein [übĕržóu̯kt sái̯n] n. = süad.
Überzeugung [übĕržóu̯gu̯n] v. 1. = süadükam 2. (das Überzeugtsein) = süad.
überziehen [übĕržĭĕn] 1. = kövädön (lov.) 2. mit Gips — = güpön (lov.), mit Leim — = gludön (lov.), mit Zucker — = juegajalön (lov.).
überzuckern [übĕržu̯kĕrn] 1. (bezuckern) = juegädön (lov.) 2. (mit Zucker überziehen) = juegajalön (lov.).
Überzug [übĕržu̯k] m. = köväd.
überzwerch [übĕržvä̯rq] (quer) = travä̱ro.
Übles [üblĕš]: — nachreden = mispikön (lov.).
üblich [ụ̈pli̯q] (gebräuchlich) = geböfik, — sein = geböfön (nel.), nicht — = negeböfik.
übrig [übri̯q] = retik, — bleiben = retön (nel.), — lassen = retükön (lov.), im übrigen = reto.
übrigens [ụ̈bri̯gĕnš] = reto.
Übung [ụ̈bu̯n] v. 1. = okskilükam 2. (Ausübung) = pläg.
üppig [ụ̈pi̯q] 1. = bundanöfik 2. (unkeusch) = nepuedik 3. — leben = lüxüödön (nel.).
Üppigkeit [ụ̈pi̯qkái̯t] v. 1. (Reichlichkeit) = bundan 2. (Luxuriosität) = bundanöf.

V. v.

Vagabund [vagabu̯nt] m. = gliban.
vagabundieren [vagabu̯ndi̯rĕn] = glibön (nel.).
Vagabundieren [vagabu̯ndi̯rĕn] n. = glib.
vagabundierend [vagabu̯ndi̯rĕnt] = glibik.
Vakanz [vakánž] v. (Ferien) = vaken.
Vakuumreiniger [vàkuu̯m rái̯ni̯gĕr] m. = püfisugian.
Vakzination [vákži̯naži̯òn] v. = müp.
vakzinieren [vákži̯ni̯rĕn] = müpön (lov.).
valent [valä̱nt] = valenik.
Valenz [valä̯nz] v. = valen.
Valor [valor] m. (Effekt) = valör.
Valuta [valụ̀ta] v. = valut.
Vanadium [vanàdi̯u̯m] Vd = vanadin.
Vandalen [vándālĕn] = vandalans.
Vanille [vani̯lyĕ] v. = vanel.
Varietät [vari̯etät] v. (Abart) = sotül.
Vater [fatĕr] m. = fat.
Vaterland [fátĕrlánt] n. = lomän.
Vaterlandsfreund [fàtĕrlánž-fróu̯nt] m. = losmänälan.

Vaterlandsliebe [fàtĕrlánž-li̯bĕ] v. = lomänäl.
vaterländisch [fàtĕrländi̯j] = lomänik.
Vatermord [fàtĕrmórt] m. = fatisasen.
Vatermörder [fàtĕrmŏrdĕr] m. = fatisasenan.
Vatersbruder [fatĕrš brṵdĕr] m. = fatablod.
Vatersmutter [fatĕrš mu̯tĕr] v. = fatamot.
Vaterstadt [fàtĕrjtát] v. = lomazif.
Vatersvater [fatĕrš fatĕr] m. = fatafat.
Vaterunser [fatĕr-u̯nsĕr] n. = Siöraplek, Sölaplek.
Vatikan [vatikan] = ,Vaticano', Stadt des Vatikans = zif di ,Vaticano'.
Väterchen [fä̱tĕrqĕn] n. 1. = fatil 2. (Papa) = fatül.
väterlich [fà̱tĕrli̯q] = fatik.
Vegetabilien [vegetabili̯ĕn] pl. = plananulüdot, plananulüdots.
Vegetation [vegetaži̯on] v. = planaglof.
Veilchen [fái̯lqĕn] n. = viol.
Veitstanz [fái̯z-tánž] m. = koreat.
Velin [velä̱n̂, veli̯n] n. = velin.
Velinpapier [velä̯n̂papi̯r, veli̯npapi̯r] n. = velinapapür.
Velleität [väleität] v. = luvil.
Veloziped [veloži̯pet] n. = saikul.
Vene [venĕ] v. (Ader) = vein.
Venedig [venèdi̯q] n. = ,Venezia' [venèzia] (Lit.).
Venezuela [venežu̯ela] = Venesolän.
venös [venöš] = veinik.
Venus [vènu̯š] (Planet) = venud.
verabfolgen [fär∫áp-fólgĕn] = lovegivön (lov.).
verabreden [fär∫ápredĕn] = rajanön (lov.).
Verabredung [fär∫ápredu̯n] v. = rajan.
verabscheuen [fär∫áp-jóu̯ĕn] = naudön (lov.).
verabscheuungswürdig [fär∫áp-jóu̯u̯nš-vu̯rdi̯q] = naudodik.
verabschieden [fär∫ápji̯dĕn] =sädünükön (lov.).
verachten [fär∫áq̇tĕn] = nestümön (lov.).
verachtfachen [fär∫áqt-fáqĕn] = jölön (lov.).
Verachtung [fär∫áq̇tu̯n] v. = nestüm.
verallgemeinern [fär∫álgĕmái̯nĕrn] 1. (allgemein machen) = valemükön (lov.) 2. (generalisieren) = valädön (lov.).
verallgemeinernd [fär∫álgĕmái̯nĕrnt] = valädik.
Verallgemeinerung [fär∫álgĕmái̯nĕru̯n] v. = valäd.
veralten [fär∫áltĕn] = vönädikön (nel.).
veraltet [fär∫áltĕt] (abgedroschen) = vorädik.
veranähnlichen [fär∫án-ä̯nli̯qĕn] = sümükön (lov.).
Veranähnlichung [fär∫án-ä̯nli̯qu̯n] v. = sümükam.
Veranda [veránda] v. (Galerie) = yal, vordere — = föfayal.
veranlassen [fär∫án-lá̯šĕn] 1. = kodedön (lov.) 2. = dunükön (lov.).
Veranlassen [fär∫án-lá̯šĕn] n. 1. = kodedam 2. = dunükam.
Veranlassung [fär∫án-lášu̯n] v. (Anstosz) = koded.
veranstalten [fär∫án-jtáltĕn] (organisieren) = noganükön (lov.).
Veranstalter [fär∫án-jtáltĕr] m. (Organisator) = noganükan.

Veranstaltung [fạ̈r₎án-jtáltụŋ] v. (Organisation) = noganükam.

verantworten [fạ̈r₎ánt-vórtĕn] = gidükön (lov.).

verantwortlich [fạ̈r₎ánt-vórtlị̦q] = gididik, — sein = gididön (nel.), — machen = gididü₎kön (lov.).

Verantwortlichkeit [fạ̈r₎ánt-vórtlị̦q-káĭt] v. = gidid.

Verantwortung [fạ̈r₎ánt-vórtụŋ] v. = gidükam, die — auf sich nehmen = gididikön (nel.).

verarbeiten [fạ̈r₎ár-báĭtĕn] 1. = bevobön (lov.) 2. (mit einer Arbeit verbringen) = fevobön (lov.).

verarmen [fạ̈r₎ármĕn] 1. (arm werden) = pö₎fikön (nel.) 2. lov. (arm machen) = pöfükön (lov.).

Verarmung [fạ̈r₎ármụŋ] v. = pöfikam.

verächtlich [fạ̈r₎ạ̦qtlị̦q] = nestümabik.

Veränderung [fạ̈r₎ạ̈ndĕrụŋ] v. (Abänderung) = votükam.

verästelt [fạ̈r₎ạ̈štĕlt] = tuigik.

veräuszerlich [fạ̈r₎óŭsĕrlị̦q] = lovedütovik.

Veräuszerlichkeit [fạ̈r₎óŭsĕrlị̦q-káĭt] v. = love₎dütov.

veräuszern [fạ̈r₎óŭsĕrn] = lovedütön (lov.).

Veräuszerung [fạ̈r₎óŭsĕrụŋ] v. = lovedüt.

Verband [fạ̈rbánt] m. = flabülod.

Verbandmittel [fạ̈rbántmị̦tĕl] n. = flabülama₎mater.

Verbandsmitglied [fạ̈rbánž-mị̦tglị̦t] n. = feda₎kompenan.

Verbandstoffen [fạ̈rbánt-jtófĕn] pl. = flabüla₎mamaters.

Verbandtuch [fạ̈rbánttụ̦q] n. = flabülamaflab.

verbannen [fạ̈rbánĕn] = xilön (lov.).

Verbannter [fạ̈rbántĕr] m. = xiläb.

Verbannung [fạ̈rbánụŋ] v. = xil.

Verbannungsort [fạ̈rbánụŋš-órt] m. = xilöp.

Verbannungszeit [fạ̈rbánụŋš-žáĭt] v. = xilüp.

verbauen [fạ̈rbáŭĕn] 1. (bauend verwenden, verbrauchen) = febumön (lov.) 2. (um-bauen) = votabumön (lov.).

verbergen [fạ̈rbạ̈rgĕn] (verstecken) = kläne₎dön (lov.).

verberglich [fạ̈rbạ̦rglị̦q] = klänedovik.

Verbergung [fạ̈rbạ̦rgụŋ] v. (Versteckung) = kläned.

Verbesserer [fạ̈rbạ̈sĕrĕr] m. 1. = gudükuman 2. (Korrektor) = korákan.

verbesserlich [fạ̈rbạ̦sĕrlị̦q] 1. = menodovik 2. = koräkovik.

verbessern [fạ̈rbạ̈sĕrn] 1. = gudükön (lov.), gudükumön (lov.) 2. (in valem) = meno₎dön (lov.) 3. (korrigieren) = korákön (lov.).

Verbesserung [fạ̈rfạ̦sĕrụŋ] v. 1. = gudükumam 2. = menod.

verbeugen [fạ̈rbóŭgĕn]: sich — = biegön (nel.).

Verbeugung [fạ̈rbóŭgụŋ] v. (Verneigung) = bieg, eine — machen = biegön (nel.).

verbiegen [fạ̈rbị̦gĕn] = miblegükön (lov.).

Verbiegung [fạ̈rbị̦gụŋ] v. = miblegükam.

verbieten [fạ̈rbị̦tĕn] = proibön (lov.).

verbinden [fạ̈rbị̦ndĕn] 1. (umwickeln) = fla₎bülön (lov.) 2. (fügen) = yümön 3. sich (chemisch) — = kobotikön (nel.) 4. ehelich

— = matükön (lov.), paarweise — = pä₎rükön (lov.).

Verbindlichkeit [fạ̈rbị̦ntlị̦qkáĭt] v. (Pflicht) = blig.

verbindlichst [fạ̈rbị̦ntlị̦qšt] = bligiküno, bli₎gäliküno.

Verbindung [fạ̈rbị̦ndụŋ] v. 1. = yüm, in — mit = yumü, tanamü 2. chemische — = kobot kiemik.

Verbindungsbuchstabe [fạ̈rbị̦ndụŋš-bụ̂g̑jtabĕ] m. = yümatonat.

Verbindungsstrich [fạ̈rbị̦ndụŋšjtrị̦q] m. = yü₎mamalül.

Verbindungsstück [fạ̈rbị̦ndụŋšjtụ̈k] n. = vüyü₎mäd.

verbittern [fạ̈rbị̦tĕrn] = biedälükön (lov.).

Verbitterung [fạ̈rbị̦tĕrụŋ] v. 1. = biedäl 2. = biedükam.

Verbleib [fạ̈rbláĭp] m. = blib.

verbleiben [fạ̈rbláĭbĕn] (bleiben) = blibön (nel.), Ort wo man verbleibt = bliböp.

Verbleiben [fạ̈rbláĭbĕn] n. = blib.

verbleien [fạ̈rbláĭĕn] = plumbön (lov.).

verblenden [fạ̈rbländĕn] 1. = bleinükön (lov.) 2. bleinälükön (lov.) 3. (betören) = cüti₎dön (lov.).

Verblendung [fạ̈rblạ̦ndụŋ] v. 1. = bleinükam 2. bleinälükam 3. (Betörung) = cütid.

verbluten [fạ̈rblutĕn] 1. = deadön (nel.) blu₎damo, bludamadeadön (nel.), deibludön (nel.) 2. sich — = deibludön (nel.).

verblüffen [fạ̈rblüfĕn] = bluvükön (lov.).

Verblüffen [fạ̈rblüfĕn] n. = bluvükam.

verblüfft [fạ̈rblüft] = bluvik, — stehen = bluvön (nel.).

Verblüfftheit [fạ̈rblụ̈ftháĭt] v. = bluv.

verblühen [fạ̈rblüĕn] = fiflorön (nel.).

verborgen [fạ̈rbórgĕn] = peklänedöl.

Verborgenheit [fạ̈rbórgĕn-háĭt] v. 1. (Geheim-nis) = klän 2. (das Geheimnisvolle) = klänöf.

Verbot [fạ̈rbot] n. = proib.

Verbrauch [fạ̈rbráŭg̑] m. 1. = fegeb 2. (das Verbrauchte) = fegebot.

verbrauchen [fạ̈rbráŭg̑ĕn] 1. = fegebön (lov.) 2. (abnutzen) = vorükön (lov.).

Verbrauchen [fạ̈rbráŭg̑ĕn] n. = fegeb.

verbraucht [fạ̈rbráŭg̑t] (abgenutzt) = vorik, — sein = vorön (nel.).

Verbrauchte [fạ̈rbráŭg̑tĕ]: das — = fegebot.

Verbrauchtsein [fạ̈rbráŭg̑t sáĭn] n. = vor.

Verbrechen [fạ̈rbrạ̈qĕn] n. (Übeltat) = midun, — begehen, — üben = midunön (nel.).

Verbrecher [fạ̈rbrạ̈qĕr] m. = midunan.

verbrecherisch [fạ̈rbrạ̦qĕrị̦j] = midunik.

verbreiten [fạ̈rbráĭtĕn] = vidükön (lov.).

Verbreiterung [fạ̈rbráĭtĕrụŋ] v. = vidükam.

verbrennen [fạ̈rbrạ̈nĕn] 1. nel. = fefilön (nel.) 2. lov. = fefilükön (lov.) 3. (in Brand stecken) = filükön (lov.) 4. zu Asche — = zenofilön (nel.).

verbrüdern [fạ̈rbrüdĕrn] = svistön (lov.).

Verbrüderung [fạ̈rbrụ̦dĕrụŋ] v. = svistam.

Verbum [vạ̦rbụm] n. (Zeitwort) = värb.

verbunden [fãrbŭndĕn]: — sein = kobotön (nel.).
verbünden [fãrbŭndĕn] 1. = fedükön (lov.) 2. sich — = fedikön (nel.).
verbündet [fãrbŭndĕt]: — sein = fedön (nel.).
Verbündete [fãrbŭndĕtĕ] m. = fedan.
Verbündeten [fãrbŭntĕtĕn] pl.: die — = fedanef.
Verbündeter [fãrbŭndĕtĕr] m. = fedan.
Verbündung [fãrbŭndŭn] v. = fedikam.
verbürgen [fãrbürgĕn] = garanön (lov.).
Verbürgung [fãrbŭrgŭn] v. = garan.
Verdacht [fãrdáqt] m. = minilud, in — haben = miniludön (lov.), anfangen in — zu haben = miniludikön (lov.), in — kommen = paminiludikön (sufalefom), einen bei einem in — bringen = miniludükön (lov.) eki demü ek.
verdammen [fãrdámĕn] = kondanön (lov.).
verdammenswert [fãrdámĕnšvert] = kondanabik.
verdammlich [fãrdámliq] = kondanabik.
Verdammnis [fãrdámniš] v. = kondan.
Verdammter [fãrdámtĕr] m. = kondanäb.
Verdammung [fãrdámŭn] v. = kondanam.
verdampfen [fãrdámpfĕn] (gasförmig werden) = vapikön (nel.).
verdanken [fãrdáŋkĕn]: einem etwas — = debön (lov.) eke dani kodü bos.
verdauen [fãrdáŭĕn] = dicetön (lov.).
verdaulich [fãrdáŭliq] = dicetovik.
Verdaulichkeit [fãrdáŭliq-káït] v. = dicetov.
Verdauung [fãrdáŭŭn] v. = dicet.
Verdauungsapparat [fãrdáŭŭnš-áparàt] m. = dicetäm.
Verdauungsorgane [fãrdáŭŭnš-órgànĕ] pl. = dicetäm.
verdächtig [fãrdǎqtiq] = miniludik.
Verdeck [fãrdäk] n. = däk.
verdenken [fãrdäŋkĕn] (übelnehmen) = badocedön (lov.).
verderben [fãrdärbĕn] 1. nel. = rübikön (nel.) 2. lov. = rübikön (lov.).
Verderben [fãrdärbĕn] n. 1. = rübikam 2. = rübükam 3. — bringend = rübüköl, ins — stürzen = päridükön (lov.).
verderbend [fãrdärbĕnt]: leicht — = rübovik.
verderblich [fãrdärpliq] 1. (leicht verderbend) = rübovik 2. (Verderben bringend) = rübüköl.
Verderblichkeit [fãrdärpliqkáït] v. = rübov.
Verderbnis [fãrdãrpniš] v. (das Verdorbensein) = rüb.
Verderbtheit [fãrdãrpthäït] v. = rüb.
verdeutlichen [fãrdóŭtliqĕn] = kleilükön (lov.).
Verdeutlichung [fãrdóŭtliqŭn] v. = kleilükam.
verdeutschen [fãrdóŭčĕn] = Deutänön (lov.).
verdichten [fãrdiqtĕn]: sich — = densitikön (nel.).
Verdichter [fãrdiqtĕr] m. d. = densitükian.
Verdichtung [fãrdiqtŭn] v. = densitikam.
verdicken [fãrdikĕn] (dicker machen) = bigükumön (lov.).
verdienen [fãrdinĕn] 1. (wert sein) = digädön

(lov.) 2. (erwerben) = meritön (lov.), sein Brot — = meritön kosidi oka.
Verdienst [fãrdinšt] 1. m. (Erwerb, Gewinn) = merit 2. n. (Verdienstlichkeit) = meritab, nach — = meritabo.
verdienstlich [fãrdinštliq] (verdienstvoll) = meritabik.
Verdienstlichkeit [fãrdinštliqkáït] v. = meritab.
verdienstvoll [fãrdinštfól] = meritabik.
verdient [fãrdint] = meritik.
verdolmetschen [fãrdólmãčĕn] = nätäpretön (lov.).
Verdolmetschung [fãrdólmãčŭn] v. = nätäpret.
verdoppeln [fãrdópĕln] = telön (lov.).
Verdoppelung [fãrdópĕlŭn] v. = telam.
verdorben [fãrdórbĕn] 1. = rübik, — sein = rübön (nel.) 2. verdorbener (verlorner) Mann = päridan.
Verdorbensein [fãrdórbĕn sáïn] n. = rüb.
verdorren [fãrdórĕn] (dürr werden) = sigikön (nel.).
verdrängen [fãrdräŋĕn] = modränön (lov.).
verdrehen [fãrdreĕn] = pölatülön (lov.).
verdrieszen [fãrdrišĕn] = favükön (lov.).
verdrieszlich [fãrdrišliq] 1. (Verdrusz empfindend) = favik, — sein = favön (nel.), — werden = favikön (nel.) 2. (— machend) = favüköl.
Verdrieszlichkeit [fãrdrišliqkáït] v. = fav.
verdrossen [fãrdróšĕn] = favik, — sein = favön (nel.).
Verdrossenheit [fãrdróšĕn-háït] v. = fav.
Verdrusz [fãrdruš] m. = fav, — empfinden = favön (nel.), aus — über = favü.
verdummen [fãrdŭmĕn] 1. (dumm werden) = stupikön (nel.) 2. (dumm machen) = stupükön (lov.).
verdunkeln [fãrdŭŋkĕln] = dagükön (lov.).
Verdunkelung [fãrdŭŋkĕlŭn] v. (Eklipse) = grahan.
verdunsten [fãrdŭnštĕn] 1. = fevapikön (nel.) 2. (gasförmig werden) = vapikön (nel.).
verdutzt [fãrdŭžt]: — stehen = bluvön (nel.), — machen = bluvükön (lov.).
verdünnen [fãrdŭnĕn] 1. = slenükön (lov.) 2. = dilutükön (lov.) 3. (lichten) = mänsidükön (lov.).
Verdünnung [fãrdŭnŭn] v. 1. = slenükam 2. = dilutükam 3. = mänsidükam.
verdünsten [fãrdŭnštĕn] (dunstend verschwinden machen) = fevapükön (lov.).
Verebnung [fãr-èbnŭn] v. (Nivellierung) = niväd.
veredeln [fãr-edĕln] = nobükön (lov.).
verehelichen [fãr-eĕliqĕn] = matükön (lov.).
verehren [fãr-erĕn] (in hohem Grade ehren) = lestimön (lov.).
verehrenswürdig [fãr-erĕnš-vŭrdiq] = lestimabik.
verehrt [fãr-ert] (hochgeehrt, hochverehrt) = lestimik.
Verehrung [fãr-èrŭn] v. = lestim.
verehrungsvoll [fãr-èrŭnšfól] = lestimöl.
verehrungswürdig [fãr-èrŭnš-vŭrdiq] = lestimabik.

Verehrungswürdigkeit [fär=ėrụņš-vụ̊rdịqkáït] v. = lestimab.

Verein [fär=áïn] m. = klub, **den — betreffend** = klubik.

vereinbar [fär=áïnbar] = balamovik.

vereinbaren [fär=áïnbarĕn] (übereinkommen) = balädükön (lov.).

Vereinbarung [fär=áïnbarụņ] v. (Akkord, Einigung, Übereinkunft, Vertrag) = baläd.

vereinen [fär=áïnĕn]: **sich —** (zu einer Gemeinschaft, zu einem Verein) = klubön (nel.).

vereinfachen [fär=áïn-fáq̆ĕn] = balugükön (lov.).

vereinigen [fär=áïnịgĕn] 1. = balön (lov.) 2. **sich —** (zu einer Gemeinschaft, zu einem Verein) = klubön (nel.).

Vereinigen [fär=áïnịgĕn] n. = balam.

vereinigt [fär=áïnịqt]: **Vereinigte Staaten** = Tats=Pebalöl (Meropa), **Lamerikän, Angehöriger der Vereinigten Staaten** = Lamerikänan, **der Vereinigten Staaten eigen** = Lamerikänik.

Vereinigung [fär=áïnịgụņ] v. = klubam.

Vereinigungssinn [fär-áïnịgụņš-sịn] m. = klubiäl.

vereinsamen [fär=áïnsamĕn] = soalükön (lov.), **sich —** = soalikön (nel.).

Vereinswesen [fär=áïnš=vẹsĕn] n. = klubafebäd.

vereinzeln [fär=áïnžĕln] (einzeln verkaufen) = detülaselön (lov.).

vereiteln [fär=áïtĕln] = vanükön (lov.).

Vereitelung [fär=áïtĕlụņ] v. = vanükam.

verengern [fär=ạņĕrn] = nabükön (lov.).

Verengerung [fär-ạ̊ņĕrụņ] v. = nabükam.

vererbbar [fär-ạ̊rpbar] = gerädovik.

vererben [fär=ạ̊rbĕn] 1. **einem etwas —, auf einen etwas —** = geridön (lov. dem.) bosi eke 2. **sich —** (von Krankheiten) = gerädön (nel.).

Vererbung [fär=ạ̊rbụņ] v. = geräd.

verewigen [fär=ėvịgĕn] = laidüpükön (lov.).

Verewigung [fär=ėvịgụņ] v. = laidüpükam.

verfahren [färfarĕn] 1. (vorgehen) = bitön (nel.) 2. **gerichtlich —** = cödädön (nel.), **gründlich —** = dunön (lov.) staböfo.

Verfahren [färfarĕn] n. 1. = bit 2. = dunamod.

Verfall [färfál] m. (Abnahme) = nepluikam.

verfallen [färfálĕn] (herunterkommen) = nepluikön (nel.).

Verfalltag [färfáltak] m. = pelüpadel.

verfassen [färfásĕn] (schreiben) = lautön (lov.).

Verfasser [färfásĕr] m. (Aufsetzer) = penotel.

Verfassung [färfásụņ] v. 1. (Grundgesetz) = stabalon 2. = statuden.

verfassungsmäszig [färfásụņš-mạ̊sịq] = stabalonik.

Verfassungsurkunde [färfásụņš-ụ̊rkụndĕ] v. = stabalonadokum.

verfaulen [färfáủlĕn] = puridikön (nel.).

verfault [färfáủlt] = puridik.

verfehlen [färfelĕn] = nedrefön (lov.).

verfeinern [färfáïnĕrn] = feinükön (lov.).

Verfeinerung [färfáïnĕrụņ] v. = feinükam.

verfertigen [färfạ̊rtịgĕn] = mekön (lov.).

Verfertiger [färfạ̊rtịgĕr] m. = mekan.

Verfertigung [färfạ̊rtịgụņ] v. = mek.

verfinstern [färfịnštĕrn] = dagükön (lov.).

Verfinsterung [färfịnštĕrụņ] v. (Eklipse) = grahan.

verfliegen [färfligĕn] (in Dämpfen verschwindend) = fevapikön (nel.).

verflixt [färflịxt] (leidig) = deätik.

Verflixtsein [färflịxt sáïn] n. = deät.

verflossen [färflóšĕn] = pasetik.

verfluchen [färflụq̆ĕn] 1. (verwünschen) = maleditön (lov.) 2. (anathemisieren) = maleditön (lov.).

verflucht [färflụq̆t] 1. (leidig) = deätik 2. **—!** = blasfämö!

Verfluchung [färflụ̊q̆ụņ] v. (Verwünschung) = maledit.

Verfluchtsein [färflụq̆t sáïn] n. = deät.

verfolgen [färfólgĕn] (feindlich) = pöjutön (lov.).

Verfolgen [färfólgĕn] n. = pöjut.

Verfolgung [färfólgụņ] v. = pöjut.

Verfolgungsgeist [färfólgụņš-gáïst] m. = pöjutiäl.

Verfolgungssucht [färfólgụņš-sụq̆t] v. = pöjutiäl.

verfolgungssüchtig [färfólgụņš-sụ̊q̆tịq] = pöjutiälik.

Verfolgungswahnsinn [färfólgụņš-vànsịn] m. = pöjutalienet.

verfrüht [färfrüt] (vorzeitig) = tusunik.

verfügbar [färfụ̊kbar] = gebidik.

verfügen [färfügĕn] 1. = büadön (lov.) 2. **— über** = gebön (lov.).

Verfügung [färfụ̊gụņ] v. 1. = büad, **laut — des** (einer Person) = büadü 2. **zur — stehen** = gebidön (nel.), **zur — stellen** = gebidükon (lov. dem.) 3. = dageb.

verführbar [färfụ̊rbar] = bätodovik.

verführen [färfürĕn] 1. = bätodön (lov.) 2. = midugön (lov.).

Verführer [färfürĕr] m. = bätodan.

verführerisch [färfụ̊rĕrịj] = bätodik.

Verführung [färfụ̊rụņ] v. 1. = bätod 2. = midug.

verfünffachen [färfụnffáq̆ĕn] = lulön (lov.).

vergangen [färgáņĕn] = pasetik.

Vergangenheit [färgáņĕn-háït] v. 1. = paset 2. (Präteritum) = pasetatim 3. (Perfekt) = presenatim finik 4. **vollendete —** = pasetatim finik, **währende —** = pasetatim nefinik.

vergasen [färgasĕn] lov. = vapükön (lov.).

vergänglich [färgạ̊ņlịq] 1. (unbeständig) = nelaidik 2. (eitel) = vanik.

Vergänglichkeit [färgạ̊ņlịqkáït] v. 1. (Unbeständigkeit) = nelaid 2. (Eitelkeit) = van.

vergeben [färgebĕn] 1. (verzeihen) = pardón (lov.) 2. (entschuldigen) = säkusadön (lov.). 3. **ein Amt —** = gönädön (lov.) cali.

vergebens [färgebĕnš] (umsonst) = vaniko.

vergeblich [färgẹblịq] (erfolglos) = nensekik.

Vergebung [färgẹbụņ] v. 1. (Verzeihung) =

pard 2. (Entschuldigung) = säkusad, um
— bitten = begön (lov.) säkusadi 3. =
gönäd.

vergegenwärtigen [färgegĕn-vårtįgĕn] = fomä=
lön (lov.) bosi.

vergehen [färgeĕn] = pasetikön (nel.).

Vergehen [färgeĕn] n. 1. = pasetikam 2. =
midun.

vergelten [färgältĕn] = bläfön (lov.).

Vergelten [färgältĕn] n. = bläf.

Vergelter [färgältĕr] m. = bläfan.

Vergeltung [färgåltųn] v. 1. = bläf 2. (das,
wodurch etwas vergolten wird, Strafe, Belohnung) = bläfod.

vergessen [färgäšĕn] = glömön (lov.).

Vergessen [färgäšĕn] n. = glöm.

Vergessenheit [färgåšĕnháĩt] v. = glömäd.

vergeszbar [färgåšbar] = glömovik.

Vergeszbarkeit [färgåšbarkáĩt] v. = glömov.

vergeszlich [färgåšlįq] = glömälik.

Vergeszlichkeit [färgåšlįqkáĩt] v. = glömäl.

vergewaltigen [färgĕváltįgĕn] =mekädön (nel.).

Vergewaltigung [färgĕváltįgųn] v. = mekä=
dam.

vergieszen [färgįšĕn] 1. = spilön (lov.) 2.
Tränen — = drenön (nel.).

Vergieszen [färgįšĕn] n. = spil.

vergiften [färgįftĕn] = venenön (lov.).

Vergiftung [färgįftųn] v. = venenam.

Vergiszmeinnicht [färgįšmáĩnnįqt] n. = miosot.

vergittern [färgįtĕrn] = treilön (lov.).

verglasen [färglasĕn] (mit Glasscheiben versehen) = vitürön (lov.).

Vergleich [färgláĩq] m. (Vergleichung) = lei=
god, im — mit, im — zu = leigodü.

vergleichbar [färgláĩqbar] = leigodovik.

vergleichen [färgláĩqĕn]: etwas oder einen —
mit = leigodön (lov.) bosi ud eki ko.

vergleichlich [färgláĩqlįq] = leigodovik.

Vergleichung [färgláĩqųn] v. = leigod, in —
mit = leigodü.

vergnügen [färgnügĕn] (belustigen) = yofön
(lov.).

Vergnügen [färgnügĕn] n. 1. (das Belustigende)
= yof 2. (Belustigung) = yofam.

vergnüglich [färgnůklįq] = yofik.

Vergnügling [frgnůklįn] m. = yofiälan.

Vergnügungssucht [färgnůgųnš-sųᶐt] v. = yo=
fiäl.

vergnügungssüchtig [färgnůgųnš-sůᶐtįq] = yo=
fiälik.

vergolden [färgóldĕn] = goldön (lov.).

Vergolder [färgóldĕr] m. = goldan.

Vergoldung [färgóldųn] v. 1. = goldam 2. d.
= goldamastöf.

vergöttern [färgóᶐtĕrn] 1. = godöfükön (lov.)
2. = lugodön (lov.).

Vergötterung [färgóᶐtĕrųn] v. = godöfükam.

vergöttlichen [färgóᶐtlįqĕn] = godön (lov.).

vergraben [färgrabĕn] (einscharren) = fesepön
(lov.).

vergröszern [färgröšĕrn] = gretükön (lov.).

Vergröszerungsglas [färgröšĕrųnš-glaš] n. =
gretükamaglät.

vergüten [färgütĕn] = givulön (lov.).

Vergütung [färgůtųn] v. = givul.

Verhaftsbefehl [färháfᶎbĕfel] m. = büd ad
fanäbükam, fanäbükamabüd.

verhaften [färháftĕn] = fanäbükön (lov.).

Verhaftung [färháftųn] v. = fanäbükam.

verhallen [färhálĕn] = nosikön (nel.).

verhalten [färháltĕn] 1. sich — (sich benehmen)
= kondötön (nel.) 2. sich — (sich befinden) = stadön (nel.) 3. sich — (in Verhältnis stehen) = proporön (nel.).

Verhalten [färháltĕn] n. (Benehmen) = kon=
döt.

Verhaltungsbefehl [färháltųnš-bĕfel] m. = kon=
dötabüd.

verhandeln [färhándĕln] (besprechen) = bespi=
kön (lov.).

Verhandlung [färhándlųn] v. (Besprechung) =
bespik.

verharren [färhárĕn] (standhalten) = laidälön
(nel.).

Verhältnis [färhåltnįš] n. 1. (Umstand, Angelegenheit) = dinäd 2. (Proportion) = pro=
por, in — stehen = proporön (nel.), im —
zu = proporü.

verhältnismäszig [färhåltnįš-måšįq] 1. = pro=
porik 2. (relativ) = tefädik.

Verhängnis [färhåɲnįš] n. (Unstern) = mifät.

verhängnisvoll [färhåɲnįšfól] (fatal) = mifätik.

verhärten [färhärtĕn] 1. = düfükön (lov.) 2.
sich — = düfikön (nel.).

verhätscheln [färhäᶐĕln] = zadidön (lov.).

verhäuten [färhóᶐtĕn]: ein Schiff — = jalädön
(lov.) nafi.

verheeren [färherĕn] = distukön (lov.).

Verheerung [färhèrųn] v. = distuk.

verheimlichen [färháĩmlįqĕn] (geheimhalten) =
klänädön (lov.).

verheiraten [färháĩratĕn] 1. (verehelichen) =
matükön (lov.) 2. sich — = matikön (nel.).

verheiratet [färháĩratĕt] : — sein = matön
(nel.).

Verheiratung [färháĩratųn] v. = matükam.

verheiszen [färháĩšĕn] = lepromön (lov.).

verherrlichen [färhårlįqĕn] = glorükön (lov.).

Verherrlichung [färhårlįqųn] v. = glorükam.

verhindern [färhįndĕrn] (nicht zulassen) = ne=
letön (lov.).

Verhindern [färhįndĕrn] n. = nelet.

Verhinderung [färhįndĕrųn] v. = nelet.

verhöhnen [färhönĕn] = lukofön (lov.).

Verhör [färhör] n. = dasäkam.

verhören [färhörĕn] .1 = dasäkön (lov.) 2.
(überhören) = xamülön (lov.).

verhundertfachen [färhųndĕrtfáᶐĕn] = tumön
(lov.).

Verhundertfachung [färhųndĕrtfáᶐųn] v. = tu=
mam.

verhungern [färhųɲĕrn] = fefaemön (nel.).

verhungert [färhųɲĕrt] = fefaemik.

verhüllen [färhülĕn] = vilupön (lov.).

Verhüllung [färhülųn] v. = vilupam.

verhüten [färhütĕn] (vorbeugen) = büoneletön
(lov.).

verjagen [färyagĕn] 1. (auf der Jagd verbrin-

gen) = feyagön (lov.) 2. (vertreiben) = momofön (lov.).
verjähren [färyärĕn] = timofinikön (nel.).
verjüngen [färyŭŋĕn] = yunükön (lov.).
Verjüngung [färyŭŋu̩ŋ] v. = yunükam.
Verkauf [färkáŭf] m. = sel, kommissionsweiser — = sel komitik, zum — (feil) = selidik, zum — anbieten = selolofön (lov.), selidü= kön (lov.).
verkaufen [färkáŭfĕn] = selön (lov.), auf Borg — = täkoselön (lov.), einzeln — = detüla= selön (lov.), Getränk im kleinen — = bötä= dön (lov.), zu — (feil) = selidik.
Verkaufen [färkáŭfĕn] n. = sel.
Verkäufer [färkóŭfĕr] m. = selan.
verkäuflich [färkóŭfli̩q] 1. = selovik 2. — sein = selidön (nel.).
Verkäuflichkeit [färkóŭfli̩q-káït] v. = selov.
Verkäuflichsein [färkóŭfli̩q sáïn] n. = selid.
Verkehr [färker] m. 1. (Umgang) = kosäd 2. — auf der Strasze = dakosäd in süt.
verkehren [färkerĕn] (umgehen) = kosädön (nel.).
Verkehren [färkerĕn] n. = kosäd.
Verkehrsmittel [färkèrš=miṯĕl] n. = kosädame= döm.
verkehrt [färkert] 1. (unrecht) = neverätik, — machen = neverätükön (lov.) 2. (nicht gut, schlimm) = mi.
Verkehrtheit [färkèrtháït] v. = neverät.
verkennen [färkänĕn] = misevön (lov.).
verketten [färkätĕn] (mit Ketten verbinden) = jänön (lov.).
Verkettung [färkạ̈tu̩ŋ] v. = jänam.
verklagen [färklagĕn] = kusadön (lov.).
Verklagter [färklaktĕr] m. = kusadäb.
verklären [färklärĕn]: sich — = glorikön (nel.).
Verklärung [färklạ̈ru̩ŋ] v. = glorikam.
verkleben [färklebĕn] (zukleben) = fäikleibön (lov.).
verkleiden [färkláïdĕn] = votaklotön (lov.).
Verkleidung [färkláïdu̩ŋ] v. = votaklotam.
verkleinern [färkláïnĕrn] = smalükön (lov.).
Verkleinerung [färkláïnĕru̩ŋ] v. = smalükam.
Verkleinerungswort [färkláïnĕru̩ŋš-vórt] n. = smalükamavöd.
verknoten [färknotĕn] = snobön (lov.).
Verknotung [färknòtu̩ŋ] v. = snobam.
verkorken [färkórkĕn] 1. = koegabuonön (lov.) 2. eine Flasche — = buonön (lov.) fladi.
verkosten [färkóštĕn] = gutön (lov.).
Verkostung [färkóštu̩ŋ] v. = gut.
verkörpern [färkórpĕrn] = kopön (lov.).
Verkünder [färkü̩ndĕr] m. (Publizist) = no= tükan.
verkürzen [färkürzĕn] = brefükumön (lov.).
verlachen [färláɥĕn] = besmilön (lov.).
verladen [färladĕn] = lodön (lov.).
Verladungsschein [färlàdu̩ŋšjáïn] m. = lodazöt.
Verlag [färlak] m. = dabüköp.
Verlagsbuchhandlung [färlaɣ-bu̩ɣhándlu̩ŋ] v. = dabüköp.

Verlagsbuchhändler [färlaɣ-bu̩ɣhändlĕr] m. = dabükan.
verlangen [färláŋĕn] 1. (begehren) = desirön (lov.) 2. (fordern) = flagedön (lov.), was, welchen Preis — Sie dafür? = kisi, liomödi= kosi, suämi kinik flagedol-li pro at? 3. (fordern) = flagön (lov. dem.).
Verlangen [färláŋĕn] n. (Begier) = desir.
verlangend [färláŋĕnt] = desirik.
verlassen [färlášĕn] 1. = lüvön (lov.) 2. sich — auf = lekonfidön (lov.).
Verlassen [färlášĕn] n. = lüv.
Verlassenheit [färlášĕn-háït] v. (das Ödesein) = soalöf.
Verlassung [färlášu̩ŋ] v. = lüv.
Verlauf [färláŭf] m. 1. (Hergang) = jenäd 2. (das Vergehen) = pasetikam.
verlaufen [färláŭfĕn] 1. (hergehen, zugehen) = jenädön (nel.) 2. (vergehen) = pasetikön (nel.).
verlängern [färláŋĕrn] = lunükön (lov.).
Verlängerung [färláŋĕru̩ŋ] v. = lunükam.
verlästern [färlästĕrn] = slänön (lov.).
Verlästerung [färlạ̈štĕru̩ŋ] v. = slän.
verleben [färlebĕn] 1. = belifön (lov.) 2. (durchbringen, zubringen) = lifädön (lov.).
verlegen [färlegĕn] I. 1. (versetzen) = feapla= dön (lov.) 2. (verkehrt legen) = pölaseitön (lov.) 3. (herausgeben) = dabükön (lov.) II. lady. 1. (bestürzt) = bluvik 2. — sein um = neodülön (lov.).
Verlegen [färlegĕn] n. = dabük.
Verlegenheit [färlègĕnháït] v. (das Verlegensein um etwas Fehlendes) = neodül.
Verlegensein [färlegĕn sáïn] n. (das — um etwas Fehlendes) = neodül.
Verleger [färlegĕr] m. = dabükan.
Verlegung [färlègu̩ŋ] v. = feapladam.
verleihen [färláïĕn] (gewähren) = gevön (lov.), Adel — = noubön (lov.).
Verleiher [färláïĕr] m. = gevan.
Verleihung [färláïu̩ŋ] v. (Gewährung) = gev.
verleiten [färláïtĕn] = bätodön (lov.).
Verleiter [färláïtĕr] m. = bätodan.
Verleitung [färláïtu̩ŋ] v. = bätod.
verlernen [färlärnĕn] = sälärnön (lov.).
verletzbar [färlạ̈žbar] = viodovik.
verletzen [färlạ̈žĕn] = viodön (lov.).
Verletzten [färlạ̈žĕn] n. = viodam.
verletzlich [färlạ̈žliq] = viodovik.
Verletzlichkeit [färlạ̈žliqkáït] v. = viodov.
Verletzung [färlạ̈žu̩ŋ] v. 1. = viod 2. (das Verletzen) viodam 3. eine durch Quetschung entstandene — = blütot, schrammende — = junäd.
verleugnen [färlóŭgnĕn] 1. = noädön (lov.) 2. sich — = noädön oki.
Verleugner [färlóŭgnĕr] m. = noädan.
Verleugnung [färlóŭgnu̩ŋ] v. = noäd.
verleumden [färlóŭmdĕn] = slänön (lov.).
Verleumder [färlóŭmdĕr] m. = slänan.
verleumderisch [färlóŭmdĕriĵ] = slänik.
Verleumdung [färlóŭmdu̩ŋ] v. = slän.
verlieben [färlibĕn]: sich — in = lelöfädikön (nel.) dö.

verliebt [färlipt] = lelöfädik, sterblich — = dalelöfädik, — sein = lelöfädön (nel.) dö.
Verliebtheit [färlipthåit] v. = lelöfäd.
verlieren [färliren] 1. = perön (lov.) 2. den Mut — = nenkuradikön (nel.).
Verlieren [färliren] n. = per.
Verlies [färliš] n. = lufanäböp.
Verliesz [färliš] n. = lufanäböp.
verloben [färloben] : sich — = matirajanön (nel.).
Verlobte [färloptĕ] = matirajanan, matiraja-nans.
Verlobung [färlòbuŋ] v. = matirajan.
Verlogenheit [färlògĕnhåit] v. = lugäl.
verloren [färloren] 1. — gehen = moikön (nel.) 2. — sein = päridön (nel.), verlorner Mann = päridan 3. (kaputt) = dädik.
Verlorene [färlorĕnĕ] m. 1. der — = peräb 2. das — = perot.
verlosen [färlosen] = loterön (lov.).
Verlosung [färlòsuŋ] v. = loteram.
Verlust [färlušt] m. 1. = per , 2. (das Verlo-rene) = perot.
verlustig [färlùštiq] = perik.
vermannigfältigen [färmániq-fåltigĕn] = distö-fükön (lov.).
vermauern [färmáŭĕrn] 1. fäimasonön (lov.), färmükön (lov.) masono 2. (zum Mauern verwenden) = femasonön (lov.).
vermählen [färmälĕn] 1. (verehelichen) = ma-tükön (lov.) 2. sich = matikön (nel.).
Vermählung [färmålůŋ] v. = matikam.
Vermählungsfest [färmålůŋš-fäšt] n. = mati-kamazäl.
vermehren [färmeren] 1. = modükumön (lov.) 2. sich — = pluikön (nel.).
Vermehrer [färmerĕr] m. = mödükuman.
Vermehrung [färmèruŋ] v. = mödükumam.
vermeiden [färmáidĕn] = vitön (lov.).
Vermeidung [färmáiduŋ] v. (Meidung) = vit.
vermengen [färmäŋĕn]: sich — mit (sich mühen um) = jäfikön (nel.) me.
Vermengung [färmåŋuŋ] v. = mig.
vermessen [färmäšĕn] = mäpüdik.
Vermessenheit [färmåšĕnhåit] v. (Frechheit) = mäpüd.
vermieten [färmiten] = bailön (lov.), zu — = bailidik.
Vermieter [färmitĕr] m. = bailan.
Vermietung [färmituŋ] v. = bail.
vermindern [färmindĕrn] 1. = nemödikön (nel.) 2. lov. = nemödükön (lov.) 3. lov. = ne-pluükön (lov.).
Verminderung [färmindĕruŋ] v. 1. = nemödü-kam 2. = nepluükam.
vermischen [färmijĕn] = migön (lov.).
Vermischen [färmijĕn] n. = mig.
Vermischung [färmijuŋ] v. = mig.
vermissen [färmišĕn] = nelabön (lov.).
Vermissung [färmišuŋ] v. = moam.
vermitteln [färmitĕln]: sich — (intervenieren) = medön (nel.).
vermittelnd [färmitĕlnt] = medamik.
Vermittelung [färmitĕluŋ] v. = medam, durch — von = medamü.

Vermittler [färmitlĕr] m. = medan.
vermodern [färmodĕrn] = puridikön (nel.).
vermodert [färmodĕrt] = puridik.
vermöge [färmögĕ] (kraft, infolge) = sekü.
vermögen [färmögĕn] (können) = kanön (nel.).
Vermögen [färmögĕn] n. 1. (Fähigkeit) = fäg, — des Hörens = lilamafäg 2. (Geldmittel) = monem.
vermögend [färmögĕnt] = benolabik.
vermöglich [färmökliq] = monemik.
vermummen [färmumĕn] = maskarön (lov.).
vermuten [färmuten] = niludön (lov.).
Vermuten [färmuten] n. = nilud.
vermutlich [färmutliq] = niludik, niludo.
Vermutung [färmùtuŋ] v. = nilud.
vernachlässigen [färnàqläšigĕn] = nekälön (lov.).
Vernachlässigung [färnàqläšiguŋ] v. = nekäl.
vernageln [färnagĕln] 1. = fäiklufön (lov.), klufofärmükön (lov.) 2. (benageln) = klu-fön (lov.).
Vernagler [färnaglĕr] m. = klufan.
vernarren [färnárĕn]: sich — in = lelöfädikön (nel.) dö.
vernarrt [färnárt] = lelöfädik, — sein in = lelöfädön (nel.) dö.
vernaschen [färnájĕn] = fenibön (lov.).
vernehmbar [färnèmbar] (verständlich) = leli-lovik.
vernehmen [färnemĕn] = lelilön (lov.).
Vernehmen [färnemĕn] n. (das Verstehen) = lelilam.
vernehmlich [färnèmliq] 1. (verständlich) = lelilamovik 2. = lilamovik.
Vernehmlichkeit [färnèmliqkåit] v. (Verständ-lichkeit) = lelilamov.
verneigen [färnáigĕn]: sich — = biegön (nel.).
Verneigung [färnáiguŋ] v. = bieg.
verneinen [färnáinĕn] (leugnen) = noön (lov.).
verneinend [färnáinĕnt] (negativ) = noik.
Verneiner [färnáinĕr] m. (Leugner) = noan.
Verneinung [färnáinuŋ] v. = noam.
verneunfachen [färnóŭn-fáqĕn] = zülön (lov.).
vernichten [färniqtĕn] = nosükön (lov.).
Vernichter [färniqtĕr] m. = nosükan.
Vernichtung [färniqtuŋ] v. = nosükam.
vernickeln [färnikĕln] = nikelinön (lov.).
Vernickelung [färnikĕluŋ] v. = nikelinam.
Vernunft [färnunft] v. 1. = täläkt 2. (Geist) = tikäl.
vernunftbegabt [färnůnftbĕgapt] = tikälilabik.
vernunftgemäsz [färnůnftgĕmäš] = tikälik.
vernunftglaube [färnůnftglåŭbĕ] m. = tikälim.
vernunftlos [färnůnftloš] = nentikälik.
Vernunftlosigkeit [färnůnft-lòsiqkåit] v. = nen-tikäl.
vernunftwidrig [färnůnft-vidriq] = netikälik.
Vernünftelei [färnünftĕlái] v. = lusagatablöfäd.
vernünfteln [färnünftĕln] = blöfädön (lov.) lusagato.
Vernünfteln [färnünftĕln] n. = lusagatablöfäd.
vernünftig [färnůnftiq] (intellektuell) = täläk-tik.
Vernünftigkeit [färnůnftiqkåit] v. = täläkt.

Vernünftler [fạrnṵnftlẹr] m. = lusagatablöfạ
dan.
verordnen [fạr⸗órdnẹn] = büdülön (lov.).
Verordnen [fạr⸗órdnẹn] n. = büdülam.
Verordnung [fạr⸗órdnṵŋ] v. 1. (Vorschrift) =
büdül 2. (das Verordnen) = büdülam.
verordnungsmäszig [fạr-órdnṵŋšmạ̈ṣịq] = bü⸗
dülo.
veröffentlichen [fạr⸗ốfẹntlịqẹn] = notükön
(lov.).
Veröffentlichen [fạr⸗ốfẹntlịqẹn] n. = notükam.
Veröffentlicher [fạr⸗ốfẹntlịqẹr] m. = notükan.
Veröffentlichung [fạr⸗ốfẹntlịqṵŋ] v. 1. = notäd
2. (das Publizieren) = notükam.
verpachten [fạrpáq̇tẹn] = bailön (lov.).
Verpachter [fạrpáq̇tẹr] m. = bailan.
Verpachtung [fạrpáq̇tṵŋ] v. = bail.
verpacken [fạrpákẹn] = päkön (lov.).
Verpacker [fạrpákẹr] m. = päkel.
Verpackung [fạrpákṵŋ] v. = päkam.
Verpersönlichung [fạrpạrsönlịqṵŋ] v. = pöso⸗
dam.
verpfänden [fạrpfändẹn] = panön (lov.).
Verpfänder [fạrpfändẹr] m. = panan.
Verpfändung [fạrpfạ̈ndṵŋ] v. = pan.
verpflanzen [fạrpflánžẹn] = feaplanön (lov.).
verpflichten [fạrpflịqtẹn] = bligön (lov.).
verpfuschen [fạrpfụjẹn] = lumekön (lov.).
verprassen [fạrprášẹn] = fenestönön (lov.).
verputzen [fạrpụžẹn] (gipsen) = güpädön
(lov.).
Verrat [fạrrat] m. = trät.
verraten [fạrratẹn] = trätön (lov.).
verrauchen [fạrräụq̇ẹn] 1. (in Rauch aufgehen)
= fesmokön (nel.) 2. (durch Tabakrauchen
hinschwinden machen) = fesmökön (lov.).
Verräter [fạrrätẹr] m. = trätan.
verräterisch [fạrrạ̈tẹrịj] = trätik.
verreden [fạrredẹn] 1. (abschwören) = deyu⸗
lön (lov.) 2. (eine Gelübde tun etwas zu
vermeiden, etwas zu unterlassen) = noedön
(lov.) 3. sich — (sich beim Sprechen irren)
= pölaspikön (nel.).
verreisen [fạrráịsẹn] (mit Reisen verbringen)
= fetävön (lov.).
verrennen [fạrrạ̈nẹn] (mit Rennen verbringen)
= ferönön (lov.).
verrichten [fạrrịqtẹn] (tun) = dunön (lov.).
verriegeln [fạrrịgẹln] = värulön (lov.).
verrosten [fạrróštẹn] = ruilön (nel.).
Verruchtheit [fạrrụq̇tháịt] v. = lesin.
Verruf [fạrruf] m. = mirepütik, in — stehen
= mirepütön (nel.), in — bringen = mire⸗
pütükön (lov.).
verrufen [fạrrufẹn] = mirepütik.
verrückt [fạrrụ̈kt] (wahnsinnig) = lienetik.
Verrücktheit [fạrrụ̈q̇tháịt] v. = lienet.
Vers [fạrš] m. (Zeile eines Gedichtes) = liän,
in Verse setzen = liänön (lov.).
versagen [fạrsagẹn] (abschlagen) = refudön
(lov.).
versagend [fạrsagẹnt] = refudik, refudo.
Versager [fạrsagẹr] m. = refudan.
Versagung [fạrsàgṵŋ] v. = refud.
versalzen [fạrsálžẹn] = tusalöfükön (lov.).

versammeln [fạrsámẹln] 1. (zusammenbringen)
= kobükön (lov.) 2. sich — (zusammenkommen) = kobikön (nel.).
Versammlung [fạrsámlṵŋ] v. 1. = kobanef 2.
= kobikam.
versanden [fạrsándẹn] = sabädön (nel.).
Versand [fạrsánt] m. = sed.
Versandgeschäft [fạrsántgẹjäft] n. = sedabüsid.
Versandung [fạrsándṵŋ] v. = sabäd.
versäumen [fạrsóụmẹn] = nedunön (lov.).
Versäumer [fạrsóụmẹr] m. = nedunan.
Versäumnis [fạrsóụmnịš] v. e n. = nedun.
verschärfen [fạrjạ̈rfẹn] = japükön (lov.).
Verschärfung [fạrjạ̈rfṵŋ] v. = japükam.
verschicken [fạrjịkẹn] = sedön (lov.).
verschieben [fạrjịbẹn] (verzögern) = zögön
(lov.).
verschieden [fạrjịdẹn] 1. = difik, — sein =
difön (nel.), wie —! = kiodifik! 2. (abweichend) = distik 3. (tot) = deadik.
verschiedenartig [fạrjịdẹn-àrtịq] = distöfik.
Verschiedenartigkeit [fạrjịdẹn-àrtịq-káịt] =
distöf.
verschieszen [fạrjịšẹn] = fejütön (lov.).
verschiffen [fạrjịfẹn] = veigön (lov.) nafo.
verschimmeln [fạrjịmẹln] = moasirön (nel.).
verschimmelt [fạrjịmẹlt] = moasirik.
verschlafen [fạrjlafẹn] 1. (mit Schlafen verbringen) = feslipön (lov.) 2. sich — =
tuslipön (nel.).
Verschlag [fạrjlak] m. (Scheune) = barak.
verschlagen [fạrjlagẹn] I. 1. (schal) = neflifä⸗
dik, verschlagenes Wasser trinken = drinön
(lov.) vati neflifädik 2. (listig) = käfik
I.. (schal werden) = neflifädikön (nel.).
Verschlagenheit [fạrjlàgẹnháịt] v. (von Getränken) = neflifäd.
verschlechteren [fạrjlạ̈qtẹrn] 1. lov. = badüku⸗
mön (lov.) 2. sich — = badikumön (nel.).
verschleiern [fạrjláịẹrn] = vealön (löv.).
Verschleierung [fạrjláịẹrṵŋ] v. = vealam.
Verschleimung [fạrjláịmṵŋ] v. (Katarrh) =
katar.
Verschleisz [fạrjláịš] m. (Abnutzung) = vori⸗
kam.
verschlieszen [fạrjlịšẹn] 1. = fäilökön (lov.),
lökofärmükön (lov.) 2. (spünden) = lebuo⸗
nön (lov.) 3. eine Flasche mit einem Stöpsel
— = buonön (lov.) fladi.
verschliffen [fạrjlịfẹn] (abgenutzt) = vorik,
— sein = vorön (nel.).
Verschliffensein [fạrjlịfẹn säịn] n. = vor.
verschlingen [fạrjlịŋẹn] = luslugön (lov.).
Verschlingung [fạrjlịŋṵŋ] v. = krugod.
verschlucken [fạrjlụkẹn] 1. = luslugön (lov.)
2. sich — = mislugön (nel.).
Verschlusz [fạrjlụš] m. (das Schlieszen) =
färmükam.
verschmähen [fạrjmäẹn] = refudülön (lov.).
verschmelzen [fạrjmälžẹn] 1. nel. (zerschmelzen) = fesmetön (nel.) 2. lov. (zerschmelzen) = fesmeitön (lov.).
verschneiden [fạrjnáịdẹn] (schneidend aufbrauchen) = fekötön (lov.).
verschnippeln [fạrjnịpẹln] = smalotülön (lov.).

verschnitzeln [fạrjnįžĕln] = smalotülön (lov.).
verschossen [fạrjóšĕn] (vernarrt) = lelöfädik.
verschönen [fạrjönĕn] = jönükön (lov.).
Verschönerer [fạrjönĕrĕr] m. = jönükan.
verschönern [fạrjönĕrn] = jönükumön (lov.).
Verschönerung [fạrjŏnĕrŭŋ] v. = jönükumam.
verschreiben [fạrjráįbĕn] 1. = pölapenön (lov.)
2. (schreibend verbrauchen) = fepenön (lov.).
Verschreibung [fạrjráįbŭŋ] v. = pölapenam.
verschulden [fạrjųldĕn] 1. = belodön (lov.) ko
debs 2. (verursachen) = kodön (lov.).
verschütten [fạrjųtĕn] = fulükön (lov.) stüro.
Verschwägerter [fạrjvägĕrtĕr] m. (Schwager
oder Schwägerin) = lügem, Gesamtheit —
= lügemef.
verschwenden [fạrjvändĕn] = nespälön (lov.).
Verschwender [fạrjvändĕr] m. = nespälan.
verschwenderisch [fạrjvạndĕrįj] 1. = nespälik
2. = lüxüödik.
Verschwendung [fạrjvạndŭŋ] v. 1. (Luxus) =
lüxüöd 2. = nespäl.
verschwiegen [fạrjvįgĕn] 1. = klänädik 2.
(schweigsam) = seilälik.
Verschwiegenheit [fạrjvįgĕnháįt] v. (Geheimhaltung) = klänäd.
verschwinden [fạrjvįndĕn] 1. = nepubön (nel.)
2. (unsichtbar werden) = nelogädikön (nel.).
verschwistern [fạrjvįštĕrn] = gemön (lov.).
Verschworener [fạrjvorĕnĕr] m. = plotan.
verschwören [fạrjvörĕn] 1. = deyulön (lov.)
2. (komplottieren) = plotön (nel.).
Verschwörer [fạrjvörĕr] m. = plotan.
Verschwörung [fạrjvŏrŭŋ] v. = plot.
versechsfachen [fạrsạxfáĝĕn] = mälön (lov.).
versehen [fạrsεĕn] I. mit Säulen — (gesäult)
= kölümik II. 1. (irrtümlich für . . . ansehen) = pölacedön (lov.) as 2. (stellvertreten) = pladulön (lov.) 3. mit einer Bahn
— = kulön (lov.), mit einem Barte — =
balibön (lov.), mit Blumen — = floridön
(lov.), mit Butter — = börön (lov.), mit
Dielen — = boedaglunön (lov.), mit Fett
= pinön (lov.), mit einem Fuszboden — =
glunön (lov.), mit Futter — = furön (lov.),
mit Girlanden — = festunön (lov.), mit
einer Geleise — = rutön (lov.), mit Glasscheiben — = vitürön (lov.), mit Grenzen
— = miedükön (lov.), mit Gummi — =
gumön (lov.), mit Kautschuk — = gumön
(lov.), mit einem Kranz — = kronülön
(lov.), mit Lesezeichen — = malülön (lov.),
mit Pfählen — = stafädön (lov.), mit Polstern — = mädön (lov.), mit Punkten — =
pünön (lov.), mit Rädern — = luibön (lov.),
mit den Sakramenten — = ditibön (lov.)
sakramis, mit Schanzen — = daemedön
(lov.), mit einer Spur — = rutön (lov.),
mit Streifelchen — = stripilön (lov.), mit
Streifen — = stripön (lov.), mit Takelwerk
— = jainodön (lov.), mit einem Wall — =
daemön (lov.), mit einer Wagenspur — =
rutön (lov.).
Versehen [fạrseĕn] n. 1. (Ausstattung) = blim
2. das — mit Glasscheiben = vitüram.
Verselei [fạrsĕláį] v. = lupoed.

verseln [fạrsĕln] = lupoedön (lov.).
versendbar [fạrsạntbar] = sedovik.
versenden [fạrsändĕn] = sedön (lov.), zu —
= sedabik.
Versender [fạrsändĕr] m. = sedan.
Versendung [fạrsạndŭŋ] v. (Spedition) = sed.
versenken [fạrsạŋkĕn] = sädön (lov.).
Verseschmied [fạrsĕjmįt] m. = lupoedan.
Verseschmiederei [fạrsĕjmįdĕráį] v. = lupoed.
versetzbar [fạrsạžbar] = feapladovik.
versetzen [fạrsạžĕn] 1. = feapladön (lov.) 2.
(verpfänden) = panön (lov.) 3. in Staunen
— = stunükön (lov.).
Versetzung [fạrsạžŭŋ] v. 1. = feapladam 2.
(Verpfändung) = pan.
Versicherer [fạrsįqĕrĕr] m. 1. = sefükan 2.
(Assekurant) = surigaranan.
versichern [fạrsįqĕrn] 1. (bestärken) = lesiön
(lov.) 2. (assekurieren) = surön (lov.).
Versicherung [fạrsįqĕrŭŋ] v. 1. (Bestärkung)
= lesiam 2. (Assekuranz) = sur.
Versicherungsnehmer [fạrsįqĕrŭŋš-nemĕr] m. =
suran.
versiebenfachen [fạrsįbĕnfáĝĕn] = velön (lov.).
versiegeln [fạrsigĕln] = snilön (lov.).
Versiegelung [fạrsįgĕlŭŋ] v. = snilam.
versiegen [fạrsigĕn] = dasägikön (nel.).
Versiegler [fạrsiglĕr] m. = snilan.
versifizieren [fạrsįfįžįrĕn] = liänön (lov.).
versilbern [fạrsįlbĕrn] = largentön (lov.).
Versilberung [fạrsįlbĕrŭŋ] v. = largentam.
versinken [fạrsįŋkĕn] = mosadön (nel.).
versinnlichen [fạrsįnlįqĕn] (sinnlich wahrnehmbar machen) = sienovükön (lov.).
versorgen [fạrsórgĕn] = käledön (lov.).
Versorgung [fạrsórgŭŋ] v. = käled.
versöhnen [fạrsönĕn] = rekosilön (lov.).
versöhnend [fạrsönĕnt] = rekosilik.
Versöhner [fạrsönĕr] m. = rekosilan.
versöhnlich [fạrsönlįq] 1. = rekosilovik 2. =
pardälik.
Versöhnlichkeit [fạrsönlįqkáįt] v. = pardäl.
Versöhnung [fạrsönŭŋ] v. = rekosil.
versparen [fạrjparĕn] = spälön (lov.).
verspäten [fạrjpätĕn] 1. = latükön (lov.) 2.
sich — = latikön (nel.).
verspätigen [fạrjpạtįgĕn] = latükön (lov.).
Verspätung [fạrjpạtŭŋ] v. = latükam.
versperren [fạrjpạrĕn]: den Weg — = stöbön
(lov.) vegi.
verspielen [fạrjpįlĕn] = fepledön (lov.).
verspotten [fạrjpótĕn] = kofön (lov.).
Verspotter [fạrjpótĕr] m. = kofan.
Verspottung [fạrjpótŭŋ] v. = kof.
versprechen [fạrjpräqĕn] 1. (zusagen) = pro⸗
mön (lov.) 2. (sprechend verbringen) =
fespikön (lov.) 3. sich — (sich beim Sprechen irren) = pölaspikön (nel.).
Versprechen [fạrjpräqĕn] n. = prom.
Verstand [fạrjtant] m. = täläkt, nüchterner —
= täläkt dinófälik.
verständig [fạrjtạndįq] (intellektuell) = täläk⸗
tik.
Verständigung [fạrjtạndįgŭŋ] v. = balädikam.

Verständigungsmittel [fạ̈rjtặndịgụŋš⸗mịtĕl] n. = suemükamamedöm.
verständlich [fạ̈rjtặntlịq] 1. = lelilamovik 2. (begreiflich) = suemovik, **einem etwas — machen** = suemükön (lov. dem.) eke bosi.
Verständlichkeit [fạ̈rjtặntlịqkáït] v. 1. (Vernehmlichkeit) = lelilamov 2. (Begreiflichkeit) = suemov.
Verständnis [fạ̈rjtặntnịš] n. (das Begreifen) = suem.
verstärken [fạ̈rjtärkĕn] 1. = nämükön (lov.) 2. vemükön (lov.).
Verstärkung [fạ̈rjtặrkụŋ] v. = nämükam.
verstecken [fạ̈rjtặkĕn] = klänedön (lov.).
Versteckenspielen [fạ̈rjtặkĕn jpịlĕn] n. = klänedapled.
Versteckspiel [fạ̈rjtặkjpịl] n. = klänedapled.
Versteckung [fạ̈rjtặkụŋ] v. (Verbergung) = kläned.
verstehen [fạ̈rjteĕn] 1. = lelilön (lov.) 2. (begreifen) = suemön (lov.) 3. (bekannt sein mit) = sevön (lov.).
Verstehen [fạ̈rjteĕn] n. 1. (das Vernehmen) = lelilam 2. (das Fassen) = suem.
versteigen [fạ̈rjtáïgĕn] = xänön tu geiliko so⸗ das no kanoy golön föfio ni pödio.
Versteigerer [fạ̈rjtáïgĕrĕr] m. = leselan.
versteigern [fạ̈rjtáïgĕrn] = leselön (lov.).
Versteigerung [fạ̈rjtáïgĕrụŋ] v. = lesel.
versteinern [fạ̈rjtáïnĕrn] 1. (zu Stein machen) = fösilükön (lov.) 2. **sich —** = fösilikön (nel.).
Versteinerung [fạ̈rjtáïnĕrụŋ] v. = fösilikam.
Versteinerungskunde [fạ̈rjtáïnĕrụŋškụndĕ] v. = fösilav.
Versteinung [fạ̈rjtáïnụŋ] v. (Petrefakt) = fösil.
verstellbar [fạ̈rjtặlbar] = feapladovik.
verstellen [fạ̈rjtặlĕn] (versetzen) = feapladön (lov.).
Verstellung [fạ̈rjtặlụŋ] v. = feapladam.
verstimmt [fạ̈rjtịmt] 1. (von Personen) = ne⸗ fredik 2. (von Instrumenten) = mitonik.
Verstimmung [fạ̈rjtịmụŋ] v. = nefred.
verstocken [fạ̈rjtókĕn] (verstockt sein) = mi⸗ laidön (nel.).
verstockt [fạ̈rjtókt] = milaidik, **— sein** = mi⸗ laidön (nel.).
Verstocktheit [fạ̈rjtókt-háït] v. = milaid.
verstohlen [fạ̈rjtolĕn] (heimlich) = smugik.
verstohlenerweise [fạ̈rjtölĕnĕrváïsĕ] = smugo.
verstorben [fạ̈rjtórbĕn] = deadik.
Verstosz [fạ̈rjtoš] m. 1. = nefölot 2. (Fehler) = pök.
verstoszen [fạ̈rjtošĕn] 1. (abstoszen) = dejoi⸗ kön (lov.) 2. (zurückweisen) = deimön (lov.) 3. **— gegen** = nefölön (lov.) 4. **— wider** (Fehler machen) = pökön (nel.).
Verstoszener [fạ̈rjtošĕnĕr] m. = deimäb.
Verstoszung [fạ̈rjtošụŋ] v. 1. (Abstoszung) = dejoik 2. (Zurückweisung) = deim.
verstummen [fạ̈rjtụmĕn] 1. nel. = müätikön (nel.) 2. lov. = müätükön (lov.).
verstummt [fạ̈rjtụmt] : **— dastehen** = lestunön (nel.).
Verstummung [fạ̈rjtụmụŋ] v. = müätükam.

verstümmeln [fạ̈rjtụmĕln] = mitulön (lov.).
Verstümmelung [fạ̈rjtụmĕlụŋ] v. = mitul.
Versuch [fạ̈rsụǧ] m. (physikalisch, chemisch) = sperimänt.
versuchen [fạ̈rsụǧĕn] 1. (probieren) = steifü⸗ lön (lov.) 2. (in Versuchung führen) = blufodön (lov.).
Versuchen [fạ̈rsụǧĕn] n. = steifül.
Versucher [fạ̈rsụǧĕr] m. = blufodan.
versucherisch [fạ̈rsụǧĕrịj] = blufodik.
Versuchung [fạ̈rsụǧụŋ] v. = blufod, **in — führen** = blufodön (lov.).
versüszen [fạ̈rsüšĕn] = svidükön (lov.).
Versüszung [fạ̈rsụ̈šụŋ] v. = svidükam.
Verszeile [fạ̈ršžáïlĕ] v. = liän.
vertauschen [fạ̈rtáüjĕn] = tökön (lov.).
vertausendfachen [fạ̈rtáüsĕnt-fáǧĕn] = milön (lov.).
verteidigen [fạ̈rtáïdịgĕn] = jelodön (lov.), **zu — (haltbar)** = jelodovik.
Verteidiger [fạ̈rtáïdịgĕr] m. = jelodan.
Verteidigung [fạ̈rtáïdịgụŋ] v. = jelod.
verteilen [fạ̈rtáïlĕn] (austeilen) = seagivön (lov.).
Verteilung [fạ̈rtáïlụŋ] v. (Teilung) = dilam.
Verteilungszahl [fạ̈rtáïlụŋš-žal] v. = diläda⸗ num.
verteuern [fạ̈rtóüĕrn] = jerükön (lov.).
Verteuerung [fạ̈rtóüĕrụŋ] v. (Aufschlag) = jerükam.
vertiefen [fạ̈rtifĕn] 1. = dibükön (lov.) 2. **sich — in** = jäfälikön (nel.) ko.
vertieft [fạ̈rtift] : **— (geistig —) sein in** = jäfälön (nel.) ko.
vertieren [fạ̈rtịrĕn] 1. nel. = nimälikön (nel.) 2. (lov.) = nimälükön (lov.).
vertiert [fạ̈rtirt] (bestialisch) = nimälik.
Vertierung [fạ̈rtirụŋ] v. = nimälikam.
Vertrag [fạ̈rtrak] m. (Akkord, Kontrakt, Vereinbarung) = baläd.
vertragen [fạ̈rtragĕn] : **— können** = sufidön (nel.).
vertragend [fạ̈rtragĕnt] = sufidik.
Vertragenkönnen [fạ̈rtragĕn kő̌nĕn] n. = sufid.
vertragsmäszig [fạ̈rtrax-mặšịq] = bai baläd, ma baläd.
vertrauen [fạ̈rtráüĕn] : **einem —** = konfidön (lov.) eki.
Vertrauen [fạ̈rtráüĕn] n. = konfid, **im — =** konfido, **im — auf** = konfidü.
Vertrauensmann [fạ̈rtráüĕnš-mán] m. = konfi⸗ dovan.
vertrauensselig [fạ̈rtráüĕnš-sèlịq] = konfidälik.
Vertrauensseligkeit [fạ̈rtráüĕnš-sèlịqkáït] v. = konfidäl.
vertrauensvoll [fạ̈rtráüĕnš-fól] = konfidik.
vertrauenswert [fạ̈rtráüĕnšvert] = konfidovik.
vertrauenswürdig [fạ̈rtráüĕnš-vụ̈rdịq] = konfi⸗ dovik.
Vertrauenswürdigkeit [fạ̈rtráüĕnš-vụ̈rdịqkáït] v. = konfidov.
vertraulich [fạ̈rtráülịq] 1. = komunöfik 2. = nätimik.
Vertraulichkeit [fạ̈rtráülịq-káït] 1. = komunöf 2. (Intimität) = nätim.

vertraut [fặrtráŭt] = lesevädik, **sich mit etwas — machen** = lesevädükön (lov. dem.) oke bosi.
Vertraute [fặrtráŭtĕ] m. = konfidäb.
Vertrauter [fặrtráŭtĕr] m. = konfidäb.
Vertrautheit [fặrtráŭt-háĭt] v. = leseväd.
vertreiben [fặrtráĭbĕn] = momofön (lov.).
vertreten [fặrtretĕn] 1. (stellvertreten) = pla≠ dulön (lov.) 2. **Patenstelle — bei** = spönön (lov.).
Vertreter [fặrtretĕr] m. = pladulan.
Vertreterin [fặrtrètĕrịn] v. = jipladulan.
Vertretung [fặrtrètụŋ] v. = pladul, **in —** = pladulo, **in Vertretung des** = pladulü.
Vertrieb [fặrtrịp] m. (Umsatz) = tedäd.
vertrocknen [fặrtróknĕn] = dasägikön (nel.).
vertrösten [fặrtröstĕn] = trodön (lov.).
vertun [fặrtụn] (verschwenden) = nespälön (lov.).
verunglimpfen [fặr≠ụnglịmpfĕn] = mispikön (lov.).
Verunglimpfer [fặr≠ụnglịmpfĕr] m. = mispi≠ kan.
Verunglimpfung [fặr≠ụnglịmpfụŋ] v. = mispik.
verunglücken [fặr≠ụnglük̆en] = päridikön (nel.).
verunreinigen [fặr≠ụnráĭnịğĕn] = neklinükön (lov.).
verunstalten [fặr≠ụnjtáltĕn] = mifomön (lov.).
verunstaltet [fặr≠ụnjtáltĕt] = mifomik.
Verunstaltung [fặr≠ụnjtáltụŋ] v. = mifomam.
verursachen [fặr≠ụrsáğĕn] = kodön (lov.).
Verursachen [fặr≠ụrsáğĕn] n. = kodam.
verursachend [fặr≠ụrsáğĕnt] = kodik.
Verursacher [fặr≠ụrsáğĕr] m. = kodan.
Verursachung [fặr≠ụrsáğụŋ] v. = kodam.
verurteilen [fặr≠ụrtáĭlĕn] 1. (miszbilligen) = micödön (lov.) 2. **einen zu ... —** = cöde≠ tön (lov.) eki ad ...
verüben [fặr≠übĕn] (tun) = dunön (lov.).
vervielfachen [fặrfịlfáğĕn] = mödükön (lov.).
Vervielfacher [fặrfịlfáğĕr] m. 1. p. = mödükan 2. d. = mödükian.
Vervielfachung [fặrfịlfáğụŋ] v. = mödükam.
vervielfältigen [fặrfịlfáltịğĕn] = mödükön (lov.).
Verfielfältiger [fặrfịlfáltịğĕr] m. 1. p. = mödü≠ kan 2. d. = mödükian.
vervierfachen [fặrfịrfáğĕn] = folön (lov.).
Vervierfachung [fặrfịrfáğụŋ] v. = folam.
vervollkommnen [fặrfól-kómnĕn] 1. = nedö≠ fükön (lov.) 2. = nendöfükön (lov.).
Vervollkommnung [fặrfól-kómnụŋ] v. 1. = nedöfükam 2. = nendöfükam.
vervollständigen [fặrfól-jtặndịğĕn] = lölöfükön (lov.).
Vervollständigung [fặrfól-jtặndịgụŋ] v. = lö≠ löfükam.
verwachsen [fặrváx̆ĕn] = miglofön (nel.).
verwahren [fặrvarĕn] (aufbewahren) = kipe≠ dön (lov.).
verwahrlosen [fặrvàrlosĕn] = nekälön (lov.).
Verwahrlosung [fặrvàrlosụŋ] v. = nekäl.
verwaisen [fặrváĭsĕn] 1. nel. (zur Waise wer- den) = nenpalikön (nel.) 2. lov. = nen≠ palükön (lov.).
Verwaistsein [fặrváĭst sáĭn] n. = nenpal.

Verwaisung [fặrváĭsụŋ] v. = nenpalikam.
verwalten [fặrváltĕn] 1. (administrieren) = guvön (lov.) 2. (in Fr.: ‚gouverner‘) = guverön (lov.).
Verwalten [fặrváltĕn] n. = guver.
Verwalter [fặrváltĕr] m. 1. = guvan 2. (‚gou- verneur‘) = guveran.
Verwalterin [fặrváltĕrịn] v. 1. (‚Administra- trice‘) = jiguvan 2. (‚gouvernante‘) = ji≠ guveran.
Verwaltung [fặrváltụŋ] v. 1. (Administration) = guv 2. (Bewirtschaftung) = guver 3. (Personen, ‚gouvernement‘) = guveranef.
verwandelbar [fặrvándĕlbar] = cenöfik.
verwandeln [fặrvándĕln] 1. **— in, — zu** = ceinön (lov.) ad 2. **sich — in, sich — zu** = cenön (nel.) ad.
Verwandlung [fặrvándlụŋ] v. 1. lov. = cein 2. nel. = cen.
verwandt [fặrvánt] = röletik, **— sein** = rö≠ letön (nel.).
Verwandter [fặrvántĕr] m. = röletan.
Verwandtschaft [fặrvánt-jáft] v. 1. = rölet 2. (Gesamtheit von Verwandten) = röletanef 3. (Affinität) = kobotiäl.
verwechselbar [fặrvặx̆ĕlbar] 1. = cänidovik 2. cänovik.
Verwechselbarkeit [fặrvặx̆ĕlbarkáĭt] v. = cänov.
verwechseln [fặrvặx̆ĕln] = cänidön (lov.).
Verwechselung [fặrvặx̆ĕlụŋ] v. = cänid.
verwegen [fặrvegĕn] = lukünik, **— sein** = lukünön (nel.).
Verwegener [fặrvegĕnĕr] m. = künan.
Verwegenheit [fặrvègĕnháĭt] v. (Tollkühnheit) = lukün.
verwehren [fặrverĕn] = taedön (lov.).
verweichlicht [fặrváĭqlịqt] = lumolädik.
verweigern [fặrváĭğĕrn] (sich weigern) = re≠ fudön (lov.).
Verweigerung [fặrváĭğĕrụŋ] v. = refud.
verweilen [fặrváĭlĕn] (sich aufhalten) = stebön (nel.).
Verweilen [fặrváĭlĕn] n. (Aufenthalt) = steb.
Verweilung [fặrváĭlụŋ] v. = steb.
Verweis [fặrváĭs] m. (Vorwurf) = leblam.
verweisen [fặrváĭsĕn] 1. (rügen) = blamön (lov.) 2. (hinweisen) = jonön (lov.).
Verweisung [fặrváĭsụŋ] v. = blam.
verwelken [fặrvälkĕn] = fainikön (lov.).
verwelklich [fặrvặlklịq] = fainovik.
verwelkt [fặrvälkt] = fainik, **— sein** = fainön (nel.).
Verwelktsein [fặrvälkt sáĭn] n. = fain.
Verwelkung [fặrvặlkụŋ] v. = fainikam.
verwendbar [fặrvántbar] = gebovik.
Verwendbarkeit [fặrvặntbarkáĭt] v. = gebov.
verwenden [fặrvändĕn] = gebön (lov.).
Verwender [fặrvặndĕr] m. = geban.
Verwendung [fặrvặndụŋ] v. (Anwendung) = geb.
verwerfen [fặrvärfĕn] 1. = deimön (lov.) 2. = nezepön (lov.).
Verwerfer [fặrvärfĕr] m. = deiman.
Verwerflichkeit [fặrvặrflịqkáĭt] v. = deimab.

Verwerfung [färvᶏrfṳn] v. (Verstoszung, Zurückweisung) = deim.
verwesen [färvesĕn] = puridikön (nel.).
Verwesung [färvèsṳn] v. = puridikam.
verwetten [färvätĕn] = yülön (lov.).
verwichen [färviᶏ̧ĕn] = pasetik.
verwickeln [färviᶏ̧ĕln] = komplitükön (lov.).
verwickelt [färviᶏ̧kĕlt] = komplitik.
Verwickeltsein [färviᶏ̧kĕlt sᶏïn] n. = komplit.
Verwickelung [färviᶏ̧kĕlṳn] v. = komplit.
verwildern [färviᶏ̧ldĕrn] = natädikön (nel.).
verwildert [färviᶏ̧ldĕrt] = enatädiköl.
Verwilderung [färviᶏ̧ldĕrṳn] v. = natädikam.
verwirken [färviᶏ̧rkĕn] (verlieren) = bepöni=
dön (lov.), durch diese Tat hat er sein Leben
verwirkt = ebepönidom dub dunot at lifi oka.
verwirklichen [färviᶏ̧rkliᶏ̧ĕn] 1. (erfüllen) =
jenöfükön (lov.) 2. sich — = jenöfikön
(nel.).
Verwirklichung [färviᶏ̧rkliᶏ̧ṳn] v. = jenöfükam.
verwirren [färviᶏ̧rĕn] 1. das Garn, die Haare —
= brulükön (lov.) yäni, heremi 2. einen —
= kofudükön (lov.) eki.
verwirrend [färviᶏ̧rĕnt] = cänidabik.
verwirrt [färviᶏ̧rt] 1. = brulik 2. (wirr, konfus) = kofudik, — sein = kofudön (nel.).
Verwirrtsein [färviᶏ̧rt sᶏïn] n. = kofud.
Verwirrung [färviᶏ̧rṳn] v. 1. = brulükam 2.
in — bringen = bluvükön (lov.).
verwischen [färviᶏ̧ĕn] (ausfegen) = kvänedön
(lov.).
verwittern [färviᶏ̧tĕrn] = vorädikön (nel.).
verwittert [färviᶏ̧tĕrt]: — sein = vorädön (nel.).
Verwittertsein [färviᶏ̧tĕrt sᶏïn] n. = voräd.
Verwitterung [färviᶏ̧tĕrṳn] v. = vorädikam.
verwitwen [färviᶏ̧tvĕn] 1. nel. (zur Witwe oder
zum Witwer werden) = viudikön (nel.) 2.
lov. (zur Witwe oder zum Witwer machen)
= viudükön (lov.).
verwitwet [färviᶏ̧tvĕt] = viudik.
Verwitweter [färviᶏ̧tvĕtĕr] m. = viudan.
Verworrenheit [färvórĕn-hᶏït] v. = brul.
verwöhnen [färvönĕn] = mikösömükön (lov.).
verwunden [färvṳndĕn] = vunön (lov.).
verwundert [färvṳndĕrt] (erstaunt) = stunik,
— sein = stunön (nel.).
Verwunderung [färvṳndĕrṳn] v. = stun.
Verwundeter [färvṳndĕtĕr] m. = vunäb.
Verwundung [färvṳndṳn] v. = vunam.
verwünschen [färvṳnĕn] = maleditön (lov.).
Verwünschung [färvṳnjṳn] v. = maledit.
verwüsten [färvüstĕn] = distukön (lov.).
Verwüstung [färvṳ̈stṳn] v. = distuk.
verzagen [färžagĕn] (den Mut verlieren) =
nenkuradikön (nel.).
verzagt [färžakt] = nenkuradik, — sein =
nenkuradön (nel.).
Verzagtheit [färžàkthᶏït] v. = nenkurad.
verzählen [färžälĕn] = pölanumön (lov.).
Verzählung [färžälṳn] v. = pölanumam.
verzärteln [färžärtĕln] = zadidön (lov.).
Verzärtelung [färžᶏrtĕlṳn] v. = zadid.
Verzärtler [färžärtlĕr] m. = zadidan.
verzehnfachen [färžènfáᶏ̧ĕn] = degön (lov.).
verzehren [färžerĕn] 1. Geld, ... — = konsu=

mön (lov.) moni, ... 2. (auszehren) =
vesetükön (lov.).
Verzehrer [färžerĕr] m. = konsuman.
Verzehrung [färžerṳn] v. (Konsum) = kon=
sum.
verzeichnen [färžáïqnĕn] 1. (aufschreiben) =
penetön (lov.) 2. (falsch zeichnen) = pö=
ladäsinön (lov.).
Verzeichnis [färžáïqnis̰] n. (Katalog, Liste) =
lised.
verzeihen [färžáïĕn] 1. (vergeben) = pardón
(lov.) 2. (entschuldigen) = säkusadön (lov.).
verzeihlich [färžáïliᶏ̧] = pardovik.
Verzeihung [färžáïṳn] v. 1. = pard 2. (Entschuldigung) = säkusad, um — bitten =
begön (lov.) säkusadi.
verzerrbildlichen [färžär-biᶏ̧ltliᶏ̧ĕn] = mimago=
dön (lov.).
verzerren [färžärĕn] = mitirön (lov.).
Verzerrung [färžᶏrṳn] v. = mitir.
Verzicht [färžiᶏ̧t] m. (Entsagung) = klem.
verzichten [färžiᶏ̧tĕn] : — auf (entsagen) =
klemön (lov.).
Verzichtleistung [färžiᶏ̧tláïstṳn] v. = klem.
verziehen [färžiĕn] 1. (schlecht erziehen) =
midugälön (lov.) 2. den Mund — = mi=
jästidön (lov.) mudi 3. sich — = moikön
(nel.), der Nebel verzieht sich = fog moikon.
Verzierung [färžirṳn] v. 1. = dekam 2. architektonische Verzierungen aus Ton = buma=
vadeks taimik.
verzinken [färžiᶏ̧nkĕn] = zinkön (lov.).
verzinnen [färžiᶏ̧nĕn] = staninön (lov.).
Verzinnung [färžiᶏ̧nṳn] v. = staninam.
verzinsen [färžiᶏ̧nsĕn] 1. (auf Zinsen anlegen)
= fienidön (lov.) 2. sich — (Zinsen tragen) = fienön (lov.).
Verzinsen [färžiᶏ̧nsĕn]: das — = fienid.
verzögern [färžögĕrn] = zögön (lov.).
Verzögerung [färžögĕrṳn] v. = zög.
verzuckern [färžṳkĕrn] = juegön (lov.).
Verzuckerung [färžṳkĕrṳn] v. = juegam.
Verzug [färžuk] m. = zög.
Verzugszins [färžuxsḭns̰] m. = zögafien.
Verzückung [färžṳkṳn] v. (Ekstase) = stäat.
verzweifachen [färžvᶏï-fáᶏ̧ĕn] (verdoppeln) =
telön (lov.).
verzweifeln [färžvᶏïfĕln] = däsperön (nel.).
verzweifelt [färžvᶏïfĕlt]: — sein = däsperön
(nel.).
Verzweifler [färžvᶏïflĕr] m. = däsperan.
Verzweiflung [färžvᶏïflṳn] v. = däsper, in —
bringen, zur — bringen = däsperükön (lov.).
verzweigen [färžvᶏïgĕn] : sich — = tuigön
(nel.).
verzweigt [färžvᶏïkt] = tuigik.
Verzweigung [färžvᶏïgṳn] v. 1. = tuigam 2.
(der auslaufende Zweig) = tuigot.
Vesikatorium [vesikatòriṳm] n. = bulädama=
mäplat.
Vestibül [västibül] n. = vestibül.
Vetter [fätĕr] m. 1. = hiköst 2. (Cousin oder
Cousine) = köst.
vetterlich [fᶏtĕrliᶏ̧] = köstik.
Vetterschaft [fᶏtĕrjáft] v. 1. (Verwandtschafts-

verhältnis) = köstam 2. (Gesamtheit von Vettern) = köstef.

vexieren [väx̌irěn] 1. = lutodön (lov.) 2. (quälen) = tomön (lov.).

vexierend [väx̌irěnt] = lutodik.

Vexierer [väx̌irěr] m. = toman.

vexiererisch [väx̌irěrij] = tomik.

Vexierung [väx̌irųn] v. = tom.

Vezier [vezir] m. = visir.

via [via] = vegü (a.s. : — **Berlin** = vegü ‚Berlin’).

Viadukt [viadųkt] m. = viaduk.

Vibration [vibraž̧ion] v. = bran.

vibrieren [vibrirěn] = branön (nel.).

Vibrieren [vibrirěn] n. = branam.

Vieh [fi] n. = veter, das — betreffend = veterik.

Viehhof [fihof] m. = veterayad.

viehisch [fiị̌] (vertiert, bestialisch) = nimälik.

Viehmarkt [fimárkt] m. = veteramaket.

Viehseuche [fisóų̌qě] v. = näfätamaläd vetera.

Viehstall [fijtál] m. = veteraleced.

Viehwagen [fivagěn] m. = veteravab.

Viehweide [fiváídě] v. = bälät.

viel [fįl] 1. = mödik, **um vieles** = mödo, **nicht** — = nemödo 2. (sehr, recht) = vemo 3. **gleich** — = leigiko.

vieldeutig [fịldóų̌tịq] = difaplänovik.

Vieleck [fịl≥äk] n. (Polygon) = mödalien.

vielerlei [fịlěr láї] = mödasotik.

vielfach [fịlfáq̧] = mödanaedik, mödiknaik.

Vielfache [fịlfáq̧ě]: das — = mödanaed.

vielgereist [fịl gěráїšt] = tävugik.

Vielheit [fịlháїt] v. (das Vielsein) = möd.

vieljährig [fịlyärịq] = mödayelik.

vielleicht [fịláїqt] (etwa, wohl) = ba.

vielmal [fịlmal] = mödikna.

vielmalig [fịlmalịq] = mödiknaik.

Vielmännerei [fịlmäněráї] v. = mödahimatan.

vielmehr [fịlmer] 1. (Vorzug) = buikumo 2. **nicht sosehr ... als** — = noe ... abgüä.

Vielsein [fịl sáїn] n. = möd.

vielseitig [fịlsáїtịq] = mödaflanik.

Vielseitigkeit [fịlsáїtịq-káїt] v. = mödaflan.

vielsprachig [fịljpraq̧ịq] = mödapükik.

Vielsprachigkeit [fịljpraq̧ịqkáїt] v. = mödapük.

vielumfassend [fịl≥ųmfáş̌ěnt] (ausgedehnt) = stäänik.

vielvermögend [fịlfärmögěnt] = mödikanik.

Vielweiberei [fịlváíběráї] v. = mödajimatan.

Vielwisser [fịlviş̌ěr] m. = mödisevan.

vier [fir] **4** = fol.

vierbeinig [fịrbáїnịq] 1. = follögik 2. **follö≥gädik.**

Viereck [fir≥äk] n. = follien.

viereckig [fir≥äkịq] 1. = follienik 2. (mit vier Ecken) = folgulik.

Viererchen [fịrěrqěn] n. = folil.

viererlei [fịrěr láї] = folsotik.

vierfach [fịrfáq̧] = folik.

Vierfache [fịrfáq̧ě] n. = folot.

vierfacherweise [fịrfáq̧ěr-váísě] = foliko.

Vierfüszer [fịrfüş̌ěr] m. 1. = follöganim, follö≥gaf 2. d. = follögäd.

vierfüszig [fịrfüş̌ịq] 1. = follögik 2. = follö≥gädik.

Vierfüszler [fịrfüş̌lěr] m. = föllöganim, föllögaf.

Viergespann [fịrgějpán] n. = folfimäd.

vierhundert [fịrhųnděrt] **400** = foltum, — **Tausend, 400'000** = foltummil.

viermal [fịrmal] = folna.

viermalig [fịrmalịq] = folnaik.

vierschrötig [fịrjrötịq] = nemolädik.

viersitzig [fịrsịžịq] = folseadöpik.

Vierspänner [fịrjpäněr] m. = vab folfimädik.

vierspännig [fịrjpänịq] = folfimädik.

viertägig [fịrtägịq] = foldelik.

viertausend [fịrtáų̌sěnt] **4'000** = folmil.

vierte [fịrtě] = folid, **das — Mal** = naed folid, folidnaed, **zum vierten Male** = folidnaedo.

vierteilen [fịrtáїlěn] = foldilön (lov.).

vierteilig [fịrtáїlịq] = foldilik.

Viertel [fịrtěl] n. = foldil.

Viertelchen [fịrtělqěn] n. = foldilil.

Vierteljahr [fịrtělyar] n.(Quartal) = yelafol≥dil, mulakilat.

Vierteljahrsbericht [fịrtělyàrsběrịqt] m. = nunod yelafoldilik, nunod mulakilatik.

vierteljährlich [fịrtělyà̧rlịq] = yelafoldilik, mulakilatik, yelafoldilo, mulakilato.

Viertelnote [fịrtělnotě] v. = noat foldilik.

Viertelstunde [fịrtěljtųndě] v. = düpafoldil, düp foldilik.

viertens [fịrtěnš] = folido.

vierthalb [fịrt hálp] = kil e lafik.

vierundzwanzig [fịr ųnt žvánžịq]: — **Stunden** (Etmal) = deleneit.

Viervierteltakt [fịrfịrtěltákt] m. = misur fol≥foldilik.

Vierwaldstättersee [fịrváltjtätěr se] m. = Lak rukantonas fol, Lak de (els) ‚Waldstätte’ fol.

vierwertig [fịrvertịq] = folvalenik.

vierzackig [fịržákịq] = foltuitik.

vierzehn [fịržen]: — **Tage** (Doppelwoche) = telvig.

vierzehntägig [fịržen-tàgịq] = telvigik.

vierzig [fịržịq, firžịq]: **40** = foldeg.

Vierziger [fịržịgěr] p. = yelafoldegan.

Vierzigzahl [fịržịqžal] v. = foldegat.

Vikar [vikar] m. 1. = vikaran, **apostolischer** — = vikaral 2. (in Linglän) = fikar.

Vikariat [vikariat] n. = vikar.

Viktoria [viktòria] = Viktoriyän.

Viktualien [vịktųàlịěn] pl. = viktual, viktuals.

violett [violät] = violätik.

Violett [violät] n. = violät.

Violine [violině] v. (Geige) = viäl, **erste** — = balidviäl.

Violinenmacher [violịněnmáq̧ěr] m. = viälel.

Violinist [violịnịšt] m. = viälan.

Violinschlüssel [violịnljüšěl] m. = viälakiküf.

violinspielen [violịnjpilěn] = viälön (lov.).

Violinspieler [violịnjpilěr] m. = viälan.

Violinvirtuos [violịnvịrtųoš] m. = viälal, viälaleskilan.

Violoncell [violónç̌ạl] n. = col.

Violoncellist [violónç̌älịšt] m. = colan.

Viper [vipěr] v. (Natter) = vipär.

Virginien [vịrginịěn] n. = Virginän.

Virtuos [vi̯rtu̯oš] m. = leskilan.
Virtuosität [vi̯rtu̯osi̯tät] v. = leskil.
vis-à-vis [vi̯savi̯] (gegenüber) = viso.
Visavis [vi̯savi̯] n. = visoan.
Visier [vi̯si̯r] n. = logöm.
Visiervorrichtung [vi̯si̯r-fòrri̯qtu̯ŋ] v. = logöm.
Vision [vi̯si̯on] v. (Gesicht) = vision.
Visitation [vi̯si̯taži̯on] v. = levisit.
Visitator [vi̯si̯tàtór] m. = levisitan.
visitatorisch [vi̯si̯tatòri̯j] = levisitik.
Visite [vi̯si̯tĕ] v. (Besuch) = visit.
visitieren [vi̯si̯ti̯rĕn] 1. = levisitön (lov.) 2. (revidieren) = vestigön (lov.).
Viskosität [vi̯škosi̯tät] v. = viskod.
Vitrauphin [vi̯trofi̯n] (Glaspapier) = vitürapapür.
Vitriol [vi̯tri̯ol] m. e n. = vitriol.
Vitriolöl [vi̯tri̯olöl] n. = vitriol.
Vizepräsident [vi̯žĕpräsi̯dänt] m. = vipresidan.
Vogel [fogĕl] m. = böd, die Vögel betreffend = bödik.
Vogelart [fògĕlart] v. = bödasot.
Vogelbeerbaum [fògĕlberbáüm] m. = sorbabim.
Vogelbeere [fògĕlberĕ] v. = sorb.
Vogelei [fògĕláï] n. = bödanög.
Vogelfang [fògĕlfán] m. = bödifan.
Vogelfänger [fògĕlfäŋĕr] m. = bödifanan.
Vogelfeder [fògĕlfedĕr] v. = plüm.
Vogelflinte [fògĕlfli̯ntĕ] v. = bödagün.
vogelfrei [fògĕlfráï] = proskilik, für — erklären = proskilükön (lov.).
Vogelfreier [fògĕlfráïĕr] m. = proskilan.
Vogelfreisein [fògĕlfráï sáïn] n. = proskil.
Vogelfutter [fògĕlfu̯tĕr] n. = bödanulüdot.
Vogelgattung [fògĕlgátu̯ŋ] v. = bödasot.
Vogelgesang [fògĕlgĕsáŋ] m. = kanit böda.
Vogelhaus [fògĕlháüš] n. = bödalecek.
Vogelkirschbaum [fògĕlki̯rjbáüm] m. = möritabim.
Vogelkirsche [fògĕlki̯rjĕ] v. = mörit.
Vogelkunde [fògĕlku̯ndĕ] v. = bödav.
Vogelleim [fògĕlláïm] m. = bödikleibot.
Vogelnest [fògĕlnäšt] n. = bödanäst.
Vogelperspektive [fògĕlpäršpäkti̯vĕ] v. = löpalogot.
Vogelscheuche [fògĕljóüqĕ] v. = bödiplafükian.
Vogelschieszen [fògĕlji̯šĕn] n. = bödajütam.
Vogelschlag [fògĕljlak] m. = kanit böda.
vogelstellen [fògĕljtälĕn] = bödön (lov.).
Vogelsteller [fògĕljtälĕr] m. (Vogler) = bödan.
Vogelwelt [fògĕlvält] v. = bödavol.
Vogesen [vogesĕn] pl. = voseg, vosegs.
Vogler [foglĕr] m. = bödan.
Vokabel [vokabĕl] v. = vöd.
vokal [vokal] = vögik.
Vokal [vokal] m. (Selbstlauter) = vokat.
Vokalmusik [vokàlmusi̯k] v. = vögamusig.
Vokation [vokaži̯on] v. = voked.
Vokativ [vokati̯f] m. = vokatif.
Volapük [volapük] n. = Volapük, auf — bezüglich = Volapükik, — sprechen = spikön (lov.) Volapüki, — treiben, — pflegen = Volapükön (nel.).

Volière [voli̯ärĕ] v. 1. = bödalecek 2. — oder Zwinger = lecek.
Volk [fólk] n. 1. (die grosze Masse) = pöp 2. (Nation) = net.
volklich [fólkli̯q] = pöpik.
volkreich [fólk-ráïq] = pöpagik.
Volksabgeordneter [fólx̌-áp-gĕórdnĕtĕr] m. = pöpadepütäb.
Volksgesang [fólx̌-gĕsáŋ] m. = pöpakanit.
Volksgunst [fólx̌gu̯nšt] v. (Popularität) = pöped.
Volksherrschaft [fólx̌-hą̊rjáft] v. = pöpareig.
Volkshymne [fólx̌hümnĕ] v. = netahüm.
Volkslegende [fólx̌legändĕ] v. = pöpakonäd.
Volkslied [fólx̌li̯d] n. 1. = pöpalid 2. = netahüm.
volksmäszig [fólx̌mäši̯q] (populär) = pöpätik.
Volksmenge [fólx̌mäŋĕ] v. = pöpamöd.
Volksschule [fólx̌ju̯lĕ] v. = pöpajul.
Volkssprache [fólx̌jpraqĕ] v. = pöpapük.
Volkstum [fólx̌tum] n. (Nationalität) = netät.
volkstümlich [fólx̌tümli̯q] = netätik.
Volksvertreter [fólx̌färtretĕr] m. = pöpipladulan.
Volkswohl [fólx̌vol] n. = pöpaben, — fördern = födön (lov.) pöpabeni.
voll [fól] 1. = fulik, — sein = fulön (nel.), — machen = fulükön (lov.) 2. übermäszig — = tufulik 3. voller Geschwüre = luukik 4. aus vollem Halse, aus voller Kehle = lelaodiko 5. in vollem Masz vorhanden sein = bundanön (nel.).
vollauf [fóläüf] = bundano.
Vollbart [fólbart] m. = lölabalib.
vollbereiten [fól-bĕráïtĕn] = lemökön (lov.).
vollbringen [fólbri̯ŋĕn] = ledunön (lov.).
vollenden [fólą̊ndĕn] 1. (vollbringen) = ledunön (lov.) 2. (fertig machen) = fimekön (lov.).
Vollender [fólą̊ndĕr] m. = ledunan.
vollendet [fólą̊ndĕt] (vorüber) = finik.
vollends [fólĕnž] = löliko.
Vollendung [fólą̊ndu̯ŋ] v. = lölöfükam.
vollgültig [fólgülti̯q] = vero lonöfik.
volljährig [fólyäri̯q] = nentütik.
vollkommen [fólkómĕn] (perfekt) = nedöfik, nendöfik.
Vollkommenheit [fólkómĕn-háït] v. = nedöf, nendöf.
Vollmacht [fól-máqt]: durch —, in — = dälädo, büsidadäládo.
Vollmachtgeber [fól-máqtgebĕr] m. = dälädan.
Vollmachthaber [fól-máqthabĕr] m. = dälädäb.
Vollmachtträger [fól-máqtträgĕr] m. = dälädäb.
Vollmond [fólmont] m. = fulamun.
Vollsein [fól sáïn] n. = ful.
vollständig [fóljtändi̯q] 1. = lölöfik 2. — zu Ende bringen = ledunön (lov.).
Vollständigkeit [fóljtändi̯q-káït] v. = lölöf.
vollstimmig [fóljti̯mi̯q] = fulavögik.
Vollstimmigkeit [fóljti̯mi̯q-káït] v. (vollständi-

ge Benutzung aller Stimme in der Musik) = fulavög.

vollstopfen [fól-jtópfĕn] = besteigädön (lov.).

volltönend [fóltönĕnt] = fulatonöl.

vollzählig [fólžäḷiq] = fulanumik.

vollziehen [fólžĭĕn] (ausrichten) = ledunön (lov.).

Vollzieher [fólžĭĕr] m. = ledunan.

Vollziehung [fólžĭụn] v. (Ausführung) = le* dun.

Volontär [volóñťạr] m. = libavilacalan.

Volumen [volụmĕn, volụ̈mạn] n. (Rauminhalt) = spadaninäd.

von [fón] 1. = as, **ein Schurke — einem Bedienten** = jäpan as dünan 2. — ... **wegen** = büdü, — **Obrigkeits wegen|** = büdü cifod, — **Staats wegen** = büdü reiganef 3. = de, — **jenseits des Meeres** = de votaflan mela, — **da ab** = de ettim, **drei Schritte vom Wege ab** = de veg fagotü steps kil, — **heute an** = de adel, — **da an** = de del et, — **Jugend auf** = de yun, — ... **her** = de, — **Kopf zu Fusz** = de kap jü futs, **vom Morgen bis zum Abend** = de göd jü soar, **vom Montag bis zum Freitag** = de mudel jü fridel, — **Osten bis Westen** = de lofüd jü vesüd 4. (über, betreffs) = dö, **er spricht — mir** = spikom dö ob 5. = dub, **der Baum wurde vom Winde umgerissen** = bim pädofälon dub vien 6. = fa, **der Baum wurde vom Winde umgerissen** = bim pädo* fälon fa vien 7. — **Seiten des** = flanaü — **Obrigkeits wegen** = flanaü cifod, — **Staats wegen** = flanaü reiganef 8. = labü, **grosz — Wuchs** = labü koapafom gretik, **ein Baum — drei Fusz im Durchmesser** = bim labü diamet piedas kil 9. = ma, — **Amts wegen** = ma calöf, — **Rechts wegen** = ma git 10. (um) = mö, **ein Druck fünf Pfund auf das Quadratzentimeter** = ped mö pauns lul su, ta kvadazimmet 11. — ... **an** (Zeit) = sis (pr.) 12. = ün, — **Tag zu Tag** = ün del alik 13. — **Haus zu Haus** = ve dom alik 14. **die Hälfte — dem Silber** = laf largenta, **ein Art — Kalk** = sot zema, **ein Schimmer — Ehrgefühl** = sümil stimiseveda, **die Ausführung — Unternehmungen** = ledun desinodas, **er ist kein Freund — langen Reden** = no binom löfan blöfädas lunik, **einer — den Männern** = balan manas, **der jüngste — den Brüdern** = yuniкün blodas, **die Not — Tausenden** = ditret milatas, ditret milatas menas, **ein Baum — drei Fusz im Durchmesser** = bim diameti piedas kil laböl, **grosz — Wuchs** = koapa* fomi gretik laböl 15. — **Zeit zu Zeit** = se* miknaik 16. — **nun an** = denu, — **neuem** = dönu, — **selber, — selbst** = ito, — **dann an** = siso (ladv.), — **Amts wegen** = calöfo, — **Geblüt, — Geschlecht** = tribüto, **vom Grund aus** = staböfo, — **Natur** = natälo, — **Obrigkeits wegen** = cifodo, — **Ungefähr** = fädo, **ich kenne ihn — Person** = sevob omi pösodiko, **ich kenne ihn — Person, — Angesicht** = sevob omi logamo, — **auszen,**

— **auszen her, — auswärts** = plödao, — **innen** = ninao, — **oben** = löpao, — **unten** = donao, — **forne, — forne an** = föfao, — **hinten** = pödao, — **links** = nedetao, — **daher, — hier** = isao, — **daher, — dort·her** = usao, — **weitem** = fagao, — **allher,** — **allenthalben her** = valöpao, — **der Seite** = flanao, — **dieser Seite her** = atflanao, — **jener Seite her** = etflanao, — **je, — jeher** = laidüpao, — **Norden** = nolüdao, — **wel·cher Stätte?** = kiöpao? — **Jugend auf** = yunao, — **heute an** = adelao, — **da an** = etdelao, — **Grund aus** = primao, stabao, — **Haus aus** = natälo, rigao, — **alters her** = vönao 17. **ein Baum — drei Fusz im Durchmesser** = bim diametü pieds kil, — **Rechts wegen** = sekü git, **von** ... **weg** = moamü 18. **ich lasse mir nichts — ihm befehlen** = no sufälob, das büdom obe bosili.

vonnöten [fónnötĕn]: — **sein** (notwendig sein) = zusüdön (nel.).

vor [for] 1. (Vorzug) = bu, **er hat den Vor·zug — ihm** = (atan) buom bu om, — **allem** = bu val, bu valikos, — **allen Dingen** = bu dins valik, **er hat nichts — dir voraus** = no buom bu ol tefü, in, me bos, **Gewalt geht — Recht** = mekäd buon bu git, **er hat sich — allen ausgezeichnet** = ebenodistükom oki bu valikans 2. (zeitlich) = bü, — **kurzem** = bü brefüp, — **drei Tagen war er hier** = bü dels kil äbinom is, **er kam — mir an** = älükömom bü ob 3. = demü, **er erschreckt — mir** = jekom demü ob, **er flieht — mir** = fugom demü ob, **er fürchtet sich — mir** = dredom demü ob, **er schämt sich — mir** = jemom demü ob, **er hat wir sicher — der Gefahr** = is sefobs demü riskäd, **einen — seinem Feinde schützen** = jelön eki demü neflen oma, **einen — seinem Feinde verstecken** = klänedön eki demü neflen oma 4. = (durch, mittels) = dub, — **Wut beben** = dremön dub vut, **ich konnte — Müdigkeit nicht schlafen** = no äkanob slipön dub fen 5. (durch, von) = fa 6. (örtlich) = fo, **die Pferde — den Wagen spannen** = fimä· dön jevodis fo vab, **er steht — mir** = stanom fo ob, **er fällt — mir nieder** = dofalom fo ob, **er erschien — dem Richter** = äkömom fo cödal, **er geht — mir her** = golom fo ob, **er stellt sich — mich** = pladom oki fo ob, stanikom fo ob 7. = föfü, **er geht — mir her** = golom föfü ob, **er stellt sich — mich** = pladom oki föfü ob 8. = kol, **Achtung, Ehrfurcht — einem haben** = labön stümi, dalestümi kol ek 9. (coram, in Gegenwart des) = komü 10. = lo, **einem — die Augen kommen** = kömön lo ek 11. = plödü, **er wohnt — der Stadt** = lödom plödü zif 12. = pro, **er nahm den Hut — mir ab** = ädeü· kom häti pro ob 13. = sekü, — **Wut beben** = dremön sekü vut, **ich konnte — Müdigkeit nicht schlafen** = no äkanob slipön sekü fen, **er starb — Hunger, — Durst** = ädeadom sekü faem, sekü soaf 14. = tefü, **hier sind wir sicher — der Gefahr** = is sefobs tefü riskäd 15. = ün, — alters = ün vön, ün vönäd, 16. er schlug sich — die Stirn = äflapom oki ta flon, su flon, äflapom floni oka, sich — einem demütigen = mükükön oki lo, komü, demü, pro ek, er sieht den Wald — lauter Bäumen nicht = no logom foti dub, sekü logam bimas soelik 17. die Stelle — etwas = föf 18. — alters = vöno, vönädo, — und nach = pianiko, — kurzem (unlängst) = enu 19. Achtung, Ehrfurcht — einem haben = stümön, dalestümön eki, du hast nicht viel — dich gebracht = no espälol mödikosi, ich summte ein Lied — mich hin = äkanitülob nelaodiko lidi, mir ekelt — diesen Grausamkeiten = naudob kruälis at, die Trauung geht — sich = mated jenon, sie gehen — das Tor = golons ad spatön plödo, plödikons ad golön, ad spatön fo dom, ich starrte träumend — mich hin = älogetob dri=mälo, drimälolo föfio, fagio, — getan, und nach bedacht, hat manchen in grosz Leid gebracht = dun bü vätäl eblinon ömane liedi gretik; dunön büo e vätälön täno eblinos ömane liedi gretik.

Vorabend [fòr=abĕnt] m. = büsoar.

voran [forán] 1. (örtlich) = föfo, — stellen, — setzen = föfükön (lov.), sich — stellen = föfikön (nel.), —! = föfö! 2. (voraus, Vorzug) = buo.

voranfahren [foránfarĕn] = fovegön (nel.).

voranfügen [foránfügĕn] = foyümon (lov.).

Voranfügung [forán-fûgụŋ] v. = foyüm.

vorangehen [forángeĕn] = fogolön (lov.).

voranig [forànịq] = buik (lady.).

voranleuchten [forán-lôủqtĕn] = folitükön (lov.).

voranreiten [forán-ráïtĕn] = fomonitön (nel.).

vorantragen [forántragĕn] = fopolön (lov.).

Vorarbeit [fòr=ár-báït] v. (der eigentlichen Arbeit vorangehend) = büvob.

vorarbeiten [fòr=ár-báïtĕn] 1. (vor der eigentlichen Arbeit) = büvobön (nel.) 2. (zum Muster) = samovobön (lov.).

Vorarbeitung [fòr=ár-báïtụŋ] v. = büvob.

Vorarlberg [fòr=árlbärk] = Foralbergän.

voraus [foráŭš] 1. (vorher) = büo, zum —, im — = büo 2. (Vorzug) = buo.

vorausbezahlen [foráŭšbĕžalĕn] = büopelön (lov.).

Vorausbezahlung [foráŭš-bĕžàlụŋ] v. = büo=pel.

vorauseilen [foráŭš-áïlĕn] = bügolön (nel.).

vorausgehen [foráŭšgeĕn] 1. = befoön (lov.) 2. (vorhergehen) = büogolön (nel.).

vorausgesetzt [foráŭšgĕsäžt]: — das (in Fr.: ‚pourvu que') = bisä.

vorausgezahlt [foráŭšgĕžalt] : vorausgezahlte Summe = büopelot.

vorausgreifen [foráŭš-gráïfĕn] = büogleipön (lov.).

voraushalten [foráŭš-háltĕn] = bükipön (lov.).

voraussagen [foráŭšsagĕn] = büosagön (lov.).

voraussehen [foráŭšseĕn] = büologön (lov.).

Voraussehen [foráŭšseĕn] n. = büologam.

voraussetzen [foráŭššäžĕn] (annehmen) = büo=cedön (lov.).

Voraussetzung [foráŭš-säžụŋ] v. (Annahme) = büoced.

Voraussicht [foráŭššịqt] v. = büologam.

Vorbau [fòrbáŭ] m. = fobümäd.

vorbauen [fòrbáŭĕn] 1. = fobumön (lov.) 2. (vorbeugen) = büoneletön (lov.).

Vorbedacht [fòrbĕdáqt] m. = desin.

Vorbedeutung [fòrbĕdôủtụŋ] v. (Vorzeichen) = bümal.

Vorbehalt [fòrbĕhált] m. 1. = büdakip, mit —, unter — = büdakipo 2. (Bedingung) = stip.

vorbehalten [fòrbĕháltĕn] = büdakipön (lov.).

vorbehaltlich [fòrbĕháltlịq] : — das = büda=kipü.

vorbei [forbáï] 1. (einem vorüber) = bei (pr.) 2. (beendet, vorüber) = finik 3. (vergangen) = pasetik, — sein = pasetön (nel.).

vorbeifahren [forbáïfarĕn] = beivegön (lov.).

vorbeigehen [forbáïgeĕn] = beigolön (lov.).

Vorbeimarsch [forbáï-márj] m. = beimalek.

vorbeimarschieren [forbáï-márjịrĕn] = beima=lekön (lov.).

vorbereiten [fòrbĕráïtĕn] = preparön (lov.).

Vorbereiten [fòrbĕráïtĕn] n. = preparam.

vorbereitend [fòrbĕráïtĕnt] = preparik.

Vorbereiter [fòrbĕráïtĕr] m. = preparan.

Vorbereitung [fòrbĕráïtụŋ] v. 1. (Rüstung) = prepar 2. (das Vorbereiten) = preparam.

Vorbericht [fòrbĕrịqt] m. = fonun.

vorbeugen [fòrbôủgĕn] = büoneletön (lov.).

vorbeugend [fòrbôủgĕnt] = büoneletik.

Vorbeugung [fòrbôủgụŋ] v. = büonelet.

Vorbeugungsmittel [fòrbôủgụŋš-mịtĕl] n. = büoneletamed.

Vorbildung [for-bịldụŋ] v. 1. = preparamatid, tid preparik 2. = büdugäl.

Vorbildungsanstalt [fòrbịldụŋš-án-jtált] v. = preparamajul, jul preparik.

Vorbildungsschule [fòrbịldụŋš-julĕ] v. = pre=paramajul, jul preparik.

Vorbirge [fòrbịrgĕ] pl. = fobel, fobels.

Vorbote [fòrbotĕ] m. 1. (Vorzeichen) = bümal 2. = bünunan.

Vordach [fòrdáq] n. = nufül.

vordem [fòrdem, fordem] = büäto.

vorder [fórdĕr] = föfik, vordere Veranda = föfayal.

Vorderarm [fórdĕr-árm] m. = föfabrad.

Vorderbein [fórdĕr-báïn] m. = föfalög.

Vorderfusz [fórdĕrfụš] m. 1. (vorderer Teil des Fuszes) = föfafut 2. (Vorderbein) = föfa=lög.

Vordergebäude [fórdĕr-gĕbôủdĕ] n. = fobumot.

Vordergrund [fórdĕrgrụnt] m. = föfaglun.

vorderhand [fórdĕr hánt] 1. (vorläufig) = büfo 2. (voraus) = büo 3. (provisorisch) = büpladulik.

Vorderhaus [fórdĕr-háŭš] n. = föfadom.

Vorderindien [fórdĕr ịndiĕn] n. = Lindän föfik, Französisch- — = Kolunäns Fransänik in Lindän föfik.

Vordersatz [fórdĕr-sáž] m. = föfaset.

Vorderseite [fórdĕr-sáītĕ] v. = föfaflan.
Vordersitz [fórdĕrsi̯ž] m. = föfaseadöp.
Vorderteil [fórdĕr-táíl] m. = föfadil.
vordrängen [fòrdrä̠ŋĕn] 1. (vorwärts drängen) = föfiodränön (lov.) 2. **sich** — = föfio‹ dranön (nel.).
vordringen [fòrdri̯ŋĕn] = föfiodranön (nel.).
Vordruck [fòrdru̠k] m. (Formular) = fomet.
voreilig [fór‹áíli̯q] = tuspidik.
Voreiligkeit [fór‹áíli̯q-käīt] v. = tuspid.
voreingenommen [for-áīn-gĕnómĕn] = bümicö‹ dik.
Voreingenommenheit [for-áīn-gĕnómĕn-háīt] v. = bümicöd.
Voreltern [fór‹ä̠ltĕrn] pl. 1. = büröletans 2. (Vorfahren) = pasetamenef.
vorempfinden [fòr‹ämpfi̯ndĕn] = büosenön (lov.).
vorempfindend [fór‹ämpfi̯ndĕnt] = büosenik.
vorenthalten [fòr‹ä̠nthältĕn] = negivön (lov.).
Vorenthaltung [fór‹ä̠ntháltu̠n] v. = negiv.
vorerst [for‹eršt] (zum voraus) = büo.
vorerwähnt [fór‹ä̠rvä̠nt] = büo pemäniotöl, büikumo pemäniotöl.
Vorerziehung [for-ä̠rži̯u̠n] v. = büdugäl.
Voressen [fòr‹ä̠šĕn] n. = büzib.
Voretwashinstellen [for a̠tváš hi̯njtälĕn]: **das** — = fopladam.
vorfahren [fòrfarĕn] (z.B. ein Wagen) = föfo‹ vegön (nel.).
Vorfahren [fòrfarĕn] pl. 1. = pasetamenef 2. (Ahnen) = büröletans.
Vorfall [fòrfál] m. (Ereignis, Vorkommnis) = jenot.
vorfallen [fòrfálĕn] (sich ereignen) = jenön (nel.).
Vorflur [fòrflu̠r] m. = vestibül.
vorfügen [fòrfügĕn] = foyümön (lov.).
Vorfügung [fòrfügu̠n] v. = foyüm.
vorfühlen [fòrfülĕn] = büosenön (lov.).
Vorgang [fòrgáŋ] m. 1. (das Vorgehen) = bugol 2. (Erscheinung) = pubod, **chemi‹ scher** — = pubod kiemik.
Vorgänger [fòrgä̠ŋĕr] m. = fogolan.
Vorgebäude [fórgĕbő̆u̠dĕ] n. = fobumot.
Vorgebirge [fòrgĕbi̯rgĕ] n. 1. (vor dem Haupt‹ gebirge liegendes Gebirge) = fobelem 2. (Kap) = kep, — **der guten Hoffnung** = Spelakep.
vorgefaszt [fòrgĕfášt] = bücödik.
Vorgefühl [fòrgĕfül] v. = büosen.
vorgehen [fòrgeĕn] 1. = buön (nel.), **die Ar‹ beit geht vor** = vob buon 2. **Einer der vor‹ geht** (dem Vorrang hat) = bugolan 3. (vor‹ an stehen) = foön (nel.) 4. (vorangehen) = fogolön (lov.) 5. (Uhr) = bügolon (nel.).
Vorgehen [fòrgeĕn] n. (Vorrang) = bugol.
vorgehend [fòrgeĕnt] = buik (lady.).
vorgerichtet [fòrgĕri̯qtĕt] : — **sein** = blümön (nel.).
Vorgerichtetsein [fòrgĕri̯qtĕt sáīn] n. = blüm.
Vorgeschichte [fòrgĕji̯qtĕ] v. = büjenotem.
Vorgesetzter [fòrgĕsä̠ztĕr] m. = löpan.
vorgestern [fòrgä̠štĕrn] = edelo, — **Abend** = esoaro.

vorgesternnachts [fòrgä̠štĕrn ná̠d̤ž] = eneito.
vorgestrig [fòrgä̠štri̯q] = edelik, **vorgestriger Tag** = edel, **am vorgestrigen Tage** = edelo.
vorgreifen [fòrgráīfĕn] (zeitlich) = bügleipön (lov.).
vorgreiflich [fòrgráīfli̯q] = tuspidik.
Vorgreifung [fòrgráīfu̠n] v. = tuspid.
vorhaben [fòrhabĕn] (beabsichtigen) = desi‹ nön (lov.) .
Vorhaben [fòrhabĕn] n. (Absicht) = desin.
Vorhalle [fòrhálĕ] v. = vestibül, — **der Kirche** = glügavestibül.
vorhalten [fòrháltĕn] = fokipön (lov.).
Vorhand [fòrhánt] v. (Vorzug, Vorrang) = buam, **die** — **haben, in der** — **sein** = buön (nel.).
vorhanden [forhándĕn] (da, existierend) = dabinik, **in vollem Masz, in reichem Masz, in Fülle** — **sein** = bundanön (nel.).
Vorhandensein [forhándĕn säīn] n. (Dasein) = dabin.
Vorhang [fòrháŋ] m. (Gardine) = körten.
vorhangen [fòrháŋĕn] = folagön (nel.).
Vorhaus [fòrháŭš] n. = föfadom.
Vorhaut [fòrháŭt] v. = prepüd.
vorhängen [fòrhä̠ŋĕn] = folägön (lov.).
vorher [forher] (zeitlich) = büo.
vorhergehen [forhèrgeĕn] 1. = büogolön (nel.) 2. = befoön (lov.).
vorhergehend [forhèrgeĕnt] = büogolöl.
vorherig [forhèri̯q] (zeitlich) = büik (lady.), büiko (ladv.).
vorherkommen [forhèrkómĕn] (zuvorkommen) = büokömön (nel.).
vorherrschen [fòrhärjĕn] (vorwalten) = darei‹ gön (nel.).
Vorherrschen [fòrhärjĕn] n. = dareig.
vorhersagen [forhèrsagĕn] 1. = büsagön (lov.) 2. = büosagön (lov.).
vorhin [forhi̯n] 1. (soeben) = änu 2. (vor‹ kurzem) = brefobüo.
vorhinnig [forhi̯ni̯q] = brefobüik.
Vorhof [fòrhof] m. = foyad.
Vorhölle [fòrhő̆lĕ] v. = hölavestibül.
Vorhut [fòrhu̠t] v. 1. = fotrup 2. (Vortrab) = fojelatrup.
vorig [fòri̯q] 1. (örtlich) = föfik 2. (zeitlich) = büik (lady.), büiko (ladv.).
vorigesjahr [fòri̯gĕš yar] = äyelo.
Vorkauf [fòrkáŭf] m. = bürem.
vorkaufen [fòrkáŭfĕn] = büremön (lov.).
vorkämpfen [fòrkämpfĕn] = fokomipön (nel.).
Vorkämpfer [fòrkämpfĕr] m. = fokomipan.
Vorkäufer [fòrkóŭfĕr] m. = büreman.
Vorkehr [fòrker] v.: — **treffen** = büomesülön (nel.).
Vorkehren [fòrkerĕn] n. = büomesülam.
Vorkehrung [fòrkeru̠n] v. = büomesül.
Vorkenntnis [for-ka̠ntni̯š] v. = bünol.
Vorkirche [fòrki̯rgĕ] v. 1. = glügavestibül 2. = temavestibül.
vorkommen [fòrkómĕn] 1. (sich ereignen) = = komädön (nel.) 2. **einem** — (einen über‹ holen) = fokömön (lov.) eki 3. — **lassen** = leadön föfiokömön (lov.).

Vorkommen [fòrkómĕn] n.: bei — = dajono.
vorkommend [fòrkómĕnt] = jenik, bei vorkommender Gelegenheit = jeno.
vorkommendenfalls [fòrkómĕndĕn fálš] = jeno.
Vorkommnis [fòrkómnịš] .n = jenot.
vorkurzem [forkụ̀ržĕm] = brefobüo.
vorladen [fòrladĕn] (aufrufen) = levokön
(lov.).
Vorladung [fòrladụŋ] v. (Aufruf) = levok.
Vorlage [fòrlagĕ] v. (Fuszdecke) = futataped.
Vorland [fòrlánt] n. (Auszendeichsland) =
lulän, jolalulän.
vorlassen [fòrlášĕn] 1. = leadön föfiokömön
(lov.) 2. (zulassen) = letön (lov.), einen
— = letön eki.
Vorlassung [fòrlášụŋ] v. = let.
Vorlasz [fòrláš] (Vorlauf) = balidflumot.
Vorlauf [fòrláūf] m. = balidflumot.
vorlängst [fòrlạ̈ŋšt] = bü lunüp.
Vorläufer [fòrlóŭfĕr] m. = bügolan.
vorläufig [fòrlóŭfịq] 1. = büfik, vorläufige
Lage = büf 2. (vorderhand) = büfo.
Vorleben [fòrlebĕn] n. = pasetalif.
Vorlegegabel [fòrlegĕ-gabĕl] v. = lefok.
Vorlegelöffel [fòrlegĕlöfĕl] m. = lespun.
Vorlegemesser [fòrlegĕ-mäšĕr] n. = leneif.
vorlegen [fòrlegĕn] = foseitön (lov.).
vorlesen [fòrlesĕn] = komoreidön (lov.).
Vorlesung [fòrlesụŋ] v. = komoreid.
vorletzt [fòrlạ̈žt] = folätik.
vorleuchten [fòrlóŭqtĕn] (voranleuchten) =
folitükön (lov.).
Vorliebe [fòrlibĕ] v. = bulöf, mit — = bulöfo.
vormalig [fòrmalịq] (früher) = vönädik.
vormarschieren [for-márjịrĕn] = föfiomalekön
(nel.).
Vormittag [fòrmịtak] m. = büzedel.
vormittags [fòrmịtaž] = büzedelo.
Vormund [fòrmụnt] m. = tütan.
Vormundschaft [fòrmụntjáft] v. = tüt, unter
— stehend = tütäbik, unter — Stehender =
tütäb.
vormundschaftlich [fòrmụntjáftlịq] = tütik.
vorn [fórn] (vorne) = föfo, — befindlich =
föfik, — stehen = foön (nel.), — stellen,
— setzen = föfükön (lov.), nach — kommen
= föfiokömön (nel.).
Vorname [fòrnamĕ] m. = pösodanem.
vorne [fórnĕ] = föfo, von —, von — an
(örtlich) = föfao, ganz von — = go föfao,
sich — befinden = föfön (nel.), sich —
stellen = föfikön (nel.), — fahren = fovegön (nel.).
vornehm [fòrnem] = cädik, sich — behaben
= cädön (nel.), — tun = lucädön (nel.),
einer der — tut = lucädan.
Vornehme [fòrnemĕ] m. = cädan.
vornehmen [fòrnemĕn] : sich — = desinön
(lov.).
Vornehmer [fòrnemĕr] m. = cädan.
Vornehmheit [fòrnemháĭt] v. = cäd.
Vornehmigkeit [fòrnemịqkáĭt] v. = cäd.
Vornehmtuerei [fòrnem-tụ̆eráĭ] v. = lucäd.
Vornehmtun [fòrnem-tụn] n. = lucäd.

vornen [fórnĕn]: nach — = föfio, nach —!
föfiö!
vornherein [fórn hạ̈ráĭn]: von — (a priori) =
büo.
vornhin [fórn hịn]: nach — legen = föfioseitön
(lov.).
vornüber [fórn übĕr] 1. = folove 2. (— gerichtet) = foloveik.
Vorort [fòr-órt] m. 1. (Vorstädtchen) = fozifil
2. (führender, leitender Ort) = cifatop.
Vorposten [fòrpóštĕn] m. 1. (ein Person) =
fogalädan 2. (mehrere Personen) = fogalädanef 3. (Ort) = fogalädöp.
Vorrang [fòrráŋ] m. (Vorhand, Vorzug) =
buam, den — haben vor = buön (nel.),
den — geben an = buükön (lov.).
Vorrat [fòrrat] m. (Bestand) = stok.
Vorratskammer [fòrražkámĕr] v. 1. = stokacem 2. (Speisekammer) = viktualacem.
vorrätig [fòrrạ̈tịq] = stokik.
Vorrecht [fòrrạ̈qt] n. (Privileg) = privileg.
Vorrede [fòrredĕ] v. (Vorwort) = fonun, fospik.
vorreif [fòrráĭf] (frühreif) = bümadik.
vorreiten [fòrráĭtĕn] 1. (voranreiten) = fomonitön (nel.) 2. (einem reitend zeigen, wie er
reiten musz) = samomonitön (lov.), büamonitön (nel.).
Vorreiter [fòrráĭtĕr] m. = fomonitan.
vorrichten [fòrrịqtĕn] (bereitstellen) = blümükön (lov.).
Vorrichtung [fòrrịqtụŋ] v. 1. (Bereitstellung)
= blümükam 2. (Apparat) = parat.
vorrücken [fòrrükĕn] 1. (vormarschieren) =
föfiomalekön (nel.) 2. einen Stuhl — =
föfiomüfön (lov.) stuli.
Vorsaal [fòrsal] m. = föfalecem.
vorsagen [fòrsagĕn] 1. = büsagön (lov.) 2.
(behufs des Nachsagens) = büasagön (lov.).
Vorsalon [for-sálóñ] m. = föfasälun.
Vorsatz [fòrsáž] m. (Absicht) = desin.
Vorsänger [fòrsạ̈ŋĕr] m. = büakanitan.
vorsätzlich [fòrsạ̈žlịq] = desinik, desino.
Vorschein [fòrjáĭn] m.: zum — kommen =
süikön (nel.).
vorschieszen [fòrjịšĕn] (Geld —) = büopelön
(lov.).
Vorschlag [fòrjlak] m. = mob.
vorschlagen [fòrjlagĕn] = mobön (lov.).
vorschneiden [fòrjnáĭdĕn] = büköton (lov.).
vorschnell [fòrjnäl] 1. (übereilt) = tuspidik
2. (verfrüht) = tusunik.
vorschreiben [fòrjráĭbĕn] = büdülön (lov.).
Vorschrift [fòrjrịft] v. (Verordnung) = büdül,
nach — = büdülo.
vorschriftlich [fòrjrịftlịq] = büdülik.
vorschriftsmäszig [fòrjrịfž-mạ̈šịq] 1. = büdülik
2. (reglementarisch) = nomemik.
Vorschub [fòrjup] m. (Hilfe) = yuf.
Vorschusz [fòrjụš] m. 1. = büopelot 2. (Geldanleihe) = moniprün.
Vorschuszverein [fòrjụš-fạ̈ráĭn] m. = büopelaklub.
vorschuszweise [fòrjụšváĭsĕ] = büopelo.

vorschweben [fòrĵvebĕn] (vor den Sinn schweben) = tikologädön (nel.).
Vorsegel [fòrsegĕl] n. = föfasail.
Vorsehung [fòrseųŋ] v. 1. = büologam 2. Büologal.
vorsetzen [fòrsäžĕn] 1. = foseidön (lov.) 2. (vorwärts setzen) = föfioseidön (lov.).
Vorsicht [fòrsịqt] v. = prüd.
vorsichtig [fòrsịqtịq] = prüdik, — sein = prüdön (nel.), ein vorsichtiger Mensch = prüdan, —! prüdö!
Vorsichtsmaszregel [fòrsịqž-màšregĕl] v. = prüdamesül, Vorsichtsmaszregeln treffen = prüdamesülön (nel.).
Vorsilbe [fòrsịlbĕ] v. (Präfix) = foyümot.
vorsingen [fòrsịŋĕn] = samokanitön (lov.), büakanitön (lov.).
Vorsinger [fòrsịŋĕr] m. = büakanitan.
Vorsitz [fórsịž] m. (Präsidium) = presidanacal.
vorsitzen [fàrsịžĕn] = presidön (lov.).
Vorsitzen [fòrsịžĕn] n. = presid.
Vorsitzender [fòrsịžĕndĕr] m. (Präses, Präsident) = presidan.
Vorsorge [fòrsórgĕ] v. = büokäl, zur — = büokälo, — treffen für = büokälön (lov.).
vorsorgen [fòrsórgĕn] (Vorsorge treffen für) = büokälön (lov.).
vorsorglich [fòrsórglịq] 1. = büokälik 2. (zur Vorsorge) = büokälo.
Vorspann [fòrĵpán] m. = fofimäd.
vorspannen [fòrĵpánĕn] 1. = fofimädön (lov.) 2. die Pferde — = fimädön (lov.) jevodis.
Vorspannen [fòrĵpánĕn] n. = fimädam.
Vorspiel [fòrĵpịl] n. 1. = büpled 2. (Präludium) = prelud.
Vorstadt [fòrĵtát] m. = fozif.
Vorstand [fòrĵtánt] m. 1. (Anführer, Vorsteher) = cif, — sein = cifön (lov.) 2. (Körperschaft von Vorstehern) = cifef.
Vorstandschaft [fòrĵtánt-jáft] v. 1. (Amt) = cifacal 2. (Körperschaft von Vorstehern) = cifef.
Vorstandsein [fòrĵtánt sáïn] n. = cifam.
Vorstädtchen [fòrĵtätqĕn] n. = fozifil.
vorstechen [fòrĵtäqĕn] 1. (hervortreten) = lelogädön (nel.) 2. lov. = büstegülön (lov.).
Vorstechen [fòrĵtäqĕn] n. = lelogäd.
vorstecken [fòrĵtäkĕn] 1. = fosteigön (lov.) 2. = föfapeänön (lov.).
Vorstecker [fòrĵtäkĕr] 1. (Brustlatz) = bavet 2. (Vorsteckpflock) = fosteigastafül.
Vorstecknadel [fòrĵtäk-nadĕl] v. = blötanad.
Vorsteckpflock [fòrĵtäkpflók] m. = fosteigastafül.
vorstehen [fòrĵteĕn] 1. (örtlich) = fostanön (nel.) 2. (hervorstehen) = föfobinön (nel.) 3. (anführen) = cifön (lov.) 4. (hervorstechen) = süstegön (lov.).
Vorsteher [fòrĵteĕr] m. = cif.
Vorsteherin [fòrĵteĕrịn] v. = jicif.
Vorsteherschaft [fòrĵteĕrĵáft] v. = cifam.
vorstellen [fòrĵtälĕn] 1. (vor etwas stellen, örtlich) = fopladön (lov.) 2. (andeuten) = sinifön (lov.) 3. (darstellen) = magön (lov.)

4. = tikodön (lov.) 5. sich etwas — = fomälön (lov.) bosi.
Vorstellung [fòrĵtälųŋ] v. 1. (das Voretwashinstellen) = fopladam 2. (das Sichvorstellen) = fomälam 3. (das, was man sich vorstellt) = fomälod 4. sich eine — von etwas machen = fomälön (lov.) bosi.
Vorstellungsvermögen [fòrĵtälųŋš-färmögĕn] n. = fomäl.
vorstrecken [fòrĵträkĕn] (ausleihen) = prünön (lov.).
Vorteil [fór-táïl] m. (Nutzen) = frut, zum Vorteile = fruto.
vorteilhaft [fór-táïl-háft] = frutik.
Vorteilhaftigkeit [fór-táïl-háftịq-káït] v. = frut.
Vortrab [fòrtrap] m. (Vorhut) = fojelatrup.
vortraben [fòrtrabĕn] = fotrotön (nel.).
Vortrag [fòrtrak] m. 1. (Rede) = spikäd 2. (das Vortragen) = spikädam.
vortragen [fòrtragĕn] 1. = spikädön (lov.) 2. (vorantragen) = fopolön (lov.).
Vortragen [fòrtragĕn] n. = spikädam.
Vortragsart [fòrtraẋ-art] v. = deklamamod.
Vortragsweise [fòrtraẋváïsĕ] v. = deklamamod.
vortrefflich [fòrtråflịq] (vorzüglich) = süperik.
Vortrefflichkeit [fòrtråflịqkáït] v. = süper.
vortreten [fòrtretĕn] = föfiogolön (nel.).
Vortritt [fòrtrịt] m.: den — haben vor ... = bugolön (lov.), buön (nel.).
Vorturner [fòrtųrnĕr] m. = samoturan, büaturan.
Vorurteil [for-ųrtáïl] n. 1. = bücödot 2. = bümicödot.
vorurteilen [for-ųrtáïlĕn] = bücödön (lov.).
vorurteilsfrei [for-ųrtáïlš-fráï] = nenbümicödik.
vorurteilslos [for-ųrtáïlšloš] = nenbümicödik.
vorurteilsvoll [for-ųrtáïlš-fól] = bümicödik.
vorüber [forübĕr] 1. (örtlich, vorbei) = bei (pr.) 2. (beendet) = finik 3. (vergangen) = pasetik, — sein = pasetön (nel.).
vorübergehen [forübĕrgeĕn] = beigolön (lov.).
Vorvergangenheit [for-färgáŋĕn-háït] v. = pasetatim finik.
vorvorgestern [for-fòrgäštĕrn] = idelo.
vorwalten [fòrváltĕn] (vorherrschen) = dareigön (nel.).
Vorwalten [fòrváltĕn] n. = dareig.
Vorwand [fòrvánt] m. = kodül.
vorwärts [fòrvärz, fòrvärž] 1. = föfio, —! = föfiö! immer —! = aï föfiö! 2. — drängen = föfiodränön (lov.), — gehen = föfiogolön (nel.), — setzen = föfioseidön (lov.).
vorwärtsdeutend [fòrvärž-döůtĕnt] : vorwärtsdeutendes Fürwort = pönop büojonik.
vorweisen [fòrváïsĕn] (vorzeigen) = dajonön (lov.).
Vorweisung [fòrváïsųŋ] v. = dajon.
Vorwelt [fòrvält] v. = büvol.
vorweltlich [fòrvältlịq] = büvolik.
vorwenden [fòrvändĕn] = cedidön (lov.).
Vorwenderei [fòrvändĕráï] v. = cedid.
vorwerfen [fòrvärfĕn]: einem etwas — (in Fr.: ‚reprocher‘) = riprodön (lov. dem.) eke bosi.
Vorwerk [fòrvärk] n.: — einer Festung = plö dabumäd fortifa.

Vorwissen [fòrvĭšěn] n. (Wissen) = büsev.
Vorwitz [fòrvįž] m. (Naseweisheit) = fatüita=
sap.
vorwitzig [fòrvįžįq] = fatüitasapik.
Vorwort [fòrvórt] n. 1. = präpod 2. = fovöds
3. (Vorrede) = fonun.
Vorwurf [fòrvųrf] m. 1. = leblam 2. (in Fr.:
,reproche') = riprod.
Vorzeichen [fòržáïqěn] n. 1. = fomal 2. =
bümal.
vorzeigen [fòržáïgěn] = dajonön (lov.).
Vorzeiger [fòržáïgěr] m. = dajonan.
Vorzeigung [fòržáïgųŋ] v. = dajon, bei —,
gegen — = dajono, bei — von = dajonü.
Vorzeit [fòržáït] v. (Altertum) = vön.
vorzeitig [fòržáïţįq] = tusunik.
Vorzimmer [fòržįměr] = föfacem.
Vorzug [fòržųk] m. (Vorhand, Vorrang) =
buam, den — haben vor = buön (nel.), den
— bekommen = buikön (nel.), den — geben
an = buükön (lov.).
Vorzugsrecht [fòržųx̌-räqt] n. = buamagitod.
Vorzukunft [for-žụkụnft] (Futurum exaktum)
= fütüratim finik.
vorzuziehen [for-žužiěn] = buamabik.
Vögel [fögěl] pl. (Geflügel) = bödem.
Völkerkunde [fólkěrkųndě]ı v. = netav.
Völkerrecht [fólkěrräqt] n. = netagit.
völkerrechtlich [fólkěrräqtlįq] = netagitik.
Völkerwanderung [fólkěr-vánděrųŋ] v. = pö=
patev.
völkisch [fólkįj] = netik.
völlig [fólįq] 1. (voll) = fulik 2. (vollends)
= löliko 3. (vollständig) = lölöfik 4. (alle
zusammen) = valiko.
Vulkan [vųlkan] m. = volkan.
vulkanisch [vųlkànįj] = volkanik.
vulkanisieren [vųlkanisiręn]=vülkanitön (lov.).
Vulkanisieren [vųlkanisireěn] n. = vülkanit.
Vulkanismus [vųlkanįšmųs] m. = volkanim.

W. w.

Waadtland [vàtlánt] n. (Schweiz) = Vodän.
Waadtländer [vàtländěr] m. = Vodänan.
Wabe [vabě] v. = ziöbem.
wach [váǫ] = galik, — sein = galön (nel.),
— werden = galikön (nel.), — machen =
galükön (lov.).
Wache [váǫě] v. 1. (das Wachen) = gal 2.
(das Wachehalten) = galäd, — halten, —
stehen = galädön (nel.) 3. (Schildwache)=
galädan 4. (Wachmannschaft) = galädanef.
Wachehalten [váǫě háltěn] n. = galäd.
wachen [váǫěn] (wach sein) = galön (nel.).
Wachen [váǫěn] n. = gal, im — = galo.
wachestehend [váǫějteěnt] = galädik.
Wachfeuer [váǫ-fóǫěr] n. = galädafil.
Wachhaus [váǫ-háǔš] n. = galädadom.
Wachmannschaft [váǫ-mán-ĵáft] v. = galäda=
nef.
Wacholder [váǫólděr] m. = yunip.
Wacholderbaum [váǫólděr-báǔm] m. = yunip.
Wacholderbeere [váǫólděrberě] v. = yunipa=
bäl.

Wacholderbranntwein [váǫólděr-bránt-váĭn] m.
= yunipagein.
Wacholderöl [váǫólděr=öl] n. = yunipaleül.
Wacholdersaft [váǫólděr-sáft] m. = yunipa=
bälavaet.
Wachs [váx̌] 1. n. = väk 2. m. = glof.
wachsam [váǫsam] = galälik.
Wachsamkeit [váǫsam-káït] v. = galäl.
Wachsbild [váx̌bįlt] n. = väkamagot.
wachsbleich [váx̌ bláïq] = väkapaelik.
Wachsbleiche [váx̌-bláïqě] v. 1. = väkivietäd
2. (Anstalt) = väkivietädöp.
Wachsbleichen [váx̌-bláïqěn] n. = väkivietäd.
Wachsein [váǫ sáïn] n.: das — über Nacht =
neitogal.
wachsen [váx̌ěn] 1. = glofön (nel.), krumm —
= miglofön (nel.) 2. (mit Wachs versehen,
mit Wachs überziehen) = väkön (lov.) 3.
(wächsern) = väkik.
Wachsen [váx̌ěn] n. = glof.
wachsend [váx̌ěnt] = glofik.
Wachsfigur [váx̌-fįgųr] v. = väkamagot.
Wachskerze [váx̌käržě] v. = väkakandel.
Wachsleinwand [váx̌-láïn-vánt] v. = linuma=
stof peväköl.
Wachslicht [váx̌lįqt] n. 1. = väkakandel 2.
(Wachszünder) = väkalümät.
Wachstum [váx̌tųm] n. = glof.
Wachszieher [váx̌žiěr] m. = väkakandelel,
mekan väkakandelas.
Wachsziecherei [váx̌-žięrái] v. 1. = väkakan=
delimek 2. (Fabrik) = väkakandelifabrik.
Wachszünder [váx̌žụ̈nděr] m. = väkalümät.
Wacht [váǫt] v. (das Wachehalten) = galäd.
Wachtmeister [váǫt-máĭštěr] m. = galädamas=
tan.
Wachtparade [váǫtparadě] v. = galädapäräd.
Wachtposten [váǫt-páštěn] m. (Ort) = galä=
döp.
wackelig [vákěl[q] = mufülik.
wackeln [vákěln] = mufülön (nel.), — machen
= mufülükön (lov.).
Wackeln [vákěln] n. = mufül.
Wade [vadě] v. = surad.
Wadenkrampf [vàděnkrámpf] m. = surada=
spam.
Waffe [váfě] v. = vaf.
Waffel [váfěl] v. = vaef.
Waffeleisen [váfěl-áïsěn] n. = vaefafer.
Waffenrüstung [váfěn-rụ̈štųŋ] v. = vafem.
Waffenschmied [váfěnjmit] m. = vafismitan.
Waffenstillstand [váfěnĵtįltánt] m. = krigistöp.
waffnen [váfněn] = vafön (lov.).
Wage [vagě] v. 1. = vätöm, hydrostatische —
= vatavätöm 2. (Sternbild) = sivätöm.
Wagebalken [vàgěbálkěn] m. = vätömabem.
Wagehals [vàgěhálš] m. = riskan.
wagehalsig [vàgěhálsįq] = riskik.
Wagehalsigkeit [vàgěhálsįq-káït] v. = risk.
Wagemeister [vàgěmáĭštěr] m. = vätamamas=
tan.
wagen [vagěn] = riskön (lov.).
Wagen [vagěn] m. 1. = vab, den — mit
Pferden bespannen = befimädön (lov.) vabi
ko jevods, Bespannung eines Wagens = befi=

mädam vaba 2. (mit einem Bock versehenen —) = bökavab.
Wagenabteilung [vagĕn-áp-táïlųn] v. = vaba= diläd.
wagend [vagĕnt] = riskik.
Wagengeleise [vàgĕngĕláïsĕ] n. = vabarut.
Wagengeschirr [vàgĕngĕjįr] n. = vabastömem.
Wagenlader [vàgnladĕr] m. = vabifledan.
Wagenladung [vagĕn-làdųn] v. = vabifled.
Wagenpferd [vàgĕnpfert] n. = vabajevod.
Wagenrad [vàgĕnrat] n. = vabaluib.
Wagenschmiere [vàgĕnjmįrĕ] v. = vabasmiv.
Wagenschuppen [vàgĕnjųpĕn] m. = vabibarak.
wagerecht [vàgĕräqt] = horitätik, **die wage- rechte Lage** = horität.
Waghals [vàkhálš] m. = riskan.
waghalsig [vàkhálsįq] = riskik.
Waghalsigkeit [vàkhálsįq-káït] v. = risk.
waglich [vàglįq] = riskovik.
Waglichkeit [vàglįqkáït] v. = riskov.
Wagner [vagnĕr] m. = vabel.
Wagnis [vàknįš] n. (Risiko) = riskod.
Wagschale [vàkjalĕ] v. = vätömaskel.
Wahabiten = vahabitans.
Wahl [val] v. 1. (Ernennung) = cälod 2. (in Fr.: ,choix') = väl 3. (in Fr.: ,élection') = daväl.
wahlberechtigt [val-bĕrặqtįqt] = daväalgitodik.
wahlfähig [vàlfäįq] 1. (fähig zu wählen) = daväalgitodik 2. (fähig gewählt zu werden) = daväalovik.
Wahlfähigkeit [vàlfäįqkáït] v. = daväalgitod.
Wahlfürst [vàlfüršt] m. (gewählter Fürst) = daväalaplin.
Wahlkugel [vàlkųgĕl] v. = väalaglöpil.
Wahlreich [vàlráïq] n. = daväalareigän.
Wahlspruch [vàljprųǧ] m. (Motto) = spiked.
Wahlstatt [vàljtát] v. = komipöp.
Wahlstimme [vàljtįmĕ] v. (Votum) = vögod.
Wahn [van] m. = pölaced.
Wahnsinn [vànsįn] m. = lienet.
wahnsinnig [vànsįnįq] = lienetik, — **sein** = lienetön (nel.), — **werden** = lienetikön (nel.), — **machen** = lienetükön (lov.).
Wahnsinniger [vànsįnįgĕr] m. = lienetan.
wahr [var] 1. (wahrhaft) = veratik 2. **nicht** —? = vo-li?
wahren [varĕn] (beherzigen) = kälälön (lov.).
wahrhaft [vàrháft] 1. = veratik 2. (in Wahr- heit) = vo (ladv.).
wahrhaftig [vàrháftįq] 1. = veratiälik 2. —! = vö!
Wahrhaftigkeit [vàrháftįqkáït] v. = veratiäl.
Wahrheit [vàrháït] v. 1. = verat, **in** — = verato 2. **in** — = vo (ladv.) 3. (etwas Wahres) = veratod.
Wahrheitsliebe [vàrháïž-libĕ] v. = veratiäl.
wahrheitsliebend [vàrháïž-libĕnt] = veratiälik.
Wahrheitssinn [vàrháïž-sįn] m. = veratiäl.
wahrlich [vàrlįq] 1. = vo (ladv.) 2. —! = veratö! 3. **ja** —! = lesi!
wahrnehmbar [vàrnembar] = sienovik, — **ma- chen** = sienovükön (lov.).
Wahrnehmbares [vàrnem-barĕš] : **durch die Sinnen** — = siäd.

Wahrnehmbarkeit [vàrnembarkáït] v. = sie= nov.
wahrnehmen [vàrnemĕn] 1. = sienön (lov.) 2. (beherzigen) = kälälön (lov.).
Wahrnehmung [vàrnemųn] v. 1. = sienam 2. (Beherzigung) = käläl.
wahrsagen [vàrsagĕn] = büosagön (lov.).
Wahrsager [vàrsagĕr] m. = büosagan.
wahrsagerisch [vàrsagĕrįj] = büosagik.
wahrscheinlich [vàrjáïnlįq, varjáïnlįq] = luve= ratik.
Warscheinlichkeit [vàrjáïnlįq-káït, varjáïnlįq- káït] v. = luverat.
Wahrsein [var sáïn] n. = verat.
Wahrung [vàrųn] v. (Beherzigung) = käläl.
Wahrzeichen [vàržáïqĕn] n. 1. = mäk 2. (Merkmal) = sevädovamal.
waise [váïsĕ]: — **werden** = nenpalikön (nel.), — **machen** = nenpalükön (lov.).
Waise [váïsĕ] v. = nenpalan, — **sein** = nen= palön (nel.), **zur** — **werden** = nenpalikön (nel.), **zur** — **machen** = nenpalükön (lov.).
Waisenhaus [váïsĕn-háüš] n. = nenpalanöp.
Waisenkind [váïsĕnkįnt] n. = nenpalanöpan.
Waisenknabe [váïsĕnknabĕ] m. = hinenpala= nöpan.
Waisenmädchen [váïsĕnmätqĕn] n. = jinenpa= lanöpan.
Walache [váláǧĕ] m. = Valagänan.
Walachei [váláqáï] v. = Valagän.
walachisch [váláǧįj] = Valagänik.
Wald [vált] m. (Forst) = fot.
Waldfrevel [váltfrefĕl] m. = fotirav.
Waldhorn [vált-hórn] n. = fotahorn.
Waldhut [válthut] v. = fotikäläd.
Waldhüter [válthütĕr] m. = fotikälädan.
waldig [váldįq] = fotagik.
Waldluft [váltlųft] v. = fotalut.
Waldmensch [váltmänj] m. = fotamen.
Waldstadt [vált-jtát] v. = fotazif.
Waldstätte [váltjtätĕ] pl. (die Urkantone am Vierwaldstättersee) = ,Waldstätte' [vált= jtätĕ] D. pl.
Waldteufel [vált-tóüfĕl] m. (Mandrill) = man= dril.
Waldung [váldųn] v. = fotalän.
Wale [valĕ] m. = veltan.
Wales [velš] n. = Velsän.
Walfisch [válfįj] m. 1. = valüt 2. **st.** = si= valüt.
Walfischfahrer [válfįj-farĕr] m. = valütanaf.
Walfischfang [válfįj-fán] m. = valütifan.
Walisch [vàlįj]: **das** — = velt.
Wall [vál] m. = daem (su län), **mit einem** — **versehen** = daemön (lov.).
Wallach [vá-láǧ] m. (Pferd) = hojevod.
wallen [válĕn] (sieden) nel. = kukön (nel.).
Wallende [vál-ändĕ] n. = daemod.
wallfahren [válfarĕn] = pilgrimön (nel.).
Wallfahrer [válfarĕr] m. = pilgriman.
Wallfahrt [válfart] v. = pilgrim.
wallfahrten [válfartĕn] = pilgrimön (nel.).
Wallfahrtsort [válfarž-órt] m. = pilgrimöp.
wallförmig [vál-fŏrmįq] = daemafomik.
Wallis [válįš] n. (Schweiz) = Valisän.

Walliser [válìsĕr] m. = Valisänan.
Wallnusz [válnu̯š] v. = yuglananöt.
Wallnuszbaum [válnu̯š-báŭm] m. = yuglan.
Walpurgisnacht [válpu̯rgi̯š náᶐt] v. = jimagi=
vanazälaneit, zälaneit jimagivanas.
Walrat [válrat] m. eᵉ n. = spärmaset.
Walrosz [vál-róš] n. = valrod.
Walstatt [váljtát] v. = komipöp.
Walze [válžĕ] v. (Zylinder) = zilid, hölzerne
— = boadazilid.
walzen [válžĕn] 1. = valtön (nel.) 2. =
zilidopedön (lov.).
walzenförmig [válžĕn-fŏrmi̯q] = zilidafomik.
Walzer [válžĕr] m. = valt, — tanzen = val=
tön (nel.).
Wand [vánt] v. = völ.
Wandel [vándĕl] m. (Benehmen) = kondöt.
wandelbar [vándĕlbar] (abänderlich) = votö=
fik.
Wandelbarkeit [vándĕlbar-káĭt] v. = votöf.
Wanderer [vándĕrĕr] m. = tevan.
wandern [vándĕrn] = tevön (nel.).
Wanderschaft [vándĕr-jáft] v. = febodatäv.
Wanderung [vándĕru̯ŋ] v. = tev.
Wandervogel [vándĕrfogĕl] m. = tävaböd.
Wandleuchter [vánt-lóŭqtĕr] m. = völalítiki=
pian.
Wandschmuck [vántjmu̯k]: aufgehängter — =
völalägot.
Wandtafel [vánttafĕl] v. = julaboed.
Wanduhr [vánt=u̯r] v. = völaglok.
Wandwaschgefäsz [vánt-vájgĕfä̱š] n. = fone=
dül.
Wankelmut [váŋkĕlmu̯t] m. 1. = dotäl 2.
(Unstandhaftigkeit) = nelaidäl.
wankelmütig [váŋkĕlmü̱ti̯q] 1. = dotälik 2.
(unstandhaftig) = nelaidälik.
wanken [váŋkĕn] (unentschlossen sein) = ne=
fümälön (nel.).
Wanken [váŋkĕn] n. = nefüm.
wankend [váŋkĕnt] = nefümälik.
wann [ván] 1. — ? = kitimo? 2. (relativ, in
der Zeit wo) = kü 3. dann und — (biswei-
len) = semikna.
Wanne [vánĕ] v. = tüb.
Wanst [vánšt] m. (Dickbauch) = bigabälid.
Wanze [vánžĕ] v. = pünet.
Wappen [vápĕn] n. = sköt.
Wappenkunde [vápĕnku̯ndĕ] v. = skötav.
Wappenschild [vápĕnji̱lt] m. eᵉ n. = skötapla=
täd.
Ware [varĕ] v. = can, kurze — = smalaba=
latacan.
Warenbestand [vàrĕnbĕjtánt] m. = canastok.
Warenhaus [vàrĕnháŭš] n. = caniselidöp.
Warenlager [vàrĕnlagĕr] n. = canöp.
Warenmagazin [vàrĕn=magažịn] n. = canama=
gad.
Warenmuster [vàrĕnmu̱štĕr] n. = samed.
Warenversandt [varĕn-fä̱rsánt] m. = canised.
warm [várm] = vamik, — sein = vamön
(nel.), — werden = vamikön (nel.).
warnen [várnĕn] = nunedön (lov.).
Warnung [várnu̯ŋ] v. = nuned.

Warnungsanzeige [várnu̯ŋš-án-žáĭgĕ] v. = nu=
nedapenäd.
Warte [vártĕ] v. (Zichorie) = cikor.
warten [vártĕn]: — auf = stebedön (lov.).
Warten [vártĕn] n. (das Abwarten) = stebed.
Warteort [vártĕ-órt] m. = stebedöp.
Wartesaal [vártĕsal] m. = stebedalecem.
Wartung [vártu̯ŋ] v. (Pflege) = käl.
warum [varu̯m]: — ? (weshalb? weswegen?)
= kikodo?
Warze [váržĕ] v. = vart.
warzenartig [váržĕn-àrti̯q] = vartasümik.
warzig [várži̯q] = vartik.
was [váš] 1. — ? = 1. eli ,wer'?! 2. — für
ein? = kisotik? liosotik? — für ein Buch?
— buk kisotik? auf — für eine Weise? =
in mod kinik? 3. — für ein schönes Buch!
= buk kiojönik! — für ein Buch! = buk
kion!
Waschbecken [vájbäkĕn] n. = lavaleskel.
waschen [vájĕn] 1. = lavön (lov.) 2. (den
Boden) = lavädön (lov.) 3. einem den Kopf
—, einem die Ohren — = leblamön (lov.)
eki.
Waschen [vájĕn] n. = lav.
Waschfasz [váj-fáš] n. = lavatub.
Waschfrau [váj-fráŭ] v. = lavavom.
Waschgeld [vájgält] m. = lavamon.
Waschhaus [váj-háŭš] n. = lavöp.
Waschkübel [vájkübĕl] m. = lavatüb.
Waschlappen [váj-lápĕn] m. = lavädaflab.
Waschlauge [váj-láŭgĕ] v. = lavalauk.
Waschung]váju̯ŋ] v. (das Waschen) = lav.
Waschzuber [vájžu̱bĕr] m. = lavatüb.
Wasmium [vášmi̯u̯m] Wa = vasmin.
Wasser [vášĕr] n. = vat, trübes — = vat
trubik, das überschwemmende —, das über-
flutende — = tuvat.
Wasserbalje [vášĕr-bályĕ] v. = vatatüb.
Wasserbaukunst [vášĕr-báŭku̯nšt] v. = vata=
bumav.
Wasserbecken [vášĕrbäkĕn] n. 1. = basin,
vatabasin 2. (Wasserschale) = vataleskel.
Wasserbehälter [vášĕrbĕhältĕr] m. 1. = vati=
ninädian 2. (Zisterne) = vatabövä̱d.
Wasserblase [vášĕrblasĕ] v. = vatabul.
Wasserblume [vášĕrblumĕ] v. = vataflor.
Wasserbrei [vášĕr-bráĭ] m. = vatabül.
Wasserdampf [vášĕr-dámpf] m. = stem.
wasserdicht [vášĕrdịqt] = vatonedugolovik.
Wasserfall [vášĕr-fál] m. = vatafal.
Wasserfarbe [vášĕr-fárbĕ] v. = vataköl, mit
— malen = vatakölopänön (lov.).
Wasserfarbstoff [vášĕr-fárp-jtóf] m. = vata=
kölamastöf.
Wasserfasz [vášĕr-fáš] n. = vatatub.
Wasserfeuerwerk [vášĕr-fóŭĕrvä̱rk] n. = va=
tafilot.
Wasserflasche [vášĕr-flájĕ] v. = vataflad.
Wasserflut [vášĕrflu̯t] v. = tuvatam.
Wasserfracht [vášĕr-fráᶐt] v. = nafömafled.
Wassergang [vášĕr-gáŋ] m. (Kanälchen) =
kanädil.
Wassergas [vášĕrgaš] n. = vatagasin.

Wassergeflügel [vášěrgěflügěl] n. = vatabö-dem.
Wasserglas [vášěrglaš] n. 1. (Glas zu Wasser) = vatavär 2. (Stoff) = flumaglät.
Wasserheilanstalt [vášěr-háïl-án-jtált] v. = vatasanöp.
Wasserhose [vášěrhosě] v. (Wettersäule) = vatatrom.
Wasserhuhn [vášěrhun] n. = vatagok.
Wasserkessel [vášěrkäšěl] m. = vatacafed.
Wasserkunde [vášěrkundě] v. = vatav.
Wasserkunst [vášěrkunšt] v. 1. (zur Entfernung des Wassers) = vataparat 2. Wasserkünste (Springbrunnen, ...) = vatot, vatots.
Wasserkur [vášěrkur] v. = vatalekäl.
Wasserkübel [vášěrkübĕl] m. = vatatüb.
Wasserkünste [vášěrkünště] pl. = vatot, vatots.
Wasserleitung [vášěr-láïtun] v. = vatidugian.
Wassermangel [vášěr-mánĕl] m. = vatadef.
Wassermann [vášěr-mán] m. 1. = vatan 2. st. = sivatan.
Wassernix [vášěrnix] m. = hinäk.
Wassernot [vášěrnot] v. = vatadef.
Wassernusz [vášěrnuš] v. = vatanöt.
Wassernymphe [vášěrnümfě] v. = vataneüf.
Wasserpegel [vášěrpegěl] n. (Wasserstand) = vatanivod.
Wasserpflanze [vášěr-pflánžě] v. = vataplan.
wasserreich [vášěr-ráïq] = vatagik.
Wasserschale [vášěrjalě] v. = vataleskel.
Wasserscheide [vášěr-jáïdě] v. = flumedäna-ditöp.
Wasserscheu [vášěr-jóü] v. = vataplaf.
Wasserschlange [vášěrjlánĕ] v. st. = sivata-snek, kleine —, st. = sivatasnekil.
Wassersnot [vášěršnot] v. = tuvatamaditret.
Wasserspiegel [vášěrjpigěl] m. = niv, vataniv.
Wasserstand [vášěr-jtánt] m. (Wasserpegel) = vatanivod.
Wasserstelze [vášěrjtälžě] v. = kledagöbil.
Wasserstiefel [vášěrjtifěl] m. = vatabut.
Wasserstoff [vášěr-jtóf] m. H = hidrin.
Wasserstoffperoxyd [vášěr-jtóf pär óxût] H₂O₂ = hidrinapärloxid.
Wasserstoffverbindung [vášěr-jtóf-färbindun] v. = hidrinakobot.
Wasserstrahl [vášěrjtral] m. = vatastral.
Wassersucht [vášěrsuqt] v. = drop.
Wassersuppe [vášěrsupě] v. = vatasup.
wassersüchtig [vášěrsuqtiq] = dropik.
Wassertrog [vášěrtrok] m. = vataböv.
Wasservogel [vášěrfogěl] m. = vataböd.
watscheln [vácěln] = mufülön (nel.).
Watscheln [vácěln] n. = mufül.
wattartig [vát-àrtiq] = vodilik.
Watte [vátě] v. = vod.
wattieren [vátirěn] = vodön (lov.).
Wattierung [vátirun] v. = vodam.
Wau [vaü] m. = resed yelovilik.
wächsen [växěn] (mit Wachs versehen, mit Wachs überziehen) = vakön (lov.).
wächsern [växěrn] = väkik.
Wächter [väqtěr] m. = galan.
wägbar [vàkbar] = vätovik.

Wägbarkeit [vàkbarkáït] v. = vätov.
Wägegeld [vàgěgält] n. = vätamamon.
Wägehaus [vàgěháüš] n. = vätamöp.
wägen [vägěn] 1. (abwägen) = väton (lov.) 2. (erwägen) = vätälön (lov.).
wählbar [vàlbar] = davälovik.
Wählbarkeit [vàlbarkáït] v. = davälov.
wählen [välěn] 1. (in Fr.: ,élire') = davälön (lov.) 2. (in Fr.: ,choisir') = välön (lov.) 3. einen Lehrer — = cälodön (lov.) tidani.
Wähler [välěr] m. = davälan.
wählerisch [vàlěrij] = dentinik, wählerisches Wesen = dentin.
wähnen [väněn] = pölacedön (lov.).
währen [värěn] (dauern) = dulön (nel.).
während [värěnt] 1. (indem) = du (kony.) 2. = dü (pr.) 3. — des Tages = delik, deliko.
Währung [vàrun] v. = völäd, französische — = völädü Fransän.
Wäldchen [vältqěn] n. (Hain) = fotil.
wälzen [välžěn] = tülön (lov.).
Wärmbecken [vàrmbäkěn] n. = vamükamaskel.
Wärme [värmě] v. 1. = vam, spezifische — = sotavam 2. (Temperatur) = vamot.
Wärmegrad [vàrměgrat] m. 1. = vamagrad 2. (Temperatur) = vamot.
Wärmeleiter [vàrmělàïtěr] m. = vamidugian.
wärmen [värmĕn] (erwärmen) = vamükön (lov.).
Wärmer [värměr] m. d. = vamükian.
Wärmflasche [vàrmflájě] v. = vamükamalu-flad.
Wärmpfanne [vàrmpfáně] v. = vamükama-skel.
Wärmstein [vàrmjtáïn] m. = vamükamaston.
Wärter [värtěr] m. (Pfleger) = kälan.
Wärterin [vàrtěrin] v. = jikälan.
Wäsche [väjě] v. 1. (das Waschen von Kleidungsgegenständen, ...) = stofädemilav 2. (das zu waschen oder gewaschene Zeug) = lavastofädem 3. in der —, in die — = lavo.
Wäscher [väjěr] m. = hilavan.
Wäscherei [väjěráï] v. 1. (Waschhaus) = lavöp 2. (das Waschen von Kleidungsgegenständen, ...) = stofädemilav.
Wäscherin [vàjěrin] v. = jilavan.
Wäscherlohn [vàjěrlon] m. = lavanamesed.
wässerig [vàšěriq] = vatöfik.
Wässerigkeit [vàšěriqkáït] v. = vatöf.
weben [vebĕn] = vivön (lov.).
Weben [vebĕn] n. = viv.
Weber [veběr] m. = vivan, Gewerbe eines Webers = vivafebäd.
Weberbaum [vebĕrbáüm] m. = vivazilid.
Weberblatt [vebĕrblát] n. = vivabled.
Weberdistel [vebĕrdjštěl] v. = vivakardät.
Weberei [vebĕráï] v. 1. (das Weben) = viv 2. = vivöp 3. = vivafebäd.
Webereibesitzer [vebĕráïběsižěr] m. = vivöpi-dalaban.
Webereieinrichter [vebĕráï-áïnriqtěr] m. = vi-vöpistitan.
Webeschiff [vebĕrjif] n. = vivaspül.
Weberschule [vebĕrjulě] v. = vivajul.
Weberstuhl [vebĕrjtul] m. = vivaparat.

Wechsel [väžĕl] m. 1. (Änderung) = cen, — der Jahreszeiten = cen yelasäsunas 2. (Tausch) = cän 3. (Wechselbrief) = tret.
Wechselbank [väžĕlbáŋk] v. = tretabank.
wechselbar [väžĕlbar] = cänovik.
Wechselbarkeit [väžĕlbarkáït] v. = cänov.
Wechselbrief [väžĕlbrif] m. = tret.
Wechselfieber [väžĕlfibĕr] n. = malarafif.
Wechselgeschäft [väžĕlgĕžäft] n. = cänabüsid, monicänabüsid.
Wechselkurs [väžĕlkurš] m. 1. (— eines Wechselbriefs) = tretakursäd 2. (Geldes) = cänakursüd.
wechseln [väžĕln] 1. (tauschen) = cänön (lov.) 2. — mit (sich verwandeln in) = cenön (nel.) ad.
Wechseln [väžĕln] n. = cän.
Wechselmakler [väžĕlmaklĕr] m. = cänabrokan, monicänabrokan.
Wechselplatz [väžĕlpláž] m. = cänöp.
Wechselrecht [väžĕlräqt] n. = tretagit.
wechselseitig [väžĕlsáïtịq] (gegenseitig) = reziṭik.
Wechselseitigkeit [väžĕlsáïtịq-káït] v. = rezip.
Wechselzahlung [väžĕl-žálụŋ] v. = tretopel.
Wechsler [väžlĕr] m. = monicänan.
Wecke [väkĕ] v. (Weiszbrot) = vietabod.
wecken [väkĕn] = galükön (lov.).
Wecker [väkĕr] m. 1. p. = galükan 2. d. = galükian.
Weckeruhr [väkĕr-ur] v. = galükamaglok.
Wedda [váda] m. = vädayan.
Wedel [vedĕl] m. = fän.
wedeln [vedĕln] = fänülön (lov.).
weder [vedĕr]: — ... noch = ni ... ni, — ... — = ni ... ni.
weg [väk] (fort, dahin) = mo, moik, — von = moamü, —! (fort!) = moö!
Weg [vek] m. = veg, auf dem Wege = su veg, den — sperren, den — absperren = stöbön (lov.) vegi, vom Wege abkommen = pölavegön (nel.), ein Stunde Wegs = balholik, aus dem Wege = movego, aus dem Wege! = movegö!
Wegaufseher [vek-áŭfseĕr] m. = vegikäládan.
wegbar [vekbar] = begolovik.
wegbegeben [väkbĕgebĕn]: sich — = degolön (nel.).
wegbleiben [väkbláïbĕn] = moblibön (nel.), fablibön (nel.).
wegbrennen [väkbrännĕn] = mofilädön (lov.).
wegbringen [väkbriŋĕn] = moblinön (lov.).
wegdrängen [väkdräŋĕn] = modränön (lov.).
Wegegeld [vegĕgält] n. = vegamon.
wegeilen [väk-áïlĕn] = mospidön (nel.).
wegen [vegĕn] (halber, um) = demü, — der Kinder, der Kinder — = demü cils.
wegessen [väk-äsĕn] 1. = mofidön (lov.) 2. = fefidön (lov.).
wegfahren [väkfarĕn] (abfahren) = movegön (nel.).
wegfallen [väkfálĕn] = mofalön (nel.).
wegfangen [väkfáŋĕn] = fanomoükön (lov.).
wegfliegen [väkfligĕn] = moflitön (nel.).
wegführen [väkfürĕn] = modugön (lov.).

weggeben [väkgebĕn] = mogivön (lov.).
weggehen [väkgeĕn] 1. (fortgehen) = mogolön (nel.) 2. (sich entfernen) = fagikön (nel.).
wegheben [väkhebĕn] = motovön (lov.).
wegholen [väkholĕn] = moramenön (lov.).
wegjagen [väkyagĕn] = momofön (lov.).
wegknippen [väkknịpĕn] = mosnäpön (lov.).
wegkommen [väkkómĕn] 1. = mogolön (nel.) 2. (verloren gehen) = moikön (nel.), mein Buch ist mir weggekommen = buk oba emoikon.
wegküssen [väkkụsĕn] = mokidön (lov.).
weglassen [väkláßĕn] 1. = leadön moön (lov.) 2. Buchstaben — = moädön (lov.) tonatis.
Weglassung [väkláßụŋ] v. = moäd.
weglaufen [väkláŭfĕn] = mogolön (nel.) vifiko.
weglegen [väklegĕn] = mokipedön (lov.).
Weglein [vekláïn] n. = vegil.
wegleiten [väkláïtĕn] = modugön (lov.).
wegmachen [väkmáqĕn] = moüкön (lov.).
Wegnahme [väknamĕ] v. 1. = mosum 2. (das Nehmen) = sum.
wegnehmen [väknemĕn] 1. = mosumön (lov.) 2. (nehmen) = sumön (lov.) 3. = moükön (lov.).
wegpacken [väkpákĕn] 1. (wegbringen) = moblinön (lov.) 2. (weglegen) = mokipedön (lov.).
wegräumen [väkróŭmĕn] = modunön (lov.).
wegreisen [väkráïsĕn] = motävön (nel.).
wegreiszen [väkráïšĕn] 1. = moletirön (lov.) 2. = mosleitön (lov.).
wegrücken [väkrükĕn] = moletirön (lov.).
wegsam [vèksam] = begolovik.
wegschaffen [väkjáfĕn] = moblinön (lov.).
Wegschaffen [väkjáfĕn] n. = modun.
wegschenken [väkjäŋkĕn] = molegivön (lov.).
wegschicken [väkjikĕn] = mopotön (lov.).
wegschleichen [väkjláïqĕn] = mokripädön (nel.).
wegschnellen [väkjnälĕn] = mosnäpön (lov.).
wegschütten [väkjütĕn] = mostürön (lov.).
wegsegeln [väksegĕln] = mosailön (nel.).
Wegsegelung [väksegĕlụŋ] v. = mosailam.
wegsenden [väksändĕn] = mosedön (lov.).
wegsetzen [väksäžĕn] = moseidön (lov.).
wegstellen [väkjtälĕn] = mopladön (lov.).
Wegstunde [vekjtundĕ] v. = hol, eine — = balholik.
wegtun [väktun] = modunön (lov.).
wegtragen [väktragĕn] = mopolön (lov.).
wegtreiben [väktráïbĕn] = momofön (lov.).
wegwandern [väkvándĕrn] (wegziehen) = motevön (nel.).
Wegwarte [vekvártĕ] v. (Zichorie) = cikor.
Wegweiser [vekváïsĕr] m. = vegijonian.
wegwenden [väkvändĕn]: sich — = deflekön (lov.) oki.
wegwerfen [väkvärfĕn] = mojedön (lov.).
wegziehen [väkžiĕn] 1. (wegwandern) = motevön (nel.) 2. (fortziehen) = moikön (nel.) 2. (fortzerren) = motirön (lov.).
Wegzieher [väkžiĕr] m. = setevan.
Wegzug [väkžụk] m. = motev, setev.

weh [ve]: —! (wehe!) = vi!
Wehausruf [vè₂áŭšru̯f] = vivokäd.
wehe [veĕ]: —! o —! = vi!
Wehe [veĕ] (Geburtswehe) = doled.
wehen [veĕn] 1. (blasen) = lebladön (nel.),
der Wind weht aus Osten = vien lebladon
lofüdao 2. (winden) = vienön (nel.), es
weht = vienos 3. Flaggen — lassen = stä₂
nön (nel.).
wehetun [veĕtụn] = dolön (lov.).
Wehgeschrei [vègĕjráï] = vivokäd, ein — erheben = vivokädön (nel.).
Wehgeschreierheber [vègĕjráï ạrhebĕr] m. =
vivokädan.
Wehklage [vèklagĕ] v. = viam.
wehklagen [vèklagĕn] = viön (nel.), einer der
wehklagt = vian.
Wehmut [vèmụt] v. = glumül.
wehmutsvoll [vèmụžfól] = glumülik.
wehmütig [vèmụtịq] = glumülik.
wehren [verĕn] 1. (abwehren) = taedön (lov.)
2. sich — = takomipön (nel.).
Wehrgehänge [vèrgĕhạ̈ṇĕ] n. 1. = vafilägian
2. = säbilägian.
wehrhaft [vèrháft] = takomipovik.
wehrlos [vèrloš] = nenvafik.
Wehrlosigkeit [vèrlosịqkáït] v. = nenvaf.
Wehrstand [vèrjtánt] m. = kriganam.
Weib [váïp] n. 1. (Gattin) = jimatan 2. ungebildetes — = luvom.
Weibchen [váïpqĕn] n. 1. = jinim 2. (eines
Mannes) = jimatanil.
Weiberhemd [váïbĕrhạ̈mt] n. = vomajit.
weibisch [váïbịj] = luvomik.
weiblich [váïplịq] 1. = vomöfik 2. (in Bezug
aufs Geschlecht) = vomik.
Weiblichkeit [váïplịq-káït] v. = vomöf.
Weibsbild [váïpšbịlt] v. = jipösod.
Weibsperson [váïpšpạrson] v. = jipösod.
weiche [váïq] 1. (sanft) = molik 2. (geschmeidig) = müdik, weiches Holz = boad
müdik, — gesotten = müdo pekäköl, — sein
= müdön (nel.), — werden = müdikön
(nel.), — machen = müdükön (lov.).
Weichbild [váïqbịlt] n. = zifaziläk.
Weiche [váïqĕ] v. 1. (Leib) = koapaflan 2.
(Bahnweiche) = yilot.
weichen [váïqĕn] 1. (nachgeben) = yilidön
(nel.) 2. (weich werden) = müdikön (nel.)
3. (weich machen) = müdükön (lov.).
Weichen [váïqĕn] n. 1. = yilid 2. (das Weichmachen) = müdükam.
Weichensteller [váïqĕnjtạlĕr] m. = yelotiregu₂
lan.
Weichenwärter [váïqĕnvạrtĕr] m. = yelotire₂
gulan.
Weichheit [váïq-háït] v. = müd.
weichherzig [váïqhạ̈ržịq] = pidälik.
Weichherzigkeit [váïqhạ̈ržịq-káït] v. = pidäl.
weichlich [váïqlịq] = lumolädik.
Weichlichkeit [váïqlịq-káït] v. = lumoläd.
Weichling [váïqlịn] m. = lumoläden.
Weichmachen [váïq máqĕn] v. = müdükam.
weichmütig [váïqmütịq] = pidälik.
Weichmütigkeit [váïqmütịq-káït] v. = pidäl.

Weichselzopf [váïẍĕl žópf] m. = Polänaherem.
Weichwerden [váïq vạrdĕn] n. = müdikam.
Weide [váïdĕ] v. 1. (Baum) = salig 2. (Vieh-
weide) = bälät.
weiden [váïdĕn] = bälätön (lov.).
Weidengerte [váïdĕngạ̈rtĕ] v. = saligatuig.
Weidenrute [váïdĕnrụtĕ] v. = saligatuig.
Weiderecht [váïdĕrạqt] n. = bälätamagitod.
Weidmann [váït-mán] m. = yagan.
Weidmannskunst [váït-mánš-kụnšt] v. = ya₂
gav.
weidmännisch [váïtmạnịj] = yaganik.
weigern [váïgĕrn] : sich — (einer Sache, sie
verweigern) = refudön (lov.).
Wei-hai-wei [váï háïváï] = Vähävän.
Weihbischof [váï-bịjóf] v. = vibijop.
Weihe [váïĕ] v. (Einweihung) = saludükam.
weihen [váïĕn] (einweihen) = saludükön (lov.).
Weiher [váïĕr] m. (Teich) = lulak.
Weihkessel [váïkạšĕl] m. = saludavataskel.
Weihnachten [váï-náq̊tĕn] pl. = kritid.
Weihnachtsabend [váï-náq̊ž-abĕnt] m. = kriti₂
dasoar.
Weihnachtsbaum [váï-náq̊ž-báŭm] m. = kriti₂
dabim.
Weihnachtsfeier [váï-náq̊ž-fáïĕr] v. = kriti₂
dizel.
Weihnachtsfest [váï-náq̊ž-fạšt] n. = kritidazäl.
Weihnachtsgeschenk [váï-náq̊ž-gĕjạṇk] n. =
kritidalegivot.
Weihnachtstag [váï-náq̊ž1tak] = kritidadel.
Weihnachtszeit [váï-náq̊ž-žáït] v. = tim kriti₂
dazäla, kritidazälatim.
Weihrauch [váï-ráŭq̊] m. = boväl, — streuen
= bovälön (lov.), mit — räuchern = filü₂
kön (lov.) boväli.
Weihrauchbaum [váï-ráŭq̊-báŭm] m. = bovä₂
labim.
Weihrauchfasz [váï-ráŭq̊-fáš] n. = bovälagef.
Weihwasser [váï-vášĕr] n. = saludavat.
Weihwasserkessel [váï-vášĕr-kạšĕl] m. = sa₂
ludavataskel.
Weihwedel [váïvedĕl] m. = saludavatakvat.
weil [váïl] = bi, daher, —; darum, —; des-
halb — = dub atos, das.
weiland [váï-lánt] 1. (vordem) = büäto 2.
(selig) = büätan, — König A. = büätan :
reg A.
Weilchen [váïlqĕn] n. = timil.
Weile [váïlĕ] v. = timil.
Wein [váïn] m. = vin.
weinartig [váïn-àrtịq] = vinasümik.
Weinbau [váïn-báŭ] v. = vitidafeil.
Weinbeere [váïnberĕ] v. = vitidabäl.
Weinbereiter [váïn-bĕráïtĕr] v. = vinel.
Weinbereitung [váïn-bĕráïtụn] v. = vinam.
Weinberg [váïnbärk] m. (Weingarten) = viti₂
dagad.
weinen [váïnĕn] = drenön (nel.).
Weinen [váïnĕn] n. = drenam.
weinerlich [váïnĕrlịq] = drenik.
Weinerlichkeit [váïnĕrlịq-káït] v. (das Weinen)
= drenam.
Weinernte [váïn₂ạrntĕ] v. = vitidaklop, vitida₂
bäliklop.

Weinessig [váĭn-äšịq] m. = vinavinig.
Weinfasz [váĭn-fáš] n. = vinatub.
Weinflasche [váĭn-fláĵĕ] v. = vinaflad.
Weingarten [váĭn-gártĕn] m. = vitidagad.
Weingebirge [váĭngĕbịrgĕ] n. = vitidabelem.
Weingeist [váĭn-gáĭšt] m. 1. = vinaspit 2.
(Spiritus) = spit.
Weingeländer [váĭngĕländĕr] n. = vitidalae=
dem.
Weingeschmack [váĭn-gĕjmák] m. = vinasmek.
Weingroszhandel [váĭn-gròšhándĕl] m. = vi=
naleted.
Weingroszhändler [váĭn-gròšhändlĕr] m. = vi=
naletedan.
Weinhandel [váĭn-hándĕl] m. = vinated.
Weinhaus [váĭn-háŭš] n. = vinibötädöp.
Weinhändler [váĭnhändĺĕr] m. = vinatedan.
Weinhefe [váĭnhefĕ] v. = vinalef.
weinig [váĭnịq] = vinik.
Weinkeller [váĭnkälĕr] m. = vinakav.
Weinkufe [váĭnkufĕ] v. = vinatüb.
Weinküfer [váĭnküfĕr] m. = vinatübel.
Weinlager [váĭnlagĕr] n. = vinaseatöp.
Weinland [váĭn-lánt] n. = vinalän.
Weinlaube [váĭn-láŭbĕ] v. = vitidapriel.
Weinlese [váĭnlesĕ] v. = vitidaklopam.
Weinmutter [váĭnmụtĕr] v. = vinalef.
Weinpresse [váĭnprạ̈šĕ] v. = vinamapedöm,
vitidabälipedöm.
Weinrebe [váĭnrebĕ] v. = vitid.
Weinsäure [váĭn-sóŭrĕ] v. = vinazüd.
Weinschank [váĭn-ĵáŋk] m. = vinibötäd.
Weinschenk [váĭnĵäŋk] m. = vinibötädan.
Weinschenke [váĭnĵäŋkĕ] v. = vinibötädöp.
Weinstein [váĭn-ĵtáĭn] m. = vinaston.
Weinsteinartig [váĭn-ĵtáĭn-àrtịq] = vinastona=
sümik.
Weinsteinsäure [váĭn-ĵtáĭn-sóŭrĕ] v. = vina=
züd.
Weinsteuer [váĭn-ĵtóŭĕr] v. = vinatrip.
Weinstock [váĭn-ĵtók] m. = vitid.
Weinstube [váĭnĵtụbĕ] v. = vinibötädöp.
Weintonne [váĭn-tónĕ] v. = vinatub.
Weintraube [váĭn-tráŭbĕ] v. 1. = vitidabäl 2.
(Traube) = vitidabälem.
Weintreber [váĭntrebĕr] pl. = vinasupäd.
Weinverfälschung [váĭn-fạ̈rfạ̈lĵụŋ] v. = vini=
dobükam.
Weinwirt [váĭnvịrt] m. = vinibötädan.
weise [váĭšĕ] = sapik, — sein = sapön (nel.),
weiser Mensch = sapan.
Weise [váĭšĕ] v. (Art) = mod, — des Bauens
= bumamod, auf welche — = in mod kelik,
auf ähnliche — = sümo, auf solche — =
somo, auf . . . —, in der — von = modü.
weisen [váĭšĕn] (zeigen) = jonön (lov.).
Weiser [váĭšĕr] m. 1. (weiser Mensch) =
sapan 2. — einer Uhr = jonian gloka.
Weisesein [váĭšĕ sáĭn] n. = sap.
Weisheit [váĭs-háĭt] v. (das Weisesein) =
sap.
weislich [váĭšlịq] = sapik, sapo.
weismachen [váĭš-máĵĕn] = kredidön (lov.
dem.).
weissagen [váĭššagĕn] = büosagön (lov.).

Weissagen [váĭššagĕn] n. = büosag.
Weissager [váĭššagĕr] m. = büosagan.
Weissagerin [váĭš-sàgĕrịn] v. = jibüosagan.
weissagerhaft [váĭššagĕr-háft] = büosagik.
weissagerisch [váĭš-sàgĕrịj] = büosagik.
Weissagung [váĭš-sàgụŋ] v. = büosagod.
weisz [váĭš] = vietik, weisze Rübe = navät.
Weiszbäcker [váĭšbạ̈kĕr] m. = vietabodibakan.
Weiszbier [váĭšbir] n. = blonabir.
Weiszbierbrauer [váĭšbịr-bráŭĕr] m. = blona=
birel.
Weiszbirke [váĭšbịrkĕ] v. = biad.
Weiszblech [váĭšblạ̈q] n. = tün.
weiszblechern [váĭšblạ̈qĕrn] = tünik.
Weiszblechware [váĭšblạ̈qvarĕ] v. = tünotem.
Weiszbrot [váĭšbrot] n. = vietabod.
Weiszbuche [váĭšbụĝĕ] v. = vietabueg.
Weiszdorn [váĭš-dórn] m. = krateg.
Weisze [váĭšĕ] v. = viet.
weiszen [váĭšĕn] = vietükön (lov.).
Weiszen [váĭšĕn] n. = vietükam.
Weiszfisch [váĭšfịj] m. = vietafit.
Weiszfuchs [váĭšfụx] m. = vietarenar.
weiszgelb [váĭšglp] = vietayelovik.
Weiszgerber [váĭšgärbĕr] m. = vietataenan.
Weiszglut [váĭšglụt] v. = vietaglut.
weiszglühen [váĭšglüĕn] = vietaglutön (nel.).
weiszglühend [váĭšglüĕnt] = vietaglutik.
weiszgrau [váĭš-gráŭ] = klilagedik.
Weiszkohl [váĭškol] m. = vietabrasid.
Weiszkraut [váĭš-kráŭt] n. = vietabrasid.
weiszlich [váĭšlịq] = vietilik.
Weiszling [váĭšlịn] m. = blionan.
Weiszruszland [váĭš-rụšlánt] = Vieta=Rusän.
Weisztanne [váĭš-tánĕ] v. (abies [ábiäš] lat.)
= biet.
Weiszzeug [váĭš-žóŭk] n. = vietastof.
weit [váĭt] 1. (nach allen Seiten ausgedehnt)
= veitik, — sein = veitön (nel.). 2. (Masz)
= veitotik, so — als, so — wie = so vei=
totik äs 3. —, bei weitem = mödo 4. —
bekannt (berühmt) = famik, eine Stunde —
= holik, — entlegen, — entfernt = fago=
seatik.
Weite [váĭtĕ] v. (Masz) = veitot.
weiter [váĭtĕr] 1. — werden = veitikön (nel.),
— machen = veitükön (lov.) 2. (höher,
gröszer) = pluik 3. —! = fö! 4. nicht —
= no fovo 5. nicht —! = stopö!
weiterarbeiten [váĭtĕr-ár-báĭtĕn] = laivobön
(nel.).
weiteres [váĭtĕrĕš]: bis auf — — = nunog.
weiterführen [váĭtĕrfürĕn] (fortsetzen) = fövön
(lov.).
Weiterführung [váĭtĕrfürụŋ] v. = föv.
weitern [váĭtĕrn] 1. (weiter machen) = veitü=
kön (lov.) 2. sich — = veitikön (nel.).
weiters [váĭtĕrš]: nicht — = no fovo.
weiterschreiben [váĭtĕr-ĵráĭbĕn] = laipenön
(lov.).
weitersprechen [váĭtĕrjprạ̈qĕn] = laispikön
(lov.).
weiterweg [váĭtĕrväk] = fagikumo.
weitherzig [váĭt-hạ̈ržịq] = veitacedik.

Weitherzigkeit [váĭt-hå̊r̃žĭq-káĭt] v. = veitacedam.
weitläufig [váĭt-lóŭfĭq] = veitöfik.
Weitläufigkeit [váĭt-lóŭfĭq-káĭt] v. = veitöf.
weitschweifig [váĭt-jváĭfĭq] = prolidik.
Weitschweifigkeit [váĭt-jváĭq-káĭt] v. = prolid.
Weitsein [váĭt sáĭn] n. = veit.
weitsichtig [váĭtsĭqtĭq] = pärmetropik.
Weitsichtigkeit [váĭtsĭqtĭq-káĭt] v. = pärmetrop.
Weizen [váĭžěn] m. = vuit.
Weizenmehl [váĭžěnmel] n. = vuitameil.
welch [välq] 1. — ein! = kion! kiom! kiof!
kios! 2. welch ein schönes Buch! = buk
kiojönik!
welche [välqě] = l. eli ,welcher'!
welcher [välqěr] 1. (der, wer, welche, welches)
= kel, hikel, jikel, kelos, auf welche Weise
= in mod kelik, zu — Zeit = kü 2. — ?
(welche? welches?) = kinik! kimik? kifik?
kisik? auf welche Weise? = in mod kinik?
welche Stätte? = kiöp? von — Stätte? =
kiöpao? nach welche Stätte (hin)? = kiöpio?
zu — Zeit? = kiüpo?
welcherart [välqěr art]: — ? = liosotik?
welcherlei [välqěr láĭ]: — ? = liosotik?
welches [välqěs] = l. eli ,welcher'!
welk [välk] = fainik, — sein = fainön (nel.),
— werden = fainikön (nel.), — machen =
fainükön (lov.).
welken [välkěn] (verwelken) = fainükön (lov.).
Welksein [välk sáĭn] n. = fain.
Welle [välě] v. 1. = vef 2. (Zylinder) =
zilid 3. (Holzbündel) = tuigatuf.
Wellenbad [vålěnbat] n. = vefaban.
wellenförmig [vålěnfǒrmĭq] = vefafomik.
Wellenschlag [vålěnjlak] m. = vefaflap.
welsch [välj] 1. = romenik 2. (italienisch) =
Litaliyänik.
Welscher [väljěr] m. (Romanischsprechender)
= romenan.
Welschkorn [våljkórn] n. (Mais) = mait.
Welt [vält] v. 1. = vol, die gelehrte — =
nolavanef 2. (im Gegensatz zum Göttlichen,
Geistlichen; das bewegte Leben und Treiben
der Menschen) = voläd.
Weltall [vålt-ál] n. (All) = leval.
Weltalphabet [vält-álfabèt] n. = volalafab.
Weltbürger [våltbürgěr] m. = kosmopolan.
weltbürgerlich [vält-bůrgěrlĭq] = kosmopolik.
Weltbürgerschaft [våltbürgěrjáft] v. = kosmo-
pol.
Weltende [vålt-ǎndě] n. = volafin.
Weltgegend [våltgegěnt] v. = taledatopäd.
Weltgeist [våltgáĭst] m. (Allgeist) = levala-
lanan.
Weltgeistlicher [våltgáĭstlĭqěr] m. = kleran
volädik, volädakleran.
Weltgericht [våltgěrĭqt] n. 1. = Godacödetam
lätik 2. = menefacödot.
Weltgeschichte [våltgějĭqtě] v. = volajenotem.
weltgeschichtlich [våltgějĭqtlĭq] = volajenote-
mik.
Weltkarte [våltkártě] v. = volakaed.

Weltkenntnis [vält-kǎntnĭš] v. (Weltklugheit)
= volädisev.
Weltkind [våltkĭnt] n. = volädan.
weltklug [våltkluk] = volädisevik.
Weltklugheit [vält-klůkháĭt] v. = volädisev.
Weltkörper [våltkǒrpěr] m. = levalaglöp.
Weltkugel [våltkugěl] v. (Erdkugel) = tala-
glöp.
Weltkunde [våltkundě] v. = levalav.
Weltlauf [våltláŭf] m. = komunagol dinas.
Weltleitung [våltláĭtu̯n] v. = levalireig.
weltlich [våltlĭq] 1. = volik 2. = volädik,
— gesinnt = volädälik.
Weltlichkeit [våltlĭqkáĭt] v. = voläd̃am.
Weltmann [våltmán] m. = volädälan.
Weltmeer [våltmer] n. 1. = sean 2. (Meer
von weltgeschichtlicher Bedeutung) = vola-
mel.
Weltpostverein [vält póšt-fǎráĭn] m. = vola-
potaklub.
Weltregierung [vält-rěgiru̯n] v. (Weltleitung)
= levalireig.
Weltsinn [våltsĭn] m. = volädäl.
Weltsprache [våltjpraǧě] v. 1. = volapük 2.
= Volapük, der Erfinder der — = datuvan
Volapüka, der Ersinner der — = datikan
Volapüka.
Weltspracheblatt [våltjpraǧěblát] n. = Vola-
pükagased.
Weltteil [vålttáĭl] m. = taledadil.
Weltweiser [våltváĭsěr] m. 1. = volädisevan
2. (Philosoph) = filosopan.
Weltweisheit [våltváĭš-háĭt] v. = filosop.
Weltwunder [våltvu̯nděr] n. = volastunidot.
Wemfall [vèmfál] m. (Dativ) = datif.
Wendekreis [vǎnděkráĭš] m. = trop.
Wendeltreppe [vǎndělträpě] v. = skrubäda-
tridem.
wenden [vǎnděn] (drehen) = flekön (lov.).
Wenden [vǎnděn] = särbyovans.
Wendepunkt [vǎnděpu̯nkt] m. = flekatimül.
Wendung [vǎndu̯n] v. 1. (Drehung) = flek
2. eine schlechte — nehmen = badikön (nel.).
Wenfall [vènfál] m. (Akkusativ) = kusatif.
wenig [vènĭq] 1. = nemödik, nemödo, — sein
= nemödön (nel.), — werden = nemödikön
(nel.) 2. ein — = bosil 3. ein — = boso,
nur ein — = bosilo.
Wenige [vènĭqě] = nemödikans.
weniger [vènĭqěr] 1. (geringer) = neplu, immer — = ai neplu, mehr oder — — = pluuneplu, — sein = nepluön (nel.), — werden =
nepluikön (nel.) 2. mat. (minus) = nä (pr.).
Wenigersein [vènĭqěr sáĭn] n. (Minderheit) =
nepluam.
Wenigkeit [vènĭqkáĭt] v. = nemöd.
wenigst [vènĭqšt]: am wenigsten, = nemu.
wenigstens [vènĭqštěnš] = nemu.
wenn [vän] 1. (falls) = if 2. (im Falle dasz)
= üf 3. (als, da) = ven 4. (obwohl) =
do 5. — anders = if nemu, — auch (obgleich) = do, — auch = (ob auch) = ifi,
— auch noch so = igo if, — einmal = if
fütüro, — nicht ... doch = if no ... ga sio,
als — = ka if, als —, wie — (als ob) =

äsva, **selbst** —, **sogar** — = igo if, **und** —,
— **schon**, — **auch** = ed if, ed üf, igo üf, ed
igo if, ed igo üf, — **nur** = bis (ladv.).
wenngleich [vӓngláïq] (obwohl, wiewohl) =
do.
wennschon [vӓnjon] = do.
wer [ver] 1. (relativ) = l. eli ‚**welcher**' ! 2.
—? (was?) = kin? kim? kif? kis?
werben [värbӗn] 1. (nachsuchen) = lisitön
(lov.) 2. = slopükön (lov.).
Werbung [vӓrbuͧ] v. 1. = lisit 2. = slopükam.
werden [verdӗn] 1. = vedön (nel.) 2. **zu** ...
— **lassen** = ceinön (lov.) ad ... 3. **daraus
wird nichts** = se atos nos odavedon.
Werden [verdӗn] n. = ved.
Werder [värdӗr] m. (niedrige Fluszinsel) =
lunisul.
Werfall [vӗrfál] m. = nominatif.
werfen [vӓ⸗fӗn] 1. = jedön (lov.), **unter etwas
hin** — = disiojedön (lov.) 2. (bewerfen) =
bejedön (lov.) 3. **durcheinander** — = pemükön (lov.).
Werft [värft] n. e v. = nafibumöp.
Werg [värk] n. = teup.
Werk [värk] n. 1. (Arbeit) = vobod 2. (Buch)
= lebuk, **Lieferung eines Werkes** = bukül
lebuka.
Werkfrau [vӓrkfráü] v. = jiklinükan.
Werkmeister [vӓrkmáïstӗr] m. = vobamastan.
Werkstatt [vӓrkįtát] v. = voböp, — **eines
Färbers** = kölamöp, — **eines Glasers** = vi-
türamöp, — **eines Schlossers** = lökismitöp.
Werkstätte [vӓrkįtӓtӗ] v. = voböp.
Werkstein [vӓrkįtáïn] m. = bumädaston gre-
tik.
Werkstück [vӓrkįtük] 1. (Arbeiterstück) =
vobot 2. (Werkstein) = bumädaston gretik.
Werktag [vӓrktak] m. = vobadel.
Werkzeug [vӓrkžoük] n. (Instrument) = stum.
Wermut [vӗrmut] m. = basänt.
wermuthaltig [vӗrmutháltįq] = basäntik.
wert [vert] 1. (lieb) = löfik 2. (geschätzt) =
digik, — **sein** (geschätzt sein) = digön (nel.)
3. — **sein** (würdig sein) = digädön (lov.)
4. — **sein** (Wert haben) = völadön (nel).
Wert [vert] m. 1. (das Geschätztsein) = dig
2. = völad, **Muster ohne** — = samed nen
völad, **im Werte von** = völadü, — **haben**
(wert sein) = völadön (nel.).
Wertbrief [vӗrtbrif] m. = völadapened.
werthabend [vӗrthabӗnt] = völadik.
werthaft [vӗrtháft] = digik.
wertlos [vӗrtloš] = nenvöladik.
Wertpapiere [vӗrtpapįrӗ] pl. (Effekt) = valör,
valörs.
wertschätzen [vӗrtjӓžӗn] = digidön (lov.).
Wertschätzung [vert-jӓžuͧ] v. = digid.
wertvoll [vӗrt-fól] = digik.
Wesen [vesӗn] n. 1. = binäl 2. (Individuum)
= dabinan 3. (in valem) = dabinäd 4. **das
höchste** — = Dabinal 5. **aufbrausendes** —,
auffahrendes — = fäkadäl, **linksches** —
neskil, **mistrauisches** — = mikonfidäl, **teuflisches** — = diabäl, **übertriebenes** — =

tuükäl, **wählerisches** — = dentin, **zorniges** —
= zunäl.
wesenhaft [vesӗnháft] (vorhanden) = dabinik.
Wesenheit [vesӗnháït] v. 1. = binäl 2. (Individuum) = dabinan.
Wesenlehre [vesӗnlerӗ] v. (Ontologie) = dabinav.
wesenlos [vesӗnloš] (nicht existierend) = nedabinik.
Wesenlosigkeit [vesӗn-lòsįqkáït] v. = nedabin.
Wesenlossein [vesӗnloš sáïn] n. = nedabin.
wesentlich [vesӗntlįq] 1. = binälik, binälo 2.
(sorecht) = voik.
Wesentliche [vesӗntlįqӗ]: **das** — = binäl, **im
Wesentlichen** = binälo.
weshalb [vӓš hálp] 1. (weswegen) = kodä,
sekü kod kelik 2. —? (warum?) = kikodo?
Wesir [vesir] m. = visir.
Wespe [vӓšpӗ] v. = vesep.
Wespennest [vӓšpӗnnӓšt] n. = vesepanäst.
wessenfall [vӓšӗnfál] m. (Genitiv) = genitif.
Westdeutschland [vӓšt-dóüč-lánt] n. = Vesüda-
Deutän.
Weste [vӓštӗ] v. = jilät.
Westen [vӓštӗn] m. = vesüd, **Süd zu** — =
susulüsulüdavesüd, **Südwest zu** — = su-
vesüsulüdavesüd, — **zu Süden** = vevesüsulüdavesüd, — **zu Norden** = vevesünolüdavesüd, **Nordwest zu** — = novesünolüdavesüd, **Nord zu** — = nonolünolüdavesüd.
Westfale [vӓštfalӗ] m. = Vesfalänan.
Westfalen [vӓštfalӗn] n. = Vesfalän.
westfälisch [vӓštfálįj] = Vesfalänik.
Westindien [vӓšt-įndįӗn] n. = Vesüda-Lindän.
westlich [vӓstlįq] = vesüdik, — **von** = vesüdü.
Westnordwesten [vӓšt nórtvӓštӗn] m. = vesünolüdavesüd.
Westsüdwest [vӓšt sütvӓšt] m. = vesüsulüdavesüd.
westwärts [vӓštvärž] = vesüdio.
Westwind [vӓštvįnt] m. = vesüdavien.
weswegen [vӓsvegӗn] 1. (weshalb) = sekü
kod kelik, kodä 2. —? (weshalb? warum?)
= kikodo?
Wettbewerb [vӓtbӗvärp] m. = mäted.
Wettbewerber [vӓtbӗvärbӗr] m. = mätedan.
Wette [vӓtӗ] v. 1. = yül, **die** — **gewinnen** =
gaenön (lov.) yüli 2. **in die** —, **um die** —
rennen = mätarönön (nel.).
Wetteifer [vӓt-áïfӗr] m. = ziläl.
wetteifern [vӓt-áïfӗrn] = zilälön (nel.).
wetten [vӓtӗn] = yülön (lov.), **ich wette zehn
gegen eins** = yülob mö deg ta bal.
Wettender [vӓtӗndӗr] m. = yülan.
Wetter [vӓtӗr] 1. n. (Witterung) = stom,
trübes — = stom glumidik, **auf das** — **be-
züglich** = stomik 2. m. (Wettender) =
yülan.
Wetter- [vӓtӗr-] = ... stomik.
Wetterdach [vӓtӗrdáq] n. = mistomanufül.
Wetterfahne [vӓtӗrfanӗ] v. = vienijonian.
Wetterglas [vӓtӗrglaš] n. (Baroskop) = baroskop.
Wetterhahn [vӓtӗrhan] m. = vienahigok.

Wetterkunde [vą̆tĕrkų̆ndĕ] v. = stomav.
wetterlaunisch [vą̆tĕrláŭnįj] = vimik.
wetterleuchten [vą̆tĕrlóŭqtĕn] = klärön (nel.).
Wetterleuchten [vą̆tĕrlóŭqtĕn] n. = klär.
wettern [vą̆tĕrn] = mistomön (nel.).
Wettersäule [vą̆tĕrsóŭlĕ] v. (Wasserhose) = vatatrom.
Wettkampf [vą̆tkámpf] m. = mät, Gewinner des Wettkampfes = mätivikodan.
wettkämpfen [vą̆tkämpfĕn] = mätön (nel.).
Wettkämpfer [vą̆tkämpfĕr] m. = mätan.
Wettrennen [vą̆trä̆nĕn] n. = mätarön.
Wettstreit [vą̆tjtráĭt] m. = mät.
wettstreiten [vą̆tjtráĭtĕn] = mätön (nel.).
wetzen [vä̆žĕn] (schärfen) = japükön (lov.).
Wichse [vįẋĕ] v. = lekluinaväk.
wichsen [vįẋĕn] = lekluinön (lov.).
Wichser [vįẋĕr] m. = lekluinan.
Wichsfabrikant [vįẋfabrįkánt] m. = lekluina= väkel.
wichtig [vįqtįq] 1. (bedeutend) = veütik 2. eine wichtige Miene annehmen, sich — ma= chen, — tun = bitön (nel.) äs cädan.
Wichtigkeit [vįqtįqkáĭt] v. (Bedeutung) = veüt.
Wickel [vįkĕl] m. = tuül.
Wickelband [vįkĕlbánt] v. = flabül.
Wickelbinde [vįkĕlbįndĕ] v. = flabül.
wickeln [vįkĕln] = tuülön (lov.).
Widder [vįdĕr] m. 1. (Schafbock) = hijip 2. st. = sihijip.
wider [vįdĕr] 1. = ta, — einander = ta od, balan ta votikan, — das Gebot = ta büd, — Erwarten = ta spet, für oder = pro u ta bos 2. — besseres Wissen = to utos, kelosi sevom, sevof, . . .
widerborstig [vįdĕrbórštįq] = todälik.
widergesinnt [vįdĕrgĕsįnt] = taälik.
Widerhaken [vįdĕrhakĕn] m. = gühuk.
widerhakig [vįdĕrhakįq] = gühukik.
Widerhall [vįdĕrhál] m. (Echo) = leog.
widerlegbar [vįdĕrlèkbar] = tablöfovik.
Widerlegbarkeit [vįdĕrlèkbarkáĭt] v. = tablö= fov.
widerlegen [vįdĕrlegĕn] = tablöfädön (lov.).
Widerlegung [vįdĕrlègų̆ŋ] v. = tablöfäd.
widerlich [vįdĕrlįq] (widerwärtig) = legagik.
widernatürlich [vįdĕr-natų̆rlįq] = tanatik.
Widerrede [vįdĕrredĕ] v. = taspik.
widerreden [vįdĕrredĕn] (widersprechen) = taspikön (lov. dem.) eke bosi.
Widerruf [vįdĕrrų̆f] m. = sädun.
widerrufbar [vįdĕrrų̆fbar] = sädunovik.
Widersacher [vįdĕrsáqĕr] m. (Gegner) = taan.
widersetzen [vįdĕrsä̆žĕn]: einer der sich wider= setzt = tadunan.
Widersetzlichkeit [vįdĕrsą̆žlįqkáĭt] v. = todäl.
Widersinn [vįdĕrsįn] m. = taäl.
widersinnig [vįdĕrsįnįq] = taälik.
widerspenstig [vįdĕrjpä̆nštįq] = todälik.
Widerspenstigkeit [vįdĕrjpä̆ntįqkáĭt] v. = to= däl.
widersprechen [vįdĕrjprä̆qĕn] = taspikön (lov. dem.) eke bosi.

Widerspruch [vįdĕrjprų̆q̆] m. 1. = taspik 2. d. = taspikot.
Widerspruchsgeist [vįdĕrjprų̆q̆šgáĭst] m. 1. = taäl 2. = taspikäl.
Widerstand [vįdĕrjtánt] m. = tadun, — leisten = tadunön (lov.), einer der — leistet = tadunan.
Widerstandskraft [vįdĕrjtánž-kráft] v. 1. = tadunanäm 2. = sufid.
Widerstandsfähigkeit [vįdĕrjtánž-fą̆įqkáĭt] v. = sufid.
widerstandslos [vįdĕrjtánžloš] = nentadunik.
widerstehen [vįdĕrjteĕn] 1. (Widerstand leisten) = tadunön (lov.) 2. (vertragen können) = sufidön (nel.).
widerstehend [vįdĕrjteĕnt] = sufidik.
widerwärtig [vįdĕrvärtįq] = legagik.
Widerwärtigkeit [vįdĕrvärtįqkáĭt] v. = legag.
Widerwille [vįdĕrvįlĕ] m. = neklien.
Widerwillen [vįdĕrvįlĕn] : einen — gegen . . . haben = naudön (lov.).
widmen [vįtmĕn, vįdmĕn] (hingeben) = dedie= tön (lov.).
Widmung [vįtmų̆ŋ, vįdmų̆ŋ] v. = dediet.
widrig [vįdrįq] = taik.
widrigenfalls [vįdrįgĕn fálš] = voto.
Widrigkeit [vįdrįqkáĭt] v. 1. = legag 2. (Ge= genteil) = taäd.
wie [vį] 1. = äsä (kony.), so — = soäsä, — auch = äsi 2. (gleichwie) = äs, ebenso — = soäs, leigoäs 3. (als, in der Eigen= schaft als) = as 4. —? = lio? 5. — ! = liö! 6. — ! = kio ! verschieden ! = kio= difik ! — grosz ! = kiogretik ! — grosz ist er ! = kiogretik binom ! 7. (correlativ) = vio, viomodo.
wiebald [vįbált] : — ? = liosuno ?
wiebeschaffen [vį bĕjáfĕn] : — ? = in kaliet kinik ?
wieder [vįdĕr] 1. = dönu (ladv.), immer — — = ai dönu, immer —, jedesmal = alna dönu 2. — lebendig werden = dönulifikön (nel.), — lebendig machen = dönulifükön (lov.) 3. hin und — (bisweilen) = semikna.
wiedergeben [vįdĕrgebĕn] (darstellen) = ma= gulön (lov.).
Wiedergeben [vįdĕrgebĕn] n. = magul.
wiederherstellen [vįdĕrhèrjtälĕn] (reparieren) = nätükön (lov.).
Wiederherstellung [vįdĕrhèrjtälų̆ŋ] v. (Repara= tur) = nätükam.
wiederholen [vįdĕrholĕn] = dönuön (lov.).
wiederholentlich [vįdĕrhòlĕntlįq] 1. = dönuamo 2. = suvöfikna.
wiederholt [vįdĕrholt] 1. = dönuamik 2. (fre= quent) = suvöfik.
Wiederholung [vįdĕrholų̆ŋ] v. 1. = dönuam 2. stetige — = suvöf.
Wiederholungszahl [vįdĕrhòlų̆ŋžal] v. = dö= nuamanum, numavöd naedik.
Wiederlebendigwerden [vįdĕrlebą̆ndįq värdĕn] n. = dönulifikam.
wiedersehen [vįdĕrseĕn] = dönulogön (lov.)
Wiedersehen [vįdĕrseĕn] n. = dönulogam, auf — ! = dönulogö !

wiederum [vìdĕrum] (abermalig) = dönuik.
wiefern [vifärn] = viomafädo, in — = vio=
mafädo.
wieferne [vifärnĕ] : — ? (wieweit? Ort) =
liofagotik? — in der Zukunft? = liofütüro?
Wiege [vigĕ] v. = klädöm.
wiegen [vigĕn] 1. (schaukeln) = klädön (lov.)
2. (Gewicht haben) = vetotön (lov.).
Wiegen [vigĕn] n. = kläd.
wiegend [vigĕnt] (schwer) = vetotik.
wiegrosz [vigroš]: — ? = lio gretik? liogre=
totik?
Wien [vin] = ‚Wien‘ [vin] (D.), Wiener
Schnitzel = kötotil di ‚Wien‘.
wienerisch [vinĕrij] = di ‚Wien‘.
wieoft [vióft]: — ? = liomödotikna?
Wiese [visĕ] v. = yebalän.
wiesehr [viser] = viovemo.
Wiesel [visĕl] n. = visul.
wieso [viso]: — ? = liokodo?
wieviel [vifil] 1. — ? = liomödotik? um — ?
= liomödoto? 2. (relativ) = viomödik.
wievielerlei [vifilĕrláï]: — ? = liomödotasotik?
wievielfach [vifilfáq]: — ? = liomödotanaedik?
auf wievielfache Weise? = liomödotanae=
diko?
wievielmal [vifilmal]: — ? = liomödotikna?
wievielmalig [vifilmaliq] : — ? = liomödotik=
naik ?
wievielste [vifilštĕ]: — ? = liomödotid ?
wievielte [vifiltĕ]: — ? = liomödotid ?
wievieltemal [vifiltĕmal]: — ? = liomödotidna?
zum wievieltenmale? = liomödotidna?
wievieltenmals [vifiltĕnmalš] : — ? (zum wie=
vieltenmale?) = liomödotidna?
wieweit [vivàït] 1. — ? (entfernt) = liofago=
tik? 2. — ? (Inhalt)¹ = lioveitotik? 3. — in
der Zukunft ? = liofütürik ?
wiewenn [vivän] (alsob, alswenn) = äsif.
wiewohl [vivol] (obgleich) = do.
wild [vilt] 1. (wüst) = sovadik 2. (im rohen
Naturzustand) = natädik.
Wild [vilt] n. 1. (ein Stück —) = jib 2. das
— (als Sammelbegriff) = jibem.
Wildbret [viltbrät] n. = jibed.
Wilddieb [viltdip] m. = jibiravan.
Wilddieberei [viltdibĕráï] v. = jibirav.
Wilddiebstahl [vilt-dipjtal] m. = jibirav.
Wilde [vildĕ] m. = natädan.
Wilder [vildĕr] m. = natädan.
Wilderei [vildĕráï] v. = fotorav.
Wildfang [viltfáŋ] m. = jäfädacil.
Wildheit [viltháït] v. (Wüstheit) = sovad.
Wildling [viltliŋ] m. 1. (Wüstling) = sova=
dan 2. (Tier) = natädanim 3. (Baum) =
natädabim.
Wildpret [viltprät] n. = jibed.
Wildschwein [viltjváïn] m. = saglied.
Wildsein [vilt sáïn] n. (Wüstheit) = sovad.
Wille [vilĕ] m. = vil, freier — = libavil,
mit Willen = vilo, einem in etwas zu Willen
sein = vilöfön (lov.) eki tefü bos.
Willelei [vilĕláï] v. = luvil.
willenlos [vilĕnloš] = nenvilik.
Willenlosigkeit [vilĕn-lòsiqkáït] v. = nenvil.

Willensfreiheit [vilĕnš-fráï-háït] v. = vilalib.
Willenskraft [vilĕnškráft] v. = viläl.
willenskräftig [vilĕnškräftiq] = vilälik.
willentlich [vilĕntliq] = vilik.
willfahren [vilfarĕn] : einem in etwas — =
vilöfön (lov.) eki tefü bos.
willfährig [vilfäriq] = vilöfik.
Willfährigkeit [vilfäriqkáït] v. = vilöf.
willig [viliq] = vilöfik.
Willigkeit [viliqkáït] v. = vilöf.
Willkomm [vilkóm] m. = benoköm.
willkommen [vilkómĕn]: — ! = benokömö !
Willkommen [vilkómĕn] m. = benoköm.
Willkommenwort [vilkóm-vórt] n. = benokö=
maglid.
Willkür [vilkür] v. = viläd.
willkürlich [vilkürliq] = vilädik, — sein =
vilädön (nel.), — handeln = vilädön (nel.),
nicht — = nenvilädik.
wimmeln [vimĕln] = grulön (nel.).
Wimpel [vimpĕl] m. = lustän.
Wind [vint] m. 1. = vien 2. — von etwas
bekommen = smeilülön (lov.).
Windel [vindĕl] v. = tuül.
windeln [vindĕln] = tuülön (lov.).
Windeltuch [vindĕltuq] n. = tuül.
winden [vindĕn] 1. sich — (sich schlängeln) =
krugikön (nel.) 2. (wehen) = vienön (nel.),
es windet = vienos.
Windfahne [vintfanĕ] v. = vienijonian.
Windhose [vinthosĕ] v. = trom.
windig [vindiq] = vienik.
Windrose [vintrosĕ] v. = vienüdastel.
Windsbraut [vinžbráüt] v. = vienasplodül.
Windstrich [vintjtriq] m. = vienüd.
Windung [vinduŋ] v. (Biegung) = blegod.
Windward-Inseln [vintvárt=insĕln, windwĕd=
insĕln] = Vinvarduäns.
Wink [viŋk] m. = vineg.
Winkel [viŋkĕl] m. 1. geom. = gul 2. (Plätz-
chen) = spadül.
Winkelhaken [viŋkĕlhakĕn] m. 1. = stedagu=
löm 2. st. = sistedagulöm.
winken [viŋkĕn] = vinegön (lov.).
Winter [vintĕr] m. = nifüp.
winterlich [vintĕrliq] = nifüpik.
Winzer [vinžĕr] m. (Rebmann) = vitidaga=
dan.
Wippsterz [vipjtärž] m. = kledagöbil.
wir [vir] = viobs.
Wirbel [virbĕl] m. 1. = viräd 2. (Strudel)
= vir 3. (Wirbelknochen) = vireb.
Wirbelbein [virbĕlbáïn] n. = vireb.
wirbelicht [virbĕliqt] = virik.
wirbelig [virbĕliq] = virik.
Wirbelknochen [virbĕlknóqĕn] m. = vireb.
wirbeln [virbĕln] (strudeln) = virön (nel.).
Wirbelsäule [virbĕlsóülĕ] v. = virebem.
wirken [virkĕn] 1. (Wirkung haben) = vobe=
dön (lov.) 2. als Pfarrer — = pädön (nel.).
wirkend [virkĕnt] (wirksam) = vobedik.
wirklich [virkliq] 1. = jenöfik, — sein = je=
nöfön (nel.), nicht — = nejenöfik, — ! =
jenöfö ! 2. (in Wahrheit) = vo (ladv.).

Wirklichkeit [vĭrklĭqkáĭt] v. = jenöf, in — = jenöfo.
Wirklichsein [vĭrklĭq sáĭn] n. = jenöf.
wirksam [vĭrksam] (wirkend) = vobedik.
Wirksamkeit [vĭrksamkáĭt] v. (Wirkung) = vobed.
Wirkung [vĭrkųŋ] v. = vobed, — haben (wirken) = vobedön (lov.).
wirkungslos [vĭrkųŋšloš] = nenvobedik.
Wirkungslosigkeit [vĭrkųŋš-lòsĭqkáĭt] v. = nenvobed.
wirr [vĭr] 1. (konfus) = kofudik 2. — sein = brulön (nel.).
Wirrheit [vĭrháĭt] v. = brul.
Wirrnis [vĭrnĭš] v. = brul.
Wirrsal [vĭrsal] n. (Wirrnis, Wirrwarr) = brul.
Wirrsein [vĭr sáĭn] n. = brul.
Wirsing [vĭrsĭŋ] m. = Savoyäna₌brasid.
Wirt [vĭrt] m. 1. (Gastgeber) = hidaifidan 2. (Beherberger) = lotidan 3. (Hotelier) = lotidöpan.
Wirte [vĭrtĕ] pl. = daifidans.
Wirtin [vĭrtĭn] v. (Gastgeberin) = jidaifidan.
Wirtschaft [vĭrtjáft] v. (Haushaltung) = konóm.
Wirtschaftslehre [vĭrtjáfžlerĕ] v. = konömav.
Wirtsfrau [vĭržfráŭ] v. = jilotidan.
Wirtshausrechnung [vĭržháŭš-ràqnųŋ] v. = bötidakalot.
wischen [vĭjĕn]: den Staub vom Tisch — = kluinön (lov.) püfi de tab.
Wischen [vĭjĕn] n. (das Fegen) = kluin.
Wischer [vĭjĕr] m. 1. = kluinöm 2. einem einen — geben = leblamön (lov.) eki.
Wischkolben [vĭjkólbĕn] m. = kluinöm.
Wismut [vĭsmųt] m. e n. Bi = bismutin.
Wismuthydroxyd [vĭsmųt hüdróxṳt] Bi (OH)₃ = bismutinibäd, kilhidrälbismutinibäd.
Wismuttrioxyd [vĭsmųt trióxṳt] BiO₃ = bismutiniloxid, telbismutinakilloxin.
Wismuttrisulfid [vĭsmųt trisųlfĭt] Bi₂S₃ = bismutinisulfid.
Wismutylhydroxyd [vĭsmutül hüdróxṳt] BiO.OH = balhidrälbismutinibäd, bismutulabäd.
wissen [vĭšĕn] 1. — von, — um (bekannt sein mit) = sevön (lov.), soviel ich weisz = bai sev obik 2. Dank — = danädön (lov.) 3. = nolön (lov.).
Wissen [vĭšĕn] n. 1. = nolam 2. (Vorwissen) = büsev.
wissend [vĭšĕnt] (in aktiven Sinn) = sevik.
Wissenschaft [vĭšĕnjáft] v. = nolav, die — pflegen, die — treiben = nolavön (nel.), das Treiben der — = nolavam.
Wissenschafter [vĭšĕnjáftĕr] m. = nolavan.
Wissenschafterei [vĭšĕnjáftĕráĭ] v. = nolavam.
wissenschaftlich [vĭšĕnjáftlĭq] = nolavik.
Wissenschaftlichkeit [vĭšĕnjáftlĭq-káĭt] v. = nol.
Wissensdrang [vĭšĕnšdráŋ] = noliäl.
Wissensdurst [vĭšĕnšdųršt] m. = noliäl.
Wissensgier [vĭšĕnšgir] v. = noliäl.
Wissenslust [vĭšĕnšlųšt] v. = noliäl.
Wissenstrieb [vĭšĕnštrĭp] m. = noliäl.

wissenswert [vĭšĕnšvert] = sevidigädik.
wissentlich [vĭšĕntlĭq] = sevedo, sevöl.
wittern [vĭtĕrn] 1. (schnüffeln) = dasmeilön (lov.) 2. (Wind von etwas bekommen) = smeilülön (lov.).
Witterung [vĭtĕrųŋ] v. = stom.
Witterungskunde [vĭtĕrųŋš-kųndĕ] v. = sto₌ mav.
Witwe [vĭtvĕ] v. = jiviudan.
Witwenstand [vĭtvĕnjtánt] m. = viud.
Witwer [vĭtvĕr] m. = hiviudan.
Witz [vĭž] m. = coged, Witze reiszen, Witze machen = cogedön (nel.).
Witzbold [vĭžbólt] m. = cogedan.
witzeln [vĭžĕln] = lucogedön (nel.).
witzig [vĭžĭq] = cogedik.
Witzjäger [vĭžyägĕr] m. = cogedan.
Witzkopf [vĭžkópf] m. = spiritälan.
Witzler [vĭžlĕr] m. = cogedan.
wo [vo] 1. — ? = kiöpo ? kiplado ? kitopo ? 2. = in kel, in kels, dü kel, dü kels 3. — nicht ... doch = if no ... ga sio 4. (örtlich, relativ) = kö, da, —; dort, — = uto, kö 5. (zu welcher Zeit, relativ) = kü, in der Zeit, — = kü.
wobei [vobáĭ] = lä kel.
Woche [vóqĕ] v. = vig, per — = vigo.
Wochentag [vóqĕntak] m. 1. = nesudel 2. (Werktag) = vobadel.
wofern [vofärn] 1. (im Falle dasz) = üf 2. (in Fr.: ,pourvu que) = bisä.
wofür [vofür] 1. — ? = ad kis ? 2. — ? = pro kis ? 3. — ? (wozu ?) = lü kis ?
wogen [vogĕn] = vefön (nel.).
Wogulen = vogulans.
woher [voher] 1. (relativ) = de top kelik 2. — ? = kipladao ? kitopao ?
wohin [vohĭn] 1. (relativ) = lü top kelik 2. — ? = kipladio ?
wohl [vol] 1. — = benik, — (bene, ladv.) = beno, — sein, sich — befinden = benön (nel.), — werden = benikön (nel.), — machen = benükön (lov.) 2. (gesund) = saunik, — sein (gesund sein) = saunön (nel.) 3. (etwa, vielleicht) = ba 4. (leicht, etwa) = bo 5. = sio 6. — klingen = benotonön (nel.), — riechen = benosmelön (nel.), — schmecken = benosmekön (nel.).
Wohl [vol] n. = ben, zum Wohle = beno, zum Wohle des = benü.
wohlan [volán, vol₌án]: — ! (jenun !) = benö ! kluö !
Wohlanständigkeit [vol ánjtàndĭqkáĭt] v. (Höflichkeit) = plüt.
Wohlbefinden [vólbĕfĭndĕn] n. = ben.
wohlbefindend [vólbĕfĭndĕnt]: sich — = benik.
Wohlduft [vòldųft] m. = benosmel.
wohlduftend [vòldųftĕnt] = benosmelik.
wohledelgeboren [vol₌ĕdĕl gĕborĕn] = lebeno₌motedik.
Wohlergehen [vol ärgeĕn] n. = ben.
wohlerzogen [vol ärzògĕn] = benodugälik.
Wohlerzogenheit [vol äržògĕnháĭt] v. = beno₌dugäl.

Wohlfahrt [vòlfart] v. 1. = ben 2. = beno=
lab.
wohlfeil [vòlfáïl] (billig) = nejerik.
Wohlfeilheit [vòlfáïl-háït] v. (Billigkeit) =
nejer.
wohlgeartet [vòlgĕartĕt] = benonatälik.
wohlgeboren [vol gĕborĕn, vòlgĕborĕn] = be=
nomotedik.
Wohlgefallen [vòlgĕfálĕn] n. 1. = plit 2. =
leplüd.
wohlgefällig [vòlgĕfälịq] (angenehm) = plitik.
Wohlgefälligkeit [vòlgĕfälịqkáït] v. = plit.
Wohlgeruch [vòlgĕrụ̆] m. = benosmel.
Wohlgeschmack [vòlgĕjmák] m. = benosmek.
wohlhabend [vòlhabĕnt] = benolabik.
Wohlklang [vòlkláŋ] m. = benoton.
wohlklingend [vòlklịŋĕnt] = benotonik.
Wohllaut [vòlláŭt] m. (Wohlklang) = beno=
ton.
wohllautend [vòlláŭtĕnt] = benotonik.
wohlriechend [vòlrịqĕnt] = benosmelik, wohlriechendes Fett = pin benosmelik.
wohlschmeckend [vòljmäkĕnt] (delikat) = be=
nosmekik.
Wohlsein [vòlsáïn] n. 1. = ben 2. (Gesundheit) = saun.
Wohlstand [vòljtánt] m. = benolab.
Wohltat [vòltat] v. = benod.
Wohltätelei [vòltätĕláï] n. = lubenodäl.
Wohltäter [vòltätĕr] m. = benodan.
wohltätig [vòltätịq] 1. = benodälik 2. (wohltuend) = benüköl.
Wohltätigkeit [vòltätịqkáït] v. = benodäl.
wohltuend [vòltụ̆ĕnt] = benodik, benüköl.
wohltun [vòltụn] 1. = benodön (lov.) 2. (bekommen) = benükön (lov.).
wohlverdient [vòlfärdịnt] = sio meritik.
Wohlwollen [vòlvólĕn] n. 1. = benäd 2.
(Willfährigkeit) = vilöf.
wohlwollend [vòlvólĕnt] = benädik.
wohlzumute [vòlžụmụtĕ] = benik.
wohnbar [vònbar] = lödovik.
Wohnbarkeit [vònbarkáït] v. = lödov.
wohnen [vonĕn] 1. = lödön (nel.) 2. (bewohnen) = belödön (lov.).
wohnhaft [vònháft] = lödik.
Wohnhaus [vònháŭš] n. = lödadom, ländliches
— eines Edelmanns = länädadom noubana.
wohnlich [vònlịq] = kovenik.
Wohnlichkeit [vònlịqkáït] v. (Komfort) =
koven.
Wohnort [vòn=órt] m. = lödöp.
Wohnung [vònụŋ] = löd, freie — = löd
glatik, einem — geben = lödükön (lov.) eki.
Wolapükist [volapükịšt] m. = Volapükan.
Wolf [vólf] m. 1. = lup 2. st. = silup.
Wolfram [vól-frám] n. W = volframin.
Wolframhexachlorid [vel-frám hạxa klorịt]
WCl₆ = balvolframinamälklorin.
Wolframsäureanhydrid [vól-frám-sóŭrĕ ánhü=
drịt] WO₃ = volframatastabot.
Wolfs= [vólfš=] = ... lupik.
Wolfshund [vólfš=hụnt] m. = lupadog.
Wolhynien [vólhụ̆nịĕn] n. = Volünän.
Wolke [vólkĕ] v. = lefog.

wolkig [vólkịq] (bewölkt) = lefogik.
wollartig [vól-àrtịq] = lainasümik.
wollähnlich [vól-änlịq] = lainasümik.
Wolle [vólĕ] v. = lain, von — = lainik,
— habend, — tragend = lainagik.
wollen [vólĕn] 1. = vilön (lov.) 2. (von
Wolle) = lainik.
Wollen [vólĕn] n. = vil.
wollhaarig [vól=harịq] = lainaherik.
wollig [vólịq] 1. (wollartig, wollähnlich) =
lainasümik 2. (Wolle habend, Wolle tragend) = lainagik.
Wollust [vólụšt] v. = lasiv.
wollüstig [vólụ̈štịq] = lasivik.
Wollüstling [vólụ̈štlịn] m. = lasivan.
Wonne [vónĕ] v. = lejuit.
wonnesam [vónĕsam] (wonnig) = lejuitik.
wonnig [vónịq] = lejuitik.
worauf [voráŭf] 1. (relativ) = su kel 2.
(nachher) = täno.
woraus [voráŭš]: —? = se kis?
Wort [vórt] n. 1.=vöd, zusammengesetztes oder
abgeleitetes — = koboädavöd, abgeleitetes
— = defomamavöd, zusammengesetztes —
= koboyümavöd 2. (Ausdruck) = vöded
3. in Worte fassen (formulieren) = fomülön
(lov.).
Wortableitung [vórt-áp-láïtụn] v. = vödidefo=
mam.
Wortfügung [vórt-fụ̆gụn] v. = vödipladam.
wortgetreu [vórt-gĕtróŭ] (wörtlich) = vödik.
Wortkram [vórtkram] m. = lusagod.
Wortmacher [vórt-máqĕr] m. = luspikan.
Wortmacherei [vórt-máqĕráï] v. = luspik.
wortreich [vórt-ráïq] = vödagik.
Wortschatz [vórt-jáž] m. = vödastok.
Wortschrift [vórtjrịft] v. = vödapenät.
Wortstamm [vórt-jtám] m. = stamäd.
Wortstellung [vórt-jtålụn] v. = vödipladam.
Wortzusammenstellung [vórt-žụsámĕn-jtålụn] v.
= vödakoboyum.
Wotjaken [votjakans] = votyakans.
wovon [vofón] = de kel.
wozu [vožụ] 1. —? = ad kis? 2. (wofür?)
= lü kis?
wöchentlich [vóqĕntlịq] 1. = vigik 2. = al=
vigik.
Wöchner [vóqnĕr] m. = vigan.
Wöchnerin [vóqnĕrịn] v. = emotölan.
wölben [vólbĕn] = bobotön (lov.).
wölbig [vólbịq] = bobotik.
Wörterbuch [vórtĕrbụ̆] n. = vödabuk.
wörtlich [vórtlịq] = vödik.
Wrasen [vrasĕn] m. (Dampf, Dunst) = fogül.
Wucher [vụ̆ĕr] m. = vuk, — treiben =
vukön (nel.).
Wucherer [vụ̆ĕrĕr] m. = vukan.
Wuchergeist [vụ̆ĕrgáïšt] m. = vukiäl.
wucherhaft [vụ̆ĕrháft] = vukik.
wuchern [vụ̆ĕrn] = vukön (nel.).
Wuchersucht [vụ̆ĕrsụ̆t] v. = vukiäl.
Wuchs [vụx] m. (Leibesgestalt) = koapafom.
Wundarzt [vụnt=áržt] m. = vunisanan.
Wunde [vụndĕ] v. = vun, auf die — bezüg-
lich = vunik.

Wunder [vṵndĕr] n. 1. (Mirakel) = milag 2. = stunidot, **die sieben — der Welt** = stu= nidots vel vola.

wunderbar [vṵndĕrbar] (wundersam) = mila= gik.

wunderlich [vṵndĕrlĭq] = bisarik, **wunderlicher Kauz** = bisaran.

Wunderlichkeit [vṵndĕrlĭqkáït] v. = bisar.

wundern [vṵndĕrn]: **sich —** = stunön (nel.).

wundersam [vṵndĕrsam] = milagik.

wunderschön [vṵndĕr jön] = magifik.

Wunderwerk [vṵndĕrvärk] n. = levobäd.

Wundmal [vṵntmal] n. (Narbe) = skar.

Wunsch [vṵnj̆] m. = vip.

Wunschform [vṵnj̆fórm] v. = vipabidir.

Wunschsatz [vṵnj̆sáž] m. = vipaset.

Wurf [vṵrf] m. = jed.

Wurfscheibe [vṵrfjáïbĕ] v. = diskud.

Wurm [vṵrm] m. = vum.

wurmig [vṵrmĭq] (wurmstichig) = vumodämik.

Wurmstich [vṵrmj̆tĭq] m. = vumodämam.

wurmstichig [vṵrmj̆tĭqĭq] = vumodämik.

Wurst [vṵršt] v. = sosit.

Wurster [vṵrštĕr] m. = sositel.

Wurstmacher [vṵrštmáǧĕr] m. = sositel.

Wurzel [vṵržĕl] v. 1. = vul 2. mat. = radig, **dritte —** = kilradig, radig kilik, **die — ziehen aus** = radigön (lov.), **die dritte — aus einer Zahl, aus 1324 ziehen** = kilradigön (lov.), radigön (lov.) kiliko numi, eli 1324.

Wurzelexponent [vṵržĕl äx̆panänt] m. = radi= ganumät.

wurzeln [vṵržĕln] 1. (Wurzel gefaszt haben) = vulön (nel.) 2. **sich —** = vulikön (nel.).

Wurzelziehung [vṵržĕl-žĭṵn] v. = radigam.

Wut [vṵt] v. = vut, **in —** = vuto.

wühlen [vülĕn] 1. nel. = storön (nel.) 2. lov. (stochern) = störön (lov.).

Wühlen [vülĕn] n. = stor.

Wühler [vülĕr] m. = störan.

Wühlerei [vülĕráï] v. = stör.

wünschen [vünj̆ĕn] = vipön (lov.).

wünschenswert [vünj̆ĕnạvert] = vipabik.

wünschenswürdig [vünj̆ĕnš-vṵrdĭq] = vipabik.

Würde [vṵrdĕ] v. (Rang) = dinit, **Abzeichen der —** = dinitamäk, **die — eines Abtes** = lepäd, **die — eines Diakonen** = diak, **die — eines Oberston** = konul, **die — eines Pro= pheten** = profet, **die — eines Propstes** = prob.

Würdenträger [vṵrdĕnträǧĕr] m. 1. = calila= ban 2. = dinitan.

würdevoll [vṵrdĕfól] = dinitik.

würdig [vṵrdĭq]: **— sein** = digädön (lov.).

Würfel [vṵrfĕl] m. = kübäd.

würfeln [vṵrfĕln] = kübädön (nel.).

Würfelspiel [vṵrfĕljpĭl] n. = kübädapled.

Würfelspieler [vṵrfĕljpĭlĕr] m. = kübädan.

Württemberg [vṵrtĕmbärk] n. = Vürtän.

Württemberger [vṵrtĕmbärǧĕr] m. = Vürtä= nan.

württembergisch [vṵrtĕmbärgĭj̆] = Vürtänik.

Würzelchen [vṵržĕlqĕn] = vulil.

würzen [vṵržĕn] = pitön (lov.).

würzig [vṵržĭq] (gewürzhaft) = pitik.

wüst [vüšt] 1. (garstig) = gagik, **— sein, — tun** = gagön (nel.) 2. (wild) = sovadik.

Wüste [vüštĕ] v. = däsärt.

Wüstheit [vṵštháït] v. = sovad.

Wüstling [vṵštlĭn] m. = sovadan.

wüten [vütĕn] = vutön (nel.).

wütend [vütĕnt] 1. (grimmig) = lezunik 2. (wütig) = vutik.

Wüter [vütĕr] m. = vutan.

Wüterich [vṵtĕrĭq] m. 1. = vutälan 2. **blut= dürstiger —** = bludiälan.

wütig [vṵtĭq] (wütend) = vutik.

X. x.

Xenon [x̆enon] **X** = xenonin.

Xylograph [x̆ülograf] m. (Holzschneider) = boadiködan

Xylographie [x̆ülografi] v. 1. = boadabük 2. (Holzschneidekunst) = boadiködav.

xylographieren [x̆ülografĭrĕn] = boadabükön (lov.).

xylographisch [x̆ülográfĭj̆] = boadabükik.

Y. y.

Yakuten = yakutans.

Yemen = Yemän.

yen [yän] k. = yen.

Ytterbium [ṵtạrbĭum] **Yb** = lüterbin.

Yttrium [ṵtrĭum] **Y** = lütrin.

Yukagiren = yukagirans.

Z. z.

Zacke [žákĕ] v. = tuit.

zagen [žagĕn] = dredöfön (nel.).

zaghaft [žàkháft] (feig) = dredöfik, **— sein** = dredöfön (nel.).

Zaghaftigkeit [žàkháftĭq-káït] v. = dredöf.

Zahl [žal] v. = num.

zahlbar [žàlbar] 1. (zu zahlen) = pelabik 2. (was gezahlt werden kann) = pelovik.

zahlen [žalĕn] (bezahlen) = pelön (lov.), **Steuer —, Abgabe —** = pelön (lov.) tripi, **zu —** = pelabik.

Zahler [žalĕr] m. (Bezahler) = pelan.

zahllos [žàlloš] (unzählig) = susnumik.

Zahlmeister [žàlmáïštĕr] m. = pelal.

zahlreich [žàlráïq] (viel) = mödik.

Zahlung [žàlṵn] v. 1. (Bezahlung) = pel, **abschlägliche —** = pel dilopelik 2. (die gezahlte Summe) = pelot.

zahlungsfähig [žàlṵnš-fạiq] = pelafägik.

Zahlungsfähigkeit [žàlṵnš-fạiqkáït] v. = pela= fäg.

zahlungsunfähig [žàlṵnš-ṵnfạiq] (bankerott) = bankrutik, **— sein** = bankrutön (nel.).

Zahlvirtuose [žàlvĭrtuosĕ] m. = numaleskilan.

Zahlwort [žàlvórt] n. = numavöd, **distributives — =** dilädanum.

zahm [žam] = teamik.

Zahmheit [žàmháït] v. = team.

Zahn [žan] m. = tut.

Zahnarzt [žànạáržt] m. = tutisanan.

Zahnbuchstabe [žan-bu̯ǧtabě] m. = tutatonat.
zahnen [žaněn] = tutädön (nel.).
Zahnen [žaněn] n. = tutäd.
Zahnfleisch [žȧnfláɪ̯] n. = gingif.
Zahnheilkunde [žȧnháɪ̯lku̯ndě] v. = tutisanav.
zahnig [žȧni̯q] (gezakt) = tuitik.
Zahnkrankheit [žan-kráŋk-háɪ̯t] v. = tutama‑läd.
Zahnschmerz [žȧnɪ̯märž] m. = tutadol.
Zahnstocher [žȧnɪ̯tóǧěr] m. = tutastörülöm.
Zahnweh [žȧnve] n. = tutadol.
Zange [žáŋě] v. = zäp.
zangenartig [žáŋěn-àrti̯q] = zäpasümik.
Zank [záŋk] m. = zan.
Zankapfel [žáŋk-ápfěl] m. = feitayeg.
zanken [žáŋkěn] = zanön (ne.).
zankend [žáŋkěnt] = zanik.
Zankerei [žáŋkěráɪ̯] v. = zan.
Zankgeist [žáŋk-gáɪ̯št] m. = zaniäl.
Zanklust [žáŋklu̯št] v. = zaniäl.
Zanksucht [žáŋksu̯ǧt] v. = zaniäl.
zanksüchtig [žáŋksü̯qti̯q] = zaniälik.
Zapfen [žápfěn] m. (Tannenzapfen) = konüd,
— des Tannenbaums = firakonüd.
Zapoteken = zapotekans.
zappeln [žápěln] = mufedön (nel.).
Zappeln [žápěln] n. = mufed.
Zar [žar] m. (russischer Kaiser) = zar.
zart [žart] = molädik.
zartfühlend [žȧrtfü̯lěnt] = zadälik.
Zartgefühl [žȧrtgěfü̯l] n. (Feingefühl) = zadäl.
Zartheit [žȧrtháɪ̯t] v. = moläd.
Zasel [žasěl] v. = frain.
Zaser [žasěr] v. (Zasel) = frain.
zaserig [žàsěri̯q] = frainik.
Zauber [žáŭběr] m. 1. (Bann) = jänäl 2.
(Zauberei) = magivam.
Zauberei [žáŭběráɪ̯] v. = magivam.
Zauberer [žáŭběrěr] m. = magivan.
Zauberin [žáŭběri̯n] v. = jimagivan.
Zauberkunst [žáŭběrku̯nšt] v. (Magie) =
magiv.
zaubern [žáŭběrn] = magivön (nel.).
Zauderer [žáŭděrěr] m. = zogan.
zaudern [žáŭděrn] 1. = zogön (nel.) 2. =
nefümälön (nel.).
zaudernd [žáŭděrnt] = zogik.
Zaum [žáŭm] m. = mütöm.
Zaun [žáŭn] m. 1. (Hag, Hecke) = buid, mit
einem — umschlieszen = buidön (lov.). 2.
(Bretterzaun) = kiud, Einfriedigung mit Holz
(Umzäunung) = kiudam.
zausen [žáŭsěn] (zupfen) = tirülön (lov.).
zäh [žä] 1. = tönik 2. = tönedik.
zähe [žäě] 1. = tönik 2. = tönedik.
Zähigkeit [žȧi̯qkáɪ̯t] v. 1. = tön 2. (von
Flüssigkeiten) = töned.
zählbar [žȧlbar] = numovik.
Zählbarkeit [žȧlbarkáɪ̯t] v. = numov.
zählen [žȧlěn] 1. = numön (lové) 2. (die
Zahlen in ihrer Reihenfolge hersagen) =
nümädön (nel.) 3. auf jemand — = lekon‑
fidön (lov.) eki.
Zählen [žȧlěn] n. = numam.

Zähler [žȧlěr] m. 1. p. = numan 2. — eines
Bruches = numian fraka.
Zählung [žȧlu̯n] v. = numam.
zähmbar [žȧmbar] = teimovik.
Zähmbarkeit [žȧmbarkáɪ̯t] v. = teimov.
zähmen [žȧměn] = teimön (lov.).
Zähmen [žȧměn] n. = teim.
Zähnchen [žȧnqěn] n. = tutil.
Zähre [žȧrě] v. (Träne) = dren.
Zänkerei [žȧŋkěráɪ̯] v. = zan.
Zänkergeist [žȧŋkěrgáɪ̯št] m. = zaniäl.
zänkisch [žȧŋki̯] (zanksüchtig) = zaniälik.
Zärtelei [žȧrtěláɪ̯] v. = tuladälöf.
zärtlich [žȧrtli̯q] = zadik.
Zärtlichkeit [žȧrtli̯qkáɪ̯t] v. = zad.
Zärtling [žȧrtli̯n] m. (Weichling) = lumolädan.
zäunen [žóŭněn] (umzäunen) = buidön (lov.).
z.B. (= zum Beispiel) [žu̯m báɪ̯pi̯l] = as sam,
a.s.
Zeche [žȧqě] 1. (das Trinken) = bötid 2.
(Wirthausrechnung) = bötidakalot 3. (Berg-
werk) = meinäd.
zechen [žȧqěn] = bötidön (nel.).
Zecher [žȧqěr] m. = bötidan.
Zechgelag [žȧqgělak] n. = lebötid.
Zeder [žeděr] v. (Zedernbaum) = zead.
Zedernbaum [žeděrnbáŭm] m. = zead.
Zedernholz [žeděrnhólž] n. = zeadaboad.
Zehe [žeě] v. = tean.
Zehent [žeěnt] n. = degat.
zehn [žen] 10 = deg, — Tausend, 10.000 =
degmil, — Ster = degster.
Zehneck [žèn‑äk] n. = deglien.
zehneckig [žèn‑ȧki̯q] = deggulik.
Zehner [ženěr] m. = degat.
zehnerlei [ženěrláɪ̯] = degsotik, auf — Weise
= degsotiko.
zehnfach [žènfáǧ] = degik.
Zehnfache [žènfáǧě] n. = degot.
zehnjährig [ženyȧri̯q] = degyelik.
zehnmal [žènmal] = degna.
zehnmalig [žènmali̯q] = degnaik.
zehnstückweise [žènɪ̯tükváɪ̯sě] = degato.
Zehnt [žent] n. = degat.
Zehntausendstel [žentáŭsěntštěl] n. = dimmim.
zehnte [žentě] = degid, je der — = a degid.
Zehntel [žentěl] n. = degdil, dim.
zehntenmals [žèntěnmalš] = degidnaedo.
zehntens [žentěnš] = degido.
Zehnzahl [žènžal] v. = degat.
Zehrung [žěru̯n] v. = konsum.
Zeichen [žáɪ̯qěn] n. 1. = mal, ein — geben,
durch ein — erkennbar machen, durch ein —
zu erkennen geben = malön (lov.) 2. chemisches — = malat kiemavik 3. — der
abgebrochenen Rede = debreikamalül, —
Fremdwörter anzudeuten = foginamalül.
Zeichengeber [žáɪ̯qěngeběr] m. 1. p. = malan
2. d. = malian.
Zeichengebung [žáɪ̯qěn‑gěbu̯n] v. = malam.
Zeichenkreide [žáɪ̯qěn‑kráɪ̯dě] v. = däsinakret.
Zeichenkunst [žáɪ̯qěnku̯nšt] v. = däsinalekan,
däsinav.
zeichnen [žáɪ̯qněn] 1. = däsinön (lov.), falsch

— (verzeichnen) = pöladäsinön (lov.) 2.
(marken) = mäkön (lov.).
Zeichnen [žáïqně̆n] n. = däsin.
Zeichner [žáïqně̆r] m. = däsinan.
Zeichnung [žáïqnu̯n] v. = däsinot, **eine geistvolle** — = däsinot spiritik.
Zeigefinger [žáïgě̆fi̯ně̆r] m. = nädäg.
zeigen [žáïgě̆n] 1. = jonön (lov.) 2. **Mut** —
= jonülön (lov.) kuradi, **Teilnahme** — =
jonülön kesenäli 3. **Ernst** — = fefön (nel.),
Bravour — = bravurön (nel.) 4. (vorzeigen) dajonön (lov.) 5. **sich** — = jenön (nel.)
6. **sich** — = klülikön (nel.) 7. **sich** — =
klülädön (nel.) 8. **sich** — (sich erweisen) =
sevädön (nel.).
Zeiger [žáïgě̆r] m. = jonian.
Zeile [žáïlě̆] v. = kedet.
Zeit [žáït] v. 1. = tim, **auf die** — **bezüglich**
= timik, **zur** —, **zur rechten** — = timo,
zur — **des** = timü 2. **zu gelegener** —, **in
rechter** —, **zur rechten** — = pötatimo 3.
die alte — (nicht Altertum) = vönäd 4. **die
künftige** — = fütür 5. **kurze** — = brefüp,
in kurzer — = brefüpo 6. **eine lange** — =
lunüp, **lange** — = lunüpo, **nicht lange** — =
no lunüpo 7. **zu welcher** —, **in der** — **wo**
(relativ) = kü 8. **morgen um diese** — =
odelo in timül at, **von** — **zu** — = semiknaik,
zu irgendeiner — = in tim seimik 9. **freie** —
(Musze) = livüp, — **der Pilgerschaft** = pilgrimüp 10. **zu welcher** —? = kiüpo?
Zeitabschnitt [žáït-ápji̯nit] m.: **geschichtlicher** —
= letimäd.
Zeitalter [žáït-áltě̆r] n. (Ära) = timäd.
Zeitform [žáït-fórm] v. = värbatim.
Zeitgeist [žáït-gáïšt] m. = timädim, **dem** —
gemäsz = baitimädimik.
zeitgemäsz [žáïtgě̆mäš] = baitimädimik.
Zeitgemäszheit [záïtgě̆mäš-háït] v. = baitimä-
dim.
Zeitgenosse [záït-gě̆nóšě̆] m. = timakompenan.
zeitig [žáïti̯q] 1. (rechtzeitig) = pötatimik 2.
(baldig) = sunik 3. (reif) = madik.
zeitigen [žáïti̯gě̆n] 1. (reifen) = madikön (nel.)
2. (reifen machen) = madükön (lov.).
Zeitigkeit [žáïti̯q-káït] v. (Reifheit) = mad.
zeitlich [žáïtli̯q] = nelaidüpik.
Zeitlichkeit [žáïtli̯q-káït] v. = nelaidüp.
Zeitpunkt [žáïtpu̯nkt] m. (Moment) = timül.
Zeitraum [žáït-ráüm] m. (Frist) = tüp.
Zeitrechnung [žáït-rą̊qnu̯n] v. = timed, **christliche** — = timed kritik.
Zeitschrift [žáïtji̯rjft] v. = gased.
Zeitung [žáïtu̯n] v. = gased.
Zeitungsartikel [žáïtu̯nš-ártiкě̆l] m. = yeged.
Zeitveränderung [žáït-fą̊rą̊ndě̆ru̯n] v. = timo-
votikam.
zeitweilig [žáït-váïli̯q] = nelaidüpik.
zeitweis [žáït-váïš] = nelaidüpo.
Zeitwort [žáït-vórt] n. (Tunwort) = värb.
Zelle [žä̆lě̆] v. 1. = ziöb 2. (enger Wohnungs-
raum) = leziöb 3. = siül.
zellenartig [žä̆lě̆n-árti̯q] = ziöbagik.
zellig [žä̆lli̯q] = ziöbagik.

— (verzeichnen) —

Zelluloid [žä̆lu̯loi̯t] n. = sälülöd, **von** — =
sälülödik.
Zelluloid- [žä̆lu̯loi̯t-] = ... sälülödik.
Zelluloidware [žä̆lu̯loi̯tvarě̆] v. = cans sälülödik, sälülödacans.
Zellulose [žä̆lu̯losě̆] v. = sälülod.
Zellulosefabrikation [žä̆lu̯losě̆-fabri̯kaži̯on] v. =
fabrikam sälüloda.
Zelt [žä̆lt] n. = tänad, **die Zelte aufschlagen**
= regulön (lov.) tänadis, **die Zelte abbrechen**
= neregulön (lov.) tänadis.
Zement [žemą̆nt] m. e n. = zäm, **mit** — **aus-
füllen** = färmedön (lov.) me zäm.
zementieren [žemą̆nti̯rě̆n] = zämön (lov.).
Zentauer [žä̆ntáür] m. 1. mit. = käntor 2. st.
= sikäntor.
Zentiar [žä̆ntiar] n. e m. c.A. = zimlar.
Zentifolie [žä̆nti̯fòli̯ě̆] v. = rosad tumbledik.
Zentigramm [žä̆nti̯grám] n. c.G. = zimgram.
Zentiliter [žä̆nti̯li̯tě̆r] n. c.L. = zimliät.
Zentillion [žä̆ntli̯on] 1'000'000^{100} = tumion.
Zentimeter [žä̆nti̯metě̆r] m. e n. c.M. = zim-
met.
Zentner [žä̆ntně̆r] m. = kuin.
Zentnerlast [žä̆ntně̆rlä́št] v. = kuinalodot.
zentnerschwer [žä̆ntně̆rjver] = kuinivetik.
Zentnerschwere [žä̆ntně̆rjverě̆] = kuinivet.
zentral [žä̆ntral] 1. = zänik 2. (mitten, mittel)
= zänodik.
Zentralamerika [žä̆ntral amě̆ri̯ka] n. = Zänoda-
Merop.
Zentralbureau [žä̆ntràlbüro] n. = bür zänik,
zänabür.
Zentralisation [žä̆ntrali̯saži̯on] v. = zänäd.
Zentralisator [žä̆ntralisàtór] m. = zänädan.
Zentralpunkt [žä̆ntràlpu̯nkt] m. = zänodapün.
zentrieren [žä̆ntri̯rě̆n] = zänön (lov.).
Zentrum [žä̆ntru̯m] n. (Mittelpunkt) = zän.
zerbiegen [žä̆rbi̯gě̆n] (entzweibiegen) = däblegükön (lov.).
zerbrechen [žä̆rbräqě̆n] 1. nel. = däbrekön
(nel.) 2. lov. = däbreikön (lov.).
zerbrechlich [žä̆rbrą̊qli̯q] = brekovik.
Zerbrechlichkeit [žä̆rbrą̊qli̯qkáït[v. = brekov.
Zerbrechung [žä̆rbrą̊qu̯n] v. 1. = däbrek 2. =
däbreik.
Zeremonie [žeremoni̯, žeremòni̯ě̆] v. 1. = fomed
2. = glügalezäl.
zeremoniell [žeremoni̯ä̆l] = lezälik.
Zeremonienmeister [žeremòni̯ě̆nmáïště̆r] m. =
lezälamastan.
zerfallen [žä̆rfálě̆n] 1. = däfalön (nel.) 2.
(verwittern) = vorädikön (nel.).
Zerfallen [žä̆rfálě̆n] n. = däfal.
zerfleischen [žä̆rfláïjě̆n] = dasleitön (lov.).
Zerfleischung [žä̆rfláïju̯n] v. = dasleit.
Zergliederer [žä̆rgli̯dě̆rě̆r] m. = diletan.
zergliedern [žä̆rgli̯dě̆rn] (analysieren) = diletön (lov.).
Zergliederung [žä̆rgli̯dě̆ru̯n] v. (Analyse) =
diletam.
zerknirscht [žä̆rkni̯rt] = dalepidik, — **sein** =
dalepidön (nel.).
Zerknirschtheit [žä̆rkni̯rjtháït] v. = dalepid.
Zerknirschung [žä̆rkni̯rju̯n] v. = dalepid.

zermalmen [žărmálmĕn] 1. (mörsern) = troi⸗ vülön (lov.) 2. zu Graus — = brekülön (lov.).
zerlegbar [žărlèkbar] = diletovik.
Zerlegbarkeit [žărlèkbarkáït] v. = diletov.
zerlegen [žărlegĕn] = diletön (lov.).
Zerlegung [žărleguŋ] v. = diletam.
Zerrbild [žărbįlt] n. = mimagod.
zerreiszen [žărráïšĕn] = sleitön (lov.).
zerreiszend [žărráïšĕnt] = sleitik.
Zerreiszung [žărráïšuŋ] v. = sleit.
zerren [žărĕn] = letirön (lov.).
zerschellen [žărjälĕn] = trovön (nel.).
zerschliffen [žărjļifĕn]: — sein = vorön (nel.).
Zerschliffensein [žărjļifĕn sáïn] n. = vor.
zerschmelzen [žărjmälžĕn] 1. nel. = fesmetön (nel.) 2. lov. = fesmeitön (lov.).
zerschmettern [žărjmätĕrn] 1. nel. = trovön (nel.) 2. (lov.) = troivön (lov.).
Zersplitterungsmöglichkeit [žărjplitĕruŋš-mŏgliq⸗ káït] v. = smalotülamamög.
zerstören [žărjtörĕn] = distukön (lov.).
zerstörend [žărjtörĕnt] = distukik.
Zerstörer [žărjtörĕr] m. = distukan.
Zerstörung [žărjtöruŋ] v. = distuk.
Zerstörungsgeist [žărjtöruŋšgáïšt] m. = distu⸗ kiäl.
Zerstörungslust [žărjtöruŋšlušt] v. = distukiäl.
Zerstörungssinn [žărjtöruŋšsįn] m. = distukiäl.
zerstreuen [žărjtróŭĕn] 1. = spearükön (lov.) 2. sich — = spearikön (nel.) 3. (geistig) = säjäfälükön (lov.) 4. sich — = säjäfä⸗ likön (nel.).
zerstreut [žărjtróŭt] 1. = spearik 2. = disipik.
Zerstreutheit [žărjtróŭt-háït] v. (der Gedanken) = disip.
Zerstreutsein [žărjtróŭt sáïn] n. = spear.
Zerstreuung [žărjtróŭŭŋ] v. 1. = spearükam 2. = säjäfälükam.
zerstückeln [žărjtükĕln] = brekotön (lov.).
zerstümmeln [žărjtümĕln] = mitulön (lov.).
Zeug [žóŭk] n. 1. (Kleiderstoff) = stof 2. aus — gefertigtes Kleidungstück und Haus⸗ und Wirtschaftsgerät = stofäd 3. (Sammel- wort = stofädem (a.s.: Bettzeug = stofä⸗ dem beda) 4. (Instrument) = stum.
Zeug⸗ [žóŭk⸗] = ... stofik.
Zeuge [žóŭgĕ] m. (— oder Zeugin) = temunan.
zeugen [žóŭgĕn] 1. (bezeugen) = temunön (lov.) 2. (hervorbringen) = jafädön.
Zeugerin [žóŭgĕrįn] v. = motan.
Zeugin [žóŭgįn] v. 1. = jitemunan 2. Zeuge oder — = temunan.
Zeugnis [žóŭknįš] n. = temunod, nach — von = temunü.
Zeugnisgebung [žóŭknįš-gèbuŋ] v. = temun.
Zeugung [žóŭguŋ] v. (durch Arbeit) = jafäd.
Zichorie [žiqòrįè] v. = cikor.
Zicklein [žįkláïn] n. = kaparil.
Zider [židĕr] m. (Apfelwein) = podamust.
Ziege [žigĕ] v. 1. = kapar, jikapar, kleine — = kaparül, junge — = kaparül, auf die — bezüglich = kaparik.
Ziegel [žigĕl] m.: — machen = teinön (nel.).
Ziegelei [žigĕláï] v. = teimöp.

Ziegenbock [žįgĕnbók] m. (Geisbock) = hi⸗ kapar.
Ziegler [žiglĕr] m. = teinel.
ziehen [žiĕn] 1. = tirön (lov.), die Pferde — den Wagen = jevods tirons vabi 2. ruck- weise — = letirön (lov.) 3. = tratön (nel.), der Tee musz noch einige Zeit — = tied muton tratön nog dü tim anik, den Tee — lassen = tratükön (lov.) tiedi 3. eine Linie, ein Strich, ein Streifen — = liunön (lov.) lieni, liuni, stripi 4. = luvienön (nel.) 5. sich — = zugön (nel.), ein Graben zieht sich um die Stadt = söp zugon zü zif 6. auf einen — (trassieren) = tretön (lov.) eki 7. (züchten) = bridön (lov.) 8. Silber zu Draht — = betiridön largenti ad drat, tenä⸗ dön !argenti ad drat, tiridön drati de largent 9. sich krumm — = blegikön (nel.) 10. Blasen — = bulädön (nel.), in Falten — (runzeln) = fronükön (lov.), Folgerungen — = kludön (lov.), Furchen — = grufön (lov.), die Klingel — = toenön (lov.) klo⸗ küli, Nutzen — von = frutidön (lov.), die Wurzel — aus = radigön (lov.), in Zweifel — = bedotön (lov.).
Ziehen [žiĕn] n. 1. = tir 2. das — von Pflanzen = planibrid, das — von Tieren = nimibrid.
Zieher [žiĕr] m. d. = tiret.
Ziehpflaster [žipfláštĕr] n. = bulädamamäplat.
Ziel [žįl] n. 1. = zeil 2. (tim jü pelüpadel) = pelüp.
zielbewuszt [žįlbĕvušt] = diseinisevik.
zielen [žįlĕn] 1. — nach (abzielen auf) = zei⸗ lön (lov.) 2. (von einem transitiven Zeit- wort) = loveädön (lov.), värb loveädik lo- veädon vobedi oka ad yegod.
Zielen [žįlĕn] n. 1. = zeilam 2. (das — eines zielenden Zeitworts) = loveäd.
zielend [žįlĕnt] (transitiv) = loveädik.
Zielpunkt [žįlpuŋkt] m. = zeilamapün.
ziemlich [žįmlįq] (annähernd) = ze (ladv.), so — = ze.
Zier [žir] v. (Schmuck) = dek.
Zierat [žirat] m. (Schmuck) = dek.
Zierde [žirdĕ] v. (Zier, Schmuck) = dek.
zieren [žirĕn] = dekön (lov.).
zierend [žirĕnt] = dekik.
Ziererei [žirĕráï] v. (Affektiertheit) = fäkiäl.
zierlich [žirlįq] = deköfik.
Zierlichkeit [žirlįqkáït] v. = deköf.
Ziffer [žifĕr] v. = numat.
ziffern [žifĕrn] = numatön (löv.).
Zigarette [žigarätĕ] v. = zigarül.
Zigarettentasche [žigarᾱtĕntájĕ] v. = zigarüliär.
Zigarre [žigárĕ] v. = zigar.
Zigarrentasche [žigárĕn-tájĕ] v. = zigariär.
Zigärrchen [žigärgĕn] n. = zigaril.
Zigeuner [žigóŭnĕr] m. = zigan.
zigeunerartig [žigóŭnĕr-ὰrtįq] = ziganik.
Zigeunerei [žigóŭnĕráï] v. = ludun ziganik.
zigeunerhaft [žigóŭnĕr-háft] = ziganik.
zigeunerisch [žigóŭnĕrįq] = ziganik.
Zigeunerstreich [žigóŭnĕr-jtráïq] = ludun zi⸗ ganik.

Zimbel [žĭmběl] v. (Schallbecken) = sämbal.
Zimmer [žĭměr] n. = cem.
Zimmerchen [žĭměrqĕn] n. = cemil.
Zimmerholz [žĭměrhólž] n. = kapenaboad.
Zimmerman [žĭměrmán] m. = kapenan.
zimmern [žĭměrn] = kapenön (lov.).
Zimmern [žĭměrn] n. = kapen.
Zink [žĭŋk] m. e n. 1. = zink, von — = zinkik 2. kiem. Zn = zinkin.
Zinkchlorid [žĭŋk klorit] $ZnCl_2$ = zinkinaklorid.
zinken [žĭŋkĕn] (von Zink) = zinkik.
Zinkhydroxyd [žĭŋk hüdróxŭt] $Zn(OH)_2$ = zinkinabäd.
Zinkoxyd [žĭŋk óxŭt] ZnO = zinkinaloxid.
Zinksulfat [žĭŋk sulfat] $ZnSO_4$ = zinkinasulfat.
Zinksulfid [žĭŋk sulfit] ZnS = zinkinasulfid.
Zinn [žĭn] n. kiem. Sn = stanin, von — = staninik.
Zinne [žĭně] v. = kren.
zinnern [žĭněrn] (von Zinn) = staninik.
Zinnoxydul [žĭn óxŭdŭl] SnO = staninoloxid.
Zinnsäureanhydrid [žĭnsóŭrě ánhüdrĭt] SnO_2 = stanatastabot.
Zinnsulfür [žĭn sulfür] SnS = staninosulfid.
Zins [žĭnš] m. 1. (Rente) = fien 2. (Steuer) = trip.
zinsen [žĭnsĕn] (Zinsen tragen) = fienön (lov.).
Zinsen [žĭnsĕn] = fien, auf — = fieno, — tragen = fienön (lov.), auf — anlegen (ver- zinsen) = fienidön (lov.), von seinen — leben = fienädön (nel.).
Zinser [žĭnsěr] m. (Zinszahler) = fienipelan.
Zinsfrei [žĭnšfráĭ] = nenfieno.
zinspflichtig [žĭnšpflĭqtĭq] = tripabik.
Zinszahler [žĭnšžalěr] m. = fienipelan.
Zinzaren = zinzarans.
Zirkel [žĭrkĕl] m. 1. (Kreis) = sirk 2. (Pas- ser) = sirköm 3. st. = sisirköm.
zirkeln [žĭrkĕln] (mit dem Zirkel messen und formen) = sirkömön (lov.).
zirkelrund [žĭrkĕlrŭnt] = sirköfik.
Zirkonium [žĭrkónĭŭm] Zr = zirkonin.
Zirkular [žĭrkular] n. = sirkülapenäd.
Zirkulation [žĭrkulažĭon] v. (Kreislauf) = sir- külam, in — setzen = sirkülükön (lov.).
zirkulieren [žĭrkulĭrĕn] = sirkülön (nel.).
Zirkus [žĭrkŭš] m. = sirkud.
zirpen [žĭrpĕn] 1. (von kleinen Vögeln) = tyilpön (lov.) 2. (tschirpen) = tyirpön (lov.).
zischeln [žĭjĕln] = sijidaspikön (lov.).
zischen [žĭjĕn] = sijidön (nel.).
Zischlaut [žĭjláŭt] m. = sijidatonat.
Ziselieren [žĭselĭrĕn]: Gold — = ködön (lov.) goldi.
Ziselierer [žĭselĭrěr] m. = ködan.
Zisterne [žĭštärně] v. (Wasserbehälter) = va- taböväd.
Zitat [žĭtat] n. = saitot.
Zitation [žĭtažĭon] v. (vor den Richter) = sitat.
Zither [žĭtěr] v. = ziter.
Zitherfabrikant [žĭtěrfabrĭkánt] m. = ziterel.
Zitherspieler [žĭtěrjpĭlěr] m. = ziteran.

Zithervirtuos [žĭtěrvĭrtuoš] m. = ziteral, zitera- leskilan.
zitieren [žĭtĭrĕn] 1. = saitön (lov.) 2. (vor Gericht laden) = sitatön (lov.).
Zitierung [žĭtĭrŭŋ] v. = sait.
Zitrone [žĭtroně] v. = zitron.
Zitronenbaum [žĭtrönĕnbáŭm] m. = zitrona- bim, zitronep.
zitterhaft [žĭtĕrháft] = dremik.
zittern [žĭtĕrn] = dremön (nel.), — machen = dremükön (lov.).
Zittern [žĭtĕrn] n. = drem, ins — geraten = dremikön (nel.).
zitternd [žĭtĕrnt] = dremik.
Zitze [žĭžě] v. = tät.
zivil [žĭvĭl] = sifädik.
Zivilisation [žĭvĭlisažĭon] v. (Kultur) = kuliv.
zivilisatorisch [žĭvĭlisatòrĭj] = kulivüköl.
zivilisieren [žĭvĭlisĭrĕn] = kulivükön (lov.).
zivilisiert [žĭvĭlisĭrt] = kulivik, — sein = kulivön (nel.), — werden = kulivikön (nel.).
Zivilist [žĭvĭlišt] m. (Bürger) = sifan.
Zivilstand [žĭvĭljtánt] m. = sifed.
Zloty, k. = jlotid.
Zobel [žoběl] m. = zob.
Zobelpelz [žòbĕlpälž] m. = zobapläd.
Zodiakus [žodĭakŭš] m. = zodiak.
Zoll [žól] m. 1. (Zollabgabe) = tol 2. (— auf einem Wege) = tolädül 3. (Masz) = puid.
Zollabgabe [žól-ápgabě] v. = tol.
Zollamt [žól-ámt] n. 1. (Douane) = toläd 2. = tolädabür.
zollbar [žólbar] = tolabik.
Zollbeamter [žól-běámtěr] m. = tolädal.
Zolleinnehmer [žól-aĭnněměr] m. = tolädan.
zollen [žólĕn] = tolön (lov.).
zollfrei [žól-fráĭ] = nentolabik.
Zollfreiheit [žól-fráĭ-háĭt] v. = nentolab.
Zollgebühr [žólgěbür] v. = tol.
Zollschranke [žól-jráŋkě] v. = treilayan tolä- düla.
Zone [žoně] v. (Erdgürtel) = zon.
Zoologie [žoologĭ] v. (Tierkunde) = nimav.
Zopf [žópf] m. (Flechte) = heraflökot.
Zopfkopf [žópf-kópf] m. = heraflökotan.
Zopfköpfen [žópf-kópfĕn] n. = jiheraflöko- tanil.
Zorn [žórn] m. = zun.
zornig [žórnĭq] = zunik, zorniges Wesen = zuniäl.
Zoroaster [žoroáštěr]: Lehre des — = zoroat.
Zotiges [žòtĭgĕš]: Hang zum Zotigen = so- ceniäl.
Zögerer [žögěrěr] m. = zogan.
zögern [žögěrn] (zaudern) = zogön (nel.).
Zögern [žögěrn] n. = zog.
zögernd [žögěrnt] = zogik.
Zögerung [žögěrŭŋ] v. = zog.
Zögling [žöklĭŋ] m. = dugäläb.
Zölibat [žölĭbat] m. e n. = selib.
Zöllner [žölněr] m. = tolädan.
zöpfen [žöpfĕn] = flökön (lov.) heremi.
zu [žŭ] 1. (je) = a, das Dutzend — zwei Mark = degtelat a maks tel, die Elle — drei Fusz = loun a pieds kil 2. —, um ... — = ad,

Fleisch zum Brote = mit ad bod, **zum Bei-**
spiel nehmen = sumön bosi ad sam, **Papier**
zum Schreiben = papür ad penam, **Hanf** —
Seilen verarbeiten = bevobön jani ad sails,
— **dem Ende,** — **diesem Zwecke** = ad disein
at, **ich tue das** — **meiner Erholung** = dunob
atosi ad staud oba, **ich tue das** — **deiner**
Beruhigung = dunob atosi ad trod ola,
ad takedükön oli, **einen** — **Gaste laden**
= vüdön eki ad lotan, ad lotedan, ad
lotedön, **ich habe den Auftrag das** — **über-**
geben = pekomitob ad lovegivön ati, **ich be-**
eile mich Ihnen — **melden** = spidob ad nunön ole, — **Tische gehen** = golön ad fided,
golön ad fidön, **zum Abendmahle gehen** =
golön ad köaristam, golön ad kompenön pö
säned saludik, — **Felde ziehen** = tevön ad
krig, **es ist schwer sich** — **entscheiden** =
fikulos ad sludön, **zum Tode verurteilen** =
cödetön ad deadapön, ad deadön, **ich ertrage**
es nicht, ihn leiden — **sehen** = no sufälob,
no kanob sufälön ad logön omi suföli, ad
logön das sufom, das padolom, **einen zum**
Lehrer ernennen = cälön eki ad tidan, **einen**
zum Abgeordneten wählen = davälön eki ad
depütäb, **er hat es zum Professor gebracht** =
eplöpom ad vedön, ad binön profäsoran, **zur**
Hilfe bereit = vilöfik ad yufön 3. = as,
zum Beispiel = as sam, **zum Beispiel nehmen**
= sumön bosi as sam, **einen zum Lehrer er-**
nennen = cälön eki as tidan, **einen zum Ab-**
geordneten wählen = davälön eki as depütäb
4. — ... **hin, in der Richtung** — = äl 5. =
bai, **Gott schuf den Menschen Ihm zum Bilde**
= God äjafon, God äjafom meni bai fom Oka
6. = da, **zum Fenster, zur Tür hinaus** =
plödio da fenät, da yan 7. (in) = in, —
Bette liegen = seatön in bed, — **Felde liegen**
= leseatön in länäd, **zu Hause bleiben, sein**
= blibön, binön in dom 8. = lä, **lege das**
Geld — **den übrigen!** = seitolöd moni lä ret!
setze dich — **mir!** = seidolös oli lä ob!
stecke dich — **dir** = pokolös oni lä ol! 9.
(hin, nach) = lü, — **Weine,** — **Biere gehen**
golön lü vinibötädöp, lü biribötädöp, — **Bette**
= lü bed, **zum Brunnen** = lü fonäd, **zur**
Hochzeit = lü mated, **zur Kirche** = lü glüg,
zur Schule = lü jul, — **Markte bringen** =
blinön lü maket, **gehe zum Vater, zum Direk-**
tor! = gololöd lü fat, lü dilekan! **sich** —
einem neigen = biegön lü ek, — **einem sagen**
= sagön lü ek, — **einem sprechen, reden** =
spikön lü ek, **sich** — **einem kehren** = flekön
oki lü ek, **sich** — **einem wenden** = lüikön
(nel.) lü ek, — **einem aufschauen** = lölöge-
dön lü ek, lüükön logis oka lü ek, — **einem**
beten = plekön lü ek 10. len, — **Tische**
gehen = golön len tab, **von Haus** — **Haus**
= len dom alik 11. = lo, **einem** — **Füszen**
liegen = seatön lo futs eka 12. = me,
— **Schiff** = me naf, — **Wagen** = me vab
13. = mö, — **Dutzenden** = mö degtelats
14. = nilü, **setze dich** — **mir** = seidolös oli
nilü ob! 15. = pö, — **derselben Stunde** =
pö düp ot, **die Haare stehen ihm** — **Berge**

= hers löikons, elöikons pö om 16. = pro,
es taugt — **nichts** = pötos pro nos 17. ⊢
... **hinaus** = se, **zum Fenster hinaus** = se
fenät, **zur Tür hinaus** = se yan, **zum Hause**
hinaus = se dom, plödio se dom 18. = su,
zur See = su mel, — **Wasser und** — **Lande**
= su vat e su län, — **Boden liegen** = seatön su glun, — **Felde liegen** = leseatön su
länäd 19. = sui, — **Boden fallen** = falön
sui glun, — **Papier bringen** = blinön sui
papür, — **Pferde steigen** = xänön sui jevod
20. = tä, **zwei verhält sich** — **vier, wie drei**
— **sechs** = tel proporos tä fol, äs kil tä mäl
21. = ün, — **jener Zeit** = ün tim et, —
derselben Zeit = ün tim ot, — **Ostern** =
ün pasat, — **Pfingsten** = ün pint, — **Weih-**
nachten = ün kritid 22. **ich gratutiere dir** —
deinem Geburtstage = benovipob oli pö, demü
motedadel olik, **komm** — **mir!** = kömolöd lü
ob, lä ob, nilü ob! — **Füszen** = pö, su, lä,
lü, len futofinot, **zum Hause hinaus** = plödio
de dom, plödio se dom, **man kann ihm nichts**
— **Danken machen** = no kanoy dunön bosi
ad plid, bai plid omik 23. **mir zur Befriedi-**
gung = ad kotenükam oba, ad kotenükön
obi, — **einem sagen** = sagön eke, — **einem**
sprechen, reden = spikön eke, — **einem beten**
= plekön eke, **Fleisch zum Brote** = mit
bode, **Herrn N.** — **Berlin** = söle: ‚N.‘ in
‚Berlin‘, **es gereicht** — **deinem Glück** = se-
kos ole läbi, **einem zur Seite stehen** = yufön
eki, **der Wein steigt ihm** — **Kopfe** = vin
brietükon omi, vin dölükon kapi oma, **es**
kommt dir — **Gute** = frutos oli, atos fruton
oli, atos ofruton oli, — **seinem Freunde ma-**
chen = mekön eki fleni oka, **einen zum**
Lehrer ernennen = cälön eki tidani, **einen**
zum Abgeordneten wählen = davälön eki
depütäbi 24. (geschlossen) = färmik, **zum**
Verkauf, — **verkaufen** = selidik, **zur Hand**
= blümik, **nicht zum Aushalten** = no sufidovik, **im Gedächtnis** — **behalten** = memidovik, — **sprechen** = lüspikovik, **er ist nicht**
— **sprechen** = no binom lüspikovik, — **alt**
zum Heiraten = tu bäldik ad matikön, —
schnell, — **geschwind** = tuvifik 25. **zum**
voraus = büo, — **Anfang** = primo, primüpo,
zur Antwort = gespiko, gesago, **zur Genüge**
= sato, — **guter Letzt** = fino, **zur Hand** =
nilo, blümo, **zur Miete** = loato, **zum Nutzen,**
zum Vorteile = fruto, **zur Zufriedenheit** =
koteno, **zur Hälfte** = lafo, lafadilo, — **Fusz**
reisen = tävön futo, — **Pferde** = jevodo,
— **Wagen** = vabamo, — **Hause bleiben, sein**
= blibön, binön lomo, domo, **zur See** =
melo, — **Wasser und** — **Lande** = vato e
läno, **zur Rechten** = deto, **zur Linken** =
nedeto, **wie ist dir** — **Mute?** = lio stadol-li
ladälo? — **Ostern** = pasato, — **Pfingsten** =
pinto, — **Weihnachten** = kritido, **zur Nacht-**
zeit = neito, **zur Zeit** = timo, atimo, attimo,
— **jener Zeit** = ettimo, — **derselben Zeit** =
ottimo, **zur Unzeit** = nepötatimo, — **aller**
Zeit = valatimo, — **derselben Zeit** = otüpo,
leigüpo, — **derselben Stunde** = otdüpo, —

welcher Zeit? = kiüpo? — unterst = mu diso, mu dono, — oberst = mu löpo, — unterst = disiküno, doniküno, — oberst = löpiküno, — zweien = telo, altelo, einen zum Krüppel schlagen = flapön boatio eki, flapön lemio eki, sich — Tode lachen = smilön deadio, zum letzten Mal = lätikna, zum wievieltenmale? = liomödotidna? 26. zur Ader lassen = blüdön (lov.), zur Beichte gehen = koefön (lov. dem), koefikön (nel.) lü, zur Besinnung kommen, zum Bewusztsein kommen, — sich kommen = sevälöfikön (nel.), zum Bewusztsein bringen = sevälöfükön (lov.), — Boden fallen = dofalön (nel.), zum Bürger machen = sifön (lov.), — Ende bringen, mit etwas — Ende kommen = ledunön bosi, — Ende gehen = finikön (nel.), zum Erben machen = gerükön (lov.), zum Gelächter machen = smilöfükön (lov.), zum Gelächter werden = smilöfikön (nel.), zum Guten werden = gudikön (nel.), zur Hand legen = nilaseitön (lov.), — Herzen gehen = tefön (lov.), fäkükön (lov.), — Ohren kommen = lelilön (lov.), — Papier bringen = penädön (lov.), penetön (lov.), — Schiffe gehen = boidön oki, zur Schule gehen = jidön nel.), zum Verkauf anbieten = selolofön (lov.), selidükön (lov.), sich etwas zunutze machen = frutidön (lov. dem.) bosi oke, zur Verfügung stehen = gebidön (nel.), das Haus ist — verkaufen = dom selidon, dom binon selidik, dom selabon, dom binon selabik, es ist zum Rasendwerden = lienetükos eki, binos lienetüköl, lienetikoy dub atos, es wird mir zur Last = vedos bölad pro ob, zur Not = üf zesüdosöv 27. zur Beförderung des, zur Hebung des = födü, zum Besten der Armen = benü pöfikans, — Ehren meines Freundes = stimü flen oba, — dem Ende = diseinü atos, — Ende des, zum Schlusse des = finü, mit seinem Latein —| Ende sein = binön finodü latininol oka, zur Erreichung des = rivü, zur Festsetzung des = lonamü, — Gunsten des = gönü, — Ungunsten des = negönü, — Handen des = namü, zum Nutzen des = frutü, er tut es mir — Liebe = dunom osi löfü ob, — diesem Zwecke = diseinü atos, zur Zeit der Kreuzzüge = timü krodagoläds, — urteilen nach = klülädü 28. zum Schlusse! = finö! 29. Papier zum schreiben = penamapapür.

Zuave [žuavĕ, žuavĕ] m. = suaf.

Zubehandelnde [žubĕhándĕlndĕ]: das — = bejäfabot.

zubenamt [žubĕnamt] = näinemik.

zubenannt [žubĕnánt] = näinemik.

zubenennen [žubĕnänĕn] = näinemön (lov.).

zubereitbar [žubĕráïtbar] = kvisinabik.

zubereiten [žubĕráïtĕn] = mökön (lov.).

Zubereiten [žubĕráïtĕn] n.: das — von Speisen = kvisin.

Zubereitung [žubĕráïtụŋ] v. = mök.

zubringen [žubrịŋĕn] (durchbringen, verleben) = lifädön (lov.).

Zucht [žuọt] v. 1. = brid, — (von Tieren) =

nimibrid, — (das Ziehen von Pflanzen) = planibrid 2. (Disziplin) = tüted.

Zuchthaus [žuọtháüš] n. = lepönäböp.

zuchtlos [žuọtloš] = nentütedik.

Zuchtlosigkeit [žuọtlosịqkáït] v. = nentüted.

zucken [žukĕn]: die Achsel —, mit den Achseln — = tovülön (lov.) jotis.

Zucker [žukĕr] m. = jueg, mit — überziehen (überzuckern) = juegajalön (lov.).

Zuckerbackwerk [žukĕrbákvärk] n. = nibotem.

Zuckerdose [žukĕrdoṣĕ] v. = juegiär.

Zuckererde [žukĕrạerdĕ] v. = juegatail.

Zuckerfabrik [žukĕrfabrik] v. = juegifabrik.

Zuckerfabrikant [žukĕrfabrikánt] m. = juegifabrikan.

Zuckergebäck [žukĕrgĕbäk] n. (Konfekt) = nibot.

zuckerhaltig [žukĕrháltịq] = juegerik.

zuckerig [žukĕrịq] (aus Zucker) = juegik.

Zuckerl [žukĕrl] n. = juegot.

zuckern [žukĕrn] (bezuckern) = juegädön (lov.).

Zuckerplätzchen [žukĕrpläžqĕn] n. = juegot.

Zuckerraffinerie [žukĕr-ráfịnĕrì v. = rafinükamöp juega.

Zuckerrohr [žukĕrror] n. = juegajug.

Zuckerrübe [žukĕrrübĕ] v. = juegabetad.

Zuckersieder [žukĕrsịdĕr] m. = juegifabrikan.

zuckersüsz [žukĕr süš] = juegasvidik, lesvidik.

zudem [žudem] (auszerdem, überdies) = zu.

zudringlich [žudrịŋlịq] = dranädik, — sein = dranädön (nel.).

Zudringlichkeit [žudrịŋlịqkáït] v. (Aufdringlichkeit) = dranäd.

zuende [žu ändĕ]: — lesen = fireidön (lov.).

zuerkennen [žuärkänĕn] 1. = givülön (lov. dem.) 2. (zuteilen) = lücödetön (lov.) 3. einen Preis — (prämiieren) = premön (lov.) eki.

Zuerkennung [žu-ärkạnụŋ] v. = givül.

Zufall [žufál] m. = fäd, durch — = fädo.

zufällig [žufälịq] = fädik.

Zufälligkeit [žufälịqkáït] v. = fädot.

Zuflucht [žufluọt] v.: seine — zu etwas nehmen = sefädön (lov.) oki in bos.

Zufluchtsort [žufluọžạórt] m. = sefädaspadül.

Zufluchtsstätte [žufluọž-jtätĕ] v. = sefädaspadül.

zufolge [žufólgĕ] (infolge, kraft) = sekü, dem Befehle — = sekü büd, sekü lebüd.

zufrieden [žufrịdĕn] = kotenik, — sein = kotenön (nel.), — werden = kotenikön (nel.).

Zufriedenheit [žufrịdĕnháït] v. = koten, zur — = koteno.

zufriedenstellen [žufrịdĕnjtälĕn] = kotenükön (lov.).

zufügen [žufügĕn] (antun) = blinädön (lov.).

Zug [žuk] m. 1. (das Ziehen) = tir 2. (Strich) = liun 3. (— im Spiel) = pladül, einen — tun = pladülön (lov.) 4. (Zugluft) = luvien 5. (Eisenbahnzug) = tren.

Zugabe [žugabĕ] v. (Zulage, Zuschlag) = lägivot.

zugänglich [žugäŋlịq] = lügolovik.

Zugbeamter [žukbĕämtĕr] m. = trenagaledan.

zugeben [žùgebĕn] (bejahen) = siön (lov.).
zugegen [žùgegĕn]: — sein = komön (nel.).
Zugegensein [žùgegĕn sáïn] n. = kom.
zugehen [žùgeĕn] (hergehen, verlaufen) = je‑
nädön (nel.).
Zugelassener [žùgĕlášĕnĕr] m. = letäb.
zugespitzt [žùgĕjpižt] = tipik.
zugetan [žùgĕtan] (treu, anhänglich) = ledivo‑
dik.
Zugführer [žùkfürĕr] m. = trenalegaledan.
zugig [žùgiq] = luvienik.
zugleich [žùgláïq] (ineinem) = leigüpo.
Zugluft [žùklùft] v. = luvien.
Zugpflaster [žùkpfláštĕr] n. = bulädamamä‑
plat.
zugrunde [žùgrùndĕ]: — gehen (umkommen)
= päridikön (nel.), — gegangen sein (ver‑
loren sein) = päridön (nel.), — richten =
päridükön (lov.).
Zugrundegehen [žùgrùndĕ geĕn] n. 1. = nosi‑
kam 2. (Untergang) = päridikam.
Zugvogel [žùkfogĕl] m. = tävaböd.
Zuhause [žùháŭsĕ] n. = lom.
Zuhilfenahme [žùhilfĕnamĕ] v.: unter — des
= yufü.
zuhöchst [žùhöqšt] (zuoberst) = go löpo.
zuhören [žùhörĕn] = dalilön (lov.).
Zuiderzee [sóŭdĕrse] v. (Südersee) = ‚Zui‑
derzee' [sóïdĕrsè] (Ned.).
zujauchzen [žùyáŭqžĕn] = lüyubön (lov.).
zujubeln [žùyubĕln] = lüyubön (lov.).
zukleben [žùklebĕn] = fäikleibön (lov.).
Zukunft [žùkùnft] v. 1. fütür, in der — =
fütüro 2. = fütüratim, — (währende —) =
fütüratim nefinik, vollendete — = fütüratim
finik 3. in — = fovo.
zukünftig [žùkünftiq, žùkùnftiq] = fütürik, —
sein = fütürön (nel.).
Zulage [žùlagĕ] v. = lägivot.
zulassen [žùlášĕn] = letön (lov.), einen — =
letön eki, nicht — = neletön (lov.).
Zulassen [žùlášĕn] v. = let.
Zulassung [žùlášùŋ] v. = let.
zulässig [žùläšiq] = dälovik.
Zulässigkeit [žùläšiqkáït] v. = dälov.
zuletzt [žùläžt] = lätiko.
zumachen [žùmáğĕn] (schlieszen) = färmükön
(lov.).
zumal [žùmal] (ganz besonders) = mu pato.
zumauern [žùmáŭĕrn] = färmükön masono,
fäimasonön (lov.).
zumuten [žùmutĕn] 1. (verlangen) = flagön
(lov. dem.) eke bosi 2. (erwarten) = spetön
(lov.).
Zuname [žùnamĕ] m. (Beiname) = näinem.
Zuneigung [žùnáïgùŋ] v. (Ergebenheit) = di‑
vod.
Zunft [žùnft] v. (Gilde, Innung) = gild.
Zunftmeister [žùnftmáïštĕr] m. = gildamastan.
Zunge [žùŋĕ] v. = lineg, belegte — = lineg
pebeseitöl.
zungenfertig [žùŋĕnfärtiq] = spikavifik.
Zungenfertigkeit [žùŋĕnfärtiqkáït] v. = spika‑
vif.
zuoberst [žùobĕršt] = go löpo.

zupfen [žùpfĕn] (zausen) = tirülön (lov.).
zurechtmachen [žùrȧqtmáğĕn] (zubereiten) =
mökön (lov.).
zurechtweisen [žùrȧqtváïsĕn] = jonön (lov.)
vegi verätik.
zurichten [žùriqtĕn] = fibevobön (lov.).
Zurichten [žùriqtĕn] n. = fibevob.
Zurichtung [žùriqtùŋ] v. = fibevob.
zurufen [žùrufĕn] = lüvokädön (lov.).
zurück [žùrük] = ge, hin und — = mo e ge,
Schritt — = gestep, sich — beziehen auf =
getefön (lov.).
zurückbezahlen [žùrùkbĕzalĕn] = gepelön (lov.).
zurückbleiben [žùrùkbláïbĕn] 1. = pödablibön
(nel.) 2. = posbinön (nel.).
zurückerstatten [žùrùk‑ärjtátĕn] = gegivön
(lov.).
Zurückfallen [žùrùkfálĕn] n. = gefal.
zurückfliegen [žùrùkfligĕn] = geflitön (nel.).
zurückgeben [žùrùkgebĕn] = gegivön (lov.).
Zurückgeben [žùrùkgebĕn] n. = gegiv.
Zurückgegebene [žùrùkgĕgebĕnĕ] n. = gegivot.
zurückgehen [žùrùkgeĕn] = gegolön (nel.).
Zurückgezogenheit [žùrùkgĕžogĕnháït] v. =
soaläl.
zurückhalten [žùrùkháltĕn] 1. = gekipön (lov.)
2. (aufhalten) = stöpädön (lov.).
Zurückhalten [žùrùkháltĕn] n. 1. = gekip 2.
(das Aufhalten) = stöpäd.
Zurückhaltung [žùrùkháltùŋ] v. = gekip 2.
(das Aufhalten) = stöpäd.
zurückkehren [žùrùkkerĕn] = gegolön (nel.).
zurückkommen [žùrùkkómĕn] = geikön (nel.).
zurücknehmen [žùrùknemĕn] = gesumön (lov.),
die Bestellung — = säbonedön (lov.).
zurückreisen [žùrùkráïsĕn] = getävön (nel.).
zurücksehen [žùrùkseĕn] = gelogön (lov.).
zurückweisen [žùrùkváïsĕn] (verwerfen) =
deimön (lov.).
Zurückweisung [žùrùkváïsùŋ] v. = deim.
zurückzahlen [žùrùkžalĕn] = gepelön (lov.).
zurückziehen [žùrùkžiĕn] 1. = gegolädön (nel.)
2. sich aus der Welt — = soalükön (lov.)
oki.
Zurverfügungstehen [žùr färfûgùŋ jteĕn] n. =
gebid.
zusammen [žùsámĕn] 1. (gesamt) = kobik 2.
(mit einander) = kobo 3. — mit = kobü
4. alle — = valiko.
zusammenarbeiten [žùsámĕn‑ár‑báïtĕn] = ko‑
bovobön (lov.).
zusammenberufen [žùsámĕnbĕrufĕn] = kobole‑
vüdön (lov.).
Zusammenberufung [žùsámĕn‑bĕrûfùŋ] v. =
kobolevüd.
zusammenbrechen [žùsámĕnbräğĕn] = failön
(nel.).
zusammenbringen [žùsámĕnbriŋĕn] = kobükön
(lov.).
Zusammenbringen [žùsámĕnbriŋĕn] n. = kobü‑
kam.
zusammendrücken [žùsámĕndrükĕn] = kobope‑
dön (lov.).
zusammenfalten [žùsámĕn‑fáltĕn] 1. koboplifön

(lov.) 2. **die Hände** — = koboyümön (lov.) namis.

zusammenfassen [žu̯sámĕn-fášĕn] = kobosumön (lov.).

Zusammenfassung [žu̯sámĕn-fášu̯ŋ] v. (Resümee) = naböfodönuam.

zusammenfügen [žu̯sámĕnfügĕn] = koboyümön (lov.), **die Hände** — = koboyümön namis.

Zusammengehörigkeit [žu̯sámĕn-gĕhör̦i̦qkáït] v. = kobodut.

zusammengenommen [žu̯sámĕn-gĕnómĕn] = valodo.

zusammengesetzt [žu̯sámĕngĕsäžt] = pekoboyümol, **zusammengesetztes Wort** = koboyümavöd, **zusammengesetztes** oder **abgeleitetes Wort** = koboädavöd, **zusammengesetzter Satz** = pluset.

zusammengezogen [žu̯sámĕngĕžogĕn] : **zusammengezogener Satz** = set peträköl.

Zusammenhang [žu̯sámĕn-háŋ] m. 1. = yumed, **im** — **mit** = yumedü 2. **im** — **stehen** = tefidön (nel.) 3. **im** — **mit** = tanamü.

zusammenhangen [žu̯sámĕn-háŋĕn] = kobolagön (nel.).

zusammenhängen [žu̯sámĕnháŋĕn] 1. = kobolägön (lov.) 2. = yumedön (nel.).

zusammenhängend [žu̯sámĕnháŋĕnt] = yumedik.

Zusammenklang [žu̯sámĕn-kláŋ] m. = koboton.

zusammenklappen [žu̯sámĕn-klápĕn] = flegülön (lov.).

zusammenkommen [žu̯sámĕn-kómĕn] = kobikön (nel.).

Zusammenkommen [žu̯sámĕn-kómĕn] n. = kobikam.

Zusammenkunft [žu̯sámĕnku̯nft] v. 1. = koboköm 2. = kobikam.

zusammenrollen [žu̯sámĕn-rólĕn] = nürölön (lov.).

zusammenschreiben [žu̯sámĕn-j̦ráïbĕn] = kobiopenön (lov.).

Zusammensein [žu̯sámĕn sáïn] n. = kob.

zusammensetzen [žu̯sámĕnsäžĕn] 1. = koboseidön (lov.) 2. (fügen, verbinden) = yümön (lov.) 3. = koboyümön (lov.) 4. **sich** — **aus** = binädükön (lov.) oki me.

Zusammensetzen [žu̯sámĕnsäžĕn] n. = koboseid.

Zusammensetzung [žu̯sámĕnsₐ̌žu̯ŋ] v. = kobod, **die konstante** — **ist das Hauptkennzeichen einer chemischen Verbindung** = kobod fümöfik binon lesevädot kobota kiemik.

zusammenspannen [žu̯sámĕn-j̦pánĕn] = fimädön (lov.) kobio.

zusammenstellen [žu̯sámĕnj̦tälĕn] = koboplaadön (lov.).

Zusammenstellung [žu̯sámĕn-j̦tälu̯ŋ] v. 1. = koboplaadam 2. (das Zusammengestellte) = koboplaadot 3. = koboyum.

zusammensuchen [žu̯sámĕnsu̯dĕn] = kobosukön (lov.).

zusammentragen [žu̯sámĕntragĕn] = kobükön (lov.).

Zusammentragen [žu̯sámĕntragĕn] n. = kobükam.

Zusammentreffen [žu̯sámĕnträfĕn] n. = kobojen.

zusammentun [žu̯sámĕntu̯n] = kobükön (lov.).

zusammenwickeln [žu̯sámĕnvi̦kĕln] (aufrollen) = nürölön (lov.).

zusammenzählen [žu̯sámĕnžälĕn] = kobonumön (lov.).

zusammenziehen [žu̯sámĕnži̦ĕn] 1. = träkön (lov.) 2. **sich** — = trakön (nel.).

Zusatz [žu̯sáž] m. 1. = lägivot 2. (Nachtrag) = läyümot, **als** — **zu** = läyümü.

zuschauen [žu̯ját)ĕn] = lülogön (lov.).

Zuschauer [žu̯ját)ĕr] m. = lülogan, **die** — (das Publikum) = lüloganef.

zuschicken [žu̯j̦ikĕn] = lüpotön (lov.).

Zuschlag [žu̯jlak] m. (Zugabe) = lägivot.

Zuschlagen [žu̯jlagĕn] n.: **Fertigkeit zum** — = flapöf.

Zuschlagsporto [žu̯jlaxpórto] n. = pönapotamon.

zusehr [žu̯ser] (allzu) = tu.

zusenden [žu̯sändĕn] = lüsedön (lov.).

Zusendung [žu̯sändu̯ŋ] v. = sed, lüsed.

Zuspeise [žu̯jpáïsĕ] v. = läzib.

zuspitzen [žu̯jpi̦žĕn] (spitzen) = tipükön (lov.).

Zustand [žu̯jtánt] m. 1. (Befinden) = stad, **im Zustande sein** = stadön (nel.), **im Zustande des** = stadü 2. — **des Todes** = dead.

zustande [žu̯jtándĕ]: — **bringen** = vobädön (lov.).

Zustandebringen [žu̯jtándĕ bri̦ŋĕn] n. 1. = vobäd 2. = lemek.

zustehen [žu̯jteĕn] = dutön (nel.) lü.

zuteilen [žu̯táïlĕn] (zuerkennen) = lücödetön (lov.).

zutrauen [žu̯tráu̯ĕn]: **einem etwas** — = fägocedön (lov.) eki ad.

Zutrauen [žu̯tráu̯ĕn] n. = konfid.

zutraulich [žu̯tráu̯li̦q] = konfidik.

Zutraulichkeit [žu̯tráu̯li̦qkáït] v. = konfid.

zutreffend [žu̯träfĕnt] (stimmend) = baibinik.

zuverlässig [žu̯färläši̦q] 1. = fümik 2. (vertrauenswürdig) = konfidovik.

Zuverlässigkeit [žu̯-färlₐ̊ši̦qkáït] v. (Vertrauenswürdigkeit) = konfidov.

zuviel [žu̯fil] = tuik.

Zuviel [žu̯fil]: **ein** — = tumöd.

zuvor [žu̯for] (zeitlich, vorher) = büo.

zuvorkommen [žu̯fòrkómĕn] 1. (vorherkommen) = bi̦okömön (nel.) 2. **jemandes Wünschen** — = büojenöfükön (lov.) vipis eka.

zuvorkommend [žu̯fòrkómĕnt] = prevenik.

Zuvorkommenheit [žu̯fòrkómĕn-háït] v. = preven, büojenöfükamäl.

zuweilen [žu̯váïlĕn] (bisweilen) = semikna.

zuwider [žu̯vi̦dĕr] 1. pr. = ta, **das Glück ist ihm** — = fät binon ta om, **dem Befehle** — **handeln** = dunön ta büd, — **lauten** = taön (nel.) ta, **den Vorschriften** — **laufen** = taikön (nel.) ta büdül, ta nomem 2. (widrig) = taik, **sich etwas** — **essen** = fidön naudio bosi 3. — **sein** = taön (nel.), **er ist mir** — = naudob omi, **solche Reden sind mir in der Seele** — = spikots somik mu neplitons obi,

— **handeln** = nefölön (lov.), **den Vorschriften — laufen** = nebaiädön tefü büdüls, tefü nomem.

zuwünschen [žùvṳnjĕn] = lüvipön (lov.).

zuzeiten [žu̥žáïtĕn] = semikna.

zuziehen [žu̥žiĕn] : **sich eine Erkältung —** = koldätikön (nel.).

zuzweit [žu̥žváït] (paarweise) = telatik.

züchten [žṳqtĕn] = bridön (lov.), **Bienen —** = bienön (nel.).

Züchter [žṳqtĕr] m. = bridan.

Züchterei [žṳqtĕráï] v. = bridöp, — **von Tieren** = nimibridöp.

züchtig [žṳ̥qti̥q] 1. = puedik 2. (sittig) = puedöfik.

züchtigen [žṳ̥qti̥gĕn] = lepönön (lov.).

Züchtigkeit [žṳ̥qti̥qkáït] v. 1. = pued 2. (Sittigkeit) = puedöf.

Züchtigung [žṳ̥qti̥gṳn] v. = lepön.

Zügel [žügĕl] m. = stirajainäd.

zündbar [žṳntbar] = filikamovik.

Zündbarkeit [žṳntbarkáït] v. = filikamov.

zünden [žṳndĕn] (anzünden) = filidön (lov.).

Zünder [žṳndĕr] m. (Anzünder) = filidian.

Zündhölzchen [žṳnthŏlžqĕn] n. = lümät.

Zündung [žṳndṳn] v. (das Anzünden) = filid.

Zündware [žṳntvarĕ] v. = cans filikamovik.

zünftig [žṳnfti̥q] = gildik.

Zünftler [žṳnftlĕr] m. = gildan.

züngeln [žṳ̥ŋĕln] = linegön (nel.).

zürnen [žṳrnĕn] = zunön (nel.).

Zwang [žváŋ] m. = müt.

zwangfrei [žváŋ-fráï] = nenmütik.

zwanglos [žváŋloš] = nenmütik.

Zwanglosigkeit [žváŋ-lòsi̥q-káït] v. = nenmüt.

Zwangsjacke [žváŋš-yákĕ] v. = mütayäk.

zwanzig [žvánži̥q] **20** = teldeg.

Zwanzigeck [žvánži̥q-äk] n. = teldeglien.

Zwanzigzahl [žvánži̥qžal] v. = teldegat.

zwar [žvar] 1. (freilich) = fe 2. **und — =** efe.

Zweck [žväk] m. (Bezweckung) = disein, **zum Zwecke des** = diseinü.

zweckdienlich [žvḁ̈kdi̥nli̥q] (zweckmäszig) = diseinabik.

Zweckdienlichkeit [žvḁ̈kdi̥nli̥qkáït] v. = diseinab.

zweckentsprechend [žvḁ̈k-äntjprḁ̈qĕnt] 1. = diseinik 2. = diseinabik.

zweckmäszig [žvḁ̈kmäši̥q] = diseinabik.

Zweckmäszigkeit [žvḁ̈kmäši̥qkáït] v. = diseinab.

zwecks [žväx] (zum Zwecke des) = diseinü.

zwei [žváï] **2** = tel, **je — =** a tel.

zweibeinig [žváï-báïni̥q] = tellögik.

zweideutig [žváï-dŏ̥u̥ti̥q] = telplänovik.

Zweideutigkeit [žváï-dŏ̥u̥ti̥q-káït] v. = telplänov.

zweidrähtig [žváïdrḁ̈ti̥q] = telfadädik.

Zweier [žváïĕr] m. (Zweizahl) = telat.

Zweierchen [žváïĕrqĕn] n. = telil.

zweierlei [žváïĕrláï] = telsotik.

zweifach [žváï-fḁ́q] (doppelt) = telik.

Zweifel [žváïfĕl] m. = dot, **ohne — =** nendoto, **in — ziehen** = bedotön (lov.).

zweifelhaft [žváïfĕl-háft] = dotabik.

Zweifelhaftigkeit [žváïfĕl-háfti̥q-káït] v. = dotab.

Zweifelmut [žváïfĕlmu̥t] m. = dotäl.

zweifelmütig [žváïfĕlmüti̥q] = dotälik.

Zweifelsatz [žváïfĕl-sáž] m. = mögaset.

Zweifelsinn [žváïfĕlsi̥n] m. = dotäl.

Zweifelsucht [žváïfĕlsu̥̥qt] v. = dotim.

Zweifler [žváïflĕr] m. (Skeptiker) = dotiman.

zweiflerisch [žváïflĕri̥j] = dotimik.

zweifüszig [žváïfüši̥q] 1. = tellögik 2. tellögädik.

Zweig [žváïk] m. 1. = tuig, **Reichtum an Zweige, Fülle an Zweige** = tuigag 2. (Fach eines Handwerks, einer Kunst, einer Wissenschaft) = jäfüd.

zweigen [žváïgĕn]: **sich — =** tuigön (nel.).

Zweigespann [žváï-gĕjpán] n. = telfimäd.

Zweigespräch [žváïgĕjpräq] n. = telspikot.

Zweiggeschäft [žváïkgĕjäft] n. (Filiale) = filial.

Zweigverein [žváïk-fḁ̈r-áïn] m. = näiklub.

Zweiheit [žváï-häït] v. (Dualisme) = telät.

zweiheitlich [žváï-häïtli̥q] = telätik.

zweihundert [žváïhu̥ndĕrt] **200** = teltum.

zweijährig [žváïyḁ̈ri̥q] = telyelik.

Zweikampf [žváï-kámpf] m. = telkomip.

zweiköpfig [žváï-kŏ̥pfi̥q] 1. = telkapik 2. = telcifik.

Zweiköpfigkeit [žváï-kŏ̥pfi̥q-káït] v. = telcif.

Zweilaut [žváï-láu̥t] m. = telton.

Zweilein [žváï-láïn] n. = telil.

zweimal [žváïmal] = telna.

zweimalig [žváïmali̥q] = telnaik.

zweiräderig [žváïrädĕri̥q] = telluibik.

zweischenkelig [žváïjḁ̈ŋkĕli̥q] = teltigik.

zweischneidig [žváï-jnáïdi̥q] = telkötedik, telkötik.

zweiseitig [žváï-sáïti̥q] = telflanik.

zweisitzig [žváï-si̥ži̥q] = telseadöpik.

Zweispänner [žváïjpänĕr] m. = vab telfimädik.

zweispännig [žváïjpäni̥q] = telfimädik.

zweisprachig [žváïjpraqi̥q] = telpükik.

zweitausend [žváïtäu̥sĕnt] = telmil.

zweitägig [žváïtägi̥q] = teldelik.

zweite [žváïtĕ] 1. = telid, **das — Mal** = naed telid, telidnaed, **zum zweiten Male** = telidnaedo 2. **zweiter Hand** (antiquarisch) = neflifedik, **Gebrauchsgegenstand aus zweiter Hand** = neflifedot, **zweites Frühstück** (Lunch) = koled.

zweiteilig [žváï-táïli̥q] = teldilik.

Zweitel [žváïtĕl] n. = teldil.

zweitens [žváïtĕnš] = telido.

zweitmalig [žváïtmali̥q] = telidnaedik.

zweiwertig [žváïvḁ̈rti̥q] = telvalenik.

Zweizahl [žváïžal] v. 1. (Zweier) = telat 2. (Dual) = telnum.

zweizüngig [žváïžṳni̥q] = tellinegik.

Zweizüngigkeit [žváïžṳni̥qkáït] v. = miladäl.

Zwerchfell [žvḁ̈rqfḁ̈l] n. = diafrag.

Zwerg [žvḁ̈rk] m. = nän.

Zwergstamm [žvḁ̈rkjtḁ́m] m. = nänatribüt.

Zwieback [žvi̥bák] m. = biskut.

Zwiebackkasten [žvịbákkáštĕn] m. = biskus
tiär.
Zwiebel [žvịbĕl] v. = beb.
Zwiegespann [žvịgĕĵpán] n. = telfimäd.
Zwiegespräch [žvịgĕĵpräq] n. (Dialog) = tels
spikot.
Zwietracht [žvịtrá̧qt] v. = teläl.
Zwietrachtsgeist [žvịtrá̧qž-gáĭšt] m. = teläl.
zwieträchtig [žvịträ̧qtịq] = telälik.
Zwilch [žvịlq] m. = kut.
Zwillich [žvịlịq] m. = kut.
zwillichen [žvịlịqĕn] = kutik.
Zwilling [žvịlịŋ] m. 1. = teläd 2. (einer zweier
Zwillinge) = telädan 3. st. = siteläd.
zwingen [žvịŋĕn] = mütön (lov.).
Zwingen [žvịŋĕn] n. = müt.
zwingend [žvịŋĕnt] = mütik.
Zwinger [žvịŋĕr] m. (Stall oder Volière) =
lecek.
Zwirn [žvịrn] m. = fadotelamastof.
zwirnen [žvịrnĕn] = fadotelön (lov.).
Zwirnen [žvịrnĕn] n. = fadotelam.
Zwirner [žvịrnĕr] m. = fadotelan.
Zwirnerei [žvịrnĕráĭ] v. 1. = fadotelam 2.
fadotelamöp.
zwischen [žvị̧ĵĕn] 1. = vü 2. (unter, inter)
= bevü.
Zwischenakt [žvị̧ĵĕn=ákt] m. = vüsüf.

zwischenliegend [žvịĵĕnlịgĕnt] = vüik.
Zwischenraum [žvị̧ĵĕnráŭm] m. 1. (spad vü
yegs tel) = vüspad, mit einem — von =
vüspadü 2. (spad bevü dins difik) = bevüs
spad.
Zwischensatz [žvị̧ĵĕnsáž] m. = vüset.
zwischenstehend [žvị̧ĵĕnĵteĕnt] = vüik.
zwischentragen [žvị̧ĵĕntragĕn] = lununädön
(lov.).
Zwischenträger [žvị̧ĵĕnträgĕr] m. = lununädan.
Zwischenzeit [žvị̧ĵĕnžáĭt] v. = vütim, in der —
= vütimo.
zwischenzeitig [žvị̧ĵĕnžáĭtịq] 1. = vütimik 2.
= vüik.
Zwist [žvị̧št] m. (Streitigkeit) = feit.
zwistig [žvị̧štịq] = feitik.
Zwistigkeit [žvị̧štịqkáĭt] v. = feit.
zwölf [žvőlf] 12 = degtel.
Zwölfeck [žvőlf=ä̧k] n. = degtellien.
Zylinder [žülịndĕr, žịlịndĕr] m. 1. = zilid 2.
(Hut) = hät zilidafomik.
Zylinderförmig [žülịndĕrfőrmịq, žịlịndĕrfőrmịq]
= zilidafomik.
zylinderrund [žülịndĕrrụnt, žịlịndĕrrụnt] = zis
lidöfik.
zylindrisch [žülịndrịĵ, žịlịndrịĵ] = zilidik.
Zypresse [žüprä̧šĕ] v. = küpräd.

* *

WELTSPRACHE — DEUTSCH.

VOLAPÜK — DEUTÄNAPÜK.

a, pr. 1. = a, **balats lul — makazims deg** = fünf Stück a zehn Pfennig 2. = auf, auf je, **maks deg — pösod bal** = zehn Mark auf den Kopf, **— mans kil** = auf je drei Mann 3. = für, **ai — step** = Schritt für Schritt 4. = gegen, **— pelam kädöfik** = gegen bar, gegen Barzahlung 5. = je, **— tel** = je zwei, **— degid** = je der Zehnte, **— ma** = je nach 6. = nach, **selön — loun** = nach der Elle verkaufen 7. = per, **— del** = per Tag 8 = zu, **degtelat bal — maks tel** = das Dutzend zu zwei Mark.

ab = aber, sondern, allein, doch, indes, indessen, jedoch.

,abattoir' [abátŭàr] (Fr.) = **pugöp notidik.**

abgüä: noe... — = nicht sosehr... als vielmehr.

abi = sondern auch, **noe... —** = nicht nur... sondern auch.

ad, pr. 1. = auf, **— saun ola** = auf Ihre Gesundheit, **demom — nems bofik** = er hört auf beide Namen, **kusadön — dagetön givuloti** = auf Schadenersatz klagen 2. = in, **cö: pön — dileds** = in Stücke hauen 3. = unter, **levokön — dünäd** = unter die Waffen rufen 4. = zu, um ... zu, **— disein at** = zu diesem Zwecke, zu dem Ende, **papür — penam** = Papier zum Schreiben, **tu bäldik — matikön** = zu alt zum Heiraten, **bevobön jani — sails** = Hauf zu Seilen verarbeiten, **dunob atosi — staud oba** = ich tue das zu meiner Erholung, **tevön — krig** = zu Felde ziehen, **vüdön eki — lotan, — lotedan, — lo: tedön** = einen zu Gaste laden, **dunob atosi — trod ola, — takedükön oli** = ich tue das zu deiner Beruhigung, **— kotenükam oba, — kotenükön obi** = mir zu Befriedigung, **cödetön — deadapön, — deadön** = zum Tode verurteilen, **spidob — nunön ole** = ich beeile mich Ihnen zu melden, **no sufälob, no kanob sufälön — logön omi suföli, — logön, das su: fom,** = logön, das padolom = ich ertrage es nicht, ihn leiden zu sehen, **pekomitob — love: givön ati** = ich habe den Auftrag, das zu übergeben, **fikulos — sludön** = es ist schwer sich zu entschlieszen 4. **— kis?** = wozu? wofür? 5. **vilons dugälön omi — nolan** = sie wollen einen Gelehrten aus ihm machen.

,a. d.' (= ,a dato' [a dàto] lat.) = nach heute.

adas (po fümafom) = als dasz.

adät = der heutige Datum, **jü —** = bis dato, **sis —** = nach heute.

adel = der heutige Tag.

adelao = von heute an.

adelik = heutig.

adelo = heute, am heutigen Tage.

adyö! = adjö! adieu! lebewohl! Gott befohlen!

ag: —! = ach!

agvokäd = Achruf.

agvokädön, nel. = ach rufen.

ai = allezeit, immer, immerzu, stets, jederzeit, allemal, nach wie vor, **— dönu** = allemal, aber und abermals, **— fovo** = nach wie vor, **— föfiö!** = immer vorwärts! **— neplu** = immer weniger, **— no** = immer nicht, **— nog** = noch immer, **— plu** = immermehr.

al = jeder, jedweder, jeglicher.

alan = jedermann, **— votikane, — votikani** = jeder dem andern, jeder den andern.

aldelik = alltäglich, täglich, tagtäglich, **klotem —** = Alltagskleid.

aldüpik = stündlich, jede Stunde.

alik = jeder, jedweder, jeglicher.

alikna = allemal.

alminutik = minütlich.

almulik = monatlich, allmonatlich.

alna = jedesmal, allemal.

alnaedo = allemal.

alo = jedenfalls, auf alle Fälle.

alsudelik = allsonntäglich.

altefo = in jeder Hinsicht.

altelo = zu zweien.

,alto' [álto] (Lit.) = **telidvög.**

alvigik = allwöchentlich, wöchentlich.

alyelik = alljährlich, jährlich.

alyelo = alljährlich.

alzedelik = mittäglich.

an = einige, etliche, **ans** = einige, einzelne, etliche.

aneito (in neit balido kömöl) = diese Nacht, heute nacht, die nächstkommende Nacht.

anik = einige, einzelne, etliche.

anu = geradejetzt.

aposzedelo = heute nachmittag.

as 1. = als, wie, in der Eigenschaft als, **— sam** = zum Beispiel 2. = unter, **— klän** = unter dem Siegel der Verschwiegenheit, **— kodül** = unter einem Vorwand 3. **jäpan — dünan** = ein Schurke von einem Bedienten, **lecedön eki — suenik, — nentütik — mo: nemik, ...** = einen für voll nehmen.

a. s. (= as sam) = z.B., zum Beispiel.

asoaro = heute abend.

at = dieser, **bai** — = danach, darnach, demgemäsz, **in** — = darinnen, hierin, darin, **len** — = daran, **lü** — = dazu, **pla** — = dafür, **pro** — = hierfür, hiefür, **su** — = darauf, auf dieses, **ta** — = dagegen, dawider, **zü** — = darum, daherum.

atflanao = von dieser Seite her.

atflanik = diesseitig.

atflanio = nach dieser Seite hin.

atflano = diesseits, auf dieser Seite.

atflanü, pr. = diesseits.

atim = Gegenwart, Jetztzeit.

atimo = zur Zeit.

atna = diesmal.

atnaik = diesmalig.

attimo = zur Zeit.

ayelik = diesjährig.

ayelo = diesjahr.

A.

,Aachen' [aǧĕn] (D.) = Aachen, **di** — = aachner, **elan di** —, **hielan di** — = Aachner, **jielan di** — = Aachnerin.

,Abruzzi' [abrùži] (Lit.) pl. = Abruzzen.

,Alger' [áljè] (Fr.) = Algier, **di** — = algierisch.

,Algérois' [áljerŭà] (Fr.) pl.: **,Algérois'** = Algierer.

,Algéroise' [áljerŭàs] (Fr.) pl.: **,Algéroises'** [áljerŭàs] = Algiererin.

,Ancona' [ánkòna] (Lit.) = Ancona.

,Androméda' [ándromèda] (V. Gr.) 1. mit. = Andromeda 2. **eläd** —, st. = Andromeda.

,Antwerpen' [ántvärpĕn] (Flan.) = Antwerpen.

,Anvers' [áñvår] (Fr.) = Antwerpen.

,Appennino' [ápánino] (Lit.) = Apenninen.

,Ardennes' [ardänĕ] (Fr.) pl. = Ardennen.

,Argó' [árgo] (V. Gr.) 1. **naf:** —, mit. = Schiff Argo 2. **eläd** —, **sinaf:** —, st. = Schiff Argo.

,Artois' [artŭà] (Fr.): **mekavafon di** — = artesischer Brunnen.

ä.

ä (fo vokats: **äd**) = und, und zugleich auch.

äd, l. eli **ä** !

ädeadöl = abgeschieden.

ädel = der gestrige Tag.

ädelik = gestrig.

ädelo = gestern.

äl = auf... hin, nach... hin, zu... hin, in der Richtung zu, nach, gegen, — **nolüd** = gegen Norden, nach Norden, **yan binon — süt** = die Tür geht auf die Strasze, — **soar** — = auf den Abend.

äneito (in neit lätiko epasetiköl) = diese Nacht, heute Nacht, die letztvergangene Nacht.

änu = eben, soeben, vorhin.

äposzedelo = gestern nachmittag.

äs = wie, gleich, gleichwie, als, — **gesag,** — **gespik** = als Antwort, — **sam** = als Beispiel.

äsä, kony. = wie, als.

äsi = wie auch.

äsoaro = gestern abends.

äsva = als ob, als wenn, wie wenn.

äsvo = gleichsam, sozusagen.

äyelik = letztjährig.

äyelo = voriges Jahr.

b.

ba = allenfalls, etwa, vielleicht, wohl.

babun = Pavian.

babülon = das Babylonisch.

bad = Übel, Schlechtheit.

badäl = schlechte Gesinnung.

badälik = übelgesinnt, schlechtgesinnt.

badik = arg. böse, schlecht, schlimm, übel.

badikön, nel. = eine schlechte Wendung nehmen, schlecht werden.

badikumön, nel. = sich verschlechtern.

badim = Pessimismus.

badiman = Pessimist, Schwarzseher.

badimik = pessimistisch.

badinilud = Argwohn, **nen** — = arglos, ohne Argwohn.

badiniludik = argwöhnisch.

badiniludön, nel. (tefü ek) = argwöhnen (lov.).

badivil = Übelwollen.

badivilik = übelwollend.

badocedik = übelnehmerisch.

badocedön, lov. = verdenken, übelnehmen, für ungut nehmen, für ungut aufnehmen, übel aufnehmen.

badöf = Bösartigkeit, Böswilligkeit, Bosheit, Argwilligkeit.

badöfafred = Schadenfreude.

badöfik = bösartig, böswillig, boshaft.

badön, nel. = böse sein, schlecht sein.

badükön, lov. = schlecht machen.

badükumön, lov. = verschlechtern (lov.).

baeg = das Baggern, Baggerung.

baegan = Baggerer.

baegian = Bagger, Baggermaschine.

baegön, lov. = baggern.

bagaf = Paragraph.

bagafamalül = Paragraphenzeichen.

baged = Parkettfuszboden.

bagedön, lov. = parkettieren.

bagt, k. Siamänik = Baht.

bagtazim, k. Siamänik = Satang.

bai, pr. = gemäsz, nach, je nach, — **at** = danach, darnach, demgemäsz, — **baläd** = vertragsmäszig, — **cal** = standesgemäsz, — **dilod** = anteilgemäsz, — **fünadoküm** = stiftungsgemäsz, — **sev obik** = soviel ich weisz, — **vip ola** = gemäsz ihrem Wunsche gemäsz, gemäsz ihrem Wunsche, **if jenosöv** — **desir oba** = wenn es nach mir ginge.

baiäd = Übereinstimmung (Gleichheit).

baiädik = übereinstimmend, entsprechend.

baiädön, nel. = übereinstimmen, entsprechen.

baiädü = im Einklang mit, konform.
baiädükön, lov. = in Übereinstimmung bringen, in Einklang bringen.
baibinik = stimmend, zutreffend.
baibinön, nel. = stimmen, klappen.
baibinükön, lov. = stimmend machen, klappend machen.
baiblufik = probemäszig, der Probe entsprechend.
baiced = Einstimmung, das Einstimmen.
baicedik = einstimmig, übereinstimmend.
baicedön, nel. = übereinstimmen.
baik = allenfallsig, etwaig.
bail = Vermietung, Verpachtung.
bailan = Vermieter, Verpachter.
bailid = das Zurmietestehen.
bailidik = zu vermieten.
bailidön, nel. = zur Miete stehen.
bailön, lov. = vermieten, verpachten.
bain = Balsem.
bainik = balsamisch.
bainön, lov. = balsamieren, einbalsamieren.
bainunik = angeblich.
baiod = Einvernehmen.
baisagädik = angeblich.
baisamädik = probemäszig, dem Exemplar entsprechend.
baisenälön, lov. = sympathisieren (mit einem Andern einig fühlen und denken).
baisötik = pflichtgemäsz, pflichtmäszig.
baitimädim = Zeitgemäszheit.
baitimädimik = zeitgemäsz, dem Zeitgeist gemäsz.
baiton = Harmonie.
baitonav = Harmonielehre.
baitonik = harmonisch.
baitonikön, nel. = harmonisch werden.
baitonön, nel. = harmonieren.
baitonükam = das Stimmen (der Instrumente).
baitonükön, lov. = harmonisch machen, stimmen (Instrumente).
baivögön, nel. = einstimmen, übereinstimmen.
baivögü = in Übereinstimmung mit.
bajkirans = Baschkiren.
bak = das Backen.
bakaböv = Backtrog, Backmulde.
bakacan = Backware.
bakafit = Backfisch.
bakafurnod = Backofen.
bakajup = Backschaufel, Backschieber, Backschieszer.
bakan = Bäcker.
bakaston = Backstein.
bakot = Gebäck.
bakotem = Backwerk.
bakön, lov. = backen.
baköp = Backhaus, Backort, Bäckerei.
bakun = Altan, Balkon.
bal, 1 = ein, — e teldil — = anderthalb, — len votik = aneinander, — love votik = über einander (hin), — pos votik = nach einander, — se votik = auseinander, — sus votik = übereinander.
balam = das Vereinigen.

balamovik = vereinbar.
balan = einer (Person), — kol votikan = gegeneinander, — lä votikan = beieinander — pos votikan = nach einander, — ta votikan = wider einander, — votikane, — votikani = einer dem andern, einer den andern, — manas = einer von den Männern.
balat = Einheit, Stück.
balatacan = Stückgut.
balatam = Union.
balatik = einheitlich, einzeln, jeder absonderlich, jeder für sich allein, din — = Einzelding.
balato = einzeln (ladv.), im einzelnen.
baläd = Kontrakt, Vertrag, Übereinkunft, Vereinbarung, Akkord, — töka rezipik krigafanäbas = Auslösungsvertrag, bai — = kontraktmäszig, vertragsmäszig.
balädam = Übereinstimmung.
balädik = einig, übereinstimmend.
balädikam = Verständigung, Abfindung, Einigung, Akkordierung, Abmachung, — gudöfik = Kompromisz.
balädikön, nel. = einig werden, eins werden, sich einigen, sich abfinden.
balädön, nel. = einig sein, einig gehen.
balädü = in Übereinkunft mit.
balädükam = das Übereinkommen, das Treffen einer Übereinkunft.
balädükön, lov. = vereinbaren, übereinkommen.
baläl = Eintracht, Einigkeit.
balälik = einträchtig, einmütig.
balboat, k. Panamänik = Balboa.
balboatazim, k. Panamänik = Cent.
balbromletan, C_2H_5Br = Äthylbromid.
baldelavobod (= vobod dela bal) = Tagewerk.
baldelik = eintägig.
baldilo = einesteils.
baldüpik = einstündig.
balen = Fischbein.
balfimäd = Gespann von einem Zugtiere.
balfimädik = einspännig.
balflanik = einseitig, kapadol — = einseitiger Kopfschmerz.
balflano = einerseits.
balfom = Einförmigkeit.
balfomik = einförmig.
balᶠosfinakilklorin, PCl_3 = Phosphortrichlorid.
balfosfinalulklorin, PCl_5 = Phosphorpentachlorid.
balhidrälbismutinibäd (ü bismutulabäd), $BiO.OH$ = Bismuthylhydroxyd.
balhidrälstibinabäd, $SbO.OH$ = Antimonylhydroxyd.
balhidrillamoniak, NH_2OH = Hydroxylamin.
balhidrillamoniumaklorid, $NH_2OH.HCl$ = salzsaures Hydroxylamin.
balhidrillamoniumanitrat, $NH_2OH.HNO_3$ = salpetersaures Hydroxylamin.
balhidrilsulfatazüd (ü semosulfatazüd), $H_2S_2O_7$ = Pyroschwefelsäure.
balholik = ein Stunde Wegs, eine Wegstunde.
balhon = Einhorn.

balib = Bart.
balibijeifan = Bartscherer, Barbier.
balibik = bartig, bärtig, gebartet, gebärtet.
balibön, lov. = bebarten, mit einem Barte versehen.
balid = erste, erst.
balidcil = Erstling.
balidfluk = Erstling.
balidflumot = Vorlasz, Vorlauf.
balidgärman, GeH_4 = Germaniumwasserstoff.
balidklad = klad balid.
balidkladan = Schüler der ersten Klasse.
balidmotam = das erste Gebären.
balidmotäb = der Erstgeborene.
balidmoted = Erstgeburt.
balidnaed = naed balid.
balidnaedik = erstmalig.
balidnaedo = erstmals, zum ersten Male.
balidnimül = Erstling.
balido = erst, erstens, fürs erste.
balidsilikan, SiH_4 = Monosilan.
balidson = erstgeborner Sohn, Stammhalter.
balidviäl = erste Violine.
balidvög = Sopran.
balik = einig.
baliko = einzig, son — pemotöl = eingeborner Sohn.
balil = Einerchen.
balion, 1'000'000 = Million.
balionan = Millionär.
balionat = Millionzahl.
balkalinlamoniak (ü kalinalamid), NH_2K = Kaliumamid.
balkapik = einköpfig.
balkarbinatelselenin, CSe_2 = Selenkohlenstoff.
balklorbalidsilikan, SiH_3Cl = Chlormonosilan.
balklorlamoniak, NH_2Cl = Chloramin.
balklorüllarsenitazüd, H_2AsO_2Cl = Arsenoxychlorid.
balklorülsulfatazüd, $HClSO_3$ = Chlorsulfonsäure.
balkölik = einfarbig.
ballaluminadegtelborin, AlB_{12} = Aluminiumborid.
ballamidülrotofosfatazüd, $H_2PO_3NH_2$ = Amidophosphorsäure.
ballarseninakilklorin, $AsCl_3$ = Arsentrichlorid.
balliridinafolklorin, $IrCl_4$ = Iridiumtetrachlorid.
balliridinakilklorin, $IrCl_3$ = Iridiumtrichlorid.
ballog = Einäugigkeit.
ballogan = der Einäugige.
ballogik = einäugig.
ballosminafolloxin, OsO_4 = Osmiumtetroxyd.
ballögädik = einfüszig.
balmodiko = auf einerlei Weise.
balmolibdinamälfluorin, MoF_6 = Molybdenhexafluorid.
balmolibdinatelloxin, MoO_2 = Molybdendioxyd.
balna = einmal, no — = nicht einmal.
balnaediko = ein einzigesmal.
balnaik = einmalig.
balnamik = einhändig.

balnitrinakilnatrinasulfion, $N(SO_3Na)_3$ = nitrosulfonsaures Natrium.
balnitrinatelloxin, NO_2 = Stickstoffdioxyd.
balnum = Einzahl.
balnumik = einzählig.
balo = in einem fort, in eins fort.
balön, lov. = einen, einigen, vereinigen.
balpadülik = einspaltig, einkolonnig.
balruteninafolloxin, RuO_4 = Rutheniumtetroxyd.
balseleninafolklorin, $SeCl_4$ = Selentetrachlorid.
balset = einfacher Satz.
balsilab = Einsilbigkeit.
balsilabik = einsilbig.
balsilikinatelsulfin, SiS_2 = Schwefelsilicium.
balsotik = einerlei.
balspanageilotik = spannenhoch.
balspikot = Monolog, Selbstgespräch, Alleingespräch.
balstibinakilhidrin, SbH_3 = Antimonwasserstoff.
balstibinakilklorin, $SbCl_3$ = Antimonchlorid.
balstibinalulklorin, $SbCl_5$ = Antimonpentachlorid.
balston = Monolith, Einstein.
balsulfinafolklorin, SCl_4 = Schwefeltetrachlorid.
balsulfinamälfluorin, SF_6 = Schwefelfluorid.
balsulfinatelklorin, SCl_2 = Schwefeldichlorid.
balsulfosulfatazüd, $H_2S_2O_3$ (= $S_2O(OH)_2$) = Thioschwefelsäure.
baltitaninafolklorin (ü titaninaklorid) $TiCl_4$ = Titanchlorid.
baltoumik = einteilig, einbändig.
balug = Einfachheit, Schlichtheit.
balugäl = Einfalt, Natürlichkeit des Herzens, Naivetät.
balugälik = einfältig, naiv.
balugik = einfach, einfältig, schlicht.
balugiko = einfachhin, auf einfache Weise, schlechthin, schlichtweg.
balugön, nel. = einfach sein.
balugükön, lov. = vereinfachen.
balüd = Prime (Intervall).
balüf = Prime (erster Ton).
balüm = Solo.
balvalen = Einwertigkeit, Univalenz.
balvalenik = einwertig, univalent.
balvolframinamälklorin, WCl_6 = Wolframhexachlorid.
balvögik = einstimmig, lid — = ein einstimmiges Lied.
balyelan = Einjähriger.
balyelik = einjährig.
balyim = Millionstel, Milliontel.
balzänilabik = Konzentrisch.
bam = Bank, Sitzbank.
bambud = Bambus.
ban = Bad.
banablit = Badehosen.
banacem = Badezimmer.
banadom = Badehaus.
banajidünan = Badefrau.
banalekäl = Badekur.
banalotedan = Badegast.

banalotidöp = Badehotel.
banam = das Baden.
banaspog = Badeschwamm.
banastitod = Badeanstalt.
banatop = Badeplatz.
banatüb = Badewanne.
bank = Bank.
bankadilod = Bankaktie.
bankal = Bankier.
bankazöt = Banknote.
banköp = Bankhaus.
bankrut = Falliment, Fallissement, Bankerott, Bankbruch, Konkurs, Gant.
bankrutik = fallit, bankerott, zahlungsunfähig, in Konkurs.
bankrutikön, nel. = fallieren, in Konkurs geraten, fallit werden.
bankrutön, nel. = fallit sein, zahlungsunfähig sein.
banorem = Panorama.
banön, nel. = baden.
banöp = Badeort.
bantun = Bantu-Neger.
banüp = Badezeit.
baol = Ball, Tanzfest.
baolet = Ballet.
baonan = Baron.
bap = Niedrigkeit, niedrige Gesinnung.
bapäl = Niederträchtigkeit.
bapälik = niederträchtig.
bapik = niedrig, niedrig gesinnt.
bapükön, lov. = erniedrigen.
bar = Barre.
barak = Schuppen, Verschlag, Speicher, Scheuer, Scheune, Baracke, Hütte.
barakam = Aufspeicherung.
barakön, lov. = aufspeichern.
barbar = Barbarei.
barbaran = Barbar.
barbarik = barbarisch.
barbarim = Barbarismus.
barin, Ba (‚barium') = Barium.
barinafolküanidilplatinoat, BaPt(CN)₄ = Bariumplatinocyanid.
barinakarbat, BaCO₃ = Bariumkarbonat.
barinaklorid, BaCl₂ = Bariumchlorid.
barinaloxid, BaO = Bariumoxyd.
barinanitrat, Ba(NO₃)₂ = Bariumnitrat.
barinapärloxid, BaO₂ = Bariumsuperoxyd.
barinasulfat, BaSO₄ = Bariumsulfat.
‚baritono' [baritono] (Lit.) = Bariton, **kanitön in el —** = Bariton singen.
baromet = Barometer.
baroskop = Wetterglas, Baroskop.
basar = Basar, Bazar.
basänt = Absint, Wermut.
basäntik = absintisch, wermuthaltig.
basin = Becken, Wasserbecken.
bask = das Baskisch.
baskan = Baske.
basoin = Basalt.
‚basso' [bášo] (Lit.) = **folidvög.**
bastar = Bastard, Bankerd.
bastaravöd = Fremdwort.

bastet = Pastete.
bastetel = Pastetenbäcker.
basun = Fagott.
basutov = Basutosprache.
basutovan = Basuto.
batakan = Battak.
batay = Bataillon.
batit = Batist.
bavet = Brustlatz, Vorstecker.
bayonät = Bajonett.
bäad = Ebenholz.
bäadik = von Ebenholz.
bäd = Base (kiem.).
bädimafam = Alkalimetrie.
bödöfik = basisch.
bäf = Baszgeige.
bäfakiküf = Baszschlüssel.
bäfan = Bassist.
bägod (tem Lindänik, Tsyinänik, ...) = Pagode.
bäk = Rücken.
bäkasakäd = Tornister, Ranzen, Rucksack.
bäl = Beere.
bälät = Weide, Viehweide.
bälätamagitod = Triftrecht, Weiderecht.
bälätön, lov. = weiden.
bäld = Alter, Betagtheit, das Altsein.
bäldan = Greis.
bäldanik = greisenhaft.
bäldavised = Altklugheit.
bäldavisedik = altklug, klüger als den Jahren nach zu erwarten.
bäldik = alt, betagt, **mu —** = uralt.
bäldikön, nel. = altern, alt werden.
bäldilik = ältlich.
bäldisur = Altersversicherung.
bäldot = Alter, Lebensalter, **laböl bäldoti yelas teldeg** = mit zwanzig Jahren, **labom bäldoti yelas mödikum ka foldegas** = er ist über 40 Jahre alt, er ist über die vierziger hinaus.
bäldotü = im Alter von, **— yels teldeg** = mit zwanzig Jahren.
bäldükön, lov. = alt machen.
bälem = Traube, Beerenbüschel.
bälemafomik = traubenförmig.
bälid = Bauch.
bälidadol = Bauchweh, Bauchgrimmen.
bälidadrop = Bauchwassersucht.
bälidazönül = Bauchgurt.
bälidik = den Bauch betreffend.
bälido = bäuchlings.
bälidöf = Bauchigkeit.
bälidöfik = bauchig, bäuchig.
bälied (= ‚bellis' [bális] lat.) = Gänseblume, Gänseblümchen, Maszlieb, Maszliebchen.
bälun = Ballon.
bän = Ebbe.
bängaliy = das Bengali.
bänsin = Benzin.
bänsol = Benzol.
bänüp = Ebbezeit.
bärbär = das Berberisch.
bärbäran = Berber.

bärgamot = Bergamotte (fluk ela ,citrus bergamotta').
bärgamotabim = Bergamotte (bim: ,citrus bergamotta').
bärgamotabün = Bergamotte, Fürstenbirne.
bärgamotaleül = Bergamottöl.
bäset = Korb.
bäsetel = Korbflechter, Korbmacher.
bäsetil = Körbchen.
bäsin = fayence.
bäsinacan = Steingut, Steinzeug.
bät = Lockung.
bätazib = Köder, Lockspeise.
bätod = Verleitung, Verführung.
bätodan = Verleiher, Verführer.
bätodik = verführerisch.
bätodovik = verführbar.
bätodön, lov. = verleihen, verführen.
bätosüükön, lov. = entlocken.
bätön, lov. = locken.
beat = Seligkeit, das Seligsein.
beataspikam = Seligsprechung.
beataspikön, lov. = selig sprechen.
beatik = selig, mu beatikün = allerseligst.
beatikön, nel. = selig werden.
beatön, nel. = selig sein.
beatükam = Seligmachung.
beatükön, lov. = beseligen, selig machen.
beb = Zwiebel.
bebükön, lov. = bedrucken.
becöpön, lov. = behauen.
bed = Bett.
bedaplüm = Bettfeder.
bedastofädem = Bettzeug, stof ad — =
Bettügerzeug.
bedastofed = Bettuch.
bedateged = Bettdecke.
bedekeön, lov.: — guni = den Rock ausbürsten.
bedivamükian = Bettwärmer.
bedotön, lov. = bezweifeln, in Zweifel ziehen.
bedön, lov. = betten.
bedrenön, lov. = beweinen.
beduin = Beduine.
,beef marrow' [bif mårŏŭ] (Lin.) = beef.
,beefsteak' [bifšteĭk] (Lin.) = Beefsteak.
befeil = Bearbeitung des Ackers.
befeilön, lov.: — länedi = das Land, das Feld
bebauen, bestellen.
befeit = Anfechtung.
befeitovik = bestreitbar, abstreitbar, binön befeitovik = bestreitbar sein, vedön befeitovik
= bestreitbar werden.
befeitön, lov. = bestreiten.
befeitükön, lov. = bestreitbar machen.
befimädam: — vaba = Bespannung eines Wagens.
befimädön, lov.: — vabi ko jevods = den
Wagen mit Pferden bespannen.
befoön, lov. = vorangehen, vorhergehen.
befrodön, lov. = bereifen, mit Reif bedecken.
beg = Bitte, das Ersuchen, das Ansuchen.
began = Bitter, ein Bittender.

begapenäd = Bittschrift, schriftliches Bittgesuch.
begapenädan = Bittsteller.
begesag = (mündliche) Beantwortung, Erwiderung.
begesagü = antwortlich des, in Antwort auf.
begespik = Beantwortung.
begespikön, lov. = antworten.
begespikü = antwortlich des.
begifülön, lov.: — floris = die Blumen begieszen.
begik = bittlich.
begiräb = Indossat, Girat, Indossator.
begivön, lov. = begaben.
begolov: — vega = Gangbarkeit eines Weges.
begolovik = gangbar, wegbar, wegsam.
begolön, lov.: — vegi = einen Weg begehen.
begön, lov. = bitten, ersuchen, ansuchen, — eke
(bosi, . . .) = an einen eine Bitte tun, —
säkusadi = um Entschuldigung bitten, um
Verzeihung bitten, um Vergebung bitten, abbitten, Abbitte tun.
begrämön, lov. = erklettern.
bei, pr. = vorbei, vorüber.
beiäd = Übergehung.
beiädön, lov. = übergehen (lov.).
beigolön, lov. = vorbeigehen, vorübergehen.
beimalek = Vorbeimarsch, Défilé.
beimalekön, lov. = verbeimarschieren.
beit = Bisz, das Beiszen.
beitatut = Beiszzahn, Schneidezahn.
beitazäp = Beiszzange.
beitik = bissig.
beitil = Biszchen.
beitön, lov. = beiszen.
beivegön, lov. = vorbeifahren.
bejäfabot = das Zubehalnde.
bejäfot = das Behandelte.
bejäfön, lov. = behandeln, sich beschäftigen
mit, sich mit etwas abgeben.
bejed = Bewerfung.
bejedön, lov. = bewerfen, werfen.
bejütön, lov. = beschieszen.
bekanitön, lov. = besingen.
bekomipön, lov. = bekämpfen.
bekomitön, lov. = beauftragen.
bekonsälön, lov.: — eki = einen beraten, mit
Rat versehen.
bekötön, lov. = schneiden, beschneiden.
bekrig = Bekriegung.
bekrigön, lov. = bekriegen.
bel = Berg, ve — donio = bergab, bergabwärts, ve — löpiö = bergan, berganwärts,
bergauf, bergaufwärts.
belabäk = Bergrücken.
beladetäb = Adressat.
belaked = Bergkette.
belalanan, belalanans = Berggeist(er).
belalän = Gebirgsland.
belaloveveg = Gebirgspasz.
belamasif = Gebirgsstock.
belan = Bergbewohner, Gebirgsbewohner.
belapred = Bergpredigt.
belatar = Bergteer.

belägön, lov. = behängen.
belegivön, lov.: — **eki** = einen beschenken.
belem = Gebirge.
beleseat = Belagerung.
beleseatamod = Belagerungsweise.
beleseatan = Belagerer.
beleseatastad = Belagerungszustand.
beleseatön, lov. = belagern.
beletäv = Exploration, Erforschung.
beletävön, lov. = explorieren, erforschen.
belgad, k. Belgänik = Belga, — **bal** = frans Belgänik lul.
belgadazim, k. Belgänik = Centième.
belifön, lov. = erleben, leben (lov.), verleben.
belik = bergig, bergicht, gebirgig.
belod = Belastung, Beschwerung.
belodön, lov. = belasten, beschweren, beladen, — **nafi** = ein Schiff laden, beladen, — **ko debs** = verschulden, mit Schulden beladen.
belotädön, lov.: — **domi** = ein Haus beziehen, in ein Haus einziehen.
belödan = Bewohner.
belödön, lov. = wohnen, bewohnen, einlogieren, ansässig sein.
belugam = Belügung.
belugön, lov.: — **eki** = einen belügen.
beluspikön, lov. = beschwatzen, beschwätzen.
belutsyistans = Belutschen.
belügön, lov. = betrauern.
bem = Balken.
bemagivön, lov. = bezaubern, behexen.
bemastikön, lov. = bemeistern.
bemem = Gebälk, Balkenwerk.
bemonitan = Bereiter.
bemonitön, lov. = bereiten.
bemül = Stange, — **boadik ü boadabemül** = hölzerne Stange, — **ferik ü ferabemül** = Eisenstange.
ben = das Wohl, Wohlsein, Wohlbefinden, Wohlergehen, Wohlfahrt.
benäd = Gnade, Wohlwollen, Begnadigung, Huld.
benädan = Begnadiger, Gnadeerweiser.
benädik = gnädig, wohlwollend, huldreich, huldvoll.
benädön, lov. = gnaden, begnaden.
benädü: — **God** = von Gottes Gnaden.
bened = Segen.
benedam = Segnung, das Segnen.
benedan = Segner.
benedik = segensreich.
benedön, lov. = segnen, einsegnen, — **mati** = den Ehebund segnen, einsegnen.
benefid = Benefizium.
benefidan = Benefiziat.
benefidön, nel. = Benefiziat sein.
benen = Banana, Pisang.
benik = wohl, wohlzumute, sich wohlbefindend.
benikam = das Gedeihen.
beniköl = gedeihlich.
benikön, nel. = gedeihen, prosperieren, wohl werden.
beno = wohl, zum Wohle.
benobaiodik = in gutem Einvernehmen.
benobaiodo = in gutem Einvernehmen.

benod = Wohltat.
benodan = Wohltäter.
benodäl = Wohltätigkeit.
benodälik = wohltätig.
benodik = wohltuend.
benodistükön, lov.: — **oki** = sich auszeichnen.
benodön, lov. = wohltun.
benodugäl = Wohlerzogenheit, Gebildetheit.
benodugälam = Anständigmachung, Bildung.
benodugälik = wohlerzogen, gebildet.
benodugälön, lov. = durchbilden, ausbilden.
benofät = Los, Schicksal (günstiges), Fortkommen, **olabom sio benofäti** = er wird schon sein Fortkommen haben.
benogeted = Bewillkommnung.
benogetedön, lov. = bewillkommnen.
benokondötön, nel. = sich gut benehmen, taugen.
benoköm = Willkomm, das Willkommen.
benokömaglid = Willkommwort, Begrüszungswort.
benokömö: —! = willkommen!
benokömön, nel. = gelegen kommen.
benolab = Wohlfahrt, Wohlstand.
benolabik = wohlhabend, vermögend.
benoladälo: **lio kanol-li — sludön ad somikos?** = wie kannst du das über dich gewinnen? wie kannst du das über das Herz bringen?
benomotedik = wohlgeboren.
benonatälik = wohlgeartet.
benorepüt = guter Name, guter Ruf.
benorepüto = in gutem Rufe (stehend).
benosmeiko = mit Appetit.
benosmek = Wohlgeschmack.
benosmekik = wohlschmeckend, lecker, leckerhaft.
benosmekön, nel. = gut schmecken, wohl schmecken, munden.
benosmel = Wohlgeruch, Wohlduft, Duft, Parfüm.
benosmelik = wohlriechend, wohlduftend, duftend.
benosmelot, **benosmelots** = Parfümerie, Räucherwerk.
benosmelön, nel. = gut riechen, wohl riechen, duften.
benosüpot = Überraschung, Surprise.
benoton = Wohllaut, Wohlklang.
benotonik = wohllautend, wohlklingend.
benotonön, nel. = gut klingen, wohl klingen.
benovim = gute Laune.
benovimo = bei guter Laune.
benovip = Glückwunsch, Beglückwünschung, Gratulation.
benovipan = Beglückwünscher, Gratulant.
benovipön, lov. = beglückwünschen, gratulieren, **benovipob oli pö, demü motedadel olik** = ich gratuliere dir zu deinem Geburtstage.
benö: —! = gut! je nun! nun denn! nun gut! wohlan!
benön, nel. = sich wohl befinden, wohl sein.
benovögik = bei Stimme.
benovögo = bei Stimme.

benü = zum besten, zum frommen, zum Wohle des, — **pöfikans** = zum Besten der Armen.

benüköl = wohltätig, wohltuend.

benükön, lov. = wohl machen, wohltun, wohl bekommen.

bepänan = Maler.

bepänön, lov. = bemalen.

bepenam = Beschreibung, das Beschreiben.

bepenan = Beschreiber.

bepenot = Beschreibung.

bepenön, lov. = beschreiben.

bepladön, lov.: — **bosi ko** = etwas besetzen mit.

beplanön, lov.: — **topi ko bims** = den Ort mit Bäumen bepflanzen.

bepönidön, lov. = verwirken, **ebepönidom dub dunot at lifi oka** = durch diese Tat hat er sein Leben verwirkt.

ber = Bär.

beraskinaluhät ü luhät beraskinik = Bärenmütze.

beravön, lov. = berauben.

berik = bärenartig.

berilin, Be, ,beryllium' = Beryllium.

berilinaloxid ü berilatastabot, BeO = Berylliumoxyd.

berilinasulfat, BeSO₄ = Berylliumsulfat.

beriyag = Bärenjagd.

besäplanön, lov.: — **länedi** = das Land reuten.

beseid = Besetzung, das Besetzen.

beseidön, lov. = besetzen.

beseit = Belegung, das Belegen.

beseitön, lov. = belegen.

besepedön, lov. = auspressen, ausdrücken, — **vitidabälis** = die Trauben ausdrücken, auspressen.

beslipön, lov.: — **bedi** = das Bett beschlafen.

besmeilön, lov. = beriechen.

besmilön, lov. = belachen, belächeln, auslachen, verlachen.

besmivön, lov. = beschmieren.

besov = Besamung, Besäung.

besovön, lov. = besamen, besämen, besäen, übersäen, — **feilalänedi** = das Feld besäen.

bespik = Besprechung, Verhandlung.

bespikön, lov. = besprechen, abhandeln, verhandeln.

besteifön, lov. = nachstreben, nacheifern.

besteigädön, lov. = anfüllen, vollstopfen, ausstopfen.

bestepön, lov.: — **vegi** = einen Weg betreten, im Schritt begehen.

bestürön, lov. = überschütten.

bet = Bet, Gartenbeet.

betad = Runkelrübe, Bete.

betävam = das Bereisen, Bereisung.

betävön, lov. = bereisen.

betenidükam: — viäla ko stins = die Bespannung einer Geige mit Saiten.

betenidükön, lov.: — **viäli ko stins** = eine Geige mit Saiten bespannen.

betidön, lov.: — **eki** = einen belehren.

betifön, lov.: — **eki demü bos** = einem um etwas bestehlen.

betikön, lov. = denken an.

betiridön, lov.: — **largenti ad drat** = Silber zu Draht ziehen.

betsilovans = Betsileos.

bevegön, lov. = begehen, befahren.

bevob = Bearbeitung, **in** — = in Arbeit.

bevobön, lov. = bearbeiten, arbeiten (lov.), verarbeiten, **bevobom vödabuki** = er arbeitet an einem Wörterbuche, — **pro musigalef** = orchestrieren.

bevü = zwischen, unter, inter, **feit — flens** = ein Zwist unter Freunden, **blinön moni — mens** = Geld unter die Leute bringen, — **votikans samo:...,** — **votiks samo: ...** = unter anderen, unter anderem, **bäldikün, bäl dikünan — ons,** — **oms** = der älteste unter ihnen, **äbinom, ästanom zänodo — ons,** — **oms** = er stand mitten unter ihnen.

bevümigön, lov. = untermengen, untermischen.

bevünetik = international.

bevüspad (spad bevü dins difik) = Zwischenraum.

bexänovik = zu besteigen, besteigbar.

bexänön, lov. = besteigen, ersteigen.

bi = weil, da, indem.

biad = Birke, Birkenbaum, Weiszbirke.

biadafot = Birkenwald.

bib = Bibel, heilige Schrift.

bibik = biblisch.

bibliograf = Bibliographie.

bibliografan = Bibliograph.

bibliografik = bibliographisch.

bid = Art, Gattung.

bidäd = Rasse.

bidir, gr. = Modus, Modusform.

bidirafom, gr. = Modusform.

bied = Bitterkeit, Bitteres, das Bittersein.

biedadrined = ein bitteres Getränk.

biedavat = Bitterwasser.

biedäd = ein Bitter.

biedäl = Bitternis, Verbitterung.

biedälam = Erbitterung.

biedälik = erbittert.

biedälikön, nel. = bitter werden, sich erbittern.

biedälön, nel. = erbittert sein.

biedälükön, lov. = erbittern, verbittern.

biedik = bitter.

biedilik = bitterlich.

biedin = Bitterstoff.

biedön, nel. = bitter sein.

biedükam = Verbitterung.

biedükön, lov. = bittern, bitter machen.

bieg = Verbeugung, Verneigung.

biegädön, nel. = sich bücken.

biegön, nel. = neigen, sich verneigen, sich verbeugen, eine Verbeugung machen, — **lü ek** = sich zu einem neigen.

bien = Biene, Imme.

bienabäset = Bienenkorb.

bienabäsetem = Bienenstand, Bienenhaus.

bienajireg = Bienenkönigin, Bienenweisel.

bienaküm = Bienenschwarm, Imme.

bienam = Bienenzucht.

bienamakapütül = Bienenhaube, Bienenkappe.

bienan = Bienenzüchter, Bienenzeidler, Bienenmann, Bienenmeister, Bienenvater, Bienenwärter, Imker.
bienaväk = Bienenwachs.
bienazil = Bienenfleisz.
bienaziöb = Bienenzelle.
bienem = Bienenvolk.
bienön, nel. = Bienen züchten, imkern.
biet (= ,abies', [ábiäš,] lat.) = Silbertanne, Weisztanne.
big = Dicke, das Dicksein.
bigabälid = Wanst, Dickbauch, Dickwanst.
bigacügik = dickbackig.
bigik = dick.
bigikön, nel. = dick werden.
bigikumön, nel. = dicker werden.
bigot = Dicke (Masz).
bigön, nel. = dick sein.
bigükön, lov. = dick machen.
bigükumön, lov. = dicker machen, andicken, verdicken.
bijop = Bischof.
bijopacal = Bischofsamt.
bijopahät = Bischofshut, Bischofsmütze, Inful.
bijopastaf = Bischofsstab.
bijopavin = Bischof (ein warmes Getränk).
bijopaziläk = Bistum, Diözese.
bijopän = Bistum, Diözese.
bijopik = bischoflich.
bijopöp = Metropole (eines Bischofs), Bischofsstadt.
bijut = Kleinod, Bijou, Juwel.
bijutel = Juwelier.
bijutül, bijutüls = Schmucksache(n), Bijouterie(n).
bil = Galle.
bilen = Bilanz, Handelsbilanz.
biliar = Billardspiel.
biliaran = Billardspieler.
biliarastaf = Billardstock, Queue.
biliaröm = Billard.
biliarön, lov. = billardspielen.
biliet = Billet, Billett.
bim = Baum.
bimabled = Baumblatt.
bimag = Baumreichtum.
bimagad = Baumgarten.
bimagik = baumreich.
bimajal = Baumrinde, Baumbast.
bimaletuig = Baumast.
bimanijal = Baumbast.
bimaplöjal = Baumrinde, — **ad taenam** = Gerberrinde.
bimasümik = baumartig.
bimibrid = Baumzucht.
bimibridöp = Baumschule.
bimik = den Baum betreffend.
bimil = Bäumchen.
bimisaov = Baumsäge.
bimoin = Bimstein.
bimül = Strauch, Staude.
bimülik = strauchartig, staudig, staudenartig.
bin = das Sein.
binat = Bination.

binatön, lov. = binieren.
bінäd = Bestandteil.
binädön, nel.: — **me** = bestehen aus.
binädükön, lov.: — **oki me** = sich zusammensetzen aus.
binäl = Wesen, Essenz, Wesenheit, das Wesentliche, Quintessenz.
binälik = wesentlich.
binälo = wesentlich, im Wesentlichen.
binälön, nel.: — **in** = bestehen in.
binet = Element (kleinster Bestandteil eines Ganzes).
binod = Struktur, der Bau.
binön, nel. = sein, **binom pidabik, binom plonabik** = es ist schade um ihn, — **tikälafibik** = schwach am Geiste sein, **at binon mu badik** = das steht unter aller Kritik, **lelöf binon din jönik** = es ist eine schöne Sache um die Liebe, **binos blig ola ad...** = es steht bei dir zu..., **ob binob utan, kel lebüdob** = es ist an mir zu befehlen, — **ledin** = darauf ankommen, **mödikos binon pro, gönü at, pro, gönü atos, pro, gönü on** = das hat viel für sich, — **lomo**, — **domo**, — **in dom** = zu Hause sein.
binü = aus, — **fer** = aus Eisen.
binükön, lov. = sein machen.
bir = Bier.
biraköp = Bierkrug, Bierglas.
biralef = Bierhefe.
biram = das Brauen, Brauerei.
biramadünan = Brauerknecht.
biratub = Bierfasz.
birel = Brauer, Bierbrauer.
biret = Barett, Birett.
biribötädöp = Bierhaus.
birot = Gebräu, Gebräude.
birön, lov. = brauen, Bier machen, Bier brauen.
biröp = Brauhaus, Brauerei.
bis, ladv. = wenn nur.
bisar = Sonderbarkeit, Bizarrerie, Absonderlichkeit, Wunderlichkeit.
bisaran = Sonderling, wunderlicher Kauz, Original (Mensch).
bisarik = sonderbar, bizarr, absonderlich, wunderlich.
bisarö: —! = sonderbar!
bisä = wofern, vorausgesetzt das (in Fr.: ,pourvuque').
,bishop' [bíjep] Lin. = **bijopavin.**
biskit = Biskuit.
biskut = Zwieback.
biskutiär = Zwiebackkasten.
bismutin, Bi, ,bismuthum' = Wismuth.
bismutinibäd ü **kilhidrälbismutinibäd,** $Bi(OH)_3$ = Wismuthhydroxyd.
bismutiniloxid, Bi_2O_3 = Wismuthtrioxyd.
bismutinisulfid, Bi_2S_3 = Wismuthtrisulfid.
bismutulabäd, BiO.OH = Wismuthylhydroxyd.
,bisschop' [bís-qóp] Ned. = **bijopavin.**
bisü, präp. = gegen, — **föl** = gegen Einhaltung.
bit = Verfahren.

bitikam = Auftritt (Erscheinen des Auftretenden).

bitikön, nel. = auftreten.

bitön, nel. = verfahren, vorgehen, — **fopiko,** — **äs fopan** = sich närrisch benehmen, — **äs cädan** = eine wichtige Miene annehmen, eine wichtige Miene aufsetzen, sich wichtig machen, wichtig tun.

biv = Biber.

blaatif = Ablativ.

blad = Gebläse, das Blasen.

bladarüd = Blaserohr.

bladastum = Blasinstrument.

bladokvänön, lov. = ausblasen.

bladosvolükön, lov. = aufblasen.

bladovagükön, lov.: — **nögi** = ein Ei ausblasen.

bladöm = Blasebalg.

bladön, lov. = blasen.

blam = Aussetzung, Verweisung, Rüge, Tadel, Miszbilligung.

blamab = Tadelhaftigkeit.

blamabik = tadelhaft, tadelnswert, tadelnswürdig, rügbar, zu tadeln.

blamabön, nel. = zu tadeln sein.

blaman = Aussteller, Tadler.

blamet = Anmerkung, (miszbilligende) Bemerkung.

blamiäl = Tadelsucht, Krittelei.

blamiälam = Kritisiererei, Mäkelei.

blamiälan = Krittler, Bemäkler.

blamiälik = tadelsüchtig, krittlig.

blamiälön, lov. = kritteln, bekritteln, bemäkln.

blamön, lov. = aussetzen, ausstellen, rügen, tadeln, verweisen, miszbilligen.

blasfäm = Fluch, Gotteslästerung.

blasfämö: —! = malefiz! verflucht!

blasfämön, nel. = fluchen, Fluche ausstoszen.

bläf = Vergeltung, das Vergelten.

bläfan = Vergelter.

bläfod = Vergeltung (das, wodurch etwas vergolten wird: Strafe, Belohnung).

bläfön, lov. = vergelten.

bläg = Schwärze, schwarze Farbe.

blägabük = Schwarzdruck.

blägajevod = Rappe, rabenschwarzes Rosz.

blägan = ein Schwarzer (ein zur schwarzen oder schwarzbraunen Rasse gehöriger Mensch).

bläganalän = das Land der schwarzen oder schwarzbraunen Menschen.

blägaraf = (schwarzer) Rettich.

blägaribed = Aalbeere.

blägik = schwarz.

blägikön, nel. = schwarz werden.

blägilik = schwärzlich.

blägin = Schwärze.

blägön, nel. = schwarz sein.

blägükamastöf = Schwärze, Farbe zum Schwärzen.

blägükön, lov. = schwärzen, schwarz machen.

blebön, nel. nem. = bleiben.

bled = Blatt.

bledagold = Goldschaum.

bledem = Laub.

bledik = belaubt, beblättert.

bledogold = Blattgold, Goldschaum.

bledolargent = Blattsilber.

bledön, nel. = Blätter bekommen, in Blätter schieszen, sich belauben.

bledül = Flitter.

bleg = Krümme, das Gebogensein, das Krummsein.

blegik = gebogen, krumm.

blegikön, nel. = sich biegen, sich beugen, sich krümmen, sich krumm ziehen.

blegod = Biegung, Windung, Krümmung.

blegovik = biegbar.

blegön, nel. = gebogen sein, krumm sein.

blegükam = das Beugen, das Krümmen.

blegükön, lov. = biegen, krümmen, krumm biegen, krumm machen, beugen.

blegülov = Biegsamkeit, Geschmeidigkeit.

blegülovik = biegsam, geschmeidig.

bleibön, sek. = bleiben.

blein = Blindheit.

bleinan = ein Blinder, der Blinde.

bleinanastitod = Blindenanstalt.

bleinanatonatem = Blindenschrift.

bleinanipled = Blindekuh.

bleinanipledön, nel. = Blindekuh spielen.

bleinäl = geistige Blindheit, Geistesblindheit.

bleinälik = geistig blind.

bleinälükam = Verblendung.

bleinälükön, lov. = blenden, verblenden.

bleinik = blind.

bleinikön, nel. = blind werden, erblinden.

bleinön, nel. = blind sein.

bleinükam = Blendung, Verblendung.

bleinükön, lov. = blenden, blind machen, verblenden.

blib = das Bleiben, das Verbleiben, Verbleib.

blibön, nel. = bleiben, verbleiben, — **lomo,** — **domo,** — **in dom** = zu Hause bleiben.

bliböp = Ort wo man verbleibt.

blig = Pflicht, Verbindlichkeit, Schuldigkeit.

bligabön, nel.: — **sekü** = unterliegen.

bligäd = Aufgabe, Lektion.

bligädam = das Aufgeben, Aufgebung, Auflegung.

bligädan = Aufgeber, Aufleger.

bligädön, lov.: — **eke bosi** = einem etwas aufgeben, auflegen, auftragen.

bligäl = Pflichtgefühl.

bligälik = mit Pflichtgefühl.

bligäliküno = verbindlichtst.

bligidön, lov.: — **bligi, yüli** = eine Verpflichtung, eine Wette eingehen.

bligik = pflichtgemäsz, pflichtig.

bligiküno = verbindlichtst.

bligod = Obligation, Schuldbrief, Schuldverschreibung.

bligön, lov. = verpflichten.

blim = Ausstattung, Ausstatterei, das Ausrüsten, das Versehen.

bliman = Ausstatter.

blimot = Ausstattung (das zum Ausstatten Dienende).

blimön, lov. = ausrüsten, ausstatten.

blimöp = Ausstattungsort.
blimüp = Ausstattungszeit.
blin = das Bringen.
blinan = Bringer.
blinädön, lov. = antun, zufügen.
blinön, lov. = bringen, darbringen, dun bü vätäl eblinon ömane liedi gretik; dunön büo e vätälön täno eblinos ömane liedi gretik = vor getan, und nach bedacht, hat manchen in Grosz Leid gebracht.
blion = Albinismus.
blionan = Albino, Weiszling, Kakerlak.
blit = Hose.
blod = Bruder.
blodacil = nef.
blodadaut = jinef.
blodason = hinef.
blodef = Gebrüder.
blodik = nach Bruderart, brüderlich.
blog: (— papüra) = Bogen Papier.
blogo = bogenweise.
blok = Blockade, das Blockieren.
blokön, lov. = blockieren.
blon = Blondheit, das Blondsein.
blonabir = Weiszbier.
blonabirel = Weiszbierbrauer.
blonan = Blondling, Blondin, blonder Mensch.
blonik = blond.
blonükön, lov. = blond färben.
blöb = Tran, Fischtran.
blöf = Beweis (Auseinandersetzung), Nachweis.
blöfam = Beweisführung.
blöfamed = Beweismittel.
blöfastab = Beweisgrund, Argument.
blöfäd = Räsonnement, Argumentation, Beweisführung.
blöfädön, lov. = räsonnieren, auseindersetzen.
blöfov = Beweisbarkeit.
blöfovik = beweisbar, beweislich.
blöfön, lov. = beweisen, nachweisen, erweisen, — dientifi oka = sich ausweisen, sich legitimieren.
blög = Klotz, Block.
blögadom = Blockhaus.
blögäd = Klosz.
blöged = Pudding.
blöt = Brust, Busen.
blötabomem = Brustkasten, Brustkorb.
blötadol = Brustwehe.
blötadrop = Brustwassersucht.
blötaklot = Brustkleid, Brustkleidungsstück.
blötamagod = Brustbild, Bruststück.
blötamagot = Büste.
blötanad = Brosche, Vorstecknadel, Busennadel, Brustnadel.
blöv = Bläue.
blövaparud = Blaumeise.
blövät = (blaue) Kornblume.
blövik = blau.
blövikön, nel. = Blauen, blau werden.
blövilik = bläulich.
blövükön, lov. = blau färben, bläuen.

blud = Blut, — vetera pipugöl = Blut von geslachtetem Vieh.
bludadeb = Blutschuld.
bludadef = Blutarmut, Blutmangel.
bludadefik = blutarm.
bludadog = Bluthund.
bludafesül = Blutgefäsz.
bludaflum = Blutflusz, Blutgang.
bludaköl = Blutfarbe.
bludakölik = blutfarbig.
bludam = Blutung, Bluterei.
bludamik = blutrünstig.
bludamistöpik = blutstillend.
bludamodeadön, nel. ü deadön bludamo = verbluten, ausbluten.
bludaredik = blutrot.
bludarölet = Blutsverwantschaft.
bludaröletan = Blutsverwandter.
bludaröletik = blutsverwandt.
bludasirkülam = Blutumlauf.
bludasosit = Blutwurst.
bludastrip = Blutstreifen.
bludatof = Blutstropfen.
bludaväd = Blutwasser, Serum.
bludavindit = Blutrache.
bludiäl = Blutdurst, Blutgier.
Bludiälan = blutdürstiger Wüterich, Bluthund (nev.).
bludiälik = blutdürstig, blutgierig.
bludik = blutig.
bludiklinükamamedin = Blutreinigungsmittel.
bludiper = Blutverlust.
bludispil = Blutvergieszen.
bludisputön, nel. = Blut speien.
bludisugaf = Blutsauger.
bludön, nel. = bluten.
,blue-stocking' [blu štókiŋ] Lin. = Blaustrumpf.
bluf = Probe.
blufam = das Erproben, Prüfung.
blufiko = probeweise.
blufo = auf Probe.
blufod = Versuchung.
blufodan = Versucher.
blufodik = versucherisch.
blufodön, lov. = in Versuchung führen, versuchen.
bluföf = das Probehaltigsein.
bluföfik = probehaltend, probehaltig, erprobt.
bluföfön, nel. = probehaltig sein, sich bewähren.
blufön, lov. = eine Probe mit ... machen, eine Probe, mit ... anstellen, auf die Probe stellen, erproben.
bluk = Bach.
blukil = Bächlein.
blun = das Tauchen.
bluned = Taufe.
blunedan = Täufer.
blunedanem = Taufname.
blunedasakram = Sakrament der christlichen Taufe.
blunedäb = Täufling.
blunedön, lov. = taufen.

blunön, lov. = tauchen.
bluv = Verblüfftheid, Bestürzung.
bluvik = bestürzt, verblüfft, verlegen.
bluvikön, nel. = bestürzt werden.
bluvön, nel. = verblüfft stehen, verdutzt stehen, ganz paff stehen.
bluvükam = das Verblüffen.
bluvüköl = bestürzend.
bluvükön, lov. = verblüffen, einschüchtern, in Verwirrung bringen, verdutzt machen.
bluvülikön, nel. = aus der Fassung kommen.
blüd = Aderlasz.
blüdön, lov. = aderlassen, zur Ader lassen.
blüm = das Bereitsein, das Fertigsein, das Vorgerichtetsein, Bereitschaft.
blümäl = Geistesgegenwart.
blümik = fertig, zur Hand.
blümikön, nel. = fertig werden.
blümo = zur Hand.
blümön, nel. = fertig sein, vorgerichtet sein.
blümükam = Vorrichting, Bereitstellung.
blümükön, lov. = vorrichten, bereitstellen, fertig machen, fertigen. — **oki ad tadun** = sich in Positur setzen.
blün = Lieferung, Ablieferung.
blünan = Lieferant, Ablieferer.
blünatim = Lieferfrist, Lieferungsfrist.
blünazöt = Lieferschein, Lieferungsschein.
blünot = Lieferung (das Gelieferte).
blünovik = lieferbar.
blünön, lov. = liefern, abliefern, einliefern.
blünöp = Lieferort.
blünüp = Lieferzeit, Lieferungzeit.
blüt = Quetschung, das Quetschen.
blütot = Quetschung, (die durch Quetschung entstandene) Verletzung.
blütön, lov. = quetschen.
bo = leicht, wohl, etwa.
boad = Holz.
boadabemül = hölzerne Stange.
boadablög = Holzblock, Kloben.
boadabronsöt = Holzbronze.
boadabük = Xylographie.
boadabükik = xylographisch.
boadabükön, lov. = xylographieren.
boadacan = Holzware.
boadagavot = Holzstich, Holzschnitt.
boadaglun = Holzfuszboden.
boadajuk = Holzschuh, Holzkloppe.
boadakolat = Holzkohle.
boadakrugül = Hobelspan.
boadam = das Holzen, Holzung.
boadaplatot = Holzplatte.
boadaskrub = Holzschraube.
boadaspit = Holzgeist, Methylalkohol.
boadated = Holzhandel.
boadatedan = Holzhändler.
boadatuf = Holzwelle.
boadavinig = Holzessig.
boadavinigazüd (= vinigazüd ü vinigatazüd) = Holzessigsäure.
boadazäm = Holzzement.
boadazämik = holzzementen.
boadazen = Holzasche.

boadazilid = hölzerne Walze.
boadem = Holzwerk.
boadicöpan = Holzhacker, Holzhauer, Holzer.
boadik = hölzern.
boadiköd = Holzschneiderei.
boadiködav = Holzschneidekunst, Xylographie.
boadicödan = Xylograph, Holzschneider.
boadiködot = Holzschnitzerei.
boadot = Holzbekleidung.
boadöf = das Holzigsein.
boadöfik = holzig, holzicht.
boadön, lov. = holzen (mit Holz bekleiden).
boat = Lahmheit.
boatogolön, nel. = hinken, lahm gehen.
boatik = lahm.
boatikön, nel. = lahm werden.
boatio: flapön — eki = einen zum Krüppel schlagen.
boatön, nel. = lahm sein.
boatükön, lov. = lähmen, lahm machen.
bob = das Gebogensein (bogig).
bobäd = Bogen (Rundbogen).
bobädafenät = Bogenfenster.
bobädafom = Bogenform.
bobädafomik = bogenförmig.
bobädaköküm = Bogenpfeiler.
bobik = bogenweise, bogig, gebogen.
bobot = Gewölbe, Bogengewölbe.
bobotabobäd = Gewölbebogen.
bobotaköküm = Gewölbepfeiler.
bobotaluyal = Bogengang.
bobotik = gewölbt, wölbig.
boboton, lov. = wölben.
bobub = Büffel.
bobubahon = Büffelhorn.
bod = Brot.
bodabrekül = Brosame.
bodakrut = Brotrinde, Brotkruste.
bodaplatot = Brotschnitte, Brotscheibe, — **pe= böröl ü — ko bör** = Butterschnitte, Butterbrot, Butterbämme.
bodaramar = Brotschrank.
bodasup = Brotsuppe.
bodatedan = Brothändler.
bodatoed = Brottorte.
boded = Laib (Brot).
bodel = Brotbäcker.
bodiär = Brotkapsel.
bodibakan = Brotbäcker.
bodik = von Brot, Brot=.
boed = Brett, Bord, Diele, Planke.
boedaglun = Bretterboden, Diele.
boedaglunön, lov. = bedielen, mit Dielen versehen.
boedapled, boedapleds = Brettspiel(e) (Damspiel, Tricktrack,...).
boedik = brettern.
boedön, lov. = brettern, dielen.
boelik = Obelisk.
bofaflanik = beiderseitig.
bofaflano = beiderseits.
bofaflanü = zu beiden Seiten von.
bofasotik = beiderlei.

bofik = beide.
bofikna = beidemal.
bog = Kiste, Kasten, Truhe, Schrein.
bogik = kastenartig.
boib = Bügel.
boid = Bord (Schiff).
boidön, lov. = einschiffen (ins Schiff einnehmen), — oki = sich einschiffen, an Bord
gehen, zu Schiffe gehen.
bojemanan = Buschmann.
bok = Schachtel, Dose.
bokül = Kasten, Gehäuse (Kastenähnliche Be-
hältnisse).
bold = Keckheit, Dreistigkeit.
boldik = keck, dreist.
bolit = Politik.
bolitan = Politiker.
bolitik = politisch.
bolitön, nel. = Politik treiben.
bolivar, k.: — Bolivänik = Boliviano, — Vene=
solänik = Bolivar.
bolivarazim, k.: — Bolivänik = Centavos, —
Venesolänik = Cent.
boljev = Lehre der russischen, sozialen Partei,
welche 12 November 1917 zur Herrschaft
gelangte, Bolschewismus.
boljevan = Bolschewik.
bom = Knochen.
bomabrek = Beinbruch, Knochenbruch.
bomagik = beinig.
bombat = Barchent, Bombasin.
bomem = Skelett, Gerippe, Knochengerüst.
bomik = beinen, knöchern, beinern.
bomil = Knöchlein, Beinchen.
bomöp = Knochenhaus, Beinhaus.
bon = Bohne.
bonät = Haube.
boned = Bestellung, Order, Auftrag.
bonedabuk = Bestellungsbuch, Kommissionsbuch.
bonedam = das Bestellen, Bestellung.
bonedan = Besteller.
bonedazöt = Bestellschein.
bonedön, lov. = bestellen.
bonik = bohnenartig.
,bookmaker' [búkmekĕř] Lin. = caloyülan.
borad, Na₂B₄O₇ + 10 H₂O = Borax.
boratastabot, B₂O₃ = Borsäureanhydrid.
boratazüd ü rotoboratazüd, H₃BO₃ = Borsäure.
bord = Pension, Kost und Logis.
bordajul = Internat, Pensionat, Pensionsanstalt.
bordajulan = Kostschüler, Pensionär.
bordamon = Kostgeld, Pension.
bordan = Kostgänger, Pensionär.
bordik = in Kost und Logis.
bordikön, nel. = sich in Kost und Logis tun,
sich in Pension tun.
bordön, nel. = in Pension sein, in Kost und
Logis sein.
bordöp = Kosthaus, Pension.
bordükön, lov. = in Pension geben.
borin, B., ,borium' = Bor.
borinafluorid, BF₃ = Borfluorid.

borinakarbin = Borkarbid.
borinaklorid, BCl₃ = Borchlorid.
borinanitrin, BN = Borstickstoff.
bos = etwas.
bosil = bischen, ein wenig, Itzelchen.
bosilo = nur ein wenig, einigermaszen.
boskür = Obskurantismus.
bosküran = Obskurant, Dunkelmann, Finsterling.
boso = etwas, ein biszchen, einigermaszen, ein
wenig.
bot = kleineres Fahrzeug, Schaluppe, Boot,
Jolle, Kahn, Nachen.
botam = das Fahren (in einem Boote).
botan = Matrose (eines Bootes), Jollenführer.
botil = Bötchen.
botokudans = Botokuden.
botön, nel. = (in einem Boote) fahren.
boub = Buchs, Buchsbaum.
boubaboad = Buchsbaumholz.
boubaboadik = buchsbaumen, aus Buchsbaumholz, von Buchsbaumholz.
boum = Bombe.
boüt = Felche (Fisch).
bov = Schüssel, Napf, Becken.
bovasärvätül = Geschirrtuch.
boväl = Weihrauch.
bovälabim = Weihrauchbaum.
bovälagef = Weihrauchfasz.
bovälön, lov. = räuchern, Weihrauch streuen,
beräuchern.
boved = Teller.
bovedil = Tellerchen.
bovid (,lycopardon bovista', [lükopár-dón bo=
vištá,] lat.) = Bofist, Bovist.
bovil = Schüsselchen.
bovül = Tasse.
bovülasärvätül = Tassentuch.
boyad = Henker.
boyadö : —! = zum Henker!
bö : —! = Dummheit! Narretei! Possen!
böb = Börse, Geldbeutel.
böd = Vogel.
bödagün = Vogelflinte.
oödajütam = das Vogelschieszen.
bödalecek = Vogelhaus, Volière.
bödan = Vogler, Vogelsteller.
bödanäst = Vogelnest.
bödanög = Vogelei.
bödanulüdot = Vogelfutter.
bödasnal = Gericht, Dohne.
bödasot = Vogelgattung, Vogelart.
bödav = Ornithologie, Vogelkunde.
bödavan = Ornitholog.
bödavik = ornithologisch.
bödavol = Vogelwelt.
bödem = Vögel, Geflügel, Federvieh.
bödifan = Vogelfang.
bödifanan = Vogelfänger.
bödik = die Vögel betreffend.
bödikleibot = Vogelleim.
bödiplafükian = Vogelscheuche.
bödön, lov. = vogelstellen.
böf = Posse, Spasz.

böfadramat = die Posse, Possenspiel.
böfam = Possenmacherei, Possenreiterei.
böfan = Possenreiszer, Possenmacher.
böfiäl = Geneigtheit zur Possenmacherei, Lust zur Possenmacherei.
böfik = possenhaft.
böfön, nel. = possenreiszen, possenmachen.
bök = Bock (Sitz des Kutschers).
bökan = Kutscher.
bökavab = (mit einem Bock versehenen) Wagen, Kutsche.
böket = Eimer.
bökit = Buchweizen, Heidekorn.
bökitagrot = Buchweizengrütze.
bökön, lov. = von dem Bock fahren.
böl = Beule.
bölad = Belästigung.
böladik = lästig.
böladön, lov. = belästigen, (einem) lästig fallen, zur Last fallen.
böladü = zur Belästigung des.
bölik = beulig, beulenvoll.
bön = das Gönnen.
bönan = einer, der einem Andern erwas gönnt.
böniäl = Gewogenheit.
böniälik = gewogen.
bönön, lov.: — **blesiri, läbi,** ... = ein Vergnügen, das Glück, ... gönnen.
bör = Butter.
börabüg = Butterbüchse (Blechbüchse für Butter).
börapest = Butterteig.
böraskal = Buttertopf, Butterdose, Butterbüchse.
böratub = Butterfasz, Buttertonne.
börid = das Buttermachen, die Butterbereitung, das Buttern.
böridamilig = Buttermilch.
böridatüb = Butterfasz (zum Buttern).
böridön, lov. = buttern, Butter machen aus.
börön, lov. = mit Butter versehen.
bört = Börtschiffahrt, Rangschiffahrt, Reiheschiffahrt.
börtanaf = Börtschiff, Rangschiff, Reiheschiff.
börtanafan = Börtschiffer.
bösin = Porzellan.
bösinel = Porzellanarbeiter.
bösinik = porzellanen.
böt = das Aufwarten (bei Tische), Aufwartung, Bedienung, Servierung.
bötan = Kellner.
bötäd = Schank, Ausschank, Schankwirtschaft.
bötädan = Schankwirt, Schenkwirt.
bötädatab = Schanktisch.
bötädön, lov. = schenken, Getränk im kleinen verkaufen.
bötädöp = Schankstube.
bötid = Zeche (trinken).
bötidakalot = Zeche, Wirtshausrechnung.
bötidan = Zecher.
bötidön, nel. = zechen.
bötön, lov. = aufwarten (bei Tische), bedienen, servieren, Kellner sein.
böv = Trog.

böväd = Behälter, Napf, Mulde.
brad = Arm.
bradam = Umarmung.
bradaräp = Armfeile.
bradet = ein Armvoll.
bradetik = armvoll.
bradip = Faultier.
bradön, lov. = umarmen.
braf = Bravheit, das Bravsein.
brafik = brav, tüchtig.
brafö: — ! = bravo!
brafön, nel. = brav sein.
brak: — **filata** = das Brechen des Flachses.
braköm = Breche, Flachsbreche, Brechbank, Brake.
brakön, lov.: — **filati** = den Flachs brechen.
bram = Brombeere.
bramarubud = Brombeerstrauch, Brombeerstaude.
bran = Schwingung, Vibration, Oszillation.
branam = das Schwingen, das Vibrieren, das Oszillieren.
branön, nel. = schwingen, vibrieren, oszillieren (füs.).
brasid = Kohl (Kraut).
brat = Altgeige, Altvioline, Bratsche.
bratan = Bratschenspieler.
braun = Bräune, braune Farbe.
braunabir = Braunbier.
braunakolat = Braunkohle.
braunan = Bräunling, braunhaarige Person, der Braune.
braunaredik = braunrot.
braunayelovik = braungelb.
braunik = braun.
braunikön, nel. = sich braunen, braun werden.
braunilik = bräunlich.
braunoin, MnO_2 = Braunstein.
braunön, nel. = braun sein.
braunükön, lov. = bräunen, braun machen, braun färben.
bravur = Bravour.
bravurön, nel. = Bravour zeigen.
brän = Kleie.
brändin = Franzbranntwein.
bref = Kürze.
brefakap [mafädanum: 80–85 %] = Brachyzephalie.
brefakapan = Brachyzephale.
brefed = Schärfung (kurze Aussprache).
brefedik = scharf, geschärft (kurz ausgesprochen).
brefedön, lov. = schärfen, kurz aussprechen, geschärft aussprechen.
brefik = kurz.
brefikön, nel. = kurz werden.
brefo = in Kürze, kurz, kurzweg, in einem Worte, — **pekobosumöl** = summarisch.
brefobüik = verhinnig.
brefobüo = vorhin, jüngst, kürzlich, letzthin, unlängst, vorkurzem.
brefod = Abkürzung, Abbreviatur.
brefön, nel. = kurz sein.
brefükam = Abkürzung.

brefükan = Abkürzer.
brefükön, lov. = kürzen, kurz machen, abkürzen.
brefükumön, lov. = kürzen, kürzer machen,
verkürzen.
brefüp = kurze Zeit, **bü — =** neuerdings.
brefüpilo = einen Augenblick, eben.
brefüpo = in kurzer Zeit, im kurzen, in kurzem.
breik = Bruch, das Brechen (lov.).
breikafer = Brecheisen.
breikov = Brechbarkeit.
breikovik = brechbar.
breikön, lov. = brechen (lov.).
brein = Gehirn, Hirn.
brek = Bruch, das Brechen (nel.).
brekik = brüchig.
brekod = Bruch (die durch das Entzweibrechen entstandene Verletzung).
brekot = Bruchstück, Fragment, Brocken.
brekotik = gebröckelt, in Brocken, in Bruchstücke.
brekotofer = Brucheisen.
brekotolargent = Bruchsilber.
brekotoplumb = Bruchblei.
brekotostanin = Bruchzinn.
brekotoston = Bruchstein, Schotter.
brekotozink = Bruchzink.
brekotön, lov. = brocken, brockeln, zerstückeln.
brekov = Zerbrechlichkeit.
brekovik = zerbrechlich.
brekö : —! = krach!
brekön, nel. = brechen (nel.).
brekül = grobes Pulver, Grus, Krume.
brekülov = Sprödigkeit.
brekülovik = spröde.
brekülön, lov. = zu Graus zermalmen, grausen.
brid = Zucht.
bridan = Züchter, Aufzieher.
bridön, lov. = ziehen, züchten.
bridöp = Züchterei.
briet = Betrunkenheit, Trunkenheit, Rausch.
brietan = Trunkener, Trunkenhold.
brietik = trunken, betrunken, berauscht.
brietikam = Berauschung (das Sichberauschen).
brietikön, nel. = trunken werden.
brietön, nel. = trunken sein, betrunken sein.
brietükön, lov. = trunken machen, berauschen,
vin brietükon omi = der Wein steigt ihm
zu Kopfe.
brigad = Brigade.
brikod = Aprikose.
brikodabim = Aprikosenbaum.
brikodep = Aprikosenbaum.
brit = das keltische Britisch.
britametal = Brittanniametall.
britametalik = Brittanniametall=, **cans — =**
Brittanniametallware.
britan = Britte.
brod = das Sticken.
brodalekan = Stickerei, Stickkunst.
brodot = Stickarbeit, Stickerei.
brodön, lov. = sticken.
brokan = Makler, Mäkler, Sensal.

broken = courtage, Sensarie.
brokön, nel. = maklen, mäklen (in kaufmännischen Geschäften Zwischenhändler, Vermittler sein).
bromatazüd, HBrO$_3$ = Bromsäure.
bromidazüd, HBr.aq = Bromwasserstoffsäure,
Bromwasserstofflösung.
bromin, Br, ‚bromin' = Brom.
bromülletol C$_2$H$_5$Br = Äthylbromid.
bron = Bronchie, Luftröhrenast.
bronsöt = Bronze.
bronsötacan = Bronzeware.
bronsötaköl = Bronzefarben.
bronsötakölik = bronzefarbig.
bronsötakölön, lov. = bronzieren.
bronsötik = bronzen.
brosiam = Ambrosia.
brot = Borste (steifes, starres Haar).
brotik = borstig.
bruät = Schubkarren.
brul = Wirrsal, Wirrnis, Wirrheit, das Wirrsein, Verworrenheit.
brulik = verwirrt.
brulön, nel. = wirr sein.
brulükam = Verwirrung.
brulükön, lov.: **— yäni, heremi,... =** das
Garn, die Haare,... verwirren.
brum = Summerei, Gesumm.
brumön, nel. = brummen, summen, surren,
schwirren.
brut = der Bruttobetrag.
brutavät = Bruttogewicht, Rohgewicht.
bruto = brutto.
brüyär = Heidekraut.
brüyäraboad = Erikaholz, Bruyère-Holz.
brüyäraglun = Heideboden.
brüyäraglunot = Stück Heideboden.
brüyäralän = Heideland.
bu = vor (Vorzug), **— dins valik** = vor allen
Dingen, **— val, — valikos** = vor allem,
mekäd buon — git = Gewalt geht vor Recht,
ebenodistükom oki — valikans = er hat sich
vor allen ausgezeichnet, **buol — om =** du
hast den Vorzug vor ihm, **no buom — ol**
tefü bos, in bos, me bos = er hat nichts vor
dir voraus.
buam = Vorhand, Vorzug, Vorrang.
buamabik = vorzuziehen.
buamagitod = Vorzugsrecht.
bub = Rind.
bubapinod = Rindsschmalz.
bubik = vom Rinde, Rinds=.
bubül = Kalb.
bubülimotön, nel. = kalben.
‚buckskin' [bâx-kin] Lin. = Bukskin, **di — =**
von Bukskin.
bud = Buddhismus.
budan = Buddhist.
budik = buddhistisch.
bueg = Buche, Buchbaum.
buegaboad = Buchenholz.
buegaleül = Bucheckernöl.
bueganöt = Buchecker, Bucheichel, Buchel.
buegik = buchen, aus Buchenholz.

bug = Bai, Bucht.
bugik = Buchten habend, Meerbusen habend.
bugitod = Befugnis welche man vor andern voraus hat.
bugiyan = Bugi.
bugol = Vorgang, das Vorgehen (Vorzug).
bugolan = Einer der vorgeht (den Vorrang hat).
bugolön, lov. = den Vortritt haben vor.
buid = Hag, Zaun, Hecke.
buidam = Umzäunung, das Umzäunen.
buidijim = Heckenscheere.
buidön, lov. = zäunen, umzäunen, mit einem Zaun umschlieszen.
buig = Bude.
buigan = Budenbesitzer.
buik, lady. = voranig, vorgehend.
buikön, nel. = den Vorrang bekommen.
buikumo = eher, vielmehr, lieber (Vorzug).
buk = Buch, maipadön buki = ein Buch aufschlagen.
bukabled = Blatt, Buchblatt.
bukaboed = Repositorium, Bücherbrett.
bukakomität = Sortimentsbuchhandlung.
bukakomitätan = Sortimenter, Sortimentsbuchhändler.
bukasakäd = Büchertasche, Tornister, Schultasche.
bukated = Buchhandel, Buchhandlung.
bukatedan = Buchhändler.
bukatedik = buchhändlerisch.
bukav = Bücherkunde.
bukavan = Bücherkenner.
bukäd = Buchführung, Buchhalterei, Buchhaltung.
bukädan = Buchführer, Buchhalter.
bukädön, nel. = buchführen, buchhalten.
bukädöp = Buchhalterei (Ort).
bukem = Bibliothek, Bücherei, Büchersammlung.
bukeman = Bibliothekar.
bukibepenam = Bücherbeschreibung.
bukibükav ü bükav = Buchdruckerkunst.
bukik = vom Buche, Bücher⸗.
bukikonlet = Büchersammlung.
bukikonletan = Büchersammler.
bukil = Büchlein, Büchelchen.
bukisel = Bücherverkauf.
bukiselan = Buchhändler, Bücherverkäufer.
bukiselidöp = Buchladen.
bukitanädan = Buchbinder.
bukitanädöp = Buchbinderei.
bukitifan = Bücherdieb.
bukül: — lebuka = Lieferung eines Werkes.
bul = Blase (Luft-, Wasser-, Seifenblase,...).
buläd = Blase.
bulädamamäplat = Zugplaster, Ziehpflaster, Vesikatorium.
bulädön, nel. = Blasen ziehen.
bulgarans = Bulgaren.
bulil = Bläschen.
bulöf = Vorliebe.
bulöfo = mit Vorliebe.
bum = Bau, Bauerei, das Bauen.

bumaboad = Bauholz.
bumajäfüd = Bauwesen, Baufach.
bumakapenan = Bauschreiner.
bumal = Bauherr.
bumalän = Bauland.
bumaläned = Bauterrain.
bumamastan = Bauaufseher,
bumamaters, pl. = Baustoffe, Baumaterialien.
bumamod = Bauart, Weise des Bauens.
buman, bumans = Bauarbeiter, Bauleute.
bumaskaf = Baugerüst.
bumastül = Bauart, Baustil.
bumav = Baukunst.
bumavadek: bumavadeks taimik = architektonische Verzierungen aus Ton.
bumavan = Bauverständiger, Baukundiger, Baukünstler, Architekt.
bumavik = architektonisch.
bumäd = Bauwerk.
bumädafailot = Baufall, Ruine.
bumädaston: — gretik = Werkstück, Werkstein.
bumot = Gebäude.
bumön, lov. = bauen, aufbauen, — poni = Brücken bauen, Brücken schlagen.
bumöp = Bauplatz.
bumöpayad = Bauhof.
bun = Sprung.
bunaboed = Springbrett, Sprungbrett.
bunan = Springer.
bunädön, nel. = hinken, hüpfen.
bundan = Überflusz, Reichlichkeit, Üppigkeit.
bundanik = reichlich, ausgiebig.
bundano = vollauf.
bundanöf = Üppigkeit, Luxuriosität.
bundanöfik = üppig, luxuriös.
bundanön, nel. = in vollem Masz vorhanden sein, in reichem Masz vorhanden sein, in Fülle vorhanden sein.
bunön, nel. = springen.
bunülön, nel. = hüpfen.
buo = voran, voraus (Vorzug).
buon = Stöpsel.
buonön, lov.: — fladi = eine Flasche verkorken, mit einem Stöpsel versehen.
buön, nel. = den Vorzug haben vor, den Vorrang haben, in der Vorhand sein, die Vorhand haben, vorgehen, den Vortritt haben vor, vob buon = die Arbeit geht vor, atos buon pö om bu valikos = das geht ihm über alles.
bupladön, lov. = aufstellen.
buryätans = Burjäten.
but = Stiefel.
butahuk = Stiefelzieher, Stiefelanzieher, Stiefelhaken.
butan, C_4H_{10} = Butan.
butitirian = Stiefelknecht, Anzieher.
buükam = das Bevorzugen.
buükön, lov. = bevorzugen, den Vorrang geben an, den Vorzug geben, atosi buükom bu valikos, atos pabuükon fa om bu valikos = das geht ihm über alles.
bü, pr. = vor (zeitlich), — brefüp = neuer-

dings, vor Kurzem, — **lunüp** = vorlängst,
— **dels kil äbinom is** = vor drei Tagen war
er hier, **älükömom — ob** = er kam vor
mir an.

büad = Verfügung.

büadön, lov. = verfügen, anordnen.

büadü = laut Verfügung des ... (einer Person).

büakanitan = Vorsänger, Vorsinger.

büakanitön, lov. = vorsingen.

büamonitön, nel. = vorreiten.

büasagön, lov. = vorsagen.

büaturan = Vorturner.

büä, kony. = ehe, bevor, **no** — = erst.

büätan = selig, weiland, —: **reg A.** = weiland König A., —: **ziom oba** = mein seliger Onkel.

büätik = ehemalig.

büäto = vordem, weiland.

bücödik = vorgefaszt.

bücödot = Vorurteil.

bücödön, lov. = vorurteilen.

bücunüpneit (= neit bü cunüp) = Fastnacht.

bücunüpsoar = Fastenabend.

büd = Gebot, Befehl, Order.

büdabidir = Befehlsform, Imperativ.

büdakip = Vorbehalt.

büdakipo = unter Vorbehalt, mit Vorbehalt.

büdakipön, lov. = vorbehalten.

büdakipü = vorhaltlich des, unbeschadet, — **gität oba** = unbeschadet meines Rechtes, meines Rechtes unbeschadet.

büdal = Oberbefehlshaber.

büdam = das Befehlen, das Gebieten.

büdan = Befehlshaber, Gebieter.

büdanik = gebieterisch, in der Weise eines Befehlshabers.

büdaset = Befehlssatz.

büded = Gebot, Geheisz, **büdeds deg** = die zehn Gebote.

büdedabidir = Jussiv.

büdik = gebieterisch, befehlerisch, imperatorisch.

büdön, lov. = befehlen, gebieten, — **ad mogo= lön** = ausbieten.

büdugäl = Vorerziehung, Vorbildung.

büdü = auf Befehl des, auf Order des ... hin, von ... wegen, — **cifod** = von Obrigkeits wegen, — **reiganef** = von Staats wegen.

büdül = Verordnung (Sache), Vorschrift.

büdülam = das Verordnen, Verordnung.

büdülik = vorschriftlich, vorschriftsmäszig.

büdülo = verordnungsmäszig, nach Vorschrift.

büdülön, lov. = verordnen, vorschreiben.

büedön, sek. = lassen, — **kömön,** lov. = kommen lassen, zu sich bescheiden.

büf = vorläufige Lage.

büfik = vorläufig, provisorisch.

büfo = vorderhand, vorläufig.

büg = Büchse.

bügel = Büchsenmacher (Blechbüchsen).

bügitod = Befugnis, welche man der Zeit nach vor andern voraus hat.

bügleipön, lov. = vorgreifen (zeitlich).

bügolan = Vorläufer.

bügolön, nel. = eher gehen, früher gehen, vorauseilen, vorgehen (Uhr).

büik, lady. = vorherig, vorig (zeitlich).

büiko, ladv. = vorherig, vorig (zeitlich).

büikum = eher, früher.

büikumo = eher, früher, — **pemäniotöl** = vorerwähnt, obenerwähnt, obengenannt.

büjenotem = Vorgeschichte.

bük = Buchdruck, Druck.

bükablägin = Druckerschwärze, Buchdruckerschwärze, Druckerfarbe.

bükamagod = Druckbild.

bükan = Buchdrucker, Drucker.

bükapapür = Druckpapier.

bükaped = Druckpresse, — **valemik** = Universalpresse.

bükaplatot = Druckplatte.

bükapök = Druckfehler.

bükatonat = Druckbuchstabe.

bükav ü bukibükav = Buchdruckerkunst.

bükavoböp = Druckerwerkstätte, Druckerei, **bliman bükavoböpa** = Druckereieinrichter.

bükazilid = Druckwalze, Druckzylinder.

bükik = druckerisch.

bükipön, lov. = voraushalten.

bükot = Druckschrift, Druckwerk, Drucksache.

bükön, lov. = drucken.

büköp = Druckort.

bükötön, lov. = vorschneiden.

bül = Brei, Mus.

bümadik = frühreif, vorreif.

bümal = Vorzeichen, Anzeichen, Omen, Vorbedeutung, Vorbote.

bümicöd = Voreingenommenheit.

bümicödik = voreingenommen, vorurteilsvoll.

bümicödot = Vorurteil.

bün = Birne.

bünabim = Birnbaum.

bünafomik = birnförmig.

bünamust = Birnmost, Birnwein.

bünep = Birnbaum.

bünik = birnenartig.

bünol = Vorkenntnis.

bününan = Vorbote.

büo = von vornherein, a priori, vorerst, vorher, zum voraus, im voraus, vorderhand, zuvor, voraus, — **pemäniotöl** = vorerwähnt.

büoced = Annahme, Setzung, Voraussetzung.

büocedöl: —, das u ebüocedöl, das u büocedo= löd! das = angenommen, dasz; gesetzt; gesetzt, dasz.

büocedön, lov. = voraussetzen, annehmen.

büogleipön, lov. = vorausgreifen.

büogolöl = vorhergehend.

büogolön, nel. = voraus gehen, vorher gehen.

büojenöfükamäl = **preven.**

büojenöfükön, lov.: — **vipis eka** = jemandes Wünschen zuvorkommen.

büojonid = Prädestination.

büojonik: pönop — = vorwärtsandeutendes Fürwort, determinatives Fürwort.

büokäl = Vorsorge.

büokälik = vorsorglich.

büokälo = zur Vorsorge, vorsorglich.
büokälön, lov. = vorsorgen, Vorsorge treffen für.
büokömön, nel. = vorherkommen, zuvorkommen.
büologam = Voraussicht, das Voraussehen, Vorsehung.
büologön, lov. = voraussehen.
büomesül = Vorkehrung.
büomesülam = das Vorkehren.
büomesülön, nel. = vorbauen, Vorkehr treffen.
büonelet = Vorbeugung.
büoneletamed = Vorbeugungsmittel.
büoneletik = vorbeugend, präventiv.
büoneletön, lov. = vorbeugen, vorbauen, verhüten.
büopel = Vorausbezahlung.
büopelaklub = Vorschuszverein.
büopelo = vorschuszweise.
büopelot = Vorschusz, vorausgezahlte Summe.
büopelön, lov. = vorausbezahlen, vorschieszen.
büosag = das Weissagen.
büosagan = Weissager, Prophet, Wahrsager.
büosagik = weissagerhaft, weissagerisch, wahrsagerisch.
büosagod = Weissagung, Prophezeiung.
büosagön, lov. = voraussagen, vorhersagen, prophezeien, weissagen, wahrsagen.
büosen = Ahnung, Vorgefühl.
büosenik = ahnend, vorempfindend.
büosenön, lov. = ahnen, vorfühlen, vorempfinden.
büosetäd = Prämisse.
büpasatsoar = Osterabend.
büpladulik = provisorisch, vorderhand.
büpled = Vorspiel.
bür = Bureau, Kontor, — zänik ü zänabür = Zentralbureau.
büracif = Bureauchef, Bureauvorsteher.
büradünan = Bureaudiener.
büran = Bureaubeamter, Kommis, Kontorist.
bürät = Bürette.
bürem = Vorkauf.
büreman = Vorkäufer.
büremön, lov. = vorkaufen.
büröletan = Ahn, Ahne, büröletans = Ahnen, Voreltern, Vorfahren.
büröletanikult = Ahnenkult.
bürüp = Bureauzeit.
büsagön, lov. = vorsagen, vorhersagen.
büsev = Wissen, Vorwissen.
büsid = Geschäft (a.s.: tedabüsid = Handelsgeschäft).
büsidacif = Geschäftsführer.
büsidadäläd = Prokura.
büsidadälädo ü dälädo = durch Vollmacht, in Vollmacht.
büsidadälädü = in prokura des.
büsidan = Geschäftsmann.
büsidik = geschäftlich, aufs Geschäft bezüglich.
büsoar = Vorabend.
büstegülön, lov. = vorstechen (lov.).
bütefavöd = Beziehungswort.

büvob = Vorarbeit (der eigentlichen Arbeit vorangehend), Vorarbeitung.
büvobön, nel. = vorarbeiten (vor der eigentlichen Arbeit).
büvol = Vorwelt.
büvolik = vorweltlich.
büzedel = Vormittag.
büzedelo = vormittags.
büzib = Voressen.

B.

Babülonän = Babylonien.
Badän = Baden (Land).
Bahamuäns = Bahama-Inseln.
Bahruäns = Bahrain-Inseln.
Baktriyän = Baktrien.
Balatam: — Sulüda⸗Frikopa = Südafrikanischer Bund.
Balearuäns = Balearen.
Barän = die Baar (Landschaft).
Barbadeän = Barbados.
Bargayän = Barga.
Basutovän = Basutoland.
Batafän = Batavien.
Batafänan = Batavier.
Bayän = Bayern, Löpa⸗— = Oberbayern.
Bayänik = bayerisch.
Bängalän = Bengalen.
Bärmuduäns = Bermuda-Inseln.
Beatükal = der Seligmacher.
Belgän = Belgien.
,Bellano' [bålàno] Lit. = Bellano.
,Belluno' [bålùno] Lit. = Belluno.
Belutsyistän = Belutschistan.
,Berenikĕ' [berenìkä] V.Gr. 1. = Berenike 2. siherem ela —, st. = das Haar der Berenike.
,Berlin', [bärlin] D. = Berlin, di — = Berliner⸗, berlinisch.
Besarabän = Bessarabien.
Betjuvän = Betschuanaland.
Birmän = Barma.
,Bischof' [bįjóf] D. = bijopavin.
Blägamel = Schwarzes Meer.
Bläga⸗Seanuäns = Melanesien.
Bogarän = Boghara.
Bolivän = Bolivia.
,Bologna' [bolåña] Lit. = Bologna.
,Bolognese', [bolóñĕse,] Lit. pl.: ,Bolognesi' [bolóñĕsi] = Bologneser.
,Boŏtĕs' [boòtäs] V.Gr. 1. = Bootes 2. eläd —, st. = Bootes.
Bornéän = Borneo.
Bosniän = Bosnien.
Bosniänan = Bosnier.
Bosniänik = bosnisch.
Bömän = Böhmen.
Bömänan = Böhme.
Bömänik = böhmisch.
Brabiän = Brabant.
Brabiänan = Brabanter.
Brabiänik = brabanter.
Brasilän = Brasilien.

Brasiläna-boad = Brasilholz, Brasilienholz, — **yelovik** = Gelbholz.
Braunjvägän = Braunschweig.
‚Bremen': Repüblik: — = Bremen.
Bretän = Bretagne.
Britän = Britannien.
Brunän = Brunei.
Bukovän = Bukowina.
Bulgarän = Bulgarien.
Butän = Bhutan.
Büologal = Vorsehung.
Byörneän = Bären-Insel.

C.

caf = Kessel.
cafäd = Kessel, Kochkessel ˉ(ohne Rohre), Kochpfanne, Schmorpfanne, Kasserolle.
cafed = Kessel (mit Rohre).
cal = Beruf, Amt, Gewerbe, **bai** — = standesgemäsz.
calablig = Berufspflicht, Amtspflicht.
caladinit = Amtswürde.
calajäf = Berufsbeschäftigung, amtliche Tätigkeit.
calal = hoher Beamte.
calam = Amtierung, das Bekleiden eines Amtes, das Bekleiden eines Berufes.
calan = Beamte.
calanem = Amtsname, Titel.
calanemön, lov. = titulieren.
calasvist = Amtsbruder, Kollege.
calavobod = Berufsarbeit.
calazil = Berufseifer.
calik = amtlich, beruflich.
calikön, nel. = einstehen, eintreten.
calilaban = Dignitar, Würdenträger.
calilisitan = Stellenjäger.
calinotedian = Stellen-Anzeiger.
calo = von Beruf, vom Fach.
caloyülan = Buchmacher, bookmaker.
calöfik = amtlich, offiziell.
calöfo = von Amts wegen.
calön, nel.: — **as** = einen Beruf von ... treiben, von Beruf ... sein.
calül = eine unbedeutende, untergeordnete Stelle.
calülilisitan = Stellenjäger.
cam = Gemse.
can = Ware, **cans goldismitana** = Goldschmiedswaren, **cans kefela** = Bürstenbinderwaren, **cans lätenik** = Messingwaren, **cans sälülödik** = Zelluloidwaren.
canamagad = Warenmagasin.
canastok = Warenbestand.
canised = Warenversandt.
caniselidöp = Warenhaus.
canöp = Lagerhaus, Warenlager.
car = Bogen (Schieszwerkzeug).
cav = Rachen, Schlund, weit geöffneter Mund.
cäd = Vornehmheit, Vornehmigkeit, Ansehnlichkeit, Ansehen.
cädan = Vornehmer, **bitön äs** — = eine wich-

tige Miene annehmen, aussetzen, sich wichtig machen, wichtig tun.
cädik = vornehm, ansehnlich.
cädön, nel. = sich vornehm behaben.
cäf = Käfer.
cäk = Scheck.
cäkön, nel. = einen Scheck schreiben.
cäl = das Ernennen, Ernennung (einer Person zu einem zu bekleiden Amte), Anstellung, Ruf, Berufung.
cälan = Ansteller.
cäläb = der Angestellte, der Ernannte.
cälod = Anstellung, Ernennung (eines Amtsinhabers), Wahl.
cälodön, lov.: — **tidani** = einen Lehrer anstellen, ernennen, wählen.
cälov = Ernennbarkeit.
cälovik = ernennbar.
cälön, lov. nem. = einen ernennen zu, anstellen, berufen, — **eki tidani,** — **eki ad tidan,** — **eki as tidan** = einen zum Lehrer ernennen.
cäm = Kammer (beratende Versammlung von Personen), Rat.
cäman = Teilhaber einer Kammer, Ratsglied, Ratsherr.
cän = Wechsel, das Wechseln, Tausch.
cänabrokan ü monicänabrokan = Wechselmakler.
cänabüsid ü monicänabüsid = Wechselgeschäft.
cänakursüd = Wechselkurs (Geldes).
cänid = Verwechselung.
cänidabik = verwirrend.
cänidovik = verwechselbar.
cänidön, lov. = verwechseln.
cänov = Wechselbarkeit, Verwechselbarkeit.
cänovik = wechselbar, verwechselbar.
cänön, lov. = wechseln, tauschen.
cänöp = Wechselplatz.
cärm = Keim.
cät = Gagat.
cätacan = Gagatware.
ced = Meinung, Denkart, Ansicht, Gesinnung, das Dafürhalten, Erachten.
cedavotikam = Sinnesänderung.
cedid = Vorwenderei.
cedidön, lov. = vorwenden.
cedön, lov. nem. = dafürhalten, ansehen, erhalten, halten.
cein = Verwandlung (lov.).
ceinön, lov.: — **ad** = verwandeln in, zu, zu ... werden lassen, (in, zu ...) übergehen lassen.
cek = Käfig, Bauer.
cel = Kirsche.
celabim = Kirschbaum.
celep = Kirschbaum.
cem = Stube, Zimmer, — **malädana,** — **malädanas,** — = Krankenzimmer.
cemil = Zimmerchen.
cen = Verwandlung (nel.), Änderung, Wechsel, das Übergehen in, die Abwechselung mit, — **säsunas,...** = Wechsel der Jahreszeiten, ...
cenamod = Abwechselungsweise.
cenik = abwechselnd.

ceno = abwechselungsweise.
cenöf = Abwechselbarkeit.
cenöfik = abwechselbar, verwandelbar.
cenön, nel.: — ad = übergehen in, zu, sich verwandeln in, zu, wechseln mit, abwechseln mit.
cep = das Dreschen, Dreschung.
cepacin = Dreschmaschine.
cepaglun = Tenne, Dreschtenne.
cepan = Drescher.
cepöm = Dreschflegel.
cepön, lov. = dreschen.
,cervus dama' [zårvuš dàmá] lat. = Damhirsch.
,champion' [čåmpyĕn] Lin. = mativikodan, fokomipan, mätamastan.
cib = Span (langes, dünnes, biegsames Holzplättchen).
cid = Meiszel.
cidön, lov. = meiszeln.
ciel = Kieme.
cif = Anführer, Haupt, Leiter, Chef, Vorstand, Vorsteher, Obmann, Häuptling, Oberhaupt.
cifacal = Vorstandschaft (Amt).
cifam = Führung, Vorsteherschaft, das Vorstandsein.
cifaset = Hauptsatz.
cifatop = Vorort (führender, leitender Ort).
cifazif = Hauptstadt.
cifef = Vorstand, Vorstandschaft (Körperschaft von Vorstehern).
cifod = Behörde, Obrigkeit.
cifodan = obrigkeitliche Person.
cifodik = behördlich, obrigkeitlich.
cifodo = von Obrigkeits wegen.
cifön, lov. = Vorstand sein, vorstehen, führen, anführen, anleiten, — büsidi = Geschäft führen.
cikor = Zichorie, Warte, Wegwarte.
cil = Kind.
cilaladäl = Kindersinn.
cilam = Kindschaft.
cilet = Altersschwäche.
ciletik = kindisch, altersschwach.
ciletön, nel. = kindisch sein.
cilik = auf das Kind bezüglich.
cilil = Kindlein, Kindchen.
cilöf = Kindlichkeit.
cilöfik = kindlich.
cilüp = Kindesalter, Kindheit.
cim = Kamin, Schornstein, Esse.
cimiklinükan = Kaminfeger, Essenfeger, Essenkehrer.
cin = Maschine.
cinäd = Mechanik, Mechanismus (einer Maschine).
cinädan = Machinist.
cinädik = mechanisch, mit Mechanik.
cinel = Maschinenbauer.
cinem = Maschinerie.
cinik = maschinenmäszig, mechanisch.
cirog = Tschiroki.
cog = Scherz, Spasz.
cogan = Spaszvogel, Scherzer.

cogavöd = Scherzwort.
coged = Witz.
cogedan = Witzbold, Witzjäger, Witzler.
cogedik = witzig.
cogedön, nel. = Witze reiszen, Witze machen.
cogiäl = Scherzhaftigkeit.
cogiälik = scherzhaft (zum Scherz geneigt).
cogik = scherzhaft, scherzend.
cogön, nel. = scherzen.
coipevans = Chippewa, Ojibwâ (Indianerstamme).
col = Kniegeige, Violoncell.
colan = Violoncellist.
,conto corrento' [kónto kórånto] Lit. = kal golik.
cop = Hacke, Deichsel.
copön (= cöpön me cop) = hacken (die Erde mit der Hacke bearbeiten).
cöd = das Urteilen, die Beurteilung, das Rechtsprechen.
cödal = Richter.
cödalacal = Richteramt.
cödaladinit = Richterstand.
cödalastul = Richterstuhl.
cödalef = Gericht, eine richtende Behörde.
cödalefaseadod = Gerichtssitzung.
cödalik = richterhaft, richterlich.
cödan = Urteiler, Beurteiler.
cödaseadod = Gerichtssitzung.
cödäd = Gerichtshandel, Prozesz, Prozedur.
cödädiälan = Prozeszkrämer.
cödädön, nel. = prozeszieren, einen Prozesz führen, gerichtlich verfahren.
cödäl = Beurteilungskraft, Urteilskraft.
cödet = Rechtsspruch, Ausspruch.
cödetadeid = Hinrichtung.
cödetadeidön, lov. ü deidön cödeto = hinrichten.
cödetön, lov.: — eki ad = ein rechtliches Urteil fällen, einen zu verurteilen.
cödot = Urteil, Beurteilung, Ausspruch.
cödön, lov.: — eki u bosi = urteilen, beurteilen, richten, Recht sprechen.
cödöp = Gericht, Gerichtsamt, Ort der Gerichtshandlungen.
cög = Schachspiel.
cögan = Schachspieler.
cögik = auf das Schachspiel bezüglich.
cögön, nel. = schachspielen.
cöp = Hau, Hieb.
cöpön, lov. = hauen, hacken.
cöpülön, lov. = hackseln.
cuk = Esel.
cukamilig = Eselsmilch.
cuköf = Eselhaftigkeit.
cuköfik = eselhaft.
cukül = Eselsfüllen.
cun = Fasten.
cunadel = Fasttag.
cunatim = Zeit in der einer fastet.
cunazib = Fastenspeise.
cunön, nel. = fasten.
cunüp = Fastenzeit (kirchlich), — yelafoldila, delik = Quatemberfasten.

cüd = Beil.
cüg = Backen, Backe.
cügabalib = Backenbart.
cügasepil = Backengrübchen.
cügatut = Backenzahn.
cügiflap = Backenstreich, Ohrfeige.
cün = Kinn.
cüt = Betrug.
cütam = Betrügerei, das Betrügen.
cütan = Betrüger.
cütid = Verblendung, Betörung.
cütidan = Blendling, Blender.
cütidäb = Blendling (einer der sich leicht blenden lässt).
cütidian = Blendwerk (etwas das blendet, durch Schein tauscht).
cütidik = blendend.
cütidön, lov. = betören, blenden, verblenden.
cütik = betrügerisch, betrüglich.
cütön, lov. = betrügen, anführen, — oki it = sich selbst betrügen, — tuflagedo = prellen, übervorteilen, beschwindeln.

C.

Camekeän = Jamaika (Insel).
Cilän = Chile.
Cilänan = Chilene.
Cilänasalpet, NaNO₃ = Chilesalpeter.
Cilänik = chilenisch.
Cilänön, lov. = chilenisch machen, chilenisieren.
Cubän = Jubaland.

d.

da = durch, hindurch, durch . . . hindurch, — at = hierhindurch, — et = hindurch, dorthindurch, — top at = dadurch,, dahindurch.
dabegön, lov. = erbitten, flehen, erflehen.
daben = Heil.
dabenö: —! = heil!
dabin = das Sein, Existenz, Dasein, Vorhandensein.
dabinan = Wesen (Individuum), Wesenheit.
dabinav = Wesenlehre, Ontologie.
dabinäd = Wesen (in valem).
dabinian = ein Seiendes (Tier, Pflanze, Gestein, . . .).
dabinik = da, existierend, vorhanden, wesenhaft.
dabinot = etwas Konkretes.
dabinotik = konkret.
dabinoto = in concreto.
dabinön, nel. = existieren, bestehen, dasein.
dabinöp = das Diesseits.
dabinükön, lov. = ins Sein rufen.
dabük : — buka = das Verlegen, Herausgeben, Herausgabe eines Buches.
dabükan = Verleger, Verlagsbuchhändler, Herausgeber.
dabükot = Auflage, Ausgabe, Herausgabe.
dabükön, lov. = verlegen, herausgeben.
dabüköp = Verlag, Verlagsbuchhandlung.

daced = Erkenntnis (v.).
dadeadön, nel. = absterben, aussterben.
dadeidön, lov. = ausreuten, austilgen, ausrotten.
dadilam = Einteilung.
dadiläd = Klassifikation, Klassifizierung.
dadilädön, lov. = klassifizieren.
dadilön, lov. = einteilen.
dadredälön, nel. = sich abängstigen.
dadul = das Fortdauern.
dadulik = fortdauernd, fortwährend.
daduliko = fortdauernd, ineinemfort, immerfort.
dadulön, nel. = fortdauern.
dadunön, lov. = durchführen, durchsetzen.
daem (su län) = Wall.
daemafomik = wallförmig.
daemed = Schanze, Redoute.
daemedön, lov. = schanzen, mit Schanzen versehen.
daemod = Wallende.
daemön, lov. = mit einem Wall versehen.
daet = Dattel.
daetabim = Dattelpalme, Dattelbaum.
daetep = Dattelbaum, Dattelpalme.
daf = Dachs.
dafadog = Dachs, Dachshund, Dackel.
dafaemükön, lov. = aushungern.
dafatön, lov. = fortpflanzen, — oki = sich fortpflanzen.
dafenükön, lov. = abhetzen.
dafomön, lov. = ausbilden.
dafred = Entzückung, Entzücken, Entzücktheit (hoher Grad der Freude).
dafredik = entzückt.
dafredükam = Entzückung.
dafredüköl = entzückend.
dafredükön, lov.: — eki = einen entzücken.
dag = Finsternis, Finsterheit, Dunkelheit, das Dunkel.
dageb = Verfügung.
dageban: — degivopelota = Nachnahmenehmer.
dagebön, lov. = verfügen über.
daget = Erwerbung, Erlangung, Erzielung.
dagetot = Erwerb, Erwerbnis.
dagetön, lov. = erlangen, erzielen, (sich) erwerben.
dagik = finster, dunkel.
dagikön, nel. = dunkel werden, finster werden.
daglofön, nel. = erwachsen, sich auswachsen, aufwachsen, sich vollendend entwickeln, sich vollendend auswachsen, sich entwickeln.
dagön, nel. = dunkel sein, finster sein.
dagükön, lov. = finstern (lov.), finster machen, verfinstern, verdunkeln.
dahitükön, lov. = auswärmen.
daif = das Schmausen, das Sichgütlichtun, Schmaus.
daifan = Feinschmecker, Leckermaul, Gastronom, Gaumenlüstling, gourmand.
daifet = Süszigkeit, der Bonbon, das Bonbon.
daifid = Bewirtung.
daifidan = die Wirte.
daifidön, lov. = bewirten, auftischen, (einen)

gastieren, — **eke bosi** = einen mit etwas bewirten.

daifik = leckerhaft (geneigt nur Leckeres zu genieszen).

daifot = Leckerbissen, Delikatesse.

daifön, nel. = sich gütlich tun, schmausen.

daig = Deich.

daigön, lov. = bedeichen, eindeichen, eindämmen.

daim = Damstein.

daimaboed = Dambrett.

daimapled = Damspiel.

daimön, nel. = Dame spielen, damen.

daiv = das Tauchen (das Sichinetwastauchen).

daivön, nel. = sich tauchen.

daivül = Burzelbaum, Purzelbaum.

daivülön, nel. = purzeln, burzeln.

dajon = Verweisung, Vorzeigung.

dajonan = Vorzeiger.

dajonäd = Ausstellung.

dajonädan = Aussteller.

dajonädayegs, pl. = Ausstellungsgegenstände.

dajonädot = das Ausgestellte.

dajonädön, lov. = ausstellen.

dajonädöp = Ausstellungsplatz.

dajonädüp = Ausstellungszeit.

dajono = bei Vorzeigung, gegen Vorzeigung, bei Vorkommen.

dajonön, lov. = zeigen, vorzeigen, vorweisen, — **oki** = erscheinen, **ädajonom oki cödale** = er erschien vor dem Richter.

dajonü = bei Vorzeigung von.

dakalkulön, lov. = durchrechnen.

dakip = Behaltung.

dakipiäl = Konservatismus.

dakipiälan = Konservativer.

dakipiälik = Konservativ.

dakipön, lov. = behalten, beibehalten, festhalten.

dakodön, lov. = ergründen.

dakonsälam = Beratung, das Beraten, Beratschlagung.

dakonsalön, nel. = Rat schlagen, Rat pflegen, Rat halten, beraten, beratschlagen.

dakonsumön, lov. = aufzehren.

dakosäd: — in süt = Verkehr auf der Strasze.

dakotan = Dakota (Indianerstamm).

dalab = Habe, Besitzung, Eigentum, — **kobädik** = Mitbesitz.

dalaban = Eigentümer, Besitzer.

dalabik = besitzanzeigend, **pönop —** = besitzanzeigendes Fürwort, Possessivpronomen.

dalabikön, lov. = in den Besitz von ... kommen, in den Besitz von ... treten.

dalabot = Eigentum, Besitz, Besitztum, — **kobädik** = Gemeingut, gemeinsamer Besitz, gemeinsames Gut, —, **dalabots** = das Gut, die Güter.

dalabotam = Begüterung.

dalabotik = begütert.

dalabotön, lov. = begütern.

dalabön, lov. = besitzen.

dalabükön, lov.: — **eke bosi** = einen in den Besitz einer Sache setzen.

dalar, k. Habäjänik = Talar.

dalärn = Einübung.

dalärnön, lov. = einüben, auslernen.

dalder = Taler, — **Larabänik** = arabischer Taler, — **di ‚Moga'**, k. Piratänik, Yemänik = Mokkataler.

dalebladön, nel. = brausen.

dalebüd = Edikt, (behördlicher) Erlasz.

daledük = Erzherzog.

daledükik = erzherzoglich.

dalefat = Urgroszvater.

daleglifikam = Abgrämung.

daleglifikön, nel. = sich abgrämen.

dalekultan = Hohepriester.

dalelöfädik = sterblich verliebt.

dalemot = Urgroszmutter, Ältermutter.

dalepals, pl. = Urgroszeltern.

dalepid = Zerknirschung, Zerknirschtheit.

dalepidik = zerknirscht.

dalepidön, nel. = zerknirscht sein.

daleskop = Teleskop.

daleskopik = teleskopisch.

dalestüm = Ehrfurcht.

dalestümabik = Ehrfurcht gebietend.

dalestümön, lov.: — **eki** = Ehrfurcht haben für einen, vor einem.

dalilam = Gehör, das Lauschen, Audienz.

dalilan = Horcher.

dalilik = horchsam, lauschend.

dalilön, lov. = anhören, zuhören, horchen, erhorchen, — **küpälo** = aufhorchen.

dalofön, lov.: — **flagi givoluta** = auf Schadenersatz klagen.

dalogal = Inspektor.

dalogam = Inspizierung, Augenschein.

dalogik = inspizierend.

dalogön, lov. = inspizieren, besehen, besichtigen, in Augenschein nehmen, mustern.

dalölöfükön, lov. = ausbauen.

dalön, sek. = dürfen.

daluskop = Mikroskop.

daluskopik = mikroskopisch.

dam (in vat) = Damm.

damam = Abdämmung.

damaskön, lov. = damaszieren.

damat = Damastgewebe.

damatik = damasten, Damast=.

damön, lov. = dämmen, mit einem Damm bezwingen, abdämmen.

damüdikön, nel. = durchweichen (nel.).

damüdükön, lov. = durchweichen (lov.).

damüt = Bezwingung, Bewältigung.

damütovik = bezwingbar.

damütön, lov. = bezwingen, bändigen, bewältigen.

dan = Dank, **dani gudikün! dani gretikün! ...** = schönsten dank! grösten dank! besten dank! ...

danabik = dankenswert.

danam = das Danken, Dankbezeigung, Dankbezeugung, Danksagung.

danädön, lov. = Dank wissen.

danädü = dank dem, Dank sei es dem.

danisagön, nel. = danksagen.

danö: — ! = dank! habdank!

danöf = Dankbarkeit, Erkenntlichkeit.

danöfik = dankbar, erkenntlich.

danöfön, nel. = dankbar sein, erkenntlich sein.

danölo: lüsumön lov. — = mit Dank annehmen.

danön, lov. = danken, sich bedanken bei.

danüd = Tanz.

danüdadom = Tanzhaus.

danüdajuk = Tanzschuh.

danüdan = Tänzer.

danüdav = Tanzkunst.

danüdazäl = baol.

danüdil = Tänzchen.

danüditidan = Tanzmeister, Tanzlehrer.

danüdön, lov. = tanzen.

danüdöp = Tanzplatz, Tanzsaal, Tanzboden.

dapan = Hypothek, Hypotheken verband, me — balid, me — telid = in erster Hypothek, in zweiter Hypothek.

dapanaloen = Hypothekenanleihe.

dapanaloenön, lov. = auf Hypothek leihen, auf Hypothek borgen.

dapanaprünan = Hypothekengläubiger.

dapanik = hypothekarisch.

dapanot = Hypothek, Pfandbrief.

dapanotabür = Hypothekenamt.

dapanotikipan = Hypothekar.

dapanön, lov. = mit Hypothek belasten.

dapanöp = Hypothekenbank.

daplonön, lov.: — eke bosi = einem sein Herz über etwas ausklagen.

dareig = das Vorherrschen, das Vorwalten.

das = dasz, u — ... u — = sei es dasz ... oder dasz, dü tim — = solange als.

dasägikön, nel. = vertrocknen, ausdorren, versiegen, austrocknen.

dasäkam = Erfragung, Verhör, das Ausfragen.

dasäkovik = erfragbar.

dasäkön, lov. = erfragen, aushorchen, ausfragen, verhören.

daseivön, lov.: — bosi, eki = etwas, einen durchschauen.

daselön, lov. = ausverkaufen.

dasenäl = Empfindsamkeit, Empfindelei, Sentimentalität, Rührseligkeit, Schwärmerei.

dasenälik = empfindsam, sentimental, rührselig.

dasev = Erkenntnis, Einsicht, Anerkennung.

dasevädükam = Offenbarung.

dasevädükön, lov. = offenbaren (theologisch).

dasevön, lov. = erkennen, anerkennen.

dasleit = Zerfleischung.

dasleitön, lov. = zerfleischen.

dasmeilön, lov. = schnuppen, schnüffeln, wittern.

dastud = Einübung.

dastudön, lov. = einüben, einstudieren.

dasuk = Durchsuchung.

dasukön, lov. = durchsuchen.

dasum = Annahme, das Anfassen.

dasuman = Annehmer.

dasumot = Akzept.

dasumov = Annehmbarkeit, Annehmlichkeit, Angenehmheit.

dasumovik = annehmbar, annehmlich.

dasumö: —! = angenommen!

dasumön, lov. = annehmen, anfassen, erfassen.

dasumöp = Annahmestelle.

dat = damit, aufdasz.

datif = Dativ, Wemfall.

datik = das Erdenken, das Ersinnen.

datikabik = zu Erdenken.

datikan = Erdenker, Ersinner.

datikovik = erdenklich, ersinnlich.

datikön, lov. = erdenken, ersinnen, aussinnen, ausgrübeln.

datom = Marter, Folter.

datomöm = Martergerät, Marterwerkzeug, Folter, Foltergerät, Folterwerkzeug.

datomön, lov. = martern, foltern.

datuv = das Erfinden, Erfindung.

datuvan = Erfinder, — Volapüka = der Erfinder der Weltsprache.

datuväl = Erfindungsgabe, erfinderischer Geist, Erfindungsgeist.

datuvälik = erfinderisch.

datuvot = Erfindung.

datuvovik = erfindbar.

datuvön, lov. = erfinden.

datıvül = Ausfindigmachung, das Ausspüren.

datuvülön, lov. = ausfindig machen, aufspüren, ausspüren.

dauk (= ‚daucus carota‘ [dáŭkuš káròtá] lat.) = Möhre, gelbe Rübe, Mohrrübe.

daun = Daune, Dune, Flaum.

daunaplüm = Daunenfeder.

daut = Tochter.

dautamatan = Tochtermann.

dautil = Töchterchen, Töchterlein.

daül = das Erwachsensein.

daülan = Erwachsener.

daülik = erwachsen.

daväl = Wahl (in Fr.: élection).

davälagitod = Wahlfähigkeit.

davälagitodik = wahlfähig (fähig zu wählen), wahlberechtigt.

davälajiplin = Kurfürstin.

davälan = Wähler.

davälaplin = Wahlfürst (gewählter Fürst).

davälaplinän = Kurfürstendom.

davälaplinik = kurfürstlich, dinit — = Kurwürde.

davälareigän = Wahlreich.

davälov = Wählbarkeit.

davälovik = wahlfähig (fähig gewählt zu werden), wählbar.

davälön, lov. = wählen (in Fr.: élire), — eki depütäbi, — eki ad depütäb, as depütäb = einen zum Abgeordneten wählen.

daved = Entstehung.

davedön, nel. = entstehen, se atos nos odavedon = daraus wird nichts, se om nos leguda odavedon = aus ihm wird nichts.

davedükön, lov. = anregen, erwecken.

davestigön, lov. = durchforschen.

davobön, lov. = ausarbeiten.

dayakan = Dajak.

däblegükön, lov. = zerbiegen, entzweibiegen.

däbreik = das Entzweibrechen, Zerbrechung.
däbreikön, lov. = entzweibrechen, zerbrechen, in Stücke brechen.
däbrek = Zerbrechung.
däbrekön, nel. = zerbrechen, in Stücke brechen, entzweibrechen.
däd = das Kaputtsein.
dädädik = matsch, ausgebeutet.
dädädön, nel. = matsch sein.
dädädükön, lov.: — eki = jemand matsch machen, matschen.
dädik = kaputt, kapores, hin, verloren, entzwei.
dädikam = das Entzweigehen.
dädikön, nel. = in Stücke gehen, entzwei gehen, kaputt gehen.
dädükön, lov. = kaputt machen.
däfal = das Instückefallen, das Zerfallen.
däfalön, nel. = in Stücke fallen, kaputt fallen, zerfallen, entzweifallen.
däg = Dolch.
dägön, lov. = dolchen, erdolchen.
däk = Deck, Verdeck.
däl = Erlaubnis, Bewilligung, Erlaubtheit, Einwilligung.
däläd = Bevollmächtigung.
dälädan = Kommittent, Vollmachtgeber.
dälädäb = Vollmachthaber, Vollmachtträger, Bevollmächtigter.
dälädön, lov. = bevollmächtigen, beglaubigen, ermächtigen.
däläl = Nachgiebigkeit, Nachsicht.
dälälik = nachgiebig, nachsichtig, nachsichtsvoll.
dälälön, nel. = nachsichtig sein, nachgeben, nachgiebig sein.
dälik = erlaubt.
dälo = mit Erlaubnis.
dälov = Zulässigkeit.
dälovik = zulässig.
dälö: —! = mit Erlaubnis!
dälön, lov. = erlauben, bewilligen, gestatten, einwilligen.
dälü = mit Erlaubnis des.
däm = Schaden, Nachteil, Abbruch.
dämab = Schädlichkeit.
dämabik = schädlich, nachteilig, at binon —, atos binon — pro om, tefü om = für ihn ist das schädlich.
dämam = Schadhaftigkeit.
dämik = schadhaft.
dämot = beschädigte Sache.
dämön, nel. = schadhaft sein, at dämon, atos dämon pro om, tefü om = für ihn ist das schädlich.
dämü = zum Nachteile des, zum Schaden des, mibitön — ek = sich an einem vergreifen, versündigen.
dämükam = Beschädigung, Benachteiligung, Schädigung.
dämükön, lov. = beschädigen, schaden, schädigen, schadhaft machen, Schaden bringen, Schaden tun, Abbruch tun, benachteiligen.
dän = das Altdänisch.

därvid = Derwisch.
däsärt = Wüste.
däsin = das Zeichnen.
däsinakret = Zeichenkreide.
däsinalekan = Zeichenkunst.
däsinan = Abbildner, Bildner, Zeichner.
däsinav = Zeichenkunst.
däsinot = Zeichnung.
däsinön, lov. = zeichnen, abbilden.
däsper = Verzweiflung.
däsperan = Verzweifler.
däsperön, nel. = verzweifelt sein, verzweifeln.
däsperükön, lov. = in Verzweiflung bringen, zur Verzweiflung bringen.
däspot = Despotismus.
däspotan = Despot.
däspotik = despotisch.
dästur = Einsturz.
dästurön, nel. = einstürzen.
dät = Datum.
dätön, lov. = datieren.
dätridön, lov.: — bosi, — bosi me futs = unter die Füsze treten.
dätü = datiert vom.
däyär = Eidergans, Eiderente, Eidervogel.
däyäradaun = Eider, Eiderdaun.
de, pr. 1. = an, sekidos te — om = es liegt nur an ihm, lobobs — om zili gretik = wir loben an ihm den groszen Fleisz 2. = aus, pedütülöl — latin = aus dem Lateinischen entnommen 3. = von, von ab, von an, von auf, von her, — kap jü futs = von Kopf zu Fusz, — lofüd jü vesüd = von Osten bis Westen, — göd jü soar = vom Morgen bis zum Abend, — mudel jü fridel = vom Montag bis zum Freitag, — ettim = von da ab, — veg fagotü steps kil = drei Schritte vom Wege ab, — del et = von da an, — adel = von heute an, — yun = von Jugend auf, — kel = wovon.
dead = das Totsein, Tot, Zustand des Todes.
deadam = das Sterben, das Absterben, das Hinscheiden, das Ableben.
deadamadel = Todestag.
deadan = Tote, ein Toter.
deadanöp = Friedhof, Kirchhof, Gottesacker, Leichenacker.
deadik = tot, gestorben, heimgegangen, entschlafen, verschieden, verstorben, binön — = tot sein, gestorben sein.
deadio: smilön — = sich zu Tode lachen.
deadöf = Sterblichkeit.
deadöfan = Sterblicher.
deadöfik = sterblich.
deadöl = sterbend, binön — = in den letzten Zügen liegen, am Tode sein, binom — = es ist um ihn geschehen.
deadölan = Sterbender.
deadön, nel. = sterben, absterben, ableben, abscheiden, entschlafen, entschlummern, hinscheiden, — bludamo = verbluten, edeadom = es ist um ihn geschehen.
deät = das Verfluchtsein, das Verflixtsein.
deätik = leidig, verflucht, verflixt.

deb = Schuld.

deban = Schuldiger, Schuldner.

debazöt = Schuldschein.

debälam = Abbeerung.

debälön, lov. = abbeeren.

debät = Ablockung.

debätan = Ablocker.

debätön, lov. = ablocken (fortlocken, weglocken).

debeg = das Abbitten, das Abflehen.

debegön, lov. = abbitten, abflehen.

debet (in ted) = Soll, Debet, — **e kredit** = Soll und Haben.

debetaflan ü **debetapad** = Debetseite.

debetan = Schuldner, Debitor.

debetapad ü **debetaflan** = Debetseite.

debetön, lov. = debitieren, belasten, anrechnen.

debik = schuldig.

deblin = das Abbringen, Abbringung.

deblinön, lov. = abbringen.

debön, lov. = schulden, schuldig sein, — **eke dani kodü bos** = einem etwas verdanken.

debreik = das Abbrechen, Abbrechung, Abbruch.

debreikamalül = Zeichen der abgebrochenen Rede.

debreiko = auf den Abbruch.

debreikot = Abbruch, Schutt, Bauschutt.

debreikön, lov. = abbrechen (lov.).

debrek = das Abbrechen.

debrekön, nel. = abbrechen (nel.).

debunam = das Abspringen.

debunön, nel. = abspringen.

debük = Abdruck, das Abdrucken.

debükot = Abdruck, das Abgedruckte.

debükön, lov. = abdrucken.

decöpam = Abhackung, Abhauung.

decöpön, lov. = abhacken, abhauen.

dediet = Widmung, Hingebung.

dedietön, lov. = widmen, hingeben.

dedränön, lov. = abdrängen.

dedug = Ableitung, das Ableiten.

dedugan = Ableiter (p.).

dedugian = Ableiter (d.).

dedugön, lov. = ableiten.

def = Mangel, Armut, Mangelhaftigkeit, Unvollständigkeit, — **mona kädöfik** = Mangel an barem Gelde.

defal: — bledas = der Abfall der Blätter.

defalik = abfällig.

defalön, nel. = abfallen.

defan = das Abfangen, Abfängerei.

defanan = Abfänger.

defanädön, lov.: — **glöpi eke** = einem den Ball abfangen.

defanön, lov. = abfangen.

defäd = Dürftigkeit.

defädan = ein Dürftiger, Notleidender.

defädik = dürftig, notleidend.

defädön, nel. = dürftig sein, darben, Not leiden.

defälot = Abfall, Abfällsel, Abraum.

defärmükam = Abschlusz, Abschlieszung.

defärmükan = Abschlieszer.

defärmükön, lov. = abschlieszen.

deferodam = Entgleisung.

deferodön, nel. = entgleisen.

defik = mangelhaft, **set** — = elliptischer Satz.

defilam = das Abbrennen.

defilön, nel. = abbrennen (nel.).

defilükam = das Abbrennen, Abbrennung.

defilükan = Abbrenner (p.).

defilükön, lov. = abbrennen.

deflap = Abschlagung (Schlag).

deflapan = Abschlager.

deflapön, lov. = abschlägen.

deflek = Abkehrung.

deflekön, lov.: — **oki** = sich abwenden, abkehren, wegwenden.

deflum = Abflusz.

deflumön, nel. = abflieszen.

defo = aus Mangel.

defodam = Abmähung.

defodön, lov. = abmähen.

defomam = Ableitung.

defomamvöd = abgeleitetes Wort.

defomot = Ableitung (Abgeleitetes).

defomön, lov. = ableiten.

defön, nel. = mangeln, fehlen, abgehen.

defugön, nel. = entfliehen.

defü = mangels, aus Mangel an.

deg, 10 = zehn.

degan, $C_{10}H_{22}$ = Dekan.

degat = Zehnt, Zehent, Zehner, Zehnzahl.

degato = zehnstückweise.

degbal, 11 = eilf, elf.

degbalat = Elfzahl.

degbalüd = Undezime (Intervall).

degbalüf = Undezime (Ton).

degdil = Zehntel.

degdilik = dezimal, **sit** — = Dezimalsystem, **frak** — = Dezimalbruch.

deggram, D. G. = Dekagramm.

deggulik = zehneckig.

degid = zehnte.

degidnaed = **naed degid.**

degidnaedo = zehntenmals.

degido = zehntens.

degif = Abgusz, Abgieszung, das Abgieszen.

degifan = Abgieszer.

degifot = das Abgegossene.

degifön, lov. = abgieszen, dekantieren.

degik = zehnfach.

degion, 1'000'000^{10} = Dezillion.

degiv = Abgabe, Abgebung.

degivan = Abgeber.

degivopel = Nachnahme.

degivopelasedön, lov. ü **sedön degivopelo** = nachnehmen.

degivopelo = gegen Nachnahme, unter Nachnahme, **sedön** — = nachnehmen.

degivopelot: dageban degivopelota = Nachnahmenehmer.

degivön, lov. = abgehen.

degliät, D.L. = Dekaliter.

deglien = Zehneck.

degmet, D.M. = Dekameter.

degmil, 10'000 = zehn Tausend.

degna = zehnmal.

degnaik = zehnmalig.
degol = Abgang, das Abgehen.
degolön, nel. = abtreten, sich wegbegeben, abgehen.
degot = das Zehnfache.
degön, lov. = verzehnfachen.
degsotik = zehnerlei.
degsotiko = auf zehnerlei Weise.
degster, D.S. = zehn Ster.
degtel, 12 = zwölf.
degtelat = Dutzend.
degtellien = Zwölfeck.
degtelüd = Duodezime (Intervall).
degtelüf = Duodezime (Ton).
degüd = Dezime (Intervall).
degüf = Dezime (Ton).
degyel = Dezennium, Jahrzehnt.
degyelik = zehnjährig.
deibejütön, lov. = totschieszen, erschieszen.
deibludön, nel. = verbluten, sich zu Tode bluten, sich verbluten, ausbluten.
deid = das Töten, Tötung.
deidöl = tödlich.
deidön, lov. = töten, totmachen, umbringen,
— cödeto = hinrichten, — mekädo = erschlagen.
deifälön, lov. = totschlagen, erschlagen, niederstrecken.
deiflapön, lov. = totschlagen, erschlagen.
deig = Deichsel.
deigajevod = Deichselpferd.
deik, lady. = ab, ko hät —! = Hut ab!
deim = Verwerfung, Verstoszung, Zurückweisung.
deimab = Verwerflichkeit.
deiman = Verwerfer.
deimäb = Verstoszener.
deimön, lov. = verwerfen, verstoszen, zurückweisen.
deipedön, lov. = totdrücken, zu Tode drücken,
erdrücken.
deiyagön, lov. = abhetzen.
dejedön, lov. = abwerfen.
dejeik = Abschreckung, das Abschrecken.
dejeikön, lov. = abschrecken.
dejoik = Abstoszung, Verstoszung.
dejoikön, lov. = abstoszen, verstoszen.
dejok = Abprall.
dejokön, nel. = abprallen.
dek = Schmuck, Zier, Zierde, Zierat.
dekadin = Schmucksache.
dekaklotem = Ornat.
dekam = Verzierung, Auszierung, Ausschmückung.
dekaplüm = Schmuckfeder.
dekayeg = Schmuckgegenstand.
dekäd, dekäds = Galanterien, Galanteriewaren,
Kleinware.
dekädön, lov. = ausstaffieren.
dekät = Dechanat (Würde).
dekätan = Dechant, Dekan.
dekätaziläk = Dechanei, Dechanat.
dekätän = Dechanei, Dechanat, Dekanat.
dekefam = das Abbürsten, Abbürstung.

dekefan = Abbürster.
dekefön, lov. = abbürsten.
dekik = schmuck, zierend.
deklam = Deklamation.
deklamamod = Diktion, Vortragsweise, Vortragsart.
deklamön, lov. = deklamieren.
deklin = Biegung, Beugung, Flektion, Flexion,
Deklination, Abwandelung.
deklinabid = Abwandelungsweise.
deklinafom = Beugfall, Kasus.
deklinasot = Biegungsklasse.
deklino = abwandelungsweise.
deklinov = Flexionsfähigkeit, Abänderlichkeit.
deklinovik = biegungsfähig, flexibel, deklinierbar, flektierbar, abänderlich.
deklinön, lov. = beugen, deklinieren, flektieren.
dekonsäl = das Abraten.
dekonsälan = Abrater.
dekonsälön, lov. = abraten.
dekorat = Dekoration (Bühnen-, Zimmerverzierung).
dekoratan = Dekorateur.
dekoratipänan = Dekorationsmaler.
deköf = Zierlichkeit.
deköfik = zierlich, schmuck.
dekömön, nel. = (von . . .) abkommen, herkommen, herabkommen.
dekön, lov. = schmücken, zieren.
deköt = Abschneidung, das Abschneiden.
dekötan = Abschneider.
dekötot = Abschnitt, Abgeschnittenes, Aufschnitt.
dekötön, lov. = abschneiden.
dekrat = Abkratzung, das Abkratzen.
dekratot = Gekrätz.
dekratön, lov. = abkratzen.
dekul = Dezember.
dekupön, lov. = abschöpfen.
dekük = Abkochung, das Abkochen, der Absud.
dekükot = Dekokt, der Absud.
dekükön, lov. = abkochen.
del = Tag, a — = per Tag.
delabuk = Tagebuch.
delagased = Tageblatt, Zeitung.
delagön, nel. = abhangen (nel.), abhängen
(nel.), niederhangen.
delamesed = Taglohn.
delamesedovoban ü delavoban = Taglöhner.
delapab = Tagefalter, Tageschmetterling.
delaprim = Tagesanbruch.
delaprimo = bei Tagesanbruch.
delatim = Tageszeit.
delavob (= vob delik) = Tagearbeit.
delavoban ü delamesedovoban = Taglöhner.
delavön, lov. = (den Schmutz) abwaschen.
deläkön, lov. = ablecken.
delärnön, lov. = ablernen.
delemufükam = Abschüttelung.
delemufükan = Abschüttler.
delemufükovik = abschüttelbar.
delemufüköl = abschüttelnd.
delemufükön, lov. = abschütteln.

deleneit = Etmal, vierundzwanzig Stunden, a — = per Etmal.

deleneito = in ein Etmal.

delfin = Delphin.

delik = tagsüber, während des Tages.

deliko = tagsüber, während des Tages.

delikön, nel. = tagen, Tag werden.

delilam = das Abhören, das Abhorchen.

delilan = Abhörer, Abhorcher.

delilön, lov. = abhören, abhorchen.

delivükam = Ablösung.

delivükan = Ablöser.

delivükön, lov. = ablösen.

delo = am Tage, bei Tage, — e neito = tagundnacht.

delod = Abladung.

delodan = Ablader.

delodön, lov. = abladen.

delogam = das Absehen.

delogan = Abseher (einer, der etwas absieht).

delogön, lov.: — eke bosi = einem etwas absehen.

delön, nel. = Tag sein.

delubeg = das Abbetteln, Abbettelung.

delubegan = Abbettler.

delubegön, lov. = abbetteln.

delü = am Tage des, an Tagen des.

delük = Ablauerung.

delükan = Ablaurer.

delükön, lov. = ablauern.

delüodikön, nel. = abweichen.

dem = Rücksicht, das Achtgeben, Beachtung, Rücksichtsnahme, Berücksichtigung.

demafam = das Abmessen.

demafan = Abmesser.

demafön, lov. = abmessen (messend absondern).

demalek = Abmarsch.

demalekön, nel. = aufmarschieren, abmarschieren.

demeib = Abmahnung.

demeiban = Abmahner.

demeibön, lov. = abmahnen.

demiedükam = Absteckung.

demiedükan = Abstecker.

demiedükön, lov. = abstecken.

demod = Dativobjekt.

demodik = dativobjektivisch.

demof = Abtreibung.

demofabik = abtreibbar.

demofan = Abtreiber.

demofovik = Abtreibbar.

demofik = abtreibend.

demofön, lov. = abtreiben.

demokrat = Demokrat.

demokratik = demokratisch.

demokratim = Demokratie (Partei).

demön, lov. = achtgeben, Rücksicht nehmen, berücksichtigen, — eki = sich an einen kehren, demöl stimi, demölo stimi = auf Ehre, demöl stimi oba, demölo stimi oba = auf meine Ehre.

demü, pr. 1. = an, leon — kurad = ein Löwe an Mut, bäldik — lifayels = alt an Jahren,

leigön tefü ek — nols = einem an Kenntnissen gleichstehen, pluön, nepluön lä, lo, leigodü ek — nols = einem an Kenntnissen überlegen sein, nachstehen, pluön lä, lo, leigodü ek — süperods logotik = einem an äuszern Vorzügen übertreffen 2. = auf, vestigön, xamön bosi — mödot pinera = auf dem Fettgehalt untersuchen 3. = aus, — kod at = aus diesem Grunde 4. = aus Rücksicht für 5. = für, pönidön — bos = für etwas büszen, binom gretik — bäldot oka = er ist grosz für sein Alter 6. = halben, halber, — stim = ehrenthalber 7. = hinsichtlich 8. = in, tävön — büsid = in Geschäften reisen, tävön, binön tävöl — dinäd veütik = in einer wichtige Angelegenheit verreist sein 9. = um, vobön — mesed = um Lohn arbeiten, kio dunoy vali, valikosi — mon palöföl! = was tut man nicht alles ums liebe Geld! atosi no emeritom — edunös los ole = das hat er nicht um dich verdient 10. = vor, jelön eki — neflen oma = einen vor seinem Feinde schützen, fugom — ob = er flieht vor mir, jekom — ob = er erschreckt vor mir, is sefobs — riskäd = hier sind wir sicher vor der Gefahr, dredom — ob = er fürchtet sich vor mir, jemom — ob = er schämt sich vor mir, klänedön eki — neflen oma = einen vor seinem Feinde verstecken 11. = wegen, — cils = wegen der Kinder, der Kinder wegen 12. — at, — atos = darum, deswegen, — kod at = folglich, sonach, demnach, darum, deswegen, lobobs omi — zil gretik = wir loben an ihm den groszen Fleisz.

demüt = das Abzwingen, Abnötigung.

demütön, lov. = abzwingen, erzwingen, abnötigen.

den = Degen.

denalam = Degenklinge.

denatipot = Degenspitze.

denavead = Degenscheide.

denexän = Absteigen.

denexänön, nel. = (von einer Höhe) absteigen, hinabsteigen, hinuntersteigen, herabsteigen, heruntersteigen.

densit = das Dichtsein, die Dichte, Dichtheit, Dichtigkeit.

densitik = dicht.

densitikam = Kondensation, Verdichtung.

densitikön, nel. = sich verdichten, dicht werden.

densitükian = Kondensator, Verdichter.

dentin = wählerisches Wesen.

dentinik = wählerisch.

denu = von nun an.

deo = ab, deto — = rechtsab, nedeto — = linksab.

depad = Depesche.

deped = Abdrückung.

depedön, lov. = abdrücken, abdrängen.

depenam = Abschreiberei, das Abschreiben, Abschreibung.

depenan = Abschreiber.

depenäd = das Abgeschriebene, Abschrift.

depenön, lov. = abschreiben (schriftlich entlehnen).
depladön, lov. = (von etwas) abstellen.
deplanot = Ableger.
deplanön, lov. = ablegen (gad.).
depol = das Abtragen.
depolabik = abtragbar.
depolan = Abträger.
depolön, lov. = abtragen (niedertragen).
deponen = Deponens.
depotam = Absendung (Post).
depotan = Absender.
depotön, lov. = absenden (Post), abschicken.
depotöp = Absendungsort.
depüt = Abordnung.
depütan = Abordner.
depütäb = Abgeordneter.
depütön, lov. = abordnen.
derabotam = Abhobelung.
derabotön, lov. = abhobelen.
dereid = Ablesung.
dereidan = Ableser.
dereidön, lov. = ablesen.
derem = Abkauf.
dereman = Abkäufer.
deremön, lov. = abkaufen, abhandeln.
desed = Absendung.
desedan = Absender.
desedön, lov. = absenden, abschicken.
desedöp = Absendungsort.
deseid = Absetzung.
deseidön, lov. = absetzen.
deseitön, lov. = ablegen.
desepam = Abgrabung.
desepön, lov. = abgraben.
desin = Vorsatz, Plan, Absicht, Vorbedacht,
Vorhaben.
desinik = vorsätzlich, absichtlich.
desino = mit Absicht, absichtlich, vorsätzlich.
desinod = Unternehmung.
desinölo: — ad = in der Absicht.
desinön, lov. = beabsichtigen, vorhaben, sich
vornehmen, denken (die Absicht haben), im
Auge haben.
desinü = in der Absicht.
desir = Verlangen, Begier.
desirab = Begehrenswürdigkeit.
desirabik = begehrenswert, begehrenswürdig.
desiriäl = Begehrlichkeit.
desiriälik = begehrlich.
desirik = begierig, begehrlich, verlangend.
desirod = das Begehrte.
desirön, lov. = verlangen, begehren.
desleit = Abreiszung.
desleitan = Abreiszer.
desleitolivükön, lov. = losreiszen.
desleitön, lov. = abreiszen.
deslif = Abgleitung, das Abgleiten.
deslifön, nel. = abgleiten, abglitschen.
desteigön, lov. = abstechen.
destepam = Abtretung.
destepön, nel. = abtreten.
desum = Abnahme, das Abnehmen.
desumov: — cödetik = Absprechtbarkeit.

desumovik: cödeto — = (richterlich) absprechbar.
desumön, lov.: — eke bosi = abnehmen, —
cödeto = (richterlich) absprechen.
desvipam = Abkehrung.
desvipön, lov. = abkehren.
det = Rechte.
detalöpik = rechtsoben.
detäv = Abreise.
detävan = Abreisender.
detävön, nel. = abreisen.
deteil = Abtrennung, das Abtrennen.
deteilan = Abtrenner (p.).
deteilian = Abtrenner (d.).
deteilov = Abtrennbarkeit.
deteilovik = abtrennbar.
deteilön, lov. = abtrennen, abscheiden.
detifön, lov. dem. = stehlen.
detik = recht (nicht link).
detio = rechtshin.
detir = das Abziehen, Abziehung.
detirön, lov. = abziehen.
deto = rechts, zur Rechten, — deo = rechtsab.
detov = Abhebung.
detovön, lov. = abheben.
detronam = Entthronung.
detronön, lov. = entthronen.
detuet = Abnagung.
detuetan = Abnager.
detuetön, lov. = abnagen, abknabbern, abknaupeln.
detü = rechts von.
detül (in ted) = Detail.
detülaselön, lov. = detaillieren, vereinzeln, einzeln verkaufen.
detülated = Detailhandel, Kleinhandel.
detülatedan = Detailhändler, Detaillist, Kleinhändler.
detülik = detailliert.
detülo = im Detail, en detail, im kleinen.
detülön, lov. = detaillieren.
deükam: — bälas = Abbeerung.
deükön, lov. = abnehmen, abziehen, deükolöd
häti! = Hut ab! — bälis = abbeeren.
devegam = Abfahrt.
devegön, nel. = abfahren.
deveig = Abfuhr, Abführung.
deveigan = Abführer.
deveigovik = abführbar.
deveigön, lov. = abführen, abfahren (lov.).
devod = Andacht.
devodik = andächtig.
devodipläg = Andachtsübung.
devodiplagöp = Andachtsort.
devodiplägüp = Andachtszeit.
devodön, nel. = von Andacht erfüllt sein.
devodüköl = erbaulich.
devodükön, lov. = (geistig) erbauen.
devok = Abrufung, das Abrufen.
devokan = Abrufer.
devokön, lov. = abrufen.
dextrin = Dextrin.
deyebid = Abgrasung, Abgraserei.
deyebidön, lov. = abgrasen.

deyulam = Abschwörung, Abjuration.
deyulan = Abschwörer.
deyulön, lov. = verreden, verschwören, abschwören.
di (pr. ladyekik): — ,**Wien'** = Wienerisch, — ,**Leiden'** = Leydener, **flad** — ,**Leiden'** = Leydener Flasche.
diab = Teufel, Satan.
diabäb = Bessessener.
diabäbam = Besessenheit.
diabäbön, nel. = vom Teufel besessen sein.
diabäl = Teufelei, teuflisches Wesen.
diabälik = teufelhaft, teufelisch.
diabik = teufelisch, vom Teufel herrührend.
diabö : —! = zum Teufel!
diafrag = Zwerchfell.
diafragül = Blende (a.s. in leskops).
diak = Diakonat, das Amt des Diakonen, die Würde des Diakonen.
diakan = Diakon.
diakot = Diakonat.
dial = Ideal.
dialeg = Dialekt.
dialik = ideal.
dialim = Idealismus.
dialiman = Idealist.
dialimik = idealistisch.
dialit = Dialyse.
dialitöm = Dialysator.
dialitön, lov. = dialysieren.
dialön, lov. = idealisieren.
diamain = Diamant, Demant (Schmucksache).
diamainik = diamanten, demanten.
diamet = Diameter, Durchmesser.
diametik = diametral.
diametü: bim — pieds kil = ein Baum von drei Fusz im Durchmesser.
diamoin = (ungeschliffener) Diamant (Gestein).
dianin, Dn, ,**dianium'** = Dianium.
diar = Diarrhö.
diaran = Diarrhöleidender.
diät = Diät.
dib = Tiefe (das Tiefsein).
dibik = tief.
dibo = in der Tiefe.
dibot = Tiefe (Masz).
dibotaplumb = Tieflot, Peillot, Senkblei, Lotblei.
dibotik = tief (als Maszbestimmung).
dibotimafön, nel. ü **plumbomafön,** lov. = loten.
dibön, nel. = tief sein.
dibü = in der Tiebe des, tief hinab in.
dibükön, lov. = vertiefen, austiefen.
dicet = Verdauung.
dicetäm = Verdauungsapparat, Verdauungsorgane.
dicetov = Verdaulichkeit.
dicetovik = verdaulich.
dicetön, lov. = verdauen.
didimin, Di, ,**didymium'** = Didymium.
dido = allerdings.
dientif = Identität.
dientifäd = Pasz.

dientifik = identisch, ganz gleich.
dientifön, nel. = identisch sein, sich decken.
dientifü = identisch mit, ganz gleich dem.
dientifükön, lov. = identifizieren.
dif (valemo ed i gredo) = Unterschied, Differenz.
difaplänovik = vieldeutig.
difik = verschieden.
difön, nel. = differieren, verschieden sein, abweichen, auseinandergehen.
difterid = Diphtherie, Diphtheritis.
difud = Diffusion.
difudön, nel. = diffundieren.
difül = Abstufung, Nuance.
difülön, nel. = nuancieren, abstufen.
dig = Wert, das Geschätztsein, Schätzbarkeit.
digädön, lov. = wert sein, würdig sein, verdienen.
digid = Wertschätzung.
digidön, lov. = schätzen, wertschätzen.
digik = wert, geschätzt, werthaft, wertvoll, schätzbar.
digital = Fingerhut (Pflanze).
digön, nel. = wert sein, geschätzt sein, schätzbar sein.
dik = das Diktieren, Diktierung.
dikot = Diktat.
dikön, lov. = diktieren.
diktor = Diktatur.
diktoran = Diktator.
diktorik = diktatorisch.
dikuprinirotolarsenit, CuHAsO3 = Kupriarsenit.
dil = Teil.
diladil, diladils = Maschinenteile, Zubehörteile, Teile.
dilam = Teilung, Verteilung.
dilamalenum = Dividend, Dividendus.
dilamamalül = Divisionszeichen.
dilamosegiv = Austeilung.
dilamosegivan = Austeiler.
dilamosegivön, lov. = austeilen.
dilan = Teiler (p.).
dilanum = Teilungszahl, Bruchzahl.
dilasuäm = Rate, Teilbetrag.
dilasuämik = ratenweise.
dilasuämo = ratenweise, **pelön** — = Teilzahlung machen.
dilasuämü = im Teilbetrage von.
dilä ... dilä, konyuns = teils ... teils.
diläd = Abteilung, Abschnitt.
dilädabik = in Abteilungen teilbar.
dilädam = Abteilung, das Abteilen.
dilädan = Abteiler (p.).
dilädanum = Verteilungszahl, distributives Zahlwort.
dilädavöl = Fachwerk.
dilädian = Abteiler (d.).
dilädön, lov. = abteilen, einteilen.
diled = Stück, Fleck, — **klöfa** = Stück Tuch.
diledil = Stückchen, — **papüra** = Stückchen Papier.
dilek = Direktorat, Direktion.
dilekal = Oberdirektor.

dilekan = Direktor, — **musigalefa** = Dirigent, Kapellmeister, Musikdirektor.
dilekanacal = Direktoramt, Direktorat.
dilekanef = Direktion (sämmtliche Direktoren).
dilekön, lov. = dirigieren.
dilet = Analyse, Zerlegung, Zergliederung.
diletan = Zergliederer.
diletik = analytisch.
diletov = Zerlegbarkeit.
diletovik = zerlegbar.
diletön, lov. = analysieren, zergliedern, zerlegen, auflösen.
dilian = Divisor, Teiler.
dilik = teilweise, partiell.
dilo = teils, zum Teil, — ... — = einesteils ... andernteils, teils ... teils, zum Teil ... zum Teil.
dilod = Anteil, **bai** — = anteilgemäsz.
dilodam = Beteiligung.
dilodan = Aktionär, Aktieninhaber.
dilodazöt = Aktie, Anteilschein.
dilodön, nel. = Anteil haben (sachlich).
dilodükön, lov.: — **eki** = einen beteiligen.
dilopel = Abschlagszahlung.
dilopelik = abschläglich, **pel** — = abschlägliche Zahlung.
dilopelo = auf Abschlag.
dilopelü = auf Abschlag des.
dilot = Partie, Quote.
diloto = partieweise.
dilov = Teilbarkeit.
dilovik = teilbar.
dilölo: ägivom, äseagivom — moni pöfikanes = er verteilte das Geld unter die Armen.
dilön, lov. = teilen, dividieren, — **ode,** — **odes bosi** = sich in eine Sache teilen.
dilut (tapladü säntret) = Dünne, Dünnheit.
dilutik = dünn.
dilutükam = Verdünnung.
dilutükön, lov. = verdünnen.
dim = Zehntel.
dimgram, d.G. = Dezigramm.
dimliät, d.L. = Deziliter.
dimmet, d.M. = Dezimeter.
dimmim = Zehntausendstel.
din = Ding, Gegenstand, Objekt, Punkt, Sache.
dinamit = Dynamit.
dinar, k. Sulüda=Slavänik = Dinar.
dinarazim, k. Sulüda=Slavänik = Para.
dinatrinarotofosfat, Na_2HPO_4 = Dinatriumphoshpat.
dinäd = Angelegenheit, Umstand, Verhältnisz.
dinädü = anläszlich.
dinik = dinglich, Dinge betreffend, materiell.
dinit = Rang, Würde.
dinitamäk = Abzeichen der Würde.
dinitan = Würdenträger.
dinitasevälöf = Standesbewusztsein.
dinitiäl = Rangsucht.
dinitiälik = rangsüchtig.
initik = würdevoll.
dinöf = Gegenständlichkeit, Objektivität, Sachlichkeit.
dinöfäl = nüchterner Geist.

dinöfälik = nüchtern, **täläkt** — = nüchterner Verstand.
dinöfik = gegenständlich, objektiv, sachlich.
dinü = in Sachen des.
diot = Blödsinn, Stumpfsinn, Blödigkeit.
diotan = Blödsinniger, Stumpfsinniger, Idiot.
diotik = blödsinnig, stumpfsinnig.
dip = Diplomatie.
dipan = Diplomat.
dipanef = Diplomatie, corps diplomatique.
dipav = Diplomatik.
dipik = diplomatisch.
diplom = Diplom.
diplomam = Diplomierung.
diploman = Diplomierer.
diplomäb = Diplomierter.
diplomön, lov. = diplomieren.
dis = unter, unterhalb, **föfiogolön** — **bims** = unter den Bäumen hingehen, — **sil voik** = unter freiem Himmel.
disao = von unten aus.
disbovedil = Untertasse, Unterschale.
disbumäd = Unterbau, **bumön disbumädi** = unterbauen.
disein = Zweck, Bezweckung.
diseinab = Zweckmäszigkeit, Zweckdienlichkeit.
diseinabik = zweckdienlich, zweckentsprechend, zweckmäszig.
diseinik = bezweckend, zweckentsprechend.
diseinisevik = zielbewuszt.
diseinön, lov. = bezwecken, bezielen.
diseinü = zum Zwecke des, zwecks, — **atos** = zu dem Ende, zu diesem Zwecke.
disik = unterliegend (unter etwas), untenstehend.
disiküno = zu unterst.
disikünos = Unterstes.
disin = Plan, Entwurf, Prospekt, Projekt, — **lebuka** = Prospekt eines herauszugebenden Werkes.
disinik = planmäszig, plangemäsz.
disinön, lov. = planen, entwerfen, projektieren.
disio = untenhin.
disiojedön, lov. = únterwerfen, unter etwas hin werfen.
disip = Zerstreutheit (der Gedanken).
disipik = zerstreut.
diskot = Eskompte, Eskont, Diskonto.
diskotovik = diskontabel.
diskotön, lov. = eskomptieren, eskontieren, diskontieren.
diskud = (runde) Scheibe, Diskus, Wurfscheibe.
diso = darunter (unter etwas).
dispär = das Disperssein.
dispärastöfed = Dispersionsmittel.
dispärik = dispers.
dispenam = Unterzeichnung.
dispenan = Unterzeichneter.
dispenäd = Unterschrift.
dispenön, lov. = unterzeichnen.
disprosin, Dy, ,dysprosium' = Dysprosium.
disput = Disput.

disputön, nel. = disputieren.
dist = (wesentlicher) Unterschied.
distalik = unterirdisch.
distid = Unterscheidung.
distidov = Unterscheidbarkeit.
distidovik = unterscheidbar.
distidön, lov. = unterscheiden, ein Unterschied machen.
distidü = zur Unterscheidung von.
distik = abweichend, verschieden.
distöf = Verschiedenartigkeit, Mannigfaltigkeit.
distöfik = verschiedenartig, mannigfaltig.
distöfükön, lov. = vermannigfältigen, mannigfachmachen.
distön, nel. = sich unterscheiden.
distuk = Zerstörung, Verheerung, Verwüstung.
distukan = Zerstörer.
distukiäl = Zerstörungsgeist, Zerstörungslust, Zerstörungssinn.
distukik = zerstörend.
distukön, lov. = zerstören, verheeren, verwüsten.
distü = im Unterschiede von, abweichend von.
distükön, lov. = unterscheiden.
disvol = Unterwelt.
dit = Scheidung, das Scheiden.
ditib = Spendung.
ditiban = Spender.
ditibön, lov.: — **sakramis** = die Sakramente spenden, austeilen, mit den Sakramenten versehen.
ditön, nel.: — **de** = scheiden, sich scheiden von, aus.
ditret = Not, Bedrängnis, — **milatas,** — **milatas menas** = die Not von Tausenden.
ditretayuf = Notbehelf.
diül = Idylle.
diülik = idyllisch.
div = Schatz.
divad, k. Transyordänik, Häcavänik (= foldegdil bal krujida) = Diwani.
divid = Division (mil.).
dividad = Dividende.
divik = auf den Schatz bezüglich.
divod = Anhänglichkeit, Zuneigung, Ergebenheit.
divodik = ergeben.
divodön, nel. = ergeben sein.
do = wenn, wenn auch, wenngleich, wennschon, wiewohl, obgleich, obschon, obwohl, obzwar.
doat = Finger.
doatafinot = Fingerspitze.
doatahät = Fingerhut.
doatalin = Fingerring.
doatam = das Betasten, das Befühlen, Betastung, Betasterei, Anfühlung.
doatamov = Fühlbarkeit.
doatamovik = fühlbar.
doatayoin = **nok.**
doatön, lov. = betasten, befühlen, anfühlen.
dob = Falschheit, Unrichtigkeit.
dobäl = Falschheit, Unaufrichtigkeit.
dobälik = falsch, unaufrichtig.
dobälo = falsch, hinterlistig, unaufrichtig.

dobälön, nel. = falsch sein, unaufrichtig sein.
dobik = falsch, unrichtig, blind, **lefilalaram** — = blinder Feuerlärm.
dobön, nel. = falsch sein, unrichtig sein.
dobükam = Fälschung.
dobükön, lov. = fälschen, betrüglich falsch machen.
docöpön, lov. = niederhauen, umhacken, umhauen.
‚doctor‘, [dók-tór,] lat. = dokan.
dod = Bedenken, Anstand, Bedenklichkeit, Beschwerde, Beschwerlichkeit, **ai** — **seimik läbinon** = es ist immer ein Aber dabei.
dodam = Beanstandung, Bedenklichkeit.
dodik = bedenklich.
dodön, lov. = bei... Bedenken hegen, wegen ... Bedenken hegen, beanstanden, gegen ... Anstand erheben, gegen ... Bedenken erheben.
doeg = Dogge.
dof = Dunkelheit, das Dunkelsein.
dofablövik = dunkelblau.
dofabraunik = dunkelbraun.
dofagedik = dunkelgrau.
dofagrünik = dunkelgrün.
dofalön, nel. = niederfallen, umfallen, hinfallen, umsinken, zu Boden fallen.
dofaredik = dunkelrot.
dofayelovik = dunkelgelb.
dofälön, lov. = umhauen, niederhauen.
dofik = dunkel.
dofön, nel. = dunkel sein.
dog = Hund.
dogibrid = Hundezüchterei.
dogik = vom Hunde, Hunds⸗.
dojedön, lov. = umwerfen, niederwerfen.
dojoikön, lov. = umstoszen.
dok = Doktorat.
dokan = Dokter (höchster akademischer Titel).
dokikan = Doktorand.
dokikön, nel. = doktorieren, promovieren, die Doktorwürde erlangen.
doküm = Dokument, Urkunde.
dokümam = Beurkundung, Dokumentierung.
dokümik = urkundlich, authentisch.
dokümil = Beleg (Urkunde).
dokümön, lov. = dokumentieren, beurkunden.
dol = Schmerz.
dolagön, nel. = niederhangen.
dolar = Dollar.
dolaramalül: $ = Dollarzeichen.
dolarazim = cent, Dollarcent.
doled, doleds = Wehe, Geburtswehe, Kindesnöten.
doledön, nel. = in Kindesnöten sein, in Kindesnöten liegen.
dolik = schmerzlich, schmerzhaft, schmerzend.
dolo = mit Schmerz, mit Schmerzen.
dolön, lov. = schmerzen, wehetun.
dom = Haus, — **selidon,** — **binon selidik,** — **selabon,** — **binon selabik** = das Haus ist zu verkaufen.
domadünan = Hausknecht.
domakopäd = Block, Häuserkomplex.
domanim = Haustier.

domayan = Haustür.
domen = Domäne.
domibumön, nel. = hausbauen.
domik = auf das Haus beziehend.
domikölan = Hausmaler, Stubenmaler, Anstreicher.
domio = nach Hause, nach dem Hause.
domo = im Hause.
domöfik = Häuslich (viel im Hause lebend).
domü = im Hause des, lödom — ob = er
wohnt bei mir.
don = die niedere Lage.
donabed = Unterbett.
donacalan = Unterbeamte.
donacödalef = Untergericht.
donadil = Unterteil, unterer Teil.
donafizir = Unteroffizier.
donafotikonöman = Unterförster.
donaklot = Unterkleid, Niederkleid (z.B. Beinkleid).
donakoap = Unterleib.
donakvisinan = Unterkoch.
donalak = Untersee.
donalög = Unterbein, Unterschenkel.
donamaxül = Unterkiefer.
donao = von unten.
donaplen = Grundfläche.
donasetäd = Untersatz, terminus minor.
donastäf = Unterstab.
donastiran = Untersteuermann.
donatead = Bodengeschosz, Erdgeschosz, Untergeschosz, Parterre.
donatelidvög = Kontraalt.
donatid = Elementarunterricht.
donavaf = Untergewehr, Seitengewehr.
donän = Unterland.
donänan = Unterländer.
donänik = unterländisch.
donik = unter (lady.), tief, tonods — = tiefe
Töne.
donikam = Niedergang.
donikön, nel. = sich senken, nieder sinken,
niedergehen, niedrig werden.
doniküno = zu unterst.
donio = nach unten, hinunter, herunter, hinab,
herab, abwärts, unterwärts, danieder, — ve
flumed = den Strom herab, den Strom hinab,
abwärts des Flussces, löpio e donio = auf
und ab.
donioflapön, lov. = erschlagen, niederschlagen.
doniogol = Niedergang.
doniogolön, nel. = herabgehen, hinabgehen,
— ve tridem = die Treppe hinuntergehen,
hinabgehen, hinuntersteigen, hinabsteigen.
donioliun = Grundstrich.
donionepub = das Untergehen, Untergang.
donionepubön, nel. = untergehen.
doniü = abwärts von.
dono = drunten, unten.
donön, nel. = niedrig sein.
donü = unter, seadob leodo — om = ich sitze
unter ihm, tefü tälen binom vemo — om =
er steht tief unter ihm an Talent.

donükön, lov. = niedrig machen, erniedrigen,
— körtenis = Vorhänge herablassen.
dopladön, lov. = niedersetzen, hinsetzen.
dorönön, lov. = niederrennen, umrennen.
doseitön, lov. = niederlegen.
dot = Zweifel.
dotab = Zweifelhaftigkeit.
dotabik = zweifelhaft.
dotäl = Zweifelmut, Zweifelsinn, Wankelmut.
dotälik = zweifelmütig, wankelmütig.
dotik = fraglich.
dotim = Zweifelsucht, Skeptizismus.
dotiman = Zweifler, Skeptiker.
dotimik = zweiflerisch, skeptisch.
dotön, nel = zweifeln.
dö, pr. 1. = an, däsperön — bos = an einer
Sache verzweifeln, dotön — bos = an einer
Sache zweifeln, fredob — din at = ich freue
mich an dieser Sache, skanob — din at =
ich ärgere mich an dieser Sache, tikön — ek
= an einen denken 2. = betreffs 3. = in,
lelöfädik — ek = in einen verliebt 4. =
mit, kotenob — om = ich bin mit ihm zufrieden 5. = um, no sevom — täv, sevom
nosi — täv = er weisz nicht um die Reise
6. = über, at, — atos = darüber, fredön
— = sich freuen über, letikön — = grübeln
über, meditön — = nachdenken über, smilön
— = lachen über, spikön — = sprechen
über, stunön — = staunen über, zanön —
= sich zanken über 7. = von, spikom — ob
= er redet von mir.
döbädön, lov. = schuldig erklären.
döbik = schuldig (eines Vergehens).
döbikön, nel.: — demü = sich schuldig machen
des.
döbot = Schuld (einer Vergehung).
döbön, nel. = schuldig sein (eines Vergehens).
dödel = Donnerstag.
dödelik = donnerstägig.
döf = Gebrechen, Defekt.
döfam = Mangelhaftigkeit.
döfan = ein mit Gebrechen behafteter.
döfäd = Untugend.
döfik = gebrechlig, mangelhaft.
döfön, nel. = defekt sein, mangelhaft sein, gebrechlich sein.
dög, dögs, = Brüste.
dögaflamat = Brustentzündung.
dök = Ente.
döl = Abstumpfung, Stumpfheit (geistig).
dölik = stumpf.
dölükön, lov.: vin dölükon kapi oma = der
Wein steigt ihm zu Kopfe.
döm = Daumen.
dön = Dung, Dünger, Mist, — nimik = tierischer Dünger.
dönamasal = Düngesalz.
dönamastöf = Düngstoff.
dönamatail = Düngererde.
dönifok = Dunggabel.
dönön, lov. = düngen.
dönu, ladv. = wieder, aber (= wieder), abermal, abermals, aufs neue, von neuem, ai —

= immer wieder, **alna** — = immer wieder, jedesmal wieder, **mil e** — **mil, milat e** — **milat** = tausend und aber tausend.

dönuam = Wiederholung.

dönuamanum = Wiederholungszahl.

dönuamapläg = Probe, **golön lü** — = in die Probe gehen.

dönuamik = wiederholt.

dönuamo = wiederholentlich.

dönuik = abermalig, wiederum.

dönulifikam = das Wiederlebendigwerden.

dönulifikön, nel. = wieder lebendig werden.

dönulifükön, lov. = wieder lebendig machen, wieder beleben.

dönulogam = Wiedersehen.

dönulogö : —! = auf Wiedersehen!

dönulogön, lov. = wiedersehen.

dönunoganükön, lov. = reorganisieren.

dönuön, lov. = wiederholen.

dötum = Prozent, **a dötums lui** ü **a 5 %** ü **luldötumo** = zu 5 %.

dötumamalül: % = Prozentzeichen.

dötumanum = Prozentsatz.

dötumik = prozentual, prozentweise.

dötumo = in Prozenten, **luldötumo** ü **a 5 %** = zu 5 %.

dragmad, k. Grikänik = Drachme.

dragmadazim, k. Grikänik = Lepta.

drak = Drache.

drakideidan = Drachentöter.

dramat = Schauspiel, Theatervorstellung.

dramatan = Schauspieler.

dramatav = Dramaturgie.

dramatavan = Dramaturg.

dramatik = dramatisch.

dramatön, lov. = dramatisieren.

dran = der Drang, das Dringen, Aufdringung.

dranäd = Aufdringlichkeit, Zudringlichkeit.

dranädan = aufdringlicher Mensch.

dranädik = aufdringlich, zudringlich.

dranädön, nel. = aufdringlich sein, zudringlich sein.

dranik = dringend, dringlich.

dranön, nel. = dringen, aufdringen.

drat (= fadäd metalik) = Metaldraht, Metallfaden, Draht.

drataflökot = Drahtgeflecht.

dratakab = Drahtseil.

dratasib = Drahtsieb.

dratatreil = Drahtgitter.

dratavivot = Drahtgewebe.

dratazäp = Drahtzange.

dratitiridan = Drahtzieher.

dratitiridian = Drahtmühle.

dratitiridön, nel. = drahtziehen.

dravid = Drawida-Sprache.

dravidan = Drawida.

drägun = Dragoner.

drän = die Drängerei, das Drängen.

dränäl = Drangsal, Bedrängnis.

dränälön, lov. = bedrängen, drangsalieren, drangsalen.

dränik = gedrängt.

dränön, lov. = drängen.

drät = Abrichtung, Dressur.

drätan = Abrichter, Dressierer.

drätön, lov. = abrichten, dressieren.

dred = Furcht.

dredab = Furchtbarkeit, Fürchterlichkeit.

drebabik = furchtbar, fürchterlich.

dredäl = Angst, Ängstlichkeit, Bangigkeit.

dredälan = Angstmaier, Angstpeter, Ängstling.

dredälik = angstvoll, angsterfüllt, ängstlich.

dredälikön, nel. = sich ängstigen.

dredälön, nel. = ängstlich sein, angsterfüllt sein.

dredälükamo = durch Erregung von Angst.

dredälüköl = angsterregend, ängstigend.

dredälükön, lov. = ängstigen.

dredik = furchtsam, bange.

dredikön, nel. = in Furcht geraten.

dredil = Furchtsamkeit, Ängstlichkeit.

dredilik = furchtsam, ängstlich.

dredilön, nel. = ängstlich sein.

dredöf = Zaghaftigkeit, Feigheit, Feigherzigkeit.

dredöfan = Feigling, Memme, Hasenfusz, Hasenherz.

dredöfik = feig, hasenfüszig, zaghaft.

dredöfön, nel. = feig sein, zaghaft sein, zagen.

dredön, nel.: — **demü, tefü, pro** = fürchten, sich fürchten, Furcht haben vor, für.

dredükön, lov. = in Furcht setzen.

drefäb = Schlachtopfer (Getroffener).

drefön, lov. = treffen (nicht fehlen), **mifät vemik ädrefon omi** = eine schwere Prüfung kam über ihn.

drem = das Zittern, das Beben.

dremik = zitterhaft, zitternd.

dremikön, nel. = erzittern, ins Zittern geraten.

dremön, nel. = beben, zittern, erzittern, — **sekü vut, dub vut** = vor Wut beben.

dremükön, lov. = erzittern, zittern machen.

dren = Träne, Zähre.

drenam = Weinerlichkeit, das Weinen.

drenan = Plarrmaul, Heuler, Heulpeter.

drenik = weinerlich.

drenön, nel. = Tränen vergieszen, weinen.

drien = Tränkung, das Tränken.

drienön, lov. = tränken.

drienöp = Tränke (Ort wo Tiere getränkt werden).

dril = Drilch, Drill, Drell, Drillich.

drilik = drilchen, drill, drillich, drellen.

drim = Traum.

drimam = Träumerei, Getraum, das Träumen.

drimamagot = Traumbild, Illusion.

drimamagotik = illusorisch.

driman = Träumer (einer der träumt).

drimäl = das Träumerischsein, Träumerei.

drimälan = Träumer.

drimälik = träumerisch.

drimik = traumhaft.

drimön, lov. = träumen.

drin = das Trinken.

drinamon = Trinkgeld.

drinan = Trinker.

drined = Getränk, Trank.

driniäl = Trunksucht.
drinod = Trunk.
drinov = Trinkbarkeit.
drinovik = trinkbar.
drinön, lov. = trinken.
drog = Droge, drogs = Drogeriewaren.
drogan = Drogist, Drogenhändler.
drogöp = Drogerie.
drol = Drolligkeit.
drolik = drollig.
dromedar = Dromedar.
drop = Wassersucht.
dropik = wassersüchtig.
du, kony. = während, indem, da.
dub, pr. 1. = an, memosevön eki — gol omik,
— mod omik gola = einen an seinem Gang
erkennen, logob — penät utani, kel . . . =
ich sehe an der Schrift, wer . . ., nif smeton
— solam = der Schnee schmilzt an der
Sonne, liedön, deadön — maläd = leiden,
sterben an einer Krankheit 2. = auf, —
drinod balik = auf einen Zug 3. = aus,
— plak = aus Erfahrung 4. = durch, vitürs
smalik papladulons — gretikums = die kleinen Scheiben werden durch gröszere ersetzt,
pedistuköl — belastur, tailastur, — lefil, —
tep = durch einen Bergsturz, Feuer, Sturm
zerstört 5. = mittels 6. = über, — dredäl
äglömom fidi e drini = über der Angst vergasz er Essen und Trinken 7. = von, bim
pädofälon — vien = der Baum wurde vom
Winde umgerissen 8. = vor, no äkanob
slipön — fen = ich konnte vor Müdigkeit
nicht schlafen 9. — atos, das = daher weil,
darum weil, deshalb weil.
dublinön, lov. = durchbringen, hindurchbringen.
dubo, ladv. = dadurch.
dubreikön, lov.: — möni = die Mauer durchbrechen.
ducöpön, lov. = durchhauen.
dudranik = durchdringend.
dudranön, nel. = durchdringen.
dudränön, lov. = durhdrängen.
dudugön, lov. = durchleiten, hindurchleiten.
duf = Dumpfheit, das Moderigsein, das Muffigsein.
dufal = Durchfall.
dufalön, nel. = durch fallen, hindurch fallen.
dufik = dumpf, moderig, muffig, dumpfig.
duflapön, lov. = durchschlagen, hindurch schlagen.
duflitön, lov. = durchfliegen.
duflumön, lov. = durchflieszen, durchströmen.
dug = Leitung, Lenkung.
dugal = Koryphae.
dugan = Führer, Leiter, Lenker.
dugäd = Geleit, das Geleiten, Begleitung.
dugädan = Begleiter, Geleiter.
dugädön, lov. = geleiten, begleiten.
dugäl = Erziehung, Ausbildung.
dugälan = Erzieher.
dugälav = Pädagogik.
dugälavan = Pädagog.
dugälavik = pädagogisch, erzieherisch.

dugäläb = Zögling.
dugälön, lov. = erziehen, bilden, heranbilden.
ausbilden.
duged = Akkompagnement, Musikbegleitung.
dugedan = Akkompagnist.
dugedön, lov. = akkompagnieren.
dugik = leitend.
dugimön, lov. = durchbohren.
dugol = Durchgang, das Durchgehen.
dugolov = Durchdringlichkeit.
dugolovik = durchdringlich.
dugolön, lov. = durchgehen, durchlaufen, —
vifiko = durchlaufen, schnell hindurch gehen.
dugolöp = Durchgang (Ort).
dugovik = leitbar.
dugön, lov. = leiten, lenken, führen.
duin = Leistung, das Leisten.
duinafäg = Leistungsfähigkeit.
duinafägik = leistungsfähig.
duinod = Leistung, Prästation (das Geleistete).
duinön, lov. = leisten, prästieren (geistig gedacht).
dujet = Dusche, Duschbad, Brausebad.
dujetön, nel. = eine Brausebad nehmen, eine
Dusche nehmen.
dujoikön, lov. = durchstoszen.
duköt = Durchschnitt, das Durchschneiden.
dukötön, lov. = durchschneiden.
dul = Dauer, Ausdauer.
dulablam = Ausstellerei, Tadelei.
duled: — vokata, . . . = Quantität eines Vokales, . . .
dulik = dauernd, fortwährend.
dulitamov = Durchscheinbarkeit.
dulitamovik = durchscheinend, durchscheinbar.
dulitön, nel. = durchleuchten, durchscheinen.
dulitükön, lov. = durchleuchten.
duliunön, lov. = durchstreichen, ausstreichen.
dulogam = das Durchsehen.
dulogamov = Durchsichtigkeit.
dulogamovik = durchsichtig.
dulogamöp = Durchsicht, Durchblick.
dulogön, lov. = durchblicken, durchschauen,
durchsehen.
dulöf = Dauerhaftigkeit, Haltbarkeit.
dulöfik = dauerhaft, haltbar.
dulön, nel. = dauern, währen.
dululitön, nel. = durchscheinen, durchschimmern.
dum = Dumpfheit (vom Ton).
dumalek = Durchmarsch.
dumik = dumpf.
dun = das Tun, das Handeln, das Treiben,
Tätigkeit.
dunafam = Durchfahrt.
dunafön, lov. = durchschiffen.
dunakod = Beweggrund.
dunalefom = Aktiv, Aktivum, Tunform, Tatform.
dunalefomik = aktivisch.
dunalefomön, lov. = ins Aktiv setzen.
dunamod = Handlungsweis, Verfahren.
dunan = Täter.
duned = Griff, Kunstgriff, Manipulation.

duniäl = Tatendrang, Tatendurst.
dunid = das Anhängigsein.
dunidik = anhängig, in der Schwebe.
dunidön, nel. = in der Schwebe sein, anhängig sein.
dunidükam = Anhängigmachung.
dunidükön, lov. = anhängig machen.
dunik = tätig.
dunikam = das Unternehmen, Unternehmung.
dunikamäl = Unternehmungsgeist.
dunikamälik = unternehmend.
dunikan = Unternehmer.
duniköl = unternehmend.
dunikön, lov. = unternehmen.
dunod = Funktion.
dunot = Tat, Akt.
dunov = Tunlichkeit, Ausführbarkeit.
dunovik = tunlich, ausführbar.
dunön, lov. = tun, handeln, begehen, verrichten, üben, verüben, — staböfo = gründlich verfahren, dunöl dunoti = auf frischer Tat.
dunükam = Veranlassung.
dunükön, lov. = veranlassen.
dupadön, lov. = durchblättern.
dureidön, lov. = durchlesen.
durönön, nel. = durchlaufen, hindurch laufen, hindurch rennen.
dusteig = Durchstich, das Durchstechen.
dusteigot = Durchstich (die durch das Durchstechen entstandene Öffnung).
dusteigön, lov. = durchstechen.
dustod = Industrie.
dustodan = Industrieller.
dustodik = industriell.
dustodim = Industrialismus.
dut = das Gebührendsein.
dutan, dutans = Angehöriger, Angehörigen.
dutädön, nel. = ressortieren, unterstehen.
dutäv = Durchreise, Durchzug.
dutävam = Durchreisung, Durchziehung.
dutävan = Durchreisender.
dutävön, lov. = durchreisen, durchziehen.
dutet = Leibeigenschaft.
dutetan = Leibeigner.
dutetik = leibeigen, eigenhörig, eigenbehörig.
dutevön, nel. = durchziehen.
dutik = gebührend, gehörig.
dutön, nel. = gebühren, angehören, gehören, — lü = zustehen.
duvegam = Durchfahrt, Durchzug.
duveig = Durchfuhr, Transit.
duveigated = Durchfuhrhandel, Transitohandel.
duveigatol = Durchgangszoll.
duveigön, lov. = durchführen.
duyufan = Durchhelfer.
duyufön, lov. = durchhelfen.
dü, pr. 1. = bei, — lifatim oma = bei seinen Lebzeiten 2. = unter, — ministeranef: ‚K'. = unter dem Ministerium K, — drenam = unter Tränen, — vob = unter der Arbeit 3. = über, — del lölik = den Tag über, — hitüp lölik = den Sommer über, zilön — vob = fleissig über der Arbeit sein, slipikön —

vob = über der Arbeit einschlafen, päküpo⸗ dom — tif = er wurde über einen Diebstahl betroffen, eblibom — tim lunikum ka mö vig bal, ka viga bal = er ist über eine Woche geblieben 4. = während 5. — kel, — kels = wo, da, — tim das = solange, solange als.
düd = Düte, Tüte.
düf = Härte.
düfagum = Hartgummi, Ebonit.
düfaladäl = Hartherzigkeit.
düfaplumb = Hartblei.
düfaston = Quader, Quaderstein.
düfastonik = aus Quader, aus Quadersteinen.
düfik = hart.
düfikön, nel. = hart werden, sich verhärten.
düfön, nel. = hart sein.
düfükam = Härtung, Abhärtung.
düfükön, lov. = härten, abhärten, verhärten.
dük = Herzog.
dükat = Dukate.
dükän = Herzogtum.
dükik = herzoglich.
dün = das Dienen, Dienst, Dienerei, Dienerhaftigkeit, plödü — = auszer Dienst.
dünabäldot = Anciennität, Dienstalter.
dünan = Diener, Dienstbote.
dünanamesed = Dienstlohn.
dünanef = Dienerschaft, Dienertum, die Dienstleute.
dünanefägik = dienstunfähig.
dünazil = Diensteifer.
dünazilik = diensteifrig.
dünäd = das Dienen (im Heere), plödü — = auszer Dienst, en retraite.
dünädabäldot = Anciennität, Dienstalter.
dünädafägik = diensttauglich.
dünädan = einer der dient, — libavilik = Freiwilliger.
dünädanefägik = dienstunfähig, dienstuntauglich.
dünädikön, nel. = unter die Soldaten gehen.
dünädön, nel. = dienen (im Heere).
dünet = der Auftrag.
dünetan = Laufbursche.
dünetön, lov. = Aufträge besorgen, Besorgungen machen, einholen.
düniäl = Dienstbereitheit, Dienst.
düniälik = dienstbeflissen, dienstbereit, dienstfertig, dienstwillig.
dünik = dienerhaft, dienerisch, dienerlich.
dünot = eine einzelne Diensthandlung.
dünotan = Dienstmann.
dünotanef = Dienstmannschaft, Gesamtheit der Dienstmänner.
dünotem = Dienst.
dünotemicifam = Dienstführung, Dienstleitung.
dünotemiguv = Dienstführung, Dienstverwaltung.
dünöf = Knechtschaft, Dienstbarkeit.
dünöfik = knechtisch, dienstbar.
dünöfön, nel. = Knecht sein, dienstbar sein.
dünön, lov. = bedienen, (einem) dienen.

düp = Stunde (Zeit), —: **deg foldil bal,** —: **deg minuts deglul** = ein Viertel auf zehn.

düpafoldil ü **düp foldilik** = Viertelstunde.

düpik (in koboyümavöds, a. s. : **baldüpik**) = stündig (in Zusammensetzungen, z. B. einstündig).

düt = Aneignung.

dütedön, lov. dem. = zu ... rechnen, **dütedob omi flenes oba, dütedob omi bevü, ad flens oba** = ich rechne ihn unter meine Freunde.

dütön, lov. = aneignen, zum Eigentum machen, — **oke** = sich aneignen, — **oke kläno moni** = Geld auf die Seite bringen.

dütülön, lov. = entlehnen, herleiten.

D.

Dabinal = das höchste Wesen.

Dahomän = Dahome.

Dalmatän = Dalmatien.

Dalmatänan = Dalmatier.

Danän = Dänemark.

Danänan = Däne.

,Danzig': Libazif: — = Freie Stadt Danzig.

Dazän = Dazien.

,Den Haag' [dånhàg] Ned. ü **,'S-Gravenhage'** [šqrafĕnhaqĕ] Ned. = Haag.

Deutän = Deutschland, **Löpa-** — = Oberdeutschland.

Deutänan = Deutscher.

Deutänapük = das Deutsch, **spikön Deutänapüki** = deutsch reden.

Deutänapüko = auf Deutsch, im Deutschen.

Deutänälic: lu- Vöna- — = Altdeutschtümelei.

Deutänälim = Deutschheit, Deutschtum.

Deutänik = deutsch, germanisch, **Löpa-** — = oberdeutsch.

Deutänim = Germanismus.

Deutäno = auf deutsche Art.

Deutänön, lov. = verdeutschen.

Dodekanesän = Dodekanes.

Dominikeän = Dominica.

Dona-Bayän = Niederbayern.

Dona-Deutän = Niederdeutschland.

Dona-Deutänapük = das Niederdeutsch.

Dona-Deutänik = niederdeutsch.

Dona-Lalsasän = Unterelsasz.

Dona-Litaliyän = Unteritalien.

Dona-Saxän = Niedersachsen.

,Donau' [dònåŭ] D. = Donau.

,Dr' (= ,doctor', [dók-tór,] lat.) = **dokan.**

e.

e, ed = und, **e . . . e, ed . . . ed** = sowohl . . . als, **ed if, ed üf** = und wenn, wenn auch, **ed igo if, ed igo üf** = und wenn, wenn auch, — **r.** (= — **ret,** — **reta,** — **rete,** — **reti**) = u.s.w., etc., — **s.** (= — **soms,** — **somas,** — **somes,** — **somis,** — **somiks, . . .**) = u. dgl. (= und dergleichen).

ebo = eben, gerade, — **in düp degid** = Schlag zehn, Schlag zehn Uhr.

ebüocedöl: — das = angenommen dasz, gesetzt, gesetzt dasz.

edagloföl = ausgewachsen.

edeadöl = gestorben, abgeschieden, heimgegangen.

edeadön = gestorben sein.

edel = vorgestriger Tag.

edelik = vorgestrig.

edelo = vorgestern, am vorgestrigen Tage.

efe = und zwar.

ejenöl: no — = ungeschehen.

ek = einer, irgendeiner, jemand.

ekö : —! = siehe doch! siehe einmal! siehe hier !

ekömölan = der Angekommene.

el, hiel, jiel = der, die, das.

emotölan = Wöchnerin.

enatädiköl = verwildert.

eneito = vorgesternnachts.

enu = neulich, kürzlich, vor kurzem, unlängst.

esoaro = vorgestern Abend.

et = jener, **da** — = hindurch, dorthindurch, **in tim** — = damals, **... tima** — = damalig.

etdelao = von da an.

etflanao = von jener Seite her.

etflanik = jenseitig.

etflanio = nach jener Seite hin.

etflano = jenseits.

etflanü = jenseits.

etos = jenes.

ettimik = damalig.

ettimo = zu jener Zeit.

E.

,Elbe' [álbĕ] D. = Elbe.

E.

,Eridanós' [äridànoš]: **eläd** —, st. = Eridanus.

f.

fa, pr. 1. = durch, **bepenam Lindäna** — **,Vet'** = die Beschreibung von Indien durch Vet, **vitürs smalik papladulons** — **gretikums** = die kleinen Scheiben werden durch gröszere ersetzt, **pedistuköl** — **belastur, tailastur,** **lefil,** — **tep** = durch einen Bergsturz, Feuer, Sturm zerstört 2. = von, **bim pädofälon** — **vien** = der Baum wurde vom Winde umgerissen.

faal = Fahlheit.

faalik = fahl, falb.

fab = Fabel.

faban = Fabler (einer der eine Fabel erdichtet).

fabin = das Fortsein.

fabinön, nel. = abwesend sein.

fabipoedan = Fabeldichter.

fablibön, nel. = ausbleiben, wegbleiben.

fabön, nel. = fabeln (eine Fabel machen).

fabrik = Fabrik.

fabrikam = Fabrikation, Fabrizierung, — sä=
lüloda = Zellulosefabrikation.
fabrikan = Fabrikant.
fabrikastumem = Fabrikgerätschaft.
fabrikidalaban = Fabrikbesitzer, Fabrikherr,
Fabrikinhaber.
fabrikik = fabrikmäszig gearbeitet.
fabrikot = Fabrikat, — **kiemik pro geb febik e
medinamik** = chemisches Fabrikat für den
Gewerbe- und medizinalgebrauch.
fabriköf = Fabrikmäszigkeit.
fabriköfik = fabrikmäszig.
fabrikön, lov. = fabrizieren.
fad = Faden.
fadäd = Faden, Draht (in valem).
fadil = Fädchen.
fadotelam = Zwirnerei, das Zwirnen.
fadotelamastof = Zwirn.
fadotelamöp = Zwirnerei.
fadotelan = Zwirner.
fadotelön, lov. = zwirnen.
faem = Hunger.
faemik = hungerig.
faemön, nel. = hungern, hungrig sein.
fafar = Fanfare, Tusch (Musik).
fag = Ferne, Entfernheit, Fernsein.
faganistans = Afghanen.
fagao = aus der Ferne, von weitem.
fagik = fern, entfernt, entlegen.
fagikön, nel. = sich entfernen, weggehen.
fagikumo = weiterweg, entfernter.
fagiküno = aufs äuszerste.
fagio = in die Ferne, fernhin.
fagiologöm = Fernglas, Feldstecher.
fago = in der Ferne, abseits.
fagoröletik = entfernt, entfernt verwandt.
fagoseatik = weit entlegen, weit entfernt.
fagot = Abstand, Etfernung.
fagotaleig = Parallelität.
fagotaleigik = parallel, gleichlaufend, **lien** —
(= **paralel**) = Parallele.
fagotastanön, nel. = abstehen, entfernt stehen.
fagotilü = abseits (pr.).
fagoto = abseits (ladv.).
fagotü = im Abstande von, **de veg** — **steps
kil** = drei Schritte vom Wege ab.
fagön, nel. = fern sein.
fagü = ferne von, **no** — = unweit.
fagükam = Entfernung.
fagükön, lov. = entfernen, in die Ferne bringen.
faib = Faser, Fiber, Zaser.
faibastöf = Faserstoff, — **pro papürifabrikam**
= Faserstoff zur Papierfabrikation.
faibik = faserig.
faiböf = das Faserigsein.
faiböfik = faserig (mit Fasern).
failab = Baufälligkeit.
failabik = baufällig.
failot, failots = Trümmer, Ruine.
failön, nel. = erliegen, unterliegen, zusammenbrechen.
fain = das Welksein, das Verwelktsein.
fainik = welk, verwelkt.
fainikam = Verwelkung.

fainikön, nel. = welk werden.
fainovik = verwelklich.
fainön, nel. = welk sein, verwelkt sein.
fainükön, lov. = welk machen, welken, verwelken.
fakipön, lov. = ausschlieszen.
fakipü = ausschlieszlich, exclusive.
fal = Fall, das Fallen.
falayan = Falltür.
falok = Falke, — **pijunik** (= ‚falco columba=
rius‘, [fálko kólumbàriuš,] lat.) = Taubenfalk.
falön, nel. = fallen, stürzen.
fam = Ruhm, Berühmtheit.
famabik = ruhmwürdig.
famafulik = ruhmvoll.
famaliegik = rühmlich, ruhmreich.
faman = Berühmtheit (eine berühmte Person).
famik = weitbekannt, allbekannt, berühmt, renommiert.
famikön, nel. = berühmt werden.
famön, nel. = berühmt sein.
famükön, lov. = berühmt machen.
famül = Familie, Geblüt.
famülik = familiär.
fan = Fang, das Fangen.
fanan = Fänger.
fanäb = Gefangener, Arrestant.
fanäbam = Gefangenschaft.
fanäbik = gefänglich.
fanäbikön, nel. = Gefangene werden.
fanäbön, nel. = gefangen sitzen.
fanäböp = Gefängnis, Karzer, Büttelei.
fanäböpön, lov. = einkerkern, einsperren, beistecken.
fanäbükam = Arrestation, Arretierung, Verhaftung, Gefangensetzung, **büd ad** — = Verhaftsbefehl.
fanäbükamabüd ü büd ad fanäbükam = Verhaftsbefehl.
fanäbükön, lov. = gefangen nehmen, gefangen
setzen, arretieren, verhaften.
fanädön, lov. = auffangen.
fanomoükön, lov. = wegfangen.
fanot = Fang ((die Beute).
fanön, lov. = fangen.
fantid = Infanterie, Fuszvolk.
fantidageneran = General der Infanterie (in
Österreich auch: Feldzeugmeister).
fantidan = Infanterist.
far = Farus, Pharus, Leuchtturm.
farm = Farm, Hof, Landhof, Bauernhof.
farmadom: — feilanik = das Bauerngut, der
Bauernhof.
farman = Farmer.
farmiloatan = Meier.
farül = Fanal.
farzid, k. Linglänik· (= foldil bal pänida
Linglänik) = Farthing.
fasan = Fasan.
fasanöp = Fasanerie, Fasanengarten.
fasät = Facette.
fasil = Leichtigkeit.
fasilik = leicht (zu tun).

fasilo = auf leichte Art.
fasilot = Fazilität, Erleichtung.
fasilükam = Erleichterung.
fasilükön, lov. = erleichtern.
faszid = Faszismus.
faszidan = Faszist.
fat = Vater.
fatablod = Vatersbruder.
fatafat = Vatersfater.
fatam = Erzeugung.
fatamot = Vatersmutter.
fatan = Erzeuger.
fatik = väterlich.
fatil = Väterchen.
fatisasen = Vatermord.
fatisasenan = Vatermörder.
fatön, lov. = erzeugen.
fatüit = Dünkel, Eigendünkel, Selbstdünkel, Dünkelhaftigkeit, Einbildung.
fatüitasap = Naseweisheit, Vorwitz.
fatüitasapik = naseweis, vorwitzig.
fatüitik = dünkelhaft.
fatüitocöd = Absprecherei.
fatüitocödan = Absprecher, Pedant.
fatüitocödik = absprecherisch.
fatüitön, nel. = dünkelhaft sein.
fatül = Papa, Väterchen.
fav = Verdrusz, Verdrieszlichkeit, Verdrossenheit.
favik = verdrieszlich (Verdrusz empfindend), verdrossen.
favikön, nel. = verdrieszlich werden.
favön, nel. = Verdrusz empfinden, verdrieszlich sein, verdrossen sein.
favü = aus Verdrusz über.
favüköl = verdrieszlich (machend).
favükön, lov. = verdrieszen.
fäd = Zufall.
fädik = zufällig.
fädo = von Ungefähr, durch Zufall.
fädot = Zufälligkeit, Unwesentliches, Akzidenz.
fäg = Vermögen, Fähigkeit.
fägik = fähig.
fägocedön, lov.: — **eki ad** = einem etwas zutrauen.
fägön, nel. = fähig sein, **no** — = auszer stande sein.
fägükam = Befähigung, Fähigmachung.
fägükön, lov. = in Stand setzen, in die Lage setzen, befähigen.
fäikleibön, lov. = zukleben, verkleben.
fäiklufön, lov. = vernageln.
fäilökön, lov. = verschlieszen.
fäimasonön, lov. = zumauern, vermauern.
fäin = Flosse.
fäinastral = Flossenstrahl.
fäit = First.
fäitabem = Firstbalken.
fäitatein = Firstziegel, Falzziegel.
fäk = Gemütsbewegung, Gemütserregung, Affekt.
fäkam = Rührung, Erregung.

fäkäd = Aufregung, das Aufgeregtsein.
fäkädäl = Hitze, Hitzköpfigkeit, auffahrendes Wesen, aufbrausendes Wesen.
fäkädälan = Hitzkopf.
fäkädälik = hitzig, hitzköpfig, auffahrend, aufbrausend.
fäkädälikön, nel. = auffahren, aufbrausen, hitzig werden.
fäkädikön, nel. = sich aufregen.
fäkädön, nel. = aufgeregt sein.
fäkädükam = das Aufregen, Aufregung.
fäkädükön, lov. = aufregen, in Aufregung bringen.
fäkiäl = Geziertheit, Affektiertheit, Ziererei.
fäkiälik = geziert, erkünstelt, affektiert, unnatürlich.
fäkiälön, nel. = künsteln, erkünsteln.
fäkik = gerührt, bewegt, ergriffen.
fäkikön, nel. = gerührt werden.
fäkön, nel. = gerührt sein, bewegt sein.
fäkükön, lov. = rühren, ergreifen, erschüttern, (tief) bewegen, zu Herzen gehen.
fäl = Fällung, das Fällen.
fälib = Felge.
fälibön, lov. = felgen.
fälid = Tal.
fälön, lov. = fällen, fallen machen.
fän = Fächer, Wedel.
fänön, lov. = fächeln, fächern.
fänul = Fenchel.
fänülön, lov. = wedeln.
färm = das Geschlossensein.
färmänt = Ferment.
färmedön, lov. = dichten, dicht machen, — **me zäm** = auskitten, mit Zement ausfüllen.
färmik = geschlossen, zu.
färmikön, nel. = sich schlieszen.
färmön, nel. = geschlossen sein.
farmükam = das Schlieszen, Schlieszung, Verschlusz.
färmükön, lov. = schlieszen, zumachen, — **masono** = vermauern, zumauern.
fät = Los, Geschick, Schicksal (in valem), **labom fäti badik** = es ergeht ihm schlecht.
fätajigod = Schicksalsgöttin.
fätik = durch Fügung des Loses.
fätot = Geschick (das Zugeschickte), Schicksal, Erlebnis.
fätükön, lov. = dem Lose überlassen, dem Schicksale überlassen.
fe = freilich, zwar.
fealotädön, nel. = umziehen.
feapladam = Versetzung, Verstellung, Verlegung.
feapladovik = versetzbar, verstellbar.
feapladön, lov. = versetzen, verstellen, verlegen.
feaplanön, lov. = verpflanzen, umpflanzen.
feb = Betrieb.
febakatäd = Betriebskapital.
feban = Betreibender.
febäd = Geschäft (in valem, a. s.: **vinikavafe= bäd** = Kellerei).
febod = Handwerk.

febodan = Handwerker.
febodastitod = gewerbliches Etablissement, Anstalt.
febodastumem = Handwerkszeug.
febodatäv = Wanderschaft.
febodik = gewerblich.
febön, lov. = betreiben.
febul = Februar.
febumön, lov. = verbauen (bauend verwenden, bauend verbrauchen).
fed = Bund, Bündnis, Bundesgenossenschaft.
fedadel = Bundestag.
fedakompenan = Bundesmitglied, Verbandsmitglied.
fedan = Konföderierter, Verbündete, Verbündeter.
fedanef = die Verbündeten.
fedatat = Bundesstaat.
fedik = bundesgenossisch, bundesmäszig, föderativ.
fedikam = Verbündung.
fedikön, nel. = sich verbünden.
fedim = Föderalismus.
fedimik = föderativ.
fedön, nel. = verbündet sein.
fedükön, lov. = verbünden.
feelid = Sommersprosse.
fef = Ernst, Ernsthaftigkeit.
fefaemik = verhungert.
fefaemön, nel. = verhungern.
fefidön, lov. = wegessen.
fefik = ernst, ernsthaft.
fefilön, nel. = verbrennen (nel.).
fefilükön, lov. = verbrennen (lov.).
fefo = im Ernst.
fefön, nel. = ernsten, Ernst machen, Ernst zeigen.
feg = das Fechten.
fegajul = Fechtschule.
fegalekan = Fechtkunst.
fegan = Fechter.
fegeb = Verbrauch, das Verbrauchen.
fegebot = Verbrauch, das Verbrauchte.
fegebön, lov. = verbrauchen, aufwenden.
fegitidan = Fechtlehrer, Fechtmeister.
fegön, nel. = fechten.
fegöp = Fechtboden.
feif = Pfiff, Gepfeife, das Pfeifen.
feifan = Pfeifer.
feifön, lov. = pfeifen.
feil = Feldbau, Ackerbau, Landbau.
feilafluk = Feldfrucht.
feilalän = urbares Terrän.
feilaläned = Acker, Ackerland, **veg in** (ü love)
feilaläned = Feldweg, Ackerweg.
feilam = das Betreiben des Ackerbaus, das Bauen.
feilan = Ackerer, Bauer, Landwirt, Landmann, Bauersmann.
feilanef = Bauerschaft (Personen).
feilanik = bäuerlich.
feilaplan = Feldgewächs.
feilaprod, feilaprods = Erzeugnisse des Landbaues.

feilastumem = Ackergeräte, Feldgeräte.
feilav = Landwirtschaft, Landwirtschaftslehre, Landwirtschaftskunde, Landbaukunde, Agronomie.
feilavan = Ackerbaukundiger, Landwirtschaftskundiger, Agronom.
feilavik = landwirtschaftlich.
feilän = Au, Aue, Flur.
feilid = Bestellung, Urbarmachung.
feilidacin = Kultivator.
feilidön, lov. = bestellen, urbar machen, kultivieren.
feiliman = Agrarier.
feilimik = agrarisch.
feilön, nel. = Ackerbau betreiben, — **me** = bauen.
fein = Feine, Feinheit.
feinik = fein.
feinön, nel. = fein sein.
feinükam = Verfeinerung.
feinükön, lov. = verfeinern.
feit = Streit, Streitigkeit, Zwist, Zwistigkeit.
feitadin = Frage, Streitpunkt, Streitfrage.
feitan = Streiter.
feitayeg = Zankapfel, Gegenstand des Streites.
feitiäl = Streitbegierde.
feitiälik = streitbegierig.
feitik = streitig, fraglich, strittig, zwistig, **binön** — = streitig sein.
feitikön, nel. = streitig werden.
feitonoam = Abstreitung.
feitonoan = Abstreiter.
feitonoön, lov. = abstreiten.
feitön, nel. = streiten (mit Gründen, mit Reden).
feitükön, lov. = streiten machen.
fejutön, lov. = verschieszen.
fekonsumön, lov.: — **sunädo kosidi aldelik** = aus der Hand in den Mund leben.
fekötön, lov. = verschneiden (schneidend aufbrauchen).
fekukön, nel. = einkochen (nel.).
fekun = Befruchtung.
fekunön, lov. = befruchten.
fekükön, lov. = einkochen (lov.).
fel = Feld.
felaflor = Feldblume.
felamug = Feldmaus.
feled = Feld (abgegrenzter Teil einer Fläche).
felefilam = das Abbrennen.
felefilön, nel. = abbrennen.
feloterön, lov. = auslosen.
fem = Gärung.
femasonön, lov. = vermauern (zum Mauern verwenden).
femastöf = Gärungsstoff.
femön, nel. = gären.
femükön, lov. = gären (lov.), gären machen, gären lassen.
fen = Müdigkeit, Ermüdung, Ermattung.
fenät = Fenster.
fenätabam = Fensterbank.
fenätakläped = Fensterladen.
fenätil = Fensterchen.

fenestönön, lov. = verprassen.
fenibön, lov. = vernaschen.
fenig = Pfennig.
fenik = müde, ermüdet, ermattet, abgemattet.
fenikön, nel. = müde werden, matt werden, ermüden, ermatten.
fenön, nel. = müde sein.
fenükam = Abmüdung.
fenükön, lov. = ermatten, ermüden, müde machen, abmühen, abmatten.
fepenön, lov. = verschreiben (schreibend verbrauchen).
fepledön, lov. = verspielen.
fer = Eisen.
ferabemül = Eisenstange.
feracan = Eisenware.
feradefälot, feradefälots = Eisenabfälle.
feradrat = Eisendraht.
feramün = Eisenerz.
feraräpät = Eisenfeilspäne.
feraruil = Eisenrost.
feratedan = Eisenhändler.
feratün = Eisenblech.
feravitriol = Eisenvitriol.
ferifög = Hammer eines Eisenschmiedes.
ferigiföp = Eisengieszerei.
feriit = Ferrit.
ferik = eisern, Eisen=, aus Eisen.
ferikorodamed = Eisenbeize.
ferilefög = Eisenhammer.
ferin, Fe, ‚ferrum' = Eisen.
ferinalulkarbonil, $Fe(CO)_5$ = Eisenpentakarbonyl.
feriner = Eisengehalt, Eisenhaltigkeit.
ferinerik = eisenhaltig.
feriniklorid, Fe_2Cl_6 = Ferrichlorid.
feriniloxid, Fe_2O_3 = Ferrioxyd.
ferinoferiniloxid, Fe_3O_4 = Ferriferrooxyd.
ferinoklorid, $FeCl_2$ = Ferrochlorid.
ferinoloxid, FeO = Ferrooxyd, Eisenoxydul.
ferinosulfat, $FeSO_4$ = Ferrosulfat.
ferinosulfid, FeS = Schwefeleisen.
ferismeitöp = Eisenwerk, Eisenhütte.
ferod = Schiene, Eisenbahnschiene.
ferodarut = Schienengeleise, Bahngeleise.
ferodarutaveg = Eisenbahn, — **nolüdavesüdik** = Nordwestbahn.
ferodik = beschient.
ferodön, lov. = beschienen.
ferot = eiserner Gegenstand.
ferotem = Eisenwerk, Eisenzeug.
ferönön, lov. = verrennen (mit Rennen verbringen).
fesepön, lov. = vergraben, einscharren.
feslipön, lov. = verschlafen (mit Schlafen verbringen).
fesmeitön, lov. = verschmelzen, zerschmelzen (lov.).
fesmetön, nel. = verschmelzen, zerschmelzen (nel.).
fesmokön, nel. = verrauchen (in Rauch aufgehen).
fesmökön, lov. = verrauchen (durch Tabakrauchen hinschwinden machen).

fespikön, lov. = versprechen (sprechend verbringen).
festun = Girlande.
festunan = Bekränzer.
festunön, lov. = bekränzen, mit Girlanden versehen.
fesül = Gefäsz (z. B. Blutgefäsz, Milchgefäsz).
fetävön, lov. = verreisen (mit Reisen verbringen).
fetisyit = Fetischismus.
fetisyitot = Fetisch.
feudan = Dienstmann, Lehensmann.
feudanef = Dienstmannschaft, Gesamtheit der Dienstmannen.
‚feuilleton' [fóyĕtón] Fr. = Feuilleton.
fevapikön, nel. = verfliegen (in Dämpfen verschwindend), verdunsten.
fevapükön, lov. = verdünsten (dunstend verschwinden machen).
fevobön, lov. = verarbeiten (mit einer Arbeit verbringen).
fey = Fee.
feyadekorat = Feerie, Feerei.
feyagön, lov. = verjagen (auf der Jagd verbringen).
feyalän = Feenland.
feyik = feenartig, feenhaft.
fiː —! = phui!
fiam = Firma.
fiaman = Gesellschafter, Teilhaber, Firmant.
fiamik = auf die Firma bezüglich.
fiamü = unter der Firma.
fib = Schwäche, Schwachheit.
fiban = ein Schwacher, Schwächling.
fibanön, nel. = ausbaden.
fibevob = Zurichtung, das Zurichten.
fibevobön, lov. = zurichten.
fibik = schwach.
fibot, gr. = das Schwachsein.
fibotik, gr. = schwach.
fibön, nel. = schwach sein.
fibrin = Fibrin.
fibükön, lov. = schwächen, abschwächen.
ficiy = Fidschi-Sprache.
fid = das Essen.
fidacan, fidacans = Eszwaren.
fidalecem = Speisesaal.
fidalöläd = Kuvert (bei Tische).
fidasälun = Speisesalon.
fidaspun = Eszlöffel.
fidatab = Esztisch.
fidäd = Mahlzeit (in valem).
fided = Diner, Mittagessen, Essen, Mahl, Mahlzeit, Mittagstisch.
fidedagefem = Tafelservice, Mittagstischservice.
fidedastömem = Mittagstischgeschirr.
fidedön, nel. = dinieren, zu Mittag essen, Mahl halten, tafeln.
fidibud = Fidibus.
fidot = das Gegessene.
fidovik = eszbar.
fidön, lov. = essen.
fidrinön, lov. = leer trinken, austrinken.
fidun = Erledigung.

fidunön, lov. = erledigen, — **büsidi** = ein Geschäft erledigen.
fidüp = Essenszeit.
fied = Treue, das Treusein.
fiedaladäl = Treuherzigkeit.
fiedaladälik = treuherzig.
fiedik = treu, treulich, getreu.
fiedo = mit Treue.
fiedön, nel. = treu sein.
fiedü = in Treue zu, Getreu den.
fien = Rente, Zins, Zinsen.
fienädan = Rentier, Rentner.
fienädön, nel. = von seinen Renten leben, von seinen Zinsen leben.
fienid = das Verzinsen.
fienidön, lov. = auf Zinsen anlegen, verzinsen.
fienipelan = Zinser, Zinszahler.
fieno = auf Zinsen.
fienön, lov. = zinsen, Zinsen tragen, sich verzinsen, sich rentieren.
fif = Fieber (Krankheit).
fifahit = Fieberhitze, Fieberglut.
fifid = Abspeisung.
fifidön, lov. = abspeisen.
fifik = fieberisch, fiebernd.
fifil = Fieberhaftigkeit.
fifilik = fieberhaft.
fiflorön, nel. = verblühen, abblühen.
fifön, nel. = fiebern, Fieber haben, im Fieber sein.
fifüm = Endgültigkeit, Endgiltigkeit.
fifümik = endgültig, endgiltig.
fig = Feige.
figabim = Feigenbaum.
figabimabled = Feigenblatt.
figakaf = Feigenkaffee.
figep = Feigenbaum.
figur = Figur (Zeichnung).
figurik = figurativ.
figurön, lov. = figurativ darstellen.
fikanitön, lov. = absingen (zu Ende singen).
fikar = Vikar (in England).
fikul = Schwierigkeit.
fikulik = schwierig, schwer (zu tun).
fikulikön, nel. = schwierig werden.
fikulikün = blutsauer.
fikulo = schwerlich, mit Mühe.
fikulön, nel. = schwierig sein.
fikulükam = Erschwerung.
fikulükön, lov. = erschweren, schwierig machen.
fil = Feuer.
filakölik = feuerfarben.
filalanan = Feuergeist, Salamander.
filam = das Brennen.
filamaboad = Brennholz, Scheit.
filamalentül = Brennglas.
filamaleül = Brennöl (zu Feuerung).
filamalok = Brennspiegel.
filamastöf = Brennstoff.
filaredik = feuerrot.
filasufidik = feuerfest.
filat = Flachs (der zum Spinnen zubereitete Bast von den Stengeln der Leinpflanze).
filatateup = Flachswerg.

filazäp = Feuerzange.
filäd = das Rösten, Röstung.
filädafer = Brenneisen (der Wundärzte, ...).
filädamäk = Brandmal, Brandmerk, Feuermal.
filädamäkön, lov. = brandmalen.
filädön, lov. = rösten, dem Feuer aussetzen.
filät = Netz, Garn.
filed = Brand, Brennerei.
filedön, lov. = brennen (etwas durch die Wirkung der Hitze, des Feuers hervorbringen, zubereiten), — **boadakolati** = Kohlen brennen.
filedöp = Brennerei.
filet = Feuerung, Heizung, das Heizen.
filetan = Heizer.
filetatop = Feuerherd, Feuerstätte.
filetovik = heizbar.
filetön, lov.: — **föni, cini, ...** = einen Ofen, eine Maschine, ... heizen.
filial = Filiale, Zweiggeschäft.
filialan = Filialist.
filialik = Filial≤.
filid = das Anzünden, Zündung.
filidan = Anzünder.
filidaston = Feuerstein, — **güna** = Flintenstein.
filidian = Zünder, Anzünder.
filidöm = Feuerzeug.
filidön, lov. = zünden, anzünden.
filifän = Feuerwedel.
filik = feurig, brennend.
filikamov = Zündbarkeit.
filikamovik = zündbar, entzündbar, **cans —** = Zündware.
filikön, nel. = anbrennen, entzünden, Feuer fangen.
filikultan = Feueranbeter, Feuerdiener.
filist = Philisterhaftigkeit.
filistan = Philister.
filistanef = Philistertum.
filistik = philisterhaft.
filivomitik = feuerspeiend.
filosop = Philosophie, Weltweisheit.
filosopan = Philosoph, Weltweiser.
filosopik = philosophisch.
filosopön, nel. = philosophieren.
filot = Feuerwerk.
filotel = Feuerwerker.
filov = Brennbarkeit.
filovik = brennbar.
filön, nel. = brennen.
filöp = Feuerstelle.
filükön, lov. = brennen (lov.), in Brand stecken, verbrennen (lov.), — **boväli** = räuchern, mit Weihrauch räuchern.
fim = Festigkeit, das Festsein (in Bezug auf mit einander verbundene Körper).
fimastel = Fixstern.
fimäd = Gespann.
fimädam = das Einspannen, das Anspannen, das Vorspannen, das Anschirren.
fimädön, lov.: — **jevodis** = die Pferde einspannen, anspannen, vorspannen, anschirren, —

kobio = zusammenspannen, — **votiko** = umspannen.

fimekön, lov. = fertig machen, beendigen, vollenden, abmachen.

fimik = fest.

fimikön, nel. = stranden, sich festlaufen, sich festsetzen, — **su klip** = an einer Klippe stranden.

fimod, fimods = Immobilie, Immobilien, Liegenschaft, Liegenschaften.

fimön, nel. = festsitzen.

fimükam = Befestigung, Festigung.

fimükön, lov. = festen, festigen, festmachen, befestigen, festsetzen, — **oki** = sich festsetzen, sich feststellen.

fin = Ende, Schlusz.

finahukir = Endhäckchen.

finalienil = Schluszlinie.

finasek = Enderfolg, Endergebnis, Schluszerfolg.

finasilab = Endsilbe.

finasüf = Schluszakt.

finatonat = Schluszbuchstabe, Endbuchstabe.

finäd = Aufkündigung, Absagung.

finädovik = kündbar.

finädön, lov. = aufsagen, kündigen, aufkündigen, absagen.

finädüp = Kündigungsfrist.

finen = Finanz, Finanzen, Finanzwesen, **ministeran finena** = Finanzminister.

finenan = Finanzier, Finanzmann.

finenav = Kameralia, Finanzwissenschaft.

finenavan = Kameralist.

finenön, lov. = finanzieren.

finid = Abschaffung, Abolition.

finidön, lov. = abschaffen, abolieren.

finik = aus, beendet, endlich, abgelaufen, vollendet, vorbei, vorüber, **fütüratim — =** vollendete Zukunft, Futurum exaktum, **pasetatim — =** Plusquamperfekt, **presenatim — =** Perfekt.

finikön, nel. = beendigen, hinauslaufen, zu Ende gehen, ausfallen.

fino = endlich, zu guter Letzt, — **balna** = endlicheinmal.

finod = Ende, Schlusz, Beschlusz, Beendigung (nicht von Gegenständen).

finodü: binön — latininol oka = mit seinem Latein zu Ende sein.

finot = Endung, Ende, äuszerstes Ende.

finö: —! = zum Schlusse!

finöf = Endlichkeit.

finöfik = endlich (ein Ende habend).

finön, nel. = aus sein, am Ende sein.

finü = am Ende des, zu Ende des, zum Schlusse des, — **vig** = am Ende der Woche.

finükam = Beendigung.

finükan = Beendiger, einer der (einer Sache) ein Ende macht.

finükön, lov. = enden, beenden, beendigen, ein Ende machen, endigen, — **mekädo lifi eka** = Hand an einem legen.

finüm = Finale.

fipenön, lov. = ausschreiben, zu Ende schreiben.

fipledön, lov. = ausspielen, zu Ende spielen.

fir (= ‚picea‘, [pižea,], lat.) = Tanne, Tannenbaum.

firafot = Tannenwald.

firakonüd = Zapfen des Tannenbaums.

fireidön, lov. = auslesen, zuende lesen.

firemön, lov. = auskaufen.

firik = Tannen≠.

fisagön, lov. = ausreden, aussprechen, zu Ende reden, zu Ende sprechen.

fit = Fisch.

fitabom, fitabomil = Gräte, Fischgräte.

fitafilät = Fischgarn, Fischnetz.

fitagik = fischreich.

fitaglud = Fischleim, Hausenblase.

fitahuk = Angel, Fischangel, Angelhaken.

fitakuvot = Fischbrut.

fitalulak = Fischteich.

fitamaket = Fischmarkt.

fitasot = Fischgattung.

fitatedan = Fischhändler.

fitavesid = Fischblase.

fitem = die Fische, Fischtierwelt.

fitibätazib = Fischköder.

fitifan = Fischfang.

fitil = Fischchen, Fischlein.

fitininädian = Fischbehälter.

fitülem = Fischbrut (junge Fische), Setzfisch.

fiv = Pfuhl, Pfütze, Lache.

fivobön, nel. = ausarbeiten.

fizir = Offizier.

flab = Lappen.

flabil = Läppchen.

flabül = Wickelbinde, Wickelband, Binde, Bandage.

flabülamaflab = Verbandtuch.

flabülamamater, flabülamamaters = Verbandmittel, Verbandstoffen.

flabülod = Verband.

flabülön, lov. = verbinden, umwickeln.

flad = Flasche.

fladalaig = Flaschenlack.

fladet = Flasche (als Masz).

fladil = Fläschchen.

fladivilupian = Flaschenumhüllung.

fladül = Flakon, Flacon.

flag = Forderung, das Fordern, Anforderung, Abforderung, Prätenzion, Anspruch, Aufforderung.

flagabik = erforderlich.

flagan = Anforderer, Abforderer, Aufforderer.

flagaset = Heischesatz.

flagazöt = Anforderungszettel.

flagädön, lov. = erheben.

flagälik = anspruchsvoll.

flagedön, lov. = verlangen, fordern, **kisi (liomödikosi, suämi kinik) flagedol≠li pro at?** = was (welchen preis) verlangen (fordern) Sie dafür?

flagik = anforderisch, Anspruch machend.

flagot = Forderung, das zu Fordernde, das Geforderte, Erfordernis.

flagovik = erforderlich (was erfordert werden kann).

flagön, lov. dem. = (etwas von einem, an einen) fordern, abfordern, anfordern, auffordern, erfordern, verlangen, zumuten.

flam = Flamme.

flamat = Entzündung.

flamatik = entzündlich (die Merkmale einer Entzündung habend).

flamatikön, nel. = sich entzünden.

flamatön, nel. = entzündet sein.

flamädön, lov. = flammen, sengen.

flamikön, nel. = entflammen.

flamot = Fackel.

flamön, nel. = flammen (mit Flamme brennen).

flamükön, lov. = flammen lassen.

flamül = das Funkeln, das Flimmern, das Flackern.

flamülön, nel. = funkeln, flimmern, flackern, fackeln, lodern.

flan = Seite (in Bezug auf ihre Lage).

flanao = von der Seite.

flanaü = abseits des, von seiten des, seitens, — **cifod** = von Obrigkeits wegen, — **reiga= nef** = von Staats wegen.

flanik = seitlich.

flanio = abseits, an die Seite, beiseite, seitwärts.

flaniö: —! = seitwärts! auf die Seite!

flano = an der Seite, abseits.

flanön, lov. = beiseite setzen, beseitigen.

flanü = an die Seite von, abseits.

flap = Schlag.

flapan = Schläger (einer der schlägt).

flapastrip = Strieme, Striemen, — **bludik** = Blutstrieme.

flapäd = Schlägerei, Prügelei, Rauferei.

flapädan = Schläger, Raufbold.

flapädön, nel. = sich schlagen, sich prügeln.

flapem = ein Tracht Schläge, Prügel.

flapik = schlagend (treffend).

flapil = Schläglein.

flapöf = Fertigkeit zum Zuschlagen, Schlagfertigkeit.

flapöfik = schlagfertig.

flapön, lov. = schlagen, **äflapom oki ta flon, su flon; äflapom floni oka** = er schlug sich vor die Stirn.

flapül: — peba = Schlag des Pulses.

flapülön, nel.: — **misuro** = den Takt angeben, Takt schlagen, taktieren.

flän = Portofreiheit, Postfreiheit.

flänik = portofrei, frei, postfrei.

fläno = franko, frei, postfrei, frachtfrei.

flänön, nel. = frei sein, portofrei sein, frachtfrei sein.

flänükam = Frankatur, Frankierung.

flänükamamäk = Postwertzeichen, Briefmarke, Freimarke.

flänükön, lov. = frankieren.

flät = Schmeichelei, das Schmeicheln, Geschmeichel.

flätan = Schmeichler.

flätön, lov. = schmeicheln.

fled = Fracht, Bürde.

fledacan = Frachtgut.

fledam = Befrachtung.

fledamon = Fracht, Frachtgeld.

fledan = Befrachter, Auflader.

fledanaf = Frachtschiff.

fledanafan = Frachtschiffer.

fledapenäd = Frachtbrief.

fledavab = Frachtwagen, Güterwagen, Lastwagen.

flediveigan = Frachtführer, Frachtfuhrmann.

fledön, lov. = befrachten, — **nafi** = das Schiff laden, das Schiff beladen, — **vabi** = den Wagen aufladen.

fledülön, lov.: — **güni** = das Gewehr laden.

fleg = Biegung.

flegaflan = Beugeseite.

flegamuskul = Beugemuskel, Beuger.

flegastul = Klappstuhl.

fleged = Scharnier, Gelenk.

flegik = gebeugt.

flegön, lov.: — **bradi** = den Arm biegen.

flegülaneif = Taschenmesser, Schnappmesser.

flegülön, lov. = zusammenklappen.

flek = Drehung, Wendung.

flekatimül = Wendepunkt.

flekön, lov. = drehen, wenden, — **oki lü ek** = sich zu einem kehren.

flen = Freund.

flenafed = Bund, Bündnis von Freunden.

flenalöf = Freundesliebe (vom Freunde), Freundschaft.

flenam = Freundschaftlichkeit.

flenamafed = Freundschaftsbund.

flenäd = Kameradschaft.

flenädan = Kamerad.

flenik = freundschaftlich.

flenikön, nel. = Freund werden, sich befreunden mit.

flenilöf = Freundesliebe (zum Freunde).

fleno = als Freunde, freundschaftlich.

flenöf = Freundlichkeit.

flenöfik = freundlich.

flenöfo = aus Freundlichkeit, mit Freundlichkeit.

flenön, nel. = freundschaftlich sein.

flenü = aus Freundschaft gegen.

flenükam = Befreundung.

flenükön, lov. = befreunden.

flib = Floh.

flid = Membrane, Haut.

flif = Frische.

flifäd = Frische, Frischheit, das Frischsein.

flifädö: —! = frischauf! frisch zu!

flifädukam = Erfrischung.

flifädükön, lov. = erfrischen.

flifed = Neuheit (nicht abgebraucht sein).

flifedik = neu (nicht abgebraucht, nicht abgenutzt).

flifik = frisch.

flintoin = Flint, Feuerstein.

flintoinaglät = Flintglas.

fliod = Folio.

fliodabuk ü buk fliodik = Foliant.

fliodik = in Folio.
flit = der Flug, das Fliegen.
flitafit = fliegender Fisch.
flitamug = Fledermaus.
flitanaf = Flugschiff.
flitäm = Flügel.
flitämaflap = Flügelschlag.
flito = im Fluge.
flitöm = Flugmaschine.
flitön, nel. = fliegen.
flod = Frost.
flodam = das Gefrieren, das Erfrieren.
flodamapün = Gefrierpunkt, Eispunkt.
flodastom = Frostwetter.
flodik = frierend.
flodilön, nel. = frösteln, **flodilos** = es fröstelt.
flodöf = Frostigkeit.
flodöfan = Fröstling, Pimpelfritz, Pimpelmeter.
flodöfik = frostig.
flodöfölo: ledredob — = es läuft mir eiskalt über den Rücken.
flodöfön, nel. = frösteln, vor Frost schaudern.
flodön, nel. = frieren, gefrieren, erfrieren, **flodos** = es friert, **doats oba flodons** = es friert mir die Finger.
flog = Flock.
flom = Stirne.
flomatan = Stirnband.
flon = Gulden.
flonazim = cent ($1/100$ Gulden), — **di ‚Danzig'** = Danziger Pfennig.
flor = Blume, Blüte.
florabäset = Blumenkorb.
florabeb = Blumenzwiebel.
florabet = Blumenbeet.
florabinäd = Blumenbestandteil.
florabled = Blumenblatt.
florabrasid = Blumenkohl.
florafestun = Blumengehänge, Blumengewinde, Blumenschnur.
florag = Blumenreichtum.
floragad = Blumengarten.
floragik = blumenreich, blumicht.
floragnob = Knospe, Blumenknospe.
florakronül = Blumenkranz.
floram = Blüte, das Blüten.
floramüp = Blütezeit.
florapük = Blumensprache.
floraskal = Blumentopf.
flored = Blumenstrausz, Strausz.
floredil = Sträuschen.
florem = Blüte (Gesamtheit von Blumen).
floridajonäd = Blumenausstellung.
floridön, lov. = blumen, blümen, mit Blumen versehen, mit Blumen schmücken.
florik = blumig, geblümt.
floril = Blümchen, Blümlein.
florön, nel. = blühen, erblühen, florieren, in Blüte sein.
florüp = Frühling, Lenz.
florüpik = lenzlich.
floted = Flosz.
flotedel = Flöszer.
flotedistiran = Floszmann, Floszführer.

flotian : — **fitafiläta** = Flösze eines Fischnetzes.
flotön, nel. = schwimmen.
flödik = erfrieren machend.
flödön, lov. = frieren (lov.), erfrieren machen, **flod flödon vati ad glad** = der Frost macht das Wasser zu Eis gefrieren, erstarren.
flök = das Flechten.
flökan = Flechter.
flökasalig = Flechtweide, Korbweide, **tuig flökasaliga** = Zweig der Flechtweide.
flökatuigül = Bindweide, Bindgerte.
flökot = Geflecht, Flechtwerk, — **jevodaherik** = Geflecht von Pferdeharen.
flökön, lov. = flechten, — **heremi** = zöpfen.
flötön, lov. = schwimmen machen.
flud = Flut.
fludön, nel. = fluten (zur Flut anschwellen).
fludüp = Flutzeit.
fluk = Frucht, **fluks pekonseföl** = eingemachte Früchte.
flukabaraḳ = Scheune für Früchte.
flukabim = Fruchtbaum.
flukafeil = Obstbau.
flukajal = Fruchtschale.
flukated = Fruchthandel.
flukavaet = Fruchtsaft.
flukem = Obst.
flukiär = Fruchtschale.
flukik = fruchttragend, fruchtbringend.
flukiklopön, nel. = Obst einheimschen.
fluköf = Fruchtbarkeit.
fluköfik = fruchtbar.
fluköfükön, lov. = befruchten, fruchtbar machen, fruchtbringend machen.
flukön, nel. = fruchten, fruchtbringen.
fluküp = Herbst.
flum = Strom, Strömung, — **lektinik ü lektina flum** = elektrischer Strom.
flumafer = Fluszeisen.
flumaglät = Wasserglas (Stoff).
flumastal = Fluszstahl.
flumed = Flusz.
flumedalestab = Fluszbett.
flumedanaf = Fluszschiff.
flumedanisul = Fluszinsel.
flumedän = Fluszgebied.
flumedänaditöp = Wasserscheide.
flumedik = auf den Flusz bezüglich.
flumot = Flüssigkeit, ein flüssiger Körper.
flumöf = Flüssigkeit, das Flüssigsein.
flumöfik = flüssig.
flumöfükön, lov. = flüssig machen.
flumön, nel. = strömen, flieszen.
flun = Einflusz.
flunaziläk = Einfluszsphäre.
flunön, lov. = beeinfluszen, Einflusz üben, Einflusz haben, — **eki** = Einflusz auf einen haben.
fluoridazüd, HF.aq = Fluorwasserstoffsäure, Fluszsäure.
fluorin, F., ‚fluorium' = Fluor.
flut = Flöte.
flutan = Flötenbläser, Flötist.

flutel = Flötenmacher.
flutön, lov. = flöten.
flutül = Pfeife (Blasinstrument).
flutülön, lov.: — dogi = (mit einer Pfeife) einem Hund pfeifen.
flümön, lov. = flieszen machen.
fo, pr. = vor (örtlich), dofalom — ob = er fällt vor mir nieder, fimädön jevodis — vab =die Pferde vor den Wagen spannen, golom — ob = er geht vor mir her, äkömom — cödal = er erschien vor dem Richter, pladom oki — ob, stanikom — ob = er stellt sich vor mich, stanom — ob = er steht vor mir.
foad = Leber.
foadamaläd = Leberleiden.
fobel, fobels = Vorbirge.
fobelem = Vorgebirge (vor dem Hauptgebirge liegendes Gebirge).
fobumäd = Vorbau.
fobumot = Vorgebäude, Vordergebäude.
fobumön, lov. = vorbauen.
fod = Sense.
fodam = das Mähen.
fodan = Mäher.
fodian = Mähmaschine.
fodil = kleine Senze.
fodön, lov. = mähen.
fodül = Sichel.
fofimäd = Vorspann.
fofimädön, lov. = vorspannen.
fog = Nebel.
fogalädan = Vorposten (ein Person).
fogalädanef = Vorposten (mehrere Personen).
fogalädöp = Vorposten (Ort.).
fogasüm = Nebelhaftigkeit, Nebelähnlichkeit.
fogasümik = nebelhaft, nebelähnlich.
fogik = neblig, nebelig.
fogikön, nel. = neblig werden.
fogin = das Fremdsein, Fremdheit.
foginamalül = Zeichen Fremdwörter anzudeuten.
foginan = Fremder, Fremdling.
foginanahet = Fremdenhasz.
foginanihet = Fremdenhasz.
foginanöp = Hospiz.
foginavöd = Fremdwort.
foginän = die Fremde, Ausland.
foginänan = Fremder, ausländische Person, Ausländer.
foginänik = auswärtig, fremdländisch, ausländisch.
foginäno = auswärts.
foginik = fremd.
fogolan = Vorgänger.
fogolön, lov. = vorgehen, vorangehen.
fogön, nel. = nebeln.
fogükön, lov. = benebeln, mit Nebel erfüllen.
fogül = Dampf, Dunst, Wrasen.
fogülam = Ausdünstung.
fogülädön, lov. = anhauchen.
fogülik = dunstig.
fogülön, nel. = dampfen, dunsten, ausdünsten.
fojelatrup = Vortrab, Vorhut.
fok = Gabel.

fokafomik = gabelförmig.
fokakoled = Gabelfrühstück.
fokil = Gäbelchen.
fokipön, lov. = vorhalten.
fokomipan = Vorkämpfer.
fokomipön, nel. = vorkämpfen.
fokömön, lov.: — eki = einem vorkommen, einen überholen.
fokön, lov. = gabeln.
fol, 4 = vier, — e lafik = fünftehalb.
folagön, nel. = vorhangen.
folam = Vervierfachung.
folägön, lov. = vorhängen.
folätik = der vorletzte.
folborinadeghidrin, B_4H_{10} = Borwasserstoff.
foldeg, 40 = vierzig.
foldegat = Vierzigzahl.
foldelik = viertägig.
foldil = Viertel.
foldilik = vierteilig.
foldilil = Viertelchen.
foldilön, lov. = vierteilen.
folfimäd = Viergespann.
folfimädik = vierspännig, vab — = Vierspänner.
folfluorbalidsilikan ü balsilikinafolfluorin ü silikinafluorid, SiF_4 = Siliciumfluorid.
folfluoridilborinatazüd, $HF.BF_3$ ü HBF_4 = Borfluorwasserstoffsäure.
folfosfinadegsulfin, P_4S_{10} = Phosphorpentasulfid.
folfosfinakilsulfin, P_4S_3 = Phosphortrisulfid.
folgulik = viereckig (mit 4 Ecken).
folid = vierte.
folidnaed (= naed folid) = das vierte Mal.
folidnaedo = zum vierten Male.
folido = viertens.
folidsilikan Si_4H_{10} = Tetrasilan.
folidvög = Baszstimme.
folidvögan = Baszsänger.
folik = vierfach.
foliko = vierfacherweise.
folil = Vierchen.
folion, 1'000'000^4 = Quadrillion.
folitükön, lov. = vorleuchten, voranleuchten.
folklorbalidgärman, $GeCl_4$ = Germaniumchlorid.
folklorbalidsilikan ü balsilikinafolklorin, $SiCl_4$ = Chlorsilicium, Siliciumchlorid.
folkloridilgoldiniatazüd, $HAuCl_4$ = Aurichlorwasserstoffsäure.
follien = Viereck.
follienik = viereckig.
follögaf = Vierfüszer, Vierfüszler, Quadruped.
follöganim = Vierfüszer, Vierfüszler, Quadruped.
follögäd = Vierfüszer (d.).
follögädik = vierbeinig, vierfüszig.
follögik = vierbeinig, vierfüszig.
folmil, 4'000 = viertausend.
folna = viermal.
folnaik = viermalig.
folot = das Vierfache.
folove = vornüber.
foloveik = vornüber (gerichtet).

folön = vervierfachen.
folseadöpik = viersitzig.
folsotik = viererlei.
folsulfinatazüd, $H_2S_4O_6$ = Tetrathionsäure.
foltuitik = vierzackig.
foltum, 400 = vierhundert.
foltummil, 400'000 = vierhunderttausend.
folüd = Quarte (Intervall).
folüf = Quarte (Ton).
folüm = Quartett.
folvalenik = vierwertig.
fom = Form, Gestalt.
fomabik = zu formen, zu bilden.
fomal = Vorzeichen.
fomaliegik = formenreich.
fomam = Bildung, das Formen, Fassonierung,
Formierung.
fomamafer = Fassoneisen.
foman = Former.
fomäl = Vorstellungsvermögen, Einbildungskraft, Einbildungsvermögen.
fomälam = Vorstellung, das Sichvorstellen.
fomälod = Vorstellung (das, was man sich
vorstellt).
fomälön, lov.: — bosi = sich etwas vorstellen,
sich einen Begriff, eine Vorstellung von etwas
machen, vergegenwärtigen.
fomät = Format.
fomed = Zeremonie, Förmlichkeit, Formalität,
die (äuszere, feststehende) Form.
fomedem = Formelwesen, Etikette.
fomedik = förmlich, formell.
fomedim = Formalismus.
fomediman = Formalist.
fomet = Formular, Vordruck.
fomik = geformt, gestaltet.
fomikön, nel. = sich gestalten.
fomir, gr. = Formenlehre.
fomod = Leisten.
fomonitan = Vorreiter.
fomonitön, nel. = vorreiten, voranreiten.
fomot = Form (a.s.: gifafomot = Guszform).
fomotam = Formerarbeit, das Formenmachen.
fomotel = Former (einer der Formen macht).
fomön, lov. = formen, bilden, gestalten.
fomü = in Form von.
fomül = Formel.
fomülön, lov. = formulieren, in Worte fassen.
fon = Quelle, Sprudel.
fonavatalekäl = Brunnenkur.
fonäd = Bronnen, Brunnen.
fonädil = Brünnchen, Brünnlein.
foned = Springbrunnen.
fonedafon = Springquelle, Sprudel.
fonedül = Wandwaschgefäsz.
fonem (in kritanems, ...) = pösodanem.
fonet = Phonetik.
fonetik = phonetisch.
fonograf = Phonographie.
fonograföm = Phonograph.
fonön, nel. = quellen, sprudeln, aufquillen.
fonun = Vorwort, die Vorrede, der Vorbericht.
foön, nel. = vorn stehen, vorgehen (voran-
stehen).

fop = Torheit, Narrheit, Narretei.
fopan = Tor, Narr, bitön äs — = sich närrisch benehmen.
fopik = töricht, närrisch.
fopiko = närrisch, bitön — = sich närrisch
benehmen.
fopladam = Vorstellung, das Voretwashinstellen.
fopladön, lov. = vor etwas stellen, vorstellen
(örtlich).
fopolön, lov. = vortragen, vorantragen.
fopön, nel. = narren, närrisch sein.
fopülükam = Fopperei, Hänselei.
fopülükan = Fopper.
fopülüköl = foppend, hänselnd.
fopülükön, lov. = hänseln, foppen, narren, zum
besten halten.
fortif = Festung.
fortifabüdan = Festungskommandant.
fortifanef = Besatzung (einer Festung).
fortifibum = Festungbau.
fortifibumav = Festungbaukunde.
fortifibumavan = Festungbaumeister.
foseidön, lov. = vorsetzen.
foseitön, lov. = vorlegen.
fosfatastabot, P_2O_5 = Phosphorpentoxyde,
Phosphorsäureanhydrid.
fosfen, PH_3 = Phosphin.
fosfin, P. ‚phosphorus', = Phosphor.
fosfinahidrin = Phosphorwasserstoff, — flumöfik, P_2H_4 = flüssiger Phosphorwasserstoff,
— solidik, $(P_2H)_6$ = fester Phosphorwasserstoff, — vapik ü fosfen, PH_3 = gasförmiger
Phosphorwasserstoff, Phosphin.
fosfitastabot, P_2O_3 = Phosphorigsäureanhydrid,
Phosphortrioxyd.
fosfitazüd ü rotofosfitazüd, H_3PO_3 = phosphorige Säure.
fosfoniumabäd, PH_4OH = Phosphoniumhydroxyd.
fosfoniumabromid, PH_4Br = Phosphoniumbromid.
fosfoniumaklorid, PH_4Cl = Phosphoniumchlorid.
fosfoniumayodid, PH_4J = Phosphoniumjodid.
fosfosokilklorin, $POCl_3$ = Phosphoroxychlorid.
fospik = Vorrede.
fostanön, nel. = vorstehen (örtlich).
fosteigastafül = Vorstecker, Vorsteckpflock.
fosteigön, lov. = vorstecken.
fot = Forst, Wald, Holz, Gehölz, — bimas
geilik = Hochwald.
fotagik = waldig, reich bewaldet, holzreich.
fotahorn = Waldhorn.
fotalän = Waldung.
fotalut = Waldluft.
fotam = Bewaldung.
fotamen = Waldmensch.
fotazif: fotazifs fol (binons: ‚Waldshut' [válz-
hut] D., ‚Laufenburg' [láŭfĕnburq] D.,
‚Säckingen' [săkiŋĕn] D. e ‚Rheinfelden'
[ráin-fálděn] D.) = die vier Waldstädte
(am Rein).
fotibrid = Forstkultur.
fotiguver = Forstwesen.

fotikäläd = Waldhut.
fotikälädan = Waldhüter.
fotikonöman = Förster.
fotil = Hain, Wäldchen.
fotilekonöman = Oberförster.
fotirav = Waldfrevel.
fotograf = Photographie (Kunst).
fotografan = Photograph.
fotografik = photographisch.
fotografot = Photographie (Bild).
fotorav = Wilderei.
fotön, lov. = bewalden.
fotrotön, nel. = vortraben.
fotrup = Vorhut.
fotül = Dickicht, Busch, Gebüsch.
fotülagik = buschicht.
fotülik = buschig, buschartig.
fouk = Brennpunkt, Fokus.
fov = das Folgen.
fovan = Nachfolger.
fovegön, nel. = voran fahren, vorne fahren.
fovik = folgend.
fovo = ferner, fernerhin, fortan, in zukunft, künftig, ins Künftige, künftighin, no — = nicht ferner, nicht mehr, nicht weiters.
fovöds, pl. = Vorwort.
fovön, nel. = folgen, erfolgen, fortmachen, fortfahren.
foyad = Vorhof.
foyüm = Vorfügung, Voranfügung.
foyümot = Vorsilbe, Präfix.
foyümön, lov. = vorfügen, voranfügen.
fozif = Vorstadt.
fozifil = Vorort, Vorstädtchen.
fö: —! = ferner! fernerhin! fort! weiter!
föd = Förderung, Hebung, Beförderung.
födan = Förderer, Beförderer.
födön = fördern, befördern, heben, — pöpa; beni = Volkswohl fördern.
födü = zur Hebung des, zur Beförderung des.
föf = die Stelle vor etwas.
föfabrad = Vorderarm.
föfacem = Vorzimmer.
föfadil = Vorderteil.
föfadom = Vorhaus, Vorderhaus.
föfaflan = Vorderseite.
föfafut = Vorderfusz (vorderer Teil des Fuszes.).
föfaglun = Vordergrund.
föfalecem = Vorsaal.
föfalög = Vorderfusz, Vorderbein.
föfao = von vorne, von vorne an (örtlich).
föfapeanön, lov. = vorstecken.
föfasail = Vorsegel.
föfasälun = Vorsalun.
föfaseadöp = Vordersitz.
föfaset = Vordersatz.
föfayal = vordere Veranda.
föfik = der vordere, vorder, vorn befindlich, vorig (örtlich).
föfikön, nel. = sich vorne stellen, sich voran stellen.
föfio = nach vornen, vorwärts.

föfiodranön, nel. = vordringen, sich vordrängen.
föfiodränön, lov. = vordrängen, vorwärtsdrängen.
föfiogolön, nel. = vorwärts gehen, vortreten.
föfiokömön, nel. = nach vorn kommen, nach vornhin kommen.
föfiomalekön, nel. = vormarschieren, vorrücken.
föfiomüfön, lov. = fortschieben, — stuli = einen Stuhl vorrücken.
föfioseidön, lov. = vorwärts setzen, vorsetzen.
föfioseitön, lov. = nach vornhin legen.
föfiö: —! = nach vornen! vorwärts!
föfo = vorn, vorne, voran (örtlich).
föfobinön, nel. = vorstehen, hervorstehen.
föfovegön, nel. = vorfahren (z. B. ein Wagen).
föfö: —! = voran!
föfön, nel. = sich vorne befinden.
föfü = vor (örtlich), golom — ob = er geht vor mir her, pladom oki — ob = er stellt sich vor mich.
föfükön, lov. = vorn stellen, voran stellen, vorn setzen, voran setzen.
fög = Hammer.
fögaflap = Hammerschlag.
fögön, lov. = hämmern.
föl = Beobachtung, Befolgung.
fölidön, lov. dem.: — eke promi, sagi, vödi oka = einem beim Wort nehmen.
fölön, lov.: — bligi, promi, ... oka = seine Pflicht, seiner Pflicht, sein Versprechen, seinem Versprechen, ... halten, erfüllen, nachkommen, beobachten, befolgen, genügen.
fön = Ofen (zum Heizen von Zimmern).
fönajelöm = Ofenschirm.
fönig, mit = Phönix.
fönikiyan = Phönizier.
föro = je, jemals, if — = als jemals.
fösil, fösils = Petrefakt, Versteinung, Fossilien.
fösilav = Paläontologie, Versteinerungskunde.
fösilik = fossil.
fösilikam = Versteinerung.
fösilikön, nel. = sich versteinern.
fösilükön, lov. = versteinern, zu Stein machen.
föt = Fötus.
föv = Fortsetzung, Weiterführung.
fövot = Fortsetzung (d.), — ofovon = Fortsetzung folgt.
fövö: —! = weiter!
fövön, lov. = fortsetzen, weiterführen.
frad = Esche, Eschenbaum.
fradafot = Eschenwald.
frag = Erdbeere.
fragaplan = Erdbeerstaude.
frain = Zaser, Zasel.
frainik = faserig, zaserig.
frak = Bruch (Zahl), — degdilik = Dezimalbruch.
frambod = Himbeere.
frambodarubud = Himbeerstrauch.
fran, k. = Frank.
franazim, k. = Centime, — Jveizänik = schweizerischer Rappen.

frankans = Franken.
frankanalän = Franken, Frankenland.
frap = das Münzen, die Prägung.
frapöm = Prägeeisen, Prägestempel.
frapön, lov. = münzen, prägen, ausmünzen.
frapöp = die Münze, die Präge, Münzanstalt.
fraseod = Redensart (feststehende Sprachwendung), Phrase.
fraseodav = Phraseologie.
fräd, fräds = Auslage, Kosten, nen — in top at, nen — in top isik, isao ko —, attopao ko —, topo nen — = frei ab hier.
frädik = auf die Kosten beziehend.
frädön, lov. = kosten.
frädü = auf Kosten des.
frän = Gebisz (Eisenwerk am Zaum).
fred = Freude, Freudigkeit.
fredadramat = Lustspiel.
fredaladäl = Frosinn.
fredaladälik = frohmütig, sanguinisch.
fredavokäd = Freudenschrei.
fredik = erfreut, freudig, froh.
fredikön, nel. = freudig werden.
fredim = Optimismus.
frediman = Optimist.
fredimik = optimistisch.
fredo = mit Freuden, vokädön — = ein Freudengeschrei erheben.
fredön, nel. = sich erfreuen, erfreut sein.
fredükam = Erfreuung.
fredüköl = erfreulich.
fredükön, lov. = erfreuen, Freude machen.
fregat = Fregatte.
frem = Rahmen (Bilderrahmen).
fremön, lov. = einrahmen.
fren = das Bremsen.
frenablög = Bremsklotz, Hemmschuh, Bremsschuh, Radschuh.
frenan = Bremser.
frenöm = Bremse, Hemme.
frenön, lov. = bremsen, hemmen.
freskod = Fresko.
frid = das Gekräuseltsein, das Kraussein.
fridaherik = kraushärig, kraushaarig.
fridel = Freitag.
fridelik = freitägig.
fridik = gekräuselt.
fridikön, nel. = sich kräuseln.
fridön, nel. = gekräuselt sein.
fridükam = Kräuselung, das Kräuseln.
fridükön, lov. = kräuseln, kraus machen.
frin = Fink, Finke, Buchfink.
frinifanan = Finkler, Finkenfänger.
frinifanön, nel. = finkeln.
frisidans = Friesen.
frod = Reif (gefrorener Tau).
frodön, nel. = reifen, frodos = es reift, es fällt Reif.
frog = Frosch.
froganögem = Froschlaich.
fromad = Käse.
fromadaklokäd = Käseglocke.
fromadel = Käser.
fron = Runzel.

fronik = runzlig, gerunzelt.
fronön, nel. = runzlig sein.
fronükön, lov. = runzeln, in Falten ziehen.
fronül = Knautsch.
fronülik = knautschig.
fronülön, lov. = knautschen, knautschig machen.
frun = Frone, Frondienst.
frunan = Fröner.
frunön, nel. = fronen, frönen.
frut = Nutzen, Vorteil, Nützlichkeit Vorteilhaftigkeit.
frutab = Ratsamkeit, Rätlichkeit.
frutabik = ratsam, geraten, rätlich.
frutidön, lov. = nutzen, Nutzen haben von, Nutzen ziehen von, ausnützen, — bosi oke = sich etwas zunutze machen.
frutik = nützlich, einträglich, erprieszlich, vorteilhaft, valemiko — = gemeinnützig.
fruto = zu nutze, zumnutzen, zumvorteile.
frutön, lov. = nützen, Nutzen bringen, frommen, fruchten, frutos oli, atos fruton oli, atos ofruton oli — = es kommt dir zu Gute.
frutü = zum Nutzen des.
ftisid = Auszehrung (Krankheit).
fud = Trichter.
fug = Flucht.
fugan = Flüchtling.
fugik = flüchtig.
fugön, nel. = ausreiszen, durchbrennen, durchgehen, fliehen, sich flüchten.
fuin = Furnier.
fuinön, lov. = furnieren.
ful = Fülle, das Vollsein.
fulamun = Vollmond.
fulanumik = vollzählig.
fulatonöl = volltönend.
fulavög = Vollstimmigkeit (vollständige Benutzung aller Stimme in der Musik).
fulavögik = vollstimmig.
fulban = Fulbe.
fulik = voll, völlig.
fulikön, nel. = sich füllen.
fulön, nel. = voll sein.
fulükam = Füllung, Erfüllung, Ausfüllung.
fulükot = Füllung, Füllsel, Ausfüllung (d.).
fulükön, lov. = voll machen, füllen, ausfüllen, — stüro = verschütten.
fun = Leiche, Leichnam.
funapaelik = leichenblasz, todbleich, todblasz, totenblasz.
fund = Fonds, Anlage.
funig = Schwamm, Pilz (in valem), fungus.
funik = leichenhaft, leichenartig.
fur = Fütterung, das Füttern.
furmid = Ameise.
furmidalubel = Ameisenhaufe, Ameisenhügel.
furmidanäst = Ameisennest.
furmidanög = Ameisenei.
furmidasümik = ameisenartig.
furmidatazüd, CHOOH = Ameisensäure.
furmidazil = Ameiseneifer.
furnod = Ofen.
furot = Futter, Unterfutter.

furön, lov.: — **kloti** = ein Kleid füttern, mit Futter versehen.

furun = Blutgeschwür, Blutschwüre.

fut = Fusz, **binön su futs** = auf den Beinen sein.

futabam = Fuszbank, Fuszschemel.

futaklot = Fuszbekleidung.

futasakäd = Fuszsack.

futataped = Fuszdecke, Vorlage.

futateged = Fusdecke.

futiban = Fuszbad.

futiklotam = das Bekleiden des Fuszes.

futo = zu Fusz, **tävön** — = zu Fusz reisen.

futofinot = Fuszende, **pö, su, lä, lü, len** — = zu Füszen.

futogolan = Fuszgänger.

futogolön, nel. = zu Fusz gehen.

futü = am Fusze des.

fügön, lov. = in die Flucht schlagen.

fül = Filz.

fülacan = Filzware.

fülahät = Filzhut.

fülajuk = Filzschuh.

fülik = filzig, filzen.

fülikön, nel. = sich filzen.

füm = Bestimmtheit, Festigkeit, Sicherheit, Gewiszheit.

fümabidir = Indikativ.

fümafom: — leigoda = der Positiv.

fümaset = Indikativsatz.

fümäd = Hartneckigkeit, Unerschütterlichkeit, Unbeugsamkeit.

fümädäl = Steifköpfigkeit, Starrköpfigkeit, Starrsinn, Trotzköpfigkeit, Störrigkeit.

fümädälan = Steifkopf, Starrkopf.

fümädälik = steifköpfig, starrsinnig, starrköpfig, störrig.

fümädik = hartnäckig, unerschütterlich, unbeugsam.

fümäl = Entschlossenheit, Entschiedenheit.

fümälik = entschlossen, entschieden.

fümed = Konfirmation.

fümedön, lov. = konfirmieren.

fümetik = bestimmt.

fümetön, lov. = bestimmen (genauer fest stellen).

fümik = fest (geistig), sicher, zuverlässig, gewisz.

fümod = Firmung.

fümodäb = Firmling.

fümodön, lov. = firmen, firmeln.

fümö: —! = gewisz! **go —!** = ganz gewisz!

fümöf = das Konstantsein.

fümöfik = konstant, stabil.

fümön, nel. = sicher sein, fest sein.

fümü = gewisz des.

fümükan = Begründer.

fümükön, lov. = feststellen, **— yulo bosi** = etwas beschwören, etwas mit einem Eide bekräftigen.

fün = Stiftung, das Stiften.

fünadoküm = Stiftungsbrief, Stiftungsurkunde, **bai —** = stiftungsgemäsz.

fünan = Stifter, Gründer, Begründer.

fünod = Stift, Stiftung, das Gestiftete.

fünön, lov. = errichten, stiften.

füsiolog = Physiologie.

füsiologan = Physiologe.

füsüd = Physik, Naturkunde.

füsüdik = physikalisch.

fütür = Zukunft, künftige Zeit, Ferne.

fütüramenef = die Nachkommen, Nachkommenschaft.

fütüratim = Zukunft, **— finik** = Vorzukunft, vollendete Zukunft, Futurum exaktum, **— ne= finik** = Futurum, Zukunft, während Zukunft, erstes Futurum.

fütürik = künftig, zukünftig.

fütüro = in der Zukunft, dereinst, einst.

fütürön, nel. = zukünftig sein, künftig sein.

F.

Falkluäns = Falkland-Inseln.

Faunlän: Nula= — = Neufundland.

Färövuäns = Färöer.

Ficiyuäns = Fildschi-Inseln.

Filän = Feuerland.

Filänan = Feuerländer.

Filänik = feuerländisch.

Filipuäns = Philippinen.

Flanän = Flandern.

Foralbergän = Vorarlberg.

Fönikiyän = Phönizien.

Fönikiyänan = Phönizier.

Fönikiyänik = phönizisch.

‚Française' [fränsås] Fr. = française (Tanz).

Frankän = Frankenreich.

Frankänik = frankisch.

Fransän = Frankreich.

Fransänan = Franzose.

Fransänälan = Französler.

Fransänälön, nel. = französeln.

Fransäniäl = Gallomanie.

Fransäniälan = Gallomane.

Fransänik = französisch.

Fransänim = Gallicismus.

Frikop = Afrika.

Frikopan = Afrikaner.

Frikopik = afrikanisch.

Frisän = Friesland.

Frisänan = Friese, Friesländer.

Frisänik = friesisch.

Frügän = Phygien.

g.

ga = doch, ohnedies, ohnehin, **— sio** = doch, doch ja, **— no** = doch nicht.

gaat = Achat.

gaatatedan = Achathändler.

gaatik = von Achat, Achat=.

gad = Garten.

gadam = Gärtnerei, das Gärtnern.

gadan = Gärtner.
gadaplan = Gartengewächs.
gadatail = Gartenerde.
gadav = Gartenbau.
gadavam = Kunstgärtnerei.
gadavan = Gartenbaukundiger, Gartentechniker, Kunstgärtner.
gadil = Gärtchen, Gärtlein.
gadimeik = Gartenanlage.
gadolin, Gd, ,gadolinium' = Gadolinium.
gadöm = Gartengerät.
gadön, nel. = gärtnern.
gadut = Kabeljau.
gael = das Gälisch.
gaelans = Gälen.
gaen = das Gewinnen.
gaenan = Gewinner.
gaenod = Gewinn.
gaenön, lov. = gewinnen, — yüli = die Wette gewinnen.
gag = Garstigkeit, das Garstigsein, das Garstigtun.
gagan = Garsthammel, Garstvogel, Schmierfink.
gagik = garstig, wüst.
gagot = Garst, Garstigkeit, Garstiges.
gagotiäl = Hang zur Unfläterei, Hang zur Garstigkeit.
gagotiälan = Schmutzfink, Schmierfink, Garstvogel. Schmutzhammel, Schmutzigel.
gagön, nel. = garstig sein, garstig tun, wüst sein, wüst tun.
gail = Galle, Gallapfel.
gailatanoid = Gallapfelgerbsäure.
gailazüd = Gallussäure.
gal = Wache, das Wachen.
galad = Gala.
galadabaol = Galaball.
galadaklotem = Galaanzug, Galakleid.
galan = Wächter.
galaxid = Milchstrasze.
galäd = Wache, Wacht, das Wachehalten.
galädadom = Wachthaus.
galädafil = Wachtfeuer.
galädamastan = Wachtmeister.
galädan = Wache, Schildwache.
galädanef = Wache, Wachmannschaft.
galädapäräd = Wachtparade.
galädik = wachestehend.
galädön, nel. = Wache halten, Wache stehen, Schildwache stehen, Posten stehen.
galädöp = Posten, Wachtposten (Ort).
galäl = Wachsamkeit.
galälik = wachsam.
galär = Galeere.
galäraslafan = Galeerensträfling, Galeerensklave.
galed = das Hüten, Hut, Bewachung.
galedan = Schaffner, Hüter, Hirt.
galedön, lov. = hüten, behüten, bewachen, bewahren, God galedonös oli! = behüte euch Gott! — eki = über einen wachen.
galik = wach.

galikön, nel. = wach werden, erwachen, aufwachen.
galin, Ga, ,gallium' = Gallium.
galo = im Wachen.
galof = Galopp (Tanz).
galofön, nel. = Galopp tanzen.
galot = Galopp.
galotön, nel. = galoppieren.
galön, nel. = wachen, wach sein.
galükamaglok = Weckeruhr.
galükan = Wecker (p.).
galükian = Wecker (d.).
galükön, lov. = wecken, wach machen.
galvan = Galvanismus, galvanische Elektrizität.
galvanik = galvanisch.
gam = Braut oder Bräutigam.
gamagivot = Brautschatz, die Mitgift.
gamapär = Brautpaar.
gan = Gans.
ganapinod = Gänseschmalz.
ganet = Agentur.
ganetan = Agent.
ganetöp = Factorei.
ganil = Gänschen.
gaod = Gaze, — di ,Marly', [márli] Fr. = Marli, Marly.
garan = Garantie, Gewähr, Bürgschaft, Verbürgung.
garanan = Garant, Bürge.
garanön, lov. = garantieren, verbürgen.
garansin = Garancine.
gard = Garde.
gardan = Gardist.
gared = der Spann, Rist (des menschlichen Fuszes).
gargulön, nel. = gurgeln.
garid = Pilz.
gasad, k. Lomanänik, Lasiränik (= teldegdil bal mamuda) = Gasz.
gased = Blatt, Zeitung, Journal, Zeitschrift.
gasedem = Journalistikum, Presse.
gasedim = Journalistik, Journalismus.
gasediman = Journalist.
gasedimik = journalistisch.
gasin = Gas, Leuchtgas.
gasinifabrik = Gasfabrik.
gasinik = gasig (Leuchtgas).
gav = das Gravieren.
gavagliv = Grabstichel.
gavan = Graveur.
gavav = Gravierkunst.
gavod = Gavotte (Tanz).
gavot = Gravüre, Gravierung.
gavön, lov. = gravieren.
gäl = Gallerte, Gallert, Gelee, Gel.
gäliär = Geleedose.
gälik = gallertig.
gälilik = gallertartig.
gäntian = Enzian.
gäp = Lücke.
gärmin, Ge, ,germanium' = Germanium.
gärminsulfid, GeS$_2$ = Germaniumdisulfid.
gärminatelloxin, GeO$_2$ = Germaniumdioxyd.

gärminaloxin, GeO = Germaniumoxyd.
gästion = Kongestion.
ge = zurück, **mo e** — = hin und zurück, auf und ab, **golön, vegön mo e** — = ab und zu gehen.
geb = Anwendung, Aufbietung, Benützung, Gebrauch, Verwendung.
geban = Anwender, Verwender.
gebayeg = Gebrauchsgegenstand.
gebäd = Anwendung.
gebädön, lov. = zur Anwendung bringen, in Anwendung bringen.
gebid = das Zurverfügungstehen.
gebidik = verfügbar.
gebidön, nel. = zur Verfügung stehen.
gebidükön, lov. dem. = zur Verfügung stellen.
gebo = im Gebrauch.
gebov = Anwendbarkeit, Verwendbarkeit.
gebovik = anwendbar, brauchbar, dienlich, verwendbar.
geböf = Gebrauch, Brauch, Usanz.
geböfik = gebräuchlich, üblich.
geböfikön, nel. = in Gebrauch kommen.
geböfön, nel. = üblich sein, im Gebrauch sein.
gebön, lov. = anwenden, aufbieten, aufwenden, benützen, gebrauchen, verwenden.
ged = Grau, Grauheit.
gedik = grau.
gedikön, nel. = ergrauen.
gedilik = graulich.
gedrinön, lov. = Bescheit tun (einen Trunk erwidern).
gedünot = Gegendienst.
gef = Gefäsz (in valem), — **bäsinik** = Gefäsz aus Steinzeug.
gefal = Rückfall, das Zurückfallen.
gefataim = Ton, Töpfererde, Töpferton, Letten.
gefataimik = tönern.
geflitön, nel. = zurückfliegen.
gegetazöt = Retourrezepisse.
gegiv = Rückgabe, das Zurückgeben.
gegivot = das Zurückgegebene.
gegivön, lov. = zurückgeben, zurückerstatten.
gegolädön, nel. = zurückziehen.
gegolön, nel. = zurückgehen, zurückkehren.
geid = Anleitung.
geidabuk = Leitfaden, — **pro penedans** = Briefsteller (Leitfaden).
geidan = Anleiter, Führer.
geidian = Führer.
geidön, lov.: — **eki** = einen anleiten.
geik = reflexiv, **pönop (pösodik)** — = Reflexivpronomen, reflexives Fürwort.
geikön, nel. = zurückkommen.
geil = Höhe, das Hochsein.
geilabelem = Hochgebirge.
geilafurnod = Hochofen.
geilakap (mafädanum: > 75 %) = Hypsicephalia.
geilavat = Hochwasser.
geilät = Hoheit (hoher Rang).
geilik = hoch.
geilot = Höhe (Abstand von der Grundfläche).
geilotü = in der Höhe von.

geilön, nel. = hoch sein.
geilükön, lov. = hoch machen.
geilükumam = Erhöhung.
geilükuman = Erhöher.
geilükumön, lov. = erhöhen.
gein = Schnaps, Branntwein, Genever.
geinel = Branntweinbrenner, Geneverbrenner.
geinidrin = Schnapserei.
geinidrinan = Schnapser, Schnapsbruder.
geinidrinön, nel. = schnapsen.
gekip = Zurückhaltung, das Zurückhalten.
gekipön, lov. = zurückhalten.
gel = Orgel.
gelan = Organist.
gelatiret = Orgelregister, Orgelzug.
gelatonod = Orgelton.
gelegivot = Gegengeschenk.
gelimek = Orgelbau.
gelimekan = Orgelbauer.
gelogön, lov. = zurücksehen.
gelön, lov. = orgeln, Orgelspielen.
gem = Geschwister (Bruder oder Schwester).
gemag = Gegenbild, Pendant.
gemef = Geschwister, Gebrüder, Schwestern.
gemik = geschwisterlich.
gemön, lov. = verschwistern.
gen = Geschlecht.
genäm = Geschlechtsorgan.
gener = Generalschaft.
general = Generalissimus, Oberbefehlshaber, Armeebefehlshaber, Feldherr, Heerführer.
generan = General.
generastäf = Generalstab.
genid = Abglanz.
genik = geschlechtlich.
genitif = Genitiv, Wessenfall.
geno = von Geschlecht, nach Geschlecht.
geodet = Landesvermessung, Landesaufnahme.
geodetan = Landesmesser, Feldmesser.
geodetav = Geodäsie, Feldmeszkunde, Erdmeszkunde.
geomet = Geometrie.
geometan = Geometer.
geometik = geometrisch.
geön, lov. = erwidern (in valem).
gepel = Rückzahlung, Erstattung, Rückerstattung.
gepelön, lov. = zurückzahlen, zurückbezahlen.
ger = das Erben.
geradalab = Erbgesessenheit.
geradalabot = Erbschaftsgut.
geragit = Erbrecht.
geraleson = Erbprinz.
geran = der Erbe, die Erbin, — **valemik ü valigeran** = Universalerbe.
geräd = Vererbung.
gerädadöf = Erbfehler.
gerädov = Erblichkeit.
gerädovik = erblich, vererbbar.
gerädön, nel. = (von Krankheiten) sich vererben auf, sich forterben.
geredaneflen = Erbfeind.
geredasinod = Erbsünde.
geredik = geerbt.

geredön, lov.: — **patöfis** = Eigenschaften erben.
geridön, lov.: — **bosi eke** = einem, auf einen etwas vererben.
german = Germane.
germik = germanisch.
gerot = Erbschaft, das Erbe, Hinterlassenschaft.
gerotadil = Erbteil.
gerön, lov. = erben.
gerund = Gerundium.
gerundiv = Gerundivum.
gerükan = Erblasser.
gerükön, lov. = zum Erben machen.
gesagan = Antwortgeber (mündlich).
gesago = als Antwort, zur Antwort.
gesagön, lov. = antworten.
gespik = Antwort, — **refudik** = abschlägige Antwort.
gespikan = Antwortgeber.
gespiko = als Antwort, zur Antwort.
gespiköf = Schlagfertigkeit (geistig).
gespiköfik = schlagfertig (geistig).
gespikön, lov. = antworten.
gestep = Rückschritt, Schritt zurück.
gesumön, lov. = zurücknehmen.
get = Empfang, das Empfangen.
getan = Empfänger.
getazöt = Empfangschein, Rezepisse.
getävön, nel. = zurückreisen.
getedι — **lotanas** = Empfang, Aufnahme von Gästen.
getedön, lov.: — **lotanis** = Gäste empfangen, aufnehmen.
getefik = rückbezüglich.
getefön, lov. = sich zurück beziehen auf.
getian = Rezipient.
getön, lov. = empfangen, bekommen, — **mesedi** = besoldet werden, einen Lohn bekommen, einen Lohn beziehen.
geut = Kloake.
gev = Gewährung, Verleihung.
gevan = Gewährer, Verleiher.
geveg = Rückweg.
gevego = auf dem Rückweg.
gevön, lov. = gewähren, verleihen.
gian = Riese.
gianagretik = kolossal.
gianagretikan = Kolosz.
gianamagot = Kolosz.
gianik = riesenhaft, riesig, kolossal.
gib = Blutegel, Egel.
gid = Gerechtigkeit, Rechtlichkeit.
gidäl = Sinn für Gerechtigkeit, Sinn für Rechtlichkeit, Rechtlichkeitssinn, Rechtsgefühl, Rechtlichkeitsgefühl.
gidet = das Rechthaben.
gidetik = rechthabend, **blebön**, nel. nem. — = Recht behalten.
gidetiko = rechthabend.
gidetön, nel. = Recht haben.
gidetükön, lov.: — **eki** = einem recht geben.
gidid = Verantwortlichkeit.
gididik = verantwortlich.

gididikön, nel. = die Verantwortung auf sich nehmen.
gididön, nel. = verantwortlich sein.
gididükön, lov. = verantwortlich machen.
gidik = gerecht, rechtmäseig, rechtlich.
gidikön, nel. = gerecht werden.
gidöf = Schicklichkeit, Anstand.
gidöfik = schicklich, geziemend, anständig.
gidön, nel. = gerecht sein.
gidükam = Rechenschaft, Rechtfertigung, Verantwortung.
gidükamakod = Rechtfertigungsgrund.
gidükön, lov. = rechtfertigen, verantworten, Rechenschaft geben von, Rechenschaft ablegen von, gerecht sprechen, gerecht werden, — **oki** = sich rechtfertigen, sich entschuldigen.
gif = Gusz, das Giessen, Giesserei.
gifabluk = Gieszbach.
gifafer = Guszeisen.
gifaferacan = Eisenguszwaren.
gifaferik = guszeisern.
gifan = Gieszer.
gifaplatot = Guszplatte, — **glätik** = Guszplatte aus Glas.
gifät = Gusz (die auf- oder eingegossene Flüssigkeit).
gifian = Gieszer (d.).
gifot = Guszstück, Abgusz, **gifots** = Guszwaren.
gifön, lov. = gieszen.
giföp = Gieszerei (Werkstatt).
gifül = Sprenge, das Sprengen.
gifülöm = Gieszkanne, Giesze.
gifülön, lov. = (gieszend) sprengen.
gig = Gicht.
gigik = gichtig, gichtisch.
gild = Gilde, Zunft, Innung.
gildamastan = Zunftmeister, Altmeister.
gildan = Zünftler.
gildik = zünftig.
gim = Bohrer.
gimam = das Bohren.
giman = Bohrer (p.).
gimel = Bohrerfabrikant.
gimön, lov. = bohren.
gimöp = Bohrort.
gin = das Haspeln, das Aufwickeln.
ginädön, lov.: — **gloki** = die Uhr aufwinden.
gingif = Zahnfleisch.
ginotovön, lov. = aufhaspeln, aufwinden.
ginöm = Haspel.
ginön, lov. = haspeln, aufwickeln.
giom = Mähne.
gir = giro, Indossament, Indossement.
girabank = Girobank.
giraf = Giraffe.
giram = Indossierung.
giran = Indossant, Girant.
girön, lov. = indossieren, girieren.
gistavans = Khisten.
git = Jus, Recht, Gerechtigkeit.
gitav = Rechtsgelehrsamkeit.
gitavan = Jurist, Rechtsgelehrter.
gitavik = rechtsgelehrt, juristisch, rechtskundig.

gitäd = Justiz, Gerichtswesen.
gitädal = Gerichtsbeamter.
gitädalepenäd, gitädalepenäds = Akten, Gerichtsakten.
gitädalon = Gerichtsordnung.
gitädam = Rechtsprechen, das Rechtsprechen.
gitädamagitod = Gerichtsbarkeit, Jurisdiktion, die Befugnis des Rechtsprechens.
gitädamaziläk = Jurisdiktion, Gerichtsbezirk, Gerichtssprengel.
gitädan = Gerichtsdiener.
gitädasäkäd = Rechtstreit, Rechtssache.
gitädasekretan = Aktuar.
gitädik = gerichtlich.
gitädön, nel. = Recht sprechen.
gität = Recht, **labön gitäti dö, tefü, pö, ad bos** = ein Recht an eine Sache haben, **bleibön flagön oke gitäti** = auf seinem Rechte bestehen, — **te binon lü ob ad lebüdön, te ob labob gitäti (e gitodi) ad lebüdön** = es ist an mir zu befehlen, — **lapela** = Rekursrecht.
gitätön, nel.: — **ad bos** = ein Recht an eine Sache haben.
gitik = juridisch.
gitod = Befugnis, Recht, Berechtigung.
gitodik = berechtigt, befugt.
gitodo = mit Recht.
gitodön, lov. = berechtigen.
gitöf = Legitimität, Rechtmäszigkeit.
gitöfik = legitim, gesetzlich.
gitöfükam = Ausweis, Legitimation.
gitöfükön, lov. = legitimieren, — **oki** = sich ausweisen, sich legitimieren.
giv = Gabe, das Geben.
givan = Geber.
giviäl = Mildherzigkeit, Mildtätigkeit, Freigebigkeit.
giviälik = mildherzig, mildtätig, freigebig.
givid = Abtretung.
gividan = einer der anheimstellt, einer der überläszt.
gividön, lov. = anheimstellen, überlassen, — **bosi** = etwas abstehen.
givot = Gabe, das Gegebene.
givö: —! = heraus damit!
givön, lov. = geben, erteilen.
givul = Ersatzleistung Entschädigung, Vergütung, Abfindung.
givulot = Ersatz, Entschädigung, Geldentschädigung, **kusadön ad dagetön givuloti, dalofön flagi givulota** = auf Schadenersatz klagen.
givulön, lov.: — **eke bosi demü** = Ersatz leisten, vergüten, entschädigen, abfinden.
givül = Zuerkennung, Anerkennung.
givülön, lov. dem. = zuerkennen, anerkennen.
glad = Eis, **secöpön gladi** = eisen, Eis hauen.
gladabel = Eisberg.
gladakav = Eisgrube, Eiskeller.
gladakoldik = eiskalt.
gladamel = Eismeer.
gladasveam = Eisbruch, Eisgang.
gladäd = Gletscher.
gladik = eisig.
glan = Drüse.

glanöf = Skrofeln, Skrofulose, Skrofulosität.
glanöfik = drüsig, skrofulös.
glat = Unentgeltlichkeit.
glatabiliet = Freibillett.
glatik = unentgeltlich, **löd —** = freie Wohnung.
glato = umsonst, gratis, unentgeltlich.
glät = Glas.
glätacan = Glasware.
glätagnob = Glasknopf.
glätaknop = Glasknopf.
glätamasat = Glasmasse.
glätapän = Glasmalerei.
glätapänot = Glasgemälde.
glätapärlat = Glasperle.
glätaplatot = Glasplatte.
glätaplatotil = Glasplättchen.
glätarüd = Glasröhre.
glätasmeitot = Glasflusz.
glätastafil = Glasstängelchen.
glätatein = Glasziegel, gläserner Dachziegel.
glätatof, glätatofs = Glastropfen, Glasträne.
glätäd = Glasur.
glätädamasat = Glasurmasse.
glätädik = glasiert.
glätädön, lov. = glasieren, glasig machen.
glätel = Glasmacher, Gläser.
glätibladan = Glasbläser.
glätik = gläsern.
glätilik = glasartig.
glätismeit = das Glasschmelzen.
glätismeitan = Glasschmelzer.
glätismeitöp = Glasschmelzerei, Glasschmelze, **defälot glätismeitöpas** = Glashüttenabfall.
glätot = Glas (etwas aus Glas gefertigtes).
glätotel = Verfasser von gläsernen Gegenstände.
glätotem = Glaswerk, Glasgeschirr.
glätöp = Glashütte.
gläv = Schwert.
glein = Schliff, das Schleifen, Schleifung, Schleiferei.
gleinan = Schleifer.
gleinön, lov. = schleifen.
gleinöp = Schleiferei.
gleip = Griff, das Greifen, Ergreifung, Angreifung, das Anfassen.
gleipäd = Griff, Stiel (z. B. am Beile), Angriff, Handhabe.
gleipäm = Greiforgan.
gleiped = Henkel, Träger, Griff.
gleipedabäset = Henkelkorb.
gleipedavär = Henkelglas.
gleipov = Greifbarkeit.
gleipovik = greifbar.
gleipön, lov. = greifen, ergreifen, anfassen, angreifen.
glepön, nel. = greifen, fassen, **nak glepon** = der Anker greift, der Anker faszt, — **in** = eingreifen in.
glib = Strolcherei, das Vagabundieren.
gliban = Strolch, Stromer, Vagabund, Landstreicher.
glibik = strolchend, vagabundierend.

glibön, nel. = strolchen, vagabundieren.
glid = Grusz, Begrüszung, Grüszung.
glidot = Grusz (Worte und Zeichen der Begrüszung).
glidön, lov. = grüszen, begrüszen.
glif = Kummer.
glifik = kümmerlich.
glifikön, nel. = sich kummern.
glifön, nel. = kummern, kümmern, in Kummer sein.
glifükön, lov. = kümmern (lov.), betrüben.
glim = das Glimmen.
glimakarton = Glanzpappe.
glimapapür = Glanzpapier.
glimik = glanzig, glänzend.
glimön, nel. = glimmen.
gliserin = Glyzerin.
gliv = Schreibstift, Griffel.
glivön, lov. = einritzen, eingraben.
glob = das Gebogensein, Krümme (von Flächen).
globik = gebogen, krumm, plen — = krumme, gebogene Fläche.
glod = Firnisz.
glodön, lov. = firnissen.
glof = Wachs, das Wachsen, Wachstum.
glofik = wachsend.
glofön, nel. = wachsen.
glok = Uhr.
glokabokül = Uhrgehäuse.
glokacinäd = Uhrwerk (Raderwerk).
glokajonian = Uhrzeiger.
glokakik = Uhrschlüssel.
glokapok (= pok pro pokaglok) = Uhrtasche.
glokaresor = Uhrfeder.
glokel = Uhrmacher.
glor = Glorie, Herrlichkeit, das Herrlichsein.
glorik = glorreich, herrlich.
glorikam = Verklärung.
glorikön, nel. = sich verklären.
glorö: —! = herrlich!
glorükam = Verherrlichung.
glorükön, lov. = verherrlichen.
glöb = Kugel (Geschosz).
glöm = das Vergessen.
glömäd = Vergessenheit.
glömäl = Vergeszlichkeit.
glömälik = vergeszlich.
glömov = Vergeszbarkeit.
glömovik = vergeszbar.
glömön, lov. = vergessen.
glöp = Kugel, Ball, Klosz, defanädön glöpi eke = einem den Ball abfangen.
glöpafom = Kugelform.
glöpafomik = kugelförmig, kugelicht, kugelig.
glöpil = Kügelchen, Murmel.
glöpot = Kuppel.
glöpotanuf = Kuppeldach.
glöpöf = Kugelrunde.
glöpöfik = kugelrund.
glöpön, lov. = kugeln (kuglicht machen).
glöpülam = Ballotage, Kugelung.
glöpülön, nel. = kugeln, ballotieren.
glöt = Neid, Neidischsein.

glötan = Neidhammel, Neidhart, Griesgram.
glötik = neidisch.
glöto = neidlicher Weise.
glötön, nel. = neidschen, neidisch sein.
glud = Leim, kleibön me — = leimen (mit Leim befestigen).
gludik = leimig, leimicht (leimhaltend).
gludöf = Leimigkeit.
gludöfik = leimig (klebrig, zäh).
gludön, lov. = leimen (mit Leim überziehen, mit Leimwasser tränken).
gluf = Handschuh.
glukön, nel. = glucken.
glum = Trübe, Trübnis, Trübheit, das Trübsein.
glumaladäl = Schwermut.
glumaladälik = schwermütig, melancholisch.
glumäl = Trübsinn, Trübseligkeit.
glumälik = trübsinnig, trübselig.
glumid = Düsterheit, Finsterkeit.
glumidik = düster, finster, stom — = trübes Wetter.
glumik = trübe, getrübt, betrübt.
glumikön, nel. = sich trüben, trübe werden.
glumükön, lov. = betrüben, trüben.
glumül = Wehmut.
glumülik = wehmütig, wehmutsvoll.
glun = Grund, Boden, Erdboden, Fuszboden.
glunaboed = Diele, Fuszbodenbrett.
glunidalab = Grundbesitz, Bodenbesitz.
glunot = Plagge, Rasenstück.
glunön, lov. = mit einem Fuszboden verzehen.
glut = Glut, das Glühen.
glutik = glühend, glutig.
glutön, nel. = glühen.
glüet = After, Hintere.
glüg = Kirche, löpayal glüga = Emporkirche.
glügakoröp = Chor (Raum des Kirchenchores).
glügalezäl = Zeremonie.
glügastöm = Kirchengerät.
glügavestibül = Vorhalle der Kirche, Vorkirche.
glügäl = Kirchlichkeit.
glügälik = kirchlich.
glügik = kirchlich.
glütön, lov. = glühen (lov.), glühend machen.
gnaf = Ruhrkraut.
gnob = Knopf, — lektinik = elektrischer Knopf.
gnosid = Gnosis.
gnosidan, gnosidans = Gnostiker.
gnosidim = Gnostizisme.
go = gar, sehr, erst, — föfao = ganz von vorne, — leneföro = nie und nimmermehr, — vemo = gar sehr, — vilöfo = sehr gerne.
gobad = Buckel, Höcker.
gobadan = Buckliger.
gobadön, nel. = buckeln (einen Buckel machen).
god = Gott, Gottheit.
godöf = Göttlichkeit.
godöfükam = Vergötterung.
godöfükön, lov. = vergöttern.
godön, lov. = vergöttlichen.
gok = Huhn.

gokül = Kücken, Küchlein.
gol = Gang, das Gehen, Lauf.
goläd = Aufzug.
golädön, nel. = aufziehen.
gold = Gold.
goldabled = Goldblatt.
goldabledül = Flitter, Goldflitter.
goldakölik = goldfarbig.
goldaköted = Goldschnitt.
goldam = Vergoldung.
goldamastöf = Vergoldung (d.).
goldan = Vergolder.
goldatastabot, Au$_2$O$_3$ = Goldsäureanhydrid.
goldatazüd, H$_3$AuO$_3$ = Goldsäure.
goldavobot = Goldarbeit, Goldschmiedearbeit.
goldavobotel = Goldarbeiter, Verfertiger von Goldwaren.
goldibevob = Goldbearbeitung, Goldwerk.
goldibevoban = Goldarbeiter, Goldwerker.
goldik = golden.
goldin, Au, ‚aurum' = Gold.
goldinerik = goldhaltig.
goldiniloxid ü **goldatastabot,** Au$_2$O$_3$ = Auri-oxyd, Goldsäureanhydrid.
goldinisulfid, Au$_2$S$_3$ = Aurisulfid, Goldsulfid.
goldinoklorid, AuCl = Aurochlorid.
goldinoloxid, Au$_2$0 = Aurooxyd, Goldoxydul.
goldismitan = Goldschmied.
goldismitöp = Goldschmiederei.
goldön, lov. = vergolden.
golön, nel. = gehen, sich begeben, — **ad fided,** — **ad fidön,** — **len tab** = zu Tische gehen, — **ad köaristam,** — **ad kompenön pö säned saludik** = zum Abendmahle gehen, — **lü biribötädöp,** — **lü vinibötädöp** = zu Weine, zu Biere gehen.
golül = das Trippeln, Getrippel.
golülön, nel. = trippeln.
gondol = Gondel.
gospul = Evangelium.
gospulal = Evangelist (Schreiber eines Evangeliums).
gospulan = Evangelist.
gospulik = evangelisch.
gosüp = Baumwollbaum.
gosüpaleül = Baumwollsamenöl.
gosüpasid = Baumwollsamen.
got = das Gotisch.
gotan = Got.
gotik = gotisch.
goul = Schlendergang.
goulön, nel. = schlendern.
göb = Schwanz, Schweif.
göbapianod = Flügel (Klavier).
göbasnobaratem = Rattenkönig.
göd = Morgen (Frühe), **ün —, ünü —, tü —** = am Morgen.
gödik = morgendlich.
gödo = morgens, des Morgens, am Morgen.
göl = die Frühe, das Frühsein.
gölik (tapladü el latik) = früh, frühzeitig.
gön = Gunst.
gönal = hoher Gönner.
gönam = Begünstigung, das Gönnen.

gönan = Gönner, Begünstiger.
gönanef = Gönnerschaft.
gönäb = Günstling.
gönäd = Vergebung.
gönädön, lov.: — **cali,** ... = ein Amt, ... vergeben.
gönik = gönnerhaft, gönnerisch.
gönod = Gunstbezeigung, Gunstbezeugung.
gönön, lov. = begünstigen, gönnen (zuteilwerden lassen).
gönü = zu Gunsten des, **binom — ob** = er ist auf meiner Seite.
göt = Darm.
götakolid = Darmgicht, Darmgrimmen, Darmkolik.
götastin = Darmsaite.
götem = Gedärm, Darmkanal.
grad: — tärmometa, sirka, ... = Grad eines Thermometers, eines Kreises, ...
graf = Graf.
grafän = Grafschaft.
grafik = gräflich.
grafit = Graphit.
grafitastaf̈ül = Bleistift, Graphitstift.
grahan = Verdunkelung, Verfinsterung, Finsternis, Eklipse.
graif = das Radieren, das Ätzen.
graifav = Radierkunst, Ätzkunst.
graifot = Radierung, Ätzdruck, Aquafort.
graifön, lov. = radieren, ätzen.
grain = das Mahlen.
grainön, lov. = mahlen.
gram, G. = Gramm.
gramat = Grammatik.
gramatafom: gramatafoms leigoda = Gradation, Komparation, Steigerungsstufen.
gramatafomam: — leigoda = Steigerung.
gramatafomön: — leigodi = steigern (die Steigerungsstufen bilden).
gramatik = grammatikalisch.
gramen = Gras, Graspflanze.
gramenasümik = grasartig.
gramenik = grasartig.
gran = Korn.
granatain = Granate (Schmucksache).
granatoin = Granate (Gestein).
granerik = körnig, körnicht (mit Körnern).
granik = körnig, körnicht (in Körnerform).
granil = Körnchen.
granoin = Granit.
granoinacan = Granitware.
granoinik = graniten.
grav = Stattlichkeit.
gravik = stattlich.
gräl = Graupe, Hagel.
gräläd = Hagel, Schrot.
grälön, nel. = graupeln, hageln, schloszen.
gräm = das Klettern.
grämön, nel. = klettern.
grän = Gran.
gred = Übergangsstufe, Grad.
gredadif = gradueller Unterschied.
gredaked = Skala, Stufenfolge.
gredam = Stufengang, Gradation.

gredamo = stufenweise.
gredät = Rang, Stand.
gredik = stufenweis.
gredo = graduell.
gredön, nel. = stufenweise aufeinanderfolgen.
gredükam = Abstufung.
gredükön, lov.: — löpikölo u donikölo = aufsteigend oder fallend abstufen (in Stufen abteilen).
gren = Getreide, Korn.
grenabarak = Kornscheuer, Kornscheune, Speicher, Kornspeicher.
grenad = Granate (Geschosz).
grenaläned = Saatfeld.
grenameil = Getreidemehl.
grenated = Fruchthandel, Kornhandel.
gret = das Groszsein, die Grösze, Groszheit.
gretadilo = groszenteils, gröstenteils.
gretamafädik = groszzügig.
gretanämäd = Groszmacht.
gretanämädik = groszmächtig.
gretäd = Grandezza.
gretädan = Grande.
greted = Grösze (mat.).
gretik = grosz.
greto = im Groszen.
gretot = Grösze (Masz).
gretotik = grosz (Masz).
gretükamaglät = Vergröszerungsglas.
gretükön, lov. = vergroszern.
grif = das Pfropfen.
grifatuig = Pfröpfling, Pfropfreis.
grifaväk = Pfropfwachs, Baumwachs.
grifön, lov. = pfropfen.
grin = das Grinsen, Gegrinse.
grinön, nel. = grinsen.
grob = Rohheit, das Grobsein, Grobheit.
grobagolöl = täppisch.
grobagolön, nel. = tappen.
grobäl = Derbheit, Plumpheit.
grobälan = Grobian.
grobälik = derb, plump, roh, brutal, grob, bäuerisch.
grobik = grob, roh.
groböf = Barschheit.
groböfik = barsch, rauh.
grod = Schwangerschaft.
grodik = schwanger.
grodikön, nel. = schwanger werden.
grodön, nel. = schwanger sein, schwanger gehen.
grodükön, lov. = schwängern.
grosül (in ted) = en gros.
grosülabüsid = En-gros-Geschäft.
grosülo = en gros, im Groszen.
grot = Grütze.
grud = Kranich (böd).
gruf = Furche, Rille, Rinne, Riefe.
grufön, lov. = Furchen ziehen, furchen (mit Furchen versehen).
grulön, nel. = wimmeln, kribbeln.
grunön, nel. (svins) = grunzen.
grup = Gruppe.
grupön, lov. = gruppieren.

grusiyans = Georgier.
grüd = Griesz.
grüdomeil = der Griesz, Grieszmehl.
grün = das Grün, die grüne Farbe.
grünik = grün.
grünikön, nel. = grünen, grün werden.
grünilik = grünlich.
grünükön, lov. = grün anstreichen.
guan = Guano.
gub = Ruder, Riemen.
guban = Ruderer, Rojer, Ruderknecht.
gubaslafan = Rudersklave, Galeerensklave.
gubön, nel. = rudern, riemen.
guceratiy = das Gudscherathi.
gud = Güte.
gudaladäl = Gutmütigkeit, Gutherzigkeit.
gudaladälik = gutmütig, gutherzig.
gudäl = Gütigkeit.
gudälik = gütig.
gudik = gut.
gudikos = Gutes.
gudikön, nel. = gut werden, zum Guten werden.
gudikumam = Besserung.
gudiküno = aufs beste, mu — = aufs beste.
gudikumön, nel. = sich bessern, besser werden.
gudo = aus Güte.
gudö: —! = schon gut!
gudöf = Güte, Gütlichkeit, Glimpf.
gudöfik = gütlich, glimpflich.
gudöfo = mit Güte, in Güte, finükön — = in Güte beilegen.
gudön, nel. = gut sein.
gudükön, lov. = gut machen (verbessern).
gudükumam = Verbesserung.
gudükuman = Verbesserer.
gudükumön, lov. = bessern, verbessern.
gufur = Abgrund, Schlund.
gug = Kehle, Gurgel (Gegend des Kehlkops).
gul = Ecke, Winkel (geom.).
guladom = Eckhaus.
gulafenät = Eckfenster.
gulafer = Eckeisen (Eisen um eine Ecke).
gulaston = Eckstein.
gulatut = Eckzahn, Augenzahn.
gulöf = Eckigkeit.
gulöfafer = Eckeisen (eckiges Eisen).
gulöfik = eckig, Ecken habend, geeckt.
gulöfön, nel. = eckig sein.
gulön, lov. = ecken, mit Ecken versehen.
gum = Kautschuk, Gummi, Guttapercha.
gumacan = Gummiware, Kautschukware, Guttaperchaware.
gumäd = Gummi (in valem), — Rabänik = arabisches Gummi.
gumön, lov. = mit Gummi versehen, mit Kautschuk versehen.
gun = Rock (für Männer).
gunakolet = Rockkragen.
gunatipül = Rockschosz.
gunil = Röcklein, Röckchen.
gur = Kluft, Schlucht, Tobel.
gurd, k. Haitiyänik = Gourde.

gurdazim, k. Haitiyänik = Cent.
gurik = schluchtartig.
gustul = August (Monat).
gustulik = Augustus≠.
gut = Verkostung.
gutön, lov. = kosten, verkosten.
guv = Verwaltung, Administration.
guvan = Verwalter, Administrator.
guver = das Verwalten, die Verwaltung, Bewirtschaftung.
guveran = Verwalter (gouverneur).
guveranef = Verwaltung (gouvernement, Personen).
guverön, lov. = verwalten (in Fr.: ‚gouverner'), bewirtschaften.
guvön, lov. = verwalten, administrieren.
gü, pr. = das Gegenteil von.
güam = das Umgekehrte.
güä, kony. = umgekehrt, aber aber, dagegen,
dahingegen, hingegen, dawider.
güblegükön, lov. = umbiegen.
güflek = Umkehrung.
güflekik = umgekehrt.
güfleko = umgekehrt.
güflekö: —! = kehrt!
güflekön, lov. = umkehren, umwenden, umdrehen.
gühuk = Widerhaken.
gühukik = widerhakig.
güik = umgekehrt.
güikön, nel. = hinter sich gehen.
gülogön, lov. = sich umsehen.
gümnad = Gymnasium.
gümnadik = gymnasial.
gün = Flinte, Gewehr.
günafögül = Flintenhahn.
günaglöb = Flintenkugel.
günarüd = Flintenlauf.
günolog = Gynäkologie.
günologan = Gynäkolog.
günologik = gynäkologisch.
günül = Büchse, Karabiner.
günülamonitan = Karabinier.
günülel = Büchsenmacher.
güo, ladv. = umgekehrt, (vielmehr) im Gegenteil.
güö: —! = im Gegenteil!
güp = Gips.
güpagifot = Gipsfigur (durch Gipsabgusz geformter Gegenstand).
güpakopied = Gipsabgusz.
güpamagod = Formerarbeit aus Gips.
güpavoban = Gipsarbeiter, Gipser.
güpäd = Gips, Putz, Gipskalk.
güpädön, lov. = gipsen, abputzen, verputzen.
güpön, lov. = gipsen, mit Gips überziehen.
güstirön, lov. = umlenken.
güt = Feingefühl, Feinsinn, Geschmack, Kunstsinn, — musiga, — tefü musig = Gefühl für
Musik.
gütür = Rachen, Rachenhöhle.
güükön, lov. = umkehren.
gvärged, k. Habäjänik (= degmäldil bal dalara)
= Guerche.

G.

Gabunän = Gabun (Gebiet).
Galiyän (= Fransän vönik) = Gallien.
Galizän = Galizien (polnisch).
Galiziän = Galizien (spanisch).
Gambiyän = Gambia.
‚Genève' [jĕnäv] Fr. = Genf, Lak di — =
Genfersee, di — = genferisch.
‚Genevois' [jĕnĕvŭá] Fr. = einer aus Genève,
einer aus Genf, Genfer.
‚Genova', [cènova,] Lit. = Genua, di — =
genuesch.
‚Genovese', [cenovèse,] Lit. = Genuese.
Georgän = Georgien (in Amerika).
Georgänan = Georgier.
Georgänik = georgisch.
Germän = Germanien.
Germänan = Germane, Altdeutscher.
Germänik = germanisch, altdeutsch.
Gianabelem = Riesengebirge.
‚Gibralte' [cibrăltĕ] = Gibraltar.
Gineyän = Guinea (Gebiet in Afrika), —
Fransänik = Französisch Guinea.
Gladean = Eismeer.
Glügän = Kirchenstaat.
God = Gott, — vilonös! = wollte Gott! Gode
dani! = Gott sei dank! Gode lobi! = Gott-
lob!
Godacödetam = Gottesurteil, Ordale, — lätik
= Weltgericht, das jüngste Gericht.
Godalöf = Liebe Gottes.
Godasüm = Gottähnlichkeit.
Godav = Theologie, Gottesgelehrsamkeit.
Godavan = Theolog, Gottesgelehrter.
Godavik = theologisch.
Godäl = Göttlichkeit (göttliche Natur).
Godälik = von göttlicher Natur, götterhaft.
Godik = göttlich (Gott eigen, von Gott herrüh-
rend).
Godilöf = Liebe zu Gott.
Godinoam = Atheismus.
Godinoan = Atheist.
Godo = um Gotteswillen.
Godö: —! = Gott! o Gott! bei Gott!
‚Gold-Coast' [gòŭldkoŭšt] Lin. = Goldküste.
Goldinajolän = Goldküste.
Graubündän = Graubünden.
Graubündänan = Graubündener.
Graubündänik = graubündisch, graubündne-
risch.
Greta≠Britän = Groszbritanien.
Greta≠Rusänans = Groszrussen.
Grikän = Griechenland.
Grikänan = Grieche.
Grikänäl = Gräkomanie.
Grikänik = griechisch.
Grikänim = Gräzismus.
Grikänön, lov. = gräzisieren.
Gröneän = Grönland.
Gröneänan = Grönländer.
Gröneänik = grönländisch.
Grusiyän = Georgien.
‚Guam': nisul: — = Guam.

Gvadelupeän = Guadeloupe (Insel).
Gvatemän = Guatemala.
Gvatemänan = Guatemaler.
Gvatemänik = guatemalisch.
Gvayän = Guayana, — Fransänik, — Nedänik,
— Linglänik = Französisch-, Niederländisch-
Britisch-Guayana.
Gvayänan = Guayaner.
Gvayänik = guayanisch.

h.

ha: —! = ha!
hafnin, Hf, ‚hafnium' = Hafnium.
hag = Ächzerei, Geächze.
hagön, nel. = ächzen.
halogen = Halogene.
hamitan = Hamit.
han = Hansa.
hanazif = Hanzestadt.
hanik = hanseatisch.
hap = Harfe.
hapal ü hapaleskilan = Harfenvirtuos.
hapaleskilan ü hapal = Harfenvirtuos.
hapan = Harfenist, Harfner, Harfenspieler.
hapön, lov. = Harfe spielen.
harmon = Harmonium.
harmonöm = Harmonika.
harnad = Harnisch.
harnadäb = Geharnischter.
haug = Hauch (sprachlehre).
haugamal = Hauchzeichen.
haugaton = Hauchlaut.
haugatonat = Hauchbuchstabe.
haugön, lov. = hauchen, anhauchen.
hauk = Habicht.
häk = Hechel.
häkön, lov. = hecheln.
häktograf = das Hektographieren.
häktograföm = Hektograph.
häktografön, lov. = hectographieren.
häm = Schinken.
häptan, C_7H_{16} = Heptan.
härbat = Gemüse.
härbatagad = Gemüsegarten.
häret = Ketzerei.
häretan = Ketzer, Häretiker.
härmin = Hermelin.
härmit = Einsiedler.
härmitöp = Einsiedelei.
härnid = Bruch (Leiden).
härnidazön = Bruchband.
härnidazönel = Bruchbandmacher.
härod = Reiher, Reiger, — blövik (‚ardea
cinerea', [árdea žinèreá‚] lat.) = Fischreiher.
hät = Hut, deükolöd häti! = Hut ab! ko —
deik! = Hut ab! — zilidafomik = Zylinder
(Hut).
hätafül = Hutfilz.
hätel = Hutmacher.
hätifabrik = Hutfabrik.
hätil = Hütchen, Hütlein.
häxan, C_6H_{14} = Hexan.
he: —! = he! heda! hört! hallo!

heat = Hiatus.
hebrey = hebräische Sprache.
hebreyan = Hebräer.
hebreyik = hebräisch.
hed = Efeu.
helin, He, ‚helium' = Helium.
hemoroid = Hämorrhoide.
her = Haar.
heraflökot = Flechte, Zopf.
heraflökotan = Zopfkopf.
heragik = behaart, haarig.
heragikam = Behaarung.
heragikön, nel. = sich behaaren, Haare bekommen.
herakrugül = Haarlocke.
heran = Haarkünstler, Coiffeur.
herapuin = Puder, Haarpuder.
heraviräd = Haarwirbel.
heravoban = Haararbeiter.
heravobot = Haararbeit.
herem = Haar (Bedeckung des Körpers oder
des Kopfes).
heremasümädot = Haarimitation.
heremikef = Haarbürste.
herik = Hären, von Haar, aus Haar.
herod = Coiffüre, Haarputz.
herodön, lov.: — lädi = einer Dame die Haare
aufsetzen.
heroed = Heldenmut, Heldenhaftigkeit.
heroedan = Held.
heroedik = heldenmütig, heldenhaft.
herot = Perücke.
herotel = Perückenmacher.
herön, lov. = die Haare machen, coiffieren.
hest = Gaukelei, Gauklerei, Taschenspielerei.
hestakäfed = Taschenspielerkunststück.
hestan = Gaukler, Taschenspieler.
hestön, nel. = gaukeln, Taschenspielerkünste
machen.
het = Hasz.
hetabik = hassenswert, hassenswürdig.
hetäd = Groll.
hetädön, lov.: — eki = einen Groll gegen einen
haben, einen Groll gegen einen hegen, einem
grollen.
hetik = haszerfüllt, hassend.
hetön, lov. = hassen.
hibaonül = Junker.
hibub = tor.
hibüröletan = Ahnherr.
hicam = Gemsbock.
hicil = son.
hidaifidan = Wirt, Gastgeber.
hidiakan = Diakon, Diakonus.
hidök = Enterich.
hidrargin, Hg ‚hydrargyrum' = Quecksilber.
hidrarginik = quecksilbern.
hidrarginiklorid, $HgCl_2$ = Merkurichlorid.
hidrarginiküanid, $Hg(CN)_2$ = Mercuricyanid.
hidrarginiloxid, HgO = Quecksilberoxyd, Merkurioxyd.
hidrargininitrat, $Hg(NO_3)_2$ = Merkurinitrat.
hidrarginisulfid, HgS = Merkurisulfid.
hidrarginiyodid, HgJ_2 = Merkurijodid.

hidrarginoklorid, Hg_2Cl_2 = Merkurochlorid.
hidrarginoloxid, Hg_2O = Merkurooxyd, Quecksilberoxydul.
hidrarginonitrat, $Hg_2(NO_3)_2$ = Merkuronitrat.
hidrazin, H_4N_2 = Hydrazin.
hidraziumabalklorid, $N_2H_4.HCl$ = salzsaures Hydrazin.
hidraziumabäd, $N_2H_4.H_2O$ = Hydrazinhydrat.
hidraziumatelklorid, $N_2H_4.\ 2\ HCl$ = Hydrazinbichlorid.
hidrin, H ,hydrogenium' = Wasserstoff.
hidrinabromin, HBr = Bromwasserstoff.
hidrinafluorin, HFl = Fluorwasserstoff.
hidrinaklorin, HCl = Chlorwasserstoff.
hidrinakobot = Wasserstoffverbindung.
hidrinapärloxid, H_2O_2 = Wasserstoffperoxyde.
hidrinasilikin ü silikan = Siliciumwasserstoff, Silan.
hidrinasulfin, H_2S = Schwefelwasserstoff.
hidrinayodin, HJ = Jodwasserstoff.
hiekömölan = der Angekommene.
hiel = der.
hieroglif = Hieroglyphe.
hifit = Milcher, Milchner.
hifümükan = Begründer.
hifünan = Begründer, Stifter.
higam = Bräutigam.
higan = Gänserich.
higem = blod.
higemef = blodef.
higod = Gott.
higok = Hahn.
hihüsteran = Hysterie-Leidender.
hijevod = Hengst.
hijip = Schafbock, Stär, Widder.
hijulan = Schüler.
hikapar = Geisbock, Ziegenbock.
hikaparanatäl = Bockigkeit.
hikaparanatälik = bockig.
hikat = Kater.
hikleudan = Klosterbruder, Mönch.
hiköst = Vetter, Cousin.
hikujöran = Geburtshelfer, Accoucheur.
hil = Ferse.
hilavan = Wäscher.
hilepul = Bursche.
hilepulaklub = Burschenschaft (Genossenschaft).
hilepulef = Burschenschaft (Personen).
hilepulik = burschenschaft, burschikos.
hilot = Hacken, Hacke, Absatz.
hilotidan = Gastwirt.
hilupul = Lausbub, Bube.
hilügem = lüblod.
hiₔLagayänan = Achäer.
himartüran = Märtyrer.
himatan = Eheherr, Ehegenosz, Ehemann, Gemahl, Ehegatte, Gatte.
himyar = das Himjarisch.
hinäk = Neck, Nix, Wassernix.
hindiy = das Hindi.
hindut = Hinduismus.
hinef = Neffe.
hinenpalanöpan = Waisenknabe.

hinepuedan = Buhle.
hinilädan = Nachbar.
hinim = Männchen (von Tieren).
hinud (bastar hijevoda e jicuka) = Maulesel.
hiot = derselbe.
hip = Hüfte.
hipal = fat.
hipijun = Tauber.
hipul = Knabe.
hipulik = knabenhaft.
hipulil = Knäbchen, Knäblein.
hirodan = Ordensbruder.
hiruröletan = Ururgroszvater, Urvater.
hisaglied = Bacher.
hisiör = söl.
histäg = Hirsch (Männchen).
hisvin = Eber.
hit = Hitze.
hiₔStralopan = Australier.
hiter = Onkel, Ohm, Oheim.
hitetrat = Birkhahn.
hitik = hitzig, heisz.
hitön, nel. = heisz sein, hitzig sein.
hitükam = Erhitzung.
hitükön, lov. = erhitzen, heisz machen.
hitüp = Sommer.
hitüpasteböp, — koldülik = Sommerfrissche.
hitüpasteböpan = Sommerfrischler.
hitüpik = sommerlich.
hiut: l. eli ut!
hiviudan = Witwer.
hobub = Ochs, Ochse.
hobubil = Öchslein.
hod = Gerste.
hodagrot = Perlgraupen, Perlgerste.
hog = Loch.
hogok = Kapaun.
hogön, lov. = lochen, durchlöchern.
hogül = Pore.
hogülöf = Porosität.
hogülöfik = porös, porig.
hojevod = Wallach.
hojip = Hammel, Schöps.
hol = Stunde, Wegstunde.
holik = eine Stunde weit.
holmin, Ho, ,holmium' = Holmium.
homeopat = Homöopathie.
homeopatik = homöopathisch.
homogen = Homogenität.
homogenik = homogen.
hon = Horn (eines Tieres).
honaknop = Hornknopf.
honaplatot = Hornplatte.
honed = Schnabel.
honedön, nel. = sich schnäbeln.
horit = Gesichtskreis, Horizont.
horität = die wagerechte Lage.
horitätik = wagerecht.
horn = Horn (Instrument).
hostid = Hostie.
hotentot = Hottentotte.
hotentotalän = Hottentottenland.
hotentotik = hottentottisch.
hovayans = Hovas.

hö: —! = hops! hopsa!
höl = Hölle.
hölavestibül = Vorhölle.
hölik = höllisch.
huk = Haken.
huked = Agraffe.
hukil = Häkchen.
hukilön, lov. = haken, mit Haken, mit Häkchen festmachen.
hukir = Häkchen.
hukopäskaröm = Angel (Werkzeug zum Fischfang).
hukopäskarön, lov. = angeln.
hukön, lov. = haken, mit Haken fassen, ergreifen, pahukön fa kluf = an einem Nagel hängen bleiben.
hukül = Häkelnadel.
hukülön, lov. = häkeln.
humar = Hummer, grosze Seekrebs.
humen, humens = Humaniora.
humenim = Humanisme.
humeniman = Humanist.
humenimik = humanistisch.
humul = Hopfen.
hunans = Hunnen.
huronans = Huronen (Indianerstamm).
husar = Husar.
hügromet ü luimöfimaföm = Hygrometer.
hüit = Auster.
hüitaklip = Austernbank.
hüitakoan = Austernschale.
hüm = Hymnus, Hymne.
hüpbromitazüd, HBrO = unterbromige Säure.
hüpfosfatastabot, P_2O_4 = Phosphortetroxyd.
hüpfosfatazüd, H_2PO_3 = Unterphosphorsäure.
hüpfosfitastabot, P_2O = Phosphorsuboxyd.
hüpfosfitazüd, H_3PC_2 = unterphosphorige Säure.
hüpkloritastabot, Cl_2O = Unterchlorigsäureanhydrid, Chlormonoxyd.
hüpkloritazüd, HClO = unterchlorige Säure.
hüpnitratastabot, NO = Stickoxyd.
hüpnitratazüd, $H_2N_2O_3$ = Nitrohydroxylaminsäure.
hüpotet = Hypothese.
hüpsulfitazüd, $H_2S_2O_4$ = unterschweflige Säure, hydroschweflige Säure.
hüster = Hysterie.
hüsteran = Hysterie-Leidende, Hysterie-Leidender.
hüsterik = hysterisch.
hüstrid (‚hystrix cristata' [hŭ́strix krištátá] lat.) = Stachelschwein.

H.

Habäjän = Abessinien, Habesch.
Habäjänan = Abessinier.
Habäjänik = abessinisch.
Habäjäno = auf abessinische Weise.
Habäjänön, lov. = abessinisch machen.
Haiteän = Haïti (Insel).
Haitiyän = Haïti (Republik).
‚Hamburg', [hámburg]: Repüblik: — = Hamburg.

Hanofän = Hannover.
Havayuäns = Hawaii-Inseln.
Häcavän = Hedschas.
Hebriduäns = Hebriden.
Helän = Hellas.
Helänan = Hellene.
Helänälim = Hellenismus.
Helänim = Hellenismus.
Hesän = Hessen.
Hesänan = Hesse.
Hesänik = hessisch.
‚Hēraklēs' [hȧräkläš] V.Gr. mit. = Herakles.
Hindän = Britisch Indien.
Hindostän = Hindostan.
Hindostänan = Hindostaner.
Hindostänapük = das Hindostanisch.
Hindostänik = Hindostanisch.
Hoenzolän = Hohenzollern.
Hokaideän = Hokkaido (Insel).
Hokoguntuäns = Pescadores-Inseln.
Holstän = Holstein.
Holstänan = Holsteiner.
Holstänik = holsteinisch.
Hondeän = Hondo.
Hondurän = Honduras, — Linglänik = Britisch Honduras.
Honkeän = Hongkong.

i.

i, id = auch.
ibä, kony = denn.
ibo = denn, nämlich, doch, ja.
idelo = am drittgestrigen Tage, vorvorgestern.
if = wenn, so, falls, — fütüro = wenn einmal, — nemu = wenn anders, — no ... ga sio = wo nicht ... doch, wenn nicht ... doch, — plüdol = gefälligst, igo — = wenn auch noch so.
ifi = ob auch, wenn auch.
ifü = bei (Grund, Bedingung).
igo = sogar, gar, ja, selbst, — if = selbst wenn, sogar wenn, wenn auch noch so, — no = nicht einmal, sogar nicht, — üf = wenn auch, wenn schon, und wenn.
i:loxid = Oxyd.
i:loxidakobot = Oxydverbindung.
in, pr. (örtlich und im allgemeinen) 1. = an, kompenön — lif voläda, — lif volädik = teilnehmen an den öffentlichen Leben, if bino: böv — plad ola = wenn ich an ihrer Stelle wäre 2. = auf, — jenets valik = auf alle Fälle, — mod at = auf diese Weise, auf diesem Wege, — mod lonik = auf gesetzlichem Wege, binom — cem oka = er ist auf seiner Stube, lödön — länäd = auf dem Lande wohnen, — mod kelik = auf welche Weise 3. = bei, — jenet at = bei dieser Sachlage 4. = in, — lüod at = in dieser Richtung, — ‚Wien' = in Wien, binön — cem = im Zimmer sein, lödön, lifön — top = in einem Orte wohnen, leben, golön — cem usio ed isio = im Zimmer hin und her gehen, — at = darinnen, hierin 5. = über, — dredäl äglömom

fidi e drini = über der Angst vergasz er Essen und Trinken 6. = zu, **söle: ,N.' in ,Berlin'** = Herrn N. zu Berlin, **leseatön** — **länäd** = zu Felde liegen, **seatön** — **bed** = zu Bette liegen 7. — **jenet at** = so, — **kel,** — **kels** = wo, da.

ineito = drittgesternnachts.

ini = hinein in, — **at** = dahinein, darein, — **dom** = ins Haus, **golön** — **träp** = in die Falle gehen, **äkömom** — **,Berlin'** = er kam nach Berlin.

is = hier, dahier, hierselbst, — ... **us** = bald hier ... bald dort, — **zi** = hierherum.

isao = von hier, von daher.

isik = dasig, hiesig.

isio = hierher, hierhin, herwärts, herüber, her, heran, daher, herbei, **usio ed** — = hin und her, auf und ab.

isiogolön, nel. = hergehen.

isioweg = Herweg.

isiö: —! = heran! herbei! her! hieher!

isoaro = drittgesternabend.

it = selber, selbst, **ga ol** — **logol ati, atosi; ga ol it kanol logön ati, atosi** = das siehst du doch allein.

itfräd = Selbstkosten, Selbstkostenpreis, **tä** — = zum Selbstkostenpreis.

itjäfid = Selbsttätigkeit.

itjäfidaparat = Automat.

itjäfidik = selbsttätig, automatisch.

itlänan = Inländer.

itlänik = inländisch.

ito = von selber, von selbst.

j.

jaben = Champignon.

jad = Schatten.

jadaliegik = schattenreich.

jadam = Beschattung.

jadik = schattig, schattend.

jadön, lov. = schatten, beschatten.

jaf = Schaffung, das Schaffen.

jafalan = Schöpfergeist.

jafan = der Schaffende, Schöpfer.

jafanäm = schöpferische Kraft, Schöpferkraft.

jafäb = Geschöpf.

jafäd = Zeugung, Hervorbringung (durch Arbeit).

jafädön, lov. = zeugen, hervorbringen.

jafiäl = Schaffensdrang, Schaffenslust.

jafik = schöpferisch.

jafot = etwas Geschaffenes (Einzelding).

jafotem = das Geschaffene, die Schöpfung.

jafön, lov. = schaffen, **God äjafon, God äjafom meni bai fom Oka** = Gott schuf den Menschen Ihm zum Bilde.

jain = Seil, Leine, Tau.

jainäd = Strang.

jainel = Seiler.

jainem = Tauwerk.

jainod = Takelwerk, Takelzeug, Takelage.

jainodön, lov. = takeln, auftakeln, mit Takelwerk versehen.

jainöp = Seilerbahn.

jak = Haifisch.

jakonät = Jakonett.

jal = Schale.

jaläd = Bekleidung, Auskleidung (d.).

jalädam = Auskleidung, das Auskleiden.

jalädön, lov.: — **völi, nafi, ...** = eine Wand auskleiden, ein Schiff bekleiden, ein Schiff verhäuten.

jalik = schalig.

jalud = Eifersucht.

jaludiäl = Eifersüchtelei.

jaludik = eifersüchtig.

jaludön, nel. = eifern, eifersüchtig sein.

jalup = Schaluppe.

jamod = Kamel.

jan = Hanf.

janateup = Hanfwerg.

janed = Frühstück.

janedagefem = Frühstücksservice.

janedastömem = Frühstücksgeschirr.

janedön, nel. = das Frühstück einnehmen, frühstücken.

janik = hänfen, hanfen.

jap = Schärfe.

japik = scharf.

japikön, nel. = scharf werden.

japön, nel. = scharf sein.

japükam = Schärfung, Verschärfung.

japükön, lov. = schärfen, verschärfen, wetzen.

jargon = Kauderwelsch.

jargonön, nel. = kauderwelschen.

jarpid = Scharpie.

jasid = Chassis (Untergestell eines Autos).

jat = das Jucken.

jatön, nel. = jucken, **bäk oba jaton** = der Rücken juckt mich, der Rücken juckt mir, **jatob** = es juckt mich.

jatül = Kitzel.

jäd = Chaise.

jäf = das Geschäftigsein, Beschäftigung, Geschäftigkeit.

jäfäd = Rührigkeit, Geschäftigkeit, Vielgeschäftigkeit.

jäfädacil = Wildfang.

jäfädik = rege, rührig.

jäfälikön, nel.: — **ko** = sich vertiefen in.

jäfälön, nel.: — **ko** = (geistig) vertieft sein in.

jäfed = Aktivität, Betriebsamkeit, — **no greton, — no binon gretik in om, pö om** = es steckt nicht viel hinter ihm.

jäfedik = aktiv. betriebsam.

jäfid = das Arbeiten, das Funktionieren.

jäfidan = Organ (p.).

jäfidäm = Organ (von Pflanze oder Tier).

jäfidämik = organisch.

jäfidik = funktionierend.

jäfidot = Organ (Zeitung, ...).

jäfidön, nel. = arbeiten, funktionieren, — **(calo üd in cal oka)** = amtieren, amten.

jäfik = geschäftig.

jäfikön, nel.: — **me** = sich kümmern um, sich mühen um, sich vermengen mit.

jäfön, nel. = geschäftig sein, jäfom ai me buks
= er sitzt immer über den Büchern, — jäfe=
diko me bos = hinter etwas her sein.

jäfüd = Fach, Zweig (eines Handwerks, einer
Kunst, einer Wissenschaft), (geistiges) Gebiet, (geistiges) Terrän.

jäfüdavöded = Fachausdruck.

jäfüdinesevan = Laie (Unkundiger).

jäfüdisev = Sachkenntnis.

jäfüdisevan = Sachverständiger, Sachkundiger,
Sachkenner.

jäfüdisevik = sachkundig, sachverständig.

jäfükön, lov. = beschäftigen, — oki me bos =
etwas unter Händen haben, din at no jäfükon
obi = es liegt mir, es ist mir, nichts an der
sache.

jän = Kette.

jänam = Verkettung.

jänäd = Fessel.

jänädön, lov. = fesseln, in Fesseln schlagen,
legen, in Ketten legen, schlagen, in Bande
legen, schlagen.

jänäl = Bann, Zauber.

jänälön, lov. = fesseln (bildlich), bannen.

jänön, lov. = ketten, verketten (mit Ketten
verbinden).

jäp = Schurkerei, Schuftigkeit, Gaunerei, Spitzbüberei.

jäpan = Schelm, Schurke, Halunke, Schuft,
Gauner.

jäpik = gaunerisch, schuftig, schurkig.

jäst = Geberde, Gebärde.

jästön, nel. = sich gebärden.

jätül = das Kitzeln.

jätülön, lov. = kitzeln.

jeb = Scherbe.

jebo = in Scherben.

jed = Wurf.

jedön, lov. = werfen.

jedülot = Streusel (Gestreutes).

jedülön, lov. = streuen, ausstreuen, — stoli
= streuen (Streu).

jeif = das Barbieren, das Rasieren.

jeifabov = Scherbecken, Barbierbecken.

jeifan = Scherer, Barbier.

jeifaneif = Bartmesser, Barbiermesser, Rasiermesser.

jeifasob = Bartseife.

jeifön, lov. = rasieren.

jeiföp = Barbierort, Barbierstube.

jeik = das Erschrecken, Erschreckung.

jeikareig = Schreckensherrschaft, Schreckensregierung, Terrorismus.

jeikik = schrecklich, erschrecklich.

jeikot = Schrecklichkeit, Schreckis.

jeikön, lov. = erschrecken.

jek = Schreck, das Schrecken.

jekäl = Schreckhaftigkeit.

jekälik = schreckhaft.

jekön, nel. = schrecken, erschrecken (nel.),
aufschrecken.

jel = Schutz, Beschützung.

jelalanan = Genius, Schutzgeist.

jelan = Schützer, Beschützer.

jelasilanan = Schutzengel.

jeläb = Schützling.

jeläd = Schild.

jelädafomik = schildförmig.

jelät = Schirmherrschaft, Schutzherrschaft.

jelätan = Schirmherr, Schutzherr.

jelätaziläk = Schutzgebiet.

jeletin = Gelatine.

jelod = Verteidigung.

jelodan = Verteidiger.

jelodov = Haltbarkeit.

jelodovik = haltbar, zu verteidigen.

jelodön, lov. = verteidigen.

jelöm = Schirm (Regen- oder Sonnenschirm).

jelömafomik = schirmförmig.

jelön, lov. = schützen, beschützen, jelom oki
me vöd, me nämät fata = er steckt sich hinter seinen Vater.

jelöp = Beschützungsort, Asyl.

jelü = unter Schutz des.

jem = Scham, das Schämen, Schämigkeit.

jemäl = Schamgefühl.

jemik = schämig.

jemikön, nel. = schämig werden.

jemod = Schande, Schändlichkeit.

jemodan = Schänder.

jemodik = schändlich.

jemodön, lov. = schänden, entheiligen.

jemodöp = Pranger.

jemöf = Schamhaftigkeit.

jemöfik = schamhaft.

jemön, nel. = sich schämen.

jemükam = Beschämung, das Beschämen.

jemükön, lov. = beschämen.

jen = Geschehnis.

jenav = Geschichte, Geschichtkunde.

jenavabuk = Geschichtsbuch.

jenäd = Hergang, Verlauf.

jenädön, nel. = hergehen, verlaufen, zugehen.

jenet = der Fall, in — at = so, bei dieser
Sachlage.

jenid = Genie (mil.).

jenidan = Genist.

jenik = vorkommend, eintretend.

jeno = vorkommendenfalls, bei vorkommender
Gelegenheit, bei sich darbietender Gelegenheit.

jenot = Ereignis, Vorkommnis, Geschichte, Begebenheit, Vorfall.

jenotaliegik = ereignisvoll.

jenotem = Geschichte (zusammenhangende
Reihe von Begebenheiten).

jenotemabuk = Geschichtenbuch.

jenöf = Wirklichkeit, das Wirklichsein.

jenöfaset = Erzählsatz.

jenöfik = wirklich.

jenöfikön, nel. = sich verwirklichen, sich erfüllen, in Erfüllung gehen.

jenöfim = Realismus.

jenöfimik = realistisch.

jenöfo = in Wirklichkeit, in der Tat.

jenöfö: —! = tatsächlich! wirklich!

jenöfön, nel. = wirklich sein.

jenöfükam = Erfüllung, Verwirklichung, Realisierung.

jenöfükön, lov. = verwirklichen, erfüllen, realisieren.

jenön, nel. = geschehen, sich ereignen, sich zeigen, vorfallen, **mated jenon** = die Trauung geht vor sich.

jenükön, lov. = abhalten.

jep = Herde.

jepik = herdenweise.

jer = Teuerkeit, Kostspieligkeit, Teuerung.

jerik = teuer, kostspielig, kostbar.

jerikam = das kostspielig werden.

jerikön, nel. = teuer werden, kostspielig werden, aufschlagen.

jerön, nel. = teuer sein, kostspielig sein.

jerükam = Aufschlag, Verteuerung.

jerükön, lov. = verteuern.

jetet = Hafendamm, Mole.

jevod = Pferd, Rosz.

jevodadünan = Pferdeknecht, Roszknecht.

jevodaher = Pferdehaar.

jevodalecek = Pferdestall, — **plinik** = Marstall.

jevodastömem = Pferdegeschirr.

jevodaträm = Pferdebahn.

jevodikef = Pferdebürste.

jevodiköb = Kardätsche, Pferdekamm, Roszkamm, Pferdestriegel.

jevodil = Pferdchen, Röszlein.

jevodo = zu Pferde, **tävön** — = zu Pferde reisen.

jevodül = Füllen, Fohlen.

jiat = diese.

jib = Wild, ein Stück Wild.

jibalidvögan = Diskantist, Sopransängerin.

jibaonan = Baronesse, Baronin.

jibaonül = adliges Fräulein.

jibed = Wildbret, Wildpret.

jibelödan = Bewohnerin.

jibem = das Wild (als Sammelbegriff).

jibirav = Wilddieberei, Wilddiebstahl.

jibiravan = Wilddieb.

jiblonan = Blondine.

jibötan = Kellnerin.

jibrodan = Stickerin.

jibub = **kun.**

jibüosagan = Weissagerin.

jibüröletan = Ahnfrau.

jicam = Gemsziege.

jicäläb = die Angestellte, die Ernannte.

jicif = Vorsteherin, Anführerin.

jicil = **daut.**

jidaifidan = Wirtin, Gastgeberin.

jidaledük = Erzherzogin.

jidanüdan = Tänzerin.

jidegifan = Abgieszerin.

jidepotan = Absenderin.

jidesedan = Absenderin.

jideteilan = Abtrennerin.

jidiab = Teufelin (weiblicher Teufel).

jidiabälan = Teufelin.

jidiakan = Diakonisse, Diakonissin.

jidog = Hündin.

jidök = weibliche Ente.

jidugädan = Begleiterin.

jidük = Herzogin.

jidünan = Dienerin, Dienstmädchen, Dienstmagd, — **soelik,** — **pro valikos** = Mädchen für alles.

jied = das Scheiszen, das Kacken, Stuhlgang.

jiedamedin = Abführmittel.

jiedot = Kacke, Scheisze, Kot, Dreck.

jiedön, lov. = scheiszen, kacken.

jiekömölan = die Angekommene.

jiel = die.

jiet = jene.

jif = Garbe.

jifeilan = Bäuerin, Bauersfrau, Bauernfrau.

jifit = Rogner.

jiflätan = Schmeichlerin.

jiflen = Freundin.

jiflenädan = weibliche Kamerad.

jifümükan = Begründerin.

jifünan = Stifterin, Begründerin.

ji=Frikopan = Afrikanerin.

jigadan = Gärtnerin (Beruf).

jigaledan = Behüterin.

jigam = Braut, — **Kristusa** = Braut Christi.

jigamagivot = Aussteuer, Mitgift.

jigan = weibliche Gans.

jigem = **sör.**

jigemef = **söref.**

jigeran = Erbin.

jigod = Göttin.

jigok = Henne.

jiguvan = Verwalterin, Administratrice.

jiguveran = Verwalterin (gouvernante).

jiheraflökotanil = Zopfköpfchen.

jiheran = Aufsetzerin, Coiffeuse, Friseuse, Haarkünstlerin.

jihüsteran = Hysterica.

jijelätan = Schutzfrau, Beschützerin.

jijevod = Stute.

jijip = (weibliches) Schaf.

jijovan = Spektakelmacherin.

jijulan = Schülerin.

ji=Jveizänan = Schweizerin.

jikapar = Ziege.

jikat = (weibliche) Katze.

jikälan = Wärterin, Pflegerin.

jikel: 1. eli **kel!**

jikleudan = Klosterschwester, Nonne.

jiklinükan = Werkfrau, Reinmachefrau, Scheuerfrau.

jikolunan = Ansiedlerin.

jikompenan = Gefährtin.

jikonöman = Haushälterin.

jiköst = Kusine, Cousine.

jiköstil = Bäschen.

jikritan = Christin.

jikujöran = Geburtshelferin, Hebamme, Accoucheuse.

jikusadan = Angeberin, Anklägerin.

jikusadäb = die Angeklagte.

jikvisinan = Köchin.

jilaban = Besitzerin.

jilampör = Kaiserin.

jilavan = Wäscherin.
jiläblinan = Anbringerin.
jilät = Weste.
jiledük = Groszherzogin.
jilelöfäb = die (innig) Geliebte.
jileon = Löwin.
jilep = Affenweibchen.
jilepädan = Abtissin.
jileplitiälan = Kokette.
jilepul = (älteres) Mädchen, Magd.
jilibükan = Befreierin.
jilid = Schilling.
jilidazim, k.: — Lösteränik = Österreichischer
    Groschen.
jilivükan = Befreierin.
jilotidan = Wirtsfrau.
jilödan = Bewohnerin.
jilöfäbil = Liebchen.
jilugod = Abgöttin.
jilupul = Bübin.
jiluspikan = Schwätzerin.
jilügem = lüsör.
jiₜLagayänan = Achäerin.
jim = Schere.
jimagivan = Zauberin, Hexe.
jimagivanazäl = Hexensabbat.
jimagivanazälaneit ü zälaneit jimagivanas =
    Walpurgisnacht.
jimam = Schur.
jiman = Scherer.
jimartüran = Martyrerin.
jimastan = Meisterin.
jimatan = Ehefrau, Weib, Frau, Ehegattin,
    Gattin, Gemahlin, Ehegenossin.
jimatanil = Weibchen (eines Mannes).
jimel = Scherenmacher.
jimimatan = Kebse, Kebsin, Kebsweib.
jimön, lov. ü = scheren.
jimülan = Müllerin.
jin = Schein, Scheinbarkeit, Anschein.
jinägan = Näherin.
jinäimatan = Beiweib.
jinäk = Nixe, Nixin.
jinef = Nichte.
jinenpalanöpan = Waisenmädchen.
jinepuedan = die Buhle, Buhlin, Buhlerin, Hure.
jiniban = Näscherin.
jinik = scheinbar.
jiniládan = Nachbarin.
jinim = Weibchen.
jinouban = Edelfrau, Freifrau, Edeldame.
jinön, nel. = scheinen (in lat.: ‚videri‘ [vidèri])
    scheinbar sein.
jinunan = Bötin.
jinüreman = Einkäuferin.
jiot = dieselbe.
jip = Schaf.
jipacek = Schafstall.
jipal ü mot = Mutter.
jipenetan = Aufschreiberin.
jipibrid = Schäferei, Schafzucht.
jipibridafebäd = Schäferei.
jipigaledan = Schäfer, Schafhirt.
jipijigaledan = Schäferin.

jipijun = Taube (Weibchen), Täubin.
jipil = Schäfchen, Schäflein.
jipladulan = Vertreterin.
jiplekan = Beterin.
jipösod = Weibsbild, Weibsperson.
jipötekan = Apothekerin.
jipriman = Anfängerin.
jiprünan = Ausleiherin.
jipul = Mädchen, — feilanik = Bauernmäd-
    chen.
jipulik = mädchenhaft.
jipulil = junges Mädchen.
jipül = Lamm.
jipülil = Lämmchen.
jireg = Königin.
jireigan = Regiererin, Herrscherin, Beherrsche-
    rin.
jireman = Käuferin.
jirodan = Ordensschwester.
jisaglied = Bache.
jisaludan = eine Heilige.
jisedan = Absenderin.
jisetevan = die Ausgewanderte.
jisinan = Sünderin.
jisiör = läd.
jislafan = Sklavin.
jispikülan = Stammlerin.
jispulan = Spinnerin.
jistäg = Hirschkuh, Tier, Hinde.
jistigädan = Anspornerin, Anstachlerin.
jistötan = Stotterin.
jisvin = Mutterschwein, Sau.
jiₜStralopan = Australierin.
jit = Hemd.
jitätan = Melkerin.
jitelidvögan = Altsängerin.
jitemunan = Zeugin.
jiter ü zian = Tante.
jitetrat = Birkhenne.
jitidal = Lehrerin (eines Gymnasiums, einer
    Realschule).
jitidan = Lehrerin.
jitifan = Diebin.
jiₜTirolänan = Tirolerin.
jiut: l. eli ut!
jiväläb = die Auserwählte.
jivirgan = Jungfrau.
jivirganik = jungfrauenhaft.
jiviudan = Witwe.
jivoban = Arbeiterin.
jivogädan = Modistin.
jivutälan = Furie, Drache, Hausdrache.
jiyanan = Aufschlieszerin.
jiyufan = Gehilfin.
jizenanil = Aschenbrödel.
jkipetarans = Albanesen.
jlotid, k. Polänik = Zloty.
jlotidazim, k. Polänik = polnischer Groschen,
    Groszy.
jobub = geschnittene Kuh.
joför = motoravabistiran.
joförön, nel. = stirön motoravabi.
jogok = geschnittene Henne.
joik = das Stoszen.

joikiäl = das Stöszigsein.
joikiälik = stöszig (geneigt zu stoszen).
joikön, lov. = stoszen (lov.).
jojonans = Schoschonen (Indianerstamm).
jok = Stosz.
joko = stoszweise.
jokolad = Schokolade, plaädots jokolada = Schokoladesurrogate.
jokoladakölik = schokoladenfarbig.
jokön, nel. = stoszen (nel.), sich stoszen.
jol = Gestade, Küste, Strand, Ufer.
jolalödan = Uferbewohner, Küstenbewohner.
jolalulän = Vorland, Auszendeichsland.
jolam = Landung, Anlandung.
jolamöp = Landungsplatz.
jolamüp = Landungszeit.
jolän = Küstenland.
jolibelödan = Uferbewohner, Küstenbewohner.
jolön, nel. = landen, anlanden, ans Land fahren.
jon = Hinweis, Andeutung.
jonian: — gloka = Zeiger, Weiser einer Uhr.
jonidik = bestimmt.
jonidön, nel. = bestimmt sein, dienen.
jonidükön, lov. = bestimmen.
jonik: pönop — (voik) = hinweisendes Fürwort, Demonstrativpronomen.
jonön, lov. = weisen, hinweisen, verweisen, zeigen, deuten, — vegi verätik = zurechtweisen.
jonü = unter Hinweis auf, hinweisend auf.
jonül = Abstattung, Erweisung, Probe.
jonülön, lov.: — kuradi = Mut zeigen, bezeigen, erweisen, — keliedi = kondolieren, Beileid bezeigen.
jot = Achsel, tovülön jotis = die Achsel zucken.
jov = Spektakel.
jovan = Spektakelmacher.
jovön, nel. = Spektakel machen.
jöen = Nüchternheit, das Nüchternsein.
jöenik = nüchtern (in dem Zustand, ehe man etwas genommen hat).
jöl, 8 = acht.
jölat = Achtzahl.
jölbalion, 8'000'000 = achtmillion.
jöldeg, 80 = achtzig.
jöldelik = achttägig.
jöldil = Achtel.
jöldilil = Achtelchen.
jöldüpik = achtstündig (Zeit).
jöled = Brezel.
jölfimädik = achtspännig.
jölgulik = achteckig.
jölholik = achtstündig.
jölid = der achte.
jölidnaed = das achte Mal.
jölidnaedik = achtemalig.
jölidnaedo = zum achten Male.
jölidnaik = achtemalig.
jölido = achtens.
jölik = achtfach.
jölil = Achterchen.
jölion, 1'000'000^8 = Oktillion.

jöllien = Achteck.
jölmil, 8'000 = achttausend.
jölna = achtmal.
jölnaik = achtmalig.
jölot = das Achtfache.
jölöm = Oktant.
jölön, lov. = verachtfachen.
jölsotik = achterlei.
jöltum, 800 = achthundert.
jölüd = Oktave (Intervall).
jölüf = Oktave (Ton).
jölüm = Oktett.
jölyelik = achtjährig.
jön = Schönheit.
jönapenam = Kalligraphie.
jönapenamik = kalligraphisch.
jönapenan = Kalligraph.
jönav = Ästhetik.
jönavan = Ästhetiker.
jönavik = ästhetisch.
jönik = schön, hübsch, lekans — = schöne Künste.
jönikön, nel. = schön werden.
jönön, nel. = schön sein.
jönul = Raupe.
jönükan = Verschönerer.
jönükön, lov. = verschönen.
jönükumam = Verschönerung.
jönükumön, lov. = verschönern, schöner machen.
jöt = das Abschlieszen, Abschlieszung.
jötasuäm = Saldobetrag.
jötön, lov.: — kali = die Rechnung schlieszen, abschlieszen.
jötü = beim Abschlieszen der.
jub = Schuppe.
jueg = Zucker.
juegabetad = Zuckerrübe.
juegajalön, lov. = überzuckern, mit Zucker überziehen.
juegajug = Zuckerrohr.
juegam = Kandise, Verzuckerung.
juegasvidik = zuckersüsz.
juegatail = Zuckererde.
juegädön, lov. = zuckern, bezuckern, überzuckern.
jueged = Kandis, Kandiszucker.
juegerik = zuckerhaltig.
juegiär = Zuckerdose.
juegifabrik = Zuckerfabrik.
juegifabrikan = Zuckersieder, Zuckerfabrikant.
juegik = zuckerig (aus Zucker).
juegot = Zuckerl, Zuckerplätzchen.
juegön, lov. = kandieren, verzuckern.
jug = Binse, Ried, Riedgras.
jugacan = Binsenware.
jugagik = binsicht, binsig (mit Binsen bewachsen).
jugem = Binsenbusch.
jugik = binsen.
juit = Genusz, Lust.
juitamed = Genuszmittel, juitameds e nulüdots = Genusz- und Nahrungsmittel.
juitik = genuszreich.

juitovik = genieszbar.
juitön, lov. = genieszen.
juk = Schuh.
jukel = Schuhmacher, Schuster.
jukem = Schuhwerk.
jukön, lov. = schuhen, beschuhen.
jul = Schule.
julaboed = Tafel, Wandtafel.
julacif = Hauptlehrer, Schulvorsteher.
julan = Schüler.
julanik = schülerhaft.
julidalogal = Oberschulrat, Schulinspektor.
julidalogan = Schulrat.
julilüv = Abiturium.
julilüvadiplom = Abiturientenzeugnis.
julilüvan = Abiturient.
julilüvaxam = Abiturientenexamen, Abiturientenprüfung.
julön, nel. = eine Schule besuchen, die Schule besuchen, zur Schule gehen.
jun = das Schinden.
junäd = schrammende Verletzung.
junön, lov.: — **skini oka** = sich die Haut schürfen, schinden.
jutön, nel. = schieszen (nel.), **glöbs jutons da lut** = es schieszen Kugel durch die Luft.
juüp = Rock (für Frauen).
jü, pr. 1. = bis, — **,Paris'** = bis Paris, **kiöp? — top kinik?** = bis wohin? — **atim, — tim nuik, — timül at** = bis jetzt, **de mudel — zädel** = von Montag bis Sonnabend 2. = auf, **pelön vali — ko fenig lätik** = auf den letzten Heller bezahlen 3. = bis auf, — **büd balidfovik, — lebüd balidfovik** = bis auf weiteren Befehl, — **fenig lätik** = bis auf den letzten Heller, **felefilön — glun** = bis auf den Grund abbrennen, — **bludam, — lemuam** = bis aufs Blut 4. = bis an, — **leyan** = bis an das Tor, — **särvig (oka, oma,...) in vat** = bis an den Hals im Wasser, — **soar** = bis an den Abend, — **deadam, — deadam oka, oma,... — in dead** = bis an den Tod, bis in den Tod 5. — **prim soara, — soarikam** = bis gegen Abend 6. = bis um, — **düp folid, — düp: fol, — tü fol** = bis um vier Uhr 7. — **bü yels tel** = bis vor zwei Jahren 8. = bis zu, — **stajon, — stajonabumot** = bis zum Bahnhof, — **fin** = bis zu Ende, — **naud, — lenaud, — luyomit** = bis zum Ekel, — **drenam** = bis zu Tränen.
jüd = Schichte.
jüdik = schichtweise.
jüesa = bis einschlieszlich, bis mit, — **del folid yulula** = bis mit den vierten Juli.
jüf = Geheimschriftzeichen, Chiffre.
jüfam = das Chiffrieren.
jüfan = Chiffrierer.
jüfön, lov. = chiffrieren.
jünu = bisher, bis jetzt.
jünuik = bisherig.
jüp = Spaten, Grabscheit.
jüpön, lov. = graben (grabend umwühlen).
jüpül (gadöm) = Schaufel.

jüpülön, lov. = schaufeln (den Weg schaufelnd etwas umwühlen).
jüs, kony. = bis, bisdasz, **sovüo —** = solange bis, — **drens süikons, äsüikons,...** = bis zu Tränen.
jüt = Schusz.
jütafagot: — gretikün ü portat = Tragweite.
jütam = Schieszerei, das Schieszen.
jütan = Schütze.
jütikamatonät: — güna = Flintenschusz.
jütikön, nel. = losgehen, **gün jütikon** = die Flinte geht los.
jütodeidön, lov. = erschieszen, totschieszen.
jütön, lov. = feuern, schieszen, — **glöbis** = mit Kugeln schieszen.
jütükam = das Abfeuern, Abfeuerung.
jütükan = Abfeuerer.
jütükön, lov.: — **güni** = die Flinte abschieszen, abfeuern.
jvabans = Schwaben.

J.

Jafal = Erschaffer, Schöpfer (Gott).
Jampän = Champagne.
Jampänavin = Champagnerwein.
,Jan': nisul: ,— Mayen' = Jan Mayen.
Jaumburgän=Lipän = Schaumburg-Lippe.
Jätlänuäns = Shetland-Inseln.
Jikokeän = Schikoku.
Jivirgal = die Heilige Jungfrau.
Jlesän = Schlesien, **Löpa= —** = Oberschlesien.
Jlesänan = Schlesier.
Jlesänik = schlesisch, **Löpa= —** = oberschlesisch.
Jlesvigän = Schleswig (Land).
Jlesvigänik = schleswigisch.
Jvabän = Schwaben.
Jvabänan = Schwabe.
Jvabänik = schwäbisch.
Jveizän = Schweiz.
Jveizänan = Schweizer.
Jveizänik = schweizerisch, **tätamöp —** = Schweizerei.

k.

ka (po pluamafom, in lat.: ,quam', [kvám]) = denn, als, — **if** = als wenn.
kab (lefad bigik) = Kabel.
kabatren, kabatrenaveg = Drahtseilbahn.
kabäilans = die Kabylen.
kabir, k. Piratänik, Yemänik (= jöldegdil bal daldera di ,Moga') = Kabir.
kad = Karte.
kadapled = Kartenspiel.
kadat = Kataster.
kadatabuk = Grundbuch, Lagerbuch.
kadatabür = Grundbuchamt.
kadatabüran = Grundbuchbeamter.
kadatik = im Kataster, nach dem Kataster, Kataster=.
kadatön, lov. = kadastrieren.

kadäm = Akademie (Gesellschaft).
kadäman = Akademiker.
kadämik = akademisch.
kadet = Kadette.
kadetajul = Kadettenhaus, Kadettenschule, Kadettenanstalt.
kadil = Kärtchen.
kadmin, Cd, ‚cadmium' = Kadmium.
kadminabäd, $Cd(OH)_2$ = Kadmiumhydroxyd.
kadminaklorid, $CdCl_2$ = Kadmiumchlorid.
kadminaloxid, CdO = Kadmiumoxyd.
kadminasulfat, $CdSO_4$ = Kadmiumsulfat.
kadminasulfid, CdS = Kadmiumsulfid, Schwefelkadmium.
kaed = Karte, Landkarte, — taledik = geographische Karte.
kaedem = Atlas (Karten).
kaen = Technik.
kaenal = Ingenieur.
kaenalav = Ingenieurkunst, Ingenieurfach.
kaenan = Techniker.
kaenav = Technologie.
kaenavan = Technolog.
kaenavik = technologisch.
kaenik = technisch.
kaf = Kaffee.
kafär = Kaffer.
kafäralän = Land der Kaffer.
kafiär = Kaffeebüchse.
kafibötöp = Kaffeehaus.
kail = Kali, Ätzkali.
kailäd (sevöfo: kail u natron) = Alkali.
kait = Drache, Papierdrache.
kajmiriy = das Kaschmiri.
kak = Kakao.
kakabim = Kakaobaum.
kakord = Akkord (mus.).
kal = Rechnung, Konto, — golik = konto korrent, laufende Rechnung.
kalabuk = Kontokorrentbuch.
kalad = Charakter.
kaladafibik = schwach an Charakter.
kaladanäm = Charakterfestigkeit, Charakterstärke.
kaladanämik = charakterfest.
kaladapatäd = Charakterzug.
kaladik = charakteristisch.
kaladön, lov. = charakterisieren.
kaläd = Rechnungsführung.
kalädoskop = Kaleidoskop.
kalädön, nel. = Rechnung führen.
kaldey = das Chaldäisch.
kaled = Kalender, Almanach.
kaliet = Qualität, Beschaffenheit, in — kinik? = wiebeschaffen?
kalietik = qualitativ.
kalif = Kalifat (Würde).
kalifan = Kalif.
kalifän = Kalifat (Reich).
kalijöt = Rechnungsabschlusz.
kalin, K, ‚kalium' = Kalium.
kalinabäd, KOH = Kaliumhydroxyd.
kalinabromid, KBr = Kaliumbromid.
kalinaferat, K_2FeO_4 = Kaliumferrat.

kalinaferinilaun, $K_2SO_4.Fe_2(SO_4)_3.24H_2O$ = Kaliumeisenalaun.
kalinafolküanidilplatinoat, $K_2Pt(CN)_4$ = Kaliumplatinocyanid.
kalinafolsulfofosfat, K_3PS_4 = Kaliumsulfophosphat.
kalinafolsulfolarsenat, K_3AsS_4 = Kaliumsulfoarsenat.
kalinahüpklorit, $KClO$ = Kaliumhypochlorit.
kalinakilkromat, $K_2Cr_3O_{10}$ = Kaliumtrichromat.
kalinakilsulfolarsenit, K_3AsS_3 = Kaliumsulfoarsenit.
kalinakilsulfometolarsenat, $KAsS_3$ = Kaliumsulfoarsenat.
kalinakilsulfostanat, K_2SnS_3 = Kaliumsulfostannat.
kalinaklorat, $KClO_3$ = Kaliumchlorat.
kalinaklorid, KCl = Kaliumchlorid.
kalinakrominalaun, $K_2SO_4.Cr_2(SO_4)_3.24H_2O$ = Chromalaun.
kalinaküanat, $CNOK$ = cyansaures Kalium.
kalinaküanid, KCN = Cyankalium, Kaliumcyanid.
kalinalamid ü balkalinlamoniak, NH_2K = Kaliumamid.
kalinalargentinaküanid, $KAg(CN)_2$ = Kaliumsilbercyanid.
kalinalaun ü kalinalaluminalaun, $K_2SO_4.Al_2(SO_4)_3.24H_2O$ = Kalialaun.
kalinalosmat, K_2OsO_4 = osmiumsaures Kalium.
kalinaloxid, K_2O = Kaliumoxyd.
kalinamanganat, K_2MnO_4 = Kaliummanganat.
kalinamälküanidilferiniat, $K_3Fe(CN)_6$ = rotes Blutlaugensalz.
kalinamälküanidilferinoat, $K_4Fe(CN)_6$ = gelbes Blutlaugensalz.
kalinametogoldat, $KAuO_2$ = Kaliumaurat.
kalinametolalumat, $KAlO_2$ = Kaliummetaaluminat.
kalinametostibat, $KSbO_3$ = metaantimonsaures Kalium.
kalinapärkarbat, $K_2C_2O_6$ = Kaliumperkabonat.
kalinapärmanganat, $KMnO_4$ = Kaliumpermanganat.
kalinapärrutenat, $KRuO_4$ = überruthensaures Kalium.
kalinaplumbat, K_2PbO_3 = Kaliumplumbat.
kalinaplupärloxid, KO_2 = Kaliumperoxyd.
kalinapürostibat, $K_4Sb_2O_7$ = Kaliumpyroantimoniat.
kalinarutenat, K_2RuO_4 = Kaliumruthenat.
kalinasilikat, K_2SiO_3 = Kaliumsilikat.
kalinasulfid, K_2S = Kaliumsulfid.
kalinasulfoküanat, $KCNS$ = Rhodankalium.
kalinatelhidriltelkromat, $K_2Cr_2O_7$ = Kaliumbichromat.
kalinatelkromat, $K_2Cr_2O_7$ = Kaliumbichromat.
kalinatelluranat, $K_2U_2O_7$ = Kaliumdiuranat.
kalinayodid, K_2J = Kaliumjodid.
kalkul = das Rechnen, Rechnung, Berechnerei, Berechnung, Kalkulation.
kalkulan = Rechner.
kalkulav = Arithmetik, Rechenkunst.
kalkulavan = Arithmetiker, Rechenkünstler.

kalkulavik = arithmetisch.
kalkulovik = berechenbar.
kalkulön, lov. = rechnen, berechnen, kalkulieren.
kalmukan = Kalmücke.
kalo = a konto, in Rechnung.
kalot = Rechnung, Faktur, Nota.
kalotabuk = Kontobuch, Faktorbuch.
kalön, nel. = in Kontokorrent stehen, in (laufender) Rechnung stehen.
kalsin, Ca, ‚calcium' = Calcium.
kalsinabäd, Ca(OH)₂ = Calciumhydroxyd.
kalsinafluorid, CaF₂ = Calciumfluorid, Fluorcalcium.
kalsinahidrin, CaH₂ = Calciumhydrid.
kalsinahüpklorit, Ca(ClO)₂ = Calciumhypochlorit.
kalsinakarbat, CaCO₃ = Calciumkarbonat.
kalsinakarbid, CaC₂ = Calciumkarbid.
kalsinaklorid, CaCl₂ = Calciumchlorid, Chlorcalcium.
kalsinaloxid, CaO = Calciumoxyd.
kalsinamanganit, CaMnO₃ = Calciummanganit.
kalsinanitrat, Ca(NO₃)₂ = Calciumnitrat.
kalsinapärloxid, CaO₂ = Calciumperoxyd.
kalsinasulfat, CaSO₄ = Calciumsulfat.
kalsinasulfid, CaS = Schwefelcalcium.
kalü = für Rechnung des.
kalükön, lov. = anrechnen, berechnen, in Anrechnung bringen, in Rechnung stellen.
kam = das Ebensein (von Flächen).
kamalän = die Ebene.
kameäl = Kamelie (Blume).
kameleon = Chamäleon.
kameleonik = chamäleonartig.
kamer = Kämmerwürde (beim päpstlichen Hofe).
kameral = Kämmerling.
kameran = Kämmerer.
kamfor = Kampfer.
kamforik = von Kampfer.
kamik (tapladü globik) = eben, plen — = ebene Fläche.
kampäd = Blauholzbaum, Kampeschenholzbaum.
kampädaboad = Blauholz, Kampeschenholz.
kamtsyadalan = Kamtschadale.
kamükam = das Ebnen.
kamükön, lov. = ebnen, flach machen.
kan = Kunst, das Können.
kanair = Kanarienvogel.
kanäd = Kanal.
kanädil = Kanälchen, Wassergang.
kanädön, lov. = kanalisieren, mit Kanälen versehen.
kandel = Kerze.
kanevad = Kanevas.
kanib = Kannibalismus.
kaniban = Kannibale.
kanibanik = kannibalisch.
kanik = könnend, imstande.
kanit = Sang, Gesang, — böda = Vogelschlag, Vogelgesang.
kanitan = Sänger, Singer.

kanitön, lov. = singen, — telidvögo = Alt singen, — folidvögo = Basz singen.
kanitülön, lov. = lullen, äkanitülob nelaodiko lidi = ich summte ein Lied vor mich hin.
kanön, sek. = können, fähig sein, im Stande sein, vermögen, no — = auszer Stande sein.
kanser = Krebs (Krankheit).
kanton = Kanton.
kaodait = Cao-Daismus.
kaolin = Kaolin.
kaot = Chaos.
kaotik = chaotisch.
kap = Haupt, Kopf, ko — foloveik = häuptlings, kopfüber.
kapar = Ziege.
kaparik = auf die Ziege bezüglich.
kaparil = Zicklein, kleine Ziege, Geiszchen, Geiszlein.
kaparül = junge Ziege.
kapasömit = Scheitel (Kopf).
kaped = Kopfzeug.
kapen = das Zimmern.
kapenaboad = Zimmerholz, Nutzholz.
kapenan = Zimmermann.
kapenön, lov. = zimmern, tischlern, schreinern.
kapet = Kapitäl, Säulenknauf, Säulenkopf.
kapit = Hauptstück, Kapitel, Abschnitt.
kapiten = Hauptmann, Kapitän (mil.).
kapor = Korporalschaft.
kaporan = Korporal.
kapön, lov. = mit einem Kopf versehen, mit einem Haupt versehen.
kapreol = Reh.
kapreolaloet = Rehbraten.
kapul = Kaplanwürde.
kapulan = Kaplan.
kapüt = Kappe, Blahe, Plane.
kapütül = Kappe, Kapuze, Haube, — nelogädüköl = Tarnkappe, unsichtbar machende Kappe.
kapütülan = Kapuziner, Kapuzinermönch.
kapütülanik = kapuzinerisch.
karakalpatans = Karakalpaten.
karam = Karamelle.
karban = gesättigte Kohlenwasserstoff.
karbanagrup = Alkylgruppe.
karbanalalkohol ü karbanol = Alkohol (in valem).
karbanilen = Olefin.
karbanol = Alkohol (in valem).
karbatastabot, CO₂ = Kohlensäureanhydrid.
karbatazüd, H₂CO₃ = Kohlensäure.
karbin, C, ‚carbonium' = Kohlenstoff.
karbinahidrin = Kohlenwasserstoff.
karbinaloxin ü balkarbinaballoxin, CO = Kohlenoxyd.
karbinaloxinsulfin COS = Kohlenstoffoxysulfid.
karbinatelloxin ü balkarbinatelloxin ü karbatastabot, CO₂ = Kohlendioxyd, Kohlensäurehydrid.
karbinatelsulfin, CS₂ = Schwefelkohlenstoff.
kardät = Karde.
kardin = Kardinalswürde.
kardinadiakan = Kardinaldiakonus.

kardinakultan = Kardinalpriester.
kardinal = Kardinalbischof.
kardinan = Kardinal.
kareliyans = Kareliers.
kariban = Karibe.
karip = Karpfen.
karnaval = Fasching, Karneval.
karonan = Karon.
karot = Aas.
karov = Karawane.
karovöp = Karawanserai, Karawanserei.
karpat, karpats = Karpaten.
karton = Karton, Pappe, Pappdeckel, Pappendeckel.
kartonacan = Pappware.
kartonel = Kartonmacher.
kartonik = aus Karton, von Karton, von Pappe.
kas (po pluamafom) = als dasz.
kased = Schlosz, Burg.
kasedacif = Burgvogt, Burgherr, Burggraf,
Schloszherr.
kasedan = Burgsasz, Schloszbewohner.
kaser = Kaserne.
kasid = Akzise.
kasidan = Akzisbeamter.
kastaen = Kastanie.
kastaenabim = Kastanienbaum.
kastaenep = Kastanienbaum.
kastiliy = das Castilianisch.
kasubans = Kassuben.
kat = Katze.
katakluv = Tatze einer Katze, Klaue einer
Katze.
katalit = Katalysator.
katalitam = Katalyse.
katalitik = katalytisch.
katanatäl = Katzennatur.
katar = Katarrh, Verschleimung.
katastrof = Katastrofe.
katäd = Kapital.
katädan = Kapitalist.
katädim = Kapitalismus.
kateg = Katechese.
kategabuk = Katechismus.
kategan = Katechet.
kategäb = Katechumen, Katechumene.
kategöfik = katechetisch, fragweise.
katil = Kätzchen, Kätzlein.
kation = Kation.
katod = Kathode.
katul = Katholizismus.
katulan = Katholik.
katulik = katholisch.
kav = Keller.
kaviar = Kaviar.
kavid = Kavallerie.
kavidakapiten = Rittmeister.
kavidan = Kavallerist.
kayot (pö pledam) = Einsatz, das Eingesetzte
(im Spiel).
kayotön, lov. (pö pledam) = daranwagen, einsetzen (beim Spiel).
kayüt = Kajüte.

kazet = Nachdruck, Akzent, Betonung, Akzentuierung.
kazetamal = Akzent, Tonzeichen.
kazetik = nachdrücklich, betonend, ausdrücklich.
kazeto = nachdrücklich, mit Betonung.
kazetön, lov. = akzentuieren, betonen, besonders hervorheben.
käben = Kabine, Kajüte.
käd = Kasse.
kädam = Kassenführung.
kädan = Kassier, Kassierer, Kassenführer.
kädäd = Beitreib, Einkassierung.
kädädön, lov. = einkassieren, beitreiben.
käded = Kollekte.
kädedan = Kollekteur.
kädedön, lov. = kollektieren.
kädöfamon: no labön kadöfamoni = nicht bei
Geld sein, nicht bei Kasse sein.
kädöfik = bar, kontant.
kädöfo = gegen bar, per kontant, per Kasse,
gegen Barzahlung.
kädön, nel. = die Kasse führen.
käf = Listigkeit, Pfiffigkeit.
käfan = Pfiffikus.
käfed = Kniff, Kunstgriff, Kunststück.
käfik = listig, verschlagen, pfiffig.
käfo = mit List.
käfod = List, Pfiff, käfeds e käfods = Kniffe
und Pfiffe.
käfogetön, lov. = ablisten.
käl = Pflegen, Wartung, Pflege.
kälafat = Nährvater, Pflegevater.
kälan = Wärter, Pfleger.
käläb = Pflegling.
käläd = Aufsicht.
kälädan = Aufseher.
kälädön, lov. = die Aufsicht führen, die Aufsicht üben, — eki = die Aufsicht über einen
haben.
käläl = Wahrnehmung, Beherzigung, Wahrung.
kälälön, lov. = wahrnehmen, wahren, beherzigen, sich zu Herzen nehmen.
käled = Versorgung.
käledön, lov. = versorgen.
kälöf = Sorgfalt, Sorgfältigkeit, Sorgsamkeit.
kälöfik = sorgfältig, sorgsam.
kälön, lov. = besorgen, pflegen, Sorge tragen
für.
kältans = Kelten.
kän = Kanone.
känam = Kanonade.
känem = Batterie.
känön, lov. = kanonieren.
käntor, mit. = Kentaur, Zentaur.
käpten = Kapitän, Schiffskapitän.
käsem = Ekzem.
kästod = Bandwurm.
käv = Kai, Quai, Ufermauer.
keb = Pflanze mit saftigem, nicht holzigem
Stengel, Kraut.
kebik = kräuterartig.
keblinön, lov. = mitbringen.
keblün = Beitragung, das Beitragen.

keblünot = Beitrag, Beisteuer.
keblünön, lov. = beitragen, beisteuern.
ked = Reihe.
kedabelem = Kettengebirge.
kedalab = das Mitbesitzen.
kedalaban = Mitbesitzer.
kedet = Zeile.
kedot = Rang.
kedön, lov. = reihen.
kedül = Schnur (auf einer Schnur Aufgereihtes), — pärlatas = Schnur Perlen.
kedülön, lov.: — glätapärlatis = Perlen, Glasperlen anreihen, aufreihen.
kef = Bürste.
kefan = Bürster.
kefel = Bürstenmacher, Bürstenbinder.
kefelacan = Bürstenbinderware.
kefön, lov. = bürsten.
keif = süszes Nichtstun, dolce far niente.
kein = Holdseligkeit, Anmut.
keinik = hold, holdselig, anmutig, anmutreich, anmutsvoll.
keinot = Reiz (in Fr.: ‚charme', [járm]).
keit = Egge.
keitön, lov. = eggen.
kejäfikam = Eingrif, Mitbeteiligung.
kek = Kuchen.
kekibakan = Kuchenbäcker.
kekil = Küchelchen, Küchlein.
kekomipan = Kampfgefährte, Kampfgenosse.
kekompenan = Mitteilhaber.
kekun = Blinddarm.
kel, hikel, jikel, kelos = welcher, der, wer, welches (relativ).
kelabön, lov. = mithaben.
kelied = Mitleid, Beileid, jonülön keliedi = kondolieren.
keliedijonül = Kondolanz, Beileidsbezeigung.
keliedik = mitleidig, mitleidend.
keliedön, nel. = mitleiden, Beileid fühlen.
kelomänan = Kompatriot, Landsmann.
kelos: l. eli kel!
kemen = Mitmensch.
kemenalöf = die Liebe eines Mitmenschen.
kemenilöf = Nächstenliebe.
ken = Kanne.
keninik = inbegriffen.
keninükamü = einschlieszlich, inklusive.
keninükön, lov. = einschlieszen.
keolön, lov. = duzen, dusagen.
keorön, lov. = mit Sie anreden.
kep = Vorgebirge, Kap.
keproan = Anhänger.
ker = Kern.
kereigäb = Landesangehöriger.
kerik = kernig.
kerub = Cherub.
keseadodan = Beisitzer.
kesenäl = Sympathie, Teilnahme, jonülön kesenäli = Teilnahme zeigen.
kesenälan = Teilnehmer.
kesenälik = sympathisch, teilnehmend.
kesenälön, lov. = an ... teilnehmen, sympathisieren.

kesev = Mitwissen.
kesifan = Mitbürger.
kesumön, lov. = mitnehmen.
kesvist = Mitbruder, Konfrater.
kesvistik = mitbrüderlich.
ketonön, nel. = mittönen.
keut = Luke (Öffnung).
keutakläped = Lukenklappe.
kev = Höhle, Höhlung.
kevoban = Mitarbeiter.
kevöf = Hohlheit.
kevöfaglät = Hohlglas (hohles Glas).
kevöfik = hohl.
kevön, lov. = aushöhlen.
kib = das Halten, das Führen.
kibön, lov.: — jevodi e vabi = Pferd und Wagen halten.
kid = Kusz.
kidanamajäst = Kuszhand.
kidil = Küszchen, Küszlein.
kidön, lov. = küssen.
kiem = Chemie.
kieman = Chemiker.
kiemav = Chemiewissenschaft.
kiemavan = Chemist.
kiemavik: stums — pro voböps = chemische Instrumente für Laboratorien.
kiemavön, nel. = Chemie üben.
kiemik = chemisch.
kiemön, nel. = als Chemiker tätig sein.
kien = Knie.
kienabamil = Knieschemel.
kienön, nel. = knien.
kif? = wer? welche Frau? (l. eli kim?!).
kifik? l. eli kimik?!
kik = Schlüssel.
kikahog = Schlüsselloch.
kikodo? = warum? weshalb? weswegen?
kiküf = Notenschlüssel, — balidvöga = Diskantschlüssel, — kilidvöga = Tenorschlüssel, — telidvöga = Altschlüssel.
kil, 3 = drei, — e lafik = vierthalb.
kilat = Dreizahl.
kilatanef = Trio.
kiläd = Drilling (drei Kinder).
kilbädovik = dreibasisch.
kilbled = Dreiblatt.
kilbledik = dreiblätterig.
kildeg, 30 = dreiszig.
kildelik = dreitägig.
kildil = Drittel.
kildilil = Drittelchen.
kildüpik = dreistündig.
kilev = Terzine (Poesie).
kilfimädik = dreispännig, vab — = Dreispänner.
kilflanik = dreiseitig.
kilgulik = dreieckig (mit 3 Ecken).
kilhidrälstibinabäd, $Sb(OH)_3$ = Antimonhydroxyd.
kilid = dritte.
kilidnaed = das dritte Mal.
kilidnaedo = drittenmals, zum dritten Male.
kilido = drittens.

kilidsilikan, Si_3H_8 = Trisilan.
kilidvög = Tenor (Stimme).
kilidvögan = Tenorist.
kilik = dreifach.
kiliko = dreifacherweise.
kilil = Dreierchen.
kilion, 1'000'000³ = Trillion.
kilkarbinatelloxin, C_3O_2 = Kohlensuboxyd.
kilklorbalidsilikan, $SiHCl_3$ = Siliciumchloroform.
kilklorlamoniak, NCl_3 = Chlorstickstoff.
kilkölik = dreifarbig.
killien = Dreieck.
killienik = dreieckig.
killimam = Dreigliedrigkeit.
killimik = dreigliederig.
killitinabalnitrin, Li_3N = Lithiumnitrid.
killögäd = Dreifusz.
killögädik = dreibeinig, dreifüszig.
killuibik = dreiräderig.
killuraninajölloxin ü luraninoluranat, U_3O_8 ü $U(UO_4)_2$ = Uranpecherz.
kilmagnesinatelnitrin, Mg_3N_2 = Magnesiumnitrid.
kilmagnesinlamoniak, Mg_3N_2 = Magnesiumnitrid.
kilmil, 3'000 = dreitausend.
kilmulik = dreimonatlich.
kilna = dreimal.
kilnaät = dritte Potenz.
kilnaik = dreimalig.
kilnatrinaballarsenin, $AsNa_3$ = Arsennatrium, Natriumarsenid.
kilo = zu drei, zu dreien.
kilot = das Dreifache.
kilön, lov. = verdreifachen.
kilplumbinafolloxin ü telplumbinobalplumbiniloxid, 2 $PbO.PbO_2$ = Mennige.
kilradig = dritte Wurzel.
kilradigön, lov.: — numi, eli 1324 = die dritte Wurzel aus einer Zahl, aus 1324 ziehen.
kilregazäl = Dreikönigsfest.
kilsilabik = dreisilbig.
kilsotik = dreierlei.
kilsotiko = auf dreierlei Weise.
kilsulfinatazüd, $H_2S_3O_6$ = Trithionsäure.
kilsulfolarsenitastabot, As_2S_3 = Arsentrisulfid.
kilton = Dreilaut, Triphthong.
kiltum, 300 = dreihundert.
kilüd = Terz (Intervall).
kilüf = Terz (Ton).
kilüm = Terzett.
kilümanef = Trio.
kilvalenik = dreiwertig.
kilvigik = dreiwöchentlich.
kilyelik = dreijährig.
kim: —? kif? kin? kis? = wer? was?
kimik: —? kifik? kinik? kisik? = welcher? welche? welches? in mod kinik? = auf was für eine Weise?
kin: l. eli kim!
kinin = Chinin.
kio: —! = wie!
kiodifik: —! = wie verschieden!

kiof: —! l. eli kiom!
kiogretik: —! = wie grosz, kiogretik binom! = wie grosz ist er!
kiojönik: —! = wie schön! buk —! = was für ein schönes Buch! welch ein schönes Buch!
kiom: —! kiof! kion! kios! = welch ein! buk kion! = was für ein Buch!
kion: —! l. eli kiom!
kios: —! l. eli kiom!
kiöp: —? = welche Stätte?
kiöpao: —? = von welcher Stätte?
kiöpio: —? = nach welche Stätte? nach welche Stätte hin?
kiöpo: —? = wo?
kip = das Halten, die Haltung.
kipäd = Gehalt.
kipädam = das Halten, das Enthalten.
kipädön, lov. = halten, enthalten.
kiped = Aufbewahrung, Aufhebung.
kipedabik = aufzubewahren.
kipedabön, nel. = aufzubewahren sein, aufbewahrt werden müssen.
kipedan = Aufbewahrer.
kipedön, lov. = bewahren, aufbewahren, aufheben, verwahren, beibehalten.
kipedöp = Aufbewahrungsort, Aufhebungsort.
kipedüp = Aufbewahrungszeit.
kipian = Halter.
kipladao: —? = woher?
kipladio: —? = wohin?
kiplado: —? = wo?
kipön, lov. = halten.
kirgidans = Kirgisen.
kis: —? = was? (l. eli kim!), ad —? = wozu? lü —? = wozu? wofür? pro —? = wofür? se —? = woraus?
kisik: —? l. eli kimik!
kisotik: buk —? = was für ein Buch?
kit = das Quittieren, Quittung.
kitazöt = Quittung, Empfangsschein.
kitimo: —? = wann?
kitopao: —? = woher?
kitopo: —? = wo?
kitön, lov. = quittieren.
kiud = Zaun, Bretterzaun.
kiudam = Umzäunung, Einfriedigung der Zaun.
kiudön, lov. = umzäunen, einzäunen, einfriedigen.
kiüpo: —? = zu welcher Zeit?
klad = Klasse, Kategorie.
klarinät = Klarinette.
klat = Auffallendheit.
klatal = Exzellenz.
klatäd = Altklassisches.
klatädalautan = Klassiker.
klatädik = klassisch.
klatädim = Klassizismus.
klatik = auffallend, eklatant.
klatön, nel. = auffallen, auffallend sein.
klaun = Schwank, Schnurre, Possierlichkeit.
klaunan = Bajazzo, Clown, Hanswurst.
klaunik = schnurrig, possierlich, drollig.
klaunön, nel. = schnurrig sein, possierlich sein.
kläd = das Wiegen.

klädoslipükön, lov. = einwiegen.
klädöm = Wiege.
klädön, lov. = wiegen, schaukeln (lov.).
kläm = Klammer, Parenthese.
klämön, lov. = einklammern.
klän = Geheimnis, Verborgenheit.
klänalök = blindes Schlosz.
klänam = Heimlichkeit, das Heimlichsein.
klänamedin = Geheimmittel.
klänayan = Tapetentüre.
klänäd = Geheimhaltung, Verschwiegenheit.
klänädik = verschwiegen.
klänädo = unter dem Siegel der Verschwiegenheit.
klänädön, lov. = verheimlichen, geheimhalten.
kläned = Verbergung, Versteckung.
klänedapled = Versteckenspielen, Versteckspiel.
klänedovik = verberglich.
klänedön, lov. = verbergen, verstecken.
klänik = geheim, heimlich.
kläno = heimlich, im geheimen, ingeheim, insgeheim.
klänöf = das Geheimnisvolle, das Rätselhafte, Rätselhaftigkeit, Verborgenheit, Heimlichkeit.
klänöfiälam = Geheimniskrämerei.
klänöfiälan = Geheimniskrämer.
klänöfik = geheimnisvoll, mysteriös, rätselhaft.
kläp = Klappe.
kläped = Laden, Luke.
klär = Wetterleuchten.
klärön, nel. = wetterleuchten.
kleb = das Kleben, das Ankleben (nel.).
klebik = klebend.
kleböf = Klebrigkeit.
kleböfik = klebrig.
klebön, nel. = kleben, ankleben.
kled = das Schaukeln.
kledaban = Schaukelbad.
kledagöbil („motacilla", [mótážíl-lá,] lat.) = Bachstelze, Wippsterz, Wasserstelze.
kledöm = Schaukelbrett.
kledön, nel. = schaukeln (nel.), schwanken.
kleib = das Kleben, das Ankleben (lov.).
kleibastöf = Klebstoff.
kleibot = Klebmittel.
kleibön, lov. = kleben, ankleben, leimen, kitten, anleimen.
kleil = Helle, Klarheit (von Verstand, Vorstellungen, ...) Deutlichkeit.
kleilan = Hellkopf, ein offener, klarer, heller Kopf.
kleilik = hell, klar, deutlich.
kleilö: —! = deutlich!
kleilön, nel. = deutlich sein, klar sein.
kleilükam = Erhellung, das Aufhellen, Aufklärung, Verdeutlichung.
kleilükön, lov. = deutlich machen, erklären, verdeutlichen, aufklären.
kleipit = Ekliptik, Sonnenbahn.
klem = Entsagung, Verzicht, Verzichtleistung.
klemön, lov. = entsagen, resignieren von, verzichten auf.
kler = Klerus, Priesterstande, geistlicher Stand.

kleran = Geistlicher, — **volädik** = Weltgeistlicher.
kleranef = Geistlichkeit.
klerik = geistlich.
kleud = Kloster.
kleudakleran = Klostergeistlicher, Pater.
kleudan = Klostergenosz, Klosterbruder oder -schwester.
kleudik = klösterlich.
klien = Hang, Neigung, Geneigtheit.
klienik = geneigt.
klienön, nel. = neigen, geneigt sein.
kliet = Labung, Erquickung.
klietik = erquicklich, labend.
klietön, lov. = laben, erquicken.
klif = Fels.
klifagik = felsig, felsenreich.
klifakapar = Steinbock.
klifik = felsicht, aus Felsen bestehend.
klijed = Klischee, Abklatsch.
klijedam = Abklatschung.
klijedön, lov. = klischieren, abklatschen.
klik = Schnalz.
klikamal = Schnalzzeichen.
klikaton = Schnalz (schnalzender Ton).
klikön, nel.: — **me lineg** = schnalzen mit der Zunge.
klil = Helle, Helligkeit, das Hellsein.
klilablövik = hellblau.
klilabraunik = hellbraun.
klilagedik = hellgrau, weiszgrau.
kliltgrünik = hellgrün.
kliraredik = hellrot.
klilayelovik = hellgelb.
kliledof = das Helldunkel, clair-obscur.
klilik = hell, licht (von Farben).
klilön, nel. = hell sein.
klilükön, lov. = hellen, hell machen, erhellen.
klimat = Klima.
klimatav = Klimatologie.
klimatik = klimatisch.
klin = Reinigkeit, Reinheit.
klinabük = Reindruck.
klinik = rein.
kliniko = ins reine.
klinikön, nel. = rein werden.
klinopenön, lov. = reinschreiben.
klinöf = Reinlichkeit.
klinöfiäl = Reinlichkeitssinn.
klinöfik = reinlich.
klinöfön, nel. = reinlich sein.
klinöfükön, lov. = reinlich machen.
klinön, nel. = rein sein.
klinükam = Reinigung.
klinükön, lov. = reinigen, rein machen, bereinigen, ausputzen.
klip = Klippe (im Wasser).
klipik = klippenhabend, klippig.
klir = das Abrechnen, Abrechnung, Begleichung.
kliran = Abrechner.
klirön, lov. = abrechnen, begleichen, ausgleichen.
kliv = Abhang, Abdachung, Steigung, Hang, Neigung.

klivik = abhängig, abhangend, geneigt, abfällig.
klivön, nel. = abhangen, abfallen, sich neigen.
kloak: — bödas, räptulas, ... = Kloake von Vögeln, Reptilien, ...
klok = Glocke.
klokalaliad = Glockenspeise, Glockenmetall.
klokatoenod = Glockengeläute.
klokäd (glätik) = Glocke, Glasglocke.
klokem = Glockenspiel, Carillon.
klokemamusig = Carillonmusik.
klokeman = Glockenist.
klokigifan = Glockengieszer.
klokigiföp = Glockengieszerei.
klokil = Glöcklein.
klokitoenan = Glockenläuter, Glöckner.
klokül = Klingel, Schelle, **toenön kloküli** = klingeln, die Klingel ziehen.
klon, k. = Krone, — **Lestiyänik** (= maks Lestiyänik tum) = estnische Krone.
klonazim, k.: — **Danänik, Norgänik, Svedänik, Lisladänik** = Ör, — **Lestiyänik** = estnische Cent, — **Tsyägän-Slovakänik** = tschechoslowakischer Heller.
klop = Ernte.
klopam = Herbst, das Ernten.
klopamul = Erntemonat.
klopazäl = Erntefest.
klopön, lov. = ernten, einernten.
klopüp = Erntezeit.
kloratazüd, HClO₃ = Chlorsäure.
kloridazüd, HCl.aq = Salzsäure.
klorin, Cl, ‚chlorium' = Chlor.
klorinalazid, N₃Cl = Chlorazid.
klorinatelloxin, ClO₂ = Chlordioxyd.
klorinavap = Chlorgas.
klorinavat = Chlorwasser.
klorinazem = Chlorkalk.
klorofum = Chloroform.
klorot = Bleichsucht.
klorotik = bleichsüchtig.
klorülzüd = Säurechlorid.
klot = Kleidungsstück.
klotabik = anziehbar (Kleid).
klotam = Kleidung, Ankleidung, das Kleiden, Anziehung (Kleid).
klotamamod = Kleidertracht, — **feilanik** = Bauerntracht.
klotel = Kleidermacher.
klotem = Anzug, Kleidung, Gewand, — **aldelik** = Alltagskleid.
klotikipedöp = Garderobe, Kleiderablage.
klotön, lov. = kleiden, ankleiden, anziehen, einkleiden.
klotöp = Ankleidungsort.
klotug = Kleidsamkeit.
klotugik = kleidsam.
klotüp = Ankleidungszeit.
klöb = Bengel, Prügel, Knüppel, Knüttel.
klöf = Tuch.
klöfel = Tuchmacher, Tuchfabrikant.
klöfik = tuchen, von Tuch.
klöfipedöm = Tuchpresse.
klöp = Rundheit, Runde, Ründe, das Rundsein (in valem).

klöpik = rund.
klöpön, nel. = rund sein.
klöpükam = Abrundung.
klöpükan = Abrunder.
klöpükön, lov. = runden, rundmachen, abrunden.
klu, kony. = daher, folglich, also, demnach, mithin, deswegen, somit, nun.
klub = Verein, Klub.
klubafebäd = Vereinswesen.
klubam = Vereinigung.
kluban = klubbist.
klubäd = Körper, Körperschaft, Korps.
klubiäl = Vereinigungssinn, Geselligkeit.
klubiälik = gesellig (sich an andere gern anschlieszend).
klubik = den Verein betreffend, Vereins-.
klubön, nel. = sich vereinen, sich vereinigen (zu einer Gemeinschaft, zu einem Verein).
klud = das Folgern, das Schlieszen.
kludo, ladv. = daher, folglich, also, demnach, mithin, deswegen, somit, nun, durch Schluszfolgerung.
kludod = Folgerung, Konklusion, Schlusz.
kludöf = Folgerichtigkeit, Konsequenz.
kludöfik = konsequent, folgerichtig.
kludöfü = in Konsequenz aus, folgerichtig aus.
kludön, lov. = folgern, schlieszen, Folgerungen ziehen, konkludieren.
kludü = durch Schluszfolgerung aus.
kludülön, lov. = ableiten (schlieszen).
kluf = Nagel (von Eisen, ...).
klufan = Vernagler.
klufel = Nagelschmied, Nagler.
klufiel = Nagelmacher (Maschine).
klufofärmükön, lov. = vernageln.
klufön, lov. = benageln, vernageln.
kluin = das Fegen, das Wischen.
kluinasärvätül = Putzlappen.
kluinöm = Wischer, Wischkolben.
kluinön, lov. = vegen, wischen, — **püfi de tab** = den Staub vom Tisch wischen.
kluo = denn auch.
kluö: —! = es sei! jenun! nundenn! wohlan!
kluv = Klaue, Tatze.
klül = Klarheit, das Selbstredendsein, das Selbstverständlichsein, das Natürlichsein, Anschaulichkeit.
klülab = Evidenz, Augenscheinlichkeit.
klülabik = evident, augenscheinlich.
klülädön, nel. = sich zeigen.
klülädü = zu urteilen nach.
klülik = klar, leichterklärlich, selbstverständlich, natürlich, begreiflich, anschaulich.
klülikön, nel. = klar werden, sich klären.
klülön, nel. = klar sein, selbstverständlich sein, **klülos** = es liegt am Tage.
klülükön, lov. = klären, ins klare bringen, ins klare setzen.
klün = Putz, Toilette.
klünacem = Toilettenzimmer.
klünadin = Toilettenartikel.
klünön, lov. = putzen, toilettieren.
knid = das Kneten.

knidatab = Brechbank.
knidön, lov. = kneten.
knir = Geknirsch.
knirön, nel. = knarren.
knop = Knopf (an Kleidungstücke).
knopafomik = knopfförmig.
knopel = Knopfmacher.
knopimek = Knopfmacherei.
knopimeköp = Knopfmacherei (Werkstatt).
knopön, lov. = knöpfen, anknöpfen (mittels Knöpfe befestigen, zumachen).
ko, pr. 1. = in, petufledom — debs, — moni: debs = er steckt bis über die Ohren in Schulden 2. = mit, blimön — viktuals = mit Lebensmitteln versehen, gesedön — protest mit Protest zurücksenden 3. = nebst, leigo — = nebst 4. = unter, — drens = unter Tränen 5. — at = anbei, anmit, damit.
koan = Schale (von Muscheltieren), Muschel.
koanaf = Muscheltier, Schaltier.
koanafasot = Schaltiergattung.
koananim = Muscheltier, Schaltier.
koananimasot = Schaltiergattung.
koap = Leib.
koapaflan = Weiche (Leib).
koapafom = Wuchs, Leibesgestalt.
koapastofädem = Leibwäsche.
koapik = leiblich.
kob = das Beisammensein, Zusammensein.
kobaltin, Co, ‚cobaltum' = Kobalt.
kobaltiniloxid, Co₂O₃ = Kobaltoxyd.
kobaltinoklorid, CoCl₂ = Kobaltochlorid.
kobaltinokobaltiniloxid, Co₃O₄ = Kobaltoxyd-oxydul.
kobaltinoloxid, CoO = Kobaltoxydul.
kobanef = Versammlung.
kobäd = Gemeinschaft, Gemeinsamkeit.
kobädazänilabik = konzentrisch.
kobädik = gemeinschaftlich, gemeinsam, miteinander.
kobädim = Kommunismus.
kobädiman = Kommunist.
kobädimik = kommunistisch.
kobädo = in Gemeinschaft, gemeinschaftlich.
kobädolab = Gemeingut (geistlich).
kobet: — kiemik = chemische Association.
kobik = gesamt, zusammen.
kobikam = Zusammenkunft, das Zusammenkommen, Versammlung.
kobikön, nel. = zusammenkommen, sich versammeln.
kobio = aneinander.
kobiokleb = Agglutination.
kobioklebön, nel. = agglutinieren.
kobiopenön, lov. = zusammenschreiben, aneinanderschreiben.
kobo = zusammen, miteinander, in summa.
koboäd = Synthese.
koboädavöd = zusammengesetztes oder abgeleitetes Wort.
koboädik = synthetisch.
koboädön, lov. = synthetisch aufbauen.
kobod = Zusammensetzung, — fümöfik binon lesevädot kobota kiemik = die konstante Zu-

sammensetzung ist das Hauptkennzeichen einer chemischen Verbindung.
kobodut = Zusammengehörigkeit.
kobojen = das Zusammentreffen.
koboköm = Zusammenkunft.
kobolagön, nel. = zusammenhangen.
kobolägön, lov. = zusammenhängen.
kobolevüd = Zusammenberufung.
kobolevüdön, lov. = zusammenberufen.
kobonum = Summe.
kobonumam = Addition.
kobonumamalül = Pluszeichen.
kobonumön, lov. = addieren, zusammenzählen, summieren.
kobopedön, lov. = zusammendrücken.
kobopladam = Zusammenstellung.
kobopladot = Zusammenstellung (das Zusammengestellte).
kobopladön, lov. = zusammenstellen.
koboplifön, lov. = zusammenfalten (von Falten).
koboseid = das Zusammensetzen.
koboseidön, lov. = zusammensetzen.
kobosukön, lov. = zusammensuchen, — spigis = ähren, Ähren lesen.
kobosumön, lov. = zusammenfassen.
kobot: — kiemik = chemische Verbindung.
kobotam = das Chemischverbundensein.
kobotiäl = Verwandtschaft, Affinität.
kobotik = chemisch gebunden.
kobotikön, nel. = sich (chemisch) verbinden.
koboton = Zusammenklang.
kobotön, nel. = verbunden sein.
kobovobön, lov. = zusammenarbeiten, beisammenarbeiten.
koboyum = Zusammenstellung.
koboyumot: — tonatas = Buchstabenzusammensetzung.
koboyümavöd = zusammengesetztes Wort.
koboyümön, lov. = zusammensetzen, — namis = die Hände zusammenfalten, die Hände zusammenfügen.
kobön, nel. = beisammen sein.
kobü = zusammen mit.
kobükam = das Zusammenbringen, das Zusammentragen.
kobükön, lov. = zusammenbringen, zusammentragen, zusammentun.
kod = Ursache, Grund, blöfön me kods = begründen, demü — at = folglich, sonach, demnach, darum, deswegen.
kodab = Aktivität.
kodam = Verursachung, das Verursachen.
kodan = Verursacher.
kodä ü sekü kod kelik = weshalb, weswegen.
kodäd = Schuld (Ursache, Veranlassung zu etwas Böses).
koded = Anlasz, Anstosz, Veranlassung.
kodedam = das Veranlassen.
kodedön, lov. = veranlassen.
kodedü = anläszlich, aus Anlasz von, bei Anlasz von.
kodik = verursachend.
kodöf = Ursächlichkeit, Kausalität.

kodöfik = ursächlich, kausal.
kodön, lov. = verursachen, verschulden, anstiften, anheben, anrichten.
kodü, 1. = aus Ursache, aus Schuld, durch 2.
— in, tävön — büsid = in Geschäften reisen, tävön, binön tävöl — dinäd veütik = in einer wichtige Angelegenheit verreist sein.
kodül = Vorwand.
koedön, sek. = lassen, — lükömön, lov. bosi eke = einem etwas angedeihen lassen.
koef = Beichte, Bekenntnis, Geständnis.
koefan = Beichtkind.
koefapatär = Beichtvater.
koefastul = Beichtstuhl.
koefidön, lov.: — eki = Beichte hören.
koefikön, nel.: — lü = zur Beichte gehen.
koefön, lov. dem. = beichten, bekennen, gestehen, eingestehen, zur Beichte gehen.
koeg = Kork.
koegabuon = Kork, Korkpfropfen, Korkstopfen.
koegabuonön, lov. = korken, verkorken.
koegik = korken, von Kork, aus Kork.
kof = Spott, Ausspottung, Verspottung.
kofan = Spöttler, Ausspotter, Verspotter, Spötter.
kofiäl = Spottlust, Spottsucht.
kofiälik = spottlustig, spottsüchtig.
kofik = spöttisch.
kofön, lov. = aufziehen, ausspotten, bespotten, bespöttelen, spotten über, verspotten.
kofud = das Verwirrtsein.
kofudan = Wirrkopf.
kofudik = verwirrt, wirr, konfus, auszer Fassung.
kofudön, nel. = verwirrt sein.
kofudükön, lov.: — eki = einen verwirren, konfus machen.
kofül = Neckerei.
kofülan = Necker.
kofülik = neckisch.
kofülön, lov. = necken.
kohed = Kohäsion.
koin = Keil.
koinafomik = keilförmig.
koinapenät = Keilschrift.
koit = Begattung, Paarung, Beischlaf.
koitan = Beischläfer.
koitön, nel. = sich begatten, sich paaren.
kojmar = Alp, Alpdruck, Alpdrücken.
kok = Koks.
kokot = Kokosnusz.
kokotapam = Kokosbaum, Kokospalme.
kokotep = Kokosbaum.
kol, pr. 1. = an, bitön, nel. brafiko, ritiko — ek = redlich an einem handeln, divodom vemo — blod oka = er hängt an seinem Bruder 2. = gegen (freundlich), — od = gegen einander, flenöfik —, löfik —, sudik — = freundlich, gütig, taub gegen 3. = um, meritas bükön oki — lomän = sich um das Vaterland verdient machen 4. = vor, labön dalestümi, stümi — ek = Ehrfurcht, Achtung vor einem haben.
kolat = Kohle.

kolatagrüd = Kohlengrus.
kolatifiledakum = Meiler, Kohlenmeiler.
kolatifiledan = Kohlenbrenner, Köhler.
kold = Kälte.
koldäl = Kaltsinn.
koldälik = kühl, frostig, kalt.
koldät = Erkältung.
koldätik = erkältet.
koldätikön, nel. = sich erkälten, sich eine Erkältung zuziehen.
koldik = kalt.
koldikön, nel. = kalt werden, erkalten.
koldön, nel. = kalt sein.
koldükön, lov. = kälten, erkälten, kalt machen, erkalten machen.
koldül = Kühle, Frische.
koldülik = kühl, frisch.
koldülükam = Abkühlung.
koldülükön, lov. = kühlen, abkühlen.
koled = zweites Frühstück, Lunch.
koledön, nel. = lunchen.
kolen, k.: — Kostarikänik, Salvadoränik = Colón.
kolenazim, k.: — Kostarikänik = Cent, Salvadoränik = Centavos.
koler = Cholera.
kolet = kragen.
kolibrit = Kolibri.
kolid = Kolik.
kolised = Coliseum.
kolköm = Begegnung.
kolkömön, lov. = begegnen.
kolkömöp = Begenungsort.
kolkömüp = Begegnungszeit.
kolodin = Kollodium.
koloid = Kolloid.
kolun = Kolonisation, Kolonisierung, Ansiedelung, Siedelung.
kolunan = Kolonist (Gründer einer Kolonie), Ansiedler.
kolunanef = Ansiedelung (Leute).
kolunän = Kolonie.
kolunänan = Kolonist (Angehöriger einer Kolonie).
kolunänik = kolonial.
kolunön, lov. = kolonisieren.
kom = Anwesenheit, Gegenwart, Beisein, Zugegensein.
koman = Anwesender.
komand = Empfehlung.
komandabik = empfehlenswert.
komandabön, nel. = sich empfehlen.
komandapenäd = Empfhelungsschreiben.
komandön, lov. = empfehlen.
komädön, nel. = vorkommen (sich ereignen).
komen = Kümmel.
komenafromad = Kümmelkäse.
komet = Komet.
komik = anwesend, gegenwärtig.
komip = Kampf, Gefecht, Treffen.
komipacüd = Streitaxt.
komipan = Kämpfer.
komipiäl = Kampfbegier, Kampfeslust.

komipiälan = streitsüchtiger Mensch, Kampfhahn.
komipiälik = kampfbegierig, kampflustig.
komipofinükön, lov. = ausfechten.
komipön, nel. = kämpfen, ringen.
komipöp = Wahlstatt, Walstatt.
komit = Auftrag, Mandat, Kommission.
komital = hoher Auftraggeber.
komitam = Auftragerteilung, Auftraggebung,
Auftragung.
komitan = Auftraggeber, Mandant.
komitat = Komitat (ungarisch).
komität = Kommissionsgeschäft.
komitätan = Kommissionär.
komitätik = Kommissions-.
komitet = das Amt und die Würde eines Kommissars.
komitetan = Kommissar.
komitetanef = Ausschusz, Komitee, Kommission
(Leute).
komitetik = kommissorisch.
komitik = kommissionsweis, sel — = kommissionsweiser Verkauf.
komito = in Kommission.
komitön, lov. = auftragen, Auftrag geben, Auftrag erteilen.
komitü = im Auftrage des.
komo = gegenwärtig.
komonumön, lov. = auszahlen.
komoreid = Vorlesung.
komoreidön, lov. = vorlesen.
komot = Gemeinde.
komotakäd = Gemeindekasse.
komön, nel. = anwesend sein, beiwohnen, dabei
sein, zugegen sein.
kompad = Kompasz.
kompadabokül = Kompaszhäuschen.
kompain = Kompagnie (Soldaten).
kompen = Teilhaftigkeit, das Beteiligtsein bei
etwas, Teilhaberschaft.
kompenafebäd = Genossenschaftswesen.
kompenan = Teilhaber, Genosse.
kompenanef = Genossenschaft.
kompenät = Gesellschaft, Handelsgesellschaft,
— fiamik = offene Handelsgesellschaft, —
nenfiamik = Aktiengesellschaft, anonyme Gesellschaft, namenlose Gesellschaft, — nonotik
= Kommanditgesellschaft.
kompenätan = Gesellschafter, Teilhaber, Associé, Sozius, — nonotik = Kommanditist.
kompenätik = gesellschaftlich.
kompenik = teilhaft, teilhabend.
kompenön, nel. = Teil (an etwas) haben, Anteil (an etwas) haben, (bei etwas) beteiligt
sein, Genosse sein (geistlich).
kompenükäb, kompenükäbs = die Beteiligten.
kompenükön, lov. = beteiligen.
komplit = Verwickelung, das Verwickeltsein,
das Kompliziertsein.
komplitasaläd = komplexes Salz.
komplitik = verwickelt, kompliziert.
komplitükön, lov. = verwickeln, komplizieren.
kompot = Kompott.
komuin = Kommunion.

komuinan = Kommunikant.
komuinön, nel. = kommunizieren.
komun = Gemeinheit, Alltäglichkeit, Gewöhnlichkeit, Kommunes.
komunagol: — dinas = Weltlauf.
komunik = gemein, alltäglich.
komunöf = Vertraulichkeit.
komunöfik = vertraulich.
komü = anwesend bei, in Gegenwart des, vor
(coram), im Beisein des.
kon = das Erzählen.
konan = Erzähler.
konäd = Legende, Sage.
kondan = Verdammnis.
kondanabik = verdammlich, verdammenswert.
kondanam = Verdammung.
kondanäb = Verdammte, Verdammter.
kondanön, lov. = verdammen.
kondomin = Kondominium.
kondominän = Kondominium.
kondor = Kondor.
kondöt = Benehmen, Betragen, Wandel, Verhalten.
kondötabüd = Verhaltungsbefehl.
kondötön, nel. = sich benehmen, sich betragen,
einen Lebenswandel führen, sich verhalten.
koned = Novelle (Erzählung).
konfid = Vertrauen, Zutrauen, Zutraulichkeit.
konfidäb = Vertraute, Vertrauter.
konfidäl = Vertrauensseligkeit.
konfidälik = vertrauensselig.
konfidik = vertrauensvoll, vertraulich.
konfido = im Vertrauen.
konfidov = Zuverlässigkeit, Vertrauenswürdigkeit, Solidität.
konfidovan = Vertrauensmann.
konfidovik = zuverlässig, vertrauenswürdig,
vertrauenswert.
konfidön, lov.: — eki = einem vertrauen.
konfidü = im Vertrauen auf.
konflit = Konflikt.
konflitikön, nel. = in Konflikt geraten.
konfutsit = Lehre des Konfuzius.
kongred = Kongresz.
konkav = Konkavität.
konkavalentül = Hohlglas, konkave Glaslinze.
konkavik = konkav.
konker = Eroberung, — me tatak = Erstürmung.
konkeran = Eroberer.
konkerön, lov. = erobern, erringen, — tatako
= erstürmen.
konklaf = Konklave.
konlet = Sammlung.
konletan = Sammler.
konletön, lov. = sammeln.
konot = Erzählung.
konotil = Histörchen, Geschichtchen.
konotül = Anekdote.
konotülan = Anekdotenkrämer.
konotülik = anekdotenartig, anekdotenhaft.
konöm = Haushalt, Haushaltung, Wirtschaft.
konöman = Haushälter (Ökonom).

konömav = Ökonomie, Haushaltungskunde, Wirtschaftslehre.
konömavan = Ökonom.
konömavik = ökonomisch.
konömik = haushälterisch, haushältig.
konömöm = Hausrat, Hausgeräte.
konömön, nel. = hausen, haushalten.
konön, lov. = erzählen.
konsäl = Rat.
konsälal = Rat, Ratsherr.
konsälalef = Rat, Ratskollegium.
konsälam = Ratschlag, das Raten, das Ratgeben.
konsälan = Ratgeber.
konsälön, lov.: — eke bosi = einem etwas raten, anraten, einem einen Rat geben.
konsälöp = Rathaus.
konsärt = Konzert, golön lü — = ins Konzert gehen.
konsärtamastan = Konzertmeister.
konsärtön, nel. = konzertieren.
konsef = Konservierung, Erhaltung.
konsefan = Konservator.
konsefot = Konserve.
konsefön, lov. = konservieren, erhalten.
konsien = Gewissen.
konsienöf = Gewissenhaftigkeit.
konsienöfik = gewissenhaft.
konsil = Konzil, Kirchenversammlung.
konsonat = Konsonant, Mitlaut.
konsul = Konsulat (Würde).
konsulan = Konsul.
konsulöp = Konsulat (Gebäude).
konsum = Verzehrung, Zehrung, Aufwand, Konsum.
konsuman = Konsument, Verzehrer.
konsumön, lov. (moni,...) = verzehren (Geld,...).
kontag = Berührung.
kontagalien = Berührungslinie.
kontagön, lov. = berühren.
kontinän = Festes Land, Festland, der Kontinent.
kontinänik = kontinental, festländisch.
kontrol = Kontrolle, das Kontrollieren.
kontrolan = Kontrolleur.
kontrolön, lov. = kontrollieren.
konul = Würde des Obersten.
konulan = Oberst.
konüd = Zapfen, Tannenzapfen, Tannenapfel.
konüdabim, konüdabims = Nadelbaum, Koniferen, Nadelholz, Nadelhölzer, Nadelbäume.
konved = Konvexität.
konvedik = konvex.
konvul = Krampfzuckung.
konvulik = kramphaft, krämpfig, in Krämpfen.
konyak = Cognac, Kognak.
konyug = Konjugation, Abwandlung.
konyugön, lov. = konjugieren, abwandeln.
konyun = Konjunktion, Bindewort.
koot = Garheit.
kootik = gar (von Speisen).
kop = Körper.
kopäd = Körper (Hauptteil).

kopied = Abschrift, Kopie.
kopiedan = Kopierer,Kopist.
kopiedik = abschriftlich.
kopiedo = abschriftlich.
kopiedön, lov. = kopieren.
kopik = körperhaft, körperlich.
kopön, lov. = verkörpern.
koptans = Kopten.
kor = Chor (der Sänger, Musiker).
korad = Kürasz.
koradan = Kürassier.
koran = Chorist.
koräk = Korrektur, das Korrigieren.
koräkablog = Korrekturbogen.
koräkan = Verbesserer, Korrektor.
koräkot, koräkots = corrigenda, Berichtigungen.
koräkovik = verbesserlich.
koräkön, lov. = verbessern, korrigieren.
kordob, k. Nikaraguvänik = Córdoba.
kordobazim, k. Nikaraguvänik = Cent.
koreat = Veitstanz.
korned = Hornhaut.
kornid = Kranzgesims, Hauptgesims, Obergesims.
korod = das Beizen.
korodamed = Beize, Beizmittel, Ätzmittel.
korodön, lov. = beizen.
korsiv = Schreibschrift, Kursivschrift.
korsivik = kursiv.
korüm = Choral (mus.).
koryäkans = Korjäken.
kos = entgegen.
kosäd = Umgang, Verkehr, das Umgehen, das Verkehren.
kosädamedöm = Verkehrsmittel.
kosädanef = Umgang (Personen).
kosädapük = Umgangssprache.
kosädöfik = umgänglich.
kosädön, nel. = umgehen, verkehren.
kosed = Ton, Benehmen, — kulivik = guter Ton, feiner Ton.
kosgolön, lov. = entgegengehen.
kosid = Broterwerb, Erwerb, Unterhalt, Lebensunterhalt.
kosidaglöt = Brotneid.
kosidam = das Auskommen.
kosidid = Unterhalt, Unterhaltung.
kosididön, lov.: — famüli oka = seine Familie unterhalten, ernähren.
kosidik = auskömmlich, ausreichend.
kosidön, nel. = auskommen, bestehen, sein (gutes) Auskommen haben.
kosinul = Cochenille.
koskömön, lov. = entgegenkommen.
koslogön, lov. = entgegensehen.
kosmopol = Weltbürgerschaft, Kosmopolitismus.
kosmopolan = Weltbürger, Kosmopolit.
kosmopolik = weltburgerlich, kosmopolitisch.
kosmopolim = Kosmopolitismus (die kosmopolitische Grundsätze).
koten = Zufriedenheit, Genüge.
kotenik = zufrieden.
kotenikön, nel. = zufrieden werden.

koteno = zur Zufriedenheit.
kotenön, nel. = zufrieden sein.
kotenükam = Genugtuung, Befriedigung.
kotenükan = Befriediger.
kotenüköl = befriedigend.
kotenükön, lov. = befriedigen, zufriedenstellen, genugtun.
kotenülön, nel. = für lieb nehmen, sich begnügen.
kotin = Baumwolle, — pefadotelöl = Baumwollzwirn.
kotinastof = Baumwollzeug.
kotinavod = Baumwollwatte.
kotinayän = Baumwollgarn.
kotinik = baumwollen.
koun = Kegel (mat.).
kounafomik = kegelförmig.
koven = Komfort, Bequemlichkeit, Wohnlichkeit.
koveniäl = Bequemlichkeit.
koveniälik = bequem.
koveniälön, nel. = bequem sein.
kovenik = komfortabel, bequemlich, wohnlich.
kovenükön, lov.: — eki = es einem bequem machen, — oki = es sich bequem machen.
kö = wo (relativ), uto, — = da wo, dort wo.
köarist = Eucharistie, das heilige Abendmahl (rom.).
köaristik = eucharistisch.
köb = Kamm.
köbamayän = Kammgarn.
köbel = Kammacher.
köbön, lov. = kämmen, auskämmen.
köd = Schnitzerei, Holzschnitzerei, das Schnitzern.
ködan = Schnitzer, Bildschneider, Ziselierer, jemand der Figuren schnitzt.
ködav = Bildschneidekunst.
ködot = Schnitzarbeit.
ködön, lov.: — boadi, goldi, ... = Holz schnitzen, Gold ziselieren, bildschnitzen.
kög = das Husten.
kögön, nel. = husten.
köl = Farbe, — reinabobäda = Regenbogenfarben.
kölaboad = Farbholz, Färbeholz.
kölag = Farbenreichtum.
kölagik = farbenreich.
kölam = Färbung, das Färben, Färberei, Anstrich.
kölamabok = Farbenkasten.
kölamacan = Farbware.
kölamastof = Färbestoff, — lasbedik = Asbest-Anstrichmasse.
kölamastöfel = Farbenstoffmacher, Farbstofffabrikant.
kölamen = Mischling.
kölamöp = Färberei, Werkstatt eines Färbers.
kölan = Färber, Anstreicher.
kälastib = Farbenstift.
kölastonabük = Chromolithographie.
kölik = farbig.
kölin = Farbstoff.
kölinasetrat = Farbstoffextrakt.

kölön, lov. = färben, anstreichen.
kölüm = Säule, Pfeiler.
kölümafomik = säulig, säulenartig, säulenförmig.
kölümasümik = pfeilerartig.
kölümik = gesäult, mit Säulen versehen.
köm = das Kommen, Ankunft.
köman = Kommender, Ankömmling.
kömön, nel. = kommen, gelangen, sich einfinden, kömolöd lü ob, lä ob, nilü ob! = komm zu mir!
kön = Medaille.
könäd = Münze.
köp = Becher, Seidel.
körd = Quark.
körten = Gardine, Vorhang.
körtenajainäd = die Gardinenschnur, der Gardinenzug.
körtenastof = Gardinenstoff.
kösöm = Gewohnheit, das Gewohntsein.
kösömik = gewohnt.
kösömikam = Angewöhnung.
kösömiko = gemeinhin, gemeiniglich, für gewöhnlich, in der Regel.
kösömikön, nel. = sich gewöhnen, gewohnt werden, eingewöhnen.
kösömo = aus Gewohnheit.
kösömot = Angewohnheit, Gewohnheit, Gebrauch.
kösömön, nel. = gewohnt sein, pflegen.
kösömükön, lov. = gewöhnen, — oki = sich angewöhnen.
köst = Vetter, Cousin, Kusine, Cousine.
köstam = Vetterschaft (Verwandtschaftsverhältnis).
köstef = Vetterschaft (Gesamtheit von Vettern).
köstik = vetterlich.
köt = das Schneiden, der Schnitt.
kötan = Schneider, einer der schneidet.
kötäd = der Schnitt.
köted: — neifa = die Schneide, die Schärfe eines Messers.
kötet = Operation.
kötetan = Operateur.
kötetav = Chirurgie.
kötetavan = Chirurg.
kötetavik: stums — = chirurgische Instrumente.
kötetik = operativ.
kötetön, lov. = operieren.
kötik = schneidend.
kötod: — figura,... = Schnitt, Durchschnitt einer Figur, ...
kötot = Schnitt, Schnitz, abgeschnittenes Stück.
kötotil = Schnitzel, — di ‚Wien' = Wiener Schnitzel.
kötön, lov. = schneiden.
kötül = das Putzen, das Beschneiden, das Stutzen.
kötülan = Putzer, Baumputzer, Beschneider.
kötülön, lov.: — bimis = Bäume putzen, beschneiden, stutzen.
köv = Kuvert, Umschlag, Briefumschlag.
köväd = Überzug.

kövädön, lov. = überziehen.
kövön, lov. = in einen Kuvert tun, in einen Briefumschlag tun.
krab = Krabbe (Tier).
kral = Kralle, Klaue (hakenförmiger Nagel).
kralik = krallig.
kran = Schädel.
krap = Krapp.
krated = Schramme.
kratedik = schrammig.
krateg = Weiszdorn, Hagedorn.
kratöm = Kratze.
kratön, lov. = kratzen, scharren.
krav = Gekräh, das Krähen.
kravat = Krawatte.
kravön, lov. = krähen.
kräk = Schrunde.
kräkam = das Platzen, das Bersten.
kräköf = Schrundigkeit.
kräköfik = schrundig, schründig.
kräkön, nel. = schrinden, bersten, platzen.
krän, k. Pärsänik = Kran.
kred = Glaube, das Glauben.
kredab = Glaubwürdigkeit, Glaubhaftigkeit.
kredabik = glaubwürdig, glaubhaft, glaublich.
kredäl = Leichtgläubigkeit.
kredälik = leichtgläubig.
kredätön, lov. = akkreditieren.
kredidön, lov. dem. = (einem etwas) weismachen, aufbinden.
kredit (in ted) = das Haben (im Gegensatz zum Soll), Kredit, debet e — = Soll und Haben.
kreditaflan ü kreditapad = Kreditseite.
kreditan = Kreditor, Gläubiger.
kreditapad ü kreditaflan = Kreditseite.
kreditapenäd = Kreditbrief.
kreditön, lov. = kreditieren, gutschreiben.
kreditü = auf Kredit des.
kredön, lov. = glauben (für wahr halten), — eki = an einen glauben.
kredül = das Glauben (Meinen).
kref = Krebs (Tier).
krefil = Krebschen.
krem = Rahm, Sahne.
kremik = rahmig, sahnig.
kren = Zinne.
kresed = Kresse, Gartenkresse.
kret = Kreide.
kretäd = Pastell, Malerstift.
krevät = Garnele.
kreyans = Kris, Crees (Indianerstamm).
krib = Krippe.
krig = Krieg.
krigamaredal = Feldmarschall, — ₌general = Generalfeldmarschall.
krigaminister = Kriegsministerium.
krigan = Krieger.
kriganam = Wehrstand.
krigastömem = Feldgerät, Kriegsgerät.
krigav = Kriegswissenschaft.
krigiäl = Kriegslust.
krigiälik = kriegerisch.

krigik = kriegerisch (auf den Krieg bezüglich).
krigistöp = Waffenstillstand.
krigön, nel. = kriegen, Krieg führen.
krik = Grille.
krikil = Grillchen.
krip = das Kriechen.
kripaxänaplan = Kletterpflanze.
kripaxänön, nel. = klettern (von Pflanzen).
kripädön, nel. = schleichen.
kripik = kriechend.
kripön, nel. = kriechen.
kriptin, Kr, ‚krypton' = Krypton.
kriset = Hamster.
krisid = Krisis.
kristad = Kristall.
kristadam = Kristallisation.
kristadot = Kristalloid.
kristadön, nel. = kristallisieren.
krit = christliche Religion, Christentum.
kritam = Christianisierung.
kritan = Christ.
kritanacil = Christenkind.
kritanef = Christenheit.
kritäl = Christensinn.
kritid = Weihnachten.
kritidabim = Weihnachtsbaum.
kritidadel = Weihnachtstag.
kritidalegivot = Weihnachtsgeschenk.
kritidasoar = Weihnachtsabend.
kritidazäl = Christfest, Weihnachtsfest.
kritidizel = Weihnachtsfeier.
kritido = zu Weihnachten.
kritik = christlich.
krititaam = Antichristentum.
krititaan = Antichrist.
krititaik = antichristlich.
kritön, lov. = christianisieren.
krod = Kreuz.
krodagoläd = Kreuzzug.
krodaköv = Kreuzband (von Papier).
krodamamagot = krusifid.
krodamaveg = Kreuzweg, lestad krodamavega = Station des Kreuzweges.
krodön, lov. = kreuzigen.
krodül: † = Kreuz.
krokod = Krokodil.
kromatastabot, CrO_3 = Chromsäureanhydrid.
kromin, Cr, ‚chromium' = Chrom.
krominibäd, $Cr_2O_3.2H_2O$ = Chromihydroxyd.
krominiklorid, $CrCl_3$ = Chromichlorid.
krominiloxid, Cr_2O_3 = Chromoxyd.
krominisulfat, $Cr_2(SO_4)_3$ = Chromisulfat.
krominobäd, $Cr(OH)_2$ = Chromohydroxyd.
krominoklorid, $CrCl_2$ = Chromochlorid.
krominoloxid, CrO = Chromoxydul.
kron = Krone.
kronaledaut = Kronprinzessin.
kronaleson = Kronprinz.
kronig = Chronik.
kronön, lov. = krönen.
kronül = Kranz.
kronülön, lov. = mit einem Kranz versehen, kränzen.

kruäl = Grausamkeit.
kruälan = Grausamer, Unmensch.
kruälik = blutdürstig, grausam.
krud (su mel) = das Kreuzen (auf der See).
krudanaf = Kreuzer, Kreuzschiff.
krudön, nel. = kreuzen.
krug = das Gewundensein.
krugalien = Kurve, krumme Linie.
krugalienik = krummlinig.
kruganud = Adlernase.
krugik = krumm, krummgewunden, gewunden.
krugikön, nel. = sich winden, sich schlängeln.
krugod = Verschlingung.
krugön (nel.) = gewunden sein.
krugül = Locke, Hobelspan.
krugülabrasid = Krauskohl, Grünkohl.
krugülaheran = Lockenharige.
krugülaherik = lockig, gelockt, lockenhaarig.
krugülakap = Lockenkopf.
krugülakapil = Lockenköpfchen.
krugülik = gelockt, lockig, kraushaarig.
krugülön, nel. = gelockt sein, lockig sein.
krugülükam = das Frisieren, das Locken.
krugülükamazäp = Brenneisen, Kräuseleisen, Frisiereisen.
krugülükön, lov. = locken, kräuseln, frisieren.
krujid, k. Transyordänik, Häcavänik = Krusch.
krup = Krup (Halskrankheit).
krusifid ü krodamamagot = Kruzifix, Kreuzbild.
krust = Schale (von Krustentieren).
krustaf = Krustentier, Schaltier.
krustafasot = Schaltiergattung.
krustanim = Krustentier, Schaltier.
krustanimasot = Schaltiergattung.
krut = Kruste.
kruzar = Kreuzer (Geld).
krüd = Rohheit.
krüdamater = Rohstoff, Rohmaterial.
krüdasadin = Rohseide, Grège.
krüdik = roh (noch nicht weiter verarbeitet, zubereitet).
krüsalid: — näsäka = Puppe eines Insekts.
krüt = Kritik, Rezension.
krütam = Kritisierung.
krütan = Rezensent, Kritiker.
krütik = kritisch, beurteilend.
krütön, lov. = beurteilen, kritisieren, rezensieren.
kuad = Quarz.
kuadasümik = quarzartig.
kuaderik = quarzhaltig.
kuadik = quarzig.
kubit = Ellenbogen.
kubitayoin = Ellenbogengelenk.
kud = Sorge, Besorgnis.
kudadin = Angelegenheit, Anliegen.
kudidön, lov.: bos kudidon obi = etwas liegt mir am Herzen.
kudik = besorgt, sorglich.
kudön, nel. = Sorge haben, Sorge tragen, sich Sorge machen, sorgen.
kudüköl = angelegen, angelegentlich.
kudükön, lov.: — eki = einem Sorge machen.

kuin = Zentner.
kuinalodot = Zentnerlast.
kuinivet = Zentnerschwere.
kuinivetik = zentnerschwer.
kujör = Entbindung.
kujöran = Accoucheur, Accoucheuse.
kujörav = Geburtshilfe, Entbindungskunst, Obstetrik.
kujöravan = Obstetrikus.
kujörön, lov. = entbinden.
kuk = Sud, das Kochen, das Sieden (nel.).
kukik = siedig, siedend.
kukön, nel. = kochen (nel.), sieden (nel.), wallen.
kukuk = Kuckuck, vokäd kukuka = Kuckucksruf.
kul = Bahn (a.s.: — planeta = Bahn eines Planeten).
kulan = Bahner, Bahnbrecher.
kulit = Kulisse.
kuliv = Kultur, Zivilisation.
kulivajenotem = Kulturgeschichte.
kulivajenotemik = kulturgeschichtlich, kulturhistorisch.
kulivan = ein gebildeter Mensch.
kulivik = zivilisiert, kosed — = guter Ton, feiner Ton.
kulivikön, nel. = zivilisiert werden.
kulivön, nel. = zivilisiert sein.
kulivüköl = zivilisatorisch.
kulivükön, lov. = zivilisieren.
kulön, lov. = mit einer Bahn versehen, bahnen in, Bahn brechen.
kult = Kultus, Gottesdienst.
kultan = Diener des göttlichen Wortes, Geistlicher, Priester.
kultanam = Priesteramt.
kultanik = priesterlich.
kultasakram = Sakrament der Priesterweihe.
kultasaludükam = Priesterweihe.
kultipläg = Gottesdienst.
kultön, lov.: — Godi = Gott dienen.
kultur = Kultur (stand).
kum = Haufe, Stapel.
kumam = Häufung, Anhäufung, Auftürmung.
kumamöp = Stapelplatz.
kumik = haufenweise.
kumön, lov. = häufen, aufhäufen, aufstapeln, aufschichten, — legeliko = auftürmen, — tugeiliko = überhäufen.
kumükans = Kumücken.
kun = Kuh.
kunül = Kuhkalb.
kup = das Schöpfen.
kupaspun = Schöpfkelle, Schöpflöffel.
kupöm = Schöpfgefäsz, Schöpfgeschirr.
kupön, lov. = schöpfen.
kuprin, Cu, ,cuprum' = Kupfer.
kuprinihidrälklorid, CuClOH = basisches Kuprichlorid.
kuprinik = kupfern.
kupriniklorid, CuCl$_2$ = Kuprichlorid.
kupriniloxid, CuO = Kuprioxyd.
kuprinisulfat, CuSO$_4$ = Kuprisulfat.

kuprinisulfid, CuS = Kuprisulfid.
kuprinoklorid, Cu_2Cl_2 = Kuprochlorid.
kuprinoküanid, $Cu_2(CN)_2$ = Kuprocyanid.
kuprinoloxid, Cu_2O = Kuprooxyd.
kuprinot, kuprinots = kupfern Gegenstände, Kupfergeschirr.
kur = Hof (Königshof, ...).
kurablünan = Hoflieferant.
kurad = Mut, Tapferkeit, Bravour.
kuradik = mutig, tapfer.
kuradö: —! = mut!
kuradükam = Ermutigung.
kuradükan = Ermutiger.
kuradükön, lov. = ermutigen, ermuntern.
kuragadan = Hofgärtner.
kurakonsälal = Hofrat.
kuraläd = Hofdame.
kuramaredal = Hofmarschall.
kuramiticöpam = Hofmetzgerei.
kuran = Höfling.
kurasöl = Kammerherr.
kurat = Genauigkeit.
kuratäl = Pünktlichkeit.
kuratälik = pünktlich.
kuratik = akkurat, eingehend, genau, präzis, man — = ein Mann nach der Uhr.
kuratiküno ´= bis aufs Haar.
kurdans = die Kurden.
kursüd = Kurs (Geldes).
kursüdalised = Kurszettel, Kursliste.
kusad = Beschuldigung, Anklage, Klage.
kusadam = Beschuldigung, das Anklagen.
kusadamalepenäd = Anklageschrift.
kusadan = Beschuldiger, Ankläger.
kusadäb = Angeklagter, Beklagter, Verklagter, Angeschuldigter.
kusadäbo = angeklagterseits, beklagterseits.
kusadik = anklägerisch.
kusadön, lov. = klagen, anklagen, beschuldigen, Klage führen, verklagen, einklagen.
kusatif = Akkusativ, Wenfall.
kusen = Kissen.
kust = Küsteramt.
kustan = Küster, Kirchner.
kut = Zwillich, Zwilch.
kutik = zwilchen, zwillichen.
kuv = Brut, das Brüten, Brüterei.
kuvajigok = Bruthenne.
kuvot = die Brut, Gebrüt.
kuvön, lov.: — nögis = Eier ausbrüten, brüten.
kuvöp = Brutstätte.
kü = wo, wann, in der Zeit wo, zu welcher Zeit (relativ).
küan, C_2N_2 = Cyan.
küanatazüd, CNOH = Cyansäure.
küanavap = Cyangas.
küanidazüd, HCN = Blausäure, Cyanwasserstoffsäure.
küb = Kubus.
kübadimmet, $d.M.^3$ = Kubikdezimeter.
kübaliöl = Kubikmeile.
kübamet, $M.^3$ = Kubikmeter.
kübamilmet, $K.M.^3$ = Kubikkilometer.
kübamimmet, $m.M.^3$ = Kubikmillimeter.

kübaninäd = Kubikinhalt.
kübazimmet, $c.M.^3$ = Kubikzentimeter.
kübäd = Würfel.
kübädan = Würfelspieler.
kübädapled = Würfelspiel.
kübädön, nel. = würfeln.
kübik = kubisch.
kübön, lov. = kubieren, zu der dritten Potenz erheben, auf die dritte Potenz erheben.
küg = (grosze) Gurke.
kügil = Gürkchen.
kügül = (kleine) Gurke.
küid = Oberschenkel.
küir = Leder.
küiradefälot, küiradefälots = Lederabfälle, küiradefälots pro gludikük = Leimleder.
küiratedan = Lederhändler.
küirifabrik = Lederfabrik.
küirifabrikan = Lederfabrikant.
küirik = ledern, von Leder.
küirod = Balg, Ledersack.
kük = das Kochen, das Sieden (lov.).
kükan = Sieder.
kükot = Sud, das Gesottene.
kükön, lov. = kochen (lov.), sieden (lov.).
küköp = Siederei.
küm = Schwarm.
kümam = das Schwärmen.
kümön, nel. = schwärmen.
kün = Kühnheit, Keckheit, Dreistigkeit.
künan = Verwegener.
künik = kühn, keck, dreist.
künön, nel. = sich erdreisten, erkühnen, sich getrauen.
küp = das Bemerken, das Gewahrwerden.
küpäd = Merkwürdigkeit.
küpädik = merkwürdig.
küpädö: —! = merkwürdig!
küpäl = Aufmerksamkeit.
küpälik = aufmerksam.
küpälikön, nel. = aufmerksam werden.
küpälön, nel.: — ad = aufmerksam sein, aufpassen, acht geben, merken, achten auf.
küpälükön, lov. = aufmerksam machen.
küped = Beobachtung.
küpedan = Beobachter.
küpedot = das Beobachtete.
küpedön, lov. = beobachten.
küpedöp = Observatorium, Beobachtungsstation.
küpet = Anmerkung, Bemerkung.
küpetön, lov. = bemerken.
küpodön, lov. = ertappen, betreffen, päküpodom tifölo = er wurde über einen Diebstahl betroffen.
küpovik = merkbar, merklich.
küpön, lov. = bemerken, gewahr werden, merken.
küpräd = Zypresse.
kvad = Quadrat.
kvadadegmet, $D.M.^2$ = Quadratdekameter.
kvadadimmet, $d.M.^2$ = Quadratdezimeter.
kvadaliöl = Quadratmeile.
kvadamet, $M.^2$ = Quadratmeter.

kvadamilmet, K.M.² = Quadratkilometer.
kvadamimmet, m.M.² = Quadratmillimeter.
kvadaninäd = Quadratinhalt.
kvadazimmet, c.M.² = Quadratzentimeter.
kvadaradig = Quadratwurzel.
kvadarud = Quadratrute.
kvadatummet, H.M.² = Quadrathektometer.
kvadik = quadratisch.
kvado = ins Geviert.
kvadön, lov. = quadrieren.
kvait: — papüra = Buch Papier.
kvat = Quaste, Troddel.
kvatäd = Borte, kvatäds = Posamentierarbeit, Posamentwaren.
kvatädasim = Posament, Borte.
kvatädel = Posamentier.
kvated = Franse.
kvän = Auslöschung, Löschung, Unterdrückung, Dämpfung.
kvänan = Auslöscher (p.).
kväned = das Auswischen.
kvänedön, lov. = verwischen, auswischen, ausfegen.
kvänian = Auslöscher (d.).
kvänik = gelöscht, ausgelöscht, gedämpft.
kvänikön, nel. = erlöschen (vom Feuer, Licht).
kvänön, lov. = löschen, auslöschen, ausmachen, ausputzen (Licht), austun, dämpfen.
kvär = Eichel.
kvärabim = Eichbaum, Eiche.
kvärabimafot = Eichwald.
kvärabimik = eichen.
kvärep = Eichbaum, Eiche.
kvärepafot = Eichwald.
kväzal, k. Gvatemänik = Quetzal.
kväzalazim, k. Gvatemänik = Centavos.
kveator = Äquator, Gleicher.
kveatorazon = Äquatorialzone.
kveatorik = äquatorial.
kvetsyuvans = Kitschuwa, Inkaperuaner, Quetschua (Indianerstamm).
kvek = die Lehre der Quäker.
kvekan = Quäker.
kvil = Adler, Aar.
kvilalog = Adlerauge.
kvilanäst = Adlernest, Adlerhorst.
kvilanud = Adlernase.
kvisin = Kocherei, das Kochen (das Zubereiten von Speisen).
kvisinabik = kochbar, zubereitbar.
kvisinabuk = Kochbuch.
kvisinafön = Küchenofen, Kochofen, Kochherd.
kvisinan = Koch.
kvisinik = kulinarisch.
kvisinön, lov. = kochen.
kvisinöp = Küche.
kvit = Quitte.
kvitabim = Quittenbaum.
kvitasümik = quittenartig.
kvitep = Quittenbaum.

K.

Kabovärduäns = Kapverdische-Inseln.
Kalaharän = Kalahari.

Kaldeyän = Chaldäa.
Kaledän = Kaledonien, Nula: — = Neukaledonien.
Kaledänan = Kaledonier.
Kaledänik = kaledonisch.
Kalifornän = Kalifornien.
Kambocän = Kambodscha.
Kamerunän = Kamerun.
Kamtjakän = Kamtschatka.
Kanaän = Kanaan, heiliges Land, Palästina.
Kanaänan = Kanaaniter.
Kanaänik = palästinisch.
Kanadän = Canada.
Kanariyuäns = Kanarische-Inseln.
Kanbärän (Cifazifazıläk Tatafeda Stralopik) = Bundeshauptstadtgebiet des Australischen-Staatenbundes.
Karolinuäns = Karolinen.
,Kassiópeia' [kášiopáïa] = Kassiopeia.
Kastiliyän = Kastilien, Nula: — = Neukastilien.
Katalonän = Katalonien.
Katalonänan = Katalonier.
Katalonänik = katalonisch.
Katarän = Katar.
Kaukasän = Kaukasus.
Kaukasänik = kaukasisch.
Kärntän = Kärnten.
Kenyän = Kenialand.
,Kêpheús' [kàfóïš] 1. mit. = Kepheus 2. eläd —, st. = Kepheus.
Kilät = Dreiheit, Dreieinigkeit.
Kilätik = dreieinig.
Kiujuveän = Kiuschiu.
Kolumbän = Kolumbien.
Kolumbänan = Kolumbier.
Kolumbänik = Kolumbisch.
Kongoän = Kongo, Congo (Gebiet), — Belgä: nik = Belgisch-Kongo.
Korsikeän = Korsika.
Kostarikän = Kostarika.
Kotsyintsyinän = Kotschinchina.
Kovätän = Koweit.
Kristus = Christus, cil: — = Christkind, Christuskind, jigam Kristusa = Braut Christi.
Kristusitaan = Antichrist.
Kristusitaik = antichristlich.
Kroasän = Kroatien.
Kroasänan = Kroatier.
Kroasänik = kroatisch.
Kubeän = Cuba (Insel).
Kurlän = Kurland.
Küraseän = Curaçao.
Kvantän = Kwantung.
Kvantjuvän = Kwang-tschou-wang.
veatora:Frikop: — Fransänik = Französisch Äquatorialafrika.
Kvinslän = Queensland.

l.

laabat = Alabaster.
laabatacan = Alabasterware.
laabataglät = Alabasterglas, Milchglas, Reisglas.

laabatik = alabastern.

laat, k. Latviyänik = Lat.

laatazim, k. Latviyänik = Santimu.

lab = das was man hat, das was etwas hat, labs e debs = Aktiva und Passiva.

laban = Inhaber, einer der (etwas) hat.

labed = Besitzergreifung, Besitznahme.

labedön, lov. = in Besitz nehmen, von ... Besitz ergreifen, von ... Besitz nehmen.

labem = Aktivbestand, Besitzstand.

labgadans = Abchasen.

labiäl = Habsucht.

labiälik = habsüchtig.

labik = in Besitz seiend.

labot, labots = Effekten (Sache), Besitzung.

labön, lov. = haben, — fäti = ergehen, labom fäti badik = es ergeht ihm slecht, — tikäli fibik = schwach am Geiste sein, labol (natälo) döfädis = du hast Fehler an dir, — malädi = leiden an einer Krankheit, labol bligi, sludi, gitodi ad ... = es steht bei dir zu ..., bim diameti piedas kil laböl = ein Baum von drei Fusz im Durchmesser, koapafomi gretik laböl = grosz von Wuchs.

labun = Album.

labü, pr.: bim — diamet piedas kil = ein Baum von drei Fusz im Durchmesser, — koapafom gretik = grosz von Wuchs.

labülön, lov. = einnehmen.

lad = Herz.

ladafomik = herzförmig.

ladamaläd = Herzleiden.

ladäl = Gemüt.

ladälataked = Gemütsruhe.

ladälik = gemütlich, das Gemüt betreffend.

ladälo: lio stadol-li —? = wie ist dir zu Mute?

ladälod = Gemütsstimmung.

ladälöf = Gefühl, Mitgefühl, Empfindlichkeit, Sentimentalität.

ladälöfamen = Gefühlsmensch.

ladälöfik = herzvoll, gemütvoll, empfindsam.

ladet = Adresse.

ladetam = Adressierung.

ladetan = Adressant.

ladetik = Adressen=, Adressen betreffend.

ladetön, lov. = adressieren.

ladik = dem Herzen gehörend, auf das Herz bezüglich.

ladinan = Ladiner.

ladöf = Herzlichkeit.

ladöfik = herzlich.

ladöfo = von Herzen.

ladvärb = Adverbium, Umstandswort, Adverb.

ladvärbik = adverbialisch.

ladvärbön, lov. = in ein Adverbium verwandeln, zum Adverb machen.

ladyek = Adjektiv, Beiwort, Eigenschaftswort.

ladyekik = adjektivisch.

laed = Latte.

laedem = Geländer, Lattengerüst, Spalier.

lael = Allee.

laetayans = Aëtas.

laf = Hälfte, Halb, Halbe, Halber, — largenta = die Hälfte von dem Silber.

lafab = Alphabet, Abc, — vönädik = Altalphabet.

lafababuk = Abebuch.

lafabik = alphabetisch.

lafabön, lov. = alphabetisch ordnen.

lafadilo = zur Hälfte.

lafagod = Halbgott.

lafalainik = halbwollen.

lafamüätik = halbstumm.

lafanenpalan = Halbwaise.

lafanoboin = Halbedelstein.

lafapärmeabik = halbdurchlässig.

lafavated = Halbhydrat.

lafganistan = Afghane.

lafik = halb.

lafo = zur Hälfte.

lafön, lov. = halbieren.

lafüd = Chroma, Intervall eines halben Tones.

lafüdemik = chromatisch.

lag = das Hangen.

lagaglok = Hängeuhr.

lagalök = Anlegeschlosz.

lagot = Gehänge, Behang, Behänge, lagots glätik litemakrona = gläserne Kronleuchterbehänge.

lagön, nel. = hangen.

lagun = Lagune.

lagust = Langouste.

laid = Beständigkeit, Ständigkeit.

laidabebüdülön, lov.: — eki = einen maszregeln.

laidablam = Krittelei.

laidadeb = ständige Schuld.

laidalotan = Stammgast.

laidalotanef = Stammtisch (Personen).

laidareman = Kunde, Abnehmer.

laidäl = Beharrlichkeit, Standhaftigkeit.

laidälam = Aufrechterhaltung.

laidälik = beharrlich, standhaft.

laidälön, nel. = beharren, standhalten, sich behaupten, verharren.

laidik = ständig, immerwährend, beständig, anhaltend.

laidiko = beständig, immerdar, immerfort.

laidio = für immer.

laido = durchgehends, durchgängig.

laidön, nel. = beständig sein.

laidul = Fortdauer, das Fortdauern.

laidulik = fortdauernd.

laiduliko = fortdauernd, immerfort, ineinemfort.

laidulön, nel. = fortdauern.

laidükön, lov. = belassen.

laidüp = Ewigkeit.

laidüpao = von je, von jeher.

laidüpik = ewig.

laidüpo = auf Ewig.

laidüpükam = Verewigung.

laidüpükön, lov. = verewigen.

laig = Lack.

laigam = Lackierung.

laigan = Lackierer.

laigel = Lackfabrikant.

laigön, lov. = lackieren.

lain = Wolle.

lainagik = wollig, Wolle habend, Wolle tragend.
lainaherik = wollhaarig.
lainasümik = wollig, wollähnlich, wollartig.
lained = Flanell.
lainedik = flanellen.
lainik = wollen, von Woll.
laipenön, lov. = fortschreiben, weiterschreiben.
laispikön, lov. = weitersprechen.
laivobön, nel. = weiterarbeiten, fortarbeiten.
lak = der See.
lakasalm = Gangfisch.
lakmud = Lakmus.
lakobükön, lov. = aufsammeln.
laktin, Ac, ‚actinium' = Aktinium.
lalanans = Alanen.
lalegor = Allegorie.
lalegorik = allegorisch.
lalemanans = Alemanen.
laleutans = Aleuten.
lalfenid = Alfenid.
lalfenidacan = Alfenidware.
lalgebrad = Algebra, Buchstabenrechnung.
lalgebradan = Algebraist.
lalgebradik = algebraisch.
lalgonkinans = Algonken (Indianerstamm).
laliad = Legierung, Alliage.
laliadam = Legierung, das Legieren.
laliadön, lov. = legieren.
lalkim = Alchimie.
lalkiman = Alchimist.
lalkohol = Alkohol.
lalkoholagäl = Alkogel.
lalkoholasäl = Alkosol.
lalkoholerik = alkoholhaltig.
lalkoholiäl = Alkoholismus.
lalkoholiälan = Alkoholist.
lalkoholik = alkoholisch.
lalkoholim = Alkoholismus.
lalkov = Alkoven.
lalp = Alp, Alpe.
lalpagaledan = Senn, Senner, Alpenhirt.
lalpajigaledan = Sennerin.
lalpalän = Alpenland.
lalpibelödan = Älpler.
lalpik = alpinisch.
lalumat = Aluminat.
lalumin, Al, ‚aluminium' = Aluminium.
laluminabäd ü **lalumatazüd**, $Al(OH)_3$ = Aluminiumhydroxyd.
laluminabronsöt = Aluminiumbronze.
laluminacan = Aluminiumware.
laluminakarbid, Al_4C_3 = Aluminiumkarbid.
laluminaklorid, $AlCl_3$ = Aluminiumchlorid.
laluminaloxid ü **lalumatastabot**, Al_2O_3 = Aluminiumoxyd, Tonerde.
laluminasulfat, $Al_2(SO_4)_3$ = Aluminiumsulfat.
laluminatelurid, Al_2Te_3 = Aluminiumtellurid.
laluminik = aluminisch.
lam = Klinge.
lamad = Lama (Tier).
lamidülnitratazüd, NH_2NO_2 = Nitramid.
lamidülzüd = Saüreamid.
lamir = Admiralschaft, Admiralswürde.

lamiral = Admiral.
lamiralanaf = Admiralsschiffe.
lamirät = Admiralität.
lamoniak = Ammoniak.
lamoniakakilyodlamoniak, $N_2J_3H_3$ ü NH_3NJ_3 = Jodstickstoff.
lamoniakerik = ammoniakalisch.
lamonium, H_4N = Ammonium.
lamoniumabäd, H_4NOH = Ammoniumhydroxyd.
lamoniumaklorid, H_4NCl = Chlorammonium, Salmiak.
lamoniumanitrat, H_4NNO_3 = Ammoniumnitrit.
lamoniumanitrit, H_4NNO_2 = Ammoniumnitrit.
lamoniumasulfat, $(H_4N)_2SO_4$ = Ammoniumsulfat.
lamoniumasulfid, $(H_4N)_2S$ = Schwefelammonium.
lampad = Lampe.
lampadil = Lämpchen.
lampör = Kaiser.
lampöram = Kaiserschaft, Kaisertum.
lampörän = Kaiserreich.
lampörik = kaiserlich.
lampör‚reg = Kaiser-König.
lan = Seele.
lanad, k. Lindäna Linglänik (= degmäldil bal rupida) = Anna.
lanadeb = geistige Schuld.
lanagret = Geistesgrösze.
lanal = Geist (groszer Geist), **God binon lanal** = Gott ist ein Geist.
lanamaläd = Geisteskrankheit, Seelenkrankheit.
lanan = Geist.
lananefazäl = Allerseelen (tag).
lananöp = das Jenseits.
lananöpalif = jenes Leben, Leben jenseits.
lananöpo = im Jenseits.
lanapluam = Geistesüberlegenheit.
lanapluamik = geistesüberlegen.
lanav = Psychologie, Seelenkunde.
lanavik = psychologisch.
lanäl = Enthusiasmus, Begeisterung.
lanälan = Enthusiast.
lanälik = begeistert, **mu —** = hoch begeistert.
lanälikön, nel. = begeistert werden.
lanälön, nel. = begeistert sein.
lanälükön, lov. = begeistern.
lanciers: les — [lå láñšïè] Fr. = Lanciers.
landens, pl. = Anden.
langälans, pl. = die Angeln.
langolar, k. Vesüda-Frikopa Portugänik = Angolar.
langolarazim, k. Vesüda-Frikopa Portugänik = Centavos.
lanik = psychisch, seelisch.
lanikäl = Seelsorge.
lanikälav = Pastoral, Pastoralwissenschaft.
lanim (tapladü stöfim) = Spiritualismus.
laniman = Spiritualist.
lanimik = spiritualistisch.
lanöf = das Unkörperliche, das Geistigsein, Geistigkeit.
lanön, lov. = beseelen, mit Seele begaben.
lantanin, La, ‚lanthanium' = Lanthan.

lantär = Laterne.
lantiy = Linse.
lantiyabül = Linsenmus.
lantiyafomik = linsenförmig.
lanud = Erle, Erlenbaum.
lanudafot = Erlenwald.
lanudik = erlen, von der Erle.
laoäd = Aloe.
laod = das Lautsein, Lautheit.
laodik = laut.
laopek (‚alopecurus‘, [álópekùruš,] lat.) = Fuchsschwanz (Pflanze).
laotrop = Allotropie.
lapak = Alpaka (ein peruvianisches Bergschaf).
lapakalain = Alpakawolle.
lapakayän = Alpakagarn.
lapalatsyavans = Appalatchen (Indianer).
lapan = Lappe.
lapatsyavans = Apatschen (Indianer).
lapel = Appell, Appellation, Berufung, Anrufung.
lapelacödal = Appellationsrat.
lapelacödalef = Appellationsgericht, Appellationshof.
lapelagität = Rekursrecht.
lapelan = Appellant, Anrufer.
lapelön, nel. = appellieren, ein höheres Gericht anrufen.
lar, A. ü D.M.^{2} = Ar.
laram = Alarm, Lärm.
laramey = das Aramäisch.
laramön, lov. = alarmieren.
lard = Ausgedehntheit.
lardafel = offenes Feld, freies Feld.
lardik = ausgedehnt.
largent = Silber.
largentam = Versilberung.
largentastömem = Silbergeschirr, Silberzeug.
largentavobot = Silberarbeit.
largentibevoban = Silberarbeiter.
largentik = silbern.
largentin, Ag, ‚argentum‘ = Silber.
largentinabäd, AgOH = Silberhydroxyd.
largentinabromid, AgBr = Silberbromid.
largentinahüploxid, Ag$_4$O = Silbersuboxyd.
largentinaklorat, AgClO$_3$ = Silberchlorat.
largentinaklorit, AgClO$_2$ = Silberchlorit.
largentinaloxid, Ag$_2$O = Silberoxyd.
largentinanitrit, AgNO$_2$ = Silbernitrit.
largentinapärloxid, AgO = Silberperoxyd.
largentinasulfid, Ag$_2$S = Schwefelsilber.
largentismitan = Silberschmied.
largentön, lov. = versilbern.
largonin, A, ‚argon‘ = Argon.
larig = Lärche, Lärchenbaum, Lärchentanne.
larin = Kehlkopf.
lariy = das Arisch.
lariyan = Arier.
larmeniyan = Armenier.
larsenatastabot, As$_2$O$_3$ = Arsensäureanhydrid.
larsenatazüd, H$_3$AsO$_4$ = Arsensäure.
larsenin, As, ‚arsenicum‘ = Arsen.
larseninahidrin, AsH$_3$ = Arsenwasserstoff.

larseninakilklorin, AsCl$_3$ = Arsentrichlorid.
larsenitastabot, As$_2$O$_3$ = Arsenigsäureanhydrid.
larsenitazüd, H$_3$AsO$_3$ = arsenige Säure.
lartig = Artikel, Geschlechtswort.
larvat = Larve, — lontada = Engerling.
lasamiy = das Assami.
lasär = Eidechse.
lasbed = Asbest, Bergflachs.
lasbedacan = Asbestware.
lasbedafaib = Asbestfaser.
lasbedapapür = Asbestpapier.
lasbedavivot = Asbestgewebe.
lasbedik = asbestisch, von Bergflachs.
laseod (‚alcedo ispida‘, [álžedo išpida,] lat.) = Eisvogel.
lasig = Assignation, Anweisung (Sache).
lasigam = Anweisung, das Assignieren.
lasigan = Anweiser.
lasigigetan = Assignatarius.
lasigipelan = Assignat.
lasigön, lov. = assignieren, anweisen.
lasiv = Wollust.
lasivan = Wollüstling, Lüstling.
lasiviäl = Geilheit, Lüsternheit.
lasiviälik = geil, lüstern.
lasiviälön, nel. = geilen, lüstern sein.
lasivik = wollüstig.
lastin = Spannkraft, Elastizität.
lastinagumäd = Gummi elastikum.
lastinik = spannkräftig, elastisch.
lastrolog = Astrologie.
lastrologan = Astrologe.
lasum = Aufnahme.
lasumabik = aufzunehmen.
lasumovik = aufnehmbar.
lasumön, lov. = aufnehmen, — lomü ok = zu sich nehmen.
lasür = Lazurstein, Lapis lazuli.
lasürablöv = Azur, Azurblau, das Himmelsblau.
lasürablövik = azurn, azuren, himmelsblau.
lasüriy = das Assyrisch.
lat = Späte.
latabaskiyans = Athabasken.
latafluk = Spätling (Frucht).
lataflukük = Spätherbst.
latan = Spätling (Kind).
latar = Altar.
latarasakram = Altarssakrament (Abendmahl).
latik = spät.
latikön, nel. = sich verspäten.
latin (pük Romäna timü, Marcus Tullius Cicero‘ ä pük nolavanas, klu no löliko dientiföl tefü Latänapük) = das Latein.
latinan = Lateine (einer der Latein kennt).
latinik = lateinisch.
latinim = Latinismus.
latino = auf Lateinisch.
latinön, lov. = latinisieren.
lato = spät.
latön, nel. = spät sein.
latükam = Verspätung.
latükön, lov. = verspäten, verspätigen.
latviy = die lettische Sprache, das Lettisch.

latviyan = Lett.
laud = Lerche.
lauk = Lauge.
laun = Alaun.
launik = von Alaun.
laut = Schriftstellerei, Abfassung.
lautan = Schriftsteller, Autor.
lautot = die Schrift oder ein Stück der Schrift eines Autors.
lautotem = Chrestomathie, Blumenlese.
lautön, lov. = verfassen, abfassen, aufsetzen, schreiben, **lautom vödabuki** = er arbeitet an einem Wörterbuche.
lav = das Waschen, Waschung.
lavalauk = Waschlauge.
lavaleskel = Waschbecken.
lavamon = Waschgeld.
lavanamesed = Wäscherlohn.
lavar = Geiz, Filzigkeit, Filz, Knauserei, Filzerei.
lavaran = Pfennigfuchser, Knauser, Knicker, Geizhals, Filzer.
lavarik = geizig, knauserig, filzig.
lavarön, nel. = geizen, knausern, filzen.
lavastofädem = die Wäsche (das zuwaschende oder gewaschene Zeug).
lavat = Lava.
lavatik = Lava₂.
lavatub = Waschfasz.
lavatüb = Waschzuber, Waschkubel.
lavavat = Spülicht, Spülig, — **brändinifiledöpa** = Branntweinspülicht.
lavavom = Waschfrau.
lavädaflab = Waschlappen, Scheuerlappen.
lavädöm = Schwabber.
lavädön, lov. = (den Boden) waschen, aufwaschen.
laverans = Avaren.
lavo = in der Wäsche, in die Wäsche.
lavog = Advokatur, Anwaltstand.
lavogan = Advokat, Anwalt.
lavogik = advokatisch, anwaltlich.
lavön, lov. = waschen, abwaschen.
lavöp = Waschhaus, Wäscherei.
lavül = das Ausspülen.
lavülöm = Irrigator.
lavülön, lov. = ausspülen.
layet = Lade, Schublade.
layetatab = Kommode.
layut = Adjudantur.
layutan = Adjudant.
lazaret = Lazaret.
lazidazüd, HN₃ = Stickstoffwasserstoffsäure.
laztekans = Azteken.
lä, pr. 1. = an, **seadön — fön** = am Ofen sitzen 2. = bei, **— at** = dabei, **— od** = bei einander, **— kel** = wobei, **binom, seadom, blibom — ob** = er ist, er sitzt, er bleibt bei mir, **— dom alik** = Haus bei Haus 3. = um, **ai binom — ob** = er ist immer um mich 4. = zu, **pokolös oni — ol!** = stecke es zu dir! **seitolöd moni — ret!** = lege das Geld zu dem übrigen! 5. **pluön — ek demü süperods logotik** = einem an äuszern Vorzügen übertreffen,

nepluön, pluön — ek tefü, demü nols = einem an Kenntnissen nachstehen, überlegen sein.
läb = Glück.
läbik = glücklich, gesegnet.
läbikön, nel. = glücklich werden.
läblin = das Beibringen, Anbringung, Beibringung.
läblinan = Anbringer, Beibringer.
läblinön, lov. = anbringen, beibringen.
läbo = glücklicherweise.
läbö: —! = glückauf!
läbön, nel. = Glück haben, glücklich sein.
läbükön, lov. = beglücken, glücklich machen.
läcer = Leichtsinn.
läcerik = leichtsinnig.
läd = Dame, Herrin, lady, Madam.
lädahät = Damenhut.
lädül = junge Dame, Fräulein.
läf = Knollen.
läfabrasid = Rübenkohl, Kohlrabi.
läfaplan = Knollengewächs.
läfik = knollig, knollenartig.
läfulükam = Auffüllung, Anfüllung, Ergänzung.
läfulükot = Anfüllung, Auffüllung, das Aufgefüllte, Ergänzung.
läfulükön, lov. = anfüllen, auffüllen, ergänzen.
läg = das Hängen, das Aufhängen.
lägian = Gehänge, das woran etwas hangt, Gürtel (l. eli **säbilägian** = Sabelgehenk, Säbelkoppel!).
lägiv = Beifügung, Beigabe, Beigebung, Beilegung.
lägivot = Beigabe, Beischlusz (Sache), Zugabe, Zulage, Zusatz, Zuschlag.
lägivön, lov. = beifügen, beigeben, beilegen, beischlieszen.
lägot = etwas aufgehängtes (l. eli **völalägot** = aufgehängter Wandschmuck!).
lägön, lov. = hängen, aufhängen, henken.
läikön, nel. = dazukommen.
läk = das Lecken.
läkön, lov. = lecken.
läkövön, lov. = mit in ein Kuvert tun, mit in ein Kuvert beifügen, **paläkövön, peläkövön** = beifolgen.
läktor = Lektorat.
läktoran = Lektor.
lämig = Beimischung.
lämigön, lov. = beimischen.
lämpir, k. Honduränik = Lempira.
lämpirazim, k. Honduränik = Cent.
län = Land (in valem).
länagraf = Landgraf.
länan = Eingeborner.
länarovöp = Landenge, Isthmus, Erdenge.
länäd = Land (im Gegensatz zu der Stadt).
länädadom: — noubana = Edelhof, ländliches Wohnhaus eines Edelmanns.
länädagaläd = Feldwache, Feldwacht.
länädagalädanef = Feldwache, Feldwacht (Personen).
länädapoldan = Gendarm, Landjäger, Flurschütz, Flurhüter, Flurwächter.

länädik = ländlich, auf das Land bezüglich.
länädioː tävön — = aufs Land reisen.
länädo = auswärts.
länädöf = ländliche Einfalt.
länädöfik = ländlich einfach.
läned = Land, Terrain, Gelände (einzelnes Grundstück).
länilabot = Landgut.
länilabotal = Gutsbesitzer.
länilabotan = Gutsarbeiter.
länilabotavoban = Gutsarbeiter.
länod = Landschaft.
länodik = landschaftlich (auf den künstlerischen Eindruck der Natur einer Gegend bezüglich).
länumön, lov. = beizählen.
läod = Beifügung.
läodaset = Adjektivsatz.
läpäkön, lov. = beipacken.
lärn = das Lernen, Erlernung.
lärnafäg = Gelehrigkeit.
lärnafägik = gelehrig.
lärnafägön, nel. = gelehrig sein.
lärnamod = Lehrgang.
lärnan = Lehrling.
lärniäl = Lernbegierde.
lärniälik = lernbegierig.
lärnod = Aufgabe, Lektion.
lärnov = Erlernbarkeit.
lärnovik = erlernbar.
lärnön, lov. = lernen.
lärnöp = Ort wo man etwas lernt.
lärnüp = Lernzeit.
läseatik = beiliegend.
läseato = inliegend.
läseatön, nel. = beiliegen.
läseidön, lov. = beisetzen.
läseitön, lov. = beilegen.
läsgiyans = Lesghier.
läskioman = Eskimo.
läskiomik = eskimoisch.
läskud, k. Portugänik = Escudo.
läskudazim, k. Portugänik = Centavos.
läslipan = Beischläfer.
lät (plad lätik in ked seimik, tapladü el: balid) = die letzte Stelle.
läten = Messing.
lätenacan, lätenacans ü cans lätenik = Messingware, Gelbgieszersware.
lätenigif = Gelbgieszerei, das Gelbgieszen, Gelbgusz.
lätenigifan = Gelbgieszer.
lätenik = messingen.
lätik = letzte.
lätikna = letztenmal, zum letzten mal.
lätiknaik = letztmalig.
lätiko = letztens, zuletzt.
lätiküno = aufs äuszerste.
lätirön, lov. = herbeiziehen.
läükot = Beitrag.
läükön, lov. = hinzufügen, beifügen, beilegen.
läv, k. Rumänik = Leu.
lävazim, k. Rumänik = Bani.
läxprofäsoran = chemaliger Professor.

läxsifal = Altbürgermeister, ehemaliger Bürgermeister.
läyüm = Hinzufügung.
läyümod = Apposition.
läyümodik = appositionell.
läyümot = Zusatz, Nachtrag.
läyümön, lov. = beiordnen, beifügen, hinzufügen.
läyümü = als Zusatz zu.
läzib = Beigericht, Zuspeise.
lead = das Gehenlassen.
leadön, sek. = lassen (nicht hemmen), — deː flumön, lov. = ablassen, — degolön, lov. = ablassen, — dugolön, lov. = durchlassen, — föfiokömön, lov. = vorlassen, vorkommen lassen, — moön, lov. = weglassen, — välön, lov. (eki tefü bos) = freistellen, jino no küpölo — dunön eke bosi = einem etwas durch die Finger sehen.
lear = Ölbaum, Olivenbaum.
learafluk = Olive, Ölbaumfrucht.
learaleül = Baumöl, Olivenöl.
learatuig = Ölzweig.
leäktron = Elektron.
lebadik = bitterböse.
lebäf = Kontrabasz.
lebeg = das Flehen, Anflehung.
lebegan = Anfleher, flehentlicher Bittsteller, Flehender.
lebegik = flehentlich.
lebegön, lov. = flehen um, anflehen, — vemo = beschwören (inständigst bitten, flehen).
lebeno = ganz wohl.
lebenomotedik = wohledelgeboren.
lebidäd = Hauptrasse.
lebiedik = gallenbitter.
lebijop = Erzbischof.
lebijopän = Erzbistum.
lebijopik = erzbischöflich.
lebijopöp = Residenzstadt eines Erzbischofs, Metropole (eines Erzbischofs).
lebinäd = Quintessenz, Hauptbestandteil.
lebinädön, nel. = gipfeln (figürlich).
lebir = Doppelbier.
lebladön, nel. = blasen, wehen, vien lebladon lofüdao = der Wind weht aus Osten.
leblam = Verweis, Vorwurf.
leblamön, lov.: — eki = einem einen Rüffel geben, einem einen Wischer geben, ein Aufgebot machen, den Text lesen, den Leviten lesen, den Kopf waschen, die Ohren waschen.
leblägik = kohlschwarz, rabenschwarz.
lebludam = Blutsturz.
lebluf = Feuerprobe.
leblünön, lov.: — temunanis, penädis = Zeugen, Stücke aufweisen.
leboned = Abonnement.
lebonedam = das Abonnieren.
lebonedan = Abonnent.
lebonedön, lov. = sich abonnieren auf.
leböb = Börse (Gebäude).
leböban = Börsianer, Börsenbesucher.
lebötan = Oberkellner.
lebötid = Zechgelag, Trinkgelage, Bachanal.

lebrafö: —! = bravissimo!
lebrän = Spreu.
lebrekod = Bresche.
lebrid = Groszkultur.
lebridaplan = Kulturpflanze, Kulturgewächs.
lebridasit = Kultursystem.
lebug = Golf, Meerbuzen.
lebuk = Werk (Buch).
lebumön, lov. = ausbauen.
lebuon = Spund, Spundzapfen.
lebuonahog = Spund, Spundloch.
lebuonön, lov. = spünden, verschlieszen.
lebüä = ehe und bevor.
lebüd = Kommando.
lebüdal = Armeebefehlshaber.
lebüdan = Kommandant.
lebüdön, lov. = kommandieren, befehligen.
lebür = Kanzlei.
lebüral = Kanzler.
lebüran = Kanzlist, Kanzleibeamter.
lecäd = Durchlaucht, Durchlauchtigkeit.
lecädal = Durchlaucht (als Titel fürstlicher
Personen), ol, o lecädal! üd or, o lecädal! =
Ew. Durchlaucht.
leced = Ermessen, Gutachten.
lecedön, lov. = betrachten, ansehen (für), halten (für), lecedob omi simulani, stupiki =
ich halte ihn für einen Heuchler, für dumm.
lecein = Bekehrung.
leceinön, lov.: — eki = einen bekehren.
lecek = Volière, Zwinger, Stall.
lecem = Saal.
lecen = Bekehrung.
lecenön, nel. = sich bekehren.
lecif = Obervorstand, Oberchef, Oberhaupt.
lecifam = Oberleitung.
lecop = Haue, — teltuitik = Karst.
lecüd = Axt.
lecüdel = Äxtemacher.
led = Spitze (an kleidern).
ledaut = Prinzessin.
ledeadik = maustot, mausetot.
ledesir = Sehnsucht, Gelüste.
ledesirik = sehnlich, sehnsüchtig, sehnsuchtsvoll, gierig, gelüstig.
ledesirön, lov. = sich sehnen, ersehnen nach,
gelüsten.
ledigid = Hochschätzung.
ledigik = hochgeschätzt.
ledilek = Oberdirektion, Oberverwaltung,
Hauptdirektion.
ledin = Hauptsache, binos ledin = darauf
kommt es an.
ledinäd = Groszverhältnis, Hauptverhältnis.
ledinik = hauptsächlich, kardinal.
ledinit = Rang höheren Geistlicher.
ledinital = Hochwürden (als Titel), ol, o —!
üd or, o —! = Ew. Hochwürden.
ledinitan = Hochehrwürden (als Titel), ol, o
—! üd or, o —! = Euer (Ew.) Hochehrwürden.
ledinitik = hochwürdig.
ledino = in der Hauptsache.
ledisein = Endzweck.

ledispärot = Suspension.
ledit = Abschied.
leditaglid = Abschiedsgrusz, das Lebewohl.
ledito = zum Abschied.
leditön, nel. = Abschied nehmen.
lediv = Hort, groszer Schatz.
ledivod = Anhänglichkeit (Treue).
ledivodik = zugetan, treu, anhänglich.
ledolik = bitterlich.
ledom = Palast.
ledöf = Hauptgebrechen, Hauptdefekt.
ledred = Grausen.
ledredod = Gräszlichkeit.
ledredodik = grausenerregend, grausig.
ledun = Ausführung, Vollendung, Erledigung,
Ausstattung, Vollziehung, Erfüllung, Ausfertigung, — desinodas = die Ausführung von
Unternehmungen.
ledunan = Ausführer, Vollender, Vollzieher.
ledunön, lov. = ausführen, ausrichten, erfüllen,
vollziehen, vollbringen, vollenden, vollständig
zu Ende bringen, fertig bekommen mit, fertig
werden, — komiti = einen Auftrag erledigen, — bosi = zu Ende bringen, mit etwas
zu Ende kommen.
ledut = das Gehörigsein, Eigentum, das Eigentumsein.
ledutik = gehörig, eigentümlich, als Eigentum
gehörend.
ledutikön, nel. = anheimfallen, zuteil werden.
ledutot = Eigentum.
ledutön, nel. (lü) = gehören, angehören, Eigentum sein.
ledüfik = steinhart.
ledük = Groszherzog.
ledükik = groszherzoglich.
leefad = Elefant.
lef = Hefe.
lefad = (in valem) Tau, Seil, Schnur, — hukopäskaröma = Angelschnur.
lefanot = Beute, Kriegsbeute.
lefanön, lov. = Beute machen, erbeuten.
lefat = Groszvater.
lefatül = Groszpapa.
lefäk = Leidenschaft.
lefäkäl = Feuergeist, feuriger Geist.
lefäkik = leidenschaftlich.
lefäkikön, nel. = leidenschaftlich werden.
lefäkön, nel. = leidenschaftlich sein.
lefänön, lov.: — häti,... = den Hut,...
schwingen.
lefenön, nel. = totmüde sein, erschöpft sein.
lefided = Bankett.
lefil = Feuerbrunst.
lefilahuk = Feuerhaken.
lefilalaram = Feuerlärm, — dobik = blinder
Feuerlärm.
lefilamön = Brandmauer.
lefilapold = Feuerwehr.
lefilapoldan = Feuerwehrmann.
lefilaskut = Feuerspritze, tuin lefilaskuta =
Schlauch einer Feuerspritze, Schlange einer
Feuerspritze.
lefilasur = Feuerversicherung.

lefilö: — ! = Feuer! Feuerjo!
lefilön, nel. = brennen, dom lefilon = das Haus brennt.
lefilükan = Brandstifter.
lefilükön, lov. = brandstiften, Feuer anlegen.
leflen = Busenfreund, Hauptfreund, Duzbruder.
leflit = hoher Aufschwung, Aufflug.
leflitäl = Schwung (auf geistigem Gebiet), Aufschwung.
leflumed = Strom, ein groszer Flusz.
lefog = Wolke.
lefogik = wolkig, bewölkt.
lefogikön, nel. = sich bewölken.
lefogön, nel. = bewölkt sein.
lefok = Vorlegegabel.
lefom = Hauptform.
lefred = Heiterkeit, Fröhlichkeit, Lustigkeit.
lefredan = lustiger Bruder, fideles Haus, fidele Haut.
lefredik = fröhlich, heiter, lustig, fidel.
lefrediko = lustigerweise.
lefredön, nel. = heiter sein.
lefredükam = Aufheiterung.
lefredükan = Aufheiterer.
lefredükön, lov. = heitern, aufheitern.
lefurun = Karbunkel, Karfunkel, Brandschwär.
leg = Echtheit, Ächtheit.
legad = Park.
legadil = Lustwäldchen.
legag = Widerwärtigkeit, Widrigkeit.
legagik = widerwärtig, widerlich.
leganet = Generalagentur, Hauptagentur.
leganetan = Generalagent, Hauptagent.
legard = Leibgarde.
legät = Legation, Gesandtschaft.
legätan = Gesandter.
legätanef = Gesandtschaft (Personen).
leget = Empfängnis.
legik = echt, ächt.
legion = Legion.
legionan = Legionär.
legiv = Schenkung, das Schenken.
legivan = Schenker.
legivot = Geschenk, Schenkung, das Geschenkte.
legivön, lov. = schenken.
leglif = Gram.
leglifik = grämlich, gramerfüllt.
leglifön, nel. = gramerfüllt sein, sich grämen.
leglifükön, lov. = grämen.
legluf = Fausthandschuh.
leglüg = Dom, Domkirche, Münster, Kathedrale.
leglügät = Domherrschaft.
leglügätacäm = Kapitel.
leglügätan = Domherr.
legodö: —! = groszer Gott!
legruf = Gosse, Rinnstein, Rinne, Dachrinne.
legrufafomik = rinnenförmig.
legrufül = Kannelüre.
legrufülön, lov. = kannelieren.
legud = Tauglichkeit (Güte), Gediegenheit.
legudik = tauglich, solide, gediegen.
legudükön, lov. = tauglich machen.

legur = Cañon.
lehät = Helm.
lehitik = kochend heisz, glühend heisz.
leig = Gleichheit, Gleiche.
leigacedik = gleicher Ansicht.
leigafom = Gleichförmigkeit, Uniformität.
leigafomik = gleichförmig.
leigafomön, lov. = gleichförmig machen.
leigalienik = gleichseitig.
leigalonöfik = gleichgültig (gleichwertig).
leigamagod = Ebenbild, **nen** — = sondergleichen.
leigamagodik = ebenbildlich.
leigamalül = Gleichheitszeichen.
leiganemödik = ebensowenig.
leigasotik = gleichartig.
leigastepö: —! = schrittgehalten!
leigatigik = gleichschenkelig.
leigaton = Gleichlaut, Gleichklang.
leigavet = Gleichgewicht, — **bolitik** = politisches Gleichgewicht.
leigaveto = im Gleichgewicht.
leigavetön, lov. = im Gleichgewicht stehen, **baldinas at leigaveton votiki** = das eine hält das andere in Gleichgewicht, das eine hält dem andern das Gleichgewicht, — **rezipiko** = einander im Gleichgewicht halten.
leigavetükön, lov. = ins Gleichgewicht bringen.
leigavöladik = gleichwertig.
leigäd = Gleichstellung.
leigädön, lov. = gleichstellen.
leigät = Äquivalenz, Gleichwertigkeit.
leigätik = äquivalent, gleichwertig.
leigätod = Äquivalent, Gleichwert.
leiged = Uniform (Kleidung), **klotön in** — **ü leigedaklotön** = uniformieren, in Uniform kleiden.
leigedaklotön, lov. = **klotön in leiged.**
leigik = gleich.
leigiko = ebensoviel, gleich viel.
leigo = desgleichen, ebenfalls, ebenso, gleichfalls.
leigoäs = ebenso wie, gleichwie.
leigod = Vergleich, Vergleichung, **gramatafomam leigoda** = Steigerung, Gradation, **gramatafomön leigodi** = steigern, die Steigerungsstufen bilden.
leigodovik = vergleichbar, vergleichlich.
leigodön, lov.: — **bosi ud eki lä** = etwas oder einen vergleichen mit.
leigodü 1. = im Vergleich mit, im Vergleich zu, in Vergleichung mit, — **ol** = im Vergleich zu dir 2. = gegen, — **blod oka binom gian** = gegen seinen Bruder ist er ein Riese 3. = **pluön** — **ek demü süperods logotik** = einem an äuszern Vorzügen übertreffen, **pluön, neż pluön** — **ek tefü, demü nols** = einem an Kenntnissen überlegen sein, nachstehen.
leigot = Gleichung (mat.).
leigöf = Gleichmäszigkeit, Ebenmäszigkeit.
leigöfaladäl = Gleichmütigkeit.
leigöfaladälik = gleichmütig, phlegmatisch.
leigöfik = gleichmäszig, ebenmäszig.
leigön, nel. = gleichen, gleich sein.

leigul = das Assimiliertsein.
leigulik = assimiliert.
leigulön, nel. = assimiliert sein.
leigükam = Ausgleichung.
leigükön, lov. = ausgleichen.
leigüp = Gleichzeitigkeit.
leigüpik = gleichzeitig.
leigüpo = gleichzeitig, gleichzeitigerweise, zugleich, ineinem, zu gleicher Zeit.
leit = Leichte, Leichtheit.
leitik = leicht (von Gewicht).
leitikumön, nel. = abnehmen an Gewicht.
leitükön, lov. = erleichtern.
lejäpan = Erzschelm.
lejäst = Gestikulation.
lejästön, nel. = gestikulieren.
lejedön, lov. = schleudern.
lejeikik = entsetzlich.
lejek = Entsetzen, Graus.
lejekön, nel. = sich entsetzen.
lejönik = bildschön, malerisch.
lejuit = Wonne, Hochgenusz.
lejuitik = wonnesam, wonnig.
lekalabuk = Hauptbuch.
lekan = Kunst, lekans jönik = schöne Künste.
lekanadabüköp = Kunstverlag.
lekanakadäm = Kunstakademie, Künstleranstalt, Kunstinstitut.
lekanan = Künstler, Artist.
lekananiver = Kunstakademie, Kunstschule.
lekanapänan = Kunstmaler.
lekanäl = Kunstsinn.
lekanik = künstlerisch, artistisch.
lekanot = Kunstgegenstand, Kunstwerk.
lekanotamused = Kunsthalle, Kunstanstalt.
lekat, k. Lalbanänik = Leka.
lekatazim, k. Lalbanänik = Quindar.
lekazet = Haupton.
lekäd = Hauptkasse.
lekäl = Kur, ärztliche Behandlung, — stabik = Radikalkur, — sümpatik = sympathetische Kur, sympathetische Behandlung.
lekäladom = Kurhaus.
lekälön, lov. = kurieren, behandeln.
lekälöp = Kurort.
lekev = Höhle, Grotte.
lekik = Hauptschlüssel.
leklär = Blitz.
leklärastral = Blitzstrahl.
lekläravifo = blitzschnell.
leklärididedugian = Blitzableiter.
leklärön, nel. = blitzen.
leklin = Lauterkeit.
leklinik = lauter, ehrlich.
leklöb = Keule.
leklub = Liga.
lekluinaflab = Putztuch, Putzlappen.
lekluinan = Wichser.
lekluinaväk = Wichse.
lekluinaväkel = Wichsfabrikant.
lekluinön, lov. = putzen, wichsen.
lekod = Grundursache.
lekoef = Bekenntnis, Glaubensbekenntnis.
lekoefön, lov. = bekennen.

lekof = Ironie.
lekofik = ironisch.
lekomitaziläk = Mandatgebiet.
lekoned = Roman.
lekonfidön, lov. = sich verlassen auf, rechnen auf, zählen auf, — eki = auf einen bauen, sich auf einen verlassen.
lekoten = Genügsamkeit.
lekotenik = genügsam.
leköm = Advent.
leköp = Kelch.
lekred = Glauben (in religiösem Sinn).
lekredaleset = Dogma, Glaubenssatz, Glaubensartikel.
lekredan = Gläubiger, Glaubender.
lekredav = Kirchenlehre, Glaubenslehre.
lekredavitid = religiöser Unterricht.
lekredavitidan = Kirchenlehrer, Religionslehrer.
lekredik = gläubig.
lekredön, lov. = glauben (überzeugt sein).
lektin = Elektrizität.
lektinaflum = elektrischer Strom.
lektinakaenan = électricien.
lektinakaenav = Elektrotechnik.
lektinakaenavan = Elektrotechniker.
lektinakiemav = Elektrochemie.
lektinam = Elektrisierung.
lektinamacin = Elektrisiermaschine.
lektinaträm = elektrische Bahn, die Elektrische.
lektinäd = Elektrolyt.
lektinid = Elektrifizierung.
lektinidön, lov. = elektrifizieren.
lektinik = elektrisch, flum — = elektrischer Strom.
lektinod = Elektrode.
lektinodilet = Elektrolyse.
lektinodiletik = elektrolytisch.
lektinön, lov. = elektrisieren.
lektoin = Bernstein.
lektoinacan = Bernsteinware.
lekultan = Erzpriester.
lekusen = Bettpolster.
lel = Lilie.
lelaodiko = lauthals, aus vollem Halse, aus voller Kehle, überlaut.
lelasümik = lilienartig.
lelatar = Hochaltar, Hauptaltar, Fronaltar.
lelavietik = lilienweisz.
leläb = Glückseligkeit.
leläbik = glückselig.
leläbikön, nel. = glückselig werden.
leläbön, nel. = glückselig sein.
leläbükön, lov. = glückselig machen.
leläd = Notre-Dame.
lelegät = Ambassade.
lelegätan = Ambassadeur.
leliedö: —! = leider Gottes!
lelifikam = Auferstehung.
lelifikön, nel. = auferstehen.
lelifükön, lov. = auferwecken.
lelilam = das Vernehmen, das Verstehen.
lelilamov = Vernehmlichkeit, Verständlichkeit.
lelilamovik = vernehmbar, vernehmlich, verständlich.

lelilön, lov. = vernehmen, erfahren, benachrichtigt werden, verstehen, zu Ohren kommen.
leliöt = Oberleutnantswürde.
leliötan = Oberleutnant.
leliv = das Freisein (ohne Zwang, ohne Einschränkung oder Hemmendes), **lelivi mödikum!** = gröszere Freiheit!
lelivalän = Freiland.
lelivamon = Freigeld.
lelivükam = Erlösung, Lossprechung, das Freilassen, — **slafanas** = Sklavenemanzipation.
lelivükön, lov. = erlösen, freilassen, lossprechen (einen Sklaven).
lelob = Preis (hohes Lob, Ruhm).
lelobab = Preiswürdigkeit.
lelobabik = preiswürdig, preislich.
lelobakanit = Lobgesang.
lelobal = Bekenner (heiliger Bekenner).
lelobalef = Bekennerschaft.
lelobön, lov. = preisen, lobpreisen.
lelobül = Akklamation.
lelobülo = durch Akklamation.
lelobülön, lov. = akklamieren.
lelogam = Betrachtung.
lelogäd = das Hervorstechen, das Vorstechen.
lelogädik = hervorstechend.
lelogädön, nel. = vorstechen (nel.), hervorstechen, hervortreten.
lelogädükam = Hervorhebung.
lelogädükön, lov. = hervorheben.
lelogovik = zur Besichtigung.
lelogovön, nel. = zur Besichtigung ausliegen.
lelogön, lov. = betrachten, besichtigen.
lelon = Hauptgesetz.
lelödäd = Kantonierung.
lelödädön, lov. = kantonieren.
lelödädöp = Kantonnement.
lelöf = die Liebe, die Minne, das Lieben, die Herzigkeit.
lelöfan = Liebhaber.
lelöfäb = Geliebter.
lelöfäd = Verliebtheit.
lelöfädik = verliebt, vernarrt, verschossen.
lelöfädikön, nel. (dö) = sich verlieben (in), sich vernarren (in).
lelöfädön, nel. (dö) = verliebt sein (in), vernarrt sein (in).
lelöfik = lieb, geliebt, herzig.
lelöfön, lov. = lieben, minnen.
lelöfül = Gekose.
lelöfülön, lov. = kosen mit, sich herzen mit.
lelölo = im groszen ganzen.
lem = das Gelähmtsein, Lähmung.
lemaledit = Bannfluch, Anathem.
lemaleditön, lov. = anathemisieren, verfluchen.
lemäsäd = Hochamt.
lemek = Erschaffung, das Zustandebringen, das Schaffen, Ausfertigung.
lemekön, lov. = schaffen, erschaffen, fertigen, fertig bringen.
lemem = Andenken (das Denken).
lememot = Andenken (Sache).
lememön, lov. = daran denken, — **eki** = an einen denken.

lemesed = Einkommen, Gehalt.
lemiel = Honigseim.
lemik = gelähmt.
lemikön, nel. = lahm werden, gelähmt werden, erlahmen.
lemilit = Hauptarmee, Hauptstärke.
lemio: flapön — eki = einen zum Krüppel schlagen.
lemot = Groszmutter.
lemotül = Groszmama.
lemöd = Unmasse, Unmenge, Unzahl.
lemödik = unmäszig, unzählig.
lemökön, lov. = vollbereiten, ganz fertig machen.
lemön, nel. = gelähmt sein.
lemu, ladv. = äuszerst.
lemuam = Äuszerstes.
lemud = Maul.
lemudil = Mäulchen.
lemufön, nel. = sich schütteln.
lemufükön, lov. = schütteln.
lemüf = Lokomotive.
lemükam = Erlahmung, Lahmlegung.
lemükön, lov. = lähmen, lahmlegen.
lemürön, nel. = platschen (Wasser).
len, pr. 1. = an, — **at** = daran, — **od** = an einander, **bal — votik** = an einander, **stutön — völ** = sich an die Wand lehnen, **stanön, dalilön — völ** = an der Wand stehen, horchen, **lägön bosi — völ** = etwas an die Wand hängen, **nafädön — klif** = an einem Felsen scheitern, **seidön eke neifi — gug oma** = einem das Messer an die Kehle setzen, **‚Köln' topon — ‚Rhein'** = Köln liegt am Rhein, **dom labon miedi oka — zifamön** = das Haus grenzt, stöszt an die Stadtmauer, **seadön — tab** = am Tisch sitzen, **dugön — nam cili** = ein Kind an der Hand führen, **vobom — vödabuk** = er arbeitet an einem Wörterbuche 2. = bei, **gleipön eki — kolet, — herem** = einen beim Kragen, beim Schopf fassen, **seadön — tab** = bei Tische sitzen, **dugön eki — nam** = einen bei der Hand führen, — **dom alik** = Haus bei Haus 3. — **dom alik** = von Haus zu Haus.
lenaud = Greuel (die Empfindung des Grauens), das Grausen.
lenaudod = Graus, Grausen, das Grauen (Grauen Erregendes).
lenaudodik = grauenhaft, grausenhaft.
lenaudön, lov. = grauen, grausen vor.
lenäd = Adsorption.
lenädastöfed = Adsorbens.
lenädön, lov. = adsorbieren.
lenäm = Hauptkraft.
lenbum = Anbau, das Anbauen, das Hinzubauen.
lenbumön, lov. = anbauen, daranbauen.
leneföro = nimmer, nimmermehr, **go —** = nie und nimmermehr.
leneif = Vorlegemesser.
lenemödik = blutwenig.
lenemu = allermindestens.

lenfimükön, lov. = anmachen (an etwas befestigen).

lenflap = Anschlag.

lenflapön, nov.: — kloki = anschlagen an Glocke.

lengleipön: — eki mekädo = Hand an einen legen.

lenhukam = das Anhängen, das Anhaken.

lenhukön, lov. (bosi len) = (etwas) anhaken, anhängen.

lenkedül = das Anreihen.

lenkedülön, lov. = anreihen.

lenkleib = das Ankleben.

lenkleibazöt = Anschlagzettel.

lenkleibön, lov. = ankleben.

lenlag = das Anhangen, das Anhängen.

lenlagot = Anhang, Anhängsel.

lenlagön, nel. = anhangen, anhängen (nel.) (an etwas befestigt hangen).

lenläg = Anhängung, das Anhängen.

lenlägot = Anhängsel.

lenlägön, lov. = anhängen (lov.).

lennägön, lov. = annähen.

lennokön, lov. = anklopfen, anpochen.

leno = durchausnicht, ganz und garnicht, garnicht, keineswegs, keinesfalls, mit nichten.

lenof = Kränkung.

lenofik = kränkend.

lenofön, lov. = kränken.

lenoid = Lärm, Getose, Getöse.

lenoidan = Lärmer, Lärmmacher.

lenoidik = lärmerisch, lärmend, lärmvoll.

lenoidön, nel. = lärmen.

lenom = Hauptregel.

lenonik = gar keiner.

lenos = gar nichts.

lenö: —! = nein, durchausnicht! mit nichten!

lenön, nel. = an sein (von Kleidern).

lenpedön, lov. = andrücken.

lenseatön, nel. = anliegen.

lenseidot = Ansatz, Angesetztes.

lenseit = Anlegung.

lenseitön, lov. = anlegen.

lensmitön, lov. = anschmieden.

lentanön, lov. = anbinden.

lentrikön, lov. = anstricken.

lentül = Linse.

lenulik = nagelneu.

lenum = Hauptzahl.

lenüdik = fadennackt, fasennackt.

lenükön, lov.: — klotis = Kleider antun, anziehen, — jevode logakapütülis = das Pferd blenden.

lenyüm = Anfügung, Hinzufügung.

lenyümön, lov. = anfügen, hinzufügen.

leod = Ordnung (geordneter, ordentlicher Zustand).

leodiäl = Ordnungsliebe, Ordnungssinn.

leodiälik = ordnungsliebend.

leodik = ordentlich, in Ordnung.

leodikön, nel. = in Ordnung kommen.

leodpladön, lov. = einräumen.

leodön, nel. = in Ordnung sein.

leodükam = Ordnung, das Ordnen, das Aufräumen, Anordnung.

leodükan = Ordner, Aufräumer, Anordner.

leodükön, lov. = in Ordnung stellen, in Ordnung bringen, ordnen, aufräumen, anordnen.

leog = Echo, Widerhall.

leogön, lov. = echoen.

leon = Löwe, Leu.

leonik = löwenhaft.

leonül = junger Löwe.

leopar = Leopard.

lep = Affe.

lepal, lepals = Groszeltern.

lepatöf = Haupteigenschaft.

lepäd = Abtei, Würde, Amt eines Abtes.

lepädan = Abt.

lepädanöp = Abtei, Abtswohnung.

lepädän = Abtei (Gebiet).

lepädänik = abteilich.

lepädik = äbtlich.

lepenäd, lepenäds = Akte, Akten.

lepensit = Quast, gröberer Pinsel.

lepid = Reue, Gewissensbisse, Bereuung.

lepidik = reuig.

lepidön, lov. = bereuen, Gewissensbisse haben, Reue empfinden.

lepik = äffisch.

lepil = Äffchen, Äfflein.

lepin = Talg (hartes Fett).

lepinasümik = talgicht, talgartig.

lepinik = talgig.

leplekam = Anbetung.

leplekan = Anbeter.

leplekön, lov. = anbeten.

leplitiäl = Koketterie, Gefallsucht.

leplitiälik = kokett, gefallsüchtig.

leplitiälön, nel. = kokettieren.

leplüd = das Wohlgefallen.

leplüdik = eingenommen für.

leplüdön, lov. = eingenommen sein.

leplüt = Galanterie, feine Manieren, Höflichkeit.

leplütik = galant.

leposcil = Urenkel.

leposdaut = Urenkelin.

leposson = Urenkel.

lepöfik = blutarm (sehr arm).

lepön = Züchtigung.

lepönäböp = Zuchthaus.

lepönön, lov. = züchtigen.

lepriman = Abecedarius, Abeceling, Abeceschüler, Abeceschütz.

leprinsip = Hauptgrundsatz.

leprom = Angelobung, Gelübde.

lepromön, lov. = angeloben, geloben, verheiszen.

lepromü: — klänäd = unter dem Siegel der Verschwiegenheit.

lepul = junger Mensch.

lepük = Hauptsprache.

lerbin, Er, ‚erbium‘ = Erbium.

leredik = scharlachrot, blutrot, feuerrot.

leror = Gekreisch, Gellen.

lerorön, nel. = kreischen, gellend schreien.

leroul = Hauptrolle.
leroulakilidvögan = Heldentenor.
leröbön, lov. = scheuern.
„les': ,— **lanciers'** [lå låñšĭè] Fr. = Lanciers.
lesag = Behauptung.
lesagön, lov. = behaupten.
lesak = Ballen.
lesakrif = Offertorium.
lesakrifal = Oberopferpriester, Erzpriester.
lesark = Sarkophag, Steinsarg.
leseat = das Lagern, Lagerung.
leseatön, nel. = lagern.
leseatöp = Lager, Lagerplatz, Lagerungsplatz,
— **milita** ü **militaleseatöp** = Feldlager.
lesed = Mission, Sendung.
lesedäb = Missionar, Missionär.
leseilön, nel. = totschweigen.
leseit = Lagerung, Auflagerung, Einlagerung,
Auflegung.
leseitik = gelagert.
leseitön, lov. = lagern machen, lagern (lov.).
leseitöp = Lagerraum, Lagerhaus.
lesel = Auktion, Versteigerung.
leselan = Versteigerer, Auktionator, Ausrufer.
leselön, lov. = auktionieren, versteigern.
lesepül = Gruft.
leset = Satz, Lehrsatz, Dogma.
lesetim = Dogmatismus.
leseväd = Vertrautheit.
lesevädik = vertraut.
lesevädot = Hauptkennzeichen.
lesevädükön, lov. dem.: — **oke bosi** = sich mit
etwas vertraut machen.
lesi: —! = gewisz! jawohl! ja gewisz! ja sicher!
ja wahrlich!
lesiam = Bestärkung, Versicherung.
lesifal = Oberbürgermeister.
lesin = Lasterhaftigkeit, Verruchtheit.
lesinan = einer der einem Laster ergeben ist,
lasterhafter Mensch, schlechter Mensch.
lesinik = lasterhaft.
lesinod = Laster.
lesinön, nel. = dem Laster ergeben sein, Laster
üben.
lesión, lov. = bestärken, versichern.
lesiör = Ritter.
lesiöram = Rittertum, das Rittersein.
lesiöräl = Rittersinn, Ritterlichkeit.
lesiörälik = ritterlich.
lesiöref = Ritterschaft.
lesiörik = ritterhaft.
leskan = Empörung, Entrüstung, Unwille.
leskanik = empört, unwillig, entrüstet, indigniert.
leskanön, nel. = unwillig werden, sich entrüsten.
leskänik = empörend.
leskänön, lov. = empören.
leskel = Becken.
leskil = Virtuosität.
leskilan = Virtuos.
leskop = Fernrohr.
lesmitan = Hammerschmied.
lesmitöp = Hammerwerk.

lesmufik = spiegelglatt.
lesnil = Bulle, Siegel einer Urkunde.
leso = gerade so.
lesoaf = das Lechzen.
lesoafön, lov. = lechen, lechzen.
leson = Prinz.
lespat = Ausflug, Exkursion.
lespun = Vorlegelöffel.
lestab: — mela, fälida = Boden, Grund des
Meeres, des Tales.
lestad: — krodamavega = Station des Kreuzweges.
lestäl = Säule (Denkmal).
lestän = Standart, Banner, Panier, Fahne.
lestänipolan = Fahnenträger.
lestedik = schnurgerade.
lestigädön, lov. = aufreizen, aufhetzen.
lestilik = mäuschenstill.
lestim = Verehrung.
lestimab = Verehrungswürdigkeit, Hochehrwürdigkeit.
lestimabik = verehrungswürdig, hochehrwürdig, verehrenswürdig.
lestimik = verehrt, hochgeehrt, hochverehrt.
lestimöl = verehrungsvoll.
lestimön, lov. = verehren, in hohem Grade
ehren.
lestiyan = Este.
lestul = Kanzel.
lestunön, nel. = verstummt dastehen, aufs
höchste erstummt dastehen.
lestupik = erzdumm, strohdumm.
lestüm = Hochachtung.
lestümab = Angesehenheit, Hochachtbarkeit.
lestümabik = angesehen, hochachtbar.
lestümik = hochgeachtet.
lestümön, lov. = hochachten.
lesulön, lov. = seihen, durchseihen.
lesüperod = Hauptvorzug.
lesüt = Chaussee.
lesvidik = honigsüsz, zuckersüsz.
let = Zulassung, das Zulassen, Vorlassung.
letan, C_2H_6 = Äthan.
letatahid, CH_3CHO = Acetaldehyd.
letatazüd ü **vinigatazüd**, CH_3COOH = Essigsäure.
letäb = Zugelassener.
letäläkt = Tiefsinn, Tiefsinnigkeit.
letäläktik = tiefsinnig.
letälen = Genie, Genialität.
letälenan = genialer Mensch.
letälenik = genial.
letäv = Entdeckungsreise.
letävan = Entdeckungsreisender.
letävön, nel. = erforschend reisen.
leted = Groszhandel, Groszhandlung.
letedan = Groszhändler, Grossist.
letedön, nel. = Groszhandel treiben.
letep = Orkan.
letepik = orkanartig.
leter ü **telletilkarbaner**, $C_2H_5OC_2H_5$ = Äther,
Diäthyläther.
letererik = ätherhaltig.
letetilen, C_2H_2 = Acetylen.

letidan = Hauptlehrer.

letik = Hauptgedanke.

letikön, nel. (dö) = grübeln, sinnen, nachgrübeln, nachsinnen (über).

letilbromid ü balbromletan ü bromülletol, C_2H_5Br = Äthylbromid.

letilen, CH_2CH_2 ü C_2H_4 = Äthylen.

letillalkohol = Äthylalkohol.

letilnitrat, $C_2H_5NO_3$ = Äthylnitrat.

letilsulfid ü sulfoleter, $(C_2H_5)_2S$ = Äthylsulfid.

letim: — värba = die Hauptzeit, das Haupttempus des Zeitwortes.

letimäd = geschichtlicher Zeitabschnitt.

letir = Ruck.

letiro = ruckweise.

letirolivükön, lov. = losreiszen.

letirön, lov. = zerren, rücken, ruckweise ziehen.

letodik = herausfordernd.

letodön, lov. = auffordern, herausfordern, trotzen, fordern, ausfordern.

letol ü letillalkohol, C_2H_5OH = Äthylalkohol.

letöbidön, nel. = sich abmühen.

letön, lov.: — eki = einen zulassen, vorlassen.

leträt = Hochverrat.

leträtan = Hochverräter.

leträtön, lov. = Hochverrat begehen.

letuig = Ast.

letuvatam = Sündflut, Sintflut.

letüv: — läna = Entdeckung eines Landes.

letüvan = Entdecker, Landentdecker.

letüviäl = Sucht Länder zu entdecken.

letüvön, lov.: — länis = Länder entdecken.

leud = Lloyd.

leül = Öl, — leterik = ätherhaltiges Öl, — se bueganöts ü buegaleül = Bucheckernöl — se raagids ü raagidaleül = Erdnuszöl.

leülaglod = Ölfirnisz.

leülaköl = Ölfarbe.

leülam = Ölung.

leülamasakram = Ölung, Ölungssakrament.

leülel = Ölfabrikant.

leülerik = ölig, ölhaltig.

leülöfik = ölig, ölicht, ölartig.

leülön, lov. = ölen, einölen.

lev, k. Bulgaränik = Lew.

leval = All, Weltall, Universum.

levalaglöp = Weltkörper.

levalalan = Allgeistigkeit.

levalalanan = Allgeist, Weltgeist.

levalalanik = allgeistig.

levalav = Kosmologie, Weltkunde.

levalen = Hauptvalenz.

levalibepenam = Kosmographie.

levalireig = Weltleitung, Weltregierung.

levazim, k. Bulgaränik = Stotinki.

levär = Römer.

leveg = Hauptweg.

levem = auszerordentlich hoher Grad.

levemik = unermeszlich, enorm, maszlos, heftig, auszerordentlich, immens.

levemo = unermeszlich, enorm, maszlos, auszerordentlich, äuszerst, aufs höchste, bestens, dringendst, naudob — osi = es ist mir in den Tod zuwider.

levi: — ! = auweh !

levienüd: — kompada = Hauptstrich des Kompasses.

levikod = Triumph.

levikodan = Triomphator.

levikodik = triumphierend, siegesbewuszt.

levikodön, lov. = triumphieren.

levisir = Groszwesir, Groszvezier.

levisit = Visitation.

levisitan = Visitator.

levisitik = visitatorisch.

levisitön, lov. = visitieren.

levobäd = Wunderwerk.

levok = Ladung, Vorladung, Aufruf, Aufforderung (in valem).

levokön, lov. = vorladen, aufrufen, auffordern.

levolut = Revolution, Umwälzung.

levolutan = Revolutionär, Umstürzler.

levolutiman = Umstürzler, Revolutionär (Parteigenosz).

levolutükam = Umwälzung.

levolutükön, lov. = revolutionieren, Revolution machen.

levolutüp = Revolutionszeit.

levotikam = gründliche Änderung, Umschwung.

levotiko = ganz anders.

levüd = Aufruf.

levüdam = Aufrufung.

levüdan = Aufrufer.

levüdön, lov. = aufrufen.

leyal = Säulengang, Kolonnade.

leyan Pforte, Portal, Tor.

leyanan = Pförtner.

leyil = Ausweichung.

leyilik = ausweichend.

leyilön, lov. = ausweichen (um zu vermeiden).

leyunik = blutjung.

lezäl = Feierlichkeit, Solennität.

lezälamastan = Zeremonienmeister.

lezälik = feierlich, zeremoniell.

lezälizel = Feier, Solennität.

lezib = Tracht, Gang Speisen (die Gesamtheit der auf einmal aufgetragenen Gerichte).

lezibiböt = Gang, Tracht (das Auftragen zusammengehörender Gerichte).

lezif = Groszstadt.

lezifik = groszstädtisch.

lezil = Eifer.

lezilan = Eiferer.

lezilik = eifrig.

lezilo = aus Eifer, mit Eifer.

lezilön, nel. = eifern.

leziöb = Zelle (enger Wohnungsraum, . . .).

lezun = Grimm, Groll.

lezunik = grimmig, wütend, ärgerlich.

lezunön, nel. = grollen, grimmig sein.

-li ? = (Fragewort).

liän = Vers (Zeile eines Gedichtes), Verszeile.

liänem = Strophe.

liänön, lov. = versifizieren, in Verse setzen.

liät, L. = Liter.

lib = Freiheit, das Freisein.

libakrig = Freiheitskampf, Freiheitskrieg.

libatat = Freistaat.

libavil = Freiwille, freier Will, Spontaneität.
libavilacalan = Praktikant, Volontär.
libavilatidan = Lehramtspraktikant.
libavilik = freiwillig, spontan.
libik = frei.
libikön, nel. = frei werden.
libocödet = Freisprechung.
libocödetön, lov. = freisprechen.
libö: —! = Freiheit!
libön, nel. = frei sein.
libü = frei von.
libükam = Befreiung.
libükamakrig = Befreiungskrieg.
libükan = Befreier.
libükön, lov. = befreien, frei machen, — oki
  mekädo = ausbrechen.
licin = Abstammung, Herkunft, Abkunft.
licinan = Abstämmling, Abkommer, Abkömmling, Abspröszling.
licinik = abstammend.
licinön, nel. = stammen, abstammen.
lid = Lied.
lidabuk = Liederbuch.
lidabukil = Gesangheft.
lidil = Liedchen.
lidül = Leier, (alte) Liedchen.
lied = Leid, Trübsal.
liedik = leid, leidempfindend.
liedö: —! = leider!
liedön, nel. = Leid empfinden, trübselig sein.
liedükön, lov.: — eki = betrüben, einem Kummer machen, einem ein Leid antun.
lieg = Reichtum.
liegik = reich.
liegikön, nel. = reich werden.
liegöf = Reichhaltigkeit.
liegöfik = reichhaltig.
liegön, nel. = reich sein.
liegükam = Bereicherung.
liegükön, lov. = bereichern.
lien = Linie.
lienaspäktrum = Linienspektrum.
lienäd ü logodalienäd = Gesichtszug.
lienädem = Gesichtstypus.
lienet = Verrücktheit, Wahnsinn, Gemütskrankheit.
lienetan = Irrsinniger, Wahnsinniger.
lienetanöp = Irrenhaus.
lienetik = verrückt, wahnsinnig.
lienetikön, nel. = wahnsinnig werden, lienetikoy
  dub atos = es ist zum Rasendwerden.
lienetilik: binom boso — = er ist nicht recht
  bei sich.
lienetilön, nel.: lienetilom, lienetilom boso = er
  ist nicht recht bei sich.
lienetön, nel. = wahnsinnig sein, lienetükos eki,
  binos lienetüköl = es ist zum Rasendwerden.
lienetükön, lov. = wahnsinnig machen.
lienik = linear.
liet, k. Lietuvänik = Lit.
lietazim, k. Lietuvänik = litauischer Cent.
lietuv = die litauische Sprache.
lietuvan = Litauer.
liev = Hase.

lif = das Leben.
lifadul = Lebensdauer, — mena = Menschenalter.
lifadulik = lebenslänglich, lebenslang.
lifadulo = auf lebenslang, lebenslänglich.
lifafäg = Lebensfähigkeit.
lifafägik = lebensfähig.
lifajenotem = Lebensgeschichte.
lifamal = Lebenszeichen.
lifan = Lebewesen.
lifatim = Lebzeiten, dü — fata oka = bei
  Lebzeiten seines Vaters.
lifayel = Lebensjahr, laböl lifayelis teldeg =
  mit zwanzig Jahren, labom lifayelis mödikum
  ka foldegis = er ist über 40 Jahre alt, er ist
  über die vierziger hinaus.
lifädön, lov. = durchbringen, zubringen, verleben.
lifibepenam = Biographie, Lebensbeschreibung.
lifibepenan = Biograph, Lebensbeschreiber.
lifik = lebend, lebendig, binön — = am Leben
  sein.
lifikön, nel. = lebendig werden.
lifisur = Lebensversicherung.
lifovor = Abgelebtheit.
lifovorik = abgelebt.
lifovorikön, nel. = sich ableben (durchs Leben
  schwach und hinfällig werden).
lifö : —! = lebe hoch !
liföf = Lebhaftigkeit.
liföfik = lebhaftig.
liföfükön, lov. = beleben.
lifön, nel. = leben (nel.), binön liföl = am
  Leben sein.
lift = Aufzug, Lift.
lifükön (lov.) = lebendig machen, beleben.
lifüp = Lebensdauer, Menschenalter.
ligen = Flechte (Pflanze).
ligorotans = Igorroten.
ligum = Schote, Schotenfrucht, Hülse, Hülsenfrucht.
ligumaplan = Leguminose.
likit = Liquidation.
likitön, lov. = liquidieren.
likör = Likör.
lil = Ohr.
lilalül (‚bubo ignavus‘, [bùbó ignàvuš,] lat.) =
  Uhu.
lilam = das Hören.
lilamafäg = Gehör, Vermögen des Hörens.
lilamasien = Gehör, Sinn des Hörens.
lilamovik = hörbar, vernehmlich.
lilan = Hörer, Anhörer.
lilanef = Hörerschaft, Auditorium.
liläm = Gehörwerkzeug, Gehörorgan.
lilid = Erhörung, Bewilligung.
lilidan = Erhörer.
lilidön, lov. = erhören, bewilligen.
liliflap = Maulschelle, Ohrfeige.
lilön, lov. = hören.
lim = Glied.
limam = das Gegliedertsein.
liman = Glied (p.), Mitglied.
limanam = Mitgliedschaft.

limanön, nel. = Mitglied sein.
limäd = Schake, Schakel.
limädön, lov. = schäkeln.
limidatelkalinasulfion, $NH(SO_3K)_2$ = imidosul-
fonsaures Kalium.
limik = gliederig, gegliedert.
limön, nel. = gegliedert sein, gliedrig sein.
limun = Almosen.
limunal = Almosenier, Almosenpfleger.
limunan = Almosengeber.
limunön, lov. (eki) = Almosen geben.
limur = Maki, Fuchsaffe.
limükön, lov. = gliedern.
lin = Ring.
linafomik = ringförmig.
linär = Goldfinger, Ringfinger.
lindif = Gleichgültigkeit, Indifferenz.
lindifik = gleichgültig, indifferent.
lindifön, nel. = gleichgültig sein, indifferent
sein.
lindin, In, ,indium' = Indium.
lindiyan = Indianer.
lindiyanik = indianisch.
lineg = Zunge, — pebeseitöl = belegte Zunge.
linegön, nel. = züngeln.
lintelek = Ausrufwort, Interjektion.
lintelekamalül = Ausrufungszeichen.
linum = Lein, Linnen, — ad bukitanädam =
Buchbinderleinen.
linumacan = Flachsware, Leinenware.
linumaleül = Leinöl.
linumaplan = Flachs, Leinpflanze.
linumastof = Leinwand, — peväköl = Wachsleinwand.
linumavivot = Flachsgewebe.
linumayän = Flachsgarn, Leinengarn.
linumik = flächsern, leinen.
lio: —? = wie?
liofagotik? = wieweit (entfernt)? wieferne?
liofütürik? = wieweit in der Zukunft?
liofütüro? = wieferne in der Zukunft?
liogretik? = wiegrosz?
liogretotik? = wiegrosz?
liokodo? = wieso?
liomafädo? = inwiefern? inwieweit?
liomödotanaedik? = wievielfach?
liomödotanaediko? = auf wievielfache Weise?
liomödotasotik? = wievielerlei?
liomödotid? = wievielte? wievielste?
liomödotidna? = die wievieltemal? wievieltenmals? zum wievieltenmale?
liomödotik? = wieviel?
liomödotikna? = wievielmal? wieoft?
liomödotiknaik? = wievielmalig?
liomödoto? = um wieviel?
liosotik? = was für ein? welcherlei? welcherart?
liosuno? = wiebald?
lioveitotik? = wieweit? (Inhalt).
liö: —! = wie!
liöl = Meile.
liöt = Leutnantswürde.
liötan = Leutnant.
lip = Lippe.

lipanans = Lipan (Indianerstamm).
lipön, lov. = nippen.
lirad, k. Litaliyänik = Lira.
liradazim, k. Litaliyänik = Centesimo.
lirey = das (keltische) Irisch.
lireyan = Ire, Irländer.
lirid = Iris, Regenbogenhaut.
liridin, Ir, ,iridium' = Iridium.
liroketans, pl. = Irokesen.
lised = Katalog, Liste, Register, Verzeichnis,
Matrikel, Rolle.
lisedön, lov. = katalogisieren, eine Liste aufstellen von.
lisip = Ellipse.
lisipik = elliptisch.
lisit = Bewerbung, Werbung.
lisitan = Bewerber.
lisitön, lov. = sich bewerben um, nachsuchen,
werben, — cali = sich um eine Stelle bewerben.
lislad = das Altisländisch.
lisladan = Isländer.
lismaelitans, pl. = Ismaeliten.
lit = Licht.
litaen = Litanei.
litam = das Lichtsein, das Hellsein.
litaplafik = lichtscheu.
litastralön, nel. = scheinen.
litav = Optik, Lichtlehre.
litavik = optisch.
litem = das Geleuchte, die Gesamtheit der zur
Erleuchtung dienenden Lichter.
litemakron = Kronleuchter.
literat = Literatur.
literatav = Belletristik.
literatavan = Literat, Literator.
literatavik = literarisch.
literatik = auf die Literatur bezüglich.
litiad = Steinkrankheit.
litik = licht, hell.
litikipian = Leuchter.
litikön, nel. = licht werden, hell werden.
litil = Lichtlein.
litin, Li, ,lithium' = Lithium.
litinabäd, LiOH = Lithiumhydroxyd.
litinakarbat, Li_2CO_3 = Lithiumkarbonat.
litinaloxid, Li_2O = Lithiumoxyd.
litön, nel. = licht sein, hell sein.
litur = Liturgie.
liturik = liturgisch.
litükam = Beleuchtung, Erleuchtung.
litükamaleül = Brennöl (als Leuchtstoff).
litükön, lov. = beleuchten, erleuchten, erhellen.
liun = Strich, Zug.
liunil = Strichelchen, Strichlein.
liunön, lov.: — lieni, liuni, stripi = eine Linie,
ein Strich, ein Streifen ziehen, setzen.
liunül = Beistrich, Komma.
liv = das Lossein (getrennt, nicht fest), das
Freisein.
liväl = (geistige) Unabhängigkeit, Selbständigkeit.
livälik = (geistig) unabhängig, selbständig.
livät = Unabhängigkeit, Selbständigkeit.

livätik = unabhangig, selbständig.
livik = los, getrennt, frei.
livikön, nel. = sich lösen.
liviyans = Liven.
livod = Urlaub.
livodan = Urlauber.
livodo = auf Urlaub.
livodükön, lov. = beurlauben.
livovik = lösbar.
livöfik = löslich, sich leicht lösend.
livön, nel. = los sein (nicht fest sein), getrennt sein.
livred = Livree.
livükam = Entbindung, Auslösung, Lösung, Befreiung, Losmachung, das Losbinden, Abspannung.
livükan = Befreier.
livükön, lov. = entbinden, lösen, losmachen, losbinden, abspannen, befreien.
livüp = freie Zeit, Musze, Muszezeit.
lo, pr. 1. = angesichts 2. = an, nif smeton — sol = der Schnee schmilzt an der Sonne 3. = vor, kömön — ek = einem vor die Augen kommen 4. = zu, seatön — futs eka = einem zu Füszen liegen 5. pluön — ek demü süperods logotik = einem an äuszern Vorzügen übertreffen, pluön, nepluön — ek tefü, demü nols = einem an Kenntnissen überlegen sein, nachstehen.
loat = Abmietung, das Mieten, das Abmieten, das Pachten, die Pachtung.
loatafarm = Meierei, Meierhof, Meiergut.
loatalöd = Mietwohnung.
loatamon = Miete, Mietzins, Pacht, Pachtzins, Pachtgeld.
loatan = Mieter, Abmieter, Mietmann, Pachter, Pächter.
loatik = mietegemäsz, pachtgemäsz.
loato = zur Miete, in die Miete, in Pacht.
loatot = das Pachtgut, das Gemietete, das Gepachtete.
loatön, lov. = mieten, pachten, abmieten.
lob = Lob.
lobab = Lobenswürdigkeit.
lobabik = lobwürdig, lobenswert, lobenswürdig.
lobabön, nel. = lobwürdig sein.
lobam = das Loben.
loban = Lober.
lobed = Gehorsam.
lobediäl = Gefügigkeit, Folgsamkeit, Fügsamkeit, Schmiegsamkeit.
lobediälik = gefügig, folgsam, fügsam, schmiegsam.
lobedik = gehorsam.
lobedön, lov. = gehorchen, gehorsamen.
lobiäl = Lobbegierde.
lobiälik = lobgierig.
lobik = löblich.
lobön, lov. = loben, beloben, rühmen, erheben, lobobs zili gretik oma = wir loben an ihm den groszen Fleisz.
lobül = Beifall, Anerkennung, Billigung.
lobülik = anerkennend, beifällig.
lobüliko = anerkanntermaszen.

lobülo = mit Anerkennung.
lobülö : — ! = anerkannt!
lobülön, lov. = billigen, beifallen, anerkennen.
locipevans, pl. = Ojibwa (Indianerstamm).
lod = das Laden.
lodan = Lader.
lodazöt = Verladungsschein, Konnossement.
lodot = Ladung (d.).
lodovik = ladbar.
lodön, lov.: — boadi,... = Holz,... laden, verladen, — canis su = Güter aufladen.
lodöp = Ladungsplatz.
lodüp = Ladungszeit.
loen = das Leihen, Anleihe.
loenan = Leiher.
loenön, lov. (de) = anleihen, leihen (von).
loet = Braten.
loetam = das Braten.
loetamapaäl = Bratpfanne.
loetamasosit = Bratwurst.
loetamaspedül = Bratspiesz.
loetön, lov. = braten.
lof = Anerbieten, Anerbietung, Offert, Antrag, Darbietung.
lofan = Anerbieter, Antragsteller.
lofik = sich anbietend, angeboten.
lofot = das Angebotene.
lofön, lov. = bieten, anerbieten, anbieten, antragen, offrieren, darbieten.
lofüd, l. = der Osten.
lofüdän = Morgenland, Orient.
lofüdänan = Orientale, Morgenländer.
lofüdänik = morgenländisch, orientalisch.
lofüdik = östlich.
lofüdio = ostwärts.
lofüdü = östlich von.
lofünolüdalofüd, l. n. l. = Ostnordost.
lofüsulüdalofüd, l. s. l. = Ostsüdost.
log = Auge.
logabob = Augenbraue.
logaflid = Augenfell.
logaglät = Augenglas, Monokel, Einglas.
logaglöp = Augenball, Augapfel.
logaher = Augenwimper.
logakapütül = Augenblende, Scheuleder, Blendleder, Scheuklappe.
logakev = Augenhöhle.
logalip = Augenlied.
logam = das Sehen.
logamafäg = Gesicht, Sehvermögen, Sehkraft.
logamasien = Gesichtssinn.
logamik = optisch.
logamo = sevob omi — = ich kenne ihn von Person, von Angesicht.
logamovik = zu sehen, ansichtig.
logamöp = Aussichtsort.
logarit = Logaritmus.
logäd = Sichtbarkeit.
logädik = sichtbar.
logädikön, nel. = sichtbar werden.
logädön, nel. = sichtbar sein.
logädükön, lov. = sichtbar machen.
logäm = Gesicht, Gesichtswerkzeug.

logämafibik = blödsichtig, mit schwachen Augen.
loged = Blick.
logedön, lov. = blicken.
logetön, nel. = starren, stieren, **älogetob dri=mälo, drimälölo föfio, fagio** = ich starrte träumend vor mich hin.
logiban = Augenbad.
logikön, lov. = ansichtig werden.
logod = Gesicht, Angesicht, Antlitz.
logodajäst = Miene.
logodalienäd = **lienäd logoda.**
logodanotod = Gesichtsausdruck.
logodön, nel. = aussehen (nel.).
logomaf = Augenmasz.
logomafo = nach dem Augenmasz.
logot = Ansicht, Aussehen, Äuszeres.
logotik = äuszerlich.
logotön, nel. = aussehen (ein Aussehen haben).
logöf = Sehenswürdigkeit.
logöfik = sehenswert, sehenswürdig.
logöfot = Besehenswürdigkeit (d.).
logöm = Visier, Visiervorrichtung.
logön, lov. = sehen, besehen, **no logom foti dub, sekü logam bimas soelik** = er sieht den Wald vor lauter Bäumen nicht.
loin = Lende.
lojad = Loge.
lok = Spiegel.
lokaglät = Spiegelglas.
lokaglätik = von Spiegelglas.
lokam = Abspiegelung.
lokatif = Lokal (deklinafom), Lokativ (in sanskrit, in Lapänapük), Präpositional (in Rusänapük).
lokön, nel. = sich spiegeln, sich abspiegeln.
loktan, C$_8$H$_{18}$ = Oktan.
lolofünolüdalofüd, l. l. n. l. = Ost zu Norden.
lolofüsulüdalofüd, l. l. s. l. = Ost zu Süden.
lom = Heim, das Zuhause.
lomadustod = Hausindustrie.
lomapük = Muttersprache.
lomazif = Vaterstadt.
lomädik = heimisch, einheimisch.
lomädikön, nel. = einheimisch werden.
lomädön, nel. = einheimisch sein.
lomädükön, lov.: — **oki** = sich niederlassen.
lomän = Heimat, Heimatland, Mutterland, Vaterland.
lomänan = Landsmann.
lomänapük = Muttersprache.
lomänäl = Patriotismus, Vaterlandsliebe.
lomänälan = Patriot, Vaterlandsfreund.
lomänälik = patriotisch.
lomänik = heimatlich, heimisch, vaterländisch.
lomäno = in der Heimat.
lomik = häuslich, das Heim betreffende, das Haus betreffende.
lomio = heim, heimwärts, **golön, kömön** — = nach Hause gehen, kommen.
lomioflek = Heimkehr, die Heimwärtswendung.
lomioköm = Heimkunft, Heimkehr.
lomiokömön, nel. = heimkommen.
lomioveg = Heimweg.

lomo = daheim.
lomöfik = heimelig.
lomü = daheim bei.
lon = Gesetz.
lonam = Anberaumung, Festsetzung.
lonamü = zur Festsetzung von.
lonem = Gesetz (Gesamtheit von Gesetzen).
lonidisin = Gesetzentwurf.
lonik = gesetzlich.
lono = durch das Gesetz.
lonolünolüdalofüd, l. n. n. l. = Nordost zu Norden.
lonöf = Giltigkeit.
lonöfik = giltig, gültig, **vero** — = vollgültig.
lonöfön, nel. = gelten, giltig sein, gültig sein, **balna, atos lonöfon in, pro, tefü dinäds, naeds, jenets valik** = ein für allemal.
lonöfükön, lov. = beglaubigen, giltig machen, bekräftigen, ratifizieren.
lonön, lov. = anberaumen, festsetzen, bestimmen.
lontad = Maikäfer.
lontadalarvat ü larvat lontada = Engerling.
lonülön, lov. = stellen, — **stipis** = Bedingungen stellen.
lop = Oper.
lopasümik = opernartig.
lor = Lorbeer, Lorbeerbaum.
lorabäl = Lorbeere.
lorabled = Lorbeerblatt.
loredäb = Laureat.
loredön, lov. = mit Lorbeeren krönen.
losetans = Osseten.
losmanans = Osmanen.
losmin, Os, ,osmium' = Osmium.
lostyakans = Ostyaken.
losulüsulüdalofüd, l. s. s. l. = Südost zu Süden.
lot = Einkehr.
lotan = Gast.
lotat = Aalraupe, Aalquappe.
lotädön, nel.: — **ini dom** = in ein Haus einziehen.
loted = das Logieren.
lotedan = Gast, Logiergast.
lotedön, nel. = logieren (nel.), zu Gaste sein.
loter = Lotterie.
loteram = Verlosung.
loterazöt = Los, Lotterielos.
loterön, lov. = verlosen.
lotid = Bewirtung, Beherbergung.
lotidafebäd = Gastwirtschaft.
lotidan = Gastwirt, Wirt, Beherberger.
lotidäb = Gast, Logiergast.
lotidiäl = Gastfreundlichkeit, Gastfreundschaft, Gastfreiheit, Gastlichkeit.
lotidiälik = gastlich, gastfrei, gastfreundlich.
lotidön, lov. = bewirten (einen Gast aufnehmen und pflegen), herbergen, beherbergen.
lotidöp = Hotel, Gasthof, Gasthaus, Gastwirtschaft.
lotidöpan = Wirt, Hotelier.
lotograf = Orthographie, Rechtschreibung.
lotografik = orthographisch.
lotön, nel. = Gast werden, einkehren.

loul = Ahle, Pfriem.

loun = Elle, — **a pieds kil** = die Elle zu drei Fusz.

love = über, — **od** = über einander, **bal** — **votik** = über einander (hin), **mo** — = über… hinweg, **polom plädoti** — **gun oka** = über dem Rock trägt er einen Pelz, **fun omik äseaton** — **et taana oka** = seine Leiche lag über der seines Gegners, **tenükön juki** — **fomod** = einen Schuh über einen Leisten schlagen, **drens flumons** — **cügs omik** = Tränen fliesz en über seine Wangen, **bunön** — **jainäds müta** = über die Schnur hauen, über die Stränge schlagen.

loveäd = das Zielen (eines zielenden Zeitworts).

loveädik = zielend, transitiv.

loveädön, lov. = zielen (von einem transitiven Zeitwort), übertragen, **värb loveädik loveädon vobedi oka ad yegod** = das transitive Zeitwort überträgt seine Wirksamkeit auf das Objekt.

loveblinan = Überbringer.

loveblinön, lov. = überbringen.

lovebunön, lov. = überspringen.

lovedug = Überleitung.

lovedugön, lov. = überleiten.

lovedüt = Veräuszerung.

lovedütov = Veräuszerlichkeit.

lovedütovik = veräuszerlich.

lovedütön, lov. = veräuszern.

loveflum = das Überfliesz en, das Überlaufen, Überflieszung.

loveflumön, nel. = überflieszen, überlaufen.

lovegifön, lov. = übergieszen.

lovegiv = Übergabe.

lovegivan = Übergeber.

lovegivot = das Übergegebene.

lovegivön, lov. = aushändigen, einhändigen, übergeben, überreichen, verabfolgen.

lovegol = Übergang.

lovegolön, nel. = übergehen.

loveik = über (übergegangen, …).

loveikam = Übergang.

loveikamapün = Umwandlungspunkt.

loveikön, nel. = übergehen.

lovejadam = Überschattung.

lovejadön, lov. = überschatten.

lovelagön, nel. = überhangen.

lovelägön, lov. = überhängen.

lovelifädön, lov. = überleben.

lovelogam = Überblick, Übersicht.

lovelogamov = Übersichtlichkeit.

lovelogamovik = übersichtlich, überblickbar.

lovelogön, lov. = überblicken, überschauen, übersehen.

lovemelik = überseeisch.

lovenaf = Fähre, Fährboot, Fährschiff.

lovenafam = Überfahrt.

lovenafamöp = Fähre, Überfahrtsort.

lovenafan = Fährmann.

lovenafön, nel. = überschiffen.

lovenaifön, lov.: — **love flumed** = über der Flusz setzen.

loveo, ladv. = hinüber.

loveön, nel. = übergegangen sein.

lovepladön, lov. = übersetzen, überstellen.

lovesailön, nel. = übersegeln.

lovesedön, lov. = übermachen, übersenden.

loveseidön, lov. = übersetzen.

loveseitön, lov. = überlegen.

lovestepön, lov. = überschreiten.

lovestürön, lov. = überschütten.

lovesum = Übernahme.

lovesumön, lov. = übernehmen.

loveükam = Überführung, Überlieferung.

loveükön, lov. = überbringen, überliefern.

loveveg = Pasz (Gebirgspasz).

lovevegön, nel. = überfahren.

loveveig = Überführung, das Hinüberführen.

loveveigovik = überführbar.

loveveigön, lov. = überführen, hinüberführen.

lovexänön, nel. = übersteigen.

loxal = Sauerklee.

loxalazüd = Oxalsäure, Kleesäure.

loxid (loxinakobot) = Oxyd.

loxin, O, ‚oxygenium' = Sauerstoff.

loxinakobot = Sauerstoffverbindung.

loxozon, O_4 = Oxozon.

lozon, O_3 = Ozon.

lozonagik = ozonreich.

lö, ladv. = aufrecht.

löäd = das Aufstehen.

löädön, nel.: — **se bed, de stul** = aufstehen, sich erheben.

löam = das Aufrechtstehen.

löbunön, nel. = aufspringen.

löd = Wohnung, Behausung.

lödadom = Wohnhaus.

lödan = Bewohner, Einwohner.

lödäd = Einquartierung.

lödädön, lov. = einquartieren.

lödik = wohnhaft, seszhaft.

lödov = Wohnbarkeit.

lödovik = wohnbar.

lödön, nel. = wohnen, bewohnen, ansässig sein, einlogieren.

lödöp = Wohnort.

lödükön, lov.: — **eki** = einen hausen, einem Wohnung geben, behausen.

löf = die innige Neigung, die Liebe zu, gegen, für jemand oder etwas, das Liebhaben.

löfaliegik = liebevoll.

löfan = Liebhaber, **no binom** — **blöfädas lunik** = er ist kein Freund von langen Reden.

löfäb = Augapfel, Liebling.

löfäd = Liebelei, Flirt.

löfädön, lov. = liebeln, flirten.

löfäl = Liebhaberei.

löfid = Lieblichkeit.

löfidik = lieblich.

löfik = lieb, teur, wert.

löfil = das Mögen.

löfilön, lov. = mögen (gern haben), — **ad logön bosi** = etwas sehen mögen.

löflamön, nel. = auflodern, aufflammen.

löföf = Liebenswürdigkeit.

löföfik = liebenswürdig.

löfön, lov. = lieben, liebhaben, gern haben.
löfü = aus Liebe zu, **dunom osi — ob** = er tut es mir zu Liebe.
löfül = Liebkosung.
löfülön, lov. = liebkosen, liebherzen, abherzen.
lög = Bein (eines der Gliedmaszen).
lögabrek = Beinbruch (Bruch des Gliedmaszen).
lögaklot = Beinkleid.
lögäd = Fusz (von Gegenständen).
lögil = Beinchen, Füszchen.
löik, lady. = aufrecht.
löikön, nel. = sich aufrichten, **malädan äloikon in bed oka** = der Kranke richtete sich in seinem Bette auf, **hers löikons, elöikons pö om** = die Haare stehen ihm zu Berge.
lök: — **len yan, len ramar, ...** = Schlosz an einer Tür, an einem Kasten, ...
lökel = Schlosser.
lökip = das Geradehalten.
lökipön, lov. = gerade halten.
lökismit = Schlosserei.
lökismitöp = Werkstatt eines Schlossers.
lökofärmükön, lov. = verschlieszen.
lökomaifükam = Aufschliezung, Erschliezung.
lökomaifükön, lov. = aufschlieszen, erschlieszen.
löl = Ganzes.
lölabalib = Vollbart.
löläd = Satz (zusammengehörige Sachen).
lölik = ganz.
löliko = gänzlich, ganz und gar, vollends, völlig, bis zum Ende.
lölim = Radikalismus.
lölimik = radikal.
lölo = im ganzen.
lölot = ein Ganzes.
lölöf = Vollständigkeit.
lölöfik = volständig, völlig.
lölöfopenön, lov. = ausschreiben.
lölöfükam = Vervollständigung, Vollendung.
lölöfükön, lov. = vervollständigen.
lömin = Element, Grundstoff.
löminik = elementar (auf das Element beziehend).
lömufülükön, lov. = aufschütteln.
lön = das Eigene, das Eigenste, das Individuelle, Eigenes.
lönabinim = Subjektivismus.
lönabiniman = Subjektivist.
lönabinimön, lov. = subjektivieren.
lönafrut = Eigennutz.
lönafrutiäl = Egoismus, Eigensucht, Selbstsucht.
lönafrutiälan = Egoist.
lönafrutiälik = egoistisch, eigennützig.
lönalän = Inhaberland.
lönalom = Eigenheim.
lönanamik = eigenhändig.
lönanatäl = Angeborenheit.
lönanatälik = angeboren.
lönanem = Eigenname.
lönapenät = Autograph.
lönapenätik = autographisch.
löned = Angemessenheit, das Passendsein.
lönedik = angemessen, passend.

lönedikam = Anpassung, Akkommodation.
lönedikön, nel. = sich anpassen, akkommodieren.
lönedön, nel. = passen, passend sein.
lönedükön, lov. = passend machen, anpassen.
löniäl = Eigensinn, Eigenwille.
löniälik = eigensinnig, eigenwillig.
lönik = eigen.
lönilob = Eigenlob.
lönilöf = Selbstliebe, Eigenliebe.
lönilöfik = eigenliebig.
löp = die obere Lage.
löpaglüg = Emporkirche (Chor).
löpaküir = Oberleder.
löpalogot = Vogelperspektive.
löpalög = Schenkel, Oberschenkel.
löpamaxül = Oberkiefer.
löpan = Vorgesetzter.
löpao = von oben.
löpaplen = Oberfläche (die oben befindliche), obere Fläche, Deckfläche.
löpasetäd = Obersatz, terminus major.
löpastäf = Oberstab.
löpastäfasanan = Oberstabsarzt.
löpatid = höherer Unterricht.
löpayal: — **glüga** = Emporkirche.
löpän = Oberland.
löpänan = Oberländer.
löpänik = oberländisch.
löpik = ober, obendranig, obig, obenstehend, hoch, **tonods —** = hohe Töne.
löpiköl = steigend, aufgehend.
löpikön, nel. = steigen, in die Höhe gehen, aufgehen, emporsteigen, aufsteigen.
löpiküno = zu oberst.
lönio = nach oben, aufwärts, empor, herauf, hinauf, — **e donio** = auf und ab.
löpioblinön, lov. = emporbringen.
löpiobunön, nel. = aufspringen.
löpiodrän = Aufdrängung, Empordrängung, das Aufdrängen.
löpiodränön, lov. = aufdrängen, empordrängen.
löpioglofön, nel. = emporwachsen.
löpiogolön, nel. (ve) = hinauflaufen.
löpiojedön, lov. = aufwerfen.
löpiojoikön, lov. = aufstoszen, emporstoszen.
löpiokömön, nel. = aufkommen.
löpioliun = Haarstrich, Aufstrich.
löpiolüodükam = Emporrichtung.
löpiolüodükön, lov. = emporrichten.
löpiomofön, lov. = auftreiben, emportreiben, aufscheuchen.
löpiomufilön, lov. = aufrühren.
löpiopolön, lov. = herauftragen.
löpiostörön, lov. = aufwühlen.
löpiosugön, lov. = aufsaugen (saugend aufziehen).
löpiotir = Aufzug, das Aufziehen, Emporzug.
löpiotirön, lov. = aufziehen, emporziehen.
löpiotülön, lov. = aufdrehen.
löpiovegam = Auffahrt.
löpiö: — ! = auf! aufwärts! drauf! empor! hinan! hinauf!
löpladam = Aufstellung, das Aufstellen.

löpladön, lov. = aufstellen (aufgerichtet hinstellen).

löpo = oben, droben, go — = zuhöchst, zuoberst.

löpot = Höhe.

löpü, pr. = über, oberhalb, — od = über einander, bal — votik = der eine über dem andern, über einander, nog binön — glun = noch über der Erde stehen, kim epladom-li omi — ob? = wer hat ihn über mich gestellt, gesetzt?

löpükön, lov. = steigen machen.

löropin, Eu, ‚europium' = Europium.

löseadön, nel. = aufsitzen (aufgerichtet, emporgerichtet sitzen).

löseidön, lov.: — oki = sich aufsetzen.

lösnapön, nel. = aufschnappen, emporschnappen.

löstan = das Aufrechtstehen, das Aufstehen.

löstanön, nel. = aufstehen, aufrecht stehen.

löstedik = kerzengerade.

löstörön, lov. = aufwühlen.

löstörülön, lov. = aufstören.

löükön, lov.: — kapi = den Kopf aufrichten, erheben.

lövakap (mafädanum: < 70 %) = Chamäcephalie.

lövik = niedrig.

lubeg = das Betteln, Bettelei.

lubegan = Bettler.

lubeganef = Bettelpack, Bettelvolk, Bettlerpack, Bettlerschaft.

lubego = durch Betteln, getön — = erbetteln.

lubegoget = Abbettelung.

lubegogetön, lov. = abbetteln.

lubegön, lov. = betteln, erbetteln.

lubel = Hügel.

lubelik = hügelig.

lubelil = Anhöhe, kleiner Hügel.

lubenodäl = Wohltätelei.

lubir = Halbbier, Dünnbier.

lublod = Stiefbruder.

lublöfäd = Räsonnement, das Hin- und Hergerede.

lublöfädön, lov. = räsonnieren, hin- und herreden.

lubolit = (politische) Kannegieszerei, Bierbankpolitik.

lubolitan = politischer Kannegieszer.

lubolitön, nel. = kannegieszern.

‚lucanus cervus' [lukànuš žårvuš] lat. = fliegender Hirsch, Hirschschröter, Hirschkäfer.

lucäd = Vornehmtuerei, das Vornehmtun.

lucädan = einer der vornehm tut.

lucädön, nel. = vornehm tun, sich ein Air geben.

lucem = Kammer, Nebengemach.

lucil = Stiefkind.

lucilöf = das Kindischsein, Kinderei.

lucilöfik = kindisch.

lucogedön, nel. = witzeln.

ludaut = Stieftochter.

ludäm = Abbruch.

ludämön, lov. = beeinträchtigen, Eintrag tun.

ludom = Hütte, — feilanik = Bauernhütte.

ludomil = Hüttchen, Hüttlein.

ludredön, nel. (tefü, demü) = fürchten (für), sich fürchten (vor).

ludrinan = Säufer.

ludrinön, lov. = saufen.

ludun = Streich (Tat).

lueg = Lunge.

luegamaläd = Brustkrankheit, Lungenleiden, Lungenkrankheit.

luegamalädik = lungenkrank.

lufam = Berüchtigkeit.

lufamik = berüchtigt.

lufanäböp = Verlies, Verliesz.

lufat = Stiefvater.

lufid = das Fressen.

lufidön, lov. = fressen.

lufilön, nel. = anbrennen.

luflad = Kruke, Krug.

lufladil = Krüglein.

lufraseod = Phrase (inhaltlose Phrase).

lug = Lüge.

lugan = Lügner.

lugäl = Lügenhaftigkeit, Verlogenheit.

lugälik = lügnerisch, lügenhaft.

lugidet = Rechthaberei.

lugidetan = Rechthaber.

lugidetik = rechthaberisch.

lugik = erlogen.

lugod = Abgott, Götze.

lugodik = abgöttisch.

lugodikult = Abgötterei, Götzendienst.

lugodikultan = Abgötterer, Götzendiener.

lugodikultön, nel. = Abgötterei treiben.

lugodön, lov. = vergöttern.

lugold = Flittergold, Rauschgold, Goldschaum.

lugön, lov. = lügen.

lugur = Hohlweg.

luhät = Mütze, — beraskinik = Bärenmütze.

luhätil = Mützchen.

luheroedan = Maulheld.

luib = Rad.

luibön, lov. = rädern, mit Rädern versehen.

luim = Nässe.

luimik = nasz.

luimikön, nel. = nasz werden.

luimöf = Feuchtigkeit.

luimöfik = feucht.

luimöfikön, nel. = feucht werden.

luimöfimaföm ü hügromet = Hygrometer.

luimöfön, nel. = feucht sein.

luimöfükam = Befeuchten.

luimöfükön, lov. = befeuchten.

luimön, nel. = nasz sein.

luimükan = Nässer.

luimükön, lov. = nässen.

lujat = Ameisenlaufen (Gefühl von —).

lujevod = Gaul.

lukäf = Abgefeintheit, Raffiniertheit, Durchtriebenheit.

lukäfik = durchtrieben, raffiniert, abgefeint.

lukik = Dietrich (Schlüssel).

lukludöf = Konsequenzreiterei.

lukod = Scheingrund, Scheinursache.

lukof = Hohn.
lukofan = Höhner.
lukofik = höhnisch.
lukofön, lov. = verhöhnen.
lukomip = Geplänkel, Scharmützel.
lukomipan = Plänkler.
lukomipön, nel. = plänkeln.
lukölüm = Pilaster.
lukred = Aberglaube.
lukredik = abergläubisch.
lukredön, lov. = abergläubisch glauben.
lukrüt = Mückenseigerei, Krittelei.
lukrütam = das Mückenseigen, Bekrittelung.
lukrütan = Mückenseiger, Kritikaster, Silbenstecher.
lukrütön, lov. = mückenseigen, Haare spalten.
lukün = Tollkühnheit, Verwegenheit.
lukünik = tollkühn, verwegen.
lukünön, nel. = tollkühn sein, verwegen sein.
lul, 5 = fünf.
lulaidik = metastabil.
lulak = Teich, Weiher.
lulat = Fünfzahl.
lulän ü jolalulän = Vorland, Auszendeichsland.
luldeg, 50 = fünfzig.
luldil = Fünftel.
luldilik = fünfteilig.
luldilil = Fünftelchen.
lulgulik = fünfeckig.
lulid = fünfte.
lulidnaed = das fünfte Mal.
lulidnaedo = fünftenmals, zum fünften Male.
lulido = fünftens.
lulik = fünffach.
luliko = fünffacherweise.
lulil = Fünfterchen.
lulion, 1'000'000^5 = Quintillion.
lulit = Dämmerung.
lulitik = dämmerig.
lulitikön, nel. = dämmern, dunkel werden.
lulitön, nel. = schimmern, schwach scheinen.
lullien = Fünfeck.
lullienik = fünfeckig.
lulmil, 5'000 = fünftausend.
lulna = fünfmal, fünfmals.
lulnaik = fünfmalig.
lulnaiko = fünfmaligerweise.
lulobam = Lobhudelei.
luloban = Lobhudler.
lulobön, lov. = lobhudeln.
lulogan = Gaffer, Glotzer, Maulaffe.
lulogön, lov. = gaffen, glotzen.
lulot = das Fünffache.
lulotidöp = Herberge, — lubeganas = Bettlerherberge.
lulön, lov. = verfünffachen.
lulsotik = fünferlei.
lulsulfinatazüd, H$_2$S$_5$O$_6$ = Pentathionsäure.
lulsulfolarsenatastabot, As$_2$S$_5$ = Arsenpentasulfid.
lulsulfostibatastabot, Sb$_2$S$_5$ = Antimonpentasulfid.
lultum, 500 = fünfhundert.
lulüd = Quint (Intervall).

lulüf = Quint (Ton).
lulüm = Quintett.
lumagif = Prunk.
lumagifik = prunkhaft, prunkvoll.
lumagifo = prunkhaft.
lumagifön, nel. = prunken.
luman = Kerl, ungebildeter Mann.
lumanik = wie ein ungebildeter Mann.
lumed = Pfuschmittel.
lumekan = Pfuscher, Stümper.
lumekik = stümperhaft.
lumekot = Machwerk, Pfuschwerk, Flickwerk.
lumekon, lov. = pfuschen, verpfuschen, künsteln, bosseln, basteln.
lumen = ungebildeter Mensch.
lumoläd = Weichlichkeit.
lumolädan = Weichling, Zärtling.
lumolädik = weichlich, verweichlicht.
lumot = Stiefmutter.
lumotik = stiefmütterlich.
lumusigön, nel. = leiern (schlecht musizieren).
lun = das Langsein.
lunadul = Langwierigkeit.
lunadulik = langwierig, chronisch.
lunakap (mafädanum: 70—75 %) = Dolichocephalie.
lunakapan = Langköpfige.
lunanudik = langnasig.
lunasufäl = Langmut.
lunasufälik = langmütig.
lunädik = länglich (lang im Verhältnis zur
Breite).
luned = Schlankheit.
lunedik = schlank.
lunet = geographische Länge.
lunid = Schein, Schimmer.
lunidilön, nel. = schimmern.
lunidön, nel. = schimmern.
lunik = lang.
lunilik = länglich (ein wenig lang).
lunisul = Werder (niedrige Fluszinsel).
lunof = Schmach, Schmähung.
lunofik = schmählich.
lunofön, lov. = schmähen, schmälen.
lunomik: tü tims — = ab und zu.
lunomiko: visitom obis — = ab und zu besucht
er uns.
lunot = Länge.
lunotik = lang (Masz), — mö mets kil = drei
Meter lang.
lunotü = ... (gen.) lang, der Länge nach.
lunul = Schlingelei, Tölpelhaftigkeit, Tolpatschigkeit, Lümmelei, Tölpelei.
lunulan = Schlingel, Lümmel, Tolpatsch, Tölpel.
lunulik = schlingelhaft, tölpelhaft.
lununäd = Angeberei.
lununädan = Zwischenträger, Angeber.
lununädik = angeberisch.
lununädön, lov. = zwischentragen.
lunükam = Verlängerung.
lunükön, lov. = längen, verlängern.
lunüp = eine lange Zeit.
lunüpo = lang, lange Zeit, no — = nicht lange,
nicht lange Zeit, kaum.

lup = Wolf.

lupadog = Wolfshund, Spitz.

lupenan = Federfuchser.

lupik = Wolfs≠.

lupleid = Eitelkeit.

lupleidik = eitel.

luplitiäl = übertriebene Gefälligkeit.

lupoed = Poetasterei, Reimerei, Verseschmiede-rei, Verselei.

lupoedan = Poetaster, Reimer, Verseschmied.

lupoedön, lov. = verseln.

luponil = Steg, Stegbrücke.

lupöp = Pöbel.

luprofetam = Afterprophezeiung.

luprofetan = Afterprophet, falscher Prophet.

luran = Uranus (Planet).

luranatastabot ü luraniniloxid, UO3 = Uran-oxyd.

luranin, U, ‚uranium‘ = Uran.

luraniniloxid, UO3 = Uranoxyd.

luraninoloxid, UO2 = Uranoxydul.

luraninoluranat, U(UO4)2 = Uranpecherz.

luranulanitrat, UO2(NO3)2 = Uranylnitrat.

lurelöf = Andächtelei, Scheinfrömmigkeit, Scheinheiligkeit.

lurelöfan = Andächtler, Frömmler.

lurelöfik = andächterisch, scheinfromm, frömm-lerisch.

lurelöfön, nel. = frömmeln, scheinheilig tun.

luriyav = das Uriya.

lurosin = Korinthe.

lusadin = Floretseide, Flockseide.

lusagat = Spitzfindigkeit.

lusagatablöfäd = Vernünftelei, das Vernünfteln.

lusagatablöfädan = Vernünftler.

lusagatik = spitzfindig.

lusagato: blöfädön — = vernünfteln.

lusagod = Wortkram.

lusan = Quacksalberei, Kurpfuscherei.

lusanan = Quacksalber, Kurpfuscher.

lusanasümik = marktschreierisch.

lusanik = quacksalberisch.

lusap = Aberwitz, Aberwitzigkeit.

lusapik = aberwitzig.

lusbekans = Usbeken.

luskop = Lupe.

luslop = Achselträgerei.

luslopan = Achselträger.

luslugön, lov. = schlingen, verschlingen, ver-schlucken.

lusnal = Trense, Litze.

lusog = Bande, Gesindel, Pack (Volk).

lusogan = Bandegenosse.

luson = Stiefsohn.

lusöp = schmaler Graben.

lusör = Stiefschwester.

luspik = Wortmacherei, Schwätzerei, Schwatz, das Schwatzen, das Schwätzen.

luspikan = Schwätzer, Wortmacher, Schnatte-rer.

luspikiäl = Geschwätzigkeit, Schwatzhaftigkeit.

luspikiälik = geschwätzig, schwatzhaftig.

luspiko: slüdön — ad = aufschwatzen, an-schwatzen.

luspikot = Schwatz, Geschwätz.

luspikön, lov. = schwatzen, schwätzen.

lustän = Wimpel.

lustebed = Abpassung.

lustebedön, lov.: — pöti = die Gelegenheit ab-passen.

lustog = Socke.

lustul = Bock, Schemel.

lusumät = Kriecherei, Augendienerei.

lusumätik = Kriecherisch, hündisch.

lusumätön, nel. = hündeln.

lusüt = Gasse.

lusütil = Gäszchen.

lut = Luft.

lutabul = Luftblase.

lutaflum = Luftstrom.

lutaflumül = Luftzug, Durchzug.

lutagik = luftig.

lutalekälöp = Luftkurort.

lutamotor = Luftmotor.

lutanafam = Luftschiffahrt.

lutanädön, lov. = bukis = Bücher kartonieren.

lutar = Otter, — komunik (‚lutra vulgaris‘ [lùtrá vulgàriš] lat.) = Fischotter.

lutatopäd = Luftgegend, Himmelsstrich.

lutavagik = luftleer.

lutär = die Lehre des Luthers.

lutäran = Lutheraner.

lutärik = lutherisch.

lutärim = Lutheranismus.

luted = Hausierhandel.

lutedan = Hausierer.

lutedön, nel. = hausieren.

lutem = Atmosphäre, Luftkreis.

lutemik = atmosphärisch.

lutetin, Lu, ‚lutetium‘ = Lutetium.

lutik = luftig (auf die Luft bezüglich).

lutipömöm = Luftpumpe.

lutodik = vexierend.

lutodön, lov. = vexieren, reizend auffordern.

lutön, lov. = lüften.

luuk = Geschwür.

luukik = voller Geschwüre.

luvab = Karren.

luveg = Fuszpfad, Pfad.

luverat = Warscheinlichkeit.

luveratik = warscheinlich.

luvien = Zug, Zugluft.

luvienik = zugig.

luvienön, nel. = ziehen.

luvil = Willelei, Velleität.

luvilag = Nest, elendes Dorf.

luvokäd = Schrei.

luvokädam = Geschrei.

luvokädan = Schreier.

luvokädön, lov. = schreien.

luvom = ungebildetes Weib.

luvomik = weibisch.

luvomit = Übelkeit.

luvomitik = übel, brecherlich, brecherisch.

luvöd = Flickwort.

lu≠Vöna≠Deutänäl = Altdeutschtümelei.

luy = Geblök (von Rindern).

luyal = Flur, Korridor.

luyön, nel. = blöken (von Rindern).
luzäl = Kommers.
luzälön, nel. = kommersieren, sich lustig halten.
lü, pr. 1. = auf, **älükömom, älüvegom — ob =** er kam auf mich zu, **polön, blinön penedi — potöp** = einen Brief auf die Post tragen, **tävön — länäd** = aufs Land reisen 2. = gen, gegen, **— sil, — sül** = gen Himmel 3. = hin, hinzu, **— votaflan, — votajol** = hinüber 4. = nach, **golön — lom** = nach Hause gehen, **äkömom — ,Berlin'** = er kam nach Berlin, **gleipön — musak** = nach einer Fliege greifen, **vokädön — yuf** = nach Hilfe rufen 5. = in, **golön — teat** = ins Theater gehen, **golön — jul, — glüg** = in die Schule, in die Kirche gehen 6. = zu, **blinön — maket =** zu Markte bringen, **gololöd — fat, — dilekan!** = gehe zum Vater, zum Direktor! **lölogedön — ek, lüükön logis oka — ek** = zu einem aufschauen, **— bed** = zu Bette, **— fonäd =** zum Brunnen, **— glüg** = zur Kirche, **— jul** = zur Schule, **— mated** = zur Hochzeit, **— at** = dazu, **— kis?** = wozu? wofür?
lübätön, lov. = anlocken.
lüblin = Beischaffung.
lüblinön, lov. = anbringen, herbeischaffen, herbeibringen, beischaffen.
lüblod ü hilügem = Schwager.
lücödetön, lov. = zuerkennen, zuteilen.
lüd = das Ringen.
lüdan = Ringer.
lüdaut = Schnur, Schwiegertochter.
lüdön, nel. = ringen.
lüdran = Andrang, das Andringen.
lüdranön, nel. = andringen.
lüdrän = das Andrängen.
lüdränön, lov. = andrängen.
lüfat = Schwiegervater.
lüg = Trauer, das Traurigsein, Traurigkeit.
lügadödel = Gründonnerstag.
lügadramat = Trauerspiel, Tragödie.
lügafridel = Karfreitag.
lügamusig = Trauermusik.
lügavig = Charwoche, Karwoche.
lügazädel = Karsamstag.
lügem = Verschwägerter, Schwager oder Schwägerin.
lügemam = Schwägerschaft.
lügemef = Schwägerschaft (Gesamtheit Verschwägerter).
lügik = traurig.
lügo = traurig.
lügod = die durch äuszere Zeichen an den Tag gelegte Trauer um einen Verstorbenen.
lügodaklotem = Trauerkleidung, Trauergewand.
lügodön, nel. (demü) = in Trauer sein (über).
lügodüp = Trauerzeit.
lügol = Beitritt.
lügolovik = zugänglich.
lügolön, nel. = anlaufen, beitreten.
lügön, nel. (demü) = trauern (um, über).
lüükön, nel.: **— lü ek** = sich an einen, zu einem wenden, **älüikom lü ob** = er kam auf mich los.
lük = das Lauern, Lauerei.

lükafäg = Lauersamkeit.
lükafägik = lauersam.
lükan = Belauerer.
lükäd = Berückung, Überlistung.
lükädön, lov. = listig berücken, belisten, überlisten.
lükik = lauernd, belauschend.
lükion = Lyzeum, Lyceum.
lükionan = Lyzeist.
lüklienön, nel. = hinneigen.
lükonfidön, lov.: **— bosi, oki eke** = einem etwas, sich anvertrauen.
lüköm = Ankunft, Eintreffen.
lükömön, nel. = gelangen, anlangen, ankommen, eintreffen.
lükömöp = Ankunftsort.
lükömüp = Ankunftszeit.
lükön, lov. = belauern, lauern auf, belauschen, behorchen, spähen, erspähen.
lüköp = Hinterhalt, Anstand (Jägers).
lül = Eule.
lülasümik = eulenartig.
lülogam = das Ansehen, Anschauung.
lülogan = Anschauer, Zuschauer.
lüloganef = die Zuschauer, das Publikum.
lüloged = Anblick.
lülogön, lov. = anblicken, ansehen, anschauen, zuschauen.
lülulogön, lov. = angaffen.
lümafotön, lov. = anmessen.
lümät = Zündhölzchen, Streichhölzchen.
lümot = Schwiegermutter.
lün = Brille.
lünav = Optik.
lünavan = Optiker, Optikus.
lünk = Luchs.
lünül = Lorgnette, Pincenez, Kneifer.
lüod = Richtung.
lüodalien = Richtlinie.
lüodik = eine Richtung habend.
lüodikön, nel. = sich richten, eine Richtung einschlagen, **— ma süds soga, in kel binoy =** unter Wölfen, mit den Wölfen heulen.
lüodön, nel. = çerichtet sein.
lüodü = in der Richtung auf... hin.
lüodükön, lov. = richten, **— oki ma süds, in kel binoy** = unter Wölfen, mit den Wölfen heulen.
lüö: —! = dran! hin!
lüpotön, lov. = zuschicken.
lür = Leier, Lyra.
lürönön, nel. = anrennen.
lüsed = Zusendung.
lüsedön, lov. = zusenden.
lüsmilön, nel. = anlächeln, anlachen.
lüson = Schwiegersohn.
lüsör ü jilügem = Schwägerin.
lüspikäb = der Angeredete.
lüspikot = Ansprache.
lüspikovik = zu sprechen, **no binom — =** er ist nicht zu sprechen.
lüspikön, lov. = ansprechen, anreden.
lüsumön, lov. = entgegennehmen, hinnehmen.
lüt = Laute.

lütatakön, lov. = anstürmen.
lüterbin, Yb, ,ytterbium' = Ytterbium.
lütirik = anziehend.
lütirov = Anziehbarkeit.
lütirovik = anziehbar.
lütirön, lov. = anziehen, adduzieren.
lütramaren = Ultramarin.
lütrin, Y, ,yttrium' = Yttrium.
lüükön, lov. dem. = hinzufügen.
lüv = Verlassung, das Verlassen.
lüvegön, nel. = anfahren.
lüveigön, lov. = anfahren.
lüvipön, lov. = zuwünschen.
lüvokädön, lov. = zurufen.
lüvokön, lov. = anrufen.
lüvön, lov. = verlassen.
lüxiöd = Luxus, Verschwendung.
lüxüödik = verschwenderisch, prachtvoll.
lüxüödön, nel. = im Überflusz leben, üppig leben.
lüyubön, lov. = zujauchen, zujubeln.
lüyüm = Hinzufügung, Angliederung.
lüyümod, gr. = Bestimmung (in valem), Bestimmungswort.

L.

Labradorän = Labrador.
Ladän = Aden (Kolonie).
Lafganistän = Afghanistan.
Lafganistänan = Afghane.
Lafganistänik = afghanisch.
Lagayän = Achaja.
Lagayänan = Achäer.
Lagayänik = achäisch.
Lak: — di ,Konstanz', [kón-štánz,] D. = Bodensee, — di ,Waldstätte' fol ü — rukantonas fol = Vierwaldstättersee.
Lakadivuäns = Lakkadiven.
Lakarnän = Akarnanien.
Lakarnänan = Akarnanier.
Lakarnänik = akarnanisch.
Lakvitän = Aquitanien.
Lakvitänan = Aquitanier.
Lakvitänik = aquitanisch.
Lalɛskän = Alaska.
Lalbanän = Albanien.
Lalbanänan = Albanese, Albanier.
Lalbanänik = albanesich, albanisch.
Laleutuäns = Aleuten (Insel).
Lalgovän = Allgäu.
Lalgovänan = Allgäuer.
Lalgovänik = allgäuer, allgäuisch.
Laljerän = Algerien.
Laljeränan = Algerier.
Laljeränik = algerisch.
Lalsasän = Elsasz.
Lalsasänan = Elsässer.
Lalsasänik = elsässisch.
Laltaiy = Altai (Gebirge).
Lamalekitän = Amalekiterland.
Lamalekitänan = Amalekiter.
Lamalekitänik = amalekitisch.

Lamerikän ü Tats:Pebalöl Meropa = die Vereinigten Staaten von Amerika.
Lamerikänan = Angehöriger der Vereinigten Staaten.
Lamerikänik = der Vereinigten Staaten eigen.
Lamirätuäns = Admiralsinseln.
Lanamän = Annam.
Landalusän = Andalusien.
Landalusänan = Andalusier.
Landalusänik = andalusisch.
Landamuäns = Andamanen.
Landorän = Andorra.
Langolän = Angola.
Lanhaltän = Anhalt (Land).
Laosän = Laos.
Lapän = Lappland.
Larabän = Arabien.
Larabänagumäd = arabisches Gummi.
Larabänan = Araber.
Larabänapük = das Arabisch.
Larabänik = arabisch.
Laragonän = Aragonien.
Laragonänan = Aragonier.
Laragonänik = aragonisch.
Largäntän = Argentinien.
Largäntänan = Argentinier.
Largäntänik = argentinisch.
Larkadiyän = Arkadien.
Larkadiyänan = Arkadier.
Larkadiyänik = arkadisch.
Larmeniyän = Armenien.
Larmeniyänan = Armenier.
Larmeniyänik = armenisch.
Lasamän = Assam.
Lasärbäcän = Aserbeidschan.
Lasirän = Asir.
Lasüriyän = Assyrien.
Latän = Latium.
Latänan = Lateiner (Bewohner des alten Latiums).
Latänapük = Latein, die Sprache des alten Latiums.
Latänapükan = einer, der die Sprache des alten Latiums spricht.
Latänik = lateinisch.
Latikän = Attika.
Latlantän = Atlantis.
Latlantean = atlantischer Ozean.
Latviyän = Lettland.
Latviyänan = Lettländer.
,Lausanne', [losan,] Fr. = Lausanne.
Laustralän = Australien (Bundesstaat).
Lauztralänik = australisch.
Lazoruäns = Azoren, azorische Inseln.
Lägüptän = Ägypten.
Lägüptänan = Ägypter.
Lägüptänik = ägyptisch.
Lägüptänön, lov. = ägyptisch machen.
Lätiopän = Äthiopien.
Lätiopänan = Äthiopier.
Lätiopänik = äthiopisch.
,Leiden' [làĭděn] Ned. = Leyden.
Lekvadorän = Ecuador, Ekuador.
Lekvadoränan = Ecuadorer, Ekuadorer.

Lekvadoränik = ecuadorisch, ekuadorisch.
Lelivükal = Erlöser (Jesus).
Lemekal = Erschaffer.
Leritreyän = Erythräa.
Lestiyän = Estland.
Lestiyänan = Este, Estländer.
Lestiyänik = estländisch, estnisch.
Libatat: — Lireyeäna, — Lireyeänik = irischer Freistaat.
Liberiyän = Liberia.
Lietuvän = Litauen.
Lietuvänan = Litauer.
Ligtänstän = Liechtenstein.
Lilürän = Illyrien.
Limurän = Lemurea.
Lindän = Indien, **— föfik** = Vorderindien, **— pödik** = Hinterindien, **— Linglänik** = Britisch Indien **— Nedänik** = Niederländisch Indien.
Lindäna=Germänik = indogermanisch.
Lindänan = Indier.
Lindäna=Seanuäns = Indonesien.
Lindäna=Tsyinän: — Fransänik = Französisch Indochina.
Lindänik = indisch.
Lindean = Indischer Ozean.
Linglän = England, Brittanien.
Linglänan = Engländer.
Linglänik = englisch, engländisch.
Linglänim = Anglicismus.
Linglänön, lov. = englisieren.
Lipän = Lippe.
Lirakän = Irak.
Lirän = Iran.
Liränan = Iranier.
Lireyän = Irland (Staat).
Lireyänan = Ire, Irländer.
Lireyeän = Irland (Insel), **Libatat Lireyeäna** = irischer Freistaat.
Lireyeänan = Ire, Irländer.
Lireyeänik = irländisch, **Libatat —** = irischer Freistaat.
Lisladän = Island (Staat).
Lisladänan = Isländer.
Lisladeän = Island (Insel).
Lisladeänan = Isländer.
Lisladeänik = isländisch.
Listriyän = Istrien.
Litaliyän = Italien.
Litaliyänik = italienisch, welsch.
Litaliyänön, lov. = italienisieren.
Livarduäns = Leeward-Inseln.
Liviyän = Livland.
Lofüda=Deutänik = ostdeutsch.
Lofüda=Lindän = Ostindien.
Lofüda=Lindänik = ostindisch.
Lofüdamel = Ostsee.
Lofüda=Preusiän = Ostpreusen.
Loldänburgän = Oldenburg.
Lomanän = Oman.
Lombardän = die Lombardei.
,London' [lŏndĕn] Lin. = London.
Loranän = Oranien.
Loranäna=Libatat = Orange-Freistaat.

Lorän = Lothringen.
Lorkneyuäns = Orkney-Inseln.
Löpa=Bayän = Oberbayern.
Löpa=Deutän = Oberdeutschland.
Löpa=Deutänapük = das Hochdeutsch.
Löpa=Deutänik = oberdeutsch.
Löpa=Jlesän = Oberschlesien.
Löpa=Jlesänik = oberschlesisch.
Löpa=Lalsasän = Oberelsasz.
Löpa=Lalsasänik = oberelsässisch.
Löpa=Litaliyän = Oberitalien.
Löpa=Litaliyänik = oberitalienisch.
Löpa=Lösterän = Oberösterreich.
Löpa=Palzän = Oberfalz.
Löpa=Voltayän = Ober-Volta (Gebiet).
Lösterän = Österreich.
Lösteränan = Österreicher.
Lösteränik = österreichisch.
Lugandayän = Uganda.
Lukrayän = Ukraine, Ukräne.
Lumbriyän = Umbrien.
Lural = Ural.
Luraläna=Laltaiyänik = ural-altaisch.
Luruguyän = Uruguay.
Lurundän = Urundi.
Lusbekän = Usbekien.
Luxämburgän = Luxemburg.
Luzeän = Luzon.
Lübän = Lybien.
,Lübeck' [lŭbậk]: **Repüblik: —** = Lübeck.
Lüdän = Lydien.
Lüzän = Lyzien.
,Lyon' [lióñ] Fr. = Lyon.

m.

ma, pr. 1. = gemäsz, **— baläd** = akkordgemäsz 2. = nach, nach Maszgabe, **— dinäds** = nach Umständen, **— näm** = nach Kräften, **— plüd** = nach Belieben, **kanitön — noats** = nach Noten singen, **selön — vet** = nach dem Gewicht verkaufen, **if jenosöv — desir oba** = wenn es nach mir ginge, **— ma= fäd sekü kel, — mod sekü kel** = je nachdem 3. = von ... wegen, **— calöf** = von Amts wegen, **— git** = von Rechts wegen.
maalgam = Amalgam.
maat = Mast.
maä = je nachdem, **— jenos** = je nachdem.
mab = das Marmoriertsein.
mabik = marmoriert.
maboin = Marmor.
maboinik = marmorn.
mabükön, lov. = marmorieren, ädern.
macar = die ungarische, die ungrische Sprache.
macaran = Ungar, Magyar.
macarik = magyarisch.
macor = Dur, Durton, Durtonart.
macorik = in Dur.
macoro = dur, im Durton.
mad = Reife, Reifheit, Gereiftheit, Zeitigkeit.
madik = gereift, reif, zeitig.
madikön, nel. = reif werden, reifen, zeitigen.
madön, nel. = gereift sein, reif sein.

madur = die maduresische Sprache.
maduran = Madurese.
madükön, lov. = zeitigen (lov.), reifen machen.
maed = Stärke, Stärkemehl.
maedakleibot = Stärkekleister.
maedäd = Stärke (zur Wäsche).
maedädön, lov. = stärken.
maf = Masz.
mafam = Messung, das Messen.
mafan = Messer (p.), Masznehmer.
mafastabäd = Maszeinheit.
mafäd = Maszgabe, ma —, sekü kel = je nachdem.
mafädanum = Index.
mafädik: no — = unmaszgeblich.
mafädü = nach Maszgabe von.
mafib = Amphibie, Amphibium.
mafibalif = Amphibienleben.
mafibav = Amphibiologie.
mafibik = amphibisch.
mafot = (das genommene) Masz.
mafotön, lov. = das Masz nehmen.
mafov = Meszbarkeit.
mafovik = meszbar.
maföm = Messer (zum Messen dienendes Werkzeug).
mafön, lov. = messen, — lölöfo = ermessen.
mag = das Darstellen, Bildnerei, die Abbildung.
magad = Magazin, Depot, Niederlage.
magadamastan = Magazinier, Lagerhausaufseher.
magadön, lov. = in das Magazin bringen, magazinieren.
magan = Bildner (Zeichner, Bildhauer, ...).
magav = bildende Kunst.
magavamused = Bildergallerie.
magavaniver = Akademie der bildenden Künste.
magäd = Eindruck (auf die Sinne, aufs Gemüt), Impression.
magäl = Phantasie, Einbildung.
magälan = Phantast, Träumer, Schwärmer.
magälanem = Pseudonym.
magälik = phantastisch.
magälod = Phantasma, Trugbild.
magälön, lov. = phantasieren, sich denken, erdichten.
maged = Gestalt, Erscheinung.
magif = Pracht, Gepränge.
magifam = Prangerei, Gepränge, das Prangen.
magifiäl = Prachtliebe.
magifik = prächtig, prachtvoll, malerisch, herrlich, wunderschön.
magifö: —! = famos! herrlich! prachtvoll!
magifön, nel. = prangen.
magik = bildend, bildlich, bildnerisch.
magit = Magistratswürde.
magitan = Magistratsperson, Magistratsmitglied.
magitanef = Magistrat, Magistratur.
magiv = Magie, Zauberkunst.
magivam = Zauber, Zauberei.
magivan = Zauberer.
magivavokön, lov.: — lananis = Geister heraufbeschwören.
magivik = magisch.

magivön, nel. = zaubern.
magivül = Bannung.
magivülan = Banner, Bezwinger.
magivülön, lov.: — bosi, tepi = etwas, den Sturm beschwören, beschwichtigen.
magnesin, Mg, ,magnesium' = Magnesium.
magnesinabäd, $Mg(OH)_2$ = Magnesiumhydroxyd.
magnesinakarbat, $MgCO_3$ = Magnesiumkarbonat, — bädöfik, $Mg(OH)_2$. 3 $MgCO_3$. 3 H_2O = basisches Magnesiumkarbonat.
magnesinaklorid, $MgCl_2$ = Magnesiumchlorid.
magnesinalamoniumafosfat, $Mg(H_4N)PO_4$ = Magnesiumammoniumphosphat.
magnesinalamoniumalarsenat, $Mg(H_4N)AsO_4$ = Magnesiumammoniumarsenat.
magnesinaloxid, MgO = Magnesiumoxyd.
magnesinanitrin ü kilmagnesinatelnitrin ü kilmagnesinlamoniak, Mg_3N_2 = Magnesiumnitrid.
magnesinasilikid, Mg_2Si = Magnesiumsilicid.
magnesinasulfat, $MgSO_4$ = Magnesiumsulfat.
magnet = Magnet.
magnetik = magnetisch.
magnetoin = Magneteisenstein.
magnetön, lov. = magnetisieren.
magod = Bild, Bildnis, das Dargestellte, Abbildung, Illustration, Ansicht.
magodabuk = Bilderbuch.
magodafrem = Bilderrahmen.
magodam = Bilderzier, das Illustrieren.
magodik = illustriert.
magodön, lov. = illustrieren.
magot = Statue, Brustbild, Bildsäule, Standbild.
magotil = Statuette.
magön, lov. = darstellen, vorstellen.
magul = das Wiedergeben.
magulön, lov. = wiedergeben (darstellen).
maibreikön, lov. = erbrechen, aufbrechen (lov.).
maibrekön, nel. = aufbrechen (nel.).
maidrän = das Aufdrängen, Aufdrängung.
maidränön, lov. = aufdrängen.
maif = das Offensein.
maifäd = Anbruch, das Anbrechen.
maifädön, lov. = anbrechen, — fladi ko vin = eine Flasche Wein anbrechen.
maifik = offen.
maifikam = das Aufgehen.
maifikön, nel. = sich öffnen, aufgehen.
maiflapön, lov. = aufschlagen (schlagend öffnen).
maifod = Öffnung.
maifö: —! = aufgemacht!
maifön, nel. = offen sein.
maifükam = das Öffnen, Eröffnung.
maifükön, lov. = öffnen, eröffnen, aufmachen, auftun.
maigimön, lov. = anbohren, — foni = einen Quell anbohren.
maiköt = das Aufschneiden.
maikötön, lov. = aufschneiden (durch Schneiden öffnen) aufschlitzen.
mail = Masche.
mailetirön, lov. = aufreiszen, aufzerren.
mailökam = Aufschlieszung, Erschlieszung.

mailökön, lov. = aufschlieszen, erschlieszen.

maimüdükön, lov. = weichmachend öffnen, aufweichen, losweichen.

maipadam = Aufschlag, das Aufschlagen.

maipadön, lov.: — buki = ein Buch aufschlagen.

mairölön, lov. = aufrollen, auseinanderwickeln.

maisleitön, lov. = aufreiszen.

maislitön, lov. = aufspalten.

maisteigön, lov.=aufstechen (stechend öffnen).

mait = Mais, Welschkorn.

maitenidükön, lov. = aufspannen (spannend öffnen).

maj: —! = marsch!

mak = Mark (Geld).

makazim = Pfennig, — Suomiyänik = Penni.

maket = Markt.

maketam = Marktverkehr, Marktbesuch.

maketan = Marktgast, Marktbesucher.

maketapiad = Markt, Marktplatz.

maketön, nel. = markten (ein Marktgast sein), zu Markt gehen.

makron = Makkaroni.

mal = Zeichen.

malam = Andeutung, Zeichengebung.

malan = Andeuter, Zeichengeber.

malar = Malaria.

malarafik = Wechselfieber, Sumpffieber.

malat: — kiemavik = chemisches Zeichen, chemisches Symbol.

malatem: — kiemavik = chemische Formel.

maläd = Krankheit, Erkrankung.

malädan = Kranke, Patient.

malädanacem = Krankenzimmer.

malädanöp = Hospital, Spital.

malädik = krank.

malädikam = Erkrankung, das Krankwerden.

malädikön, nel. = erkranken.

malädil = Affektion, leichte Erkrankung.

malädön, nel. = krank sein.

malädüköl = krankheiterzeugend.

malädükön, lov. = krank machen, Krankheit erzeugen.

malädül = Kränklichkeit, Krankhaftigkeit.

malädülik = kränklich, kränkelnd.

malädülön, nel. = Kränkeln, kränklich sein.

maläy = das Malaiisch.

maläyan = Maleier.

maläyik = malaiisch.

maled = das Markieren.

maledan = Markör.

maledit = Verwünschung, Verfluchung.

maleditilik: man — = Tausendsasa, Teufelskerl.

maleditilö: —! = potz! potzblitz! potztausend!

maleditön, lov. = verwünschen, verfluchen.

maledön, lov. = markieren.

malek = Marsch.

malekön, nel. = marschieren.

maleküm = Marsch (mus.).

malian = Zeichengeber (d.).

malik = kennzeichnend, bezeichnend.

malod, gr. = Umstand.

malodaset = Adverbialsatz.

malot = Andeutung.

malön, lov. = ein Zeichen geben, durch ein Zeichen erkennbar machen, zu erkennen geben, anzeichnen.

malt = Malz.

maltacärm = Malzkeim.

maltam = Malzerei.

maltamöp = Malzerei (Ort).

maltel = Malzer.

maltön, lov. = malzen.

malül = Lesezeichen, Satzzeichen, Interpunktionszeichen.

malülam = Interpunktion.

malülön, lov. = interpunktieren, mit Lesezeichen versehen.

,mama': —! = Mama!

mamud, k. Lomanänik, Lasiränik = Mahmudi.

mamut = Mammut.

man = Mann, — maleditilik = Tausendsasa, Teufelskerl.

manad = Manna.

manakurad = Mannesmut.

mancuran = Mandschu.

mandaran = Mandarin.

mandigovan = Mandingo.

mandril = Waldteufel, Mandrill.

manganatazüd, H_2MnO_4 = Mangansäure.

manganin, Mn, ,manganesium' = Mangan.

manganinibäd, $Mn(OH)_3$ = Manganihydroxyd.

manganiniloxid, Mn_2O_3 = Manganioxyd.

manganinipärloxid ü manganitastabot, MnO_2 = Manganperoxyd.

manganinobäd, $Mn(OH)_2$ = Manganohydroxyd.

manganinoklorid, $MnCl_2$ = Manganochlorid.

manganinoloxid, MnO = Manganoxyd.

manganinomanganiniloxid, Mn_3O_4 ü $MnO.Mn_2O_3$ = manganoxydoxydule.

manganinosulfat, $MnSO_4$ = Manganosulfat.

manganinosulfid, MnS = Manganosulfid.

manidek = Mannsschmuck.

manik = männlich (in bezug aufs Geschlecht).

manil = Männchen.

mankasaran = Makassar.

manöf = Mannheit, Männlichkeit.

manöfik = männlich.

manöfo = auf männliche Art.

manöv = Manöver.

manövön, nel. = manövrieren.

manül = junger Herr.

maoriyans = Maori.

map = Mappe, Portefeuille.

maratiy = das Marathi (eine Sprache in Vorderindien).

maratiyan = Marathe.

maratiyanalän = Marathaland.

maräd = Morast, Sumpf.

marädik = morastig, sumpficht, sumpfig.

mard = Mars (Planet).

mared = Marschallamt.

maredal = Marschall.

maren = Marine, Seewesen.

marenafizir = Seeoffizier.

marenik = Marine-.

marionät = Marionette.
marn = Mergel.
maroken = Saffian, Maroquin.
marokenik = von Saffian.
mart = Marder.
martensit = Martensit.
martür = Märtyrium.
martüran = Märtyrer.
marutsavan = Marutse.
masad = Boden, Dachboden.
masadacem = Bodenkammer, Dachkammer.
masadafenät = Bodenfenster (des Dachbodens).
masadalucem = Bodenkammer, Dachkammer.
masat = Masse (Menge von Stoff).
mascid = Moschee.
masif = Massiv, Gebirgsstock, — ela ,Mont-
Blanc' [mónbláñ] Fr. = Massiv des Mont-
Blanc.
masifik = massiv.
maskar = Maske.
maskaran = eine maskierte Person, eine Maske.
maskarön, lov. = maskieren, vermummen.
maskarü = unter der Maske der.
maskokiyans = Maskoki (Indianerstamm).
mason = das Mauern, Mauerung.
masonan = Maurer.
masonaspun = Kelle, Maurerkelle.
masonön, lov. = mauern.
mast = Meisterschaft, das Meistersein.
mastal = Hochmeister.
mastan = Meister.
mastanef = Meisterschaft (Gesamtheit von
Meistern).
mastanön, lov.: — eki = einen (in dünkelhafter
Weise) meistern.
mastig = Mastix.
mastik = meistermäszig, meisterlich, meisterhaft.
mastikön, nel. = Meister werden.
mastodon = Mastodon.
mastön, nel. = Meister sein, beherrschen, bemeistern.
mastükön, lov.: — eki = einen zum Meister
machen, — oki dö = sich Meister machen
von.
masur = Mazurka (Tanz).
mat = Ehe, Heirat, benedön mati = den Ehebund segnen, den Ehebund einsegnen.
matabed = Ehebett.
matablimot = Aussteuer, Heiratsgut.
matagivot = Ehegabe.
matan, matans = Eheleute.
matanapär = Ehepar.
matasakram = Ehesakrament.
matastad = Ehestand.
mated = Hochzeit, Hochzeitsfest.
matedadel = Hochzeitstag.
matedizel = Hochzeitsfeier, Hochzeitsfest.
matedizelan = Hochzeitsgast.
matedizelanef = Hochzeitsgesellschaft.
matemat = Mathematik.
matematan = Mathematiker.
matematik = mathematisch.
mater = Material, — pro gludikük = Leimgut.
matik = ehelich.

matikam = Vermählung.
matikamazäl = Vermählungsfest, Hochzeit.
matikön, nel. = sich verheiraten, sich vermählen.
matilisitan = Heiratskandidat, Freier.
matirajan = Verlobung.
matirajanan, matirajanans = Verlobte.
matirajanön, nel. = sich verloben.
matiteil = Ehescheidung.
matov = Heiratsfähigkeit.
matovik = heiratsfähig, mannbar.
matön, nel. = verheiratet sein.
matrad = Matratze, (resoramatrad = Sprungfedermatratze).
matrid = Matrize.
matrod = Matrose.
matükam = Trauung, Verheiratung.
matükön, lov. = vermählen, verheiraten, ehelichen, trauen, verehelichen, ehelich verbinden.
maxül = Kiefer, Kinnbacken.
mayavans = Mayas.
mayed = Majestät.
mayedik = majestätisch.
mayor = Major.
mayud = Majuskel, groszer Anfangsbuchstabe.
mayul = Mai.
mayulik = Mei≴, Maien≴.
mä: —! = mäh!
mäcad = Lunte.
mäd: — vaba, stula = Polster eines Wagens,
eines Stuhles.
mädastul = Polsterstuhl.
mädön, lov. = auspolstern, mit Polstern versehen.
mäg = Magerheit, Hagerheit, Dürre.
mägik = mager, hager.
mägikön, nel. = abmagern (nel.).
mägükön, lov. = abmagern (lov.).
mäk = Marke, Kennzeichen, Merkmal, Wahrzeichen.
mäkam = Bezeichnung.
mäkik = bezeichnet, gezeichnet.
mäkön, lov. = marken, zeichnen, bezeichnen,
kennzeichnen.
mäl, 6 = sechs.
mälat = Sechszahl.
mäldeg, 60 = sechzig.
mäldil = Sechstel.
mäldilil = Sechstelchen.
mälfimädik = sechsspännig, vab — = Sechsspänner.
mälfluoridilsilikinatazüd, H_2SiF_6 = Siliciumfluorwasserstoffsäure.
mälgulik = sechseckig.
mälid = sechste.
mälidnaed = das sechste Mal.
mälidnaedo = zum sechsten Male.
mälido = sechstens.
mälik = sechsfach.
mäliko = sechsfacherweise.
mälil = Sechsterchen.
mälion, 1'000'000⁶ = Sechstillion.

mälkloridilplatiniatazüd, H_2PtCl_6 = Platinchlorwasserstoffsäure.
mälklortelidsilikan, Si_2Cl_6 = Hexachlordisilan.
mälküanidilferinoatazüd, $H_4Fe(CN)_6$ = Ferrocyanwasserstoffsäure.
mällien = Sechseck.
mälmil, 6'000 = sechstausend.
mälna = sechsmal, sechsmals.
mälnaik = sechsmalig.
mälnaiko = sechsmaligerweise.
mälot = das Sechsfache.
mälöm = Sextant.
mälön, lov. = versechsfachen.
mälsotik = sechserlei.
mälsotiko = auf sechserlei Weise.
mältum, 600 = sechshundert.
mälüd = Sexte (Intervall).
mälüf = Sexte (Ton).
mälüm = Sextett.
mälvalenik = sechswertig.
män = die keltische Sprache der Insel Man.
mänan = einer der die keltische Sprache der Insel Man spricht.
mäned = Mantel.
mänedön, lov. = bemanteln, bemänteln (mit einem Mantel versehen).
mäniot = Erwähnung.
mäniotön, lov. = erwähnen.
mänsäd = Menstruation.
mänsädön, nel. = menstruieren.
mänsid (tapladü densit) = Dünne, Dünnheit.
mänsidatop: — in fot = Lichtung im Walde.
mänsidik = dünn.
mänsidükam = Verdünnung.
mänsidükön, lov. = verdünnen, lichten.
mäpet = Ungestüm, das Ungestümsein, Heftigkeit.
mäpetik = ungestüm, heftig, stürmisch.
mäpetikön, nel. = ungestüm werden, heftig werden.
mäpeto = in heftiger Weise.
mäpetön, nel. = ungestüm sein, heftig sein.
mäpetükön, lov. = ungestüm machen, heftig machen.
mäplat = Pflaster.
mäpüd = Frechheit, Vermessenheit.
mäpüdik = frech, vermessen.
mär = Märchen.
märkur = Merkur (Planet).
märkurin, Hg = Quecksiber.
märöfik = märchenhaft, fabelhaft.
mäsäd = Messe, Meszopfer.
mäsädabuk = Meszbuch.
mät = Wettkampf, Wettstreit.
mätan = Wettkämpfer.
mätarön = Wettrennen.
mätarönön, nel. = in die Wette rennen, um die Wette rennen.
mäted = Konkurrenz, Wettbewerb.
mätedafägik = konkurrenzfähig.
mätedan = Konkurrent, Geschäftsgegner, Wettbewerber.
mätedasufidik = konkurrenzfähig.
mätedön, nel. = konkurrieren.

mätivikodan = Gewinner des Wettkampfes.
mätön, nel. = wettkämpfen, wettstreiten.
mäy = das Mähschreien, Geblök von Schafen.
mäyön, nel. = mähen, blöken (von Schafen).
mäyül = Geblök (von Ziegen), das Meckern.
mäyülön, nel. = blöken (von Ziegen), meckern.
mäzen = Mäzenas.
mäzul = März.
mäzulik = Märzen=.
me, pr. 1. = an, dugön — nam cili = ein Kind an der Hand führen, perön — can seimik = an einer Ware verlieren, äklietob obi — fluks, ästaudob — fluks = ich labte mich an den Früchten 2. = auf, — drinod balik = auf einen Zug, musigön — viäl = auf der Geige spielen, bleinön — logs bofik = auf beiden Augen blind sein, — nem kinik penüpenomli? = auf welchen Namen ist er eingeschrieben? 3. = aus, — töbidam gretikün, — töbidam lölik, — töbidam valik = aus allen Kräften 4. = für, remön bos — mon mödik = für viel Geld etwas kaufen 5. = in, brie= tükön oki — vin = sich in Wein betrinken, jäföl — vob, — vobod = in der Arbeit begriffen, notodön — vöds bosi = etwas in Worte fassen, tedön — vin = Geschäfte in Wein machen 6. = mit, nemön eki — nem oka = einen mit Namen nennen 7. = unter, klänedön logodi, logodi oka — veal = das Gesicht unter einem Schleier verbergen 8. = über, jäfön lunüpo — bos = lange Zeit über etwas zubringen 9. = zu, — naf = zu Schiff, — vab = zu Wagen.
meb = Erinnerung, Andenken, Gedächnis.
mebab = Denkwürdigkeit.
mebabik = denkwürdig.
mebakön = Denkmünze.
mebamal = Denkmal, Monument.
mebazöt = Denkzettel.
mebön, lov. = erinnern (einen).
mecid = Medschidijethaler.
med = Mittel.
medam = Vermittelung, Dazwischenkunft, Intervention.
medamik = vermittelnd.
medamü = durch Vermittelung von.
medan = Vermittler.
medä, kony. = dadurch, dasz.
medik = mittelbar.
medin = Arznei, Arzneimittel, Medizin.
medinabuk = Arzneibuch.
medinan = Arzneimann.
medinapatöfav = Pharmakognosie, Arzneiwissenschaft.
medinav = Arzneikunde, Arzneimittellehre, Pharmakologie.
medinavobedav = Lehre von der Wirkung der Arzneien.
medinik = arzneilich.
medinön, lov. = arzneien, medizinieren.
medit = das Nachdenken, das Sinnen, Durchdenkung, Nachdenklichkeit.
meditabik = nachdenklich (Nachdenken erregend).

meditik = nachdenkend, nachdenklich.
medito = nachdenklich, sinnend.
meditön, lov. = sinnen über, durchdenken, überdenken.
mediüt = Mittelfinger.
medöm = Mittel.
medön, nel. = vermitteln, sich vermitteln, dazwischen treten, intervenieren.
medü, pr. 1. = an, logob — penät utani, kel... = ich sehe an der Schrift, wer... 2. = mit, — lefil e vafs = mit Feuer und Schwert 3. = mittels, mittelst.
meib = Mahnung, Ermahnung, Aufforderung.
meiban = Mahner, Ermahner.
meibön, lov. = mahnen, ermahnen, anhalten, auffordern.
meik = Anlage, das Anlegen, das Bauen.
meikafräd = Anlagekosten.
meikön, lov. = anlegen, bauen, graben, — gadi = einen Garten anlegen, — ferarutavegi = eine Eisenbahn bauen.
meil = Mehl.
meilated = Mehlhandlung.
meilatedan = Mehlhändler.
meilöfik = mehlartig, mehlicht.
mein = Bergbau.
meinacalan = Bergbeamter.
meinacif = Berghauptmann.
meinajul = Bergakademie, Bergschule.
meinamastal = Bergmeister.
meinamastan = Bergältester.
meinan = Berggesell, Bergknappe, Bergarbeiter, Bergmann.
meinanaklub = Bergknappschaft (Genossenschaft).
meinanef = Bergknappschaft (Versammlung der Knappen).
meinanik = bergläufig, bergmännisch.
meinav = Bergbaukunde, Bergfach.
meinavakaenal = Bergingenieur.
meinavob = Bergarbeit.
meinäd = Bergwerk, Zeche.
meinik = bergbaulich.
meit = Made.
mek = das Machen, Verfertigung.
mekan = Macher, Verfertiger.
mekav = Kunst (Gegensatz: Natur).
mekavaflor = künstliche Blume.
mekavafon: — di ,Artois' [ártüä] Fr. = artesischer Brunnen.
mekavapük = Kunstsprache.
mekavik = künstlich.
mekäd = Gewalttat, Gewalttätigkeit.
mekädam = Gewalt, Vergewaltigung, Gewaltsamkeit.
mekädik = gewalttätig.
mekädo = gewaltsam, deidön — = erschlagen.
mekädön, nel. = vergewaltigen, gewaltsam sein.
mekön, lov. = machen, fabrizieren, fertigen, verfertigen, — eki fleni oka = zu seinem Freunde machen.
mekülön, lov. = bosseln, basseln, basteln.
mel = Meer, die See.

melalebug = Meerbusen.
melaman = Teerjacke.
melan = Seefahrer, Seemann.
melanavöded = Seemannsausdruck.
melapof = Seehafen.
melarovöp = Meerenge, — Sunduänik = Sundastrasze.
melasnek = Seeschlange, Meerschlange.
melavegam = Seefahrt.
melavegamav = Schiffahrtskunde, Nautik.
melik = auf die See bezüglich, See=.
melo = zur See.
melod = Melodie.
melodiak = Melodika.
melodik = melodisch, melodiös.
melodion = Melodion.
melun = Melone.
mem = Gedächtnis, Erinnerung.
memamagot = Erinnerungsbild.
memäl = Erinnerungskraft.
memidovik = im Gedächtnis zu behalten.
memidön, lov. = behalten (im Gedächtnis behalten), — vilo bosi = etwas hinter die Ohren schreiben.
memik = eingedenk.
memo = nach dem Gedächtnis.
memosev = Erkennung.
memosevön, lov. = erkennen.
memovik = erinnerlich.
memön, lov. = sich erinnern.
men = Mensch, mens = Leute, Menschen.
menabidäd = Menschenrasse.
menam = das Menschsein.
menasot = Menschenschlag.
menav = Anthropologie.
menäd = Menschenalter, Menschengeneration.
menät = Humanität, Menschlichkeit, Menschenfreundlichkeit.
menätik = human, menschenfreundlich.
menef = Menschheit, Menschentum.
menefacödot = Weltgericht.
menefik = menschheitlich.
menik = menschlich, auf den Menschen bezüglich.
menikam = Menschenwerdung.
menod = Verbesserung (in valem).
menodovik = verbesserlich.
menodön, lov. = verbessern.
menöf = Menschlichkeit (menschliche Schwäche und Unvolkommenheit).
merit = Verdienst, Erwerb, Gewinn.
meritab = Verdienst, Verdienstlichkeit.
meritabik = verdienstlich, verdienstvoll.
meritabo = nach Verdienst.
meritik = verdient, sio — = wohlverdient.
meritön, lov. = verdienen, erwerben, — kosidi oka = sein Brot verdienen.
meruil = Hausschwam.
merul = Amsel.
mesed = Lohn, Gehalt, Gebühr, getön mesedi = besoldet werden, einen Lohn bekommen, einen Lohn beziehen, nen — = unbelohnt.
mesedam = Belohnung, das Belohnen.
mesedan = Lohnherr.

mesedik = lohnend.
mesedo = zur Belohnung.
mesedodünan = Lohndiener.
mesedovob = Lohnarbeit.
mesedovoban = Lohnarbeiter.
mesedön, lov. = lohnen, belohnen, besolden.
mestid = Mestize.
mesül = Maszregel, Masznahme.
mesülön, nel. = seine Maszregeln nehmen, seine Maszregeln treffen, seine Maszregeln ergreifen.
met, M. = Meter.
metafor = Metapher.
metafüd = Metaphysik.
metafüdik = metaphysisch.
metal = Metall.
metalafadäd = Metallfaden.
metalapen = metallene Feder.
metalav = Metallurgie.
metalavan = Metallurg.
metalibevob = Metallbearbeitung.
metalik = metallen.
metalismeitöp = Hüttenwerk, Metallhütte, Metallgieszerei.
metaloid = Metalloid.
metalön, lov. = metallisieren.
metan ü balkarbinafolhidrin, CH_4 = Methan, Sumpfgas.
metatahid, CH_2O = Formaldehyd.
metatazüd ü furmidatazüd, $CHOOH$ = Ameisensäure.
meteor = Meteor.
meteoroin = Meteorstein.
meteoroinafer = Meteoreisen.
meter ü telmetilkarbaner, CH_3OCH_3 = Dimethyläther.
metilletilkarbaner, $CH_3OC_2H_5$ = Methyläthyläther.
metilletilketun, $CH_3COC_2H_5$ = Methylketon.
metilmärkaptan, CH_3SH = Methylmerkaptan.
metoboratazüd, HBO_2 = Metaborsäure.
metofosfatazüd, HPO_3 = Metaphosphorsäure.
metofosfitazüd, HPO_2 = metaphosphorige Säure.
metol ü metillalkohol, CH_3OH = Methylalkohol.
metolarsenatazüd $HAsO_3$ = Metaarsensäure.
metolarsenitazüd, $HAsO_2$ = metaarsenige Säure.
metostibitazüd, $HSbO_2$ = metaantimonige Säure.
metropoel = Metropole, Metropolis, Hauptstadt.
metud = Methodisme.
metudan = Methodist.
meug = Denkungsart, Gesinnung.
meugik = gesinnt.
meugön, nel. = gesinnt sein.
mi = nicht gut, schlimm, verkehrt.
miamyans = Miami (Indianerstamm).
mibitön, nel.: — dämü ek = sich an einem vergreifen, versündigen.
miblegükam = Verbiegung.
miblegükön, lov. = verbiegen.
mibükot = Makulatur.
micödön, lov. = miszbilligen, verurteilen.
mid = Fleisch (am Leibe).
midik = fleischlig.

midin = Unding.
midöf = Fleischhaftigkeit.
midöfik = fleischig, fleischhaft.
midug = Verführung.
midugälik = unerzogen, ungesittet.
midugälön, lov. = schlecht erziehen, verziehen.
midugön, lov. = verführen.
midun = Übeltat, Verbrechen, Missetat, Vergehen.
midunan = Verbrecher, Bösewicht, Übeltäter.
midunanapük = Diebessprache, Gaunersprache.
midunik = verbrecherisch.
midunot = Fehltritt.
midunotidun: pö — = auf frischer Tat.
midunotiduno = auf frischer Tat.
midunön, nel. = Verbrechen begehen, Verbrechen üben.
mied = Grenze.
miedabim = Markbaum.
miedalän = Grenzland.
miedalien = Grenzlinie, — killiena = Seite eines Dreiecks.
miedam = Begrenztheit.
miedamal = Grenzmal, Grenzzeichen.
miedaplen = Grenzfläche, Seitenfläche, Seite.
miedastafäd = Markpfahl.
miedaston = Markstein.
miedän = die Mark.
miedet = Definition, Begriffsbestimmung.
miedetön, lov. = definieren, umschreiben.
miedik = begrenzt.
miedön, lov. = grenzen an, begrenzen, angrenzen, dom miedon zifamöni = das Haus grenzt, stöszt an die Stadtmauer.
miedükam = Begrenzung, Beschränkung, Abgrenzung.
miedükön, lov. = begrenzen, mit Grenzen versehen, abgrenzen.
miedükumam = Einschränkung.
miedükumön, lov. = beschränken, einschränken.
miel = Honig.
mielakek = Lebkuchen.
mielasvidik = honigsüsz.
mielaziöbem = Honigwabe, Honigscheibe.
mifät = Unheil, Unstern, Verhängnis, patädom fa — seimik, — seimik tädon omi = es schwebt ein Unglück über seinem Haupte.
mifätik = heillos, unheilvoll, unheilsam, verhängnisvoll, fatal, unglückselig, unselig.
miflagälik = unbescheiden.
mifom = Entstelltheit, Unförmlichkeit, Miszgestalt, Miszförmigkeit.
mifomam = Entstellung, Verunstaltung.
mifomik = entstellt, verunstaltet, unförmlich, miszgestaltet, ungestaltet.
mifomön, lov. = entstellen, verunstalten.
mig = das Mischen, das Vermischen, Mischung, Vermischung, Vermengung.
migäd = Mischmasch, Sammelsurium.
migeb = Miszbrauch.
migebik = miszbräuchlich.
migebön, lov. = miszbrauchen.
migik = gemischt.

miglofön, nel. = verwachsen, krumm wachsen.
migot = Mischung, Gemisch, Mengsel.
migov = Mischbarkeit.
migovik = mischbar.
migön, lov. = mischen, vermischen.
migrän = Migräne.
miguv = Miszverwaltung.
miguver = Miszwirtschaft.
miguverön, lov. = miszwirtschaften.
miguvön, lov. = miszverwalten.
mijästidön, lov.: — mudi = den Mund verziehen.
mijenot = Unheil, Unfall, Unglücksfall.
mikanitön, lov. = falsch singen.
mikäf = Arglist.
mikäfik = arglistig.
mikäfod = Arglistigkeit.
mikeb = Unkraut.
mikondöt = schlechtes Betragen, schlechte Aufführung.
mikondötan = Taugenichts, Tunichtgut, Nichtsnutz, lasterhafter Mensch.
mikondötik = nichtsnutzig, nichtsnützig.
mikondötön, nel. = sich schlecht benehmen,
sich schlecht betragen.
mikonfid = Misztrauen.
mikonfidäl = misztrauisches Wesen.
mikonfidik = misztrauisch.
mikonfidön, lov. = misztrauen.
mikösömukön, lov. = verwöhnen.
mil, 1'000 = tausend.
miladäl = Doppelherzigkeit, Zweizüngigkeit,
Achselträgerei, Falschherzigkeit.
miladälik = doppelherzig, achselträgerisch,
falschherzig.
milag = Wunder, Mirakel.
milagik = wunderbar, wundersam.
milaid = Verstocktheit, Verstockung.
milaidik = verstockt.
milaidön, nel. = verstocken, verstockt sein.
milat = das Tausend, tausend Stück.
milbalionat, 1'000'000'000 = Milliarde.
mildil = Tausendstel.
mildiud = Meltau.
milgram, K.G. = Kilogramm.
milid = tausendste.
milidnaed = das tausendste Mal.
milidnaedo = tausendstenmals.
milido = tausendstens.
milig = Milch.
miligasümik = milchig, milchähnlich.
miligaväd = Molke.
miligigivön, nel. = milchen, Milch geben.
milik = tausendfach.
miliko = tausendfacherweise.
milil = Tausendchen.
mililidön, lov.: — bosi = etwas übel aufnehmen.
milit = Armee, Heer, Militär.
militabüd = Armeebefehl.
militadiläd = Heeresabteilung.
militafebäd = Militär, Kriegswesen.
militaflad = Feldflasche.
militagoläd = Feldzug.

militaleseatöp ü leseatöp milita = Feldlager.
militan = Militär.
militapredan = Feldprediger.
militastän = Feldzeichen.
militäl = Militärgeist.
militik = militärisch.
militim = Militarismus.
milliät, K. L. = Kiloliter.
millög = Tausendfusz.
milmet, K.M. = Kilometer.
milna = tausendmal, tausendmals.
milnaik = tausendmalig.
milodot = Ballast.
milot = das Tausendfache.
milön, lov. = vertausendfachen.
milräid, k. = Milreis.
milsotik = tausenderlei.
milsotiko = auf tausenderlei Weise.
milyel = Jahrtausend, Millennium, dü milyels
mödik = jahrtausendlang.
milyelik = tausendjährig.
mim = Tausendstel.
mimagod = Zerrbild, Karikatur.
mimagodön, lov. = verzerrbildlichen, karikieren.
mimat = Kebsehe.
mimen = Unmensch.
mimenik = unmenschlich.
mimgram, m.G. = Milligramm.
mimliät, m.L. = Milliliter.
mimmet, m.M. = Millimeter.
min = Mineral.
minav = Mineralogie.
minavan = Mineralog.
minavik = mineralogisch.
miniatür = Miniatur.
miniatürik = Miniatur-.
miniatüripänan = Kleinmaler, Miniaturmaler.
miniatüro = in Miniatur.
minik = mineralisch.
minilud = Verdacht.
miniludik = verdächtig.
miniludikön, lov. = anfangen in Verdacht zu
haben.
miniludön, lov. = in Verdacht haben.
miniludükam = Verdächtigung.
miniludükön, lov.: — eki demü ek = einen bei
einem in Verdacht bringen.
minimilem = Ungeziefer.
minister = Reichsamt, Ministerium.
ministeran = Minister, — finena = Finanzminister.
ministeranef = Ministerium.
ministerik = ministeriell.
minium = Mennig.
miniumik = von Mennig.
minkopiyans = Minkopi.
minor = Mollton.
minorik = molltonartig.
minoro = moll, im Mollton.
minud = Minuskel, kleiner Anfangsbuchstabe.
minut = Minute.
miop = Kurzsichtigkeit.
miopik = kurzsichtig, blödsichtig.

miosot = Vergiszmeinnicht.
miot = Schmutz, Schmutzigkeit.
miotam = Beschmutzung.
miotan = Beschmutzer.
miotäd = Makel (geistig).
miotik = schmutzig.
miotön, lov. = beschmutzen.
miplitön, lov. = miszfallen.
miprod = Ausgeburt.
mir = Myrrhe.
mirabim = Myrrhenbaum.
mireigön, lov. = miszregieren.
mirepüt = schlechter Name, übler Name, schlechter Ruf, übler Ruf, böser Leumund, Verruf.
mirepütik = verrufen.
mirepütön, nel. = in Verruf stehen.
mirepütükam = Blamierung, das Inverrufbringen.
mirepütükön, lov. = blamieren, in Verruf bringen, in bösen Leumund bringen.
mirt = Myrte.
mirtabled = Myrtenblatt.
mirtafot = Myrtenwald.
misaun = Unpäszlichkeit, das Unwohlsein.
misaunik = unpäszlich, unwohl.
miser = Barmherzigkeit, Erbarmen.
miserab = Elend, Erbärmlichkeit.
miserabik = elendig, erbärmlich, erbarmungswürdig.
miserik = barmherzig.
miserön, lov. = sich erbarmen des, über.
misevön, lov. = verkennen, miszkennen.
mislugön, nel. = sich verschlucken.
mispik = Verunglimpfung, üble Nachrede, Medisance.
mispikan = Verunglimpfer, Klatschmaul.
mispikiäl = Schmähsucht, Klatschsucht.
mispikön, lov. = verunglimpfen, medisieren, Böses nachreden, Übles nachreden.
mistad = Übelstand.
mistom = Ungewitter, Unwetter.
mistomanufül = Wetterdach.
mistomön, nel. = wettern.
mistomül = Schauer, Gewitter.
misuem = Miszverständnis.
misuemön, lov. = miszverstehen.
misul = Masern (Krankheit).
misur = Takt, — folfoldilik = Viervierteltakt.
misuraflapül = Takt, Taktschlag.
misuraflapülön ü flapülön misuro = den Takt angeben, Takt schlagen, taktieren.
misurafüm = Taktfestigkeit.
misurafümik = taktfest.
misuräl = Taktgefühl.
misurik = taktgemäsz, taktmäszig.
mit = Fleisch (Nahrung), — bode, — ad bod = Fleisch zum Brote.
mitacan = Fleischware.
mitasetrat = Fleischextrakt.
mitavaet = Fleischsaft, Fleischbrühe.
mitazib = Fleischspeise.
miteod = Mythe.
miteodav = Mythologie.

miteodavan = Mythologe.
miteodavik = mythologisch.
miteodik = mythisch.
miticöpam = Metzgerei.
miticöpan = Fleischer, Metzger, Schlächter.
miticöpön, nel. = Fleisch aushauen.
mitik = fleischern.
mitir = Verzerrung.
mitirön, lov. = verzerren.
mitonik = verstimmt (Instrument).
mitul = Verstümmelung.
mitulön, lov. = verstümmeln, zerstümmeln.
mived = Degeneration, Entartung, Ausartung.
mivedasot = Abart, Bastardart.
mivedik = abartig.
mivedön, nel. = entarten, abarten, ausarten, degenerieren.
mivim = üble Laune.
mixtekans = Mixteken.
miyelovik = schmutziggelb.
miyul = Meineid.
miyulik = meineidig.
mo = dahin, fort, weg, — e ge = hin und zurück, auf und ab, golön, vegön — e ge = ab und zu gehen, — love = über ... hinweg.
moam = Vermissung.
moamü = fort von, weg von, von ... weg.
moasir = Schimmel, Schimmelpflanze.
moasirik = schimmlig, beschimmelt, verschimmelt.
moasirön, nel. = schimmeln, schimmlig werden, verschimmeln.
moäd = Fortlassung, Weglassung.
moädamal = Apostrophe.
moädamalön, lov. = apostrophieren.
moädön, lov.: — tonatis = Buchstaben fortlassen, weglassen.
mob = Antrag, Vorschlag.
moban = Antragsteller.
moblibön, nel. = ausbleiben, wegbleiben.
moblinön, lov. = wegpacken, wegbringen, fortbringen, wegschaffen.
mobön, lov. = antragen, vorschlagen.
mod = Art, Art und Weise, Manier.
modonikam = Untergang, — sola = Sonnenuntergang.
modonikön, nel. = untergehen.
modränön, lov. = verdrängen, wegdrängen.
modugön, lov. = wegleiten, fortführen, wegführen, entführen.
modun = Abräumung, das Wegschaffen, Abraum, das Aufräumen.
modunan = Abräumer (p.).
modunian = Abräumer (d.).
modunön, lov. = wegräumen, forttun, wegtun, fortschaffen, abräumen, aufräumen.
modü = auf ... Art, auf ... Weise, in der Weise von, nach Art von.
moelät = Omelette.
mof = das Treiben.
mofalön, nel. = wegfallen.
mofan = Treiber.
mofidön, lov. = wegessen.
mofilädön, lov. = wegbrennen.

moflitön, nel. = fortfliegen, wegfliegen.
mofön, lov.: — **veteri lü bälät** = das Vieh auf die Weide treiben.
mofugön, nel. = entlaufen.
mogivön, lov. = weggeben.
mogleinön, lov. = auswetzen.
mogol = Fortgang.
mogolön, nel. = fortgehen, weggehen, fortkommen, davonlaufen, entlaufen, wegkommen, **büdön ad —** = ausbieten, — **vifiko** = davonlaufen, fortlaufen, weglaufen.
mohär = Mohär.
mohärakapar = Angoraziege, **skin mohäraka⸗ para** = Angorafell.
moik = weg, fort.
moikön, nel. = entgehen, abhanden kommen, fortkommen, wegkommen, verloren gehen, wegziehen, fortziehen, sich verziehen, **buk oba emoikon** = mein Buch ist mir weggekommen, **fog moikon** = der Nebel verzieht sich, **emoikom** = er ist über alle Berge.
mojedön, lov. = wegwerfen.
mokidön, lov. = wegküssen.
mokipedön, lov. = wegpacken, weglegen.
mokripädön, nel. = wegschleichen.
mol = Sauftheit.
moläd = Zartheit.
molädik = zart, **koap —** = schwaches Kör⸗ per, schwache Konstitution.
molegivön, lov. = wegschenken.
molekluinön, lov. = abputzen.
moletirön, lov. = wegrücken, wegreiszen, entreiszen.
molibdatastabot, MoO₃ = Molybdentrioxyd.
molibdatazüd, H₂MoO₄ = Molybdensäure.
molibdin, Mo, ‚molybdaenium' = Molybdän.
molik = sanft, weich, **skin ofa binon so molik äs sadin** = ihre Haut ist so sanft wie Seide.
momofön, lov. = vertreiben, wegjagen, fortja⸗ gen, verjagen, forttreiben, wegtreiben.
mon = Geld.
monabog = Geldkasten.
monadef = Geldmangel.
monakosäd = Geldverkehr.
monäk = Monarchie, Alleinherrschaft.
monäkan = Monarch, Alleinherrscher.
monäkiälan = Monarchist.
monäkiälik = monarchistisch.
monäkik = monarchisch.
monem = Geldmittel, Vermögen.
monemik = bemittelt, vermöglich, begütert.
moniäl = Geldgier.
moniälik = geldgierig.
monicänabrokan ü cänabrokan = Wechsel⸗ makler.
monicänabüsid ü cänabüsid = Wechselgeschäft.
monicänan = Wechsler.
monideb = Schuldigkeit, Geldschuld.
monik = geldbetreffend, pekuniär, geldlich.
moniprün = Geldanleihe, Vorschusz.
monit = Ritt, das Reiten.
monitajevod = Reitpferd.
monitan = Reiter.
monitav = Reitkunst.

monitön, nel. = reiten.
mono = an Geld.
monogram = Monogramm.
monogramik = monogrammatisch.
monokalinarotostibat, KH₂SbO₄ = Monokali⸗ umorthoantimoniat.
monokalinasulfid, KSH = Kaliumhydrosulfid.
monokalsinasulfid, Ca(SH)₂ = Calciumhydro⸗ sulfid.
monolamoniumasulfid, H₄NSH = Ammonium⸗ sulfhydrat.
mononatrinarotofosfat, NaH₂PO₄ = Mononat⸗ riumphosphat.
mononatrinasulfit, NaHSO₃ = Natriumbisulfit.
monopul = Monopol (von der Regierung aus⸗ gehend).
moö: —! = ab! dahin! fort! weg! hinweg! pack dich!
moön, nel. = fort sein, **buk oba moon** = mein Buch ist fort.
mopladön, lov. = wegstellen.
mopolön, lov. = wegtragen.
mopotön, lov. = wegschicken.
mor = Maure.
moramenön, lov. = wegholen.
mordvinans = Mordwinen.
morik = maurisch.
mormon = die Lehre der Mormonen.
mormonan = Mormone.
morönön, nel. = entrinnen, davonlaufen, sich auf die Beine machen.
mort = Mörtel.
mortar = Mörser, Böller (mil.).
mortir = Mörser (Gefäsz).
mosadön, nel. = versinken.
mosaig = Mosaik.
mosailam = Absegelung, Wegsegelung.
mosailan = Absegler.
mosailön, nel. = fortsegeln, wegsegeln, abse⸗ geln.
mosedön, lov. = wegsenden, fortsenden.
moseidön, lov. = wegsetzen.
moskovitans = Groszrussen.
mosleafön, nel. = entschlüpfen.
mosleitön, lov. = wegreiszen, fortreiszen.
mosnäpön, lov. = wegschnellen, wegknippen.
mospidön, nel. = wegeilen, enteilen.
most = Ungestüm, Untier, Scheusal.
mostöf = Ungeheuerlichkeit, Monstrosität.
mostöfik = ungeheuerlich, monströs.
mostürön, lov. = wegschütten.
mosum = Wegnahme.
mosumön, lov. = fortnehmen, wegnehmen.
mot = Mutter, — **badik** = Rabenmutter.
motafat = Muttervater, Groszvater mütterli⸗ cherseits.
motaladäl = Mütterlichkeit, Muttersinn, Mut⸗ terherz.
motalöf = Mutterliebe.
motam = Gebärung, das Gebären.
motamot = Groszmutter mütterlicherseits.
motan = Zeugerin, Gebärin.
motäv = Abreise, Fortreise.
motävan = Abreisender.

motävön, nel. = abreisen, fortreisen, wegreisen.
moted = Geburt.
motedadät = Geburtsdatum.
motedadel = Geburtstag.
motedazäl = Geburtsfest, Geburtsfeier.
motedik = gebürtig.
motedöp = Geburtsort.
motev = Wegzug.
motevön, nel. = wegwandern, wegziehen.
motik = mütterlich.
motil = Mütterchen.
motilöf = Mutterliebe.
motirön, lov. = fortziehen, wegziehen (zerren), fortzerren.
motiv = Motiv, Beweggrund.
motivam = Motivierung.
motivön, lov. = motivieren, begründen.
motor ü mufükian = Kraftmaschine, Motor.
motoravab = Automobil, Kraftwagen, Motor- wagen.
motorik = mufüköl.
motovön, lov. = wegheben.
motön, lov. = gebären, emotof soni = sie ist mit einem Sohne niedergekommen.
motül = Mama.
moükam = Abarbeitung.
moükön, lov. = wegmachen, fortmachen, aus- machen, abarbeiten, nehmen, wegnehmen, be- seitigen.
movego = aus dem Wege.
movegö: —! = aus dem Wege! abseits!
movegön, nel. = abfahren, fortfahren, wegfah- ren.
mö, pr. 1. = an, liegik — flens = reich an Freunden, pöfik — flens = arm an Freun- den 2. = bei, — mans ti mil, — mens ti mil = bei tausend Mann 3. = um, tulunik — pied bal = um einen Fusz zu lang, luni- kum — pied bal = um einen Fusz länger, cütön eki — maks deg = einen um zehn Mark betrügen, smalükumön, brefükumön eki — kap = einen um einen Kopf kürzer machen 4. = von, ped — pauns lul su, ta kvadazim- met bal = ein Druck von fünf Pfund auf das Quadratzentimeter 5. = zu, — degtelats = zu Dutzenden 6. lunotik — mets kil = drei Meter lang, yülob — deg ta bal = ich wette zehn gegen eins, panäedosös —, atos panäe- don — (ted) = hiervon ab.
möb = Möbel.
möbel = Möbelmacher, Tischler, Schreiner.
möbem = Mobilien, Mobiliar.
möbifabrik = Möbelfabrik.
möbimek = Tischlerei.
möbön, lov. = möblieren.
möd = Vielheit, das Vielsein.
mödadilo = meistenteils.
mödaflan = Vielseitigkeit.
mödaflanik = vielseitig.
mödahimatan = Polyandrie, Vielmännerei.
mödajimatan = Polygynie, Vielweiberei.
mödalien = Polygon, Vieleck.
    ödamatan = Polygamie (Vielmännerei oder Vielweiberei).

mödamataniälan = Polygamist.
mödanaed = das Vielfache.
mödanaedik = vielfach.
mödapük = Vielsprachigkeit.
mödapükik = vielsprachig.
mödasotik = vielerlei.
mödayelalunik = langjährig.
mödayelik = vieljährig.
mödik = viel, zahlreich.
mödikanik = vielvermögend.
mödikna = vielmal, vielmals.
mödiknaik = vielmalig, vielfach.
mödikumam: — meseda = Aufbesserung (des Lohnes, des Gehaltes).
mödipenam = Polygraphie.
mödipenan = Polygraph.
mödipenik = polygraphisch.
mödisevan = Vielwisser.
mödo = um vieles, weit, bei weitem.
mödot = Menge, Posten, Quantum, Quanti- tät, Anzahl.
mödotik = quantitativ, der Menge nach.
mödotü = in der Anzahl von, in der Quantität von, im Quantum von.
mödükam = Vervielfachung.
mödükan = Vervielfacher, Vervielfältiger.
mödükian = Vervielfacher, Vervielfältiger (d.).
mödüskön, lov. = vervielfachen, verfielfältigen.
mödükumam = Vermehrung.
mödükuman = Mehrer, Vermehrer.
mödükumön, lov. = vermehren, mehren.
mög = Möglichkeit.
mögabidir = Konjunktiv.
mögaset = Zweifelsatz.
mögäd = Eventualität.
mögädik = eventuell, allenfallsig.
mögädo = eventuell (ladv.).
mögik = möglich.
mögiko = möglicherweise.
mögiküno = möglichst, soviel wie möglich, tun- lichst.
mögo = nach Möglichkeit.
mögod = Chance, Glückswechsel.
mögön, nel. = möglich sein.
mök = Anfertigung, Bereitung, Zubereitung.
mökan = Bereiter, Herrichter.
mökädön, lov. = einmachen.
mökot = Präparat.
mökön, lov. = bereiten, herrichten, zurecht- machen, zubereiten, anmachen.
möl = Mol.
mölasoülot = Normallösung.
mölekül = Molekel, Molekül.
mön = Mauer.
möön, nel.: mäl möons a paun bal = es gehen 6 auf ein Pfund.
mörit = Vogelkirsche.
möritabim = Vogelkirschbaum.
mu, ladv. = meist, — balid = allererste, — bäldik = uralt, — diso, — dono = zu un- terst, — geiliküm = allerhöchst, mu löpo = zu oberst, — niliküm = allernächst, — nitedik = hochinteressant, — pato = ganz beson- ders, zumal, hauptsächlich, eigens, ganz eigens,

sorecht, — **süpiküno** = urplötzlich, — **vifiko**
= blitzschnell.
muad = Amüsement, Unterhaltung.
muadik = unterhaltend, amüsant.
muadöf = Gemütlichkeit, Traulichkeit.
uadöfik = gemütlich, traulich.
muadön, lov. = unterhalten, amusieren.
muam = das Meistesein, das Überlegensein.
muamafom = Superlativ.
muamafomam = Superlativbildung.
muamafomik = superlativisch.
muamafomön, lov. = in den Superlativ setzen.
mubrefakap (mafädanum: 85—90 %) = Hyperbrachicephalie.
mud = Mund.
mudel = Montag.
mudelik = montägig.
mudelo = montags.
mudik = auf den Mund bezüglich.
mudil = Mündchen.
mudöf = Mündlichkeit.
mudöfik = mündlich.
mudöfo = mündlich.
muf = Bewegung, Kurs, Lauf.
mufanämet = Bewegungsenergie.
mufav = Bewegungslehre.
mufavan = Mechaniker.
mufed = das Zappeln.
mufedön, nel. = zappeln.
mufik = bewegend.
mufikön, nel. = in Bewegung kommen, sich in
Bewegung setzen.
mufilön, lov. = rühren, einrühren.
mufov = Bewegbarkeit, Beweglichkeit, das
Lockersein.
mufovik = bewegbar, beweglich, locker.
mufovükön, lov. = lockeren, auflockern.
mufön, nel. = sich bewegen, sich rühren, — **äs
snek** = sich schlängeln, sich in Schlangenwindungen bewegen.
mufükian = Motor.
mufüköl = motorisch, in Bewegung setzend.
mufükön, lov. = bewegen (lov.), in Bewegung
setzen.
mufül = das Wackeln, das Watscheln.
mufülik = wackelig.
mufülön, nel. = wackeln, watscheln.
mufülükön, lov. = wackeln machen.
mug = Maus.
mugil = Mäuschen, Mäuslein.
mugödo = am frühen Morgen.
mugön, nel. = mausen, Mäuse fangen.
muif = Unruhe.
muifik = unruhig.
muifükön, lov. = beunruhigen.
muik = meist.
mul = Monat.
mulakilat = Quartal, Vierteljahr.
mulakilatik = vierteljährlich, **nunod —** = Vierteljahrsbericht.
mulakilato = vierteljährlich, quartalsweise,
quartaliter.
mulalafik = halbmonatlich.
mulat = Mulatte.

mulik = Monat₂.
mulsion = Emulsion.
mulsionik = emulgiert.
mulsionön, nel. = emulgiert sein.
mult = Mause, Mauserung.
multön nel. = mausern.
mulud (bastar hicuka e jijevoda) = Maul,
Mäuler, Maultier.
mulunakap (mafädanum: 65—70 %) = Hyperdolichocephalie.
mulür = Leiste, Gesims.
mum = Mumie.
mun = Mond.
munafodül = Mondsichel.
munagrahan = Mondfinsternis.
munäd = Mond (in valem), Trabant Satelliet.
munik = Mond₂.
munolüdänan = Hyperboräer.
muön, nel. = das meiste sein, in Allem überlegen sein.
mur = Gemurre, das Knurren.
murb = Maulbeere.
murbabim = Maulbeerbaum.
murbep = Maulbeerbaum.
murik = mürrisch.
murön, lov. = murren, knurren.
murülön, lov. = munkeln.
musak = Fliege.
musakapapür = Fliegenpapier.
musakifän = Fliegenwedel.
mused = Museum, Gallerie, Kabinett.
musig = Musik.
musigacinil = Spielwerk.
musigakadäm = Konservatorium.
musigal = Musiker.
musigalef = Orchester, **dilekan musigalefa** =
Dirigent, Kapellmeister, Musikdirektor.
musigan = Musikant.
musiganef = Musikantentruppe.
musigavöded = Musikausdruck.
musigäl = Gefühl für Musik.
musigik = musikalisch.
musigön, nel. = musizieren.
muskit = Mücke.
muskul = Muskel.
musof = Muse.
musolin = Musselin.
must = Most.
mut = das Musz, das Müssen.
mutar = Senf.
mutarik = senfartig.
mutön, nel. = müssen.
muyön, lov. = mouillieren.
muzehitüp = Hochsommer.
mü, pr. mat. = durch.
müät = Stummheit.
müätik = stumm.
müätikön, nel. = verstummen, erstummen.
müätöfik (tefü tonats) = stumm (von Buchstaben).
müätön, nel. = stumm sein.
müätükam = Verstummung.
müätükön, lov. = verstummen (lov.), erstummen machen.

müd = Weichheit, Geschmeidigkeit.
müdik = weich, geschmeidig, **boad —** = weiches Holz.
müdikam = Erweichung, das Weichwerden.
müdikön, nel. = weichen, erweichen, weich werden, aufweichen.
müdoɩ **— peküköl** = weich gesotten.
müdön, nel. = weich sein.
müdükam = das Weichen, das Weichmachen.
müdükön, lov. = weichen, weich machen, aufweichen.
müed, mat. = Teil.
müedabanum, mat. = Dividend (m.).
müedam, mat. = Division.
müedamamalül = Divisionszeichen.
müedian = Divisor.
müedot, mat. = Quotient, Teilzahl.
müf = Lokomobile.
müfön, lov. = schieben, bewegen (lov.).
mügät = Maiblümchen.
mügdal = Mandel (Frucht).
mügdalabim = Mandelbaum.
mügdalep = Mandelbaum.
mük = Demut.
mükik = demütig, demutsvoll.
mükükam = Demütigung.
mükükön, lov. = demütigen, **— oki lo, komü, demü, pro ek** = sich vor einem demütigen.
mül = Mühle.
mülan = Müller.
mülaston = Mühlstein.
mün = Erz.
münerik = erzhaltig.
münik = auf Erz beziehend.
münisepamöp = Erzgrube.
müp = Impfung, Einimpfung, Vakzination.
müpön, lov. = impfen, einimpfen, vakzinieren.
mür = Gemurmel, Geriesel, das Rieseln.
müraton = Murmellaut (hebräisch).
mürön, nel. = murmeln, rieseln.
müster = Mysterium.
müsterav = Mystik, Geheimnislehre.
müsterik = das Mysterium betreffend.
müsterim = Mystizismus.
müsteriman = Mystiker.
müt = das Zwingen, Zwang.
mütayäk = Zwangsjacke.
mütik = zwingend, gezwungen.
mütoget = Abdringung.
mütogetik = abdringerisch.
mütogetön, lov. = erpressen, abdringen, abzwingen, abdrängen, abnötigen, **— dredälükamo** = abängstigen.
mütöm = Zaum.
mütön, lov. = zwingen, **— ad** = aufzwingen.

M.

Macarän = Ungarn.
Macaränan = Ungar, Magyar.
Macaränik = magyarisch.
Madagaskareän = Madagaskar.
Madäreän = Madeira.
Madureän = Madura.

‚Main', [màin,] D. (flumed) = Main.
Makaovän = Macao.
‚Malacca'ɩ **Tinisul di —** = Malaiisches-Halbinsel.
Maläyänɩ **— Linglänik** = Britisch Malaya.
Maläyänik = malaiisch.
Maldivuäns = Maldiven.
Malteän = Malta.
Mancurän = Mandschurei.
Marianuäns = Marianen.
Marjaluäns = Marshall-Inseln.
Marokän = Marokko, **— Fransänik** = Französisch Marokko.
‚Marseille', [máršåÿ] Fr. = Marseille.
Martinikeän = Martinique.
Mäklänburgän = Mecklenburg, **—ɩ ‚Schwerin'** = Mecklenburg-Schwerin, **—ɩ ‚Strelitz'** = Mecklenburg-Strelitz.
Mäklänburgänan = Mecklenburger.
Mäklänburgänik = mecklenburgisch.
Mäneän = Man (Insel).
Mäxikän = Mexiko.
Medal = Mittler.
Medän = Medien.
Meditärän = Mittelland.
Meditäränik = mittelländisch.
Mel di ‚Adria', [àdria,] Lit. = Adriatisches Meer.
Merop = Amerika.
Meropan = Amerikaner.
Meropik = amerikanisch.
Meropön, lov. = amerikanisieren.
Mesopotän = Mesopotamien.
‚Milano', [milàno,] Lit. = Mailand.
Mindaneän = Mindanao.
Mingrelän = Mingrelien.
Moldavän = Moldau (Land).
Molukuäns = Molukken (Inseln).
Monakän = Monaco.
Mongolän = Mongolei.
Mongolänik = mongolisch, **log —** = Mongolenauge.
‚Mont-Blanc' [móñɛbláñ] Fr. = Mont-Blanc.
Montenegrän = Montenegro.
Moravän = Mähren.
Moriseän = Mauritius (Insel).
Moritän = Mauretanien.
‚Mosel' [mosĕl] D. = Mosel.
MödaɛSeanuäns = Polynesien.

n.

na, pr. mat. = mal.
naargid = Anarchismus.
naargidan = Anarchist.
naargidim = Anarchismus.
naargidiman = Anarchist.
naargidimik = anarchistisch.
naatom = Anatomie.
naatoman = Anatom.
naatomik = anatomisch.
naät = Potenz, **— kilik** = dritte Potenz.
naätam = Potenzierung.
naätanumät = Exponent.

naätön (lov.): — ad kilnaät = auf die dritte, zur dritten Potenz erheben.

nab = Enge.

nabäl = Borniertheit.

nabälik = borniert.

nabik = eng.

naböf = Kürze, Bündigkeit, Gedrängtheit, Knappheit.

naböfaninäd = (kurze) Übersicht, (kurzer) Abrisz, Resümee.

naböfik = kurz, bündig, gedrängt, kurzgefaszt, knapp.

naböfodönuam = Resümee, Zusammenfassung.

naböfodönuön, lov. = resümieren.

nabükam = Verengerung.

nabükön, lov. = beengen, verengen.

nad = Nadel.

nadiv = Endivie, — di ‚Bruxelles' [brüsäl] Fr. ü — di ‚Brussel' [brŏšĕl] Ned. = Pariser Bindesalat.

naed = Mal, — balid = das erste Mal, me — bal = auf einmal, — balik = ein einziges Mal.

naedabanum, mat. = Multiplikand.

naedam, mat. = Multiplikation.

naedamalül = Multiplikationszeichen.

naedamamalül = Multiplikationszeichen.

naedian, mat. = Multiplikator.

naedik: numavöd — = Wiederholungszahl.

naedilo = einmal, mal.

naedön, lov. mat. = multiplizieren.

naf = Schiff, —: ‚Argŏ', mit. = Schiff Argo.

nafakeut = Schiffsluke.

nafam = das Fahren (zu Schiff), Schiffahrt, (löpionafam ve flumed [lü bel] = Bergfahrt, Fahrt stromaufwärts [zum Berge]).

nafamafebäd = Schiffahrt.

nafamastan = Bootsmann (aufsichtführender Unteroffizir auf Schiffen).

nafamav = Schiffahrtskunde.

nafamov = Schiffbarkeit.

nafamovik = schiffbar.

nafan = Schiffer.

nafäd = Schiffbruch.

nafädan = Schiffbrüchiger.

nafädön, nel. = Schiffbruch leiden.

nafem = Flotte.

nafibumöp = Werft, Schiffswerft, ·Schiffbauplatz.

nafil = Barke, Schiffchen, Schifflein.

naföm = Fahrzeug.

nafömafled = Wasserfracht, Schiffsfracht.

nafön, nel. = fahren, — love flumed = über den Flusz fahren.

nag = Aak, Aake, Ache.

naid = Anis.

naifön, lov. = fahren (lov.) (auf einem Fahrzeug).

nak = Anker.

nakaglun = Ankergrund.

nakajän = Ankerkette.

nakam = Ankerung.

nakismitan = Ankerschmied.

naklüm = Ambosz.

nakön, nel. = ankern, sich vor Anker legen.

naköp = Ankerplatz.

nam = Hand.

namamon = Handgeld.

namapenäd = Handschrift, Manuskript.

namaräp = Handfeile.

namäd = Manufaktur.

namet = Handvoll.

namikid = Handkusz.

namü = zu Handen des.

nanad = Ananas.

nanion = Anion.

nanod = Anode.

napoleon, k. goldik Fransänik = Napoléondor.

narkot = Narkose, Betäubung.

narkotam = Narkotisierung.

narkotik = narkotisch.

narkotön, lov. = narkotisieren, betäuben.

narval = Narwal.

nasturt = Brunnenkresse.

nat = Natur.

natav = Naturwissenschaft.

natavik = naturwissenschaftlich.

natavo = naturwissenschaftlich.

natäd = Naturstand, Naturzustand.

natädabim = Wildling (Baum).

natädan = der Wilde, ein Wilder.

natädanim = Wildling (Tier).

natädik = wild, im rohen Naturzustand, ungesittet.

natädikam = Verwilderung.

natädikön, nel. = verwildern.

natädo = im Naturzustand.

natäl = Art, Natur, Temperament, Geblüt, Naturell, — kameleonik = Chamäleonsnatur, — ladäla = Gemütsart.

natälik = geartet.

natälo = von Natur, ihrer, seiner Natur gemäsz, von Haus aus.

natälön, nel.: — ma = arten (nel.) nach.

natem = Atemzug.

natemam = Atmung, das Atmen.

natemäm, natemäms = Atmungsorgan, Atmungsorgane.

natemot = Atem.

natemön, nel. = atemholen, atmen.

natid: — metalas = Gediegenheit von Metallen.

natidik = gediegen.

natik = auf die Natur bezüglich, natürlich, naturgemäsz.

nato = in Natur, in natura.

natöf = Natürlichkeit.

natöfik = natürlich.

natrin, Na, ‚natrium' = Natrium.

natrinabalhidrilsulfat, $Na_2S_2O_7$ = Natriumpyrosulfat.

natrinabalsulfosulfat, $Na_2S_2O_3$ = Natriumthiosulfat.

natrinabäd, NaOH = Natriumhydroxyd.

natrinafolsulfinat, $Na_2S_4O_6$ = Natriumtetrathionat.

natrinafolsulfostibat, Na_3SbO_4 = Natriumsulfantimoniat.

natrinahüpnitrit, $Na_2N_2O_3$ = nitrohydroxyl-aminsaures Natrium.

natrinahüpsulfit, $Na_2S_2O_4$ = unterschwefligsaures Natrium.

natrinaklorid, $NaCl$ = Natriumchlorid, Chlornatrium, Kochsalz.

natrinaklorit, $NaClO_2$ = Natriumchlorit.

natrinakromit, $NaCrO_2$ = Natriumchromit.

natrinalamid, NH_2Na = Natriumamid.

natrinalazid, NaN_3 = Natriumazid.

natrinaletolet, C_2H_5ONa = Natriumäthylat.

natrinaloxid, Na_2O = Natriumoxyd.

natrinamälfluoridilsilikinat, Na_2SiF_6 = Natriumsilikofluorid.

natrinamälkloridilplatiniat, Na_2PtCl_6 = platinchlorwasserstoffsaures Natrium.

natrinametilmärkaptid, CH_3SNa = Natriummethylmerkaptid.

natrinametoborat, $NaBO_2$ = Natriummetoborat.

natrinametolet, CH_3ONa = Natriummethylat.

natrinametostibit, $NaSbO_2$ = Natriummetaantimonit.

natrinapärloxid, Na_2O_2 = Natriumperoxyd.

natrinarotolalumat, Na_3AlO_3 = Natriumaluminat.

natrinasemoborat ü borad, $Na_2B_4O_7$ = Borax.

natrinasemosulfat, $Na_2S_2O_7$ = Natriumpyrosulfat.

natrinasilikat, Na_2SiO_3 = Natriumsilikat.

natrinastanat, Na_2SnO_3 = Natriumstannat.

natrinasulfit, Na_2SO_3 = Natriumsulfit.

natron = Natron, Ätznatron.

naud = Abscheu, Ekel.

naudio: fidön — bosi = sich etwas zuwider essen.

naudod = Abscheulichkeit, Ekelhaftigkeit.

naudodik = abscheulich, ekelhaft, verabscheuungswürdig.

naudodö: —! = abscheulich!

naudön, lov. = eine Abneigung gegen . . ., vor . . . haben, einen Widerwillen gegen . . ., vor . . . haben, ekeln, verabscheuen, **naudob omi** = er ist mir zuwider, **naudob kruälis at** = mir ekelt vor diesen Grausamkeiten.

naudükön, lov. = anwidern.

naüt = Langeweile, Langweile.

naütik = langweilig.

naütön, lov. = langweilen.

navayovans = Navajos (Indianerstamm).

navät = Rübe, weisze Rübe.

nayad = Najade.

nä, mat. = minus, weniger, **lul — kil binos tel** = von fünf drei ab bleiben zwei, **— fräd, — fräds** = abzüglich der Kosten, **valiks — bal, valikans — balan** = alle bis auf einen, **— möd, — mödikos, — muikos** = bei weitem nicht, **pelön eke lölo — suäm pülik** = einen bis auf eine Kleinigkeit bezahlen.

nädäg = Zeigefinger.

näedabanum, mat. = Minuend, Diminuend.

näedam, mat. = Subtraktion.

näedamamalül, = Minuszeichen.

näedian, mat. = Subtrahend.

näedot, mat. = Differenz.

näedön, mat. = subtrahieren, **panäedosös mö, atos panäedon mö** (in ted) = hiervon ab.

näfät = Ansteckungsfähigkeit.

näfätam = Ansteckung, Infektion.

näfätamaläd = Seuche, — **vetera** = Viehseuche.

näfätastöf = Anteckungsstoff.

näfätik = ansteckend, contagiös.

näfätön, lov. = anstecken, infizieren, infektieren.

näg = das Nähen, Näherei.

nägacin = Nähmaschine.

nägafad = Nähdraht, Nähfaden.

nägayän = Nähgarn.

nägär = Neger.

nägedön, lov. = flicken.

nägön, lov. = nähen.

näi = neben, nächst, — **at** = daneben.

näiäd = Koordination, Beiordnung.

näiädik = koordinierend, beiordnend.

näiädön, lov. = koordinieren, beiordnen.

näibled = Beiblatt.

näicem = Nebenzimmer.

näidin = Nebensache.

näidom = Nebenhaus, dépendance.

näifigur = Nebenfigur.

näikazet = Nebenton.

näiklub = Zweigverein.

näiköl = Nebenfarbe.

näinem = Beiname, Zuname.

näinemik = zubenannt, zubenamt.

näinemön, lov. = zubenennen.

näio = nebenbei, beiläufig.

näisail = Beisegel, Fatse.

näiset = Nebensatz.

näismek = Beigeschmack.

näit = Nettobetrag.

näitafrut = Reingewinn, Nettogewinn.

näitikod = Nebengedanke.

näito = netto.

näivab = Beiwagen.

näivalen = Nebenvalenz.

näiveg = Abweg.

näiyümön, lov. = nebenordnen.

näk = Nix, Nixe.

näktar = Nektar.

näm = Stärke, Kraft, **ma — —** = nach Kräften.

nämail = Email.

nämailacan = Emailware.

nämailamasat = Emailmasse.

nämailik = emailliert.

nämailön, lov. = emaillieren.

nämaladäl = Herzhaftigkeit.

nämaladälik = beherzt, herzhaft, cholerisch.

näman = kräftiger Mensch.

nämäd = Macht.

nämädan = Gewalthaber, Machthaber.

nämädareigän = Groszmacht (mächtiges Reich).

nämädik = mächtig.

nämädön, nel. = mächtig sein, Macht üben.

nämät = Autorität.

nämätü = auf die Gewähr des, **yulön — bib** = auf die Bibel schwören, — **God!** = bei Gott!

nämed = Rüstigkeit.
nämedik = rüstig.
nämet = Energie.
nämik = stark, kräftig, nervig.
nämot, gr. = das Starksein.
nämotik, gr. = stark.
nämükam = Verstärkung.
nämükön, lov. = stärken, kräftigen, verstärken.
nän = Zwerg.
nänatribüt = Zwergstamm.
näptun = Neptun (Planet).
närvod = Nervosität.
närvodik = nervös.
näsäk = Insekt.
näsäkav = Entomologie, Insektenkunde.
näsäkik = auf die Insekten beziehend, Insekten=.
näst = Nest.
nästön, nel. = nisteln, sein Nest machen.
nät = Ganzheit, das Unverletztsein.
nätäpret = Verdolmetschung.
nätäpretan = Dolmetsch, Dolmetscher.
nätäpretön, lov. = verdolmetschen.
nätik = ganz, heil, unverletzt, ungeschmälert.
nätim = Vertraulichkeit, Intimität.
nätimik = vertraulich, intim.
nätön, nel. = ganz sein, heil sein, unverletzt sein.
nätükam = Wiederherstellung, Reparatur.
nätükod = Reparatur (Sache).
nätükön, lov. = heilen, heilmachen, ganz machen, wiederherstellen, reparieren, — nägedo = ausflicken.
nebaiädön, nel.: — tefü büdüls, — tefü nomem = den Vorschriften zuwider laufen.
nebaläl = Uneinigkeit.
nebalälik = uneinig.
nebefeitovik = unanfechtbar, unbestreitbar, unstreitig.
nebegolovik = unwegsam, ungangbar.
nebenäd = Ungnade.
nebenädik = ungnädig.
nebepenovik = unbeschreiblich.
neblamab = Tadellosigkeit, Untadelhaftigkeit.
neblamabik = tadellos, untadelhaft.
neblegovik = unbiegsam.
nebönön, lov. dem. = beneiden, miszgönnen.
nebundan = Spärlichkeit.
nebundanik = spärlich.
necalikön, nel. = abtreten (von seinem Amt).
necänidovik = unverwechselbar.
necänovik = unverwechselbar.
neceinovik = unabänderlich, unveränderlich.
necenovik = unwandelbar.
nedabin = Nichtexistenz, Wesenlosigkeit, das Wesenlossein.
nedabinik = nicht bestehend, nicht existierend, wesenlos.
nedabinot = Abstraktum, Abstraktes.
nedabinotik = abstrakt.
nedabinoto = im Abstrakten.
nedamütovik = unbezwingbar, unbändig.
nedan = Undank.
nedasumov = Unannehmlichkeit.

nedasumovik = unannehmlich.
nedälik = unerlaubt.
nedälovik = unzulässig.
nedeadöf = Unsterblichkeit.
nedeadöfik = unsterblich.
nedeb = Guthaben.
nedegivovik = unbestellbar, unabgebbar.
nedeklinov = Undeklinierbarkeit.
nedeklinovik = undeklinierbar.
nedemön, lov. = auszer Acht lassen.
nedet = Linke.
nedetadonik = linksunter.
nedetalöpik = linksoben.
nedetao = linksher, von links.
nedetaskil = Linkshändigkeit.
nedetaskilik = linkshändig.
nedeteilovik = unzertrennbar, unzertrennlich.
nedetik = link.
nedetio = linkshin, nach links.
nedeto = links, zur Linken, — deo = linksab.
nedetü = links von.
nedib = Seichte, Seichtigkeit, Untiefe.
nedibäd = Seichte, Untiefe (seichte Stelle im Wasser).
nedibik = seicht, oberflächlich, untief.
nedicetovik = unverdaulich.
nediletikön, nel. = sich dissoziieren.
nedilov = Unteilbarkeit.
nedilovik = unteilbar.
nedinitik = unwürdig.
nediseinabik = unzweckmäszig.
nedistukov = Unzerstörbarkeit.
nedistukovik = unzerstörbar.
nedotik = unzweifelhaft.
nedöf = Vollkommenheit.
nedöfik = perfekt, vollkommen.
nedöfükam = Vervollkommnung.
nedöfükön, lov. = vervollkommnen.
nedön, sek. = brauchen, bedürfen.
nedrefön, lov. = fehlen, verfehlen, entgehen (nicht treffen).
nedugälovik = unverbesserlich.
nedugolov = Undurchdringlichkeit.
nedugolovik = undurchdringlich.
nedugöf = Unlenksamkeit.
nedugöfik = unlenkbar.
nedum = Helligkeit, das Hellsein (vom Ton).
nedumik = hell, klangvoll.
nedun = Unterlassung, Versäumnis.
nedunan = Versäumer.
nedunasin = Unterlassungssünde.
nudunovik = unausführbar, untunlich.
nedunön, lov. = unterlassen, versäumen.
nef = Bruderssohn, Schwestersohn oder -tochter.
nefäg = Unfähigkeit.
nefägik = unfähig, binön — = auszer stande sein.
nefied = Treulosigkeit, Untreue.
nefiedan = Treuloser, Untreuer.
nefiedik = treulos, untreu.
nefiedön, nel. = treulos sein.
nefimädam = Abspannung.
nefimädan = Abspanner.

nefimädön, lov.: — jevodis = die Pferde abspannen.

nefinädovik = unkündbar.

nefinik = unvollendet, fütüratim — = Futurum, erstes Futurum, pasetatim — = Imperfekt, presenatim — = Präsens.

neflagiäl = Anspruchslosigkeit, Bescheidenheit.

neflagiälik = anspruchslos, bescheiden.

neflen = Feind.

neflenam = Feindschaft, Anfeindung.

neflenäl = Feindseligkeit.

neflenälik = feindselig.

neflenik = feindlich, feindschaftlich.

neflenöf = Unfreundlichkeit.

neflenöfik = unfreundlich.

neflenön, nel. = anfeinden.

neflif = Altbackenheit.

neflifäd = das Verschlagensein (von Getränken), Schalheit.

neflifädik = verschlagen, schal, drinön vati — = verschlagenes Wasser trinken.

neflifädikön, nel. = schal werden, verschlagen.

neflifed = das Altsein, das Abgenutztsein.

neflifedabuk: ted neflifedabukas = Antiquariat, tedan neflifedabukas = Antiquar, selidöp neflifedabukas = Antiquariat (Laden).

neflifedik = alt, abgenutzt, abgebraucht, zweiter Hand, antiquarisch.

neflifedot (gebayeg neflifedik) = Gebrauchsgegenstand aus zweiter Hand.

neflifik = altbacken, unfrisch.

nefluköf = Unfruchtbarkeit.

nefluköfik = unfruchtbar.

nefölan = Frevler, Übertreter.

nefölïäl = Frevel.

nefölik = frevelhaft, übertretend.

nefölot = Frevel, Verstosz, Übertretung.

nefölön, lov. = übertreten, verstoszen gegen, zuwider handeln, freveln.

neföro = nie, niemals.

nefred = Miszvergnügen, Verstimmung.

nefredik = miszvergnügt, verstimmt (Person).

nefredüköl = unerfreulich.

nefüm = Ungewiszheit, das Wanken, Unbestimmtheit.

nefümäl = Unentschlossenheit, Unentschiedenheit.

nefümälik = unentschlossen, unentschieden, wankend.

nefümälön, nel. = schwanken, wanken, unentschieden sein, unentschlossen sein, zaudern.

nefümik = unbestimmt, unausgemacht, unentschieden, ungewisz, schwankend, unschlüssig, binön — = unentschieden sein, pönop — = unbestimmtes Fürwort.

nefümön, nel. = schwanken.

negat (tapladü el posit in matemat, füsüd, gitav, fotograf...) = Negativität.

negatalektin = lektin negatik.

negatalektinik = negativelektrisch.

negatamagod = das Negativ.

negatik = negativ, lektin — ü negatalektin = negative Elektrizität.

negebovik = unanwendbar, unbrauchbar.

negeböfik = ungebräuchlich, nicht üblich.

negenükön, lov. = schneiden, kastrieren.

negetön, lov. = entgehen, nicht erhalten.

negid = Ungerechtigkeit.

negidik = ungerecht.

negidöf = Ungebühr.

negidöfik = ungeeignet, untauglich, ungeziemend, ungebührlich.

negidöfot = Ungebührlichkeit.

negit = Unrecht (Gegensatz von Recht).

negitik = unrechtlich, ungerecht.

negitodik = unbefugt.

negiv = Vorenthaltung.

negivön, lov. = vorenthalten.

neglömovik = unvergeszlich.

negolädön, nel. = zurückziehen.

negön = Ungunst.

negönik = ungünstig.

negönü = zu Ungunsten des, zu Lasten des.

negritovan = Negrito.

nehomogenik = heterogen.

neif = Messer.

neifiär = Messerkasten, Messerkorb.

neit = Nacht.

neitabonät = Nachthaube, Nachtmütze, Schlafmütze.

neitadulik = die Nacht überdauernd, übernächtig.

neitik = nächtlich.

neitikön, nel. = nachten, Nacht werden.

neitilifädön, nel. = übernachten.

neito = nächtligerweise, nachts, bei Nacht, zur Nachtzeit.

neitogal = Nachtwache, das Wachsein über Nacht, fenik dub — = übernächtig.

neitogalan = Nachtwächter.

neitön, nel. = nachten, Nacht sein.

neitü = in der Nacht des, in Nachten des.

nejap = Stumpfheit.

nejapik = stumpf.

nejapikön, nel. = sich abstumpfen, stumpf werden.

nejapön, nel. = stumpf sein.

nejapükam = Abstumpfung.

nejapükan = Abstumpfer.

nejapükön, lov. = stumpfen, stumpf machen, abstumpfen.

nejäfidämik = anorganisch, unorganisch.

nejenöf = das Eingebildetsein.

nejenöfik = eingebildet, nicht wirklich, imaginär.

nejenön, nel. = unterbleiben.

nejer = Billigkeit, Wohlfeilheit.

nejerik = billig, wohlfeil.

nejön = Häszlichkeit.

nejönik = häszlich.

nejuitovik = ungenieszbar.

nek = niemand.

nekalkulovik = unberechenbar.

nekan = Unvermögen.

nekanik = unvermögend.

nekäl = Vernachlässigung, Verwahrlosung, Nachlässigkeit.

nekälik = nachlässig, achtlos, liederlich.

nekälön, lov. = vernachlässigen, verwahrlosen.
nekik = niemandes⸴.
nekipovik = unhaltbar.
nekleil = Undeutlichkeit.
nekleilik = undeutlich.
nekleran = Laie, Nichtgeistlicher.
neklien = Abgeneigtheit, Abneigung, Widerwille.
neklienik = abgeneigt, abhold.
neklin = Unreinheit.
neklinik = unrein.
neklinöf = Unreinlichkeit.
neklinöfik = unreinlich.
neklinükön, lov. = verunreinigen.
neklubiälik = ungesellig.
nekludöf = Inkonsequenz.
nekludöfik = inkonsequent.
neklül = Unklarheit.
neklülik = unklar.
nekobet = Dissoziation, — **lektinodiletik** = elektrolytische Dissoziation.
nekobotik = (chemisch) ungebunden.
nekom = Absenz, Abwesenheit, Fortsein.
nekoman = Abwesender.
nekomik = abwesend.
nekomön, nel. = abwesend sein.
nekomunik = ungewöhnlich, ungewohnt.
nekomü = in Abwesenheit von.
nekonsälovik = unrätlich, unratsam.
nekonsienöfik = ungewissenhaft.
nekoten = Unzufriedenheit.
nekotenik = ungenügsam, unzufrieden.
nekotenü = aus Unzufriedenheit mit, unzufrieden mit.
nekoven = Ungemach.
nekovenik = unbequem.
nekösömik = ungewohnt, ungewönhlich.
nekredov = Unglaublichkeit.
nekredovik = unglaublich.
nekredön, lov. = anzweifeln.
nekritik = unchristlich.
nekuliv = Grobheit, Flegelei.
nekulivan = Grobian, Bengel, Flegel.
nekulivik = ungebildet, lümmelhaft, flegelhaft, flegelig.
neküpälik = achtlos, unachtsam, unaufmerksam.
neküpön, lov. = übersehen (über etwas hinwegsehen).
nekvänovik = unauslöschlich, unauslöschbar.
nelab = Entbehrung, Ermangelung, Mangel.
nelabik = entbehrend, nicht habend.
nelabikön, lov.: — **bosi** = etwas loswerden.
nelabön, lov. = entbehren, mangeln, missen, vermissen, abgehen, **nelabob bosi, nelabob dini bal** = es fehlt mir an einer Sache.
nelabü = in Ermangelung des.
nelabükam = das Abhelfen.
nelabükan = Abhelfer.
nelabükön, lov.: — **eke bosi** = einem von etwas abhelfen.
nelaid = Unbeständigkeit, Vergänglichkeit.
nelaidapenäd = Flugschrift.
nelaidäl = Wankelmut, Unbeständigkeit, Unstandhaftigkeit.

nelaidälik = wankelmütig, unbeständig, unstandhaftig.
nelaidik = unbeständig, vergänglich.
nelaidüp = Zeitlichkeit.
nelaidüpik = zeitlich, zeitweilig.
nelaidüpö = zeitweis.
nelanäl = Laxheit, Lauheit.
nelanälik = lax, lau.
nelaod = das Leisesein.
nelaodik = leise.
nelaodiko: spikön — = leise sprechen.
neläb = Unglück, Unheil.
neläbik = unglücklich.
neläbo = unglücklicherweise.
nelärnafägik = ungelehrig.
nelegik = unächt, unecht.
neleig = Ungleichheit.
neleigafomik = ungleichförmig.
neleigavöladik = ungleichwertig.
neleigik = ungleich.
neleigodovik = unvergleichlich.
nelelilov = Unverständlichkeit, Unvernehmlichkeit.
nelelilovik = unverständlich, unvernehmlich.
neleod = Unordnung.
neleodik = unordentlich.
nelet = das Hindern, das Verhindern, Verhinderung.
neletian = Hindernis.
neletön, lov. = hindern, verhindern, abhalten, nicht zulassen.
nelilön, lov. = überhören.
nelobed = Ungehorsam.
nelobedik = ungehorsam.
nelobedön, lov. = ungehorsam sein.
nelobik = unlöblich.
nelod = das Ausladen, Abpackung.
nelodan = Entlader, Auslader (p.), Abpacker.
nelodian = Entlader, Auslader (d.).
nelodön, lov. = ausladen, abladen, entladen, abpacken.
nelogäd = Unsichtbarkeit.
nelogädik = unsichtbar.
nelogädikön, nel. = unsichtbar werden, verschwinden.
nelogädön, nel. = unsichtbar sein.
nelogädükam = das Unsichtbarmachen.
nelogädükön, lov. = unsichtbar machen.
nelonik = ungesetzmäszig.
nelonöf = Ungiltigkeit.
nelonöfik = ungiltig.
neloveädik = intransitiv.
nelovedutov = Unveräuszerlichkeit.
nelovedutovik = unveräuszerlich.
nelölöf = Unvollkommenheit.
nelölöfik = unvollkommen, **set** — = unvollständiger Satz.
neluveratik = unwahrscheinlich.
nem = Name, **man ko** —: „**P'** = ein Mann mit Namen P.
nemad = Unreifheit.
nemadik = unreif.
nemafovik = unmeszbar.
nemam = das Nennen, Nennung, Benennung.

nemanöfik = unmännlich.
nemedik = direkt, unmittelbar.
nememik = uneingedenk.
nemenodovik = unverbesserlich (des Schlechten wegen).
nemeritik = unverdient.
nemian: — fraka = Nenner eines Bruchs.
nemik = von Namen, namhaft.
nemir = Nomen, Nennwort.
nemiser = Hartherzigkeit.
nemiserik = hartherzig.
nemo = dem Namen nach, sevön — eki = einen dem Namen nach kennen.
nemolädik = robust, vierschrötig.
nemolik = schroff.
nemoükamov = Eingerostetheit.
nemoükamovik = eingerostet.
nemöd = Wenigkeit.
nemödik = wenig.
nemödikans, pl. = Wenige.
nemödikön, nel. = wenig werden, vermindern, sich vermindern.
nemödo = wenig, nicht viel.
nemödön, nel. = wenig sein.
nemödükam = Verminderung.
nemödükön, lov. = vermindern, schmälern, herabsetzen.
nemög = Unmöglichkeit.
nemögik = unmöglich.
nemögükön, lov. = unmöglich machen.
nemön, lov. = nennen, benennen.
nemu = wenigstens, am wenigsten, am mindesten.
nemuf = Unbeweglichkeit, Unerschütterlichkeit.
nemufik = unbeweglich, unerschütterlich.
nemufiko: stanön — = fest stehen, unerschütterlich fest stehen.
nemuik = mindest, geringst.
nemuiko = mindestens.
nemuikos = das Mindeste.
nemut = Ungebundenheit.
nemutik = ungebunden.
nemü = namens, auf Namen des, — reg = im Namen des Königs.
nemüt = Ungezwungenheit.
nemütik = ungezwungen.
nen = ohne, sonder, — sev obik = ohne mein Wissen, — cils: pösods deg = zehn Personen, ohne die Kinder, — leigamagod = sondergleichen, — mesed = unbelohnt.
nenämükam = Entkräftung, Erschöpfung.
nenämükön, lov. = entkräften, erschöpfen, entnerven.
nenbadiniludik = arglos, ohne Argwohn.
nenbalib = Bartlosigkeit.
nenbalibik = bartlos.
nenblud = Blutleere, Blutlosigkeit.
nenbludik = blutleer, blutlos.
nenbuko = auswendig.
nenbümicödik = vorurteilsfrei, vorurteilslos.
nencüto = ohne Trug.
nendalestümik = unehrerbietig.
nendan = Undankbarkeit.
nendanik = undankbar, unerkenntlich.

nendas = ohne dasz.
nendämik = schadlos, unbeschädigt.
nendämov = Unschädlichkeit.
nendämovik = unschädlich.
nendämü = unbeschadet.
nendeb = Schuldlosigkeit.
nendebik = ohne Schulden.
nendem = Rücksichtslosigkeit.
nendemik = ohne Rücksicht, unberücksichtigend, rücksichtslos.
nendemo = ohne Rücksicht.
nendesinik = unabsichtlich, unvorsätzlich.
nendesino = unabsichtlich.
nendisin = Planlosigkeit.
nendisinik = planlos.
nendodik = einwandfrei.
nendodo = unbedenklich.
nendoto = ohne Zweifel.
nendöf = Perfektion, Vollkommenheit.
nendöfik = perfekt, vollkommen.
nendöfükam = Vervollkommnung.
nendöfükön, lov. = perfektionieren, vervollkommnen.
nendred = Unerschrockenheit.
nendredälö: —! = nur keine Angst!
nendredik = unverzagt, furchtlos, unerschrocken.
nenemovik = unnennbar.
nenfäk = Kaltblütigkeit.
nenfäkik = kaltblütig.
nenfäko = mit kaltem Blute.
nenfenik = unermüdlich.
nenfieno = zinsfrei.
nenfifik = fieberlos, fieberfrei.
nenfin = Endlosigkeit, Unendlichkeit.
nenfinik = endlos, unendlich.
nenfino = ohne Ende.
nenfinodo = ohne Ende.
nenflenam = Entzweiung.
nenflenamik = entzwei.
nenfom = Formlosigkeit.
nenfomik = formlos, unförmig, gestaltlos.
nenfrut = Nutzlosigkeit.
nenfrutik = nutzlos, unnütz, unvorteilhaft.
nenfümbidir = Infinitiv, Nennform (des Zeitwortes).
nenfümbidirik = auf den Infinitiv bezüglich.
nengen = Neutrum, Geschlechtlosigkeit.
nengenik = sächlich, geschlechtlos.
nenglifik = unbekümmert.
nenglöt = Neidlosigkeit.
nenglötik = neidlos.
nen=God = Gottlosigkeit.
nen=Godik = gottlos.
nenherik = haarlos, unbehaart.
nenitedälik = uninteressiert.
nenitedik = uninteressant.
nenjem = Unverschämtheit, Schamlosigkeit.
nenjemik = schamlos, unverschämt.
nenkazet = das Unbetontsein.
nenkazetik = unbetont.
nenkazeto = unbetont.
nenkod = Ungrund.
nenkodik = unbegründet.

nenkosidik = brotlos.
nenkölik = farblos.
nenkud = Sorglosigkeit.
nenkudik = sorgenfrei, sorgenlos, unbesorgt.
nenkudiko: lifön — = in den Tag hineinleben.
nenkurad = Mutlosigkeit, Niedergeschlagenheit, Verzagtheit, Unmut.
nenkuradik = mutlos, niedergeschlagen, verzagt.
nenkuradikön, nel. = verzagen, den Mut verlieren.
nenkuradön, nel. = mutlos sein, niedergeschlagen sein, verzagt sein.
nenkurat = Oberflächlichkeit.
nenkuratik = oberflächlich.
nenlefäkik = leidenschaftslos.
nenlekred = Unglaube.
nenlekredik = ungläubig.
nenleod = Ordnungslosigkeit.
nenleodik = ordnungslos.
nenlestabik = bodenlos.
nenlib = Unfreiheit.
nenlibik = unfrei.
nenlif = Leblosigkeit.
nenlifik = leblos.
nenlobülik = abfällig.
nenlöf = Lieblosigkeit.
nenlöfik = lieblos.
nenmied = Grenzenlosigkeit, Schrankenlosigkeit.
nenmiedik = grenzenlos, schrankenlos.
nenmiserik = unbarmherzig, erbarmungslos.
nenmonem = Unbemitteltheit.
nenmonemik = unbemittelt.
nenmuf = Bewegungslosigkeit, Regungslosigkeit.
nenmufik = bewegungslos, regungslos.
nenmüt = Zwanglosigkeit.
nenmütik = zwangfrei, zwanglos.
nennatem = Atemlosigkeit.
nennatemik = atemlos.
nennefölot = Unschuld.
nennefölotik = unschuldig, schuldlos.
nennem = Anonymität, Namenlosigkeit.
nennemik = namenlos, unbenannt, anonym.
nennoid = Geräuschlosigkeit.
nennoidik = geräuschlos.
nennol = Unwissenheit.
nennolik = ungelehrt, unwissend.
nennotodik = ausdruckslos.
nenobälik = unedelsinnig.
nenobik = unedel.
nenolan = Laie, Nichtgelehrter.
nenomam = Irregularität.
nenomäd = Irregularität, unregelmäsziger Gang.
nenomädik = unregelmäszig.
nenomik = unregelmäszig, abnorm.
nenomot, gr. = das Unregelmäszigsein.
nenomotik, gr. = unregelmäszig.
nenpal = das Verwaistsein.
nenpalan = Waise.
nenpalanöp = Waisenhaus.
nenpalanöpan = Waisenkind.
nenpalet = Parteilosigkeit.
nenpaletik = parteilos.
nenpalikam = Verwaisung.

nenpalikön, nel. = verwaisen (nel.), waise werden, zur Waise werden.
nenpalön, nel. = Waise sein.
nenpalükön, lov. = verwaisen (lov.), waise machen, zur Waise machen.
nenplaf = Freimütigkeit, Freimut.
nenplafik = freimütig, unbescheut.
nenpläoto = ohne Ausnahme, ausnahmslos.
neplidön, lov.: — bosi = Miszfallen an einer Sache haben, finden.
neplitön, lov.: spikots somik mu neplitons obi = solche Reden sind mir in der Seele zuwider.
neplu: cils lifayelas, bäldota yelas — degas = Kinder unter zehn Jahren.
neplulofo = im Abstreich.
nenpökik = fehlerfrei, fehlerlos.
nenpölik = untrüglich.
nenpölo = untrüglich.
nenpön = Straflosigkeit.
nenpönik = straflos.
nenpötit = Appetitlosigkeit.
nenpötitik = appetitlos.
nenprinsip = Prinzipienlosigkeit, Grundsatzlosigkeit.
nenprinsipik = prinzipienlos, ohne Grundsätze.
nenprüd = Unvorsichtigkeit.
nenprüdik = unvorsichtig.
nenreig = Anarchie.
nenreigik = anarchisch.
nenreto = restlos.
nenretodik = spurlos.
nensamik = beispiellos.
nensekid = Unabhängigkeit.
nensekidik = unabhängig.
nensekik = erfolglos, vergeblich.
nensenik = empfindungslos, gefühllos.
nenseved = Besinnungslosigkeit.
nensevedik = unbewuszt, besinnungslos.
nensevik = unkundig, unwissend.
nensevo = unwissentlich.
nensiäm = Sinnlosigkeit.
nensiämik = sinnlos.
nensin = Sündenlosigkeit, Unschuld.
nensinik = sündenlos, schuldlos.
nenslip = Schlaflosigkeit.
nenslipik = schlaflos.
nensmek = Geschmacklosigkeit.
nensmekik = geschmacklos.
nensmelik = geruchlos.
nensofik = unsanft.
nenspalik = schonungslos, unerbittlich.
nenspel = Hoffnungslosigkeit.
nenspelik = hoffnungslos.
nenspirität = Geistlosigkeit, Geistesleere.
nenspirik = geistlos.
nensten = Fleckenlosigkeit, Makellosigkeit, Unbeflecktheit.
nenstenik = fleckenfrei, fleckenlos, makellos, unbefleckt.
nensurik = unversichert.
nensüen = Leichtfertigkeit.
nensüenik = leichtfertig.
nentadunik = widerstandslos.
nentäläkt = Unverstand, Unvernunft.

nentäläktik = unverständig, unvernünftig.
nentälenik = talentlos.
nentik = Gedankenlosigkeit, Maschinenmäszigkeit, Automatenhaftigkeit.
nentikäl = Vernunftlosigkeit.
nentikälik = vernunftlos.
nentikik = gedankenlos, maschinenmäszig, automatenhaft.
nentolab = Zollfreiheit.
nentolabik = zollfrei.
nenton = Lautlosigkeit.
nentonik = lautlos.
nentupik = ungestört.
nentüt = Mündigkeit.
nentüted = Zuchtlosigkeit.
nentütedik = zuchtlos.
nentütik = mündig, volljährig, groszjährig, majorenn.
nentütükam = Mündigsprechung.
nentütükön, lov. = mündig sprechen.
nenumov = Unzählbarkeit.
nenumovik = unzählbar.
nenvaf = Wehrlosigkeit.
nenvafik = wehrlos.
nenvätälo = blindlings, ohne Überlegung.
nenvil = Willenlosigkeit.
nenvilädik = unwillkürlich, nicht willkürlich.
nenvilik = willenlos, unwillkürlich.
nenviodik = unverletzt.
nenvob = Arbeitslosigkeit.
nenvoban = Arbeitsloser.
nenvobed = Erfolglosigkeit, Wirkungslosigkeit.
nenvobedik = erfolglos, wirkungslos, unwirksam.
nenvobik = arbeitslos.
nenvokedik = unberufen.
nenvöladik = wertlos.
nenyuf = Hilflosigkeit.
nenyufik = hilflos.
nenyumedik = unzusammenhangend.
nenzed = Unablässigkeit.
nenzedik = unablässig, unnachlassend.
nenzogik = ungesäumt.
neod = Bedürfnis.
neodik = bedürftig, benötigt.
neodot, neodots = Bedarf, Bedürfnisse.
neodön, lov. = bedürfen, brauchen, nötig haben.
neodül = Verlegenheit, das Verlegensein um etwas Fehlendes.
neodülön, lov. = verlegen sein um.
neodümin, Nd, ,neodymium' = Neodym.
neonin, Ne, ,neon' = Neon.
nepaletöf = Unparteilichkeit.
nepaletöfik = unparteiisch.
nepelafäg = Insolvenz.
neplaädovik = unersetzbar, unersetzlich.
neplänovik = unerklärbar.
neplenik = uneben.
neplid = Miszfallen.
neplidik = miszfällig, unbehaglich, Miszfallen empfindend.
neplidön, lov. = Miszfallen haben, finden an.
neplitik = miszfällig, Miszfallen erregend, unangenehm.

nepliton, lov. = miszfallen.
neplöpön, nel. = fehlschlagen.
neplu = geringer, minder, weniger.
nepluam = das Geringersein, das Wenigersein, Minderheit.
nepluamanum = Minderheit, Minderzahl, Minorität.
nepluik = geringer, minder, weniger.
nepluikam = Abnahme, Verfall.
nepluikos = Geringeres, Minderes.
nepluikön, nel. = geringer werden, minder werden, weniger werden, abnehmen, herunterkommen, verfallen.
nepluön, nel. = geringer sein, weniger sein.
nepluükam = Verminderung.
nepluükön, lov. = ermässigen, mindern, vermindern.
neplüt = Unhöflichkeit.
neplütik = unhöflich, ungesittet.
neplütül = Unart, Unartigkeit, Ungezogenheit.
neplütülik = unartig, ungezogen.
nepölov = Unfehlbarkeit.
nepölovik = unfehlbar.
nepönovik = unsträflich.
nepötatim = Unzeit.
nepötatimik = unzeitig.
nepötatimo = zur Unzeit.
nepötik = ungelegen, unpassend.
nepötitükam = Unappetitlichkeit.
nepronov = Unaussprechlichkeit.
nepronovik = unaussprechbar.
nepubön, nel. = verschwinden.
nepued = Unkeuschheit, Unzucht.
nepuedan = Buhle.
nepuedik = unkeusch, unzüchtig, üppig.
nepuedön, nel. = Unzucht treiben, buhlen.
nepüd = Unfriede.
nepüdik = unfriedlich.
neregul = das Abbrechen.
neregulön, lov. = abbrechen, — **tänadis** = die Zelte abbrechen.
nereidovik = unleserlich.
nerekosilovik = unversöhnlich.
nerimik = ungereimt.
neriskodik = sicher.
neritik = unrechtschaffen.
neritöf = Illoyalität.
neritöfik = illoyal.
nerivovik = unerreichbar.
nerübik = unverdorben.
nes = ohnezu (ko nenfümbidir).
nesagov = Unsäglichkeit.
nesagovik = unsagbar, unsäglich.
nesaid = Unzulänglichkeit.
nesaidik = ungenügend.
nesaludik = unheilig.
nesanovik = unheilbar.
nesatik = ungesättigt.
nesatov = Unersättlichkeit.
nesatovan = Nimmersatt.
nesatovik = unersättlich.
nesaunik = ungesund, unwohl.
nesavov = Unrettbarkeit, Rettungslosigkeit.
nesavovik = rettungslos, unrettbar.

nesädunovik = unwiderbringlich.
nesef = Unsicherheit.
nesefik = unsicher (nicht gefahrlos).
neseimao = nirgendswoher.
neseimio = nirgendswohin.
neseimo = nirgends, nirgendwo.
nesekid = Selbständigkeit.
nesekidik = selbständig.
neselovik = unverkäuflich.
nesenälöfik = unempfindlich.
nesev = Unkenntnis.
nesevan = Unkundiger.
nesevädik = unbekannt.
nesevädovik = unkennbar, unkenntlich.
nesevälöfik = besinnungslos, bewusztlos.
neseved = Unschuld.
nesevik = unwissend.
nesiäd = das Nichtsinnliche.
nesiädik = nicht sinnlich, übersinnlich, übernatürlich.
nesiäm = Unsinn, — voik = barer Unsinn.
nesiämöfik = unsinnig.
neskil = Unbeholfenheit, Ungeschicklichkeit, linkisches Wesen.
neskilik = unbeholfen, ungeschickt ungeübt, linkisch.
nesmudik = uneben, ungleich, holperig.
nesmuf = das Mattsein (von Gold, Glas, . . .).
nesmufik = matt.
nesnat = Unehrlichkeit.
nesnatik = unehrlich.
nesofik = unzart, indelikat.
nesogädik = unsozial.
nespaläl = Rücksichtslosigkeit.
nespalälik = rücksichtslos.
nespäl = Verschwendung.
nespälan = Verschwender.
nespälik = verschwenderisch.
nespälön, lov. = verschwenden, vertun.
nespirit = Geistlosigkeit, Abgeschmacktheit.
nespiritäl = Geistlosigkeit.
nespiritälik = geistlos.
nespiritik = geistlos, abgeschmackt.
nestedöfaveg = Umweg.
nestedöfo = auf Umwegen.
nestipo = unbedingt.
nestön = Ausschweifung, Exzesz, Schwelgerei, Liederlichkeit.
nestönan = Bruder Liederlich, Hans Liederlich.
nestönik = ausschweifend, ungebunden, liederlich.
nestönön, nel. = ausschweifen, schwelgen.
nestüm = Verachtung, Miszachtung.
nestümabik = verächtlich.
nestümik = miszachtend.
nestümön, lov. = verachten, miszachten.
nesudel = Wochentag.
nesuemov = Unverständlichkeit.
nesuemovik = unbegreiflich, unverständlich.
nesufäd = Ungeduld.
nesufädik = ungeduldig.
nesufäl = Unverträglichkeit, Intoleranz.
nesufälik = unverträglich, intolerant, unduldsam.

nesufovik = unerträglich.
nesumät = Selbständigkeit.
nesumätik = selbständig.
nesuno = späte.
nesüdöf = Unmoralität, Unsittlichkeit.
nesüdöfik = unmoralisch, unsittlich.
nesüen = Unüberlegtheit.
nesüenik = unbesonnen, unüberlegt.
nesümädovik = unnachahmbar.
nesümik = unähnlich.
net = Nation, Volk.
netablöfovik = unwiderlegbar.
netadunovik = unwiderstehlich.
netagit = Völkerrecht.
netagitik = völkerrechtlich.
netahüm = Volkslied, Nationalhymne, Nationallied, Volkshymne.
netav = Ethnologie, Völkerkunde.
netapesod: — Kolumbänik = kolumbinischer Peso nacional.
netapesodazim: — Kolumbänik = Centavos.
netäl = Nationalismus.
netäläkt = Leerköpfigkeit, Geistesbeschränktheit.
netäläktan = een leerer Kopf.
netäliseved = Nationalbewusztsein.
netämik = unmäszig.
netät = Nationalität, Volkstum.
netätik = volkstümlich, national.
netätim = Nationalismus.
netätiman = Nationalist.
netätimik = nationalistisch.
netegön, lov. = entblöszen.
neteilovik = untrennbar.
neteimovik = unzähmbar.
neteldilovik = ungerade.
netik = national, völkisch.
netikälik = irrationell, vernunftwidrig.
netikovik = undenkbar.
netikön, nel. = sich nationalisieren.
netip = Stumpfheit.
netipik = stumpf.
netipükam = Abstumpfung.
netipükan = Abstumpfer.
netipükön, lov. = stumpfen, abstumpfen, stumpf machen.
netrodovik = untröstbar.
netuvovik = unfindbar.
netükam = Nationalisation.
netükön, lov. = nationalisieren.
neud = Neutralität.
neudik = neutral.
neudükön, lov. = neutralisieren.
neüf = Nymphe.
nev = Nerv.
nevamaläd = Nervenkrankheit, Nervenleiden.
nevatiälik = hydrophob.
neverat = Unwahrheit.
neveratik = unwahr.
neverato = unwahr, fälschlich.
neveratod = Unwahrheit.
neverät = Unrichtigkeit, Verkehrtheit.
neverätik = verkehrt, unrecht.
neveräto = mit Unrecht.

neverätükön, lov. = verkehrt machen, unrichtig machen.
nevif = Langsamkeit.
nevifik = langsam.
nevikodovik = unüberwindlich.
neviodovik = unverletzlich, unverletzbar.
nevised = Unklugheit.
nevisedik = unklug.
nevitovik = unvermeidlich, unumgänglich, unausbleiblich.
nevoam = Bildlichkeit.
nevobik = müszig, untätig.
nevogikön, nel. = abgängig werden.
nevoik = uneigentlich, übertragen, figürlich, bildlich.
nevotöfik = unwandelbar.
nevö: —! = faule Fische!
nexän = das Herabsteigen, der Abstieg.
nexänön, nel. = absteigen, hinabsteigen, hinuntersteigen, herabsteigen, heruntersteigen.
neyegik = unsachlich.
neyumedik = unzusammenhängend.
neyumöfik = diskontinuierlich.
nezepön, lov. = verwerfen.
nezesüd = Überflusz, Unnötiges.
nezesüdik = entbehrlich, überflüszig, unnötig.
nezüpovik = unnachahmlich.
ni: —...— = weder ... noch, weder ... weder.
niantet = Bitterklee.
nib = das Näschen.
niban = Nascher, Näscher.
nibiäl = Naschhaftigkeit, Naschlust, Genäschigkeit.
nibiälik = naschhaft, leckerhaft.
niblit = Unterhose.
nibot = Konfekt, Zuckergebäck.
nibotel = Konditor, Konfektmacher.
nibotem = Konfekt, Zuckerbackwerk, Naschwerk.
nibotiselidöp = Konditoreiladen.
nibotöp = Konditorei.
nibön, lov. = näschen.
nibud = Omnibus.
nicäst = Blutschande.
nicästan = Bluschänder.
nid = Glanz, das Glänzen.
nidaklilik = glanzhell.
nidik = brillant, glänzend, glanzvoll.
nidön, nel. = glänzen, leuchten.
nidülön, nel. = glitzern.
nied = Blankheit.
niedik = blank.
nif = Schnee.
nifam = das Schneien, Schneefall.
nifastur = Lawine.
nifik = schneeig, von Schnee, Schnee=.
nifön, nel. = schneien.
nifüp = Winter.
nifüpik = winterlich.
nifüpilifädön, nel. = überwintern.
nig = Dinte, Tinte. — **Tsyinänik** = chinesische Tusche.
nigagef = Tintenfasz.

nigapuin = Tintenpulver.
nigiär = Tintenfasz.
nijal = Bast.
nijalahät = Basthut.
nijalajain = Bastseil.
nijalajuk = Bastschuh.
nijit = Unterhemd.
nijuüp = Unterrock.
nikelin, Ni, ‚niccolum' = Nickel.
nikelinafolkarbonil, $Ni(CO)_4$ = Nickelkarbonyl.
nikelinam = Vernickelung.
nikelinik = Nickel=, von Nickel.
nikeliniloxid, Ni_2O_3 = Nickeloxyd.
nikelinosulfat, $NiSO_4$ = Nickelsulfat.
nikelinoloxid, NiO = Nickeloxydul.
nikelinot = Nickelsache.
nikelinön, lov. = vernickeln.
niklot = Niederkleid, Unterkleid (von dem Oberkleid bedecktes Kleid).
nikotin = Nikotin.
nikotinim = Nikotianismus.
nil = Nähe.
nilalabön, lov.: — **bosi** = etwas bei der Hand haben.
nilaseatön, nel. = naheliegen, auf der Hand liegen.
nilaseitön, lov. = zur Hand legen.
nilastadön, nel. = nahestehen.
niläd = Nachbarschaft.
nilädan = Nachbar, Anwohner.
nilädik = nachbarlich, benachbart, anwohnend.
nilän = Binnenland, Inland.
nilänan = Einwohner des Binnenlandes.
nilik = nahe.
nilikam = Näherung, Annäherung, Nahekunft.
nilikön, nel. = nahen, nahekommen, sich nähern, sich annähern, **änilikom pödo nilü om, pödo go nilü om, go nilo po om** = er trat dicht hinter ihn, **nilikos lü düp degid, lü düp: deg** = es geht auf zehn Uhr.
nilikün: mu — = allernächst.
nilikünan = Nächster.
nilo = in der Nähe, nahe, zur Hand, **binom** — = er ist um den Weg.
nilön, nel. = nahe sein.
nilud = Vermutung, das Vermuten.
niludik = vermutlich, mutmaszlich.
niludo = vermutlich.
niludön, lov. = vermuten, mutmaszen.
nilü = nahebei, unfern, unweit, **seadön — fön** = am Ofen sitzen, **komip — ,Wörth'** = die Schlacht bei Wörth, **mu** — = nächst, **ai binom zi — ob** = er ist immer um mich, **zao** — = unweit.
nilükam = Näherung, das Nähern.
nilükön, lov. = näher bringen, annähern.
nim = Tier, Bestie.
nimabom = Tierknochen.
nimaher = Tierhaar.
nimasiül = Tierzelle.
nimav = Tierkunde, Zoologie.
nimavoled = Tierreich.
nimäl = Bestialität.

nimälik = vertiert, bestialisch, viehisch.
nimälikam = Vertierung.
nimälikön, nel. = vertieren (nel.), zum Tier werden, tierisch werden.
nimälön, nel. = tierisch leben.
nimälükön, lov. = vertieren (lov.), zum Tier machen, tierisch machen.
nimem = Getier.
nimibrid = das Ziehen von Tieren, Zucht, Tierzüchtung.
nimibridöp = Züchterei von Tieren.
nimijel = Tierschutz.
nimik = tierisch, animalisch.
nimikonlet = Menagerie.
nimikön, nel. = zum Tier werden.
nimilem = Geziefer (nicht ungünstig).
niminulüdot = Futter.
nimisanan = Tierarzt.
nimitom = Tierquälerei.
nimükön, lov. = zum Tier machen.
nimül = das Jung (von Tieren).
nin = das Drinnensein, die innere Lage.
ninakipön, lov. = darinhalten.
ninao = von innen.
ninaton = Inlaut.
ninäd = Inhalt, Inbegriff.
ninädaliegik = inhaltreich.
ninädalised = Inhaltsverzeichnis, Register.
ninädamafäg = Kapazität.
ninädapenet = Aufschrift, Etikette.
ninädian = Behälter.
ninädo = inhalts, inhaltlich, nach Inhalt.
ninädön, lov. = halten, enthalten, innehaben, in sich fassen.
ninäl = Innerlichkeit.
ninälo: äsagob — = ich sagte bei mir (selbst).
ninäm, ninäms = Eingeweide.
nined = Inneres.
ninedik = innerlich.
ninik = innerhalb befindlich.
ninikön, nel. = hereinkommen, hineingehen.
ninio = hinein, herein, einwärts.
niniotirön, lov. = hereinziehen.
niniö: —! = drein! hinein! herein!
nino = drin, drinnen, inwendig, innerlich, innen.
ninot = Einschlusz.
ninön, nel. = drinnen sein.
ninü = innerhalb.
ninükön, lov. = herein bringen, herein führen, hinein bringen, hinein führen.
niobin, Nb, ,niobium' = Niobium.
nisul = Eiland, Insel.
nisulagrup = Inselgruppe.
nisulan = Insulaner.
nisulik = Insel2.
nited = Interesse.
nitedäb = Interessent.
nitedäl = Interesse, das Interessiertsein.
nitedälaziläk = Interessensphäre.
nitedälik = interessiert.
nitedälikön, nel. = sich interessieren, no nite= dälikob pro, in, tefü, dö din at = es liegt, es ist mir nichts an der Sache.
nitedälön, nel. = Interesse haben, no nitedälob

pro, in, tefü, dö din at = es liegt, es ist mir nichts an der Sache.
nitedik = interessant, mu — = hochinteressant.
nitedön, lov. = interessieren, din at no nitedon obi = es liegt, es ist mir nichts an der Sache.
nitim = Intimation.
nitiman = Ansager (gerichtlich).
nitimäb = der Appellat.
nitimön, lov. = intimieren.
nitonin, Nt, ,niton' = Niton.
nitratastabot, N_2O_5 = Stickstoffpentoxyd, Salpetersäureanhydrid.
nitratazüd, HNO_3 = Salpetersäure.
nitrin, N, ,nitrogenium' = Stickstoff.
nitrinasulfin ü folnitrinafo!sulfin, N_4S_4 = Schwefelstickstoff.
nitritanitratastabot ü telnitrinafolloxin, N_2O_4 = Stickstofftetroxyd.
nitritastabot, N_2O_3 = Stickstofftrioxyd, Salpetrigsäureanhydrid.
nitritazüd, HNO_2 = salpetrige Säure.
nitrosisulfinazüd, $NO.OHSO_3H$ = Nitrosisulfosäure.
nitrosoklorin, $NOCl$ = Nitrosylchlorid.
nitrososulfatazüd, $NOSO_4H$ = Nitrosylschwefelsäure.
nitrososulfionazüd, $NO.SO_3H$ = Nitrososulfosäure.
nitrosotelsulfionazüd, $NO(SO_3H)_2$ = Nitrosodisulfosäure.
niv = Spiegel, Wasserspiegel.
niväd = das Nivellieren, Nivellierung, Verebnung.
nivädön, lov. = nivellieren, ebnen.
niver = Akademie Universität, Hochschule.
niveradünan = Pedell.
niveratid = Universitätsunterricht.
niverik = akademisch.
nivod = Höhe, niveau.
nivöm = Grundwage, Setzwage, Libelle.
nivömam = Abwägung.
nivöman = Abwäger.
nivömön, lov. = abwägen.
no = nein, nicht, igo — = nicht einmal, — balna = nicht éinmal, — büä = erst, — ejenöl = ungeschehen, — fovo = nicht ferner, nicht mehr, nicht weiter, — lunüpo = nicht lange (Zeit), kaum, — mafädik = unmaszgeblich, — nog = noch nicht, — plu = nicht mehr, — vilöfo = ungern, — palelöföl = ungeliebt, — pebegöl = ungebeten, — pebüdöl = ungeheiszen, — pebüosenöl = ungeahnt, — pedoatöl = unberührt, — pedo= büköl = unverfälscht, — pedugälöl = unerzogen, — pefeilidöl = unkultiviert, — pefölöl unerfüllt, — pegeböl = unbenützt, — pege= sagöl = unbeantwortet, — pekulöl = ungebahnt, — peläkalkulöl = ungerechnet, — pelilöl = ungehört, — pebelödöl = unbewohnt, — pemeritöl = unverdient, — pemi= göl = unvermischt, ungemengt, — peneletöl = ungehindert, — penemöl = ungenannt, — peniludöl = unvermutet, — pepönöl = ungeahndet, ungestraft, — peropöl = unun-

terbrochen, — **pespetöl** = unverhofft, unerwartet, — **pestöböl** = unbeschränkt, — **pe‹votüköl** = unverandert, — **pevüdöl** = ungeladen, — **pluamovik** = unübertrefflich, — **pötitüköl** = unappetitlich.
noam = Verneinung, Leugnung, Negation, Ableugnung.
noan = Verneiner, Leugner.
noat = Note (mus.), — **lölik** = ganze Note, — **foldilik** = Viertelnote.
noatädan = Komponist.
noatädön, lov. = komponieren.
noated = Musikstück, **noateds** = Musikalien.
noatedatedan = Musikalienhändler.
noatön, nel. = Noten schreiben.
noäd = Verleugnung.
noädan = Verleugner.
noädön, lov. = verleugnen, — **oki** = sich verleugnen.
nob = Adel, das Edelsein.
nobagnaf = Edelweisz.
nobain = (geschnittener) Edelstein.
nobaladäl = Edelmut, Groszherzigkeit, Groszmut.
nobaladälik = edelmütig, edelherzig, groszherzig, groszmütig.
nobametal = Edelmetall, edles Metall.
nobavap = Edelgas.
nobäl = Edelsinn.
nobälik = edelgesinnt, edelsinnig.
nobik = edel, nobel.
nobikön, nel. = sich edeln, edel werden.
noboin = Edelgestein, Edelstein.
nobükön, lov. = edeln, edel machen, veredeln.
noe: —... **abgüä** = nicht sosehr... als vielmehr, —... **abi**, konyuns = nicht nur... sondern auch, nicht blosz... sondern auch.
noedön, lov. = verreden (ein Gelübde tun, etwas zu vermeiden, zu unterlassen).
noematölan = Unverheirateter.
noet = Note, (eine sich auf einen Text beziehende) Bemerkung.
noetamalül = Anmerkungszeichen.
noetil = eine kleine Note, Anmerking, Bemerkung.
nof = Beleidigung.
nofan = Beleidiger.
nofik = beleidigend.
nofön, lov. = beleidigen.
nofül = Gehässigkeit, Anzüglichkeit.
nofülik = gehässig.
nofülön, lov. = gehässig sein gegen.
nog = noch, — **balna** = noch einmal, **no** — = noch nicht.
nogan = Organismus, Einrichtung, Gefüge.
noganükam = Organisation, Veranstaltung.
noganükan = Organisator, Veranstalter, Anordner.
noganükön, lov. = organisieren, einrichten, veranstalten.
nogayans = Nogaier.
nogna = nochmals, aber.
noid = das Rauschen, Geräusch.
noidik = rauschend.

noidön, nel. = rauschen.
noidül = das Rasseln, das Klappern, das Rattern, Gerassel.
noidülön, nel. = rasseln, klappern, rattern.
noik = verneinend, negativ.
nok ü **doatayoin** = Knöchel (der Finger).
nokam = Geklopfe, Klopferei, das Klopfen.
nokön, nel. = klopfen.
nol = Gelehrsamkeit, Wissenschaftlichkeit.
nolaliegik = kenntnisreich.
nolam = das Wissen.
nolan = Gelehrter.
nolav = Wissenschaft.
nolavam = Wissenschafterei, das Treiben der Wissenschaft.
nolavan = Wissenschafter.
nolavanef = die gelehrte Welt.
nolavik = wissenschaftlich.
nolavön, nel. = die Wissenschaft pflegen, die Wisschenschaft treiben.
noliäl = Wissensdrang, Wissensdurst, Wissensgier, Wissenslust, Wissenstrieb.
nolik = gelehrt, kundig.
nolofünolüdalofüd, n.l.n.l. = Nordost zu Osten.
nolön, lov. = wissen.
nolüd, n. = der Norden.
nolüdalofüd, n.l. = der Nordosten.
nolüdalofüdik = nordöstlich.
nolüdao = von Norden, aus Norden.
nolüdapov = Nordpol.
nolüdavesüd, n.v. = Nordwesten.
nolüdavesüdik = nordwestlich.
nolüdän = Nordland.
nolüdik = nord, nördlich.
nolüdio = nach Norden, Nordwärts.
nolüdo = im Norden.
nolüdü = nördlich von.
nolünolüdalofüd. n.n.l. = Nordnordost.
nolünolüdavesüd, n.n.v. = Nordnordwesten.
nom = Norm, Regel.
nomad = Nomade.
nomadalif = Nomadenleben.
nomadön, nel. = nomadisieren.
nomam = Regelmäszigkeit, Normalität.
nomäd = regelmásziger Gang.
nomädiälik: man — = ein Mann nach der Uhr.
nomädik = regelmäszig, **man äs glok so** — = ein Mann nach der Uhr.
nomädön, nel. = einen regelmäszigen Gang haben.
nomädükam = Regulierung.
nomädükan = Regulator (p.).
nomädükian = Regulator (d.).
nomädükön, lov. = einen regelmäszigen Gang geben, regulieren.
nomem = Reglement, Ordnung, Regulativ.
nomenik = reglementarisch, vorschriftsmäszig, ordnungsmäszig.
nomik = normal, regelrecht, regelmäszig, geregelt.
nominatif = Nominativ, Werfall.
nomo = als Regel.
nomot, gr. = das Regelmäszigsein.
nomotik, gr. = regelmäszig.

nomön, nel. = regelmäszig sein, geregelt sein, normal sein.

nomü = nach der Norm des.

nomükam = Regelung, Regulierung.

nomükön, lov. = regeln.

non = das Nichtsein.

nonan, C9H20 = Nonan.

nonasotik = keinerlei.

nonik = kein.

nonikna = keinmal, nie, niemals.

nonolünolüdalofüd, n.n.n.l. = Nord zu Osten.

nonolünolüdavesüd, n.n.n.v. = Nord zu Westen.

nonotik = nicht öffentlich.

nonön, nel. = nicht sein, nicht bestehen.

noön, lov. = verneinen, leugnen, ableugnen.

norg = das Altnordisch.

norin, No, ,norium' = Norium.

nos = nichts, **vero pro** —, **vero demü** — = um nichts und wieder nichts.

nosam = Nichtigkeit, das Nichtigsein.

nosdun = Müsziggang.

nosdunan = Müsziggänger.

nosdunön, nel. = müszig gehen.

nosik = nichtig.

nosikam = Untergang, das Zugrundegehen.

nosikön, nel. = erlöschen, aufhören dazusein, verhallen, untergehen, zu Grunde gehen.

noslaban = Habenichts.

nosön, nel. = nichtig sein.

nosükam = Vernichtung, Kassation.

nosükan = Vernichter.

nosüköl = ruinös.

nosükön, lov. = vernichten, kassieren, ausrotten, ausreuten, ruinieren, — **smufükamo** = ausbügeln.

not = Publizität, Öffentlichkeit, Offenkundigkeit.

notabik: labön, polön bosi — **in ladäl oka** = etwas auf dem Herzen haben.

notabikos: labön, polön notabikosi in ladäl oka = etwas auf dem Herzen haben.

notar = Notariat.

notaran = Notar, Notarius.

notarik = notariell.

notäd = Bekanntmachung, Publikation, Manifest, Veröffentlichung (Sache).

noted = Annonce, Anzeige, Inserat.

notedabür = Annoncebureau.

notedagased = Anzeigeblatt.

notedam = die Insertion, Annoncierung.

notedan = Annoncierer, Inserierer.

notedian = Anzeiger (sache), — **topik** = Lokalanzeiger.

notedön, lov. = inserieren, annoncieren, anzeigen.

notid = Öffentlichkeit, das Öffentlichsein.

notidik = öffentlich (dem Publikum freien Zugang gewährend).

notik = öffentlich, offenkundig, publik.

notikön, nel. = öffentlich werden, bekannt werden, an die Öffentlichkeit treten, offiziell werden (z. B. Verlobung).

notod = Ausdruck (z. B. im Gesichte, im Schreiben).

notodäl = Offenherzigkeit.

notodälik = offenherzig.

notodälo = offen, unverhohlen.

notodik = ausdrucksvoll.

notodot = Ausdruck.

notodön, lov. = (Gedanken) ausdrücken, äuszern, zum Ausdruck bringen.

notön, nel. = offenkundig sein.

notükam = Veröffentlichung, das Veröffentlichen, das Publizieren, das Kundmachen, Ausfertigung.

notükan = Publizist, Verkünder, Veröffentlicher.

notükön, lov. = veröffentlichen, publizieren, kundmachen.

noub = Adel, Adelstand.

nouban = Adeliger, Edelmann, Edler.

noubanef = Adelsklasse, die Gesamtheit Adliger.

noubik = adelig.

noubön, lov. = adeln, Adel verleihen.

novesünolüdavesüd, n.v.n.v. = Nordwest zu Westen.

novul = November.

novulik = November⸗.

noyön, nel. = ertrinken, ersaufen.

nö: —! = nein!

nög = Ei.

nögafomik = eiförmig.

nögajal = Eierschale.

nögapaälakek = Eierkuchen.

nögem = Laich.

nögön, lov.: — **nögi** = ein Ei legen.

nöt = Nusz.

nötasümik = nuszähnlich.

nöyön, lov. = ertränken, ersäufen.

nu = nun, dermalen, gegenwärtig, jetzt, nunmehr, — ... **täno,** ladvärbs = jetzt ... dann, bald ... bald.

nud = Nase.

nudahon: — **rinoseroda** = Nasenhorn des Nashorns.

nudasärvätül = Nasentuch, Schnupftuch.

nudatonat = Nasenbuchstabe, Nasal.

nudavokat = Nasenlaut, Nasallaut.

nudäd = das Näseln.

nudädaton = Näsellaut.

nudädik = nasal.

nudädön, nel. = näseln.

nudik = nasig (a.s.: **lunanudik** = langnasig).

nudil = Näschen.

nuel = Nagel (Fingernagel).

nuf = Dach, Bedachung.

nufafenät = Dachfenster.

nufaglät = Dachglas.

nufalucem = Dachkammer.

nufam = Bedachung.

nufaslet = Dachschiefer.

nufed: — **cema** = Decke eines Zimmers.

nufitegan = Dachdecker.

nufitegön, nel. = das Dach decken.

nufön, lov. = bedachen.

nufül = Abdach, Abdachung, Vordach, Schirmdach, Schutzdach.
nugvet = Salbe.
nugvetam = Salbung.
nugvetön, lov. = einsalben, salben.
nuik = dermalig, nunmehrig.
nul = Neuheit.
nuladaväl = Neuwahl.
nula=Grikänapükik = neugriechisch.
nula=Grikänik = neugriechisch.
nulakrän, k. Pärsänik = Neukran.
nulakränamim, k. Pärsänik = Bisti.
nulakränazim, k. Pärsänik = Senaar.
nulan = Neuling.
nulavogädik = neumodisch.
nulayel = Neujahr.
nuläd = Modernität.
nulädik = modern.
nulädim = Modernismus.
nulädiman = Modernist.
nulädükön, lov. = modernisieren.
nuläl = Neugier, Neugierde.
nulälik = neugierig.
nulik = neu.
nulod = Neuigkeit.
nulodiälan = Neuigkeitskrämer.
nulön, nel. = neu sein.
nulul = Erneuerung.
nululön, lov. = erneuern (an die Stelle des Alten Neues treten lassen).
nulüd = das Nähren, Ernährung, das Füttern, Fütterung.
nulüdameil = Futtermehl.
nulüdik = nährend.
nulüdot = Nahrung, Nahrungsmittel, Frasz.
nulüdöf = Nahrhaftigkeit.
nulüdöfik = nahrhaft.
nulüdön, lov. = nähren, füttern, ernähren.
nulükam = Erneuerung, Renovation.
nulükön, lov. = erneuern, renovieren.
num = Zahl, Anzahl.
numaleskilan = Zahlvirtuose.
numam = das Zählen, Zählung, Aufzählung.
numan = Zähler, Aufzähler (p.).
numat = Ziffer.
numatam, mat. = Bearbeitung, **numatams veüti= kün fol kalkulava binons: saedam, näedam, naedam e müedam** = die vier wichtigsten Bearbeitungen der Rechenkunst sind die Addition, die Subtraktion, die Multiplikation und die Division.
numatön, lov. = ziffern.
numavöd = Zahlwort, — **naedik** = Wiederholungszahl, — **sökaleodik** = Ordnungszahl, — **voik** = Hauptzahl, Grundzahl.
numäd = Aufführung, Aufzählung.
numädön, lov. = aufführen.
numian= — **fraka** = Zähler eines Bruches.
numik = numerisch.
numov = Zählbarkeit.
numovik = zählbar.
numön, lov. = zählen.
numü = in der Anzahl von.
nun = Nachricht, Botschaft, Mitteilung.

nunal = Botschafter.
nunam = Benachrichtigung, Meldung, Ankündigung.
nunan = Bote, Botenläufer, Ankündiger.
nunapenäd = Avisbrief, Avisobrief.
nunapened = Aviso, Avisobrief.
nunäd = Angabe, Anzeige, Anzeigung, Anmeldung.
nunädabik = anzeigbar.
nunädan = Anzeiger, Melder, Angeber, Anmelder.
nunädön, lov. = angeben, melden, anzeigen, anmelden, — **oki** = sich melden.
nunädöp = Meldestelle.
nuned = Warnung, — **ole**, — **pro ol** = eine Warnung für dich.
nunedapenäd = Warnungsanzeige.
nunedön, lov. = warnen.
nuno = nachrichtlich.
nunod = Bericht, Referat.
nunodal = Referendar, Referendär.
nunodam = Berichterstattung.
nunodan = Berichterstatter, Referent.
nunodön, nel. = Bericht erstatten, referieren.
nunog = jetzt noch, bis auf weiteres.
nunön, lov. = benachrichtigen, mitteilen.
nunü = infolge Mitteilung von, infolge Nachricht von.
nutim = Jetztzeit.
nutimik = modern, heutig, jetzig, gegenwärtig.
nutimo = heutigentags, heutzutage.
nü, kony. = jetzt da, nun da, — **... tän**, kon= yuns = bald ... bald.
nübladön, lov. = einblasen.
nüblinön, lov. = einbringen.
nübreik = Einbruch, das Einbrechen.
nübreikön, lov. = einbrechen.
nübükön, lov. = eindrucken.
nüd = Blösze, Nacktheit.
nüdafutan = Barfüszer.
nüdafutik = barfüszig.
nüdafuto = barfusz.
nüdakapik = barhäuptig.
nüdakapo = barhäuptig.
nüdäsinön, lov. = einzeichnen, hineinzeichnen.
nüdik = blosz, nackt.
nüdikön, nel. = sich entblöszen.
nüdön, nel. = blosz sein, nackt sein.
nüdranön, nel. = eindringen.
nüdrän = Eindrängung.
nüdränön, lov. = eindrängen.
nüdug = Einleitung, Einführung.
nüdugarön = Anlauf.
nüdugarönön, nel. = einen Anlauf nehmen.
nüdugot = Einleitung.
nüdugön, lov. = einleiten, einführen.
nüdükam = Entblöszung.
nüdükön, lov. = entblöszen.
nüfal = Einfall.
nüfalön, nel. = einfallen.
nüflagön, lov. = einfordern.
nüflapön, lov. = einschlagen.
nüflum = Einflusz, das Hineinflieszen.
nüflumön, nel. = einflieszen, hineinflieszen.

nügeidön, lov.: — eki = einen einweisen.
nügif = Einflöszung.
nügifön, lov. = einflöszen, eingieszen, einschenken.
nügiv = Eingebung.
nügivön, lov. = eingeben.
nügol = Eintritt.
nügolamon = Eintrittsgeld.
nügoläd = Einzug.
nügolädön, nel. = einziehen.
nügolön, nel. = einlaufen.
nügolöp = Eingang.
nüjedön, lov. = einwerfen.
nüjoikön, lov. = einstoszen.
nük = Genick, Nacken.
nükip = Einfassung.
nükipot = das Eingefaszte.
nükipön, lov. = einfassen.
nükleibön, lov. = einkleben, — me glud = einkitten.
nükobükön, lov. = einsammeln.
nükötäd = Einschnitt.
nükötön, lov. = einschneiden.
nülägön, lov. = einhängen.
nület = Einlasz, das Einlassen.
nületön, lov. = einlassen.
nülimädön, lov. = einschalten.
nülogam = Einsicht, das Einsehen, das Hineinsehen.
nülogön, lov. = einsehen.
nüm = Lieferung (eines Zeitschrifts), Numero, Nummer.
nümalekön, nel. = einmarschieren, einrücken.
nümam = Numerierung.
nümasonön, lov. = einmauern.
nümädön, nel. = zählen (die Zahlen in ihrer Reihenfolge hersagen).
nümofön, lov. = eintreiben, einjagen.
nümön, lov. = nummerieren.
nün = Auskunft, Aufklärung, Aufschlusz.
nünam = Auskunfterteilung, Belehrung.
nünan = Auskunftgeber.
nünatemön, lov. = einatmen.
nüniäl = Offenherzigkeit, Mitteilsamkeit.
nüniälik = offenherzig, mitteilsam.
nüniälo = offenherzig.
nünik = auskunftgebend.
nünön, lov.: — eke bosi = einem Aufklärung, Aufschlusz, Auskunft über eine Sache geben, erteilen.
nüped = Eindruck, das Eindrucken.
nüpedön, lov. = eindrucken.
nüpenam = Einschreibung, Buchung, Eintrag.
nüpenäd = Inschrift, Aufschrift.
nüpenot = Eintrag (das Eingetragene).
nüpenön, lov. = einschreiben, eintragen, buchen.
nüpladön, lov. = einstellen (hineinstellen).
nürem = Einkauf.
nüreman = Einkäufer.
nüremot = Einkauf (Sache).
nüremön, lov. = einkaufen.
nüröb = Einreibung.
nüröbön, lov. = einreiben.

nürölön, lov. = einrollen, aufrollen, zusammenrollen, zusammenwickeln.
nüsadön, nel. = einsinken.
nüsädön, lov. = einsenken.
nüsebön, lov. = eingraben.
nüseidot = Einsatz.
nüseidön, lov. = einrücken, einsetzen, — notedi in gased = eine Anzeige in eine Zeitung einrücken.
nüseit = Einlage.
nüseitön, lov. = einlegen.
nüskutam = Einspritzung.
nüskutot = Einspritzung (das Eingespritzte).
nüskutön, lov. = einspritzen.
nüsleifön, lov. = einschieben.
nüsleiton, lov. = einreiszen.
nüsmeitön, lov. = einschmelzen (durch Schmelzen hineinbringen).
nüsmugön, lov. = einschmuggeln.
nüspikön, lov. = einsprechen.
nüstäpedön, lov. = einprägen.
nüstäpön, lov. = einstampfen.
nüsugapapür = Flieszpapier, Löschpapier.
nüsugön, lov. = einsaugen, aufsaugen, absorbieren.
nüsum = Einnahme.
nüsumot = Einnahme (das Eingenommene).
nüsumön, lov. = einnehmen.
nütevön, nel. = einwandern, immigrieren.
nütökön, lov. = eintauschen.
nüvegam = Einfahrt.
nüvegamöp = Einfahrt.
nüvegön, nel. = einfahren.
nüveig = Einfuhr, Import.
nüveigan = Importeur.
nüveigated = Einfuhrhandel, Importhandel.
nüveigatol = Einfuhrzoll, Eingangszoll.
nüveigön, lov. = einführen, importieren.
nüvobed = Einwirkung.
nüvobedön, lov. = einwirken.
nüxänön, nel. = einsteigen.
nyamnyamans = die Njam-Njam.

N.

‚Napoli’, [nàpoli,] Lit. = Neapel.
Nasoän = Nassau.
Natalän = Natal.
Näcdän = Nedschd.
Nedän = Holland, Niederlande.
Nedänan = Holländer, Niederländer.
Nedänik = holländisch, niederländisch.
‚Neustadt’ [nói-jtát] D. = Neustadt.
‚New-Orleans’ [ñûåliĕnš] Lin. = Neuorleans.
Nigeriyän: — Fransänik = Nigerkolonie, — Linglänik = Nigeria.
Nikaraguvän = Nicaragua.
Nikobaruäns = Nikobaren.
Nina▪Mongolän = Innere-Mongolei.
Nipalän = Nepal.
Nolüda▪Borneän = Nord-Borneo.
Nolüda▪Brabän = Nordbrabant.
Nolüda▪Deutän = Norddeutschland.
Nolüda▪Deutänan = Norddeutscher.

Nolüda=Deutänik = norddeutsch.
Nolüdagladean = Nordpolarmeer.
Nolüdakep = Nordkap.
Nolüda=Latlanteanik = nordatlantisch.
Nolüda=Lireyän = Nord-Irland.
Nolüdamel = Nordsee.
Nolüda=Merop = Nordamerika.
Nolüdapovean = Nordpolarmeer.
Nolüda=Rodesiyän = Nord-Rhodesia.
Norfolkuäns = Norfolk-Inseln.
Norgän = Norwegen.
Norgänan = Norwege.
Norgänik = norwegisch.
Normän = Normandie.
Novasämleän = Nowaja-Semlja.
Nubän = Nubien.
Nubänan = Nubier.
Nubänik = nubisch.
Nula=Faunlän = Neufundland.
Nula=Gineän = Neu-Guinea.
Nula=Hebriduäns = Neue-Hebriden.
Nula=Kaledän = Neukaledonien.
Nula=Kastilyän = Neukastilien.
Nula=Seleäns = Neu-Seeland.
Nula=Skotän = Neuschotland.
Nula=Sulüda=Velsän = Neusüdwales.
Numidän = Numidien.
Numidänan = Numidier.
Numidänik = numidisch.
Nyasän = Njassaland.

o.

o: —! = o! oh!
ob = ich.
obik = mein, **bai sev** — = soviel ich weisz.
obikan = der Meinige (p.).
obikos = das Meinige, das Mein.
obo = meinerseits, für mein Teil.
obö: —! = meinetwegen!
obs = wir.
obsik = unser.
obsikan = der Unsere (p.).
od = einander, **lä** — = bei einander, **len** —
   = an einander.
odel = der Tag nach heute, das Morgen.
odelik = morgig.
odelio = auf Morgen.
odelo = morgen (am folgenden Tage), — **ün**
   timül at = morgen um diese Zeit.
of = sie (weibliche Einzahl).
ofik = ihr.
ofs = sie (weibliche Mehrzahl).
ok = sich.
okiäl = Egoismus, Selbstsucht, Selbstvergötterung.
okiälan = Egoist, Selbstsüchtler.
okiälik = egoistisch, selbstsüchtig, selbstisch.
okik = sein eigen.
okkonfid = Selbstvertrauen.
okkusad = Selbstanklage, Selbstbeschuldigung.
oknämät = Eigenmächtigkeit.
oknämätik = eigenmächtig.
oknoäd = Selbstverleugnung.
oko = an sich, an und für sich.

okreig = Selbstbeherrschung, **nen** — = auszer
   sich.
oksev = Selbstkenntnis, Selbsterkenntnis.
okseved = Selbstbewusztsein.
okskilükam = Übung.
okskilükan = einer der sich übt.
okstud = Selbststudium.
oktid = Selbstunterricht.
oktidäb = Autodidakt.
ol = du.
olik = dein.
olikan = der Deinige (p.).
olikos = deines, das Deine.
o=loxid = Oxydul.
o=loxidakobot = Oxydulverbindung.
ols = ihr.
olsik = euer.
olsikan = der Eurige (p.).
om = er.
omik = sein.
oms = sie (männliche Mehrzahl).
omsik = ihr.
omulo = nächsten Monat, im nächsten Monat.
on, pönop nengenik = er, sie, es.
oneito (in neit odela) = morgen nachts.
onik = sein, ihr.
ons = sie.
onsik = ihr.
onu = gleich, sogleich, sofort, augenblicklich,
   bald, augenblicks.
or = Sie (höflich).
orik = Ihr.
oro = Ihrerseits.
os, pönop nedinik = es.
osik = sein.
osoaro = morgen abends.
ot = derselbe, **ebo** — = ebenderselbe.
otan = derselbe (Mensch).
otcedik = gleicher Ansicht.
otdüpo = zur derselben Stunde.
otkobod = Isomerie.
otkobodik = isomer.
ottimo = zu derselben Zeit.
ottopik = isotop.
ottopin = Isotop.
otüpo = innerhalb derselben Frist, zu derselben
   Zeit.
otvetin = Isobar.
oy = man.
oyelo = im nächsten Jahre.

O.

‚Oubangui': Ziläk di — **e ‚Chari'** = Ubangi-
   Schari (Gebiet).

Ō.

‚Ōríōn' [òrion]: **eläd** —, st. = Orion.

ö.

ö: —! = ei! hm!
öm = mancher, mehrere, manch.
öman = Mancher, mancher Mensch.

ömik = mancher, mehrere, **men** — = mancher Mensch.

ömna = manchmal.

ömnaik = manchmalig.

ömsotik = mancherlei.

ön, pr. = unter — **nem foginik** = unter fremden Namen, — **kodül** = unter einem Vorwand.

p.

paäl = Pfanne.

paälakek = Pfannkuchen.

pab = Schmetterling.

pad = Seite, Blattseite.

padalaböl = eigentümlich (als Eigentum gehörend).

padiaböl = besessen.

padön, nel.: — **in buk** = in ein Buch blättern.

padül = Kolonne, Kolumne, Spalte.

pael = Blässe, Bleiche.

paelablövik = blaszblau.

paelik = blasz, bleich.

paelikön, nel. = erblassen.

paelön, nel. = bleich sein.

paf = Pfau.

pafilädön, sufalefom = sich brennen.

pag = Heidentum.

pagan = Heide.

paganef = Heidenschaft, Heidentum.

pagidetükön, sufalefom = recht bekommen.

pagik = heidnisch.

paik = Hecht.

pal = Einer oder eine der Ältern, Eltern, **pals** = die Ältern, die Eltern.

paladin, Pd, ,palladium' = Palladium.

paladiniklorid, PdCl₄ = Palladiumchlorid.

paladinoyodid, PdJ₂ = Palladiumjodür.

palalöf = Älternliebe.

palapär = Elternpaar.

palat = Gaumen.

palatatonat = Gaumenbuchstabe.

paläkövölo, peläkövölo = beifolgend, in der Anlage.

palät = Farbenbrett.

palelöföl: no — = ungeliebt.

palestümöl = hochgeachtet.

palet = Partei.

paletan = Parteigenosz, Parteimann.

paletik = zu einer Partei gehörig.

paletim = Parteiwesen.

paletöf = Parteilichkeit.

paletöfik = parteilich, parteiisch.

palik = älterlich, elterlich.

paliv = Pali.

pam = Palme.

paminiludikön, sufalefon = in Verdacht kommen.

pan = Verpfändung, Versetzung.

panan = Verpfänder.

pancabiy = das Pandschabi.

panedrefön, sufalefom (fa) = entgehen, entkommen.

panemöl = namens, **man** ,P.' — = ein Mann mit Namen P.

panemön, sufalefom = Namen führen, heiszen, sich nennen.

paneplitön: — **fa bos** = Miszfallen an einer Sache haben, finden.

panid = Beschlagnahme, Pfändung.

panidan = Beschlagnehmer, Pfänder, Auspfänder.

panidön, lov. = Beschlag legen auf, mit Beschlag belegen, beschlagnahmen, pfänden.

pano = auf Pfand, auf Pfänder.

panoprünan = Pfandleiher.

panot = Pfand, Unterpfand.

panovik = pfandbar.

panön, lov. = verpfänden, zum Pfand geben, zum Pfand setzen, zum Pfand versetzen, — **kapi oka** = seinen Kopf zum Pfand setzen.

panteon (tem) = Pantheon.

pantuf = Pantoffel.

panü = gegen Hinterlegung von

paopläg = Schlagflusz.

paostol = Apostolat, Apostelamt, Apostelwürde.

paostolan = Apostel.

paostolanaziläk = Apostelkreis.

paostolanef = Aposteltum.

paostoläl = apostolischer Geist.

paostolät = Apostolizität.

paostolik = apostolisch.

paostolim = Apostolizisme.

paot (lugodamagotil Tsyinänik) = Pagode.

pap = Papsttum.

papal = Papst.

papik = päpstlich.

paplitön, sufalefom: — **fa bos** = Gefallen an einer Sache haben, finden.

papuvan = Papua.

papür = Papier, — **goldik ü** — **pegoldöl** = Goldpapier.

papüracan = Papierware.

papüraköted = die scharf abgeschnittene Kante von einem Stück Papier.

papüramon = Papiergeld.

papüraneif = Falzbein.

papürasmalotül = Papierschnitzel.

papürated = Papierhandlung.

papürifabrik = Papierfabrik.

papürik = papieren.

parab = Parabel, Gleichnis.

parad = Eden, Paradies.

paradig = Paradigma.

paradik = paradiesisch.

paradit = Paradiesvogel.

parafin = Paraffin.

paralad = Parallax.

paralel = **lien fagotaleigik.**

paralelepid = Parallelepipedum.

paralelod = Parallelogramm.

paramen = Parament.

parat = Apparat, Vorrichtung (d.).

pard = Vergebung, Verzeihung.

pardäl = Versöhnlichkeit.

pardälik = versöhnlich.

pardovik = verzeihlich.

pardön, lov. = vergeben, verzeihen, — **eke bosi** = einem etwas durch die Finger sehen.

park = das Parkieren.
parkön, lov. = parkieren.
parket = Parkett (Theater).
parsevans = die Tadschik, die Parsevan.
parsiyans = die Parsi.
partisip = Mittelwort, Partizip.
partisipabidir = Mittelwort, Partizip.
partisipik = partizipial.
parud = Meise.
parvenan = Emporkömmling, Parvenu.
parvenön, nel. = emporkommen.
pas, ladv. = erst.
pasat = Ostern.
pasatamudel = Ostermontag.
pasatasudel = Ostersonntag.
pasatatudel = Osterdienstag.
pasatazäl = Osterfest, Ostern.
pasato = zu Ostern.
pasä = erst als.
paset = Vergangenheit.
pasetalif = Vorleben.
pasetamenef = die Voreltern, die Vorfahren.
pasetatim = Präteritum, Vergangenheit, — finik
  = Plusquamperfekt, Vorvergangenheit, vollendete Vergangenheit, — nefinik = Imperfekt, Mitvergangenheit, während Vergangenheit.
pasetik = vergangen, verflossen, verwichen,
  abgelaufen, vorbei, vorüber.
pasetikam = Verlauf, das Vergehen.
pasetikön, nel. = vergehen, verlaufen.
pasetofütüratim = vergangenes Futurum.
pasetön, nel. = vorüber sein, vorbei sein.
pasigraf = Pasigraphie.
pasigrafik = pasigraphisch.
pasigrafo = pasigraphisch.
pasilalid = Pasilalie.
paslimön, sufalefom = sich mit Schleim füllen.
past = Pfarramt (eines evangelischen Pastors,
  Pfarrers).
pastan = (evangelischer) Pfarrer, Pastor.
pastanöp = Pfarrhaus.
pastinak („pastinaca sativa', [páštinàká šàtìvá,]
  lat.) = Pastinake.
pat = Besonderheit, Einzelheit, pats mödikum
  = Näheres, das Nähere, nähere Umstände.
patatren ü tren pläik = Extrazug, Sonderzug.
pataveig ü veig pläik = Sonderfahrt, Extratransport.
patäd = Eigentümlichkeit, Eigenheit, Spezialität.
patädan = Spezialist.
patädasanan = Spezialist, Spezialarzt.
patädik = eigentümlich, spezifisch.
patädodilön, lov. = spezialisieren.
patär = Kirchenvater.
patärim = Patristik, Patrologie.
patäriman = Patrolog.
pated = Typ, Typus.
patedik = typisch.
patik = besonder, spezial, absonderlich, eigen.
patiko = besonders, absonderlich.
pato = besonders, mu — = ganz besonders,

eigens, ganz eigens, zumal, hauptsächlich, sorecht.
patöf = Eigenschaft.
patön, lov. = spezifizieren, detaillieren.
paud = Pause.
paudön, nel. = pausieren.
paun = Pfund.
pauno = pfundweise.
pav = Pflasterung, das Pflastern.
pavan = Pflasterer.
pavot = Pflaster.
pavön, lov. = pflastern.
päan = Päan.
päd = Pfarramt (Stelle eines römisch-katholischen Pfarrers).
pädan = (römisch-katholischer) Pfarrer.
pädanöp = Pfarrhaus, Pfarre.
pädän = Pfarrei, Parochie, Kirchsprengel.
pädänan = Pfarrkind, Pfarrgenosse, Parochian.
pädänik = pfarreilich, parochial.
pädänön, lov. = einpfarren.
pädik = pfarrlich.
pädön, nel. = pfarren, als Pfarrer wirken.
pädrit = Feldhuhn, Rebhuhn.
päg = Pech.
pägaflamot = Pechfackel.
pägön, lov. = auspichen, einpichen.
päk = Pack.
päkam = Verpackung, das Packen, Emballage,
  Packerei.
päkamalinum = Packleinwand.
päkamaneodot, päkamaneodots = Emballage
  (das zu Verpacken dienende).
päked = Paket.
päkedil = Paketchen.
päkel = Packer, Verpacker.
päkem = Bagage, Gepäck.
päkemavab = Bagagewagen.
päkemipolan = Gepäckträger.
päkil = Päckchen.
päkön, lov. = packen, einpacken, verpacken,
  emballieren.
päköp = Gepäckraum.
päm = Heft, Schreibheft.
pän = das Malen, die Malerei, Abmalung.
pänalekan = Malerkunst.
pänan = Maler.
pänav = Malerei, Malerkunst.
pänid, k. Linglänik (= degteldil bal jilida
  Linglänik) = Penny.
pänot = Gemälde.
pänotafrem = Gemälderahmen.
pänotamused = Gemäldegallerie.
pänön, lov. = malen, ausmalen, abmalen.
pänsion = Altersgehalt, Pension.
pänsionön, lov. = pensionieren.
päntan, C_5H_{12} = Pentan.
päpton = Pepton.
pär = Paar.
pärad, k. Türkänik (= foldegdil bal piastära
  Türkänik) = türkischer Para.
päram = Paarigkeit.
päranum = Dual, Paarzahl.
päräd = Parade.

pärädik = Parade≈.
pärädön, nel. = Parade machen, paradieren.
pärfosfatazüd, H_3PO_5 = Phosphormonopersäure.
pärgamen = Pergament.
päridan = verdorbener Mann, verlorner Mann.
päridikam = Untergang, das Zugrundegehen.
päridikön, nel. = verunglücken, umkommen, zugrunde gehen.
päridön, nel. = verloren sein, zugrunde gegangen sein.
päridükön, lov. = aufreiben, zugrunde richten,
ins Verderben stürzen.
pärik = paarig.
päril = Pärchen.
pärkloratastabot, Cl_2O_7 = Chlorheptoxyd.
pärkloratazüd, $KClO_4$ = überchlorsäure.
pärlat = Perle.
pärlatakedül = Perlenschnur.
pärlatipäskar = Perlenfischerei.
pärlatipäskaran = Perlenfischer.
pärlatön, nel. = perlen.
pärlit = Perlit.
pärmanganatastabot, Mn_2O_7 = Übermangansäureanhydrid.
pärmanganatazüd, $HMnO_4$ = Übermangansäure.
pärmeabik = durchlässig.
pärmetrop = Weitsichtigkeit, Fernsichtigkeit.
pärmetropik = weitsichtig, fernsichtig.
pärnitratazüd, HNO_4 = Übersalpetersäure.
pärsulfatazüd, $H_2S_2O_8$ = Überschwefelsäure.
pärtud = Keuchhusten.
pärükam = Paarung.
pärükön, lov. = paaren, paarweise verbinden.
päryodatazüd, HJO_4 = Überjodsäure.
päskar = Fischerei, das Fischen.
päskaran = Fischer.
päskarön, lov. = fischen.
päst = Pest, Pestilenz.
pästö: —! = pest! potz pestilenz!
pät = Patent.
pätön, lov. = patentieren.
peän = Stecknadel.
peäniel = Stechnadelmacher (Maschine).
peänön, lov. = nadeln, mit Stecknadeln fest-
stechen.
peär = Sperber.
peb = Puls.
pebam = Pulsation.
pebefrodöl = bereift.
pebegöl: no — = ungebeten.
pebelödöl = bewohnt, no — = unbewohnt.
pebön, nel. = pulsieren.
pebüdöl: no — = ungeheiszen.
pebüosenöl: no — = ungeahnt.
ped = das Pressen, Pressung, Druck.
pedaklöf = Presztuch.
pedan = Presser, Drücker (p.).
pedefomöl = abgeleitet.
pedeidöl = getötet.
pediaböl = besessen.
pedian = Presser, Drücker (d.).
pedik = pressend, drückend.

pedo = durch Drücken.
pedoatöl: no — = unberührt.
pedobüköl: no — = unverfälscht.
pedodeidön, lov. = erdrücken.
pedöm = Presse.
pedömaprod = Presse.
pedön, lov. = drücken, pressen.
pedugälöl: no — = unverzogen.
pefeilidöl: no — = unkultiviert.
peflitämöl = geflügelt.
pefogülädöl = angelaufen.
pefölöl: no — = unerfüllt.
pegad = Pegasus.
pegeböl: no — = unbenützt.
pegesagöl: no — = unbeantwortet.
peideim = Epidemie.
peiläp = Epilepsie, Fallsucht.
peiläpan = Epileptiker.
peiläpik = epileptisch.
pein („pinus‘, [pinus,] lat.) = Fichte, Kiefer.
peinaboad = Fichtenholz.
peinafot = Fichtenwald.
peinik = kiefern.
peklänedöl = verborgen.
pekobosumöl: brefo — = summarisch.
pekoboyümöl = zusammengesetzt.
pekulöl: no — = ungebahnt.
pel = Bezahlung, Zahlung, das Abtragen, —
dilopelik = abschlägliche Zahlung, — dila≈
suämik = Ratenzahlung.
pelabik = zahlbar, zu zahlen, fällig.
pelaläg = Solvenz, Zahlungsfähigkeit, Solvabilität.
pelafägik = solvent, zahlungsfähig.
pelal = Zahlmeister.
pelan = Bezahler, Zahler, Abträger.
peläkalkulöl: no — = ungerechnet.
pelilöl: no — = ungehört.
pelot = Zahlung, die gezahlte Summe, Ausgabe (das ausgegebene oder auszugebende
Geld), pelots komunik = laufende Ausgaben.
pelovik = zahlbar (was gezahlt werden kann).
pelön, lov. = abtragen, auszahlen, bezahlen,
zahlen, — lölo = abzahlen, — tripi =
steuern, Steuer zahlen, Abgabe zahlen.
pelutanädöl = broschiert.
pelüodüköl = gerichtet.
pelüp (tim jü pelüpadel) = Ziehl, Termin, Bezahlungszeit.
pelüpadel = Verfalltag.
pem = Durcheinander.
pemeritöl: no — = unverdient.
pemigöl: no — = unvermischt, ungemengt.
pemik = durcheinander.
pemotöl = geboren.
pemükön, lov. = durcheinander werfen, durcheinander tun, durcheinander mischen.
pen = Feder, Schreibfeder.
penam = das Schreiben, Schreibung.
penamacin = Schreibmaschine.
penamalamar = Sekretär.
penamamal = Schriftzeichen.
penamapapür = Papier zum Schreiben.
penamapük = Schriftsprache.

penamapükiko = schriftgemäsz.
penamatonat = Schriftbuchstabe.
penamik = schriftlich.
penan = Schreiber.
penarkotöl = betäubt, narkotisiert.
penat = Federzeichnung.
penatel = Federzeichner.
penatön, lov. = federzeichnen.
penav = Graphik (Schreib- und Zeichenkunst).
penavik = graphisch.
penäd = Schriftstück, Briefschaft.
penädamap = Schreibmappe.
penädipedian = Briefbeschwerer.
penädo = in einer Schrift.
penädön, lov. = zu Papier bringen.
penät = Hand, Handschrift, Schrift (Art des Schreibens), — **latinik** = Lateinschrift.
penätabük = Autographie.
penätabükan = Autographierer.
penätabükön, lov. = autographieren.
pendit = Geradständigkeit.
penditik = gerade, senkrecht, lotrecht.
pendül = Pendel.
pendülaglok = Pendeluhr, Pendüle.
pendülöm = Schaukel.
pendülön, nel. = schwingen, pendeln.
pened = Brief.
penedabog = Briefkasten.
penedabuk = Briefbuch.
penedamäk = Briefmarke.
penedan = Briefschreiber.
penedapapür = Briefpapier.
penedasakäd = Brieftasche.
penedastül = Briefstil.
penediblinan = Briefträger.
penediko = brieflich.
penedil = Briefchen, Brieflein.
penedo = brieflich.
peneletöl: no — = ungehindert.
penemöl: no — = ungenannt.
penet = Notiz, Anmerkung, Aufzeichnung.
penetabuk, penetabukil = Taschenbuch, Notiz-buch.
penetam = Aufschreibung, das Aufzeichnen.
penetan = Aufschreiber.
penetil = Notizchen.
penetö: —! = aufgeschrieben!
penetön, lov. = anmerken, notieren, annotieren, aufzeichnen, anzeichnen, bemerken, aufschreiben, verzeichnen, zu Papier bringen.
pengöd, k. Macaränik = Pengö.
pengödazim, k. Macaränik = Fillér.
penik = schriftlich.
penil = Federchen, Federlein.
peniludöl: no — = unvermutet.
penot = Abhandlung, Aufsatz.
penotel = Aufsetzer, Verfasser.
penotön, lov. = aufsetzen, einen Aufsatz machen.
penotükölos (a.s.: penäd penotüköl) = Ausfer-tigung, das Ausgefertigte (a.s.: Ausfertigung).
penöm = Schreibgeräte, Schreibmaterial.
penön, lov. = schreiben, — **eke** (penedi,...) = an einen schreiben.

pensit = Pinsel.
pensitafomik = pinselförmig.
penul = Transkription.
penulön, lov. (me) = transcribieren (die eigene Buchstabenschrift einer Sprache in eine an-dere übersetzen).
penülön, lov. = kritzeln.
pep = Pfeffer.
pepalän = Pfefferland.
pepasümik = pfefferartig.
pepön, lov. = pfeffern.
pepönöl: no — = ungeahndet, ungestraft.
per = das Verlieren, Verlust.
peräb = der Verlorene.
perik = verlustig.
period = Periode.
periodik = periodisch.
peropöl: no — = ununterbrochen.
perot = das Verlorene, Verlust.
perön, lov. = verlieren, — **lifi, moni oka** = um das Leben, um sein Geld kommen.
pesädunöl = ungeschehen gemacht.
pesesuköl = auserlesen.
peset, k. Spanyänik = Peseta.
pesetazim, k. Spanyänik = Centimos.
pesod, k. = Peso, — **Cilänik, Dominikeänik, Kubeänik, Largäntänik, Luruguyänik, Mäxi-känik, Paragvänik** = chilenischer, dominika-nischer, kubanischer, argentinischer, urugua-ischer, mexikanischer, paraguaischer Peso, — **Filipuänik** = Philippinen-Peso.
pesodazim, k.: — **Mäxikänik** = Cent, — **Cilä-nik, Dominikeänik, Filipuänik, Kubeänik, Lar-gäntänik, Paragvänik** = Centavos, — **Luru-guyänik** = Centesimos.
pespetöl: no — = unverhofft, unerwartet.
pest = Teig.
pestelöl = gestirnt.
pestöböl: no — = unbeschränkt.
peteföl, pateföl, päteföl, piteföl = betreffend.
peträköl: set — = zusammengezogener Satz.
petrol = Erdöl, Petroleum.
petromit = Neunauge.
pevotüköl: no — = unverändert.
peviüdöl: no — = ungeladen.
pezüöl = umgeben.
,phamacodynamia', [fármákodünàmiá,] lat. = medinavobedav.
,pharmacognosia', [fármákognòsiá,] lat. = me-dinapatöfav.
,pharmacologia', [fármákològiá,] lat. = medi-nav.
,pharmacopoea', [fármákopòiá,] lat. = medina-buk.
,pharmacotherapia', [fármákoteràpiá,] lat. = medinamav.
piad = Platz.
piak = Elster.
pian = Allmähligkeit.
pianik = allmählich, allgemach.
pianiko = nach und nach, vor und nach.
piano = allmählicherweise.
pianod = Piano, Pianoforte, Klavier.

piastär = Piaster, — **Türkänik** = **pounazim Türkänik.**

pid = Bedauern, Mitleid, Bemitleidung.

pidabik = bedauerlich, bedauernswürdig, beklagenswert, beklagenswürdig, bejammernswürdig.

pidäl = Weichherzigkeit, Weichmütigkeit.

pidälik = weichherzig, weichmütig.

pidön, lov. = bedauern, bemitleiden, beklagen, bejammern, **pidob omi** = es ist mir Leid um ihn.

pied = Fusz (Masz).

pif = Mark (in Knochen).

pigmin = Pigment.

pigminam = Pigmentierung.

pigminik = pigmentiert.

pijun = Taube.

pijunadom = Taubenschlag, Taubenhaus.

pijunibrid = Taubenzucht.

pikit = Specht.

pikten, piktens = Pikten.

pil = Aal.

pilabastet = Aalpastete.

pilafomik = aalförmig, aalartig.

pilasup = Aalsuppe.

pilasümik = aalartig.

pilgrim = Wallfahrt, Pilgerfahrt, Pilgerschaft.

pilgriman = Wallfahrer, Pilger, Pilgrim.

pilgrimanef = Pilgerschaft (Gesamtheit von Pilgern).

pilgrimön, nel. = wallwahren, wallfahrten, eine Pilgerfahrt machen, pilgern.

pilgrimöp = Wallfahrtsort.

pilgrimüp = Zeit der Pilgerschaft.

pilifan = Aalfang.

pilifanan = Aalfänger, Aaler.

pilifanön, nel. = aalen, Aale fangen.

pilülem = Aalbrut.

pin = Fett, — **benosmelik** = wohlriechendes Fett.

pinacan, pinacans = Fettware.

pinäd = Beleibtheit, Fettheit, das Fettsein.

pinädabubül = Mestkalb.

pinädaglüet = Steatopygie.

pinädik = beleibt, fett.

pinädöf = Fettsucht.

pinädükam = Mast, Mästung.

pinädükön, lov. = fettmachen, mästen.

pined = Speck.

pinod = Schmalz.

pinöf = Fettigkeit.

pinöfik = fettig.

pinön, lov. = mit Fett versehen, einfetten.

pint = Pfingsten

pintamudel = Pfingstmontag.

pintatudel = Pfingstdienstag.

pinto = zu Pfingsten.

pionir = Pionir.

pip = Tabakspfeife.

pipät = Pipette.

pipön, nel. = Pfeifen rauchen.

piramid = Pyramide.

piramidik = pyramidal.

pisäl = Erbse.

pistod = Pistole (Geld).

pistol = Pistole (Waffe).

pit = Gewürz, Spezerei.

pitatedülan = Materialist, Gewürzwarenhändler.

pitik = würzig, gewürzhaft.

pitön, lov. = würzen.

piv, k. Lindäna Linglänik (= degteldil bal lanada) = Pie.

pla, pr. = statt, anstatt, anstelle, — **at** = dafür, **if binoböv — ol in stad at** = wenn ich an ihrer Stelle wäre.

plaäd = Ersetzung.

plaädot = Ersatz, Surrogat, — **jokolada** = Chokoladsurrogat.

plaädön, lov. = ersetzen.

plad = Lage, Stelle, Platz, Ort (den etwas einnimmt), **de — at** = von hier, von daher.

pladabik = zu stellen, zu setzen.

pladam = das Stellen, Stellung, Aufstellung, das Aufstellen.

pladan = Aufsteller.

pladanämet = Energie der Lage.

pladö: —! = Platz!

pladön, lov. = stellen, aufstellen, — **oki** = sich setzen, Platz nehmen.

pladul = Vertretung.

pladulan = Vertreter.

pladulo = in Vertretung.

pladulön, lov. = versehen, ersetzen, vertreten, stellvertreten, einstehen für, an die Stelle treten von.

pladulü = in Vertretung des.

pladül = Zug (im Spiel).

pladülön, lov. = einen Zug tun, **ol mutol —, or mutor — ** = Sie sind am Ziehen.

plaf = Scheu.

plafik = scheu.

plafikön, nel. = scheuen, scheu werden.

plafön, nel. = scheu sein.

plafü = aus Scheu vor.

plafükön, lov. = scheu machen.

plag = Praxis, Praktik.

plagälan = Praktikus.

plagälik = praktisch.

plagik = praktisch, praktizierend.

plago = in der Praxis, in die Praxis.

plagön, nel. = praktizieren.

plak = Erfahrung.

plakat = Plakat.

plakav = Empirie.

plakavik = empirisch.

plakik = erfahrungsgemäsz, erfahrungsmäszig.

plako = aus Erfahrung.

plakölo = aus Erfahrung.

plakön, lov. = erfahren.

plakug = Erfahrenheit.

plakugik = erfahren, bewandert, erfahrungsreich, erfahrungsvoll.

plan = Pflanze.

planaglof = Vegetation, Pflanzenwuchs, Pflanzenwachstum.

planam = Pflanzung, Anpflanzung.

planan = Pflanzer.

plananulüdot, plananulüdots = Vegetabilien.
planapuf = Blattlaus.
planasiül = Pflanzenzelle.
planav = Botanik, Pflanzenkunde.
planavagad = botanischer Garten.
planavan = Botaniker.
planavik = botanisch.
planavoled = Pflanzenreich.
planavön, nel. = botanisieren.
planet = Planet.
planetasit = Planetensystem.
planetik = planetarisch.
planetül = Asteroide.
planibrid = das Ziehen von Pflanzen, Zucht.
planibridöp = Pflanzschule.
planik = pflanzlich.
planil = Pflänzchen, Pflanzlein.
planön, lov. = einpflanzen, — bimis = Bäume
  pflanzen.
plant: — futa = Sohle des Fuszes, Fuszsohle.
plantogolian = Sohlengänger.
plas, kony. = statt dasz.
plast = das Bossen, das Bossieren.
plastan = Bossierer.
plastav = Bossierkunst, Plastik.
plastät = Plastizität.
plastätatid ü tid plastätik = Anschauungsunterricht.
plastätik = plastisch, tid — = Anschauungsunterricht.
plastäto = plastisch, anschaulich, magön — =
  plastisch darstellen, anschaulich darstellen.
plastot = Bossierarbeit.
plastön, lov. = bossen, bossieren.
plastüd = Plastik, das plastisch Operieren.
plastüdön, lov. = plastisch operieren.
plat = das Abgeplattetsein.
plataglät = Tafelglas.
platakap = Plattköpfigkeit.
platakapan = Plattkopf.
platakapik = plattköpfig.
platäd = Schild (a.s.: skötaplatäd, selagaplatäd
  = Wappenschild, Aushängeschild).
platik = platt.
platin, Pt, ,platinum' = Platina.
platinablägin = Platinschwarz, Platinmohr.
platinaspog = Platinschwamm.
platinibäd, Pt(OH)₄ = Platinihydroxyd.
platinik = von Platin.
platinoklorid, PtCl₂ = Platinchlorür.
platot = ein platter Gegenstand: Scheibe,
  Schnitte, Tablette, ...
platükön, lov. = platten, plätten, plattschlagen.
plaud = Pflug.
plaudajevod = Ackerpferd.
plaudan = Pflüger.
plaudel = Pflugmacher.
plaudön, lov. = pflügen, — säbefeilalänedi =
  brachackern, brachpflügen.
plä, pr. 1. = auszer, — ob nog pösods jöl
  äbinons us = auszer mir waren noch acht
  Personen da 2. = bis auf, valiks, valikis, ...
  — bal = alle bis auf einen, fipelön eke —

suäm pülik = einen bis auf eine Kleinigkeit
  bezahlen.
pläam = Ausnahme.
pläamik = ausgenommen.
pläamo = ausnahmsweise.
pläamü = mit Ausnahme des, ausgenommen.
pläd = Pelz.
plädik = Pelz-.
plädot = Pelzkleidungstück.
plädotem = Pelzerei, Pelzwerk, Pelzwaren.
pläg = Ausübung, Übung.
plägan = Ausüber.
plägik = ausübend.
plägön, lov. = üben, ausüben.
plägöp = Ausübungsort.
plägüp = Ausübungszeit.
pläid = Befürwortung, das Plaidieren.
pläidan = Befürworter.
pläidot = Fürsprache, Fürwort, Plaidoyer.
pläidön, lov. = plaidieren, befürworten.
pläik = ausgenommen.
plän = Erklärung, Auslegung, Aufschlusz.
plänan = Aufschluszgeber, Ausleger, Erklärer.
pläned = Auseinandersetzung.
plänedön, lov. = auseinandersetzen, darlegen.
plänov = Erklärlichkeit, Erklärbarkeit.
plänovik = erklärbar, erklärlich.
plänön, lov. = Aufschlusz geben, Aufschlusz
  erteilen über, erklären.
pläo = sonst.
pläot = Ausnahmefall, Ausnahme.
pläön, lov. = eine Ausnahme machen.
pläs, kony. = auszer dasz.
pläsif = denn, es zei denn, es wäre denn.
pled = Spiel.
pledacan, pledacans = Spielware.
pledadin = Spielsache.
pledaglöp = Spielball.
pledakad = Karte, Spielkarte.
pledakompenan = Gespiele.
pledam = Spielerei, das Spielen.
pledamöp = Spielraum, Spielplatz.
pledan = Spieler.
plediäl = Spielsucht.
plediälan = Spielsüchtling.
pleditupan = Spielverderber, Störenfried.
pledön, lov. = spielen.
pledülön, lov. : — kadi = eine Karte ausspielen.
pleid = Stolz.
pleidäl = Hochmut.
pleidälik = hochmütig.
pleidälön, nel. = hochmütig sein.
pleidik = stolz.
pleidön, nel. = stolz sein, stolzieren.
pleidül = Grosztuerei, Aufschneiderei, Geprahl,
  Ruhmrednerei.
pleidülan = Grosztuer, Prahler.
pleidülaspikan = Bramarbasierer, Bramarbas.
pleidülaspikot = Bombast.
pleidülön, nel. = sich brüsten, sich breit machen, sich grosz machen, prahlen.
plek = Gebet.
plekabuk = Gebetbuch.
plekakedül = Rosenkranz, Paternoster.

plekaleziöb = Betkammer.
plekam = das Beten.
plekan = Beter.
plekön, lov.: — **Gode,** — **lü God** = zu Gott beten.
pleköp = Bethaus, Betort, Oratorium.
pleküp = Betzeit.
plen = Fläche, — **kamik** = ebene Fläche, — **globik** = krumme, gebogene Fläche.
plenamaf = Flächenmasz.
plenöf = Flachheit, das Flachsein.
plenöfalän = flaches Land, Flachfeld.
plenöfik = flach.
plenöfön, nel. = flach sein.
plenöfükön, lov. = flach machen, flächen, abflachen.
pleyad = die Plejaden.
plid = Gefallen (die Empfindung), **no kanoy dunön bosi ad —, bai — omik** = man kann ihm nichts zu Danken machen.
plidö: —! = gefälligst!
plidön, lov.: — **bosi** = Gefallen an einer Sache haben, finden, — **vemo eki** = grosze Stücke auf einen halten.
plif = Falte, Falz.
plifam = Falzung.
plifäd: — **klota** = Falte eines Kleides.
plifädik = faltig (Falten habend).
plifädilön, lov. = fälteln, plissieren.
plifädön, lov. = in Falten legen.
plifön, lov.: — **papüri** = Papier falten.
plim = Kompliment.
plimik = komplimentös.
plimön, lov. = bekomplimentieren.
plin = Fürst.
plinam = Fürstentum, Fürstenschaft, Fürstenwürde.
plinän = Fürstentum (Land).
plinik = fürstlich.
plit = Gefallen, Wohlgefallen, Wohlgefälligkeit, das Behagen.
plitiäl = Gefälligkeit, das Gefälligsein.
plitiälik = gefällig.
plitik = einnehmend, angenehm, ansprechend, wohlgefällig, genehm.
plitod = Gefalle, Gefallen, Gefälligkeit.
plitöf = Behaglichkeit, Gemütlichkeit.
plitöfik = behaglich, gemütlich.
plitön, lov. = behagen, ansprechen, gefallen.
plitül = Niedlichkeit, Hübschheit.
plitülik = niedlich, hübsch.
plon = Klage.
plonabik = beklagenswert.
plonik = kläglich.
plonön, lov.: — **eke bosi** = klagen, sich beklagen, sich beschwerden, Beschwerde erheben, Beschwerde führen.
plot = Verschwörung, Komplott.
plotan = Verschwörer, Verschworener.
plotön, nel. = sich verschwören, komplottieren.
plöd = das Auszensein, die äuzere Lage.
plödablibön, nel. = ausbleiben, drauszen bleiben.

plödabumäd, plödabumäds = Auszenwerk, — **fortifa** = Vorwerk einer Festung.
plödaflan = Auszenseite.
plödakip = Ausschlusz.
plödakipön, lov. = ausschlieszen.
plödakipü = ausschlieszlich, exclusive.
plödakösöm = Auszergewöhnlichkeit, Auszergewöhnliches.
plödakösömik = auszergewöhnlich.
plödaleod = Auszerordentlichkeit.
plödaleodik = auszerordentlich, auszer die Ordnung.
plödalien = Auszenlinie.
plödao = von auswärts, von auszen (her).
plödik = äuszer.
plödikamalogod = Proopie.
plödikön, nel. = hinauskommen, hinausgehen, herauskommen, herausgehen, **plödikons ad golön, ad spatön fo dom** = sie gehen vor das Tür.
plödio = auswärts, nach auszen, nach auszenhin, hinaus, heraus, — **da fenät** = zum Fenster hinaus, — **da yan** = zur Tür hinaus, — **de dom,** — **se dom** = zum Hause hinaus.
plödo = auszen, drauszen, **golön ad spatön —** = sie gehen vor das Tür.
plödön, nel. = auszen sein.
plödü = auszer, auszerhalb, — **dün,** — **dünäd** = auszer Dienst, en retraite, **binön — lomän** = auszer Lande sein, **binön, stadön — kud** = auszer Sorge sein, — **tim** = auszer der Zeit, **lödom — zif** = er wohnt vor der Stadt.
plödükön, lov. = ausbringen, hinausbringen, herausbringen, ausschlieszen.
plögenäm = äuszere Genitalien.
plögun = Überrock.
plöjuk = Überschuh.
plök = die Pflücke, das Pflücken.
plöklot = Überkleit.
plökön, lov. = pflücken.
plöm = Pflaume.
plömabim = Pflaumenbaum.
plömablöged = Plumpudding.
plöp = das Gelingen.
plöpön, nel. = gelingen, glücken, **eplöpom ad vedön profäsoran, ad binön profäsoran** = er hat es zum Professor gebracht, **nen bosil läba no äplöpomöv; if bosil ädefonöv no äplöpomöv, mu töbo eplöpom, töbiküno eplöpom** = um ein Haar wäre er durchgefallen.
plösen = das Aufführen, Aufführung.
plösenan = Aufweiser, Darsteller.
plösenön, lov. = aufführen.
plu, ladv. = mehr, **no —** = nicht mehr, **pösods — 1000 komons** = es sind über 1000 Personen anwesend, **söp labon veitoti piedas — lulas, söp binon veitotik mö pieds — luls** = der Graben ist über 5 Fusz breit.
pluam = das Mehrsein, Überlegenheit.
pluamafom = Komparativ.
pluamafomam = Komparation.
pluamafomik = komparativisch.
pluamafomön, lov. = in den Komparativ setzen.
pluamanum = Mehrheit, Majorität, Mehrzahl.

pluamovik = zu übertreffen, **no** — = unübertrefflich.

pludalefat = Ururgroszvater.

pludalemot = Ururgroszmutter.

pludalepals = Ururgroszeltern.

pludratik = mehrdrähtig.

pluhüpnitritastabot, N_2O = Stickoxydul.

pluhüpnitritazüd, $H_2N_2O_2$ = untersalpetrige
Säure.

pluik = Mehr-, gröszer, höher, weiter.

pluikön, nel. = mehr werden, sich mehren, sich
vermehren.

plulof = Überbietung.

plulofo = im Aufstreich.

plulofön, lov. = überbieten.

plumaf = Übermasz.

plumafik = übermäszig.

plumb = Blei.

plumbacan = Bleiware.

plumbaglöp = Bleikugel.

plumbasnil = Plombe.

plumbatastabot, PbO_2 = Bleiperoxyd.

plumbibevoban = Bleiarbeiter, Bleigieszer.

plumbik = bleiern.

plumbin, **Pb**, ‚plumbum' = Blei.

plumbiniklorid, $PbCl_4$ = Bleitetrachlorid.

plumbiniklorit, $Pb(ClO_2)_2$ = Bleichlorit.

plumbinilazid, $Pb(N_3)_2$ = Bleiazid.

plumbiniloxid ü **plumbatastabot,** PbO_2 = Bleiperoxyd.

plumbinisulfat, $Pb(SO_4)_2$ = Bleidisulfat.

plumbinohüploxid, Pb_2O = Bleisuboxyd.

plumbinokarbat, $PbCO_3$ = Bleikarbonat.

plumbinoklorid, $PbCl_2$ = Bleichlorid.

plumbinokromat, $PbCrO_4$ = Bleichromat.

plumbinoloxid, PO = Bleioxyd.

plumbinoplumbat, $PbPbO_3$ = Bleiplumbat.

plumbinosulfid, PbS = Bleisulfid.

plumbomafön, lov. ü **dibotimafön,** nel. = loten

plumbön, lov. = verbleiern.

pluna = mehrmals, mehrere Male.

plunaed = das Mehrfache.

plunaik = mehrfach.

plunämäd = Übermacht.

plunämädik = übermächtig.

plunum = Mehrzahl, pluralis.

pluön, nel. = mehr sein, übertreffen, überragen,
pluom vemo tefü om, leigodü om (demü, in,
. . .) = er steht hoch über ihm, **atos pluon
tefü spets valik** = das geht über alles Erwarten.

plupärsulfatazüd, H_2SO_5 = Sulfomonopersäure.

pluset = zusammengesetzter Satz.

plusilabik = mehrsilbig.

plusuäm = Mehrbetrag, Überschusz.

pluuneplu = mehr oder weniger.

pluvät = Übergewicht.

plü, kony. = um desto mehr, — . . . — = je . . .
je, je . . . desto, je umso.

plüd = Belieben, Gefallen, **ma** — = nach Belieben.

plüdik = beliebig.

plüdön, lov. = belieben (lov.), gefallen, **if**

plüdol = gefälligst, **kisi plüdol-li?** = was
beliebt Ihnen? was ist Ihnen gefällig?

plüm = Feder, Vogelfeder.

plümastamül = Federspule, Federkiel.

plümasvip = Federwedel, Federbesen.

plümem = Gefieder.

plüio, ladv. = desto, umso.

plüt = Wohlanständigkeit, Höflichkeit.

plütav = Aediologie, Anstandslehre.

plütavan = Aediolog.

plütik = anständig, höflich.

plüto = anstandshalber.

plütö: —! = anständig!

plütön, nel. = höflich sein, sich höflich benehmen, sich anständig benehmen.

plütül = Artigkeit (von Kindern).

plütülik = artig.

po = nach (räumlich), hinter, — **at** = dahinter.

poän = Eiche, das Eichen.

poänamaf = Eichmasz.

poänön, lov. = eichen.

pod = Apfel.

podabim = Apfelbaum.

podaflorem = Apfelblüte.

podafomik = apfelförmig.

podajal = Apfelschale.

podaker = Apfelkern.

podamust = Apfelmost, Apfelwein, Zider.

podep = Apfelbaum.

poed = das Dichten, Dichtung, Dichterei, Poeterei.

poedal = Dichterfürst.

poedan = Dichter, Poet.

poedav = Poesie, Dichtkunst.

poedik = dichterisch, poetisch.

poedot = Dichtung, Gedicht, Poem.

poedön, lov. = dichten.

pof = Hafen.

pog = Pocke, Pockenpustel, Blatter.

pogasümik = pockenartig.

pogolön, lov. = nachlaufen.

poik = hintendranig, hintere.

pok = Tasche (in Kleidungsstücken).

pokabuk = Taschenbuch (Buch in Taschengrösze).

pokafomät = Taschenformat.

pokaglok = Sackuhr, Taschenuhr.

pokaglokaglät = Uhrglas.

pokamon = Taschengeld.

pokaneif = Taschenmesser.

pokasärvätül = Taschentuch, Sacktuch.

pokavödabuk = Taschenwörterbuch.

pokön, lov. = einstecken (in die Tasche), —
kläno = beistecken.

pol = das Tragen.

polabed = Tragbahre, Krankentrage.

polafäg = Tragkraft, Tragvermögen, Tragfähigkeit.

polafägik = tragfähig.

polafägön, nel. = tragfähig sein.

polan = Träger.

polastul = Tragsessel, Tragstuhl.

polavab = Sänfte.
polaziyans = Polen.
pold = Polizei.
poldabür = Polizeiamt.
poldacalan = Polizeibeamter.
poldajäfüd = Polizeiwesen.
poldan = Polizeiagent, Polizeidiener, Polizist, Schutzmann.
poldik = polizeilich.
polen = Blumenstaub.
polkat = Polka.
polonin, Po, ,polonium' = Polonium.
polovik = tragbar.
polön, lov. = tragen, — **isio** = hertragen, herbeitragen.
polüglot = Polyglotte.
polüsulfinatazüd = Polythionsäure.
pon = Brücke, **bumön poni** = Brücken bauen, Brücken schlagen.
ponabemem = Brückenjoch.
ponabinäd = Brückenbestandteil.
ponadaemod = Brückenkopf.
ponamon = Brückenzoll, Brückengeld.
ponil = Brückchen.
ponön, lov. = überbrücken.
popenäd = Nachschrift, post scriptum, P.S.
pors — **ziba** = Portion einer Speise.
poro = Portionsweise.
port (kur sultana Türkänik) = Pforte, — **sublimik** = Ottomanische Pforte, Hohe Pforte, **reigän porta sublimik** = osmanisches Reich, ottomanisches Reich.
portat ü jütafagot gretikün = Tragweite.
pos, pr. 1. = auf, **düpafoldil bal** — **deg** = ein Viertel auf zehn. 2. = nach (zeitlich), — **fided** = nach dem Essen, — **pasat** = nach Ostern, **düpafoldil** — **zül,** — **düp zülid** = ein Viertel nach neun, **bal** — **votik, balan** — **votikan** = nacheinander 3. = über, **brefüp** = über ein kleines, — **brefüp u lunüp,** — **tim brefik u lunik** = über kurz oder lang, **adelo** — **vig bal, adelo** — **dels vel,** — **dels vel de adel,** — **vig bal de adel** = heute über acht Tage, **naed** — **naed, in naed** — **naed, pö naed** — **naed** = ein Mal über das andere, **mekom debis** — **debs** = er macht Schulden über Schulden.
posä, kony. = nachdem.
posbinan, posbinans = die Hinterbliebenen, die Hinterlassenen.
posbinot = Nachlasz, Nachlassenschaft.
posbinön, nel. = zurückbleiben, hinterlassen werden.
posbinükam = Hinterlassung, Nachlassung.
posbinükön, lov. = nachlassen, hinterlassen.
posblünön, lov. = nachliefern.
posboned = Nachbestellung.
poscil = Enkel, Enkelin.
posdaut = Enkelin.
posik = nachherig.
posit (tapladü el negat in matemat, füsüd, gitav, fotograf) = Positivität.
positalektin = **lektin positik.**
positalektinik = positivelektrisch.

positamagod = das Positiv.
positik = positiv, **lektin** — **ü positalektin** = positive Elektrizität.
posküm = Nachschwarm.
poslifan, poslifans = Nachlebenden.
poso = darauf, hinterher, nachher, nachträglich.
pospenäd = Nachschrift, Postkriptum, P.S.
pospotam = Nachschickung.
pospotön, lov. = nachschicken.
posson = Enkel.
possumön, lov. = nachnehmen.
posun = Posaune.
posvol = Nachwelt.
poszedel = Nachmittag.
poszedelik = nachmittägig.
poszedelo = nachmittags.
poszib = Dessert, Nachtisch.
pot = Post, **me** —, **medü** —, **dub** — = durch die Post.
potacalal = höherer Postbeamter.
potacalan = Postbeamter.
potad = Pottasche.
potadegivopel = Postnachnahme.
potadin = Poststück, Postsache.
potadünan = Postknecht.
potagiramakal = Postgirokonto.
potakad = Korrespondenzkarte, Postkarte.
potakal = Postkonto.
potakitazöt = Postauftrag.
potaleguv = Oberpostamt.
potam = das Schicken, das Senden (per Post).
potamon = Porto, Postgeld.
potapijun = Brieftaube.
potasak = Postsack, Postbeutel.
potatret = Postanweisung.
potavab = Postkutsche, Postwagen.
potavabastajon = Poststation.
potaveigan = Postillion.
potik = postlich, postalisch, die Post betreffende.
potön, lov. = schicken, senden, abschicken (per Post).
potöp = Postamt, Postanstalt, Post (Anstalt).
poun = Pfund Sterling (Geld), — **Lägüptänik, Peruvänik** = ägyptisches, peruanisches Pfund, — **Palästinänik** = Palästina-Pfund.
pounamim, k.: — **Lägüptänik** = Millième, — **Palästinänik** = Mil.
pounazim, k.: — **Lägüptanik, Süriyänik, Türkänik** = ägyptischer, syrischer, türkischer Piaster, — **Peruvänik** = Centavos.
pov = Pol.
povaber = Polarbär, Eisbär.
povik = polar.
povöf = Polarität.
poyüm = Ansetzung, Anfügung.
poyümot = Anhängsel, Nachsilbe, Suffix.
poyümön, lov. = (hinten) ansetzen, anfügen, hinzufügen.
pö, pr. 1. = bei, — **benovim** = bei guter Laune, — **kur** = bei Hofe, — **loged at,** — **logam atosa** = bei diesem Anblick, — **nolüdavien** = bei Nordwind, — **nun at** = bei dieser Nachricht, — **saun gudik** = bei guter Ge-

sundheit, — **vineg balid** = beim ersten Wink, — **yans färmik,** — **yans pefärmüköl** = bei verschlossenen Türen, **vobön** — litam = bei Licht arbeiten, **fanäbön** — **vat e bod** = bei Wasser und Brot sitzen, — **lefil äperom lifi oka,** — **lefil ädeadom** = bei einer Feuersbrunst kam er ums Leben, — **prüd valik oka ga päcütom** = bei aller Vorsicht wurde er doch betrogen, — **God val mögon, valikos mögon** = bei Gott ist alles möglich 2. = an, **tidal** — **realajul** = Lehrer an der Realschule, **kompenön** — **lif voläda,** — **lif volädik** = teilnehmen an den öffentlichen Leben, **lifädön** — **kur** = am Hofe leben, **perön** — **can seimik** = an einer Ware verlieren, **nif smeton** — **solam** = der Schnee schmilzt an der Sonne 3. = auf, — **midunotidun** = auf frischer Tat, — **flan at** = auf dieser Seite, — **logam balid,** — **loged balid** = auf den ersten Blick, **binön** — **gümnad** = auf dem Gymnasium sein, **binön** — **yag** = auf der Jagd sein, **binön** — **täv** = auf der Reise sein, auf Reisen sein, **binom, stanön** — **palet obik** = er ist auf meiner Seite 4. = in, **binön** — **konsärt** = im Konzert sein 5. = nach, **sevön eki te** — **nem** = einen den Namen nach kennen 6. = unter, — **logs fol** = unter vier Augen 7. = über, — **dredäl äglö= mom fidi e drini** = über der Angst vergasz er Essen und Trinken, **päküpodom** — **tif** = er wurde über einen Diebstahl betroffen, — **fidäd,** — **fided äspikoy dö bolit, äbolitoy** = über der Tafel, über Tische wurde Politik getrieben 8. = zu, — **düp ot** = zu derselben Stunde.

pöd = die Hintere Lage.

pödablibön, nel. = zurückbleiben, — **tefü ek** = hinter einem zurückbleiben.

pödaflan = Rückseite.

pödaglun = Hintergrund.

pödaküir = Afterleder, Hinterleder.

pödalän = Hinterland.

pödalög = Hinterfusz, Hinterpfote, Hinterbein.

pödao = von hinten.

pödaset = Nachsatz.

pödio = rückwärts, nach hinten, **tridodön** — = hinten ausschlagen.

pödiostep = Rückschritt.

pödiotridodön, lov. ü **tridodön pödio** = hinten ausschlagen.

pödo = hinten, dahinten.

pödö: —! = hinten!

pödön, nel. = hinten stehen.

pödü = hinter, **golön** — **ek** = hinter einem hergehen.

pödükön, lov. = hinten stellen.

pöf = Armut.

pöfäd = Ärmlichkeit, Armseligkeit.

pöfädik = ärmlich, armselig.

pöfik = arm, dürftig.

pöfikam = Verarmung.

pöfikön, nel. = arm werden, verarmen.

pöfön, nel. = arm sein.

pöfükön, lov. = arm machen, armen (lov.), verarmen (lov.).

pöjin = Punch.

pöjut = Verfolgung, das Verfolgen.

pöjutalienet = Verfolgungswahnsinn.

pöjutiäl = Vervolgungsgeist, Verfolgungssucht.

pöjutiälik = verfolgungssüchtig.

pöjutön, lov. = verfolgen (feindlich), nachsetzen, hinter einem her sein.

pök = Fehler, Schnitzer, Verstosz, Fehl.

pökik = fehlerhaft.

pökön, nel. = fehlen, Fehler machen, verstoszen wider.

pöl = Irre, das Irren, Irrtum, Täuschung, Fehl.

pölaced = Wahn.

pölacedön, lov. = wähnen, — **as** = versehen, irrtümlich für... ansehen.

pöladäsinon, lov. = verzeichnen, falsch zeichnen.

pöladugön, lov. = irreführen, irreleiten.

pölagolön, nel. = irregehen.

pölalecedön, lov. (as) = ansehen für, halten für.

pölalekred = Irrglaube.

pölamonitön, nel. = irrereiten.

pölanumam = Verzählung.

pölanumön, lov. = verzählen.

pölapenam = Verschreibung.

pölapenön, lov. = verschreiben.

pölaseitön, lov. = verlegen (verkehrt legen).

pölaspikön, nel. = sich versprechen, sich verreden, sich beim Sprechen irren.

pölatülön, lov. = verdrehen.

pölavabön, nel. = irrefahren.

pölaveg = Abweg, Irrweg.

pölavegam = Irrfahrt.

pölavegön, nel. = sich irren, vom Wege abkommen.

pölik = irre, irrig, irrtümlich, auf einem Irrtum beruhend.

pöliko = aus Versehen.

polikön, nel. = fehlgehen, irre werden.

pölo = aus Versehen.

pölov = Fehlbarkeit.

pölovik = fehlbar.

pölön, nel. = irre sein, irren, sich irren, sich täuschen.

pölükön, lov.: — **eki** = einen irre machen, beirren, täuschen.

pöm = das Pumpen.

pömacin = Pumpwerk.

pömöm = Pumpe.

pömön, lov. = pumpen.

pön = das Strafen, Bestrafung.

pönab = Straffälligkeit.

pönabik = straffällig.

pönan = Bestrafer.

pönapotamon = Portozuschlag, Portobusze, Strafporto, Zuschlagsporto, Nachporto.

pönid = Busze, Sühne.

pönidadel = Busztag.

pönidam = Büszung, Buszübung.

pönidasakram = Buszsakrament.

pönidiäl = Buszfertigkeit.

pönidiälik = buszfertig.
pönidön, lov. = büszen.
pönidüp = Buszzeit.
pönod = Strafe.
pönov = Strafbarkeit, Straffälligkeit, Sträflichkeit.
pönovik = strafbar, straffällig, sträflich.
pönop = Fürwort, Pronomen, — büojonik = vorwärtsdeutendes Fürwort, determinatives Fürwort, — dalabik = besitzanzeigendes Fürwort, Possessivpronomen, — jonik (voik) = hinweisendes Fürwort, Demonstrativpronomen, — nefümik = unbestimmtes Fürwort, — (pösodik) geik = Reflexivpronomen, reflexives Fürwort, — (pösodik) rezipik = reziprokes Fürwort, — pösodik (voik) = persönliches Fürwort, Personalpronomen, — säkik = fragendes Fürwort, Interrogativpronomen, — tefik = Relativpronomen, beziehendes Fürwort, — vokädik = ausrufendes Fürwort.
pönön, lov. = strafen, bestrafen, ahnden, — lölöfo = abstrafen.
pönü = bei Strafe.
pöp = Volk (die grosse Masse).
pöpaben = Volkswohl, födön pöpabeni = Volkswohl fördern.
pöpadepütäb = Volksabgeordneter.
pöpag = starke Bevölkerung.
pöpagik = volkreich, bevölkert.
pöpajul = Volksschule.
pöpakanit = Volksgesang.
pöpakonäd = Tradition, Volkslegende.
pöpalid = Volkslied.
pöpam = Bevölkerung.
pöpamöd = Volksmenge.
pöpapük = Volkssprache.
pöpareig = Volksherrschaft.
pöpatev = Völkerwanderung.
pöpät = das Popularisieren.
pöpätik = populär, volksmäszig.
pöpätön, lov. = popularisieren.
pöped = Popularität, Volksgunst.
pöpedik = populär.
pöpedön, nel. = sich popularisieren.
pöpik = volklich.
pöpipladulan = Volksvertreter.
pöpön, lov. = bevölkern.
pösod = Person, Persönlichkeit, Individuum, pösods mödikum = mehrere.
pösodam = Personifikation, Verpersönlichung, Personifizierung.
pösodanem = Vorname, Nenname, Taufname, Personenname.
pösodapats, pl. = Personalien.
pösodatren = Personenzug.
pösodef = Personal, Belegschaft.
pösodik = persönlich, individual, subjektiv, pönop — (voik) = persönliches Fürwort, Personalpronomen.
pösodiko: sevob omi — = ich kenne ihn von Person.
pösodim = Individualismus.
pösodöf = Persönlichkeit, Individualität.

pösodöfön, lov. = individualisieren.
pösodön, lov. = personifizieren.
pöt = Gelegenheit.
pötam = Angemessenheit, Schicklichkeit.
pötatim = Rechtzeitigkeit.
pötatimik = rechtzeitig, zeitig.
pötatimo = zu gelegener Zeit, zu rechter Zeit, zur rechten Zeit.
pötek = Apotheke.
pötekacan = Apothekerware.
pötekam = Arzneibereitung.
pötekamav = Pharmazie, Pharmazeutik.
pötekamavik = pharmazeutisch.
pötekan = Apotheker, Pharmazeut.
pötekik = apothekerisch.
pötekön, lov. = arzneibereiten.
pötet = Erdapfel, Kartoffel.
pötik = gerecht, passend, angemessen, binos nu tim —, binos nu timül — ad dunön bosi = es ist an der Zeit etwas zu tun.
pötit = Appetit, Eszlust.
pötitükam = Appetitlichkeit.
pötitüköl = appetitlich, no — = unappetitlich.
pötitükön, lov. = Appetit machen.
pöto = gelegentlich (ladv.).
pötöf = Angemessenheit, Anwendbarkeit.
pötöfön, nel. = anwendbar sein.
pötön, nel. = angemessen sein, gerecht sein.
pöträt = Bild, Bildnis, Abbild, Porträt.
pötr'ätön, lov. = porträtieren, abbilden.
pötü = gelegentlich des.
prafad = Umschreibung.
prafadön, lov. = umschreiben.
praseodin, Pr, ‚praseodymium' = Praseodym.
prägen = Imprägnierung.
prägenön, lov. = imprägnieren.
präpod = Vorwort.
prästig = Prestige.
prät = Appretur.
prätan = Appreteur.
prätön, lov. = appretieren.
pred = Predigt.
predan = Prediger.
predikat = Aussage, Prädikat.
predikataset = Prädikatssatz.
predikatif = Prädikativ.
predikatod = Prädikativobjekt.
predön, lov. = predigen.
prefät = Präfektur.
prefätan = Präfekt.
prelud = Präludium, Vorspiel.
preludön, nel. = präludieren.
prem = Prämie, Preis.
premam = Pramiierung.
premädön, lov. = einen Preis setzen auf, einen Preis aussetzen.
premön, lov. (eki) = prämiieren, einen Preis zuerkennen.
prepar = Vorbereitung, Rüstung.
preparam = Vorbereitung, das Vorbereiten.
preparamajul (jul preparik) = Vorbildungsanstalt, Vorbildungsschule.
preparamatid (tid preparik) = Vorbildung.
preparan = Vorbereiter.

preparik = vorbereitend.
preparön, lov. = vorbereiten, Anstalten treffen zu.
prepüd = Vorhaut.
presen = Präsens, Jetztzeit, Gegenwart.
presenatim = Gegenwart, — finik = Vergangenheit, vollendete Gegenwart, Perfekt, — nefinik = Gegenwart, während Gegenwart, Präsens.
presenik = gegenwärtig (zeitlich), jetzig.
presid = das Vorsitzen.
presidal = Präsident (Staatsoberhaupt).
presidan = Präses, Präsident, Vorsitzender.
presidanacal = Vorsitz, Präsidium.
presidaniyufan = Assessor.
presidön, lov. = vorsitzen, präsidieren.
preven ü büojenöfükamäl = Zuvorkommenheit.
prevenik = zuvorkommend.
prezäp = Präzeptorei.
prezäpan = Präzeptor.
priel = Laube.
prifet = Abort, Abtritt.
prilul = April.
prilulastom = Aprilwetter.
prim = Anfang, Beginn, Anbeginn, Eröffnung.
priman = Anfänger, Beginner.
primao = von Grund aus.
primapledön, lov. = ausspielen (beginnend spielen).
primatid = Anfangsgründe.
primaton = Anlaut.
primatonat = Anfangsbuchstabe.
primät = Initiative.
primik = anfänglich.
primikön, nel.: — ad = im Begriff stehen.
primo = anfangs, im Anfange, zu Anfang.
primot = Anfangsgründe.
primön, lov. = anfangen, anheben, beginnen, eröffnen, — lifayeli degid = ins zehnte Jahr gehen, — ad ... (värb seimik) = anbrechen, — ad vobön, — vobi, — vobodi = an die Arbeit gehen.
primü = anfangs des, im Anfange des.
primüm = Ouverture.
primüpo = zu Anfang.
prinsip = Prinzip, Grundsatz.
prinsipik = prinzipiell, grundsätzlich.
prinsipo = im Prinzip.
prismat = Prisma.
privat = Privatstand, Privatleben.
privatan = Privatier, Privatmann.
privatatidal = Privatdozent.
privatik = privat, aus freier Hand, unter der Hand, auszergerichtlich.
privatön, nel. = privatisieren.
privileg = Gerechtigkeit, Vorrecht, Privileg, Gerechtsame.
privilegam = Bevorrechtung, Bevorzugung.
privilegön, lov. = bevorrechten.
pro, pr. 1. = auf, binom — ob = er ist auf meiner Seite, — jenets valik = auf alle Fälle 2. = für, — at = hierfür, — u ta bos = für oder wider, — kis? = wofür? nuned — ol = eine Warnung für dich, spikön — ek

für einen sprechen, für einen Partei ergreifen, at, atos no pöton — ol = das schickt sich nicht für Sie, at, atos binon tumödik — om = für ihn ist das zuviel, jidünan — valikos = Mädchen für alles, pönidön — bos = für etwas büszen, remön bosi — mon mödik = für viel Geld etwas kaufen 3. = um, vobön — mesed = um Lohn arbeiten, kio dunoy vali, valikosi — mon palöföl! = was tut man nicht alles ums liebe Geld! 4. = vor, ädeükom häti — ob = er nahm den Hut vor mir ab 5. = zu, pötos — nos = es taugt zu nichts.
proan = Befürworter.
prob = Würde eines Propstes.
proban = Propst.
probeg = Fürbitte, Fürsprache.
probegan = Fürsprecher.
probegön, lov.: — eke eki = fürbitten, bei einem für einen sprechen.
probod = Rüssel.
proböp = Propstei.
prod = Ertrag, Erlös, Ausbeute, Produkt, Gewinn, Erzeugnis, Ausgeburt.
prodam = Produktion.
prodäd = Effekt.
prodöf = Ergiebigkeit.
prodöfik = ergiebig.
prodön, lov. = Ertrag geben, produzieren, ertragen, hervorbringen, eintragen.
profäsor = Professur.
profäsoran = Professor.
profet = Prophetenschaft, die Würde eines Propheten.
profetam = Prophezeiung.
profetan = Prophet.
profetik = prophetisch.
profetön, lov. = prophezeien.
proged = Fortschritt.
progediäl = Fortschrittsgeist.
progediälik = fortschrittlich.
progediälön, nel. = fortschrittlich gesinnt sein.
progedik = fortschreitend.
progedön, nel. = fortschreiten.
program = Programm.
programik = programmäszig.
proib = Verbot.
proibön, lov. = verbieten, untersagen.
prolet = Proletariat.
proletan = Proletarier.
prolid = Umständlichkeit, Weitschweifigkeit.
prolidik = umständlich, weitschweifig.
prom = Versprechen.
promamon = Draufgabe, Draufgeld, Handgeld.
promön, lov. = versprechen.
promü: — klänäd = unter dem Siegel der Verschwiegenheit.
pron: — vöda = Aussprache eines Wortes.
pronimag = Darstellung der Aussprache.
pronov = Aussprechbarkeit.
pronovik = aussprechbar.
pronön, lov.: — vödi = ein Wort aussprechen.
proön, nel. = befürworten.
propag, füs. = Fortpflanzung.

propagid = Propaganda.
propagidön, lov. = propagandieren.
propagön, nel. füs. = sich fortpflanzen.
propan, C₃H₈ = Propan.
propetilen, C₃H₄ = Ällylen.
propor = Verhältnis, Proportion.
proporik = verhältnismäszig.
proporön, nel. = sich verhalten, in Verhältnis stehen.
proporü = im Verhältnis zu.
prosad = Prosa.
prosadan = Prosaiker.
prosadik = prosaisch.
proskil = das Vogelfreisein.
proskilan = Vogelfreier.
proskilik = vogelfrei.
proskilükön, lov. = (für) vogelfrei erklären.
protäst = Protestantismus.
protästan = Protestant.
protästik = protestantisch, evengelisch.
protästükön, lov. = protestantisieren.
protest = Protest.
protestön, nel. = protestieren.
protok = Protokoll.
protokan = Protokollführer.
protokik = auf das Protokoll bezüglich.
protokön, lov. = protokollieren, das Protokoll führen.
proton = Proton.
provansal = das Provenzalisch.
provid = Provision.
provin = Provinz.
provinik = provinziell, landschaftlich.
provinim = Provinzialismus.
proyek = Projektion.
proyekadäsinot = Projektionszeichnung.
proyekön, lov. = projizieren.
prozed = Prozession.
prul = Geschmolle, Schmollen.
prulön, nel. = schmollen.
prüd = Vorsicht, Bedachtsamkeit.
prüdamesül = Vorsichtsmaszregel.
prüdamesülön, nel. = Vorsichtsmaszregeln treffen.
prüdan = ein vorsichtiger Mensch.
prüdik = vorsichtig, bedachtsam, bedächtig, umsichtig.
prüdö: —! = achtgegeben! achtung! aufgepaszt! obacht! vorsichtig!
prüdön, nel. = vorsichtig sein, bedachtsam sein, bedächtig sein, umsichtig sein.
prün = das Ausleihen.
prünan = Anleiher, Darleiher, Gläubiger.
prüno = leihweise.
prünot = Anlehen, Darlehen.
prünön, lov. = leihen, ausleihen, vorstrecken, darleihen.
prünöp = Leihamt, Leihhaus, Leihbank.
psalter = Psalter, Psalterium (Musikintrument).
psam = Psalm.
psamabuk = Psalter.
psamasümik = psalmartig.
psamikanitön, nel. = Psalmen singen.
psamipoedan = Psalmendichter, Psalmist.

pub = Erscheinung.
pubet: — kiemik = chemische Reaktion.
publüg = Publikum.
pubod = Erscheinung, Vorgang, — kiemik = chemischer Vorgang.
pubön, nel. = erscheinen.
pud (= 16,381 K.G.) = Pud.
pued = Keuschheit, Sittsamkeit, Züchtigkeit.
puedäl = Ehrbarkeit, Sittsamkeit.
puedik = keusch, sittsam, züchtig.
puedöf = Sittsamkeit, Züchtigkeit, Sittigkeit.
puedöfik = sittsam, züchtig, sittig.
puf = Laus.
pufik = lausig, voller Läuse.
pufikan = eine lausige Person, Lausbub, Lauswenzel.
pug = das Schlachten.
pugan = Metzger, Schlächter.
pugön, lov. = schlachten.
pugöp = Schlachthaus, — notidik = abattoir.
puid = Zoll (Masz).
puin = Pulver (Staub), Puder.
puinädik = puderig, voll Puder, mit Pulver bestreut.
puinädön, lov. = pudern, bepudern, mit Pulver bestreuen.
puinik = pulverig, pulverartig, pulverförmig.
puinojueg = Farinzucker, Puderzucker, Streuzucker.
puinot = Pulver (eine einzugebende Menge Arzneipulver).
puinön, lov. = pulvern, pulverisieren.
pul = Knabe oder Mädchen.
pulit = Flaschenzug.
pun = Faust.
punaflap = Faustschlag.
punagretotik = faustgrosz.
punakomip = Faustkampf.
puniyan = Karthager.
pup = Puppe.
pupil = Püppchen.
pur = Schuszpulver.
purgamedin = Abführmittel.
purgator = Fegefeuer.
purgön, lov. = purgieren, laxieren, abführen.
purid = Fäulnis, das Faulsein, Morschheit.
puridik = faul, vermodert, verfault.
puridikam = Fäule. Verwesung.
puridikön, nel. = faulen, vermodern, verfaulen, verwesen.
puridükön, lov. = fäulen, faulen machen.
purpur = Purpur.
purpurik = purpern.
purul = Eiter.
purulam = Eiterung.
purulik = schwürig, eiterig.
purulön, nel. = eitern, schwären.
pü: —! = Piff! Paff! Puff!
püb: — buka = das Ausgeben eines Buches.
püpabik = auszugeben.
püban = Ausgeber.
püber = Pubertät, Geschlechtsreife, Mannbarkeit.

püberik = geschlechtsreif, mannbar.
pübön, lov.: — buki = ein Buch ausgeben.
püd = Friede.
püdam = Friedensabschlusz, Friedensschlusz.
püdamamob = Friedensantrag.
püdamastip = Friedensbedingung.
püdiäl = Friedfertigkeit.
püdiälik = friedliebend, friedfertig.
püdik = friedlich, friedsam.
püdikodan = Friedenstifter.
püdikodön, nel. = Frieden stiften.
püditupan = Friedenstörer.
püdo = in Friede.
püdö: —! = friede!
püdön, nel. = Frieden schlieszen.
püf = Staub.
püfäd = das Stäuben.
püfädön, nel. = stäuben.
püfik = staubig.
püfikön, nel. = staubig werden.
püfisugian = Staubsauger, Vacuumreiniger.
püfön, nel. = staubig sein.
pük = Sprache (in Nedänapük: ,taal').
pükalön = Eigenheit, Idiom.
pükav = Linguistik, Sprachkunde.
pükavan = Linguist, Sprachforscher.
pükavik = linguistisch, sprachkundig.
pükel = Sprachersinner.
pükik = sprachlich.
pükitidan = Sprachlehrer.
pül = Geringheit, Unbedeutendheit, Geringfügigkeit.
pülatimil = Augenblick.
pülatimilo = im Augenblicke.
pülik = gering, unbedeutend, unbeträchtlich,
  unerheblich, geringfügig, unwichtig.
pülilo = mal (einen Augenblick).
pülsif = Aufwallung (des Gefühls).
pülsifik = aufwallend.
pülsifön, nel. = aufwallen.
pün = Punkt.
pünaliunül = Strichpunkt, Semikolon.
pünet = Wanze.
pünön, lov. = punktieren, mit Punkten versehen.
püpil = Pupille.
pürenens, pl. = Pyrenäen.
pürofosfatazüd, $H_4P_2O_7$ = Pyrophosphorsäure.
pürolarsenatazüd, $H_4As_2O_7$ = Pyroarsensäure.
pürul (,pyrrhula vulgaris' [pùrulá vulgàris]
  lat.) = Dompfaff, Gimpel, Blutfink, Rotfink.

P.

Palästinän = Palästina.
Palästinänik = palästinisch.
Palzän = Pfalz, — di ,Saar' = Saarpfalz.
Palzänan = Pfälzer.
Palzänik = pfälzlisch.
Pamirän = Pamir (Landschaft).
,Panamá' [pǎněma] : Ziläk kanäda di — =
  Panamakanal-Zone.
Panamän = Panamá.
Papuvän = Papua (Land).

Paragvän = Paraguay.
Paragvänan = Paraguayer.
Paragvänik = paraguaisch.
,Paris', [pari,] Fr. = Paris, di — = pariser.
,Parisien' [parisIäñ] Fr. = Pariser.
,Parisienne' [parisIän] Fr. = Pariserin.
Pasatuäns = Oster-Insel.
Pasateän = Oster-Insel.
Pasifean = Stiller Ozean, Südsee, Groszer
  Ozean.
Patagoän = Patagonien.
Patagoänan = Patagonier.
Patagoänik = patagonisch.
Pärsän = Persien.
Pärsänan = Perser.
Pärsänik = persisch.
Peloponän = Peloponnes.
Pensülvän = Pennsylvanien.
,Perseús' [pår-šöǐš] = Perseus.
Peruvän = Peru.
Peruvänan = Peruaner.
Peruvänik = peruanisch.
Piemontän = Piemont.
Piemontänan = Piemontese.
Pikardän = Pikardie.
Piratän = Seeräuberküste.
Plijtän = Philistäa.
Plijtänan = Philister.
Polän = Polen.
Polänaherem = Weichselzopf.
Polänan = Pole.
Polänik = polnisch.
Polänüm = Polonäse.
Pomerän = Pommern.
Pomeränan = Pommer.
Pomeränik = pommerisch.
Portorikän = Porto-Rico.
Portugän = Portugal.
Portugänan = Portugise.
Portugänik = portugisisch.
Posän = Posen.
Posänan = Posener.
Posänik = posenisch.
Presidiyän = Présidios.
Preusän = Preuszen, — Rinänik = Rhein-
  preuszen.
Preusänan = Preusze.
Preusänik = preuszisch.
Preusiän = Provinz Preuszen.

r.

raagid = Erdnusz.
raagidaleül ü leül se raagids = Erdnuszöl.
raak = Arak.
raänid = Spinne.
rab = Rabe.
rabalet = Armbrust.
rabaletan = Armbrustschütz.
rabaletel = Armbrustmacher.
rabat = Rabatt.
rabiät = Hundswut, Tollwut.
rabiätik = tollwütig.
rabin = Rabbinat.

rabinan = Rabbiner.
rabit = Arbitrage, das Arbitrieren.
rabitacödal = Richter eines Schiedhofes.
rabitacödalef = Schiedshof.
rabitan = Schiedsmann, Schiedsrichter, Arbiter, Obmann.
rabitanef = Schiedsgericht, Obmannschaft.
rabitön, nel. = arbitrieren, Schiedsgericht halten.
rabot = Hobel.
rabotafer = Hobeleisen.
rabotam = das Hobeln.
rabotamavobod = Hobelarbeit.
rabotön, lov. = hobeln.
rad = Radierung.
radig, mat. = Wurzel, — **kilik** = dritte Wurzel.
radigam = Wurzelziehung.
radiganumät = Wurzelexponent.
radigön, lov. = die Wurzel ziehen aus, — **kiliko numi, eli 1324** = die dritte Wurzel aus einer Zahl, aus 1324 ziehen.
radin, Ra, ,radium' = Radium.
radinabromid, RaBr₂ = Radiumbromid.
radion = Telefunken, Radio.
radionatelegraf = Funkentelegraphie, drahtlose Telegraphie.
radonin, Rn, ,radon' = Radon.
radön, lov. = radieren (wegkratzen).
raf = Rettich.
rafin = Purheit, Reinheit, Unverfälschtheit, das Pursein, das Reinsein, das Raffiniertsein.
rafinik = pur, rein, lauter.
rafinükam = das Raffinieren, Raffinierung, Lauterung.
rafinükamöp: — juega = Zuckerraffinerie.
rafinükan: — juega = Zuckerraffineur.
rafinükön, lov. = raffinieren, läutern.
ragipelag = Archipel.
ragiv = Archiv.
ragivakonsälal = Archivrat.
ragivam = Archivwesen.
ragivan = Archivar.
ragivik = archivarisch.
ragivöp = Archivariat.
ragud = ragout.
rajan = Abrede, Verabredung.
rajanam = Absprechung.
rajanö: —! = abgemacht!
rajanön, lov. = absprechen, abreden, verabreden.
rak = Arche.
ramar = Schrank, Spind, Schrein.
ramarel = Schreiner.
ramat = Beschlag, Armatur.
ramatam = das Beschlagen.
ramatön, lov. = beschlagen, — **safis jevoda** = die Hufe des Pferdes beschlagen.
ramen = das Holen.
ramenan = Abholer.
ramenön, lov. = holen, abholen, herabholen, herunterholen, sich holen, **golom ad — sanani** = er geht nach dem Arzte.
rampar = Bollwerk, Bastion.

ran = Ranzigkeit.
ranik = ranzig (von Fett).
ranikön, nel. = ranzig werden.
ranunk = Ranunkel, Hahnenfusz.
ranunkaflor = die Blume des Ranunkels, die Blume des Hahnenfuszes.
raod = Rauheit, Rauchheit.
raodaheragik = rauchhaarig, rauhhaarig.
raodik = rauch, rauh.
raodükön, lov. = rauhen.
rap = Rübe (mit gröszeren Knollen).
rat = Ratte.
ratär = Arterie, Schlagader, Pulsader.
ratärabludam = Arterienblutung.
ratärik = arteriell.
ratid = Artillerie.
ratidageneran = Feldzeugmeister, General der Artillerie.
ratidan = Artillerist.
ratidik = artilleristisch.
ratikul = Artikulation.
ratikulön, nel. = artikulieren.
raud = Heiserkeit.
raudik = heiser.
rav = Raub, das Rauben, Räuberei.
ravaböd = Raubvogel.
ravan = Räuber.
ravanacif = Räuberanführer, Räuberhauptmann.
ravanef = Räuberbende, Raubgesindel.
raviäl = Raubbegier, Raubbegierde, Raubgier, Raubsucht.
raviälik = raubgierig, raubbegierig, raubsüchtig.
ravik = räuberisch, räuberhaft.
ravot = Raub, das Geraubte, Beute.
ravön, lov. = rauben, — **eke moni, benorepüti ona** = einen um sein Geld, um seinen guten Namen bringen.
ravül = Entführung.
ravülan = Entführer.
ravülön, lov. = entführen.
räfor = Meerrettich.
räg, rägs = Hader, Hadern, Lump, Lumpen, Fetzen.
räid, k. = Reis.
räk = Rechen, Harke.
räkön, lov. = rechen, harken.
räktor = Rektorat.
räktoran = Rektor.
räktum = Fettdarm, Mastdarm.
rän = Lab, Käselab.
räp = Feile.
räpan = Feiler.
räpät = Feilicht, Feilsel, Feilspäne, Feilstaub.
räpel = Feilenhauer.
räpön, lov. = feilen.
räptul = Reptil.
rät = Rätsel.
rätam = das Rätseln.
rätöf = Rätselhaftigkeit.
rätöfik = rätselhaft.
rätön, lov. = rätseln (die Auflosung suchen).
real, reals (= **nol, nols dinik**) = Realien.
realajul = Realschule.

realitidan = Realienlehrer.
rebüd = Rebus, Bilderrätsel.
red = Röte, rote Farbe.
redabetad = rote Rübe.
redabrasid = Rotkohl, Rotkraut.
redak = Redaktion (Personen).
redakam = Redaktion, das Redigieren.
redakan = Redakteur.
redaklöf = Scharlach (Tuch).
redakön, lov. = redigieren.
redalindiyan = Rothaut.
redaskinan = Rothaut.
redastib = Rotstift.
redik = rot.
redikön, nel. = rot werden, erröten.
redilik = rötlich.
redön, nel. = rot sein.
redükön, lov. = röten, rotfärben.
refud = Abschlagung, das Abschlagen, Versagung, Weigerung, Ablehnung, Verweigerung.
refudan = Ablehner, Versager.
refudik = ablehnend, abschlägig, versagend.
refudo = negativ, versagend.
refudön, lov. = abschlagen, ablehnen, versagen, verweigern, sich weigern.
refudülön, lov. = verschmähen.
reg = König, — läna = König über das Land.
regavat = Königswasser.
regän = Königreich.
regik = königlich.
registar = Register.
registaram = Registratur.
registaramabür = Registratur.
registaran = Registrator.
registarön, lov. = ins Register eintragen, registrieren.
regul = das Stellen, Aufstellen, Aufstellung.
regulan = Monteur, Aufsteller.
regulön, lov. = stellen, aufstellen, aufschlagen, — tänadis = die Zelte aufschlagen.
reid = das Lesen, Lesung.
reidaklub = Leseverein, Lesezirkel.
reidan = Leser.
reided = Lektüre.
reidovik = lesbar, leserlich.
reidön, lov. = lesen.
reidug = Belesenheit.
reidugik = belesen.
reig = Regierung, das Regieren, das Herrschen, Beherrschung, Herrschaft.
reigamod = Beherrschungsweise.
reigan = Herrscher, Regierer, Beherrscher.
reiganacal = Herrscheramt.
reiganef = Regierung (Personen).
reigäb = Untertan.
reigäbik = auf den Untertan bezüglich.
reigäbön, lov. = naturalisieren.
reigän = Reich, — porta sublimik = osmanisches Reich, ottomanisches Reich.
reigänacäm = Reichsrat.
reigänacäman = Reichsrat (p.).
reigänacödalef = Reichsgericht.
reigänalän = Reichsland.

reigänalänik = reichsländisch.
reigänalebüral = Reichskanzler.
reigänapot = Reichspost.
reigänazif = Reichsstadt.
reigänazifik = reichsstädtisch.
reigänik = Reichs=.
reigät = Souveränität.
reigätan = Souverän.
reigätaziläk = Dominion.
reigiäl = Herrschsucht.
reigiälik = herrisch, herrschsüchtig.
reigön, lov. = regieren, herrschen, — eki = über einen regieren.
reigül = Rektion.
reigülön, lov., gr.: — me kusatif = den Akkusativ regieren.
rein = Regen.
reinabob = Regenbogen.
reinabobaköl = Regenbogenfarbe.
reinabobakölik = regenbogenfarbig.
reinajelöm = Regenschirm.
reinastomül = Regenschauer.
reinöfik = regnerisch.
reinön, nel. = regnen.
reinad (‚erinaceus Europaeus' [erinåžeus äürôpàïus] lat.) = Igel.
reitak (‚erithacus luscinia' [erìtákus luskìnia'] lat.) = Nachtigall.
rejimen = Regiment (beim Heere).
reklam = Reklame.
reklamön, lov. = Reklame machen.
rekosil = Aussöhnung, Versöhnung.
rekosilan = Versöhner.
rekosilik = versöhnend, aussöhnend.
rekosilovik = versöhnlich.
rekosilön, lov. = aussöhnen, versöhnen.
rekrut = Rekrutierung.
rekrutäb = Rekrut.
rekrutön, lov. = rekrutieren.
rel = Religion.
relalid = Gesang, Kirchenlied.
relalidabuk = Gesangbuch.
relav = Religionswissenschaft.
reled = Konfession.
reledik = konfessionell.
reliäf = Relief.
relikid = Reliquie, Überrest.
relikidaramar = Reliquienschrein.
relikidininädian = Reliquiarium.
relöf = Frömmigkeit.
relöfik = fromm, kirchlich gesinnt, religiös.
relöfön, nel. = fromm sein, Frömmigkeit üben, religiös sein.
rem = Kauf, Ankauf.
reman = Käufer.
remäd = Bestechung.
remädan = Bestecher.
remädov = Bestechlichkeit.
remädovik = bestechlich.
remädön, lov. = bestechen.
remiäl = Kauflust.
remiälik = kauflustig.
remit = Rimesse.
remitön, lov. = remittieren.

remot = das Gekaufte.
removagükön, lov. = auskaufen.
remön, lov. = kaufen.
ren = Renntier.
renar = Fuchs.
renaragöb = Fuchsschwanz.
renaranäst = Fuchtsbau.
renararedik = fuchsig, fuchsrot.
renaraskin = Fuchsbalg.
renarasümik = fuchsig, fuchsähnlich, fuchsartig, fuchsicht.
repüblik = Republik.
repüblikan = Republikaner.
repüblikik = republikanisch.
repüblikim = Republikanisme.
repüblikön, lov. = republikanisieren.
repüt = Ruf, Geruch, Name, Leumund.
resärf = das Reservieren.
resärfafund = Reservefonds.
resärfäb = Reservemann.
resärfön, lov. = reservieren.
resed = Reseda, — yelovilik (‚reseda luteola' [resèdá luteòlá] lat.) = Wau.
resit = das Rezitieren, das Aufsagen, das Hersagen.
resitön, lov. = aufsagen, hersagen, rezitieren.
resor = Feder, Sprungfeder.
resoramatrad = Sprungfedermatratze.
ret = Rest, Überbleibsel, Rückstand, Überschusz, e — = et cetera, etc.
retik = restlich, übrig, überschüssig.
retin = Netzhaut.
reto = übrigens, im übrigen.
retod = Spur, Fährte.
retön, nel. = überbleiben, restieren, übrig bleiben.
retükön, lov. = übriglassen.
reumat = Pheumatismus.
reumatik = rheumatisch.
revid = Revision.
revidan = Revisor.
revidön, lov. = revidieren.
rezip = Wechselseitigkeit, Gegenseitigkeit.
rezipatef = Korrelation.
rezipatefik = korrelativ, vöd — = Korrelativum.
rezipik = wechselseitig, gegenseitig, pönop (pösodik) — = reziprokes Fürwort.
riad = Arie.
riadil = Ariette.
rial (=dalder Larabänik, k. Näcdänik) = arabischer Taler.
rib = Rippe.
ribed = Johannesbeerbaum, — blägik = Aalbeere.
ribedabäl = Johannesbeer, — blägik = Aalbeere.
ribijoik = Rippenstosz.
ribot = Karbonade.
ribotül = Kotelett.
rid = Rohr, Schilf, Schilfrohr.
ridagik = schilfig, schilficht, beschilft, röhrig.
ridem = Röhricht, das Schilf, Schilfbusch.
rif = Reif, Reifen.

rifön, lov. = reifen, bereifen.
rig = Ursprung.
rigao = von Haus aus.
rigakod = Urheberschaft.
rigakodan = Urheber.
riganatäl = Originalität.
riganatälik = originalisch.
rigavöd = Stammwort.
rigäd = Original, Originalstück.
rigädamag = Urbild.
rigädamagik = urbildlich.
rigädamagod = Urbild.
rigädapenäd = Originalurkunde.
rigädik = auf das Original bezüglich.
rigädilautan = origineller Autor.
rigädo = in Original.
rigik = ursprünglich, originell.
rigikön, nel. = ausgehen, seinen Ursprung nehmen von.
rigön, nel. = ausgehen, seinen Ursprung haben von.
rikül = Kleinfinger.
rim = das Gereimtsein.
rimik = gereimt.
rimod = Reim.
rimön, nel. = sich reimen, gereimt sein.
rimükam = Reimung.
rimükön, lov. = reimen, in Reime bringen.
rinoserod = Nashorn.
riprod = Vorwurf (in Fransänapük: reproche).
riprodön, lov.: — eke bosi = einem etwas vorwerfen (in Fransänapük: reprocher).
risat = Reis (die Körner).
risataläned = Reisfeld.
risataplan = Reispflanze.
risk = Waghalsigkeit, Wagehalsigkeit.
riskan = Waghals, Wagehals.
riskäd = Gefahr.
riskädam = Gefährlichkeit, das Gefährlichsein.
riskädik = gefährlich.
riskädikön, nel. = gefahr laufen, riskieren.
riskädükön, lov. = gefährden.
riskik = wagend, waghalsig, wagehalsig.
riskod = Risiko, Wagnis.
riskodik = riskant, gewagt.
riskodü = auf die Gefahr des, — ol = auf Ihr Risiko, auf Ihre Gefahr.
riskov = Waglichkeit.
riskovik = waglich.
riskön, lov. = wagen, — lifi oka = sein Leben in die Schanze schlagen.
rit = Rechtschaffenheit.
ritik = rechtschaffen.
ritor = Retorte.
ritöf = Loyalität.
ritöfik = loyal.
riv = Erreichung.
rivov = Erreichbarkeit.
rivovik = erreichbar.
rivön, lov. = erreichen, hinkommen.
rivü = zur Erreichung des.
rod = Orden.
rodan = Ordensgenosz, Ordensglied.
rodin, Rh, ‚rhodium' = Rhodium.

rodinaklorid, RhCl₃ = Rhodiumchlorid.
rodinaloxid, Rh₂O₃ = Rhodiumoxyd.
rog = Anmaszung.
rogan = Anmaszender.
rogik = anmaszend, anmaszlich.
rogön, lov. = sich anmaszen.
roin = Niere.
roinabasin = Nierenbecken.
rojan = Orangenfarbe.
rojanik = orangen, orangenfarbig.
rojat = Orange, Pomeranz, Apfelsine.
rojatabim = Orangenbaum, Pomeranzenbaum, Apfelsinenbaum.
rojatep = Apfelsinenbaum, Orangenbaum.
rol = das Rollen (nel.).
rolön, nel. = rollen (nel.).
rom = Rom (als Mittelpunkt des Römisch-Katholischen).
romakatulan = Römischkatholischer.
romakatulik = römischkatholisch.
roman = ein Römischkatholischer.
romat = Romantik, das Romantische.
romatik = romantisch.
romen = das Romanische.
romenan = Welscher, Romanischsprechender.
romenik = romanisch, welsch, püks — = romanische Sprachen.
romenön, lov. = romanisieren.
romik = römisch, römisch-katholisch.
romim = Romanisme.
romiman = Romanist.
ron = Harz.
ronät: — len tub = Hahn an einem Fasz.
ronätosumön, lov. = abzapfen.
ronik = harzig.
rop = Unterbrechung.
ropön, lov. = unterbrechen.
ror = Geheul, Gebrüll.
rorön, nel. = heulen, brüllen.
rorud = Arrowroot.
rosad = Rose, — tumbledik = Zentrifolie.
rosadabimül = Rosenstock, Rosenstrauch.
rosadaköl = Rosafarbe.
rosadakölik = rosafarbig.
rosadakronül = Rosenkranz.
rosadaredik = rosenrot.
rosadik = rosig.
rosadil = Röschen, Röslein.
rosin = Rosine (getrocknete Weinbeere).
rosmaren = Rosmarin.
rosmarenaleül = Rosmarinöl.
rot = Schlender, Schlendrian.
roto = nach dem Schlendrian, nach dem alten Schlendrian.
rotoboratazüd ü boratazüd, H₃BO₃ = Borsäure.
rotofosfatazüd, H₃PO₄ = Orthophosphorsäure.
rotofosfitazüd ü fosfitazüd, H₃PO₃ = phosphorige Säure.
rotolarsenatazüd, H₃AsO₄ = Orthoarsensäure.
rotostibatazüd, H₃SbO₄ = Antimonsäure.
roul = Rolle (Theater).
rov (tapladü el vid) = Schmalheit, Dünnheit, Dünne.

rovanudik (mafädanum: < 48 %) = leptorrhin, schmalnasig.
rovät = Blindschleiche.
rovik = schmal, dünn.
rö: —! = rippsrapps!
röb = Reibung.
röban = Reiber.
röbön, lov. = reiben.
röl = das Rollen (lov.).
rölet = Verwandtschaft, Angehörigkeit.
röletan = Verwandter, Angehöriger.
röletanef = Verwandtschaft (Gesamtheit von Verwandten).
röletik = verwandt.
röletön, nel. = verwandt sein.
rölön, lov. = rollen (lov.).
rön = das Rennen.
rönajevod = Renner, Rennpferd.
rönakul = Rennbahn.
rönanunan = Kurier, Estafette, Stafette.
rönön, nel. = rennen.
röt = Ausstand, das Ausstehen (von Geld).
rötadeb = ausstehende Schuld.
rötik = ausständig.
rötön, nel. = ausstehen (restlich).
ruab = Rubel.
rubidin, Rb, ‚rubidium' = Rubidium.
rubidinaloxid, Pb₂O = Rubidiumoxyd.
rubidinaplupärloxid, PbO₂ = Rubidiumperoxyd.
rubub = Auerochs.
rud = Rute (Masz).
rudabinan = Urwesen.
rufat = Erzvater.
rufom = Urform.
rufon = Urquell.
rufot = Urwald.
ruil = Rost.
ruilik = rostig.
ruilofimikön, nel. = einrosten, festrosten.
ruilofimön, nel. = eingerostet sein, festgerostet sein.
ruilön, nel. = rosten, verrosten, einrosten.
rukanton = Urkanton.
rul = Rollvorhang, Rouleau.
rulänan, rulänans = Urbewohner, Ureinwohner, Autochthonen.
rumon = das Rumonsch, die rhätoromanische Sprache.
rup = Ausschlag (Haut).
rupäd: — lefila, kriga = Ausbruch des Feuers, des Krieges.
rupädön, nel. = ausbrechen.
rupid, k. Lindäna Linglänik = Rupie.
rupön, nel. = ausschlagen, Ausschlag bekommen.
rupük = Ursprache.
rur = Ruhr, Dysenterie.
ruröletans = Urältern.
rustöf = Urstoff.
rut = Geleise, Gleis, Spur (eines Wagens).
ruten = Ruthene.
rutenik = ruthenisch.
rutenin, Ru, ‚ruthenium' = Ruthenium.
rutid = Brennessel.

rutim = Urzeit.
rutön, lov. = mit einer Geleise versehen, mit einer Spur (Wagenspur) versehen.
ruvol = Urwelt.
ruvödem = Urtext.
rüb = Verderbnis, das Verdorbensein, Verderbtheit.
rübik = verdorben.
rübikam = Verderben (nel.).
rübikön, nel. = verderben (nel.).
rübov = Verderblichkeit.
rübovik = verderblich, leicht verderbend.
rübön, nel. = verdorben sein.
rübükam = Verderben (lov.).
rübüköl = verderblich, Verderben bringend.
rübükön, lov. = verderben (lov.).
rüd = Rohr, Ofenrohr, Röhre.
rüdafomik = röhrenförmig, rohrförmig.
rüktat = Rülps.
rüktatön, nel. = rülpsen.
rün = Häring.

R.

Redamel = Rotes Meer.
Refräjuäns (sevabo: ‚St-Helena', ‚Ascension', e ‚Tristão da Cunha') = Erfrischungsinseln.
Retiän = Rätien, Rhätien.
Reusän = Reusz (Land).
Reüneän = Réunion.
‚Rhein' [raïn] D. = Rhein, **di —** = rheinisch, **vatafal ela —** = Rheinfall.
‚Rheingau' [ràïngaü] D. = Rheingau, **di —** = rheingauisch.
‚Rhin' [ràñ] Fr. = Rhein, **di —** = rheinisch.
‚Rhône' [ron] Fr. = Rhone, **fälid ela —** = Rhonetal.
Rinän = Rheinland.
Rinänan = Rheinländer.
Riukiuvuäns = Riu-Kiu-Inseln.
‚Rodi' = Rhodos.
‚Roma' [ròma] Lit. = Rom.
Romayän = Romagna, Romania.
Romayänan = Romagnole.
Romän = römisches Reich, Römerreich.
Romänan = Römer.
Romänik = römisch.
Ruandän = Ruandu.
Rumän = Rumänien.
Rumänan = Rumäne.
Rumänik = rumänisch.
Rumelän = Rumelien.
Rumelänan = Rumelier.
Rumelänik = rumelisch.
Rusän = Ruszland.
Rusänan = Russe.
Rusänik = russisch.
Rusänön, lov. = russifizieren.
‚Rijn' [räïn] Ned. = Rhein, **di —** = rheinisch.

S.

sa = samt, nebst, plus (mat.).
saäb = Herbe, Herbheit.

saäbik = herb.
sab = Sand.
sabadäsärt = Sandwüste.
sabäd = Versandung.
sabädön, nel. = versanden.
sabik = sandig.
sabön, lov. = sandeln, sanden.
sad = das Sinken.
sadadibot = Tiefgang.
sadin = Seide.
sadinacan = Seidenware.
sadinik = seiden.
sadot = Sediment.
sadön, nel. = sinken, untersinken.
saedam, mat. = Addition.
saedot, mat. = Summe.
saedön, lov. mat. = addieren.
saf = Huf.
safafer = Hufeisen.
safaferam = Hufbeschlag.
safaferan = Hufschmied.
safaferön, lov.: **— jevodi** = ein Pferd beschlagen.
sag = Sage, Aussage, das Sagen.
sagamod = Diktion.
sagat = Klugheit, Intelligenz, Scharfsinn, Scharfsinnigkeit.
sagatik = klug, intelligent, scharfsinnig.
sagäd = Gerücht, (umlaufendes) Gerede.
sagit = Pfeil.
sagitafomik = pfeilförmig.
sagitön, lov. = pfeilen.
saglied = Eber, Wildschwein.
sago = mündlich.
sagod = das Gesagte.
sagovik = sagbar.
sagö: —! = gesagt! heraus mit der Sprache! heraus damit!
sagön, lov. = sagen, aussprechen, sich aussprechen, **— eke, — lü ek** = zu einem sagen.
said = das Genügen, Hinlänglichkeit.
saidik = genügend, hinreichend, ausreichend, hinlänglich, genugsam, genug.
saidikön, nel. = genügend werden, hinreichend werden.
saido = genug.
saidö: —! = genug!
saidön, nel. = genügen, hinreichen, hinlangen, ausreichen.
saidükön, lov.: **— bosi** = etwas hinreichend machen.
saikul = das Rad, Fahrrad, Veloziped.
saikulan = Radfahrer.
saikulön, nel. = radeln, radfahren.
sail = Segel.
sailan = Segler.
sailastof = Segeltuch.
sailön, nel. = segeln.
sait = Anführung, Zitierung.
saitamalül = Anführungszeichen.
saitot = Zitat.
saitotaplad = Schriftstelle.
saitön, lov. = anführen, zitieren.
sak = Sack.

sakafomik = sackförmig.
sakaiyans = Sakai.
sakäd = Tasche, Beutel (in valem, a. s.: **bäka:** **sakäd, bukasakäd, . . .**).
sakädel = Säckler, Taschenmacher.
sakädifabrik = Taschenfabrik.
sakädifabrikan = Taschenfabrikant.
saked = Tasche (Damentasche).
sakedil = Täschchen (Damentäschchen).
sakil = Säckchen, Säcklein.
sakipolan = Sackträger.
sakön, lov. = sacken (in Säcke packen, in einen Sack hineintun).
sakram = Sakrament.
sakramik = sakramentalisch.
sakramül = Sakramentale.
sakrif = das Opfern (in valem).
sakrifal = Opferpriester.
sakrifan = Opferer.
sakrifazib, sakrifazibs = Opferspeisen.
sakrifäl = Opferwilligkeit.
sakrifälik = opferwillig.
sakrifot = Opfer, Opfergabe.
sakrifön, lov. = opfern (valemo).
sakrit = Sakristei.
sakritan = Sakristan, Meszner.
sal = Salz, Speisesalz, Kochsalz, Küchensalz.
salad = Salat.
salamein = Salzgrube, Salzbergwerk.
salazüd = Salzsäure.
saläd = Salz (in valem), — **di ,Glauber'** [gläŭbĕr] D. = Glaubersalz, — **di ,Mohr'** [mor] D., FeSO$_4$(H$_4$N)$_2$SO$_4$.6H$_2$O = Mohrsches Salz.
salid = Salzgewinnung.
salidön, nel. = salzgewinnen.
salidöp = Anstalt zur Salzgewinnung, Saline, Salzwerk.
salif = Speichel.
salig = Weide (Baum).
saligatuig = Weidenrute, Weidengerte.
salm = Salm, Lachs.
salmatrüid = Lachsforelle.
salod = Sole, Soole, Pökel, Salzlake, Lake.
salodaban = Solbad.
salodön, lov. = pökeln, einpökeln.
salöf = Salzigkeit.
salöfik = salzig, salzicht.
salön, lov. = salzen, einsalzen.
salpet = Salpeter.
salpetazüd = Salpetersäure.
salud = Heiligkeit.
saludafun = Fronleichnam.
saludafunazäl = Fronleichnamsfest.
saludan = Heiliger.
saludanefazäl = Allerheiligen.
saludavat = Weihwasser.
saludavatakvat = Weihwedel, Sprengwedel.
saludavataskel = Weihkessel, Weihwasserkessel.
saludäd = Heiligsprechung, Kanonisation.
saludädön, lov. = heilig sprechen.
saludik = heilig.
saludikön, nel. = heilig werden.

saludot = Heiligtum (Gegenstand).
saludön, nel. = heilig sein.
saludöp = Heiligtum (Ort).
saludükam = Weihe, Einweihung, Heiligung.
saludükön, lov. = heiligen, heilig machen, weihen, einweihen.
sam = Muster, Beispiel, Exempel, Ausbund, Musterbild, **as** — (a. s.) = zum Beispiel z. B.), beispielsweise.
samafomot = Schablone.
samarin, Sa, ,samarium' = Samarium.
samäd = Exemplar, Probe.
sambuk = Holunder, Flieder.
samed = Muster, Waarenmuster, — **nen völad** = Muster ohne Wert.
samedablog = Aushängebogen.
samedakonlet = Mustersammlung.
samik = musterhaft.
samo = als Muster, beispielsweise.
samokanitan = Vorsänger, Vorsinger.
samokanitön, lov. = vorsingen.
samomonitön, lov. — vorreiten (einem reitend zeigen, wie er reiten musz).
samosagön, lov. = vorsagen (behufs des Nachsagens).
samoturan = Vorturner.
samovobön, lov. = vorarbeiten (zum Muster).
samoyedan = Samojed.
samü = als Beispiel des, von.
san = das Heilen (von Kranken).
sanab = Heilsamkeit.
sanabik = heilsam.
sanamed = Heilmittel, Arzneimittel (in valem).
sanamod = Heilart.
sanan = Arzt.
sananäm = Heilkraft.
sananämik = heilkräftig.
sananik = ärztlich, zum Arzt gehörig, vom Arzt ausgehend.
sanastitod = Heilanstalt.
sanav = Heilkunde, Heilkunst.
sanavik = ärztlich, heilkundig.
sanik = heilend.
sanov = Heilbarkeit.
sanovik = heilbar.
sanön, lov.: — **malädanis** = Kranken heilen.
sanskrit = Sanskrit.
sanskritik = sanskritisch.
saorit = Aorist, Durativum.
saoritik = aoristisch, durativisch.
saoritön, lov. = aoristieren, in den Durativ setzen.
saov = Säge.
saovam = das Sägen.
saovan = Säger.
saovel = Sägemacher.
saovön, lov. = sägen.
sap = Weisheit, das Weisesein.
sapan = Weiser, weiser Mensch.
sapik = weis, weislich.
sapo = weislich.
sapön, nel. = weise sein.
sarasen = Sarazene.
sarasenik = sarazenisch.

sarden = Sardine.
sark = Sarg.
sarkön, lov. = einsargen.
sasen = Mord.
sasenan = Mörder.
saseniäl = Mordlust, Mordsucht.
saseniälik = mordlustig, mordsüchtig.
sasenik = mörderisch, mordend.
sasenö: —! = mordio!
sasenön, lov. = morden, ermorden.
sat = Sattheit.
satik = satt.
satikön, nel. = satt werden.
satin = Satin, Atlas (Seidenzeug).
satinastof = Atlasstoff.
satinasümik = atlasartig.
sato = zur Genüge.
satön, nel. = Satt sein.
saturn = Saturn (Planet).
satükam = Sättigung.
satükön, lov. = sättigen, satt machen.
saun = Gesundheit, Wohlsein.
saunik = gesund, wohl.
saunikam = Gesundwerdung, Genesung, Rekovaleszenz.
saunikön, nel. = gesunden, gesund werden, heilen (nel), genesen.
sauno = bei guter Gesundheit.
saunön, nel. = gesund sein, wohl sein.
saunükam = Gesundmachung.
saunükön, lov. = gesund machen, heilen (lov.), kurieren.
sav = Rettung.
savan = Retter.
savovik = rettbar.
savön, lov. = retten.
säb = Säbel.
säbareig = Säbelherrschaft.
säbefeil = das Brachliegen, die Brache.
säbefeilaläned = Brachacker, Brachfeld, Brache.
säbefeilik = brach.
säbefeilön, lov. = brachen, brach liegen lassen.
säbilägian = Wehrgehänge, Säbelgehenk.
säbligön, lov.: — eke bosi = entheben der Verpflichtung.
säboflapön, lov. = säbeln.
säboned = Abbestellung.
säbonedabik = abbestellbar.
säbonedan = Abbesteller.
säbonedovik = abbestellbar.
säbonedö: —! = abbestellt!
säbonedön, lov. = abbestellen, die Bestellung zurücknehmen.
säbuanön, lov. = entpfropfen, aufkorken.
säcälön, lov. = abfordern, abberufen.
säd = das Senken.
sädot = Sediment.
sädun, lov. = senken, versenken.
sädun = Widerruf.
sädunovik = widerrufbar.
sädunön, lov. = ungeschehen machen, rückgängig machen.
sädün = Abdankung, Absetzung, Entlassung.

sädünikön, nel. = sein Entlassung nehmen, seinen Abschied nehmen.
sädünön, nel. = seinen Abschied bekommen.
sädünükam = Abdankung.
sädünükön, lov. = entsetzen, abdanken, entlassen, verabschieden, den Abschied geben.
sädütön, lov. dem. = entziehen.
säed = Sattel.
säedel = Sattler.
säedimek = Sattlerei, das Sattelmachen.
säedimeköp = Sattlerei (Werkstatt).
säedön, lov. = satteln.
säfärmükam = Aufschliessung.
säfärmükön, lov. = aufschliessen.
säfimädam = Abspannung.
säfimädan = Abspanner.
säfimädön, lov.: — jevodis = die Pferde abspannen.
säfledam = das Ausladen.
säfledamöp = Ausladeplatz.
säfledön, lov.: — nafi = das Schiff ausladen, entladen.
säflenikön, nel. = sich entzweien.
säflenükön, lov. = entzweien.
säg = Trockenheit.
sägerükön, lov. = enterben.
sägik = trocken.
sägikön, nel. = trocken werden, trocknen (nel.), abtrocknen (trocken werden).
säginön, lov. = abhaspeln.
sägön, nel. = trocken sein.
sägranön, lov. = auskörnen.
sägul = Roggen.
sägükön, lov. = trocknen (lov.), trocken machen.
sähukilön, lov. = abhaken, loshaken.
säjalam = Abschälung.
säjalan = Abschäler.
säjalön, lov. = schälen, abschälen.
säjäfälikön, nel. = sich zerstreuen.
säjäfälükam = Zerstreuung.
säjäfälükön, lov. = zerstreuen (geistig).
säk = Frage, Anfrage.
säkalükam = Abrechnung.
säkalükön, lov. = abrechnen.
säkamalül = Fragezeichen.
säkan = Frager.
säkapam = Enthauptung.
säkapön, lov. = köpfen, enthaupten.
säkaset = Fragesatz.
säkastad = Frageform.
säkäd = Frage, Streitfrage, Problem.
säkädik = fraglich, problematisch.
säkerön, lov. = auskörnen, auskernen.
säkib = Abschaffung.
säkibön, lov.: — dünanis, jevodi e vabi, ... = Dienstboten, Pferd und Wagen, ... abschaffen.
säkik = fragend, anfragerisch, pönop — = fragendes Fürwort, Interrogativpronomen.
säkiko = fragewiese.
säklotam = das Auskleiden, das Entkleiden, Auskleidung.
säklotamacem = Auskleidezimmer.

säklotön, lov. = auskleiden, entkleiden, — oki = sich ausziehen, sich entkleiden.
säknopön, lov. = aufknöpfen, abknöpfen.
säkön, lov. = fragen, anfragen.
säkösömükam = Abgewöhnung.
säkösömükön, lov. = abgewöhnen.
säkuradükam = Entmutigung.
säkuradükön, lov. = entmutigen.
säkusad = Entschuldigung, Verzeihung, Vergebung, begön säkusadi = um Entschuldigung bitten, um Verzeihung bitten, um Vergebung bitten, abbitten, Abbitte tun.
säkusadakod = Entschuldigungsgrund.
säkusadibeg = Abbitte.
säkusadovik = entschuldbar.
säkusadön, lov. = entschuldigen, verzeihen, vergeben.
säl = Sol.
sälägön, lov. = abhangen (lov.), abhängen (lov.) (etwas Hangendes abnehmen).
sälärnön, lov. = verlernen.
sälebuonön, lov. = anstechen, öffnen.
säluimükön, lov. = trocknen (lov.), abtrocknen (lov.).
sälun = Salon.
sälunik = den Salon betreffend.
sälunöfik = salonfähig.
sälülod = Zellulose.
sälülöd = Zelluloid.
sälülödacan, sälülödacans ü cans sälülödik = Zelluloidware.
sälülödik = von Zelluloid, Zelluloid.
sämbal = Becken (Musikinstrument), Zimbel.
sämbalan = Beckenschläger.
sämitön, lov. = entfleischen.
sänägön, lov. = auftrennen.
säned = Abendbrot, Abendmahl, Abendmahlzeit, Abendessen, — saludik = das (heilige) Abendmahl (evangelische Kirche).
sänedön, nel. = soupieren, Abendbrot essen.
säninämön, lov. = ausweiden.
sänsüel = Fleischlichkeit, Sinnlichkeit.
sänsüelik = fleischlich, sinnlich.
sänt = Sankt.
säntret = das Konzentriertsein (Lösung).
säntretik = konzentriert.
säntretükön, lov. = konzentrieren.
sänufam = Abdachung.
sänufön, lov. = abdecken (das Dach wegnehmen), abdachen.
säpäkön, lov. = auspacken.
säpeänön, lov. = losstecken, abstecken.
säplanilam = Ausholzung.
säplanilön, lov. = abholzen, ausholzen.
säplanön, lov. = entwurzeln, ausholzen, — pötetis, bimis = Kartoffeln, Bäume reuten, ausheben.
säplifam = Entfaltung, das Entfalten.
säplifön, lov. = entfalten.
säplümön, lov. = abrupfen.
säpöpön, lov. = entvölkern.
säpufan = Lauser (der einen von Läusen reinigt).
säpufön, lov. = lausen, von Läusen reinigen.
säpüfükam = Abstäubung, Abstäuberei.

säpüfükan = Abstäuber (p.).
säpüfüköm = Abstäuber (d.), Kehrwisch.
säpüfükön, lov. = stäuben, abstäuben.
särajanam = Absagung.
särajanön, lov. = absagen.
särbyovans = Wenden, Sorben.
särjan = Sergeant.
särvät = Serviette.
särvätül = Tuch (a.s.: bovülasärvätül = Taszentuch, Geschirrtuch).
särvig = Hals.
särvigakravat = Halsbinde.
särvigastofäd = Halstuch.
säsant = Essenz.
säsäedam = Absattelung.
säsäedan = Absattler.
säsäedön, lov. = absatteln.
säskinan = Abdecker, Schinder.
säskinön, lov. = häuten, abdecken, schinden.
säskömam = Abschäumung.
säsköman = Abschäumer (p.).
säskömön, lov. = abschäumen.
säslop = Abfall, Abtrünnigkeit.
säslopan = Abtrünniger.
säslopik = abfällig.
säslopön, lov. = abfallen, untreu werden.
säsnabön, lov. = aufschnallen.
säsnilön, lov. = entsiegeln.
säsnobam = Auflösung, Aufknüpfung.
säsnoban = Auflöser.
säsnobön, lov. = aufknöpfen, losknöpfen (den Knoten lösen).
sästid = Abbau (nev.).
säsun = Saison.
sätakedikön, nel. = aus der Fassung kommen.
sätegedön, lov. = abdecken (die Decke abnehmen, wegnehmen).
sätenidükam = Abspannung, das Abspannen.
sätenidükön, lov. = abspannen.
sätuülön, lov. = auswickeln.
sävafam = Entwaffnung.
sävafön, lov. = entwaffnen.
sävärulön, lov. = aufriegeln.
sävealam = Entschleierung.
sävealön, lov. = entschleiern.
savilupam = Enthüllung.
sävilupön, lov. = enthüllen.
sävüdön, lov. = absagen, abkündigen.
säxüd = Reduktion.
säxüdajenäd = Reduktionsprozesz.
säxüdön, nel. = reduzieren.
säy = Gelispel, Lispelei.
säyan = Lispler.
säyön, lov. = lispeln (lispelnd sprechen).
se, pr. 1. = aus, — kis? = woraus? — od = auseinander, bal — votik = auseinander, — dom, plödio — dom = zum Hause Hinaus, — fenät = zum Fenster hinaus, — yan = zur Tür hinaus 2. = über, bunön — jäns tüteda = über die Schnur hauen, über die Stränge schlagen.
sea = auseinander.
sead = Sitz, das Sitzen.
seadaban = Sitzbad.

seadäm = Sitz, das Gesäsz.

seadik = sitzend.

seadod = Sitz, Sitzung, Session, — **konsälalefa** = Ratssitzung, Ratsversammlung.

seadodan = Sitzunghaltender.

seadodön, nel. = Sitzung haben, Sitzung halten, Sitzung abhalten.

seadot: — stula = Sitz eines Stules.

seadön, nel. = sitzen.

seadöp = Sitz, Sitzplatz.

seafalön, nel. = auseinanderfallen.

seagiv = Austeilung.

seagivan = Austeiler.

seagivön, lov. = verteilen, austeilen.

sean = Ozean, Weltmeer.

seanik = ozeanisch.

seaseitön, lov. = auseinanderlegen.

seaselön, lov. = absetzen (verkaufen).

seasumovik = auseinandernehmbar, auseinder zu nehmen.

seat = Lage, Lager.

seatenidükön, lov.: — **stofi** = ein Tuch ausspannen, auseinanderspannen.

seatik = gelegen, liegend.

seatön, nel. = liegen.

seatöp = Lage, Lager, Liegeplatz.

seatöpik = Lager≠.

seb = das Graben, die Gräberei.

sebeitön, lov. = ausbeiszen.

sebön, lov. = graben.

seböp = der Ort des Grabens.

sebreikön, lov. = ausbrechen, herausbrechen.

sebunon, nel. = ausspringen.

secepön, lov. = ausdreschen.

secöpön, lov. = aushauen.

sed = Sendung, Spedition, Zusendung, Abfertigung, Spedierung, Expedition, Versand, Versendung.

sedabik = zu versenden.

sedabüsid = Versandgeschäft.

sedan = Sender, Absender, Versender, Speditör, Abfertiger.

sedanunan = Sendbote.

sedäb = Abgesandter.

sedot = Sendung (Sache).

sedovik = versendbar, speditionsfähig.

sedön, lov. = schicken, senden, absenden, abschicken, versenden, spedieren, beschicken, besenden, verschicken, abfertigen, expedieren, — **eki ad ramenön, ad vokön sanani** = nach dem Arzte schicken.

sef = Sicherheit (Zustand des Geschütztseins vor Gefahr).

sefal = Ausfall, das Ausfallen.

sefalön, nel. = ausfallen.

sefädaspadül = Zufluchtsort, Zufluchtsstätte.

sefädön, lov.: — **oki in bos** = seine Zuflucht zu etwas nehmen.

sefik = sicher.

seflapön, lov. = ausschlagen, ausklopfen.

seflit = Ausflug (Vögel).

seflitön, nel. = ausfliegen.

seflumön, nel. = ausflieszen.

sefo = in Sicherheit.

sefonön, nel. = entspringen, entquellen.

sefön, nel. = sicher sein.

sefükam = Sicherung, Sicherstellung.

sefükan = Versicherer.

sefükön, lov. = sichern vor, sichern gegen, in Sicherheit bringen.

segifön, lov. = ausgieszen.

segiv = Ausgabe, das Ausgeben.

segivan = Ausgeber.

segivot = Ausgabe, das Ausgegebene.

segivön, lov. = ausgeben.

seglofot = Auswuchs (Entstellung).

seglofotik = mit Auswüchsen.

seglofön, nel. = auswachsen.

segol = Ausgang.

segolan = Ausgänger.

segoläd = Auszug.

segolädön, nel. = ausziehen.

segolön, nel. = ausgehen, hinausgehen.

segolöp = Ausgang.

seid = das Setzen, Satz, Setzung.

seidan = Setzer.

seidot = Satz (Gesetzte).

seidön, lov. = setzen, — **oki** = sich setzen, **seidolös oli lä ob, nilü ob!** = setze dich zu mir!

seif = Seufzer.

seifön, nel. = seufzen.

seikön, lov.: — **eke bosi** = einem zu etwas gereichen, **seikos ole läbi** = es gereicht zu deinem Glück.

seil = das Schweigen.

seiläl = Schweigsamkeit, Schweigseligkeit.

seilälik = schweigsam, verschwiegen.

seilik = schweigend.

seilö: —! = geschwiegen! 's Maul gehalten!

seilön, nel. = schweigen.

seim = irgendeiner Ort.

seiman = irgendeiner, irgend jemand, irgendwer.

seimao = irgendwoher.

seimik = irgend, irgendwelcher, irgendeiner, ein beliebiger, **in mod —** = irgend, irgendwie, **in tim —** = irgendwann, zu irgendeiner Zeit.

seimikna = irgendeinmal.

seimio = irgendwohin.

seimo = irgendwo, irgends, an irgend einem Ort, — **us** = da herum.

seimos = irgendwas, irgend etwas.

seit = das Legen.

seitön, lov. = legen.

seiv = Kennenlernung.

seivid = das Einziehen von Nachricht, das Einziehen von Erkundigungen, Anfrage.

seividik = anfragerisch.

seividön, lov. = Nachrichten einziehen über. Erkundigungen einziehen über, anfragen.

seivön, lov. = kennen lernen, Bekanntschaft machen mit.

sejedot = Auswurf (das Ausgeworfene).

sejedön, lov. = auswerfen.

sejütön, lov. = ausschieszen.

sek = Erfolg, Gefolge, Ergebnis, Folge, Resultat.

sekaliegik = erfolgreich.
sekid = Abhängigkeit, Bedingtheit.
sekidaset = Nebensatz.
sekidik = abhängig, **setatanam —** = untergeordnete Satzverbindung.
sekidön, nel. (de) = abhängen, abhängig sein (von), ankommen (auf), **atos osekidon de dinäds** = dieses wird auf die Umstände ankommen.
sekidükön, lov. = abhängig machen.
sekion = Sektion.
sekionacif = Sektionsvorstand.
sekluinön, lov. = ausfegen.
sekön, nel. = erfolgen.
seköt = das Ausschneiden.
sekötäd = Ausschnitt.
sekötot = Ausschnitt (das herausgeschnittene Stück).
sekötön, lov. = ausschneiden.
sekratön, lov. = auskratzen, ausscharren.
sekret = Sekretariat, Kanzlei.
sekretan = Sekretär, Bureausekretär, Kanzleischreiber, Schriftführer.
sekretanef = Sekretariat.
sekukön, nel. = auskochen (nel.), überkochen (durch Kochen aus dem Gefäsz treten).
sekun = Sekunde.
sekü, pr. 1. = an, **deadön, liedön — maläd =** sterben, leiden an einer Krankheit 2. = bei, **— nun at =** bei dieser Nachricht 3. = auf, **— vip ola =** auf ihren Wunsch 4. = aus, **— dred =** aus Furcht, **— kelied =** aus Mitleid, **— kod at =** aus diesem Grunde, **löf, — lelöf =** aus Liebe, **— plak =** aus Erfahrung, **— prüd =** aus Vorsicht, **— zesüd dunön, dunikön bosi ta klien oka, — zesüd sludön ta klien oka ad... =** aus der Not eine Tugend machen 5. = von... wegen, **— git =** von Rechts wegen 6. = vor, **no äkanob slipön — fen =** ich konnte vor Müdigkeit nicht schlafen, **ädeadom — faem, —** **soaf =** er starb vor Hunger, vor Durst 7. = infolge, zufolge, kraft, in Kraft, vermöge, **— büd, — lebüd =** dem Befehle zufolge.
sekükön, lov. = auskochen (lov.), aussieden.
sel = Verkauf, das Verkaufen.
selagaplatäd = Aushängeschild.
selagön, nel. = aushangen.
selan = Verkäufer.
seläg = das Aushängen.
selägot = Aushang, Ausgehängtes.
selägön, lov. = aushängen.
seled = Seltenheit, Seltsamkeit.
seledik = selten, absonderlich.
seledö: —! = seltsam!
selenatazüd, H_2SeO_4 = Selensäure.
selenidazüd, H_2Se = Selenwasserstoffsäure.
selenin, Se, ‚selenium' = Selen.
seleninasläm = Selenschlamm.
seleninasulfin, SeS = Selensulfid.
selenitazüd, H_2SeO_3 = selenige Säure.
seletön, lov. = auslassen.
selib = Zölibat.
seliban = Junggeselle, Hagestolz.

selibik = ledig, ehelos.
selid = das Verkäuflichsein.
selidik = zu Verkaufen, zum Verkauf, feil.
selidön, nel. = verkäuflich sein, käuflich sein.
selidöp = Laden (Zimmer), Kaufladen, **— neflifedabukas =** Antiquariat (Laden).
selidöpan = Ladendiener, Ladengehilfe.
selidükön, lov. = feilbieten, zum Verkauf anbieten.
selimädam = Ausschaltung.
selimädön, lov. = ausschalten.
selogam = Aussicht, das Aussehen.
selolofön, lov. = zum Verkauf anbieten.
selov = Verkäuflichkeit.
selovik = verkäuflich.
selön, lov. = verkaufen.
seluspikön, lov. = ausplappern, ausplaudern.
sem = ein gewiszer Masz, eine gewisse Beziehung.
semalekön, nel. = ausmarschieren.
seman = ein Gewisser (in lat.: ‚quidam').
semanaedo = einmal, 'mal.
sematimülo = einmal, 'mal.
semäntit = Cementit.
semik = ein gewisser, etliche.
semikna = bisweilen, dann und wann, hin und wieder, mitunter, manchmal, zuweilen, zuzeiten.
semiknaik = manchmalig, von zeit zu zeit, mitunter.
seminar = Seminar.
seminaran = Seminarist.
semit = das Semitisch.
semitan = Semit.
semitanik = semitisch.
semitik = semitisch.
semo = gewissermaszen, in gewissem Sinne, gleichsam, sozusagen.
semoboratazüd, $H_2B_4O_7$ = Tetraborsäure.
semof = Austreibung.
semofan = Austreiber.
semofön, lov. = austreiben.
semonitön, nel. = ausreiten.
semosulfatazüd ü balhidrilsulfatazüd, $H_2S_2O_7$ = Pyroschwefelsäure.
semufülükön, lov. = ausschütteln.
sen (in valem e koapik) = Gefühl, das Fühlen, Empfindung.
senafön, nel. = ausschiffen.
senasien = Gefühlssinn.
senatem = Ausatmung.
senatemön, lov. = ausatmen, aushauchen.
senäl = (inneres) Gefühl, **— heta =** Gefühl des Hasses.
senälik = das innerliche Gefühl betreffend.
senälöf = Empfindlichkeit, Reizbarkeit.
senälöfik = empfindlich, reizbar.
senälön, lov. = (innerlich) empfinden, **— vokedi** = sich berufen fühlen.
senät = Senat.
senätan = Senator.
senid = das Tappen, das Tasten, das Herumtappen, das Herumtasten.
senidön, nel. = tappen, tasten.

senik = das Gefühl betreffend.
senov = Empfindbarkeit, Bemerkbarkeit.
senovik = empfindlich, bemerkbar.
senovikön, nel. = empfindbar werden, bemerkbar werden.
senovön, nel. = empfindlich sein, empfindbar sein, bemerkbar sein.
senovükön, lov. = empfindbar machen, bemerkbar machen.
senöf = Gefühligkeit.
senöfik = gefühlig, empfindlich.
senön, lov. = fühlen, empfinden.
senusitans = Senusi.
sep = Grube.
seped = Auspressung, das Auspressen.
sepedön, lov. = auspressen.
sepenön, lov.: — kalotis, roulis = die Rechnungen, die Rollen ausschreiben.
sepil = Grübchen.
sepledön, lov.: — bosi = etwas ausspielen.
sepül = Grab.
sepülam = Beerdigung, Begrabung, Beisetzung, Bestattung.
sepülamgoläd = Leichenzug.
sepülamal = Grabmal.
sepülamöp = Begräbnisort.
sepülamüp = Begräbniszeit.
sepülanef = Begräbnis.
sepülapenäd = Epitaphium, Grabschrift.
sepülön, lov. = begraben, beerdigen, beisetzen, bestatten.
ser = Null.
seraf = Seraph.
serafik = seraphisch.
serenat = Serenade, Ständchen.
serön, lov. = nullen (mit einer 0 versehen).
sesebam = Ausgrabung.
sesebot = Ausgrabung (das Ausgegrabene).
sesebön, lov. = ausgraben.
seseid = Aussetzung.
seseidön, lov. = aussetzen, hinaussetzen.
seseit = Auslage (nicht Kosten).
seskutön, lov. = ausspritzen.
sesleafön, nel. = ausschlüpfen.
sesleitön, lov. = ausreiszen, herausreiszen.
sesteigön, lov. = ausstechen.
sestepam = Austritt, das Austreten.
sestepön, nel. = austreten.
sestürön, lov. = ausschütten.
sestürülön, lov. = ausstreuen.
sesuk = Auslese.
sesukot = Auslese (das Ausgelesene).
sesukön, lov. = aussuchen, auslesen.
sesum = Ausnehmung.
sesuman = Ausnehmer.
sesumik = ausgenommen.
sesumön, lov. = ausnehmen.
sesvipot = Auskehricht.
sesvipön, lov. = auskehren.
set = Satz, Sprachsatz, — defik = elliptischer Satz, — nelölöfik = unvollständiger Satz, — peträköl = zusammengezogener Satz.
setatanam = Satzverbindung, — näiädik =

beigeordnete Satzverbindung, — sekidik = untergeordnete Satzverbindung.
setäd = Satz, Behauptung.
setem = Absatz, Alinea.
setev = Fortzug, Wegzug.
setevan = Ausgewanderter, Emigrant, Auswanderer, Auszieher, Fortzieher, Wegzieher.
seteviälik = auswanderungslustig.
setevön, nel. = auswandern, fortziehen.
setiräd = das Extrahieren, das Ausziehen.
setirädön, lov.: — säsanti = die Essenz ausziehen, extrahieren.
setovön, lov. = ausheben.
setökön, lov. = auswechseln.
setrat = Auszug, Extrakt, — se kölaboad = Farbholzextrakt.
setrato = auszugsweise.
setratön, nel. (de, se) = ein Auszug darstellen, een Extrakt darstellen (von, aus).
setratükam = das Ausziehen, das Extrahieren.
setratükön, lov. = aus... ausziehen, extrahieren, ausziehen, exzerpieren.
setul = September.
setulik = Septembers.
sev = Kenntnis, Kunde, Bekanntschaft, bai — obik = soviel ich weisz.
sevabo = nämlich, das heiszt.
sevan = Kenner.
sevanalog = Kennersauge.
sevanalogam = Kennersblick.
seväd = Bekanntheit.
sevädan = Bekannter.
sevädanef = Bekanntschaft (Gesamtheit von Bekannten).
sevädik = bekannt.
sevädiko = bekanntermaszen, bekanntlich.
sevädikön, nel. = bekannt werden.
sevädot = Kennzeichen.
sevädov = Kenntlichkeit, Erkennbarkeit.
sevädovamal = Merkmal, Merkzeichen, Wahrzeichen.
sevädovik = kenntlich, kennbar, erkennbar, erkenntlich.
sevädön, nel. = bekannt sein, sich zeigen, sich erweisen.
sevädükön, lov. = zu erkennen geben.
seväl = Erkenntnisvermögen.
sevälöf = Bewusztsein.
sevälöfik = bei Bewusztsein, bewuszt, mit Bewusztsein.
sevälöfikön, nel. = zur Besinnung kommen, zum Bewusztsein kommen, zu sich kommen.
sevälöfön, nel. = bei Bewusztsein sein, bei Sinnen sein.
sevälöfükön, lov. = zum Bewusztsein bringen.
sevär = Strenge.
sevärik = streng.
sevärön, nel. = streng sein.
seved = der Bewuszt (das bewuszte Wissen um etwas), Bewusztheit.
sevedo = wissentlich.
sevedön, lov. = sich bewuszt sein des.
seveg = Ausweg.
sevegam = Ausfahrt.

sevegön, nel. = ausfahren.
seveig = Ausfuhr, Export.
seveigabüsid = Ausfuhrgeschäft.
seveigan = Exporteur.
seveigated = Ausfuhrhandel, Exporthandel.
seveigatol = Ausgangszoll.
seveigot = Eport, Ausfuhr (das Ausgeführte).
seveigön, lov. = ausführen, exportieren.
sevidigädik = wissenswert.
sevik = wissend (in aktiven Sinn), kennend, kundig.
sevöl = wissentlich.
sevön, lov. = kennen, wissen, mit ... bekannt sein, von, um ... wissen, verstehen, erkennen, kundig sein, auf der Höhe stehen.
seyufön, lov. = aushelfen.
sfal = Asphalt.
sfalakarton = asphaltpappe.
sfalasümik = asphaltartig.
sfalerik = asphalthaltig.
sfalik = asphaltisch.
sfalön, lov. = asphaltieren.
sfer = Sphäre.
sfin = Sphinx.
si: — ! = ja.
siam = Bejahung.
sian = Bejaher, Jabruder.
siäd = durch die Sinnen Wahrnehmbares.
siädim = Positivismus.
siäm = Sinn, Inhalt.
siämaliegik = sinnreich.
siämamäk = Abzeichen, Emblem.
siämarölet = Sinnverwandtschaft.
siämaröletik = sinnverwandt.
siämaröletön, nel. = sinnverwandt sein.
siämöf = Sinnigkeit.
siämöfik = sinnschwer, sinnvoll.
siämön, lov. = bedeuten (von etwas Geistiges).
siämü = im Sinne des.
sib = Sieb.
sibalhon, st. = Einhorn.
sibam = Siebung, das Sieben.
siban = Sieber.
sibel = Siebenmacher.
sibön, lov. = sieben, durchsieben.
sid = Same.
sidaleskop, st. = Teleskop.
sidaluskop, st. = Mikroskop.
sidated = Samenhandel.
sidelfin, st. = Delphin.
sidin = Entrüstung, das Entrüstetsein.
sidinik = entrüstet.
sidinikön, nel. = sich entrüsten.
sidinön, nel. = entrüstet sein.
sidön, nel. = in Samen schieszen.
sidrak, st. = Drache.
siem = Rand.
sien = Sinn (einer der fünf Sinne).
sienam = Wahrnehmung.
sienik = Sinnes-.
sienov = Wahrnehmbarkeit, Sinnenfälligkeit.
sienovik = sinnenfällig, sinnlich, wahrnehmbar.

sienovükön, lov. = versinnlichen, sinnlich wahrnehmbar machen.
sienön, lov. = wehrnehmen.
sif = Bürgerschaft, Stand eines Bürgers.
sifagit = Bürgerrecht.
sifal = Bürgermeister.
sifam = Einbürgerung.
sifan = Bürger, Zivilist.
sifanajul = Bürgerschule.
sifanakrig = Bürgerkrieg.
sifanef = Bürgerschaft (Gesamtheit der Bürger).
sifäd = Bürgerstand (in Gegensatz zum Adel-, Bauer-, Wehrstand).
sifädan = Bürgersmann.
sifädik = zivil, bürgerlich.
sifädöf = Bürgerlichkeit.
sifädöfik = bürgerlich.
sifed = Zivilstand.
sifilät, st. = Netz.
sifits, st. = Fische.
siflitafit, st. = fliegende Fisch.
sifön, lov. = einbürgern, zum Bürger machen.
sifönig, st. = Phönix.
sifurnod, st. = Ofen.
sig = Dürre.
sigagadut = Stockfisch.
sigavagliv, st. = Grabstichel.
sigayeb = Heu.
sigayebafok = Heugabel.
sigik = dürr.
sigikön, nel. = dorren, dürre werden, dürren (nel.), verdorren, ausdorren.
sigiraf, st. = Giraffe.
siglok, st. = Uhr.
sigön, nel. = dürr sein.
sigretaber, st. = der Grosze Bär.
sigretadog, st. = der Grosze Hund.
sigrud, st. = Kranich.
sigükön, lov. = dorren, dürr machen, dorren machen, dürren (lov.), ausdörren (lov.).
siherem: — ela ‚Bereníkĕ’, st. = das Haar der Berenike.
sihijip, st. = Widder.
siik = bejahend, positiv.
sijeläd: — ela ‚Sobieski’, st. = Schild des Sobieski.
sijevodül, st. = das Fohlen.
sijid = Gezische.
sijidaspikön, lov. = zischeln.
sijidatonat = Zischlaut.
sijidön, nel. = zischen.
sijivirgan, st. = Jungfrau.
sijölöm, st. = Oktant.
sijütan, st. = Schütze.
sik = Auszeichnung, das Hervortun.
sikameleon, st. = Chamäleon.
sikäntor, st. = Kentaur, Zentaur.
sikillien, st. = Dreieck, — sulüdik, st. = das südliche Dreieck.
siklifakapar, st. = Steinbock.
sikloped = Enzyklopädie.
siklopedik = enzyklopädisch.
siklopedo = enzyklopädischerweise.

sikompad, st. = Kompasz.
sikot = Auszeichnung (Auszeichnendes).
sikön, lov. = auszeichnen, hervortun.
siköp, st. = Becher.
sikref, st. = Krebs.
sikvil, st. = Adler.
sil = Himmel (Sternenhimmel, Wolkenhimmel).
silab = Silbe.
silabapenät = Silbenschrift.
silabik = silbig.
silabobot = Firmament, Himmelsgewölbe.
silanal = Erzengel.
silanan = Engel.
silananaladäl = Engelherz, Engelsinn.
silananaladälik = engelsinnig.
silananik = englisch, engelhaft.
silasär, st. = Eidechse.
silatar, st. = Altar.
sileon, st. = Löwe, der Grosze Löwe.
siliev, st. = Hase.
silik = himmlisch (auf dem Himmel bezüglich).
silikan ü hidrinasilikin = Siliciumwasserstoff, Silan.
silikatastabot, SiO₂ = Siliciumdioxyd, Kieselsäureanhydrid.
silikatazüd, H₂SiO₃ = Kieselsäure.
silikin, Si, ‚silicium‘ = Silicium.
silikinakarbid, SiC = Siliciumkarbid, Karborundum.
slikinakarbin, SiC = Karborundum.
silikinasulfid, SiS₂ = Schwefelsilicium.
silindiyan, st. = Indianer.
silup, st. = Wolf.
silutipömöm, st. = Luftpumpe.
silünk, st. = Luchs.
silür, st. = die Lyra.
silvid (‚sylvia cinerea‘ [sůlvia žinèrea]) = Grasmücke.
sim = Saum.
simälöm, st. = Sextant.
simön, lov. = säumen (mit einem Säume umgeben).
simul = Gleisnerei, Heuchelei.
simulakomip = Spiegelfechterei, Scheinfechterei, Spiegelfechten.
simulan = Gleisner, Heuchler.
simulik = gleisnerisch, heuchlerisch.
simulön, lov. = heucheln, erheucheln.
simusak, st. = Fliege.
sin = Sündhaftigkeit.
sinaf : — : ‚Argǒ‘, st. = Schiff Argo.
sinan = Sünder.
sindiy = das Sindhi.
singalans = Singhalesen.
sinif = Bedeutung, Andeutung.
sinifön, lov. = bedeuten, heiszen, bezeichnen, sich anzeigen, sich andeuten, darstellen, vorstellen (andeuten).
sinik = sündhaft, sündig.
sinod = Sünde.
sinolüdakron, st. = die nördliche Krone.
sinön, nel. = sündigen.
sio = wohl, — meritik = wohlverdient.

siön, lov. = bejahen, jasagen, zugeben, einräumen.
siör = Herr oder Dame, Herrschaft.
siöram = Herrschaft (Stand).
siörik = herrschaftlich.
sipaf, st. = Pfau.
sipegad, st. = Pegasus.
siparadit, st. = Paradiesvogel.
sipänan, st. = Maler.
sipijun, st. = Taube.
sirab, st. = Rabe.
sirenar, st. = Fuchs.
sirk = Kreis, Zirkel.
sirkafomik = kreisförmig.
sirkaplen = Kreisfläche.
sirkazüot = Kreisumfang.
sirköfik = zirkelrund.
sirköm = Zirkel, Passer.
sirkömön, lov. = zirkeln (mit dem Zirkel messen und formen).
sirkud = Zirkus.
sirkül = Kreis, Ring.
sirkülam = Kreislauf, Zirkulation, Kurs, Umlauf.
sirkülapenäd = Zirkular, Umlaufschreiben, Rundschreiben.
sirkülön, nel. = zirkulieren, kursieren.
sirkülükön, lov. = in Zirkulation setzen.
sis, pr. = seit, von … an, — adät = nach heute, dato, — lunüp = längst.
sisagit, st. = Pfeil.
sisä, kony. = seit, seitdem.
sisfer = Himmelssphäre.
sisik = seitherig.
sisirköm, st. = der Zirkel.
siskorpion, st. = Skorpion.
siskulturan, st. = Bildhauer.
sismalaber, st. = der Kleine Bär.
sismaladog, st. = der kleine Hund.
sismalaleon, st. = der Kleine Löwe.
sisnek, st. = Schlange.
sisnekipolan, st. = Schlangenträger.
siso, ladv. = bisher, seitdem, seither, von dann an.
sistedagülöm, st. = Winkelhaken.
sisulüdafit, st. = südlicher Fisch.
sisulüdakillien, st. = das südliche Dreieck.
sisulüdakrod, st. = südliches Kreuz.
sisulüdakron, st. = die südliche Krone.
sisvan, st. = Schwan.
sit = System.
sitababel, st. = Tafelberg.
sitat = Zitation (vor dem Richter).
sitatön, lov. = vor Gericht laden, zitieren.
siteläd, st. = Zwilling.
sitik = systematisch.
sitor, st. = Stier.
sitot = System (füs.).
situkan, st. = Pfeffervogel.
situl = Blauspecht, Spechtmeise, Kleiber.
siulan = Sioux (Indianer).
siül = Zelle.
siv = Beziehung, Bezug, das Kommenlassen.
sivalüt, st. = Walfisch.

sivatan, st. = Wassermann.
sivatasnek, st. = Wasserschlange.
sivatasnekil, st. = kleine Wasserschlange.
sivätöm, st. = Wage.
sivovik = beziehbar.
sivön, lov. = beziehen, entnehmen, erheben, kommen lassen.
sivöp = Bezugsquelle, Bezugsplatz.
sixifiad, st. = Schwertfisch.
siyagadogs, st. = Jagdhunde.
skaf = Gerüst.
skal = Topf, Hafen.
skalel = Töpfer, Hafner.
skan = Ärger, Ärgernis (Empfindung), Ärgernisnehmung, Anstosznehmung.
skaniäl = Ärgerlichkeit.
skaniälik = ärgerlich, zum Ärger geneigt.
skandin, Sc, ,scandium' = Scandium.
skanön, nel. = sich ärgern, ärgerlich sein, anstosz nehmen, Ärgernis nehmen.
skap = Steilheit, Steile, Abschüssigkeit.
skapik = steil, abschüssig, jähe.
skapul = Schulterblatt.
skar = Narbe, Wundmal.
skarlat = Scharlachfieber.
skääd = Geschwader (Schar Kriegsschiffe).
skän, skäns = Ärgernis, Ärgerlichkeit, Ärgerlichkeiten, Anstosz, Anstöszigkeiten.
skänam = Ärgernisgebung.
skänan = Ärgernisgeber.
skänik = ärgerlich, Ärger erregend, anstöszig, Anstosz gebend.
skänön, lov. = ärgern, Ärgernis geben, Anstosz erregen, Anstosz geben, **atos skänon omi** = das sticht ihm in die Augen.
skät = Risz, Skizze.
skätik = skizzenhaft.
skätön, lov. = skizzieren.
skäul (,aesculus hippocastanum' [ảiškuluš hipo⸴kåstanum] lat.) = Roszkastanie.
skäulabim = Roszkastanienbaum.
skel = Schale (flaches Gefäsz).
skemat = Schema.
skematik = schematisch.
sket = Schlittschuh.
sketan = Schlittschuhläufer.
sketön, nel. = schlittschuhlaufen.
skil = Geschick, Geschicklichkeit, Tüchtigkeit, Fertigkeit, Gewandtheit.
skiläd = Geläufigkeit.
skilädik = geläufig.
skilädiko = geläufig, **spikön** — = geläufig sprechen.
skiläl = Gewandtheit.
skilälik = gewandt.
skilik = gerecht (bewandert).
skilikön, nel. = geschickt werden, tüchtig werden.
skilo = mit Geschick, tüchtig.
skilod = Kunststück.
skilöf = Künstlichkeit (das Künstlich-, Kunstvollsein).
skilöfik = künstlich, kunstvoll.
skilön, nel. = geschickt sein, tüchtig sein.

skilüköl: — **oki** = sich übend.
skilükön, lov. = geschickt machen, tüchtig machen, — **oki** = sich üben.
skin = Haut, Fell, — **mohärakapara** = Angorafell.
skinadefälot, skinadefälots = Hautabfälle.
skinafron = Hautrunzel.
skinaplastüd = Dermoplastik.
skit = Kegel.
skitakul = Kegelbahn.
skitam = das Kegeln.
skitan = Kegler.
skitapled = Kegelspiel.
skitel = Kegelmacher.
skitön, nel. = kegeln.
skop = Gucker, Stecher, Feldstecher.
skorpion = Skorpion.
sköm = Schaum, Abschaum.
skömaspun = Schaumkelle, Schaumlöffel.
skömön, nel. = schäumen.
sköt = Wappen.
skötaplatäd = Wappenschild.
skötav = Heraldik, Wappenkunde.
skötavik = heraldisch.
skräd = das Schneidern.
skrädafebäd = Schneiderhandwerk, Schneiderei.
skrädan = Schneider.
skrädön, nel. = schneidern.
skrädöp = Schneiderwerkstätte.
skret = Sekretion, Ausscheidung, Absonderung.
skretot = Sekret, Ausscheidung (Sache).
skretön, lov. = absondern, ausscheiden.
skrub = Schraube.
skrubäd = Schraubenlinie.
skrubädatridem = Wendeltreppe.
skultur = Skulptur, Bildhauerei.
skulturan = Bildhauer.
skulturav = Bildhauerkunst, Plastik.
skut = Spritze.
skutön, lov. = spritzen.
skvadron = Schwadron.
skvair = Page, Edelknabe.
slaf = Sklaverei, Knechtschaft.
slafan = Sklave.
slafik = sklavenmäszig, sklavenhaft, sklavisch, knechtisch.
slafön, nel. = Sklave sein.
slafükön, lov. = zum Sklaven machen, knechten.
slak = Schlacke.
slam = Islam, Mohammedanismus.
slaman = Mohammedaner.
slamik = islamitisch, mohammedanisch.
slav = die slavische Sprache.
slavan = Slave, Slawe.
slavik = slavisch.
släm = Schlamm.
slämavolkan = Schlammvulkan.
slämik = schlammig.
slän = Verleumdung, Verlästerung.
slänan = Verleumder.
slänik = verleumderisch.
slänön, lov. = verleumden, verlästern, anschwärzen.

sleaf = das Schlüpfen.
sleafaspadül = Schlupfwinkel.
sleafön, nel. = sich schieben, schlüpfen.
sleatod = Risz.
sleatön, nel. = reiszen (nel.).
sleiföm = Schieber (schiebbarer Verschlusz).
sleifön, lov. = schieben.
sleit = Zerreiszung.
sleitanim = reiszendes Tier.
sleitik = reiszend, zerreiszend.
sleitolivükön, lov. = losreiszen.
sleitön, lov. = reiszen, zerreiszen.
slen (tapladü el big) = Dünne, Dünnheit.
slenik = dünn.
slenükam = Verdünnung.
slenükön, lov. = verdünnen.
slet = Schiefer.
sletafomik = schieferig.
sletagliv = Griffel, Schieferstift.
sletanuf = Schieferdach.
sletik = von Schiefer.
sletot = Schiefertafel.
sletotegan = Schieferdecker.
sletotegön, lov. = mit Schiefer decken.
slif = das Gleiten, das Rutschen.
slifab = Glätte.
slifabik = glatt (schüpfrig).
slifavab = Schlitten.
slifavabön, nel. = Schlitten fahren.
slifäd = Ausgleitung, das Ausgleiten.
slifädön, nel. = ausgleiten, ausrutschen, ausglitschen.
slifön, nel. = gleiten, rutschen.
slifülab = Schlüpfrigkeit.
slifülabik = schlüpfrig, glitschig.
slifülön (nel.) = glitschen.
slim = Schleim.
slimik = schleimicht, schleimig.
slimön, lov. = mit Schleim füllen.
slip = Schlaf, das Schlafen.
slipan = Schläfer.
slipatim = Schlafzeit.
slipik = schlafend.
slipikön, nel. = einschlafen.
slipil = Schläflein, Schläfchen.
slipöf = Schläfrigkeit.
slipöfik = schläfrig.
slipöfikön, nel. = schläfrig werden.
slipöfön, nel. = schläfern, schläfrig sein.
slipöfükön, lov. = schläfrig machen.
slipön, nel. = schlafen.
slipükön, lov. = einschläfern.
slipül = Schlummer.
slipülön, nel. = schlummern.
slit = das Spalten.
slitod = Spalte.
slitodik = spaltig, rissig.
slitön, lov. = spalten.
sliv = Ärmel.
slob = Schiefheit, Schräge.
slobapenät = Kurrentschrift.
slobatutan = Schiefzähnige.
slobik = schief.
slobükön, lov. = schief machen.

slop = Anhängerschaft, das Anhängersein.
slopan = Anhänger.
slopanef = Anhang (Gesamtheit von Anhängern).
slopik = anhängend.
slopikön, lov. = sich anschlieszen.
slopön, lov. = (einem, einer Partei) anhangen.
slopükam = Werbung.
slopükön, lov. = werben, anwerben.
slovakans = Slovaken.
sloven = die slowenische Sprache.
slovenans = Slowenen.
slovenik = slowenisch.
slud = Beschlusz, Entschlusz.
sludam = Beschluszfassung, Beschlusznahme.
sludön, nel. = beschlieszen, sich entschlieszen,
    kanol — ad ... = es steht bei dir zu ...
sluf = Schlappe, Schlarfe, Schlarpe.
slugön, lov. = schlucken, schlingen, einschlucken.
slüd = Überredung.
slüdäl = Überredungsgabe.
slüdön, lov.: **— eki ad** = einen zu ... bereden, überreden, **— luspiko ad** = aufschwätzen, anschwatzen.
slürfön, lov. = schlürfen, aufschlürfen, aufschlappern.
smal = Kleinheit.
smalabalatacan, smalabalatacans = kurze Ware, Kurzware.
smalakapan = Mikrozephale.
smalakurad = Kleinmut.
smalaladäl = Engherzigkeit, Kleinlichkeit, Kleingeisterei, Krämergeist, Borniertheit.
smalaladälik = engherzig, borniert, kleinlich, spieszbürgerlich.
smalik = klein.
smalikön, nel. = klein werden.
smalot = Kleinigkeit, Bagatelle, Tändelei.
smalotäl = Kleinigkeitsgeist, Tändelgeist.
smalotälan = Kleinigkeitskrämer, Tändler.
smalotälön, nel. = tändeln.
smalotüil = Schnitzel, Schnippel, Schnippzel.
smalotülamamög = Zersplitterungsmöglichkeit.
smalotülön, lov. = verschnippeln, verschnitzeln.
smalön, nel. = klein sein.
smalükam = Verkleinerung.
smalükamavöd = Verkleinerungswort, Diminutiv.
smalükön, lov. = verkleinern, schmälern.
smeik = das Schmecken (lov.), Geschmack.
smeikasien = Geschmackssinn.
smeikäm = Geschmackswerkzeug.
smeikämilöfül = Gaumenlust, Gaumenkitzel.
smeikön, lov. = schmecken (lov.).
smeil = das Riechen.
smeilasien = Geruch, Geruchsinn.
smeiläm = Geruchwerkzeug, Geruchorgan.
smeilön, lov. = riechen (lov.).
smeilülön, lov. = wittern, Wind von (etwas) bekommen.
smeit = Schmelzung, das Schmelzen (lov.).
smeitot = Geschmolzenes, ein durch Schmelzung erzeugter Körper.

smeitön, lov. = schmelzen (lov.).
smeitöp = Schmelzerei.
smek = das Schmecken (nel.), Geschmack.
smekön, nel. = schmecken (nel.).
smel = Geruch.
smelam = das Riechen.
smelik = riechend.
smelön, nel. (äs) = riechen (nel.) (wie, nach), duften.
smet: — nifa = die Schmelze des Schnees.
smetön, nel. = schmelzen (nel.), tauen.
smif = Schmirgel.
smifakotin = Schmirgeltuch.
smifalinum = Schmirgelleinen.
smifogleinön, lov. = schmirgeln.
smil = Gelächter, das Lachen.
smilan = Lacher.
smilil = das Lächeln.
smililön, nel. (dö) = lächeln (über).
smilöf = Lächerlichkeit.
smilöfik = lächerlich, lachhaft.
smilöfikön, nel. = zum Gelächter werden.
smilöfön, nel. = lächerlich sein.
smilöfükön, lov. = lächerlich machen, zum Gelächter machen.
smilön, nel. (dö) = lachen (über).
smilül = Geschmunzel.
smilülön, nel. = schmunzeln.
smit = das Schmieden.
smitafög = Schmiedehammer.
smitan = Schmied.
smitov = Schmiedbarkeit.
smitovik = schmiedbar.
smitön, lov. = schmieden.
smitöp = Schmiede, Schmiederei, — **feapladovik** = Feldschmiede.
smiv = Schmiere.
smivam = Geschmier, Schmiererei.
smivov = Schmierigkeit, Schmierhaftigkeit.
smivovik = schmierig.
smivön, lov. = schmieren.
smok = Rauch.
smokalefog = Rauchwolk.
smokäd = Räucherung, das Räuchern.
smokädagef = Rauchgefäsz, Rauchfasz.
smokädagefil = Rauchfäszchen.
smokädön, lov. = räuchern.
smokik = rauchig.
smokön, nel. = rauchen (nel.).
smolön, nel. = schwelen (nel.).
smök = das Rauchen.
smökan = Raucher.
smökastanäd = Rauchservice.
smökatabak = Rauchtabak.
smökön, lov.: — **zigari** = eine Zigarre rauchen.
smud = Ebenheit.
smudaheran = Flieszhaarige.
smudalogod = Platyopie.
smudik = eben, glatt.
smudön, nel. = eben sein, glatt sein.
smudükam = das Ebnen, Schlichtung.
smudükön, lov. = ebnen, eben machen, schlichten.
smuf = Glätte.

smufedaherik = schlichthaarig.
smufedik = schlicht, **herem —** = schlichtes Haar.
smufet = Politur.
smufetön, lov. = polieren.
smufik = glatt.
smufön, nel. = glatt sein.
smufükamafer = Bügeleisen.
smufükamo: nosükön — = ausbügeln.
smufükön, lov. = glatt machen, glatt plätten, bügeln, glätten.
smug = das Schmuggeln, Schmuggelei, Konterbande.
smugan = Schmuggler.
smugated = Schleichhandel.
smugatedan = Schleichhändler.
smugik = verstohlen, heimlich.
smugo = verstohlenerweise.
smugön, lov. = schmuggeln.
snab = Schnalle.
snabön, lov. = schnallen (mit einer Schnalle befestigen).
snal = Schleife, Schlinge, Strick.
snalön, lov. = schleifen.
snap = Schnapp (kurze, schnell zufahrende Bewegung).
snapön, nel. = schnappen.
snat = Ehrlichkeit.
snatan = ehrlicher Mensch.
snatik = ehrlich.
snäpön, lov. = schnappen machen.
snätör = das Schnattern, Geschnatter.
snätörön, nel. = schnattern.
snek = Schlange.
snekasümik = schlangenartig.
sneko = wie eine Schlange.
snekogolön, nel. = sich schlängeln.
snekomufön, nel. = sich schlängeln.
snekozugön, nel. = sich schlängeln.
snel = Schnecke.
sneladom = Schneckenhaus.
snelakoan = Schneckenschale.
snep = Schnepfe.
snepaküm = Schnepfenstrich, Schnepfenflucht.
snid = das Niesen.
snidön, nel. = niesen.
snil = Siegel.
snilam = das Siegeln, die Versiegelung.
snilamalaig = Siegellack.
snilan = Versiegler, Siegler.
snilöm = Petschaft, Petschier.
snilön, lov. = siegeln, petschieren, besiegeln, versiegeln.
snip = Schnippchen.
snipön, lov.: — **me doats** = mit den Fingern schnippen, schnipfen.
snob = Knoten (Verschlingung).
snobam = Verknotung.
snobik = knotig (mit Knoten).
snobön, lov. = knoten (Knoten schlingen), verknoten.
snöf = das Schnupfen.
snöfön, nel. = den Schnupfen haben.

snötön, lov.: — nudi = die Nase schneuzen, sich schneuzen.

snüf = das Schnupfen.

snüfan = Schnupfer, Tabakschnupfer.

snüfatabak = Schnupf, Schnupftabak.

snüfön, lov. = schnupfen, eine Prise nehmen.

so = so, also, auf diese Weise, boso binos — = es ist nicht ganz ohne.

soaf = Durst.

soafik = durstig.

soaŕön, nel. = dursten, dürsten.

soafükön, lov. = durstig machen.

soal = Einsamkeit, Alleinsein.

soaläl = Zurückgezogenheit.

soalik = einsam, allein.

soalikön, nel. = einsam werden, sich vereinsamen.

soalaseat = Abgelegenheit.

soalaseatik = abgelegen.

soalöf = Verlassenheit, die Öde, das Ödesein.

soalöföp = Einöde.

soalön, nel. = einsam sein, allein sein.

soalükön, lov. = einsam machen, vereinsamen, — oki = sich absondern, sich (aus der Welt) zurückziehen.

soar = Abend, ün —, ünü —, tü — = am Abend.

soaralulit = Abenddämmerung.

soaraplek = Abendgebet.

soarared = Abendröte.

soarastel = Abendstern.

soarazälül = Abendgesellschaft, Soiree, Abendunterhaltung.

soarik = abendlich.

soarikön, nel. = abend werden.

soaro = abends, am Abend.

soäs, pr. = sowie, ebenso wie, vobön — mans tel, — mens tel, — pösods tel = für zwei arbeiten.

soäsä = so wie.

sob = Seife.

sobabul = Seifenblase.

sobik = seifig.

sobiküköp = Seifensiederei.

socen = Obszönität, Schlüpfrigkeit.

soceniäl = Hang zum Zotigem, Hang zum Obszönem.

soceniälam = Schweinigelei, Sauerei.

soceniälan = Saukerl, Schweinigel, Schweinkerl.

socenik = obszön.

sod = Sauce, Tunke.

sodad = Soda.

sodas = derart dasz, sodasz.

sodön, lov. = in Sauce eintunken, mit Sauce übergieszen.

soel = das Abgesondertsein, das Alleinsein.

soelated = Alleinhandel, Monopol.

soelatonat = einzelner Buchstabe.

soelatret = Solawechsel.

soelik = allein, abgesondert, ai binom — = er ist immer für sich.

soelikön, nel. = sich absondern.

soelo = einzeln.

soelölo = alleinstehend.

soelön, nel. = allein stehen.

soelükam = Absonderung.

soelükan = Absonderer.

soelükön, lov. = absondern.

sof = Sanftheit, Milde, Gelindigkeit, Lindheit.

sofäl = Sanftmut, Sanftmütigkeit.

sofälik = sanftmütig, mildherzig.

sofälükam = Besänftigung.

sofälükön, lov. = besänftigen.

sofik = sanft, milde, gelinde, lind.

sofikön, nel. = sich lindern.

sofön, nel. = linde sein.

sofükam = Linderung.

sofükön, lov. = lindern, mildern.

sog = Gesellschaft.

sogakompenan = Saalgenosse, Mitglied einer Gesellschaft.

sogäd = Gesellschaft.

sogädik = sozial.

sogädim = Sozialismus.

sogädimik = sozialistisch.

soged = Comité, Ausschusz.

sogik = gesellschaftlich (auf die Gesellschaft bezüglich).

sogön, lov.: — eki lä = einen gesellen zu, — oki lä = sich gesellen zu.

sogü = bei, in Gesellschaft von.

soik, lady. = derartig.

sol = Sonne, modonikam sola = Sonnenuntergang, sülöpikam sola = Sonnenaufgang.

solaban = Sonnenbad.

solagrahan = Sonnenfinsternis.

solajelöm = Sonnenschirm.

solam = das Sonnen (das frei von der Sonne bescheinen lassen).

solamodonikam = Sonnenuntergang.

solasit = Sonnensystem.

solasülöpikam = Sonnenaufgang.

sold = das Löten, Lötung.

soldat = Soldat.

soldatabod = Kommiszbrot.

soldatamesed = Sold.

soldatef = Soldateska.

soldatidaifidan = Marketender.

soldatijidaifidan = Marketenderin.

soldatik = soldatisch.

soldot = Löte, Lötmittel.

soldön, lov. = löten.

soliad = Schwelle.

solid = Festkeit, Festigkeit (in Bezug auf die Teile eines Körpers).

solidik = fest.

solidikam = Erstarrung.

solidikön, nel. = gerinnen, erstarren.

solidön, nel. = fest (nicht flüssig) sein.

solidükön, lov. = erstarren machen.

solik = die Sonne betreffend.

solöf = Sonnigkeit.

solöfik = sonnig, sonnicht.

solön, lov. = sonnen.

som = solch, sobeschaffen, dergleichen, dieselben, e soms ü e s. = und dergleichen, u. dgl.

somafädo = dermaszen.
somik = solch, sobeschaffen, dergleichen, e
somiks = und dergleichen.
somo = auf solche Weise, derart, solcherweise,
solchergestalt, dergestalt.
somödik = soviel.
somödotid = der sovielste.
somödotikna = sovielmal.
somödotiknaik = sovielmalig.
son = Sohn.
sonemik = sogenannt.
sonil = Söhnchen, Sohnlein.
sop = Schacht.
sopafomik = schachtförmig.
‚soprano', [soprāno,] Lit. l. eli balidvög!
sorb = Vogelbeere.
sorbabim = Vogelbeerbaum.
sosit = Wurst.
sositel = Wurster, Wurstmacher.
sosmot = Osmose.
sosmotik = osmotisch.
sosuno, ladv. = sobald.
sosus, kony. = sobald.
sot = Sorte, — zema = ein Art von Kalk.
sotafom = Habitus, — bima = Baumschlag.
sotam = Sortierung, das Sortieren.
sotan = Sortierer.
sotanum = Gattungszahl, Artzahl.
sotastok = Assortiment, Sortiment.
sotavam = spezifische Wärme.
sotavetot = spezifisches Gewicht.
sotavetotik = nach spezifischem Gewicht.
sotavetoto = nach spezifischem Gewicht.
sotefä = soweit.
sotefo = insofern, sofernals, soviel, insoweit,
soviel als.
sotik = spezifisch.
sotön, lov. = sortieren.
sotül = Abart, Spielart, Varietät.
soul = das Sichauflösen.
soulot = Lösung.
soulov = Löslichkeit.
soulovik = löslich.
soulöf (mödot gretikün stöfa esoulöl in mödo=
tastabäd stöfa votik) = Löslichkeit.
soulön, nel. = sich lösen, sich auflösen.
soül = Auflösung, das Auflösen.
soülot = Lösung.
soülön, lov. = lösen, auflösen.
sov = die Saat, das Säen.
sovad = Wüstheit, Wildheit, das Wildsein.
sovadan = Wildling, Wüstling.
sovadik = wild, wüst.
sovan = Säemann, Säer, Besamer.
sovatim = Saatzeit, Säezeit.
sovät = Sämling.
sovemo = sosehr.
sovot = das Gesäte.
sovön, lov. = säen, einsäen.
sovüo: — jüs = solange bis.
sovyät = Sowjet, russischer Arbeiter- und Sol=
datenrat.
sovyätarepüblik = Sowjetrepublik.
sö: —! = pst! bst! st!

södunön, lov. = nachtun.
söf = Sofa, Kanapee.
söip = Espe, Espenbaum.
sök = das Folgen, das Nachfolgen, Nachfolge.
sökaleod = Reihenfolge.
sökaleodik: numavöd — = Ordnungszahl.
sökaleodükön, lov. = der Reihe nach ordnen.
sökan = Nachfolger (einer der etwas Voran-
gehenden folgt).
sökanef = Gefolge (Personen), Gefolgschaft.
sökanitön, lov. = nachsingen.
sökät = Sukzession.
sökätön, lov. = sukzedieren.
söket, mat. = Ordnung.
sökik = folgend, nachfolgend.
sökod = Serie.
sökön, lov. = folgen, nachfolgen.
söl = Herr, — gretik = Groszherr.
sölahät = Herrenhut.
sölidek = Herrenschmuck.
sölil = Herrchen, Herrlein.
sömäl: — juka = Sohle des Schuhes.
sömälön, lov. = sohlen, besohlen.
sömit = Giebel, Gipfel.
sömitamapün = Kulminationspunkt, Höhepunkt.
sömitapün = Gipfelpunkt.
sömitilabik = gipfelig.
sömitön, nel. = kulminieren, gipfeln (einen
Gipfel erreichen).
söp = Graben.
söpenön, lov. = nachschreiben.
sör = Schwester.
söracil = nef.
söradaut = jinef.
sörason = nef.
söref = Schwestern.
sörik = schwesterlich.
söt = Pflicht (moralisch), das Sollen.
söto = nett, geziemend.
sötön, nel. = schuldig sein, sollen.
spad = Raum.
spadaninäd = Rauminhalt, Volumen.
spadäd: — nafa, doma, … = Raum, Räumlichkeit, Lokal, Räumte eines Schiffes, eines
Hauses, …
spadik = räumlich (auf den Raum bezüglich).
spadöf = Räumlichkeit (das Räumlichsein).
spadöfik = räumig, geräumig, räumlich.
spadon, nel. (pro) = Raum machen (für),
Raum geben.
spadül = Spielraum, Plätzchen, Winkel.
spag = Funke.
spagik = funkensprühend.
spagön, nel. = funken, Funken sprühen, Funken von sich geben.
spal = Schonung.
spalik = schonungsvoll.
spalön, lov. = schonen, — eke bosi = einen
mit etwas verschonen.
spam = Krampf.
span = Spanne (die ausgespannte Hand als
längenmasz, ± 2 d.M.).
spanön, lov. = Spannen messen.
sparag = Spargel.

sparsät = Esparsette.
spat = Spaziergang, Promenade.
spatagad = Anlagen.
spatajetet = Seebrücke, Pier.
spatan = Spaziergänger.
spatastaf = Spazierstock.
spataveg = Spazierweg.
spatön, nel. = spazieren, spazieren gehen.
späk = Gespenst, Spuk.
späkam = Geisterei.
späkik = gespensterhaft, spukgeistig.
späkön, nel. = spuken.
späktrum = Spektrum.
späktrumalien = Spektrallinie.
späktrumam = Spektroskopie.
späktrumöm = Spektroskop.
späl = das Sparen, Ersparung, Abdarbung.
spälabank = Sparkasse.
spälamon = erspartes Geld, Spargeld, Spar-
    pfennig.
spälan = Sparer.
späliäl = Sparsamkeit.
späliälik = sparsam.
spälot = Ersparnis.
spälön, lov. = sparen, ersparen, versparen, ab-
    darben, no espälol mödikosi = du hast nicht
    viel vor dich gebracht.
spär = Spatz, Sperling.
spärmaset = Walrat.
spärmat = Same (animalisch).
spear = das Zerstreutsein.
spearik = zerstreut.
spearikön, nel. = sich zerstreuen.
spearükam = Zerstreuung.
spearükön, lov. = zerstreuen, — sagädi =
    Gerücht aussprengen.
sped = Lanze, Speer, Spiesz, Pike.
spedam = Aufspiesung, Spiesung.
spedan = Ulan, Pikenier, Pikenträger, Lancier.
spedön, lov. = spieszen, aufspieszen.
spedül = Spiesz.
spedülitülan = Bratenwender.
spedülön, lov. = an den Spiesz stecken.
spek = Maser (Holz).
spekaboad = Maserholz.
spekik = maserig.
spekul = Spekulation, das Spekulieren.
spekulan = Spekulant.
spekuliäl = Spekulationsgeist.
spekulot = Spekulation.
spekulön, nel. = spekulieren.
spel = Hoffnung, das Hoffen, Erhoffung.
spelabik = hoffentlich, erhoffbar.
spelik = hoffnungsvoll.
spelo = in der Hoffnung, Hoffnung hegend,
    hoffentlich.
spelön, lov. = hoffen.
spelü: — benofät = aufs Geratewohl.
sperimänt = Experiment (physikalischer, che-
    mischer), Versuch.
spet = Erwartung.
spetik = erwartungsvoll.
spetön, lov. = erwarten, zumuten, — badikü=
    nosi = auf des Äuszerste gefaszt sein.

spetü: — benofät = aufs Geratewohl.
spid = Eile.
spidiäl = Eilfertigkeit, Hastigkeit.
spidiälik = eilfertig, hastig.
spidik = eilend, eilig, hurtig.
spido = eilends, hurtig, in Eile.
spidö: —! = eilends! flugs! hurtig! schnell!
spidöf = Raschheit.
spidöfik = rasch, hastig, betriebsam.
spidölorivön, lov. = ereilen.
spidön, nel. = eilen, sich beeilen.
spig = Ähre, kobosukön spigis = ähren,
    Ähren lesen.
spigikobosuk = Ährenlese.
spik = Rede, Sprache (in Nedänapük: ,spraak').
spikam = das Sprechen.
spikamamod = Redensart, Redensweise.
spikan = Sprecher.
spikaton = Sprachlaut.
spikavif = Zungenfertigkeit.
spikavifik = zungenfertig.
spikäd = Vortrag, Rede.
spikädam = Vortrag, das Vortragen.
spikädan = Redner, Rhetor.
spikädatidod = Kollegium.
spikädön, lov. = vortragen.
spiked = Sentenz, Spruch, Wahlspruch, Sinn-
    spruch, Devise, Motto, Kernspruch, Kernsen-
    tenz.
spikedik = spruchartig, devisenartig.
spiket = Sprichwort.
spiketik = sprichwörtlich.
spikot = Gespräch.
spikotadin = Thema.
spikotäl = Gesprächigkeit.
spikotälik = gesprächig.
spiköf = Beredsamkeit.
spiköfav = Rhetorik.
spiköfavik = rhetorisch.
spiköfik = beredt.
spikön, lov. = sprechen, reden, — eke, — lü ek
    = zu einem sprechen, reden, — nelaodiko =
    flüstern, leise sprechen, — pleidülo bramar-
    basieren.
spikül = das Stammeln, Stammelung.
spikülan = Stammler.
spikülön, lov. = stammeln.
spil = das Vergieszen.
spilön, lov. = vergieszen.
spin = Dorn.
spinabimül = Dornstrauch.
spinabimülafotül = Dornbusch.
spinakron = Dornenkrone.
spinik = dornig.
spion = Spionage, das Spionieren, Spioniererei.
spionan = Spion.
spionön, lov. = spionieren, ausspähen.
spirit = Geistvolles. Geistreiches.
spiritäl = Geistreichheit, das Geistreichsein.
spiritälan = Witzkopf.
spiritälik = geistreich (von Personen), man —
    = ein geistreicher Mann.
spiritik = geistvoll (von Sachen), däsinot —
    = geistvolle Zeichnung.

spirut = Spiritismus.
spirutan = Spiritist.
spirutik = spiritistisch.
spit = Spiritus, Weingeist.
spiter = Spirituosität.
spitik = spirituös.
spitin = alkoholisches Getränk, starkes Getränk, **spitins** = Spirituosen.
spitinifiled = Brennerei.
spitinifiledöp = Brennerei (Ort).
splen = Milz.
splenamaläd = Milzkrankheit.
splenamalädik = milzkrank.
splod = Ausbruch, Explosion.
splodön, nel. = ausbrechen, explodieren.
splodül = Ausbruch, das Ausbrechen.
splodülön, nel. = ausbrechen (plötzlich sichtbar, laut, kund werden), **äsplodülom me smil laodik** = er brach in ein lautes Lachen aus.
spod = Briefwechsel, Korrespondenz.
spodan = Korrespondent.
spodön, nel. = korrespondieren.
spog = Schwamm (Badeschwamm).
spogöfik = schwammig, schwammartig.
spot = Sport.
spotan = Sportsmann.
spotön, nel. = Sport treiben.
spön = Gevatterschaft, Patenschaft, Patenstelle.
spönan = Gevatter, Pate.
spönanef = Gevatterschaft (Pers.).
spönäb = Pätchen, Patenkind.
spönön, lov. = Gevatter sein bei, Pate sein bei, Patenstelle vertreten bei.
spranod = Mine, Sprenggrube.
spranön, nel. = springen (von leblosen Gegenstände).
spränamed = Sprengmittel.
spränön, lov. = sprengen.
sprot = das Sprieszen, das Keimen.
sprotan = Sprosse (Mensch).
sprotian = Sprosse (Pflanze), Abspröszling.
sprotianabrasid = Rosenkohl, brüsseler Kohl, Sprossenkohl.
sprotön, nel. = sprieszen, keimen, aufkeimen.
sprötön, lov. = sprieszen machen, ausschlagen, sprossen, aussprossen.
spuk = das Speien, das Spucken.
spukot = Gespucktes.
spukön, lov. = speien, spucken.
spul = Gespinne, das Spinnen.
spulan = Spinner.
spuled = Spinnengewebe.
spulot = Gespinnst.
spulön, lov. = spinnen.
spulöp = Spinnerei (Ort).
spun = Löffel.
spunafomik = löffelförmig.
spunel = Löffelfabrikant.
sput = das Speien, das Auswerfen.
sputön, lov. = speien, spucken, auswerfen.
spül = Spule.
st (br. ela **sänt**) = St, Sankt.
stab = Basis, Grundlage.

stababumäd = Fundament.
stabaköl = Grundfarbe.
stabakölüm = Grundsäule.
stabalien = Grundlinie, Hauptlinie.
stabalon = Grundgesetz, Verfassung.
stabalonadoküm = Verfassungsurkunde, charta magna.
stabalonik = verfassungsmäszig.
staban = Grundleger, Gründer.
stabanom = Grundregel.
stabanum = Grundzahl.
stabao = von Grund aus.
stabaplen = Grundfläche.
stabasupäd = Bodensatz.
stabatik = Grundgedanke.
stabavöd = Grundwort.
stabäd = Einheit.
stabot = Anhydrid.
staböf = Gründlichkeit.
staböfik = gründlich.
staböfo = gründlicherweise, vom Grund aus, **dunön** — = gründlich verfahren.
staböfö: —! = gründlich!
stabön, lov. = gründen, fuszen.
stabü = auf Grund des.
stabükön, lov. = den Grund legen.
stabül: — tuba = Boden eines Fasses.
stad = Zustand, Befinden, Lage, Status, Stand, Bewandtnis.
stadäd = Phase.
stadik = befindlich.
stadot (stöf stadöl in stadäd semik) = Phase.
stadön, nel. = sich befinden, im Zustande sein, sich verhalten, bestehen, **lio saun ola stadonli?** = wie steht 's um ihre Gesundheit?
stadü = beim Zustande des, im Zustande des.
staf = Stab, Stock, — **hukopäskaröma** = Angelrute.
stafäd = Pfahl, Stange.
stafädil = Pfählchen.
stafädön, lov. = pfählen, mit Pfählen versehen.
stafikipan = Stabhalter.
stafül = Stift.
stag = Halm.
stajon = Station, Bahnhof.
stajonabumot = Stationsgebäude.
stajonacif = Stationsvorstand.
stal = Stahl.
stalablövik = stahlblau.
staladüfik = stahlhart.
stalam = Stählung.
stalapen = Stahlfeder.
stalik = stählern.
stalön, lov. = stählen.
stam = Stamm.
stamäd = Stamm, Wortstamm.
stamädavöd = Stammwort.
stamik = stämmig.
stamül = Schaft.
stan = Stand, das Stehen.
stanapianod = Pianino.
stanatastabot, SnO_2 = Zinnsäureanhydrid.
stanäd = Gestell (a.s.: **smökastanäd** = Rauchservice).

staned = Stand, Stellung (in Bezug auf einander oder auf andern Gegenstände).

stanik = stehend.

stanin, Sn, ‚stannum' = Zinn.

staninam = Verzinnung.

staninik = zinnern, von Zinn.

staniniklorid, SnCl$_4$ = Stannichlorid.

staniniloxid, SnO$_2$ = Stannioxyd.

staninisulfid, SnS$_2$ = Stannisulfid.

staninobäd, Sn(OH)$_2$ = Stannohydroxyd.

staninoklorid, SnCl$_2$ = Stannochlorid.

staninoloxid, SnO = Stannooxyd, Zinnoxydul.

staninosulfid, SnS = Stannosulfid, Zinnsulfür.

staninön, lov. = verzinnen.

stanön, nel. = stehen, — nemufiko = fest
stehen, unerschütterlich fest stehen.

stanöp = Standort.

star = Star, Katarakt (Augenkrankheit).

stat = Statik, Gleichgewichtslehre.

statit = Statistik.

statitav = die Lehre der Statistik.

statitavan = Statistiker.

statitavik = statistisch.

statitik = statistisch.

statud = Statut, Satzung.

statudem = Verfassung.

statudik = statutarisch.

staud = Restauration, Erholung, Erfrischung.

staudan = Restaurantbesucher.

staudavab = Speisewagen, Restaurationswagen.

staudön, nel. = sich restaurieren, sich erholen,
sich erfrischen.

staudöp = Restaurant.

staudöpacif = Restaurateur.

stäat = Ekstase, Entzückung, Verzückung.

stäatik = ekstatisch.

stään = das Ausgedehntsein (räumlich).

stäänik = ausgedehnt, ausgebreitet, viel umfassend.

stäänikön, nel. = sich ausdehnen, sich ausbreiten (räumlich).

stäänükam = Ausbreitung, Ausdehnung, Erweiterung.

stäänükan = Ausbreiter.

stäänükön, lov. = ausbreiten, ausdehnen, erweitern.

städ = Bühne (erhöhtes Gerüst für schauende
Personen).

stäf = Stab (mil.).

stäfik = auf den Stab beziehend, Stabs-.

stäg = Hirsch.

stägül = Hirschkalb.

stäk = Besteck (Ortsbestimmung eines Schiffes).

stäl = Stele.

stän = Fahne, Flagge.

stänan = Fähnrich.

stänanaf = Flaggenschiff.

stänäd = (mit einem Embleme versehene)
Fahne.

stänel = Fahnenfabrikant.

stänön, nel. = flaggen, Flaggen wehen lassen,
Fahnen aushängen.

stäp = das Stampfen.

stäpan = Stampfer, Stöszer (p.).

stäped = Stempelung.

stäpedot: — su cans = Stempel auf Ware.

stäpedöm = Stempelgerät.

stäpedön, lov. = stempeln.

stäpodön, lov.: — eke bosi = einem etwas einschärfen.

stäpöm = Stampfe, Stöszer, Stampfer (d.).

stäpön, lov. = stampfen.

stealön, nel. = destillieren (nel.).

steb = Aufenthalt, das Verweilen, Verweilung.

stebed = das Warten, das Abwarten.

stebedalecem = Wartesaal.

stebedön, lov. = warten auf, abwarten.

stebedöp = Warteort.

stebön, nel. = sich aufhalten, verweilen.

steböp = Aufenthaltsort.

stebüp = Aufenthaltszeit.

sted = Geradheit.

stedagul = Rechteck.

stedagulik = rechteckig.

stedagulöm = Winkelhaken.

stedakap (mafädanum: 70—75 %) = Orthocephalie.

stedatutan = Rechtzähnige.

stedäl = Geradsinn, Aufrichtigkeit, — defon in
om, pö om = er hat es hinter den Ohren.

stedälik = geradsinnig, aufrichtig.

stedälo = geradezu, geradeweg, ohne Umschweife, rundweg, aufrichtig.

stedälön, nel. = aufrichtig sein, geradsinnig
sein, no stedälom = er hat es hinter den
Ohren.

stedik = gerade, recht.

stedo = geradewegs.

stedöfik = direkt, unmittelbar.

stedöfo = geradeswegs, direkt.

stedön, nel. = gerade sein.

stedükam = Gerademachung, Gleichung.

stedükön, lov. = gerade machen.

stef = Daube, Faszdaube.

stegön, nel. = stecken, stafäd stegon in glun
= der Pfahl steckt im Boden.

stegülön, lov. = stechen, bien stegülon = die
Biene sticht.

steif = das Streben, das Bestreben, Bestrebung,
Strebsamkeit.

steifäd = Kandidatur.

steifädan = Kandidat.

steifäl = Strebeschaft, Strebertum, Strebergeist.

steifälan = Streber, Streberling.

steifälik = streberisch.

steifik = strebend.

steifön, nel. = sich bestreben, bestrebt sein, sich
befleiszen, sich befleiszigen.

steifül = das Probieren, das Versuchen.

steifülön, lov. = probieren, versuchen.

steig = Steckung, Stich.

steigädofülükön, lov. = ausstopfen.

steigädön, lov. = stopfen.

steigofluim = Abstich.

steigofluimön, lov. = abstechen.

steigön, lov. = stecken, — fadi da nad = eine
Nadel einfädeln.

steil = Destillation.
steilan = Destillateur.
steilot = Destillat.
steilön, lov. = destillieren.
steilöp = Destilliererei.
stel = Stern.
stelastaned = Konstellation, Gestirnstand, Gestirnung.
stelav = Astronomie, Sternkunde.
stelavan = Astronom.
stelavik = astronomisch, stums — = astronomische Instrumente.
steläd = Sternbild, Gestirn.
stelem = Gestirn, die Sterne (Gesamtheit der Sterne).
stelil = Sternchen, Sternlein.
stelön, lov. = besternen, bestirnen.
stelül: * = Asterisk.
stem = Dampf, Wasserdampf.
stemabaegian = Dampfbagger.
stemaban = Dampfbad.
stemabiröp = Dampfbrauerei.
stemacaf = Dampfkessel.
stemacin = Dampfmaschine.
stemaflutül = Dampfpfeife.
stemakläp = Dampfklappe.
stemamül = Dampfmühle.
stemanaf = Dampfboot, Dampfschiff.
stemanafam = Dampfschiffahrt. — su Lak di ‚Konstanz' = Bodenseedampfschiffahrt.
stemaspad = Dampfkammer.
stematräm = Dampfstraszenbahn.
stemavab = Dampfwagen.
stemavamükam = Dampfheizung.
stemädön, lov. = schmoren, stowen.
stemik = auf den Dampf bezüglich.
stemön, lov. = dämpfen (Damp auf etwas einwirken lassen).
sten = Fleck, Flecken, Makel.
stenam = Befleckung.
stenograf = Schnellschrift, Stenographie, Kurzschrift.
stenografam = Stenographierung.
stenografan = Stenograph.
stenografik = stenographisch.
stenografot = Stenogramm.
stenografön, lov. = stenographieren.
stenöf = Geflecktheit.
stenöfik = fleckig, befleckt.
stenön, lov. = flecken, beflecken.
step = Schritt, Tritt.
stepam = der Schritt, das Schreiten, das Imschittreiten, das Imschrittfahren.
stepamo = im Schritt.
stepik = schrittweise.
stepo = Schritt für Schritt.
stepön, nel. = schreiten, im Schritt gehen.
ster, S = Ster.
stero = Sterweise.
stiam = Erlasz, Erlassung, Amnestie.
stiamovik = erläszlich, läszlich.
stiamön, lov. = erlassen, amnestieren.
stib = Bleifeder, Bleistift.
stibatastabot, Sb_2O_5 = Antimonpentoxyd.

stibin, Sb, ‚stibium' = Antimon.
stibinanitrat, $Sb(NO_3)_3$ = Antimonnitrat.
stibinasulfat, $Sb_2(SO_4)_3$ = Antimonsulfat.
stibinasulfid, Sb_2S_3 = Schwefelantimon.
stibitastabot ü stibinaloxid, Sb_2O_3 = Antimontrioxyd, Antimonigsäureanhydrid.
stibitazüd ü metostibitazüd, $HSbO_2$ = metaantimonige Säure.
stibulametostibat, $SbO.SbO_3$ = metaantimonsaures Antimonyl.
stibulasulfat, $(SbO)_2SO_4$ = Antimonylsulfat.
stid = Satzung, Einrichtung, Institut, Institution.
stidön, lov. = einsetzen, instituieren.
stif = Steifheit, Steife, das Steifsein, Starre, Starrheit.
Stifaheran = Steifhaarige.
stifik = steif, erstarrt, starr.
stifikön, nel. = steif werden, starr werden, erstarren.
stifön, nel. = steif sein.
stifükön, lov. = steifen, steif machen, erstarren machen, starr machen.
stig = Stachel.
stigaribed = Stachelbeerstaude.
stigaribedabäl = Stachelbeere.
stigäd = Sporn.
sigädam = Anspornung, Anstachelung, Antreibung.
stigädan = Ansporner, Anstachler, Antreiber.
stigädön, lov. = spornen, anspornen, stacheln, anstacheln, antreiben, die Sporen geben.
stiged = Reiz (Mittel).
stigedam = Reizung, das Reizen.
stigedov = Reizbarkeit.
stigedovik = reizbar.
stigedön, lov. = reizen.
stigik = stachelig.
stil = Stille.
stilalif = Stilleben (stilles, ruhiges Leben).
stilalifön, nel. = ein Stilleben führen.
stilik = still.
stilo = in der Stille.
stilön, nel. = still sein.
stilükön, lov. = stillen.
stim = Ehre, labön stimi = die Ehre haben, sich beehren.
stimab = Ehrwürdigkeit.
stimaban = ehrwürdige Person, Ehrwürden (p.).
stimabik = ehrwürdig.
stimacal = Ehrenstelle, Ehrenamt.
stimadin = Ehrensache.
stimalebob = Ehrenbogen.
stimaleyan = Ehrenpforte.
stimaliman = Ehrenmitglied.
stimamal = Ehrenzeichen.
stimaman = Ehrenmann.
stimamen = ehrbare Person.
stimamesed = Ehrengeld, Ehrensold, Ehrensumme, Honorar.
stimapelön, lov. = beehren, honorieren.
stimaprem = Ehrenpreis.
stimiäl = Ehrbegierde, Ehrgeiz, Ehrsucht.
stimiälik = ehrgeizig, ehrsüchtig.

stimik = geehrt, ehrenvoll.
stimiseved = Ehrgefühl.
stimön, lov. = ehren, beehren.
stimü = zu Ehren des, — flen oba = zu Ehren meines Freundes.
stin = Saite.
stinön, lov. = besaiten.
stip = Bedingung, Vorbehalt.
stipabidir = Bedingungsform, Konditionalis.
stipaset = Bedingungssatz.
stipik = bedingungsweise, bedingt.
stipo = unter Bedingungen, bedingungsweise.
stipön, lov. = bedingen, Bedingungen stellen, ausbedingen.
stipü = unter der Bedingung.
stir = das Steuern.
stirajainäd = Zügel.
stiran = Führer, Lenker, Steuermann.
stiräd = das Lotsen.
stirädan = Lotse.
stirädön, lov. = lotsen.
stirov = Lenkbarkeit.
stirovik = lenkbar.
stiröm = Steuerruder.
stirön, lov. = steuern, lenken.
stit = Einrichtung, das Einrichten.
stitan = Einrichter.
stitod = Einrichtung, Anstalt, Institut.
stitön, lov. = einrichten.
stoenit = Austenit.
stoensor = Monstranz, Ostensorium.
stof = Stoff, Zeug, — ad bedastofädem = Bettücherzeug.
stofäd = aus Zeug gefertigtes Kleidungstück und Haus- und Wirtschaftsgerät.
stofädem = Zeug (Sammelwort), — beda = Bettzeug.
stofädemilav = die Wäsche (das Waschen von Kleidungsgegenstände, . . .), die Wäscherei.
stofed = Laken, Tuch (a.s.: bedastofed, taba= stofed = Bettuch, Tischtuch).
stofedön, lov. = decken, — tabi = den Tisch decken, aufdecken, auftragen, auftischen.
stofik = Stoffig, Zeug=.
stog = Strumpf.
stoin = Stein, Gestein (Mineral).
stoinav = Gesteinkunde, Gesteinlehre.
stoinavoled = Mineralreich.
stok = Vorrat, Bestand, Provision.
stokacem = Voratskammer.
stokik = vorrätig.
stol = Stroh.
stolabed = Strohlager.
stolajedülot = Streu.
stolanäst = Strohlager.
stolastag = Strohhalm.
stolik = Stroh=, strohern, strohig.
stom = Wetter, Witterung.
stomav = Meteorologie, Wetterkunde, Witterungskunde.
stomäg = Magen.
stomik = Wetter=, auf das Wetter bezüglich.
stomül = Schauer (in valem).

ston = Stein.
stonablög = Steinblock.
stonabük = Lithographie, Steindruck.
stonabükan = Lithograph, Steindrucker.
stonabükik = lithographisch.
stonacan = Steinware.
stonagik = steinig.
stonakolat = Steinkohle.
stonan = Steiniger.
stonicöpan = Steinhauer.
stonicöpöp = Steinhauerei.
stonik = steinern.
stonöf = steinige Beschaffenheit, Steinartigkeit.
stonöfik = steinartig, steinicht.
stonön, lov. = steinigen.
stop = das Anhalten, Anhalt, das Stillstehen.
stopö: —! = halt! nicht weiter! geblieben! stehen geblieben! steht!
stopön, nel. = halten, anhalten (nel.).
stopöp = Anhalt, Ort des Anhaltens, Halteplatz.
stor = das Wühlen.
stordit = Betäubung (Sinne).
storditön, lov. = betäuben.
stork = Storch.
storkanäst = Storchennest.
storön, nel. = wühlen (nel.).
stöb = Schranke, Barrière, Sperre.
stöbön, lov.: — vegi = den Weg sperren, absperren, versperren.
stöf = Stoff, Materie.
stöfed = Menstruum.
stöfik = stofflich.
stöfim (tapladü lanim) = Materialismus.
stöfiman = Materialist.
stöfimik = materialistisch.
stöm = Geschirr (einzelnes Stück), stöms = Geräte, Gerätschaft, Requisit, Utensilien.
stömam = das Anschirren.
stömem = Geschirr (Gesamtheit).
stömön, lov. = anschirren.
stön = Enthaltsamkeit, Enthaltung.
stönik = enthaltsam.
stönim = Teatotalisme.
stönimaklub = Abschaffungsgesellschaft, Mäszigkeitsverein.
stöniman = Enthaltsamkeitsfreund, Mäszigkeitsfreund, Temperänzler, Abstinenzler, Teatoteler.
stönön, lov. = sich enthalten des.
stöp = das Anhalten, das Hemmen, das Nichtweitersichbewegenlassen.
stöpäd = Aufhaltung, das Aufhalten, Zurückhaltung.
stöpädan = Aufhalter.
stöpädian = Aufhalter.
stöpädön, lov. = aufhalten, zurückhalten.
stöpön, lov. = anhalten (lov.), innehalten, hemmen, nicht weiter sich bewegen lassen, abstellen.
stör = Wühlerei.
störan = Wühler.
störolöpükön, lov. = aufwühlen, emporwühlen.
störosüükön, lov. = aufwühlen, hervorwühlen.

störön, lov. = wühlen (lov.), stochern.
störülön, lov. = rütteln.
stöt = das Stottern.
stötan = Stotterer.
stötön, lov. = stottern.
stral = Strahl.
stralam = Strahlung, das Strahlen.
stralamikodab = Radioaktivität.
stralamikodabik = radioaktiv.
stralik = strahlig.
stralön, nel. = strahlen (Strahlen werfen), —
 love = überstrahlen.
strip = Strich, Streif, Streifen.
stripam = Liniierung, das Liniieren.
stripamacin ü stripian = Liniiermaschine.
stripan = Liniierer.
stripian ü stripamacin = Liniiermaschine.
stripik = gestreift, streifig.
stripil = Streifchen, Streiflein.
stripilön, lov. = mit Streifelchen versehen,
 streifeln.
stripöm = Lineal.
stripön, lov. = mit Streifen versehen, streifen,
 liniieren.
stripül = Gedankenstrich.
strof = Strophe, Couplet.
strolog = Astrologie, Sterndeuterei.
strologan = Astrologe, Sterndeuter.
strontin, Sr, ‚strontium' = Strontium.
strontinaloxid, SrO = Strontiumoxyd.
strontinanitrat, $Sr(NO_3)_2$ = Strontiumnitrat.
ströin = Bremse.
strumentif = Instrumental (in sanskrit, in Rusänapük, in Lapänapük).
strut = Strausz (Vogel).
stud = Studium.
studacem = Studierstube, Studierzimmer.
studan = Student, Studiosus.
studiäl = Studiensinn.
studön, lov. = studieren.
stuk = Konstruktion, das Konstruieren.
stukan = Konstruierer.
stukot = Konstruktion.
stukön, lov. = konstruieren.
stul = Stuhl.
stulil = Stühlchen, Stühlein.
stum = Instrument, Werkzeug, Zeug, stums
 kiemavik pro voböps = chemische Instrumente für Laboratorien, stums kötetavik =
 chirurgische Instrumente, stums stelavik =
 astronomische Instrumente.
stumem = Gerät, Gerätschaft, — bukitanädik
 = Buchbinderzeug.
stun = Verwunderung, das Erstaunen, das
 Staunen.
stunid = Bewunderung.
stunidabik = bewundernswert, bewundernswürdig.
stunidan = Bewunderer.
stunidot = Wunder, stunidots vel vola = die
 sieben Wunder der Welt.
stunidön, lov. = bewundern.
stunik = verwundert, erstaunt.
stunikön, nel. = in Erstaunung geraten.

stunolülogam = Anstaunung.
stunolülogöl = anstaunend.
stunolülogön, lov. = anstaunen.
stunön, nel. = sich wundern, verwundert sein,
 staunen, erstaunen, sich erstaunen.
stunükam = Befremdung.
stunüköl = staunenswert, erstaunlich, staunenswürdig, befremdend, befremdlich.
stunükön, lov. = in Erstaunung setzen, befremden, in Staunen versetzen, Aufsehen machen, Aufsehen erregen.
stup = Dummheit, das Dummsein, Unverstand.
stupan = Dummbart, Dummerjan, Dummkopf,
 Dummrian, Eselskopf, Schafskopf.
stupäd = Einfältigkeit, Albernheit.
stupädan = Tropf, Kindskopf.
stupädik = einfältig, albern.
stupik = dumm, schafsköpfig, unverständig.
stupikön, nel. = dumm werden, verdummen.
stupot = Dummheit, dummer Streich, Eselei,
 stupoti! = Dummheit! Narretei!
stupön, nel. = dumm sein.
stupükön, lov. = verdummen, dumm machen.
stur = Sturz, das Stürzen (nel.).
sturarein = Guszregen, Platzregen.
sturareinön, nel. = gieszen, platzregnen.
sturnod = Star (böd).
sturnodadom = Starenhaus.
sturön, nel. = stürzen (nel.).
stut = das Lehnen, das Anlehnen, Anlehnung.
stutapün = Anhaltspunkt.
stutodakipön, lov. = sich festhalten an, sich
 anhalten an.
stutöm = Lehne.
stutön, nel. = lehnen an.
stutü: golön — staf, — stütods = am Stabe, an
 der Krücke gehen.
stüb = Schroffheit (Unfreundlichkeit).
stübik = Schroff (trotzig, unfreundlich).
stül = Stil, Schreibart.
stülam = Stilisierung.
stülik = stilhaft, stilgerecht.
stülön, lov. = stilisieren.
stüm = Achtung.
stümab = Achtbarkeit.
stümabik = achtbar.
stümik = geachtet.
stümölo = achtungsvoll.
stümön, lov. = achten; — eki = Achtung vor
 einem haben.
stür = Sturz, das Stürzen (lov.), das Schütten.
stüred = Einzahlung, das Einzahlen.
stüredot = Einzahlung (das Eingezahlte).
stüredön, lov.: — moni = Geld einzahlen.
stürot = Schutt (das Geschüttete).
stürön, lov. = stürzen (lov.), schütten, — oki
 = sich stürzen.
stürül = das Streuen.
stürülön, lov. = streuen.
stüt = das Stützen, Unterstützung.
stütäd = Anhalt.
stütod = Krücke.
stütön, lov. = stützen, unterstützen.

su, pr. 1 = an, **nafädön — klif** = an einem Felsen scheitern, **seatön, seadön — glun** = am Boden, an der Erde liegen, sitzen 2. = auf, — **at** = darauf, auf dieses, — **kel** = worauf (relativ), — **taled** = auf Erden, — **veg** = auf dem Wege, unterwegs, **ped paunas lul, ped mö pauns lul — kvadazimmet bal** = ein Druck von fünf Pfund auf das Qudratzentimeter, **lödön — länäd** = auf dem Lande wohnen, **polön — bäk** = auf den Rücken tragen 3. = über, **lödom — jol votik flumeda** = er wohnt über dem Flusse 4. = zu, — **mel** = zur See, **leseatön — länäd** = zu Felde liegen, **seatön — gluń** = zu Boden liegen.

suaf = Zuave.
suaheliy = Suahelisprache.
suäm = Belauf, Betrag, Preis.
suämalised = Preisliste, Preiskurant.
suämön, lov. = ausmachen, betragen, sich belaufen.
suämü = im Betrage von, **cütön eki — maks deg** = einen um zehn Mark betrügen.
sublim = Erhabenheit, Groszartigkeit, — **ladäla** = Geisteshöhe, Seelenadel, Seelengrösze.
sublimäl = Hochsinn.
sublimälik = hochsinnig.
sublimik = erhaben, groszartig, gehoben, hehr.
sublimö: —! = groszartig!
sublimön, nel. = erhaben sein, hehr sein.
sublimüköl = erhebend, — **ladäli** = herzerhebend.
sublimükön, lov. = erheben, geistig heben, hehr machen.
subrodön, lov. = aufsticken.
subsat = Hauptwort, Substantiv.
subsatik = substantivisch.
subyet = Subjekt.
subyetaset = Subjektssatz.
subyetik = subjektiv.
sud = Taubheit.
sudamüät = Taubstummheit.
sudamüätik = taubstumm.
sudel = Sonntag.
sudelik = sonntäglich.
sudelo = sonntags, am Sonntag.
sudik = taub.
sudükam = Betäubung.
sudükön, lov. = betäuben.
suem = das Begreifen, Verständnis, das Verstehen, das Fassen, Auffassung, Erfassung, **atos binon sus — oba** = das geht über meinem Verstand.
suemakleil = Geistesklarheit.
suemäl = Begriffsvermögen, Fassungskraft, Fassungsvermögen, Fassungsgabe.
suemik = begreifend, faszend.
suemiko = begreiflicherweise.
suemod = Begriff.
suemov = Begreiflichkeit, Faszbarkeit, Verständlichkeit.
suemovik = auffaszbar, begreiflich, faszlich, verständlich.

suemön, lov. = begreifen, verstehen, fassen, auffassen, erfassen, einsehen (fassen), **no suemom dini at** = er hat keinen Begriff von dieser Sache, **atos binon mödikum ka utos, kelosi kanob —** = das geht über meinem Verstand.
suemükamamedöm = Verständigungsmittel.
suemükön, lov.: — **eke bosi** = einem etwas klar machen, deutlich machen, verständlich machen.
suet = Schweisz.
suetaban = Schwitzbad.
suetiäl = Schweiszigkeit, Schwitzigkeit.
suetik = schweiszig.
suetön, nel. = schweiszen, schwitzen.
suf = das Erleiden, das Bestehen.
sufal = groszer Dulder.
sufalefom = Passiv, Passivum, Leideform.
sufalefomik = passiv, passivisch.
sufalön, nel. = auffallen (auf etwas fallen).
sufäd = Geduld.
sufädik = geduldig.
sufädö: —! = geduld!
sufädön, nel. = sich gedulden.
sufäl = Duldsamkeit, Toleranz, das Dulden, Duldung.
sufälik = duldsam, tolerant.
sufälön, lov. = ertragen, dulden, **äsufälob osi** = ich liesz es über mich ergehen, **no sufälob, das büdom obe bosili** = ich lasse mir nichts von ihm befehlen.
sufid = das Vertragenkönnen, Widerstandskraft, Widerstandsfähigkeit.
sufidalaid = Ausdauer.
sufidalaidik = ausdauernd, beharrlich.
sufidalaidön, nel. = ausdauern, aushalten, ausharren.
sufidik = vertragend, widerstehend.
sufidovik: no — = nicht zum Aushalten.
sufidön, nel. = widerstehen, vertragen können.
sufidükam = Abhärtung.
sufidükön, lov.: — **oki** = sich härten, abhärten.
sufikön, nel. = sich aussetzen.
sufod = Ergebung (in sein Schicksal), Ergebenheit.
sufodik = sich fügend, gefallen lassend.
sufodön, nel. = gelassen sein, sich ergeben.
sufot = das Ausgestandene, das Erduldete.
sufovik = duldbar, erträglich, auszuhalten.
sufön, lov. = erleiden, erdulden, bestehen, — **malädi** = leiden an einer Krankheit.
sufükön, lov. = aussetzen.
sug = das Saugen.
sugasvinül = Spanferkel, Milchschwein.
sugifot = Aufgusz.
sugifön, lov. = aufgieszen.
sugön, nel. = saugen.
sui, pr. 1. = an, **penön — völ** = an die Wand schreiben, **seidön eke neifi — gug oma** = einem das Messer an die Kehle setzen 2. = auf, **golön — süt** = auf die Strasze gehen 3. = in, **pladön, stepön — föfaglun, — pödaglun** = in den Vordergrund, in den Hintergrund stellen, treten 4. = zu, **blinön — papür** = zu Papier bringen, **falön — glun** = zu

Boden fallen, **xänön** — **jevod** = zu Pferde steigen.

suid = Schwindel.

suidikön, nel. = schwindlig werden, den Schwindel bekommen.

suidön, nel. = schwindeln, **suidob** = ich schwindle.

suk = das Suchen, das Aufsuchen.

sukan = Sucher, Aufsucher.

sukäl = Spürsinn.

sukälik = spürsinnig.

sukälön, nel. = Spürsinn haben.

sukiälik = nachstöbernd.

sukik = suchbar, nicht zu finden.

sukleibön, lov. = aufkleben.

sukön, lov. = suchen, aufsuchen.

sukret, k. Lekvadoränik = Sucre.

sukretazim, k. Lekvadoränik = Cent.

sul = Filter, Filtrum.

sulam = Filtrierung, Filtration.

sudamapapür = Filtrierpapier.

sulan = Filtrierer.

sulfatastabot, SO_3 = Schwefelsäureanhydrid, Schwefeltrioxyd.

sulfatazüd, H_2SO_4 = Schwefelsäure.

sulfidazüd, $H_2S.aq$ = Schwefelwasserstoffwasser, Schwefelwasserstoffsäure.

sulfin, S, ‚sulphur' = Schwefel.

sulfinerik = schwefelhaltig.

sulfinik = schwefelicht, von Schwefel.

sulfinön, lov. = schwefeln.

sulfitastabot, SO_2 = Schwefelsäureanhydrid, Schwefeldioxyd.

sulfitazüd, H_2SO_3 = schweflige Säure.

sulfofosfosokilklorin ü **fosfinasulfinakilklorin,** $PSCl_3$ = Phosphorsulfochlorid.

sulfoküanatazüd, CNSH = Thyocyansäure, Rhodanwasserstoffsäure.

sulfoleter, $(C_2H_5)_2S$ = Äthylsulfide.

sulofüsülüdalofüd, s.l.s.l. = Südost zu Osten.

sulön, lov. = filtrieren, filtern.

sultan = Sultan.

sulüd, s. = Süden.

sulüdalofüd, s. l. = Südosten.

sulüdalofüdik = südöstlich.

sulüdapov = Südpol.

sulüdavesüd, s.v. = Südwesten.

sulüdän = Südland, Süden.

sulüdänafluk, sulüdänafluks = Südfrüchte.

sulüdänan = Südländer.

sulüdik = südlich.

sulüdü = südlich von.

sulüsulüdalofüd, s.s.l. = Südsüdosten.

sulüsulüdavesüd, s.s.v. = Südsüdwest.

sum = Wegnahme, das Nehmen.

sumät = Unterwürfigkeit.

sumätäl = Unterwürfigkeit.

sumätälik = unterwürfig.

sumätik = unterwürfig.

sumätikön, nel. = sich unterwerfen.

sumätöf = Untergebenheit, untergeordnete Stellung.

sumätöfan = Untergebener, Untergeordneter.

sumätöfik = untergeordnet, subaltern, untergeben, abhängig.

sumätöfön, nel. = untergeordnet sein, subaltern sein.

sumätöfü = unter (geistig), untergeordnet.

sumätöfükön, lov. = untertänig machen.

sumätön, nel. = unterworfen sein.

sumätükam = Unterwerfung, Unterdrückung.

sumätükan = Unterdrücker.

sumätükön, lov. = unterwerfen, unterdrücken, knechten.

sumbud = Docht.

sumov = Faszbarkeit.

sumovik = faszbar.

sumön, lov. = nehmen, wegnehmen, — **fo ok** = vor sich nehmen, — **bosi ad sam, as sam** = zum Beispiel nehmen.

sunaflukem = Frühobst.

sunäd = dieser selbiger Augenblick.

sunädik = sofortig, ungesäumt.

sunädo = alsbald, auf der Stelle, augenblicklich, sofort, sogleich, unverzüglich.

sunädö: —! = unverzüglich, aufderstelle! sofort! sogleich!

sundan = das Sundanesisch.

sundanan = Sundanese.

sunik = baldig, zeitig.

sunikün = bäldest, baldigst, baldmöglichst, möglichtsbald, tunlichtsbald.

sunitans = Sunniten.

suno, ladv. = bald, demnächst.

sunokömöl = bevorstehend.

sunükam = Beschleunigung.

sunükön, lov. = beschleunigen.

suomiy = das Finnisch.

suomiya⸗macarik = finnisch-ugrisch.

suomiyan = Finne.

sup = Suppe.

supäd = eine Flüssigkeit mit festeren Bestandteilen, Treber, Satz, Bodensatz.

‚supinum' [supinum] lat. = Supinum.

supül = Bouillon, Fleischbrühe.

sur = Assekuranz, Versicherung.

surad = Wade.

suradaspam = Wadenkrampf.

suran = Versicherungsnehmer.

surigaran = Sicherstellung.

surigaranan = Assekurant, Versicherer.

surigaranön, nel.: — **eke** = einen sicher stellen.

surön, lov. = assekurieren, versichern.

sus, pr. = über, — **od** = über einander, **bal — votik** = über einander, **nog binön** — **glun** = noch über der Erde stehen, **pöträt lagon** — **ramar** = das Bild hängt über dem Schranke, **atos tuon** — **cog** = das geht über den Spasz.

susbrefakap (mafädanum : ⟩ 90%) = Ultrabrachicephalie.

susdigik = unschätzbar.

suseatön, nel. = aufliegen (auf etwas liegen).

suseidan = Aufsetzer.

suseidot = Aufsatz (etwas Aufgesetztes).

suseidön, lov. = aufsetzen.

suseit = Auflegung, das Auflegen.

suseitön, lov. = auflegen (auf etwas legen),
— eke bosi = einem etwas aufbürden.
susgud = Allgüte.
suslunakap (mafädanum : ‹ 65 %) = Ultradolichocephalie.
susmen = Übermensch.
susmenik = übermenschlich.
susnum = Unzahl.
susnumik = zahllos, unzählig.
susnumikna = unzähligemal.
suspenäd = Überschrift.
suspenön, lov. = überschreiben.
sustalik = überirdisch.
sustan = das Aufstehen, Aufstehung.
sustanän, nel. = aufstehen.
sustürön, lov. = auf (etwas) schütten, aufschütten.
susulüsulüdalofüd, s.s.s.l. = Süden zu Osten.
susulüsulüdavesüd, s.s.s.v. = Süd zu Westen.
sut = Rusz.
sutik = ruszig.
suv = Häufigkeit.
suvadunön, lov. = oft tun.
suvavisit = Frequenz, häufiger Besuch.
suvavisitön, lov. = frequentieren.
suvesüsulüdavesüd, s.v.s.v. = Südwest zu Westen.
suvik = häufig.
suvikna = oftmalts.
suvo = oft, öfters.
suvöf = stetige Wiederhohlung, Frequenz.
suvöfavöd = Frequentativum.
suvöfik = frequent, wiederholt, vöd — = Frequentativum.
suvöfikna = wiederholentlich.
sü = hervor.
süad = Überzeugung, das Überzeugtsein.
süadik = überzeugt.
süadön, nel. = überzeugt sein.
süadükam = Überzeugung.
süadüköl = überzeugend.
süadükön, lov. = überzeugen.
sübreikön, nel. = durchbrechen, tutil balid
esübreikon = das erste Zähnchen ist durchgebrochen.
süd = Sitte.
südaklin = Sittenreinheit.
südaklinik = sittenrein.
südav = Sittenlehre, Ethik, Moral.
südavan = Ethiker, Moralist.
südik = nach der Sitte.
südöf = Sittlichkeit, Moralität.
südöfatidod = Moral, südöfatidodi! = Nutzanwendung!
südöfav = Moralwissenschaft.
südöfäl = Sittenstrenge, Sittlichkeitssinn.
südöfik = sittlich, moralisch.
süen = Besonnenheit, Überlegtheit.
süenik = besonnen, überlegt.
süenikam = Besinnung.
süenikön, nel. = sich besinnen.
süf = Aufzug, Akt.
süfül = Auftritt, Scène.
süg = das Säugen.

sügaf = Säugetier.
sügan = Amme, Säugamme.
süganim = Säugetier.
sügäb = Säugling.
sügön, lov. = säugen.
süikön, nel. = entspringen, hervorkommen, zum
Vorschein kommen.
sükögön, lov. = aufhusten.
sükömön, nel. = hervorkommen.
sükuvön, lov.: — gokülis = Kücken ausbrüten.
sül (tapladü höl) = Himmel.
sülalödan = Himmelsbewohner.
sülibelödan = Himmelsbewohner.
sülik = himmlisch.
sülö: —! = ums Himmelswillen!
sülöpikam = Aufgang, — sola = Sonnenaufgang.
süm = Ähnlichkeit, Analogie.
sümäd = das Nachmachen.
sümädabük = Nachdruck.
sümädapenön, lov. = nachschreiben.
sümädot = Nachahmung, das Nachgemachte.
sümädön, lov. = nachmachen, nachahmen.
sümbol = Sinnbild, Symbol.
sümbolav = Sinnbildlehre, Symbolik.
sümbolik = sinnbildlich, symbolisch.
sümbolön, lov. = sinnbilden, symbolisieren.
sümedön, nel. nem. = einem gleichen.
sümik = ähnlich, analog.
sümil: — stimiseveda = ein Schimmer von Ehrgefühl.
sümilön, nel. = ähneln.
sümo = auf ähnliche Weise.
sümod = Analogon.
sümön, nel. = ähnlich sein, gleichen.
sümpat = Sympathie (geheimer Einflusz).
sümpatik = sympathetisch, lekäl = sympathetische Kur, sympathetische Behandlung.
sümükam = Analogisierung, Verähnlichung.
sümükön, lov. = analogisieren, ähnlich machen,
veranähnlichen.
sünagog = Synagoge.
sünod = Synode.
süntag = Syntax, Satzlehre.
süp = Plötzlichkeit.
süpäd = Überraschung.
süpädön, lov. = überraschen.
süpedön, lov. = herauspressen, hervorpressen.
süper = Vortrefflichkeit, Vorzüglichkeit, das
Vorzüglichsein.
süperik = vortrefflich, vorzüglich, ausgezeichnet, ausnehmlich.
süperod, süperods = Vorzüge.
süperö: —! = ausgezeichnet! vorzüglich!
süpik = plötzlich, unerwartet.
süpiküno: mu — = urplötzlich.
süpo = auf einmal, mit einmal, mit einem Male,
unversehens, unerwartet.
süpot = etwas Unerwartetes.
süren = Syringe, türkischer Flieder, spanischer
Flieder.
sürfat = Oberfläche (im Gegensatz zum Innern).

sürfatik = oberflächlich (im Gegensatz zum Innern).
süriy = das Syrisch.
süryenans = Syrjänen.
süsprotön, nel. = aussprieszen, hervorsprieszen.
süstegön, lov. = vorstecken, hervorstecken, süstegom valikanis = er ragt über alle empor.
süstörön, lov. = aufwühlen.
süt = Strasze, — veütikün = Haupstrasze, — löpik = Oberstrasze.
sütahipul = Gassenjunge.
sütalidül = Gassenhauer.
sütik = Straszen=.
sütil = Sträszchen.
sütimeikan = Straszenanleger.
sütipavan = Pflasterer, Pflastersetzer.
süükön, lov. = entlocken.
süvokön, lov. = hervorrufen.
sval = Schwalbe.
svan = Schwan.
sveamaglad = Treibeis.
sveamön, nel. = triftig, flott werden.
sved = das Altschwedisch.
sveimön, lov. = flöszen, schwemmen, flumed sveimon gladi = der Flusz geht mit Eis, der Flusz geht mit Treibeis.
svel = Geschwollenheit.
sveläd = Ausdehnung.
svelädov = Ausdehnbarkeit.
svelädovik = ausdehnbar.
svelädön, nel. = sich ausdehnen.
svelikön, nel. = schwellen, anschwellen.
svelot = Schwellung.
svelön, nel. = geschwollen sein.
svelükön, lov. = schwellen (lov.).
svid = Süsze, Süszigkeit.
svidik = süsz.
svidilik = süszlich.
svidükam = Versüszung.
svidükön, lov. = versüszen.
svim = das Schwimmen.
svimaböd = Schwimmvogel.
svimakan = Schwimmkunst.
sviman = Schwimmer.
svimön, nel. = schwimmen.
svimöp = Schwimmplatz.
svin = Schwein.
svinibecöpan = Schweineschlächter.
svinik = schweinern, Schweins=.
svinil = Schweinchen.
svinül = Ferkel.
svip = Besen.
svipot = Kehricht.
svipön, lov. = kehren.
svist = Bruder, Schwester (zur Bezeichnung von Gleichheit und Gemeinschaft).
svistam = Verbrüderung.
svistäl = Brudersinn.
svistef = Bruderschaft (Genossenschaft von Brüdern).
svistön, lov. = verbrüdern, fraternisieren.
svol = das Bauschigsein.
svolablit = Pumphose, Pluderhose.

svolasliv = Bauschärmel, Puffärmel.
svolik = bauschig, geschwollen, aufgeschwollen, augeblasen.
svolikam = Blähung.
svolikön, nel. = sich bauschen.
svolot = Bausch.
svolotil = Bäuschen.
svolön, nel. = bauschig sein.
svolükön, lov. = aufblähen, bauschen (lov.).
syam = Schamanismus.
syaman = Schaman.
syiitans = Schiiten.
syintoit = Schintoismus.

S.

Sagaleän = Sachalin.
Saharän = Sahara.
Saludalanal = Heiliger Geist.
Salvadorän = Salvador.
Samoyuäns = Samoa-Inseln.
Sanal = Heiland.
Sandominän = St. Domingo.
Sandominänan = St. Dominganer.
Sangalän = St. Gallen (Kanton).
Sanmarinän = San-Marino.
Sansibareän = Sansibar (Insel).
‚San=Salvador’ = San-Salvador.
Santomeän = São-Tomé.
Sardineän = Sardinien (Insel).
Sardineänan = Sarde, Sardinier.
Sardineänik = sardisch, sardinisch.
Savoyän = Savoyen.
Savoyäna=brasid = Savoyerkohl, Wirsing.
Savoyänan = Savoyarde.
Savoyänik = savoyisch.
Saxän = Sachsen.
Saxänan = Sachse.
Saxänik = sächsisch.
Saxiän = Provinz Sachsen.
Saxiänan = Sachse.
Saxiänik = sächsisch.
Säjäluäns = Seychellen.
Säleän = Ceylon.
Särbän = Serbien.
Särbänan = Serbe.
Särbänik = serbisch.
‚Schwarzwald’ [jvárz-váld] D. = Schwarzwald.
‚Schwarzwälder’ [jvárz-váldĕr] D. = lödan ela ‚Schwarzwald’.
Seanuänan = Polynesier.
Seanuäns = Ozeanien.
Seleän = Seeland.
Seleänan = Seeländer.
Selebeän = Celebes.
Senegalän = Senegal (Gebiet).
Seravakän = Serawak.
Sfalalak = Asphaltmeer, Totes Meer.
’S-Gravenhage’ [sqrafĕnhaqĕ] Ned. ü ‚Den Haag’ [dånhàq] Ned. = Haag.
Siamän = Siam.
Siamänan = Siamese.
Siamänik = siamesisch.

Siäraleonän = Sierra-Leone.
Sibenbügän = Siebenbürgen.
Sibenbügänan = Siebenbürger.
Sibenbügänik = siebenburgisch.
Sibirän = Sibirien.
Sibiränan = Sibirier.
Sibiränik = sibirisch.
Sikileän = Sizilien.
Sikileänan = Sizilier.
Sikileänik = sizilianisch.
Sinkiyän = Ost-Turkistan.
Siör = Herr (Gott).
Siöraplek = Vaterunser.
Sipreän = Cypern.
Siyop = Asien.
Siyopan = Asiat.
Siyopik = asiatisch.
Skandinän = Skandinavien.
Skandinänan = Skandinavier.
Skandinänik = skandinavisch.
Skotän = Schottland, Nula‹ — = Neuschottland.
Skotänan = Schotte.
Skotänik = schottländisch.
Skotänüm = Schottischer (Tanz).
Skütän = Skythien.
Slavonän = Slavonien.
Smala‹Seanuäns = Mikronesien.
Smala‹Siyop = Kleinasien.
Sokotreän = Sokotra (Insel).
Somalän = Somaliland.
Sovyätarepüblik : Balatam Sovyätarepüblikas sogädimik = Union der sozialistischen Sowjetrepubliken, — febik sogädimik Rusänik = Russische Sozialistische Föderative Sowjetrepublik, — sogädimik Lukrayänik, Vieta‹ Rusänik = Ukraïnische, Weiszrussische Sozialistische Sowjetrepublik.
Söl = Herr (Gott).
Sölaplek = Vaterunser.
Spanyän = Spanien.
Spanyänan = Spanier.
Spanyänik = spanisch.
Spelakep = das Kap der guten Hoffnung, Vorgebirge der guten Hoffnung.
Spelakepän = Kapland.
Spizbärgän = Spitzbergen.
Stirän = Steiermark.
Stiränan = Steirer.
Stiränik = steierisch.
Štralop = Australien.
Srtalopan = Australier.
Stralopik = australisch.
Strezän = Straits-Settlements.
Sudän = Nigritien, Sudan, — Fransänik = Französisch-Sudan, — Lingläna‹Güptänik = Angloägyptischer-Sudan.
Sudänan = Nigritier, Sudaner.
Sudäna‹nägär = Sudanneger.
Sulüda‹Corceän = Süd-Georgien (Insel).
Sulüda‹Deutän = Süddeutschland.
Sulüda‹Deutänan = Süddeutscher.
Sulüda‹Deutänik = süddeutsch.
Sulüdagladean = Südpolarmeer.

Sulüda‹Merop = Südamerika.
Sulüda‹Meropan = Südamerikaner.
Sulüda‹Meropik = südamerikanisch.
Sulüdapovean = Südpolarmeer.
Sulüda‹Rodesiyän = Süd-Rhodesia.
Sulüda‹Slavän = Jugoslavien.
Sulüdavesüda‹Frikop = Südwestafrika.
Sumatreän = Sumatra.
Sund = Sund.
Sunduäns = Sunda-Inseln.
Sunduänik: melarovöp — = Sundastrasze.
Suomiyän = Finnland.
Suomiyänan = Finländer.
Suomiyänik = finnisch.
Süriyän = Syrien.
Süriyänan = Syrer, Syrier.
Süriyänik = syrisch.
Svasiyän = Swasiland.
Svedän = Schweden.
Svedänan = Schwede.
Svedänik = schwedisch.

t.

ta, pr. 1 = an, nafädön — klif = an einem Felsen scheitern, stutön — völ = sich an die Wand lehnen 2. = auf, ped paunas lul, ped mö pauns lul — kvadazimmet bal = ein Druck von fünf Pfund auf das Quadratzentimeter 3. = für, med, medin — fif = ein Mittel für das Fieber 4 = gegen, — at = dagegen, — lon = gegen das Gesetz, — vil omik = gegen seinen Willen, komipön — neflen = gegen den Feind kämpfen 5. = über, äta‹ takoms omi = sie fielen über ihn 6. = wider, — at = dawider, — od = wider einander, — büd = wider das Gebot, — spet = wider Erwarten, pro u — bos = für oder wider 7. = zuwider, dunön — büd = dem Befehle zuwider handeln, fät binon — om = das Glück ist ihm zuwider.
taan = Gegner, Widersacher.
taäd = Gegenteil, Widrigkeit.
taädam = Abstich, Kontrast.
taädik = entgegengesetzt.
taädo = im Gegenteil.
taädön, nel. = kontrastieren.
taäl = Quertreiberei, Querköpfigkeit, Widerspruchsgeist, Widersinn.
taälan = Querkopf, Quertreiber.
taälik = widersinnig, widergesinnt.
tab = Tisch, Tafel, — laidalotanas = Stammtisch.
tababoed = Tischplatte, Tischblatt.
tabagefem = Tafelservice, Tafelgeschirr.
tabak = Tabak.
tabakabok = Tabaksdose.
tabakatedan = Tabakshändler.
tabakiär = Tabakdose.
tabakisnüfan = Tabakschnupfer.
tabasog = Tischgesellschaft.
tabastofädem = Tischzeug, Tafelgedeck.
tabastofed = Tischtuch, Tafeltuch.
tabastömem = Tischgerät.

tabategäd = Tischdecke.
tabär = Tabernakel, Laubhütte (der Israeliten).
tabärazäl = Laubhüttenfest.
tabärnak (pleköp metudanas) = Tabernakel (Bethaus der Methodisten).
tablöf = Gegenbeweis.
tablöfäd = Widerlegung.
tablöfädön, lov. = widerlegen.
tablöfov = Widerlegbarkeit.
tablöfovik = widerlegbar.
tablöfön, lov. = gegenbeweisen.
tabüd = Gegenbefehl.
tabüdön, lov. = Gegenbefehl erteilen.
tadun = Widerstand.
tadunan = einer, der sich widersetzt, einer der Widerstand leistet.
tadunanäm = Widerstandskraft.
tadunön, lov. = widerstehen, Widerstand leisten.
taed = Abwehr, Abwehrung.
taedön, lov. = hindern, wehren, abwehren, parieren, verwehren.
tael, k. Tsyinänik = Tael.
taelazim, k. Tsyinänik = Kandorin.
taen = Lohe, Gerberlohe.
taenam = das Gerben, das Lohen.
taenan = Gerber, Loher, Lohgerber.
taenäd = Lohballen, Lohkäse, Lohkuchen.
taenön, lov. = gerben, lohen.
tafet = Taffet.
tafetik = taffeten, taften, von Taft.
tafifmedin = Fiebermittel.
tag = das Trampeln, das Strampeln, das Stampfen.
tagad: — nafa = das Stampfen eines Schiffes.
tagadön, nel. = stampfen.
tagalans = Tagalen.
tagigpapür = Gichtpapier.
tagön, nel. = trampeln, strampeln, stampfen.
taib = Tabelle, **— naedama** = das Einmaleins.
taibik = tabellarisch.
taik = widrig, zuwider.
taikön, nel.: **— ta büdül, — ta nomem** = den Vorschriften zuwider laufen.
tail = Erde (Stoff).
tailablögäd = Erdscholle, Scholle.
tailasot = Erdart.
tailerik = erdig, Erdteile enthaltend.
tailik = irden, aus Erde.
taililik = erdartig.
taim = Lehm.
taimik = von Lehm, letten, **bumavadeks — =** architektonische Versierungen aus Ton.
tajekmedin = Schreckmittel.
tak = Ruhe (Gegenteil der Bewegung), Stillstand, das Stillstehen.
takäd = Ruhe, das Ausruhen.
takädabed = Ruhebett, Faulbett.
takädikön, nel. = zur Ruhe gehen.
takädön, nel. = ausruhen.
taked = Ruhe, Gelassenheit, Bedächtigkeit, Geistesruhe.
takedik = ruhig, gelassen.
takedö: —! = ruhig!

takedön, nel. = ruhig sein, gelassen sein.
takedükam = Beruhigung.
takedükön, lov. = beruhigen.
takikön, nel. = ruhig werden, sich beruhigen.
takipön, lov. = dagegenhalten.
takomip = Gegenwehr.
takomipovik = wehrhaft.
takomipön, nel. = sich wehren.
takön, nel. = stille stehen, im Stillstand sein.
tal = Erde.
taladrem = Erdbeben.
talaglöp = Weltkugel, Erdkugel, Erdball, Erdkörper, Erdkreis.
talalan = Erdgeist.
talalanan, talalanans = Erdgeister.
talalödan = Erdbewohner.
talap = Maulwurf.
talar = Talar.
talaron = Erdharz.
talav = Erdkunde, Geologie.
talavan = Geolog.
talaväk = Erdwachs.
talavik = geologisch.
talaxab = Erdachse.
taled = Erdreich, Erdkreis.
taledadil = Erdteil, Weltteil.
taledatopäd = Weltgegend, Luftgegend, Erdstrich.
taledav = Erdbeschreibung, Geographie.
taledavan = Geograph.
taledavik = geographisch.
taledik = irdisch.
taledo = auf Erden, hienieden.
talibelödan = Erdbewohner.
talik = irdisch.
talin, Tl, ‚thallium' = Thallium.
taliniloxid, Tl_2O_3 = Thallioxyd.
talinoloxid, Tl_2O = Thallooxyd.
tamarin = Tamarinde (Baum), Tamarindenbaum.
tamarinafluk = Tamarindenfrucht.
tamed = Gegenmittel.
tamilan = Tamil.
tan = Band (vinculum).
tanakrod = Kreuzband.
tanam = Bindung, das Binden.
tanamafad = Bindfaden.
tanamajain = Bindfaden, Schnur.
tanamodugön, lov. = anweisen, anleiten.
tanamü = im Zusammenhang mit, in Verbindung mit.
tanan = Binder.
tanaspäktrum = Bandenspektrum.
tanatik = widernatürlich, naturwidrig.
tanäd = Einband, Bucheinband, Einbanddecke, Buchdecke.
tanädam = das Einbinden.
tanädön, lov.: **— bukis** = Bücher einbinden.
taned = Streifen.
tanedil = Streifen, **— papüra** = Streifen Papier.
tanin = Tannin.
tanod, tanods = Band, Bänder (zum Putz).
tanoid = Gerbsäure, Gerbstoff.

tanön, lov. = binden.
tantalin, Ta, ,tantalium' = Tantal.
taotet = Taoismus, Lehre des Lao-tse.
taön, nel. = zuwider sein, dagegen sein, dawider sein, entgegensein, — **ta** = zuwider lauten.
tap = Tapezierung, das Tapezieren.
tapan = Tapezierer.
tapäd = Teppich (als Decke des Fuszbodens).
taped = Teppich.
taplad = Gegensatz, Gegenstellung.
tapladön, lov. = entgegenstellen.
tapladü = im Gegensatze zu, im Gegensatze gegen.
tapot = Tapezierung (Wand), Tapete.
tapotel = Tapetenfabrikant.
tapön, lov. = tapezieren.
tar = Teer.
tarad = Tara.
tarak = Butterblume (Pflanze), Löwenzahn.
tarakaflor = Butterblume (die Blume).
tarantel = Tarantella (Tanz).
tarantul = Tarantel (Spinne).
tarif = Tarif.
tarifik = tarifmäszig.
tarifo = beim Tarif, dem Tarif gemäsz.
taseidön, lov. = entgegensetzen.
taspik = Widerrede, Widerspruch.
taspikäl = Widerspruchsgeist.
taspikot = Widerspruch (Sache).
taspikön, lov.: — **eke bosi** = widersprechen, widerreden.
taspikül = Einwendung.
taspikülot = Einwurf, Einwand, Einwendung.
taspikülön, lov. = einwenden.
tasteif = das Hindernissebereiten.
tasteifön, lov. (eki, bosi) = (einem, einer Sache) Hindernisse bereiten.
tat = Staat.
tatak = Bestürmung, Anfall.
tatakan = Stürmer, Bestürmer.
tatakön, lov. = bestürmen, attackieren, anfallen.
tatarans = Tataren.
tatavalör, tatavalörs = Staatsfonds, Staatspapier.
tatät = Staatsbürgertum.
tatätan = Staatsbürger.
tatätik = staatsbürgerlich.
tatik = Staats-, staatlich, den Staat betreffend.
tatikäl = Absurdität.
tatikälik = absurd.
tatikälot = Absurdität.
taul = Handtuch.
taulastof = Handtücherzeug.
taum = Atom.
taumav = Atomlehre.
taumavet = Atomgewicht.
tavenenmedin = Gegengift.
tavien = Gegenwind.
tä, pr. 1. = zu, **tel proporos — fol, äs kil — mäl** = zwei verhält sich zu vier, wie drei zu sechs.

täd = das Drohen, Drohung, Bedrohung.
tädan = Droher.
tädik = drohend.
tädön, lov. = bedrohen, drohen, androhen.
täk = Borg, Kredit.
täko = auf Borg, auf Kredit.
täkogetön, lov. = erborgen, durch Borgen erlangen.
täkoremön, lov. = auf Borg kaufen, borgen.
täkoselön, lov. = auf Borg verkaufen.
täkov = Kreditfähigkeit.
täkovik = kreditfähig.
täl = das Eingedrücktsein.
täläkt = Verstand, Intellekt, Vernunft, Vernünftigkeit.
täläktafibik = schwachköpfig.
täläktan = der Intellektual.
täläktik = intellektual, intellektuell, geistig, verständig, vernünftig.
täläktim = Geistesrichtung.
tälen = Anlage, Gabe, Talent, **ko, me, dub tälens oma** = bei seinen Talenten.
tälenik = begabt, talentvoll.
tälik = mit Dellen, mit Tellen.
tälot = Beule (Vertiefung), Delle, Telle.
tälön, nel. = eingedrückt sein.
tälükön, lov. = eindrucken, Beulen machen.
täm = Mäszigkeit, das Mäszigsein.
tämep = Schläfe.
tämik = mäszig, maszhaltend, gemäszigt.
tämikam = Mäszigung (das Sichmäszigen).
tämikön, nel. = sich mäszigen.
tämön, nel. = mäszig sein, Masz halten.
tämükam = Mäszigung (das Mäszigens).
tämükön, lov. = mäszigen, mäszig machen.
tän, kony. = dann, **nü ... — ...,** konyuns = bald ... bald ...
tänad = Zelt, **regulön tänadis** = die Zelte aufschlagen, **neregulön tänadis** = die Zelte abbrechen.
tänden = Flechse, Sehne.
täno, ladv. = darnach, dann, alsdann, hernach, hierauf, nachher, worauf, da. **nu ... — ...,** ladvärbs = jetzt ... dann ..., bald ... bald ...
tärmomet ü vamotimaföm = Thermometer.
tästum = Testament.
tästuman = Testator, Testierer.
tästumik = testamentarisch.
tästumön, nel. = sein Testament machen.
tät = Zitze, Brustwarze.
tätam = Melkerei, das Melken.
tätamovik = melkbar.
tätamöp = Melkerei, — **Jveizänik** = Schweizerei.
tätan = Melker.
tätön, lov. = melken.
täv = Reise.
tävablümik = reisefertig.
tävaböd = Zugvogel, Wandervogel.
tävabür = Reisebureau.
tävadientiföd = Reisepasz.
tävakompenan = Reisegenosse.
tävam = das Reisen.
tävan = Reisende, Reisender.

tävasakäd = Reisetasche, Touristentasche.
tävateged = Reisedecke.
täviäl = Reisesinn, Reisesucht, Reiselust.
täviälik = reiselustig.
tävön, nel. = reisen, binön tävöl = auf der Reise sein, auf Reisen sein, — lü Jveizän, — ini Jveizän = in die Schweiz reisen.
tävug = Gereistheit.
tävugik = bereist, vielgereist.
tävül = Abstecher.
täxet = das Schätzen, Anschlag, Schätzung, Überschlag.
täxetafräd, taxetafräds = Schätzungskosten.
täxetasuäm = Taxwert, Taxpreis.
täxetön, lov. = schätzen, anschlagen, überschlagen.
te = nur, nur dasz, allein, blosz, lauter, — sekü nilud = aus bloszem Verdacht, ya — vaul doga jeikon omi = schon allein das Bellen eines Hundes schreckt ihn.
tead = Stockwerk, lödön in — balid, belödön teadi balid = im ersten Stock, Stockwerk wohnen.
teafön, nel. = ersticken, nel.
team = Zahmheit.
teamik = zahm.
tean = Zehe.
teat = Bühne, Theater.
teatadekorat = Bühnendekoration, Dekor.
teatan = Theaterangehöriger.
teatik = bühnenmäszig, theatralisch.
teatöp = das Theater.
ted = Handel (Kaufmanns), — neflifedabukas = Antiquariat.
tedabüsid = Handelsgeschäft.
tedadünan = Handlungsgehilfe, Handlungsdiener, Kommis.
tedagadam = Handelsgärtnerei.
tedaganetan = Handelsagent.
tedam = das Handeltreiben.
tedan = Handelsmann, Händler, Kaufmann, — neflifedabukas = Antiquar.
tedanef = Kaufmannschaft.
tedanik = kaufmännisch, Handels≠.
tedatävan = Handlungsreisender, Handelsreisender, Geschäftsreisender, Commis-voyageur.
tedatop = Handelsplatz.
tedav = Handelslehre, Handelswissenschaft.
tedavajul = Handelsschule, Handelslehranstalt.
tedavik = handelswissenschaftlich.
tedäd = Vertrieb, Absatz, Umsatz.
tedäl = Handelsgeist, Kaufmannsgeist.
tedik = kaufmännisch.
tedön, nel. = handeln, Handel treiben.
tedül = Krämerei, Kramhandel.
tedülan = Krämer.
tedülanaced = Krämergeist.
teer: — levala = Äther des Weltalls.
tef = Betreff, Bezug, Beziehung, Hinsicht.
tefäd = Relativität.
tefädik = relativ, verhältnismäszig.
tefädo = respektive, beziehungsweise.
tefidön, nel. = im Zusammenhang stehen.
tefik = auf ... bezüglich, betreffend, sich be-

ziehend, bezughabend, pönop — = Relativpronomen, beziehendes Fürwort.
tefod = Modalität.
teföl: — obi = ich für meine Person.
tefön, lov. = betreffen, angehen, sich beziehen auf, gelten, zu Herzen gehen, tefon geroti = es handelt sich um eine Erbschaft.
tefü, pr. 1. = an, bäldik — lifayels = alt an Jahren, saunik — koap e tikäl = gesund an Leib und Seele, däsperön — bos = an einer Sache verzweifeln, dotön — bos = an einer Sache zweifeln, pluön, nepluön lä, lo, leigodü ek — nols = einem an Kenntnissen überlegen sein, nachstehen, pölikön — ek = an einem irre werden 2. = auf, lindifob — om = ich gebe nichts auf ihn, vestigön bosi — mödot pinera = auf dem Fettgehalt untersuchen 3. = belangend 4. = betreffs 5. = bezüglich, — din at = bezüglich auf diese Sache, — mob at = bezüglich dieses Auftrages 6. = für, güt — musig = Gefühl für Musik 7. = hinsichtlich des 8. = in Anbetracht des 9. = in Bezug auf 10. = nach, sevön eki te — nem ona = einen dem Namen nach kennen 11. = vor, is sefobs — riskäd = hier sind wir sicher vor der Gefahr 12. leigön — ek demü nols = einem an Kenntnissen gleichstehen.
teg = das Decken, Deckung, Bedeckung.
tegamäned = Deckmantel.
tegäd = Decke (a.s.: tabategäd = Tischdecke).
teged = Decke (a.s.: bedateged, tävateged = Bettdecke, Reisedecke).
tegot = Deckel.
tegön, lov. = decken, bedecken.
teifön, lov. = ersticken (lov.).
teik = blosz, ausschlieszlich (alles andere ist ausgeschlossen).
teil = Trennung.
teilamalül: ≠ = Teilungszeichen.
teilov = Trennbarkeit.
teilovik = trennbar.
teilön, lov. = trennen, scheiden (lov.), — he≠ remi = scheiteln.
teim = das Zähmen.
teimov = Zähmbarkeit.
teimovik = zähmbar.
teimön, lov. = zähmen.
tein = Dachziegel.
teinel = Ziegler, Dachziegler.
teinön, nel. = Ziegel machen, Dachziegel machen.
teinöp = Ziegelei, Dachziegelei.
tel, 2 = zwei, — e lafik = drithalb.
telam = Verdoppelung.
telat = Paarzahl, Zweizahl, Zweier.
telatanum = Dual.
telatik = paarweise, zuzweit.
teläd = Zwilling.
telädan = Zwilling (einer zweier Zwillinge).
teläl = Zwietracht, Uneinigkeit, Zwietrachtsgeist.
telälik = zweiträchtig, uneinig.
telät = Zweiheit, Dualisme.

telätik = zweiheitlich, dualistisch.
telbismutinakilloxin, Bi_2O_3 = Wismuthtrioxyd.
telcif = Zweiköpfigkeit.
telcifareig = Dyarchie.
telcifik = zweiköpfig.
teldeg, 20 = zwanzig.
teldegat = Zwanzigzahl.
teldeglien = Zwanzigeck.
teldelik = zweitägig.
teldil = Zweitel.
teldilik = zweiteilig.
teldilovik = gerade.
telefon = Telephonie.
telefonan = Telephonist.
telefonaparat = Telephonapparat.
telefonik = telephonisch.
telefonot = Telephonat.
telefonöm = Telephon.
telefonön, lov. = telephonieren.
telegraf = Telegraphie.
telegrafan = Telegraphist.
telegrafik = telegraphisch.
telegrafot = Telegramm.
telegraföm = Telegraph.
telegrafön, lov. = telegraphieren.
telfadädik = zweidrätig.
telfimäd = Zweigespann, Zwiegespann.
telfimädik = zweispännig, vab — = Zweispänner.
telflanik = zweiseitig.
telfluorülsulfatazüd, SO_2F_2 = Sulfurylfluorid.
telfosfinaballoxin ü hüpfosfitastabot, P_2O =
  Phosphorsuboxyd.
telfosfinafolklorin, P_2Cl_4 = Phosphortetrachlorid.
telfosfinafolloxin, P_2O_4 = Phosphortretroxyd.
telfosfinakilloxin, P_2O_3 = Phosphortrioxyd.
telfosfinalulloxin, P_2O_5 = Phosphorpentoxyd.
telhidrinabalselenin, H_2Se = Selenwasserstoff.
telhidrinabalsulfin, H_2S = Schwefelwasserstoff.
telhidrinakilsulfin, H_2S_3 = Hydrotrisulfid.
telhidrinaloxin, H_2O = Waserstoffoxyd.
telhidrinatelurin ü teluridazüd, H_2Te = Tellurwasserstoff.
telhidrinatelsulfin, H_2S_2 = Hydrodisulfid.
telid = zweite.
telidklad = Sekund (Klasse).
telidkladan = Sekundaner.
telidnaed ü naed telid = das zweite Mal.
telidnaedik = zweitmalig.
telidnaedo = zum zweiten Male.
telido = zweitens.
telidsilikan, Si_2H_6 = Disilan.
telidvög = Alt, Altstimme.
telik = doppelt, zweifach.
teliko = doppelterweise, zweifacherweise.
telil = zweierchen, zweilein.
telion, $1'000'000^2$ = Billion.
telkalinasulfionhidrillamoniak, $OH.N(SO_3K)_2$
  = hydroxylammindisulfonsaures Kalium.
telkapik = zweiköpfig.
telklorbalidsilikan, SiH_2Cl_2 = Dichlormonosilan.
telklorülkarbatazüd, $COCl_2$ = Phosgen.

telklorülkromatazüd, CrO_2Cl_2 = Chromylchlorid, Chromoxychlorid.
telklorülselenitazüd ü seleninaloxintelklorin,
  $SeOCl_2$ = Selenoxychlorid.
telklorülsulfatazüd, SO_2Cl_2 = Sulfurylchlorid.
telkomip = Duell, Zweikampf.
telkomipön, nel. = duellieren.
telkötedik ü telkötik = zweischneidig.
telkötik ü telkötedik = zweischneidig.
telkvil = Doppeladler.
tellamidülrotofosfatazüd, $HPO_2(NH_2)_2$ = Diamidophosphorsäure.
tellarseninakilsulfin, As_2S_3 = Arsentrisulfid.
tellarseninalulsulfin, As_2S_5 = Arsenpentasulfid.
tellarseninatelsulfin, As_2S_2 = Arsendisulfid.
telletilkarbaner, $C_2H_5OC_2H_5$ = Diäthyläther.
telletilsulfinid, $C_2H_5SSC_2H_5$ = Diäthylsulfide.
tellinegik = zweizüngig, doppelzüngig.
tellögädik = zweifüszig.
tellögik = zweifüszig, zweibeinig.
telluibik = zweiräderig.
telmagnesinabalsilikin, Mg_2Si = Magnesiumsilicid.
telmetilkarbaner, CH_3OCH_3 = Dimethyläther.
telmil, $2'000$ = zweitausend.
telna = zweimal.
telnaik = zweimalig.
telnatrinaplatinoklorid, $PtCl_2.2NaCl$ = Natriumplatinochlorid.
telnitrinafolloxin ü nitritanitratastabot, N_2O_4 =
  Stickstofftetroxyd.
telnum = Zweizahl, Dual.
telo = selbander, zu zweien.
telot = das Doppelte.
telön, lov. = verdoppeln, verzweifachen.
telplänov = Doppelsinn, Doppelsinnigkeit,
  Zweideutigkeit.
telplänovik = doppelsinnig, zweideutig.
telplumbinakilloxin ü plumbinoplumbat, Pb_2O_3
  ü $PbPbO_3$ = Bleiplumbat.
telplumbinobalplumbiniloxid, $PbO_2. 2 PbO$ =
  Mennige.
telpükik = zweisprachig.
telpün = Doppelpunkt, Kolon.
telrutaveg = Doppelbahn.
telrüdagün = Doppelflinte.
telsaläd = Doppelsalz.
telseadöpik = zweisitzig.
telseleninatelklorin, Se_2Cl_2 = Selenmonochlorid.
telsotik = zweierlei.
telspikot = Dialog, Zwiegespräch, Zwiegespräch.
telstibinafolloxin, Sb_2O_4 = Antimontetroxyd.
telstibinafolsulfin, Sb_2S_4 = Goldschwefel.
telstibinakilsulfin, Sb_2S_3 = Antimontrisulfid.
telstibinalulsulfin ü lulsulfostibatazüd, Sb_2S_5 =
  Antimonpentasulfid.
telsulfinatazüd, $H_2S_2O_6$ = Dithionsäure.
telsulfinatelklorin, S_2Cl_2 = Schwefelmonochlorid.
teltigik = zweischenkelig.
telton = Zweilaut, Diphthong, Doppellaut.
teltonik = diphthongisch.
teltum, 200 = zweihundert.

teluratazüd, H_2TeO_4 = Tellursäure.
teluridazüd, H_2Te = Tellurwasserstoff.
telurin, Te, ‚tellurium' = Tellur.
teluritastabot, TeO_2 = Tellurdioxyd.
teluritazüd, H_2TeO_3 = tellurige Säure.
telüd = Sekunde (Intervall).
telüf = Sekunde (Ton).
telüm = Duett.
telümanef = Duo.
telvalenik = zweiwertig, bivalent.
telvig = Doppelwoche, vierzehn Tage.
telvigik = vierzehntägig.
telyelik = zweifährig.
telyodinafolloxin, J_2O_4 = Joddioxyd.
tem = Tempel, Kirche, Dom, Synagoge.
temasepül = Mausoleum.
temavestibül = Vorkirche.
‚temperamentum' [tâmpâramą̊ntum] lat. = na‚
täl, ‚— cholericum' [qolårikum] = natäl nä‚
maladälik, ‚— melancholicum' [må̊lánqó̊likum]
= natäl glumaladälik, ‚— phlegmaticum'
[flå̊gmátikum] = natäl leigöfaladälik, ‚—
sanguineum' [šán‚gvínåum] = natäl freda‚
ladälik.
temun = Bezeugung, Zeugnisgebung.
temunan = Zeuge, Zeugin.
temunod = das Zeugnis, Aussage (Zeugenaussage).
temunön, lov. = zeugen, bezeugen, aussagen.
temunü = nach Zeugnis von, nach Aussage
von.
temül = Kapelle.
ten = das Gedehntsein.
tenäd = das Ausrecken.
tenädov = Dehnbarkeit, Ausreckbarkeit, Ausdehnbarkeit.
tenädovik = dehnbar, ausdehnbar, ausreckbar.
tenädön, lov. = ausrecken, ziehen, ‚— largänti
ad drat = Silber zu Draht ziehen.
tened = Dehnung (lange Aussprache).
tenedik = gedehnt.
tenedön, lov. = dehnen, lange aussprechen.
tenid = Spannung, Gespanntheit, das Gespanntsein.
tenidik = spannig, gespannt, straff.
tenidön, nel. = gespannt sein.
tenidükan = Spanner.
tenidükön, lov.: ‚— stinis = die Saiten spannen,
‚— love = überspannen.
tenik = gedehnt.
tenikam = Ausdehnung.
tenikön, nel. = sich dehnen, sich ausstrecken,
sich ausdehnen.
‚tenore', [tenòre,] Lit. = kilidvög, ‚— buffo',
[bùfo] = Tenorbuffo.
tenön, nel. = gedehnt sein.
tenükam = das Strecken, Streckung.
tenükamaflan = Streckseite.
tenükamamuskul = Streckmuskel.
tenükön, lov. = dehnen, ausdehnen, ausstrecken.
teor = Theorie.
teorik = theoretisch.
teorod = Theorie, ‚— lita = Theorie des Lichtes.

tep = Sturm.
tepik = stürmisch.
tepön, nel. = stürmen.
ter = Onkel oder Tante.
terbin, Tb, terbium' = Terbium.
tet = Euter.
tetrat = Birkhuhn.
teup = Werg.
teupön, lov. = kalfatern.
tev = Wanderung.
tevan = Wanderer.
tevön, nel. = wandern.
ti, pr. = beinahe, fast, nahezu, ‚— mens mil, ‚—
mans mil = an die Tausend Mann, binos ‚—
düp degid, ‚— düp‚ deg = es geht auf zehn
Uhr, ‚— mens tum = gegen hundert Menschen.
tiäd = Titel, Überschrift.
tiädön, lov. = betiteln, titulieren.
tibäld = Bejahrtheit.
tibäldik = bejahrt.
tibät = die tibetanische Sprache.
tibätan = Tibetaner.
tibuvan = Tibbu.
tid = Lehre, Unterricht, ‚— plastätik = Anschauungsunterricht.
tidabuk = Lehrbuch.
tidadüp = Lehrstunde.
tidafäg = Lehrfähigkeit, Lehrgabe.
tidagitod = Lehrbefähigung, Lehrberechtigung.
tidajäfüd = Lehrfach.
tidal = Lehrer (eines Gymnasiums, einer Realschule), Oberlehrer, Dozent.
tidalacal = Lehramt, Lehreramt.
tidaliegik = lehrreich.
tidam = Belehrung, Unterrichtung, das Lehren.
tidamastan = Lehrherr, Lehrmeister.
tidamed = Lehrmittel.
tidamod = Lehrweise.
tidan = Lehrer.
tidanacal = Schulamt, Schuldienst, Schulposten,
Lehreramt.
tidanajul = Normalschule, Pädagogium, Lehrerseminar.
tidanajulan = Präparand.
tidanef = Lehrerpersonal, Lehrkörper.
tidasteifädan = Lehrerkandidat.
tidastidot = Lehranstalt, Lehrinstitut.
tidav = Didaktik, Lehrkunst.
tidäb = Lehrling, Jünger, Anhänger.
tidälik = lehrhaft.
tidiäl = Lehrbegier.
tidiälik = lehrbegierig.
tidod = Belehrung.
tidodem = Kursus.
tidovik = lehrbar.
tidön, lov.: ‚— eke bosi = einen, einem etwas
lehren, einen belehren.
tidöp = Belehrungsort, Lehrort.
tidüp = Lehrzeit.
tied = Tee.
tiedaskal = Teekanne, Teetopf.
tiediär = Teebüchse.

tif = Diebstahl, das Stehlen, das Dieben, Dieberei.
tifalön, nel. = stolpern.
tifan = Dieb, Stehler.
tifanef = Diebesbande, Diebesrotte, Diebesgesindel.
tifiäl = diebische Art, diebische Natur.
tifiälik = diebisch.
tifot = Diebstahl, das Gestohlene, Diebesgut.
tifön, lov.: — **eke bosi** = einem etwas stehlen.
tig: — **gula, zäpa,** . . . = Schenkel eines Winkels, einer Zange, . . .
tigrid = Tiger.
tigridasümik = tigerartig.
tigvat (tonabem) = Antiqua (Type).
tijod = Artischocke.
tik = Gedanke, das Denken.
tikamagot = Gedankenbild, Idee.
tikamagotik = ideell.
tikan = Denker.
tikaspäk = Hirngespinst, Trugbild, Schimäre.
tikav = Logik, Denklehre.
tikavan = Logiker.
tikavik = logisch.
tikäd = Beschauung, Betrachtung.
tikädik = beschaulich, betrachtend.
tikädön, lov. = beschauen, betrachten.
tikäl = Vernunft, Geist.
tikälaflifäd = Geistesfrische.
tikälanäm = Geisteskraft, Geistesstärke, Starkmut.
tikälanämäd = Geistesmacht.
tikälanämik = geistesstark, starkmutig.
tikälastad = Geistesverfassung.
tikälik = rationell, rational, vernunftgemäsz.
tikälilabik = vernunftbegabt.
tikälim = Rationalismus, Vernunftglaube.
tikälimik = rationalistisch.
tiko = im Geist, in Gedanken.
tikod = Gedanke (Gedankenbild).
tikodön, lov. = vorstellen.
tikologädön, nel. = vorschweben, vor den Sinn schweben.
tikonebinükön, lov.: — **bosi** = von etwas abstrahieren.
tikov = das Denkbarsein.
tikovik = denkbar.
tikön, nel. (dö) = denken (über).
til = Distel.
tilafrin = Distelfink, Stieglitz.
tiliad = Linde, Lindenbaum.
tim = Zeit, **dü** — **das** = solange als, solange, — **kritidazäla** ü **kritidazälatim** = Weichnachtszeit.
timakompenan = Zeitgenosze.
timav = Chronologie.
timavan = Chronolog.
timavik = chronologisch.
timäd = Ära, Zeitalter.
timädim = Zeitgeist.
timed = Zeitrechnung, — **kritik** = christliche Zeitrechnung.
timik = auf die Zeit bezüglich.
timil = Weile, Weilchen.

timo = zur Zeit, zur rechten Zeit.
timofinikön, nel. = verjähren.
timovotikam = Zeitveränderung.
timü = zur Zeit des, — **krodagoläds** = zur Zeit der Kreuzzüge, — **lif oma** = bei seinen Lebzeiten.
timül = Moment, Zeitpunkt, **odelo in** — **at** = morgen um diese Zeit.
tinisul = Halbinsel.
tintur = Tinktur.
tio, ladv. = gegen, **mens** — **tum(s)** = gegen hundert Menschen.
tip = Spitzigkeit.
tipik = spitz, spitzig, zugespitzt.
tipikön, nel. = sich spitzen, spitz werden.
tipot = Spitze.
tipotacop = Spitzhacke.
tipotalecop = Spitzhaue.
tipön, nel. = spitz sein, spitzig sein.
tipükön, lov. = spitzen, spitz machen, zuspitzen.
tipül = Schosz (eines Rockes).
tir = Zug, das Ziehen.
tiräd = Anziehung.
tirädab = das Anziehende.
tirädabik = anziehend (reizend).
tirädafäg = Reiz.
tirädanäm = Anziehungskraft.
tirädön, lov. = anziehen, **magnet tirädon feri** = der Magnet zieht dat Eisen an, — **keino** = reizen, anreizen.
tiren = Tyrannei.
tirenan = Tyrann.
tirenik = tyrannisch.
tirenön, lov. = tyrannisieren.
tiret = Zieher (Sache).
tiridön, lov.: — **drati de largent** = Silber zu Draht ziehen.
tirön, lov. = ziehen, **jevods tirons vabi** = die Pferde ziehen den Wagen.
tirülön, lov. = zausen, zupfen, ausfasern.
titanatastabot, TiO$_2$ = Titandioxyd.
titanatazüd, H$_4$TiO$_4$ = Titansäure.
titanin, Ti, ,titanium' = Titan.
titaninaklorid, TiCl$_4$ = Titanchlorid.
titär = Titer.
titäram = Titrierung.
titärön, lov. = titrieren.
tiv = Unterhandlung.
tivomül = Backfisch.
tivön, nel. = unterhandeln.
to, pr. 1. = trotz, — **rein** = trotz des Regens, trotz dem Regen, — **valikos** = trotz alledem 2. = ungeachtet (pr.), — **dols oka** = ungeachtet seiner Schmerzen 3. = wider, — **utos, kelosi sevom** = wider besseres Wissen, — **ob** = mir zum Trotz.
toä, kony. = trotzdem, ungeachtet, — **no äbinom nämik** = ungeachtet er nicht stark war.
tobul = Oktober.
tobulik = Oktober₌.
tod = Trotz, das Trotzen, **me** — **dagetön** = abtrotzen.

todäl = Widerspenstigkeit, Widersetzlichkeit.
todälik = widerspenstig, widerborstig.
todik = trotzend, Trotz bietend.
todön, lov. = trotzen, Trotz bieten.
toed = Torte.
toedil = Törtchen.
toen = das Läuten, Läutung.
toenod = Geläute.
toenön, lov. = läuten.
tof = Tropfen.
tofam = Träufelung, das Tröpfeln.
tofik = tropfenweise, in Tropfen.
tofo = tropfenweise.
tofön, nel. = tropfen, träufeln, tröpfeln (nel.).
tol = Zoll, Zollgebühr, Zollabgabe.
tolabik = zollbar.
toläd = Douane, Zollamt.
tolädabür = Zollamt.
tolädal = Zollbeamter.
tolädan = Zöllner, Zolleinnehmer.
tolädül = Zoll (auf einem Wege).
tolön, lov. = zollen.
tom = Qual, das Quälen, Quälerei, Plage, Vexierung, Plagerei.
toman = Quäler, Vexierer.
tomiäl = Quälsucht.
tomiälan = Plagegeist, Quälgeist.
tomiälik = quälerisch, plaggeisterisch.
tomik = quälend, vexiererisch.
tomön, lov. = plagen, vexieren, quälen.
ton = Laut, Schall.
tonamü = laut des.
tonat = Schriftzeichen, Buchstabe.
tonatakoboyumot = Buchstabenzusammensetzung.
tonatam = das Buchstabieren.
tonatasot = Schriftart, Schriftgattung.
tonatem = Schrift (sämtliche Buchstaben einer Gattung).
tonatik = buchstäblich.
tonatiseidan = Setzer, Schriftsetzer.
tonato = in Buchstaben.
tonatön, lov. = buchstabieren.
tonav = Schalllehre.
tonäd = Schall, das Schmettern, Geschmetter.
tonädön, nel. = schmettern, schallen.
tonär = Donner.
tonäratonät = Donnerschlag.
tonärön, nel. = donnern.
tonät = Knall.
tonätavap = Knallgas.
tonätön, nel. = knallen.
tonik = lautlich, den Laut betreffend.
tonod = Ton.
tonodalöpot = Tonhöhe.
tonodasot = Tonart, Tongeschlecht.
tonodav = Tonkunst.
tonodem = Gamma, Tonleiter.
tonodik = klangreich, klangvoll.
tonodön, nel. = den Ton angeben.
tonön, nel. = lauten.
too, ladv. = jedoch, dennoch, dessenungeachtet, doch, gleichwohl, nichtsdestoweniger, trotzdem, trotz alledem.

tootip = Autotypie.
top = Platz, Ort, de — kelik = woher, lü — kelik = wohin.
topagased = Lokalblatt.
topäd = Gegend, Gebiet, Terrain.
topädav = Terrainwissenschaft, Terrainkunde.
topädisev = Terrainkenntnis.
topicän = Ortsveränderung.
topik = örtlich.
topiko = örtlich.
topo = loco, an Ort und Stelle.
topön, nel. = liegen, gelegen sein, zif topon len flumed = die Stadt liegt (ist gelegen) an einem Flusz.
topü = am Platze des.
tor = Stier.
torakomip = Stierkampf, Stiergefecht.
torin, Th, ‚thorium‘ = Thorium.
torül = Stierkalb.
toskanan = Toskaner.
tost = Toast, Trinkspruch.
tostön, nel. = toastieren.
toum = der Band (Buch).
toun = Tonne (Masz).
tov = Hebung, Erhebung, das Heben, Aufhebung, Emporhebung.
tovädokobükön, lov. = auflesen, aufsammeln.
tovädön, lov.: — de glun = aufheben, aufnehmen vom Boden.
tovian = Hebemaschine, Hebewerkzeug.
tovonelodian = Elevator.
tovöm = Hebel, Hebelarm.
tovön, lov. = heben, erheben, aufheben, emporheben.
tovülön, lov. = aufziehen (Teile des Leibes), — jotis = die Achsel zucken, mit den Achseln zucken.
tö, pr. ‚Utrecht‘ = in Utrecht, lödön, lifön — top = in einem Orte wohnen, leben, de veg — fagot stepas kil = drei Schritte vom Wege ab.
töb = Mühe, Last, Beschwerlichkeit.
töbid = Bemühung (einzelne Äuszerung), Bestrebung.
töbidam = Bemühung (das Sichbemühen), das Bestreben, Bestrebsamkeit.
töbidik = strebsam.
töbiküno = aus allen Kräften.
töbidön, nel. = sich bemühen, sich Mühe geben, sich anstrengen.
töbik = beschwerlich, mühsam.
töbo = kaum, nicht sobald, mit groszer Not.
töbön, lov. = bemühen, belästigen, (einem) Mühe machen, (einem) Last machen.
töd = Takt, Umsicht.
tödik = taktvoll, umsichtig.
tödo = mit Umsicht, taktvoll.
töf = das Tröpfeln (lov.).
töfön, lov. = träufeln, tröpfeln (lov.).
tök = Tausch, Tauscherei, Austausch, Austauschung, Umtausch.
tökan = Austauscher.
tökayeg = Tauschobjekt, Austauschgegenstand.
tökot = Ausgetauschtes.

tökön, lov. = tauschen, umtauschen, vertauschen, austauschen.

tökü = im Tausch gegen.

tölat = Hantierung, Behandlung.

tölatamod = Behandlungsweise.

tölatön, lov. = hantieren, handhaben, behandeln, manipulieren.

tön = Zähigkeit.

töned = Zähigkeit (von Flüssigkeiten).

tönedik = zäh, zähe.

tönik = zäh, zähe.

tönul = Tunnel.

tör = Tourisme.

töran = Tourist.

tradut = Übersetzung.

tradutan = Übersetzer.

tradutod = Übersetzung (das Übersetzte).

tradutön, lov. = übersetzen, übertragen (in eine andere Sprache).

trakead = Luftröhre.

trakön, nel. = sich zusammenziehen, einschrumpfen.

tratön, nel. = ziehen (nel.), **tied muton — nog dü tim anik** = der Tee musz noch einige Zeit ziehen.

tratükön, lov.: — **tiedi** = den Tee ziehen lassen, brühen.

travär = Quere.

travärik = quer.

traväro = überzwerch, quer.

travärön, lov. = kreuzen.

travärü = quer über.

träitön, lov.: — **eki** = einen halten, behandeln, — **stümiko** = achtungsvoll behandeln.

träkön, lov. = zusammenziehen.

träm = Tram, Trambahn, Tramway, Straszenbahn.

trän = das Schleppen, Schlepperei, Geschlepp.

tränan = Schlepper.

tränanaf = Schleppschiff.

tränastemanaf = Schleppdampfer.

tränön, lov. = schleppen (lov.), schleifen (lov.).

träp = Falle.

träpön, lov. = fangen (mit einer Falle).

trät = Verrat.

trätan = Verräter.

trätik = verräterisch.

trätön, lov. = verraten.

treil = Gitter, Gatter.

treilakiud = Gitterzaun.

treilayan = Gittertür, Gittertor, — **tolädüla** = Zollschranke.

treilön, lov. = gittern, vergittern.

trel = Schlepp (eines Fürstenmantels, eines Frauenkleides).

trelön, nel. = schleppen (nel.), schleifen (nel.).

trelül = Schleppe, Schosz (eines Rockes).

trelülagun = Frack.

tren = Zug, Bahnzug, Eisenbahnzug, — **zuik** = Extrazug.

trenabiliet = Eisenbahnfahrkarte, Eisenbahnbillett.

trenagaledan = Schaffner, Zugbeamter, Kondukteur.

trenalegaledan = Zugführer.

trenavab = Waggon, Eisenbahnwagen.

trenavabaluib = Eisenbahnrad.

trenaveg = Bahnlinie, Eisenbahn, **feb trenavega** = Bahnbetrieb, Eisenbahnbetrieb, — **nolüda᎓ vesüdik** = Nordwestbahn.

trenavegafeb = Bahnbetrieb, Eisenbahnbetrieb.

trenavegikälan = Bahnwart, Bahnwärter.

trenön, nel. = mit der Eisenbahn reisen, fahren, gehen.

tret = Wechsel, Tratte, Wechselbrief.

tretabank = Wechselbank.

tretagit = Wechselrecht.

tretakursüd = Wechselkurs (eines Wechselbriefs).

tretam = Trassierung.

tretopel = Wechselzahlung.

tretön, lov.: — **eki** = auf einen trassieren, ziehen.

tribüt = Stamm, Geschlecht.

tribütabim = Stammbaum.

tribütabuk = Stammbuch.

tribütafat = Stammvater.

tribüto = von Geblüt, von Geschlecht.

trid = Stufe, Treppenstufe, Staffel, Sprosse.

tridam = das Treten.

tridäd = Stufe (nev.).

tridem = Treppe.

tridemafomik = treppenförmig, stufenförmig.

tridik = stufig (mit Stufen versehen).

tridod = ein Tritt, ein Fusztritt.

tridodön, lov. = ausschlagen, Fusztritte geben, — **pödio ü pödiotridodön** = hinten ausschlagen.

tridöm = Tritt, Auftritt, Pedal, Fusztaste, Trittbrett.

tridön, lov.: — **tridi, tridömi** = die Stufe, das Pedal betreten, auf die Stufe, auf das Pedal treten.

trif = Treff.

triful = Klee.

trifulabled = Kleeblatt.

trig = Intrigue, Rank (gewöhnlich im Mehrzal: Ränke).

trigan = Intrigant.

trigön, nel. = intrigieren, Ränke schmieden.

trik = das Stricken, Strickerei.

trikaklot = Trikot (gestricktes Kleidungsstück).

trikalsinarotofosfat, $Ca_3(PO_4)_2$ = tertiäres Calciumphosphat.

trikot = Trikot (strickend gefertigter Gegenstand), **trikots** = Strumpfware.

trikön, lov. = stricken, knütten.

tril = Triller (mus.).

trilön, nel. = trillern.

trinatrinarotofosfat, Na_3PO_4 = Trinatriumphosphat.

trip = Steuer, Abgabe, Schatzung, Tribut, Zins.

tripacalan = Steuerbeamte.

tripab = Steuerpflicht, Steuerpflichtigkeit.

tripabik = steuerpflichtig, tributpflichtig, zinspflichtig, tributär.

tripön, lov. = steuern (Steuern auflegen).
tritrak = Tricktrack.
tritrakaboed = Tricktrackbrett.
tritrakön, nel. = Tricktrack spielen.
trod = Trost.
trodan = Tröster.
trodik = tröstlich, trostreich, trostvoll.
trodovik = tröstbar.
trodö: —! = getrost!
trodön, lov. = trösten, vertrösten.
troivön, lov. = zerschmettern.
troivülöm = Morserkeule, Stöszel, Stempel.
troivülön, lov. = zermalmen, mörsern.
trom = Windhose.
trompet = Trompete.
trompetan = Trompeter.
trompetatonäd = Trompetenschall, Trompetengeschmetter.
trompetel = Trompetenmacher.
tron = Thron.
tronön, nel. = thronen.
trop = Wendekreis.
trot = Trab.
trotön, nel. = traben.
trovön, nel. = zerschellen, zerschmettern.
trög = Faulheit, Trägheit, Unfleisz.
trögan = Bärenhäuter, Faulenzer.
trögik = faul, träge.
trögön, nel. = faulenzen.
trök = Koffer.
trub = Trübe, Trübheit (Ermangelung der
vollen Durchsichtigkeit).
trubik = trübe, vat — = trübes Wasser.
trubikön, nel. = trübe werden, sich trüben.
trubön, nel. = trübe sein.
trubükön, lov. = trüben, trübe machen.
trum = Trommel.
truman = Tambour, Trommelschläger, Trommler.
trup = Trupp, Schar.
trupan = einer von dem Trupp.
trupik = truppweise.
trupo = truppweise, in Trupps.
trupön, nel. = sich scharen, sich truppen.
trüf = Trüffel.
trüit = Forelle.
trüitil = Forellchen.
tsyärkätan = Circassier.
tsyärvonät, k. Rusänik = Tscherwonez.
tsyärvonätamim, k. Rusänik = Kopeke.
tsyeg = das Tschechisch.
tsyegan = Tschech.
tsyeremitans = Tscheremissen.
tsyeroketans = Tscherokesen (Indianer).
tsyin = die chinesische Sprache.
tsyinan = Chinese.
tsyosen = das Koreanisch.
tsyuksyuvans = Tschukschen.
tsyuvatans = Tschuwaschen.
tu = allzu, über, zu, zusehr.
tuarägans = die Tuaregs.
tub = Fasz.
tubafomik = faszförmig.
tubil = Fäszchen.

tudel = Dienstag.
tudelik = dienstägig.
tudelo = des Dienstags.
tudigidön, lov. = überschätzen.
tudrinön, lov. = sich betrinken (an), — spitini
= ein Glas über den Durst trinken, — vini
= sich in Wein betrinken.
tuet = das Nagen.
tuetaf = Nagetier.
tuetanim = Nagetier.
tuetön, nel. (len) = benagen, nagen (an).
tuf = Bund, Bündel, Büschel.
tufaheran = Büschelhaarige.
tufik = bündelweise, büschelweise, büschelartig.
tuflagedo: cüton — = prellen, übervorteilen,
beschwindeln.
tuflagedön, lov. (eke) = überfordern, überteuern, übersetzen.
tufledam = Überbürdung, Überlastung, Überladung.
tufledön, lov. = überlasten, überbürden, überladen.
tufön, lov. = bündeln.
tufrutidön, lov. = ausbeuteln, ausbeuten.
tuful = Überflusz, Überfülle.
tufulik = übervoll, übermäszig voll, überfüllt.
tufulön, nel. = überfüllt sein.
tufulükön, lov. = überfüllen.
tufül = Strähn, Strähne, Strang, Fitze.
tug = Tugend.
tugal = Tugendheld.
tugaliegik = tugendreich.
tugäl = Tugendsinn.
tugälik = tugendsinnig.
tugeiliko: kumön — = überhäufen.
tugöf = Tugendhaftigkeit, Tugendlichkeit.
tugöfik = tugendhaft, tugendlich.
tugöfön, nel. = tugendhaft sein.
tuig = Zweig, Ast.
tuigag = Ästigkeit, Reichtum an Äste, an
Zweige, Fülle an Äste, an Zweige.
tuigagik = astreich.
tuigam = Verzweigung.
tuigatuf = Holzbündel, Welle, Reisbündel.
tuigem = Gezweige, Astwerk, Geäste.
tuigik = verzweigt, geästet, ästig, verästelt.
tuigot = Verzweigung (der auslaufende Zweig).
tuigön, nel. = sich zweigen, sich verzweigen,
sich ästen.
tuigül = Reis (Rute).
tuigülatuf = Reisbund, Reiswelle.
tuigülem = Reisholz.
tuik = zuviel.
tuikön, nel.: atos tuikon tefü näms oba, tefü kan
oba = das geht über meine Kräfte.
tuin: — lefilaskuta = Schlauch, Schlange einer
Feuerspritze.
tuit = Zacke.
tuitik = gezackt, gezähnt, zahnig.
tukan = Pfeffervogel, Pfefferfrasz.
tukrik, k. Mongolänik = Tuchrik.
tukrikazim, k. Mongolänik = Mung.
tukün = Übermut.
tukünik = übermütig.

tul = Drehung, das Drehen (nel.).
tuladälöf = Zärtelei.
tulagol = Rundlauf.
tulaodik = überlaut.
tulapon = Drehbrücke.
tulastul = Drehstuhl.
tulieg = Überreichtum.
tulin, Tu, ‚thulium‘ = Thulium.
tulön, nel. = sich drehen.
tum, 100 = hundert.
tumadik = überreif.
tumafiko: — liegik = über die Maszen reich.
tumam = Verhundertfachung.
tumat = Hundertzahl, das Hundert.
tumato = zu Hunderten.
tumbledik: rosad — = Zentifolie.
tumdil = Hundertstel.
tumdilik = hundertteilig.
tumgram, HG. = Hektogramm.
tumid = hundertste.
tumidnaed = das hundertste Mal.
tumidnaedo = zum hundertsten Male.
tumido = hundertstens.
tumik = hundertfach.
tumiko = hundertfacherweise.
tumil = Hundertchen.
tumion, 1'000'000^{100} = Zentillion.
tumlar, HA. ü HM². = Hektar.
tumliät, HL. = Hektoliter.
tummet, HM. = Hektometer.
tummil, 100'000 = hunderttausend.
tumna = hundertmal.
tumnaik = hundertmalig.
tumnaiko = hundertmaligerweise.
tumot = das Hundertfache.
tumöd = Überzahl, ein Zuviel, Überflusz, Übermenge, Unmasse, Unzahl.
tumödik = überzählig, überflussig.
tumön, lov. = verhundertfachen.
tumsotik = hunderterlei.
tumyel = Jahrhundert, — cinäda = mechani-
sches Jahrhundert, le ciècle mécanicien, dü
tumyels mödik = jahrhundertlang.
tumyelik = hundertjährig.
tun = das Drechseln.
tunacan = Drechslerware.
tunacid = Dreheisen, Drehmeiszel.
tunan = Drechsler, Dreher.
tunatab = Drechslerbank.
tunav = Drechslerei, Drechslerkunst.
tungudan = Tunguse.
tunot = gedrehter Gegenstand.
tunön, lov. = drechseln, drehen.
tunulüdön, lov. = überfüttern.
tunütev: — foginänanas = Überfremdung.
tup = Störung.
tupan = Störefried.
tupik = störend, hinderlich.
tupit = Kreisel.
tupön, lov. = stören.
tur = das Turnen, Turnerei.
turan = Turner.
turav = Turnkunst, Gymnastik.
turban = Turban.

turik = gymnastisch, turnerisch.
turkan = das Turanisch.
turkanan = Turanier.
turkmenans = Turkmenen.
turmalen = Schörl, Turmalin.
turmalenik = schörlen, turmalinisch.
turn = Reihe, binos — oba, binos nu — oba,
labob turni, — binon lü ob, pro ob, pö ob =
ich bin an der Reihe, die Reihe ist an mir,
ich komme an die Reihe, die Reihe kommt an
mich, labol, labor turni ad pladülön, binos —
ola, — ora ad pladülön = Sie sind am ziehen.
turnem = Reihe.
turnik = abwechselnd, alternierend.
turniko = abwechselnd, alternierend, die Reihe
herum.
turno = abwechselnd, alternierend.
turön, nel. = turnen.
tusalöfükön, lov. = versalzen.
tusatik = übersatt.
tuslipön, nel. = sich verschlafen.
tuspid = Voreiligkeit, Vorgreifung, Übereilung.
tuspidik = voreilig, übereilt, vorgreiflich, vorschnell.
tuspido = übereilt.
tuspidön, nel. = übereilen.
tusunik = vorzeitig, verfrüht, vorschnell.
tusuvo = zu häufig, zu oft.
tut = Zahn.
tutadol = Zahnschmerz, Zahnweh.
tutamaläd = Zahnkrankheit.
tutastörülöm = Zahnstocher.
tutatak = Überrumpelung, Überfall.
tutatakön, lov. = überrumpeln, überfallen.
tutatonat = Zahnbuchstabe.
tutäd = das Zahnen.
tutädön, nel. = zahnen.
tutem = Gebisz.
tutil = Zähnchen.
tutisanan = Zahnarzt.
tutisanav = Zahnheilkunde.
tutisanavan = Dentist.
tutöbidam = Überanstrengung.
tuükam = Übertreibung.
tuükäl = übertriebenes Wesen.
tuükön, lov. = übertreiben.
tuül = Windel, Windeltuch, Wickel.
tuülön, lov. = windeln, wickeln.
tuv = Fund, das Finden.
tuvan = Finder.
tuvat = das überschwemmende Wasser, das
überflutende Wasser.
tuvatam = Überschwemmung, Wasserflut.
tuvatamaditret = Wassersnot.
tuvatön, lov. = überschwemmen, überfluten,
überflieszen.
tuväb = Findling, Findelkind.
tuväböp = Findelhaus.
tuved = das Erraten, Enträtselung.
tuvedot = Auflösung.
tuvedovik = enträtselbar, erratbar.
tuvedön, lov. = erraten, enträtseln, — käfodis
eka = hinter jemands Schliche kommen.
tuvemik = allzusehr, ungeheuer.

tuvemo = allzusehr, — **liegik** = über die Maszen reich.

tuvifik = zu schnell, zu geschwind.

tuvisitön, lov. = überlaufen.

tuvot = Fund (Sache).

tuvovik = findbar, antreffbar.

tuvön, lov. = finden, treffen, antreffen.

tuvöp = Fundort.

tuvüp = Fundzeit.

tü, pr. = an, in (zeitlich), — **del** = am Tage, — **del balid (mula)** = am ersten, — **del fovik** = am folgenden Tage, — **göd** = am Morgen, — **soar** = am Abend, — **sudel** = am Sonntag, — **zedel** = am Mittag, **ai** — **del telid, ai** — **votadel** = um den andern Tag, — **timül it** = im Nu, **visitom obis** — **tims lunomik** = ab und zu besucht er uns.

tüb = Kufe, Bütte, Wanne, Bottich.

tübam = Faszbinderei, Böttcherei.

tübamacan = Böttcherware.

tübamöp = Küferwerkstätte.

tübel = Böttcher, Faszbinder, Küfer.

tübil = Küfchen, Küflein.

tübön, lov. = Küfer sein, Faszbinder sein, Böttcher sein.

tüerüd = Bärmutter, Gebärmutter.

tüfoid = Darmtyphus, Nervenfieber.

tüi, pr. = gegen (zeitlich), — **düp balid, düp: bal** = gegen ein Uhr, — **soar** = gegen Abend, **äbäldotom** — **yels luldeg** = er ging gegen die Fünfzig.

tül = Drehung, das Drehen (lov.).

tülagel = Drehorgel.

tülön, lov. = drehen, wälzen.

tüm = Turm.

tümolog = Etymologie.

tümör = Geschwulst.

tün = Blech, Weiszblech.

tünacan = Blechware.

tünel = Blechfabrikant.

tünijim = Blechscheere.

tünik = blechern, von Blech, weiszblechern.

tünismitan = Blechschmied, Blechner, Klempner, Blechschläger.

tünismitöp = Blechnerei.

tünot = blecherner Gegenstand.

tünotem = Weiszblechware, Blechgeschirr.

tüp = Frist, Termin, Zeitraum.

tüpilunükön, nel. = fristen.

tüpü, pr. = auf, — **brefüp** = auf kurze Zeit, — **vig bal** = auf eine Woche.

türkan = Türke.

tüt = Bevormundung, Vormundschaft.

tütan = Vormund.

tütäb = Mündel, unter Vormundschaft stehender.

tütäbik = unmündig, unter Vormundschaft stehend.

tütäböf = Minderjährigkeit, Minnorennität.

tütäböfik = minderjährig, minorenn, unmündig.

tüted = Zucht, Disziplin.

tütedik = disziplinarisch, Disziplinar:.

tütedön, lov. = disziplinieren.

tütik = vormundschaftlich.

tütön, lov. = bevormunden.

tüül = Tüll.

tüv = das Entdecken, die Entdeckung, Ausfindigmachung.

tüvan = Entdecker.

tüvön, lov. = entdecken, ausfindig machen.

tvil = Fliese, Platte.

tvilel = Fliesenmacher.

tyilpön, lov. = zirpen (von kleinen Vögeln).

tyirpön, lov. = zirpen, tschirpen.

T.

Tahitän = Otaheiti.

Tahitänik = otaheitisch.

Taiveän = Formosa.

Tananyikän = Tanganjikaland.

‚Tanger': Flunaziläk bevünetik: — = Tanger.

Tanutuvän = Urjanchai, Tannu-Tuwa.

Tasmaneän = Tasmanien (Insel).

Tatafed: — Stralopa = Australischer-Staatenbund.

Tatarän = Tatarei.

Tataränan = Tatare.

Tataränik = tatarisch.

Tats:Pebalöl (Meropa) ü Lamerikän = Vereinigte Staaten (Amerika's).

Tärnövän (‚St:Pierre' e ‚Miquelon') = St-Pierre und Miquelon.

Tesalän = Thessalien.

Tibätän = Tibet.

Tibätänan = Tibetaner.

Tibätänik = tibetanisch.

Timoreän = Timor.

Tirolän = Tirol.

Tirolänan = Tiroler.

Tirolänik = tirolisch.

Tirolänüm = Tirolienne.

Tjadän = Tschad (Gebiet).

Togovän = Togo.

Tongayuäns = Tonga-Inseln, Freundschafts-Inseln.

Tonkän = Tongking.

Toriän = Taurien.

Toriänan = Taurier.

Toskanän = Toskana.

Toskanänan = Toskaner.

Trakän = Thrazien.

Trakänan = Thraker.

Trakänik = thrazisch.

Transfalän = Transvaal.

Transkaukasän = Transkaukasien.

Transyordän = Transjordan.

Trinideän = Trinidad (Insel).

Tripolän = Tripolis.

Tsyärkätän = Tscherkessien.

Tsyegän:Slovakän = Tschechoslowakien.

Tsyinän = China.

Tsyinänan = Chinese.

Tsyosenän = Korea.

Tsyugutsyakän = Tschugutschak.

Turkistän = Turkistan.

Turkmenän = Turkmenien.

‚Tutuila': nisul: — = Tutuila.

Tünisän = Tunesien.
Türinän = Thüringen.
Türinänan = Thüringer.
Türinänik = thüringisch.
Türkän = Türkei.
Türkänan = Türke.
Türkänik = türkisch.

u.

u, fo vokat: ud = oder, sonst, —...—, ud...
ud = entweder ... oder, ob ... oder, sei es ...
sei es, — das ... — das = sei es dasz ...
oder dasz, — va ... — va = ob ... oder ob,
dels tel — kil = zwei bis drei Tage.
udel = der auf Morgen folgende Tag.
udelo = übermorgen.
us = dort, da, daselbst, — dono = danieden.
usao = dáher, von dáher, dorther, von dorther.
usik = dortig.
usio = dorthin, dahinaus, dahin, hin, hinzu,
hinwärts, — ed isio = hin und her, auf und
ab.
usioveg = Hinweg.
usiö: —! = dahin!
usoaro = übermorgen abends.
ut, hiut, jiut, utos = derjenige, diejenige, dasjenige.
utan = derjenige (Mensch).
uto: — kö = da wo, dort wo.
utos, l. eli ut!

ü.

ü, fo vokat: üd (in lat.: sive, seu) = oder.
üf = falls, im Falle dasz, sofern, wofern, dafern, wenn, — zesüdosöv = zur Not.
üfo: —? = denn (fragend)? kikodo — eselol-li
ati? = warum hast du 's denn verkauft?
üfü, pr. = im Falle des.
ün, pr. tima 1. = an, — del = am Tage, —
del fovik = am folgenden Tage, — göd =
am Morgen, — soar = am Abend, — sudel
= am Sonntag 2. = bei, — del = bei Tag,
— neit = bei Nacht, — del mu litik = bei
hellem Tage 3. = um, ai — del telid, ai —
votadel = um den andern Tag 4. = vor,
— vön, — vönäd = vor alters 5. = zu,
— tim et = zu jener Zeit, — tim ot = zu
derselben Zeit, — kritid = zu Weihnachten,
— pasat = zu Ostern, — pint = zu Pfingsten 6. — tim ot = gleichzeitig, — del alik
= von Tag zu Tag.
ünü, pr. tima = binnen, im Laufe des, innerhalb, — del = am Tage, — göd = am Morgen, — soar = am Abend, — brefüp = in
kurzer Zeit, im kurzen, in kurzem, über ein
kleines, — timil brefikün = im Nu, no oblümikom — vigs fol = unter vier Wochen
wird er nicht fertig.

v.

va = ob, u — ... u — = ob ... oder ob.
vaäl = Hasel.
vaälanöt = Haselnusz.
vab = Fuhrwerk, Fahrzeug, Wagen.
vabadiläd = das Abteil, Coupé, Wagenabteil,
die Abteilung.
vabajevod = Wagenpferd.
vabaluib = Wagenrad.
vabam = das Fahren (zu Wagen), Fahrt.
vabamo = zu Wagen.
vabamovik = fahrbar.
vabarut = Wagengeleise.
vabasmiv = Wagenschmiere.
vabastömem = Wagengeschirr.
vabaveg = Fahrweg.
vabel = Wagner.
vabibarak = Wagenschuppen.
vabifled = Wagenladung.
vabifledan = Wagenlader.
vabistiran = Fuhrmann, Wagenlenker.
vabön, nel. = fahren (sich auf einem Fuhrwerk fortbewegen), — ko bäk föfiolüodöl, —
ko bäk äl föf = rückwärts sitzen, rückwärts
fahren.
vaböp = Remise.
vaef = Waffel.
vaefafer = Waffeleisen.
vaen = Hafer.
vaenabül = Hafermus, Haferbrei.
vaenagrot = Hafergrütze.
vaet = Saft.
vaetöf = Saftigkeit.
vaetöfik = saftig, saftvoll, saftreich.
vaf = Waffe.
vafam = Bewaffnung.
vafäb = Bewaffneter.
vafäd = Exerzitium.
vafädön, nel. = exerzieren.
vafem = Waffenrüstung.
vafilägian = Wehrgehänge.
vafismitan = Waffenschmied.
vafön, lov. = waffnen, bewaffnen.
vag = Leere.
vagakapan = Hohlkopf.
vagik = leer.
vagikön, nel. = leer werden.
vagön, nel. = leer sein.
vagükam = Entleerung.
vagükön, lov. = ausräumen, ausleeren, leeren,
entleeren.
vahabitans = Wahabiten.
vaibön, lov. = fahren (lov.) (auf einem Fuhrwerk).
vaken = Ferien, Vakanz.
vakenön, nel. = in Ferien sein.
val = alles.
valaflanik = allseitig.
valaflano = allseitigerweise, allerseits.
valajäfüd = Allseitigkeit.
valajäfüdik = allseitig.
valam = Allheit, das Allsein.
valanämäd = Allmacht, Allgewalt.

valanämädik = allgewaltig, allmächtig.
valasaludanazäl = Allerheiligen (Fest).
valasotik = allerlei, allerhand.
valatimo = allzeit, zu aller Zeit.
valäd = Verallgemeinerung, Generalisierung.
valädik = verallgemeinernd.
valädön, lov. = verallgemeinern, generalisieren.
valem = Universalität, Allgemeinheit, Allgemeines.
valemapük = Allsprache, Universalsprache.
valemapükik = allsprachlich.
valemapükispikan = Allsprache-Sprecher.
valemik = allgemein, universal, general.
valemo = im Allgemeinen.
valemön, nel. = allgemein sein.
valemükön, lov. = verallgemeinern, allgemein machen.
valen = Valenz.
valenik = valent.
validistukan = Allverderber, Allzerstörer.
valigeran ü geran valemik = Universalerbe.
valik = all, insgesamt, allesamt, sämtlich.
valiko = gänzlich, völlig, überhaupt, alle zusammen.
valikos = alles, dunob valikosi, kelosi kanob dunön = ich tue alles, was an mir ist.
valim = Universalisme.
valiman = Universalist.
valisev = Allwissenheit.
valisevik = allwissend.
valod = Allheit, Gesamtheit, Gänze.
valodanum = Gesamtsumme.
valodasuäm = Gesamtbetrag, Totalbetrag.
valodik = gesamt, sämtlich, allesamt, gänzlich, total.
valodo = allesamt, beisammen, insgesamt, zusammengenommen.
valöpakom = Allgegenwart.
valöpakomik = allgegenwärtig.
valöpao = überallher, von allenthalben her, von allher.
valöpio = allenthalben hin, überallhin, allhin.
valöpo = allenthalben, allerorts, überall, — palestimöl = allverehrt.
valör, valörs = Valor, Effekt, (öffentliche) Fonds, Wertpapiere.
valrod = Wallrosz.
valt = Walzer.
valtön, nel. = walzen, Walzer tanzen.
valut = Valuta.
valüt = Walfisch.
valütanaf = Walfischfahrer.
valütifan = Walfischfang.
vam = Wärme.
vamagrad = Wärmegrad.
vamidugian = Wärmeleiter.
vamik = warm.
vamikön, nel. = warm werden.
vamoprodäd = kalorischer Effekt.
vamot = Wärme, Wärmegrad, Temperatur.
vamotimaföm ü tärmomet = Thermometer.
vamön, nel. = warm sein.

vamükamaskel = Wärmbecken, Wärmpfanne, Bettpfanne.
vamükamaluflad = Wärmflasche.
vamükamaston = Wärmstein.
vamükian = Wärmer, Erwärmer (Sache).
vamükön, lov. = wärmen, erwärmen.
vamül = Lauheit.
vamülik = lau, laulich.
van = Eitelkeit, Vergänglichkeit.
vanadin, Vd, ‚vanadium' = Vanadium.
vandalans = Vandalen.
vanel = Vanille.
vanik = eitel, vergänglich.
vaniko = umsonst, vergebens.
vanot = Tand.
vanul = Kiebitz.
vanükam = Vereitelung.
vanükön, lov. = vereiteln.
vap = Gas.
vapatenid = Gasspannung, Gasdruck.
vapid = Sublimation.
vapidön, nel. = sublimieren.
vapik = gasig, gasartig, gasförmig.
vapikön, nel. = ein Gas werden, gasförmig werden, verdunsten, verdampfen.
vapön, nel. = gasig sein, gasartig sein, gasförmig sein.
vapükön, lov. = vergasen (lov.).
vart = Warze.
vartasümik = warzenartig.
vartik = warzig.
vasmin, Wa, ‚wasmium' = Wasmium.
vat = Wasser, su — e su län = zu Wasser und zu Lande.
vatabasin = Wasserbecken.
vataböd = Wasservogel.
vatabödem = Wasserflügel.
vataböv = Wassertrog.
vataböväd = Zisterne, Wasserbehälter.
vatabul = Wasserblase.
vatabumav = Wasserbaukunst.
vatabut = Wasserstiefel.
vatabül = Wasserbrei.
vatacafed = Wasserkessel.
vatadef = Wassernot, Wassermangel.
vatafal = Wasserfall, — ela ‚Rhein' = Rheinfall.
vatafilot = Wasserfeuerwerk.
vataflad = Wasserflasche.
vataflor = Wasserblume.
vatagasin = Wassergas.
vatagäl = Hydrogel.
vatagik = wasserreich.
vatagok = Wasserhuhn.
vataköl = Wasserfarbe.
vatakölamastöf = Wasserfarbstoff.
vatakölopänot = Aquarell.
vatakölopänön, lov. = mit Wasserfarbe malen.
vatalekäl = Wasserkur.
vataleskel = Wasserbecken, Wasserschale.
vatam = Bewässerung, Irrigation.
vataman = Bewässerer.
vatamot = Bewässerungswerk.
vatan = Wassermann.

vataneüf = Wassernymphe.
vataniv = Wasserspiegel.
vatanivod = Wasserstand, Wasserpegel.
vatanöt (‚trapa natans', [tràpá ná-táns,] lat.) = Wassernusz.
vataparat = Wasserkunst (zur Entfernung des Wassers).
vataplaf = Wassercheu.
vataplan = Wasserpflanze.
vatasanöp = Wasserheilanstalt.
vatasäl = Hydrosol.
vatastral = Wasserstrahl.
vatasup = Wassersuppe.
vatatrom = Wettersäule, Wasserhose.
vatatub = Wasserfasz.
vatatüb = Wasserkübel, Wasserbalje.
vatav = Wasserkunde, Hydrologie.
vatavär = Wasserglas (Glas für Wasser).
vatavätöm = hydrostatische Wage.
vatavir = Strudel, Drehkolk.
vatädön, lov. = löschen, **zem pevatädöl** = gelöschter Kalk.
vated = Hydrat.
vatedam = Hydratation.
vatedaotkobod = Hydratisomerie.
vatem = Gewässer.
vatiälik = hydrophil.
vatidugian = Wasserleitung.
vatininädian = Wasserbehälter.
vato: — e läno = zu Wasser und zu Lande.
vatodilet = Hydrolyse.
vatonedugolovik = wasserdicht.
vatot, vatots = Wasserkünste (Springbrunnen, . . .).
vatöf = Wässerigkeit.
vatöfik = wässerig.
vatön, lov. = bewässern, irrigieren.
vaul = Gebell.
vaulaf = Beller.
vaulön, nel. = bellen.
väd = Molke, Serum.
vädayan = Wedda.
väk = Wachs.
väkakandel = Wachskerze, Wachslicht.
väkakandelel (mekan väkakandelas) = Wachszieher.
väkakandelifabrik = Wachszieherei (Fabrik).
väkakandelimek = Wachszieherei.
väkalümät = Wachszünder, Wachslicht.
väkamagot = Wachsbild, Wachsfigur.
väkapaelik = wachsbleich.
väkik = wächsern, wachsen.
väkivietäd = Wachsbleiche, das Wachsbleichen.
väkivietädöp = Wachsbleiche (Anstalt).
väkön, lov. = wachsen, wächsen (mit Wachs versehen, mit Wachs überziehen).
väl = Wahl, Auswahl, Erwählung (in Fr.: choix).
välaglöpil = Wahlkugel.
välan = Auswähler.
väläb = Auserwählte.
väled = Ausmusterung.
väledot = Ausschusz (Stoff).

väledön, lov. = ausschieszen, ausmustern.
välot = Auswahl, das Ausgewählte, Auslese.
välön, lov. = wählen, erwählen, auslesen, auswählen, auserwählen (in Fr.: choisir).
väntar = Inventar.
väntaram = Inventarisation.
väntarön, lov. = inventarisieren.
väntrilok = das Bauchreden, Bauchrednerei.
väntrilokan = Bauchredner.
väp = Duft, Hauch.
väpik = duftend, duftig.
väpöfaleül = ätherisches Öl.
väpöfik = ätherisch.
väpön, nel. = duften, ausduften.
vär = Glas, Trinkglas.
värb = Tunwort, Zeitwort, Verbum.
värbatim = Zeitform, Tempus.
väret = Glas (als Masz).
värul = Riegel.
värulön, lov. = verriegeln.
vät = Gewicht (Körper von bestimmter Schwere als Masz).
vätam = Abwägung.
vätamamastan = Wagemeister.
vätamamon = Wagegeld.
vätamöp = Wagehaus.
vätastabäd = Gewichtseinheit.
vätäl = Erwägung, Bedacht, Überlegung, Bedenken.
vätälik = bedacht, mit Bedacht.
vätälön, lov. = wägen, erwägen, (im Geiste wägend) bedenken.
vätälü = in Erwägung des.
vätälüp = Bedenkzeit.
vätik = auf die Gewichte beziehend.
vätoleigön, nel. = aufwiegen.
vätov = Wägbarkeit.
vätovik = wägbar.
vätöm = Wage.
vätömabem = Wagebalken.
vätömaskel = Wagschale.
vätön, lov. = wägen, abwägen.
ve = entlang, längs des, **vilobs vegön, veikön — flumed, ovegobs, oveikobs — flumed** = wir wollen uns am Flusse halten, — **dom alik** = von Haus zu Haus.
vead = Etui, Futteral, Hülle, Scheide.
veadön, lov. = einstecken, in die Scheide stecken.
veal = Schleier.
vealam = Verschleierung.
vealön, lov. = schleiern, verschleiern.
veb = Schwebe, das Schweben.
vebön, nel. = schweben.
ved = das Werden.
vedel = Mittwoch.
vedelo = mittwochs.
vedön, nel. = werden, **atos ovedon nos** = daraus wird nichts, **evedom lunikum ka ob** = er ist mir über den Kopf gewachsen, **no ove: dom bos legudik** = aus ihm wird nichts, **vedos bölad pro ob** = es wird mir zur Last.
vef = Welle.
vefaban = Wellenbad.

vefaflap = Wellenschlag.
vefafomik = wellenförmig.
vefön, nel. = wogen.
veg = Weg, **su** — = auf dem Wege, unterwegs.
vegam = das Fahren (in valem), — **lü bel** = Bergfahrt, Fahrt zu Berg.
vegamalüod: perön vegamalüodi = aus der Fassung kommen.
vegamataib = Fahrplan, — **trenas** = Kursbuch, Fahrplan.
vegamatarif = Fahrtaxe.
vegamon = Wegegeld.
vegamorivön, lov. = einholen.
vegijonian = Wegweiser.
vegikälädan = Wegaufseher.
vegikön, nel. = sich auf den Weg machen.
vegil = Weglein.
vego = unterwegs.
vegön, nel. = fahren, — **lü ,Paris',** [pari] = nach Paris fahren.
vegü = via, über.
veig = Transport, Transportierung, Beförderung, — **zuik** = Extratransport.
veigal = Transportunternehmer.
veigan = Transporteur.
veigot = Fuder, Fuhre (was mit einem Male gefahren wird).
veigotamon = Fuhrlohn.
veigotan = Fuhrmann.
veigöm = Fuhrwerk, Fuhre, Frachtwagen.
veigön, lov. = transportieren, — **nafo** = verschiffen.
vein = Ader, Vene.
veinik = venös.
veit = das Weitsein.
veitacedam = Weitherzigkeit, Liberalität.
veitacedik = weitherzig, liberal.
veitik = weit (nach allen Seiten weit ausgedehnt).
veitikön, nel. = sich weitern, weiter werden.
veitot = Weite (Masz).
veitotik = weit (Masz), **so** — **äs** = so weit als, wie.
veitöf = Weitläufigkeit.
veitöfik = weitläufig, ausführlich.
veitön, nel. = weit sein.
veitükam = Erweiterung, Ausweitung.
veitükön, lov. = weitern, weiter machen, ausweiten.
vel, 7 = sieben.
velat = Siebenzahl.
veldeg, 70 = siebenzig.
veldil = Siebentel.
veldilil = Siebentelchen.
velid = siebente.
velidnaed = das siebente Mal.
velidnaedo = zum siebenten Male.
velido = siebentens.
velik = siebenfach.
veliko = siebenfacherweise.
velil = Siebenchen.
velin = Velin.
velinapapür = Velinpapier.

velion, 1'000'0007 = Septillion.
vellien = Siebeneck.
velmil, 7'000 = siebentausend.
velna = siebenmal, siebenmals.
velnaik = siebenmalig.
velo = zu sieben.
velot = das Siebenfache.
velön, lov. = versiebenfachen.
velsotik = siebenerlei.
velsotiko = auf siebenerlei Weise.
velt = das Walisch.
veltan = Wale.
veltum, 700 = siebenhundert.
veluv = Sammet.
velüd = Septime (Intervall).
velüdakakord = Septimakkord.
velüf = Septime (Ton).
velüm = Septett (mus.).
velvalenik = siebenwertig.
vem = hoher Grad, Heftigkeit (hoher Grad).
vemik = bedeutend, recht, stark, heftig, im hohen Grade, schwer, dringend.
vemikön, nel. = anschwellen, stärker werden.
vemo = sehr, recht, viel.
vemöf = Intensität.
vemöfik = intensiv.
vemükön, lov. = verstärken.
ven = als, wenn, da, **ebo** — = eben als, **vobön** — **litos** = bei Licht arbeiten.
venen = Gift.
venenam = Vergiftung.
venenav = Giftkunde, Giftlehre, Toxikologie.
venenöf = Giftigkeit.
venenöfik = giftig.
venenön, lov. = vergiften.
venolünolüdavesüd, v.n.n.v. = Nordwesten zu Norden.
ventür = Abenteuer.
ventüran = Abenteurer.
ventürik = abenteuerlich.
venud = Venus (Planet).
veot = Flor, crêpe.
ver = das Absolute, das Absolutsein, Unbedingtheit.
verat = Wahrheit, das Wahrsein.
veratiäl = Wahrheitsliebe, Wahrhaftigkeit, Wahrheitssinn.
veratiälik = wahrheitsliebend, wahrhaftig.
veratik = wahr, wahrhaft.
veratikön, nel. = sich bewahrheiten.
verato = in Wahrheit.
veratod = Wahrheit (etwas Wahres).
veratö: —! = fürwahr! wahrlich! traun!
veratön, nel.: **jenotema lölik no vöd bal veraton** = es ist nichts Wahres an der ganzen Geschichte, **nos atosa, nos etosa veraton** = es ist nichts an dem.
veratükam = Bewahrheitung.
veratükön, lov. = bewahrheiten.
verät = Richtigkeit.
verätalekredik = rechtgläubig.
verätik = recht, richtig.
verätiko = gerade, recht, richtig.
veräto = eigentlich, sorecht.

verätö: —! = richtig!

verätön, nel. = richtig sein, korrekt sein.

verätükam = Berichtigung.

verätükan = Berichtiger.

verätükön, lov. = richtig machen, richtig stellen, rectifizieren.

verik = absolut, unbedingt.

verim = Absolutismus.

vero = durchaus, absolut.

vesep = Wespe.

vesepanäst = Wespennäst.

veset = das Ausgezehrtsein, das Abgezehrtsein, Abgezehrtheit.

vesetik = ausgezehrt, abgezehrt.

vesetikön, nel. = hinschwinden, sich auszehren, abzehren, abschwinden.

vesetön, nel. = ausgezehrt sein, abgezehrt sein.

vesetüköl = auszehrend, abzehrend.

vesetükön, lov. = verzehren, auszehren, abzehren (lov.).

vesid = (tierische) Blase.

vestib = Halle.

vestibül = Vestibül, Hausflur, Vorflur, Vorhalle.

vestig = Forschung, Erforschung, Ausforschung, Untersuchung.

vestigan = Forscher, Erforscher.

vestigön, lov. = untersuchen, prüfen, forschen, erforschen, nachforschen, ausforschen, visitieren, revidieren.

vesulüsulüdavesüd, v.s.s.v. = Südwest zu Süden.

vesüd, v. = Westen.

vesüdavien = Westwind.

vesüdän = Abendland, Okzident.

vesüdänik = abendländisch, okzidentalisch.

vesüdäno = abendländischer Weise.

vesüdik = westlich.

vesüdio = westwärts.

vesüdü = westlich von.

vesünolüdavesüd, v.n.v. = Westnordwesten.

vesüsulüdavesüd, v.s.v. = Westsüdwest.

vet = Schwere, das Schwersein.

vetäd = etwas das Schwere hat.

veter = Vieh.

veteralecek = Viehstall.

veteramaket = Viehmarkt.

veteravab = Viehwagen.

veterayad = Viehhof.

veterik = das Vieh betreffend.

veterisanan = Tierarzt.

vetik = schwer, (viel wiegend).

vetikumön, nel. = zunehmen an Gewicht.

vetot = Schwere, Gewicht (das, wie schwer etwas ist).

vetotaleigik = gleich schwer.

vetotapün = Schwerpunkt.

vetotik = schwer, wiegend.

vetotön, nel. (mö) = wiegen, Gewicht haben.

vetön, nel. = schwer sein.

veüt = Bedeutsamkeit, Wichtigkeit, Bedeutung, Bedeutendheit, atos no labon veüti, atos binon nen — = das hat nichts auf sich.

veütik = bedeutend, bedeutsam, wichtig, ansehnlich, beträchtlich, erheblich.

veüton, nel.: atos no veüton = das hat nichts auf sich.

vevesünolüdavesüd, v.v.n.v. = Westen zu Norden.

vevesüsulüdavesüd, v.v.s.v. = West zu Süden.

vi: —! = weh! wehe! o wehe!

viaduk = Viadukt.

viam = Wehklage.

vian = einer der wehklagt.

viäl = Geige, Violine, Fiedel.

viälakiküf = Violinschlüssel.

viälal ü viälaleskilan = Violinvirtuose.

viälaleskilan ü viälal = Violinvirtuose.

viälamacar = Fiedelbogen, Geigenbogen.

viälan = Violinist, Geiger, Violinspieler.

viälaron = Geigenharz, Kolophonium.

viälel = Violinenmacher.

viälön, lov. = fiedeln, geigen, violinspielen, auf der Geige spielen.

vibijop = Weihbischof, Suffragan.

vid = Breite.

vidajotik = breitschultrig.

vidanudik (mafädanum: > 52 %) = platyrrhin, breitnasig.

videt = geographische Breite.

vidik = breit.

vidot = Breite, dom labon vidoti piedas 20 = das Haus hat 20 Fusz in der Breite.

vidotik: dom binon — mö pieds 20 = das Haus hat 20 Fusz in der Breite.

vidotön, nel.: dom vidoton mö pieds 20 = das Haus hat 20 Fusz in der Breite.

vidükam = Verbreiterung.

vidükön, lov. = verbreiten, breit machen.

viel = Buntfarbigkeit.

vielik = bunt, buntscheckig.

vien = Wind.

vienahap = Äolsharfe.

vienahigok = Wetterhahne.

vienasplodül = Windsbraut.

vienijonian = Wetterfahne, Windfahne.

vienik = windig.

vienön, nel. = wehen, winden, vienos = es windet, es weht.

vienüd = Windstrich, Himmelsgegend.

vienüdastel = Windrose.

viet = das Weisze.

vietabod = Weiszbrot, Wecke.

vietabodibakan = Weiszbäcker.

vietabrasid = Weiszkohl, Weiszkraut.

vietabueg = Weiszbuche, Hagebuche.

vietafit = Weiszfisch.

vietaglut = Weiszglut.

vietaglutik = weiszglühend.

vietaglutön, nel. = weiszglühen.

vietajavod = Schimmel (Pferd).

vietarenar = Weiszfuchs.

vietastof = Weiszzeug.

vietataenan = Weiszgerber.

vietayelovik = weiszgelb.

vietäd = das Bleichen, Bleiche.

vietädön, lov. = bleichen.

vietädöp = Bleicherei.
vietik = weisz.
vietilik = weiszlich.
vietükam = das Weiszen.
vietükan = Tüncher.
vietükön, lov. = weiszen, tünchen.
vif = Schnellheit, Schnelligkeit, das Schnellsein, Geschwindigkeit.
vifagol ü gol vifik = Lauf, Schnellauf.
vifagolan = Läufer, Schnelläufer.
vifagolön, nel. ü **golön vifiko** = laufen.
vifanaf = Schnellbot.
vifanunan = Eilbote.
vifapedöm = Schnellpresse.
vifatren = Schnellzug.
vifaveig = Eilfuhre.
vifik = schnell, geschwind.
vifikön, nel. = schnell werden.
vifikumön, nel. = sich beschleunigen, schneller werden.
vifilik = flüchtig.
vifo = mit Geschwindigkeit, mit Schnelligkeit.
vifö: —! = schnellgemacht! flugs!
viföf = Flüchtigkeit, das Flüchtigsein.
viföfapenäd = Flugblatt, Flugschrift.
viföfik = flüchtig (nicht sorgfältig), oberflächlich.
vifön, nel. = schnell sein.
vifükumön, lov. = beschleunigen.
vig = Woche.
vigan = Wöchner.
vigeneral = Unterbefehlshaber.
vigik = wöchentlich.
vigo = per Woche.
vikar = Vikariat.
vikaral = apostolischer Vikar.
vikaran = Vikar.
vikod = Sieg, Besiegung.
vikodafredik = siegesfroh.
vikodan = Sieger, Besieger.
vikodazäl = Siegesfest.
vikodik = siegend, sieghaft.
vikodön, lov. = siegen über, besiegen, — **eki** = den Sieg über einen davontragen.
vikonulan = Oberstleutnant.
vikont = Burggrafschaft (Würde).
vikontan = Burggraf (als Titel).
viktim = Schlachtoffer.
viktimam = Aufopferung.
viktimäl = Opfergeist, Opfersinn.
viktimön, lov. = hinopfern, zum Opfer bringen, zum Schlachtopfer bringen, aufopfern.
viktual, viktuals = Lebensmittel, Viktualien.
viktualacem = Speisekammer, Vorratskammer.
viktualön, lov. = mit Lebensmitteln versehen.
vil = Wille, das Wollen.
vilag = Dorf, Ort.
vilagabötädöp = Dorfschenke.
vilagacödal = Dorfrichter.
vilagaglüg = Dorfkirche.
vilagan = Dörfler, Dorfbewohner.
vilagapädan = Dorfpfarrer.
vilagil = Dörfchen.
vilalib = Willensfreiheit.

viläd = Willkür.
vilädik = willkürlich.
vilädön, nel. = willkürlich sein, willkürlich handeln.
viläl = Willenskraft, Energie.
vilälik = energisch, willenskräftig.
vilik = willentlich, absichtlich.
vilo = mit Willen.
vilok = Eiweisz.
vilöf = Willfährigkeit, Willigkeit, Wohlwollen, Bereitschaft.
vilöfik = willfährig, willig, gutwillig, — **ad yufön** = zur Hilfe bereit.
vilöfo = gerne, **go** — = sehr gerne, **no** — = ungern.
vilöfön, lov.: — **eki tefü bos** = einem in etwas willfahren, zu Willen sein.
vilön, lov. = wollen.
vilup = Hülle, Umhüllung.
vilupabokül: — pokagloka = Gehäuse zu Taschenuhren.
vilupam = Einhüllung, Umhüllung, Verhüllung.
vilupot = das Eingehüllte.
vilupön, lov. = einhüllen, verhüllen.
vim = Laune.
vimam = Launenhaftigkeit.
vimäd = Grille, Schrulle.
vimädik = schrullenhaft, schrullig.
vimädön, nel. = schrullen machen.
vimik = launenhaft, launisch, wetterlaunisch.
vimön, nel. = launenhaft sein.
vin = Wein.
vinaflad = Weinflasche.
vinakav = Weinkeller.
vinakavafebäd = Kellerei.
vinalän = Weinland, Rebland, Rebengelände.
vinalef = Weinhefe, Weinmutter.
vinaleted = Weingroszhandel.
vinaletedan = Weingroszhändler.
vinam = Weinbereitung.
vinamapedöm ü vitidabälipedöm = Kelter, Weinpresse.
vinaseatöp = Weinlager.
vinasmek = Weingeschmack.
vinaspit = Weingeist.
vinaston = Weinstein.
vinastonasümik = weinsteinartig.
vinasupäd = Treber, Weintreber.
vinasümik = weinartig.
vinated = Weinhandel.
vinatedan = Weinhändler.
vinatrip = Weinsteuer.
vinatub = Weinfasz, Weintonne.
vinatüb = Weinkufe.
vinatübel = Weinküfer.
vinavinig = Weinessig.
vinazüd = Weinsäure, Weinsteinsäure.
vindit = Rache.
vinditan = Rächer.
vinditiäl = Rachsucht, Rachgier, Rachlust, Rachedurst.
vinditiälik = rachsüchtig, rachgierig, rachlustig.
vinditik = rächerisch.

vinditön, lov. dem. = rächen, — eke (me, medü) = sich an einem rächen.
vineg = Wink.
vinegön, lov. = winken.
vinel = Weinbereiter.
vinibötäd = Weinschank.
vinibötädan = Weinschenk, Weinwirt.
vinibötädöp = Weinhaus, Weinstube, Weinschenke.
vinidobükam = Weinverfälschung.
vinig = Essig.
vinigatazüd, CH3COOH = Essigsäure.
vinigatazüderik = essigsäurehaltig.
vinigatazüdik = essigsäurehaltig.
vinigazüdöfik = sauer wie Essig, essigsauer.
viniged = das Einlegen in Essig, das Marinieren.
vinigedön, lov. = einlegen in Essig, marinieren.
vinik = weinig.
vio = so, wie (correlativ).
viod = Verletzung.
viodam = das Verletzen, Verletzung.
viodov = Verletzlichkeit.
viodovik = verletzlich, verletzbar.
viodön, lov. = verletzen.
viol = Veilchen.
,viola', [viòla,] Lit. 1. eli brat!
violät = das Violett.
violätik = violett.
,violino', [violino,] Lit. 1. eli viäl!
,violoncello' [violóncǎlo] Lit. 1. eli col!
,violone', [violòne,] Lit. 1. eli bäf!
viomafädo = wiefern, in wiefern.
viomodo = wie.
viomödik = wieviel (relativ).
vior = Elfenbein.
vioracan, vioracans = Elfenbeinware.
viovemo = wiesehr.
viön, nel. = wehklagen.
vip = Wunsch.
vipabidir = Optativ, Wunschform.
vipabik = wünschenswert, wünschenswürdig.
vipaset = Wunschsatz.
vipär = Viper, Otter, Natter.
vipön, lov. = wünschen.
vipresidan = Vizepräsident.
vir = Wirbel, Strudel.
viräd = Wirbel.
vireb = Wirbel, Wirbelbein, Wirbelknochen.
virebem = Wirbelsäule, Rückgrat.
virg = Jungfrauschaft, Jungfräulichkeit (unverletzte Keuschheit).
virgik = jungfräulich.
virik = wirbelicht, wirbelig.
virön, nel. = wirbeln, strudeln.
vised = Klugheit.
visedäl = Gescheitheit, Gewecktheit.
visedälik = gescheit, geweckt.
visedälön, nel. = geschickt sein, gewandt sein.
visedik = klug.
vision = Gesicht, Vision.
visipön, nel. = säuseln.
visir = Wesir, Vezier.
visit = Besuch, Visite.

visitan = Besucher, Besuch.
visitön, lov. = besuchen, — gümnadi = auf dem Gymnasium sein.
viskod = Viskosität.
viso, ladv. = gegenüber, vis-à-vis.
visoan = das Visavis.
visoik = gegenüber befindlich.
visul = Wiesel.
visü, pr. = gegenüber, lödom — ob, — glüg = er wohnt mir, der Kirche gegenüber.
vit = Meidung, Vermeidung, Umgehung.
vitid = Rebe, Weinrebe, Weinstock.
vitidabäl = Weinbeere, Traube, Weintraube, besepedön vitidabälis = auskeltern.
vitidabälem = Traube, Weintraube.
vitidabäliklop ü vitidaklop = Herbst, Weinernte.
vitidabäliklopön, nel. ü vitidaklopön, nel. = herbsten.
vitidabälipedöm ü vinamapedöm = Kelter, Weinpresse.
vitidabelem = Weingebirge.
vitidafeil = Weinbau.
vitidagad = Weinberg, Weingarten.
vitidagadan = Rebmann, Winzer.
vitidaklop ü vitidabäliklop = Herbst, Weinernte.
vitidaklopam = Weinlese.
vitidaklopön, nel. ü vitidabäliklopön, nel. = herbsten.
vitidalaedem = Weingeländer.
vitidapriel = Weinlaube.
vitidavaet = Rebensaft.
vitovik = zu umgehen.
vitön, lov. = meiden, vermeiden, umgehen.
vitriol = Vitriol, Vitriolöl.
vitür = Scheibe, Glasscheibe, Fensterscheibe, — lokaglätik = Spiegelscheibe.
vitüraglät = Fensterglas.
vitüram = das Einsetzen von Fensterscheiben, das Versehen mit Fensterscheiben.
vitüramöp = Glaserei, Werkstatt eines Glasers.
vitüran = Glaser.
vitürapapür = Glaspapier, Vitrauphin.
vitürön, lov. = verglasen, mit Glasscheiben versehen.
viud = Witwenstand.
viudan = Verwitwete, Verwitweter.
viudik = verwitwet.
viudikön, nel. = verwitwen (nel.) (zur Witwe oder zum Witwer werden).
viudükön, lov. = verwitwen (lov.) (zur Witwe oder zum Witwer machen).
viv = Weberei, das Weben.
vivabled = Weberblatt.
vivafebäd = Weberei, Gewerbe eines Webers.
vivajul = Weberschule.
vivakardät = Kardendistel, Weberdistel.
vivan = Weber.
vivaparat = Weberstuhl.
vivaspül = Weberschiff, Weberschiffchen.
vivazilid = Weberbaum.
vivokäd = Wehausrauf, Wehgeschrei.
vivokädan = Wehegeschrei-Erheber.

vivokädön, nel. = ein Wehgeschrei erheben.

vivot = Gewebe, — **jevodaherik** = Gewebe aus Pferdehaaren, — **kotinik** = baumwollenes Gewebe, — **lainik** = wollenes Gewebe, — **linumik** = leinenes Gewebe, — **sadinik** = seidenes Gewebe, — **de sadinadefalots** = Gewebe aus Seidenabfällen, — **pegumöl** = Gewebe in Verbindung mit Kautschuk.

vivön, lov. = weben.

vivöp = Weberei.

vivöpidalaban = Webereibesitzer.

vivöpistitan = Webereieinrichter.

vo, ladv. = wirklich, ja, wahrhaft, wahrlich, in Wahrheit, — **-li?** = gelt! nicht wahr?

voad = das Lecksein.

voadahog = Leck.

voadik = leck.

voadikön, nel. = leck werden, ein Leck bekommen.

voadön, nel. = leck sein, lecken.

voal = Hauch, Duft (das Leichteste, das Unbedeutende, das schnell Hinschwindende, das in dünner Schicht etwas Bedeckende).

voalalogön, lov. = schimmern (vor den Augen).

voalön, nel. = wie mit einem Hauch, Anhauch, Duft überdeckt sein.

vob = Arbeit, das Arbeiten, **in** — = in Arbeit.

vobadel = Wochentag, Werktag.

vobamastan = Werkmeister, Vorarbeiter.

voban = Arbeiter, Arbeitsmann.

vobanamesed = Arbeitslohn.

vobanef = Arbeiterschaft (Gesamtheit von Arbeitern).

vobastitod = Arbeitsanstalt, Arbeitshaus.

vobäd = das Bewerkstelligen, das Zustandebringen, — **stema** = Dampferzeugung.

vobädön, lov. = bewerkstelligen, zustande bringen.

vobed = Wirkung, Wirksamkeit.

vobedik = wirksam, wirkend.

vobedön, lov. = wirken, Wirkung haben.

vobiäl = Erwerbsamkeit, Arbeitssinn, Arbeitsamkeit.

vobiälik = erwerbsam, arbeitsam.

vobiälön, nel. = erwerbsam sein, arbeitsam sein.

vobik = arbeitend, tätig, bei der Arbeit.

vobikön, nel. = an die Arbeit gehen.

vobod = Werk, Arbeit.

vobot = Werkstück, Arbeiterstück.

vobön, nel. = arbeiten.

voböp = Werkstatt, Werkstätte, Arbeitsraum, Laboratorium, Atelier.

vobükön, lov.: — **eki** = einen an die Arbeit setzen.

vobüp = Arbeitszeit.

vod = Watte.

vodam = Wattierung.

vodilik = wattartig.

vodön, lov. = wattieren.

vog = das Gesuchtsein, das Begehrtsein.

vogäd = Mode.

vogädacan, vogädacans = Putzware, Modeware, Modeartikel.

vogädan = Modistin, Putzmacherin.

vogädik = modisch.

vogik = gesucht, begehrt, abgängig, landläufig, gangbar.

vogön, nel. = gesucht sein, begehrt sein.

vogulans = Wogulen.

voik = eigentlich, recht, echt, bar, materiell, wesentlich, **dis sil** — = unter freiem Himmel.

voiko. = eigentlich, sorecht.

vok = Ruf, das Rufen.

vokat = Hellaut, Selbstlauter, Vokal.

vokatif = Vokativ, Ausruffall.

vokäd = Ruf, Ausruf, Schrei, — **kukuka** = Ruf des Kuckucks, Kuckucksruf.

vokädan = Ausrufer.

vokädik: pönop — = ausrufendes Fürwort.

vokädön, lov. = rufen, ausrufen, ausschreien, — **fredo** = ein Freudengeschrei erheben.

vokät = Umlautung.

vokätamal = Umlaut (Zeichen).

vokätamalön, lov. = umlauten (mit dem Umlaut versehen).

vokätön, nel. = umlauten (den Umlaut annehmen).

voked = Beruf, Vokation, **senälön vokedi** = sich berufen fühlen, Beruf finden, Beruf spüren, Beruf fühlen.

voket = Ablaut.

voketön, nel. = ablauten.

vokod = Appell (Namenabrufung).

vokön, lov. = rufen, **golön ad** — **sanani** = er geht nach dem Arzte.

vol = Welt.

volafin = Weltende.

volajenotem = Weltgeschichte.

volajenotemik = weltgeschichtlich.

volakaed = Weltkarte.

volalafab = Weltalphabet.

volamel = Weltmeer (Meer von weltgeschichtlicher Bedeutung).

volapotaklub = Weltpostverein.

volapük = Weltsprache (in valem).

volastunidot = Weltwunder.

voläd = Welt (im Gegensatz zum Göttlichen, Geistlichen, das bewegte Leben und Treiben der Menschen).

volädakleran = Weltgeistlicher.

volädam = Weltlichkeit.

volädan = Weltkind.

volädäl = Weltsinn.

volädälan = Weltmann.

volädälik = weltlich gesinnt.

volädik = weltlich.

volädisev = Weltkenntnis, Weltklugheit.

volädisevan = Weltweise, Weltweiser.

volädisevik = weltklug.

voled = Reich (a.s.: **planavoled** = Pflanzenreich).

volf = Evolution.

volfön, nel. = evoluieren.

volframatastabot, WO₃ = Wolframsäureanhydrid.

volframin, W. ‚wolframium' = Wolfram.

vo-li? = gelt? nicht wahr?

volik = weltlich.

volkan = Feuerberg, Vulkan.
volkanik = vulkanisch.
volkanim = Vulkanismus.
volut = Aufruhr, Aufstand, Erhebung, Revolte, Empörung.
volutan = Aufrührer, Aufständischer, Empörer, Rebell.
volutiälik = aufrührerisch.
volutik = aufständisch, empörerisch.
volutikön, nel. = sich empören.
volutö: —! = aufruhr!
volutön, nel. = revoltieren.
volutöp = Aufstandsort.
volutükam = Aufwiegelei.
volutükan = Aufruhrstifter, Aufwiegler.
volutüköl = aufwieglerisch.
volutükön, lov. = aufführen, Aufruhr erregen, aufwiegeln, empören.
volutüp = Aufstandszeit.
vom = Frau.
vomajit = Weiberhemd.
vomakleud = Frauenkloster.
vomef = Frauensleute, Frauenschaft.
vomidek = Frauenschmuck.
vomik = weiblich (in Bezug aufs Geschlecht).
vomil = Frauchen, Fräulein.
vomit = das Erbrechen.
vomitamedin = Brechmittel.
vomitot = Erbrechung, Erbrochenes.
vomitön, lov. = sich erbrechen.
vomöf = Weiblichkeit.
vomöfik = weiblich.
vomül = Fräulein, Jungfer, junge Dame.
vor = das Abgenutztsein, das Verbrauchtsein, das Abgetragensein, das Zerschliffensein, das Fadenscheinigsein, das Verschliffensein.
voräd = Abgedroschenheit, das Verwittertsein.
vorädik = abgedroschen, veraltet.
vorädikam = Verwitterung.
vorädikön, nel. = verwittern, zerfallen.
vorädön, nel. = verwittert sein.
vorik = abgenutzt, verbraucht, abgetragen, fadenscheinig, verschliffen.
vorikam = Abnutzung, Verschleisz.
vorikön, nel. = sich abnutzen, sich abtragen, fadenscheinig werden.
vorön, nel. = abgenutzt sein, verbraucht sein, abgetragen sein, zerschliffen sein, fadenscheinig sein, verschliffen sein.
vorükan = Abnützer.
vorükön, lov. = abnutzen, verbrauchen, abtragen.
voseg, vosegs = Vogesen.
vot = die Anderheit, das Anderssein, die Nichteinerleiheit.
votabevobön, lov. = umarbeiten.
votabumön, lov. = verbauen, umbauen.
votadilo = andernteils.
votaflan: lü — = hinüber, de — mela = von jenseits des Meeres.
votaflanik = anderseitig.
votaflanio = lü votaflan.
votaflano = hinwiederum, auf der andere Seite, anderseits.

votaflanü = anderseits des, lödom — flumed = er wohnt über dem Flusse.
votafomam = Umformung.
votafomön, lov. = umformen.
votafrapön, lov. = umprägen.
votajol: lü — = hinüber.
votajolio = lü votajol.
votaklotam = Verkleidung.
votaklotön, lov. = verkleiden, umkleiden.
votalod = Umladung.
votalodön, lov. = umladen.
votan = Anderer, balan...— = der eine... der andere.
votapäkön, lov. = umpacken.
votapenön, lov. = úmschreiben, anders schreiben.
votapladön, lov. = úmstellen.
votaregulön, lov. = úmstellen.
votasäedön, lov. = úmsatteln.
votaseimao = anderswoher.
votaseimik = anderwärtig, anderweitig.
votaseimio = anderswohin.
votaseimo = anderswo, sonstwo.
votastid = Reform.
votastidön, lov. = reformieren.
votik = ander, bal len — = aneinander, bal pos — = nacheinander, bal se — = auseinander, bal sus — = übereinander, bal love — = übereinander (hin).
votikam = Änderung.
votikan = der Andere, bal pos — = nacheinander.
votikna = andermal, ein andermal.
votiko = anders, auf andere Weise.
votikön,. nel. = sich ändern, sich abändern.
voto = andernfalls, ansonsten, widrigenfalls.
votöf = Abänderlichkeit, Wandelbarkeit.
votöfik = abänderlich, wandelbar.
votön, nel. = anders sein.
votükam = Veränderung, Abänderung.
votükamiäl = Änderungssucht.
votükamiälik = änderungssüchtig.
votükamimob = Amendement.
votükön, lov. = ändern (lov.), abändern.
votyakans = Wotjaken.
vö: —! = fürwahr! traun! eben! halt! in der Tat! wahrhaftig!
vöd = Wort, Vokabel, — rezipatefik = Korrelativum.
vödabuk = Lexikon, Wörterbuch.
vödagik = wortreich.
vödakoboyum = Wortzusammenstellung.
vödamal = Losung.
vödapenät = Wortschrift.
vödastok = Wortschatz.
vöded = Ausdruck, Wort, — jäfüda = Fachausdruck.
vödedem = Nomenklatur.
vödem = Text.
vödidefomam = Wortableitung.
vödik = wortgetreu, wörtlich.
vödipladam = Wortstellung, Wortfügung.
vög = Stimme.
vögamusig = Vokalmusik.

vögäd = Ton.
vögik = vokal.
vögod = Stimme, Wahlstimme (Votum).
vögodam = das Stimmen, Abstimmung.
vögodan = Stimmer, Stimmberechtigter, Abstimmer.
vögodön, nel. = stimmen, eine Stimme abgeben, abstimmen.
vögodöp = Abstimmungsort.
vögodüp = Abstimmungszeit.
vögön, nel. = die Stimme hören lassen.
völ = Wand.
völad = Wert.
völadapened = Wertbrief.
völadik = werthabend.
völadön, nel. = wert sein, Wert haben.
völadü = im Werte von.
völaglok = Wanduhr.
völalitikipian = Wandleuchter.
völäd = Währung, Münzfusz.
völädü: — Fransän = französische Währung, Kurant.
vön = Vorzeit, Altertum.
vönao = von alters her.
vönaoloveik = traditionell, altherkömmlich, althergebracht.
vönaoloveikam = Überlieferung, das Herkommen.
vönaoloveikamo = hergebrachtermaszen.
vönaoloveikod = Überlieferung, Tradition.
vönapükav = Philologie.
vönapükavan = Philolog.
vönapükavik = philologisch.
vönäd = die alte Zeit (nicht: Altertum).
vönädalafab = lafab vönädik.
vönädalafabik = altalphabetisch.
vönädavogädik = altmodisch.
vönädik = ehemalig, früher, vormalig, sonstig, alt (nicht: antik).
vönädikön, nel. = veralten.
vönädo = früher, sonst, in früherer Zeit, in alter Zeit, vor alters.
vönädot = Antiquität.
vönik = alt, antik, altertümlich, yegs — = altertümliche Gegenstände.
vöno = im Altertum, vor alters.
vönot, vönots = Altertum, Altertümer.
vönotav = Altertumskunde, Archäologie.
vönotavan = Archäolog, Altertumskenner, Altertumskundiger.
vönotavik = archäologisch.
vu: —! = hu!
vuit = Weizen.
vuitameil = Weizenmehl.
vuk = Wucher.
vukan = Wucherer.
vukiäl = Wuchersucht, Wuchergeist.
vukik = wucherhaft.
vukön, nel. = Wucher treiben, wuchern.
vul = Wurzel.
vulikön, nel. = sich wurzeln, einwurzeln.
vulil = Würzelchen.
vulön, nel. = wurzeln (Wurzel gefaszt haben).
vultur = Geier.

vum = Wurm.
vumodämam = Wurmstich.
vumodämik = wurmig, wurmstichig.
vun = Wunde.
vunam = Verwundung.
vunäb = Verwundete.
vunik = auf die Wunde bezüglich.
vunisanan = Wundarzt.
vunön, lov. = verwunden.
vut = Wut.
vutalienet = Tobsucht, Raserei, Tollheit.
vutalienetik = toll.
vutan = Wüter.
vutälan = Wüterich.
vutik = wütend, wütig, mu — = wutentbrannt.
vuto = in Wut.
vutön, nel. = wüten.
vü = zwischen, —ats, — ets, — ons = dazwischen.
vüd = Einladung, Aufforderung.
vüdan = Aufforderer, Einlader.
vüdön, lov. = einladen, auffordern.
vügol = Einmischung.
vügolön, lov. = dazwischentreten.
vüik = zwischenliegend, zwischenstehend, zwischenzeitig.
vüköm = Dazwischenkunft.
vükömön, lov. = dazwischenkommen.
vülkanit = das Vulkanisieren.
vülkanitön, lov. = vulkanisieren.
vüm = Schosz.
vüo = einstweilen, indessen, inzwischen, unterdessen, unter der Hand.
vüpladam = Einschaltung.
vüpladot = Einschiebsel.
vüpladotayel = Schaltjahr.
vüpladön, lov. = einfügen, einschalten.
vüset = Zwischensatz.
vüspad (spad vü yegs tel) = Zwischenraum.
vüspadü = mit einem Zwischenraum von.
vüspadül = Spatium (Buchdruck).
vüspadülik = gesperrt, spatiiert, spatiniert.
vüspadülükön, lov. = spationieren, spatiinieren.
vüsüf = Zwischenakt.
vütim = Zwischenzeit.
vütimik = zwischenzeitig.
vütimo = in der Zwischenzeit.
vütropik = tropisch.
vütroplän = Tropenland.
vüyümäd = Verbindungsstück.
vüyümot = Einschiebsel, Infix.

V.

Valagän = Walachei.
Valagänan = Walache.
Valagänik = walachisch.
Valanämädal = der Allmächtige.
Valisän = Wallis. (Schweiz).
Valisänan = Walliser.
‚Vaticano‘, [vatikàno] = Vatikan, Zif di — = Stadt des Vatikans.
Vähävän = Wei-hai-wei.

Velsän = Wales, **Nula:Sulüda:** — = Neusüd-
wäls.
Venesolän = Venezuela.
,Venezia', [venèzia,] Lit. = Venedig.
Vesfalän = Westfalen.
Vesfalänan = Westfale.
Vesfalänik = westfälisch.
Vesüda:Deutän = Westdeutschland.
Vesüda:Lindän = Westindien.
Vieta:Rusän = Weiszruszland.
Viktoriyän = Victoria.
Vinvarduäns = Windward-Inseln.
Viorajolän = Elfenbeinküste.
Virginän = Virginien.
Virginuäns = Jungfern-Inseln.
Vodän = Waadtland (Schweiz).
Vodänan = Waadtländer.
Volapük = Weltsprache, **datikan Volapüka** =
der Ersinner der Weltsprache, **spikön Vola:**
püki = Volapük sprechen, **datuvan Volapüka**
= der Erfinder der Weltsprache.
Volapükagased = Weltspracheblatt.
Volapükan = Wolapükist, Volapükist.
Volapükik = auf Volapük bezüglich.
Volapükön, nel. = Volapük treiben, Volapük
pflegen.
Volünän = Wolhynien.
Vöna:Deutänäl = Altdeutschtum, **lu:** — =
Altdeutschtümelei.
Vöna:Deutänik = altdeutsch.
Vöna:Grikänapük = die altgriechische Sprache.
Vöna:Grikänapükik = altgriechisch.
Vöna:Grikänäl = Altgriechentum.
Vöna:Grikänik = altgriechisch.
Vürtän = Württemberg.
Vürtänan = Württemberger.
Vürtänik = württembergisch.

W.

,Waldstätte' [válĭ-ĭtåtĕ] D. pl. = Waldstätte
(die Urkantone am Vierwaldstättersee).
,Wien', [vin,] D. = Wien, **di** — = wienerisch, **kötotil di** — = Wiener Schnitzel.

x.

xab = Achse.
xababrek = Achsenbruch.
xabakluf = Achsennagel, Lünse.
xabatul = Achsendrehung.
xabik = achsig (a.s.: **telxabik** = zweiachsig).
xam = Examen, Prüfung.
xaman = Prüfer, Examinator.
xamäb = Prüfling, Examinand.
xamön, lov. = prüfen, examinieren.
xamül = Abhörung, das Abhören.
xamülan = Abhörer, Überhörer.
xamülön, lov. = abhören, überhören, verhören.
xään = Hautausschlag, Flechte (Krankheit).
xäinön, lov. = steigern (steigen machen).
xän = Steigung, das Steigen.
xänabim = Steigleiter.

xänaboib = Steigbügel.
xänik = steigend.
xänöm = Leiter, Steige.
xänömatrid = Leitersprosse.
xänön, nel. = aufsteigen, emporsteigen, steigen,
— **tu geiliko sodas no kanoy golön föfio ni**
pödio = versteigen.
xenonin, X, ,xenon' = xenon.
xifiad = Schwertfisch.
xil = Verbannung.
xiläb = Verbannter.
xilön, lov. = verbannen.
xilöp = Verbannungsort.
xilüp = Verbannungszeit.
xiom = Axiom.
xüd = Oxydation.
xüdajenäd = Oxydationsprozesz.
xüdön, nel. = oxydieren.

y.

ya = schon, bereits.
yad = Hofraum, Hof.
yaf = das Javanisch.
yafan = Javaner.
yafetitan = Japhetit.
yag = Jagd.
yagadog = Jagdhund.
yagadom = Jägerhaus, Jägerhof, Jägerwohnung.
yagagün = Jagdgewehr, Jagdflinte.
yagan = Jäger, Weidmann.
yaganavöded = Jägerausdruck.
yaganef = Jägerei, Jägerschaft.
yaganik = weidmännisch, jägermäszig.
yagav = Jägerei, Weidmannskunst, Jagdkunst.
yagovik = jagdbar.
yagön, lov. = jagen, **binön yagöl** = auf der
Jagd sein.
yakutans = Jakuten.
yal = Galerie, Veranda.
yam = Jammer, das Jammern.
yamik = jämmerlich, jammernd.
yamön, nel. = jammern.
yamöp = Jammertal.
yamül = Geleier.
yamülön, nel. = leiern.
yan = Türe.
yanan = Aufschliezer, Portier, Schliezer.
yananoköm = Türklopfer.
yanul = Januar.
yargonin, Jg, ,jargonium' = Jargonium.
yat = Eichhörnchen.
yäk = Bluse, Jacke, Kittel.
yän = Garn., — **di ,Genappe'** [jĕnáp] Fr. =
Genappegarn.
ye = jedoch, aber, doch, indesz, ja.
yeb = Gras.
yebacan = Grasware.
yebagik = grasig, grasicht, grasbewachsen.
yebalän = Wiese, Heuwiese, Grasland.
yebidön, nel. = grasen.
yebifodan = Grasmäher.
yebifodön, nel. = grasen.

yebik = von Gras.
yeg = Gegenstand, Objekt, **yegs vönik** = allertümliche Gegenstände.
yeged = Zeitungsartikel.
yegod = Akkusativobjekt.
yegodaset = Objektssatz.
yel = Jahr, **dü yels mödik** = jahrelang.
yelabuk, yelabuks = Annalen, Jahr-Bücher.
yelacen = Jahreswechsel.
yelafoldegan = Vierziger (Mann).
yelafoldil = Quartal, Vierteljahr.
yelafoldiladel = Quatember.
yelafoldilik = vierteljährlich, **nunod —** = Vierteljahrsbericht.
yelafoldiliko = quartaliter.
yelafoldilo = vierteljährlich, quartalsweise, quartaliter.
yelalaf = Halbjahr, Semester.
yelamaket = Messe, Jahrmarkt, **— di ‚Leipzig‘,** [láipziq,] D. = die Leipziger Messe.
yelamilatik = jahrtausendfach.
yelamul = Jahresmonat.
yelanum = Jahreszahl.
yelanumaliänem = Chronogramm.
yelasäsun = Jahreszeit.
yelatumatik = jahrhundertfach.
yelik = jährig.
yelil = Jährchen.
yelo = imjahr, jährlich, per Jahr.
yelod = Jahrgang.
yelok = Dotter, Eidotter, Eigelb.
yelov = Gelb, gelbe Farbe.
yelovabraunik = gelbbraun.
yelovagrünik = gelbgrün.
yelovamaläd = Gelbsucht.
yelovaredik = gelbrot.
yelovik = gelb.
yelovikön, nel. = gelb werden.
yelovilik = gelblich.
yelovön, nel. = gelb sein.
yelovükön, lov. = gilben, gelb machen, gelb färben.
yelön, nel. = Gebutstag haben, jährig sein.
yen, k. Yapänik = Yen.
yenazim, k. Yapänik = Sen.
yil = das Ausweichen, Ausweichung.
yilädön, lov. = drangeben (fahren lassen), — **kläno tidodi** = hinter die Schule gehen.
yilid = das Nachgeben, das Weichen.
yilidön, nel. = nachgeben, weichen.
yilot = Weiche, Ausweiche, Bahnweiche.
yilotiregulan = Weichensteller, Weichenwärter.
yilön, lov. = ausweichen.
yilöp = Ausweichestelle.
yion = Ion.
yionateorod = Ionentheorie.
yionikam = Ionisation.
yionin = Ionium.
yodatastabot, J_2O_5 = Jodpentoxyd.
yodatazüd, HJO_3 = Jodsäure.
yodidazüd, HJ.aq = Jodwasserstoffsäure, Jodwasserstofflösung.
yodin, J, ‚jodium‘ = Jod.

yodinimafam = Jodometrie.
yof = Vergnügen, das Belustigende.
yofam = Belustigung, das Belustigen, das Vergnügen.
yofiäl = Vergnügungssucht.
yofiälan = Vergnügling.
yofiälik = vergnügungssüchtig.
yofik = amüsant, ergötzlich, vergnüglich.
yofön, lov. = belustigen, vergnügen, amusieren, **— oki** = sich amusieren, sich belustigen.
yoin = Gelenk (tierisches).
yok = Joch.
yokam = das Unterjochen, Unterjochung.
yokön, lov. = jochen, unterjochen.
yoktanidans = die Joktaniden.
yö: —! = juch! juchhe! juchhei! juchheisa! heisa! heisza!
yub = Jubel.
yubid = Jubiläum, **— luldegyelik** = goldenes Jubiläum, **— mäldegyelik u — veldeglulyelik** = diamanten-Jubiläum.
yubidan = Jubilaris.
yubidön, lov. = jubilieren, (ein Erinnerungsfest) feiern.
yubik = jubelhaft, jubelvoll, jubelnd.
yubön, nel. = jubeln.
yud = israelitische Religion, jüdische Religion, Judentum.
yudan = Jude.
yudanef = Judenheit.
yudanik = jüdisch (auf Juden bezüglich).
yudanipöjut = Jodenverfolgung.
yudik = israelitisch, jüdisch.
yudön, lov. = judaisieren.
yuf = Hilfe, Beistand, Vorschub, Hilfeleistung.
yufan = Assistent, Gehilfe, Helfer.
yufatidan = Hilfslehrer.
yufavärb = Hilfszeitwort.
yufiäl = Dienstfertigkeit.
yufiälik = hilfsbereit, hilfreich.
yufidön, lov. = appellieren an, in Anspruch nehmen, (jemandes . . .) anrufen, sich berufen auf, zu Hilfe ziehen.
yufik = helfend.
yufo = mit Hilfe.
yufö: —! = Hilfe! zu Hilfe!
yufön, lov. = helfen, an die Hand gehen, beispringen, beistehen, **— eki ad deseitön bosi** = einem etwas abhelfen, einem von etwas abhelfen, **— eki** = einem zur Seite stehen, einem an die Hand gehen.
yufü = hilfs, mit Hilfe von, unter Zuhilfenahme des.
yugabom = Jochbein.
yuglan = Walnuszbaum, Nuszbaum.
yuglananöt = Walnusz.
yukagirans = Jukagiren.
yul = Schwur, Eid, Eidschwur.
yulacödalef = Schwurgericht, Jury.
yulakompen = Eidgenossenschaft.
yulakompenan = Eidgenosse.
yulakompenanef = Eidgenossenschaft.
yulan = Geschworener.
yulid = Beeidigung.

yulidäb = Beeidigter.
yulidön, lov.: — **eki** = einen beeidigen.
yulik = geschworen.
yulo = eidlich, mit einem Eide, **fümükön bosi** — = etwas beschwören, etwas mit einem Eide bekräftigen.
yulön, lov. = schwören, einen Eid ablegen, einen Eid schwören, einen Eid leisten.
yulul = Juli.
yululik = Juli=.
yum = Anschlusz, das Sichanschlieszen, Anschlieszung.
yumädatren = Anschluszzug.
yumädik = anschlieszend, Anschlusz=, **tren** — = Anschluszzug.
yumädön, nel. = anschlieszen.
yumed = Zusammenhang.
yumedik = zusammenhängend.
yumedön, nel. = zusammenhängen.
yumedü = im Zusammenhang mit.
yumod = Anschluszpunkt, Knotenpunkt, Fuge.
yumöf = Kontinuität.
yumöfik = kontinuierlich, **späktrum** — = kontinuierliches Spektrum.
yumön, nel. = sich anschlieszen.
yumü = in Verbindung mit.
yun = Jugend.
yunaflifäd = Jugendfrische.
yunan = Jüngling, junger Mensch.
yunanef = Jugend, junge Leute.
yunao = von Jugend auf.
yunik = jung, **yuniкün blodas** = der jüngste von den Brüdern.
yunikan = der Jüngere, junior.
yunip = Wacholder, Wacholderbaum.
yunipabäl = Wacholderbeere.
yunipabälavaet = Wacholdersaft.
yunipagein = Wacholderbranntwein.
yunipaleül = Wacholderöl.
yunktif = Bindehaut (im Auge).
yunöf = Jugendlichkeit.
yunöfik = jugendlich.
yunul = Juni.
yunulik = Juni=, im Juni.
yunükam = Verjüngung.
yunükön, lov. = verjüngen.
yupitär = Jupiter (Planet).
yurin = Harn, Urine.
yurinaglät = Uringlas.
yurinavesid = Harnblase.
yurinidugian = Harnleiter.
yurinön, lov. = harnen, urinieren.
yut = Jute.
yutop = Utopie.
yutopalän = Utopia.
yutopan = Utopist.
yutopik = utopisch.
yül = Wette, **gaenön yüli** = die Wette gewinnen.
yülan = Wetter, Wettender.
yülön, lov. = wetten, verwetten.
yüm = das Fügen, Fügung, Verbindung.

yümamalül: - = Bindestrich, Verbindungsstrich, Bindezeichen.
yümatonat = Verbindungsbuchstabe.
yümäd = Lasche.
yümot = Affix.
yümön, lov. = fugen, fügen, zusammensetzen, verbinden.
yütans = die Jüten.

Y.

Yafeän = Java (Insel).
Yafeänik = javanisch.
Yapän = Japan.
Yapänan = Japanner.
Yapänik = japanisch.
Yapänön, lov. = japanisieren.
Yemän = Yemen.
Yesus = Jesus.
Yudän = Judäa.
Yurop = Europa.
Yuropan = Europäer.
Yuropik = europäisch.
Yütlän = Jütland.
Yütlänan = Jütländer.
Yütlänik = jütländisch.

z.

za, pr. = beiläufig, etwa, um, ungefähr, — **mens mil,** — **mans mil** = bei tausend Mann, — **dalders tum** = um 100 Taler herum, — **düp: mäl,** — **düp mälid** = um sechs Uhr herum.
zad = Zärtlichkeit.
zadäl = Zartgefühl, Feingefühl, Feinfühligkeit.
zadälik = zartfühlend, feinfühlend.
zadid = Verzärtelung.
zadidan = Verzärtler.
zadidön, lov. = verhätscheln, verzärteln.
zadik = zärtlich.
zadükam = Erweichung (Rührung).
zadükön, lov. = erweichen (rühren).
zaik, lady. = etwaig.
zan = Zank, Zankerei, Zänkerei.
zanädön, lov. = schelten, schimpfen, ausschelten, ausschimpfen, auszanken.
zaniäl = Zanklust, Zanksucht, Zänkergeist, Zankgeist.
zaniälik = zanksüchtig, zänkisch.
zanik = zankend.
zanön, nel. = zanken.
zao, ladv. = ungefähr, etwa, — **laido** = etwa ständig, — **ün pasat** = um Ostern, — **tü düp: mäl** = um sechs Uhr herum.
zapotekans = Zapoteken.
zar = Zar (russischer Kaiser).
zädel = Samstag.
zädelik = samstägig.
zäl = Fest, Festivität, Festlichkeit.
zäladel = Festtag.
zälakanit = Festgesang.
zälaklotem = Festkleid, Festgewand.
zälaladälod = festliche Stimmung.

zälaneit: — jimagivanas = Walpurgisnacht.
zälapenäd = Festschrift.
zälaprogram = Festprogramm.
zälasoar = Festabend.
zälik = festlich.
zälizelön, nel. = ein Fest halten, ein Fest begehen, ein Fest feiern.
zälül = Gesellschaft.
zälüp = Festzeit.
zäm = Zement.
zämön, lov. = zementieren.
zän = Zentrum, Mittelpunkt.
zänabür = Zentralbureau.
zänäd = Zentralisation, Konzentration.
zänädan = Zentralisator.
zänädön, lov. = zentralisieren, konzentrieren.
zäned = Durchschnitt, Mittel, Mittlere, Mittelmasz.
zänedasuäm = Durchschnittspreis.
zänedik = durchschnittlich, mittler.
zänedo = im Durchschnitt, durchschnittlich.
zänedöf = Mittelmäszigkeit.
zänedöfik = mittelmäszig.
zänik = zentral.
zänod = Mitte.
zänodajul = mittlere Schule, Realschule.
zänodakap (mafädanum: 75—80 %) = Mesocephalie.
zänodanudik (mafädanum: 48—52 % = mesorrhin, mittelbreitnasig.
zänodapalet = Mittelpartei.
zänodapün = Zentralpunkt.
zänodatid = mittelbarer Unterricht.
zänodän = Mittelland.
zänodänik = mittelländisch.
zänodik = mitten, mittel, zentral.
zänodo = in der Mitte, mitten, inmitten, — da = mitten durch.
zänodü = inmitten des, mitten in.
zänön, lov. = zentrieren.
zäp = Zange.
zäpasümik = zangenartig.
zäsin, Cs, ‚caesium' = Cäsium.
zäsinaloxid, Cs$_2$O = Cäsiumoxyd.
ze, ladv. = annähernd, ziemlich, so ziemlich, nahezu, mans — mil(s), mens — mil(s) = an die tausend Mann.
zead = Zeder, Zederbaum.
zeadaboad = Zedernholz.
zebalidvög = Mezzosopran.
zed = das Beruhenlassen.
zedel = Mittag.
zedelafid = Mittagessen.
zedelik = mittägig.
zedelo = mittags, am Mittag.
zedö: —! = es mag gehen wie's will, es mag laufen wie's will.
zedön, lov.: — bosi = etwas auf sich beruhen lassen, die Hand von etwas ablassen, sich begeben von etwas.
zeil = Ziel.
zeilam = das Zielen.
zeilamapün = Zielpunkt.
zeilön, lov. = abzielen auf, zielen nach.

zein = Äscher, Äscherich.
zeladel = Feiertag.
zelaladälod = Feierstimmung.
zelik = feierig, feiernd.
zelön, lov. = feiern.
zem = Kalk.
zemafurnod = Kalkofen.
zemerik = kalkig, kalkhaltig.
zen = Asche.
zenaköl = Aschfarbe.
zenakölik = aschfarbig.
zenasümik = aschartig, aschenartig, Asche ähnlich.
zeneit = Mitternacht.
zeneitik = mitternächtig.
zenifiledan = Äscherer.
zenifiledön, nel. = äschern (Asche brennen, bereiten).
zenofilön, nel. = zu Asche verbrennen.
zenofilükam = Äscherung.
zenofilükön, lov. = äschern, einäschern.
zenolefilükön, lov. = äschern, in Asche legen.
zenön, lov. = äschern (mit Asche bestreuen, bestreichen).
zep = Genehmigung, Bestätigung.
zepabik = anzunehmen.
zepön, lov. = genehmigen, bestätigen.
zepü = mit Genehmigung des.
zerin, Ce, ‚cerium' = Cerium.
zesüd = Notwendigkeit.
zesüdik = notwendig, nötig.
zesüdo = notgedrungen, nötigerweise.
zesüdön, nel. = nötig sein, nottun, notwendig sein, sein müssen, von nöten sein.
zeveg = Mittelstrasze, Mittelweg.
zi, ladv. = umher (bald hierher bald dorthin), is — = hierherum, — in top et, — in topäd at = da herum, ai binön — nilü ek = immer um einen herum sein.
zian = Tante.
zib = Essen, Speise, Gericht, Schüssel.
zibablögäd = Brocken, Stück, Bissen.
zibam = Speisung, Abspeisung.
zibäd = Gericht.
zibidesirik = gierig.
zibön, lov. = speisen (einen andern), abspeisen.
zif = Stadt.
zifan = Städter.
zifasekretan = Stadtschreiber.
zifazıläk = Stadtgebiet, Weichbild.
zifik = städtisch.
zifil = Städtchen.
zigan = Zigeuner.
ziganik = zigeunerisch, zigeunerartig, zigeunerhaft, ludun — = Zigeunerei, Zigeunerstreich.
zigar = Zigarre.
zigariär = Zigarrentasche.
zigaril = Zigärchen.
zigarül = Zigarette.
zigarüliär = Zigarettentasche.
ziglibön, nel. = umherirren.
zigolön, nel. = umhergehen.

ziikön, nel.: **nun at ya eziikon da zif lölik** = die Nachricht ist schon in der ganzen Stadt herum.
zikömön, nel. = umherkommen.
zil = Fleisz, Emsigkeit.
ziläk = Bezirk, Gebiet, Territorium.
ziläl = Wetteifer.
zilälön, nel. = wetteifern.
zilid = Rolle, Walze, Welle, Zylinder.
zilidafomik = walzenförmig, zylinderförmig.
zilidik = zylindrisch.
zilidopedön, lov. = walzen.
zilidöfik = zylinderrund, rollenförmig.
zilik = fleiszig, emsig.
zilo = auf fleiszige Art, **mu** — = um die Wette.
zilogam = Umsicht, das Umhersehen, Umschau.
zilogamo = umhersehend, mit Umsicht.
zilogön, lov. = umhersehen, umschauen, herumblicken, umherblicken.
zilön, nel. = fleiszig, emsig sein, sich beeifern.
zim = **tumdil könäda seimik,** Hundertstel.
zimgram, c.G. = Zentigramm.
zimlar, c.Ä. ü M². = Zentiar.
zimliät, c.L. = Zentiliter.
zimmet, c.M. = Zentimeter.
zimmim = Hunderttausendstel.
zink = Zink.
zinkik = von Zink, zinken.
zinkin, Zn, ‚zincum' = Zink.
zinkinabäd, Zn(OH)₂ = Zinkhydroxyd.
zinkinaklorid, ZnCl₂ = Zinkchlorid.
zinkinaloxid, ZnO = Zinkoxyd.
zinkinasulfat, ZnSO₄ = Zinksulfat.
zinkinasulfid, ZnS = Zinksulfid.
zinkön, lov. = verzinken.
zinzarans = Zinzaren.
ziom = Ohm, Oheim, Onkel.
ziöb = Zelle.
ziöbagik = zellenartig, zellig.
ziöbed = Element, — **galvanik** = galvanisches Element.
ziöbedem: — **galvanik** = galvanische Batterie.
ziöbem = Wabe.
zirkonin, Zr, ‚zirconium' = Zirkonium.
ziter = Zither.
ziteral ü ziteraleskilan = Zithervirtuos.
ziteraleskilan ü ziteral = Zithervirtuos.
ziteran = Zitherspieler.
ziterel = Zitherfabrikant.
zitron = Zitrone.
zitronabim = Zitronenbaum.
zitronep = Zitronenbaum.
zob = Zobel.
zobapläd = Zobelpelz.
zodiak = Zodiakus, Tierkreis.
zog = das Zögern, Zögerung.
zogan = Zauberer, Zögerer.
zogäl = Saumseligkeit.
zogälik = saumselig.
zogik = zögernd, zaudernd.
zogön, nel. = zaudern, zögern.
zon = Erdgürtel, Zone.
zoroat = Lehre des Zoroaster.

zö: —! = ei was!
zög = Aufschub, Verzögerung, Verzug, Aufschiebung.
zögafien = Verzugszins.
zögan = Aufschieber.
zöged = Prolongation.
zögedön, lov.: — **treti** = einen Wechsel prolongieren.
zögidälön, nel. = stunden.
zögik = aufschieberisch, aufschiebend.
zögov = Aufschiebbarkeit.
zögovik = aufschiebbar.
zögön, lov. = aufschieben, verschieben, verzögern.
zön = Gurt, Gürtel.
zönam = Umgürtung, das Umgürten.
zönel = Gürtler.
zönokötön, lov.: — **bimi** = einen Baum gürteln.
zönön, lov. = gürten, umgürten.
zönül = Gürtel (Kleidungstück).
zönülel = Leibgürtelmacher.
zöt = Schein (kurze Urkunde), Bescheinigung.
zötabalat = Coupure, Abschnitt (einer Aktie).
zötam = Erklärung, Bescheinigung.
zötön, lov. = bescheinigen.
zu = auszerdem, zudem, überdies.
zugön, nel. = sich ziehen (nev.), **söp zugon zü zif** = ein Graben zieht sich um die Stadt, **veg zugon love bel** = der Weg geht über den Berg.
zuik = extra.
zumon = Agio.
zun = Zorn.
zuniäl = Zorniges Wesen.
zuniälan = Heiszsporn, Hitzkopf.
zuniälik = hitzig.
zuniälön, nel. = ein hitziges Temperament haben.
zungarans = Dsungaren.
zunik = zornig, hitzig, aufbrausend, auffahrend.
zunikam = das Inzorngeraten.
zunikön, nel. = sich erzürnen.
zunön, nel. = zürnen.
zunükam = Erzürnung.
zunükön, lov. = erzürnen.
zunül = Bissigkeit, Schnippische.
zunülik = bissig, schnippisch.
zuo = überdem, überdies, extra.
zü = um, ringsum, — **at** = darum, darherum, — **zif** = um die Stadt herum.
züam = Umfassung, Umgebung, das Umgeben.
züamo = rund herum, rings herum.
züamöp = Umgebung, Umgegend.
züäd = Umgebung, das Milieu.
züd = Säure.
züdaem = Umwallung (der Wall).
züdaemam = Umwallung (das Umwallen).
züdaemön, lov. = umwallen.
züdastabot = Säureanhydrid.
züdik = sauer (kiem.).
züdil = Säurerest.
züdimafam = Acidimetrie.
züdöf = die Säure, das Sauer, das Sauersein.

züdöfik = sauer.
züdöfikön, nel. = sauern, sauer werden.
züdöfilik = säuerlich.
züdöfot = etwas Saures.
züdöfükön, lov. = säuern, sauer machen.
zügol = Umlauf.
zügolön, nel. = umlaufen.
züi, pr. = um, golom — gul = er biegt um die Ecke.
züik = umliegend.
züjadön, lov. = umschatten.
zül, 9 = neun.
zülat = Neunzahl.
zülägön, lov. (ko) = umhängen.
züldeg, 90 = neunzig.
züldil = Neuntel.
züldilil = Neuntelchen.
zülid = neunte.
zülidnaed = das neunte Mal.
zülidnaedo = zum neunten Male.
zülido = neuntens.
zülik = neunfach.
züliko = neunfacherweise.
zülil = Neunerchen.
zülion, 1'000'000^9 = Nonillion.
züllien = Neuneck.
zülmil, 9'000 = neuntausend.
zülna = neunmal.
zülnaik = neunmalig.
zülnaiko = neunmaligerweise.
zülot = das Neunfache.
zülön, lov. = verneunfachen.
zülsotik = neunerlei.
zültum, 900 = neunhundert.
zülüd = None (Intervall).
zülüf = None (Ton).
zülüm = Nonett.

zülyelik = neunjährig.
zünafam = Umschiffung.
zünafön, lov. = umschiffen.
züo, ladv. = ringsum, ringsherum, rings, im Kreise, rundherum, golön — in sirkül, — ve sirkül = im Kreise herumgehen.
züot = Peripherie, Umfang.
züön, lov. = umgében, umfassen.
züp = Nachfolge, das Nachfolgen.
züpan = Nachfolger, Jünger.
züpanef = Anhängerschaft, Jüngerschaft.
züpäd = Imitation, Nachahmung, Äfferei, Nachäfferei.
züpädan = Äffer, Nachäffer.
züpädön, lov. = nachahmen, imitieren, nachäffen.
züpenäd = Umschrift.
züpik = anhänglich, nachfolgend.
züpön, lov.: — eki = einem nachfolgen.
züseitön, lov. (ko) = umlegen.
züstanön, lov. = umstéhen.
zütanön, lov. (ko) = umbinden.
zütäv = Umreisung.
zütävön, lov. = umréisen.
zütenidön, lov. = umspánnen.
zütülön, lov. = um (etwas) herum drehen.
züvegön, lov. = umfáhren.

Z.

Zänodamel = Mittelmeer.
Zänoda=Merop = Mittelamerika, Zentralamerika.
Ziläk: — di ‚Saar' = Saargebiet.
‚Zuiderzee' [sŏïdĕrsè] Ned. = Südersee, Zuidersee.